外国家庭法及妇女理论研究中心项目
家事法研究学术文库

U0686967

当代外国婚姻家庭法律制度研究

主　编　陈　苇
副主编　朱　凡

撰稿人（以撰写章节先后为序）

陈　苇　朱　凡　陈　法　王葆莳
罗冠男　罗　杰　赵　莉　张　力
石　雷　李　霞　郭庆敏

中国人民公安大学出版社
2022·北京

《家事法研究学术文库》顾问

（以姓氏笔画为序）

巫昌祯（中国政法大学教授）

杨大文（中国人民大学教授）

杨与龄（台湾政治大学教授）

张贤钰（华东政法大学教授）

陈明侠（中国社会科学院法学所研究员）

林秀雄（台湾辅仁大学教授）

目　录

Contents

前　言

　　自 1978 年西南政法学院复办以来，我国著名的婚姻法专家、中国法学会婚姻法学研究会副总干事杨怀英教授担任我校婚姻法研究方向的学科带头人。1985 年 3 月至 7 月，我校承担了司法部委托的全国法律专业婚姻法师资进修班的教学任务。当时全国著名的婚姻法专家巫昌祯、杨大文、王德意、李忠芳、任国钧等教授应邀前来我校，与杨怀英教授及胡平等教师共同为来自全国的婚姻法师资进修班学员上课，传授婚姻法学的理论知识和教学经验。如今，该进修班学员大部分都成为各高校婚姻法领域的知名专家学者和骨干教师，他们为国家培养了大批优秀的人才。因此，可以说我校是我国婚姻法学人才培养的摇篮。在科研方面，杨怀英教授先后主编出版《滇西南边疆少数民族婚姻家庭与法的研究》（法律出版社 1988 年出版）、《中国婚姻法论》（重庆出版社 1989 年出版，1991 年荣获重庆市社科优秀科研成果三等奖）、《凉山彝族奴隶社会法律制度研究》（四川民族出版社 1994 年出版，1996 年荣获四川省社科优秀科研成果二等奖）等专著和教材。1995 年杨怀英教授去世后，由中国法学会婚姻法学研究会常务理事邓宏碧教授担任我校婚姻法研究方向的学科带头人。邓宏碧教授、胡平副教授等老教师带领讲授婚姻法课程的教师们，继续努力进行教学和科研工作。尤其值得指出的是，邓宏碧教授主编的《中国少数民族人口政策研究》（国家社会科学"八五"规划重点科研项目，重庆出版社 1998 年出版）于 2001 年荣获重庆市社会科学优秀科研成果一等奖。

　　薪火相传。本人于 1979 年 9 月考入西南政法学院法律系本科进行学习，1983 年 6 月毕业任教 1 年后，于 1984 年 9 月考入西南政法学院攻读民法专业硕士研究生，师从杨怀英教授，主要研究方向为婚姻家庭继承法。1987 年 7 月本人硕士研究生毕业后留校任教。自 1979 年 9 月我在母校学习法律知识，毕业后主要从事婚姻家庭继承法及妇女儿童老年人权益保护的教学和科研工作，至今已近 40 年。近 40 年里，在母校各级领导和老师们的辛勤培养下，在本人的勤奋工作和刻苦钻研下，我由一名学生逐步成长为助教、讲师、副教授、教授、博士生导师、博士后合作导师；于 1996 年 5 月起担任民法教研室副主任，于 1999 年 5 月起担任民法教研室主任，于 2003 年 5 月至 2019 年 6 月担任婚姻家庭继承法教研室主任。在婚姻法学界老一辈专家的辛勤培养下，本人于 1996 年 7 月起担任中国法学会婚姻法学研究会理事；于 1999 年 7 月起担任中国法学会婚姻法学研究会常务理事；

于 2004 年 7 月起担任中国法学会婚姻家庭法学研究会副会长；于 2011 年 11 月起担任家庭法国际学会第十四届执行委员会委员；于 2014 年 8 月起至 2017 年 6 月，担任家庭法国际学会第十五届执行委员会委员兼学术委员会委员；于 2017 年 7 月至 2020 年 9 月担任家庭法国际学会第十六届执行委员会副主席兼学术委员会委员。必须说明的是，自 2011 年 11 月由第十四届家庭法国际学会主席、澳大利亚悉尼大学法学院 Patrick Parkinson 教授①提名，经家庭法国际学会执行委员会研究同意，受聘担任家庭法国际学会第十四届执行委员会委员以来，我每年积极撰写论文，"以文参会"，先后到意大利、韩国、法国、英国、巴西、荷兰等国出席家庭法国际学会召开的执委会、地区性会议和世界大会，在会上积极发言，发出中国声音，阐述中国见解，增进了其他国家学者对中国婚姻家庭领域新问题和最新修改立法的了解，扩大了中国婚姻家庭法学者在家庭法学术研究领域的国际影响力。2014 年 8 月，家庭法国际学会在巴西召开"第十五届家庭法世界大会"，会上我当选为家庭法国际学会第十五届执行委员会委员兼学术委员会委员。2017 年 7 月，家庭法国际学会在荷兰召开"第十六届家庭法世界大会"，会上我当选为家庭法国际学会第十六届执行委员会副主席并继续兼任学术委员会委员。作为中国婚姻家庭法专家，在家庭法国际学会中我是第一位来自中国的副主席，为祖国争了光。从此，我在家庭法国际学会领导层这一家庭法学术研究的最高平台上，可以发出中国声音、讲述中国故事、贡献中国智慧，这有利于进一步促进中外婚姻家庭继承法研究领域的国际学术交流，为各国婚姻家庭继承法律制度的改革提供参考，以造福于全人类的婚姻家庭。

"谁言寸草心，报得三春晖。"我铭记杨怀英导师"老老实实做人，认认真真做事"的教诲，以杨怀英导师和其他婚姻法学界老一辈专家为榜样，带领团队教师努力做好教学、科研及立法研讨、法律咨询社会服务等工作。

在课程教学和教学团队建设以及社会服务方面，"教书育人"是教师的基本职责，高等院校法学教育的重心应当"以本为本"，即以加强本科生教育作为基本出发点。为适应高等学校法学专业"婚姻家庭继承法学"本科课程教学和教学团队建设的需要，首先，我组织进行教材的编撰和修订工作。编撰出版教材并且适时更新教材内容，是教学改革和创新的基础。在我国新时代法治国家建设的进程中，新的法律法规及其司法解释不断被制定和实施，为满足本校和其他高等院校的"婚姻家庭继承法学"本科课程的教师教学和学生自学之需要，我组织本校和外校讲授本门课程的教师积极开展教材编撰及适时修订工作。本人担任主编先后在三个出版社出版了以下教材：（1）群众出版社出版：21 世纪高等院校法学精品课程的理论课教材《婚姻家庭继承法学》（2005 年第 1 版、2012 年第 2 版、2017 年第 3 版）及其配套的实践课教材《婚姻家庭继承法学案例教程》（2005 年第 1 版、2010 年第 2 版、2017 年第 3 版）（2）中国政法大学出版社出版：21 世纪普通高等院校法学教材《婚姻家庭继承法学》（2011 年第 1 版、2014 年第 2 版、2018 年第 3

---

① Patrick Parkinson 教授是我受中国国家留学基金资助以访问学者身份于 2003 年 12 月至 2004 年 12 月在澳大利亚悉尼大学法学院进修外国家庭法的导师。

版、2022年第4版）。必须说明，此《婚姻家庭继承法学》教材的第3版和第4版均入选"十二五"国家重点图书出版规划项目。（3）高等教育出版社出版：法学专业必修课、选修课系列教材《婚姻家庭继承法学》（2014年第1版、2018年第2版、2022年第3版）。其次，我主持开展本门课程的教学改革工作。为适应我国新时代对法律应用型人才培养的需要，我们在教学中阐明基本概念、基本原则和基本原理的同时，注意理论联系实际，引导学生用所学理论知识分析和研究现实案例，以提高学生发现问题、分析问题和解决问题的能力。再次，我组织团队教师认真总结教学改革经验，撰写发表教学改革论文，及时交流教学改革经验，供学界同仁参考。我们讲授的西南政法大学"婚姻家庭继承法学"本科生课程，于2006年被评为"西南政法大学校级精品课程"；于2007年被评为"重庆市市级精品课程"，同年本课程的教学团队被评为"重庆市市级优秀教学团队"；在注重教学内容和方式改革的同时，我们还加强教学资源建设，本课程于2012年被评为"重庆市市级精品资源共享课"。其间，我负责主持完成的教学改革成果："培养学生实践能力和创新能力的新方法——项目参与式社会调查"，于2009年荣获"重庆市教学成果壹等奖"。综上所述，本人担任责任教授的"婚姻家庭继承法学"课程，通过教学团队全体教师共同辛勤工作，在取得良好教学效果而受到学生的肯定的同时，也受到法学界同行和社会群众的好评，产生了良好的社会影响。自2006年1月起至2019年年底为止的10余年间，因工作业绩突出，我们获得了多项集体荣誉和个人荣誉，西南政法大学婚姻家庭继承法教研室和外国家庭及及妇女理论研究中心荣获"重庆市沙坪坝区三八红旗集体""重庆市教科文卫体系统2011年度五一巾帼标兵岗""重庆市三八红旗集体"和"全国三八红旗集体"等荣誉称号；本人被评为"西南政法大学优秀教师""西南政法大学研究生优秀指导教师""西政好老师""重庆市三八红旗手""重庆市五一巾帼标兵""重庆市十佳师德标兵""全国师德先进个人"和"全国模范教师"。为充分发挥劳模的示范引领作用，2014年12月在西南政法大学校党政领导和校工会的指导下，本人担任负责人组织创立西南政法大学"陈苇劳模创新工作室"，在团队教师的共同辛勤工作下，在教学科研、立法研讨、法治宣传及法律咨询公益服务等工作中作出了突出成绩，2016年该工作室被评为"重庆市教科文卫体工会首批产业级劳模创新工作室"，2017年该工作室被评为"重庆市劳模创新示范工作室"。这些都提高和扩大了西南政法大学民商法专业婚姻家庭继承法学科方向的声誉。

在校内学术研究和人才培养方面，2003年12月至2004年12月，本人受国家留学基金资助由教育部公派出国留学，作为访问学者到澳大利亚悉尼大学法学院进修外国家庭法1年。留学回国后，我于2005年1月向学校提出建立"西南政法大学外国家庭法及妇女理论研究中心"的书面申请。2005年4月1日，西南政法大学校长办公会议批准同意该研究中心成立，任命我担任主任。自2005年4月该研究中心成立以来，本人夙夜忧虑、恐负厚望，带领研究中心的教师和研究生组成科研创新团队，勤奋科研，不敢懈怠。至2021年12月止的十余年里，我担任项目负责人主持、带领团队成员师生共同撰写完成并公开出版的中文著作和译著 20 余部，主要有：《外国婚姻家庭法比较研究》（重庆市哲学社会科学"十五"规划项目成果著作，2006 年 1 月出版）、《加拿大家庭法汇编》（2006 年 1 月出版）、《中国大陆与港、澳、台继承法比较研究》（重庆市教委人文社科项目成果著作，2007 年 1 月出版）、《当代中国民众继承习惯调查实证研究》（国家社科基金项目子课题成果著作，2008 年 1 月出版）、《澳大利亚家庭法（2008 年修正）》（重庆市教委人文社科重点项目成果译作，2009 年 1 月出版）、《美国家庭法精要（第五版）》（2010 年 3 月出版）、《改革开放三十年（1978-2008）中国婚姻家庭继承法研究之回顾与展望》（西南政法大学重点项目成果著作，2010 年 1 月出版）、《中国婚姻家庭法立法研究》（2010 年 1 月出版）、《外国继承法比较与中国民法典继承编制定研究》（国家社科基金项目结项成果著作，经专家匿名评审后被鉴定为"优秀"等级，2010 年入选首届《国家哲学社会科学成果文库》。全国哲学社会科学办公室在其"出版说明"中指出：入选成果代表当前相关领域学术研究的前沿水平，体现我国哲学社会科学界的学术创造力，按照"统一标识、统一封面、统一版式、统一标准"的总体要求组织出版。该著作于 2011 年 3 月出版）、《澳大利亚法律的传统与发展（第三版）》（2011 年 5 月出版）、《当代中国内地与港、澳、台婚姻家庭法比较研究》（中国司法部"法治建设与法学理论研究"课题成果著作，2012 年 5 月出版）、《中国继承法修改热点难点问题研究》（2013 年 10 月出版）、《我国防治家庭暴力情况实证调查研究——以我国六省市被抽样调查地区防治家庭暴力情况为对象》（中国法学会部级法学研究课题成果著作，2014 年 5 月出版）、《21 世纪家庭法与家事司法：实践与变革》（2016 年 10 月出版）、《中国妇女儿童权益法律保障情况实证调查研究——以中国五省市被抽样调查地区妇女儿童权益法律保障情况为对象（上卷、下卷）》（中国法学会部级法学研究课题成果著作，2017 年 3 月出版）、《中国家事审判改革暨家事法修改理论与实务研究》（2018 年 4 月出版）、《中国民法典编纂视野下家事审判改革暨家事法修改研究》（2019 年 5 月出版）、《中国遗产处理制度系统化构建研究》（中国司法部"法治建设与法学理论研究"课题成果著作，2019 年 5 月出版）、《中国继承法理论与实践研究》（2019 年 5 月出版）、《中国婚姻家庭法理论与实践研究》（2019 年 9 月出版）、《当代中国民众财产继承观念与遗产处理习惯实证调查研究（上卷、下卷）》（中国司法部"法治建设与法学理论研究"子课题成果著作，2019 年 10 月出版）、《中国家事审判改革暨家事法立法完善理论与实践研究》（2020 年 5 月出版）等。此外，本人应邀与美国、意大利学者合作撰写美国法学院比较家庭法英文教材 1 部：Practical Global Family Law——United States, China and Italy（2009 年 4 月在美国出版）。

在国内学术研究和人才培养方面，为促进婚姻家庭继承法领域的学术研究和学术交流，本人于 2005 年创办《家事法研究》学术论文集刊。自《家事法研究》2006 年首卷面世至 2011 年的 6 年期间，先后出版了 2005 年卷至 2010 年卷共计 6 卷，推出了一批具有前沿性的学术论文，培养了一批学术新人，受到国内学术界同仁和实务界人士的肯定和好评，产生了良好的社会影响。为进一步扩大《家事法研究》的学术影响，经本人提

出申请，中国法学会婚姻家庭法学研究会常务理事会研究同意，《家事法研究》从 2011
年卷起始转为"中国法学会婚姻家庭法学研究会"的会刊。可以相信，在该研究会的精
心主办下，《家事法研究》将在法学理论研究与司法实务探索相结合的沃土中更加茁壮成
长，枝繁叶茂！

　　长江后浪推前浪。为推出婚姻家庭继承法学研究领域具有前沿性、创新性的学术著
作，培养更多的学术新人，自 2012 年起本人主编出版《家事法研究学术文库》丛书。此
文库丛书作为学术研究和学术交流的平台，遴选出版婚姻家庭继承法研究领域具有前沿
水平的博士学位论文和学术专著，每年拟出版 1-3 本。本文库丛书旨在通过婚姻家庭继
承法学研究领域最新学术著作的出版，推出一批前沿理论和实务问题研究的新作，促进
我国婚姻家庭继承法学研究朝着更深、更广的方向发展，以更多的优秀研究成果为我国
民众处理婚姻家庭继承问题提供参考，为推进法治国家建设之完善立法、改进司法服务。
至 2021 年年底，本文库丛书已出版学术著作 29 部，2022 年拟出版《当代外国婚姻家庭
法律制度研究》《我国收养制度立法完善研究》《遗产债务清偿制度研究》《遗赠制度研
究》《澳大利亚离婚制度研究》等学术著作，以飨读者。

　　最后，我衷心感谢编辑老师们多年来对本文库丛书出版所付出的辛勤劳动！

陈　苇
《家事法研究学术文库》主编
2022 年 3 月 28 日

作者序

《中华人民共和国民法典》（以下简称《民法典》）于 2020 年 5 月 28 日公布、2021 年 1 月 1 日起实施。它是新中国成立以来第一部以"法典"命名的法律，是完善中国特色社会主义法律体系、构建社会主义法治国家的标志性和划时代的重大成果，是一部固根本、稳预期、利长远的基础性法律。我国《民法典》第五编婚姻家庭是民法典的重要组成部分，该编设有"一般规定""结婚""家庭关系""离婚"和"收养"共计五章，合计 79 条。该编编纂时，根据新时期调整我国婚姻家庭新情况新问题的实际需要，在原则上保留现行制度和吸取行之有效的司法解释基础上，根据加强国家对婚姻家庭的保护、尊重婚姻家庭当事人的意思自治、注重夫妻婚姻家庭地位的平等、注重儿童最大利益原则的贯彻、注意保护婚姻家庭弱者的权益等立法理念，新增或修改补充了 20 余项制度或规则。其系统地集成了中华人民共和国成立以来婚姻家庭立法、司法实践与人民群众的智慧与成果，实现了在婚姻家庭立法传统中传承、对域外成熟经验的合理吸收和现实需要的本土创新，是保护婚姻家庭、顺应社会现实需要和人民群众期待、增进人民福祉的具有中国特色的婚姻家庭法律。

近年来随着社会经济、文化的发展和人口逐渐老龄化，人们的婚姻家庭观念发生了一些新变化，婚姻家庭领域出现了一些新情况新问题。例如，在结婚方面，在我国结婚率呈逐年下降趋势的同时，非婚同居者增多，同性恋者的同居也有存在，非婚同居者之间有何权利与义务、同性同居伴侣之间有何权利与义务？目前我国对于非婚同居者之间的权利与义务、同性同居伴侣之间的权利与义务均呈立法空白。在亲子关系方面，非婚同居父母与子女间亲子关系的确立，除自愿认领和强制认领外能否依事实上的抚养关系推定？委托代孕者与代孕所生子女间能否认定具有亲子关系？在离婚方面，我国离婚率呈逐年上升趋势的同时，离婚时夫妻的债务纠纷增多，夫妻一方在婚内以个人名义所欠夫妻共同债务，对该借款不知情的夫妻他方能否仅以婚内所得共同财产承担有限清偿责任？离婚时夫妻一方在婚姻期间积累的养老金期待经济利益夫妻他方不能请求分割，是否公平、合理？针对以上新情况新问题的调整规范，我国《民法典》婚姻家庭编的立法或尚呈空白或存在不足。

习近平总书记明确指出："民法典颁布实施，并不意味着一劳永逸解决了民事法治建设的所有问题，仍然有许多问题需要在实践中检验、探索，还需要不断配套、补充、细化。"在 21 世纪，我国加强中国特色社会主义法治国家建设的时代背景下，为适应新时期调整我国婚姻家庭领域新情况新问题的需要，《民法典》婚姻家庭编的相关制度还有待不断配套、补充、细化以进一步完善。"他山之石，可以攻玉。"我们以当代外国婚姻家庭法律制度为研究对象，选取大陆法系、英美法系具有一定代表性的国家包括法国、德国、意大利、瑞士、日本、俄罗斯、英国、美国、澳大利亚共九国的婚姻家庭法律制度进行研究，在研究该九国婚姻家庭各项具体制度 20 世纪以来的修订概况和主要内容的基础上，分析当代外国婚姻家庭法律制度的发展趋势及其启示，并且总结 21 世纪我国《民法典》婚姻家庭编之立法成就，结合新时期我国婚姻家庭领域的新情况新问题分析我国相关制度之不足，从我国实际出发，借鉴域外有益的立法经验，提出我国相关制度的补充完善建议，以期为我国《民法典》婚姻家庭编相关制度的"配套、补充、细化"之立法完善，尽绵薄之力。

我们对当代外国婚姻家庭法律制度进行研究，具有重要的理论意义和实践意义。从理论意义看，一是可以开阔学术视野。研究当代外国婚姻家庭法律制度，有利于以开放的态度评估本国法，观照国内法的优势与不足，避免狭隘带来的自满或自卑。二是可以深化理论认识。通过研究当代外国婚姻家庭法律制度，考察对某些具有共通性的问题不同国家采取的何种立法及其是如何运作的，可以汲取可资借鉴的有益经验。三是可以填补国内法的理论与制度的某些空白。人类社会的经济发展、科技进步及社会文明的前行给他国带来的挑战和机遇我国也将面临，因此他国法律制度不论是"他山之石"还是"前车之鉴"都是宝贵的资料。故对他国法律制度的研究及立法经验的借鉴，可以结合本国实际填补国内法的理论与制度的某些空白。从实践意义看，一是对立法与修法可以提供域外立法的参考文献。我们研究当代外国婚姻家庭法律制度，可以为我国《民法典》婚姻家庭编的配套、补充、细化的进一步完善提供域外法的参考资料。二是对国内的立法解释和司法适用，可以提供具有参考价值的域外法学理论诠释与司法实践经验。我们研究当代外国婚姻家庭法律制度及司法实践的相关案例，可以为我国立法的补充完善、司法解释的制定和法律适用，提供域外法学的相关理论诠释和具有参考价值的司法案例。

本书主要采取以下四种研究方法：历史研究方法、文献研究方法、实证研究方法、比较研究方法。在历史研究方面，对于外国婚姻家庭法律制度历史演进的考察，我们着重收集 20 世纪以来的法律制度变迁资料，除第一章外的以下各章第一节里均设有"20 世纪以来某国婚姻家庭法律制度修订概况"。这主要是考虑到 20 世纪以来婚姻家庭制度受社会变迁的影响很大，并与其现行法律制度的关联度高。在文献研究方面，为了较为全面、系统地对当代外国婚姻家庭法律制度进行研究，我们努力收集有关当代外国婚姻家庭法律制度的中外文献资料，考虑到我国近代法律继受的情况和不同国家在不同法系中的代表地位等因素，以及本书研究的人力和物力限制，我们选取前述大陆法系国家和英美法系国家中具有一定代表性的九个国家的婚姻家庭法律制度作为研究对象，广泛收集以上九国的婚姻家庭法律制度文献和理论著作及学术论文等中外文献资料，尤其注意收集以上九国的本国语言文字之最新文献资料，以确保研究内容的准确性、及时性和丰富性。在实证研究方面，我们尽可能收集以上国家的一些典型司法案例，分析相关制度的实施情况，以助于了解当代外国婚姻家庭法律制度的司法实践状况，以及部分国家家事审判制度的改革和实施情况。在比较研究方面，本书注重较为全面、系统地研究前述九国当代婚姻家庭法律制度的全貌，比较研究则集中在以下三个方面：一是某国婚姻家庭具体制度的纵向比较研究，即对某具体制度 20 世纪以来的历史变革概况进行考察和研究，以揭示立法变革的原因和目的；二是某国现行法律文本与司法实践的比较研究，即静态分析与动态考察他国现行婚姻家庭具体制度的文本内容与司法实践的状况，以更加深入地认识各项制度的功能，进而总结各项具体制度的特点及发展趋势；三是他国当代婚姻家庭具体制度与本国相应制度及其实践的比较研究，揭示其启示，汲取有益的立法与司法经验，为我国婚姻家庭法律制度的完善与家事审判改革的继续推进提供参考。

必须说明，从写作体例看，本书与本人主编的《外国婚姻家庭法比较研究》（群众出版社 2006 年版）一书有所不同。该书是对外国婚姻家庭法律各项具体制度进行横向的比较研究，但本书则是对作为研究对象的九国各自当代外国婚姻家庭法律制度以专章分国别进行纵向的体系化、个性化的整体研究。自 20 世纪 90 年代以来，比较法学对于促进婚姻家庭法学研究的国际化、我国婚姻家庭立法的现代化发挥了历史性的作用。随着我国婚姻家庭法学研究的深入和"中国化"，比较研究的目的不再单纯是外国制度的移植或本土化，还包括对外国立法经验的审视和反思，以创造我国相关立法的成功经验；比较研究的方法也在不断更新，由具体制度比较走向更加体系化的比较。因此，本书对当代外国婚姻家庭法律制度的研究，采取分章进行专题研究的结构体例，在该章较为系统、全面地研究一国婚姻家庭法律制度整体状况，包括 20 世纪以来各项具体制度之历史演变概况、现行立法文本与司法实践状况，进而对该国具体制度与我国相应制度及其司法实践比较研究，即他国当代婚姻家庭法律某项制度改革历史的纵向比较、他国某项具体制度文本与司法实践的静态与动态比较、他国某具体制度及实践与我国相应制度及实践的中外比较，这三个方面是本书比较研究的特点。虽然，本书没有对外国某项具体制度进行国与国之间的直接比较研究，但我们在撰写每个国家婚姻家庭法的具体制度时，均依亲属关系通则、结婚制度、夫妻关系制度、亲子关系制度、收养制度、监护制度和离婚制度的结构框架写作，以方便读者在阅读时对照各章相关内容。

本书由主编拟定写作提纲、引用的法律法规等简称以及部分参考文献后，由作者分工进行各章撰写。对于本书的初稿、第二稿，朱凡副主编进行审阅后提出修改意见再返回作者进行修改补充。对本书的第三稿、第四稿，陈苇主编进行审阅后提出修改意见再返回作者进行修改补充。此后随着 2021 年 1 月 1 日起我国《民法典》及《民法典》婚姻家庭编解释（一）的实施，各章作者又根据我国《民法典》和最新司法解释修订其第五稿。最后，全部稿件由陈苇主编审阅统一修改定稿。① 必须说明，为使对选取研究的九国

---

① 必须说明，2021 年 12 月 24 日修正的《中华人民共和国民事诉讼法》公布，于 2022 年 1 月 1 日施行。为反映最新立法，主编对本书引用的 2017 年修正的《民事诉讼法》的相关内容进行了相应修改。

婚姻家庭法律制度的研究内容总体保持一致，本书写作提纲对九国婚姻家庭法律制度研究的结构体例统一规定分为九节。但由于各国立法内容存在一定差异、具有各自的特点以及作者收集外国法参考资料的有限性，所以有些作者对本人所研究的某国婚姻家庭具体制度的研究在结构或内容的撰写上具有其不同之处。为尊重各位作者的研究成果，主编、副主编对这些不同之处没有进行修改。另外，本书个别章节由于写作资料的更新或补充而增加了新作者，新增作者所撰写的内容在该章的章标题之后已加注释注明。由于我们的学识和研究能力的限制，本书可能还存在某些不足之处，恳请各位专家学者及读者不吝赐教，我们在此表示衷心的感谢！

本书各章的撰稿人如下（以撰写章节先后为序）：

第一章　陈　苇、朱　凡、陈　法

第二章　朱　凡

第三章　王葆莳

第四章　罗冠男

第五章　罗　杰

第六章　赵　莉

第七章　张　力

第八章　石　雷

第九章　李　霞、陈　苇、郭庆敏、石　雷

第十章　陈　苇、郭庆敏、陈　法

最后，我代表全体作者对我的博士生刘宇娇同学、郭庆敏同学对本书第四稿进行的耐心细致校对工作表示衷心的感谢！对中国人民公安大学出版社的编辑老师们对本书进行的辛勤编辑工作表示衷心的感谢！

陈　苇

2022 年 3 月 28 日

本书作者简介

（以撰写章节先后为序）

陈　苇，女，西南政法大学民商法学院教授，博士生导师，中国法学会婚姻家庭法学研究会副会长。

朱　凡，女，西南政法大学民商法学院副教授，法学博士，中国法学会婚姻家庭法学研究会理事。

陈　法，男，重庆市第一中级人民法院法官助理，民商法博士生，中国法学会婚姻家庭法学研究会会员。

王葆莳，男，湖南师范大学法学院教授，法学博士，中国法学会婚姻家庭法学研究会理事。

罗冠男，女，中国政法大学法律史学研究院副教授，法学博士，中国法学会婚姻家庭法学研究会理事。

罗　杰，女，西北师范大学法学院副教授，法学博士，中国法学会婚姻家庭法学研究会理事。

赵　莉，女，南京师范大学法学院副教授，法学博士，中国法学会婚姻家庭法学研究会理事。

张　力，男，西南政法大学民商法学院教授，法学博士，博士生导师，中国法学会婚姻家庭法学研究会理事。

石　雷，男，西南政法大学民商法学院副教授，法学博士，中国法学会婚姻家庭法学研究会会员。

李　霞，女，华东政法大学教授，法学博士，博士生导师，中国法学会婚姻家庭法学研究会常务理事。

郭庆敏，女，西南石油大学法学院讲师，法学博士。

本书引用的法律、法规、司法解释及国际公约简称

一、外国法律法规等

（一）大陆法系国家法律法规等

1. 李浩培等译：1804 年《法国民法典》（商务印书馆 1979 年版），简称：1804 年《法国民法典》或 1804 年《拿破仑法典》。

2. 罗结珍译：《法国民法典》（北京大学出版社 2010 年版），简称：《法国民法典》或"法民"（后者只在括号内注明法条时使用）。本书引用该法其他版本的，已经另有注明出处。

3. 陈卫佐译注：《德国民法典》（法律出版社 2015 年版），简称：《德国民法典》或"德民"（后者只在括号内注明法条时使用）。

4. 1949 年德国《联邦共和国基本法》，简称：1949 年德国《基本法》或德国《基本法》。

5. 1976 年德国《改革婚姻法和家庭法的第一号法律》，简称：1976 年德国《一号改革法律》。

6. 1979 年德国《关于父母照顾权修订法案》，简称：1979 年德国《照顾权改革法》。

7. 1990 年通过的德国《照管法》，简称：1990 年德国《照管法》。

8. 1990 年德国《修改成年人监护和保佐法的法律》，简称：1990 年德国《修改成年人监护和保佐法》。

9. 1998 年 6 月 25 日通过的《照管变更法》，简称：1998 年德国《照管变更法》。

10. 1997 年德国《亲子关系改革法》，简称：1997 年德国《亲子关系改革法》。

11. 2001 年德国《结束歧视同性共同生活的法律：生活伴侣关系法》，简称：2001 年德国《生活伴侣关系法》。

12. 2007 年德国《关于变更扶养法的法律》，简称：2007 年德国《变更扶养法》。

13. 2008 年德国《关于改革家庭事件和非讼事件的程序的法律》，简称：2008 年德国《改革家庭事件和非讼事件程序法》。

14. 2013 年德国《关于加强生父之法律地位的法律》，简称：2013 年德国《加强生父之法律地位法》。

15. 2017 年德国《关于引入同性婚姻缔结权的法律》，简称：2017 年德国《引入同性婚姻缔结权法》。

16. 1975 年德国《社会法典》，简称：1975 年德国《社会法》或"德社会法"（后者只在括号内注明法条时使用）。

17. 2009 年德国《关于退休年金补偿的结构改革的法律》，简称：2009 年德国《退休年金补偿法》。

18. 费安玲、丁玫译：《意大利民法典》（中国政法大学出版社 2004 年版），简称：《意大利民法典》或"意民"（后者只在括号内注明法条时使用）。本书引用该法其他版本的，已经另有注明出处。

19. 2016 年意大利第 76 号《关于同性民事结合和事实同居的法律规范》，简称：2016 年意大利第 76 号法律。

20. 意大利 1983 年颁布的第 184 号法律，简称：1983 年意大利第 184 号法律。

21. 1970 年意大利第 898 号《关于婚姻终止的规范》，简称：1970 年意大利第 898 号法律。

22. 戴永盛译：《瑞士民法典》（法律出版社 2016 年版），简称：2016 年《瑞士民法典》或"瑞民"（后者只在括号内注明法条时使用）。

23. Swiss Civil Code 2017, Swiss Civil Code 2018, Swiss Civil Code 2019，简称：2017 年《瑞士民法典》、2018 年《瑞士民法典》、2019 年《瑞士民法典》。

24. 《日本民法典》（1898 年 7 月 16 日实施、2018 年 6 月最新修改），简称：《日本民法》或"日民"（后者只在括号内注明法条时使用）。

25. 《日本国宪法》（1947 年 5 月 3 日实施），简称：日本《宪法》。

26. 《日本戸籍法》（1947 年 12 月 22 日实施），简称：日本《户籍法》。

27. 《民法等の一部を改正する法律案（平成 23 年法律第 61 号）》（2012 年 4 月 1 日实施），简称：2012 年日本《修改亲权法律》。

28. 《民事执行法》（1979 年实施、2018 年 5 月 22 日修改），简称：2018 年日本《民事执行法》。

29. 《民事执行法及び国际的な子の夺取の民事上の側面に関する条約の実施に関する法律の一部を改正する法律》（2019 年 5 月 10 日通过，同年 5 月 17 日公布实施），简称：2019 年日本《部分修改民事执行法以及国际诱拐儿童民事公约》。

30. 《国民年金法等の一部を改正する法律（平成 16 年法律第 104 号）》（2004 年 6 月 11 日公布，2007 年 4 月 1 日实施），简称：2007 年日本《部分修改国民年金法的法律》。

31. 《民法の一部を改正する法律（平成 11 年法律第 149 号）》（2000 年 4 月 1 日实施），简称：2000 年日本《修改成年人监护法律》。

32. 《民法の一部を改正する法律の施行に伴う関係法律の整備等に関する法律》（2000 年 4 月 1 日实施），简称：2000 年日本《修改部分民法的法律实施涉及相关法律关系调整的法律》。

33. 《任意后见契约に関する法律》（2000 年 4 月 1 日实施），简称：2000 年日本《任意监护法》。

34. 《后见登记等に関する法律》（2000 年 4 月 1 日实施），简称：2000 年日本《有关后见登记等的法律》。

35. 《成年後見の事務の円滑化を図るための民法及び家事事件手続法の一部を改正する法律（平成 28 年法律第 27 号）》（2016 年 4 月 6 日颁布、2016 年 10 月 13 日实施），简称：2016 年日本《为保障成年监护事务顺利化的民法及家事事件手续法部分修正的法律》。

36. 《民法の一部を改正する法律案（平成 25 年 12 月 11 日法律第 94 号）》（2013 年 12 月 11 日公布、实施），简称：2013 年日本《修改非婚生子女份额法律》。

37. 《民法の一部改正をする法律（平成 28 年 6 月 7 日法律第 71 号）》（2016 年 6 月 7 日公布、实施），简称：2016 年日本《缩短女性禁婚期限法》。

38. 《民法の一部を改正する法律（平成 30 年 6 月 20 日法律第 59 号）》（2018 年 6 月 13 日通过、2022 年 4 月 1 日实施），简称：2018 年日本《修改成年年龄及婚龄法律》。

39. 鄢一美译：《俄罗斯联邦家庭法典》（1995 年），载中国法学会婚姻法学研究会编：《外国婚姻家庭法汇编》，群众出版社 2000 年版，简称：《俄罗斯联邦家庭法典》或"俄家庭法典"（后者只在括号内注明法条时使用）。[1]

40. 于洪君译：《俄罗斯联邦宪法》（1993 年通过）（载《外国法译评》1994 年第 2 期），简称：1993 年《俄罗斯联邦宪法》和"俄宪"（后者只在括号内注明法条时使用）。本书引用该法其他版本的，已经另有注明出处。

41. 黄道秀译：《俄罗斯联邦刑法典》（1996 年通过）（北京大学出版社 2008 年版），简称：《俄罗斯联邦刑法典》或"俄刑法"（后者只在括号内注明法条时使用）。本书引用该法典其他版本的，已经另有注明出处。

42. 黄道秀译：《俄罗斯联邦民法典》（2006 年通过）（北京大学出版社 2007 年版），简称：《俄罗斯联邦民法典》和"俄民法"（后者只在括号内注明法条时使用）。本书引用该法典其他版本的，已经另有注明出处。

（二）英美法系国家法律法规等

43. Married Women's Property Act 1870, UK. 简称：1870 年英国《已婚妇女财产法》或 1870 年《已婚妇女财产法》。

44. Administration of Estates Act 1925, UK. 简称：1925 年英国《遗产管理法》或 1925 年《遗产管理法》。

45. Children and Young Persons Act 1933, UK. 简称：1933 年英国《儿童和青年人法》或 1933 年《儿童和青年人法》。

46. Matrimonial Proceedings and Property Act 1970, UK. 简称：1970 年英国《婚姻程序财产法》或 1970 年《婚姻程序财产法》。

47. European Communities Act 1972, UK. 简称：1972 年英国《欧洲共同体法》。

48. Matrimonial Causes Act 1973, UK. 简称：1973 年英国《婚姻诉讼法》或 1973 年《婚姻诉讼法》。

49. Guardianship Act 1973, UK. 简称：1973 年英国《监护法》或 1973 年《监护法》。

---

① 本书撰写时引用的是《俄罗斯联邦家庭法典》至 2019 年止的最新修订俄文版。同时读者也可参考鄢一美译：《俄罗斯联邦家庭法典》（1995 年），载中国法学会婚姻法学研究会编：《外国婚姻家庭法汇编》，群众出版社 2000 年版，第 465-530 页。

50. Inheritance (Provision for Family and Dependents) Act 1975, UK. 简称：1975 年英国《继承法（扶养家庭成员和被扶养人）》或 1975 年《继承法（扶养家庭成员和被扶养人）》。

51. Children Act 1975, UK. 简称：1975 年英国《儿童法》或 1975 年《儿童法》。

52. Fatal Accidents Act 1976, UK. 简称：1976 年英国《致命意外事故法》或 1976 年《致命意外事故法》。

53. Legitimacy Act 1976, UK. 简称：1976 年英国《婚生子女法》或 1976 年《婚生子女法》。

54. Domestic Violence and Matrimonial Proceedings Act1976, UK. 简称：1976 年英国《反家庭暴力及婚姻诉讼法》或 1976 年《反家庭暴力及婚姻诉讼法》。

55. Divorce (Scotland) Act 1976, UK. 简称：1976 年《苏格兰离婚法》。

56. Marriage (Scotland) Act 1977, UK. 简称：1977 年《苏格兰结婚法》。

57. Domestic Proceedings and Magistrate's Court Act 1978, UK. 简称：1978 年英国《家事程序和基层司法官法院法》或 1978 年《家事程序和基层司法官法院法》。

58. Adoption (Scotland) Act 1978, UK. 简称：1978 年《苏格兰收养法》。

59. Administration of Justice Act 1982, UK. 简称：1982 年英国《司法法》或 1982 年《司法法》。

60. Mental Health Act 1983, UK. 简称：1983 年英国《精神卫生法》或 1983 年《精神卫生法》。

61. Matrimonial Homes Act 1983, UK. 简称：1983 年英国《婚姻住宅法》或 1983 年《婚姻住宅法》。

62. Matrimonial and Family Proceedings Act 1984, UK. 简称：1984 年英国《婚姻和家庭程序法》或 1984 年《婚姻和家庭程序法》。

63. Surrogacy Arrangements Act 1985, UK. 简称：1985 年英国《代孕协议法》或 1985 年《代孕协议法》。

64. Family Law Reform Act 1987, UK. 简称：1987 年英国《家庭法改革法》或 1987 年《家庭法改革法》。

65. Children Act 1989, UK. 简称：1989 年英国《儿童法》或 1989 年《儿童法》。

66. Human Fertilisation and Embryology Act 1990, UK. 简称：1990 年英国《人类授精和胚胎法》或 1990 年《人类授精和胚胎法》。

67. Child Support Act 1991, UK. 简称：1991 年英国《子女抚养法》或 1991 年《子女抚养法》。

68. Family Law Act 1996, UK. 简称：1996 年英国《家庭法》或 1996 年《家庭法》。

69. Human Rights Act 1998, UK. 简称：1998 年英国《人权法》或 1998 年《人权法》。

70. Adoption and Children Act 2002, UK. 简称：2002 年英国《收养和儿童法》或 2002 年《收养和儿童法》。

71. Civil Partnership Act 2004, UK. 简称：2004 年英国《民事伴侣关系法》或 2004 年《民事伴侣关系法》。

72. Domestic Violence, Crime and Victims Act 2004, UK. 简称：2004 年英国《家庭暴力与犯罪及受害人法》或 2004 年《家庭暴力与犯罪及受害人法》。

73. Gender Recognition Act2004, UK. 简称：2004 年英国《性别识别法》或 2004 年《性别识别法》。

74. Mental Capacity Act 2005, UK. 简称：2005 年英国《心智能力法》或 2005 年《心智能力法》。

75. Family Law（Scotland）Act 2006, UK. 简称：2006 年《苏格兰家庭法》。

76. Forced Marriage（Civil Protection）Act 2007, UK. 简称：2007 年英国《反强迫结婚法（民事保护）》或 2007 年《反强迫结婚法（民事保护）》。

77. Adoption and Children（Scotland）Act, UK. 简称：2007 年《苏格兰收养和儿童法》。

78. Human Fertilization and Embryology Act 2008, UK. 简称：2008 年英国《人工授精和胚胎法》或 2008 年《人工授精和胚胎法》。

79. Marriage（Same Sex Couples）Act 2013, UK. 简称：2013 年英国《结婚法（同性伴侣）》或 2013 年《结婚法（同性伴侣）》。

80. Marriage and Civil Partnership（Scotland）Act 2014, UK. 简称：2014 年《婚姻和民事伴侣关系法（苏格兰）》。

81. Children and Families Act 2014, UK. 简称：2014 年英国《儿童和家庭法》或 2014 年《儿童和家庭法》。

82. European Union（Withdrawal）Act 2018, UK. 简称：2018 年英国《退出欧盟法》。

83. Uniform Probate Code 1969, USA. 简称：1969 年美国《统一遗嘱认证法》或 1969 年《统一遗嘱认证法》。

84. Uniform Marriage And Divorce Act 1970, USA. 简称：1970 年美国《统一结婚离婚法》或 1970 年《统一结婚离婚法》。

85. Uniform Premarital And Marital Agreements Act 2012, USA. 简称：2012 年美国《统一婚前和婚姻期间协议法》或 2012 年《统一婚前和婚姻期间协议法》。

86. Adoption Assistance and Child Welfare Act 1980, USA. 简称：1980 年美国联邦《收养协助和儿童福利法》或 1980 年《收养协助和儿童福利法》。

87. Parental Kidnapping Prevention Act 1980, USA. 简称：1980 年美国联邦《反父母绑架子女法》或 1980 年《反父母绑架子女法》。

88. Uniform Premarital Agreements Act 1983, USA. 简称：1983 年美国《统一婚前协议法》或 1983 年《统一婚前协议法》。

89. Uniform Marital Property Act 1983, USA. 简称：1983 年美国《统一婚姻财产法》或 1983 年《统一婚姻财产法》。

90. Uniform Parentage Act 1973, USA. 简称：1973 年美国《统一父母身份法》或 1973 年《统一父母身份法》。

91. Uniform Parentage Act 2002, USA. 简称：2002 年美国《统一父母身份法》或 2002 年《统一父母身份法》。

92. Uniform Parentage Act 2017, USA. 简称：2017 年美国《统一父母身份法》或 2017

年《统一父母身份法》。

93. Uniform Statusof Children of Assisted Conception Act 1988, USA. 简称：1988 年美国《统一辅助生殖儿童法》或 1988 年《统一辅助生殖儿童法》。

94. Uniform Health-Care Decisions Act 1993, USA. 简称：1993 年美国《统一健康照料决定法》或 1993 年《统一健康照料决定法》。

95. Uniform Adoption Act 1994, USA. 简称：1994 年美国《统一收养法》或 1994 年《统一收养法》。

96. Uniform Child Custody Jurisdiction And Enforcement Act 1997, USA. 简称：1997 年美国《统一子女监护权管辖与执行法》或 1997 年《统一子女监护权管辖与执行法》。

97. Uniform Guardianship, Conservatorship, and Other Protective Arrangements Act 1997, USA. 简称：1997 年美国《统一监护和保护程序法》或 1997 年《统一监护和保护程序法》。

98. UniformPower of Attorney 2006, USA. 简称：2006 年美国《统一代理权法》或 2006 年《统一代理权法》。

99. Uniform Adult Guardianship and Protective Proceedings Jurisdiction Act 2007, USA. 简称：2007 年美国《统一成年人监护和保护程序法》或 2007 年《统一成年人监护和保护程序法》。

100. Consolidated Laws of New York Domestic Relations Law, USA. 简称：美国《纽约州汇编法·家庭关系法》。

101. Illinois Marriage and Dissolution of Marriage Act（750 ILCS 5/），USA. 简称：美国《伊利诺伊结婚和解除婚姻法》。

102. Commonwealth of Australia Constitution Act 1900, Australia. 简称：1900 年《澳大利亚联邦宪法》。

103. Constitution Act 1975（VIC），Australia. 简称：1975 年维多利亚州《宪法》。

104. Constitution Act 1934（TAS），Australia. 简称：1934 年塔斯马尼亚州《宪法》。

105. Constitution Act 1934（SA），Australia. 简称：1934 年南澳大利亚州《宪法》。

106. Matrimonial Causes Act 1959, Australia. 简称：1959 年澳大利亚联邦《婚姻诉讼法》或 1959 年联邦《婚姻诉讼法》。

107. Marriage Act 1961, Australia. 简称：1961 年澳大利亚联邦《结婚法》或 1961 年联邦《结婚法》。

108. Family Law Act 1975, Australia. 简称：1975 年澳大利亚联邦《家庭法》或 1975 年联邦《家庭法》。

109. Child Support（Registration and Collection）Act 1988, Australia. 简称：1988 年澳大利亚联邦《子女抚养费（登记与收取）法》或 1988 年联邦《子女抚养费（登记与收取）法》。

110. Child Support（Assessment）Act 1989, Australia. 简称：1989 年澳大利亚联邦《子女抚养费（评估）法》或 1989 年联邦《子女抚养费（评估）法》。

111. Family Law Rules 2004, Australia. 简称：2004 年澳大利亚联邦《家庭法实施细则》或 2004 年联邦《家庭法实施细则》。

112. Family Law Regulations 1984, Australia. 简称：1984 年澳大利亚联邦《家庭法条例》或 1984 年联邦《家庭法条例》。

113. Family Law（Family Dispute Resolution Practitioners）Regulation 2008, Australia. 简称：2008 年澳大利亚联邦《家庭法（家庭纠纷解决从业者）条例》或 2008 年联邦《家庭法（家庭纠纷解决从业者）条例》。

114. Family Violence Act 2004（TAS）, Australia. 简称：2004 年塔斯马尼亚州《反家庭暴力法》。

115. Family Law Amendment Act 1976, Australia. 简称：1976 年澳大利亚联邦《家庭法修正案法》或 1976 年联邦《家庭法修正案法》。

116. Family Law Amendment Act 1977, Australia. 简称：1977 年澳大利亚联邦《家庭法修正案法》或 1977 年联邦《家庭法修正案法》。

117. Family Law Amendment Act 1979, Australia. 简称：1979 年澳大利亚联邦《家庭法修正案法》或 1979 年联邦《家庭法修正案法》。

118. Family Law Amendment Act 1983, Australia. 简称：1983 年澳大利亚联邦《家庭法修正案法》或 1983 年联邦《家庭法修正案法》。

119. Family Law Amendment Act 1987, Australia. 简称：1987 年澳大利亚联邦《家庭法修正案法》或 1987 年联邦《家庭法修正案法》。

120. Family Law Amendment Act 1989, Australia. 简称：1989 年澳大利亚联邦《家庭法修正案法》或 1989 年联邦《家庭法修正案法》。

121. Family Law Amendment Act 1991, Australia. 简称：1991 年澳大利亚联邦《家庭法修正案法》或 1991 年联邦《家庭法修正案法》。

122. Family Law Amendment Act（No. 2）1991, Australia. 简称：1991 年澳大利亚联邦《家庭法修正案法（第 2 号）》。

123. Family Law Reform Act 1995, Australia. 简称：1995 年澳大利亚联邦《家庭法改革法》或 1995 年联邦《家庭法改革法》。

124. Family Law Amendment Act 1997, Australia. 简称：1997 年澳大利亚联邦《家庭法修正案法》或 1997 年联邦《家庭法修正案法》。

125. Family Law Amendment Act（No. 1）1998, Australia. 简称：1998 年澳大利亚联邦《家庭法修正案法（第 1 号）》。

126. Family Law Amendment Act 2000, Australia. 简称：2000 年澳大利亚联邦《家庭法修正案法》或 2000 年联邦《家庭法修正案法》。

127. Family Law Legislation Amendment（Superannuation）Act 2001, Australia. 简称：2001 年澳大利亚联邦《家庭法立法修正案（养老金）法》或 2001 年联邦《家庭法立法修正案（养老金）法》。

128. Family Law Amendment Act 2003, Australia. 简称：2003 年澳大利亚联邦《家庭法修正案法》或 2003 年联邦《家庭法修正案法》。

129. Family Law Amendment（Annuities）Act 2004, Australia. 简称：2004 年澳大利亚联邦《家庭法修正案（年金）法》或 2004 年联邦《家庭法修正案（年金）法》。

130. Family Law Amendment Act 2005, Australia. 简称：2005 年澳大利亚联邦《家庭

法修正案法》或 2005 年联邦《家庭法修正案法》。

131. Family Law Amendment（Shared Parental Responsibility）Act 2006，Australia. 简称：2006 年澳大利亚联邦《家庭法修正案（共同父母责任）法》或 2006 年联邦《共同父母责任法》。

132. Family Law Amendment（De Facto Financial Matters and Other Measures）Act 2008，Australia. 简称：2008 年澳大利亚联邦《家庭法修正案（事实财务事项与其他措施）法》或 2008 年联邦《家庭法修正案（事实财务事项与其他措施）法》。

133. Family Law Legislation Amendment（Family Violence and Other Measures）Act 2011，Australia. 简称：2011 年澳大利亚联邦《家庭法立法修正案（反家庭暴力与其他措施）法》或 2011 年联邦《反家庭暴力与其他措施法》。

134. Marriage Amendment（Definition and Religious Freedoms）Act 2017，Australia. 简称：2017 年澳大利亚联邦《结婚修正案（定义与宗教自由）法》或 2017 年联邦《结婚修正案（定义与宗教自由）法》。

135. Sex Discrimination Act 1984，Australia. 简称：1984 年澳大利亚联邦《反性别歧视法》或 1984 年联邦《反性别歧视法》。

136. Sex Discrimination Amendment Act 1991，Australia. 简称：1991 年澳大利亚联邦《反性别歧视修正案法》或 1991 年联邦《反性别歧视修正案法》。

137. Marriage Amendment Act 2004，Australia. 简称：2004 年澳大利亚联邦《结婚修正案法》或 2004 年联邦《结婚修正案法》。

138. Marriage Equality（Same Sex）Act 2013（ACT），Australia. 简称：2013 年澳大利亚首都地区《婚姻平等（同性）法》或 2013 年首都地区《婚姻平等（同性）法》。

139. Status of Children Act 1974（VIC），Australia. 简称：1974 年维多利亚州《儿童身份法》。

140. Family Assistance and Child Support Legislation Amendment（Protecting Children）Act 2018，Australia. 简称：2018 年澳大利亚联邦《家庭援助和儿童抚养立法修正案（儿童保护）法》或 2018 年联邦《家庭援助和儿童抚养立法修正案（儿童保护）法》。

141. Succession Act 2006（NSW），Australia. 简称：2006 年新南威尔士州《继承法》。

142. Family Provision Act 1972（WA），Australia. 简称：1972 年西澳大利亚州《家庭供养法》。

143. Married Persons（Equality of Status）Act 1989（NT），Australia. 简称：1989 年北部地区《已婚者（地位平等）法》。

144. De Facto Relationships Act 1984（NSW），Australia. 简称：1984 年新南威尔士州《事实伴侣关系法》。

145. De Facto Relationships Act 1991（NT），Australia. 简称：1991 年北部地区《事实伴侣关系法》。

146. Relationships Act 2008（VIC），Australia. 简称：2008 年维多利亚州《关系法》。

147. De Facto Relationship Act 1999（TAS），Australia. 简称：1999 年塔斯马尼亚州《事实伴侣关系法》。

148. Relationships Act 2003（TAS），Australia. 简称：2003 年塔斯马尼亚州《关系

法》。

149. Family Court Act 1997（WA），Australia. 简称：1997 年西澳大利亚州《家庭法院法》。

150. Civil Partnerships Act 2011（QLD），Australia. 简称：2011 年昆士兰州《民事伴侣关系法》。

151. Family Relationships Act 1975（SA），Australia. 简称：1975 年南澳大利亚州《家庭关系法》。

152. Domestic Partners Property Act 1996（SA），Australia. 简称：1996 年南澳大利亚州《家庭伴侣财产法》。

153. Domestic Relationships Act 1994（ACT），Australia. 简称：1994 年首都地区《家庭关系法》。

154. Civil Unions Act 2012（ACT），Australia. 简称：2012 年首都地区《民事结合法》。

155. Civil Partnership Act 2008（ACT），Australia. 简称：2008 年首都地区《民事伴侣关系法》。

156. Workplace Gender Equality Act 2012，Australia. 简称：2012 年澳大利亚联邦《职场性别平等法》或 2012 年联邦《职场性别平等法》。

157. Crimes（Domestic and Personal Violence）Act 2007（NSW），Australia. 简称：2007 年新南威尔士州《犯罪（反家庭暴力与个人暴力）法》。

158. Family Violence Protection Act 2008（VIC），Australia. 简称：2008 年维多利亚州《防止家庭暴力法》。

159. Domestic and Family Violence Protection Act 2012（QLD），Australia. 简称：2012 年昆士兰州《防止家庭暴力法》。

160. Restraining Orders Act 1997（WA），Australia. 简称：1997 年西澳大利亚州《限制令法》。

161. Intervention Orders（Prevention of Abuse）Act 2009（SA），Australia. 简称：2009 年南澳大利亚州《干预令（防止虐待）法》。

162. Domestic Violence and Protection Orders Act 2008（ACT），Australia. 简称：2008 年首都地区《反家庭暴力与保护令法》。

163. Domestic and Family Violence Act 2007（NT），Australia. 简称：2007 年北部地区《反家庭暴力法》。

164. Children and Young Persons（Care and Protection）Act 1998，Australia. 简称：1988 年新南威尔士州《儿童与青少年（照管与保护）法》。

165. Adoption Act 1993（ACT），Australia. 简称：1993 年首都地区《收养法》。

166. Adoption Act 2000（NSW），Australia. 简称：2000 年新南威尔士州《收养法》。

167. Adoption of Children Act 1994（NT），Australia. 简称：1994 年北部地区《儿童收养法》。

168. Adoption Act 2009（QLD），Australia. 简称：2009 年昆士兰州《收养法》。

169. Adoption Act 1988（SA），Australia. 简称：1988 年南澳大利亚州《收养法》。

170. Adoption Act 1988（TAS），Australia. 简称：1988 年塔斯马尼亚州《收养法》。

171. Adoption Act 1984（VIC），Australia. 简称：1984 年维多利亚州《收养法》。

172. Adoption Act 1994（WA），Australia. 简称：1994 年西澳大利亚州《收养法》。

173. Guardianship and Management of Property Act 1991（ACT），Australia. 简称：1991 年首都地区《监护与财产管理法》。

174. Guardianship of Adults Act 2016（NT），Australia. 简称：2016 年北部地区《成年人监护法》。

175. Guardianship of Infants Act 1972（NT），Australia. 简称：1972 年北部地区《未成年人监护法》。

176. Guardianship Act 1987（NSW），Australia. 简称：1987 年新南威尔士州《监护法》。

177. Guardianship of Infants Act 1916（Amended in 2018）（NSW），Australia. 简称：2018 年修正的新南威尔士州《未成年人监护法》。

178. Guardianship and Administration Act 2000（QLD），Australia. 简称：2000 年昆士兰州《监护与管理法》。

179. Guardianship and Administration Act 1993（SA），Australia. 简称：1993 年南澳大利亚州《监护与管理法》。

180. Guardianship of Infants Act 1940（Amended in 2016），Australia. 简称：2016 年修正的南澳大利亚州《未成年人监护法》。

181. Guardianship and Administration Act 1995（TAS），Australia. 简称：1995 年塔斯马尼亚州《监护与管理法》。

182. Guardianship and Administration Act 1986（VIC），Australia. 简称：1986 年维多利亚州《监护与管理法》。

183. Guardianship and Administration Act 1990（WA），Australia. 简称：1990 年西澳大利亚州《监护与管理法》。

184. Federal Magistrates Court Rules 2001，Australia. 简称：2001 年《联邦治安法院审理细则》。

185. Child Protection Act 1999（QLD），Australia. 简称：1999 年昆士兰州《儿童保护法》。

186. Children, Youth and Families Act 2005（VIC），Australia. 简称：2005 年维多利亚州《儿童、青少年与家庭成员法》。

二、中国法律法规及司法解释等

187.《中华人民共和国宪法》（2018 年 3 月 11 日通过第五次修正，并公布施行），简称：我国现行《宪法》。

188.《中华人民共和国民法典》（2020 年 5 月 28 日通过并公布，2021 年 1 月 1 日起施行），简称：我国《民法典》，或者我国《民法典》婚姻家庭编、我国《民法典》继承编。

189.《最高人民法院关于适用〈中华人民共和国民法典〉婚姻家庭编的解释（一）》（2020 年 12 月 25 日通过，自 2021 年 1 月 1 日起施行），简称：我国《婚姻家庭编解释（一）》。

190.《最高人民法院关于适用〈中华人民共和国民法典〉继承编的解释（一）》（2020年12月25日通过，自2021年1月1日起施行），简称：我国《继承编解释（一）》。

191. 2001年修正后的《中华人民共和国婚姻法》（1980年9月10日通过，1981年1月1日起施行，2001年4月28日修正，自2021年1月1日我国《民法典》施行之日起已废止），简称：我国2001年修正的《婚姻法》。

192. 1980年《中华人民共和国婚姻法》（1980年9月10日通过，1981年1月1日起施行），简称：我国1980年《婚姻法》。

193. 1950年《中华人民共和国婚姻法》（1950年3月3日通过，1950年5月1日颁布施行），简称：我国1950年《婚姻法》。

194.《最高人民法院关于适用〈中华人民共和国婚姻法〉若干问题的解释（一）》（2001年12月24日通过，2001年12月27日起施行，自2021年1月1日我国《民法典》施行之日起已废止），简称：我国2001年《婚姻法解释（一）》。

195.《最高人民法院关于适用〈中华人民共和国婚姻法〉若干问题的解释（二）》（2003年12月4日通过，2004年4月1日起施行，自2021年1月1日我国《民法典》施行之日起已废止），简称：我国2004年《婚姻法解释（二）》。

196.《最高人民法院关于适用〈中华人民共和国婚姻法〉若干问题的解释（三）》（2011年7月4日通过，2011年8月13日起施行，自2021年1月1日我国《民法典》施行之日起已废止），简称：我国2011年《婚姻法解释（三）》。

197.《中华人民共和国民法通则》（1987年1月1日起施行，自2021年1月1日我国《民法典》施行之日起已废止），简称：我国《民法通则》。

198.《中华人民共和国民法总则》（2017年3月15日通过，2017年10月1日起施行，自2021年1月1日我国《民法典》施行之日起已废止），简称：我国《民法总则》。

199.《最高人民法院关于审理涉及夫妻债务纠纷案件适用法律有关问题的解释》（2018年1月8日通过，2018年1月18日起施行，自2021年1月1日我国《民法典》施行之日起已废止），简称：我国2018年《夫妻债务解释》。

200.《最高人民法院关于贯彻执行〈中华人民共和国民法通则〉若干问题的意见》（1988年4月2日起施行，自2021年1月1日我国《民法典》施行之日起已废止），简称：我国《执行〈民法通则〉的意见》。

201.《中华人民共和国婚姻登记条例》（2003年7月30日通过，2003年10月1日起施行），简称：我国2003年《婚姻登记条例》。

202.《中华人民共和国老年人权益保障法》（1996年8月29日通过，2009年8月27日第一次修正，2015年4月24日第二次修正，2018年12月29日第三次修正），简称：我国现行《老年人权益保障法》。

203.《中华人民共和国收养法》（1991年12月29日通过，1992年4月1日起施行，1998年12月4日修正，1999年4月1日起施行，自2021年1月1日我国《民法典》施行之日起已废止），简称：我国1999年修正的《收养法》。

204. 民政部《收养评估办法（试行）》（2021年1月1日起施行），简称：我国《收养评估办法》。

205.《中华人民共和国民事诉讼法》（1991 年 4 月 9 日通过，1991 年 9 月起实施，2007 年 10 月 28 日第一次修正，2012 年 8 月 31 日第二次修正，2017 年 6 月 27 第三次修正，2021 年 12 月 24 日第四次修正，2022 年 1 月 1 日起施行），简称：我国 2021 年《民事诉讼法》或我国现行《民事诉讼法》。

206.《最高人民法院审理离婚案件处理子女抚养问题的若干具体意见》（1993 年 11 月 3 日起施行，自 2021 年 1 月 1 日我国《民法典》施行之日起已废止），简称：我国 1993 年《子女抚养意见》。

207.《中华人民共和国反家庭暴力法》（2015 年 12 月 27 日通过，2016 年 3 月 1 日起施行），简称：我国《反家庭暴力法》。

208.《人类辅助生殖技术管理办法》（2001 年 2 月 20 日发布，2001 年 8 月 1 日起施行），简称：我国 2001 年《人类辅助生殖技术管理办法》。

209.《中华人民共和国妇女权益保障法》（1992 年 4 月 3 日通过，1992 年 10 月 1 日起施行，2005 年 8 月 28 日第一次修正，2018 年 10 月 26 日第二次修正，2018 年 10 月 26 日起实施），简称：我国现行《妇女权益保障法》。

210.《中华人民共和国未成年人保护法》（1991 年 9 月 4 日通过，2007 年 6 月 1 日起施行，2006 年 12 月 29 日第一次修正；2012 年 10 月 26 日第二次修正，2013 年 1 月 1 日起实施；2020 年 10 月 17 日第三次修正），简称：我国 2020 年修正的《未成年人保护法》或我国现行《未成年人保护法》。

211.《中华人民共和国预防未成年人犯罪法》（1999 年 6 月 28 日通过，1999 年 11 月 1 日实施，2012 年 10 月 26 日修正，2020 年 12 月 26 日修订），简称：我国现行《预防未成年人犯罪法》。

212.《中华人民共和国残疾人保障法》（1990 年 12 月 28 日通过，1991 年 5 月 15 日起施行，2008 年 4 月 24 日修订，2018 年 10 月 28 日修正），简称：我国现行《残疾人保障法》。

213.《最高人民法院关于人民法院审理未办结婚登记而以夫妻名义同居生活案件的若干意见》（1989 年 11 月 13 日起施行，自 2021 年 1 月 1 日我国《民法典》施行之日起已废止），简称：我国 1989 年《审理以夫妻名义同居生活案件的意见》。

三、国际公约

214. Convention on the Rights of the Child 1989. 简称：1989 年《儿童权利公约》。

215. Hague Convention on Protection of Children and Co-operation in Respect of Inter-country Adoption 1993. 简称：1993 年《海牙跨国收养公约》或《海牙跨国收养公约》。

216. The Convention on the Elimination of all Forms of Discrimination Against Women 1979. 简称：1979 年《消除对妇女一切形式歧视公约》。

217. Convention on the Rights of Persons with Disabilities 2006. 简称：2006 年《残疾人权利公约》。

218. 1980 年《海牙国际性非法诱拐儿童民事事项公约》，简称：1980 年《海牙非法诱拐儿童公约》或《海牙非法诱拐儿童公约》。

219. 1950 年《保护人权和基本自由的欧洲公约》，简称：1950 年《欧洲人权公约》或《欧洲人权公约》。

第一章　当代外国婚姻家庭法律制度研究概述①

第一节　当代外国婚姻家庭法律制度研究的背景与意义

本节研究和阐述以下内容：一是当代外国婚姻家庭法律制度研究的背景；二是当代外国婚姻家庭法律制度研究的意义。

一、当代外国婚姻家庭法律制度研究的背景

关于当代外国婚姻家庭法律制度研究的背景，我们可以从社会背景和学术背景两个方面进行考察与阐述。

（一）当代外国婚姻家庭法律制度研究的社会背景

婚姻家庭法律制度②是指调整婚姻家庭关系及一定范围亲属关系的法律规范的总和。婚姻是家庭的基础，家庭是构成社会的基本单位。正如马克思所言：如果婚姻不是家庭的基础，那么它"就会像友谊一样，也不是立法的对象了"。③婚姻家庭关系不仅涉及婚姻家庭当事人的利益，还涉及相关第三人及社会的利益。自人类社会两性结合关系采取个体婚制为主要形式以来，为了调整婚姻家庭关系，维护婚姻家庭当事人、子女、相关亲属及利害关系人的正当权益，稳定和巩固社会秩序，不同时期不同国家都通过法律制度来调整和规范婚姻家庭关系及一定范围的亲属关系。

习近平总书记指出，没有国家繁荣发展，就没有家庭幸福美满。同样，没有千千万万家庭幸福美满，就没有国家繁荣发展。④德国学者缪勒利尔认为，人类社会种姓制度的发展历程可以分作以下"三人时期：一、氏族时代或血缘时代；二、家族时代；三、个人时代。"⑤美国社会学家古德指出："社会是通过家庭来取得个人对社会的贡献，反之，家庭也只有在社会的支持下才得以继续生存下去。"⑥我国学者杨大文先生认为："有关亲

---

① 本章由陈苇、朱凡合作撰写，但第二节除外，本章第二节当代外国婚姻家庭法律制度的立法体例与调整对象由陈法撰写。

② 必须说明，为论述简洁起见，本书对于婚姻家庭法律制度，有时简称为婚姻家庭制度或婚姻家庭法。

③ 《马克思恩格斯全集》（第一卷），人民出版社1965年版，第183页。

④ 习近平：《在2019年春节团拜会上的讲话》，http://www.xinhuanet.com/politics/leaders/2019-02/03/c_1124084002.htm，访问日期：2020年8月3日。

⑤ ［德］F. 缪勒利尔：《家族论》，胡冬野译，商务印书馆1990年版，第4-5页。

⑥ ［美］威廉·J. 古德：《家庭》，魏章玲译，社会科学出版社1987年版，第5页。

属的立法在古今中外，各国的法律体系中都占有很重要的位置……法律是以国家强制力为后盾的。"① 自人类进入阶级社会制定法律以来，古今中外各个国家的婚姻家庭法都是调整婚姻家庭人身关系和财产关系的基础性法律规范，调整婚姻家庭关系的法律都是社会支持和保障家庭的重要工具之一。值得注意的是，随着人类社会的发展和人们婚姻家庭观念的变化，当今世界有些国家的婚姻立法对婚姻主体的范围，除男女当事人外已扩大至同性伴侣。这印证了我国学者杨怀英先生所言："由于婚姻是按社会规定的条件和一定目的而形成的，不同社会对婚姻的观念就显然不同。"② 例如，传统观念认为，婚姻家庭关系不同于其他社会关系的本质区别，"在于它是以两性结合和血缘联系为特征，以共同生活为内容而结成的社会关系"。③ 就以上特征而言，在现代社会一些承认同性结合婚姻合法的国家，婚姻家庭关系仅剩下"以共同生活为内容"了。诚然，在现代社会，人们的婚姻家庭观念发生了很大的变化，婚姻当事人双方的感情在维系婚姻关系中发挥着越来越重要的作用。但是，家庭仍然负担着生育和经济生活等职能，我国学者费孝通先生指出："一个完整的抚育团体必须包括两性的合作。"④ 因此，婚姻家庭作为社会的基本生活单位，仍然是社会的基础，保护婚姻家庭仍然是当代婚姻家庭法的重要任务。⑤ 当代婚姻家庭法仍然以婚姻家庭关系为主要的调整和保护对象。婚姻家庭关系不同于一般民事法律关系，其以人身关系为主，财产关系从属于人身关系，故婚姻家庭法属于民事法律范畴中的身份法。⑥ 婚姻家庭法的调整对象决定其功能，既涉及婚姻当事人利益的保护，也涉及家庭中的妇女、未成年人、残疾人和老年人等弱势群体权益的保障，还涉及第三人的利益与交易安全的维护。

2020 年 5 月 28 日公布、于 2021 年 1 月 1 日起实施的《中华人民共和国民法典》是新中国成立以来第一部以"法典"命名的法律，是完善中国特色社会主义法律体系、构建社会主义法治国家的标志性和划时代的重大成果，是一部固根本、稳预期、利长远的基础性法律。⑦ 我国《民法典》第五编婚姻家庭是民法典的重要组成部分，设有"一般规定""结婚""家庭关系""离婚"和"收养"五章，合计 79 条。在婚姻家庭编的编纂过程中，根据新时期调整我国婚姻家庭新情况新问题的实际需要，在原则上保留现行制度和吸取行之有效的司法解释基础上，根据加强国家对婚姻家庭的保护、尊重婚姻家庭当事人的意思自治、注重夫妻婚姻家庭地位的平等、注重儿童最大利益原则的贯彻、注意保护婚姻家庭弱者的权益等立法理念，新增或修改补充了 24 项制度或规则，主要包括：在"一般规定"章中，新增婚姻家庭受国家保护原则，增设婚姻家庭文明建设的倡导性规定，确立最有利于被收养人原则，界定亲属的种类、近亲属和家庭成员的范围；在

① 杨大文主编：《亲属法》，法律出版社 1997 年版，第 8 页。
② 杨怀英主编：《中国婚姻法论》，重庆出版社 1989 年版，第 4—5 页。
③ 胡平主编：《婚姻家庭继承法论》，重庆大学出版社 2000 年版，第 1 页。
④ 费孝通：《乡土中国 生育制度》，北京大学出版社 1998 年版，第 122 页。
⑤ 陈苇：《中国婚姻家庭法立法研究》，群众出版社 2000 年版，第 169 页。
⑥ 婚姻法属于身份法范畴，无论人身关系还是财产关系，其权利义务大多是根据人们在共同生活中长期形成的伦理道德上升为法律关系的。参见邓宏碧主编：《婚姻家庭继承法学》，成都科技大学出版社 1995 年版，第 27 页。
⑦ 参见习近平：《充分认识颁布实施民法典重大意义 依法更好保障人民合法权益——2020 年 5 月 29 日在十九届中央政治局第二十次集体学习时的讲话》，http://www.xinhuanet.com/politics/leaders/2020-06/15/c_1126116411.htm，访问日期：2020 年 8 月 6 日。

"结婚"章中，减少禁止结婚和无效婚姻的法定事由，修改补充可撤销婚姻制度，新增重大疾病的如实告知义务、婚姻无效或被撤销无过错方的损害赔偿请求权；在"家庭关系"章中，新增夫妻家事代理权及其限制规则、夫妻共同债务认定规则、婚内析产规则、亲子关系的确认与否认之诉规则；在"离婚"章中，新增离婚冷静期、婚姻关系解除的时间，补充诉讼离婚准予离婚的法定事由、离婚时处理子女抚养问题规则、离婚夫妻共同财产分割原则，修改离婚经济补偿、离婚经济帮助的适用条件，增加离婚损害赔偿法定事由的兜底条款；在"收养"章中，放宽被收养人的年龄和收养子女的人数限制，修改补充收养人的条件，增加收养评估规则等。① 早在我国 1980 年《婚姻法》修订时，学者巫昌祯先生就提出："要立足于制度建设，把婚姻法修改成一部具有中国特色和时代精神的、体系完整、内容全面，具有前瞻性、系统性、科学性的婚姻家庭法。"② 我国《民法典》婚姻家庭编正是系统地集成了中华人民共和国成立以来婚姻家庭立法、司法实践与人民群众的智慧与成果，实现了在婚姻家庭立法传统中的传承、对域外成熟经验的合理吸收和现实需要的本土创新，是保护婚姻家庭，尊重婚姻家庭当事人的意思自治，保护婚姻家庭中弱者的权益，顺应社会的现实需要和人民群众的期待、增进人民福祉的具有中国特色的婚姻家庭法律。

近年来，随着社会经济、文化的发展，我国逐渐进入人口老龄化社会③，人们的婚姻家庭观念发生了一些新变化，婚姻家庭领域出现了一些新情况新问题。例如，统计数据显示，我国的结婚率呈逐年下降趋势、离婚率则呈逐年上升趋势。④ 在结婚方面，在我国结婚率呈逐年下降趋势的同时，非婚同居者增多⑤，同性恋者的同居（甚至在公开举行婚礼后同居）也有存在，非婚同居者之间以及同性同居伴侣之间有何权利与义务？目前我国对于这两类群体的权利与义务的规定均呈立法空白。根据我国《婚姻家庭编解释（一）》第 3 条规定，人民法院对于仅解除同居关系的诉讼不予受理，仅受理因同居期间

---

① 参见陈苇、贺海燕：《论中国民法典婚姻家庭编的立法理念与制度新规》，载《河北法学》2021 年第 1 期，第 15－39 页。

② 巫昌祯：《1980 年婚姻法的修改和完善》，载巫昌祯：《我与婚姻法》，法律出版社 2001 年版，第 16 页。

③ 根据《2019 年民政事业发展统计公报》的统计数据，截至 2019 年年底，全国 60 周岁及以上老年人口 25388 万人，占总人口的 18.1%，其中 65 周岁及以上老年人口 17603 万人，占总人口的 12.6%，http://www.mca.gov.cn/article//sj/tjgb/202009/20200900029333.shtml，访问日期：2021 年 8 月 2 日。

④ 在我国，2015－2019 年的结婚率分别为：9.0‰、8.3‰、7.7‰、7.3‰、6.6‰；2015－2019 年的离婚率分别为：2.8‰、3.0‰、3.2‰、3.2‰、3.4‰。民政部：《2019 年民政事业发展统计公报》，http://www.mca.gov.cn/article//sj/tjgb/202009/20200900029333.shtml，访问日期：2021 年 8 月 4 日。

⑤ 必须说明，自 20 世纪 90 年代起，非婚同居现象在我国就呈增长态势，1996 年广东省就有近 20 万人未办结婚登记而同居。此后，据广东省民政部门调查，2003 年该省已有 200 万个非婚同居的家庭。参见夏吟兰等：《21 世纪婚姻家庭新规则：新婚姻法解说与研究》，中国检察出版社 2001 年版，第 245 页。我国有学者分析认为，我国的非婚同居者年龄呈"双峰现象"：一是适婚年龄的青年人，另一是老年人。参见王薇：《非婚同居法律制度比较研究》，人民出版社 2009 年版，第 92－93 页。早在 20 世纪 70 年代中期，丹麦和瑞典就有近 30% 的 20 岁至 24 岁的未婚妇女与男人生活在一起。在这一年龄组中，非婚同居的比正式婚姻的还多。此后，在其他欧洲国家，非婚同居也在增多。1980 年，法国巴黎所有共同生活的异性伴侣中结婚的不足一半；1985 年，联邦德国大约有 100 万对伴侣生活在"非婚的生活共同体"中。参见［奥地利］赖因哈德·西德尔：《家庭的社会演变》，王志乐等译，商务印书馆 1996 年版，第 232－233 页。

财产分割或子女抚养的诉讼纠纷。① 在亲子关系方面，非婚同居父母与子女之间亲子关系的确立，除自愿认领和强制认领外，能否依事实上的抚养关系推定？代孕者请求确认其与代孕所生子女之间的亲子关系能否确认？② 在离婚方面，在我国离婚率呈逐年上升趋势的同时，离婚时夫妻一方在婚内以个人名义所欠夫妻共同债务，除该夫妻一方承担无限清偿责任外，非借款的夫妻他方能否仅以婚内所得共同财产承担有限清偿责任？③ 离婚时，夫妻一方在婚姻期间积累的养老金期待经济利益，夫妻他方不能请求分割是否公平、合理？④ 针对以上新情况新问题处理的规范，我国《民法典》婚姻家庭编的立法或尚呈空白或存在不足。

习近平总书记明确指出："民法典颁布实施，并不意味着一劳永逸解决了民事法治建设的所有问题，仍然有许多问题需要在实践中检验、探索，还需要不断配套、补充、细化。"⑤ 在 21 世纪，我国加强中国特色社会主义法治国家建设的时代背景下，为适应新时期调整我国婚姻家庭领域新情况新问题的需要，我国《民法典》婚姻家庭编的相关制度还有待不断配套、补充、细化以进一步完善。正如我国学者所言："民法典不但需要有先进的理念，科学合理的体系结构，而且需要合理、精准的具体制度设计。"⑥ "他山之石，可以攻玉。"我们以当代外国婚姻家庭法律制度为研究对象，选取大陆法系、英美法系具有一定代表性的国家，包括法国、德国、意大利、瑞士、日本、俄罗斯、英国、美国、澳大利亚共九国的婚姻家庭法律制度进行研究，在研究该九国婚姻家庭各项具体制度 20

---

① 在国外，目前不少国家对同居关系、同性伴侣关系予以立法调整。有关美国、英国、法国、澳大利亚、荷兰、比利时、丹麦、挪威、瑞典等国的非婚同居立法例之研究与探评，参见王薇：《非婚同居法律制度比较研究》，人民出版社 2009 年版，第 117-404 页。关于国外同性婚姻立法现状及存在的问题之研究，参见王森波：《同性婚姻法律问题研究》，中国法制出版社 2012 年版，第 131-154 页。

② 在我国，1991 年 7 月 8 日《最高人民法院关于夫妻离婚后人工授精所生子女的法律地位如何确定的复函》并没有解决代孕所生子女的亲子关系确认问题。2001 年 8 月 1 日实施的卫生部《人类辅助生殖技术管理办法》第 3 条明确规定医疗机构和医务人员不得实施任何形式的代孕技术，并且第 22 条规定对违法进行代孕活动者给予相应处罚。关于国外代孕制度，法国、德国、英国、澳大利亚、南非、以色列、美国加利福尼亚州、俄罗斯的立法例及比较评析，参见石雷：《功能主义视角下外国代孕制度研究》，华中科技大学出版社 2020 年版，第 14-149 页。

③ 对于离婚时夫妻一方在婚内以个人名义所欠夫妻共同债务，非借款的夫妻他方仅以婚内所得共同财产承担有限清偿责任的德国立法例和法国立法例，或夫妻仅以个人财产承担有限补充清偿责任的意大利立法例之评析，参见陈苇：《中国婚姻家庭法立法研究》，群众出版社 2000 年版，第 222-223 页。

④ 在我国，现行《婚姻家庭编解释（一）》第 80 条规定："离婚时夫妻一方尚未退休、不符合领取基本养老金条件，另一方请求按照夫妻共同财产分割基本养老金的，人民法院不予支持；婚后以夫妻共同财产缴纳基本养老保险费，离婚时一方主张将养老金账户中婚姻关系存续期间个人实际缴纳部分及利息作为夫妻共同财产分割的，人民法院应予支持。"可见，据此规定，离婚时夫妻一方在婚姻期间积累的养老金期待经济利益夫妻他方不能请求分割。然而，此规定是否合理、是否公平？这是值得深入探讨的问题。从域外立法看，大陆法系和英美法系有不少国家的立法都承认夫妻一方在婚姻期间积累的养老金期待利益应当由夫妻双方分享，离婚时应当作为夫妻共同财产予以分割。域外有关离婚时夫妻一方在婚姻期间积累的养老金期待利益由夫妻双方公平分割的立法，德国立法例和美国立法例的研究，参见陈苇：《中国婚姻家庭法立法研究》，群众出版社 2000 年版，第 220-221 页；英国立法例，参见陈苇、杨璇：《英国夫妻分割养老金立法研究及完善我国立法的建议》，载陈苇主编：《家事法研究》（2006 年卷），群众出版社 2007 年版，第 113-140 页；澳大利亚立法例，参见陈苇、陈思琴：《论婚后所得养老金利益由夫妻共享之法理基础及其分割方法——以澳大利亚离婚夫妻养老金分割的立法与实践为视角》，载夏吟兰等主编：《呵护与守望——庆祝巫昌祯教授八十华诞暨从教五十周年文集》，中国妇女出版社 2008 年版，第 107-120 页。

⑤ 习近平：《充分认识颁布实施民法典重大意义　更好保障人民合法权益》，载《求是》2020 年第 12 期，http://www.qstheory.cn/dukan/qs/2020-06/15/c_1126112148.htm，访问日期：2021 年 8 月 5 日。

⑥ 参见张玉敏主编：《新中国民法典起草五十年回顾与展望》，法律出版社 2010 年版，第 133 页。

世纪以来修订概况和主要内容的基础上，分析当代外国婚姻家庭法律制度的发展趋势，并且总结我国《民法典》婚姻家庭编的立法成就，结合新时期我国婚姻家庭领域的新情况新问题，分析我国相关具体制度之不足，从实际出发，借鉴域外有益的立法经验，提出我国相关具体制度的补充完善建议，以期为我国《民法典》婚姻家庭编相关具体制度的"配套、补充、细化"之立法完善，尽绵薄之力。

（二）当代外国婚姻家庭法律制度研究的学术背景

当代外国婚姻家庭法律制度的研究属于比较家庭法领域。"比较家庭法是比较法研究的分支学科。"[1] 随着我国学术研究的发展，比较法研究作为法学研究的重要方法之一，在我国婚姻家庭法学研究领域得到了广泛的运用。在我国，1980 年《婚姻法》的颁布实施，标志着我国婚姻家庭法学研究进入蓬勃发展的时期。20 世纪 80 年代以来，我国婚姻家庭法学领域的学术研究十分活跃，研究成果向纵深发展。[2] 同时，中外家庭法学者的学术交流也逐渐深入。这些为我们开展当代外国婚姻家庭法研究奠定了良好的学术基础。

第一，从学术研究的外国婚姻家庭法的中译本看，日益丰富。自 20 世纪 80 年代以来，前述我们作为研究对象的两大法系具有代表性的九个国家的民法典或婚姻家庭法在我国已被翻译出版了中译本，并且部分中译本在对最新立法补充翻译后被重新印刷出版。例如，《法国民法典》《德国民法典》出版的中译本较多，有李浩培等译：1804 年《法国民法典》，商务印书馆 1979 年版；马育民译：《法国民法典》，北京大学出版社 1982 年版；罗结珍译：《法国民法典》（上册、下册），法律出版社 2005 年版；罗结珍译：《法国民法典》，北京大学出版社 2010 年版。郑冲、贾红梅译：《德国民法典》，法律出版社 1999 年版；陈卫佐译：《德国民法典》（第二版），法律出版社 2006 年版；杜景林、卢谌译：《德国民法典》，中国政法大学出版社 2014 年版[3]；陈卫佐译注：《德国民法典》（第四版），法律出版社 2015 年版。而其他国家的民法典或婚姻家庭法的中译本，有殷生根、王燕译：《瑞士民法典》，中国政法大学出版社 1999 年版；戴永盛译：《瑞士民法典》，法律出版社 2016 年版。王书江译：《日本民法典》，中国人民公安大学出版社 1999 年版；刘士国、牟宪魁、杨瑞贺译：《日本民法典》（2017 年大修改），中国法制出版社 2018 年版；王融擎编译：《日本民法：条文与判例》，中国法制出版社 2018 年版[4]。费安玲、丁玫译：《意大利民法典》，中国政法大学出版社 1997 年版；费安玲、丁玫、张宓译：《意大利民法典》，中国政法大学出版社 2004 年版[5]；陈国柱译：《意大利民法典》，中国人民大学出版社 2010 年版[6]。鄢一美译：《俄罗斯联邦家庭法典》（1995 年），载中国法学会婚姻法学研究会编：《外国婚姻家庭法汇编》，群众出版社 2000 年版；黄道秀译：《俄罗斯联邦民法典》，北京大学出版社 2007 年版。张贤钰主编：《外国婚姻家庭法资料选编》，复旦大学出版社 1991 年版；夏吟兰等译：《美国统一婚姻财产法》（1983 年）、张雪忠等译：《英国家庭法》（1996 年），载中国法学会婚姻法学研究会编：《外国婚姻家庭法汇

---

[1] 李志敏主编：《比较家庭法》，北京大学出版社 1988 年版，第 2 页。

[2] 参见巫昌祯主编：《婚姻家庭法新论——比较研究与展望》，中国政法大学出版社 2002 年版，第 397 页。

[3] 杜景林、卢谌：《德国民法典——全条文注释》（上册、下册），中国政法大学出版社 2015 年版。

[4] 根据 2018 年日本民法典修订编译完成，涵盖日本民法典条文及施行以来的重要判例。

[5] 根据 1997 年第一版《意大利民法典》中文版问世后至 2003 年年底期间该法典最新变化的信息资料译出。

[6] 根据 1983 年风间鹤寿先生日译本（1983 年追补版）译出。

编》，群众出版社 2000 年版；蒋月等译：《英国婚姻家庭制定法选集》，法律出版社 2008 年版。陈苇主编：《加拿大家庭法汇编》，群众出版社 2006 年版。陈苇等译：《澳大利亚家庭法》（2008 年修正），群众出版社 2009 年版；等等。

除前述九国的民法典或婚姻家庭法的中译本外，其他国家的民法典也出版了部分中译本。例如，徐婧译注：《最新路易斯安那民法典》，法律出版社 2007 年版；黄文煌编译：《埃及民法典》，厦门大学出版社 2008 年版；唐晓晴等译：《葡萄牙民法典》，北京大学出版社 2009 年版；崔吉子译：《韩国最新民法典》，北京大学出版社 2010 年版；薛军洲译：《菲律宾民法典》，厦门大学出版社 2011 年版；潘灯、马琴译：《西班牙民法典》，中国政法大学出版社 2013 年版；尹田译：《阿尔及利亚民法典》，厦门大学出版社 2013 年版；徐涤宇译：《智利共同国民法典》（2000 年修订本），北京大学出版社 2014 年版；等等。

第二，从学术研究的机构看，我国部分高等院校已经成立了婚姻家庭法研究的专门机构，如中国人民大学法学院的"婚姻家庭法研究所"①、华东政法大学的"婚姻家事法与妇女权利保障研究中心"② 等，有的高校还成立了外国婚姻家庭法研究的专门机构，如 2005 年 4 月成立的"西南政法大学外国家庭法及妇女理论研究中心"。③ 必须说明，中国政法大学早在 1986 年就成立了"外国法研究所"，1988 年发展为"比较法研究所"，这是新中国第一个比较法研究机构，它设有以下研究组：大陆法组、普通法组、北欧法组、苏联东欧法组、日本法组、伊斯兰法组、印度法组。④ 各组对相关国家法律制度的研究当然也包括该国的婚姻家庭法律制度。

第三，从学术研究的参考书籍看，部分经典权威的家庭社会学、婚姻家庭法学和比较法学等理论著作以及外国婚姻家庭法学教科书在我国翻译出版。例如，[美] 威廉·J. 古德：《家庭》⑤；[德] F. 缪勒利尔：《家族论》⑥；[日] 利谷信义等编：《离婚法社会学》⑦；[芬兰] 韦斯特马克：《人类婚姻简史》⑧；[意] 彼德罗·彭梵得：《罗马法教科书》⑨；[奥地利] 赖因哈德·西德尔：《家庭的社会演变》⑩；[英] 玛丽·沃斯通克拉夫特：《女权辩护》，[英] 约翰·斯图尔特·穆勒：《妇女的屈从地位》⑪；[美] 加里·斯

---

① http://www.law.ruc.edu.cn/home/yj/? id=44417，访问日期：2021 年 8 月 6 日。

② https://ditu.so.com/? k=%E5%8D%8E%E4%B8%9C%E6%94%BF%E6%B3%95%E5%A4%A7%E5%AD%A6%E5%A9%9A%E5%A7%BB%E5%AE%B6%E4%BA%8B%E6%B3%95%E4%B8%8E%E5%A6%87%E5%A5%B3%E6%9D%83%E5%88%A9%E4%BF%9D%E9%9A%9C%E7%A0%94%E7%A9%B6%E4%B8%AD%E5%BF%83&src=onebox，访问日期：2021 年 8 月 26 日。

③ https://hyjtf.swupl.edu.cn/，访问日期：2021 年 8 月 6 日。

④ 江平主编：《比较法在中国》（第一卷），法律出版社 2001 年版，第 24 页。

⑤ [美] 威廉·J. 古德：《家庭》，魏章玲译，社会科学出版社 1987 年版。

⑥ [德] F. 缪勒利尔：《家族论》，胡冬野译，商务印书馆 1990 年版。

⑦ [日] 利谷信义等编：《离婚法社会学》，陈明侠等译，北京大学出版社 1991 年版。

⑧ [芬兰] 韦斯特马克：《人类婚姻简史》，刘小幸、李彬译，商务印书馆 1992 年版。

⑨ [意] 彼德罗·彭梵得：《罗马法教科书》，黄风译，中国政法大学出版社 1992 年版。

⑩ [奥地利] 赖因哈德·西德尔：《家庭的社会演变》，王志乐等译，商务印书馆 1996 年版。

⑪ [英] 玛丽·沃斯通克拉夫特：《女权辩护》，王蓁译；[英] 约翰·斯图尔特·穆勒：《妇女的屈从地位》，汪溪译，商务印书馆 1996 年版。

坦利·贝克尔:《家庭论》①;〔法〕安德列·比尔基埃等主编:《家庭史》(第一卷、上册、下册,遥远的世界、古老的世界)②;〔法〕安德列·比尔基埃等主编:《家庭史》(第二卷,现代化的冲击)③;〔美〕葛尔·罗宾等:《酷儿理论西方90年代性思潮》④;〔芬兰〕韦斯特马克:《人类婚姻史》(第一卷)、(第二卷)、(第三卷)⑤;〔法〕米歇尔·福柯:《性经验史》(增订版)⑥;〔法〕莱昂·狄骥:《〈拿破仑法典〉以来私法的变迁》⑦;〔德〕K.茨威格特、H.克茨:《比较法总论》⑧;〔美〕罗斯科·庞德:《法律与道德》⑨;〔英〕凯特·斯丹德利:《家庭法》⑩;〔日〕星野英一:《私法中的人》⑪;〔法〕弗朗索瓦·泰雷、菲利普·森勒尔:《法国财产法》(上、下)⑫;〔英〕F.H.劳森、伯纳德·冉得:《英国财产法导论》⑬;〔美〕约翰·G.斯普兰克林:《美国财产法精解》⑭;〔美〕罗斯科·庞德:《普通法的精神》⑮;〔德〕迪特尔·施瓦布:《德国家庭法》⑯;〔法〕西蒙娜·德·波伏瓦:《第二性Ⅰ》《第二性Ⅱ》⑰;〔俄〕E.A.苏哈诺夫主编:《俄罗斯民法》⑱;〔英〕威廉·格尔达特著,大卫·亚德里修订:《英国法导论》(原书第十一版)⑲;〔奥〕卡尔·伦纳:《私法的制度及其社会功能》⑳;〔美〕玛萨·艾伯森·法曼:《虚幻的平等:离婚法改革的修饰与现实》㉑;〔澳〕帕特里克·帕金森:《永远的父

---

①　〔美〕加里·斯坦利·贝克尔:《家庭论》,王献生、王宇译,商务印书馆1998年版。

②　〔法〕安德列·比尔基埃等主编:《家庭史》(第一卷、上册、下册,遥远的世界、古老的世界),袁树仁等译,生活·读书·新知三联书店1998年版。

③　〔法〕安德列·比尔基埃等主编:《家庭史》(第二卷,现代化的冲击),袁树仁等译,生活·读书·新知三联书店1998年版。

④　〔美〕葛尔·罗宾等:《酷儿理论西方90年代性思潮》,李银河译,时事出版社2000年版。

⑤　〔芬兰〕韦斯特马克:《人类婚姻史》(第一卷),李彬、李毅夫、欧阳觉亚译,商务印书馆2002年版;〔芬兰〕韦斯特马克:《人类婚姻史》(第二卷),李彬译,商务印书馆2002年版;〔芬兰〕韦斯特马克:《人类婚姻史》(第三卷),李彬译,商务印书馆2002年版。

⑥　〔法〕米歇尔·福柯:《性经验史》(增订版),佘碧平译,上海世纪出版集团、上海人民出版社2002年版。

⑦　〔法〕莱昂·狄骥:《〈拿破仑法典〉以来私法的变迁》,徐砥平译,中国政法大学出版社2003年版。

⑧　〔德〕K·茨威格特、H.克茨:《比较法总论》,潘汉典、米健、高鸿钧、贺卫方译,法律出版社2003年版。

⑨　〔美〕罗斯科·庞德:《法律与道德》,陈林林译,中国政法大学出版社2003年版。

⑩　〔英〕凯特·斯丹德利:《家庭法》,屈广清译,中国政法大学出版社2004年版。

⑪　〔日〕星野英一:《私法中的人》,王闯译,中国法制出版社2004年版。

⑫　〔法〕弗朗索瓦·泰雷、菲利普·森勒尔:《法国财产法》(上、下),罗结珍译,中国法制出版社2008年版。

⑬　〔英〕F.H.劳森、伯纳德·冉得:《英国财产法导论》,曹培译,法律出版社2009年版。

⑭　〔美〕约翰·G.斯普兰克林:《美国财产法精解》,钟书峰译,北京大学出版社2009年版。

⑮　〔美〕罗斯科·庞德:《普通法的精神》,唐前宏等译,法律出版社2010年版。

⑯　〔德〕迪特尔·施瓦布:《德国家庭法》,王葆莳译,法律出版社2010年版。

⑰　〔法〕西蒙娜·德·波伏瓦:《第二性Ⅰ》《第二性Ⅱ》,郑克鲁译,上海译文出版社2011年版。

⑱　〔俄〕E.A.苏哈诺夫主编:《俄罗斯民法》(套装本共4册),黄道秀等译,中国政法大学出版社2011年版。

⑲　〔英〕威廉·格尔达特著,大卫·亚德里修订:《英国法导论》(原书第十一版),张笑牧译,中国政法大学出版社2013年版。

⑳　〔奥〕卡尔·伦纳:《私法的制度及其社会功能》,王家国译,法律出版社2013年版。

㉑　〔美〕玛萨·艾伯森·法曼:《虚幻的平等:离婚法改革的修饰与现实》,王新宇等译,中国政法大学出版社2014年版。

母：家庭法中亲子关系的持续性》;① ［英］约翰·伊拉克:《家庭法和私生活》②; ［德］Katharina Boele-Woelki, Jens M. Scherpe, ［英］ Jo Miles 主编:《欧洲婚姻财产法的未来》③; ［法］科琳·雷诺-布拉尹思吉:《法国家庭法精要》（第十七版）④, 等等。此外, 西南政法大学外国家庭法及妇女理论研究中心, 作为外国家庭法的专门研究机构, 除 2006 年已经出版比较家庭法著作《外国婚姻家庭法比较研究》⑤ 外, 还组织师生进行翻译工作, 先后出版了以下译著: ［美］哈里·D. 格劳斯、大卫·D. 梅耶:《美国家庭法精要》（第五版）⑥; ［澳］帕瑞克·帕金森:《澳大利亚法律的传统与发展》（第三版）⑦; ［美］玛萨·艾伯森·法曼:《自治的神话: 依赖理论》⑧。

第四, 从学术交流情况看, 中外婚姻家庭法律制度研究的学术交流正不断深入。仅以西南政法大学外国家庭法及妇女理论研究中心为例, 该研究中心的教师带领研究生们深入研究并撰写学术论文, 积极"以文参会", 自 2012 年起先后前往意大利、韩国、法国、英国、巴西、荷兰等国参加了家庭法国际学会召开的执委会、地区性会议和第十四届、第十五届、第十六届"家庭法世界大会", 在会上发言进行学术交流。该研究中心的师生还通过发表婚姻家庭继承法领域研究的英文论文, 促进中外婚姻家庭法学研究的学术交流不断深入。

自 2005 年西南政法大学外国家庭法及妇女理论研究中心成立以来, 该研究中心的师生在英文期刊独立发表或合作发表的部分英文论文如下: （1） *A Study Of The System Of Spousal Maintenance On Divorce: A Comparison Between China And Russia*⑨; （2） *Recent Developments in the Marital Property System of the People's Republic of China*⑩; （3） *On the social basis and legislative propositions of establishing non-marital cohabitation law of the PRC*⑪; （4） *A*

---

① ［澳］帕特里克·帕金森:《永远的父母: 家庭法中亲子关系的持续性》, 冉启玉等译, 法律出版社 2015 年版。

② ［英］约翰·伊拉克:《家庭法和私生活》, 石雷译, 法律出版社 2015 年版。

③ ［德］Katharina Boele-Woelki, Jens M. Scherpe, ［英］ Jo Miles 主编:《欧洲婚姻财产法的未来》, 樊丽君等译, 法律出版社 2017 年版。

④ ［法］科琳·雷诺-布拉尹思吉:《法国家庭法精要》（第 17 版）, 石雷译, 法律出版社 2019 年版。

⑤ 陈苇主编:《外国婚姻家庭法比较研究》, 群众出版社 2006 年版。

⑥ ［美］哈里·D. 格劳斯、大卫·D. 梅耶:《美国家庭法精要》（第五版）, 陈苇等译, 中国政法大学出版社 2010 年版。

⑦ ［澳］帕瑞克·帕金森:《澳大利亚法律的传统与发展》（第三版）, 陈苇等译, 中国政法大学出版社 2011 年版。

⑧ ［美］玛萨·艾伯森·法曼:《自治的神话: 依赖理论》, 李霞译, 中国政法大学出版社 2014 年版。

⑨ Chen Wei and Ran Qiyu, *A Study Of The System Of Spousal Maintenance On Divorce: A Comparison Between China And Russia*, International Journal of Law, Policy and the Family, （Number 3 · December 2005）, pp. 310–326, published by Oxford University Press.

⑩ Chen Wei, *Recent Developments in the Marital Property System of the People's Republic of China*, The International Survey of Family Law, 2006 Edition, pp. 145–164, Published on behalf the International Society of Family Law in May 2006, Printed and bound in Great Britain by Antony Rowe Limited, Chippenham, Wiltshire.

⑪ Chen Wei and Wang Wei, *On the social basis and legislative propositions of establishing non-marital cohabitation law of the PRC*, US–China Law Review, Volume 6 · Number1 January 2009 （Serial Number 50）, pp. 1–13, David Publishing Company, U. S. A.

Separation System for China's Mainland: Concept and Social Reality①；（5）*Present Legislation on Adoption in China and its Reform Proposals*②；（6）*Developments in China's Provisions for Postdivorce Relief in the 21st Century and Suggestions for Their Improvement*③；（7）*Empirical Research on Judicial Practice of the Post-divorce Relief System- Targeted on Sampled Cases Handled in a Grass-roots People's Court in Chongqing in 2010-2012*④；（8）*The Juridical Practice of Child-rearing Questions in Divorce Proceedings and Proposals for Improvement*⑤；（9）*The Divorce Damages System in China: Legislation and Practice*⑥；（10）*Cohabitation in china: Legislation and practice*⑦；（11）*Empirical Research on Protecting Women's Property Rights in Divorce Proceeding in China*⑧；（12）*A Survey on the Intestate Succession Views and Relevant Habits of Private Entrepreneurs in Contemporary China and its Legislative Implications*⑨；（13）*On Protection of the Child's Right to Care under the Minor Guardianship System in China.*⑩

必须说明，由于我们收集的资料有限，以上对外国婚姻家庭法律制度研究的学术成果和中外学术交流情况的简介可能有不少遗漏。但从中我们仍然可以认识到，外国婚姻家庭法律制度研究的学术成果与中外学术交流对于我国的立法人员、教学科研人员和法律实务人员拓宽视野、更新观念和汲取立法经验是有积极作用的。正如德国学者格罗斯菲尔德先生所言："比较法打开了我们的眼界（就像逃离监所而获得自由），刺激我们的思想，向我们提供新的论据，激发想象，告诉我们新的发展，冲破'地方法学'的领域，

---

① Chen Wei, Shi Lei and Luo XiaoLing, *A Separation System for China's Mainland: Concept and Social Reality*, International Journal of Law, Policy and the Family（Number 1·April 2012）, pp. 88-101, published by Oxford University Press 2012.

② Chen Wei and Shi Lei, *Present Legislation on Adoption in China and its Reform Proposals*, The International Survey of Family Law, 2012 Edition, pp. 53-67, Printed in Great Britain by CPI Antony Rowe, Chippenham and Eastbourne, 2012.

③ Chen Wei and Shi Lei, *Developments in China's Provisions for Postdivorce Relief in the 21st Century and Suggestions for Their Improvement*, Journal of Divorce and Remarriag, 2013, Vol.（54）, pp. 363-380, published by Taylor & Francis Group. LLC. In 2013.

④ Chen Wei, Shi Lei and He Wenjun, *Empirical Research on Judicial Practice of the Post-divorce Relief System- Targeted on Sampled Cases Handled in a Grass-roots People's Court in Chongqing in 2010-2012*, The International Survey of Family Law, 2014 Edition, pp. 51-70, Printed in Great Britain by Hobbs the Printers Limited, Totton, Hampshire SO40 3WX, 2014.

⑤ Chen Wei and Zhang Qinglin, *The Juridical Practice of Child-rearing Questions in Divorce Proceedings and Proposals for Improvement*, The International Survey of Family Law, 2016 Edition, pp. 105-128, Printed in Great Britain by CPI Group（UK）, Ltd, Croydon, CR0 4YY, 2016.

⑥ Chen Wei, Shi Lei and Zhang Xin, *The Divorce Damages System in China: Legislation and Practice*, International Journal of Law, Policy and the Family（Number 1·April 2016）, pp. 105-114, Published by Oxford University Press 2016.

⑦ Chen Wei and Shi Lei, *Cohabitation in china: Legislation and practice*, The International Survey of Family Law, 2017 Edition, pp. 55-96, Printed in Great Britain by CPI Group（UK）, Ltd, Croydon, CR0 4YY, 2017.

⑧ Chen Wei, Zhang Xin and Shi Lei, *Empirical Research on Protecting Women's Property Rights in Divorce Proceeding in China*, International Journal of Law, Policy and the Family（Number 1·April 2018）, pp. 109-118. published by Oxford University Press 2018.

⑨ Chen Wei and Shi Lei, *A Survey on the Intestate Succession Views and Relevant Habits of Private Entrepreneurs in Contemporary China and its Legislative Implications*, The International Survey of Family Law, 2018 Edition, pp. 145-166, Printed by Intersentia Ltd（UK）, 2018.

⑩ Chen Wei and Shi Lei, *On Protection of the Child's Right to Care under the Minor Guardianship System in China*, The International Survey of Family Law, 2019 Edition, pp. 59-78, Printed in Great Britain by CPI Group（UK）, Ltd, Croydon, CR0 4YY, 2019.

使法律科学再次成为世界的。"[1] 对外国法律的研究是独特且不可取代的，也是不断发展的。有学者通过对近30年来我国法学研究方法的回顾，也认为我国法学研究的方法和方向"从学科内规范研究逐步扩展到跨学科和实证量化研究，从法律移植逐步转移到注重运用西方法律方法研究本国问题"。[2] 正如舒国滢先生[3]贴切的比喻，比较研究的方法的确提供了"观照的镜鉴"。我们开展当代外国婚姻家庭法律制度的研究，正是观察他国婚姻家庭立法的历史和经验之镜，洞察正在发生的法律变革，可以更深入更广泛地认识和把握当代婚姻家庭法的变革趋势，为我国未来立法的发展提供参考。

二、当代外国婚姻家庭法律制度研究的意义

对当代外国婚姻家庭法律制度的研究属于比较法的研究范畴。当代外国婚姻家庭法律制度研究的意义，主要有两个方面：一是理论意义，二是实践意义。

（一）当代外国婚姻家庭法律制度研究的理论意义

日本学者大木雅夫先生指出："比较法追求始终的目的是认识。"[4] 比较是我们认识事物的基本方法之一，用比较的方法研究婚姻家庭法律制度能够扩大婚姻家庭法学研究的广度和深度。相对于研究本国法律的解释与适用，研究他国婚姻家庭法律制度的立法与运作主要有以下理论意义：

第一，可以开阔学术视野。对当代外国婚姻家庭法律制度的研究，可以开阔我们的学术视野，以开放的态度评估本国法，对照国内法的优势与不足，避免狭隘带来的自满或自卑。对于力图解决本国现行法之问题，完善本国立法、司法的法学研究者而言，研究他国法律就如同打开一个装满"解决方案"的仓库。即使是对外国法律制度原本漫无目的地研究，也能"使自己对于本国的解决办法批判的感觉敏锐了，并且由此产生一种思想或工作假设"。[5]

第二，可以深化理论认识。对当代外国婚姻家庭法律制度的研究，考察对某些具有共通性的问题，不同国家各自采取何种立法且如何运作，可以汲取可资借鉴的有益经验。荷兰学者扬·斯密茨先生指出，"法学研究的最终目的在于探究彼此冲突的规范性论据，而欲做到这点的最佳方法就是把不同的法域内出现的诸多情况进行比较"，"与其他法域进行比较，甚至与其他规范性体系（例如，道德规范与社会规范）进行对比，能够彰显出其他法域所采取的解决方案是如何运作的。这可能意味着，其他法域的实际情况——意识到某项规则发挥了有益作用——可以造就该种解决方案也适合于自己法域的规范性判断"[6]，即"为真正理解法律，即使限于一国的法律，研究者也必须具有一种跨越国界，

---

① 转引自沈宗灵：《比较法研究》，北京大学出版社1998年版，第39-40页。
② 熊谋林：《三十年中国法学研究方法回顾——基于中外顶级法学期刊引证文献的统计比较（2001-2011）》，载《政法论坛》2014年第3期，第23页。
③ 舒国滢：《并非有一种值得期待的宣言——我们时代的法学为什么需要重视方法》，载《现代法学》2006年第5期，第11页。
④ ［日］大木雅夫：《比较法》，范愉译，法律出版社1999年版，第68页。
⑤ ［德］茨威格特、克茨：《比较法总论》（上），潘汉典等译，中国法制出版社2017年版，第57页。
⑥ ［荷］扬·斯密茨：《法学的观念与方法》，魏磊杰、吴雅婷译，法律出版社2017年版，第88、89页。

甚至跨越自身所处时代的研究视角"。① 目前，我国学者对于外国婚姻家庭法律制度的研究并不平衡，一些国家的婚姻家庭法律制度已经有法典、教材、专著等介绍到国内，一些国家的婚姻家庭法律制度则仅有法典条文，还有一些国家的资料分散在各个译作中，尚未进行精炼的分析和梳理。本书的研究目的之一，即在考察和简要阐述 20 世纪以来当代外国婚姻家庭法律制度改革概况的基础上，深入研究和揭示现行各项制度的要点并分析发展趋势，深化理论认识。这既能丰富和深化外国婚姻家庭法律制度研究的理论，也能为读者了解当代外国婚姻家庭法律制度提供参考资料。

第三，可以填补国内法理论与制度的某些空白。人类社会的经济发展、科技的进步及社会文明的前行给他国带来的挑战和机遇我国也将面临，因此他国法律制度不论是"他山之石"还是"前车之鉴"都是宝贵的资料。例如，如何应对人工生殖技术的发展给亲子法律关系、家庭伦理带来的冲击，外国亲子法的比较研究就能提供更加宽阔的思路。又如，自联合国 1959 年《儿童权利宣言》提出"应以儿童的最大利益为首要考虑"的国际性指导原则后，许多国家修订了亲子法，把"儿童最大利益"作为处理儿童事务的首要原则，"更加注意尊重和保护儿童利益"已成为现代婚姻家庭法的发展趋势之一。② 这对我国婚姻家庭法学理论的发展亦具有重要意义。我国现行的《未成年人保护法》《民法典》婚姻家庭编均有部分法条的内容体现了该原则。再如，在反家庭暴力问题方面，从新中国成立以来我国一直致力于推动男女平等，鼓励妇女解放，妇女地位得到极大提高，但是家庭中的暴力依然存在并时常发生。从 20 世纪 70 年代开始联合国即倡导各国政府采取法律等措施预防和制止家庭暴力，但直到 90 年代"家庭暴力"这个词才逐渐被我国学界认识并得到社会关注。③ 从 1995 年北京召开第四次世界妇女大会，到 2001 年修订《婚姻法》首次规定"禁止家庭暴力"，再到 2015 年年底我国《反家庭暴力法》通过，国际社会的推动和对外国反家庭暴力法理论与实务的研究，促成了我国政府对反家庭暴力的高度重视和立法响应。可见，对他国婚姻家庭法律制度的研究和立法经验借鉴，可以结合本国实际填补国内法理论与制度的某些空白。

（二）当代外国婚姻家庭法律制度研究的实践意义

对当代外国婚姻家庭法律制度的研究，不仅具有理论意义，还具有如下实践意义：

第一，对于立法与修法，可以提供域外立法的参考文献。在古罗马，《十二表法》就是罗马特使团去雅典学习梭伦的法律和其他希腊城邦制度后，由十人法律起草委员会制定出来的。④ 在 21 世纪，我们用比较的方法研究当代外国婚姻家庭法律制度，可以为我国《民法典》婚姻家庭编的配套、补充、细化以及进一步完善提供域外法的参考资料。正如我国学者沈宗灵先生所言，我国的立法工作要坚持以总结本国经验为主，同时吸取本国历史上和外国的经验，"既反对盲目照搬，崇洋复古，又反对闭目塞听，闭关自

---

① ［美］詹姆斯·戈德雷：《比较法研究：在统一法发展过程中的功能》，转引自［比］马克·范·胡克：《比较法的认识论与方法论》，魏磊杰、朱志昊译，法律出版社 2012 年版，第 139 页。

② 陈苇、谢京杰：《论"儿童最大利益优先原则"在我国的确立——兼论〈婚姻法〉等相关法律的不足及其完善》，载《法商研究》2005 年第 5 期，第 37 页。

③ 参见刘梦：《中国婚姻暴力》，商务印书馆 2003 年版，第 5、7 页。

④ ［意］朱塞佩·格罗索：《罗马法史》，黄风译，中国政法大学出版社 1994 年版，第 77-78 页。

守"。① 从我国的立法实践看，在 1950 年《婚姻法》的制定过程中，除了广泛征求意见，研究反映中国新旧婚姻制度的实际材料，实地调查研究，还翻译出版了苏联和其他国家的有关法典和书籍作为参考资料。② 此后，在 20 世纪 90 年代我国修订 1980 年《婚姻法》时，婚姻家庭法学界已经在比较婚姻家庭法的研究上取得了较多成果，这些学术成果对婚姻法的修订具有重要参考价值。我国立法机关在第九届全国人大常委会第十八次会议上所作的《关于〈中华人民共和国婚姻法修正案（草案）〉的说明》中也提到，全国人大法工委"研究有关婚姻家庭的国内外规定"。③ 例如，2001 年修正《婚姻法》时新增的离婚损害赔偿制度，就是研究他国离婚救济制度与我国现实需要相结合的立法成果。④ 21世纪，我国在《民法典》编纂的过程中，也参考了联合国有关保护人权、保护家庭、保护儿童等国际文献，并汲取了当代外国婚姻家庭法律制度研究资料中的有益立法经验。例如，依据我国宪法关于"婚姻、家庭、母亲和儿童受国家保护"的规定，我国《民法典》婚姻家庭编新增了"婚姻家庭受国家保护原则"，彰显了联合国 1948 年《世界人权宣言》倡导的家庭"应受社会和国家的保护"之精神。⑤ 再如，我国《民法典》婚姻家庭编确立的"最有利于被收养人原则"，符合联合国 1989 年《儿童权利公约》倡导的"儿童最大利益原则"，也符合当代外国婚姻家庭法之亲子法的发展趋势。⑥

第二，对于国内的立法解释和司法适用，可以提供具有参考价值的域外法学理论诠释和司法实践经验。我国学者傅郁林先生认为，由于过去我国法律本身的残缺乃至空白，长期以来我国法学研究的重心在于对现行法律的批判以及对未来法律的建构。但在我国社会主义法律体系已基本建成，法律制度的基础和背景发生根本变化的情况下，应通过独立、深刻、系统的学术研究，为现行法规范的适用和解释提供合乎我国立法目的和法律基本原理的理论诠释，并通过对现行法运行状况的持续跟踪和世界法律发展动态的准确把握，为现行法律的渐进发展提供适应社会需求和时代发展的解释方法或理论根据。⑦我们赞同此观点。对当代外国婚姻家庭法律制度研究和相关司法案例的考察，可以为我国立法的补充完善、司法解释的制定和法律适用提供相关基本原理的理论诠释及司法实践经验。例如，2001 年修正的《婚姻法》新增第 46 条规定了离婚损害赔偿制度，当年年底最高人民法院亦出台《关于适用〈中华人民共和国婚姻法〉若干问题的解释（一）》对该制度的适用作出解释，但离婚损害赔偿与婚内损害赔偿之间的关系、损害赔偿请求权的基础及损害赔偿的范围仍存在适用疑问。我国学者通过对外国相关法律制度及司法

① 沈宗灵：《比较法研究》，北京大学出版社 1998 年版，第 45 页。
② 张希坡：《中国婚姻立法史》，人民出版社 2004 年版，第 204 页。
③ 王胜明、孙礼海主编：《〈中华人民共和国婚姻法〉修改立法资料选》，法律出版社 2001 年版，第 5 页。
④ 例如，在我国 1980 年《婚姻法》修订期间，我国学者发表的论文《建立我国离婚损害赔偿制度研究》即运用了比较研究的方法，考察了瑞士、日本、美国、法国、墨西哥等国的离婚损害赔偿制度。参见陈苇：《建立我国离婚损害赔偿制度研究》，载《现代法学》1998 年第 6 期，第 97-102 页。
⑤ 参见陈苇、贺海燕：《论中国民法典婚姻家庭编的立法理念与制度新规》，载《河北法学》2021 年第 1 期，第 17 页。
⑥ 关于当代外国婚姻家庭法之亲子法的发展趋势，详见本书第二章至第十章当代各国亲子法的发展趋势之具体论述。
⑦ 傅郁林：《法学研究方法由立法论向解释论的转型》，载《中外法学》2013 年第 1 期，第 169 页。

案例的比较研究，为离婚损害赔偿制度的法律实践提供了理论支持。[1] 又如，我国《民法典》婚姻家庭编第 1077 条增设了离婚冷静期。[2] 从现实情况看，近年我国一些地区的民政部门和开展家事审判改革的试点法院的实践均表明，设置离婚冷静期作为冲动离婚和草率离婚的预防性措施，可在一定程度上化解或缓冲离婚纠纷，减少不必要的冲动离婚和草率离婚。[3] 正如英国学者罗素先生所言，如果说离婚是婚姻家庭制度的安全阀，那么离婚冷静期就是离婚制度的安全阀。[4] 为防止草率离婚，慎重处理财产和子女抚养事宜，维护婚姻当事人和未成年子女的利益，在 1980 年《婚姻法》的修订期间和我国《民法典》的编纂期间，我国就有不少学者结合登记离婚制度的实际运作情况分析其存在的不足，并且通过对外国家庭法相关制度的研究，建议从中国实际出发，借鉴域外立法经验，对我国登记离婚制度补充规定：申请登记离婚的当事人，必须届满一定的结婚年限或届满一定时间的离婚考虑期或冷静期或审查期（实际上也是给当事人一个冷静思考期）。[5] 这些外国相关法律制度及司法案例的研究成果，为我国《民法典》婚姻家庭编增设离婚冷静期提供了理论诠释以及域外司法经验的参考。

第二节　当代外国婚姻家庭法律制度的立法体例与调整对象

本节研究和阐述以下内容：一是当代大陆法系国家婚姻家庭法律制度的立法体例与调整对象；二是当代英美法系国家婚姻家庭法律制度的立法体例与调整对象。

---

[1] 参见巫昌祯：《1980 年婚姻法的修改和完善》，载巫昌祯：《我与婚姻法》，法律出版社 2001 年版，第 20-21 页；陈苇：《离婚损害赔偿法律适用若干问题探讨》，载《法商研究》2002 年第 2 期，第 80-86 页；夏吟兰：《离婚救济制度之实证研究》，载《政法论坛》2003 年第 6 期；王歌雅：《关于离婚损害赔偿制度的若干思考》，载《求是学刊》2004 年第 4 期，第 82-87 页；张学军：《离婚损害赔偿制度辨析》，载《政治与法律》2008 年第 2 期，第 130-137 页；等等。

[2] 即自提交离婚登记申请之日起 30 日内，夫妻任何一方不愿意离婚的可向婚姻登记机关撤回该申请；该期限届满后 30 日内夫妻双方应当亲自到婚姻登记机关申请发给离婚证；未申请的视为撤回该申请。

[3] 例如，自 2012 年 4 月起，浙江省慈溪市民政局探索试行"预约离婚制"，即协议离婚的双方要在预约一周之后才能办理登记离婚手续。在 8 个月的期间内，共有 1992 对夫妻预约离婚，但实际办理登记离婚的仅有 1045 对，登记离婚数下降了 47.54%。参见苑广阔：《"预约离婚"让双方有了冷静期》，载《福建日报》2012 年 12 月 21 日。又如，山西省临汾市中级人民法院从 2016 年作为家事审判改革试点试行离婚诉讼冷静期一年以来，家事案件的调解撤诉率达 40%。参见马超、王志堂：《家事审判改革"临汾模式"调查》，http://subei.jiuquanpeace.gov.cn/tashan/4559.html，访问日期：2020 年 8 月 4 日。再如，北京市西城区人民法院在家事案件诉前"冷静期"调解机制试点 2 个月后，累计收案 213 件，其中调解和撤诉比率达 32.9%。参见林平、曾雅青：《北京家事审判改革：设"冷静期"防止冲动离婚》，https://m.thepaper.cn/newsDetail_forward_1740341_1，访问日期：2020 年 8 月 4 日。转引自陈苇、贺海燕：《论中国民法典婚姻家庭编的立法理念与制度新规》，载《河北法学》2021 年第 1 期，第 29 页。

[4] ［英］伯特兰·罗素：《婚姻革命》，靳建国译，东方出版社 1988 年版，第 147 页。

[5] 参见汪金兰：《协议离婚制度比较评析及其借鉴》，载《安徽大学学报》（哲学社会科学版）1997 年第 2 期；李洪祥：《我国协议离婚制度的不足》，载李银河、马忆南主编：《婚姻法修改论争》，光明日报出版社 1999 年版，第 207-208 页；陈苇：《中国婚姻家庭法立法研究》，群众出版社 2000 年版，第 246-248 页；夏吟兰：《离婚自由与限制论》，中国政法大学出版社 2007 年版，第 115、125 页；宋豫主编：《国家干预与家庭自治：现代家庭立法发展方向研究》，河南人民出版社 2011 年版，第 192-194 页；李洪祥：《我国民法典立法之亲属法体系研究》，中国法制出版社 2014 年版，第 198、200 页；夏吟兰：《民法分则婚姻家庭编立法研究》，载《中国法学》2017 年第 3 期，第 83 页。

我国学者杨大文先生指出："为了确定某一国家亲属法的概念，不仅要看它采用什么样的名称，而且更要看它具有什么样的内容，即实际调整着哪些社会关系。"① 美国学者庞德先生认为："法律制度的终极目的有三：其一，确认个人、公共和社会的一定利益；其二，对这些应为法律确认和国家强制力保证实施的利益规定范围；其三，对法律已经确认和规定的限制范围的利益进行充分保护。"② 因此，我们研究当代外国婚姻家庭法律制度，除要知道当代外国婚姻家庭法的名称外，更需要了解当代外国婚姻家庭法的调整对象范围，以期认识和把握当代外国婚姻家庭法确认和保护的利益或者规制行为的范围。在过去，传统婚姻家庭法的调整对象，限于婚姻家庭关系及一定范围的亲属关系。但随着社会发展和人们婚姻家庭观念的变化，家庭生活形态呈现多元化，当代婚姻家庭法的调整范围已逐步扩大，除传统的婚姻家庭关系及一定范围的亲属关系外，一些国家的立法还调整非婚同居关系、同性结合关系，甚至代孕协议关系，以及规制家庭暴力行为等。在现代社会，各国调整婚姻家庭关系及一定范围亲属关系的法律规范之名称与立法体例不尽相同。以下，我们拟考察当代两大法系具有一定代表性的国家如法国、德国、意大利、瑞士、日本、俄罗斯、英国、美国、澳大利亚的婚姻家庭法律制度之立法体例，在此基础上归纳当代外国婚姻家庭法律制度调整对象的范围。

一、当代大陆法系国家婚姻家庭法律制度的立法体例与调整对象

在大陆法系国家，调整婚姻家庭关系及亲属关系的主要法律规范一般被放置于民法典某编之中，该编被称为"亲属法"或"亲属"。例如，《德国民法典》第四编为"亲属法"，其立法体例包括三个部分：第一章民法上的婚姻（含婚约、婚姻的缔结、婚姻的废止、死亡宣告后的再婚、婚姻的一般效力、夫妻财产制、离婚、教会义务），第二章亲属（含一般规定、世系、扶养义务、父母和子女间的一般法律关系、父母照顾、辅佐、收养），第三章监护、法律上的照管、保佐。③《瑞士民法典》第二编为"亲属法"，其立法体例包括三个部分：第一分编婚姻法（第三章结婚，含婚约、结婚的要件、结婚准备与结婚仪式、婚姻的无效，第四章离婚和分居，含离婚的要件、分居、离婚的后果，第五章婚姻的普通效力，第六章夫妻财产法）；第二分编亲属关系（第七章亲子关系的发生、第八章亲子关系的效力、第九章家庭共同体）；第三分编成年人的保护（第十章自己安排照护和法定措施、第十一章官方措施、第十二章组织）。④《日本民法典》第四编为"亲属"，其立法体例包括七个部分：第一章总则、第二章婚姻、第三章父母子女、第四章亲权、第五章监护、第六章保佐及辅助、第七章扶养。⑤《意大利民法典》第一编为"人与家庭"，其调整婚姻家庭关系等规范的立法体例包括十一个部分：第五章血亲与姻亲，第六章婚姻，第七章亲子关系，第八章成年人收养，第九章亲权，第九章Ⅱ针对家庭暴力的保护命令，第十章监护与解除监护权，第十一章领养与安置，第十二章精神病、禁治

① 杨大文主编：《亲属法》（第二版），法律出版社 2000 年版，第 23 页。
② ［美］罗斯科·庞德：《普通法的精神》，唐前宏等译，法律出版社 2010 年版，第 53 页。
③ 参见《德国民法典》，陈卫佐译注，法律出版社 2015 年版，第 427-564 页。
④ 参见《瑞士民法典》，戴永盛译，法律出版社 2016 年版，第 45-166 页。
⑤ 参见《日本民法典》（2017 年大修改），刘士国、牟宪魁、杨瑞贺译，中国法制出版社 2018 年版，第 180-223 页。

产和准禁治产，第十三章抚养费、扶养费和赡养费，第十四章身份证明。① 值得注意的是，《法国民法典》调整婚姻家庭关系及相关亲属关系的法律规范共计十个部分，但在立法体例上，把它们分别放置于该法典的第一卷和第三卷，其中大部分规范都被放置于第一卷"人"中，有九个部分：第五编婚姻、第六编离婚、第七编亲子关系、第八编收养子女、第九编亲权、第十编未成年与解除亲权、第十一编成年及受法律保护的成年人、第十二编受监护的未成年人与成年人的概括财产管理、第十三编紧密关系民事协议与姘居；只有少部分规范被放置于第三卷"取得财产的各种方法"中，即第五编夫妻财产契约与夫妻财产制。② 此外，《俄罗斯联邦家庭法典》则是一部独立的法典，其立法体例包括以下八个部分：第一编总则、第二编结婚和婚姻终止、第三编夫妻的权利和义务、第四编父母和子女的权利和义务、第五编家庭成员的扶养义务、第六编无父母照管的子女的教育方式、第七编家庭立法适用于有外国公民和无国籍人参加的家庭关系、第八编附则（本法典实施的程序与本法典规范的适用）。③

由上可见，以上六个大陆法系国家的婚姻家庭法律制度具有以下三个特点：（1）立法的名称不同。前述国家的婚姻家庭法多数被称为亲属法或亲属，如德国、瑞士、日本的立法；也有的被称为"人与家庭"或"人"或"家庭法"，如意大利、法国、俄罗斯的立法。（2）立法的体例不同。从前述国家立法的体例看，对婚姻家庭法主要规范的编制方式有以下三种：一是将其统一编制在民法典某编之中，如德国、瑞士、日本、意大利的立法；二是将其分散编制于民法典相关各编之中，如《法国民法典》的立法；三是将其编制为一部独立的家庭法典，如俄罗斯的立法。④（3）调整对象的范围不同。从前述大陆法系国家婚姻家庭法的调整对象范围不尽相同，除共同的婚姻家庭关系和一定范围的亲属关系（含监护与扶养）外，法国还包括男女异性者的同居（非婚同居）关系和同性恋者的同居关系⑤，俄罗斯则包括涉外婚姻家庭关系，意大利还有规制家庭暴力的规定等。

二、当代英美法系国家婚姻家庭法律制度的立法体例与调整对象

英美法系国家的婚姻家庭法律制度主要由判例法和成文法构成，其成文法在立法体例上，多数采取单行法的形式；在法律的名称上，多数都是直接依据具体的调整对象来命名各个单行法，但也有少数法律被直接命名为"家庭法"。例如，在英国，除1996年《家庭法》外，还有1870年《已婚妇女财产法》、1976年《反家庭暴力及婚姻诉讼法》、1985年《代孕协议法》、2004年《民事伴侣关系法》、2004年《家庭暴力与犯罪及受害人法》、2013年《结婚法（同性伴侣）》、2014年《儿童和家庭法》等。在美国，有

---

① 参见《意大利民法典》，费安玲、丁玫、张宓译，中国政法大学出版社2004年版，第29-118页。

② 参见《法国民法典》，罗结珍译，北京大学出版社2010年版，第52-170、356-384页。

③ 参见《俄罗斯联邦家庭法典》（1995年），鄢一美译，载中国法学会婚姻法学研究会编：《外国婚姻家庭法汇编》，群众出版社2000年版，第465-530页。

④ 必须说明，为适应调整当代结婚、离婚、亲子关系、监护关系等新情况新问题，上述大陆法系国家中有民法典的国家，有些也制定了一些单行法律，详见本书第二章起各章的第一节，对于当代大陆法系国家家庭法修订的概述部分。

⑤ 根据《法国民法典》第515-1条的规定，"紧密关系民事协议"的签订主体可以是两个异性，也可以是两个同性的成年人。

1973 年《统一结婚离婚法》、1988 年《统一辅助生殖儿童法》、1997 年《统一监护和保护程序法》、2012 年《统一婚前和婚姻期间协议法》、2017 年《统一亲子法》等。在澳大利亚，除 1975 年联邦《家庭法》外，还有 1961 年联邦《婚姻法》、1988 年联邦《子女抚养费（登记与收取）法》、1995 年联邦《家庭法改革法》、2001 年联邦《家庭法立法修正案（养老金）法》、2006 年联邦《共同父母责任法》、2011 年联邦《反家庭暴力与其他措施法》、2018 年联邦《家庭援助和儿童抚养立法修正案（儿童保护）法》以及调整同性结合关系的 2017 年联邦《结婚修正案（定义与宗教自由）法》等。①

由上可见，以上英美法系国家的婚姻家庭法律制度具有以下三个特点：（1）立法的名称不同。前述英美法系国家的婚姻家庭法，多数都是直接依据婚姻家庭法律的调整对象来命名各个单行法，但也有个别法律直接以"家庭法"命名，如英国的 1996 年《家庭法》、澳大利亚的 1975 年联邦《家庭法》。（2）立法的体例不同。从前述英美法系国家婚姻家庭法的立法体例看，对婚姻家庭法主要规范的编制方式有以下三种：一是将其统一编制在一个家庭法之中。例如，英国的 1996 年《家庭法》、澳大利亚的 1975 年联邦《家庭法》。二是将其分散编制于各个单行法律法规之中。例如，英国的 1870 年《已婚妇女财产法》、美国的 1973 年《统一结婚离婚法》、澳大利亚的 1961 年联邦《婚姻法》和 1988 年联邦《子女抚养费（登记与收取）法》等。三是将后期制定的各单行法补充纳入原来的家庭法之中。例如，澳大利亚的 2001 年联邦《家庭法立法修正案（养老金）法》②、2006 年联邦《共同父母责任法》③ 等均已被纳入 1975 年联邦《家庭法》中，成为其重要的组成部分。④（3）调整对象的范围不同。前述英美法系国家婚姻家庭法的调整对象范围不尽相同，除共同的婚姻家庭关系和一定范围的亲属关系（含监护与扶养）之外，有些国家还包括规制同居关系、同性结合关系、辅助生殖儿童关系、代孕协议关系、家庭暴力与犯罪及受害人关系，以及子女抚养费的登记与收取的行政行为等。

必须说明，对于调整同性结合（同性伴侣）关系的法律规范，除《法国民法典》是将相关规范直接纳入法典第一卷第十三编外⑤，其他一些国家采取制定单行法方式，美国则为判例法方式。例如，德国有 2001 年《结束歧视同性共同生活的法律：生活伴侣关系法》和 2017 年《关于引入同性婚姻缔结权的法律》，意大利有 2016 年第 76 号《关于同性民事结合和事实同居的法律规范》。瑞士有 2007 年《联邦伴侣法》。然而，日本目前只有地方性立法。2015 年 3 月 31 日，日本东京都涉谷区第一次区议会会议通过了《推进涉谷区男女平等以及多样性社会条例》，率先以地方条例的形式规定，自 2015 年 11 月 5 日起给居住在该区的 20 岁以上的同性伴侣颁发证明。英国有 2004 年《民事伴侣关系法》和 2013 年《结婚法（同性伴侣）》。2015 年 6 月 26 日美国最高法院对"奥贝格费尔诉霍

---

① 以上英美法系国家的婚姻家庭立法内容，详见本书后面相关章节中对英美法系国家立法研究的论述内容。

② 参见《澳大利亚家庭法（2008 年修正）》，陈苇（项目负责人）等译，群众出版社 2009 年版，第 281-299 页。

③ 参见《澳大利亚家庭法（2008 年修正）》，陈苇（项目负责人）等译，群众出版社 2009 年版，第 114-239 页。

④ 关于澳大利亚 2006 年联邦《共同父母责任法》对 1975 年联邦《家庭法》的具体修改内容，参见陈苇：《澳大利亚〈1975 年家庭法〉及相关法规、条例近年被修正情况简介》，载《澳大利亚家庭法（2008 年修正）》，陈苇（项目负责人）等译，群众出版社 2009 年版，第 5-9 页。

⑤ 参见《法国民法典》第一卷第十三编紧密关系民事协议。

奇斯案"作出判决，由美国最高法院通过释宪的形式将同性婚姻推及全国，各州不得立法禁止。至此，美国成为第 21 个承认同性婚姻合法的国家。[①] 在澳大利亚，既有适用于同性恋者结婚的 2017 年联邦《结婚修正案（定义与宗教自由）法》，也有调整同性伴侣的地方性立法，如 2012 年首都地区《民事结合法》。澳大利亚是世界上第 26 个承认同性婚姻合法的国家。

综上可见，前述九国婚姻家庭法律制度的立法体例不尽相同，但它们的调整对象范围既有相同点，也有不同点。它们的相同之处是均包括调整婚姻关系、家庭关系和一定范围亲属关系（含监护与扶养）；它们的不同之处在于，有的还包括调整同居关系、同性结合关系、代孕协议关系以及规制家庭暴力行为等。也就是说，从调整对象范围看，当代外国婚姻家庭法的调整对象范围比传统的婚姻家庭法更加宽泛，即已经突破了传统的婚姻家庭关系和一定范围的亲属关系，以适应调整当代外国婚姻家庭领域新情况新问题的现实需要。这为我们研究当代外国婚姻家庭法律制度的内容提供了更加广阔的视野和更加丰富的资料。

第三节　当代外国婚姻家庭法律制度研究的主要内容

本节研究和阐述以下内容：一是亲属关系通则；二是结婚制度；三是夫妻关系制度；四是亲子关系制度；五是收养制度；六是监护制度；七是离婚制度。

如前所述，从当代外国婚姻家庭法律制度的调整对象范围看，前述各国的共同点是均为婚姻家庭关系和一定范围的亲属关系，但也存在调整对象范围上的差异。为了避免缺乏深度背景分析的简单制度比较，同时也考虑到各国婚姻家庭法律制度因"受到特别强烈的道德和伦理评价的影响"而可能使某些内容存在很大差异，[②] 我们对当代外国婚姻家庭法律制度的研究采取以国别为单位的系统性研究方法，即将各国的婚姻家庭法律制度作为独立的专章论述。在各专章论述中，首先阐述该国婚姻家庭法律制度自 20 世纪以来的修订概况，其次重点考察研究现行各项具体制度的全貌，最后分析该国当代婚姻家庭法律制度的发展趋势及其对我国立法完善的启示。为使本书各章研究内容在结构上总体保持一致，我们对当代外国婚姻家庭法律制度的共同研究内容有如下七个部分：亲属关系通则；结婚制度；夫妻关系制度；亲子关系制度；收养制度；监护制度；离婚（含分居）制度。同时，我们也要注意研究近几十年社会学研究所观察到的人们婚姻和家庭观念的改变所带来的具有一定相似性的当代婚姻家庭法律制度的发展变化。[③] 例如，不少国家设立了同居（或非婚同居）制度、同性结合（或同性伴侣）制度或同性婚姻制度、强化离婚父母对子女的抚养职责[④]，以及更加尊重成年人监护意愿的成年人保护制度等，

---

① https://www.163.com/dy/article/G5IE901J052880KM.html，访问日期：2021 年 8 月 26 日。

② 参见 ［德］茨威格特、克茨：《比较法总论》（上），潘汉典等译，中国法制出版社 2017 年版，第 67 页。

③ ［比］马克·范·胡克：《比较法的认识论与方法论》，魏磊杰、朱志昊译，法律出版社 2012 年版，第 195 页。

④ 正如芬兰学者韦斯特马克指出的那样："利益受到离婚影响的，并不以夫妻二人为限。子女的福利，也是有关离婚规定所考虑的一个问题。"［芬兰］韦斯特马克：《人类婚姻简史》，刘小幸、李彬译，商务印书馆 1992 年版，第 208 页。

这些新制度都被纳入了我们的研究范围。

一、亲属关系通则

亲属是因婚姻、血缘及法律拟制所生之社会关系。受到法律调整的夫妻、父母子女、兄弟姐妹等亲属之间具有法律上的权利和义务。在世界上，确认和调整亲属关系的产生、变更和终止，以及亲属之间权利义务关系的法律之名称，各国不尽相同，或称亲属法，或称家庭法，或称婚姻法，或称婚姻家庭法。① 而亲属关系通则是指涉及亲属的概念、分类、范围、亲属关系远近的计算方法、亲属关系的产生和终止及其效力等内容的法律规则。

关于当代外国婚姻家庭法律制度的亲属关系通则，我们主要研究：亲属的分类、亲属的范围、亲属关系远近的计算方法、亲属关系的发生和终止。至于亲属关系的效力则在其他各章节的相关部分予以研究，如亲属禁婚的效力被放在结婚制度中，夫妻共同财产的效力被放在夫妻关系制度中，父母子女关系的效力被放在亲子关系制度中等。必须说明，凡不属于婚姻家庭法调整范围的其他亲属效力，如亲属间的继承效力等不被纳入本书的研究内容。

（一）亲属的分类

亲属的分类是指按照一定标准将错综复杂的亲属关系区分为不同的类型。例如，亲属可以分为直系亲和旁系亲，父系亲和母系亲，长辈亲属、平辈亲属和晚辈亲属等。现代各国按照亲属产生的原因进行最基本的分类，将亲属关系分为血亲、姻亲和配偶。②

（二）亲属的范围

基于亲属关系的产生原因，亲属的范围极其广泛。而法律只是调整一定范围的亲属关系，受法律调整的亲属之间具有法律上的权利和义务关系。《礼记·大传》对亲属范围的限制为："四世而缌，服之穷也。五世袒免，杀同姓也。六世，亲属竭矣。"③

亲属关系的范围极其广泛，现代国家的法律都对其进行了限定，在立法模式上可以分为总体限定与分别限定两种。所谓"总体限定"，是指在立法上统一规定亲属的范围，在此范围以外的亲属关系则不属于法律调整范围，不具有法律上的权利义务关系，如日本立法例。所谓"分别限定"，是指法律不对亲属范围作限定性规定，而是根据不同法律关系的需要，对亲属的法律效力作出具体规定，如法国、德国、意大利、瑞士等国立法例。目前，世界上多数国家采取分别限定的立法模式。④

（三）亲属关系远近的计算方法

亲属之间计算亲疏远近关系的方法，多数国家采取"亲等制"，我国采取"代数制"。当代外国计算亲属之间亲疏远近关系的方法一般有两种：古罗马法的亲等计算方法和寺

---

① 我国学者认为，当代亲属法的概念可以大致表述如下：亲属法是规定亲属身份关系的发生、变更和终止，以及基于上述身份关系而产生的权利义务的法律规范的总和。参见杨大文主编：《亲属法与继承法》，法律出版社2013年版，第19页。

② 有的国家和地区亲属仅分为血亲和姻亲，并没有将配偶作为亲属对待，如德国、瑞士、意大利和我国台湾地区等。

③ （战国）孟子等：《四书五经》，中华书局2009年版，第374页。

④ 陈苇主编：《外国婚姻家庭法比较研究》，群众出版社2006年版，第37页。

院法的亲等计算方法。前者是世界上绝大多数国家采纳的计算方法，后者则仅有极少数国家采取，如英国等。①

（四）亲属关系的发生和终止

亲属关系基于一定的法律事实或法律行为而产生，也会因为一定的法律事实或法律行为而终止。不同的亲属关系其产生和终止的法律事实或法律行为不同：（1）结婚双方当事人间产生配偶关系，离婚或配偶一方死亡，配偶关系即终止。（2）血亲可分为自然血亲和拟制血亲。自然血亲以出生的事实为亲属关系发生的唯一原因，只有因一方当事人死亡，自然血亲的身份和血缘关系才会消灭。而通过收养行为产生的拟制血亲关系，可以因当事人一方死亡或收养关系解除终止。（3）姻亲关系以婚姻为中介而产生，一般会因婚姻当事人离婚而终止。婚姻的当事人一方死亡是否引起姻亲关系终止，不同国家的立法有所不同。

二、结婚制度

结婚，是指当事人双方按照法定的条件和程序缔结婚姻关系确立夫妻身份的法律行为。在世界上一些立法承认同性婚姻的国家，结婚的主体不再限于男女异性。结婚制度是规范结婚条件和结婚程序的法律法规之总称。传统上，结婚制度主要包括婚约、结婚的实质要件、结婚的形式要件（程序）、无效婚姻和可撤销婚姻，有的还涉及对事实婚姻和非婚同居关系的规制。在立法承认同性结合关系或同性婚姻的国家，结婚制度还包括同性结合、同性伴侣或同性婚姻制度。

（一）婚约

婚约是当事人以将来结婚为目的所作的事先约定，订立婚约的行为也称订婚或定婚。早期的婚约是结婚不可缺少的组成部分，婚姻的成立包括订婚与结婚。② 但现代国家一般没有将订婚规定为结婚的必经程序，当事人可以自行选择结婚前是否订立婚约，甚至不少国家没有规定婚约制度。有些国家的立法明确规定了婚约制度，主要内容包括订婚当事人的主体资格、婚约的效力以及解除婚约的法律后果，如德国、意大利和瑞士等。但这些国家并不承认婚约具有强制执行力，只是规定了婚约解除的法律后果。例如，依《德国民法典》第 1298 条第 1 款规定，婚约当事人之一方解除婚约者，对于他方及其父母或居于父母地位之第三人，就其因预期结婚而开支或负债所受之损害，应予赔偿；对于他方就其因预期结婚，而采取有关财产或职业上其他处置所生之损害，亦应予赔偿。

（二）结婚的实质要件

结婚并非仅涉及双方当事人的私事，其会产生一系列重要的社会后果，所以各个国家都对结婚的要件有明确规定。正如马克思在《论离婚法草案》中论述的，"如果婚姻不是家庭的基础，那么它就会像友谊一样，也不是立法的对象了"。③ 结婚的实质要件，指法律对结婚当事人本身的状况，及其与另一方的关系的要求。结婚的实质要件通常包括双方当事人须有结婚的合意、须达法定婚龄、不存在禁止结婚的亲属关系，未患有某些

---

① 史尚宽：《亲属法论》，中国政法大学出版社 2000 年版，第 61 页。
② 杨立新：《家事法》，法律出版社 2013 年版，第 85 页。
③ 《马克思恩格斯全集》（第一卷），人民出版社 1956 年版，第 183 页。

疾病以及不得重婚等。近年来，结婚的当事人为男女的限制也受到同性婚姻合法化的冲击。目前全世界有 20 多个国家已经承认同性结合的婚姻合法有效。例如，继美国联邦最高法院在 2015 年的奥贝格费尔诉霍奇斯案中正式承认同性婚姻有效后，2017 年 12 月 9 日，同性婚姻的效力在澳大利亚获得了联邦法律的正式承认①，从此澳大利亚不再要求婚姻双方当事人须为异性。澳大利亚成为世界上第 26 个同性婚姻合法化的国家。

（三）结婚的形式要件（程序）

结婚的形式要件，是指婚姻成立的法定程序或方式。从比较研究的角度看，婚姻有效成立的方式有事实婚主义和形式婚主义两种。事实婚主义是指双方当事人只要具有共同生活的意愿和以夫妻名义共同生活的事实，婚姻即有效成立，法律承认其法律效力。而形式婚主义则指法律规定一定的结婚形式，结婚当事人如已经履行法定方式，婚姻即有效成立。② 现代国家通常采用形式婚主义，对结婚提出了程序性要求。程序性要求一般有仪式制（如法国、意大利、瑞士等）、登记制（如俄罗斯、日本等）或仪式与登记结合制（如德国、英国、美国大多数州）。例如，德国法规定，在结婚之前，订婚人应当在有管辖权的民事身份官员处登记双方的结婚意愿，并以公开证书的形式提交个人信息，另外还规定了婚礼程序。③

（四）无效婚姻和可撤销婚姻

结婚须满足结婚的法定要件，这是婚姻合法性的基本要求，欠缺结婚成立的法定要件会影响婚姻的效力，导致婚姻无效或者可撤销。对于欠缺结婚法定要件的婚姻，一些国家或单采无效婚姻制度（如法国、俄罗斯等），或单采可撤销婚姻制度（如德国），或兼采无效婚姻与可撤销婚姻制度（如瑞士、日本、意大利、我国等）来确定其法律后果。④ 各国规定的婚姻无效或可撤销的法定事由通常与其结婚要件相关，违反结婚的实质要件或形式要件都可能导致婚姻的无效或可撤销。

（五）事实婚姻和非婚同居关系

法学界一般把当事人以夫妻名义公开共同生活，但未办理婚姻登记的同居关系称为"事实婚姻"，但各国法律认定事实婚姻的要件不尽相同。事实婚姻在不同的时期、不同的地区都存在过，如古罗马法的时效婚、英美的普通法婚姻、日本的内缘婚、古巴的非正式婚等。⑤ 事实婚姻是否具有婚姻的效力，不同国家的立法态度可以分为不承认主义（如法国）和有条件承认主义（如德国、英国、美国部分州和俄罗斯等）。我国也采有条件承认主义，目前只承认 1994 年 2 月 1 日之前符合结婚实质要件的当事人双方以夫妻名义同居生活的事实婚姻，以及 1994 年 2 月 1 日之后符合结婚实质要件的当事人双方以夫妻名义同居生活，补办了结婚登记的事实婚姻（自双方当事人均符合结婚实质要件时起算）具有合法婚姻的效力。

---

① 在澳大利亚，2017 年联邦《结婚修正案（定义与宗教自由）法》将"婚姻"的定义由原来的"婚姻是指排斥其他任何人的，为共同生活自愿组成的一男一女的结合"修改为"婚姻是指排斥其他任何人的，为共同生活自愿组成的两个人的结合"，即修改了 1961 年联邦《结婚法》中"婚姻"的定义，将此前的"一男一女的结合"修改为"两个人的结合"。由此，澳大利亚不再要求婚姻双方当事人须为异性。

② 王洪：《婚姻家庭法》，法律出版社 2003 年版，第 80—81 页。

③ 《德国民事身份登记法》第 12 条第 1、2 款；《德国民法典》第 1312 条第 1 款。

④ 陈苇主编：《外国婚姻家庭法比较研究》，群众出版社 2006 年版，第 157—159 页。

⑤ 王丽萍：《婚姻家庭法律制度研究》，山东人民出版社 2004 年版，第 91 页。

在婚姻观念多元化的现代社会，非婚同居关系作为一种比婚姻更自由松散的共同生活关系，已经成为部分人对家庭生活形式的选择之一。作为一种长久存在的家庭生活形式，非婚姻的同居在斯堪的纳维亚国家尤其常见。当地社会对于非婚同居的接纳程度和法律对其的保护程度相当高，给予了非婚同居与婚姻基本等同的待遇。① 非婚同居在其他欧洲国家虽然存在明显的地域差异，但调查显示，非婚同居的发生率增长，同居的持续时间延长。② 美国学者认为，美国同居伴侣的数量现在已经达到 650 万，占所有家庭的6%。③ 除了年轻人，美国中老年人口中的同居人数也有显著上升。中老年人选择同居而不结婚的原因很多，有些中老年人坦白说是觉得没有必要结婚，他们对同居很满意。④ 中国人民大学性社会学研究所在 2000 年、2006 年、2010 年和 2015 年，每隔近五年一次开展并完成"中国人的性行为与性关系"的实地调查结论显示：在全国 18-61 岁的未婚人口中，已经同居的比例 2000 年是 21.4%，2006 年是 19.4%，2010 年是 24.6%，2015 年激增到 31.4%。除未婚同居之外，该调查还发现存在不婚同居、失婚同居和婚外同居等形式的非婚同居关系。⑤

在我国，对于事实婚姻与同居关系的界定，取决于如何定义同居关系。如果把同居关系定义为除法律婚姻外的所有同居关系，那么事实婚姻就只是同居关系中的一种。我国学者认为，如果把非婚同居定义为没有婚姻意思的同居关系，则事实婚姻与非婚同居则没有从属关系。⑥ 目前，按照我国适用《民法典》婚姻家庭编的司法解释，除符合一定条件被承认具有婚姻效力的事实婚姻外，未办理结婚登记的当事人无论是否以夫妻名义同居都按照同居关系处理。⑦

三、夫妻关系制度

夫妻关系制度是调整夫妻间权利义务关系，即婚姻对夫妻所生法律效力的法律规范的总和。法律调整的夫妻关系包括夫妻人身关系和夫妻财产关系。

（一）夫妻人身关系

夫妻间的人身关系是指婚姻在夫妻之间身份上的效力，主要包括：夫妻的姓氏权、婚姻住所决定权、同居义务、忠实义务以及日常家事代理权等。

1. 夫妻姓氏权

夫妻在结婚之前各自享有姓氏权，此为自然人的人格权利。但结婚可能会对夫妻的姓氏发生法律上的效果，如要求结婚后妻冠夫姓或随夫姓，妻因其配偶身份而改变了姓

---

① 罗冠男：《从罗马法的姘居制度看欧洲"事实家庭"的规制——从与中国比较的视角》，载《政法论坛》2015 年第 5 期，第 154 页。

② 王薇：《非婚同居法律制度比较研究》，人民出版社 2009 年版，第 68、73 页。

③ [美] 约翰·J. 麦休尼斯：《社会学》（第十四版），风笑天等译，中国人民大学出版社 2015 年版，第 485页。

④ [美] 理查德·谢弗：《社会学与生活》（第九版），刘鹤群、房智慧译，世界图书出版公司 2009 年版，第241-242 页。

⑤ 张楠、潘绥铭：《性关系的核心结构及其意义——非婚同居与婚姻的实证比较研究》，载《学术界》2016 年第 6 期，第 53-54 页。

⑥ 参见蒋月：《婚姻家庭法前沿导论》，科学出版社 2007 年版，第 272-279 页。

⑦ 我国《婚姻家庭编解释（一）》第 7 条。

氏，故夫妻姓氏权为婚姻的效力之一。除婚姻关系存续期间，有些国家对婚姻关系终止后的夫妻姓氏权的使用等也有规定。

2. 夫妻的婚姻住所决定权和同居义务

夫妻的婚姻住所是夫妻婚后共同生活居住的场所，夫妻的婚姻住所决定权则是指双方选择确定夫妻婚后住所的权利。婚姻关系的本质是共同生活，因此夫妻的婚后住所是婚姻关系存续的重要保障。当代大陆法系国家大多规定夫妻应共同协商决定婚后住所，这也是夫妻婚姻家庭地位平等的重要体现。

夫妻同居义务是夫妻婚后以配偶身份共同居住生活的义务。同居是夫妻间的本质性义务，是夫妻关系固有的基本要求，是婚姻成立的当然后果及婚姻维系的基本条件。① 除法律规定的客观上无法同居的情形，一方无故离开夫妻住所另行生活而构成分居的，将产生相应的法律后果。

3. 夫妻忠实义务

夫妻忠实义务是指夫妻婚后在感情和性关系上相互忠诚专一的义务。忠实义务包括夫妻在感情上相互忠诚，也包括夫妻不得为婚外之性行为。夫妻相互忠实是婚姻的应有之义，也是婚姻的基本要求。违反夫妻忠实义务将承担相应的法律后果。法国、意大利、瑞士等国在民法典中明确规定了夫妻的忠实义务。在我国，2001 年修正的《婚姻法》第4 条增加了"夫妻应当互相忠实"的明确规定，并且在第 46 条规定因重婚、有配偶者与他人同居（这些严重违反夫妻忠实义务的行为）导致离婚的，无过错方有权请求损害赔偿。我国《民法典》第 1091 条在沿用该规定的基础上，增补"有其他重大过错"作为请求离婚损害赔偿的兜底条款。这有利于规制其他严重违反夫妻忠实义务的行为。

4. 夫妻日常家事代理权

夫妻日常家事代理权，又称夫妻家事代理权，指夫妻因日常家庭事务与第三人为一定法律行为时互为代理的权利。例如，夫妻一方为婚姻住所用电而与供电方签订的供电合同，对夫妻另一方亦产生法律效力。日常家事代理权仅限于处理日常家事，不可滥用。日常家事代理权既可以方便夫妻一方处理烦琐的日常家庭事务，又可以保障与夫妻交易的第三人的权益，故当代不少国家规定了夫妻的日常家事代理权。

（二）夫妻财产关系

夫妻财产关系是指婚姻在夫妻之间财产上的法律效力，主要包括夫妻财产制和夫妻扶养义务。必须说明，虽然夫妻间的继承权也是婚姻财产效力的一种，但继承权是继承法的调整对象，并且夫妻继承权的实际取得须以夫妻一方死亡为原因，而此时婚姻已终止，故夫妻继承权不被纳入本书研究的范围。

1. 夫妻财产制

夫妻财产制是规范夫妻财产的归属、管理、使用、收益和处分，夫妻共同债务确认和承担，家庭生活费用的负担，以及不同类型夫妻财产制的设立、变更和终止及效力等法律规范的总和。

（1）法定财产制与约定财产制。夫妻财产制的类型很多，但按夫妻财产制的发生根据，可以分为法定财产制和约定财产制。

---

① 陈苇：《中国婚姻家庭法立法研究》，群众出版社 2010 年版，第 204 页。

法定财产制是依法律规定直接适用的夫妻财产制，而根据适用原因，法定财产制还可以分为通常法定财产制和非常法定财产制。

通常法定财产制是夫妻无约定财产制或约定无效的情况下依照法律规定当然适用的财产制；非常法定财产制则是指夫妻在适用通常法定财产制或约定财产制时，因特定事由的发生而难以维持正常夫妻财产关系，依法律规定或申请法院宣告，终止原有财产制而适用分别财产制。即通常法定财产制与非常法定财产制，前者适用于一般的通常情况，后者则是特殊情况下对法定财产制或约定财产制的变通。[①]

约定财产制是法律允许夫妻对婚姻期间所得财产以及婚前财产所有权的归属、管理、使用、收益、处分，债务的清偿，婚姻解除时财产的清算等事项作出约定，或者协商选择某种类型的夫妻财产制，从而排除适用法定财产制。约定财产制具有优先于法定财产制的效力。就法律允许当事人进行财产约定的范围看，分为独创式和选择式的财产约定形式，前者是法律未规定约定类型而赋予当事人财产约定极大的自由，后者是当事人只能在法律提供的几种财产制中选择一种作为夫妻财产制。[②]

（2）当代外国夫妻财产制的主要类型。当代外国立法中夫妻财产制类型主要是共同财产制与分别财产制。此外，共同财产制与分别财产制之折中的新财产制，有延期共同制、所得参与制（又称所得分配制）和剩余共同制。[③] 目前，共同财产制与分别财产制是夫妻财产制的两种最基本形态，大陆法系不少国家采用共同财产制，英美法系多数国家采用分别财产制。而大陆法系的德国以剩余共同制为法定财产制，法国以其为约定财产制之一，瑞士则以所得参与制为法定财产制。[④] 当代夫妻财产制立法的发展趋势是分别财产制走向增加夫妻共享权，共同财产制引进分别财产制的因素。[⑤]

2. 夫妻扶养义务

夫妻扶养义务是指夫妻间相互供养和扶助的法定义务。夫妻间相互供养主要是指经济上提供生活费用，如支付扶养费。夫妻间的彼此扶助，则要求夫妻相互支持对方的意愿和活动，对家事共同努力、相互协力。当配偶一方遭遇危机，另一方负有救助、援救的义务。[⑥]

四、亲子关系制度

亲子关系是指父母子女关系。亲子关系法律制度又称亲子法，是指确认亲子身份、

---

① 陈苇主编：《婚姻家庭继承法学》，法律出版社 2002 年版，第 179 页。

② 参见杨晋玲：《夫妻财产制比较研究》，民族出版社 2004 年版，第 22-23 页。

③ 我国台湾学者史尚宽先生指出，延期的共同制将夫妻财产分为配偶（应有分）的婚姻财产与特有财产。前者在婚姻期间由夫妻各自管理，但处分权有限制。婚姻解销时，婚姻财产应分割，其比例原则上各二分之一，故实为分别财产制与共同财产制之混合的制度。法国 1930 年修正草案所定之所得参与制，亦以延期的共同制为蓝本（但未实行）。至于剩余共同制，虽名为共同财产制，实为分别财产制。夫之财产、妻之财产均不为夫妻共同财产，夫妻婚后取得之财产亦同。夫妻各独立管理自己之财产。此制之特色，在于婚姻解销时，就各配偶之终末财产，扣除结婚时之当初财产，以计算其剩余额。剩余额较少之配偶，对于剩余额较多之配偶，就剩余差额的二分之一，有债权的请求权。为保全此分配请求权，各配偶之财产处分权受有限制。参见史尚宽：《亲属法论》，中国政法大学出版社 2000 年版，第 330-332 页。

④ 参见《德国民法典》第 1363-1390 条；《法国民法典》第 1569-1581 条；《瑞士民法典》第 196-220 条。

⑤ 马忆南：《婚姻家庭法新论》，北京大学出版社 2002 年版，第 153 页。

⑥ 杨立新：《家事法》，法律出版社 2013 年版，第 234 页。

调整父母子女之间权利义务的法律规范的总和。亲子关系法有两项主要内容，其一是亲子关系的确认，即如何为子女确定父母；其二是亲子间的权利义务关系，即扶养关系和亲权（父母对未成年子女的监护或称父母照护权）关系等。

传统亲子法中的亲子关系确认制度，主要内容有婚生推定、婚生推定的否认、非婚生子女的认领和准正等。在当代社会，一些国家修订后的亲子法，已经取消了婚生子女与非婚生子女的称谓区别，无论子女的父母有无婚姻法关系，他们所生的子女统一被称为"子女"；同时废除了上述传统的亲子关系确认制度，建立了对所有子女统一适用的父亲身份的确认规则。例如，《德国民法典》第 1592 条规定，"子女的父是具有下列情形之一的男子：1. 在子女出生时已经和子女的母结婚；2. 承认父的身份；3. 其父的身份已经被法院裁判确定"。且在审查父的身份时，要遵循第 1592 条的顺序。① 可见，德国法从父亲的角度立法，确认子女父亲身份之依据有三：依婚姻推定；依自愿承认；依法院判决。《埃塞俄比亚民法典》规定与德国立法相似，其第 740 条（父子关系）规定："1. 当孩子的母亲与某一男子在孩子受孕或出生时有法律规定的关系时，从母子关系产生父子关系。2. 孩子的父亲对自己父亲身份的承认也可导致父子关系。3. 在母亲被诱拐或强奸的情形下，法院的判决也可导致父子关系。"② 美国亦确立了对所有子女都统一适用的父母身份确认规则。美国 2017 年修订的《统一亲子关系法》规定，无论父母有无婚姻关系均继续以"子女"统一称谓（废除婚生子女与非婚生子女的称谓）；将同性父母与其子女、无婚姻关系的父母与其子女均纳入了父母子女关系的调整范围（法律对亲子关系的调整不受父母是否异性、是否有婚姻关系的影响）；对亲子关系的确认兼采多种推定标准，包括婚前出生的推定标准（对婚前出生的子女，某人可以通过结婚加登记的方式被推定为该子女的父或母）；婚姻期间出生的推定标准与婚姻终止后或分居期间出生的推定标准；不容否认的推定标准（子女出生后与该子女共同生活且视该子女为自己的子女者，将不容否认地被推定为该子女的父或母）。③

而对于亲子间的权利义务关系，也不再强调传统中父母的权力或权威。"承认子女在家庭中的独立的人格、独立的主体地位，强调父母对于子女的照顾、保护、监护的义务与责任，强调子女的最大利益，已成为世界各国立法的共识。"④ 当代外国亲子法"几乎均已发展为充分考虑子女权利的亲子法，而且规定得越来越详尽明确"。⑤ 父母对子女的亲权也褪去"权力"的色彩，成为父母为实现照料、教育子女责任之权利。⑥ 亲子之间相互有扶养的权利义务，即父母对未成年子女有抚养教育的义务，成年子女对缺乏劳动能力又没有生活来源的父母有赡养扶助的义务。即使父母因过错行为被剥夺父母的权利

① ［德］迪特尔·施瓦布：《德国家庭法》，王葆莳译，法律出版社 2010 年版，第 271-272 页。

② 《埃塞俄比亚民法典》，薛军译，厦门大学出版社 2013 年版，第 107 页。

③ 参见陈苇、郭庆敏：《美国亲子关系的推定与否认制度及其启示——基于美国新〈统一亲子关系法〉的考察》，载易继明主编：《私法》（总第 34 卷），华中科技大学出版社 2020 年版，第 442-451 页。美国新《统一亲子关系法》全文，可参见《美国新〈统一亲子关系法〉（2017 年修订）》，陈苇、郭庆敏译，载梁慧星主编：《民商法论丛》（总第 70 卷），社会科学文献出版社 2020 年版，第 343-392 页。

④ 王丽萍：《从"亲本位"向"子女本位"演变的亲子法》，载《金陵法律评论》2006 年春季卷，第 36 页。

⑤ 陈明侠：《完善父母子女关系法律制度（纲要）》，载《法商研究》1999 年第 4 期，第 24 页。

⑥ 我国学者对建立我国亲权制度的研究和以父母责任作为上位法律术语的立法建议，参见夏吟兰编著：《家事法专论》，中国政法大学出版社 2020 年版，第 387-392、399-401 页。

（或监护人资格），仍然要承担抚养未成年子女的责任。

五、收养制度

收养是自然人将他人子女领为自己子女的法律行为，收养行为将在收养人和被收养人之间创设法律拟制的父母子女关系。收养法律制度的内容包括：收养的条件和程序、收养的效力、收养关系的解除及其法律后果。

当代外国收养法律制度有趋同之处：立法取向逐渐从简单收养、完全收养并存的格局转向以完全收养为主；[1] 此外，当代许多国家的收养法均以"保护未成年被收养人利益"为其首要原则，并通过对收养条件和程序的规定，以国家监督的形式确保未成年被收养人的利益。[2]

六、监护制度

监护是依法对欠缺行为能力人进行监督和保护的制度，未成年人和处于特殊状况下的成年人应得到监护。监护制度的内容包括：监护的开始，监护人的职责与权利，监护的撤销、变更与终止等。按照被监护人不同，监护可以分为对未成年人的监护和对成年人的监护两种类型。

（一）未成年人监护

对未成年人的监护有广义和狭义的区分。狭义的监护是指没有处于父母权利之下的未成年人监护，即父母不属于监护人，而是亲权人或父母照护权人；广义的监护除了狭义的监护外，还包括父母对子女的监护，即父母也属于监护人。本书研究的监护制度采取狭义的概念，父母对子女的照顾保护属于亲子关系法部分的研究内容，故本书在监护制度中只研究没有处于父母权利之下的未成年人监护。

（二）成年人监护

成年人监护的观念在现代发生了较大的转变，随着国际人权组织将关注的视野更多地投向残障者，衍生出一系列新思潮，如"维持本人（残障者）生活正常化"和"尊重本人的自我决定权"等。[3] 这些新的思潮改变了过去对欠缺民事行为能力人的隔绝式的监护理念，当代成年人监护设置的目的主要是协助或辅助需要帮助的成年人继续参与社会生活。基于尊重人格尊严和私人生活自主权的人权保护理念[4]，当代许多国家的成年人监护制度已将尊重本人的自我决定权作为成年人监护的原则，允许成年人在具备完全行为能力时为自己将来欠缺行为能力时预先确定监护人，意定监护的适用优先于法定监护。并且，不少国家的监护制度将成年人的监护措施分为各种类型或层次，分别适用不同情况的成年被监护人。尤其值得注意的是，瑞士的成年人监护制度之名称已被改为"成年人保护制度"，其具体保护措施分为：自我照顾安排（适用于有判断能力者）、法定措施（适用于无判断能力者）和官方措施（适用于有一定程度保护需要且家庭保护等存在不足

---

① 蒋新苗：《现代收养法趋同化取向》，载《湖南师范大学社会科学学报》2000年第6期，第39页。
② 参见陈苇主编：《外国婚姻家庭法比较研究》，群众出版社2006年版，第368-369页。
③ 李霞：《成年后见制度的日本法观察——兼及我国的制度反思》，载《法学论坛》2003年第5期，第89页。
④ 参见陈苇：《中国婚姻家庭法立法研究》，群众出版社2010年版，第37页。

或自我照顾安排、法定措施等存在不足者）。①

七、离婚制度

离婚是婚姻关系终止的原因之一，是指夫妻双方在生存期间按照法定条件和程序解除婚姻关系的法律行为。离婚法律制度的内容主要包括离婚的条件和程序以及离婚的法律后果。

（一）离婚的条件和程序

当代外国法规定的离婚程序，可以分为行政程序离婚和诉讼离婚两种方式。有些国家行政程序离婚与诉讼离婚并行，如日本、俄罗斯；有些国家离婚只能通过诉讼程序②，如德国、瑞士。有些国家虽然只能通过诉讼程序离婚，但法律认可夫妻协议离婚，如法国（从2017年1月1日起《法国民法典》承认非司法程序的协议离婚方式）。然而，有些国家既不允许行政程序离婚，也不允许协议离婚，只能诉讼离婚，如德国。关于离婚的法定条件，各国的规定不尽相同，离婚必须符合该国法律规定的准予离婚的法定条件，才能办理行政程序的登记离婚或在诉讼离婚中被法院调解或判决准予离婚。

（二）离婚的法律后果

当婚姻破裂，离婚成为唯一解决方案时，立法必须关注离婚法律后果的公平性，尤其应保护婚姻中可能受到不利影响的较弱一方③以及未成年子女之利益④。离婚的法律后果包括对婚姻当事人的法律后果和对父母子女的法律后果。对婚姻当事人而言，离婚会终止夫妻身份关系和财产关系，并带来离婚后的相关救济，如离婚后的扶养、离婚损害赔偿等。而离婚虽然不会改变父母子女身份关系，但会带来未成年子女跟随何方生活、抚养费的支付以及探望权行使等一系列法律后果。离婚对未成年子女的法律后果决定了未成年子女利益受父母离婚影响的程度，应在"子女最佳利益"原则的指导下安排好未成年子女的生活和教育。

第四节　当代外国婚姻家庭法律制度的研究方法

本节研究和阐述以下内容：一是历史研究方法；二是文献研究方法；三是实证研究

---

① 参见《瑞士成年人保护制度》（译自《瑞士民法典》2016年修正英文版），陈苇、陈钏译，载梁慧星主编：《民商法论丛》（第65卷），法律出版社2017年版，第719-746页。关于瑞士新成年人意定照顾制度的研究，参见陈苇、陈钏：《瑞士新成年人意定照顾制度研究及其启示》，载陈小君主编：《私法研究》（第22卷），法律出版社2018年版，第57-81页。

② 由于有些国家的家事案件适用特别程序，家事法院关于离婚的程序与普通民事诉讼程序存在差异，如德国规定从2009年9月1日起离婚程序属于"婚姻事件"，受家庭法院管辖，婚姻事件的程序不是根据"起诉"而是根据"申请"发生诉讼系属。参见［德］迪特尔·施瓦布：《德国家庭法》，王葆莳译，法律出版社2010年版，第169页。

③ 参见马致远、张蓉：《透视弱势群体——中国离婚妇女的生活状况及其权益保障》，载《长安大学学报》（社会科学版）2003年第3期，第56-63页；陈苇、张鑫：《诉讼离婚财产清算中妇女财产权益法律保护实证研究——以我国重庆市某基层人民法院2011-2013年审结的离婚案件为对象》，《河北法学》2016年第8期，第27-43页。

④ 参见叶文振、徐安琪：《父母离婚与子女福利——西方学者的研究成果及其学术启示》，载《国外社会科学》2002年第2期，第75-82页；陈苇、张庆林：《离婚诉讼中儿童抚养问题之司法实践及其改进建议——以某县人民法院2011-2013年审结离婚案件为调查对象》，载《河北法学》2015年第1期，第13-33页；陈苇、石雷、张维仑：《登记离婚制度实施中儿童权益保障情况实证调查研究》，载《西南政法大学学报》2016年第1期，第113-121页。

方法；四是比较研究方法。

德国学者萨维尼先生指出："学术研究的成就不仅仅取决于天赋（个人智力的程度）与勤奋（对智力的一定运用），它还更多地取决于第三种因素，那就是方法，即智力的运用方向。"① 对当代外国婚姻家庭法律制度的研究方法包括历史研究方法、文献研究方法、实证研究方法和比较研究方法。

一、历史研究方法

本书利用历史研究的方法，通过客观考察当代外国婚姻家庭法律制度的发展变革情况，分析法律制度变革的历史背景，进而更好地理解当代外国现行婚姻家庭法的现状并预测其未来的发展趋势。

历史研究法是法学研究常用的研究方法之一，也是重要的社会科学研究方法。正如列宁在《论国家》中指出的，"在社会科学问题上有一种最可靠的方法，它是真正养成正确分析这个问题的本领而不致淹没在一大堆细节或大量争执意见之中所必需的，对于用科学眼光分析这个问题来说是最重要的，那就是不要忘记基本的历史联系，考察每个问题都要看某种现象在历史上怎样产生、在发展中经过了哪些主要阶段，并根据它的这种发展去考察这一事物现在是怎样的。"② 德国学者萨维尼在其《法学方法论讲义》中指出，法律的研究法则应当从基本原则推导出来，而这些基本原则是"（1）法学是一门历史性的科学；（2）法学也是一门哲学性的科学；（3）上述两条原则应当结合起来，即法学是历史性与哲学性科学的统一"。他同时强调指出，法学的历史性研究"并不是运用历史知识去理解法学本身，而是法学在多大程度上应当具备历史性"。③ 对当代外国婚姻家庭法律制度进行历史研究，可以了解过往的立法、司法及法学理论对现行法律制度的持续影响，其也是分析当代不同国家婚姻家庭法律制度差异性的重要依据。

法律制度不是孤立的，而是存在于特定的历史背景之中，与当时社会的文化、经济、民族传统等紧密相关。英国大法官马修·普索认为，概述法律形成的历史背景是很有价值的，通过对历史背景的研究，可以"追溯我们从过去到现在走过的法律历程，并能够进一步追溯从法律制定之初至今法律发展的历程"。④ 对于当代外国婚姻家庭法律制度历史的考察，我们着重收集晚近的法律制度变迁资料，除第一章外的以下各章第一节里均设有"20世纪以来某国婚姻家庭法律制度修订概况"。这主要是考虑到20世纪以来婚姻家庭制度受到社会变迁的影响很大，并与其现行法律制度的关联度高。20世纪以来，特别是第二次世界大战后，工业化的发展使家庭的功能和模式发生了很大的变化。"传统的具有专制主义色彩但却相对稳定的乡村家庭模式，转变成更具平等主义、情感自由、更

---

① ［德］弗里德里希·卡尔·冯·萨维尼、雅各布·格林：《萨维尼法学方法论讲义与格林笔记》，杨代雄译，法律出版社2008年版，第67页。

② 《列宁选集》（第4卷），人民出版社1995年版，第26页。转引自胡德胜主编：《法学研究方法论》，法律出版社2017年版，第307页。

③ ［德］弗里德里希·卡尔·冯·萨维尼、雅各布·格林：《萨维尼法学方法论讲义与格林笔记》，杨代雄译，法律出版社2008年版，第71、99页。

④ ［英］马修·索普：《离婚的财产后果：英格兰与欧洲其他地区比较》，载［德］Katharina Boele-Woelki、Jens M. Scherpe、［英］Jo Miles主编：《欧洲婚姻财产法的未来》，樊丽君等译，法律出版社2017年版，第2页。

少性别差异的核心家庭"。① 家庭过去在经济、生产、宗教、娱乐、教育、地位赋予、人口繁衍等方面的功能逐渐减退甚至消失，结婚率降低，离婚率升高，婚姻之外的共同生活方式得到认可，婚姻的稳定性和主流性都受到影响。另外，保护儿童权益，促进男女两性平等、帮助残障者实现自主决定权、尊重同性恋少数群体的家庭生活权等观念的变化也被反映在一些国家的婚姻家庭法律制度中。

在运用历史研究方法时，我们也力图避免这样两种情况②：一是历史研究纯属资料堆积，缺少与研究主题的逻辑关系；二是缺少对过去的旧制度对现今制度影响的必要分析。本书的历史研究主要考察 20 世纪以来各国婚姻家庭法律制度的变革修订情况，以说明现行制度的来源与演变为目的。

二、文献研究方法

为了较为全面、系统地对当代外国婚姻家庭法律制度进行研究，我们努力收集有关当代外国婚姻家庭法律制度的中外文献资料。考虑到我国近代法律继受的情况和不同国家在不同法系或法圈③中的代表地位等因素，以及本书研究的人力和物力限制，我们选择大陆法系国家和英美法系国家中具有一定代表性国家包括法国、德国、瑞士、意大利、日本、俄罗斯、美国、英国和澳大利亚共计九国的婚姻家庭法律制度作为研究对象，广泛收集这九国婚姻家庭法律制度文献和理论著作及学术论文等中外文献资料，尤其注意收集以上九国的本国语言文字之最新文献资料，以确保研究内容的准确性、及时性和丰富性。根据主编拟定的写作提纲和建议参考书目，本书各位作者分别收集了各自撰写章节的相关资料，包括但不限于：法典、法律或法令、判例、外文原著、外文译著、论文、网络各国立法最新资料等，以便尽可能实现"采取最新的法理与原则"。④ 正如笛卡尔在《谈谈方法》中所言，"在任何情况之下，都要尽量全面地考察，尽量普遍地复查，做到确信毫无遗漏"。⑤ 为了避免因误解或遗漏导致文献研究中发生错误，尽可能全面收集资料以及关注最新立法动向是我们收集资料的原则。

三、实证研究方法

本书注意运用实证研究的方法，尽可能收集以上国家的一些典型司法案例，分析相关制度的实施情况，以助于了解当代外国婚姻家庭法律制度的司法实践状况。一方面，通过对部分国家一些典型案例的考察研究，了解这些国家婚姻家庭法律制度的实际运作情况；另一方面，通过研究部分国家家事审判制度的改革和实施情况，深入认识这些国家婚姻家庭法律制度的改革是如何实施的，也可以为我国家事审判改革的继续推进提供

① ［美］史蒂文·瓦戈：《社会变迁》（第五版），王晓黎等译，北京大学出版社 2007 年版，第 99 页。

② 陈瑞华教授指出了不当历史研究的两个重大教训，参见陈瑞华：《论法学研究方法》，法律出版社 2017 年版，第 81 页。

③ 比较法研究中重要的概念，不论是法系还是法圈的含义都不够清晰。沈宗灵先生认为可以理解为由若干国家和特定地区的，具有某种共性或共同传统的法律的总称。参见沈宗灵：《比较法研究》，北京大学出版社 1998 年版，第 53 页。法圈的概念可以参考［日］大木雅夫：《比较法》，范愉译，法律出版社 1999 年版，第 105-151 页。

④ 参见张晋藩：《中国法律的传统与近代转型》，法律出版社 1997 年版，第 450 页。

⑤ ［法］笛卡尔：《谈谈方法》，王太庆译，商务印书馆 2012 年版，第 16 页。

有益的参考。

四、比较研究方法

"差异由接触而知，由比较而显。"① 正如日本学者大木雅夫先生所言，比较法的目的分为理论目的和实践目的。理论目的是深化法的认识与扩大法学视野、确认法的发展趋势、认识各法律秩序的共同基础与确定理想类型；实践目的则是为立法提供资料、辅助解释法律等。② 必须说明，从比较研究的角度而言，在写作体例上，本书不同于陈苇教授主编的《外国婚姻家庭法比较研究》（群众出版社2006年版）一书。该书是以外国婚姻家庭法的具体制度为对象，分专章进行不同国别的具体制度的横向比较研究；而本书则是对作为研究对象的九国各自当代婚姻家庭法律制度，以专章分国别进行纵向的体系化、个性化的整体研究。本书的研究定位于比较法，主要依据有两点：其一，我们研究了九个不同国家的婚姻家庭法，而非单独研究某一外国法，同时以相同的章节结构整体研究九国婚姻家庭法律制度的具体内容，这是比较研究的基础；其二，各国婚姻家庭法律制度可供比较研究的内容很多，而本书写作的主要目的之一是向读者展示当代外国婚姻家庭法律制度20世纪以来的改革概况与最新发展动态，因此，除第一章概述外的以下各章第一节都是首先简介当代某国婚姻家庭法律制度20世纪以来的修订概况，其次研究和阐述该国婚姻家庭法律的具体制度内容，并在最后一节分析总结当代某国婚姻家庭法律制度的改革要点和发展趋势以及对我国立法完善的启示。本书的比较研究集中在以下三个方面：一是一国婚姻家庭具体制度的纵向比较研究，即对该国某具体制度20世纪以来的历史变革概况进行考察和研究，以揭示立法变革的原因和目的；二是一国现行法律文本与司法实践的比较研究，即静态分析与动态考察该国婚姻家庭具体制度的文本与司法实践的状况，以更加深入地认识各项制度的功能，进而总结各项具体制度的特点及发展趋势；三是他国当代婚姻家庭具体制度及实践与本国相应制度及司法实践的中外比较，揭示其启示意义。以上三个方面的比较研究，有助于人们认识当代不同国家婚姻家庭制度的共性和差异，以及不同国家婚姻家庭制度各自的特点与发展趋势，并总结各国法律实施中的成功经验和失败教训，从而为我国婚姻家庭法律制度的完善与家事审判改革的继续推进提供参考。

我国学者沈宗灵先生指出，比较法与外国法的联系与区别，比较法研究首先要求掌握外国法的材料，因此外国法研究是比较法的前提；但仅仅研究外国法还不是比较法，比较法应当是对不同国家法律的比较（包括不同外国法之间的研究和本国法与外国法之间的研究）。③ 一般来说，具体制度的比较是婚姻家庭法比较研究的常规方法，但也存在一些不足。其一，具体制度比较注重法律规范等文献，对产生各国具体制度的社会历史背景关注不够，可能会夸大具体制度间的差异性。其二，具体制度比较从规范本身出发拘泥于形式，如果不同的国家在解决相同问题时采取了不同规范，可能会得出某国没有某项制度的错误结论。自20世纪90年代以来，比较法学对于促进婚姻家庭法学研究的国

---

① ［美］H. W. 埃尔曼：《比较法律文化》，贺卫方、高鸿钧译，清华大学出版社2002年版，"比较法学丛书"总序，第2页。

② 参见［日］大木雅夫：《比较法》（修订译本），范愉译，法律出版社2006年版，第67-75页。

③ 沈宗灵：《比较法研究》，北京大学出版社1998年版，第11页。

际化、我国婚姻家庭立法的现代化发挥了历史性的作用。随着我国婚姻家庭法学研究的深入和"中国化",比较研究的目的不再单纯是外国制度的移植或本土化,还包括对外国立法经验的审视和反思,以创造我国相关立法的成功经验;比较研究的方法也在不断更新,由具体制度比较走向更加体系化的比较。本书对当代外国婚姻家庭法律制度采取分章专题研究的结构体例,对一国当代婚姻家庭法律制度,建立在历史的视角下进行较为全面系统而非支离破碎的研究,并对法律文本的司法实践典型案例进行考察以揭示其功能,可以避免单纯的具体制度比较容易发生的偏差。除第一章概述外,其他各章都较为系统、全面地研究一国婚姻家庭法律制度的整体状况,包括 20 世纪以来各项具体制度之历史演变概况,现行法律文本与司法实践状况,进而对该国具体制度及实践与我国相应立法及实践比较研究,即他国当代婚姻家庭法律某项制度改革历史的纵向比较、某项具体制度文本与司法实践的静态与动态比较、他国某具体制度及实践与本国相应制度及实践的中外比较,这三个方面是本书比较研究的特点。虽然我们没有对外国某项具体制度进行国与国之间的直接比较研究,但在撰写每个国家婚姻家庭法的具体制度时,均依亲属关系通则、结婚制度、夫妻关系制度、亲子关系制度、收养制度、监护制度和离婚制度的结构框架写作,以方便读者在阅读时对照各章相关内容。

诚然,如果更大范围地研究涉及婚姻家庭亲属的民法、刑法、程序法等也有一定意义,但限于我们的人力与物力无法进行,不过在研究过程中,我们会把影响婚姻家庭法改革的民事法律、程序法甚至刑法的修改情况在可能的情况下进行简介。例如,德国 2009 年 9 月 1 日生效的《改革非诉事件法的法律》导致了德国家事法院的程序改革,同时引发了家事实体法的改动,"即使精研过家庭法的人,也无法再继续信赖自己的知识"。[①] 我们在研究中会简介此类影响婚姻家庭法的其他法律修改的情形,并将分析其关联性和影响。这样可以一览该国处理婚姻家庭问题的整体性立法体系,从而避免因各国法律体系的构成有所不同而可能带来的某些误解。

---

① [德] 迪特尔·施瓦布:《德国家庭法》,王葆莳译,法律出版社 2010 年版,德文第十七版序。

第二章　当代法国婚姻家庭法律制度研究

第一节　当代法国婚姻家庭法律制度概述

本节研究和阐述以下内容：一是当代法国婚姻家庭法律制度的渊源和主要内容；二是 20 世纪以来法国婚姻家庭法律制度修订概况。

一、当代法国婚姻家庭法律制度的渊源和主要内容

（一）当代法国婚姻家庭法律制度的渊源

当代法国婚姻家庭法律制度的渊源，一般认为包括法律、判例和习惯法。由于法国 1958 年《宪法》划分了立法权和条例制定权各自的保留领域，而且"人的身份和能力，包括家庭，婚姻制度，继承和赠予——捐赠和遗赠"均属于法律完全保留事项，[①] 因此法国婚姻家庭法律制度主要渊源为法律的规定，其法律的最重要渊源即为《法国民法典》。多数对法国生效的国际条约以及欧盟法在法国可直接适用而不需要转化为国内法，这导致法国法的国际渊源较多，但由于婚姻家庭法的民族性、习俗性等问题，这些法律渊源大多不涉及婚姻家庭法。即使 2001 年成立的致力于推动欧洲司法统一化的欧洲家庭法委员会（CEFL），其提出的各项原则并不直接适用于各国，而是为各国制定修改家庭法提供参考。[②]

（二）当代法国婚姻家庭法律制度的主要内容

我国学者张民安先生在其著作《法国民法》中将法国"家庭法"界定为"对家庭关系[③]进行规范和调整的所有法律规范的总和"，因此婚姻法、其他家庭关系法、亲子法均属于家庭法。我们基本赞同这种界定，但考虑到比较研究的目的，我们将监护制度以及亲属关系通则纳入研究对象。因此当代法国婚姻家庭法律制度研究的主要内容为亲属关系通则制度、结婚制度、夫妻关系制度、亲子关系制度、收养制度、监护制度、离婚制

---

① ［法］雅克·盖斯旦、吉勒·古博：《法国民法总论》，陈鹏等译，法律出版社 2004 年版，第 209 页。

② ［荷］凯瑟琳娜·伯勒·沃基、［瑞典］玛瑞特·詹特瑞·扎尔伯格：《欧洲家庭法协会在配偶财产关系领域的初步研究成果》，樊丽君、董朝译，载［德］Katharina Boele-Woelki、Jens M. Scherpe、［英］Jo Miles 主编：《欧洲婚姻财产法的未来》，樊丽君等译，法律出版社 2017 年版，第 45-46 页。

③ 张民安教授认为，家庭关系包括血亲关系、姻亲关系以及因非婚家庭产生的其他家庭关系。参见张民安：《法国民法》，清华大学出版社 2015 年版，第 202-204 页。

度，涉及《法国民法典》① 第一卷人之第二编身份证书的第二章出生证书、第三章结婚证书；第五编婚姻，第六编离婚，第七编亲子关系，第八编收养子女，第九编亲权，第十编未成年、监护与解除亲权，第十一编成年以及受法律保护的成年人，第十二编受监护的未成年人与成年人的概括财产管理，第十三编紧密关系民事协议与非婚同居，第十四编保护暴力受害者的措施；② 第三卷取得财产的各种方法之第一编继承的第三章继承人的第一节在没有继承权的配偶的情况下亲属的权利；第二编无偿处分财产的第八章通过婚姻财产契约向配偶双方以及他们婚后出生的子女进行的赠与、第九章配偶之间以婚姻财产契约或者在婚姻期间进行的财产处分；第五编婚姻财产契约与婚姻财产制等。

二、20 世纪以来法国婚姻家庭法律制度修订概况

（一）《法国民法典》的立法背景及其历史局限性

1804 年 3 月 21 日《法国民法典（草案）》以法律形式通过，由于时任第一执政的拿破仑对《法国民法典》的贡献，该民法典曾分别于 1807 年和 1852 年被命名为《拿破仑法典》。拿破仑晚年被放逐时亦曾自豪地声称："我的光荣不是在打过四十次胜仗，因为滑铁卢战役的失败，便可使这一切完全被人忘记。但不会被人忘记，而且永垂不朽的，却是我的民法典。"③ 不过就家庭法而言，《法国民法典》较之法国大革命时期的立法明显后退或者说更为保守。表现为：其一，家庭的价值在拿破仑政权中再次受到尊崇，家庭成为"道德的保存者与公共安宁的维护者"。④ 其二，已婚女性的权利大幅度被减缩，法典否定了大革命时期业已得到承认的妇女权利（1804 年《法国民法典》的制定者很少关心妇女权利，而拿破仑本人曾在参议院大声疾呼："给予妇女权力，那可不是法国的套路"⑤）法典宣布夫应保护其妻，妻应顺从其夫，未得到夫的许可，妻不得为法律行为，亦不可进行诉讼（《拿破仑法典》⑥ 第 213、215、217 条）。其三，虽然保留了始于 1792 年的离婚制度，但与之相比，1804 年法典增加了离婚难度：如限制协议离婚，结婚时间过短或过长都不允许协议离婚；离婚程序极其复杂；禁止了因性格不合而离婚的情形；女性诉请离婚的条件比男性严苛（《拿破仑法典》第 229、230 条）等。其四，在亲子关系方面，父母婚姻关系存续期间能够行使亲权的只有父亲，只有在父亲死亡后母亲才能监护未成年子女，而且其权利受到父亲生前指定的辅助人的限制（《拿破仑法典》第 373、390、391 条）。

---

① 本章使用的《法国民法典》中文版除特别说明之外均为罗结珍先生所译的北京大学出版社 2010 年版本，该版本是罗结珍先生根据 2009 年 11 月法国"Légifrance"公布的文本翻译的。Légifrance 是负责通过互联网进行法律传播的法国公共服务机构。本章使用的 2009 年之后修订的法典条文也来源于 Légifrance 官网：www.legifrance.gouv.fr.。其中法语版的《法国民法典》是 2019 年 7 月 21 日版，英文版的《法国民法典》是 2013 年 7 月 1 日版的。
② 该编"保护暴力受害者的措施"由 2010 年 7 月 9 日关于"对妇女的暴力、夫妇间暴力及对儿童的影响"的第 2010-769 号法律新增。来源参见 https://www.legifrance.gouv.fr/eli/loi/2010/7/9/2010-769/jo/texte，访问日期：2018 年 4 月 29 日。
③ 《法国民法》，郑正忠等译，台湾五南图书出版公司 2001 年版，导言第 2 页。
④ ［美］林·亨特：《法国大革命时期的家庭罗曼史》，郑明萱、陈瑛译，商务印书馆 2008 年版，第 174 页。
⑤ ［法］罗贝尔·巴丹戴尔：《最伟大的财产》，载罗结珍译：《法国民法典》（上册），法律出版社 2005 年版，第 18 页。
⑥ 本章所引 1804 年《拿破仑法典》条文及内容，除特别说明外均来自《拿破仑法典》，李浩培等译，商务印书馆 1979 年版。

（二）20 世纪以来法国婚姻家庭法律制度的主要修订情况

从 1804 年到 19 世纪末，《法国民法典》没有进行重大修改，[①] 但从 19 世纪末以来，法国民法发生了"从个人主义民法进到团体主义民法（社会化民法）"[②] 的变化。在婚姻家庭法领域，20 世纪 60 年代后立法者对《法国民法典》中的婚姻家庭法进行了"大刀阔斧、脱胎换骨式的改革"。[③] 法国学者对该时期婚姻家庭法的重大修改评价很高，"对整个家庭法的这种重大修改反映了民法领域立法活动的复兴。对先前法律修改的规模之大和新规则的起草质量之高，都使法律在私法渊源中的优势重新受到关注"。[④] 始自 60 年代的婚姻家庭法重大修订简要介绍如下：

1964 年 12 月 14 日第 64-1230 号法律修改了监护和解除亲权制度；1965 年 7 月 13 日第 65-570 号法律以及 1985 年 12 月 23 日第 85-1372 号法律修改了夫妻财产制；1966 年 7 月 11 日第 66-500 号法律以及 1976 年 12 月 22 日第 76-1179 号法律修改了收养制度；1968 年 1 月 3 日第 68-5 号法律，2007 年 3 月 5 日第 2007-308 号、2016 年 11 月 18 日第 2016-1547 号法律，2019 年 3 月 23 日关于 2018-2022 年司法改革规划的第 2019-222 号法令修改了成年人保护制度；1970 年 6 月 4 日第 70-459 号法律、1987 年 7 月 22 日第 87-570 号法律、1996 年 7 月 5 日第 96-604 号法律、2002 年 3 月 4 日第 2002-305 号法律、2007 年 3 月 5 日第 2007-293 号法律、2013 年 5 月 17 日第 2013-404 号法律以及 2015 年 10 月 15 日关于简化和现代化家庭法的第 2015-1288 号法令修改了亲权制度；1972 年 1 月 3 日第 72-3 号法律、2005 年 7 月 4 日 2005-759 号法令及 2019 年 3 月 23 日关于 2018-2022 年司法改革规划的第 2019-222 号法令修改了亲子关系制度；1974 年 7 月 5 日第 74-631 号法律修改了成年年龄；1975 年 7 月 15 日第 75-617 号法律、2004 年 5 月 26 日第 2004-439 号法律以及 2016 年 11 月 18 日第 2016-1547 号法律修改了离婚制度；1993 年 1 月 8 日法律修改了民事证书、家庭和儿童权利，2016 年 3 月 14 日第 2016-297 号"关于保护儿童的法律"进一步完善了未成年人权益保护制度；1999 年 11 月 15 日第 99-944 号法律规定了紧密关系民事协议（Du pacte civil de solidarité）与非婚同居（du concubinage），2006 年 6 月 23 日第 2006-728 号法律对紧密关系民事协议进行了修订；2010 年 7 月 9 日第 2010-769 号法律、2014 年 8 月 4 日第 2014-873 号法律修订了针对妇女、儿童的家庭暴力的预防、救助和制裁制度；2013 年 5 月 17 日第 2013-404 号法律向同性伴侣开放婚姻；2015 年 10 月 15 日第 2015-1288 号法令建立了家庭授权制度并简化了离婚后的财产清算方式；2016 年 11 月 18 日第 2016-1547 号法律首次承认了非司法途径的离婚。[⑤]

1. 结婚制度的主要修订情况

法国结婚的条件和程序在 21 世纪作出了男女更加平等的修订以及简化，如 2004 年废

---

① 1804 年到 19 世纪末，法国婚姻家庭法领域的发展变化有：1816 年波旁复辟时期，把天主教重新列入国教，保留别居但禁止离婚，直到 1884 年 7 月，法兰西第三共和国恢复了离婚制度；1887 年法律的规定对亲权实施监督；1891 年的法律扩大了生存配偶和非婚生子女的继承权；1893 年的法律认可了已婚妇女在分居后拥有充分的行为能力。何勤华主编：《法国法律发达史》，法律出版社 2001 年版，第 234 页。

② 由嵘：《拿破仑法典以后法国民法的发展》，载林榕年、张学仁主编：《外国法制史汇刊第一集》，武汉大学出版社 1984 年版，第 94 页。

③ 张民安：《法国民法》，清华大学出版社 2015 年版，第 206 页。

④ ［法］雅克·盖斯旦、吉勒·古博：《法国民法总论》，陈鹏等译，法律出版社 2004 年版，第 118 页。

⑤ 上述提及的婚姻家庭法领域的重大修改以及其他没有提及的修改内容，将在后列各节详细评介。

止了待婚期的规定，2006 年将男女法定婚龄统一为 18 周岁，2007 年取消了结婚需提交健康检查报告的规定等。一夫一妻的婚姻曾是法国法唯一认可的家庭组建方式，但当代法国家庭形态已经发生了巨大变化，1999 年后紧密关系民事协议之同居以及非婚同居关系成为法律确认的，具有不同程度效力的共同生活方式。2013 年后婚姻制度向同性伴侣开放，法国成为欧洲第七个向同性伴侣开放婚姻制度的国家。

2. 夫妻关系制度的主要修订情况

夫妻关系制度最主要的修订是夫妻平权。1927 年法律废除了妻子从属丈夫国籍的规定；1938 年法律取消了夫权；1942 年法律规定"已婚妇女享有完全的权利能力，只有婚约和法律能限制这种权利能力的实现"；1965 年法律规定婚姻财产制改革，"妻子得不经其夫的同意具有从事某种职业的权利"，丈夫也不再是家庭生活费用的主要负担者；1970 年法律规定配偶共同负责家庭管理和子女教育；1975 年法律规定配偶享有共同选定家庭居所的权利，不再由夫选择；1985 年 12 月 23 日的法律消除了夫妻之间残存的不平等，"夫妻各方得自由从事职业，获得收益与工资，并且在分担婚姻所生负担后，得自由处分之"；2006 年法律新增了配偶相互尊重的义务；2010 年《法国民法典》第一卷新增第十四编"保护暴力受害者的措施"；2013 年配偶姓氏权条款终于进入民法典。

3. 亲子关系制度的主要修订情况

1972 年后非婚生子女可与婚生子女有同样的权利义务，但因通奸所生非婚生子女的继承权利受到限制，这个例外于 2002 年被废除了，而且三年后第 2005-759 号法令直接取消了非婚生子女的称谓。1994 年法国有了生物伦理法，民法典也开始规范借助医学方法生育所形成的亲子关系。2002 年法律重新定义了亲权（l'autorité parentale），修改后的亲权从父母的权力变为以子女利益为最终目的的职能性权利义务的总和；该法还将父母分离时行使亲权的问题从离婚制度转移到了亲权制度，父母无论离婚还是别居都共同行使对子女的亲权。2015 年法律规定将父母对子女财产的法定管理改为"与子女财产有关的亲权"，提出了为子女利益而谨慎、勤勉和明智管理的要求。

4. 收养制度的主要修订情况

自从 1939 年法国承认完全收养之后，1966 年完全收养已经成为收养的一般规则，简单收养仅为补充。1996 年法律降低了收养人的条件，把收养人的年龄从 30 周岁降至 28 周岁，收养人夫妇结婚的时间从 5 年降为 2 年。2013 年的法律为同性继父母收养继子女扫清障碍。

5. 监护制度的主要修订情况

法国成年人监护制度改革力度很大。1968 年法国民法典取消了禁治产制度，并将禁治产人的监护和浪费人的辅助制度修改为对成年人的法律保护制度。2007 年法律创造了在必要、辅助以及保护措施相称三原则下的多层次成年人保护制度。2015 年及 2016 年法律重申了家庭对成年人保护的责任，新增的保护措施使成年人保护制度更具弹性。

6. 离婚制度的主要修订情况

1975 年法律许可法官在夫妻双方相互同意离婚、共同生活破裂和因可归咎于他方的过错的情形下宣判离婚。2004 年法律再次重塑了法国离婚法，离婚的苛酷条款被废除，离婚与配偶财产清算分割相分离；不过依然坚持了离婚的司法性质，离婚需经诉讼程序由法官宣告。2016 年第 2016-1547 号法律首次承认了非司法途径的离婚，符合条件时配偶可以在律师的协助下以私署文书的形式签订离婚协议，并通过将离婚协议存放于公证人处使离婚生效。

第二节　当代法国亲属关系通则制度

本节研究和阐述以下内容：一是当代法国亲属关系通则制度概述；二是当代法国亲属的范围和种类；三是当代法国亲系及亲等的计算方法；四是当代法国亲属关系的发生和终止；五是当代法国亲属关系的法律效力。

一、当代法国亲属关系通则制度概述

《法国民法典》未设亲属关系通则，有关亲属关系通则的内容或者规定在具体法律关系如监护、扶养中，或者规定在第三卷第一编继承中。

二、当代法国亲属的范围和种类

（一）亲属的范围

与其他明确规定了亲属范围的国家①不同，法国并无相应规范，从禁婚、扶养、监护看，受到法律调整的亲属均有一定范围。例如，禁婚的亲属范围包括：（1）直系亲属：所有的尊血亲与卑血亲之间，以及同系的姻亲之间；（2）旁系血亲：兄弟姐妹之间、兄弟之间、姐妹之间；（3）叔伯与侄子或侄女间、舅父与外甥或外甥女间、姑母与内侄或内侄女间、姨与外甥或外甥女间。（"法民"第161条、2013年5月17日第2013-404号法律修订后的第162条和第163条）再如，有继承权的亲属范围限于被继承人的直系血亲、兄弟姐妹以及他们的直系卑血亲，以及其他六亲等以内的旁系亲属。（"法民"第734条、2015年2月16日第2015-177号法律修订后的第745条）

（二）亲属的种类

法国的亲属分为血亲和姻亲（如《法国民法典》第161条、第399条）。至于配偶是否属于亲属，从法典同时提及配偶和亲属时总是分别指明（例如，《法国民法典》第三卷第一编继承的规定，"亲属"与"有继承权的配偶"均分开表述）的情况来看，《法国民法典》中所称亲属不包括配偶。

三、当代法国亲系及亲等的计算方法

（一）亲系

法国民法中的亲系可以分为直系亲与旁系亲，父系亲和母系亲。

1. 直系亲与旁系亲

《法国民法典》第742条规定，"亲等的相互连续，形成亲系：一人为另一人所生，此等人相互之间的亲等的连续称谓直系；一人虽非另一人所生但有一个同源人，此等人相互之间亲等的连续称为旁系"。在法国，直系血亲分为直系尊血亲和直系卑血亲。

---

① 例如，《德国民法典》第1598、1599条是德国法关于亲属的一般规定，亲属仅包括血统关系（血亲）和姻亲关系。

2. 父系亲与母系亲

《法国民法典》第 746 条规定，"亲属，按照源于父或母，分为两个分支"。父系亲与母系亲划分的实际意义在于，当遗产转归直系尊血亲或者除兄弟姐妹或兄弟姐妹的直系卑血亲以外的旁系亲属继承时，遗产将在父系亲和母系亲分支对半分割，而不是按照人头均份继承。（"法民"第 747、749 条）此外，在确定因未成年人监护问题而设立亲属会议之成员时，法官应尽量避免父、母两系中有一系没有代表的情形。（"法民"第 399 条第 5 款）

（二）亲等

法国采古罗马法的亲等制，"直系血亲，各代人之间间隔几代即有几个亲等"；而"旁系血亲，自亲属之一往上数至共同的上辈但不包括共同的上辈在内，再自共同的上辈往下数至相应的亲属，亲等按间隔的代数相加计算"。（"法民"第 743 条）

四、当代法国亲属关系的发生和终止

不同种类的亲属关系发生和终止事由不同。

（一）血亲关系的发生和终止

1. 自然血亲的发生和终止

自然血亲关系，始于出生而终于死亡。儿童出生应在分娩后 5 日①内进行出生申报，取得出生证书。在子女的出生证书中写明生母的名字，母子间确立血亲关系，父亲则可依推定、认领及占有身份而确立与子女的血亲关系。（"法民"第 55 条、第 57 条、第 311-25 条、2009 年修订后的第 312-317 条）

2. 拟制血亲的发生和终止

在法国，除了出生而建立自然血亲的关系外，因收养也会建立起拟制的亲子关系。法国的收养分为完全收养和简单收养，不论是完全收养还是简单收养，收养成立即在收养人和被收养人之间产生亲子关系，虽然二者所形成的亲子关系在权利义务上会略有差异，但都会形成拟制亲子身份。但完全收养所形成的亲子关系，仅在收养人或被收养人一方死亡时才终止；（"法民"第 359 条）简单收养所形成的亲子关系，除在收养人或被收养人一方死亡终止之外，也可能因简单收养关系的解除而终止。（《法国民法典》2011年 12 月 13 日第 2011-1862 号法律修改后的第 370-2 条）

（二）姻亲关系的发生和终止

结婚将会在配偶一方与另一方的血亲之间产生姻亲关系。姻亲关系中一方死亡，姻亲关系终止。考虑到姻亲间的权利义务关系，作为中介的婚姻关系中一方死亡，会在一定程度上终止姻亲关系。例如，在创设姻亲关系的人已经死亡的情况下，直系姻亲禁止结婚的规定可由共和国总统基于特别重大理由取消限制；（"法民"第 164 条）公婆与儿媳、岳父母与女婿之间在一定情形下有相互扶养的义务，但是在产生姻亲关系的配偶一方及其与配偶的婚姻所生子女均已死亡时，扶养义务停止。（"法民"第 206 条）至于中介的婚姻离婚是否会终止姻亲关系，法国法无明文规定。但法国法院普遍认为，一亲等的直系姻亲间的扶养关系会因女婿与女儿，或者儿媳与儿子离婚而停止，因此可以推定

---

① 2015 年 10 月 15 日第 2015-1288 号法令将之前的分娩后 3 日内改为分娩后 5 日内。

姻亲关系应该随着中介婚姻的离婚而终止。[1]

五、当代法国亲属关系的法律效力

限于本章的研究对象为婚姻家庭制度，关于亲属关系的法律效力以下仅阐述婚姻家庭领域的法律效力。

（一）禁婚效力

禁婚的亲属范围包括：（1）直系亲属：所有的尊血亲与卑血亲之间，以及同系的姻亲之间；（2）旁系血亲：兄弟姐妹之间、兄弟之间、姐妹之间；（3）叔伯与侄子或侄女间、舅父与外甥或外甥女之间、姑母与内侄或内侄女之间、姨与外甥或外甥女之间。（"法民"第161条、2013年5月17日第2013-404号法律修订后的第162条和第163条）

（二）扶养效力

配偶之间、亲子之间、祖孙之间以及公婆与儿媳、岳父母与女婿之间有扶养的权利义务。（"法民"第212、203、205、206条）配偶之间及亲子之间的扶养在本章第四节和第五节详述，此处主要介绍其他亲属的扶养关系。

1. 祖孙之间的扶养义务

《法国民法典》第205条规定子女对父母或其他有需要的直系尊血亲应尽赡养义务，此种义务是相互的。（"法民"第207条）

2. 公婆岳父母与女婿儿媳之间的扶养义务

女婿儿媳也应该与其配偶一样对公婆岳父母尽赡养的义务。最高法院认为，"赡养之债的债务人之间不存在层次先后之分"，女婿儿媳的扶养顺序与公婆岳父母的子女的扶养顺序没有差异，但配偶间的扶助义务优先于因亲属关系产生的生活费义务。[2]公婆岳父母对女婿儿媳也应如同对自己子女一样负有抚养的义务。但相互间的扶养义务在产生姻亲关系的配偶一方及其与配偶的婚姻所生子女均已死亡时即告停止。（"法民"第206条）

（三）结婚同意权与婚姻异议权

依《法国民法典》第148、150条的规定，未成年人的父母或祖父母对未成年人结婚有同意权。根据《法国民法典》第63条规定，结婚需先公示，而结婚当事人的父母、无父无母时祖父母、成年的兄弟姐妹、叔伯、舅姑姨及堂（表）兄弟姐妹有提出婚姻异议的权利。（"法民"第173、174条）

（四）婚姻无效的诉权

对于任何非公开的结婚，以及不在有管辖权的官员前举行婚礼，当事人的父母、直系尊亲属等可自举行婚礼之日起30年内提出婚姻无效之诉。（2008年6月17日第2008-561号法律修改后的第191条）

（五）监护的效力

未成年人需要设立监护时，其血亲或姻亲均可请求，未成年人父母的血亲或姻亲可成为亲属会议的成员以共同决定监护人、监护监督人、监护人的报酬等事项。（"法民"

---

① 参见"法民"第206条的注释［5］，《法国民法典》（上册），罗结珍译，法律出版社2005年版，第192页。

② 参见"法民"第205条的注释［10］、［11］，《法国民法典》（上册），罗结珍译，法律出版社2005年版，第89-190页。

第 391、399-401 条）需要设立监护的成年人的血亲和姻亲可以成为亲属会议成员，被监护人的家庭成员与近亲属可以承担财产管理和监护职责。（"法民"第 456、449 条）

第三节　当代法国结婚制度

本节研究和阐述以下内容：一是当代法国结婚制度概述；二是当代法国婚约制度；三是当代法国结婚的条件和程序；四是当代法国婚姻无效制度；五是当代法国其他共同生活关系制度；六是当代法国同性结合制度。

一、当代法国结婚制度概述

本节主要介绍法国的婚约、结婚的法定条件和程序、婚姻的无效、其他共同生活关系以及同性结合。《法国民法典》并未规定婚约的条件、程序和效力，最高法院的判例构成处理婚约纠纷的依据。在 21 世纪，法国结婚的条件和程序作出了男女更加平等的修订以及简化，如 2004 年废止了待婚期的规定，2006 年将男女法定婚龄统一为 18 周岁，2007 年取消了结婚需提交健康检查报告的规定等。法国没有可撤销婚姻制度，只有婚姻无效之诉制度，但婚姻无效的后果对于善意当事人及无效婚姻中出生的子女并不产生溯及既往的效力。一男一女结婚，建立婚姻家庭曾是法国法唯一认可的家庭共同生活的组建方式。但当代法国家庭形态已经发生了巨大变化，1999 年后紧密关系民事协议之同居以及非婚同居关系成为法律确认的，具有不同程度效力的共同生活方式，2013 年后婚姻制度向同性伴侣开放。需要说明的是，法国不承认事实婚姻关系，符合结婚法定条件的当事人如配偶一样共同生活不能产生婚姻的效力，而是属于《法国民法典》第 515-8 条规定的非婚同居关系。

二、当代法国婚约制度

《法国民法典》并未直接规定婚约制度。法国最高法院的判例是处理婚约纠纷的司法规范。"按照法国法律，婚约是指双方对结婚的相互许诺，此许诺并不构成具有民事强制力的契约义务，但滥行解除婚约，则可能引起行为人的侵权责任。"[1] 当代法国的婚约制度包含如下内容：其一，婚约是同意与某人结婚的一种承诺，但在法律上对作出此项许诺的人没有约束力；其二，婚约得以任何证据证明之；其三，滥用婚约中断，许诺人可能要负损害赔偿责任，最高法院曾对玩弄女性后毫无理由地中断婚约，以及造成女方怀孕，在对女方会造成特别损害的时期没有正当理由地中断婚约的案件，确定了中断婚约一方的责任；[2] 其四，对于归还订婚戒指以及订婚礼品的问题，适用《法国民法典》第 852 条和第 1088 条的规定。[3]

---

① 参见"法民"第 144 条的注释 [2]，《法国民法典》，罗结珍译，北京大学出版社 2010 年版，第 52 页。

② 参见"法民"第 144 条的注释 [7]、[8]、[10]、[11]，《法国民法典》（上册），罗结珍译，法律出版社 2005 年版，第 164-165 页。

③ "法民"第 1088 条认为，"为利于婚姻进行的任何赠与，如该婚姻并未成就，赠与即失去效力"。但是归还的范围受到第 852 条（经 2006 年 6 月 23 日第 2006-728 号法律修改，增加了但书）的限制，"膳食、生活、教育、学徒费用以及一般的设备费用、婚礼与日常的礼品费用，无须返还，但处分人有相反意思表示时除外"。

三、当代法国结婚的条件和程序

（一）结婚的法定条件

结婚是建立婚姻关系的必经程序，依《法国民法典》第一卷第五编第一章"结婚应当具备的资格与条件"的规定，结婚的法定条件包括：

1. 双方达到法定婚龄

2006 年 4 月 4 日第 2006-399 号法律第 1 条修改了法定婚龄，废除了之前男女法定婚龄不同的规定，将女性的法定婚龄由 15 周岁提至 18 周岁，"男、女未满 18 周岁，不得结婚"。（"法民"第 144 条）18 周岁也是法国的成年年龄，2006 年后法国的法定婚龄与成年年龄就统一了。2013 年第 2013-404 号法律向同性伴侣开放婚姻后，关于法定婚龄的规定就表述为"18 周岁以前不得缔结婚姻"。

但是，结婚举行地的检察官可以基于重大理由同意免除结婚年龄的限制。（"法民"第 145 条）因此依然会出现未成年人结婚的情况，此时需要得到父母或祖父母或亲属会议的同意。（"法民"第 148、150、159 条）

2. 双方当事人同意结婚

《法国民法典》第 146 条规定，"没有合意，不成婚姻"。结婚的当事人应有相互同意与对方结婚的意思表示。即使举行婚礼时一方不能讲话，最高法院认为法官应指出并解释该方当事人用以确认其意愿的动作、手势（例如，态度、眼泪、目光，等等）。能够作出同意结婚的意思表示的人应该是精神官能正常的成年人，但未成年人结婚时，即使需要取得其直系尊血亲的同意，未成年人本人同意结婚的意思表示也是前提。为了达成与婚姻毫无关系的其他结果而假结婚，可能因为缺乏（有关结婚的）"同意"而无效。[①]

3. 双方当事人没有禁止结婚的亲属关系

法国禁止下列亲属结婚：（1）直系血亲、直系姻亲[②]之间；（2）兄弟姐妹之间；（3）三亲等的旁系亲之间：叔伯与侄子女、舅父与外甥子女、姑母与内侄子女、叔伯母与侄子女、姨与外甥子女、舅母与外甥子女之间。（2013 年第 2013-404 号法修改后的第 161、162、163 条）1804 年法典还禁止二亲等的旁系姻亲结婚，该禁婚限制 1975 年被废止。共和国总统可基于特别重大事由取消如下禁婚限制：创设姻亲关系的人已经死亡，直系姻亲间的禁婚限制；三亲等的旁系亲间禁婚限制。（"法民"第 164 条）

4. 禁止重婚

法国也是实行一夫一妻制原则的国家，因此绝对禁止重婚，"前婚尚未解除时，不得结婚"。（"法民"第 147 条）法国最高法院认为，即使是同一对伴侣两次结婚，前一次婚

---

① 法国最高法院第一民事庭，1968 年 1 月 22 日；法国最高法院第一民事庭，1998 年 3 月 24 日；巴黎大审法院，1978 年 3 月 28 日。参见《法国民法典》（上册），罗结珍译，法律出版社 2005 年版，第 165—166 页。

② 2013 年 11 月 4 日第一民事法庭承认了一个前继父与前继女的婚姻是有效的，理由是基于对私人权利和家庭生活的尊重。这个判例引起了争议。Centre for Family Law, "A Chronicle of French Family Law," in Bill Atkin, eds., *The International Survey of Family Law*, 2014 Edition, Bristol: Jordan Publishing Limited, 2014, p. 144.

姻未解除，后一次结婚也是无效的。[①]

满足这四项法定条件，当事人即可结婚。值得一提的是，过去除了这四项法定条件，还有一些法定条件，但现在都被废止了。第一，废止了关于妇女待婚期的规定，法典原第 228 条规定妇女仅在前婚解除后满 300 天才能重新结婚，该规定被 2004 年 5 月 26 日第 2004-439 号法律第 23 条废止。第二，取消了结婚的健康条件。根据 1945 年的一个法令的要求，法典第 63 条第 2 款曾要求当事人提交不超过 2 个月的所做医疗检查的证明，但 2007 年 12 月 20 日关于简化法律的第 2007-1787 号法律废除了这一要求。[②] 第三，不再要求结婚的当事人为一男一女。2013 年 5 月 17 日法国正式承认了同性婚姻合法，成为欧洲第 7 个向同性伴侣开放婚姻制度的国家，同性享有与异性相同的结婚权利。[③]

（二）结婚程序

1. 拟结婚的公告

首先，拟结婚的当事人应向户籍官员提交结婚所需的材料。为确保当事人同意结婚的意思表示真实，2006 年 11 月 14 日第 2006-1376 号法律规定户籍官员应听取拟结婚当事人的表态。之后户籍官员在市镇政府门前张贴一份告示。告示上写明拟结婚当事人双方的姓名、职业、住所和居所以及举行结婚仪式的地点，告示张贴的公示期间是 10 天。公告仅当年有效，拟结婚当事人如果在当年没有举行结婚仪式，必须重新公告。（"法民"第 63-65 条）

结婚公告的目的是让有权提出异议的人知晓拟结婚事宜。有权对当事人的结婚提出异议的人包括直接尊血亲、无直系尊血亲时已成年的兄弟姐妹、叔伯舅姑姨以及堂表兄弟姐妹；监护人、财产管理人甚至检察院在特定情形下也可以提出结婚异议。（"法民"第 173、174、175、175-1 条）提出结婚异议应制作符合要求的异议书状，拟结婚的当事人可就异议书状向大审法院提起撤销异议的请求，法院应在 10 日内作出裁判，对裁判结果不服还可以上诉。如果异议被驳回，直系尊血亲之外的异议人可被判处损害赔偿。（"法民"第 176、178、179 条）

2. 举行结婚仪式

公告期限过后，户籍官员应亲自为当事人举行结婚仪式，原则上举行结婚仪式的地点在当事人双方共同生活住所地的市政府。结婚仪式除当事人必须出席外，（"法民"第 146-1 条）还需要 2-4 名证人到场见证（依第 2013-404 号法律的要求，证人应是父母或其他当事人之外的人）。户籍官员应宣读法典相应条文，传召拟结婚当事人或允许其结婚的直系尊血亲，让其声明是否订立婚姻财产契约以及该契约的具体情况，分别听取当事

[①] 法国最高法院民一庭于 2004 年 2 月 3 日公开审判，申诉号：00-19.838，发表于《判决公报》，2004，Ⅰ，n° 33，第 28 页。摘要："同一夫妻之间在外国缔结的第一次婚姻未解除时缔结的第二次婚姻。上诉法院判决驳回丈夫主张第二次婚姻无效的请求，理由是第一次婚姻与第二次婚姻在同一对夫妇间缔结；但这一情状并不妨碍适用民法典第 147 条，故因拒绝适用而违反了该条文。"案例来自法国最高法院网，https://www.courdecassation.fr，访问日期：2018 年 2 月 9 日。

[②] 张民安：《法国民法》，清华大学出版社 2015 年版，第 211 页。但张民安先生所述只有检查合格当事人才能结婚的说法，与原第 63 条第 2 款所述"医疗检查证明仅需证明未婚夫妇已进行婚前检查，无须其他任何说明"是不相符的。

[③] Centre de droit la famille，"A Chronicle of French Family Law," in Bill Atkin, eds., *The International Survey of Family Law*, 2013 Edition, Bristol：Jordan Publishing Limited, 2013, pp.120-125.

人愿意与对方结婚的声明，最后宣告当事人因婚姻而结合，并当场作成结婚证书。（"法民"第75条）

四、当代法国婚姻无效制度

在法国，结婚欠缺上述法定条件或不符合结婚程序将会导致婚姻无效。婚姻无效是宣告无效，因此有权对婚姻效力提出异议的人应通过婚姻无效之诉，请求法院宣告婚姻无效。不同的导致婚姻无效的事由，由不同的权利人提出婚姻无效之诉。

（一）婚姻无效的法定事由

1. 结婚缺乏本人的自主"同意"

结婚未经配偶双方或其中一方自主同意将导致婚姻无效。有权提出婚姻无效之诉的人，仅限于配偶双方或其中并未自主同意的一方。2006年4月4日第2006-399号法律在有权提出婚姻无效之诉的主体中增加了"检察院"，并且认为"对配偶双方或者对其中一方实施强制（胁迫），其中包括出于对某个直系尊血亲的敬畏"，也构成婚姻无效的事由。（"法民"第180条第1款）

缺乏本人自由同意还包括另一种情形，即"对人或者对人的根本资格发生错误"，[①]这种错误对其同意结婚起了决定性作用的话，发生错误认识的一方可以提出婚姻无效之诉。（"法民"第180条第1款）

缺乏本人自由同意而提出婚姻无效之诉的权利应及时行使，根据2006年4月4日第2006-399号法律，自结婚起已过5年期限的法院不再受理诉讼。（"法民"第181条）

2. 缺乏具有结婚同意权者的同意

结婚需得到父母、直系尊血亲或者亲属会议同意的，未经此同意而结婚，有权提出婚姻无效之诉的只能是有权作出同意的人或者配偶中需要得到此种同意的一方。（"法民"第182条）

如果有权作出同意的人已经明示或默示赞同婚姻，或者自其知道结婚事由起已超过5年，则无人可再主张婚姻无效；本人达到可以自行同意结婚的年龄后经过5年，亦不得主张婚姻无效。（"法民"第183条）

3. 具有民法典第184条规定的婚姻无效事由

此类将导致婚姻无效的事由均被规定在《法国民法典》第184条，具体包括：未达到法定婚龄的；无结婚合意的；结婚未亲自到场的；重婚的；有禁止结婚的亲属关系的。

有权因上述事由提出婚姻无效之诉的，为配偶本人、有利益关系的人以及检察院，提出诉讼的期限是在举行婚礼起计算30年内。[②]国家检察官在适用第184条规定的情形下，可以且应当在配偶生前提出婚姻无效之诉，并要求判令配偶分离。（"法民"第

[①] 法院认定以下情况属于一方对另一方根本资格发生错误：一方根本无意中断某一关系，并且仍然保持着这种关系，而另一方对此一无所知，在此情况下与其结婚；一方不知道另一方离过婚；不知道另一方是妓女；不知道一方受到普通法的有罪判决；搞错另一方的国籍；不知道另一方没有正常性生活能力；不知道未婚夫精神不健全；不知道对方是财产受到监护管理的成年人；不知道一方完全没有结成持久婚姻关系的实际意思。参见《法国民法典》，罗结珍译，北京大学出版社2010年版，第63页，注释②。

[②] "法民"原第185条规定，对因未达法定婚龄结婚的，提出婚姻无效之诉的期限较短，为一方或双方达到法定婚龄后6个月内或者未达法定婚龄的妻子在结婚后6个月期限未满即已怀孕。但该条款现已被废止。

185 条）

4. 取得结婚证书①但不符合法定程序

对于任何非公开的结婚以及不是在有管辖权限的公务官员前举行婚礼的婚姻，配偶本人、其父母、直系尊血亲以及于其中有已经发生的现时利益的任何人或者检察院，均可于举行婚礼之日起 30 年内提出婚姻无效之诉。（2008 年 6 月 17 日第 2008-561 号法律修改后的第 191 条）

（二）婚姻无效的法律后果

婚姻无效原则上自始无效，对当事人而言，他们的"婚姻"关系溯及既往地消灭。此表现为：当事人不能再使用另一方的姓氏；因为婚姻而产生的姻亲关系消灭；通过婚姻获得法国国籍的人丧失其国籍；基于结婚目的所为的财产赠与行为溯及既往地消灭；当事人之间的财产制被视为自始不存在，其财产应像非婚同居的当事人一样清算；生存一方对死者遗产无继承权。② 但是，婚姻无效对于当事人所生子女并不产生溯及既往的效力，法官在宣告婚姻无效时，将按照离婚案件行使亲权的方式作出裁判决定。（"法民"第 202 条）

例外的情况是"推定为合法的婚姻"，即虽然结婚存在瑕疵但该婚姻是因善意缔结的，那么该"推定为合法的婚姻"被宣告无效后，其婚姻的效力对善意的当事人双方或善意的一方依然存在。（"法民"第 201 条）"推定为合法的婚姻"的效果包括：婚姻无效不影响善意当事人要求扶养的权利；婚姻因无效而中断，善意当事人可以要求离婚情况下的"补偿性给付"；善意缔结婚姻一方因另一方的过错导致婚姻无效而受到损失，可以赔偿损失之名给予其扶养费；健在的善意配偶也享有领取可复归养老金的权利；善意配偶依然享有继承权等。③

五、当代法国其他共同生活关系制度

根据法国 1999 年 11 月 15 日第 99-944 号法律，法国非婚姻的其他共同生活关系分为两种：一种是基于紧密关系民事协议建立起来的"紧密关系民事协议关系"；另一种是由《法国民法典》第 515-8 条所规定的"非婚同居"关系。

（一）紧密关系民事协议关系

法国的 PACS 是 1999 年建立的一种新制度，它被规定在第 515-1 条至第 515-7 条中，其调整同性同居关系是首次写入《法国民法典》。法国在 2006 年 6 月 23 日通过第 2006-728 号法律对 PACS 进行了全面修订，包括登记程序、协议效力等。2007 年、2009 年、2011 年、2014 年、2016 年的法律都对 PACS 进行过修订。④ 据统计，截至 2010 年 1 月，法国有 100 万人按照紧密关系民事协议的方式建立了生活共同体。⑤ 2016 年，在同一住所

---

① 虽然法条中并未明示为已经取得结婚证书，但结合第 192-195 条的规定，如果并未取得证书，任何人不得主张婚姻的民事效力，也不存在提出婚姻无效之诉，更不会存在处罚公务官员的情形。

② 张民安：《法国民法》，清华大学出版社 2015 年版，第 215 页。

③ 参见"法民"第 201 条的注释 [5]、[6]、[7]、[8]、[9]，《法国民法典》（上册），罗结珍译，法律出版社 2005 年版，第 182-183 页。

④ 最近一次修订是 2016 年 11 月 18 日第 2016-1547 号法律。

⑤ 张民安：《法国民法》，清华大学出版社 2015 年版，第 234 页。

中居住的"夫妇"中,有73%属于婚姻关系,有7%属于PACS,还有20%是非婚同居关系。在2011年至2016年,PACS的比例呈显著上升趋势,从4%增加到7%。[①]

1. 紧密关系民事协议的概念和性质

紧密关系民事协议是指两个异性或者两个同性的成年自然人之间为安排他们的共同生活而订立的契约。("法民"第515-1条)法律规定紧密关系民事协议的目的仅为解决两个成年人之间"组织共同生活"的问题,因此该法律对民事身份与亲子关系、收养关系以及亲权的规定不产生影响。(宪法委员会,1999年11月9日)虽然紧密关系民事协议是契约,但除第515-5条外,第515-1条到第515-7条均是强制性规定,当事人不能以意思自治排除。[②]

2. 紧密关系民事协议关系的缔结

(1) 实质要件。缔结紧密关系民事协议,须符合如下五个实质要件:其一,只能由双方当事人签订,双方可以是异性也可以是同性的自然人。("法民"第515-1条)其二,当事人为成年的自然人,2009年1月1日的法律认可处于监护当中或者处于财产被管理当中的成年人在获得监护法官、亲属会议或财产管理人的同意后也可以缔结紧密关系民事协议。[③]其三,当事人不得具有禁止结婚的亲属关系。("法民"第515-2条第1款)其四,已婚的当事人或者已经与他人订立紧密关系民事协议的当事人不具有缔约资格。("法民"第515-2条第2、3款)其五,当事人缔约的合意,双方当事人对于缔结紧密关系民事协议以及安排他们的共同生活达成一致意见。

(2) 形式要件(程序)。缔结紧密关系的程序,主要被规定在《法国民法典》第515-3条和第515-3-1条。(上述条款经2016年11月8日第2016-1547号法律修订)首先,缔约当事人需要订立书面的紧密关系民事协议,该协议可以是私署文书也可以是公证文书;[④]私署文书的当事人共同向其确定共同居所地(或确定共同居所存在障碍时在其中一方的居所地)市政府的民事官员面前作出联合声明,并准备相应的协议及证明材料,民事官员对当事人的申报予以登记并公示;协议采用公证书形式的,联合声明、登记和公示均由公证人完成。有关紧密关系民事协议的声明会记载在当事人的出生证书上,变更协议时须经上述公示方可对第三人产生对抗效力。

3. 紧密关系民事协议关系的法律效力

已登记的紧密关系民事协议会在当事人之间产生人身和财产上的法律效力。

(1) 人身关系的效力。根据该法第515-4条的规定,当事人经协议登记后成为"伙伴",伙伴之间负有共同生活以及相互救助的义务。这些人身关系上的效力不得协议免除。伙伴间不得实施暴力行为,否则按照2006年4月4日的法律,该行为将构成家庭暴

---

① Guillemette Buisson:《人口普查方法的变化:从法律婚姻状况到事实上的婚姻状况》,数据来源于法国国家统计局INSEE网站,https://www.insee.fr/en/statistiques/3310491,访问日期:2018年5月1日。

② 参见《法国民法典》(上册),罗结珍译,法律出版社2005年版,第430页。

③ 张民安:《法国民法》,清华大学出版社2015年版,第235-236页。

④ 法国的书证有多种类型,比较重要的是公证文书和私署文书。公证文书是指有权制作此种文书的公共官员在该文书撰写的场所按照要求的程序作成的文书,公证书是公证文书的一种。私署文书是没有公共官员以该身份介入的,由当事人自己设立并签名的文书。私署文书比公证文书程序简单,符合条件的话也具有完全的证明力,但能提供的保障比公证文书少。[法]雅克·盖斯旦、吉勒·古博:《法国民法总论》,陈鹏等译,法律出版社2004年版,第622-628页。

力，成为暴力犯罪的加重情节。[1]

（2）财产关系的效力。当事人间的财产关系包括：其一，物质帮助义务，物质帮助义务是法定的，但可以通过约定自行安排，没有约定则根据各自能力按比例而定。（"法民"第515-4条第1款）其二，两伙伴对任一伙伴因日常生活需要所生的债务共同承担责任，但明显过分的费用则不发生此种连带债务；超出日常生活所需的分期付款和借贷，非经双方同意不发生连带债务的效力。（经2014年3月17日第2014-344号法律修订的第515-4条第2款）其三，除非在协议中另有约定，伙伴们采取的是法定的分别财产制，即任一方伙伴均保留各自管理、使用、处分其个人财产并取得收益的权利，只有均无法证明独占所有权的财产，才被认定为共有，各占一半。（"法民"第515-5条）其四，伙伴们可以约定登记之日起共同或分别取得的财产共有，对半享有产权。但第515-5-2条指出的特别财产不得约定为共有。对于共有的财产，伙伴均有管理权。其五，缔结紧密关系民事协议的伙伴相互间没有法定继承权，但可以成为遗嘱继承人。[2] 其六，缔结紧密关系民事协议的伙伴享受与已婚配偶相同的税收优惠，包括所得税、继承税收优惠及豁免等。[3]

4. 紧密关系民事协议关系的解除

紧密关系民事协议关系的解除原因和程序如下：其一，因某种法律事实的发生而解除，包括一方死亡或两伙伴结婚或一个伙伴结婚，法律事实发生之日即为紧密关系民事协议解除之日；因上述事实解除的，由有管辖权的户籍官员将上述法律事实通知原登记地民事官员或公证人予以解除登记和公示。其二，因伙伴要求解除而解除，两伙伴一致同意解除的应向原登记机关递送共同提出解除的声明，一方提出要求解除的，则应向对方送达传唤状，其副本送往原登记机关民事官员或公证人予以解除登记和公示。（经2016年11月8日第2016-1547号法律修订后的第515-7条）

协议解除登记之日伙伴间的紧密关系民事协议解除，协议解除公示之日对第三人产生对抗力。双方伙伴应自行对因协议产生的权利义务进行清算，不能达成协议时法官可以作出审理裁判。因死亡而解除的，则健在一方享有继承法上的一些优先权力，但不是法定继承权。（"法民"第515-6条、第515-7条）

（二）非婚同居关系

《法国民法典》第515-8条对非婚同居下了定义，"非婚同居是指作为配偶在一起生活的异性或者甚至同性的两人之间，通过具有稳定性与持续性的共同生活来体现的事实上的结合"。因此，非婚同居关系是一个普通法上的关系，主体既可以是异性也可以是同性，当事人可能是未婚的也可能是已婚的。但要构成非婚同居关系，最核心的要件是当事人是以配偶的名义共同生活，建立起稳定持续的生活共同体，构成一个家庭单元（family unit）。

法国不承认事实婚姻。当事人没有按照《法国民法典》的要求取得结婚证书，但公

---

① Centre de droitde lafamille, "France: Review of Family Law in 2010," in Bill Atkin, eds., *The International Survey of Family Law*, 2011 Edition, Bristol: Jordan Publishing Limited, 2011, p. 190.

② 张民安：《法国民法》，清华大学出版社2015年版，第240页。

③ Centre de droitde lafamille, "France: Review of Family Law in 2010," in Bill Atkin, eds., *The International Survey of Family Law*, 2011 Edition, Bristol: Jordan Publishing Limited, 2011, p. 191.

开以夫妻身份一起共同生活的关系，就属于上述第 515-8 条规定的"非婚同居"。《法国民法典》第 194、195、197 条表达了立法对此种关系的态度。第一，不能产生婚姻的民事效力。"任何人，如不能提出在户籍登记簿上登录的婚姻证书，均不得主张夫妻名义，也不得主张婚姻的民事效力。"（"法民"第 194 条）当然，遗失证书的除外。这意味着当事人之间不能因同居关系产生任何的人身关系和财产关系，双方既没有忠实义务也没有协助义务，不相互扶养也不产生任何财产制，而且当事人任一方均享有任意终止非婚同居关系的权利。虽然非婚同居本身并不产生共同债务，但一方与第三人签订的住所租赁合同对另一方是有效的，会产生住所租赁权的持续权和转移权。[①] 但是，当不负有扶养义务的非婚同居当事人一方对另一方作出了扶养的给付，法律视其为一种自然债务的履行。[②] 第二，自称夫妻的当事人如主张占有配偶身份，只能通过履行结婚程序获取结婚证书来进行补正。（"法民"第 195 条）第三，此种关系中出生的子女，在父母死亡后，其婚生身份可以通过双重证据来证明：一是子女"占有婚生子女的身份"；二是其父母是公开作为夫妻在一起生活。不能仅以其父母没有结婚证书为由对子女的婚生身份提出异议。（"法民"第 197 条）第四，在法律特别规定的事项下，非婚同居的伴侣享有特别权利，如异性的稳定非婚同居的伴侣有权借助医学方法生育子女；（"法民"第 311-20 条）发生在非婚同居当事人之间的暴力也被视为家庭暴力；[③] 在没有意定监护人时，法官可以指定非婚同居的伴侣为财产管理人或监护人。（"法民"第 449 条）在同居伴侣意外死亡时，生存的伴侣有死亡赔偿请求权。（"法民"第 1240 条）[④]

六、当代法国同性结合制度

在法国，同性结合的自由度极高，凡是具有一定法律效力的异性结合制度都对同性结合当事人敞开大门，包括紧密关系民事协议关系、非婚同居关系和婚姻关系的制度。首次对同性结合者开放的调整家庭关系的法律是 1999 年 11 月 15 日的第 99-944 号法律，它不仅承认同性的紧密关系民事协议关系，也承认同性的非婚同居关系。不论是同性还是异性，所缔结的紧密关系民事协议的实质要件、形式要件和效力都是完全相同的。不过，虽然过去十几年间 PACS 迅速发展成类似婚姻的关系，但并没有在当事人之间创造互惠的继承权，也没有建立起配偶的合法权利。PACS 在其他国家或地区并不总是得到承认，如根据美国联邦移民法，法国 PACS 的伙伴没有资格获得签证。[⑤] 2012 年大选后，法国的左翼多数派支持对家庭法作出重大改革，以期法国的法律与法国的社会现实和愿望相匹配。[⑥] 2013 年 5 月 17 日的法律向同性伴侣开放了婚姻登记，仅 2013 年当年，就有

---

① 张民安：《法国民法》，清华大学出版社 2015 年版，第 231-232 页。

② ［法］雅克·盖斯旦、吉勒·古博：《法国民法总论》，陈鹏等译，法律出版社 2004 年版，第 687 页。

③ Centre de droitde lafamille，"France：Review of Family Law in 2010，" in Bill Atkin，eds.，*The International Survey of Family Law*，2011 Edition，Bristol：Jordan Publishing Limited，2011，p. 190.

④ 更多细节可参见［法］科琳·雷诺-布拉尹思吉：《法国家庭法精要》，石雷译，法律出版社 2019 年版，第 29 页。

⑤ Angélique Devaux，"The New French Marriage in an International and Comparative Law Perspective"，*Tulane Journal of International And Comparative Law*，Vol. 23，No. 1，Winter 2014，pp. 74-75.

⑥ Centre for Family Law，"A Chronicle of French Family Law，" in Bill Atkin，eds.，*The International Survey of Family Law*，2014 Edition，Bristol：Jordan Publishing Limited，2014，p.128.

7000 对同性伴侣登记结婚。① 除了主体性别的差异，异性伴侣与同性伴侣结婚的条件与程序都是一样的。根据第 2013-404 号法律修订的《法国民法典》第 143 条宣布："异性或同性的两人都能够缔结婚姻。"② 第 75 条也相应地将结婚仪式上称呼对方为"丈夫"和"妻子"（mari et femme）改为了"配偶"（époux）。新增的第 202-1 条第 2 款规定，只要同性两人中任一方的属人法或居住地法允许同性结婚就可以结婚。同性配偶除了以同性继父母的身份收养外，也享有过去异性已婚夫妇享有的收养权。③ 但法律尚未向同性配偶或同性伴侣开放借助医学方法生育子女。（"法民"第 311-20 条）

第四节　当代法国夫妻关系制度

本节研究和阐述以下内容：一是当代法国夫妻关系制度概述；二是当代法国夫妻人身关系制度；三是当代法国夫妻财产关系制度。④

一、当代法国夫妻关系制度概述

婚姻缔结后在配偶间产生人身和财产两方面的权利义务关系。当代法国夫妻关系立法的原则是配偶地位完全平等，配偶在婚姻中平等承担婚姻义务，平等享有婚姻权利。法律取消了夫权，废除了对妻子法律地位和权利限制的所有条文，妻子享有更多权利的同时，其承担家庭生活费用的义务也随之增加。婚姻的目的是配偶组建家庭共同生活以及抚养教育子女，为实现这一目的，配偶应相互尊重、相互忠诚、相互救助与扶助，共享婚姻住所的决定权、家庭事务的管理权、日常家事代理权，共同负担家庭生活费用和子女教育抚养费用，同时禁止配偶间的家庭暴力。法国的婚姻财产制分为法定财产制和约定财产制。法定财产制又包括通常法定财产制和非常法定财产制。通常法定财产制为婚后的劳动所得及个人特有财产收益所得的共同制，非常法定财产制为法定原因下法院判决配偶对分别财产实行分别财产制。约定财产制是通过婚姻财产契约设定的，配偶既可完全自由订约，也可以在法律提供的约定财产制类型中选择一种。由于与我国同样采共同制为法定财产制，法国法对配偶共同债务、个人债务的认定和清偿规则对我国有极大的借鉴价值。

二、当代法国夫妻人身关系制度

《法国民法典》第 212-213 条、第 215-216 条、第 220 条、第 220-1 条等规定了婚姻

---

① Vanessa Bellamy、Catherine Beaumel："Population balance in 2013 - Three weddings for two PACS"，来源于 https://www.insee.fr/en/statistiques/1280957，访问日期：2018 年 5 月 1 日。

② Article 143：Le mariage est contracté par deux personnes de sexe différent ou de même sexe. www.legifrance.gouv.fr. 2018/02/08.

③ Centre de droit la famille，"A Chronicle of French Family Law," in Bill Atkin, eds. , *The International Survey of Family Law*, 2013 Edition, Bristol：Jordan Publishing Limited, 2013, pp.121-124.

④ 2013 年法国对同性开放婚姻后，"夫妻"这个惯用语实际上不能准确称谓婚姻中的双方，称为配偶可能更恰当。例如，《法国民法典》第一卷第五编婚姻的第六章以前名称为"夫妻相互的权利与义务"，现在改为"配偶各自的权利与义务"。但考虑到本书各章的写作结构、"夫妻"称谓的惯用程度，本章依然沿用"夫妻"一词，但特此说明"夫妻"是对配偶的惯称，多数情况下并不排除同性配偶关系。

对配偶在人身关系上产生的法律效力。其主要包括：配偶姓氏权、相互尊重的义务、相互忠诚的义务、相互救助与扶助的义务、婚姻住所的共同决定权、家庭事务的共同管理权、日常家事代理权、共同生活的义务，以及反家庭暴力。

（一）配偶姓氏权

一直以来，《法国民法典》都没有配偶在结婚后取得使用对方姓氏权利的规定。张学军先生认为，在婚后是否变更姓氏的问题上，法国属于"禁止变更立法"，"公民法律上的姓氏即本姓（Birth Name），除非国家委员会（State Council）批准姓氏变更"，"婚姻对于丈夫的姓氏或妻子的姓氏没有任何法律影响"。[1] 的确，根据 1993 年 1 月 22 日第 93-22 号法律《法国民法典》增加了"更改姓名"的规定，[2] 第 60 条至第 61-4 条的规定，请求改姓需要证明自己有正当利益，如避免某一近亲属的姓氏湮灭无继等，而且只能用行政命令来批准，在此之前需要在官方公报上公告 2 个月。史尚宽先生认为，法律虽没有规定婚姻应用何姓，但习惯上妻随夫姓。[3] 法国学者指出，在任何正式的规则都没有规定妇女可以随夫姓时，习惯法起了补充法律的作用。[4] 可以理解为在习惯法中，妻子在婚后有权使用丈夫的姓氏。这也是《法国民法典》没有规定配偶有使用对方姓氏的权利，却在第 264 条规定离婚将导致当事人丧失这种权利的原因。[5]

不过，2013 年 5 月 17 日第 2013-404 号法律终结了《法国民法典》没有配偶姓氏权规定的历史，新增的第 225-1 条规定，"任一方配偶都有使用对方姓氏的权利，根据其选择，可以是冠姓也可以替代自己原来的姓氏"。

（二）相互尊重义务

配偶相互尊重的义务是 2006 年 4 月 4 日第 2006-399 号法律第 2 条新增的配偶间的义务。相互尊重意味着配偶应当尊重对方的政治信仰、宗教信仰、哲学信仰，不得干预对方的人身自由、意思自由，平等对待对方，不得对配偶实施家庭暴力，不得侮辱、践踏对方的人格尊严。[6]

（三）相互忠诚义务

配偶互负忠诚的义务，不得为婚姻关系之外的性关系。婚姻关系之外的性关系构成通奸，而通奸行为可能会导致如下后果：构成该法典第 242 条规定的因过错离婚的理由；也构成该法典第 296 条规定的因过错而提出别居的理由；在仅因一方通奸而宣告离婚时，无过错的配偶一方可以请求通奸的配偶予以损害赔偿。关于损害赔偿之诉，则既可依据该法典第 266 条提出离婚损害赔偿，也可依据该法典第 1382 条提出侵权损害赔偿。[7] 值得注意的是，与过去不同，法国近年来的司法判例认为，无过错的配偶一般仅能向有过

---

[1] 张学军：《论"夫妻约定冠姓制"的废除》，载《中华女子学院学报》2013 年第 5 期，第 13 页。

[2] 在 1993 年 1 月 22 日第 93-22 号法律生效前，法国关于人的姓名的规章制度在《法国民法典》上属于立法空白，由习惯法调整。

[3] 史尚宽：《亲属法论》，中国政法大学出版社 2000 年版，第 291 页。

[4] ［法］雅克·盖斯旦、吉勒·古博：《法国民法总论》，陈鹏等译，法律出版社 2004 年版，第 487 页。

[5] 《法国民法典》第 264 条规定，"夫妻离婚之后各自丧失使用对方姓氏的权利"，"如果夫妻一方证明继续使用对方的姓氏对其本人和子女均具有特别利益，经对方同意或者经法官批准，亦可保留使用对方的姓氏"。

[6] 张民安：《法国民法》，清华大学出版社 2015 年版，第 216 页。

[7] 《法国民法典》第 1382 条："人的任何行为给他人造成损害时，因其过错致该行为发生之人有义务赔偿损害。"

错的配偶一方主张侵权损害赔偿，而不能随意向通奸的第三人主张侵权损害赔偿，第三人要构成第 1382 条的侵权，还需要更多恶意的要件。毕竟，忠诚义务是配偶间相对的义务。①

（四）相互救助与扶助义务

《法国民法典》第 212 条规定的配偶之间的"相互救助与扶助"义务是配偶在日常生活中或者职业活动中应相互体贴关心，彼此爱戴并真诚相待，在危难之际应尽相互帮助、救援的义务。② 当一方配偶处于"没有分文"的境地时，一方对另一方经济上的供养也属于救助义务。③ 虽然民法规定了配偶间的救助帮助义务，但由于法国刑法未对不作为犯罪作出规定，所以法院判例拒绝将"放弃不为"视为"作为"，并且拒绝承认单纯的不作为可以构成"实行的犯罪行为"。只有在法律有明文规定的情形下"不作为"才具有"实行"的价值，从而使当事人受到对"实行的犯罪行为"所规定的刑罚。由于法国刑法并未对配偶救助义务进行确认，故配偶间因不作为而导致的损害结果发生并不作为犯罪认定。④ 配偶对救助帮助义务的违反，可依法请求不作为方配偶承担侵权损害赔偿责任。（"法民"第 1382 条、第 1383 条）

（五）婚姻住所共同决定权

1975 年 7 月 11 日第 75-617 号法律确定了配偶共同选定家庭居所的权利，而不再仅由夫选择适宜居住的地点。（"法民"第 215 条第 2 款）家庭住宅是配偶共同生活的基础，因此配偶任一方都不可擅自处分（遗嘱处分和强制处分除外）据以保障家庭住宅的权利，也不得擅自处分住宅内配备的动产家具，对擅自处分的行为另一方配偶享有撤销权。⑤

（六）家庭事务的共同管理权

1970 年 6 月 4 日第 70-459 号法律规定了配偶共同负责家庭道德与物质事务的管理，负责子女的教育并为子女的未来做准备。（"法民"第 213 条）家庭事务管理权的核心是配偶共同地、平等地享有对家庭事务的管理权，可对照 1804 年《拿破仑法典》第 213 条，原文是"夫应保护其妻，妻应顺从其夫"。⑥ 如果应当共同决定家庭事务的管理行为，而一方配偶处于不能表达意志的状态，或者家庭利益不能证明其有正当的拒绝理由时，另一方配偶得经法院批准单独实施上述行为。（"法民"第 217 条第 1 款）

（七）日常家事代理权

日常家事代理权指配偶每一方均有权单独订立旨在维持家庭日常生活和教育子女的合同，因此缔结的任何债务均对另一方产生连带拘束力，也即形成配偶的共同债务。对日常家事的判断，以正常维持家庭日常生活和子女的教育所需为限。对于一方明显过分的开支，结合家庭的生活状态、所进行的活动是否有益于家庭成员以及缔结合同的第三人是善意还是恶意等因素共同判断，如不属于日常家事的合同，将不会对另一方发生上

---

① 叶名怡：《法国法上通奸第三者的侵权责任》，载《华东政法大学学报》2013 年第 3 期，第 83-84 页。
② 张民安：《法国民法》，清华大学出版社 2015 年版，第 217 页。
③ 参见《法国民法典》（上册），罗结珍译，法律出版社 2005 年版，第 197-198 页，对第 212 条的注释［2］。
④ 张莉琼：《夫妻间刑法作为义务的法理分析》，载《法学评论》2008 年第 2 期，第 139 页。
⑤ 该撤销权从知道该处分行为后一年内行使，撤销权的行使将剥夺该方配偶对家庭住所行使任何行为的权利。
［法］科琳·雷诺-布拉尹思吉：《法国家庭法精要》，石雷译，法律出版社 2019 年版，第 64 页。
⑥ 1938 年 2 月 18 日法律取消了夫权，废除了妻应顺从其夫的规定。

述连带效力。一般来说，以分期付款的方式进行购买和借贷，未经配偶双方同意，不产生配偶之间的连带义务；但属于家庭日常生活所必需的小数额借贷，或者累积借贷的金额对家庭生活方式而言没有明显过分的不在此限。（经第 2014-344 号法律①修改后的第 220 条）

（八）共同生活的义务

婚姻生活的本质为配偶间的共同生活，《法国民法典》第 215 条规定"配偶相互负有在一起共同生活的义务"。共同生活的义务包含同居，有正当事由（如职业原因）暂时分别居住是可以的，但"结婚意图"不言而喻地意味着配偶有共同生活的意愿。拒绝同居构成"过错"，可以据《法国民法典》第 1382 条的规定以此为由提起损害赔偿之诉。但法官不能强制配偶恢复共同生活。②

（九）反家庭暴力

反家庭暴力是 20 世纪 70 年代法国女权运动的主要工作之一，1978 年一女权组织在巴黎设置了第一个挨打妻子避难中心。1990 年法国妇女权利秘书处的调查数据显示：挨打妻子的人数达 200 万，相当于 20-60 岁的法国妇女总数的 13.3%，占向警察当局提出求援的各类情况的 60%。③ 2015 年的数据显示情况好转。根据法国"女性暴力项目"所做的调查，2015 年法国有 2023 名妇女遭到暴力对待，有 122 名女性、23 名男性和 36 名儿童因家庭暴力死亡。④ 法国通过民法典和刑法共同防治家庭暴力。对家庭暴力的刑事处罚根据犯罪类型之不同而不同，但针对家庭成员的暴力犯罪均为加重处罚的情节，⑤ 刑法处罚从 3 年的监禁和罚款 4.5 万欧元到 20 年的监禁不等。政府通过资助避难所、咨询和热线来帮助那些遭受暴力侵害的妇女，除此之外还有很多民间机构也在帮助家庭暴力的受害者。⑥ 2004 年 5 月 26 日第 2004-439 号法律在《法国民法典》第 220-1 条新增加第 3 款，对配偶一方实施家庭暴力致使配偶另一方或子女处于危险时，赋予法官如下权力：法官得就配偶分别居住作出审理裁判，并具体规定配偶中的哪一方继续在配偶共同住宅内居住。除特殊情况外，该住所的使用权应当给予非施暴方。如有必要，法官就行使亲权的方式以及分担婚姻负担作出宣告。在上述宣告经过 4 个月，没有提出任何别居或离婚申请后，所采取的措施失去效力。上述新增条款由 2010 年 7 月 9 日第 2010-769 号法律⑦

① LOI n° 2014-344 du 17 mars 2014 relative à la consommation（2014 年 3 月 17 日关于消费的第 2014-344 号法律）。
② 参见《法国民法典》，罗结珍译，北京大学出版社 2010 年版，第 68 页，注释①。
③ 周以光：《从反家庭暴力看法国妇女运动的发展》，载《妇女研究论丛》1997 年第 2 期，第 55 页。
④ 郭欣阳：《法国多部法律综合防治家庭暴力》，载《法制日报》2016 年 9 月 3 日第 004 版。
⑤ 《法国刑法典》第二卷第二章第一节"故意伤害人之身体罪"，包括"酷刑及野蛮暴行罪""暴力罪"和"威胁罪"，针对配偶、同居者或与其签署紧密关系民事契约的伴侣的故意伤害均为加重情节，暴力罪的监禁加重长达 5 年。参见《最新法国刑法典》，朱琳译，法律出版社 2016 年版，第 76-90 页。
⑥ "Annual Human Rights Reports Submitted to Congress by the U. S. Department of State"，"Book 31-A Country Reports on Human Rights Practices for 2007"，William S. Hein & Co.，Inc. P1294. Available via the World Wide Web：http://www. foreignaffairs. house. gov/，AUGUST 2008.
⑦ 2010 年 7 月 9 日生效的第 2010-769 号法律是"关于针对妇女的暴力、夫妻暴力及对儿童的影响"的，由法国国民议会和参议院通过，共和国总统萨科齐颁布。该法共 38 条，分为三章，分别是"保护受害者""预防暴力"和"制止暴力"，修改了法国民法、刑法、刑事诉讼法、司法组织法等法律。来源 https://www.legifrance.gouv.fr，访问日期：2018 年 2 月 21 日。

修改并转移至《法国民法典》第一卷新增的第十四编"保护暴力受害者的措施"之中，后又根据由 2014 年 8 月 4 日关于男女平等的第 2014-873 号法律修订。第十四编由第515-9 条至第 515-13 条共 5 条构成，对遭受（前）配偶、（前）紧密关系民事协议关系伴侣、（前）非婚同居的伴侣暴力的受害人，甚至被胁迫结婚的受害人及受到影响的儿童实施保护措施，由法官根据申请颁布保护令。保护令可禁止加害人接触受害人、禁止其携带武器，批准受害人单独居住或授权受害人隐藏其住所等，上述措施实施的期限一般不超过 6 个月，但如果已提出别居、离婚的申请，保护令的措施还可以延长。

三、当代法国夫妻财产关系制度

当代法国夫妻财产关系制度在婚姻家庭领域的主要内容，包括配偶间的扶养义务、配偶分担婚姻负担、婚姻财产制。

（一）配偶间的扶养义务

配偶在婚姻关系存续期间，甚至在分居期间，相互负有在经济上物质上对对方的供养义务。但配偶间的扶养，一方有需求（陷于生活困难），另一方才需负扶养的义务。因此扶养与结婚后即刻产生的家庭生活费用分担义务不同，其法律依据是《法国民法典》第 212 条的相互救助义务。2004 年法国离婚法改革后，不论因什么理由宣告离婚，配偶之间的救助义务在离婚时都会终止。[1]

（二）配偶分担家庭生活费用（婚姻负担）

配偶应共同承担因婚姻组建家庭而产生的家庭生活费用，如共同的衣食住行、医疗、娱乐以及未成年子女的抚养教育费用等。1938 年《法国民法典》在第 214 条增设了妻分担家庭生活费用的规定，但夫仍是家庭生活费用的主要负担者；但伴随婚姻财产制的改革，1965 年 7 月 13 日第 65-570 号法律再次修改民法典第 214 条，夫妻可以协议如何分担家庭生活费用，如果没有协议，则双方按照各自的负担能力比例分担。丈夫不再是家庭生活费用的主要负担者。正如林秀雄先生所言，妻子在地位提高，权利扩大的同时，亦承担了更多的婚姻义务。[2] 如果一方不履行该义务，另一方可依《法国民事诉讼法典》规定的形式强制其履行。（"法民"第 214 条第 2 款）对于配偶个人而言，从事职业获得的报酬，在分担婚姻负担后是有权自由处分的。但无论婚姻的财产制如何，分担婚姻负担是配偶因婚姻的效力而应负之法定义务。（"法民"第 223 条、第 226 条）

（三）婚姻财产制

当代法国的婚姻财产制主要被规定在《法国民法典》第三卷第五编"婚姻财产契约与婚姻财产制"中，解决配偶财产的归属，债务的性质及承担，配偶共同财产的管理以及财产制的解除条件与后果等问题。按是否缔结特别财产契约，配偶之间适用的财产制分为约定财产制与法定财产制，前者优先于后者被适用。（"法民"第 1387 条）

1. 约定财产制

（1）婚姻财产契约的内容。婚姻财产契约可以约定配偶财产归属与管理、债务承担、

---

[1] 2004 年 5 月 26 日第 2004-439 号法律实施之前，根据"法民"原第 270 条、第 281-282 条的规定，基于共同生活破裂宣告离婚的情形，夫妻间的救助义务不终止。主动提出离婚的一方完全负有救助义务，该义务以生活费的方式履行，对生病配偶医疗所需的一切均需负担。

[2] 林秀雄：《婚姻财产制之研究》，中国政法大学出版社 2001 年版，第 209 页。

财产制的解除等内容，只要不违反善良风俗和法律明文规定，且配偶自认为适当，既可以随意愿自由订立，也可以在法定共同财产制之外的"约定的共同财产制"① "分别财产制"② 及"婚后所得参与制"③ 中任选定一种作为婚姻的财产制。但财产契约的内容受如下规则限制：①财产契约不得违反婚姻财产产生的义务和权利，也不得违反亲权、法定管理和监护的各项规则；②财产契约不得旨在订立改变继承的法定顺序的任何协议或者放弃条款，法律允许的无偿处分除外。（"法民"第1387条、第1388条、第1389条）

（2）婚姻财产契约的成立与生效。婚姻财产契约应在举行结婚之前订定。订约应在公证人前，由订约当事人或他们的委托代理人在场并均表示同意的情况下完成。财产契约公证的证书应在结婚仪式之前交给户籍官员，并由户籍官员记载在结婚证书中。如果结婚证书中没有记载配偶的财产契约，那么对于第三人，配偶之间的财产制视为采法定共同财产制，但夫或妻与第三人缔结的契约中申明订有婚姻财产契约的除外。婚姻财产契约的生效时间是结婚之日，记载在结婚证书上的财产契约对第三人具有效力。（"法民"第1394-1395条）

（3）婚姻约定财产制的变更。在结婚之前，配偶订立的财产契约可以按照上述婚姻财产契约订立的方式进行变更。一旦举行结婚仪式，婚姻财产制原则上2年内不可变更，除非依法定条件得到法院判决。婚姻财产制实施2年后，配偶双方得为家庭利益，用公证文书订立变更甚至完全改变婚姻财产制的协议。变更婚姻财产制需要对已变更的财产制进行清算，并通知利害关系人，在没有异议的情况下方能生效。有异议时或当事人有未成年子女时，公证文书必须经配偶住所地法院认可。（"法民"第1396条、第1397条）

2. 法定财产制

当代法国的法定财产制是共同制，法律规定了法定共同财产的构成、对法定共同财产和特有财产的管理以及共同财产制的解除。法国的"分别财产"是共同财产制解除的原因之一，即法国的"非常法定财产制"。

（1）配偶共同财产的构成。配偶共同财产包括资产和债务。由于法国婚姻共同财产制实际上是劳动所得共同以及个人特有财产所得共同，所以共同财产中的资产是配偶婚姻期间以各人的劳动技艺共同或各自取得的财产以及由他们特有财产的孳息与收入形成

---

①　夫妻约定的共同财产制是夫妻通过财产契约选择的共同财产制，所选择的共同财产制与法定共同财产制有差异，但除了特别约定的部分，夫妻约定的共同财产制适用法定共同财产制的规则。（"法民"第1497条）根据夫妻对共同财产制的特别约定，约定的共同财产制包括如下六种类型："动产与婚后取得财产的共同财产制" "全部概括共同财产制"以及约定"共同管理条款" "以给予补充的方式先取财产的条款" "健在配偶先取权"及"有关不等份额的约定条款"。

②　分别财产制是夫妻每一方均对个人财产保留管理、收益和自由处分权利的财产制，除夫妻日常家庭生活和子女教育所负债务外，夫妻各自负担其婚前及婚姻关系存续期间的债务。（"法民"第1536条）

③　婚后所得参与制，也称"婚后所得共享制"或"剩余共同制"，"法民"第1589条对该种婚姻财产制所作定义如下：夫妻双方声明按照婚后所得参与制结婚时，每一方均保留对其个人特有财产的管理、收益与自由处分的权利，无须区分是结婚之日已属于其所有的财产还是结婚之后继承或无偿处分而取得的财产，也不区分是否属于婚姻期间有偿取得的财产。在婚姻期间，此种财产制的运作，如同夫妻之间实行的是分别财产制。在此种财产制解除时，夫妻每一方均有权分享另一方概括财产中经确认属于婚后取得之净财产的一半价值。婚后取得的财产价值，按照原始概括财产与最后概括财产两次估价计算。只要婚姻财产制没有解除，"分享婚后所得之权利"不得转让。如财产制因配偶一方死亡而终止，该配偶一方的继承人对另一方配偶婚后所得净财产也享有与其被继承人相同的权利。

的节余。① （"法民"第 1401 条）《法国民法典》第 1402 条有共同财产的推定条款，任何财产，不能证明其为特有均推定为共有。下列财产是个人特有财产：①婚前个人财产；②婚后各自因继承、赠与或遗赠取得的财产；③具有人身性质的所有财产以及专与人身相关的一切权利，如个人使用的衣物、本人受到身体或精神伤害请求赔偿的权利、不得让与的债权与抚恤金等。（"法民"第 1404-1405 条）

共同财产的负债有二：其一，依据法典第 220 条，为维持家庭日常开支与子女教育的费用，配偶双方应当负担的生活费用以及缔结的债务，属于永久性负债；其二，在共同财产制期间发生的其他债务，视情况属于永久性共同债务或者应当给予补偿。对于配偶任一方在共同财产制期间所负债务，无论其发生原因如何，债权人均可就共同财产请求清偿（作为债务人的配偶一方欺诈或债权人为恶意的除外），但只有基于法典第 220 条婚姻负担之债，债权人才可以对债务人配偶的收益和工资实施扣押。一项债务仅仅因配偶一方所为而成为共同财产负担的债务时，不得就该债务对另一方的特有财产提出追偿请求。如果债务仅为了配偶一方的利益以及为了取得、保管或改善一方特有财产而缔结，或者为了履行本应属于一方的法定义务而缔结的债务，共同财产在清偿债务后有权得到补偿。（"法民"第 1409 条、第 1413 条、第 1414 条、第 1416 条、第 1417 条第 2 款、第 1418 条）

（2）配偶对共同财产和特有财产的管理。配偶对其个人财产均有单独管理、转让的权利，亦可用该财产缔结义务。（"法民"第 225 条）

在满足以下条件的前提下，配偶对共同财产均有权单独管理并进行处分，并对其在管理时的过错承担责任，配偶一方无欺诈的管理行为对双方产生约束力：①非经另一方同意，配偶任何一方不得生前无偿处分属于共同财产的财产，亦不得用共同财产担保第三人的债务；②配偶一方所为的遗赠也不能超过共同财产内其应占的份额；③非经他方同意，配偶任何一方均不得让与属于共同财产的不动产、商业营业资产以及经营的事业，或者用这些财产设定物权，不得转让非流通上市公司权益以及凡转让即需公示的有形动产，亦不可将共同财产转移至托管财产；④非经他方同意，配偶任何一方均不得出租属于共同财产的乡村地产或者有商业、工业、手工业用途的不动产，除此之外的共同财产配偶任一方均可单独订立租约。（"法民"第 1421-1425 条）对于配偶一方超越其对共同财产的权利而实施的行为，未予准许该行为的另一方可以诉请撤销。（"法民"第 1427 条）

（3）共同财产制的解除。在如下六种原因出现时，法定共同财产制即因解除而终止：配偶一方死亡；宣告失踪；离婚；别居；分别财产；② 变更婚姻财产制。（"法民"第

---

① 法国法的劳动所得范围很宽，但主流的观点认为博彩类所得不属于劳动所得。参见 ［法］杰拉德·尚伯纳尔：《法定婚姻财产制度》，载李贝编译：《法国家事法研究文集——婚姻家庭、夫妻财产制与继承》，人民法院出版社 2019 年版，第 65 页。

② 在法国，非常法定财产制被规定在法典第 1443-1449 条的"分别财产"制度中。所谓分别财产，是指因夫妻一方理财混乱、管理不善或者行为不端，继续维持法定的共同财产制将使配偶他方利益受到危害，配偶他方可诉请法院分别财产，经法院宣告分别财产后，配偶追溯至提出分别财产请求之日起实行分别财产制。（"法民"第 1443 条、第 1445 条、第 1449 条）共同财产制状态下不允许夫妻任意分别财产，夫妻一方的债权人也不得主动请求夫妻分别财产。

1441 条）上述原因出现时，即使配偶有相反的约定，婚姻共同财产制也不可能继续存在，必要时仅能推迟至配偶停止共同生活或停止合作之日解除。（"法民"第 1442 条）

共同财产制一经解除，即开始共同财产（共同资产与共同负债）的清算与分割。《法国民法典》第 1467-1480 条规定了共同财产清算与分割的流程和方法，其中个人对共同财产的补偿，共同财产对个人的补偿，先取权利的行使以及挪用隐匿共同财产的法律后果等规定都很详细。但因离婚而解除共同财产制的，在离婚诉讼中配偶可以订立契约协商解决共同财产制的清算与分割。（"法民"第 265-2 条）

共同财产制解除后，配偶对债务仍应负清偿之责，包括全部清偿责任、按份清偿责任和有限清偿责任。[①] 即配偶任一方对应由其个人承担的债务应承担全部清偿之责；配偶一方对因其配偶他方的原因使共同财产负担的债务，仅就其一半受到追偿，且其应分担的数额不超过其从共同财产中所获的利益，如其已清偿的债务数额超过上述应分担数额，对另一方配偶有求偿权。夫妻共同财产分割后，除有隐匿财产之情形外，只要依法制作有财产清册，夫妻各方对清偿债务所负的责任仅以其从共同财产中获得的利益为限。（"法民"第 1483 条、第 1486-1487 条）并且，为平等地保护债权人和配偶利益，保证计算"配偶从共同财产所获收益"的准确性，法律还规定了财产清册的制作要求，财产清册应按《法国民事诉讼法典》规定的形式，在婚姻共同财产制解除之日起 9 个月内制订终结，并在公务助理员前确认真实可信。（"法民"第 1483 条第 2 款、第 1484 条）

第五节　当代法国亲子关系制度

本节研究和阐述以下内容：一是当代法国亲子关系制度概述；二是当代法国亲子关系的种类；三是当代法国亲子关系的确定制度；四是当代法国父母子女的权利义务。

一、当代法国亲子关系制度概述

法国近现代的亲子关系制度，可以划分为三个阶段：1804-1972 年；1972-2005 年；2005 年以后。[②] 1972 年 1 月 3 日第 72-3 号法律宣布在与父母的关系中，一般情况下非婚生子女与婚生子女享有同样的权利、负同样的义务。但平等原则存在例外——因通奸所生非婚生子女的继承权利会受到其父或母合法配偶（通奸行为的受害人）权利的限制。[③] 由于这个例外，1972 年法在法国国内受到批评，甚至还受到欧洲人权法院的谴责。[④] 2002

---

① 参见陈苇：《中国婚姻家庭法立法研究》，群众出版社 2000 年版，第 222-223 页。

② 张民安：《法国民法》，清华大学出版社 2015 年版，第 242-244 页。

③ 该条款原为第 334 条，其内容已被 2002 年 3 月 4 日第 2002-305 号法律修改后移至第七编亲子关系的开篇处作为亲子关系的原则，现为第 310 条，"亲子关系依法得到确定的所有子女，在与其父母的关系中，均享有相同的权利、承担相同的义务；所有子女均属于各自家庭的成员"。

④ Hugues Fulchiron, "EGALITÉ, VÉRITÉ, STABILITÉ: The New French Filiation Law After The Ordonnance Of 4 July 2005," in Andrew Bainham, eds. , *The International Survey of Family Law*, 2006 Edition, Bristol : Jordan Publishing Limited, 2006, p.205.

年 3 月 4 日第 2002-305 号关于亲权的法律①废除了平等原则的这个例外，并强调了分离父母对亲权行使的平等性；而 2005 年 7 月 4 日第 2005-759 号关于改革亲子关系的法令②则顺理成章地直接取消了婚生子女与非婚生子女的分类。2015 年 10 月 15 日第 2015-1288 号法令"简化和现代化家庭法"修改了父母对子女财产的法定管理规则等。

法国当代亲子法主要解决亲子关系的确立以及亲子间的权利义务关系，父母对子女的权利虽然仍为"亲权"，但已经不再是一般意义上的"权利"，而是父母履行保护、抚养、教育子女职责所需的"权利"，《法国民法典》称之为"以子女的利益为最终目的的各项权利和义务之整体"。（"法民"第 371-1 条第 1 款）亲子法贯彻两项重要原则：其一是平等原则，包括所有子女与其父母的关系平等，以及父和母的权利平等；其二是保护子女利益原则，在法国父母共同行使亲权，目的是实现子女的利益，家事法官在处理父母亲权行使的所有问题时，尤其要关注对未成年子女利益的保护。（根据 2010 年 7 月 9 日第 2010-769 号法律修订后第 373-2-6 条）

二、当代法国亲子关系的种类

传统的法国亲子关系分为三种：婚生亲子关系，非婚生亲子关系以及收养亲子关系。1994 年 7 月 29 日第 94-653 号法律对人工辅助生殖技术对亲子关系的挑战作出回应，新增第 311-19 条、第 311-20 条对借助医学方法人工生育的子女与其法律上父母的确定作出规定。2005 年 7 月 4 日第 2005-759 号法令已对法国亲子法作出重大改革，婚生亲子关系与非婚生亲子关系之间的区别已经废除，统一为血缘亲子关系。因此，当代法国亲子关系有三种：血缘亲子关系、人工辅助生育亲子关系和收养亲子关系（收养亲子关系的具体内容，详见本章第六节）。

（一）血缘亲子关系

血缘亲子关系是有自然血缘联系的父母子女关系，生物学上的真实联系是建立血缘亲子关系的依据，只不过法律上的血缘亲子关系主要依靠推定、认领以及长期亲子身份占有来确定。血缘亲子关系过去被称为婚生亲子关系和非婚生亲子关系，2005 年法令将《法国民法典》第一卷第七编亲子关系原"第一章有关婚生与非婚生亲子关系的共同规定"改为"第一章一般规定"，原"第二章婚生亲子关系"和原"第三章非婚生亲子关系"改为"第二章亲子关系的确立"和"第三章有关亲子关系的诉讼"，把婚生子女与非婚生子女地位平等的原则彻底落实，不仅地位平等，而且亲子关系确立都是同一套规则，甚至婚生子女和非婚生子女的称谓都消失了。

原则上，所有与父母具有自然血缘联系的子女地位都平等，都是父或母家庭中的成员。不过有三种例外：其一是因乱伦所生子女的亲子关系确定例外，如果生父生母是直

---

① Loi n° 2002-305 du 4 mars 2002 relative à l'autorité parentale, 参见 https://www.legifrance.gouv.fr/affichTexte.do; jsessionid = CDEE0A4311536DB055FB9ECECF8DF889. tplgfr28s _ 2？cidTexte = JORFTEXT000000776352&dateTexte = 20020306, 访问日期：2018 年 5 月 30 日。第 2002-305 号关于亲权的法律，把子女与分离的父母之间的关系从离婚的法律后果中移转到亲权编，强调亲子关系不受父母是否维持婚姻关系的影响，不论是父母离婚还是分居，甚至从未结婚，父母子女关系依然不变，父母平等地共同行使亲权共同履行抚养义务，子女有权与父母双方都保持联系。

② Ordonnance n° 2005-759 du 4 juillet 2005 portant réforme de la filiation, 参见 https://www.legifrance.gouv.fr/eli/ordonnance/2005/7/4/2005-759/jo/texte, 访问日期：2018 年 5 月 1 日。

系亲属，或者是兄弟姐妹关系，在子女已经与父或母一方确定亲子关系的情况下，法律禁止另一方与该子女确定亲子关系。（"法民"第310-2条）其二是匿名生母的例外，1993年1月8日第93-22号法律赋予母亲选择在生育时匿名的权利，如果母亲行使了匿名权（"法民"第326条），那么在母亲住院与身份保密的情况下子女便无法提出寻认母子关系的诉讼。（"法民"第325条）母亲的匿名权是争议较大的权利，欧洲人权法院认为法国的母亲匿名权与子女对其身世的知情权冲突，并且实际上由于母亲匿名，子女的生父无法认出子女，对生父也不公平。[1]　其三就是借助医学方法进行的生育，遗传物质的捐赠者不得与因此出生的孩子之间确立任何血统上的联系。（"法民"第311-19条）

（二）人工辅助生育亲子关系

法国的人工生殖技术应用开展得比较早，1973年法国设立了精子卵子研究保存中心，1982年法国第一例试管婴儿诞生。[2]　1983年法国总统密特朗签署法令，成立了国家生命科学和健康科学伦理咨询委员会，即国家伦理委员会（National Ethics Committee）[3]，为法国生物伦理立法工作提供咨询建议服务。经过十余年的争论与辩论，两年多的议会讨论及"宪法委员会"对条文的最后审查，1994年7月1日和29日通过了三部法律，构成了法国的生物伦理法。其中第94-653号法律规范了借助医学方法进行的生育，主要被规定在《法国民法典》第16-5条、第16-7条、第16-8条、第311-19条和第311-20条。医学辅助生育包括人工授精、体外受精以及胚胎移植，存在第三人捐赠生殖细胞和胚胎的可能性，民法典主要围绕捐赠的规则，捐赠人和借助医学方法生育的伴侣与因此而出生的子女之间的关系等作出规定。在法国，代孕是被禁止的，[4]　1994年第94-653号法律在该法典中增加了第16-7条，"为他人生育或怀孕的任何协定均无效"。[5]

该法典第311-19条规定，捐赠人与因此出生的孩子之间不得确立任何亲子关系性质的联系。捐赠人[6]可以捐赠配子和胚胎，捐赠必须是无偿的，且是双向匿名的，这也是为

①　Hugues Fulchiron, "EGALITÉ, VÉRITÉ, STABILITÉ: The New French Filiation Law After The Ordonnance Of 4 July 2005," in Andrew Bainham, eds., *The International Survey of Family Law*, 2006 Edition, Bristol：Jordan Publishing Limited, 2006, pp. 213-214.

②　张燕玲：《人工生殖法律问题研究》，法律出版社2006年版，第67页。

③　国家伦理委员会的使命为对于生物学、医学及卫生领域中的知识进步引起的涉及人类、社会群体及全社会的道德问题提出意见，并公布关于这些问题的建议。参见童心：《法国的生物伦理立法与管理》，载《全球科技经济瞭望》1998年第10期，第31页。

④　1994年法国的生物伦理法禁止代孕，禁止性规定虽受到争议但一直保留至今。司法实践中发生多起法国公民在国外通过代孕生育子女后将子女带回法国要求取得法国国籍的诉讼。2011年，法国最高法院以"法国法的基本原则"为名，拒绝承认任何一个有关代孕的协议产生效力，并否认亲子关系存在。受判决影响的夫妇一方将法国诉至欧洲人权法院。2014年6月26日，欧洲人权法院作出不利于法国的判决，对法国不承认在国外合法代孕而出生的孩子具有法国户籍这一做法予以谴责，并指出，"完全禁止一个父亲和一个通过国外代孕而出生的其生物学上的子女之间建立亲子关系"是"违反"《欧洲人权公约》的。自2014年6月开始，法国夫妇在国外通过代孕而出生的孩子，回到法国可以获得法国户籍，他们与其生物学父母之间的亲子关系，也将获得确认。参见叶名怡：《法国法上的人工胚胎》，载《华东政法大学学报》2015年第5期，第45-46页。

⑤　在1994年之前，法国法院也不承认代孕合同的效力，适用的是"法民"第6条和第1128条，从公序良俗和交易对象并非商品的角度禁止代孕。David W. Duncan, "A Little Tour in France：Surrogate Motherhood and Amici Curiae in the French Legal System", *Western State University Law Review*, Volume 21, Spring 1994, Number 2, pp. 447-466.

⑥　根据2015年10月13日第2015-1282号法律，法国的配子捐赠人扩大到未曾生育过的人，也许可为自己将来生育保存一定数量的配子。Centre for Family Law at Jean Moulin University Lyon, "A Chronicle of French Family Law," in Bill Atkin, eds., *The International Survey of Family Law*, 2016 Edition, Bristol：Jordan Publishing, 2016, p. 199.

进一步防止日后可能的亲子关系确定诉讼。（"法民"第16-5条、第16-8条）

该法典第311-20条规定了采用经他人协助的医学方法生育的伴侣与因此出生的子女之间的亲子关系确定。其一，接受人的同意是借助医学方法生育的关键条件。接受捐赠的只能是异性伴侣，[①] 包括夫妇和非婚同居已达2年以上的异性伴侣。[②] 对接受捐赠借助医学方法生育的同意必须在法官或公证人面前明确作出，法官和公证人应当告知其同意会在亲子关系方面产生的后果。（"法民"第311-20条第1款）其二，作出上述同意的表示后，禁止"为确立亲子关系或者对亲子关系提出异议之目的"提起任何诉讼，除非该子女并非采用第三人协助的医学方法所生，或者该同意已失去效力。所谓"同意失去效力"有两种情况，一种是实施医学方法之前，当事人死亡[③]或提出离婚或别居申请，或已经停止共同生活；另一种是在实施医学方法之前，当事人向实施手术的医生撤回同意。其三，事前表示同意而事后不承认由此出生的子女，应对子女之母及子女本人承担责任。

三、当代法国亲子关系的确定制度

当代法国亲子关系的确定制度，包括亲子关系的确认与否定两个方面的内容。在法国，由于2005年法令取消了婚生亲子关系和非婚生亲子关系的区别，也废除了非婚生子女合法化的程序，因此当代法国亲子关系的确立只有两种途径，一是依法无争议确立，二是通过诉讼确立。非经法院的亲子关系异议之诉，依法确立的亲子关系本身具有阻止与其相抵触的另一亲子关系的确立的效力。为保障未能与某人确立父子女关系的子女的利益，法律许可子女向疑似生父的人提出请求生活费的诉讼。[④]

（一）亲子关系的确认

1. 依法无争议确立亲子关系

（1）依法律的效力确立。在法国，子女与母亲的关系是通过出生证书确立的，出生证书上载明的生母与子女之间确立母子女关系。（"法民"第311-25条）子女与父亲的关系是依法律推定确立的，婚姻期间受胎或出生的子女，推定母亲的丈夫是子女的父亲。（"法民"第312条）上述推定在如下情形下被排除：其一，子女出生证书上未指明母亲的丈夫为父亲的；在请求离婚或别居的情况下，离婚协议或临时措施得到认可后或作出配偶未和解的裁定后超过300天出生的子女，以及在最终驳回申请或配偶实现和解后不到180天出生的子女。上述情形，在子女对配偶双方均占有身份且没有与第三人确立父子女

---

① 同性伴侣借助医学方法生育的问题依然非常敏感，并未放开。参见 Centre for Family Law, "A Chronicle of French Family Law," in Bill Atkin, eds. , *The International Survey of Family Law*, 2014 Edition, Bristol：Jordan Publishing Limited, 2014, p. 128。

② Jean Michaud, "French Laws on Bioethics," *European Journal of Health Law* , Vol 2, No. 1, 1995, p. 56。

③ 1994年《生物伦理法》规定，医疗辅助生殖（AMP）系旨在满足异性伴侣渴望成为父母的需求，而这对伴侣"应当是活着的人"。1999年和2004年两次修订都未动摇上述立场，《公共健康法典》第L2141-2条第2款规定："伴侣成员之一的死亡，离婚请求的提出，或者别居，或者生活共同体的解体，都构成人工授精或胚胎移植的障碍……"对冷冻胚胎的死后移植问题，可参见叶名怡：《法国法上的人工胚胎》，载《华东政法大学学报》2015年第5期，第43-45页。

④ "法民"第342条至第342-8条规定了以取得生活费为目的的诉讼。该诉讼并不确立任何亲子关系，子女可以向在法律规定的妇女受孕的期间与其母有关系的人请求生活费，但被告得以任何方法证明其不可能是其生父而排除该诉讼请求，一旦子女与被告之外的人确立父子女关系，生活费给付的义务即告终止。

关系时，推定的效力当然恢复。被排除的推定的效力亦可通过诉讼恢复，母亲的丈夫也可以认领子女。（"法民"第314、315条）

（2）依自愿认领确立。未能依据法律的效力确立亲子关系的，可以在子女出生前或出生后，父或母自愿承认与子女的亲子关系来确立。此认领仅在认领人和被认领人之间确立亲子关系。认领子女应由户籍官员制作文书或通过公证文书为之，并且应记载入子女的出生证书。（"法民"第316条）

（3）依占有身份确立。所谓占有身份确立亲子关系，是指通过身份外观方式确立亲子关系。① 例如，人们认为某人系某人所生，而后者待前者为子女，前者也待后者为自己的父或母；被认为是父或母的人以父或母的身份负担被认为是子女的人的教育抚养和居住安置；在社会上以及家庭中均承认该人是某人的子女；公共机关也如此承认；该人一直使用被认为是其父或母的姓氏等。只要这种有明确名义的身份占有是持续的、和平的、公开的，父或母或子女均可请求法官签发一份经公证的文书来证明该占有的身份。停止占有身份超过5年者，不能再请求签发上述公证书。经公证的占有亲子身份可被相反证据推翻。（"法民"第311-1条、第311-2条、第317条）

2. 依诉讼确立亲子关系

在没有出生证书和占有身份的情况下，子女有权提起寻认母子关系的诉讼。② 凡不能通过推定、认领或身份占有确立父子关系的，子女有权（也是唯一有权）提起寻认父子关系之诉。但当子女尚未成年时，已经与子女确立亲子关系的一方则是唯一有资格提起寻认父子或母子关系诉讼的请求权人。此诉讼可向所谓的父或母以及他们的继承人提出，没有继承人或继承人放弃继承时可向国家提出此项诉讼。（"法民"第325条、第327-329条）

（二）亲子关系的否认（亲子关系异议之诉）

在法国，依法确立的亲子关系本身具有阻止与其相抵触的另一亲子关系的确立的效力。非经法院的亲子关系异议之诉，不得另行确立与原先亲子关系相抵触的亲子关系。（"法民"第320条）

依法律的效力或认领而确立亲子关系的，能够提出母亲并未生育子女证据的人，可提起母子女关系异议之诉；能够提出夫或认领子女的人并非子女之生父的证据的人，可提起父子女关系异议之诉。上述异议之诉的诉讼时效期间为10年，从当事人被剥夺其主张的身份或从当事人身份受到异议起算，子女在未成年时期，其诉权的时效期间中止。（"法民"第332条、第321条）

依占有身份而确立亲子关系的，在占有身份与（出生）证书相一致时，唯有子女本人、父或母、自认为父或母的人方可提起异议之诉，在从子女出生或被认领之日按照

① 张民安：《法国民法》，清华大学出版社2015年版，第246-247页。
② 2002年1月22日第2002-93号法律设立了法国获得原籍委员会（CNAOP），法律仍然保护母亲的匿名权，但是通过鼓励母亲以密封信函的方式将儿童的资料提供给法国获得原籍委员会，这样当寻认母子关系的案件出现时，有可能提供有关起源的资料。该法还改善了匿名生母所生子女的生父的地位，《法国民法典》新增第62-1条规定，生父因生母匿名而无法登录对子女的认领时，可以告知检察官，由其查明子女出生证书制作的日期与地点。当然，生父不能因为生母匿名而享有匿名的权利。参见Sylvie Ferré-andré, Adeline Gouttenoire-Cornut, and Hugues Fulchiron ,"Work in Hand for the Reform of French Family Law ," in Andrew Bainham, eds. , *The International Survey of Family Law* , 2003 Edition, Bristol：Jordan Publishing, 2003, pp.178-182。

（出生）证书占有身份已满 5 年的，除检察院外任何人不得对亲子关系提出异议；但没有按（出生）证书占有身份的，任何人可在 10 年的诉讼时效期间内提出异议之诉。而对以公证书确认的依占有身份而确立的亲子关系，从证书签发之日起 10 年内，任何利害关系人均可提出相反证据异之。（"法民"第 333-335 条）

四、当代法国父母子女的权利义务

当代法国父母子女的权利义务，主要包括亲子间的扶养和亲权等内容。①

（一）亲子间的扶养

《法国民法典》第 203 条、第 205 条、第 207 条以及第 371-2 条②具体规定了父母子女之间相互扶养的义务。父母应共同抚养教育子女，子女对父母应尽赡养义务。父母对子女的抚养义务不以父母是否结婚为前提，父母是否结婚也不影响他们对子女的抚养。父母应按各自收入比例负担子女的抚养费用和教育费用，此项法定义务只有在父母证明其实际不可能履行时才能不履行，只要父母并非完全没有收入，就必须分担抚养费用。③即使子女成年父母仍然可能受要求继续履行这种义务，（"法民"第 371-2 条第 1、2 款）特别是在子女成年后继续上学的情况下，甚至有法院判决父亲对成年子女结束学业后负担生活费用直至其找到工作。④ 子女对父母的赡养，建立在父母有需要的前提下。（"法民"第 205 条）当父母严重违反其对子女的义务时，法官得免除子女赡养义务的全部或一部分。（"法民"第 207 条第 2 款）

（二）亲权

2002 年 3 月 4 日第 2002-305 号法律重新定义了亲权。原法典第 371-1 条及第 371-2 条规定父母有保护子女安全、健康与道德品行之权利，子女受父母权力管束，直至其成年或解除亲权。修改后的亲权从父母的权利变为以子女利益为最终目的的职能性权利义务的总和。⑤ 由于亲权具有职能性，亲权的行使以"子女的利益为最终目的"，对父母亲权的赋予并非为了父母的利益，而是为了使其履行保护教育未成年子女的职能。在子女成长过程中，亲权的行使存在一定的自由裁量的范围，如果父母行使亲权不是完全基于子女的利益，将构成权利的滥用。⑥ 国家对处于特殊情形的未解除亲权的子女有法定的教

---

① 根据写作目的和研究范围，本章不写父母子女间的继承关系，并且因父母离婚而引起的亲权行使问题及探望权放在本章第八节当代法国离婚制度中介绍。

② "法民"第 371-2 条经 2002 年 3 月 4 日第 2002-305 号法律修订，系新增的父母抚养子女义务的专门条款。

③ 参见《法国民法典》（上册），罗结珍译，法律出版社 2005 年版，第 185 页，对第 203 条的注释 [6]。

④ 参见《法国民法典》（上册），罗结珍译，法律出版社 2005 年版，第 187 页，对第 203 条的注释 [17]、[18]。

⑤ "法民"第 371-1 条规定："亲权是以子女的利益为最终目的的各项权利和义务之整体。父母直至子女成年或者解除亲权，应当保护子女的安全、健康与道德，确保其教育，使子女能够得到发展，人格受到尊重。父母按照子女的年龄及其成长阶段，协助子女作出与之有关的决定。" 2013 年 5 月 17 日第 2013-404 号法律修订了第 371-1 条，将特别强调的"父亲和母亲"（père et mère）改为一般称谓上的父母（parents）。

⑥ ［法］雅克·盖斯旦、吉勒·古博：《法国民法总论》，陈鹏等译，法律出版社 2004 年版，第 733-734 页。

育性救助义务。这些措施能够帮助那些行使亲权遇到困难的父母，以及面临危险的子女。①

法国法中的亲权分为"与子女人身相关的亲权"和"与子女财产相关的亲权"，分别规定在第一卷第九编的第一章和第二章。根据 2015 年 10 月 15 日第 2015-1288 法令，父母对子女财产的法定管理从原第一卷第十编第一章的第一节删除，相关内容修订后放入第一卷第九编第二章"与子女财产相关的亲权"。与原法律条文和逻辑结构安排相比，与子女财产有关的亲权从内容到程序都更合理，提出了为子女利益而谨慎、勤勉和明智管理的要求。（2015 年 10 月 15 日第 2015-1288 法令修订后的第 385 条）

1. 与子女人身相关的亲权

（1）与子女人身相关的亲权的内容包括：父母应抚养子女；应当保护子女的安全、健康与道德；确保其教育，使子女能够得到发展，人格受到尊重。② 父母应按照子女的心智成熟程度协助子女作出与之有关的决定。未经父母许可，子女不得离开家庭，除非是法律规定的紧迫情况。子女有与他人的交往权，如直系尊血亲，即使他人并非亲属，法院亦可在符合子女利益的情况下确定子女与第三人的关系。子女亦不可与其兄弟姐妹分开，若确实不可能或子女利益要求另作安排，法官应对兄弟姐妹的关系作出裁判。（"法民"第 371-1 条、第 371-2 条、第 371-3 条、第 371-4 条、第 371-5 条）

（2）亲权的行使、移转和丧失。对子女的亲权一般应由父母共同行使。父母一方去世，或者任何一方父母因无能力、失踪等原因处于不能表示意思的状态而被剥夺亲权，由另一方父母单独行使亲权。（"法民"第 372-373 条、第 373-1 条）而父母离婚或别居并不影响父母对子女行使亲权，父母各方均应与子女保持个人关系，并尊重子女与另一方的关系。（"法民"第 372-2 条）父母不得抛弃、让与亲权，只有在确有必要时，经法官判决，父或母一方可将亲权的全部或部分委托给第三人行使。（"法民"第 376-377 条）在父母具有《法国民法典》第 378 条、第 378-1 条明确规定的犯罪或其他违法行为③时，亲权将被完全取消。取消亲权的效果及于父或母其他已经出生的子女，并且构成子女免除对父母扶养义务的原因。被取消的亲权经申请有被恢复的可能性，一旦子女受到安置被送养，恢复的请求不予受理。（"法民"第 379-381 条）

---

① 教育性救助，是指当未解除亲权的未成年人的健康、安全或者道德品行面临危险，或者其教育条件或身体、情感、智力成长与社会交往受到严重影响，应父母的请求，或者应受委托照管儿童的个人或部门或监护人、儿童本人或检察院的请求，法院可以命令采取教育性救助措施，如指定专人或专门机构提供帮助和建议、规定儿童经常去医疗机构接受检查、实行寄宿制或者让其从事某项职业、将未成年子女托付给相关人士或机构照管等。参见"法民"第一卷第九编第一章第二节教育性救助，第 375 条及以下条款。2009 年后，教育性救助一节经过了 2013 年 5 月 17 日"对同性伴侣夫妇开放婚姻"的第 2013-403 号法律、2016 年 3 月 14 日"关于保护儿童"的第 2016-297 号法律、2017 年 2 月 28 日"关于公共安全"的第 2017-258 号法律的多次修订。

② 教育包括对子女的知识、道德、公民政治、宗教以及专业训练等，父母对子女的教育不仅是责任，同时也是权利，父母有权指导子女的教育、选择学校教育方法以及监督子女的培训。Alin-Gheorghe Gavrilescu，"Parental Authority Regarding the Minor's Person in the Regulation of the French Civil Code," *Annals Constantin Brancusi U. Targu Jiu Juridical Science Series* 1 (2010), p. 167.

③ 包括父母作为对其子女人身实施之重罪或轻罪的正犯、共同正犯或共犯被判刑；作为其子女本人实施的重罪或轻罪的共同正犯或共犯被判刑；即使没有刑事判决，父母虐待子女或因经常酗酒、使用毒品、行为明显不轨或者犯罪行为，或者对子女不加照管或引导，显然危害到子女的安全、健康与道德品行的等。

2. 与子女财产相关的亲权

与子女财产相关的亲权包含三项内容：父母对子女财产的法定管理、父母对子女财产的用益权、监护法官的司法干预。（1）父母对子女财产有法定管理的权利。父母共同行使亲权的，父母双方都是法定管理人，一方单独行使亲权的，由单独行使亲权的父或母实行法定管理。当父母共同行使法定管理权时，对于第三人，他们每一方均有权实施法定管理行为。如果父母法定管理人与未成年人的利益发生冲突，法定管理人应要求监护法官指定一名专门的管理人；如果仅其中一名法定管理人与未成年人的利益冲突，监护法官可以授权另一方代理未成年人的法定管理。不纳入法定管理的受赠或受遗赠的财产由第三人管理。法定管理人应为未成年人的利益，勤勉谨慎地管理财产。如果法定管理人实施的行为损害了未成年人的利益，父母双方承担连带责任。（2015 年 10 月 15 日第 2015-1288 号法令修订后的第 382 条至第 386 条）（2）父母因法定管理而享有对子女财产法定的用益权。法定的用益权在子女年满 16 周岁或已婚时终止，或者父母丧失亲权或法定管理权时终止，或者其他任何导致用益权终止的原因出现时终止。享有用益权的父母需承担相应的负担，包括通常该由用益权人负担的费用，子女的衣食、生活费与教育费用（按财产的多寡而定），以及子女受领遗产上的债务（应当用遗产收益偿还的）。下列财产法定管理人不享有法定的用益权：子女劳动所得，以父母不享有用益权为条件而赠与或遗赠给子女的财产，以及子女作为受害者得到的损害赔偿。（2015 年 10 月 15 日第 2015-1288 号法令修订后的第 386-1 条至第 386-4 条）（3）监护法官对法定管理的司法干预。在法定管理人之间出现分歧时，由监护法官授权进行。未经监护法官授权，法定管理人不得从事第 387-1 条所列的 8 种重大处置或可能给未成年人造成损害或不利益的管理行为。上述行为，监护法官可在考虑财产情况、未成年人年龄或家庭情况的前提下，在保护未成年人利益必需时预先授权。但即使得到授权，法律禁止法定管理人的如下行为：无偿处置未成年人财产或权利；从第三人处取得对未成年人的权利；代表未成年人经商或自由职业；将未成年人财产转移至信托。存在对上述 8 种行为的监管情况下，监护法官可要求法定管理人每年提交一份有关该未成年人资产的清单和更新的清单。监护法官可要求法定管理人将管理账户连同证明文件送交高等法院法庭书记官处进行验证和审计。法定管理人必须按监护法官和共和国检察官的要求提供法定管理的相关信息，否则监护法官可依《法国民事诉讼法典》的规定对其进行处罚。（2015 年 10 月 15 日第 2015-1288 号法令修订后的第 387 条至第 387-6 条）

第六节　当代法国收养制度

本节研究和阐述以下内容：一是当代法国收养制度概述；二是当代法国收养的类型；三是当代法国收养的条件和程序；四是当代法国收养的法律效力；五是当代法国收养的解除制度。

一、当代法国收养制度概述

1804 年《法国民法典》（又名《拿破仑法典》）仅规定了简单收养（也称单纯收养、

不完全收养）：不能收养未成年人，[①] 被收养人留在其出生的家庭并保留其在出生家庭的全部权利，被收养人取得收养人的姓氏和遗产继承权。如欲"收养"未成年人，则仅能成立"非正式监护"，非正式监护人应扶养、教育、培养被监护的未成年人，待被监护人成年后方可收养。[②] 该法典中收养的目的在于娱慰晚景或增加亲方劳力，是"为亲之收养"的典型。[③] 第一次世界大战和第二次世界大战后，战争孤儿和大量非婚生子女出现，促使不少国家以维护未成年人利益为目的修订了自己的收养制度。1939 年法国立法承认了完全收养。[④] 1966 年 7 月 11 日的法律则将完全收养作为收养的一般规则，把简单收养作为补充。现行收养制度被规定在《法国民法典》第一卷第八编"收养子女"中，该法典并未单列收养之原则，但从其收养制度内容以及近年的变化看，可以认为法国收养以维护未成年人利益为原则：其一，从法典第 383-3 条第 3 款、第 353 条第 1 款、第 353-1 条第 2 款可见，法官在决定未成年人收养的宣告及处理收养争议时，均应考量是否符合未成年人的利益。其二，即使在被收养人有父母，但父母完全不照管子女且危害到子女身心健康的情况下，父母不同意送养的行为将构成权利滥用，法官仍得宣告收养。（"法民"第 348-6 条）其三，完全收养的目的是在收养人和被收养人之间形成不可解除的亲子关系，养亲子关系与血缘亲子关系具有相同的法律效力，养父母对养子女的亲权亦为以养子女利益为目的的权利义务的总和。

法国近年来在一定程度上降低了对收养人的要求，如 1996 年 7 月 5 日第 96-604 号法律把收养人的年龄从 30 周岁降至 28 周岁，收养人夫妇结婚的时间从 5 年降为 2 年。但 2015 年 2 月法国国家人口研究协会（INED）发表的一份关于跨国收养的研究报告显示，经历了 20 世纪 70 年代至 2005 年前的法国跨国收养人数的显著增加之后，从 2005 年到 2013 年间法国跨国收养人数从 2005 年的 4136 人快速下降到了 2013 年的 1343 人。缺乏可供收养的儿童是主要原因，而其他国家对收养人提出的严格要求也是原因之一。在法国，有 83% 的完全收养是跨国收养，有 2.5 万申请人在等待可以被收养的孩子。[⑤] 更多人把目光转向通过借助医学手段生育子女（包括在国外代孕生育），创造而不是等待可供收养的孩子，这也是当代法国收养法面临的挑战。

二、当代法国收养的类型

按照收养的条件、效力的不同来区分，法国的收养可分为完全收养与简单收养。完全收养将在被收养人和收养人之间形成一种不可解除的替代原始亲子关系的父母子女关系，被收养人不再属于与其有血缘的家庭。简单收养则不会在被收养人和收养人之间形成替代原始亲子关系的父母子女关系，被收养人仍留在原家庭中并保留其全部权利，同时被收养人有权在自己姓氏之前冠上收养人的姓氏，收养人对被收养人享有全部亲权性

---

①　因为收养被视为收养人与被收养人之间用以传递姓氏和遗产的合同，故被收养人不能是未成年人。Bernard Audit, "Recent Revisions of the French Civil Code," *Louisiana Law Review*, Vol. 38, Issue Number 3, 1977-1978, p.767.

②　《拿破仑法典》，李浩培等译，商务印书馆 1979 年版，第 44-48 页。

③　史尚宽：《亲属法论》，中国政法大学出版社 2000 年版，第 585 页。

④　蒋新苗、佘国华：《国际收养法走势的回顾与展望》，载《中国法学》2001 年第 1 期，第 173 页。

⑤　Centre for Family Law, "A Chronicle of French Family Law," in Bill Atkin, eds., *The International Survey of Family Law*, 2015 Edition, Bristol: Jordan Publishing Limited, 2015, pp. 111-112.

质的权利，收养人和被收养人之间有扶养义务，被收养人亦有一定继承权。

按照收养人的人数不同，法国的收养也可以分为单独收养与共同收养。在法国 28 周岁以上单身人士和征得配偶同意的已婚人士可以单独收养，而共同收养仅限于配偶的共同收养。

三、当代法国收养的条件和程序

（一）收养的条件

收养的条件是指收养关系的三方当事人（收养人、被收养人和送养人）的资格以及对相关意思表示的要求。

1. 完全收养的条件

结婚超过 2 年没有别居的配偶或双方都已满 28 周岁没有别居的配偶可以共同收养，除此之外不允许其他数人收养。（"法民"第 343 条、第 346 条）任何年满 28 周岁的单身人士也可以收养，已婚者也可以单独收养，但必须取得配偶的同意（配偶无法表意的除外），如果收养的是配偶的子女，收养人不受年满 28 周岁限制。（"法民"第 343-1 条）收养人的年龄应当比被收养人年长 15 周岁，收养继子女的只需年长 10 周岁。（"法民"第 343-2 条）

被收养人原则上只能是 15 周岁以下的未成年人；被收养人应当在收养人家庭中被接纳超过 6 个月；如果被收养人年满 13 周岁，需要得到本人的同意。① 能够被完全收养的未成年人有：父与母或亲属会议已经有效同意送养的儿童；国家收容的弃儿；以及根据《法国民法典》第 381-1 条和第 381-2 条确定为弃儿的。（2016 年 3 月 14 日第 2016-297 号法律②修订后的第 347 条）

未成年人已经确定亲子关系的父母作为送养人应双方同意送养，仅一方有亲权时单方同意送养即可，无有亲权的父母时亲属会议有权同意送养。（"法民"第 348-349 条）父母的同意应当依法向特定机构③作出，并且可以在作出后 2 月内按照法定程序撤回。

2. 简单收养的条件

除了被收养人的年龄限制被取消之外，简单收养的条件与完全收养基本相同。简单收养的被收养人可以是未成年人，也可以是成年人。（"法民"第 360-361 条）

2013 年 5 月 17 日第 2013-404 号法律修订了收养制度，为同性继父母的收养扫清了障碍。收养人单独完全收养了未成年人并且被收养人仅与收养人建立了亲子关系，当他（她）结婚时，其配偶可以完全收养被收养人。收养人如果单独完全收养或单独简单收养被收养人，当他（她）结婚时，其配偶可以再次简单收养被收养人。["法民"第 345-1 条第 1°款（二）、第 360 条第 3 款]

（二）收养的程序

完全收养最少应当具备两个步骤：一是安置被收养人到收养人家生活至少 6 个月，这

---

① 根据 2010 年 12 月 22 日第 2010-1609 号法律的补充，被收养人的同意与送养人的同意在形式上要求相同，并且在收养成立之前随时可以撤回。

② 2016 年 3 月 14 日由法国国民议会通过、共和国总统颁布的"关于保护儿童"的第 2016-297 号法律。

③ 参见依第 2010-1609 号法律修改后的第 348-3 条。

也算是收养人与被收养人之间的相互适应期。① 二是符合条件的安置后，经收养人申请，由大审法院在 6 个月期限内审查收养是否符合收养条件以及收养是否符合儿童的利益。大审法院宣告完全收养的判决作出后，从提交收养申请之日起产生完全收养的效力。（"法民"第 352-355 条）

简单收养的程序与完全收养相比，区别在于简单收养不需要安置，只需提出收养申请并在得到简单收养宣告后从申请之日产生收养的效力。（"法民"第 361 条）

四、当代法国收养的法律效力

（一）完全收养的法律效力

其一，完全收养在收养人与被收养人之间创造取代原始亲子关系，被收养人不再属于原始家庭（收养配偶的子女，该配偶与子女仍保持原亲子关系），但应遵守法律关于禁婚的规定。（"法民"第 356 条）其二，被收养人与收养人的近亲属之间亦产生相应的近亲属关系。（"法民"第 358 条）其三，完全收养赋予子女收养人的姓氏。（"法民"第 357 条）其四，完全收养不可撤销。（"法民"第 359 条）

（二）简单收养的法律效力

其一，简单收养也将在收养人和被收养人之间建立亲子关系，但该亲子关系并不会取代被收养人的原始亲子关系，被收养人仍留在原家庭，并保留原家庭的全部权利尤其是继承权利，其与原亲属之间禁婚的规定依然适用。（"法民"第 364 条）其二，收养人是唯一对被收养人享有全部亲权的人，收养继子女的除外。收养人和被收养人之间有相互扶养的义务，也有相互继承的权利。被收养人取得在原姓氏之前冠收养人姓氏的权利。（"法民"第 363 条、第 365 条、第 367-368 条）其三，简单收养的效力及于被收养人的子女，相互产生禁婚的效力；被收养人及其直系卑血亲享有收养人家庭中的继承权，但对收养人的直系尊血亲不享有特留份继承人资格。（"法民"第 366 条、第 368 条）其四，简单收养可以解除。（"法民"第 370 条）

五、当代法国收养的解除制度

在法国，完全收养原则上不得被解除。但有重大理由时，完全收养可以改为简单收养（被收养人年满 13 周岁的，应征得本人同意）。（"法民"第 360 条）有正当理由时，简单收养可以撤销。如果被收养人已经成年，收养人和被收养人可以提出解除的要求；如果被收养人未成年，由检察院提出解除的要求。（2016 年 3 月 14 日第 2016-297 号法律修订的第 370 条）解除的效果不溯及既往，仅向将来终止收养的一切效力，但修改的名字除外。（2011 年 12 月 13 日第 2011-1862 号法律修订的第 370-2 条）

第七节　当代法国监护制度

本节研究和阐述以下内容：一是当代法国监护制度概述；二是当代法国监护的类型；三是当代法国未成年人监护制度；四是当代法国成年人保护制度。

---

① 张民安先生称之为"预收养"。张民安：《法国民法》，清华大学出版社 2015 年版，第 249-250 页。

一、当代法国监护制度概述

在法国，成年年龄不论男性女性都是 18 周岁。针对"不在亲权保护之下"的未成年人和"经医疗认定因精神或身体官能损坏，不能表达自己的意思，无法自行保障其利益"的成年人，《法国民法典》第一卷第十编"未成年、监护与解除亲权"、第十一编"成年以及受保护的成年人"、第十二编"受监护的未成年人与成年人的概括财产的管理"规定了相应的法律保护制度，本节将在广义上将上述制度统称为"监护制度"。

值得关注的是法国成年人保护制度的改革。1968 年 1 月 3 日第 68-5 号法律《无行为能力成年人法改革》，① 取消了 1804 年民法典规定的禁治产制度，将对禁治产人的监护和浪费人的辅助制度修改为对成年人的法律保护制度，包含财产管理、司法保护和监护。法国 1968 年的改革也拉开了各国及地区对现代成年人监护制度改革浪潮的序幕。② 伴随法国人寿命的延长，成年人保护措施从过去针对病理性失能的特殊措施，可能成为针对未来需要保护的老年人的正常化措施。社会的变迁需要一个更多选择、更灵活、更多社会支持的成年人保护制度。2007 年 3 月 5 日第 2007-308 号法律"成年人法律保护改革法"③ 回应了这种社会需求。2007 年法律有两个主要目标：一是将个人置于其保护的中心，因此法律提供了更多的自主权，最重要的是尊重个人的权利和保护个人的尊严；二是力求使保护制度更具弹性，同时加强被保护人的安全。④ 2007 年法律将成年人保护制度分为法律保护（Des mesures de protection juridique des majeurs）和司法辅助保护（De la mesure d´accompagnement judiciaire），法律保护措施又包括法院保护（De la sauvegarde de justice）、财产管理（De la curatelle）、（狭义）监护（De la tutelle）、"将来保护"委托（Du mandat de protection future）。2015 年 10 月 15 日第 2015-1288 号法律创设了家庭保护成年人的新工具——"家庭授权"（De l´habilitation familiale），⑤ 作为法律保护措施的一种。法律确立了成年人保护应"尊重人的自由、基本权利与尊严"的原则；由于设立成

---

① Loi n°68-5 du 3 janvier 1968 portant réforme du droit des incapables majeurs，参见 https://www. legifrance. gouv. fr，访问日期：2018 年 4 月 15 日。

② 继法国 1968 年的改革，美国统一州法委员会自 1969 年开始制定《持续性代理权授予法》以适应成年人监护的需求，英美法系其他国家如澳大利亚于 1976 年，新西兰于 1978 年，加拿大于 1990 年陆续完成成年监护法改革。德国自 1992 年 1 月 1 日废除了禁治产，以法律上的照管代替原来的成年人监护和保佐制度。日本全面修改后的成年后见制度于 2000 年 4 月 1 日实施。我国台湾地区 2008 年 5 月 23 日通过对"民法总则"编的禁治产部分和亲属编的监护部分及其施行法等相关条文的修改案，废止禁治产，实施成年人监护制度。瑞士 2008 年修改、2013 年生效的民法典的修正案，用现代成年人保护法替代成年人监护法。韩国于 2011 年 3 月 7 日修正了《韩国民法典》，在"监护"一章增加了 32 个条文重构了该国的成年监护制度。参见孟强：《〈民法总则〉中的成年监护制度》，载《中国人民大学学报》2017 年第 4 期，第 23 页。

③ Loi n° 2007-308 du 5 mars 2007 portant réforme de la protection juridique des majeurs. 根据"成年人法律保护改革法"第 45 条第 1 款，该法于 2009 年 1 月 1 日生效，同日法国批准加入的 2000 年 1 月 13 日《成年人国际保护海牙公约》生效。David Hill，"The Hague Convention on the International Protection of adults，"*International and Comparative Law Quarterly*，Vol. 58，Issue 2（April 2009），p. 469.

④ Hugues Fulchiron，"A New Law For The Protection Of Adults，" in Bill Atkin，eds. ，*The International Survey of Family Law*，2008 Edition，Bristol :Jordan Publishing Limited，2008，pp. 105-106.

⑤ 2015 年 10 月 15 日第 2015-1288 号法律在《法国民法典》第一卷"人"的第十一编"成年与受法律保护的成年人"之第二章"对成年人的法律保护措施"中新增第六节"家庭授权"，即第 494-1 条至第 494-12 条，共 12 个条文。

年人保护是"为了受保护人的利益"及"尽可能有利于受保护人自理",新法要求成年人保护的设立应遵循必要原则、辅助原则及保护措施相称原则;[1] 新法加大了国家干预力度,明确表示对成年人的保护既是家庭的责任,也是公共行政部门的责任,除继续保留监护法官和共和国检察官探视受保护人的权利外,还要求两者对本辖区内的保护措施进行监督,担任保护任务的人应服从监护法官和共和国检察官的传召,并向其提供信息。("法民"第415条第2-4款、第416条)

二、当代法国监护的类型

按被监护人的不同区分,法国的监护可以分为对未成年人的监护和对成年人的保护。法国的成年年龄是18周岁,18周岁以下为未成年人,处于亲权之下的未成年人不设监护,依法解除亲权的未成年人不设监护人,但解除亲权的未成年人在符合条件时可以实施成年人保护措施。

监护还可以根据针对被监护人的人身还是财产,分为对人身的监护和对财产的监护,监护人可以是同时保护被监护(保护)人的人身和财产的监护人,也可以是仅负责人身监护或财产监护的监护人。("法民"第425条)在法国,即使是处于亲权之下的未成年人,对其财产的亲权也表现为"法定管理",与父母行使与人身相关的亲权不同,法律对父母的法定管理有较多的限制,监护法官在必要时甚至可以在父母的法定管理下设立监护。("法民"第382条至第387-6条)

按照监护设立的方式,未成年人监护可以分为遗嘱指定监护、亲属会议指定监护和法官指定监护;("法民"第404条、第411条)成年人的保护虽然均由法官指定,但保护人的来源包括受保护人委托的保护人,父母遗嘱指定或丧失能力前指定的保护人和法律规定的保护人。("法民"第447-450条)

按照监护人人数的多少,监护也可以分为一人监护和多人监护。除了自然人可以担任监护人外,法人也可以担任监护(保护)人。("法民"第447条、第450条、第480条)

三、当代法国未成年人监护制度

未成年人的监护制度主要规定在《法国民法典》第一卷第十编"未成年、监护及解除亲权"[2] 和第十二编"受监护的未成年人与成年人的概括财产的管理"。未成年人的监护是对儿童的保护,是一种公共性质的任务,也是家庭与公共行政部门的责任。("法民"第394条)家庭的责任体现为享有亲权的父母可以为未成年子女遗嘱指定监护人,未成年人的重大监护事务由亲属会议决议;公共行政部门的责任在体现为没有遗嘱指定监护人或亲属会议设置监护的,监护职责交由社会救助儿童的公共行政部门负担。监护法官在未成年人的监护事务中起主导作用,他(她)指定亲属会议成员并主持亲属会议,亲

---

[1] Centre for Family Law,"A Chronicle of French Family Law," in Bill Atkin, eds. , *The International Survey of Family Law* , 2015 Edition, Bristol: Jordan Publishing Limited, 2015, p. 97.

[2] 第十编的标题原为"未成年、监护及解除亲权",2007年3月5日第2007-308号法律对该编修订后标题改为"未成年与解除亲权",2015年10月15日第2015-1288号法律修订后将第十编原法定管理纳入第九编亲权后,第十编的标题又恢复为"未成年、监护及解除亲权"。

属会议表决出现僵局时监护法官的表决票起主导作用；（"法民"第400条）没有设置监护时，监护法官将监护职责交相应公共行政部门负担。（"法民"第411条）监护法官和共和国检察官对其辖区内的监护事务进行监管，监护人和其他监护机构应服从其传召并提供信息，监护法官对不服从传召的人有权依据《法国民事诉讼法典》予以处罚。（2015年10月15日第2015-1288号法律新增的第411-1条）

（一）未成年人监护的设立与终止

1. 监护的设立

由于法国有亲权制度，所以对未成年人的监护只针对父母已经去世或者均被剥夺亲权，或亲子关系尚未依法得到确立的未成年人。（"法民"第390条）但即使未成年人处于父母的法定管理下，监护法官仍然可于任何时候和因任何重要原因依职权或应亲属、检察官要求，在听取法定管理人意见后（紧急情况下可不听取），设立监护。（2015年10月15日第2015-1288号法律修订后第391条）

2. 监护的终止

监护终止的法定情形如下：未成年人被解除亲权①或成年的；监护被判决解除或者当事人死亡的。（"法民"第393条）此外，因亲子关系尚未确立而被设立监护的未成年人，后与生父母确立亲子关系的，则监护终止，代之法定管理。（"法民"第392条）

（二）监护机构

未成年人的监护机构，也称监护组织，包括监护人、亲属会议和监护监督人。下列人士不能承担监护任务，即不能担任监护人、监护监督人以及担任亲属会议的成员：未解除亲权的未成年人（但其为受监护人的父或母除外）；受法律保护的成年人；被取消行使亲权的人；依据《刑法典》第131-26条被禁止担任监护任务的人。被赋予监护职责的人无能力、懈怠、行为不轨或者欺诈舞弊的，也可取消其负担的任何监护职责；因争议或利益冲突不适合担任监护职责的，也可以取消。（"法民"第395条、第396条）

所有监护机构均应对其履职中的任何过错承担责任，即使造成损害的过错是监护法官、书记员，受害人也可以向国家提起责任诉讼。监护责任诉讼的时效是5年，从未成年人成年起算，如果其成年前已经停止财产管理，从停止之日起算。（"法民"第412-413条）

1. 监护人

（1）遗嘱指定监护人。享有亲权的父母中后去世的一方有通过遗嘱或在公证人前作出特别声明的方式选任监护人的权利。除非未成年人利益要求排除遗嘱指定，否则该指定对亲属会议具有拘束力。遗嘱指定的监护人可以是血亲也可以不是，被指定的监护人并无义务接受监护职责。（"法民"第403条）

（2）亲属会议指定监护人。如果被指定的监护人拒绝或停止履行监护职责，监护人则由亲属会议另行指定。亲属会议可以根据未成年人的具体情况指定一名或数名监护人，也可以分别指定负责人身保护的监护人和负责管理财产的监护人分别行使监护权，甚至可以将特定财产交由一位助理监护人管理。（"法民"第404条、第405条）

---

① "法民"第413-1条至第413-8条规定了解除亲权的原因和效力，未成年人结婚当然解除亲权，已满16周岁的未成年人符合法定条件的也可以解除亲权。

（3）法官指定监护人。没有按照上述方法设置监护的，监护法官将监护职责交由社会救助儿童方面有管辖权限的公共行政部门负担。在此情况下监护不设监护监督人和亲属会议。（"法民"第 411 条）

2. 亲属会议

除监护法官指定监护之外，未成年人监护均应设立亲属会议。亲属会议是监护机构中的权力机构，决定法律规定的或者是重大的监护事务。在法官的主持下，亲属会议的审议决定由其成员通过投票表决作出。亲属会议成员（包括监护人和监护监督人）不少于 4 人，由法官在未成年人父母的血亲、姻亲以及居住在法国或国外的对未成年人表示关注的人中指定。法官在指定亲属会议成员时应考虑的因素包括：未成年人的利益，受任人与未成年人父或母平常的关系，他们的能力，与未成年人维系的情感联系及是否有时间；同时法官应尽量避免父系或母系没有代表的情形。（"法民"第 399 条）

亲属会议的职责包括：在考虑未成年人父母原已表达意愿的基础上处理并决定有关未成年人生活与教育的一般条件，也可以评价给予监护人的报酬，以及作出各项决议和给予监护人所需之各项批准。亲属会议的决议在欺诈或舞弊的情况下作出，或实质手续遗漏的，所做决定无效。（"法民"第 401-402 条）

3. 监护监督人

监护监督人是亲属会议从其成员中任命的监督监护任务实施的人。如果监护人是父系的亲属，那么监护监督人应尽量从母系亲属中挑选，反之亦然。监护监督人对监护人订立的契约进行监督，在未成年人的利益与监护人相抵触时，代表未成年人；当其发现监护人的监护行为有过错时应立刻向监护法官报告，否则，其需承担相应责任；监护人停止职务时，监护监督人应主动提议任命新的监护人，否则同样承担责任。（"法民"第 409-410 条）

（三）监护职责

1. 人身监护职责

监护人受指定任职的期间，与监护延续的时间相同。监护人应关注未成年人的人身，在所有的民事生活行为中代理未成年人，但法律或习惯准许未成年人本人实施的行为除外。监护人在法院代表未成年人，但只有得到亲属会议批准或依其指令才能在法院起诉时应诉，以主张非财产性的权利。（"法民"第 408 条）

2. 财产监护职责

监护人管理未成年人的财产时是被监护人的代理人，监护人应唯一为了被监护人的利益，对财产管理给予尽心尽力、谨慎而周密的照管。（"法民"第 496 条）监护人设立后应及时盘点未成年人的财产，并将盘点账册转送法官，监护期间监护人应及时更新盘点账册。监护人每年均应对其的管理制作账目并附必要证明材料，每年向初审法院首席书记员送交其管理账目和证据以便其审核，书记员拒绝批准账目时，由监护法官对账目是否符合规范作出审理裁判。但如果被监护人的收入和财产很少，法官可以免除监护人制作账目提交审核的义务。监护终止时，监护人均应制作设立监护以来全部活动的管理账目并提交审核。（"法民"第 510-514 条）法律将监护人的财产管理行为分为三种：一是"监护人无须批准即可实施的行为"（如盘点、保全行为）；二是"监护人需经批准才能实施的行为"（如处分、分割、放弃遗产继承等）；三是"监护人不得实施的行为"

（如无偿处置、从第三人处取得对未成年人的权利、代表未成年人经商或自由职业、购买未成年人的财产或取得其财产租赁权、将未成年人财产转移至交付托管的概括财产之内）。（"法民"第 503-509 条）

四、当代法国成年人保护制度

（一）成年人保护的设立与终止

法国的成年人保护包括法律保护和司法辅助保护，[①] 前者包括法院保护、财产管理、（狭义）监护、"将来保护"委托和家庭授权。不同的保护措施有不同的设立和终止条件，下文将分别介绍。

1. 法律保护的设立与终止

《法国民法典》第 425 条规定，"凡是经医疗认定因精神或身体官能损坏，不能表达自己的意思，（或）无法自行保障其利益的成年人，均有权获得法律保护"。有权提出实行保护措施申请的人是有必要给予其保护的人，或者是与其共同生活的配偶（或订立紧密关系民事协议的伙伴、非婚同居的伴侣），也可以是其亲属或与其保持紧密而稳定关系的人，或者具体实施法律保护措施的人，或者是共和国检察官。提交申请时必须提交共和国检察官制定名册中的医师出具的证明。法官在听取当事人意见（特殊情况不宜或不必听取当事人意见的除外）后审理裁判决定实施法律保护，法官在命令实施时需确保法律保护措施是必要的，在其他辅助保护措施都不能满足的情况下才能采取，并且限制措施较少的保护措施或当事人订立有"将来保护"委托协议的优先。（"法民"第 428-432 条）关于法律保护措施的终止，一是法律保护期限届满未被延长的；二是受保护人死亡或法官取消法律保护措施的。

（1）法院保护。满足该法典第 425 条规定的原因之一，需要暂时受到法律保护或者需要有人代理完成某些确定行为的人，法官可以决定对其实行法院保护。由法院保护的成年人保留行使其权利，但依法已为其制定专门代理人的行为除外。在法院保护期间受保护人订立的契约或承担的义务得因"显失公平、受到损害"而取消或减轻义务。法院保护措施的时间不超过 1 年，可以依法延展一次。法院在需要暂时保护原因消失时可以取消保护。保护措施到期，命令实施的行为完成，法官取消法院保护，以及实施财产管理或监护措施的，均导致法院保护终止。（"法民"第 433-439 条）

（2）财产管理。满足该法典第 425 条规定的原因之一，但并非完全不能自行实施行为，在民事生活的重大活动中需要持续得到他人指导和监督的人，实行法院保护不能确保给予充分保护时，可以实行财产管理。实行财产管理的时间由法官确定，不超过 5 年，法官可以延长财产管理相同的时间。如果根据现有资料判断受保护当事人的个人能力显然不可能得到改善时，法官可依据医师意见，以特别说明理由之决定延长实施财产管理措施更长的时间，但不能超过 20 年。财产管理措施到期没有延长，或者当事人死亡，财产管理即告终止。

（3）监护。满足该法典第 425 条规定的原因之一，在民事生活行为中需要持续由他

---

① 成年人的"保护"法语为"protégés par la loi"，有依法保护的意思，而成年人的"法律保护"法语为"protection juridique"，成年人的"司法辅助保护"法语为"d'accompagnement judiciaire"。

人代理的人，实行法院保护和财产管理不能确保给予充分保护时，才能实行监护。实行监护的时间由法官确定，一般不超过 5 年，但法官可以根据医师意见，以特别说明理由之决定确定监护时间不超过 10 年。① 法官可以延长监护相同的时间。如果根据现有资料判断受保护当事人的个人能力显然不可能得到改善时，法官可依据医师意见，以特别说明理由之决定延长实施监护措施更长的时间，但不能超过 20 年。监护措施到期没有延长，或者当事人死亡，监护即告终止。

（4）"将来保护"委托②。任何没有受到监护和家庭授权的成年人，均可用一份委托书委托一人或数人在其处于《法国民法典》第 425 条所指的情形之一而不再能维护本人利益时为其代理人。财产受管理之人在其管理人的协助下，也可订立"将来保护"委托书。"将来保护"委托从认定委托人不再能够自行维护其利益时开始生效。父母亦可通过公证书的形式指定一人或数人在其因第 425 条所指原因之一不再能维护自己利益时作为其子女的代理人，该指定在其死亡或无力关照当事人之日起生效。（"法民"第 477 条、第 481 条）已经开始执行的委托因下列原因终止：当事人恢复个人能力；受保护人死亡或对其实行财产管理或监护；委托代理人死亡、实施保护措施或个人破产；监护法官基于被保护人利益宣告解除委托。（"法民"第 483 条）

（5）家庭授权。家庭授权是 2015 年 10 月 15 日的法律创设的成年人保护措施，回应了《法国民法典》第 415 条第 4 款，对成年人的保护"是家庭的责任，也是公共行政部门的责任"。家庭授权措施强调了家庭对成年人的保护责任。③ 自然人因民法典第 425 条规定的情形之一而处于不能表意的状况，根据该人的直系亲属、兄弟姐妹、共同生活的伴侣（配偶、紧密关系民事协议关系伴侣和非婚同居伴侣）或检察官的申请，为确保该人的利益，法官经调查后可以授权上述亲属和共同生活伴侣中的一人或数人，依法代理该人行为或批准某行为。被授权的人在法官授权范围内履行监护的职责，但受保护的成年人并不因此丧失行为能力。法官应确保家庭授权是必要的，只能在婚姻制度中的代理以及"将来保护"委托都不能确保被保护人利益时方可授权。而且授权的前提是上述所有人都同意由受保护人的一位近亲属或伴侣来担任保护人的合意，或者是在缺乏合意的

① 2007 年法律将实施监护措施的期限与实施财产管理的期间一样设置为 5 年，且只能延长相同的时间。立法本意是保护被监护人的利益，但 5 年时限对于监护而言较短，与实际生活状况并不匹配，2015 年法律将监护措施实施期限修改为不超过 10 年，延长期限不超过 20 年。

② 进一步了解该制度的细节可参见［法］玛丽-塞西尔·福尔盖尔、娜塔莉·勒维兰：《未来保护委托协议与公证实践》，载李贝编译：《法国家事法研究文集——婚姻家庭、夫妻财产制与继承》，人民法院出版社 2019 年版，第 246-281 页。

③ 2015 年之前《法国民法典》只有配偶的司法授权制度，在配偶一方无法表达自己的意思时，另一方可请求法官授权自己有一般地或就特定个别行为代理该方因行使依婚姻财产制而产生的权利。（"法民"第 219 条）这项制度并非专门的成年人保护制度，而是因婚姻而产生的法律效力之一。2015 年 10 月 15 日后，授权对象扩展到所有模式的同居者，以及受保护成年人的直系亲属和兄弟姐妹。不仅如此，家庭授权不是配偶司法授权的简单延伸，家庭授权措施赋予该家庭成员的权利超过《法国民法典》第 219 条赋予的权利，家庭授权是将来保护和监护的混合——从将来保护委托中借用其责任制度及确立保留受保护人法律行为能力的原则，家庭授权的其余部分则更像监护。参见 Centre for Family Law at Jean Moulin University Lyon, "A Chronicle of French Family Law," in Bill Atkin, eds., *The International Survey of Family Law*, 2016 Edition, Bristol: Jordan Publishing, 2016, pp. 201-202。

情况下与受保护人有紧密稳定关系的人没有明确反对意见。[①] 家庭授权的期限一般不超过10年，符合条件的可以相同期限延期，但如果根据现有资料判断受保护当事人的个人能力显然不可能得到改善时，法官可依据医师意见，以特别说明理由之决定延长实施家庭授权更长的时间，但不能超过20年。除受保护人死亡外，下列情况家庭授权终止：受保护人被实行财产管理或监护措施的；法官依法解除家庭授权的；固定期限授权的，期限届满没有延期；授权代理完成某行为，该行为已经完成。（"法民"第494-1条至第494-11条）

2. 司法辅助保护的设立与终止

为了解决法国部分人口的贫困和过度负债的问题，司法辅助保护成为向社会援助形式提供法律支助和资助的一种方式。[②] 当依据《社会与家庭行动法典》相关措施并不能使成年人对其获得的社会性补助费进行妥善管理，并且其健康或安全因此受到影响时，为恢复当事人在管理其社会性补偿金收入方面的自主能力，仅在共和国检察官的要求下，监护法官可以命令实行司法辅助保护措施。实行司法辅助保护措施应是必要的，已经实行法律保护措施的就不再实行司法辅助保护措施。司法辅助保护措施的时间由法官确定，但不超过2年。法官可依法延长该措施的期限，但总时间不超过4年。（"法民"第495条、第495-1条、第495-2条和第495-8条）

（二）保护机构

1. 司法委托代理人

司法委托代理人（mandataire judiciaire）是指《社会与家庭行动法典》第471-2条所指名册上登记的保护成年人的自然人或法人。（"法民"第450条）司法委托代理人根据监护法官的特定授权，执行法院保护、财产管理、监护、司法辅助保护等成年人法律保护措施。[③] 其中司法辅助保护措施仅能由司法委托代理人执行。（"法民"第495-6条）与其他执行保护措施的人不同，司法委托代理人实施保护措施有权取得报酬，其执行措施所需经费由受保护人负担，不能全额负担的部分，由公共行政部门负担。除了许可的收入，司法委托代理人不得收取与其保护任务有关联的任何资金利益。明显不履行职责的司法委托代理人，监护法官可向共和国检察官请求将其从上述名册除名。（"法民"第417条、第419条、第420条）

2. 财产管理人和监护人

财产管理人和监护人由法官指定。法官指定财产管理人和监护人时应优先考虑受保护人有效的事先指定，或者其父母有效的事先指定，如果被指定的人拒绝担任或不能担任或为了受保护人的利益需要排除，由法官指定与受保护人共同生活的伴侣——包括配偶、紧密关系民事协议关系伴侣和非婚同居伴侣——担任财产管理人或监护人。没有共同生活伴侣可以担任的，法官在受保护人的血亲、姻亲、与其住在一起的人或者保持紧

---

① ［法］梅拉妮·贝索：《家庭特许监护制度介绍》，载李贝编译：《法国家事法研究文集——婚姻家庭、夫妻财产制与继承》，人民法院出版社2019年版，第150-152页。

② Hugues Fulchiron, "A New Law For The Protection Of Adults," in Bill Atkin, eds., *The International Survey of Family Law*, 2008 Edition, Bristol：Jordan Publishing Limited, 2008, p. 106.

③ 参见 *Code de l'action sociale et des familles*, Article 472-1（《社会与家庭行动法典》第471-1条）。资料来源：https://www.legifrance.gouv.fr，访问日期：2018年2月21日。

密而稳定关系的人中指定。如果没有上述家庭成员或近亲属可以担任，法官将指定司法委托代理人担任。（"法民"第448–450条）

下列人员不能担任特定人的财产管理人和监护人：治疗职业与医药职业的成员，以及医疗辅助人员①不得担任病人的财产管理人和监护人；财产托管合同指定的受托人不得担任财产托管人的财产管理人和监护人。除受保护人的配偶、紧密关系民事协议伙伴、子女以及司法委托代理人外，任何人都没有义务连续担任财产管理或监护任务超过5年时间。（"法民"第445条、第453条）

3. 财产管理监督人和监护监督人

实施财产管理或监护措施的，如果设置了亲属会议，法官可以在必要时指定财产管理监督人或监护监督人。如果财产管理人或监护人是受保护人一亲系中的血亲或姻亲，应尽量从另一亲系选任财产管理监督人或监护监督人，如没有近亲属或家庭成员能担任的，法官可以指定司法委托代理人来担任财产管理监督人或监护监督人。其职责是对财产管理人或监护人实施的各项行为实行监督，并且在确认财产管理人或监护人有过错时及时报告法官，否则需要承担责任。当财产管理人或监护人与受保护人利益冲突，或者不能为受保护人提供协助，或因其任务的限制不能为受保护人利益采取行动时，财产管理监督人或监护监督人根据情况协助或代理受保护人。② 财产管理人或监护人在实施任何重大行为之前，应当通知监督人并听取其意见。（"法民"第454条）

4. 受保护成年人的亲属会议

在对当事人人身保护有此必要，或财产的组成有此要求，且受保护人的家庭及其亲属成员组成有此条件，法官在组织监护时得设置亲属会议。法官指定亲属会议成员时应考虑受保护人的意愿，其个人关系，对其给予关注程度及其亲属的嘱托。有关未成年人的亲属会议的规则，亦适用于成年人，但法律另有规定的除外。亲属会议的职责是指定监护人和监护监督人，以及指定专门的监护人。（"法民"第456条）

5. "将来保护"委托的受托人

"将来保护"委托的受托人可以是委托人选任的任何自然人，也可以是司法委托代理人名册上登记的任何法人。受托人在执行委托任务期间均应享有民事能力，并应具备民法典规定的担任监护人和负担监护职责的相应条件。③（"法民"第480条）

6. 家庭授权的受托人

法官可以在受保护人的直系亲属、兄弟姐妹、共同生活的伴侣（配偶、紧密关系民事协议关系伴侣和非婚同居伴侣）中授权一人或数人担任受托人，代埋受保护人从事某些行为，受托人无偿地履行监护人的职责。（"法民"第494–1条）

（三）保护人的职责

根据《法国民法典》第425–427条对成年人法律保护措施的一般规定，所有法律保护措施都应遵守如下规则：对成年人实施法律保护措施，既保护其人身利益，也是保护其财产利益，但可明文限制为上述之一种任务。受保护人的住房以及住房内的家具均应

---

① 2008年8月4日第2008–776号法律修订后增加"医疗辅助人员"。

② 发生上述情况但没有设置财产管理监督人或监护监督人，财产管理人或监护人得请求法官或亲属会议任命一名专门的财产管理人或专门的监护人。参见"法民"第455条。

③ "法民"第395条及第445条最后一款。

保留给受保护人支配，如有相反处置，该处置行为必须得到监护法官或亲属会议的批准，如果想让某机构接纳受保护人，还需要检察官制定名册上登记的医师出具意见。而受保护人的纪念物品，个人物品、残疾人所必需物品或用于病人护理的物品，在任何情况下均应保留给受保护人使用。负责执行保护措施的人不得变更以受保护人的名义设置的账户或簿册，也不得在有权接纳公众资金的机构另设账户或账册。如为受保护人利益有此要求，则需监护法官或亲属会议批准。

1. 法院保护

设立法院保护本是为了对受保护人提供暂时法律保护或确定有人代理完成某些确定的行为，因此法院保护的内容有两项：其一是法院指定的专门委托代理人负责实施因受保护人的财产管理而必要的某项或多项确定的行为，专门委托代理人也可被赋予保护受保护人人身的任务；其二是在法院保护措施实施期间，受保护人仍然有行为能力，但赋予受保护人对在此期间订立的契约或缔结的义务有通过诉讼撤销或减少义务的权利。（"法民"第433-439条）

2. 财产管理

财产管理人为受保护人的民事生活的重大活动提供持续指导和监督。（1）财产管理人的人身保护职责包括：①告知义务，即财产管理人应根据受保护人的状况告知其个人状况、需实施哪些行为及行为的好处、紧急程度与效果、拒绝实施这些行为将产生的后果；②具有严格人身性质非经本人同意不得实施的行为不能协助，包括申报子女出生、认领、为子女选择姓氏以及对其本人及子女的送养；③非紧急情况，未经法官或亲属会议批准，不得协助受保护人作出可能严重损及受保护人身体完整性或生活隐私的决定；④受保护人有权自行选择居所地，自由保持与任何第三人的个人关系，有权接受探视甚至可由第三人留宿；⑤受保护人结婚需提前告知财产管理人；如果没有财产管理人协助，受保护人不得订立紧密关系民事协议。（"法民"第457-1条至第461条）[①]（2）财产管理人的财产保护职责包括：①财产管理人应协助受保护人实施在监护情况下须经法官或亲属会议批准的行为；[②]②协助受保护人的财产托管行为，协助受保护人在法院起诉或应诉；③财产管理人不得代理受保护人，如其确认受保护人已严重危及自身利益可请求法官批准其单独完成某行为或主动提请设置监护；④受保护人可以自由订立遗嘱，但涉及遗赠的行为须由财产管理人协助；⑤经法官命令，财产管理人可实行强化的财产管理，财产管理人有权单独受领应归入受保护人名义账户的收入并自行保障结清费用开支后将剩余存入受保护人账户。（"法民"第467-472条）

3. 监护

监护人为受保护人的民事生活行为提供持续代理。（1）监护人的人身保护职责包括：①告知义务，即监护人应根据受保护人的状况告知其个人状况、需实施哪些行为及行为的好处、紧急程度与效果、拒绝实施这些行为将产生的后果；②具有严格人身性质非经本人同意不得实施的行为不能代理，包括申报子女出生、认领、为子女选择姓氏以及对

---

① 2019年修法之前，法典规定如果没有财产管理人或监护法官批准，受保护的人不得结婚。但2019年3月23日的第2019-222号法令取消或缓和了这些限制。

② 监护人需经批准才能实施的行为，参见"法民"第505-508条。

其本人及子女的送养；③非紧急情况，未经法官或亲属会议批准，不得代理受保护人作出可能严重损及受保护人身体完整性或生活隐私的决定；④受保护人有权自行选择居所地，自由保持与任何第三人的个人关系，有权接受探视甚至可由第三人留宿；⑤受监护人结婚需提前告知监护人；如果没有监护人协助，受保护人不得订立紧密关系民事协议。（"法民"第 457-1 条至第 459-2 条、第 462 条）①（2）监护人的财产保护职责包括：①除法律和习惯上准许受监护人自行完成的行为外，监护人代理受监护人的所有民事行为；②监护人管理受监护人的概括财产，② 为管理实施的必要行为中监护人代理受监护人；③监护人在法院代理受监护人，但对受监护人的非财产权利，只有经法官或亲属会议批准，监护人才能在法院起诉应诉；④经法官或亲属会议批准，监护人协助或在必要时代理受监护人进行赠与；⑤受监护人只能在法院或亲属会议批准后才能单独订立遗嘱，对此行为，监护人既不能协助也不能代理。（"法民"第 473-476 条）

4. "将来保护"委托

"将来保护"委托除受第一卷第十一编"成年与受法律保护的成年人"的调整外，也受第三卷第十三编"委托"的调整。受托人在委托人不再能够自行维护其利益时，成为委托人的代理人。委托事项一般与财产保护有关，如果委托事项扩张至对人身保护时，受托人的权限受《法国民法典》第 457-1 条至第 459-2 条限制。负责管理受保护人财产的委托代理人，在开始实施管理时应对财产进行盘点，之后每年均应指定其管理账目，并按委托书规定的方式进行审核，法官在任何阶段均有权派人审核。授权到期后 5 年内，受托人应将受保护人的财产盘点清册等继续管理或清算的必要材料交给接替管理人或受保护人或其继承人。根据委托书是经公证还是私署制作的不同，受托人的权限也有不同。经公证的委托书确定的受托人有权单独或经批准即可完成的财产性质的行为，经法官批准还可实施无偿处分行为。而经私署委托书确定的受托人，就财产管理而言仅限于一个监护人不经批准而可以完成的行为。（"法民"第 478-493 条）

5. 家庭授权

根据《法国民法典》2016 年 11 月 18 日新增的第 494-1 条的规定，经法官指定的被授权人的职责是监护人所应承担的职责，包括一名监护人有权单独或经批准即可完成的财产性质的行为，经法官批准还可实施无偿处分行为；授权事项扩张至对人身保护时，被授权人受《法国民法典》第 457-1 条至第 459-2 条限制。（"法民"第 494-6 条）

6. 司法辅助保护

为成年人设立司法辅助保护的目的是妥善管理该人应获得的社会性补助费，并恢复当事人在相关管理方面的自主能力。（"法民"第 495 条第 1 款）司法委托代理人将受领包括在司法辅助保护之内的各项补助给付，并存入以受保护人名义开立的账户；司法委托代理人将为当事人的利益并考虑其本人意见及家庭状况，负责管理这些补助性给

---

① 2019 年修法之前，法典规定监护人无权批准受保护人结婚或订立紧密关系民事协议，受监护人的上述行为需要在听取拟结婚或拟缔约对方的意见说明以及其亲属或近亲属意见后，经监护法官或亲属会议批准方可进行。2019 年法律除修改了被监护人结婚的能力之外，对离婚的能力也作出了更自主性的修改。参见"法民"第 248-1 条至第 249-4 条的规定。

② 概括财产是指受监护人的财产整体，监护人对概括财产的管理规定在《法国民法典》第一卷第十二编"受监护的未成年人与成年人的概括财产的管理"之中，即第 496-515 条。

付；司法委托代理人对当事人应采取教育措施以恢复其自行管理的条件。（"法民"第495-7条）

（四）保护人责任

所有保护组织均应对其在履行职责中的任何过错承担责任。但除强化的财产管理外，财产管理人和财产管理监督人仅在其有欺诈或严重过错的情况下对经其协助完成的行为承担责任。如果损害系监护法官等对监护的组织和运作造成，或司法委托代理人过错造成的，受保护人或曾受保护人或其继承人则可针对国家提出责任诉讼。追究责任之诉讼，时效为5年，自保护措施终止起算，即使财产的管理一直延续至此后；但财产管理因实施监护而终止的，时效期间仅自监护终止起算。对于"将来保护"的受托人，以及家庭授权的被授权人，则按《法国民法典》第1992条①对其履行的委托任务承担责任。（"法民"第421-424条）

第八节　当代法国离婚制度

本节研究和阐述以下内容：一是当代法国离婚制度概述；二是当代法国别居制度；三是当代法国离婚的条件和程序；四是当代法国离婚的法律后果。

一、当代法国离婚制度概述

法国旧政权统治时期，高卢教会（1870年前的法国天主教会）和政府共同奉行罗马天主教关于婚姻不可解除的教义，但分居是被允许的。到18世纪，法国出现了大量谴责婚姻不可解除原则以及呼吁准许离婚的文章，离婚被认为对社会有三大功能：增加人口、重整道德和增进家庭的幸福与和谐。② 从外部环境看，当时欧洲各新教国家都允许离婚。改变发生在1789年的法国大革命之后，在婚姻世俗化的过程中，天主教会不再掌握民众的婚姻事宜。1792年9月20日，法国国民公会颁布了比邻国都更开放的离婚法，废除了分居制度，允许双方共同同意离婚、性格不合一方提出离婚以及符合法定过错或障碍的离婚。不过，因近代法国频繁的政权更迭，其离婚制度也经历了近百年的反复。1804年的《法国民法典》虽然保留了离婚制度，但离婚的条件非常苛刻，正如起草者所言，"承认离婚，并不是想反对宗教不可分离的教义，也不是打算确定一个良心的界限。他们只是猜测已存在的，以及还在破坏这个世界的最暴力的情绪，可以毁灭夫妻之间的和谐；他们猜测过分的行为可以如此的严重，以致夫妻的共同生活无法支撑下去。所以，立法者关注婚姻的平静、安宁以及目前的幸福，避免罔顾一切迫使夫妻互相不分开的情形。"③ 波旁王朝复辟时期天主教重新成为国教，1816年的法律完全废止了离婚，当时法律委员会的一位成员就此评论："在法国，二十年来，男人们已经制定了像他们自身一样软弱而

---

① "法民"第1992条规定，"受委托人不仅应对其欺诈行为承担责任，而且应对其在管理中的过错负责。但是涉及过错引起的责任时，无偿委托的受托人的责任轻于收受薪金的受托人的责任"。

② ［加］罗德里克·菲利普斯：《分道扬镳——离婚简史》，李公昭译，中国对外翻译出版公司1998年版，第71-73页。

③ ［法］特隆歇、波塔利斯、普雷亚梅纽、马勒维：《法国民法典开篇：法典起草委员会在国会就民法典草案的演讲》，殷喆、袁菁译，载何勤华主编：《20世纪外国民商法的变革》，法律出版社2004年版，第19页。

转瞬即逝的法律。现在让我们最终建立那些使人遵守而不是由人制定的永恒的法律。"①
这一"永恒的法律"持续到了 1884 年，法兰西第三共和国恢复了离婚制度，这是一个排
除协议离婚的，带有明显惩罚性和制裁性的离婚制度。② 1884 年的离婚"制裁"法经过
了 92 年之后，在 20 世纪 70 年代欧洲离婚法改革大潮之中，被 1975 年 7 月 11 日第 75-
617 号法律修改。该法许可法官在夫妻双方相互同意离婚、共同生活破裂和因可归咎于他
方的过错的情形下宣判离婚。③ 1975 年的法律承认了破裂主义——离婚是对已经破裂婚姻
的确认，但法律并没有放弃过错主义，虽然离婚已经不再是对过错一方的制裁和惩罚了。
30 年后，2004 年 5 月 26 日第 2004-439 号法律再次重塑了法国离婚法，该法于次年 1 月
1 日生效。2004 年离婚法改革起因于 20 世纪 90 年代对离婚法改革的呼吁，人们认为离婚
程序过于复杂、旷日持久且成本高昂，应当对其进行改革以适应新的社会发展。2004 年，
立法机关决定在保持 1975 年离婚法确定的离婚的司法性质和理由多样性基础上改革离婚
法，"试图以简化离婚程序来使离婚法现代化，通过给予配偶更多的协议来平息冲突并促
进调解，为避免夫妻被长期囚禁在一起而合并且加速财产清算"。④ 2004 年离婚法构成法
国现行离婚制度的基础，依然坚持了离婚的司法性质，离婚需经诉讼程序和法官宣告。
不过 2016 年 11 月 18 日第 2016-1547 号法律⑤首次承认了非司法途径的离婚，符合条件时
配偶可以在律师的协助下以私署文书的形式签订离婚协议，并通过将离婚协议存放于公
证人处使离婚生效。（"法民"第 229-1 条至第 229-4 条）

法国现行离婚制度主要被规定在《法国民法典》第一卷第六编，包括五章，分别是
离婚的各种情形、离婚诉讼程序、离婚的后果、别居和有关离婚与别居的法律冲突。但
父母离婚对子女的后果则规定在第一卷第九编第一章与子女人身相关的亲权之中。自
2017 年 1 月 1 日起，根据《法国民法典》第 229 条的规定，离婚分为司法离婚和非司法
的协议离婚两种类型。司法离婚也分为双方同意的离婚和一方提出的离婚，对于一方提
出的有争议的离婚，是否宣判离婚以破裂主义为立法原则，但同时保留了已弱化的过错
原则。在离婚的法律后果中废除了"离婚后的救助义务"，同时相应完善了离婚补偿性给
付制度。不打算直接离婚的配偶可以向法院提出别居（不解除婚姻但终止同居义务）的
请求，但在离婚之诉与别居之诉同时提起时，法官将首先审查离婚之诉，满足条件的宣
告离婚；不宣告离婚时才对别居之诉作出审理裁判。如果配偶别居时间已达 2 年，应一方
配偶请求，别居判决当然转为离婚判决。

①　Mary Ann Glendon, "The French Divorce Reform Law of 1976, "*The American Journal of Comparative Law*, Vol. 24, 1976, p.200.

②　1884 年法国离婚法案排除了夫妻双方协议离婚的规则，离婚事由只有通奸、夫妻某方受到严重刑事处罚以及虐待等，即因夫妻一方有严重过错。参见［苏联］O. A. 哈卓娃：《资本主义国家的离婚法》，傅长禄译，载《国外法学》1980 年第 5 期，第 61 页。

③　1975 年法修改后的"法民"第 229 条。

④　Hugues Fulchiron, "The New French Divorce Law," in Andrew Bainham, eds. , *The International Survey of Family Law*, 2005 Edition, Bristol：Jordan Publishing Limited, 2005, p.242.

⑤　2016 年 11 月 18 日 21 世纪司法现代化的第 2016-1547 号法律（LOI n° 2016-1547 du 18 novembre 2016 de modernisation de la justice du XXIe siècle），来源 https：//www. legifrance. gouv. fr/。

二、当代法国别居制度

在法国，别居制度与离婚制度并行。离婚会解除婚姻，但别居不会，法国法上的别居是法院依配偶申请而宣告免除配偶同居义务的制度。（"法民"第296条、第299条）别居与《法国民法典》第515-11条第3项①的法官决定配偶（伴侣）单独居住不同，后者是因家庭暴力的发生，法官向受害人发出保护令，并确定配偶一方（通常是受害人）单独居住于家庭住所。单独居住的保护令目的是保护受害人免受家庭暴力的侵害，并不产生分别财产等别居才有的法律后果。

（一）别居的条件和程序

配偶一方按照与司法离婚相同的情况和条件提出别居的请求，法院可以宣告配偶别居，即配偶就免除同居义务达成一致意见，可共同诉请别居；一方提出别居的申请，另一方同意的，一方或双方共同诉请别居；配偶关系变坏已无可挽回时，一方诉请别居；因配偶一方的过错致使继续维持共同生活无法容忍时，另一方得诉请别居。根据《法国民法典》第298条，诉请别居程序与离婚诉讼程序相同，具体参见下文"三、当代法国离婚的条件和程序"之相关内容，此处不予赘述。

（二）别居的法律后果

别居最基本的后果是终止同居义务，而同居义务是婚姻的重要效力之一。（"法民"第215条）同时终止的还有共同财产状态，别居将引起分别财产。（"法民"第302条）但别居的双方依然保留使用对方姓氏的权利（判决禁止使用的除外），保留健在配偶的权利（该继承的权利可以在别居协议中放弃），配偶间的救助义务也依然存在。（"法民"第300条、第301条、第303条）别居的父母在与其未成年子女的关系上受第一卷第九编第一章的调整，具体参见下文"四、当代法国离婚的法律后果"，此处不予赘述。

（三）别居的终止

别居的终止有三种原因。其一是因配偶双方自愿恢复共同生活而终止别居；其二是别居时间持续超过2年，应一方配偶请求，别居判决当然转为离婚判决；其三是配偶双方共同诉请别居的，双方提出新的共同申请法官即可将别居转为离婚。对于转为离婚的，离婚的后果由法官确定，配偶之间的给付与扶养金依照离婚的规则确定。（"法民"第305-308条）

三、当代法国离婚的条件和程序

在法国，根据离婚是否经过法院诉讼程序，可将现行离婚的条件和程序可分为两种：一是非司法协议离婚的条件和程序；二是司法离婚的条件和程序。

（一）非司法协议离婚的条件和程序

不通过法院裁判即可协议离婚，这也是法国持续半个多世纪的司法现代化改革的成果，在"迅速""简化"的目标下，② 2016年11月18日"关于21世纪司法现代化"第2016-1547号法律终于将部分符合条件的离婚案件划出司法程序。非司法协议离婚是两愿

---

① 由2014年8月4日关于男女平等的第2014-873号法律修订。
② 吴杰：《法国民事诉讼改革概观》，载《河北法学》2002年第2期，第133-134页。

离婚的一种，《法国民法典》第 229 条新增的第 1 款确定了非司法协议离婚。2016 年新增第 229-1 条至第 229-4 条规定了非司法协议离婚的条件和程序。

1. 非司法协议离婚的条件

（1）配偶双方已就婚姻的破裂及其后果达成一致意见。

（2）有以下两种情形不能非司法协议离婚：一是未成年子女根据《法国民法典》第 388-1 条在由其父母告知其有权要求法官听取其意见后，向法官提出听取自己意见的需求；二是一方配偶处于民法典第一卷第十一编第二章规定的对成年人的法律保护措施中。

（3）离婚协议中对离婚及其后果的同意不能是推定的，所以离婚协议应包含第 229-3 条第 1-6 项的内容，包括配偶的详细信息、律师的详细信息、明确同意离婚和离婚后果的意见、清算等。

2. 非司法协议离婚的程序

（1）配偶双方各自在律师的协助下通过私署文书的形式达成一项离婚协议。

（2）律师应将协议草案以挂号信的形式送达给配偶双方，从收到回执的日期起 15 日的考虑期内不能签署协议，2017 年 1 月 26 日的通报提倡配偶双方应该在双方都在场的情况下在离婚协议上签字。① 协议在其签署之日具有约束力；未能签署的，该协议无效。

（3）离婚协议应在签署后的 7 日之内提交于公证员处（《法国民事诉讼法典》第 1146 条第 1 款），并由其检查是否符合第 229-3 条第 1-6 项的正式要求，并确保协议的签署符合 15 天考虑期的规定。存放协议的行为赋予离婚协议在其生效日期内生效并取得可执行性。

（4）公证员为双方当事人各出具一份离婚协议存档证明，双方可以依据该证明在户籍登记簿上载明离婚事项，也可以用于向第三人证明双方离婚的事实。

（二）司法离婚的条件和程序

法国的司法离婚可以分为两类：一类是共同同意的离婚，即两愿诉讼离婚；另一类是有争议的离婚，包括接受离婚、婚姻关系变坏无可挽回以及因过错离婚。

1. 司法离婚的条件

（1）两愿诉讼离婚的条件。配偶双方已就婚姻的破裂及其后果达成一致意见。但未成年子女向法官提出听取自己意见的需求时，配偶双方可以提交法官批准一项关于处理离婚后果的协议，共同请求离婚。如果法官确信每一位配偶的意愿是真实的，并且他们的同意是自由和理性的，可以批准该协议并宣布离婚。如果法官认为协议没有充分保障未成年子女和配偶一方的利益，也可以拒绝批准，不宣告离婚。（"法民"第 230 条、第 232 条）

（2）有争议的离婚之条件。

第一，接受离婚的条件。配偶双方都接受其婚姻中断的原则而不考虑导致婚姻破裂的原因，② 且配偶双方无法就离婚后果达成协议，在此情形下任一方或双方均可诉请离婚；法官确信配偶双方均属自由地表示同意离婚，即宣告离婚并对离婚的后果作出审理

---

① 具体项目内容可以参见［法］科琳·雷诺-布拉尹思吉：《法国家庭法精要》，石雷译，法律出版社 2019 年版，第 86-88 页。

② 意味着配偶双方并不考虑婚姻破裂的原因，但均承认他们的婚姻失败，婚姻无法继续维持，这种承认一旦作出是不能收回的。张民安：《法国民法》，清华大学出版社 2015 年版，第 221-222 页。

裁判。（"法民"第233-234条）

第二，婚姻关系变坏无可挽回的条件。婚姻关系变坏已无可挽回时，配偶一方得诉请离婚。配偶别居超过2年的，[1] 因别居而停止共同生活为婚姻关系变坏无可挽回的原因。（"法民"第237-238条）

第三，因过错离婚的条件。配偶一方有可归咎的反复或严重违反婚姻权利义务的事实，致使与配偶继续共同生活无法容忍时，另一方得诉讼离婚。因过错离婚被学者们认为是一种边缘化的离婚理由，在有前面两种争议离婚的情形下，因过错离婚无疑将被限制在最严重违反婚姻的职责和义务的范围内，或配偶之间最难化解的矛盾冲突之内。[2] 主动诉请离婚的一方有过错也不妨碍对其诉讼请求的审查，但其过错可以抵消另一方过错事实的严重性，另一方配偶也可以根据对方过错提出离婚的反诉，在均有过错的情况下法官可以按照配偶双方均有过错宣判离婚。对先前过错事实已经和解，一般不得再援用作为诉请离婚的事实。（"法民"第242、244、245条）

2. 司法离婚的程序

法国没有专门的家事法院，家事案件由大审法院管辖。[3] 离婚诉讼程序比较重视当事人的隐私，如在涉及离婚原因、后果以及临时措施的法庭辩论不公开进行；应配偶双方请求法官可以在离婚判决中仅确认存在构成离婚原因之事实，而无须对当事人的过错及损害作出表述等。在配偶一方实行《法国民法典》第一卷第十一编的保护制度时，不得提出两愿诉讼离婚和接受离婚的诉请。（"法民"第245-1、248、249-4条）

（1）两愿诉讼离婚的程序。其包括：配偶各自的律师或者共同选任的律师向法院提出离婚申请；法官与配偶每一方一起审查离婚申请；法官将配偶双方召集到一起；法官召见律师；法官认可双方处理离婚后果的协议并判决宣告离婚。如果法官拒绝认可协议，配偶双方可以在6个月内提出新协议。如果没有提出新协议或者再次被法官拒绝，离婚申请失去效力。（"法民"第250条至第250-3条）

（2）除两愿诉讼离婚之外的离婚诉讼程序。其包括：第一，起诉：请求离婚的配偶一方通过其律师向法官提交起诉状，起诉状无须说明离婚的理由。第二，调解：离婚诉讼前的试行调解是强制性步骤，调解也可以在诉讼过程中再次提出。与1975年法的调解（conciliation，有调解、和解之意）不同的是，2004年的调解不是以劝说不离婚为主要目的，而是以和平离婚为主要目的，"法官尽力就离婚的原则以及离婚后果对当事人进行调解"。（"法民"第252条在2004年新增的第2款）法官应亲自与配偶每一方分别谈话，之后再召集配偶双方到一起，随后召集双方的律师到场参与谈话。若没有提出离婚请求的配偶一方不到庭，或者其处于不能表意的状态，法官仍应与配偶另一方谈话并提请其

---

[1] 1975年法律中，配偶事实上分居的时间需要达到6年，才能以共同生活持续中断而请求离婚。而且对于如果因为离婚有可能对配偶另一方的疾病造成极严重后果的，法官还可以拒绝适用上述条款。参见《法国民法典》（上册），罗结珍译，法律出版社2005年版，第220-221页。2004年法律改革将6年修改为2年，并且废除了苛酷条款。

[2] Hugues Fulchiron, "The New French Divorce Law," in Andrew Bainham, eds., *The International Survey of Family Law*, 2005 Edition, Bristol: Jordan Publishing Limited, 2005, p.247.

[3] 法国的大审法院是审理民事案件的第一审法院，法律没有规定另由其他法院（如商事法院、劳资纠纷调解法庭等）管辖的所有民事案件都可以由大审法院管辖。张晓茹：《家事裁判制度研究》，中国法制出版社2011年版，第34页。另外，2009年5月12日第2009-526号法律"简化和澄清法律以及放宽程序的法律"将"法民"原第228条"审理民事案件的大审法院对宣告离婚及其后果唯一有管辖权"的规定取消。

慎重考虑。法官可给予配偶双方最多8天的考虑期，考虑期间中止调解且不得恢复。如法官认为有必要，得决定暂时中止调解并决定最长在6个月期限内进行新的调解尝试。第三，临时措施：在法院判决产生既判事由的确定力之前，为保障配偶双方及子女的生活，在考虑双方可能达成协议的基础上，法官在开庭时可以采取第255条规定的临时措施：例如，为进一步取得一致意见，向配偶双方提议由家事调解人进行调解；为避免家庭暴力，就配偶分开居住的方式作出裁判；为保障生活，确定一方应向另一方支付的扶养费数额以及先付的诉讼费用等。第四，提起明确原因的离婚诉讼：在配偶双方未能实现和解，法官作出调解不成的裁定后，配偶一方得以"接受中断婚姻关系之原则""婚姻关系变坏无可挽回"或者以"过错"之原因提出离婚诉讼或反诉，离婚申请中若没有包含处理配偶金钱利益和财产利益的建议将不会被受理。第五，法官作出宣告离婚的判决或者终局驳回离婚请求。（"法民"第251-258条）

四、当代法国离婚的法律后果

当代法国离婚的法律后果，包括离婚的生效日期、离婚对当事人人身和财产方面的法律后果、离婚对未成年子女的法律后果等。由于离婚原因不同，离婚的法律后果也略有差异。

（一）离婚的生效日期

对于当事人的婚姻关系而言：非司法协议离婚，律师协助签署的离婚协议，取得约束力之日起，即婚姻关系解除；司法离婚，从宣告离婚的判决产生确定力之日起，即婚姻关系解除。对当事人的财产而言：离婚协议和离婚判决自完成在身份证书的备注栏内作出记载的手续起，对第三人产生对抗效力；离婚协议和离婚判决自下列时间起对当事人产生效力：存放在公证人处的离婚协议确定的日期（除非协议另有约定）；两愿诉讼离婚情况下法院批准离婚后果的协议之日（除非协议另有约定）；已经宣告离婚的有争议离婚，自法官作出配偶双方未能实现和解的裁定之日（法官经当事人请求也可另行确定）。（"法民"第260条、第261-1条）

（二）离婚对婚姻当事人的法律后果

1. 对当事人人身关系的法律后果

自配偶双方的离婚判决产生确定力之日起，配偶之间的婚姻关系得以解除，即根据《法国民法典》第一卷第五编婚姻第六章产生的配偶相互的权利与义务因此消灭。配偶之间尊重、忠诚、救助①与扶助义务消灭，共同生活终止，双方均丧失使用对方姓氏的权利（除非一方证明保留使用对方的姓氏对其本人和子女均具特别利益，经对方同意或法官批准，亦可继续使用对方姓氏）。离婚之后，配偶双方均立即享有再婚的权利。2004年之前的《法国民法典》第228条规定了妇女在前婚解除后有300天的待婚期，1975年法规定夫死后妻分娩或者妻子能提供其没有怀孕的医学证明，即可以终止待婚期，但2004年离婚法改革直接废除了此陈旧的规定。

---

① 2004年法律取消了因共同生活破裂离婚情况下的前配偶之间的救助义务，代之以补偿性给付和离婚损害赔偿。

2. 对当事人财产关系的法律后果

离婚将产生配偶双方财产的清算和分割，发生配偶间的补偿性给付，离婚后的住宅安排，甚至损害赔偿责任。不过，离婚对在婚姻存续过程中生效的财产利益及现有财产的赠与，不产生影响。但离婚会撤销配偶一方通过配偶财产契约或者婚内给予另一方的仅在婚姻财产制解除或一方死亡才产生效力的配偶财产利益与死因处分，另有相反意思表示并得到当事人或法官确认的除外。（"法民"第 265 条）

（1）共同财产的清算与分割。两愿离婚的情况下，由于配偶对离婚及离婚的后果均已达成一致意见，所以当事人按照协议约定的方式处理婚姻财产的清算和分配即可。两愿离婚以外的其他离婚，在配偶双方没有财产清算协议的情况下，法官在宣告离婚时命令婚姻财产的清算、分割、维持以及先取。法律允许并鼓励配偶协商分割，但如果配偶间持续产生分歧，就不可能形成友好解决方案，在离婚和配偶财产分割相分离的原则下，法官可以对所有财产的清算和分割作出裁决。① 2004 年法律将法官介入配偶财产分割的权力规定在第 267 条和第 267-1 条，2015 年第 2015-1288 号法律将这两条修改合并为一条，加强了法官的清算权力：法官应根据新的《法国民事诉讼法典》第 1361-1378 条的规定对配偶已经达成的清算和分割的协议申请进行裁决，如果还有剩余的分歧，法官可以根据公证人财产清算方案、指明分歧焦点的联合申明，甚至根据法官自己的意愿对分歧事由进行审理裁判。（2015 年修改后的第 267 条）

（2）补偿性给付。补偿性给付规定在《法国民法典》第一卷第六编第三章离婚的后果中，共有 18 个条文系统规定了补偿性给付的原因、数额、方式等，2004 年离婚法修改时对补偿性给付制度有较大修改。补偿性给付是一种补偿性救济措施，不是配偶间救助义务在离婚后的延续，也不是对过错方的惩罚。法国的补偿性给付具有公共秩序性质，配偶不得通过协议预先免除补偿义务。② 正如《法国民法典》第 270 条所言，"补偿性给付的目的是尽可能补偿因婚姻关系中断而造成的双方各自生活条件上的差异"。就其立法目的而言，是否给予补偿性给付的主要考量因素是离婚后各自生活条件的客观变化，但因其过错导致离婚的当事人请求此补偿性给付的，法官在考虑婚姻关系破裂的特别情节后可予以拒绝。

补偿性给付的数额由法官确定，也可以由当事人在离婚时协商决定，并应得到法官的认可。③ 法官在确定补偿性给付的数额时应按照受领方的需要及另一方的收入情况确定，但也要考虑离婚时的情况以及可预见的将来此种情况的变化。法官在确定补偿性给付的数额时不考虑劳动事故赔偿和残疾人补偿金的所得，但需要考虑婚姻关系持续的时间，配偶双方的年龄与健康状况，配偶双方的职业资历与状况，一方为教育子女所花费以及仍需花费的时间或者为了对方事业而牺牲自己事业作出职业选择产生的后果④，配偶

---

① Centre for Family Law at Jean Moulin University Lyon, "A Chronicle of French Family Law," in Bill Atkin, eds. , *The International Survey of Family Law*, 2016 Edition, Bristol: Jordan Publishing, 2016, pp. 199-200.

② 张民安:《法国民法》，清华大学出版社 2015 年版，第 224 页。

③ 即使是采用非司法协议离婚的配偶，如协议中涉及补偿金给付，也需要提交法官批准。法官认为双方权利义务不平衡的，可拒绝认可补偿金协议。如果前配偶间需要修改其协议，也需要得到法官批准。参见"法民"第 278、279 条，根据 2016 年 11 月 18 日关于 21 世纪司法现代化的第 2016-1547 号法律第 50 条修改。

④ 考量因素"为了对方事业而牺牲自己事业作出职业选择产生的后果"是 2004 年修改离婚法时新增。

财产清算后双方现有和可预计的财产，双方现有和可预计的权益，以及双方各自退休金状况。（"法民"第 271、272 条）

补偿性给付的方式有本金支付和定期金支付。前者是补偿性给付的普通给付方式，后者则只有在特殊情况下才采用（如因为补偿性给付的债权人的年龄或者身体健康状况，其生活需要不能得到满足时，法官可以判决确定以定期金支付）。不论何种补偿性给付方式，若作为债务人的配偶一方死亡，补偿性给付的债权人可以从遗产中先取补偿金额，但该项支付由死者所有继承人在遗产的限额内承担。（"法民"第 270 条、第 276 条、第 280 条）

（3）家庭住宅安排。为了保障未成年子女的利益，《法国民法典》第 285-1 条规定法官可以决定把所有权归一方所有的家庭住宅租让给另一方。房屋所有权人租让住房给单独或共同对子女行使亲权的另一方的理由是：双方的子女惯常居住于此，或者为了子女的利益而需居住于此。法官自行确定租约期限且有权延长，直至最年幼的子女成年。[1] 在有新的正当理由的情况下，法官有权解除该租约，以避免租房一方滥用住宅帮助。

（4）损害赔偿。2004 年后《法国民法典》第 266 条，是 2004 年以前第 266 条的离婚损害赔偿和第 281 条离婚后扶养的混合。2004 年离婚法修改后，废止了因共同生活破裂宣告离婚情况下主动提出离婚一方对另一方的救助义务（支付生活费和医疗费），改由原救助义务方向权利方作出离婚损害赔偿。离婚损害赔偿应在离婚诉讼中由因离婚而遭受特别严重后果的配偶一方向配偶对方提出，给予赔偿并不影响补偿性给付条款的适用。请求权人，只能是在因婚姻关系变坏无可挽回而离婚的诉讼中，未提出任何离婚请求的被告；或者是在唯一因其配偶有过错而宣告离婚的无过错方。2004 年之前，离婚损害赔偿强调过错方的过错，唯一因其过错离婚的情况下，无过错方可以请求对方赔偿因离婚而受到的物质上与精神上的损失；2004 年之后，离婚损害赔偿则强调损失，因离婚而"遭受特别严重后果"的才能诉请对方赔偿。这也反映了法国离婚法改革中抑制过错的理念。[2]

（三）离婚对未成年子女的法律后果

在法国，对于离婚与离婚效力相分离的原则，在父母离婚对未成年子女的法律后果中可以看得更为清楚。早在 2004 年修改离婚法之前，2002 年 3 月 4 日第 2002-305 号法律就把父母离婚对子女法律后果的规定移至第九编的亲权部分处理。变化的重点在于立法者的视角：之前的立法是从父母的视角考虑，父母离婚孩子怎么办，孩子只是父母离婚过程中需要考虑的对象；现在的立法是从子女的角度考虑，子女与父母的关系是稳固不变的，父母离婚只是父母分开生活了，并不影响其与子女的权利义务。但父母离婚后对于未成年子女的亲权行使、具体抚养方式和探望方式均会发生一定的变化，法律对此作出的相关规定，即为父母离婚对未成年子女的法律后果。

《法国民法典》第 372 条确定的父母共同行使亲权的原则，并不受父母离婚或者别居

---

① 2004 年离婚法取消了过去关于租约最长 9 年期限的规定，同时废除了对承租人再婚或非婚同居即终止租约的规定。

② 叶名怡：《法国法上通奸第三者的侵权责任》，载《华东政法大学学报》2013 年第 3 期，第 87 页。

情况的影响。① 父母每一方均应与子女保持个人关系并且尊重子女与另一方的关系。分离的父母应以支付生活费的方式分担子女的抚养费和教育费。未成年子女可以跟父母任一方居住，也可以交替居住在父母各自的住所，② 没有与子女共同生活的一方享有探望权③和留宿权。

分离的父母对子女行使亲权的方式受到家事法官的干预，干预的目的是保护未成年子女的利益，保证子女与其父母各方联系的持续性与实际性。④（"法民"第373-2-6条）父母在离婚或分居时可以订立协议安排行使亲权的方式，确定分担子女生活费与教育费，该协议应得到家事法官的认可。法官如果认定其所定协议未能充分保护子女的利益或者认为父母对该协议并非自由取得合意，有权拒绝认可。在父母不能取得一致意见时，法官根据父母一方、检察院的请求对行使亲权和探望权方式作出裁判，有必要时可以裁决将子女交由第三人照管。法官在作出关于亲权行使的裁判之前应努力对当事人进行调解以解决争议，在当事人同意的情况下可以指定一名家事调解员帮助当事人达成两愿的行使亲权的方式；法官也可以委派任何有资格的人进行收集家庭状况、子女生活与教养条件等情况的社会调查。法官在决定亲权行使方式和探望权时应考虑：父母双方之前的实际做法及原先订立的协议；根据第388-1条，有辨别能力的未成年人所表达的感情；父母对确保履行其责任以及尊重另一方权利的态度；考虑子女的年龄而可能进行鉴定的结果；法官根据第373-2-12条进行社会调查与再调查所收集到的各种情况；一方对另一方施加的精神上或生理上的压力或暴力⑤。（"法民"第373-2-7条至第373-2-12条）

第九节　当代法国婚姻家庭法律制度的发展趋势及其启示

本节研究和阐述以下内容：一是当代法国婚姻家庭法律制度的发展趋势；二是当代法国婚姻家庭法律制度的发展趋势对我国立法的启示。

一、当代法国婚姻家庭法律制度的发展趋势

20世纪以来，尤其是1958年以后，当代法国婚姻家庭法律制度发生了很大的变化。在配偶关系上，民法极大地削弱直至取消了夫权，实现了夫妻地位完全平等；在结婚和离婚制度上，婚姻缔结与解除的条件和程序更加自由便捷；在亲子关系上，子女地位平

① 仅在未成年子女利益有此要求时，法官才可以将亲权交由父母中一人行使，也只能有重大原因时才能拒绝另一方对子女的探望权和留宿权。不行使亲权的一方仍然保留关注子女扶养和教育的权利义务，涉及子女的重大选择均应通知该方父母。（"法民"第373-2-1条）

② 2009年法国国家统计局的数据显示，16万名未成年人经历了父母的离婚（或紧密关系民事协议破裂）。根据税务申报资料，在父母离婚一年后，76%的未成年子女主要由母亲照顾，9%主要由父亲照顾，15%的孩子处于父母交替监护中。当监护权被授予母亲时，60%的母亲报告说她们正在领取津贴，而津贴占其申报收入18%以上的母亲超过一半，20%的孩子每月花费不到100欧元。参见Carole Bonnet，Bertrand Garbinti，Anne Solaz："Living conditions of children following divorce"，https://www.insee.fr/en/statistiques/1283576，访问日期：2018年4月23日。

③ 2016年11月18日第2016-1547号法律对探望权的行使提出防止探望暴力的要求，如果在交付子女给探望权人的过程中有人可能受到伤害，法官应采取措施保障安全的会面。可参见第373-2-9条2016年增加的第4款。

④ 为保障上述目的，法官可以命令在父母的护照上写明非经父母双方同意，禁止子女离开法国领土。

⑤ 最后一款考虑因素系由2010年7月9日"针对妇女的暴力、夫妇暴力及对儿童的影响"第2010-769号法令第8条为保护家庭暴力受害人而增加。

等，父母的权利受到限制、义务与责任增加；受法律保护家庭的来源不再仅有婚姻关系，多种形态的家庭得到承认；人权观念的变化和社会人口高龄化问题促进了成年人保护制度的现代化。

（一）极大地削弱直至取消了夫权，实现了夫妻地位完全平等

在法国，对于夫妻人身关系，1927 年 8 月 10 日的法律废除了妻子从属丈夫国籍的规定；1938 年 2 月 18 日的法律取消了夫权，废除了妻应顺从其夫的规定；1942 年 9 月 22 日法律宣布"已婚妇女享有完全的权利能力，只有婚约和法律能限制这种权利能力的实现"；① 1965 年 7 月 13 日法律改革了婚姻财产制，妻子获得更大自由，但仍有不平等存在，如第 223 条规定"妻子得不经其夫的同意具有从事某种职业的权利"，但其能为职业需要而让与或承担义务的财产限于其完全享有所有权的个人财产。② 而 1985 年 12 月 23 日第 85-1372 号法律修改了婚姻财产制，消除了夫妻之间残存的不平等，③ 第 223 条修改为"夫妻各方得自由从事职业，获得收益与工资，并且在分担婚姻所生负担后，得自由处分之"。④ 对于夫妻财产关系，夫妻共同债务的清偿责任，首先原则规定夫妻每一方对因其原因产生的共同债务之全部承担清偿责任；夫妻各方对因配偶的原因产生的夫妻共同债务，得仅就其一半受到追偿。夫妻各方对应由其负责补偿才能成为的共同债务，单独负清偿之责。夫妻共同财产分割后，除有隐匿财产之情形外，只要依法制作了财产清册，夫妻各方对清偿债务所负的责任仅以其从共同财产中获得的利益为限。夫妻一方对于因夫妻另一方的原因使共同财产负担的债务，分担的数额不超过其从共同财产中获得的利益。夫妻一方已清偿的债务超过其按以上规定应当负担的部分时，就此超过的部分对夫妻另一方有追偿权。⑤ 这些规定确立了婚姻期间夫妻各方对共同债务的清偿责任，分别承担全部清偿责任、按份清偿责任、有限清偿责任，既有利于平等保护夫妻各方的财产权益，也有利于维护第三人的利益和交易安全。⑥

夫妻的完全平权还体现在反家庭暴力上。法国通过民法典和刑法共同防治针对妇女的家庭暴力。2010 年 7 月 9 日第 2010-769 号法律在《法国民法典》第一卷新增第十四编"保护暴力受害者的措施"（根据 2014 年 8 月 4 日关于男女平等的第 2014-873 号法律修订）。第十四编由第 515-9 条至第 515-13 条共 5 条构成，对遭受（前）配偶、（前）紧密关系民事协议关系伴侣、（前）非婚同居伴侣暴力的受害人，甚至被胁迫结婚的受害人及受到影响的儿童实施保护措施，由法官根据申请颁布保护令。对家庭暴力的刑事处罚根据犯罪类型不同而不同，针对家庭成员的暴力犯罪均为加重处罚的情节，刑法处罚从 3 年的监禁和罚款 4.5 万欧元到 20 年的监禁不等。

---

① 由嵘：《拿破仑法典以后法国民法的发展》，载林榕年、张学仁主编：《外国法制史汇刊第一集》，武汉大学出版社 1984 年版，第 101 页。

② 《法国民法典》，马育民译，北京大学出版社 1982 年版，第 40 页。

③ [法] 雅克·盖斯旦、吉勒·古博：《法国民法总论》，陈鹏等译，法律出版社 2004 年版，第 117 页。

④ 《法国民法典》，罗结珍译，中国法制出版社 1999 年版，第 76 页。

⑤ 参见《法国民法典》第 1482-1487 条，罗结珍译，北京大学出版社 2010 年版，第 373-374 页。

⑥ 参见陈苇：《中国婚姻家庭法立法研究》，群众出版社 2000 年版，第 222-223 页。

（二）婚姻的缔结与解除更加自由便捷

1. 结婚更便捷

在法国，立法逐步取消了过去一些不合理的限制条件。例如，1804 年《拿破仑法典》规定了结婚应当得到尊亲属同意的尊敬证书制度，男年满 25 周岁女年满 21 周岁在结婚时虽不需要取得父母的同意，但在举行婚姻仪式前应以要式的尊敬证书的方式请父母提供意见，如未取得同意意见，该尊敬证书须制作三次方可径行结婚。① 1896 年的法律把尊敬证书请求减为一次；1907 年的法律把男女双方的结婚年龄都降为 21 岁，但 30 岁以下若父母不同意时，应将结婚之事预先通知父母；1922 年的法律把须事先通知父母的年龄降为 25 岁；1933 年的法律废除了尊敬证书请求制度，凡男女双方年满 21 岁的不必经父母同意即可结婚。② 再如，未成年人结婚需要得到父或母的同意，父母无法表达同意或者死亡的，由祖父母外祖父母表示同意，父母、祖父母外祖父母均无法表达同意或死亡的，需要得到亲属会议同意。但该制度在成年年龄于 1974 年 1 月 3 日被降低为 18 周岁，而法定婚龄于 2006 年 4 月 4 日被提高到男女均为已满 18 周岁后，基本没有适用的空间，除非是共和国检察官基于重大理由同意免除结婚年龄限制的特殊情况。③ 又如，废止了关于妇女待婚期的规定，《法国民法典》原第 228 条规定妇女仅在前婚解除后满 300 天才能重新结婚，该规定被 2004 年 5 月 26 日第 2004-439 号法律第 23 条废止。再如，取消了结婚的健康条件，该法典第 63 条第 2 款曾要求当事人提交所做的不超过 2 个月的医疗检查的证明，但 2007 年 12 月 20 日关于简化法律的第 2007-1787 号法律废除了此条件的要求。

2. 离婚限制减少，程序更简化

1884 年法兰西第三共和国恢复了离婚制度，离婚只能根据夫妇的通奸、不名誉的刑事犯罪宣判和严重违反婚姻义务等理由④，而这种制裁式的离婚模式持续了 92 年，直到 1975 年 7 月 11 日法律修改。修改后《法国民法典》第 229 条规定可宣判离婚的理由是：（1）双方互相同意；（2）共同生活破裂；（3）因错误。⑤ 而协议离婚被再次肯定，但该协议离婚与 1804 年《拿破仑法典》中的协议离婚从条件到程序都不相同，前者的限制条件更少，程序相对便捷。⑥ 不过，在 20 世纪 70 年代欧洲离婚法改革浪潮中修订的法国离婚法，到 90 年代末被认为已经过时，旷日持久且成本高昂，应当对其进行改革以适应新的社会发展。2004 年，立法机关决定在保持 1975 年离婚法确定的离婚的司法性质和理由多样性基础上改革离婚法，"试图以简化离婚程序来使离婚法现代化，通过给予配偶更多的协议来平息冲突并促进调解，为避免夫妻被长期囚禁在一起而合并且加速财产清算"。⑦

---

① 《拿破仑法典》第 151-155 条。

② 参见由嵘：《拿破仑法典以后法国民法的发展》，载林榕年、张学仁主编：《外国法制史汇刊第一集》，武汉大学出版社 1984 年版，第 100-101 页。

③ "法民"第 144、145、488 条。

④ Mary Ann Glendon, "The French Divorce Reform Law of 1976," The American Journal of Comparative Law, Vol. 24, 1976, p.200.

⑤ 《法国民法典》，马育民译，北京大学出版社 1982 年版，第 42 页。

⑥ 1804 年《拿破仑法典》第 275-294 条规定了协议离婚，条件严苛，程序漫长琐碎。

⑦ Hugues Fulchiron, "The New French Divorce Law," in Andrew Bainham, eds., The International Survey of Family Law, 2005 Edition, Bristol: Jordan Publishing Limited, 2005, p.242.

在 2004 年 5 月 26 日，法国通过第 2004-439 号法律大幅修改了离婚法，该离婚法总体上反映了法国现代社会婚姻家庭观念与家庭关系的变化。离婚的苛刻条款（《法国民法典》原第 240 条）被废除。离婚与配偶财产清算分割相分离，依 2015 年 10 月 15 日第 2015-1288 号法令"家庭法的简化和现代化"① 规定，允许家事法官在认为鉴于配偶间持续存在的分歧不可能达成友好解决方案的情况下，而对所有财产利益的清算和分割进行裁决。该离婚制度变得更简化也更现代化。② 在"迅速""简化"的目标下，2016 年 11 月 18 日"关于 21 世纪司法现代化"第 2016-1547 号法律终于将部分符合条件的离婚案件划出司法程序，《法国民法典》第 229 条新增的第 1 款承认了不经诉讼的非司法协议离婚。

（三）子女地位平等，亲权受到限制

1. 子女地位逐渐平等

1804 年《拿破仑法典》将子女区分为婚生子女、非婚生子女和养子女：法律对待非婚生子女很严苛，如"非婚生子女不得请求其父认领"，（"法民"第 340 条）"非婚生子女绝不得为继承人；法律仅对于经合法认领的非婚生子女，授予其承受死亡父母遗产的权利"（"法民"第 756 条）等；法典只承认单纯的收养关系，被收养的子女与原生家庭仍然保留权利义务关系，被收养人对收养人的遗产有继承权，但对收养人其他亲属如父母则不能取得继承权。（"法民"第 348、350 条）这种子女之间地位不平等的情形在不断的修法中得到改观：1912 年 11 月 16 日允许亲子鉴定的法律，以及 1955 年 7 月 15 日承认奸生子女有权提起抚养费诉讼的法律，改善了婚外子女的境遇；③ 1966 年 7 月 11 日第 66-500 号法律实现了养子女与婚生子女的地位平等，完全收养的情况下"被收养人在收养人家中享有与婚生子女同等的权利与义务"④。1972 年 1 月 3 日第 72-3 号法律对《法国民法典》第一卷第七编亲子关系以及第三卷第一编继承、第三章继承的各种顺序中若干条文作出重大修正：消除了非婚生子女与婚生子女之间的不平等，原则上非婚生子女在其与父母的关系上享有与婚生子女同等的权利与义务，法律承认非婚生子女在继承其父母与其他直系尊亲属及其兄弟姐妹和其他旁系血亲的遗产时，具有与婚生子女同等的权利。⑤ 赋予非婚生子女更多合法化的途径，如非婚生子女有权请求父亲认领，虽然强制认领条件较严苛而且还有因母行为放荡等缘故而不被受理的情况，但比之过去不允许非婚生子女强制其父认领已明显进步。⑥ 继 2001 年 12 月 3 日第 2001-1135 号法律改善因通

① 该法令已被 2016 年 11 月 18 日"21 世纪司法现代化"第 2016-1547 号法律批准。

② Centre for Family Law at Jean Moulin University Lyon，"A Chronicle of French Family Law，" in Bill Atkin，eds.，*The International Survey of Family Law*，2016 Edition，Bristol：Jordan Publishing，2016，p. 200.

③ ［法］雅克·盖斯旦、吉勒·古博：《法国民法总论》，陈鹏等译，法律出版社 2004 年版，第 117 页。

④ 《法国民法典》，马育民译，北京大学出版社 1982 年版，第 358 条。

⑤ 《法国民法典》，马育民译，北京大学出版社 1982 年版，第 334、757 条。

⑥ 强制父亲认领的诉讼为第 340 条，1993 年 1 月 8 日第 93-22 号法律修改了认领的严格条件，存在推定和重大迹象时可提出婚外父子关系证据，并废止了原第 340-1 条关于因母品行等缘故而不受理诉讼的规定。《法国民法典》，罗结珍译，中国法制出版社 1999 年版，第 110-111 页。

奸所生子女的法律地位后，① 2002 年 3 月 4 日第 2002-305 号法律有关父母权利的法律宣布所有子女地位平等。② 2005 年 7 月 4 日第 2005-759 号法律③则直接取消了婚生子女和非婚生子女的称谓之区分，统称为子女，同时也取消了过去非婚生子女合法化的程序。新的亲子关系法反映了法国社会"合法家庭"观念的变化，确定了亲子法的"平等"原则、"真实"原则和"稳定"原则。④

2. 亲权中的权利受到限制，义务与责任增加

1804 年法典虽然打破了传统封建观念，废除了父母对子女的包办婚姻，⑤ 但却承认父母对于其未成年或未解除亲权的子女享有"权力"，父亲对子女的行为有重大不满时可以通过拘留子女来矫正，这种拘留只需要当地法院院长的逮捕令，无须裁判文书形式也无须说明理由。（"法民"第 372、375-378 条）这种父亲大权独揽的"亲权"经 1970 年 6 月 4 日第 70-459 号法律、1974 年 7 月 5 日第 74-631 号法律、1987 年 7 月 22 日第 87-570 号法律、1993 年 1 月 8 日第 93-22 号法律、1996 年 12 月 30 日第 96-1238 号法律、2002 年 3 月 4 日第 2002-305 号法律、2007 年 3 月 5 日第 2007-293 号法律及 2013 年 5 月 17 日第 2013-404 号法律等多次修正后，已经变为父母平等享有的"以子女的利益为最终目的的各项权利和义务之整体"。法国法中的亲权分为"与子女人身相关的亲权"和"与子女财产相关的亲权"。父母"应当保护子女的安全、健康与道德，确保其教育，使子女能够得到发展，人格受到尊重"（"法民"第 371-1 条、第 372 条），父母对子女的保护和教育取代了过去的惩戒、监督和照管。虽然亲权仍然具有权利的性质，但这种身份上的权利授予并不是为了父母的利益，而是为了父母履行保护教育未成年子女的职能。因而对亲权的行使必须满足权利的目的——"以子女的利益为最终目的"，否则亲权人可能构成权利滥用。⑥ 2015 年 10 月 15 日第 2015-1288 号法令将父母对子女财产的法定管理从原第一卷第十编第一章的第一节删除，相关内容修订后放入第一卷第九编第二章"与子女财产相关的亲权"，并提出了为子女利益而谨慎、勤勉和明智管理的要求（2015 年 10 月 15 日第 2015-1288 号法令修订后的第 385 条）。

---

① Sylvie Ferré-André, Adeline Gouttenoire-Cornut, and Hugues Fulchiron, "Work In Hand For The Reform Of French Family Law," in Andrew Bainham, eds. , *The International Survey of Family Law*, 2003 Edition, Bristol：Jordan Publishing Limited, 2003, p.165.

② 《法国民法典》第 310 条规定："亲子关系依法得到确认的所有子女，在与其父母的关系中，均享有相同的权利、承担相同的义务。"

③ 第 2005-759 号法令本为法国政府制定的行政规章，该规章 2006 年 7 月 1 日生效，2009 年法国立法机构通过 2009 年 1 月 16 日法律正式追认该行政规章。参见张民安：《法国民法》，清华大学出版社 2015 年版，第 243-244 页。

④ Hugues Fulchiron, "Egalité, Vérité, Stabilité：The New French Filiation Law After The Ordonnance Of 4 July 2005," in Andrew Bainham, eds. , *The International Survey of Family Law*, 2006 Edition, Bristol：Jordan Publishing Limited, 2006, p. 205.

⑤ 何勤华主编：《法国法律发达史》，法律出版社 2001 年版，第 226 页。

⑥ ［法］雅克·盖斯旦、吉勒·古博：《法国民法总论》，陈鹏等译，法律出版社 2004 年版，第 734 页。

（四）多种形态的家庭得到承认

20 世纪 60 年代之前，法国民法认可的建立家庭的方式比较单一，即通过婚姻建立的家庭，① 不承认非婚同居的家庭关系，更不承认同性的家庭关系。由于工业革命发生较晚，20 世纪上半叶，法国的夫妻家庭具有三个要素：爱情婚姻，两性分工的严格划分，以及对孩子、健康和教育的重视，男人在外工作挣钱，女人在家里照料孩子，在各个阶层都是司空见惯的。② 自 1950 年起，随着征招非法国人劳动力以及发展战后工业，人口突然大量涌入城市，这种法国特有的工业化和人口城市集中化进程，对家庭产生明显影响。③ 20 世纪 60 年代以来，④ 尤其是 1975 年 7 月 11 日法律承认双方相互同意的离婚后，婚姻关系变得越来越不稳固，婚外同居关系增加，最终推动了立法对多种形态家庭关系的承认。1999 年 11 月 15 日第 99-944 号法律规定了紧密关系民事协议（Du pacte civil de solidarité）与非婚同居（du concubinage）⑤，前者是指两个异性或同性的成年自然人之间为组织共同生活而订立的协议，该协议需要申报登记；后者则仅为定义，"作为配偶在一起生活的异性或者甚至同性的两人之间，由具有稳定性与持续性的共同生活体现的事实上的结合"，而立法规定其定义的目的在于明确该概念"可以不加区分地适用于异性的两人之间结成的'配对'关系，甚至适用于同性的两人之间形成的这种关系"。⑥ 2006 年 6 月 23 日第 2006-728 号法律对紧密关系民事协议进行了修订，包括简化申报登记手续，增加公示性，并且将紧密关系民事协议伙伴一定程度地纳入继承法保护等。2013 年 5 月 17 日的法律⑦则规定同性享有与异性相同的结婚权利，法国正式承认了同性婚姻合法，成为欧洲第 7 个向同性伴侣开放婚姻制度的国家；不仅如此，法律还肯定了同性配偶的收养权，并规定了涉外同性婚姻登记的冲突规范。⑧（"法民"第 202-1 条）

（五）成年人保护制度的现代化改革

法国现代成年人保护制度确立于 1968 年。1968 年 1 月 3 日第 68-5 号法律《无行为能力成年人法改革》对成年人保护的改革主要表现为：其一，扩大了需要保护的成年人的范围。有权获得法律保护的是"由于身体官能损坏致其不能自行保障其利益的成年人"，而不仅仅是处于痴愚、心神丧失或疯癫状态的成年人，因高龄以及因事故而导致身

---

① 也叫婚姻家庭或者夫妻家庭，是由涂尔干所提出的家庭类型，被认为是父方（父权）家庭衰落的结果。对其特点的描述可参见涂尔干 1892 年的讲稿"夫妻家庭"。[法] 爱弥尔·涂尔干：《涂尔干文集第六卷：乱伦禁忌及其起源》，汲喆等译，上海人民出版社 2003 年版，第 393-407 页。

② [法] 弗朗索瓦·德·桑格利：《当代家庭社会学》，房萱译，天津人民出版社 2012 年版，第 87-88 页。

③ [法] 安德列·比尔基埃等主编：《家庭史——现代化的冲击》（第二卷），袁树仁等译，生活·读书·新知三联书店 1998 年版，第 706-707 页。

④ 法国 20 世纪 60 年代以来的家庭变革被概括为：结婚和再婚数量减少，自由结合（同居）数量增加；离异和分居现象增加；单亲家庭，组合或重组家庭的数量增加；出生率降低；婚外私生子增加；带薪工作女性特别是母亲数量增加，因此，家庭中夫妻双方均有工作的情况增加。参见 [法] 弗朗索瓦·德·桑格利：《当代家庭社会学》，房萱译，天津人民出版社 2012 年版，第 85 页。

⑤ 这里的"非婚同居"是张民安先生对"Du concubinage"的翻译，罗结珍先生翻译为"姘居"，笔者认为姘居一词因在中文中有特定含义而不能涵盖该词在法文中的意思，所以取了张民安先生的翻译。

⑥ 《法国民法典》（上册），罗结珍，法律出版社 2005 年版，第 434 页。

⑦ 2013 年 5 月 17 日法国总统颁布了"对同性伴侣夫妇开放婚姻"的第 2013-404 号法律，该法律经国民议会、参议院通过，并根据 2013 年 5 月 17 日第 2013-669 号宪法委员会的决定由共和国总统颁布。

⑧ Centre de droit la famille, "A Chronicle of French Family Law," in Bill Atkin, eds., *The International Survey of Family Law*, 2013 Edition, Bristol: Jordan Publishing Limited, 2013, pp.120-125.

体功能失常妨碍表达意志的成年人也可以成为法律保护的对象。其二，行为能力丧失或受限与受保护之间不再有必然联系。1804 年《拿破仑法典》是宣告某成年人为 "禁治产"，因其丧失行为能力故需为其指定监护人协助之；1968 年法废除了禁治产宣告，顺序是先根据成年人的需求确定适当的保护措施，之后再根据保护措施的类型决定其是否丧失行为能力或在多大程度上受限。其三，民事行为是否无效以及是否应承担侵权民事责任与行为人是否受保护没有必然联系。1968 年法律第 489 条指出有效的民事行为需行为人精神正常，判断标准是行为发生时当事人的精神状态，而不是行为人当时是否受保护；而且法律也明确行为能力与责任能力的区别，即使行为人精神错乱，对他人的损害也应负赔偿之责。（"法民" 第 489-2 条）其四，1968 年法律提供了三种保护措施，司法保护、监护和财产管理。司法保护是新增的，受司法保护的人不会丧失其行为能力，也不需要设置辅助人，受司法保护的成年人订立的契约或其承担的义务因显失公平受到损害时，法律赋予其撤销权或减轻义务的权利（"法民" 第 491-2 条）。受监护的成年人基本上没有行为能力，但财产受管理的成年人为限制行为能力，但是与受监护成年人的一切行为均由监护人代理不同，财产受管理的成年人只是在法律规定的事项中必须得到财产管理人协助，财产管理人以受管理人名义单独作出的行为无效，而且财产受管理人可以独立完成的行为受到与受司法保护成年人的行为相同的保护。（"法民" 第 510-3 条）其五，肯定了受司法保护成年人预先委托授权的效力。

1968 年改革成年人保护法时，法国社会 65 岁以上老人占总人口的 12.6%，这个本已不低的数字仍逐年增长，1975 年为 13.4%，1990 年为 14.7%。[1] 到 2018 年 65 岁以上老龄人口占社会总人口的 19.8%。[2] 成年人保护措施从过去针对病理性失能的特殊措施，可能成为针对未来需要保护的老年人的正常化措施。社会的变迁需要一个更多选择、更灵活、更多社会支持的成年人保护制度。2007 年 3 月 5 日第 2007-308 号 "成年人法律保护改革法"[3] 回应了这种社会需求。之后，法国行政和立法当局通过 2015 年 10 月 15 日关于家庭法简化和现代化的第 2015-1288 号法令，[4] 2016 年 11 月 18 日关于 21 世纪司法现代化的第 2016-1547 号法律[5]，以及 2019 年 3 月 23 日关于 2018-2022 年司法改革规划的第 2019-222 号法令[6]进一步修订完善了成年人保护制度。2007 年的法律创造了在必要、辅助以及保护措施相称三原则下的多层次成年人保护制度。2015 年及 2016 年的法律重申了家庭对成年人保护的责任，新增的保护措施使得成年人保护制度更具弹性。法国法以

---

① 数据来源 ［法］保罗·帕伊亚：《老龄化与老年人》，杨爱芬译，商务印书馆 1999 年版，第 8 页。

② 数据来自 2018 年 1 月 1 日法国本土的年龄结构表，参见法国国家统计局官网：https://www.insee.fr，访问日期：2018 年 5 月 5 日。

③ Loi n° 2007-308 du 5 mars 2007 portant réforme de la protection juridique des majeurs. 根据 "成年人法律保护改革法" 第 45 条第 1 款，该法于 2009 年 1 月 1 日生效，同日法国批准加入的 2000 年 1 月 13 日《成年人国际保护海牙公约》生效。David Hill，"The Hague Convention on the International Protection of adults," *international and Comparative Law Quarterly*，Vol. 58，Issue 2（April 2009），p. 469.

④ 参见该法令第三章 "与成年人法律保护有关的规定"，该法令被第 2016-1547 号法律批准。https://www.legifrance.gouv.fr/eli/ordonnance/2015/10/15/JUSC1518093R/jo/texte，访问日期：2018 年 5 月 10 日。

⑤ LOI n° 2016-1547 du 18 novembre 2016 de modernisation de la justice du XXIe siècle，来源 https://www.legifrance.gouv.fr/，访问日期：2019 年 8 月 3 日。

⑥ LOI n° 2019-222 du 23 mars 2019 de programmation 2018-2022 et de réforme pour la justice，来源 https://www.legifrance.gouv.fr/，访问日期：2019 年 8 月 3 日。

保护措施的必要性和辅助性实现对受保护成年人自主权的尊重，以多层次弹性保护措施适应不同身体状况成年人的不同需求，其制度的现代化发展可资借鉴。

二、当代法国婚姻家庭法律制度的发展趋势对我国立法的启示

（一）当代法国夫妻共同债务清偿责任制度对我国立法完善的启示

1. 我国夫妻共同债务清偿制度的立法成就

依我国《民法典》第 1089 条规定，夫妻对于共同债务应当共同偿还。共同财产不足清偿或者财产归各自所有的，由双方协议清偿；协议不成的，由人民法院判决。此规定沿用了 2001 年修正的《婚姻法》第 41 条的规定，继续采取夫妻对于共同债务承担无限清偿责任的立法理念，以期保护第三人的利益和交易安全。

2. 我国夫妻共同债务清偿制度的立法完善建议

我国现行夫妻对共同债务承担无限清偿责任之立法，虽有利于保护第三人的利益和交易安全，但对夫妻个人财产权益却保护不足。如前所述，法国法就夫妻各方对共同债务的清偿责任，或承担全部清偿责任，或承担按份清偿责任，或承担有限清偿责任，分别对各自的法定条件作出了明确规定。在我国，虽然依法规定夫妻应当对共同债务承担无限清偿责任，但在审判实践中，有的人民法院对于夫妻离婚时共同债务清偿责任的判决早已突破了此规定，该法院根据夫妻在婚姻期间已经分居且一方在分居期间个人经营所得的财产夫妻他方并未分享的实际情况，判决予以确定：对于该分居期间夫妻一方个人经营所欠债务，对外属于夫妻共同债务，以保护夫妻的债权人利益。但对内该夫妻共同债务由欠债夫妻一方个人承担全部清偿责任。[①] 这既保护了第三人的利益和交易安全，也保护了夫妻个人的合法财产权益。所以，建议我国从本国实际出发总结审判实践经验，并汲取法国的有益立法经验，增补我国夫妻共同债务有条件的有限清偿责任之立法。

（二）当代法国亲权制度对我国立法完善的启示

当代法国的"亲权"虽然名为父母的权利，却是父母履行保护、抚养、教育子女职责所需的"权利"，"以子女的利益为最终目的的各项权利和义务之整体"。（"法民"第 371-1 条第 1 款）亲权制度的行使有两个原则：一是平等行使原则，父和母的权利平等，不得随意剥夺父或母的亲权；二是保护子女利益原则，在法国父母共同行使亲权，目的是实现子女的利益，家事法官在处理父母亲权行使的所有问题时，尤其要关注对未成年子女利益的保护。

1. 我国父母监护人制度的立法成就

我国没有亲权制度，父母是未成年子女的第一顺序监护人，父母对未成年子女享有监护权。父母作为监护人与其他监护人相比，享有一定特别权利，如父母监护人可以遗嘱指定监护人（我国《民法典》第 29 条），父母被撤销监护人资格后满足法定条件的可恢复监护人资格（我国《民法典》第 38 条）等。我国《民法典》及我国 2020 年修正的《未成年人保护法》对父母监护人的履职有更细化的规定。（1）履职的原则：父母与其他监护人一样，依法应当按照最有利于被监护人的原则履行监护人的职责，代理被监护人实施民事法律行为，保护被监护人的人身权利、财产权利以及其他合法权益等；除为维

---

① 参见夏吟兰等：《中国民法典释评　婚姻家庭编》，中国人民大学出版社 2020 年出版，第 253-254 页。

护被监护人利益外，不得处分被监护人的财产。父母在作出与未成年子女利益有关的决定时，应当根据子女的年龄和智力状况，尊重子女的真实意愿。（2）亲自履职：根据我国现行《未成年人保护法》第21-23条规定，父母应亲自履行监护职责，因故不能亲自履行全部监护职责时，应委托他人临时照护或委托照护。临时照护，是指父母将不能亲自照顾的，未满8周岁或者由于身体、心理原因需要特别照顾的未成年子女委托他人在短时间内照顾保护。委托照护，是指未成年子女的父母因外出务工等原因在一定期限内不能完全履行监护职责的，委托具有照护能力的完全民事行为能力人代为照护未成年子女。（3）履职清单：我国现行《未成年人保护法》第16-17条为父母监护人履职开列必要行为清单和负面清单，还增加人身安全保护措施的特别提示。

2. 我国父母监护人制度的完善建议

父母监护与其他监护人监护相比有一个特点，即父母双方是共同监护，[①] 父母双方应平等地、合作地，按最有利于未成年子女的原则共同履行监护职责。但我国现行法对父母共同监护权如何行使没有明确规定。例如，双方就监护权的行使不能达成一致意见时，父母平等的监护权如何体现？在父母离婚的情况下应如何实现监护人的合作？父母一方死亡，其遗嘱指定的监护人与生存一方父母如何共同监护？继父母因抚养教育继子女而取得的监护权是否会影响未与子女共同生活一方父母的监护权？对以上问题现行法律缺乏明确的答案。法国的亲权制度提供了可供参考的答案，我国相关立法可以借鉴。

（1）父母平等的监护权。

依法国法规定，父母监护权平等，父母任何一方单独实施的与子女人身有关的亲权之日常行为，视为得到另一方同意；对行使亲权有争议的，父母可以订立协议来安排亲权的行使，并请求家事法官认可该协议；或者请求法官对父母亲权行使的争议作出裁判。（"法民"第372-2条、第373-2-7条、第373-2-8条）

所以建议我国立法可补充规定，父母监护人有权就日常监护事务单独行使监护权，就涉及子女重大利益的监护事务，父母应协商一致行使；如对监护权的行使发生争议，可请求法院裁判，法官应在考虑子女最大利益的原则下决定父母监护权的行使方式。

（2）离婚父母监护人的合作。

《法国民法典》第373-2条至第373-2-5条是"由分离的父母行使亲权"的规则，父母离婚或别居的，对行使亲权的转移规则不产生影响，父母每一方都应与子女保持个人联系并尊重子女与另一方的关系；仅仅在子女利益有此要求的特殊情况下，法官才可以将亲权交给父母一方行使。

在我国现行法中，父母离婚不影响父母与子女的关系，不论是否直接抚养，父母依然是未成年子女的监护人。但实际上未直接抚养的父母一方很难行使其监护权，而另一方责任过重（司法实务在确定监护人责任时，直接抚养的监护人首先承担责任），此即是法律上的共同监护，而非事实上的共同监护。[②] 所以建议我国立法可增补规定：凡涉及未

---

① 此处的共同监护是指两位以上监护人共同承担监护职责，对于未成年人而言，共同监护是常态。虽然我国现行法未明确共同监护的特殊规则，但不论立法还是司法实践都是承认共同监护的，但缺乏有针对性的规则。关于共同监护的立法不足，可以参见李贝、彭诚信：《共同监护制度的解释适用——以〈民法总则〉颁布为背景》，载《法学论坛》2017年第13期，第62-68页。

② 樊丽君：《共同监护已成离婚后抚养孩子的世界趋势》，载《中国妇女报》2015年9月21日第A04版。

成年子女重大利益的事宜父母监护人应共同协商决定，如重要的医疗决定、就读学校的选择、参加父母不陪同的国内外游学活动等，鼓励并要求未直接扶养子女一方积极行使监护权，可促进亲子间的亲密关系。

（3）生存父母与遗嘱指定监护人。

在法国不会发生遗嘱指定的监护人与生存一方父母共同监护的情况。因为父母通过遗嘱指定监护人的权利，仅属于后去世的父或母。（"法民"第403条）法律明确规定父母一方去世或者被剥夺行使亲权，由另一方单独行使亲权。（"法民"第373-1条）但单独行使亲权的一方在对子女的有关财产的亲权上受到更多限制。我国《民法典》已规定了父母的遗嘱指定监护权利，但未明确该权利是否仅属于后去世父母一方，所以建议我国补充立法将该项权利明确为后去世父母一方专属享有，或者虽立遗嘱人先死亡，但后死父母一方未遗嘱指定监护人的，该遗嘱指定亦有效力。①

（4）继父母的"监护权"。

与我国不同，法国的继父母并不会因抚养继子女或与其共同生活而自然享有亲权，继父母享有亲权只可能是在继父母简单收养或完全收养继子女，或者由生父母申请经家事法官判决将亲权之全部或部分委托给继父母行使。（"法民"第358、365、377条）我国《民法典》第1072条赋予抚养教育继子女的继父母享有父母的权利，从立法目的上看是有利于未成年人抚养的，但应考虑协调生父母监护权与继父母监护权的行使。我们认为，一般情况下赋予与继子女共同生活的继父母以日常监护事务的监护权即可，不论继父母与继子女之间是否形成抚养教育关系；对于重大监护事务的监护权以生父母委托继父母行使为限更为妥当。

（三）当代法国成年人保护制度对我国立法完善的启示

法国成年人保护制度的现代化是一个回应社会需求的过程，不论是以保护措施的必要性和辅助性实现对受保护成年人自主权的尊重，还是以多层次弹性保护措施适应不同身体状况成年人的不同需求，其制度的现代化发展总是力图赶上法国社会变迁对法律制度的新要求。我国成年人监护制度的立法也应与时俱进，根据我国当代社会现实情况，更新观念并创新制度，建议以我国现行成年人监护制度为基础，构建成年人保护制度。②这一方面可扩大受保护的成年人的范围以保护更多需要帮助的高龄人士，另一方面也可增加成年人保护措施类型以满足不同的保护需求。

1. 我国成年人保护制度的立法成就

我国已属于人口高龄化社会。根据2010年的人口普查数据，65岁以上老人在全部人口中的占比是8.9%。③伴随预期寿命的延长，因高龄而失能或半失能的老人也会增多。

---

① 可参考《德国民法典》第1776条、第1777条相关规定。［德］迪特尔·施瓦布：《德国家庭法》，王葆莳译，法律出版社2010年版，第447页。

② 参见陈苇、李艳：《中国民法典之监护制度立法体系构建研究》，载《西南政法大学学报》2017年第2期，第83-84页。

③ 数据来源于中华人民共和国国家统计局编：《2011年中国统计年鉴》，中国统计出版社、北京数通电子出版社2011年版。

2016 年的 "第四次中国城乡老年人生活状况抽样调查"[①] 结论显示：我国失能、半失能老年人口数量较大，全国失能、半失能老年人大致 4063 万人，占老年人口的 18.3%。而根据中国残疾人联合会的数据，2010 年末我国残疾人总人数 8502 万人，其中重度残疾 2518 万人。[②] 我国成年人保护制度的立法也与时俱进，根据我国社会现实情况，更新了观念并创新了制度。对因高龄和残疾失能人的保护，我国现行《老年人权益保障法》和《民法典》作出了积极回应：其一，确立了以被监护人为本的原则，指定监护人以及监护人履行监护职责应遵循最有利于被监护成年人的原则；其二，确立了尊重被监护人自主决定权的原则，监护人应最大限度尊重成年人的真实意思，对于被监护成年人有能力独立处理的事务监护人不得干涉；其三，设立了成年人意定监护制度，具有完全行为能力的成年人可以自主预先选择愿意担任其监护人的个人和组织，在成年人丧失行为能力时由其意定监护人履行监护职责。

2. 我国成年人保护制度的完善建议

现行的成年人保护制度仍然存在受法律保护的成年人范围较狭窄，保护类型较单一的不足。

（1）建立成年人保护制度，扩大受保护成年人的范围。在我国，与已废止的《民法通则》相比，《民法典》取消了被监护人是精神病人的限制，将由于各种原因导致的不能辨认或者不能完全辨认自己行为的成年人纳入监护范畴。但由于监护与民事行为能力制度相关联，现行法对具备行为能力的成年人不予保护，高龄失能者或者残障失能者面临不公正的交易行为、护理照料人的侵权行为等难以获得民事上的辅助和保护。因此有必要设立成年人保护制度，成年人保护与被保护人的行为能力没有必然关联，不仅保护无行为能力人和限制行为能力人，也保护因疾病、残疾、高龄等而无法自我保护的人。建议以现行成年人监护制度为基础，构建成年人保护制度，一方面可扩大受保护的成年人的范围以保护更多需要帮助的高龄人士，另一方面也可增加成年人保护措施类型以满足不同的保护需求。

（2）增加成年人保护措施类型。监护是保障不具备完全民事行为能力人权益的基本保护措施，但适用范围有限。在设立成年人保护制度的基础上，建议对无民事行为能力成年人设置监护，限制行为能力成年人设置辅助，其他因高龄、疾病或残疾无法保障自己利益的成年人设置协助，监护、辅助和协助这三种措施统称为成年人保护。监护人、辅助人和协助人的职责均为保障受保护人的人身和财产权益，履行职责时均应遵循最有利于被保护成年人的原则，但是在履行其职能时的权利义务有所不同。对无民事行为能力成年人的监护与传统监护制度保持一致，监护人是被监护人的代理人；对限制行为能

①　"中国城乡老年人生活状况抽样调查"是由全国老龄工作委员会领导、全国老龄工作委员会办公室主办、国家统计局批准、每五年开展一次的老年人生活状况抽样调查。第四次中国城乡老年人生活状况抽样调查时点为 2015 年 8 月 1 日 0 时，调查对象为居住在中华人民共和国国内（港澳台地区除外）的 60 周岁及以上中国公民，调查样本规模为 22.368 万，抽样比约为 1.0‰。资料来源：全国老龄工作委员会办公室官网，《三部门发布第四次中国城乡老年人生活状况抽样调查成果》，http：//www.cncaprc.gov.cn/contents/2/177118.html，访问日期：2018 年 6 月 10 日。

②　《2010 年末全国残疾人总数及各类、不同残疾等级人数》，资料来源中国残疾人联合会官网：http：//www.cdpf.org.cn，访问日期：2018 年 5 月 24 日。

力人的辅助类似部分监护,① 辅助人在特定事项范围内代理被辅助人,辅助人应充分尊重被辅助人的自决权,如精神障碍患者是否住院治疗的问题等,被辅助人能自行完成的行为辅助人不得干预;对其他无法独自保障自身利益的成年人的协助一般由本人委托授权他人协助,与其共同生活的家庭成员当然有权协助,除非本人明确拒绝;无人接受委托的,本人可以向社区、居委会、村委会申请指定协助。协助人不得限制或干涉被协助人的行为,但被协助人所为法律行为明显对其不利,或者在被协助人权利受到侵害时,协助人应代理被协助人行使撤销权变更权,或停止侵害及损害赔偿请求权。欠缺行为能力的人恢复行为能力后,如果尚不能独自保障其利益,其监护人或辅助人可担任其协助人;而被协助人精神或身体状况恶化,不能辨认或不能完全辨认自己的行为,则其协助人可转为监护人或辅助人,协助人不能胜任监护或辅助职责的,应及时请求法院指定监护人或辅助人。例如,对高龄老人的保护,听力下降、视力下降、慢性病损害他们的睡眠和决断力,生活难以自理,更难以自我保护。如果老人与家人同住,家庭其他成员可担任协助人,如果是独居老人,其他亲属朋友,或者公益社会组织、社区、居委会、村委会等也可以指定专人担任协助人,独居老人的协助人应经常探望被协助人。② 高龄失能是持续发展的状态,被协助的老人在病情发展到不能辨认或不能完全辨认自己的行为时,协助就应转为监护与辅助。而老人在受协助期间,如果信赖协助人,可通过订立将来监护或辅助的委托合同,在丧失行为能力后由原协助人担任监护人或辅助人。

（四）当代法国离婚制度对我国立法完善的启示

法国的离婚制度相对于我国更为保守,直到2016年11月18日"关于21世纪司法现代化"第2016-1547号法律才正式承认非司法程序的协议离婚,在此之前的离婚,即便是双方均同意离婚且就离婚后果达成协议的配偶也必须经过司法程序,在得到法官批准和宣告后才能离婚。但当代法国离婚制度却有不少值得我国借鉴的内容,尤其是离婚对配偶双方财产关系法律后果的相关规定。

1. 我国离婚制度的立法成就

我国《民法典》婚姻家庭编在离婚的程序、诉讼离婚的条件、离婚的法律后果等方面对离婚制度进行了修改完善。

（1）我国的粗离婚率从2000年的0.96‰持续快速上升到2019年的3.4‰,但细究粗离婚率的构成就会发现,我国离婚对数总量的增长主要是由协议离婚数量增长造成的,人民法院判决或调解离婚的对数则保持相对稳定。③ 我国《民法典》采纳了在程序上限制协议登记离婚的做法,增加了"离婚冷静期"（《民法典》第1077条）。从2021年1月1日起,离婚当事人不能在提交离婚申请的当天就取得离婚证,而需要在提交申请后等待

① 部分监护指只在被监护人实际需要的范围内设立的监护措施。具体内容可参见李霞:《成年监护制度的现代转向》,载《中国法学》2015年第2期,第203页。
② 老年人居住安排的调查数据显示,独居老人的比例近年来逐渐提高,城镇老人居住安排中独居老人的比例在2000年是7.4%,2006年是8.3%,2010年是8.6%;农村老人居住安排中独居老人的比例在2000年是8.3%,2006年是9.3%,2010年是10.6%。参见《中国城乡老年人生活状况（2000-2010）抽样调查数据（二）》,载《老龄科学研究》2014年第9期,第78-80页。
③ 下文表中所有数据来源于中国民政部2001年至2019年的"社会服务发展统计公报",网址:www.mca.gov.cn,访问日期:2021年1月30日。

一个月，如果对离婚反悔的话，可以撤回离婚申请或者在期限届满后一月内不去登记离婚即可。

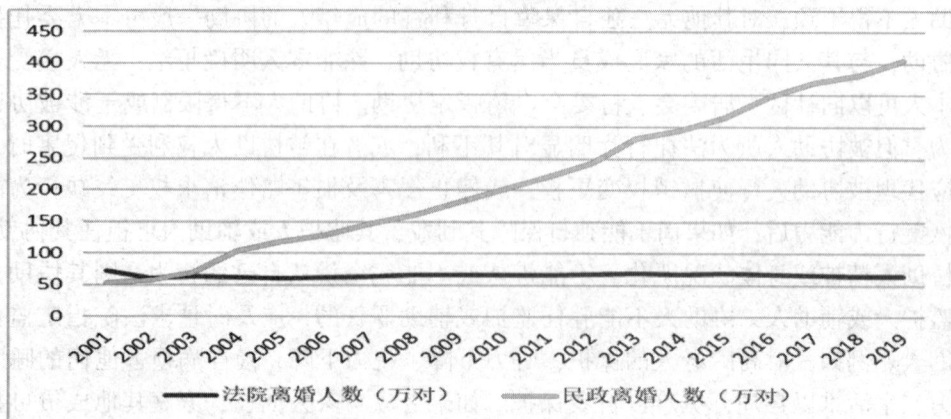

表　2001-2019 年法院调解判决离婚对数与民政部门协议登记离婚对数对比

（2）相对立法对行政登记离婚的限制，使我国诉讼离婚的难度因为立法增加了一项程序性离婚条件而相对减小。第一次诉请离婚没有判离的情况下，继续分居一年即可达到判决离婚的法定条件，而如果没有前一次诉讼的，因感情不和分居的时间要达到两年才符合判决离婚的条件（我国《民法典》第 1079 条第 5 款）。

（3）离婚的法律后果。我国的离婚财产分割，在当事人协议不成而由人民法院判决时，照顾的对象从过去的子女和女方，增加为子女、女方和无过错方，明确了婚姻中过错方应承担不利后果。离婚经济补偿制度从过去仅适用于夫妻分别财产制的情况，变更为不再受夫妻所采财产制的限制，体现承认了家务劳动的价值。而离婚损害赔偿制度则扩大了法定过错的范围，增加了"其他重大过错"，因自身重大过错导致离婚的应承担不利后果，有利于保障离婚夫妻之无过错方的合法权益。

2. 我国离婚制度的立法完善建议

（1）接受离婚制度——解除夫妻身份与财产分割的分离之法国立法借鉴。前文已述，法国的离婚分为非司法协议离婚和司法离婚，后者又分为两类，一类是两愿诉讼离婚，当事人对离婚和离婚的法律后果都已经协商一致，但未成年子女向法官提出听取自己意见，这时配偶双方可以提交法官批准一项关于离婚结果的协议，共同请求离婚；另一类是有争议的离婚，包括接受离婚、婚姻关系变坏无可挽回以及因过错离婚。其中，接受离婚是指配偶双方都接受婚姻失败的事实，均同意离婚，但就离婚后果无法达成一致意见而诉请离婚，法官依法宣告离婚并对离婚的后果作出裁判。法国的接受离婚的方式突出的特点是当事人双方对离婚本身并无异议，只是在财产分割等问题上无法达成一致意见；当事人对同意离婚的意思表示只要是自由真实的，该意思表示就不能撤回。法官在处理这类案件时也需要调解，但目的不是调解和好，而是和平离婚，调解不能达成一致时法官应采取临时措施保障当事人的人身安全和生活费用并及时判决。

我国的诉讼离婚没有细分不同类型，夫妻一方诉至法院要求离婚，另一方既有可能是同意离婚但财产分割债务负担子女抚养没有达成一致，也可能是根本就不同意离婚。但法官在处理时感觉棘手的是，另一方以同意离婚作为筹码，表示财产债务子女等处理符合其要求就同意离婚，反之不同意离婚。这种以同意离婚作为筹码的做法有两个弊端：其一是可能会让法官的大量调解工作付诸东流。法官在调解时也会根据实际情况确定调解目标，是调解和好还是调解离婚。被告表现出同意离婚的意思后，法官即对离婚的后果逐一做工作，但常常在调解数小时后因为一句话或一件小事令当事人反悔，直接表示不同意离婚，法官不得不转入审判程序。而进入审判程序，如果双方关系尚未达到法定判决离婚条件的，法官还不能判决准予离婚。之前的司法资源就被浪费了。其二是可能会让急于离婚的一方不得不接受苛刻的离婚后果。急于离婚本身并不是过错，有时候反而可能是因为被告的行为而不得不求得解脱。当被告方以不同意其要求就不离婚为谈判底牌时，要求离婚的一方随即陷入不利境地。婚姻关系无法继续是事实判断，将同意离婚作为筹码换取财产分配上的优待是一种不公正，也是对婚姻自由原则的破坏。我国有些学者也认为，应适度承认夫妻财产分割争议的独立性，必要时身份关系争议和财产关系争议拆分处理。① 故此我们认为，法国法上的接受离婚制度值得我国立法借鉴，当事人在法院作出同意离婚的意思表示后，解除夫妻身份的意思表示非因欺诈胁迫不得撤回，在此基础上法院只对财产债务子女问题进行调解或裁判，公平保护子女和双方当事人的利益。

（2）补偿性给付——财产分割与帮助照顾的分离之法国立法借鉴。在法国，离婚时的补偿性给付规定在《法国民法典》第一卷第六编第三章离婚的后果中，是为弥补离婚后配偶生活条件客观上的不利变化，而由一方给予另一方的补偿性救济。补偿性给付是法定的补偿（配偶不得通过协议预先免除补偿义务②），既不是配偶间救助义务在离婚后的延续，也不是对另一方的惩罚，"补偿性给付的目的是尽可能补偿因婚姻关系中断而造成的双方各自生活条件上的差异"。（"法民"第270条）补偿性给付发生在夫妻财产利益的清算与分割之后。

在我国，现行离婚制度也区分夫妻共同财产清算与分割制度、离婚救济制度。前者主要被规定在我国《民法典》第1087条，后者则体现在我国《民法典》第1088、1090、1091条。根据我国学者夏吟兰教授的实证调查结论，我国的离婚经济补偿制度、经济帮助制度和离婚损害赔偿制度都未能有效地适用；③ 陈苇教授等认为离婚经济帮助的绝对困难标准是经济帮助制度难以适用的重要原因。④ 在我国，仅仅是因为离婚而生活水平下降并不能适用离婚经济帮助制度，而离婚后带着未成年子女共同生活的女方生活水平一般会下降，这是不争的事实。虽然我国《民法典》第1087条规定了"照顾子女、女方和无过错方权益"的共同财产分割原则，但这种不确定的"照顾"常常因为和夫妻平权的原则相冲突而难以实现。例如，一种常见的照顾是为保障子女生活环境不发生较大改变而将唯一的共同住房所有权判给与未成年子女共同生活的女方。但根据共同财产均分的基

---

① 蒋月：《改革开放三十年中国离婚法研究回顾与展望》，载《法学家》2009年第1期，第75页。

② 张民安：《法国民法》，清华大学出版社2015年版，第224页。

③ 夏吟兰：《离婚救济制度之实证研究》，载《政法论坛》2003年第6期，第150-151页。

④ 陈苇、何文骏：《我国离婚救济制度司法实践之实证调查研究——以重庆市某基层人民法院2010-2012年被抽样调查的离婚案件为对象》，载《河北法学》2014年第7期，第29页。And see：Chen Wei, Shi Lei, He Wenjun, "*Empirical Research on Judicial Practice of the Post-divoce Relief System—Targeted on Sampled Cases Handled in a Grass-roots People's Court in Chongqing in 2010-2012*", The International Survey of Family Law, 2014 Edition, pp. 64-66, Jordan Publishing Limited 2014, Printed in Great Britain by Hobbs the Printers Limited, Totton, Hampshire SO40 3WX.

本原则，女方应按照协商价格或市场价格给予男方房屋折价款，而无力支付或支付困难的女方可能不得不放弃这种照顾。

将"照顾"混入财产清算分割中是不合理的，强行在财产分割过程中同时实现"照顾子女和女方权益"和"夫妻财产权平等"两个原则也不现实。我们认为可以考虑参考法国法的思路，将财产分割与照顾帮助相分离，先按照法律规定共同财产和共同债务平均分配或共同分担，再在此基础上处理照顾或帮助。对子女权益的照顾可以参考法国住宅安排制度。当过去的家庭住宅归一方所有，而双方的子女惯常居住于此或者需要居住于此，法官可以要求该方将家庭住宅租让给与未成年子女共同生活的另一方，直至子女成年。对女方的照顾则应根据实际情况，由女方提出请求并证明生活水平显著下降。① 然后，法官可酌情确定补偿费用。建议法官考虑如下情形：婚姻持续的时间，双方当事人的年龄与健康，双方当事人的职业资历与状况，一方为教育子女所花费以及仍需花费的时间或者为了对方事业而牺牲自己事业作出职业选择产生的后果，以及双方现有和可预计的财产和权益等。

---

① 王歌雅教授也认为，"对生活困难的界定，不仅应包括离婚后不能维持当地基本生活水平的情形，更应包括基于离婚前与离婚后的生活水平落差而引起的生活水平下降的情形"。参见王歌雅：《离婚救济制度：实践与反思》，载《法学论坛》2011 年第 2 期，第 31 页。

第三章　当代德国婚姻家庭法律制度研究

第一节　当代德国婚姻家庭法律制度概述

本节研究和阐述以下内容：一是当代德国婚姻家庭法律制度的渊源和主要内容；二是 20 世纪以来德国婚姻家庭法律制度修订概况；三是德国宪法基本权利和相关人权条约对德国家庭法改革的影响。

一、当代德国婚姻家庭法律制度的渊源和主要内容

（一）当代德国婚姻家庭法律制度的渊源

德国婚姻家庭法主要被规定在《德国民法典》第四编，除此之外，1949 年《德国基本法》、2008 年《德国家事事件和非讼事件程序法》、2001 年《德国登记生活伴侣关系法》、1976 年《德国养老金补偿法》、1975 年德国《社会法典第八编：儿童和青少年救助》等国内法也是家事法的重要渊源。在国际法层面，对德国家事法影响较大的国际条约，包括 1950 年《欧洲人权条约》（EMRK）、1993 年《海牙跨国收养公约》和 1980 年《海牙非法诱拐儿童公约》。①

（二）当代德国婚姻家庭法律制度的主要内容

1. 实体法

在实体法层面上，德国家庭法主要包括三方面的内容：婚姻、父母子女关系和监护（包括保佐和照管）。婚姻法的内容包括订婚、婚姻共同生活、夫妻财产制、分居、离婚、离婚后果。亲子关系法的内容包括亲子关系的认定、父母照顾、交往权（探视权）、扶养、收养。监护和照管这两种制度也出现在其他领域，并不专属于家庭法。传统意义上的家庭法指的是有关婚姻和亲属关系的法律规定的总和。在亲属关系方面又以父母子女关系为核心。

2. 《德国家事事件和非讼事件程序法》②

早在 1877 年，《德国民事诉讼法》就将婚姻事件和禁治产事件的诉讼程序，作为专门一编加以规定，适用不同于审理普通民事案件的程序。之后，伴随着相关婚姻家庭实体法的修改，德国家事审判程序的范围不断扩大，增加了确定亲子间法律关系的诉讼程

---

① 本章所引德国相关法律的最新版本和英文译本（部分），参看德国司法部网站：http://www.gesetze-im-internet.de/aktuell.html，访问日期：2019 年 8 月 19 日。

② Gesetz über das Verfahren in Familiensachen und in den Angelegenheiten der freiwilligen Gerichtsbarkeit，最新中文译本参看王葆莳等：《德国家事事件和非讼事件程序法》，武汉大学出版社 2017 年版。

序。但在 1976 年之前，德国的离婚程序分散于地方法院（离婚），区法院（扶养、抚养等）以及监护法庭（对儿童的照顾权）。婚姻事件和相关后续事件分别适用民事法庭的程序与监护法院的非讼程序。此种分别裁判的做法令纠纷缺乏统一处理，当事人就同一纠纷的不同程序问题受到不同判决，极易再次发生冲突。为简化程序、促进司法统一，德国于 1976 年设立专门法院处理家事案件。

2008 年 9 月 19 日，德国对《非讼事件程序法》（FGG）全面修订，将原为《德国民事诉讼法》第六编调整的婚姻事件和其他家事事件全部纳入非讼事件范围，改变了家事法庭的管辖权。新的《德国家事事件和非讼事件程序法》（以下简称《德国家事事件法》）将家事事件全部纳入非讼程序，所有关于分居、离婚的争议都由一个大的家事法庭来处理。原由监护法院管辖的案件一部分交由家事法庭管辖，若涉及成年人有精神疾病或身体、精神、心理障碍而不能处理其全部或部分事务的状况，交由照管法院处理。

《德国家事事件法》的主要特点如下：

（1）家事程序保留。民事诉讼通常采用当事人对立构造，但《德国家事事件法》基本不采用对立结构，仅在婚姻事件和家事争议事件例外地采用，即家事程序保留。家事争讼事件主要包括扶养事件、夫妻财产事件、同性恋关系事件和解除婚约、亲子及探望权等产生的请求权程序。其在性质上属于诉讼事件，原规定于《德国民事诉讼法》的第六编，虽被置于非讼事件程序法内，但由于其不同于一般非讼事件，故仍应采用当事人对立结构，只是在裁判形式及保全上，适用总则的规定。其他内容如果在婚姻事件和家事争讼事件分则没有规定的，主要适用《德国民事诉讼法》的规定。

（2）职权主义和关系人协助义务。《德国民事诉讼法》原则上采取辩论主义，当事人双方应当提出事实基础并对此负全部责任，法院只允许以当事人在诉讼中提出的事实为基础。但家事事件关乎人身和公共利益，适用辩论主义不利于法官发现真相，也不利于案件的妥善处理。[①] 为了维持身份关系，调和当事人的矛盾，《德国民事诉讼法》明确规定，家事审判程序适用职权主义。在职权主义下，法官可下令调查证据，也可采纳双方未提出的证据，即法院对诉讼证据与资料的收集拥有主导权。

考虑到家事审判的特殊性，职权主义的适用受到一定限制。例如，在离婚事件程序与婚姻废止程序中，针对当事人未提出的事实，只有在该事实有助于维持婚姻或者申请人不反对法院考虑该事实的情况下，法院才能依职权进行调查。在确认亲子关系程序中，只有在当事人未提出的事实有助于维持父亲与子女亲子关系，或者质疑亲子关系一方不反对时，法院才能够依职权考虑。在涉及照顾权、确认亲子关系、收养事件和监护事件的程序中，法院适用职权主义进行审讯的，应当使子女和父母本人亲自到场，听取子女和父母本人意见。

（3）对未成年子女的保护。《德国家事事件法》重点强调改善子女在家事法院诉讼程序中的参与程度与共同决定权，体现了子女最佳利益原则。例如，法院在对子女事件作出裁定时，应当听取年满 14 周岁的子女本人意见；出于维护未成年子女的必要，法院可以为未成年子女安排程序辅助人，帮助未成年子女更好地参与诉讼，表达意见；法院作出裁判后，在不损害子女成长、教育、健康的情况下，应当将裁判内容直接通知年满 14

---

① 曹慧婷：《德国家事事件非讼化的发展及其启示》，载《司法改革论评》2016 年第 1 期，第 370 页。

周岁的子女；年满 14 周岁的子女在知晓法院裁判内容后，若对裁判结果不服，可以提出抗告；在涉及需要采取临时措施的情况下，法院应当毫不延迟地审查是否需要发布关于临时措施的禁令；在子女的利益需要代理的情况下，法院应当为子女指定法律顾问；对于未出生子女的抚养，母亲可以向法院申请子女出生后的前三个月的抚养费；为了保障子女的生活，该申请可以由母亲在子女出生前提出，法院审查申请后依职权裁定是否要发布临时措施；此外，该法中还设立了未成年子女追索扶养费的简易程序。

二、20 世纪以来德国婚姻家庭法律制度修订概况

（一）联邦德国成立之前的家庭法

德国 1900 年《德国民法典》（BGB）第一次在全德统一了家庭法，第四编从此成为德国家庭法的基础。《德国民法典》的进步主要体现在妇女地位的显著改善，如妇女在人身法和财产法方面拥有和男子平等的权利，包括平等的权利能力和行为能力；女儿和儿子拥有平等的继承权；妇女和男子一样可以做监护人。该法典的保守性主要体现在对非婚生子女的规定，当时的《德国民法典》规定"非婚生子女和其父亲不具有亲属关系"，母亲必须和其他监护人共同行使对子女的照顾权。

1919 年的魏玛帝国宪法有力推进了家事法改革进程，规定婚姻受宪法的特别保护，将其与平等原则相联系，宣布"培养后代的物质、精神发展和社会能力"是父母的至高义务和自然权利，规定国家对于父母权利的行使具有监督职能。

德国纳粹政府为了实现其政治目的，尤其是种族主义主张，于 1933 年 11 月 23 日颁布《防止滥用结婚和收养制度法》，[1] 扩大了《德国民法典》中无效婚姻的范围。1938 年的《关于变更和补充家庭法规定以及无国籍人法律地位》[2] 重新规定了婚姻撤销制度，特别是增加了检察官的撤销权（第 1595a 条）。此外，1935 年 9 月 15 日《保护德意志血统和荣誉法》[3] 和《保护德国人民遗传健康法》，[4] 也充满了种族主义和优生主义色彩。[5] 1938 年吞并奥地利后，纳粹政府对结婚法和离婚法进行全面修订，1938 年 7 月 8 日颁布的《关于在奥地利和其他帝国领土上统一结婚法和离婚法的法律》（以下简称《婚姻法》）[6] 将结婚法和离婚法从《德国民法典》中分离出来。该部法律直到 1998 年才被完全废止。

（二）联邦德国成立之后的家庭法

随着第三帝国的覆灭，立法者开始着手改革家庭法中的父权结构和对非婚生子女的歧视。1949 年《德国基本法》从宪法角度提出修改家庭法的要求。该法第 3 条第 2 款规定：男女有平等之权利，国家应促进男女平等之实际贯彻，并致力消除现存之歧视。这一规定并非原则性的宣告，而是实实在在的宪法权利，依照第 117 条第 1 款，与第 3 条第

---

① Gesetz gegen Missbräuche bei der Eheschließung und Annahme an Kindes Statt (RGBl. I S. 979).

② Gesetz über die Änderung und Ergänzung familienrechtlicher Vorschriften und über die Rechtsstellung von Staatenlosen vom 12. April 1938.

③ Gesetzes zum Schutze des deutschen Blutes und der deutschen Ehre.

④ Gesetzes zum Schutze der Erbgesundheit des deutschen Volkes.

⑤ 参看王强、David Siegel：《对德国亲属法在第三帝国时期发展的法史、法学解析》，载《河南师范大学学报》（哲学社会科学版）2016 年第 6 期。

⑥ Gesetz zur Vereinheitlichung des Rechts der Eheschließung und der Ehescheidung im Lande Österreich und im übrigen Reichsgebie.

2 项抵触的法律，必须在 1953 年 3 月 31 日之前依照基本法进行调整。该法的上述规定和联邦宪法法院的相关裁判，直接推进了家庭法的多次重大修订，其中对现行家庭法有重大影响的修订法案包括：

（1）1957 年 6 月 18 日通过的《平权法》① 首次尝试在家庭法领域贯彻男女平等原则，但没有取得完全成功；该法还将增益共有制规定为法定婚姻财产制。

（2）1976 年 6 月 14 日通过的《婚姻法和家庭法改革第一号法律》② 进一步确立了男女平等原则，并在破裂原则的基础上重新规定了离婚法。该法还新设了增益补偿制度，在法院中设立了专门的家庭法庭。

（3）1979 年《关于父母照顾权修订法案》③ 重新规定了父母的照顾权，并设立了子女的权利。

（4）1990 年 9 月 12 日通过的《修改成年人监护和保佐法的法律》④ 废除了禁治产制度，并设立了新的"照管"法律制度。

（5）1997 年 12 月 16 日通过的《亲子关系改革法》⑤ 在法律上实现了对婚生子女和非婚生子女的平等对待。

（6）1998 年 5 月 4 日通过的《重新规定结婚法的法律》废止了 1938 年《婚姻法》，⑥ 将婚姻家事法重新纳入《德国民法典》体系。

（7）2001 年 2 月 22 日通过的《结束歧视同性共同生活的法律：生活伴侣关系法》⑦ 为同性恋者设立了类似于婚姻的法律制度；2004 年和 2015 年进一步修订。

（8）2007 年 12 月 21 日通过的《关于变更扶养法的法律》，⑧ 对扶养法全面调整。

（9）2008 年 12 月 17 日通过的《关于改革家庭事件和非讼事件的程序的法律》，⑨ 重构了德国家事案件的审判制度。

（10）2009 年 4 月 3 日通过的《关于退休年金补偿的结构改革的法律》，对 1976 年设立的养老金补偿制度进行全面修订。

（11）2013 年 4 月 19 日通过的《关于强化未获得法定父亲身份之生父的法律地位的法律》。

（12）2017 年 7 月 20 日通过的《关于引入同性婚姻缔结权的法律》⑩ 正式在德国承认了同性婚姻。

三、德国宪法基本权利和相关人权条约对德国家庭法改革的影响

从某种程度上讲，现代德国家庭法改革的主要发展动力来自德国联邦宪法法院，后

---

① Gleichberechtigungsgesetz，简称为 GleichberG。
② Erstes Gesetz zur Reform des Ehe- und Familienrechts.
③ Gesetz zur Neuregelung des Rechts der elterlichen Sorge，简称为 SorgeRG。
④ Gesetz zur Reform des Rechts der Vormundschaft und Pflegschaft für Volljährige，简称为 Betreuungsgesetz 或 BtG。
⑤ Gesetz zur Reform des Kindschaftsrechts，简称为 Kindschaftsrechtsreformgesetz 或 KindRG。
⑥ Gesetz zur Neuordnung des Eheschließungsrechts，简称为《结婚法》（Eheschließungsrechtsgesetz 或 EheschlRG。
⑦ Gesetz zur Beendigung der Diskriminierung gleichgeschlechtlicher Gemeinschaften.
⑧ Gesetz zur Änderung des Unterhaltsrechts（U Änd G）vom 21. 12. 2007（BGBL I，3189）.
⑨ Gesetz zur Reform des Verfahrens in Familiensachen und in Angelegenheiten der freiwilligen Gerichtsbarkeit.
⑩ Gesetz zur Einführung des Rechts auf Eheschließung für Personen gleichen Geschlechts，简称 EheRÄndG。

者不断通过判决对旧的德国民法典提出修法要求，倒逼联邦政府不断修法。故德国宪法基本权利与德国家庭法的紧密关系构成其一大特色。

（一）德国家庭法和德国基本法

1900 年的《德国民法典》在总体上保留了父权婚姻结构（die patriarchalische Ehestruktur）：男方仍是家庭生活中的主角，负责全面处理与家庭共同生活相关的事务；[①] 男方姓氏自动成为婚姻姓氏和家庭姓氏；[②] 在法定财产制中，男方负责管理并使用女方的财产；[③] 男方在子女照顾方面承担主要义务，独享对子女的财产照顾权和法定代理权。[④] 妇女在家庭中被定位为"有权负责共同的家庭事务"，[⑤] 并且以此为限享有对外处理权限，即"在家事效果范围内料理丈夫的事务并为丈夫的代理人"。[⑥] 同时，为了严格区别婚姻和婚姻之外的关系，达到将婚姻作为唯一合法伴侣形式的目的，该法对非婚生子女采取了保守的态度，"非婚生子女和其父亲不具有亲属关系"。[⑦] 父亲虽然须在子女年满 16 岁之前承担扶养义务，[⑧] 但在其他方面与子女并无任何法律关系。就母亲而言，子女具有婚生子女地位，[⑨] 但母亲必须和其他监护人共同行使对子女的照顾权，且不享有法定监护权。[⑩]

第二次世界大战后，1949 年《德国基本法》从宪法角度提出修改家庭法的要求。该基本法第 3 条第 2 款规定：男女有平等之权利，国家应促进男女平等之实际贯彻，并致力消除现存之歧视；第 6 条第 5 款规定：非婚生子女之身体与精神发展及社会地位，应由立法给予与婚生子女同等之条件；第 117 条第 1 款特别规定：与本法第 3 条第 2 项抵触的法律，必须在 1953 年 3 月 31 日之前依照本法进行调整。

在《德国基本法》和联邦宪法法院的推动下，德国立法者通过先后颁布《民法领域的男女平权法》《改革婚姻法和家庭法的第一号法律》《家庭姓氏权利法》《非婚生子女法律地位法》《修改子女权利法》《辅佐关系法》《继承权平权法》《统一未成年子女扶养权利法》等一系列法案逐步实现了男女平等、婚生子与非婚生子的法律地位平等以及对子女权利的特别保护。

德国学术界通说认为，该德国《基本法》中规定的基本权利是德国法律体系核心价值的体现，可以直接约束各国家机关。[⑪] 基本权利的功能也称为基本权利的"法律效果""保证效果"等，它首先是一种主观权利（subjektive Rechte），同时也构成一种客观的价

---

① 1900 年"德民"第 1354 条。

② 1900 年"德民"第 1356、1616 条。

③ 1900 年"德民"第 1363 条。

④ 1900 年"德民"第 1627、1630、1634 条。

⑤ 1900 年"德民"第 1356 条第 1 款。

⑥ 1900 年"德民"第 1357 条。

⑦ 1900 年"德民"第 1589 条第 2 款。

⑧ 1900 年"德民"第 1708 条。

⑨ 1900 年"德民"第 1705 条。

⑩ 1900 年"德民"第 1707 条规定：母亲对非婚生子女不具有父母权利。母亲有权利和义务对子女进行人身上的照顾；但不能作为子女的法定代理人。对子女的监护在法律性质上实为辅佐（Beistand）。

⑪ *Damm*, *Karl-Dieter*, Die Einwirkung der Grundrechte des Grundgesetzes auf das nach deutschem internationalen Privatrecht anwendbare ausländische Sach- und Kollisionsrecht（1993），S. 63.

值判断，具有"客观功能"。① 这意味着，国家在实施任何措施和做决定时必须将基本权利作为一个客观价值加以考虑。② 无论是法律的制定还是法律的解释，只要这种活动属于"国家主权的行使"，就必须考虑基本权利。简言之，每种基本权利都有两方面的功能，一是限制国家权力、保护个人权益的主观功能，二是约束国家机关的客观价值功能。无论是立法者、司法者还是行政者都不能违反基本权利确立的客观价值。无论处理公法案件还是私法案件，法院都不能作出违反基本权利的判决。

1949 年德国《基本法》中规定的家庭法的基本权利包括以下条款：（1）第 6 条第 1 款：婚姻和家庭受国家之特别保护。（2）第 3 条第 2 款：男女具有平等权利，任何人不得因性别遭受歧视或享有特权。（3）第 6 条第 2 款：照料和教育子女为父母之自然权利，亦为其至高义务，其行使应受国家监督。（4）第 6 条第 4 款：凡母亲均有请求社会保护及照顾之权利。（5）第 6 条第 5 款：立法应当保证非婚生子女在身体与精神发展及社会地位方面，具有与婚生子女同等之条件。

联邦宪法法院通过一系列判决，扩展了国家对婚姻家庭的保护范围，赋予该《基本法》第 6 条第 1 款多种功能：（1）第 6 条第 1 款首先构成传统基本权利意义上的自由权，该自由权要求国家保护作为特定个人空间的婚姻和家庭免受外力的侵害，并在家庭领域促进人的独立和自我责任。③ 相应地，家庭应当被理解为封闭而独立的生活领域，国家有义务尊重和促进家庭的统一和自我责任；包括立法者对夫妻的私人决定自由的尊重，夫妻可以自行安排他们的家务劳动和职业工作。④（2）第 6 条第 1 款还包含了特殊的平等原则，⑤ 要求对婚姻和家庭的待遇不得低于其他生活或教育形式（禁止歧视），如配偶的待遇不能低于单身者，父母的待遇不能低于无子女者，婚姻和其他教育组织不得受歧视，单亲家庭不能在税法上受歧视。⑥（3）第 6 条第 1 款还承认婚姻和家庭是一种生活秩序，国家必须提供相应的"制度保障"（Institutsgarantie）。（4）第 6 条第 1 款对所有公法和私法领域设定了有约束力的价值判断。这种价值判断一方面禁止国家损害或妨碍婚姻和家庭（妨碍禁止），另一方面也要求国家保护婚姻和家庭不受其他力量的妨碍，并采取促进家庭的措施。⑦

联邦宪法法院在判例中强调了家庭概念中的社会条件："德国《基本法》第 6 条第 1 款所保护的家庭是父母和子女构成的共同体，无论子女是否为父母所生，也无论子女是否为婚生；家庭指的是父母和子女之间实际存在的生活和教养共同体，父母要为子女承担责任。"因此，只要子女的亲生父亲事实上对子女承担了责任，即使法律上没有承认其父的身份，他也可以和子女一起建立德国《基本法》第 6 条第 1 款意义下的家庭。⑧ 此

① 张翔：《基本权利的双重性质》，载《法学研究》2005 年第 3 期，第 21 页。有关基本权利的"客观价值"功能，又参见郑贤君：《作为客观价值秩序的基本权——从德国法看基本权保障义务》，载《法律科学》（西北政法学院学报）2006 年第 2 期，第 35 页以下。
② 参见张翔：《论基本权利的防御权功能》，载《法学家》2005 年第 2 期，第 65 页以下。
③ 《联邦宪法法院判例集》第 6 卷，第 55、71 页。
④ 《联邦宪法法院判例集》第 6 卷，第 55、81 页；第 24 卷，第 119、135 页；第 66 卷，第 84、92 页。
⑤ 联邦宪法法院的有关判例，载《家事法大全杂志》1999 年卷，第 283、286 页；2001 年卷，第 603 页。
⑥ 《联邦宪法法院判例集》第 61 卷，第 319 页；第 68 卷，第 143、154 页。
⑦ 《联邦宪法法院判例集》第 6 卷，第 55、76 页。
⑧ 《联邦宪法法院裁判》，载《家事法大全杂志》2003 年卷，第 816、822 页。

外，第6条第1款的保护也适用于外国人。在外国成立的婚姻即使没有遵守德国法的形式要求而不为德国承认，该"跛脚"婚姻也受德国宪法的保护；离婚的法律效力受到基本权利的保护（即使离婚者一方重新结婚，也不能因此减损对原配偶的基本权利保护）。[①]

（二）德国家庭法和相关人权条约

除了德国《基本法》，1950年的《欧洲人权公约》以及欧洲人权法院对该公约的解释，对德国家庭法的发展也有重要影响。该公约第8条规定，每个人都有权要求尊重其个人和家庭的生活。只有在公约严格规定的条件下，各成员国才能干涉个人的这一权利。公约第14条还规定了禁止歧视原则，排除了基于性别的不平等待遇。欧洲人权法院指出：尊重家庭生活的权利应当平等地适用于父母与"婚生子女"与"非婚生子女"的家庭。[②]可见，欧洲人权法院对家庭概念作了广义解释。欧洲人权法院在其判决中一再重申对父母子女关系的保护。[③]

第二节 当代德国亲属关系通则

本节研究和阐述以下内容：一是当代德国亲属关系通则概述；二是当代德国亲属的范围和种类；三是当代德国亲属关系的法律效力。

一、当代德国亲属关系通则概述

（一）家庭的含义

在德国当代婚姻家庭法中，比"亲属"更重要的概念是"家庭"。《德国民法典》第四编的标题就是"家庭法"，而非"婚姻法"或"亲属法"。

根据联邦宪法法院的观点，[④] 家庭应当被理解为父母和子女构成的各种共同体，这里的子女包括继子女、被收养子女和存在实际照料关系的子女。父母和非婚生子女的关系也属于家庭关系。[⑤] 只要子女的亲生父亲事实上对子女承担了责任，并且和子女之间形成了社会联系，即使法律上没有确立父子关系，也可以和子女一起建立德国《基本法》第6条第1款意义下的家庭。

家事法和家庭政策在很大程度上反映了文化和社会的发展。18世纪以来的社会发展对德国家庭法的影响最为深远：（1）亲属的内涵大为收缩。在现代社会中，家庭主要指的是小家庭，即在共同家庭中生活的人（狭义上的家庭）。亲属的内涵随之缩减，主要指父母和子女关系。（2）家庭在功能上也发生了重大变化。"家庭"逐步失去其作为生产单位（家庭企业）的意义，而成为纯粹的消费单位。（3）家庭关系的强度和亲密度大为增强。从前的家庭更多地体现为一种法定的、客观存在于家庭成员间的角色分配，今天的

---

① 《联邦宪法法院判例集》第62卷，第323、330页；第66卷，第66、77页。

② 欧洲人权法院的Marckx诉比利时案，载《新法律周刊》1979年卷，第2449页。

③ Keegan诉爱尔兰，载《家庭法大全杂志》1995年卷，第110页；Elsholz诉德国，载《家庭法大全杂志》2001年卷，第341页；Sommerfeld诉德国，载《家庭法大全杂志》2002年卷，第381页；Kutzner诉德国，载《家庭法大全杂志》2002年卷，1393页。

④ 《联邦宪法法院判例集》第18卷，第97、106页。

⑤ 《联邦宪法法院判例集》第8卷，第210、215页；第24卷，第119、135页；第25卷，第167、196页；第56卷，第363、384页。

家庭观念更强调法律之外的、配偶之间以及父母子女之间的主观联系（如配偶之间的爱情，父母子女之间的亲情等），这些主观上的感情联系只能在一定条件下受社会和法律的支配和调整。基于此种原因，家庭被视为具有高度人身属性的私人领域，该领域严格区别于公法和政治领域，法律不得随意干预。（4）一方面，随着国家教育体系的发展、职业培训的专业化以及职业和家庭的分离，家庭逐步失去教育方面的功能。另一方面，随着社会保障体系（社会保险、失业保险和社会救济）的健全，家庭的负担也大为减轻。家庭成员和外部的联系变得日益重要和多样，家庭显得比从前"开放"很多。

（二）亲属关系称谓的变化

1. 用统一的"父母子女关系法"取代"父母与非婚生子女关系法"

传统上，德国的父母子女关系法分为两部分：作为常态的婚生子女的权利和作为特殊情形的非婚生子女的法律关系。在德国 1998 年 7 月 1 日的改革法案中，德国立法者制订统一的父母子女关系法，在各个法律领域（如出身、父母照顾、交往权、扶养权）对所有子女进行统一规定，而不再区分"婚生子女"与"非婚生子女"。改革法案不再使用"非婚生子女"这个概念，而是采用描述的方式表示这一概念（"子女出生时，父母未互相结婚的"，"德民"第 1626a 条第 1 款）。但在统一的父母子女关系法内部，在某些具体问题上仍有必要区分两者，分别加以规定。这并不是要针对"非婚生子女"设立特别法，只是在具体规定上进行技术性区分。

统一的"父母子女关系法"的制定，宣告了该领域中基本价值观念的转变，其重大意义不言而喻。在欧洲法律发展史上，非婚生子女一直受到严重歧视。其在法律上的弱势地位源于教会，教会将一夫一妻婚姻视为唯一合法的两性结合方式，所以不承认非婚生子女的合法地位。在中世纪早期，父还可以自由决定是否承认"私生子"并赋予其继承权和爵位承袭权。但到了中世纪后期，非婚生子女和生父的联系被完全切断，非婚生子女的法律地位大为降低。在有的地方，甚至连非婚生子女和生母的血亲关系也被否定（如 1794 年的《普鲁士普通邦法》规定：非婚生子女既不能进入生父的家庭，也不能进入生母的家庭）。非婚生子女不能担任教职和公务员，不能从事高等职业，也不能加入同业公会。始于启蒙运动时期的市民平等思想，要求在公法领域平等对待婚生子和非婚生子。在这种思想的推动下，非婚生子在家庭法和继承法上的地位有所改善，但这一过程极其缓慢。《德国民法典》的最初文本仍规定："非婚生子女和生父不具有血统关系（第1589 条第 2 款）"，从而将子女与生父分离；但生父仍有扶养子女的义务。

2. 家事事件法中的主体用语

《德国家事事件和非讼事件程序法》对原处于诉讼模式下的家事事件用语进行更改，使其与非讼程序保持一致。原称"家事诉讼"或"家事争议"，现统一称为"家事程序"。家事程序因当事人"告诉""诉求"启动，改为因当事人"申请"（Antrag）启动。也就是说，请求扶养费时无须再"起诉"，而是要提出相关申请。《德国民事诉讼法》一般将诉讼当事人称为原告与被告，将在诉讼中处于原告地位的一方改称为"申请人"，将诉讼中处于被告地位的一方称为"被申请人"，将诉讼程序中的当事人改称为"关系人"。

"关系人"系该法基于体系化考量而引入的新概念。非讼事件程序主体相对复杂，除包括直接参加程序的人，也包括可能因程序展开而直接受到影响的人，这两类主体均被纳入关系人的范畴。除此之外，依该法及其他法律规定，有必要依职权或者申请参加的人必须作为关系人参加审理，可以依职权通知或者申请参加的人可以作为关系人参加审理。同时，在作出一般性设定之后为避免因一般定义与实体法关联性较弱可能会给具体情形下关系人的确定带来困难，还在分则规定的各类具体事件下设置了关系人一览表。

（三）当代德国亲属关系法的主要原则

1. 两性平等原则

联邦德国建立后通过的德国《基本法》要求立法者以两性平等为基础对家庭法进行重构。德国议会 1976 年通过的《改革婚姻法和家庭法的第一号法律》（以下简称《一号改革法律》）[1] 在诸多方面贯彻了平权原则：配偶双方有权选择夫或妻的出生姓氏为共同婚姻姓氏；其姓氏没有被选作婚姻姓氏的配偶一方，可以将其出生姓氏或结婚时所使用的姓氏附加于婚姻姓氏之前；配偶双方自行决定家务劳动和外出工作的角色分配，双方在选择和从事工作时应充分考虑另一方和家庭；双方享有平等的、日常家事代理权。

在婚姻姓氏方面，德国联邦宪法法院在 1991 年通过的判决中指出，当时的《民法典》第 1355 条第 2 款第 2 句的规定违反德国《基本法》，要求立法者修改有关婚姻姓氏的规定。[2] 1993 年的《家庭姓氏权利法》（Gesetz über die Neuordnung des Familiennamensrechts）[3] 以该判决为基础，对姓名法的规定作出了重大调整。该法取消了姓氏的强制统一原则，结婚者"应该"选择共同婚姻姓氏，而并非"必须"这样做。当事人可以从夫或妻的出生姓氏中选择"婚姻姓氏"，但仍不能将双方姓氏结合为复姓。但联邦宪法法院认为 1993 年的改革法仍有违宪嫌疑。[4] 因为该法规定，当事人不能选择基于先前婚姻取得的姓氏为婚姻姓氏，而只能选择其出生姓氏。联邦宪法法院认为这违反了德国《基本法》第 2 条第 1 款和第 1 款第 1 句的规定，由此产生了 2005 年的修订案。[5] 根据新法的规定，配偶双方不仅可以选择出生姓氏，也可以选择配偶一方基于先前婚姻或同居伴侣关系取得的姓氏。[6]

2. 婚生子女与非婚生子女平等原则

德国《基本法》第 6 条第 5 款规定：非婚生子女之身体与精神发展及社会地位，应由立法给予与婚生子女同等之条件。据此，立法者必须尽快从根本上改善非婚生子女的家庭法地位，在身体与精神发展及社会地位方面，赋予非婚生子女和婚生子女同样的地位。1969 年 8 月 19 日德国通过了《非婚子女法》。该法明显改善了非婚生子女的法律地位，但并没有彻底达到宪法的要求。该法仍保留了对婚生子女和非婚生子女的区分，只是通过一定程度的调整来迎合德国《基本法》第 6 条第 5 款的要求。例如，加强了非婚生子女和生父的法律联系，特别是在扶养请求权方面。非婚生子女对父及其血亲享有法定继承权，但子女对遗产不直接享有物上的共有权利，只能通过债法上的遗产补偿请求权（Erbersatzanspruch）实现继承权（旧《民法典》第 1934a 条和 b 条）。该法废除了强

---

① Erstes Gesetz zur Reform des Ehe- und Familienrechts vom 14. Juni 1976.

② Entscheidung vom 5. März. 1991, BVerfGE 84, 9 ff.

③ Familiennamensrechtsgesetz - FamNamRG vom 16. Dezember 1993（BGBl. 1993 I S. 2054）. Zur Gesetzgebungsgeschichte: Bundestags-Drucksache 12/3163 vom 14. 8. 1992. Dazu meine Glosse: Der Name ist Schall und Rauch, FamRZ 1992, S. 1015 ff.

④ Urteil vom 18. 2. 2004, BGBl. 2004 I S. 431.

⑤ Gesetz zur Änderung des Ehe- und Lebenspartnerschaftsnamensrechts vom 6. Februar 2005（BGBl. I S. 203）.

⑥ § 1355 Abs. 2 BGB i. d. F. des Gesetzes vom 6. Februar 2005.

制监护制度，从而改善了母在照顾法上的地位。母可以单独行使照顾权，但对于母没有足够执行能力的事项（如父的身份的确认、扶养、子女的继承权和特留份），通常会设立官方保佐。该法在术语上用"未婚"（unehelich）代替了"非婚"（nichtehelich），但宪法本身仍使用"非婚子女"一词。

1997年《亲子关系改革法》完成对整个亲子关系法的重建，较为彻底地实现了对婚生子女与非婚生子女的平等对待。统一的亲子关系法具体由4部法律构成：（1）1997年12月16日的《亲子关系改革法》，① 规定了子女的出身、姓氏、交往权和收养权等问题。（2）1997年12月4日的《辅佐关系法》② 废除了对非婚生子女的强制性官方保佐。根据新的规定，无论是对婚生子女还是非婚生子女，在确认父的身份和主张扶养请求权等事务中，均可申请青少年局进行辅佐。与以前的官方保佐不同的是，新的官方辅佐完全是自愿的，有照顾权的父母一方可以自行决定是否申请官方辅佐。（3）1997年12月16日的《继承权平权法》③ 废除了继承法上对非婚生子女的特殊规定，非婚生子女对父亲及父系亲属享有完全的继承权。（4）1998年4月6日的《统一未成年子女扶养权利法》④ 对婚生子女与非婚生子女规定了统一的扶养法，两者均可通过简易程序主张扶养费。

此后，通过1998年7月1日的改革法案，德国立法者在各个法律领域（如出身、父母照顾、交往权、扶养权）对所有子女进行统一规定，而不再区分婚生子女与非婚生子女。

3. 子女权利本位原则

德国1979年的《照顾权改革法》⑤ 明确规定，父母照顾权存在的意义在于实现子女之福利；在教育关系中应加强子女的自决权利。立法者用"父母照顾"取代了"父母权利"这一表述，标志着子女权利本位的确立，父母对子女的法律关系以"义务"而不是"权利"为主要特征。此外，《德国民法典》第1666条规定了国家干预权。在一定条件下，父母子女之间关于教育和职业方面的争议也可以提交家庭法院裁决。法院应当结合子女的年龄和案件性质，并听取子女个人意见后作出裁决。依照子女本位理念，不仅父母对子女有交往权，子女对父母也有正式的交往权；只要符合子女福利，祖父母、兄弟姐妹、（曾经的）继父母和养父母等均对子女有交往权。2000年修订的第1631条第2款明确规定子女享有"无暴力教育"的权利，即不允许对子女实施体罚、精神伤害或其他有损其尊严的行为。

---

① Gesetz zur Reform des Kindschaftsrechts（Kindschaftsrechtsreformgesetz-KindRG）vom 16. Dezember 1997.

② Gesetz zur Abschaffung der gesetzlichen Amtspflegschaft und Neuordnung des Rechts der Beistandschaft（Beistandschaftsgesetz）vom 4. Dezember 1997.

③ Gesetz zur erbrechtlichen Gleichstellung nichtehelicher Kinder（Erbrechtsgleichstellungsgesetz-ErbGleichG）vom 16 Dezember 1997.

④ Gesetz zur Vereinheitlichung des Unterhaltsrechts minderjähriger Kinder（Kindesunterhaltsgesetz-KindUG vom 6. April 1998.

⑤ Gesetz zur Neuregelung des Rechts der elterlichen Sorge vom 18. Juli 1979.

二、当代德国亲属的范围和种类

（一）亲属的含义

德国民法中的"亲属"（Verwandschaft）仅指"血统关系"或"血亲"，而不包括姻亲和配偶。《德国民法典》第 1590 条规定的姻亲不是被继承人的亲属，配偶也不能通过婚姻而成为法律意义上的亲属。[1] 亲属关系是通过共同起源而建立的，包括旁系亲属和直系亲属。亲属在概念上不受任何限制，只要有共同的血统关系，即构成亲属关系，故法律概念上的亲属范围远远超出生活意义上的近亲属范围。[2]

非婚生育也可以成立亲属关系。以前法律中曾规定："非婚生子女与其父之间没有血统关系"（旧"德民"第 1589 条第 2 款），该规定被认为违反宪法，被 1969 年的立法废除。

通过收养可以成立与基因出身无关的亲属关系。成年人也可以被收养。为了防止收养制度被滥用，德国法规定，收养不能通过私法行为成立，必须通过法院裁定才能成立。

借助人工生育技术生下子女的，原则上在子女和提供生殖细胞的人（基因父母）及其亲属之间形成血统关系。第 1591 条规定的母亲身份属于对这一原则的例外规定：子女的母是生育该子女的妇女。这在某些情况下会导致和基因出身不同的母亲身份，如妇女通过卵子或胚胎捐献而生育了非自己基因的子女。由此确立的母亲身份进一步决定子女的母系亲属关系。

（二）亲属的类型

根据其类型，可以将亲属分为直系血亲和旁系血亲。有血统关系的人互为直系血亲（"德民"第 1589 条第 1 句；如父子、祖父和孙子等）。不具有直接血统关系但同为第三人的后代的人，互为旁系血亲（如兄弟姐妹、半血缘的兄弟姐妹、堂兄弟和表兄弟、叔侄等）。

亲等按照使血统关系得以形成的出生数确定（"德民"第 1589 条第 3 款）。例如，爷爷和孙子为二亲等的直系血亲；兄弟姐妹为二亲等的旁系血亲；叔叔和侄子为三亲等的旁系血亲；堂兄弟为四亲等的旁系血亲。

（三）姻亲关系

配偶一方的亲属和另一方存在法律关系，即姻亲关系（"德民"第 1590 条）。有关亲属的规定部分适用于姻亲。姻亲的系和亲等，按照使姻亲关系得以结成的血统关系的系和亲等确定（"德民"第 1590 条第 1 款第 2 句）。例如，丈夫和妻子的姐妹（女性姻亲）为二亲等的旁系姻亲。姻亲关系只存在于配偶一方和另一方的亲属之间；配偶双方的亲属之间不成立姻亲关系（妻子的姐姐和丈夫的兄弟不存在姻亲关系）。即使姻亲关系所由建立的婚姻被解除，姻亲关系也可以继续存在（"德民"第 1590 条第 2 款）。通过登记的生活伴侣关系，也可以成立姻亲关系（《登记的生活伴侣关系法》第 11 条第 2 款）。

---

① ［德］安雅·阿门特-特劳特：《德国继承法》，李大雪等译，法律出版社 2015 年版，第 32 页。

② ［德］哈里·韦斯特曼：《德国民法基本概念》（第十六版），张定军等译，中国人民大学出版社 2014 年版，第 173 页。

三、当代德国亲属关系的法律效力

限于本章的研究对象为婚姻家庭制度，关于亲属关系的法律效力，以下仅阐述婚姻家庭领域。

（一）禁婚的效力

根据《德国民法典》第 1307 条规定，直系亲属或全血缘和半血缘关系的兄弟姐妹之间，不得缔结婚姻。现行德国法禁止直系血亲之间或者兄弟姐妹之间结婚，但叔侄、堂兄妹以及姻亲之间不再有婚姻障碍。

亲属关系因为收养而消灭的，仍存在婚姻障碍（"德民"第 1307 条第 2 句和第 1755 条）。在通过收养形成拟制亲属关系的人之间，虽然不存在第 1307 条规定的血统关系，也不能缔结婚姻（"德民"第 1308 条第 1 款）。收养关系解除的，此种婚姻障碍则随之消灭。

（二）扶养的效力

在德国法上，亲属间的扶养请求权包括：配偶之间的扶养请求权、婚姻解除后的扶养请求权（参看本章离婚制度部分）、直系血亲之间的扶养请求权、父母和非婚生子女之间的扶养请求权、登记的生活伴侣之间的扶养请求权。只有直系亲属才根据法律互相承担扶养义务：父母对子女、祖父母对父母及其直系卑亲属有扶养义务；反之，子女对父母和祖父母也有扶养义务。例如，孙子不能自行维持生计的，祖父有给付扶养费的义务，反之亦然。在德国法中，兄弟姐妹之间互相不承担扶养义务。权利人或义务人一方死亡的，扶养义务随之消灭。原则上，当事人可以通过约定重新安排法定扶养费请求权，包括变更和抛弃扶养请求权。约定受《德国民法典》第 1614 条第 1 款的限制：血亲之间不得面向将来而抛弃扶养请求权。即使部分抛弃，也属无效。

（三）监护的效力

在选择监护人时，如果同时存在多个同样合适的人选，应当考虑候选人和被监护人的姻亲或亲属关系（"德民"第 1779 条第 2 款第 2 句）。联邦宪法法院认为，[①] 若祖父母和孙子女形成类似家庭的紧密关系，则祖父母根据德国《基本法》第 6 条第 1 款也有权成为监护人。在选择监护人时，法院应当听取被监护人的亲属和姻亲的意见（"德民"第 1779 条第 3 款）；在决定监护过程中重要事务时，亦同（"德民"第 1847 条第 1 句）。

第三节　当代德国结婚制度

本节研究和阐述以下内容：一是当代德国结婚制度概述；二是当代德国婚约制度；三是当代德国结婚的条件和程序；四是当代德国婚姻的废止（撤销）制度；五是当代德国同居关系制度；六是当代德国同性结合制度。

一、当代德国结婚制度概述

《德国民法典》第一章规范了"民法上的婚姻"，共分八节，分别为婚约、婚姻之缔

---

① 《联邦宪法法院裁判》，载《家事法大全杂志》2014 年卷，第 1841 页，第 14 段以下；第 1843 页。

结、婚姻之废止、死亡宣告后之再婚、婚姻一般效力、夫妻财产制、离婚、宗教之义务。本节主要阐述婚约、结婚的条件和程序以及非婚同居关系和同性结合关系。

德国法针对婚约的规定包括有婚约解除或无故违反婚约之赔偿义务、赠与物之返还与请求权之短期时效，同时明确规定婚约不具有可诉性，且不履行婚约的违约金约定无效。在婚姻条件方面，结婚自由是结婚法的基本原则。《德国民法典》在结婚一节中分为四款，包括结婚能力、结婚之禁止事由、结婚能力证明、结婚之形式要件。其中的结婚之禁止事由可以分为"导致婚姻可废止的婚姻禁止原因"和"不影响婚姻存在的婚姻禁止原因"，前者主要包括违反亲属关系和重婚的情形。

婚姻的意思表示可能存在瑕疵，如由于错误或受欺骗而作出意思表示。虽然结婚属于法律行为，但不能适用《德国民法典》第116-118条（无效法律行为）和第119-123条（可撤销法律行为）的规定。婚姻法中用可废止代替了可撤销，废止意味着只能面向未来产生效力。另外，和民法总则相比，结婚法规定的意思表示瑕疵类型要少得多。以前的婚姻法还规定了"对配偶重要品质的错误"，并将其作为可撤销婚姻的主要原因，1998年7月1日的法律修订案废除了该规定，将可撤销婚姻和无效婚姻合并为"可废止的结婚"。

结婚的核心在于当事人双方表明的结婚意愿。《德国民法典》第1310条第1款第1句规定，结婚的意思表示必须在民事身份官员面前作出，即必须获得民事身份官员的协助。违反民事身份官员强制协助规定的，会导致婚姻不成立。即使将婚姻载入婚姻登记簿，也不能补正这种瑕疵。

依德国法之规定，除了未于户政机关登记之婚姻外，其余包括重婚及近亲结婚等皆为"可废止婚姻"，其婚姻于申请权人向法院申请废止并于裁判确定时婚姻解除，即通过法院裁判而面向未来地解除婚姻（"德民"第1313条第1句）。婚姻废止和离婚有相同的效力，两者均属于"婚姻解除"的下位概念。

对于同居关系，德国没有进行专门立法，而是着眼于此种关系出现的具体问题，通过准用其他规范进行处理。例如，没有缔结婚姻的父母双方可以通过声明获得对子女的共同照顾权。另外，照料和教育非婚生子女的父母一方可以向另一方提出扶养请求权，无论父母双方是否（包括曾经）共同生活，或者是否结婚。此外还有一些人身保护性规定可以准用于"持续的共同家庭生活"。只要形成此种共同生活关系，租赁房屋的伴侣一方死亡时，另一方可以取代承租人身份加入租赁关系。《防止家庭暴力法》也适用于形成共同生活关系的未婚伴侣。

德国2001年通过的《生活伴侣关系》，对同性伴侣设置了类似于婚姻的制度。2017年6月30日，德国通过了《关于引入同性婚姻缔结权的法律草案》，将《德国民法典》第1353条第1款第1句"婚姻由两个异性或同性的个人为终身而缔结"。据此，德国完全承认了同性婚姻。原有的同性生活伴侣可选择继续适用伴侣制度，或者转化为正式的婚姻。

二、当代德国婚约制度

德国法针对婚约所作的规定不多，涉及婚约的规定包括婚约的解除或无故违反婚约之赔偿义务、赠与物之返还与请求权之短期时效，并且明确规定婚约不具有可诉性，且不履行婚约的违约金之约定无效。

（一）婚约的法律性质

在德国，婚约，指的是男女互相作出的、将来缔结婚姻的承诺，以及当事人基于此种承诺而产生的法律关系。构成婚约的条件：当事人必须互相承诺结婚，并且有受此承诺约束的意愿。只要能从当事人的行为中推断出有约束力的、在将来结婚的意愿，也可以根据其行为推定婚约成立。

一般认为，法定代理人不能以未成年人的名义缔结婚约。因为婚姻承诺具有高度人身属性，必须由订婚人自己作出。同时，由于婚约可以任意解除，所以对其不适用有关意思表示撤销的规定（第119条以下），只能适用第1298条和第1299条的规定；婚约具有高度人身属性，当事人不得通过代理人缔结婚约，且婚约必须经过法定代理人的同意，才能产生相关的义务；但对于未经父母同意而订婚的未成年人，仍可以适用有关婚约保护效力的规定，成年的订婚人一方不能主张婚约无效，而逃避对未成年订婚人的损害赔偿责任。

（二）婚约的效力与解除

1. 婚约的效力

《德国民法典》在"婚约"一节作了如下规定：（1）当事人不得根据婚约而诉请缔结婚姻（"德民"第1297条第1款），也不能作出缔结婚姻的判决。即使法院作出判决，认为当事人负有结婚义务，该判决也无法执行（《德国家事事件和非讼事件程序法》第120条第3款）。（2）当事人就不履行婚姻承诺的情形约定了违约金的，该约定无效（第1297条第2款）。

2. 婚约的解除

婚约可通过单方的、需要受领的意思表示而解除，而无须存在重大理由。限制行为能力人作出此种意思表示的，无须获得法定代理人的同意。从伦理角度而言，若订婚人一方对其伴侣已经没有好感，就属于不能结婚的重大原因，甚至可以说其有义务不结婚。

（三）解除婚约的法律后果

1. 损害赔偿义务

基于婚约的信赖保护价值，订婚人无重大理由而解除婚约的，在符合该法典第1298条之条件时，必须向另一方订婚人及其父母和代替其父母实施行为的第三人赔偿信赖损害。如果解除婚约的重大理由是订婚人一方的过错引起，有过错一方应当对解除婚约的订婚人承担损害赔偿义务。《德国民法典》第1298条规定：（1）婚约当事人之一方解除婚约者，对于他方及其父母或居于父母地位之第三人，就其因预期结婚而开支或负债所受之损害，应予赔偿；对于他方就其因预期结婚，而采取有关财产或职业上其他处置所生之损害，亦应予赔偿。（2）前款损害之赔偿，以费用之支出、债务之负担及其他处置，按其情形属于适当者为限。（3）有重大理由而解除婚约者，不负赔偿义务。同时，第1299条规定：婚约当事人之一方，因有可归责事由致他方基于重大理由而解除婚约者，应依第1298条第1款及第2款规定，负损害赔偿责任。

据此，解除婚约原则上并不产生所谓的违约责任，只有在以下两种情形下，订婚人才需要承担损害赔偿责任：一是订婚人无重大理由而解除婚约（"德民"第1298条第1款，第2款），二是订婚人的过错是造成解除婚约的重大原因，从而导致另一方解除婚约

（"德民"第 1299 条）。上述两种请求权的权利人包括另一方订婚人及其父母，以及代替父母实施行为的第三人。赔偿的范围是赔偿权利人基于对婚姻的期待而支出的费用或承担的债务。若另一方订婚人（不包括其父母和第三人）因为对婚姻的期待而采取了其他影响财产或职业地位的措施，还要赔偿其因此遭受的损害。

此外，订婚人需要基于对未来婚姻之预期而支出的费用和采取的措施进行补偿，如购置共同的家庭用品、向旅行社预订蜜月旅行、订婚仪式的费用、租用房屋等。解除婚约引起的健康损害不属于赔偿范围，但当事人可以就此另行提出侵权损害赔偿的请求。[①]

该第 1298 条第 1 款第 2 句规定的措施，一般指的是放弃工作岗位、抛售财产或放弃小型工商企业。[②] 损害赔偿责任限于在具体情况下为适当的措施，即对信赖保护有必要的限制。

2. 返还不当得利

若没有缔结婚姻，订婚人任何一方可以依照返还不当得利的规定，向另一方请求返还所赠与的物品或作为婚约标志而给予的物品（"德民"第 1301 条第 1 句）。对婚约因订婚人一方死亡而解除的，有疑议时，必须认为返还请求权已经被排除（"德民"第 1301 条第 2 句）。

3. 其他法律后果

在德国，解除婚约的法律后果，并不限于第 1298-1302 条规定的信赖损害。虽然婚约没有产生法定继承权，但继承合同法的某些规定也适用于订婚人（如"德民"第 2275 条第 3 款、第 2279 条第 2 款、第 2290 条第 3 款第 2 句和第 2276 条第 2 款）。订婚者还可以签订夫妻财产合同。虽然婚约并不产生法定的扶养义务，但订婚人之间为满足生活需要的给付，属于符合道德义务的给付。[③]

三、当代德国结婚的条件和程序

结婚自由是结婚法的基本原则，受德国《基本法》的保护。在德国结婚的必备条件，即积极条件和消极条件，习惯上将消极条件称为结婚障碍，在法律中将其称为结婚的禁止原因。

《德国民法典》在结婚一节中分为四款，包括结婚能力、结婚之禁止事由、结婚能力证明、结婚之形式要件。结婚条件的强制性程度各不相同，有的是结婚必备要件，有的则属于纯粹的秩序性规范（管理性规范），因此违反结婚条件会产生不同的法律后果：

---

① 杜塞尔多夫地方高级法院裁判，载《家庭法大全杂志》1962 年卷，第 429 页；法兰克福地方高级法院裁判，载《新法律周刊》1971 年卷，第 470 页；杜塞尔多夫地方高级法院裁判，载《家庭法大全杂志》1981 年卷，第 770 页。

② 《帝国法院裁判》，载《帝国法院民事裁判集》1918 年第 76 号：女裁缝订婚后停止工作，请求赔偿订婚期间的工资损失；1925 年第 132 号：订婚后解散了商店，请求赔偿重新开业必需的资金；出售不动产的，请求赔偿在此期间由于货币贬值遭受的损失。

③ 刑事诉讼程序中犯罪嫌疑人的订婚人（德国《刑事诉讼法》第 52 条第 1 款第 1 项）和民事诉讼中当事人的订婚人（德国《民事诉讼法》第 383 条第 1 款第 1 项）享有免予出庭作证的权利。另外，订婚者还可以作为"家属"，在某些犯罪行为中享有特权（德国《刑法典》第 11 条第 1 款第 1a 项和第 247 条）。这些规定的出发点在于，虽然婚约可以解除，但是订婚人之间毕竟产生了某种类似家庭成员的关系，法律应当承认此种家庭法上的身份，并赋予他们相应的特权。

(1) 婚姻不成立，即结婚行为完全无效，不产生任何婚姻效果。例如，婚姻没有在民事身份官员处办理登记（"德民"第 1310 条第 1 款第 1 句），或结婚双方根本没有作出结婚的意思表示，或双方为同性别的，均属于无效婚姻的情形。(2) 可废止的婚姻。结婚存在严重瑕疵，但尚未达到完全无效的程度。当事人可以基于该瑕疵而要求面向未来地废止婚姻。只有在法律明确规定的情况下，才能废止婚姻。(3) 完全有效的婚姻。若结婚仅违反了应当性规定，该违规行为不影响结婚的效力和婚姻的法律状态。《德国民法典》和《民事身份登记法》规定的结婚条件大多属于此种类型。

（一）结婚能力

结婚是具有高度人身属性的法律行为，结婚对人的能力有强制性的要求。结婚能力的规定属于特别法，优先适用于对行为能力的一般规定（"德民"第 104 条以下）。首先，无行为能力者不能缔结婚姻（"德民"第 1304 条）。且其行为能力上的瑕疵会导致该婚姻被废止（"德民"第 1314 条第 1 款）。如当事人结婚时并不能看出其不具备行为能力，则该婚姻在被废止前仍然有效成立。无行为能力的配偶一方在无行为能力的状况消除后愿意继续维持婚姻的，该婚姻不得废止。但如果认可婚姻的配偶一方为限制行为能力人，其对婚姻的认可需要得到法定代理人的同意；法定代理人拒绝同意的，限制行为能力人可以要求家庭法院代为同意（"德民"第 1315 条第 1 款第 3 句）。

其次，配偶一方在结婚时处于暂时的精神错乱或丧失知觉状况的，婚姻也可以废止（"德民"第 1314 条第 2 款第 1 项）。配偶一方在精神错乱状况消失后认可婚姻的，不能废止婚姻（"德民"第 1315 条第 1 款第 1 句第 3 项）。暂时的精神错乱必须致使当事人不能自由决定其意思，如受到巨大打击或酩酊大醉的情况。

最后，通常只有成年人才能结婚（"德民"第 1303 条第 1 款）。但如果申请人满 16 岁，且其未来的配偶已经成年，家庭法院可以根据申请免除该条件（"德民"第 1303 条第 2 款）。未成年人申请法院免除成年条件的，申请人的法定代理人或其他照管人可以就此申请提出异议；如果该异议不是以令人信服的理由为依据的，家庭法院仍可以作出免除（"德民"第 1303 条第 3 款）；免除一旦作出，申请人结婚就不再需要法定代理人或其他照管人的允许（"德民"第 1303 条第 4 款）。

（二）结婚的禁止性条件

德国法中的结婚禁止性条件可以分为"导致婚姻可废止的结婚禁止原因"和"不影响婚姻存在的结婚禁止原因"，前者主要包括具有禁止结婚的亲属关系和重婚的情形。

1. 由于存在婚姻或生活伴侣关系的结婚禁止原因

根据《德国民法典》第 1306 条，缔结婚姻者和第三人之间存在婚姻的，新的婚姻不能成立。即使其和第三人的婚姻是可废止的或嗣后已经被废止，也不能弥补新婚姻的瑕疵，为绝对地不能成立。结婚的一方和第三人存在登记的生活伴侣关系的，婚姻也不能成立。

婚姻在违反第 1306 条的情况下仍然缔结的，该婚姻可以废止（"德民"第 1314 条第 1 款）。任何一方配偶，以及和配偶一方有婚姻或生活伴侣关系的第三人均有权提出废止申请。有管辖权的行政机关也可以提出此种申请，该申请权没有期间限制。在新婚姻缔结之前，法院已经通过裁判宣告离婚或废止前婚姻，且该裁判在新婚姻成立之后才发生既判力的，新的婚姻不得废止（"德民"第 1315 条第 2 款第 1 项）。

2. 禁止近亲属之间的结婚

根据《德国民法典》第 1307 条第 1 句，直系亲属或全血缘和半血缘关系的兄弟姐妹之间，不得缔结婚姻。从发展趋势上看，禁止结婚的亲属亲等范围在逐步缩小。1998 年的《重新规定结婚法的法律》废除了姻亲之间的结婚禁止。根据现行德国法，直系血亲之间或者兄弟姐妹之间不得结婚，但叔侄、堂兄妹以及姻亲之间不再有婚姻障碍。

亲属关系因为收养而消灭的，仍存在婚姻障碍（"德民"第 1307 条第 2 句和第 1755 条）。在通过收养形成拟制亲属关系的人之间，虽然不存在第 1307 条规定的血统关系，也不能缔结婚姻（"德民"第 1308 条第 1 款）。收养关系解除的，此种婚姻障碍也随之消灭。收养只在结婚当事人之间成立旁系亲属关系的，家庭法院可以根据当事人的申请免除此种结婚禁止（"德民"第 1308 条第 2 款）。例如，女子 A 被某夫妇收养，该夫妇自己有儿子 B，A 和 B 成年后是否可以结婚呢？根据第 1308 条和第 1307 条第 1 句，通过收养成为兄弟姐妹的不能结婚；但家庭法院在这种情况下可以免除第 1308 条第 2 款第 1 句规定的结婚禁止，因为他们是"拟制的旁系亲属关系"（"德民"第 1589 条第 2 句）。

（三）结婚的意思表示及其瑕疵

1. 结婚的意思表示

在德国，结婚双方必须同时到场并亲自在民事身份官员面前作出愿意共同缔结婚姻的意思表示（"德民"第 1311 条第 1 句）。该意思表示不能通过代理或使者作出，也不能附条件或期限。

如果结婚不符合《德国民法典》第 1311 条规定的要件，就会导致婚姻可被废止（"德民"第 1314 条第 1 款）。但配偶在结婚后以夫妻名义共同生活了 5 年以上而没有申请废止的，该婚姻不能被废止。若其中一人先死亡，且死亡时他们已经以夫妻名义共同生活了 3 年以上而没有申请废止婚姻，也不能废止该婚姻。

2. 意思表示瑕疵

婚姻的意思表示可能存在瑕疵，如由于错误或受欺骗而作出意思表示。此婚姻即不能根据"德民"第 116-118 条归于无效，也不能基于第 119-123 条被撤销。婚姻法中用可废止代替了可撤销，废止意味着只能面向未来产生效力（ex nunc）。另外，和民法总则相比，结婚法规定的意思表示瑕疵类型要少得多。以前的婚姻法还规定了"对配偶重要品质的错误"，并将其作为撤销婚姻的主要原因，1998 年 7 月 1 日的法律修订案废除了该规定，将可撤销婚姻和无效婚姻合并为"可废止的结婚"。

《德国民法典》第 1314 条第 2 款穷尽地列举了意思表示瑕疵类型：除了上文介绍过的丧失知觉或暂时的精神错乱，法律还规定了特别重大的错误、恶意欺诈和非法胁迫的情形：（1）错误。配偶一方在结婚时不知道事情关系到结婚的，如他以为自己在举行订婚仪式或是在参加演出，婚姻可以废止。（2）恶意欺诈。配偶一方因受恶意欺诈而作出结婚意思表示，并且该方在知悉实情并正确认识到婚姻的实质后就不会缔结婚姻的，该婚姻可以废止。在判断恶意欺诈时，特别要注意欺诈及其导致的错误必须和婚姻共同生活的状况有关联。（3）胁迫。配偶一方因受非法胁迫而缔结的婚姻可以废止，无论该胁迫由另一方配偶还是第三人实施。

上述的各种瑕疵均会导致结婚行为可废止。只有意思表示存在瑕疵的配偶一方才有权提出废止申请。申请必须在发现错误或欺诈时起或自急迫情势停止时起一年内提出。

（四）结婚程序

1. 登记和审查

在结婚之前，订婚人应当在有管辖权的民事身份官员处登记他们的结婚意图（《德国民事身份登记法》第12条第1款），并以公开证书的形式提交个人信息（《德国民事身份登记法》第12条第2款）。民事身份官员必须审查是否存在法律上的结婚障碍；若文件资料不充分，民事身份官员可以要求当事人补充提交其他证件（《德国民事身份登记法》第13条第1款）。

结婚违反法律规定的，民事身份官员可拒绝协助办理结婚。订婚人不服民事身份官员的拒绝协助决定时，可以在区法院寻求法律救济（《德国民事身份登记法》第49条第1款）。符合结婚要件的，民事身份官员不得拒绝协助结婚（"德民"第1310条第1款第2句）；他应当通知当事人可以结婚（《德国民事身份登记法》第13条第4款第1句）。在结婚之前，民事身份官员应当询问当事人，是否以及如何选择婚姻姓氏（《德国民事身份登记法》第14条第1款）。

2. 婚姻能力证明

在结婚条件方面受外国法支配的当事人，必须提交本国内务部门开具的证明，说明该婚姻依照其本国法不存在婚姻障碍，方可缔结婚姻（"德民"第1309条）。

3. 民事身份官员的法定协助

结婚的核心在于当事人双方表明的结婚意愿。《德国民法典》第1310条第1款第1句规定，结婚的意思表示必须在民事身份官员面前作出，即必须获得民事身份官员的协助。违反民事身份官员法定协助规定的，会导致婚姻不成立。即使将婚姻载入婚姻登记簿，也不能补正这种瑕疵。

《德国民法典》第1312条第1款第1句规定了婚礼程序。结婚时，民事身份官员应当分别询问结婚当事人是否愿意互相缔结婚姻，得到肯定回答后，即宣告双方合法结合为夫妻。根据当事人的意愿，婚礼可以在证人在场的情况下举行（第1312条第1款第2句）。结婚的意思表示将以书面的形式，连同结婚者、证人和民事身份官员的签字一起做成证书（《民事身份登记法》第14条第3款）。婚姻要登记录入婚姻登记簿（《民事身份登记法》第15条）。

综上所述，结婚必不可少的要件是订婚人双方的结婚意思表示和民事身份官员的法定协助，缺少这些要件会导致婚姻不成立。

四、当代德国婚姻的废止（撤销）制度

依德国法之规定，除了未于户政机关登记之婚姻，其余包括重婚及近亲结婚等皆为"可废止婚姻"，其婚姻于申请权人向法院申请废止时且裁判确定时婚姻解消，即通过法院裁判而面向未来地（ex nunc）解除婚姻，即婚姻被废止（撤销）的效力不溯及既往（"德民"第1313条第1句）。婚姻的废止与离婚具有相同的法律效力，两者均属于"婚姻解除"的下位概念。此外，婚姻还可以由于配偶的死亡而解除。

（一）婚姻废止的原因

《德国民法典》第1313条规定：必须存在法律规定的废止原因，才能提出废止婚姻的申请，婚姻经由法院裁判而被废止。《德国民法典》第1314条规定了如下申请婚姻废止的原因：（1）结婚违反第 1303 条（结婚能力）、第 1304 条（无行为能力）、第 1306 条（已存在婚姻或同性生活伴侣关系）、第 1307 条（亲属关系）和第 1311 条（亲自表示）之规定者，可以申请废止。（2）婚姻有下列各款情形之一者，亦得申请被废止：一方配偶于结婚时处于无意识或暂时性之精神障碍者。一方配偶于结婚时，不知其在结婚者。一方配偶受恶意诈欺而同意结婚，且受诈欺之人如知悉其实际情形及结婚本质之价值时将不同意结婚者；但诈欺涉及财产关系或由第三人所为，而他方配偶不知情者，不在此限。一方配偶因胁迫而结婚者。双方配偶于结婚时协议互不履行《德国民法典》第 1353 条第 1 款之婚姻共同生活义务者。

（二）婚姻被废止的效力

婚姻被废止的裁判生效后，婚姻被指向今后被解除：夫妻身份关系消灭，配偶双方可以另行结婚。婚姻被废止原则上不发生溯及力。婚姻被废止后具有与离婚相同的法律后果，具体包括：

1. 婚姻被废止的当事人之间的扶养

结婚时不知晓存在婚姻被废止原因的配偶一方，或被欺诈或胁迫的配偶一方（"德民"第 1318 条第 2 款第 1 句第 1 项），可以在婚姻被废止后向另一方主张扶养请求权（"德民"第 1569 条以下）。违反《德国民法典》第 1306 条、第 1307 条和第 1311 条的规定，且配偶双方在结婚时知道婚姻存在被废止原因的，也适用有关扶养请求权的规定。即使不具备这些条件，照顾共同子女的配偶一方在婚姻被废止后也可以主张扶养请求权。"虚假婚姻"（"德民"第 1314 条第 2 款第 5 项）被废止后，原则上不产生任何扶养请求权，除非符合"德民"第 1318 条第 2 款第 2 句规定的不公平条款。

2. 退休年金补偿和增益补偿

婚姻被废止时，在退休年金补偿和（法定财产制下的）增益补偿方面，原则上适用与离婚一样的规则（"德民"第 1318 条第 3 款）。同时，考虑到结婚时的情况，或在重婚情况下考虑到第三人的利益，适用这些规定以不显失公平为限。

3. 未成年子女

婚姻被废止时双方已经有共同未成年子女的，准用有关父母照顾和交往权的规定。婚姻被废止后父母的共同照顾权仍继续存在，除非法院根据"德民"第 1671 条将父母照顾权托付给一方。

4. 继承法上的效果

婚姻被废止在继承法上会产生一定的溯及力。配偶一方在结婚时知道婚姻是可被废止的，就不能享有第 1931 条规定的法定继承权（"德民"第 1318 条第 5 款）。

五、当代德国同居关系制度

同居关系，又称非婚同居关系，德国对其没有进行专门的立法，而是着眼于此种关系出现的具体问题，通过准用其他规范进行处理。例如，没有缔结婚姻的父母双方可以通过声明获得对子女的共同照顾权。另外，照料和教育非婚生子女的父母一方可以向另一方提出扶养请求权，无论父母双方是否（包括曾经）共同生活，或者是否结婚。此外还有一些人身保护性规定可以准用于"持续的共同家庭生活"。只要形成此种共同生活关系，租赁房屋的伴侣一方死亡时，另一方可以取代承租人身份加入租赁关系。《防止家庭暴力法》也适用于形成共同生活关系的未婚伴侣。

（一）法律适用

当代德国调整同居关系的适用法律，包括两个部分：一是可以直接适用于非婚同居的法律规定，二是当事人之间的约定含推定的或默示的约定。

1. 无须当事人选择而适用的法律规定

婚姻法不能直接被适用于无婚姻法关系的共同生活伴侣，因为其中大多数规范均以婚姻的存在或曾经存在为前提。但婚姻法中有个别具体规范并不以婚姻而是以紧密的人身关系为适用条件，这些规范可以类推适用于非婚姻的共同生活关系。例如，照顾子女的非婚的母方可以向父方主张扶养费请求权，反之亦然。遭受家庭暴力的非婚共同生活者可以根据《防止家庭暴力法》要求将共同住所划归受伤害者单独使用。

德国联邦最高法院在一个判决中认为，①《德国民法典》第 1093 条第 2 款可以类推适用于非婚姻的共同生活者：有权接纳"家庭成员"在房屋中居住的物上居住权人，也可以让生活伴侣住在房屋中。同样，被继承人与非婚同居伴侣以夫妻名义共同生活的，该生活伴侣也属于《德国民法典》第 1969 条中规定的"被继承人的家庭成员"。若符合其他法定条件，该生活伴侣可以在继承开始后最初 30 天内，向继承人要求支付扶养费，并要求使用共同住所和家庭用具。在保险法领域，德国联邦最高法院在判例中认为，不能将有关规定适用于非婚共同生活关系。②

民法中关于财产关系的一般规定可以适用于非婚共同生活关系，包括因合同、侵权、不当得利、无因管理等引起的债上请求权、物上请求权以及共有关系下的分割请求权。

2. 当事人之间的约定

在法律无明确禁止时，非婚共同生活者自然可以通过约定来调整他们之间的法律关系。虽然判例中认为，为获得婚外性交易或维持伴侣间性关系的财产处分约定，会因为违反善良风俗而归于无效。③ 但这只是例外情况，而不是通常意义上的非婚共同生活者的约定。总的来说，法院对此问题的一般态度是：只要某约定是为了实现长期稳定的、具有内在约束性的共同生活，即应有效，④ 包括对共同住房、家具和扶养关系的约定。在遗嘱方面，共同生活伴侣处分其财产时没有顾及其他家庭成员（如另一方伴侣和儿女）利益的，该处分可能因为违反善良风俗而无效。⑤

此外，关于推定或默示的约定，通常而言，未婚共同生活者不会想到用书面或其他明示方式约定他们之间的法律关系，尤其不会事先约定分手之后的情形。但这并不意味着他们之间不存在法律关系；因此应当适用合同法中有关默示合同的一般规定来确定他们之间的关系。例如，女方给男方一笔钱用于男方的工作事务，这时即使当事人没有明确约定何时返还，他们之间也形成了事实上的借贷关系（除非当事人明确表达了赠与的意图）。同样，一方伴侣也可以借用另一方所属的物品，或委托另一方处理事务。

---

① 《联邦最高法院裁判》，载《家庭法大全杂志》1982 年卷，第 774 页。
② 《联邦最高法院裁判》，载《家庭法大全杂志》1988 年卷，第 392 页。
③ 《联邦最高法院民事裁判集》第 52 卷，第 17、20 页；第 53 卷，第 369、376 页；又载《家庭法大全杂志》1984 年卷，第 141 页。
④ 《联邦最高法院裁判》，载《家庭法大全杂志》1980 年卷，第 664 页；1991 年卷，第 168 页。
⑤ 《联邦最高法院民事裁判集》第 52 卷，第 20 页；第 53 卷，第 376 页。

（二）非婚同居者的财产关系

1. 基本原则

原则上，非婚共同生活对财产关系并无影响，共同生活伴侣仍是各自财产的所有人。除非另有约定，同居期间获得的财物也归各自所有。共同生活双方当事人各自保有其财物的所有权的，分手时不发生财产分割问题，各人取走其所属之物即可。但实际上，同居关系结束后当事人往往因为财物分割发生争执。实践中，法院一般采取保守的做法：若同居伴侣的给予旨在实现或促进共同生活，包括人身的投入和牺牲，分手时就不予补偿。反之，共同财产投入只让伴侣一方获益的，分手时应当补偿另一方。

2. 共有财产关系

共同生活伴侣之间形成财产权利共同体的，适用有关权利分割或补偿的规定：按份共有根据《德国民法典》第 752 条以下处理；共同共有根据《德国民法典》第 730 条以下处理；连带债权适用《德国民法典》第 428 条和第 430 条。若因为接受赠与而产生的共有关系，如伴侣一方将自有房屋的一部分赠给另一方形成的双方共有关系，可以考虑《德国民法典》第 528 条以下规定的赠与返还请求权。该请求权以抗辩权的形式对抗第 752 条规定的分割请求权（"德民"第 273 条第 1 款）。

3. 赠与关系

在共同生活期间，同居伴侣一方向另一方的某种给予可以构成赠与。但若这种给予是为了维持共同生活（如履行扶养义务、共有家庭用具或为共同使用的汽车付款），则不属于赠与；通行观点认为这种给予实际上是双方行为（以共同生活为条件的给予），而不属于《德国民法典》第 516 条意义上的无偿行为。

若成立赠与（如男方赠给女方一枚钻石戒指），赠与人可以根据"德民"第 528 条以下的规定要求返还赠与物。尤为重要的是，分手时可以因为受赠人的重大忘恩行为要求撤回赠与（"德民"第 530 条、第 531 条）。如果伴侣一方只是疏远另一方，尚不属于重大的忘恩行为；但这种疏远很可能和严重的背信弃义联系在一起，一起构成重大的忘恩行为，从而导致适用《德国民法典》第 530 条。例如，男方接受女方赠与时，已经开始和另一女子同居。

4. 共同债务关系

在外部效力上，合同对第三人的状况决定同居者中的哪一方为共同生活期间产生的债务承担责任。伴侣双方一起向银行贷款的，应作为连带债务人共同向银行承担责任，即使他们后来分手或该笔贷款完全为一方伴侣的利益而使用。例如，在共同生活期间，伴侣一方作为单独债务人向银行贷款，以分期付款的形式向银行还贷，贷款的目的是为另一方购买汽车，那么此贷款属于共同债务，在双方内部不存在补偿关系。分手后偿还的部分可以根据委托法（"德民"第 670 条）要求补偿。相应地，对于共同债务人应适用第 426 条规定的补偿请求权。

（三）非婚同居产生的扶养

1. 共同生活不产生法定扶养义务

未婚共同生活伴侣虽然在一起生活，但并不因此发生法定的扶养请求权，分手之后也是如此。并且共同生活伴侣不享有《德国民法典》第 844 条第 2 款规定的损害补偿请求权。例如，主持家务的女方由于第三人过错而死亡时，男方对该第三人没有损害赔偿请求权。

2. 基于照顾子女而产生的扶养请求权

负责照料和教育共同子女的伴侣一方有权向另一方主张法定的扶养请求权。这一请求权不以子女的父母共同生活或曾经共同生活为条件。("德民"第1615l条)

3. 约定的扶养请求权

当事人也可以通过合同约定他们之间的扶养请求权。如双方根据对共同生活的付出，约定分手时给予的扶养费。若非婚共同生活中的女方负责教育共同子女，或为了维持共同生活而放弃职业，尤其应该肯定有利于女方的扶养协议的效力。当事人可以在扶养协议中约定适当的赔偿金。但当事人约定的扶养义务不能影响法定扶养义务。譬如，离异后的丈夫可以和后来的生活伴侣约定支付扶养费，但他不能以此为由向前妻主张自己没有履行法定扶养义务的能力。但配偶一方离异后确定了固定同居伴侣的，会影响其对前配偶享有的法定扶养请求权（"德民"第1579条第2项）。

（四）非婚同居关系的其他效力

1. 继承法上的影响

非婚共同生活不产生法定继承权，但可以类推适用《德国民法典》第1969条，赋予生存伴侣最初30天的扶养请求权。[①] 同居伴侣可以通过遗嘱被列为继承人，或获得遗赠。未婚共同生活伴侣不能使用专属于夫妻的遗嘱形式（"德民"第2265条以下规定的共同遗嘱）。被继承人的给予可能会受到特留份额的限制（"德民"第2303条）。继承税法中对家庭成员的优惠规定不适用于未婚共同生活伴侣。

2. 家庭暴力受害者保护

未婚共同生活伴侣分手时，不能适用或类推适用《德国民法典》第1361b条（分居时婚房的分配）。搬入另一方住房的当事人由于不是租房合同的当事人，所以不能要求继续居住在原先的共同住所。但2001年12月11日通过的《防止家庭暴力法》规定了例外情形，即在具备两个条件的前提下，家庭暴力的受害者可以请求单独使用房屋：（1）行为人故意对他人的身体、健康或自由加以非法侵害；（2）在侵害发生时，施害人和受害人长期共同生活并且共同负担家庭开支。

无论施害人是房屋的所有人还是承租人。房屋的物权和债权状况不影响该项权利的形成，但可以影响该权利是否有期限以及期限的长短。如果施害人是房屋的唯一所有人或承租人，那么房屋的单独使用权期限最长为六个月，并且只能延长一次。施害人和受害人为房屋的共同所有人或共同承租人的，也可以对单独使用权规定期限，但该期限没有上限。

六、当代德国同性结合制度

德国议会于2001年2月16日通过了《生活伴侣关系法》。该生活伴侣关系法的目的在于，对同性伴侣设置类似于婚姻的制度，同时使其在若干方面又不同于婚姻法，以避

---

① "德民"第1969条【最初30天的扶养】：（1）继承人有义务在继承开始后最初30天里，在被继承人所做过的同样范围内，向在被继承人死亡时属于其家庭并受其扶养的被继承人家庭成员给予扶养费，并许可其使用住房和家庭用具。被继承人可以通过遗嘱另行指示。（2）准用有关遗赠的规定。

免被批评为向同性恋者开放婚姻。2017年6月30日，德国通过了《关于引入同性婚姻缔结权的法律草案》，该法律修正案于2017年10月1日正式生效。《德国民法典》第1353条第1款第1句插入"两个不同或相同性别的人"，以此表明同性之间也可以缔结婚姻。新的第1353条第1款第1句为"婚姻由两个异性或同性的个人为终身而缔结"。据此，德国完全承认了同性婚姻。之前登记的同性生活伴侣关系也可以通过申请转化为同性婚姻。

（一）登记的同性生活伴侣制度

2001年2月16日公布的德国《生活伴侣关系法》为同性伴侣提供了共同生活的法律形式。该法包括六节，第一节为同性生活伴侣关系的成立方式和要件，第二节为登记伴侣关系之效力，第三节为同性登记之分居，第四节为同性登记伴侣关系之废止，第五节为过渡条款，第六节为联邦法开放条款授权规定，共23条。

1. 设立登记的生活伴侣关系之条件和程序

必须符合如下条件和程序，才能被登记为同性生活伴侣关系：（1）双方具有相同性别；（2）缔结终生伴侣关系的双方意思表示；（3）在主管机关作出此种意思表示的登记。

建立生活伴侣关系的意思表示，必须在双方到场的情况下由本人作出（《生活伴侣关系法》第1条第1款第1项）。这就排除了代理和使者的可能性。该意思表示不能附条件或期限（《生活伴侣关系法》第1条第1款第2项）。意思表示的内容是相互建立终生伴侣关系的意愿。

建立伴侣关系的意思表示必须在主管机关作出，方始有效（《生活伴侣关系法》第1条第1款第3项）。也就是说，同性生活伴侣关系也存在类似于结婚的强制性形式要求。主管机关原则上应是户政局，各联邦州也可以指定其他机关为主管机关（《生活伴侣关系法》第23条和《身份登记法》第17条）。主管机关须将伴侣关系登记于册。

根据《生活伴侣关系法》第1条规定，设立登记的同性生活伴侣关系的禁止条件如下：（1）属于未成年人的（《生活伴侣关系法》第1条第2款第1项）。该禁止是绝对的，不存在例外。（2）申请人一方已婚或已经和其他人建立生活伴侣关系的（《生活伴侣关系法》第1条第2款第1项）。生活伴侣关系中同样奉行"一夫一妻"原则。（3）属于直系血亲关系的、具有全血缘或半血缘兄弟姐妹关系的（《生活伴侣关系法》第1条第2款第2项和第3项）。（4）若当事人在户政局作出意思表示时互相约定，不承担生活伴侣关系法第2条规定的基本义务的。这是为了防止"虚假伴侣关系"的发生；此种虚假行为追求某种短期效果，如通过伴侣关系获得居留许可。

2. 登记的生活伴侣关系对当事人的效力

（1）可以约定共同姓氏。当事人双方可以向主管机关声明，选择任何一方的出生姓氏或成立伴侣关系时使用的姓氏，作为他们的共同生活伴侣姓氏（《生活伴侣关系法》第3条第1款）。双方应当在设立生活伴侣关系时作出上述决定，也可以嗣后更改（更改需要进行公证认证，《生活伴侣关系法》第3条第1款第5项）。伴侣选择了共同姓氏的，可以比照婚姻姓氏的有关规定加以处理。

（2）共同生活、互相扶养义务。《生活伴侣关系法》第2条规定生活伴侣的主要义务是共同生活和互相扶养。扶养义务参照婚姻扶养法设立（《生活伴侣关系法》第5条，"德民"第1360条第2句、第1360a条和第1360b条）。对纯粹经济性质的义务，如支付扶养费用，权利人可以起诉，获得的给付判决可以强制执行。立法者还比照婚姻法为该权利设立了"保护伴侣关系的空间和对象范围"，该保护不仅约束伴侣双方，也针对任何第三人。

（3）登记的生活伴侣关系的财产制。根据 2004 年的修订案，立法者将婚姻财产制的规定移植到登记的生活伴侣关系中。登记的生活伴侣关系中的法定财产制也是财产增益共有制（《生活伴侣关系法》第 6 条）。与该财产制相关联的、法律行为上的限制也适用于登记的生活伴侣关系。伴侣一方死亡的，在同等条件下也和配偶一样，用继承法上的方法进行增益补偿（"德民"第 1371 条）。与配偶一样，该生活伴侣可以通过合同约定他们的财产制关系，这种合同被称为"生活伴侣关系合同"（《生活伴侣关系法》第 7 条第 1 句）；生活伴侣关系法在这里也指向婚姻财产法中的有关规定（《生活伴侣关系法》第 7 条第 2 句）。也就是说，该合同在形式上要遵守《德国民法典》第 1410 条的规定（公证形式），可选择的财产制范围也和婚姻法中一样。

（4）其他法律后果。在其他方面，登记的生活伴侣关系也产生类似于婚姻的效果。例如，生活伴侣与夫妻一样，互相享有法定继承权和特留份额。对于以家庭成员为适用条件的法律规定，若无相反规定，也适用于生活伴侣。该生活伴侣关系成立后，在伴侣一方和另一方的血亲之间形成姻亲关系。租赁人死亡的，其生活伴侣可以像配偶一样加入租赁关系（"德民"第 563 条第 1 款第 2 项）。此外，生活伴侣像夫妻或订婚者一样，享有拒绝作证或宣誓的权利。

3. 对生活伴侣一方之子女的影响

登记的生活伴侣一方对其未成年子女单独行使父母照顾权的，另一方在征得照顾权人许可后，对子女日常生活事务具有共同决定权，在有迟延危险的情况下有采取法律行动的权限。这一规定（《生活伴侣关系法》第 9 条第 1 款到第 4 款）对应的是婚姻法中有照顾权的父母一方之配偶的权利（第 1687b 条）。

若父母一方单独或和他人一起享有对子女的照顾权，一旦该方父母及其生活伴侣将子女纳入他们的家庭生活，就可以将生活伴侣姓氏给予子女。上述父母一方和他人共同行使父母照顾且子女使用另一方父母姓氏的，给予子女姓氏必须获得另一方父母的同意。《生活伴侣关系法》第 9 条第 5 款的规定显然和婚姻法中有关给予婚姻姓氏的规定相对应（第 1618 条）。

4. 分居

分居的定义也对应着婚姻法中的有关规定：在登记的生活伴侣之间已经不存在共同家庭生活，并且一方因拒绝过生活伴侣的共同生活而不愿恢复共同家庭生活的，即为分居。此分居可以在共同住宅内实行。双方为和好而短暂的共同生活，不中断或中止分居时间的计算。生活伴侣分居时，也会产生类似于婚姻法中的分居效果，如对于共同的家庭住宅，适用婚姻法中的相关条文（《生活伴侣关系法》第 14 条和"德民"第 1361b 条）。

5. 登记的生活伴侣关系的废止

登记的生活伴侣关系有效成立后，该关系只能因为伴侣一方的死亡或法院的废止而终止。在废止裁决发生既判力时，登记的伴侣关系面向未来地解除（《生活伴侣关系法》第 15 条第 1 款）。

法律规定的废止原因包括：（1）协议废止。生活伴侣连续分居一年以上，并且双方都表示愿意解除伴侣关系的，可以根据申请废止伴侣关系。（2）协商一致。废止意图既可以表现为双方一起申请废止，也可以表现为一方同意另一方提出的废止申请（《生活伴侣关系法》第15条第2款第1句第1a项）。（3）因为实质性关系破裂的废止。伴侣分居一年以上，并且不能期待双方恢复伴侣共同生活的，可以根据申请废止生活伴侣关系（《生活伴侣关系法》第15条第2款第1句第1b项）。（4）由于分居三年的废止。生活伴侣分居三年以上的，无须实质性破裂就可以废止生活伴侣关系（《生活伴侣关系法》第15条第2款第1句第2项）。（5）由于无法忍受的严重不公的废止。若由于伴侣一方自身的原因，使生活伴侣关系的延续对另一方意味着难以忍受的不公平时，另一方伴侣可以申请废止（《生活伴侣关系法》第15条第2款第1句第3项）。

废止的后果包括：（1）家庭用具和住宅。《生活伴侣关系法》第17条直接指向婚姻法中关于共同住宅和家庭用具的规定（"德民"第1568a条、第1568b条）。（2）财产法和退休年金补偿。废止在财产法上的效果取决于伴侣间适用何种财产制。伴侣双方采用法定财产制的，适用有关增益补偿的规定（《生活伴侣关系法》第6条第2句）。涉及退休年金补偿的，适用有关离婚法的规定（《生活伴侣关系法》第20条）。（3）扶养。伴侣一方在生活伴侣关系废止后无法自行维持生计的，废止生活伴侣关系还会引起伴侣间的扶养请求权（《生活伴侣关系法》第16条第1句）。

（二）同性婚姻制度

尽管德国在2001年实施了生活伴侣登记制度，但相较于婚姻制度，同性伴侣在诸多权利领域仍然遭遇歧视。2017年6月30日，德国通过了《关于引入同性婚姻缔结权的法律草案》，正式承认同性婚姻。[①] 新法颁布后，不得登记新的生活伴侣关系，以前登记的可以申请转化为同性婚姻，也可以保持不变。该修正案的主要内容如下：

1. 同性婚姻的主体

《德国民法典》第1353条第1款第1句插入"两个不同或相同性别的人"，以此表明同性之间也可以缔结婚姻。新的"德民"第1353条第1款第1句为"婚姻由两个异性或同性的个人为终身而缔结"。

2. 同性婚姻主体适用范围的限制

《德国民法典》第1309条增加第3款："第1款不适用于：想缔结同性婚姻但其本国并未规定同性婚姻缔结者。"这意味着，德国并无意对外国同性恋提供缔结婚姻的便利。因此，外国同性恋若无法取得本国的婚姻状况文书，仍无法在德国缔结同性婚姻。

---

① 该法在"理由说明"部分详细阐释了引入同性婚姻的原因：（1）德国《基本法》将婚姻作为独立于家庭的互助与责任共同体来予以保护，没有子女的婚姻同样受德国《基本法》第6条第1款的保护。（2）联邦宪法法院的判决认为，当法律规定并未涵盖的新的事实出现或者归入整体发展的事实要件发生变化时，婚姻观念的意涵是可以转变的。如此，在宪法文本并未改变的情况下，宪法规范的含义可以发生转变。（3）传统婚姻观念发生了根本转变，根据最新的民意调查，绝大多数人支持开放同性婚姻，2009年7月17日颁布的《变性法修改法》促进了上述婚姻观念的转变。（4）世界上很多国家和地区已经允许同性结婚。参见 Gesetz zur Einführung des Rechts auf Eheschließung für Personen gleichen Geschlechts（EheRÄndG k. a. Abk.）v. 20. 07. 2017 BGBl. I S. 2787（Nr. 52）；Geltung ab 01. 10. 2017.《德国同性婚姻法草案》，王世杰、段沁译，中国宪政网公号首发，http://www.sohu.com/a/197149757_693202，访问日期：2018年7月18日。

3. 同性婚姻的法律适用之冲突规范

在国际私法层面,《德国民法典施行法》第 17b 条第 4 款原本规定:"在外国登记的同性生活伴侣关系的效力,不得超出《民法典》和《同性生活伴侣关系法》有关条款的规定。"

4. 生活伴侣关系转为婚姻关系的程序

2001 年 2 月 16 日颁布的《生活伴侣关系法》第 20 条后加入第五节(生活伴侣关系转变为婚姻关系),其中第 20a 条规定"生活伴侣双方亲自并当场同时声明想要为终身而缔结婚姻的,其生活伴侣关系转为婚姻关系。该项声明不得附条件或附期限。声明在户籍登记官员面前作出后生效"。生活伴侣关系转变为婚姻关系后,双方自生活伴侣关系成立之日起即如婚姻双方般具有同样的权利和义务。

第四节　当代德国夫妻关系制度

本节研究和阐述以下内容:一是当代德国夫妻关系制度概述;二是当代德国夫妻人身关系制度;三是当代德国夫妻财产关系制度。

一、当代德国夫妻关系制度概述

夫妻关系包括婚姻之人身效力和财产效力。前者又包括夫妻间共同生活之义务、婚姻姓氏、家务分担、日常家务代理权与夫妻间之扶养义务。德国的夫妻姓氏法在 1994 年有重大的修正,夫妻不再强制于婚后定共同之姓氏,而可自由选择,甚至维持婚前之姓氏。至于夫妻间共同生活之义务、家务之分担以及日常家务代理权,皆于 1976 年德国《一号改革法律》修正时作了若干的调整,将旧法中明确男主外、女主内之规定废除,夫妻双方皆有义务从事家务,亦有权利出外工作。此外日常家务代理权也由原先仅有妻,现扩展至夫,于日常家务之范围内,可代理他方为法律行为,彼此就所负债务,对外负连带清偿责任。针对家庭生活费用之分担,也明文规定可以家务作为分担之方式。

德国法有关夫妻财产制的规定包括三部分:法定财产制、约定财产制与夫妻财产制之登记。在德国,法定夫妻财产制为增益共有制,被规定于《德国民法典》第 1363 条至第 1390 条,包括夫妻对财产之使用、收益与处分之相关规定,及于婚姻终了后,可请求剩余财产之分配等规定。关于约定夫妻财产制,夫妻可以约定分别财产制或共同财产制。因此本部分规定又分为通则、分别财产制、共同财产制与选择净益共同财产制。首先,在通则中针对夫妻财产制契约订立之方式、订约能力、该契约对第三人之效力等为明文规定。在分别财产制中,规定夫妻在财产关系上与婚前相同,各自对自己的财产有管理、使用、收益、处分的权限,此外亦无在婚姻结束后请求剩余财产分配的权利。对共同财产制的规定,分为通则、由夫或妻管理之共同财产、夫妻共同管理之共同财产、共同财产之清算及延续共同财产制。在夫妻共同共有之财产外,尚有特有财产与保留财产之概念,而属于夫或妻单独所有。

二、当代德国夫妻人身关系制度

(一) 夫妻共同生活义务

婚姻一旦有效缔结，就依法产生夫妻的权利和义务。《德国民法典》第 1353 条第 1 款对此规定了如下基本原则：(1) 婚姻是为终身而缔结的 ("德民" 第 1353 条第 1 款第 1 句)。这一原则强调夫妻之间的法律联系不能随意解除，但并没有排除离婚。依德国法，某些婚姻效果在离婚后仍继续存在，如离婚后扶养义务，这也从另一个角度说明了婚姻的终身性质。(2) 配偶双方互相负有婚姻共同生活的义务，互相为对方承担责任。这些原则具体体现在如下方面：

1. 共同生活

婚姻要求配偶将他们的生活结为一体，配偶双方在生活条件允许的情况下，要在同一住所共同生活，即配偶有共同生活义务。

2. 料理共同事务

在共同生活中，有很多共同事务需要料理 (如料理家务、照顾子女和安排业余生活等)。配偶双方应该根据各自的能力、可能性以及内部协议分工合作料理共同事务。

3. 家庭用具和婚姻住宅

配偶任何一方都有义务允许另一方共同使用其所属的家庭用具。专为个人使用的物品不在此列。至迟在家庭用具被搬入共同住宅时，配偶双方对家庭用具开始共同占有，无论其所有权关系如何。该占有关系适用《德国民法典》第 866 条关于共同占有保护的规定，也受《德国民法典》第 823 条、第 1004 条和第 1007 条的保护。家庭用具为配偶一方所有或双方共同所有的，对剥夺和侵害共同占有的行为可以根据所有权提出请求权 ("德民" 第 985 条以下)。若配偶一方妨害了另一方的共同占有权，另一方也可以根据占有保护和所有权提出请求权。

4. 体谅互助义务

配偶双方在共同生活中必须互相体恤，但以符合共同生活的意义为限。这当然不是要求配偶放弃个人发展。配偶也没有必要事事保持一致，如家庭之外的职场工作、宗教生活、政治、科学和艺术活动以及个人业余生活等方面，都会有所不同。任何一方配偶保有独立的人格权和财产权。

5. 平等的伴侣关系

婚姻在配偶之间形成平等的伴侣关系。配偶双方可以根据自己的生活特点和行为习惯选择实现伴侣关系的方式。在伴侣关系中，双方有互相理解和妥协的义务。意见不一时，任何一方都不能单独决定。配偶双方就某一问题不能协商一致的，不能要求法院作出裁判，而应当暂时搁置起来。

(二) 婚姻姓氏

习惯上，配偶双方会使用共同的家庭姓氏作为他们结为一体的标志。早期的《德国民法典》规定妻子必须使用夫之姓氏，违反男女平等原则。1976 年德国《一号改革法律》规定，配偶双方有权选择夫或妻的出生姓氏为共同婚姻姓氏，但若结婚时双方没有就姓氏作出选择，仍采用夫之姓氏作为婚姻姓氏。1994 年 4 月 1 日生效的《家庭姓氏权利法》以宪法法院的判决为基础，对姓名法的规定作出了重大调整，取消了姓氏的强制统一原则：结婚者虽然"应该"选择共同的婚姻姓氏，但并不是"必须"这样做。

（三）家务分担

1. 家务劳动和从事职业

婚姻共同生活要求配偶双方根据各自的能力、可能性以及生活方式对家庭进行投入，以满足共同生活需要。（"德民"第 1356 条第 1 款）。与家务相对应的是职业活动领域。职业和婚姻共同生活的联系主要体现在两个方面：（1）配偶双方的财产不足以扶养家庭的，他们有义务通过劳动适当地扶养家庭。（2）配偶双方有从事职业的权利，但在选择和从事职业时，必须适当体谅另一方和家庭的利益（"德民"第 1356 条）。

2. 家务分工

配偶双方应通过协商一致的方式来安排料理家务（"德民"第 1356 条第 1 款第 1 句）。配偶双方原则上都有义务根据自己的能力，在可能的范围内共同料理家务；同时可通过协商，对料理家务进行分工。

（四）日常家事代理权

日常家事代理权又称为家事代理权，指夫妻一方在因家庭日常事务而与第三人为一定的法律行为时，享有代理配偶他方的权利。具体而言，夫妻一方代表家庭所为的日常家务法律行为，视为夫妻共同的意思表示，夫妻他方亦必须承担法律后果，夫妻双方对该行为承担共同的连带责任。对日常家事代理权行为可适用《德国民法典》第 164 条以下有关代理的规定。

1. 日常家事代理行为的认定

在德国，日常家事代理行为必须具备三个条件，才能发生《德国民法典》第 1357 条第 1 款第 2 句规定的效果：（1）从行为的方式来看，是为了满足生活需要。（2）该行为必须是为了满足家庭的生活需要，即服务于特定的家庭。（3）需要必须是适当的，即行为符合该家庭的经济状况和生活习惯。

2. 日常家事代理权的效力

日常家事代理权交易所产生的义务，由配偶双方承担连带责任（"德民"第 421 条）。

3. 行使日常家事代理权的注意义务

行使日常家事代理权的，应尽到和处理自己事务同等的注意义务。

4. 对日常家事代理权的限制

夫妻双方可以通过约定对一方或双方的家事代理权进行限制。依据《德国民法典》第 1357 条第 2 款的规定，配偶一方随时可以通过单方意思表示限制或排除另一方根据第 1357 条第 1 款所具有的权限。这种排除或限制必须为行为相对人知晓，或登记婚姻登记簿，才能对第三人发生效力（"德民"第 1357 条第 2 款、第 1412 条）。

配偶分居后，日常家事代理权即行终止（"德民"第 1357 条第 3 款）。分居结束后，日常家事代理权也随之恢复（包括双方为了和好而短暂地共同生活，虽然离婚法上把这种短暂共同生活计入分居时间）。分居对于此前成立的日常家事代理权行为不发生溯及力。

（五）夫妻扶养义务

婚姻的一体性表现在配偶双方有义务适当地扶养家庭（"德民"第 1360 条第 1 句）。

1. 扶养费的来源

扶养通过劳动和财产实现给付。通过财产进行扶养指的是，配偶双方均有义务根据个人财产获得的或可获得的收益承担家庭的经济开支。只有在紧急情况下才必须动用该财产的本金部分。《德国民法典》第 1360 条要求配偶双方根据协商一致的分工，共同操持家务和照管子女。配偶一方独自负责料理家务的，可以通过家务料理完成"通过工作扶养家庭"之义务的履行（"德民"第 1360 条第 2 句）。

配偶双方应当按照各自的收入来确定应承担的扶养费比例，料理家务的配偶同时又有收入的，应根据具体情况减少其承担的扶养费份额，即少于其按照收入本应承担的份额。[①]

2. 扶养费的范围

应当承担的扶养费包括配偶和需要扶养的共同子女的生活需要（"德民"第 1360 条第 1 句，第 1360a 条第 1 款），具体而言包括：（1）日常生活开支；（2）满足个人需要的开支，包括度假、业余生活、社交活动、医疗和养老金的费用；（3）满足共同子女的个人需要的开支（包括适当的职业培训）。

3. 扶养费的主张方式

对于以经济性给付为内容的扶养请求权，扶养权利人可以在家庭法院提出给付申请，获得的裁定可以强制执行。反之，如果是人身性的扶养请求权，如家务料理，就不能直接通过法律强制力保证执行。配偶不能面向未来地放弃他们的法定扶养请求权（"德民"第 1614 条第 1 款和第 1360a 条第 3 款）。配偶一方给付的扶养费高于所应承担份额的，有疑议时，必须认为该方没有请求另一方偿还的意图（"德民"第 1360b 条）。已经完成的给付，通常不能根据《德国民法典》第 812 条或第 530 条以无因管理为由要求返还。

三、当代德国夫妻财产关系制度

德国法有关夫妻财产制的规定包括三部分：法定财产制、约定财产制与夫妻财产制之登记。

（一）法定财产制

德国的法定夫妻财产制为增益共有制，规定于《德国民法典》第 1363 条至第 1390 条，包括夫妻对财产之使用、收益与处分之相关规定，及于婚姻终了后，可请求剩余财产之分配等规定。

1. 财产增益共有

德国将财产增益共有制规定为法定婚姻财产制（"德民"第 1363-1390 条），即配偶双方在婚姻期间的所有收益均被视为共同获得，家庭主男或主妇的劳动也属于对共同财富增长的贡献，从而使他们可以分享配偶另一方的增益。为此，法律并不是将婚姻期间获得的财产直接规定为共同财产，而是采取了如下思路：（1）财产增益共有制开始后，夫妻仍保留对各自财产的单独所有权，在该财产制存续期间获得的财产，也属于取得财产的一方单独所有，在外观上如同财产分别制一样（"德民"第 1363 条第 2 款）。（2）配偶双方独立管理各自的财产（"德民"第 1364 条），并独自承担责任。出于保护

---

① 参看联邦最高法院裁判，载《新法律周刊》1974 年卷，第 1238 页；1957 年卷，第 537 页。

另一方的目的，各人的处分行为和负担行为受到一定的限制（"德民"第 1365-1369 条）。（3）婚姻解除时，双方在财产上的共有权利之实现的方式有两种：一是提高婚姻存续期间增益较少一方的继承份额（"德民"第 1371 条），二是赋予其债法上的补偿请求权（"德民"第 1363 条第 2 款和第 1378 条）。

2. 财产增益共有制对配偶法律行为的限制

如前所述，配偶双方在法定财产制下仍是各自财产的单独所有权人，并且独立管理该财产。这意味着配偶双方均可以自由处分自己的财产，在婚姻破裂的情形下，就有可能提前隐匿或挥霍财产。为了保护配偶另一方的利益，法律对财产处分自由设有若干重要限制，要求配偶一方为特定行为时需获得另一方的同意。

（1）根据第 1365 条规定的需要同意的法律行为。《德国民法典》第 1365 条第 1 款规定：配偶一方必须经另一方同意，才能承担处分自己全部财产的义务；未经同意而承担该义务的，须经另一方同意才能履行该义务。

在联邦最高法院 2013 年 1 月 16 日作出的一个判决中，[①] 妻子将自己的地产送给两个儿子，同时在该房产的一层为自己设定了物权法上的居住权（dingliches Wohnungsrecht）；妻子在合同中确认，此种转让不构成《德国民法典》第 1365 条意义上的处分，故无须配偶的允许。丈夫主张该转让无效，因为其属于《民法典》第 1365 条规定的整体财产处分，需获得自己的同意。控诉法院（二审法院）认为，妻子并没有作出《民法典》第 1365 条第 1 款意义上的整体财产处分。通常来看，转让自己 85% 及以上的财产，就构成对财产的整体处分。但本案中并不存在上述情况，无论双方的财产争议如何，妻子已在标的物上设立了永久性的居住权，即剩余财产的价值比例高于 15%。联邦最高法院支持控诉法院的意见，并进一步指出：在判定配偶一方的处分是否实质上涉及其全部财产时，应通盘考虑处分前和处分后的财产状况。本案中，配偶一方在处分之前拥有房产价值，处分之后只享有物上居住权，但设立居住权会减损所有权人的房产价值。居住权不同于通过租赁合同设立的使用权利，具有物权性质，确保了权利人的用益权，从而构成了可评估的财产价值。

（2）根据第 1369 条需要同意的行为。《德国民法典》第 1369 条规定，配偶一方必须经另一方同意，才能处分属于自己的婚姻家庭物品以及承担为此种处分的义务。适用该规范的前提是该家庭用具属于处分人。凡是只满足配偶一方个人需要的物品不属于家庭用具（衣物、个人收藏和劳动工具等）。具体而言，汽车主要用来满足家庭需要的，受第 1369 条支配；如是工作用车，就不属于第 1369 条的调整范围。

3. 对需要同意之行为的变通处理

（1）允许。配偶一方进行《德国民法典》第 1365 条第 1 款或第 1369 条规定的行为时，需要获得另一方的事先同意（"德民"第 183 条第 1 句）。在符合第 183 条规定的条件时，可以撤回已经作出的允许。

（2）允许的替代。配偶一方是否允许，原本应取决于其自由决定。但为了避免对允许保留的滥用，法律又赋予家庭法院替代允许的权限：只要配偶一方欲缔结或已缔结的某法律行为符合通常的财产管理原则，而另一方无充足理由而拒绝允许的，家庭法院可

---

① BGH, Urteil vom 16. Januar 2013 – XII ZR 141/10 – OLG Karlsruhe.

以根据一方的申请，代替另一方给予同意。若法律行为符合通常的财产管理原则，而另一方配偶由于疾病或不在场等原因而无法作出允许的意思表示，同时延缓决定会有遭到损害的危险的，家庭法院也可以替代另一方给予同意（"德民"第 1365 条第 2 款、第 1369 条第 2 款）。

（3）未获得必要允许的行为。应当获得允许但未获得允许而缔结的行为，需要区分考察其效果：首先，未经必要的允许而实施的单方法律行为不生效力，并且无法补正（"德民"第 1367 条）。其次，根据《德国民法典》第 1366 条，未经必要允许而实施的合同行为处于效力待定的无效状态，即合同的命运取决于另一方是否追认。另一方对实施行为的配偶或交易相对人作出追认意思表示的，该法律行为自始有效（"德民"第 182 条第 1 款、第 184 条第 1 款）。如果拒绝追认，合同确定地归于无效；第三人催告配偶一方追认的，另一方只能向该第三人作出追认的意思表示；另一方在催告前已向配偶表示的，该意思表示失去效力；也就是说第三人的催告使合同重新进入效力待定状态。若有权作出允许的人死亡，效力待定的合同确定地有效。[①]

4. 财产增益补偿的实施

通常情况下，[②] 增益补偿通过债法上的补偿请求权（"德民"第 1372-1390 条）实现，请求权的成立和数额要根据实际发生的增益来确定。在下列情况下，财产制的终止会导致补偿请求权的产生：离婚；婚姻废止导致财产制的终止；夫妻通过财产合同终止法定财产制；配偶一方死亡时，生存配偶既不是继承人，也不是受遗赠人。

（1）补偿请求权的确定和计算。在财产增益共有制存续期间财产增益较大的一方负有补偿义务，该方配偶必须将增益超出部分的一半交给另一方（"德民"第 1378 条第 1 款）。需要对比配偶各自财产在财产增益共有制开始时（初始财产，第 1374 条）和终止时的价值（终结财产，第 1375 条），就可以得出增值的数额。配偶一方的财产增益就是其终结财产超出初始财产的数额（第 1373 条）。

（2）财产结算基准日。在计算初始财产时，确认财产价值的时间节点为基准日，如夫妻一直采用法定财产制的，基准日就是结婚之日。原则上，终结财产的基准日就是财产制度终止的时刻（"德民"第 1375 条第 1 款）。但在特殊情况下，要将这一时刻前置。例如，在离婚情况下，以离婚申请发生诉讼系属之日为准；在提前补偿情况下，以提出申请之日为基准日。双方分居的时间对终结财产基准日并无影响。

（3）增益的计算。计算增益时，应当分别查明配偶双方的初始财产和终结财产。这里的财产指的是配偶一方在计算时刻可供其支配的金钱价额，减去其在这一时刻承担的债务。配偶一方在财产计算时刻资不抵债的，其财产数额为债务（消极财产）超出积极财产的部分（"德民"第 1374 条第 3 款、第 1375 条第 1 款第 2 句）。例如，配偶一方在初始财产计算时刻只有价值 6 万欧元的不动产，同时负担 10 万欧元的债务，他的初始财产为负 4 万欧元。假设在终结财产计算时刻，该不动产价值为 7 万欧元，配偶的债务降低

---

① 参看《联邦最高法院裁判》，载《新法律周刊》1982 年卷，第 1099 页；1994 年卷，第 1785 页。

② 夫妻财产制因配偶一方死亡而终止时，若生存配偶属于继承人或受遗赠人，必须增加生存配偶的法定继承份额，以实现增益的补偿。无论配偶双方在婚姻存续期间实际的增益如何，也无论何方有权要求增益补偿（第 1371 条：继承法和夫妻财产分割的一揽子解决方案）。如果增益共有制因为配偶的同时死亡而终止，就不发生配偶继承份额的增加（因为不存在"生存配偶"，故也不发生继承效果），在双方配偶各自的继承人之间也不发生增益补偿请求权。

为 9 万欧元，其终结财产为负 2 万欧元。虽然两造数字均为负数，但该配偶仍然获得增益。因为终结财产超过初始财产 2 万欧元。

（4）初始财产的补算和调整。原则上，初始财产只包括在计算时刻实际存在的全部财产，但《德国民法典》第 1374 条第 2 款对某些特定类型的财产进行了例外规则。配偶一方在夫妻财产制开始后因遗嘱取得的财产、针对将来的继承权、因赠与或作为婚嫁立业钱财（"德民"第 1624 条）而取得的财产，均不属于共同生活中的增益，必须排除在增益补偿之外。在补算实施时，应当以取得给予时所具有的价额为准（"德民"第 1376 条第 1 款）。

此外，在适用第 1374 条第 2 款时，必须对实际的初始财产加以"调整"或换算，以排除增益补偿中的虚假增益。虚假增益指的是完全由货币贬值引起终结财产和初始财产的差异。为此目的，联邦最高法院通过判例①确立换算程序：借助联邦统计局发布的消费者价格指数②，将初始财产的金额按照终结财产计算时刻的单位货币交换价值进行换算。换算对象是全部的初始财产，即配偶双方各自的积极结算财产。例如，初始财产（1991年 1 月）为 10 万欧元。1991 年 1 月的指数为 74.2。2008 年 9 月，离婚申请发生既判力，这时的指数为 107.2，则初始财产 = 100000×107.2/74.2 = 144 747.39 欧元。

（5）终结财产的补算。在确定终结财产时，同样有可能发生实际财产之外的补算。《德国民法典》第 1375 条第 2 款的目的在于阻止配偶通过任意减损自己的增益来损害伴侣的利益。为此目的，某些发生在婚姻财产制存续期间的财产减少视同没有发生，仍算入其终结财产（"德民"第 1375 条第 2 款第 1 句），具体包括：（1）该方进行的无偿财产给予与道德义务或礼仪上的考虑不相符；（2）该方挥霍的财产；（3）该方为了让另一方蒙受不利益而故意实施的行为。但如果财产减少发生在夫妻财产制终止前十年，或者配偶另一方赞同无偿财产给予或挥霍行为的，则不进行补算。

（6）补偿请求权的数额及其限制。根据《德国民法典》第 1378 条第 1 款，配偶一方的财产增益超过另一方的，超出部分的一半作为补偿债权归于另一方，这通常体现为支付请求权。增益数额最低是 0，这样可以保障配偶一方不必分担另一方在婚姻期间的经济损失。

全额承担补偿义务，可能会令债务人不堪重负，债务人甚至不得不通过贷款履行该义务。因此法律规定，补偿债权的数额，以债务人扣除债务后剩下的财产价额为限。不能让债务人因为履行补偿债务而陷于资不抵债。换句话说，义务人只在积极财产超过消极财产的范围内承担责任。

根据《德国民法典》第 1375 条第 2 款，若由于不忠诚的财产减少而提高实际终结财产数额，限制数额也随之提高，直到补偿债务人的最高给付能力，从而提高实际获得的数额。例如，舒尔茨夫妇一直采用法定财产制，后决定离婚。在增益补偿程序中查明，舒尔茨先生的初始财产为 0，实际终结财产为 5 万欧元。在婚姻存续期间他曾经赠送给情人一辆价值 8 万欧元的跑车；因此他的终结财产应为 13 万欧元。他的增益为 13 万欧元。舒尔茨夫人的初始财产为 1 万欧元，终结财产为 2 万欧元，增益为 1 万欧元。舒尔茨夫人

---

① 《联邦最高法院裁判》，载《家庭法大全杂志》1984 年卷，第 31 页。
② 消费者价格指数（Index der Verbraucherpreise），以前称为生活费用指数（Lebenshaltungskostenindex）。

的补偿请求权数额为 6 万欧元。一般情况下，该请求权的数额限于离婚申请发生诉讼系属时债务人实际拥有的财产，即 5 万欧元。但由于舒尔茨先生有不忠诚的行为，该限制数额提高到 5 万+8 万＝13 万欧元。因此舒尔茨夫人可以提出 6 万欧元的请求权。这意味着，舒尔茨先生必须举债 1 万欧元，以履行其补偿债务。

（7）对增益补偿显失公平的抗辩权。根据《德国民法典》第 1381 条，如果增益补偿在具体情况下显失公平，补偿义务人可以在此限度内提出持续抗辩权。根据补偿结果不公平的类型和程度，可以部分或全部的拒绝履行补偿请求权。

《德国民法典》第 1381 条的适用范围包括：①补偿权利人长期有过错地不履行根据婚姻关系产生的经济义务。②补偿权利人有其他重大违反婚姻共同生活义务的行为；并且违反义务行为的性质和程度令补偿请求权的（完全）实现产生无法容忍的不公平。在这种情况下，违反人身方面的婚姻义务，特别是在父母子女关系中父母侵害交往权可以作为"严重的原因"加以考虑。③全部增益补偿缺乏实质上的合理性，如配偶双方此前已经分居很久，或一方通过极为短暂的婚姻获得巨额财产或抚慰金，并且这些财产不能通过其他方式从增益补偿中扣除。④如果将增益补偿和其他离婚后果一并考量的话，增益补偿的实施可能会导致配偶双方经济上不均衡。⑤履行补偿债权有可能会持续危及义务人本身的扶养费。

（8）提前的增益补偿。配偶双方并不一定非要等到提交离婚申请时，才能主张增益补偿请求权。在两种情况下，配偶可以提前要求增益补偿：①在特定条件下，有补偿权利的配偶一方可以"在增益共有制提前废止的情况下要求提前进行增益补偿"（"德民"第 1385 条）。这意味着，婚姻财产制的废止和补偿债权联系在一起。这里同时涉及给付申请和形成申请。当然，只有在申请人显然为实际的补偿权利人时，才能采用这种方式。②在同样的条件下，任何配偶一方，包括预期的补偿义务人，均可以要求提前废止增益补偿（"德民"第 1386 条）。在这种情况下仅涉及形成申请。增益补偿请求权可以在其他程序中主张。

前述第 1385 条和第 1386 条的适用条件包括：①配偶双方至少已经分居三年。②另一方未经必要同意而实施第 1365 条规定的法律行为，或从事第 1375 条第 2 款规定的财产减少行为，以至于配偶一方的补偿债权有受到显著危害之虞。③另一方长期有过错地不履行基于婚姻关系的经济义务，且可以认为其将来也不会履行。④另一方无充足理由而坚决拒绝将其财产现状告知申请人，如在正式提出答复申请时坚决拒绝。

（9）增益补偿的约定。在不违反法律强制性规定之保护目的的前提下，配偶双方可以通过夫妻财产合同（"德民"第 1408 条第 1 款、第 1410 条）补充或修改法律规定。例如，配偶双方可以约定初始财产和终结财产的数额、确定增益补偿请求权的约定最高价额以及配偶一方在另一方财产中的参与份额。

除了通过夫妻财产合同改变增益补偿，其他意思自治空间极为有限。法律原则上禁止配偶任何一方在婚姻财产制终止前承担处分补偿债权的义务（"德民"第 1378 条第 3 款），或作出这样的处分。

（二）约定财产制

德国的约定财产制是指，夫妻可以约定分别财产制或一般共同财产制。

1. 夫妻财产合同概述

在德国，配偶可以通过夫妻财产合同调整双方的财产关系（"德民"第 1408 条第 1 款），还可以通过夫妻财产合同排除退休年金补偿请求权（"德民"第 1408 条第 2 款）。双方当事人可以自由决定夫妻财产合同的内容。该合同为要式合同，双方当事人必须同时到场并且由公证人记录，才得订立夫妻财产合同。

（1）夫妻财产合同约定的内容。配偶双方（订婚双方）可以通过夫妻财产合同排除法定财产制，并从可供选择的财产制（分别财产制和一般共同制）中选择其一作为他们的财产制（"德民"第 1414、1415 条）。当事人可以在婚后通过夫妻财产合同变更法定的或约定的财产制，还可以通过约定排除或废止法定财产制。当事人在合同中没有约定财产制的，自动适用财产分别制。配偶双方还可以通过夫妻财产合同约定来排除增益补偿。如果配偶双方约定排除增益补偿或完全排除退休年金补偿或废止了此前选择的财产一般共有制的，即开始适用分别财产制。此外，在协商一致的基础上，夫妻可以通过财产合同修改或补充法定财产制度的具体规定，如将增益补偿请求权限定在一定数额或确定初始财产。配偶一方还可以通过夫妻财产合同将自己的财产托付给他方管理。

（2）法院对夫妻财产合同内容的审查。当事人不能通过协议任意排除法律的保护目标，如不得约定明显不公平的负担分配、选择明显不公平的婚姻生活、给一方施加不符合婚姻本质的负担等。所谓"明显不合理的单方负担"，要根据约定事项是否直接涉及婚姻核心领域而定；当事人的约定事项越是接近核心领域、偏离程度越大，法院的审查就越严格。婚姻核心领域及其顺位关系为：因照顾子女的扶养请求权、年老和疾病扶养、退休年金补偿、失业扶养请求权、教育和培训补偿权、增益补偿请求权。基于婚姻的社会保障功能，婚姻的核心领域首先就是扶养关系。在德国法中包括增益补偿请求权和退休年金补偿请求权，其中又以子女照料扶养最为重要，其次是年老扶养和疾病扶养；若当事人放弃这些扶养权利，法院的审查会尤其严格。可见，婚姻的重要功能之一在于提供社会保障，当事人的契约自由不能损害这一公共利益。德国宪法法院指出，在缔约地位不平等的情况下，法院有义务根据民法的一般规则对合同内容加以控制或修正。[1] 在此基础上，联邦法院在判例中发展出两步审核法：[2] 首先依《德国民法典》第 138 条对婚姻协议进行效力审查，然后依第 242 条进行协议履行审查。[3]

2. 夫妻财产合同约定的财产制类型

第一，分别财产制。依分别财产制，夫妻双方的婚前财产以及在婚姻存续期间获得的工作收入和财产收益仍归各自所有，双方独立管理各自的财产，婚姻对各人的处分行为和负担行为皆不发生任何限制，各方对自己的债务独立承担责任。离婚时不发生婚姻财产的增值补偿。但在分别财产制下仍发生退休年金补偿，除非当事人通过明确约定排

---

① 《联邦宪法法院裁判》，载《家庭法大全杂志》2001 年卷，第 343 页。
② 载《家庭法大全杂志》2004 年卷，第 501 页；2006 年卷，第 1097 页。
③ 《德国民法典》第 138 条规定违反善良风俗的法律行为……
（1）违反善良风俗的法律行为无效。
（2）特别是当法律行为系乘另一方穷困、没有经验、缺乏判断能力或者意志薄弱，使其为自己或者第三人的给付作出有财产上的利益的约定或者担保，而此种财产上的利益与给付显然不相称时，该法律行为无效。
《德国民法典》第 242 条规定，依诚实和信用原则履行给付债务人有义务依诚实和信用，并参照交易习惯，履行给付。

除此种权利（"德民"第1408条第2款）。实践中，若配偶一方的产业规模远远超越了家庭的范围（如拥有大企业或资本财产），宜采取此种财产制。

在分别财产制度下，配偶双方可以根据民法的一般规定通过法律行为设立共同财产。例如，他们可以在家具、房屋或不动产上设立共同所有权，可以通过《德国民法典》或商法典规定的形式建立共同共有关系。伴侣之间的法律关系原则上按照民法的一般规则处理，如《德国民法典》第741条以下和第1008条以下关于按份共有的规定。配偶双方可以根据一般民法规则，就任何财产关系设置共有关系，如可以共同接受贷款，并作为连带债务人对信贷人承担责任。配偶一方向债权人清偿后，可以向另一方根据《德国民法典》第426条要求补偿。

第二，一般共有制。关于一般共有制，根据《德国民法典》第1415-1482条规定，将配偶双方的财产视为统一的整体，采用该一般共有制的，原本属于配偶各自的财产即转化为双方的共同共有财产（"德民"第1416条第1款第1句）。在财产一般共有制存续期间，夫或妻所取得的财产也属于共同财产（"德民"第1416条第1款第2句）。除另有约定外，配偶双方对共同财产享有平等的权利和义务，无论其对共同财产贡献的大小。夫妻互相受到严格约束：任何一方均不能处分在共同财产中的份额。

其一，共有财产。采用一般共有制的，配偶双方无须通过单个处分行为将各自所属之物转为共同共有财产；共同财产根据总括继受原则直接产生（"德民"第1416条第2款）。配偶一方拥有不动产，该不动产也成为共同财产的，另一方有权要求在土地登记簿上变更登记（"德民"第1416条第3款）。财产一般共有制存续期间，配偶双方取得和各自取得的财物也依法自动成为共同财产。

其二，特有财产和保留财产。双方的特定财产部分保留于共同财产之外，仍属配偶个人所有：（1）特有财产（"德民"第1417条），是不能以法律行为转让的标的；（2）保留财产（"德民"第1418条），其包括：通过夫妻财产合同宣布为保留财产的标的；配偶一方基于遗嘱取得的或第三人向其无偿给予的标的，但以被继承人的遗嘱或第三人给予时指定该财产应为保留财产的为限；根据代位求偿权获得的财产。

其三，共同财产的管理。共同财产由配偶双方共同管理，除非他们在夫妻财产合同中约定由配偶一方单独管理共同财产（"德民"第1421条）。《德国民法典》在第1450条至第1470条详细规定了夫妻双方共同管理共有财产的权利义务，包括配偶双方的协助义务、代为同意、未经允许的处分效力、紧急管理权、共同财产的不当得利、内部关系中的责任等。

双方约定由配偶一方管理共同财产的，管理方有权占有和处分共同财产，并以自己的名义进行和共同财产相关的诉讼（"德民"第1422条）。但处分全部共同财产、处分土地船舶等重大财产或进行赠与的，管理方必须取得另一方的允许（"德民"第1423-1425条）。管理方必须适当管理共同财产，并及时向另一方汇报；管理方有过错地导致共同财产损失或未经另一方必要同意为法律行为而导致损失的，应当对共同财产进行补偿（"德民"第1435条）。在符合法定情形时，不管理共同财产的配偶一方可以提起废止财产共有制的诉讼（"德民"第1447条），法院的废止判决生效后，双方适用财产分别制，但必须登记后才具有对抗第三人的效力（"德民"第1449、1412条）。

其四，对外债务的承担。对外债务责任的确定，取决于配偶一方还是双方管理共同财产。一般的基础规则为：（1）配偶双方的债务均可以请求共同财产清偿（"德民"第1459条第1款和第1437条第1款；例外规则：第1460-1462条；第1438-1440条）。（2）配偶一方还可以自己的财产对个人债务负责。（3）在一定条件下，配偶一方还需用自己的个人财产对另一方的债务负责：在共同管理时，双方原则上应共同承担债务（第1459条第2款）；在单独管理时，该方只对管理的部分债务负责（第1437条第2款）。

（三）夫妻财产制之登记

根据配偶双方的申请，德国的基层法院可以对夫妻财产制状况进行登记（"德民"第1558-1563条）。此登记的目的在于：（1）公开夫妻在财产制上的关系，以方便法律交往和交易安全；（2）配偶一方的交易相对人得以知晓夫妻的财产制状况，从而降低风险。法院必须公布登记情况，任何人都可以查阅夫妻财产制登记簿（"德民"第1562条、第1563条）。

财产制登记不发生设权效果：夫妻财产合同中的约定不经登记也有效。只是对与配偶一方为法律行为或发生法律争议的第三者而言，夫妻财产制登记根据《德国民法典》第1412条产生消极公示的效果。《德国民法典》第1412条规定的消极公示有如下效力：配偶不能将应登记而没有登记的事项作为抗辩提出，以对抗和第三人缔结的法律行为。但第三人也不能因此享有抗辩权，即第三人不能根据该条对和未登记事项有关的法律行为提出抗辩。

第五节　当代德国亲子关系制度

本节研究和阐述以下内容：一是当代德国亲子关系制度概述；二是当代德国亲子关系的确定制度；三是当代德国父母子女的权利义务；四是当代德国事实上的照料关系制度。

一、当代德国亲子关系制度概述

德国亲子关系法的主要内容，包括亲子关系的确认和父母子女关系。就前者而言，母亲身份的认定较为简单，重点是父亲身份的认定。因为法律上的父亲身份和事实上的父亲身份存在较大的误差可能，从而引发了一系列父亲身份认定和撤销规则。此外还有子女对出身的知悉权，即针对父母双方的请求权。随着人工生育技术的发展，对父母身份认定提出了新的挑战。

就父母子女关系而言，重点内容是父母对子女的照顾权和子女的交往权。法律中的父母照顾指的是父母照顾未成年子女的义务和权利，这种照顾义务范围广泛，包括保障和促进子女在身体上、心灵上、精神上、社会上和经济上的利益。其目的是帮助年轻人实现人格上和经济上的独立。所以父母照顾不仅是维护子女权益的需要，同时也是为了促进子女在体力和能力上的发展。父母的照顾权包括一定的决定权限，这种决定权限的效力及于第三人。其中最为重要的是法定代理，以及对子女居所和交往的决定权。法律上将父母照顾分为对子女人身的照顾和对子女财产的照顾。

二、当代德国亲子关系的确定制度

出身或曰血统关系决定子女的父母以及通过父母确定的亲属关系。法律在原则上以基因来源作为出身的判断标准：子女的父母是为子女提供胚胎细胞的男人和女人。这里必须注意生物基因关系和法律归入的区别：甲男子所生的子女在法律上有可能被归到乙男子的名下。既然存在偏差，就应为当事人提供修改机会。因此法律规定，当事人可以在家庭法院申请撤销父子关系。另外产生的问题是，子女是否有权获知自己在基因上的出身，或者法律上的父和实际上的生父是否有权依据法律查明子女的真实出身。

（一）亲子关系的确定

1. 母子关系的认定

《德国民法典》第 1591 条规定，生育子女的妇女取得母的身份。随着现代科技的发展，特别是人工生育技术的进步，妇女可以生育一个在基因上和自己毫无关系的子女（如通过卵子捐献、胚胎捐献），而第 1591 条的规定意味着，法律上的母只能是生育子女的人，卵子捐献者和生育者不能通过协议约定母的身份。

2. 父子关系的认定

《德国民法典》第 1592 条规定，子女的父是具有下列情形之一的男子：（1）在子女出生时已经和子女的母结婚的；（2）认领其父亲身份的；（3）父子关系经法院裁判确定的。三种确认父子关系的方法处于竞合关系。例如，若已经根据第 1592 条第 1 项确定子女母亲的丈夫为父，在该父子关系被生效判决撤销之前，不能通过其他方法确认另一男子的父子关系（"德民"第 1594 条第 4 款）。在根据第 1592 条第 3 项通过法院裁判确认父子关系时，必须首先确认不存在根据上述方法确定的父子关系（"德民"第 1600d 条第 1 款）。

（1）基于婚姻确立父子关系。原则上，丈夫在子女出生时与子女的母结婚的事实，即可确立其父子关系（"德民"第 1592 条第 1 项）。认定父子关系的时间点以子女的出生时刻为准，不考虑怀孕时间。因此对于婚前出生的子女，不能根据《德国民法典》第 1592 条第 1 项认定父子关系，只能根据第 1592 条第 2 项和第 3 项认定。

如子女在父母离婚或婚姻被废止后才出生的，即使子女在婚姻期间受孕，丈夫也不能依据婚姻直接确认父子关系。对于在离婚前很短时间内才受孕的子女，法律认为丈夫具有父子关系的可能性很低。当然丈夫在这种情况下也可以根据《德国民法典》第 1592 条第 2 项确认父子关系。分居对父子关系的认定没有影响，即使子女在分居后一年出生，丈夫也可以直接确认父子关系，但可以通过撤销程序否定父子关系。

如子女在丈夫死亡后出生，且婚姻因丈夫的死亡而解除的，在这种情况下，子女为丈夫的子女可能性很大，所以法律有理由对"出生时刻"原则作出例外规定。根据《德国民法典》第 1593 条的规定，第 1592 条第 1 项的适用范围扩展到那些在婚内受孕、父死亡后才出生的子女。对此，法律规定了受孕时间的范围：在丈夫死亡后 300 天内出生的子女，视为死者的子女。

原则上应严格根据出生时刻确定父子关系，但如果子女在离婚裁定生效前出生同时又有第三人认领（"德民"第 1599 条第 2 款），就应当适用例外规则。只有在满足下列条件时，才能认为婚姻期间出生的子女不是丈夫所生：（1）子女在离婚申请发生诉讼系属之后、离婚裁定发生效力之前出生。（2）丈夫之外的其他男子认领，并且该认领最晚在离婚裁定生效后一年内作出。除第1595条和第1596条规定的条件外，认领还必须取得丈夫的同意（"德民"第1599条第2款第2句）；丈夫可在子女出生之前作出这种同意。认领最早在离婚裁定发生既判力时生效。

（2）根据认领确立父子关系。父子关系也可以通过父亲的自愿认领加以确定（"德民"第1592条第2项、第1594-1598条）。认领者须按照法律规定的形式作出单方的、无须受领的意思表示。认领必须获得母的同意。（"德民"第1595条第1、2款）①认领原则上不需要子女的同意。只有在母没有照顾权时才需要子女同意，如母被剥夺了父母照顾权，或子女已经成年。（"德民"第1595条第2款）。在子女无行为能力或限制行为能力的情况下，应适用特殊规则：无行为能力或14岁以下的子女只能由法定代理人代为作出同意；年满14岁的子女或限制行为能力的子女，可以经法定代理人同意自己作出同意。在例外情况下，用认领来排除根据婚姻确定的父子关系时，必须得到母的丈夫的同意。同意的方式适用有关认领的规定（"德民"第1599条第2款）。

相关的意思表示满足法定条件的，认领即发生效力，无须法院或其他机构的协助。父子关系的认领应当标注于出生登记簿（德国《身份登记法》第27条第1款），但这并不是生效的前提条件。

有关认领、同意和撤回的意思表示只有在违反法律规定时（"德民"第1594-1597条），才会归于无效（"德民"第1598条第1款）。当事人必须提出撤销之诉，才能排除有瑕疵的认领。

（3）通过法院裁判确定父子关系。若没有通过婚姻或认领确立父子关系（"德民"第1592条第1项和第2项），或此种身份被有效撤销，就只能通过申请法院裁判确定父子关系（第1600d条第1款）。法院只能根据当事人的申请开始程序，法律没有明确规定哪些人有权提出申请，但从该程序的意义来看，只有子女、母以及父子关系涉及的男子有权提出申请。该程序中奉行依职权调查原则。有关具体程序规则参看《德国家事事件和非讼事件程序法》第169-185条。

非婚母亲单独拥有照顾权的，可以以自己的名义，也可以作为法定代理人以子女的名义提出申请（"德民"第1629条第1款第3项）。如果母出于对生父的体谅（如该男子已经和他人结婚）而怠于查明子女的生父，家庭法院可以基于子女的最佳利益加以干涉，如将子女出生问题从父母照顾中分割出来，并就该问题设立保佐（"德民"第1909条第1款）。

在难以确定父子关系的情况下，法律规定了父子关系的推定：推定在母怀孕期间与其有性行为的男子为子女的父（"德民"第1600d条第2款第1句）。怀孕期间指的是子女出生前倒数第300天到第181天之间。子女的母确系在该期间以外怀孕的，该期间也视为怀孕期间。必须确定怀孕期间有同居行为，才能进行推定。

关于申请法院裁判否定父子关系，当事人可以在家庭法院提出申请，要求确认父母子女关系不存在（《德国家事事件和非讼事件程序法》第111条第3项、第169条第1

---

① 认领必须得到子女之母的同意。"自称为父的人"是否可以如愿以偿，关键是看子女的母的态度。即使作出认领的男子确系子女的生父，母也可以拒绝同意。在这种情况下，该男子只能通过法院确定其父子关系。

项）。对申请法院否定父子关系，只有在确定所涉男子为子女生父的情况下，才能驳回此申请。所以，法院在裁定中，也可以积极确认相关男子的父子关系（《德国家事事件和非讼事件程序法》第 182 条第 2 款）。

（二）父子关系的撤销

撤销权利人可以向家庭法院提出申请，撤销现有的父子关系（《德国法院组织法》第 23a 条第 1 款第 2 句第 12 项；《德国家事事件和非诉事件程序法》第 111 条第 3 项、第 169 条第 4 项）。该撤销权必须在一定期间内行使（"德民"第 1600b 条）。

1. 撤销权利人

有权申请撤销父子关系的人（"德民"第 1600 条第 1 款）包括法律上的父亲、子女的母亲、子女本人和法律指定的国家机关（"德民"第 1600 条第 1 款第 5 项）。除此之外，具有父子关系的男子的父母或其他血亲，均无撤销的权利。撤销权利人的范围在继承法上具有重要意义，如具有父子关系的男子死亡后，留下若干子女为法定继承人，其中一个子女不能通过撤销父子关系来否定另一子女和死者的血统关系，从而排除其继承权。

（1）法律上父母的撤销权。法律上的父和母的撤销权（"德民"第 1600 条第 1 款第 1 项）不需要任何其他实质性条件。尽管撤销会破坏子女已经适应的家庭环境，但立法上在这里不考虑子女的最佳利益。撤销权人提出诉讼的前提条件为必要的初步怀疑，即撤销人必须提出一些具体情况，足以令人从客观上怀疑现有的父子关系。[①] 未经子女或子女照顾权利人同意而秘密进行的父子鉴定不能作为初步怀疑的证据。[②] 这一规定令希望知晓子女之真正出身的男子陷入困境：只要子女的母不同意进行此种测试，通常就很难提出其他支持初步怀疑的证据或事实。有鉴于此，2008 年的《父子关系否认之诉外请求确认子女血统法》为男方创设了针对女方或子女的请求权，要求其同意通过基因调查确定父子关系，并且容许采取基因样本，母和子女也有相应的权利。

（2）子女的撤销权。一般来说，子女对于现有的父子关系的撤销，如果发生在子女尚未成年之时，就必须通过法定代理人进行撤销；即使子女已经年满 14 岁，该撤销也无须子女的协作。只有当撤销父子关系有利于子女的最佳利益时，法定代理人才能提出撤销。未成年子女由父母共同照顾的，父母必须共同为撤销行为；若无共同照顾，才可由一方父母提出撤销。

（3）生父的撤销权。只要满足下列条件，潜在的生父有权要求撤销现有的父子关系：其一，该男子必须作出曾与子女之母在怀胎期间同居的代替宣誓的保证（"德民"第 1600 条第 1 款第 2 项）。其二，在子女和目前具有父子关系的人之间不存在"社会家庭的关系"。[③] 其三，要求撤销的男子必须证明自己确系子女的生父。

[①] 《联邦最高法院裁判》，载《家庭法大全杂志》2005 年卷，第 340 页。

[②] 《联邦宪法法院裁判集》第 117 卷，第 202 页；《联邦最高法院裁判》，载《家庭法大全杂志》2008 年卷，第 501 页。

[③] 这里的社会家庭关系，指的是有父子关系的人"在适当的时间实际或曾经承担过对子女的责任"（"德民"第 1600 条第 4 款第 1 句）。根据第 1600 条第 4 款第 2 句，只要有父子关系的人和母结婚或与子女长期共同生活，通常即存在事实上的责任。前提条件是，有父子关系的人在撤销时仍对子女承担实际上的责任。参看《联邦最高法院裁判》，载《家庭法大全杂志》2007 年卷，第 538、541 页，有父子关系的人已经死亡的，以死亡时是否存在此种社会家庭关系为准。

（4）国家机关的撤销权。德国法在 2008 年增加机关作为撤销权人，其目的是防止滥用父亲身份的认领，有时作出认领的男子并不是子女的生父，认领只是为了获得在德国的居住许可或让子女获得德国国籍。因此，法律授权国家机关在一定条件下可以行使撤销权：其一，子女和承认人之间不存在社会家庭关系，或在承认时尚未建立这种关系；其二，承认使子女或父母一方获得入境许可或居住许可（"德民"第 1600 条第 3 款）。机关撤销制度针对的是"虚假的父亲身份认领"。

2. 撤销权的行使期间

原则上，撤销诉讼必须在两年之内提出（"德民"第 1600b 条第 1 款第 1 句）。该期间自权利人知悉不利于父子关系的情况时起算，但不能从子女出生前起算，也不能在撤销所针对的承认发生效力前起算。

子女的撤销权适用特殊的期间规则。未成年子女的法定代理人未及时提出撤销诉讼的，子女可在成年后自行提出撤销程序；此种情况下，期间从子女本人知悉不利于父子关系的情况时起算；但不能从子女成年之前起算。对于无行为能力的撤销权人，若其法定代理人由于疏漏而没有及时提出撤销，在无行为能力的情况消失后，撤销权人可以自行撤销，期间的计算方法同上。

（三）人工辅助生育技术引起的特殊问题

德国法律原则上不禁止人工生育技术的运用，只有 1990 年 12 月 13 日通过的德国《胚胎保护法》将某些技术视为权利滥用，如将没有受孕的卵细胞移植到另一个妇女体内。采用人工辅助生育技术的，母亲仍然是实际分娩者，即使卵细胞并非来自她（卵子捐献、胚胎捐献的情况）。捐献卵子的妇女和子女没有法律上的联系，也不能分割或分享母亲身份。另外，也不存在可以质疑或排除生育者母亲身份的程序（不存在母亲身份的撤销程序）。母亲可以是所谓的替代母亲。根据《德国收养中介法》第 13a 条，替代母亲指的是，妇女自行受孕或将别人的胚胎移入自己身体，然后将所生子女交给他人的妇女（如交给他人收养）。法律禁止此种借腹生子的行为（《德国收养中介法》第 13c 条）。所以即使当事人约定，替代母亲有义务将所生子女交给他人，该约定亦为无效。

精子提供者在法律上和子女没有任何联系。但若现有的父子关系被撤销，精子提供者就有可能确认父子关系，他可以通过认领，也可能被法院通过裁判确定为父。但他自己不能要求撤销现有的父子关系，因为他并没有和子女的母同居过（"德民"第 1600 条第 1 款第 2 项）。只要法院确认精子提供者为父，他就要承担作为父的全部权利和义务。但子女的母（或母的丈夫或者伴侣）和精子捐献者可以缔结协议，免除捐献者的扶养义务。

（四）变性人的父母身份

联邦最高法院在 2017 年 11 月 29 日的一项裁定①中确立了变性人的母亲身份认定原则：由男变女的变性人通过自己之前保存的精子令她人怀孕，在确认性别变更的判决发生既判力之前生下子女，在血缘关系上只能被认定为父亲，而不能获得母亲身份。

该案中，当事人 2 在 2015 年 6 月生下子女。当事人 1 系从男变为女的变性人，具有德国国籍。当事人 1 在之前程序中声称，案涉子女系用自己的精子怀孕的。在二审程序

---

① BGH, Beschluss vom 29. November 2017 – XII ZB 459/16 – KG Berlin. NJW 2018, 471, FamRZ 2018, 290.

中，其代理人出示了一份公证证书，证明其在子女出生前承认自己的母亲身份，且获得当事人 2 的同意。当事人 1 和当事人 2 在 2015 年 9 月登记为同性生活伴侣。户政登记机关在子女出生信息中，将当事人 2 登记为子女的母亲。当事人 1 也要求将自己登记为母亲，被登记机关拒绝。当事人 1 和 2 以及通过她们代理的子女要求户政登记机关根据《民事身份登记法》第 49 条的规定将当事人 1 登记为母亲。在前两个程序中，该请求均被驳回。当事人提起法律抗告。

抗告法院在其判决理由中指出：当事人 1 不能根据《德国民法典》第 1591 条登记为子女的母亲，因为其并非生育子女者。同时德国法中并未规定对母亲身份的承认制度。不能类推适用《德国民法典》第 1592 条第 2 项，[①] 因为这里并不存在法律漏洞。立法者对于母亲身份规定了客观和唯一标准，即分娩子女的人。除了通过收养取得母亲身份，立法者有意否定了以其他方式如法律行为获得母亲身份的可能性。其立法考量在于，法律上的父母身份认定不能和生物意义的血缘关系相抵触，以至于出现两个母亲或父亲。即使承认母亲身份的女子在变性前提供了精子，从而在生物学意义上作为父亲参与了生育，这里也不存在法律漏洞。立法者同样考虑到了此种情况，并在《特殊情形下姓名与性别变更法》第 11 条中明确规定，确定申请人属于另一性别的裁判不改变申请人与其父母子女的法律关系。从立法资料来看，这一规定同样适用于裁判生效后根据《特殊情形下姓名与性别变更法》第 8 条和第 10 条出生的子女。该法第 5 条第 2 款关于姓氏的规定同样没有导致立法矛盾，因此并不存在法律上的不确定性。

联邦最高法院支持抗告法院的观点，并进一步指出：首先，根据《民法典》第 1591 条的规定，母亲指的是分娩子女的人。德国民法只承认唯一的、依法律确定的母亲。也就是说，立法者已经明确排除了通过其他形式获得母子关系的可能性，特别是在代孕情形下提供卵细胞的人不能获得母亲身份。德国法律也不承认其他由两方女性获得父母身份的形式，如通过自愿异质授精产生的共同母亲身份。

其次，虽然当事人 1 通过提供精子参与了生育，但这只能作为获得父亲身份的依据。抗告法院认为，《特殊情形下姓名与性别变更法》第 11 条第 1 句已经包括了变性人和子女之间的关系，即使子女是在法院作出改变父母一方性别归属的判决之后出生。从第 11 条第 1 句的立法意旨来看，变性人作为母亲或父亲的身份并不因为改变性别归属而发生变化，尤其是对于父亲身份撤销和婚生地位的撤销。

（五）知悉自己出身的权利

《德国民法典》第 1598a 条规定，法律上的父针对母和子女、母针对法律上的父和子女、子女针对法律上的父和母，均可请求同意进行基因的出身调查，并且容忍为调查而提取适当的基因样本（血液，唾液等）。

当事人不需要初步怀疑证据即可提出上述申请，但如果查明会引起某种明显的、损

[①] 《民法典》第 1592 条 父亲身份

子女的父亲是具有下列情形之一的男子：

1. 在子女出生时与子女的母亲有婚姻关系的；

2. 已承认父亲身份的；或

3. 其父亲身份被依第 1600d 条或《关于改革家庭事件及非诉管辖事件的程序的法律》第 182 条第 1 款在裁判上确定的。

害子女最佳利益的危险，并且以此为限，法院必须中止查明程序。在查明程序中，父或者母不能代理未成年子女，必须为子女指定补充保佐人。根据申请，法院可以代替义务人同意并发布命令，要求当事人容许提取基因样本；从而使"容许"变得具有强制性（《德国家事事件和非讼事件程序法》第96a条）。

《德国民法典》第1598a条虽然没有规定母的身份的查明，但从条文上看，法律并没有排除这一意图。检测结果也有可能证实子女不是母所出。在这种情况下，如果子女实际上为该妇女所生（如通过卵子捐献），则不存在撤销问题（第1591条）。若子女并非该妇女所生育，而是因为医院的疏忽弄错的，则该妇女不是子女在法律上的母，该妇女的丈夫也不是子女在法律上的父；必须另行通过调查确认子女的亲生父母。

三、当代德国父母子女的权利义务

（一）父母子女关系的一般效力

1. 子女姓氏

（1）子女姓氏的确定。若子女出生时父母已经结婚并使用共同婚姻姓氏（"德民"第1355条第1款第1句、第2款），子女以该姓氏作为出生姓氏。父母没有选择婚姻姓氏的，或者父母没有结婚但共同拥有父母照顾权的，则需要共同决定子女的姓氏。父母双方通过向民事身份登记官作出意思表示，将父或母在决定时所使用的姓氏确定为子女的姓氏（"德民"第1617条第1款第1项），但不得将父母的姓氏合并组成复姓。子女的出生姓氏一经决定，就自动适用于父母的其他共同子女。

如父母双方对子女姓氏不能达成一致，可以采用下列程序处理：父母在子女出生后一个月内不决定子女出生姓氏的，家庭法院可以将姓氏的决定托付给父母一方；但可选姓氏的范围并不因此发生改变。法院可以要求该方父母在指定期间决定子女姓氏；该期间届满后没有行使决定权的，子女获得被托付以决定权的父母一方的姓氏，作为出生姓氏（"德民"第1617条第2款）。

父母一方单独照顾子女的，子女依法获得照顾权人在子女出生时使用的姓氏作为出生姓氏。但如果父母已经结婚并选择了共同婚姻姓氏，不适用该规则。

根据《德国民法典》第1617a条第2款第1句，父母没有结婚且一方单独享有照顾权的，可以向民事身份登记官员作出意思表示，选择另一方的姓氏作为子女的出生姓氏，但必须得到父母另一方的同意；若子女满5周岁，还需获得子女的同意。

（2）子女姓氏的变更。若父母的姓氏嗣后发生变更，是否会影响子女根据上述规则取得的出生姓氏？原则上子女可以保留已经获得的姓氏，但也存在例外情况：若父母在确定子女出生姓氏后才选择婚姻姓氏，且选择的婚姻姓氏和子女姓氏不同的，应根据下列规则处理（"德民"第1617c条第1款）：凡子女在5周岁以下的，姓氏自动发生变化；子女以父母的婚姻姓氏作为出生姓氏；凡子女已满5周岁的，必须以公证形式向民事身份登记官作出意思表示，才能变更姓氏。

原则上，子女的出生姓氏不因为照顾权的变化而受影响。但法律对此规定了例外情形：父母在子女获得出生姓氏后获得共同照顾权的，父母可以在3个月之内重新决定子女的姓氏（"德民"第1617b条第1款）。子女已满5周岁的，重新决定姓氏需获得子女的同意；同意之意思表示的作出方式适用上述规则。

（3）再婚后的子女姓氏。根据《德国民法典》第1618条规定，扶养子女的父母一方离婚后再婚并获得新婚姻姓氏的，可由有照顾权的父母一方及其配偶，通过向民事身份登记官员作出意思表示，在符合下列条件时，可给予子女新的婚姻姓氏：一是为未成年且尚未结婚的子女。二是与配偶一起给予婚姻姓氏的父母一方拥有单独的或部分的父母照顾权。三是给予姓氏的父母一方及其不是该子女父或母的配偶已将子女纳入共同家庭生活。四是父母另一方享有共同父母照顾的，或子女使用另一方姓氏的，给予姓氏必须获得另一方父母的同意。若给予姓氏有利于子女的最佳利益，家庭法院可以代替父母另一方给予同意。五是子女满5周岁的，还必须得到子女的同意（"德民"第1617c条第1款）。

给予子女姓氏时，既可以完全用新姓氏替换原有姓氏，也可以用子女的现有姓氏和父母的婚姻姓氏组成复合姓氏。

2. 子女的劳动义务

德国法规定，由父母教育或扶养的未成年子女有义务以与其体力和生活地位相适宜的方式，在父母的家务和营业中提供劳务（"德民"第1619条）。与父母共同居住并从父母那里获得扶养费的成年子女，也要承担第1619条规定的无偿协作义务。父母可以采用照顾权下的一般方式督促未成年子女履行该义务。针对成年子女可以提出诉讼，要求履行该义务；但根据《德国民事诉讼法》第888条第3款，获得的判决不能强制执行。即使怠于承担应尽的协作义务，也不会发生损害赔偿。父母在分配家务劳动时，必须考虑子女的学业负担和业余生活需求，还要考虑父母的状况。

（二）父母对子女的照顾

1. 父母照顾权的取得和行使

（1）父母照顾权的取得。德国法律就父母照顾规定了两种基本类型：共同照顾和父母一方单独照顾。在后一种情况下，子女和"无照顾权的父母一方"的联系并没有被切断，他们之间仍保留了交往权（探望权）、法定监护义务以及永久性的"法律责任"。

照顾权的取得包括如下几种方式：一是根据法律获得。父母在子女出生时结婚的，直接根据法律获得照顾权。父母在子女出生后结婚的（"德民"第1626a条第1款第2项），也直接根据法律获得共同照顾权；父母没有结婚也没有作出共同照顾意思表示的，非婚母亲有单独照顾权。父母有权共同进行父母照顾的，一方死亡后，生存的一方根据法律获得单独照顾权（"德民"第1680条第1款）；父母一方停止照顾或事实上受阻而不能进行父母照顾的，另一方也单独进行父母照顾。二是根据意思表示获得。非婚父母通过照顾的意思表示产生共同照顾权。三是根据法院判决获得。父母分居时，法院可以通过判决对父母照顾进行安排。

（2）共同照顾权的行使。通常情况下，父母共同拥有照顾权。所以在行使照顾权时，父母双方拥有平等权利、承担平等责任。父母以自己的责任、彼此一致地为子女的最佳利益进行父母照顾（"德民"第1627条第1句）。

父母双方可以在协商的基础上，并兼顾子女的最佳利益，对照顾事务进行分工。若父母对重要事项不能达成一致，有可能会损害子女的利益，可以由家庭法院作出裁判。法院将根据第1628条的规定作出裁判，但不能直接就争议事务作出决定，只能将有争议的事项托付给父母一方作出决定。法院认为父母一方的看法更具有实质说服力的，就会将决定权托付给该方，判断的主要标准是子女最佳利益。

（3）父母意愿和子女自决。随着年轻人日益成长，他们可以逐步承担完全责任，父母的引导作用就会相应缩减。这一思路体现在《德国民法典》第1626条第2款规定的原则中。在此原则之上，法律还在若干生活领域或事务上强调了子女的自决，如对子女的未来个人生活有重大影响的决定，或那些同子女偏好所矛盾的不适当决定。

对于某些特定事项，子女可以独立处理，而无须照顾权人的参与。例如，满14周岁的子女可以自行决定接受何种宗教信仰；年满16岁的未成年人可以单独设立遗嘱且无须法定代理人的同意（"德民"第2229条第2款）。

在涉及子女人身和财产的程序中，子女在家庭法院具有一定的程序法主体的地位，这种规定的目的是保证法院在作出重要裁断时顾及子女的意愿和看法。例如，法院必须听取年满14岁的子女本人的意见，除非该程序仅涉及子女的财产（《德国家事事件和非讼事件程序法》第159条第1款）。对于未满14周岁的子女，若子女的偏好或意愿对于判决有重要意义，或因为其他原因显得有必要听取子女意见的，法院也必须听取子女本人的意见（《德国家事事件和非讼事件程序法》第159条第2款）。

2. 对子女的人身照料

人身照料（"德民"第1626条第1款第1项、第1631条）指的是财产管理之外的所有照管工作，不仅包括照顾子女的身体健康，也包括对子女的教育，即子女在精神上、心理上和社会交往能力上的发展。选择和促进子女的学校教育和职业培训，以及对子女的宗教教育，亦属于对子女的教育。人身照料还包括监督子女的权利和义务；所以父母须对子女不法行为加于第三人的损害承担损害赔偿责任（推定其违反监督义务，"德民"第832条第1款）。对人的照顾还包括那些有关子女姓名和身份的事务；有照顾权的父母可以决定子女的名字，还可以在法定范围内确定子女的姓氏。

照顾权人的权限表现在：（1）法定代理权之行使。父母可以子女的名义为法律行为，也可以对限制行为能力子女之法律行为表示同意或不同意（"德民"第107条）。（2）决定未成年子女的居所（"德民"第1631条第1款）。居所决定权受第1631b条的限制：只有经家庭法院批准，才准许对子女作出和剥夺自由相关联的安置。这一规定主要针对的是将子女安置在封闭式治疗或看护机构的情况。（3）照顾权利人还有权决定子女和其他人的交往，即确定子女可以或应当和哪些人进行或保持人身及电话接触。

3. 法定代理

（1）基本原则。父母法定代理权的行使方式有两种：一是父母以子女的名义为法律行为；二是同意或不同意限制行为能力的子女进行的法律行为。父母可以在照顾权范围内以子女的名义作出和受领意思表示，该意思表示直接对子女发生效力（"德民"第164条第1款第1句）；还可以代表子女在法院提出诉讼或应诉（《德国民事诉讼法》第51条第1款、第52条）。法定代理权不仅适用于人的照顾，也适用于财产照顾领域。

（2）代理权行使。父母照顾有时为父母双方共同行使，有时为一方单独行使。这也影响到法定代理权的状况，即存在共同代理和单独代理两种情况（"德民"第1629条第1款）。父母共同拥有照顾权的，在作出意思表示时，需要父母双方的行为，如双方一起以子女的名义缔结合同。父母一方在没有获得另一方同意的情况下为法律行为的，该合同属于《德国民法典》第177条规定的效力待定的合同；该法律行为的效力取决于另一方的追认（"德民"第 184 条、第 182 条）。如果另一方拒绝追认，作出法律行为的父母一方应当向行为相对人承担责任（"德民"第 179 条）。

在共同照顾权下，父母一方在特定情况下也可以例外地单独代理子女：一是对子女作出的意思表示，只要到达有代理权的父母一方即为有效。二是父母对于某一事项或某类事项不能达成合意的，家庭法院可以根据申请将决定权托付给父母一方。被托付的决定权包括对此种事项的单独法定代理权。三是即使父母原则上共同行使照顾权，但父母一方有可能在特定领域具有单独照顾权；该方父母在该领域有单独代理权。四是有迟延危险时，父母任何一方均可为了子女的最佳利益而单独实施一切必要的法律行为。但事后必须毫不迟延地通知另一方。五是以子女名义对父母一方主张扶养请求权的，适用特殊规则。根据《德国民法典》第 1629 条第 2 款第 1 句和第 1795 条第 1 款第 3 项的规定，为了防止对子女扶养权利的损害，照顾子女的父母一方可以作为单独代理人，向另一方主张子女的扶养请求权。

（3）法定代理权的限制。为了保护子女的利益不受损害，法定代理人为特定法律行为时，需要获得法院的批准，此种行为主要规定在《德国民法典》第 1821 条和第 1822 条：一是对不动产和不动产权利的处分行为，但不包括有关抵押权、土地债务和定期土地债务的行为；此种处分行为据以发生的负担行为也需要批准。二是针对土地所有权转让的债权处分，或针对土地上权利的设定或转让的债权处分，或针对免除此种土地权利的债权处分。此种处分据以发生的负担行为也需要批准。三是以有偿获得不动产或不动产权利为目的的合同。四是导致子女有义务处分其全部财产、继承权、将来的法定继承份或将来的特留份的法律行为；以及对子女继承份额的处分。五是租赁合同或用益租赁合同，以及令子女负有定期给付义务的其他合同，并且这些合同关系在被监护人成年后存续期间仍长于一年。六是以子女的名义进行的金钱借贷。七是发行不记名债券，或因其他票据行为发生的债务负担。八是保证关系的缔结，或以其他形式承担他人债务。九是经理权的授予。十是授权限制行为能力的未成年人从事营业，或收回此种授权的行为；以营业的有偿取得或让与为标的的合同，以及为从事营业而订立的合伙合同。十一是拒绝遗产或遗赠，以及抛弃特留份的行为（"德民"第 1643 条第 2 款）。

法院以子女最佳利益为衡量标准，来决定是否批准上述行为。只要这种同意有可能是必要的，法院就应该批准。父母没有获得必要批准而签订的合同，处于效力待定的状态。若法院嗣后批准，合同自始有效（"德民"第 184 条）。法院拒绝批准并且父母通知了行为相对人的，合同不生效力。

4. 对子女财产的照管

财产照顾（"德民"第 1626 条第 1 款）的主要目标是为子女利益而保存、增值和使用财产。父母在财产管理上享有相当的自由裁量权，他们有义务以子女最佳利益为原则对财产进行管理，包括对子女的资金进行投资，但以该资金无须随时备用为限。投资时应尽到谨慎管理义务，但无须对投资风险完全保证。家庭法院可以就财产投资发布命令。子女通过遗嘱处分或无偿给予获得财产的，父母必须遵循处分人或给予人在给予时作出的指示。

根据《德国民法典》第 1641、1643 条的规定，对于令子女遭受不利、承担风险或特别重大的法律行为，父母必须获得家庭法院的批准（可以部分地适用有关监护人批准保留的规定）。子女自己缔结的、需要法定代理人同意才能生效的法律行为，也适用上述规则。

子女财产的收入（如租金收入）首先要用来满足为财产的通常管理而实际支出的费用。剩下的用于子女的扶养。不得动用子女财产的本金部分，除非在考虑了扶养费请求权之后、不动用基本财产会危及子女的扶养费。

特别要注意的是，若未婚的未成年子女通过其财产收入和劳动收入足以维持生计，就不能向父母主张扶养费请求权。

5. 国家对父母照顾权的支持

国家主要通过法院和青少年福利局来实现对照顾权人的支持。青少年福利局根据《德国民法典》第 1712 条以下和德国《社会法典》第八编（子女和青少年救助法）的规定从事相关活动。

（1）家庭法院的措施。家庭法院必须根据申请对父母的人身照料行为提供支持（"德民"第 1631 条第 3 款）。例如，法院可以根据《德国家事事件和非讼事件程序法》第 33 条第 2 款采取强制措施，将出走的子女送回父母家或将其送入寄宿学校，该强制措施必须符合子女的最佳利益，并且和青少年的成熟度相适应。[①]

（2）青少年福利局的辅佐。父母一方可以就特定事项（如确定父子关系、主张扶养请求权）向青少年福利局提出辅佐的书面申请（"德民"第 1712 条第 1 款）。申请到达青少年福利局时，青少年福利局即可按照申请的范围进行辅佐（第 1714 条），而无须法院发布命令。

只有对申请辅佐事项具有单独的父母照顾，或在共同照顾权下实际单独照料子女的父母一方，才有权提出上述申请。另外，根据《德国民法典》第 1776 条被指定的子女监护人也可以提出申请。父母一方只对部分事项具有单独照顾权的，要特别注意申请人就申请辅佐的事项是否具有单独的照顾权。

根据《德国民法典》第 1712 条，只有对特定事项才能到青少年福利局申请辅助：

（1）父子关系的确定。这种确认指的是根据《德国民法典》第 1600d 条进行的程序，而不包括子女对父子关系承认的同意。实际上父子关系的承认一般也不需要子女的同意。父子关系的确定不包括对既存的父亲身份的撤销，也不包括第 1598a 条规定的宣布父亲身份的程序。

（2）扶养请求权的主张。这里的扶养请求权指的是子女对扶养费的所有请求权，包括对其他血亲的请求权。如果子女从第三人那里获得有偿照料，辅佐人有权从扶养给付中向第三人进行清偿。

（3）儿童和青少年救助。儿童和青少年救助指的是青少年福利局和获得国家承认的社会团体（私人青少年救助）旨在促进青少年福利的活动。青少年救助的出发点在于促进其发展、培养其独立责任和社会人格（"德社会法"第八编第 1 条第 1 款）。青少年救助形式包括：促进家庭教育（如为父母提供咨询，为家庭提供业余活动或休闲设施，特别为单亲家庭以及分居或离婚的父母提供咨询和支持）；促进儿童的日常生活设施和日常照料；协助教育（如教育咨询、在寄养父母家中的教育、家庭教育、保障扶养费等）。提

[①] 《德国巴伐利亚州最高法院裁判》，载《家庭法大全杂志》1974 年卷，第 534 页；《联邦最高法院裁判》，载《家庭法大全杂志》1975 年卷，第 273、276 页。

供教育帮助通常以照顾权利人的申请或同意为前提条件。

6. 国家对父母照顾权的监督

（1）国家的监督责任和机关。根据德国《基本法》第 6 条第 2 款第 2 句，受基本权利保护的未成年人有权要求国家保护，所以国家机构对父母责任有监督义务。国家监督的基本出发点是子女最大利益。① 国家在行使监督职能时应秉承克制态度，不得随意剥夺父母的照顾和教育权利，应根据比例原则，选择和父母不履行义务的严重程度以及维护子女利益的要求相适应的干预措施。② 根据《德国民法典》第 1666 条，③ 当子女在人身方面的最大利益或财产利益受到危害时，家庭法院必须采取措施加以干涉。据此，如果父母没有依法履行对子女的照顾责任，并因此导致子女陷入危险，家庭法院应在青少年福利局的协助下，依职权进行调查或采取措施。法院必须毫不迟延地审查是否需要立即发布临时措施（《德国家事事件和非诉事件的程序的法律》第 157 条第 3 款）。

青少年福利局在监督体系中扮演着重要角色，不仅在人身照顾方面协助法院，还可以直接参与某些诉讼程序（"德社会法"第八编第 50 条第 1 款、第 52 条）。青少年福利局可以直接提出诉讼，要求法院采取干预措施排除对子女最佳利益的妨害（"德社会法"第八编第 50 条第 3 款）。为保护儿童和青少年，青少年福利局甚至可以不经法院而直接采取临时措施，如当儿童主动提出请求或对儿童最佳利益存在紧急威胁时，青少年福利局可以为儿童安排临时住所，但必须毫不迟延地通知照顾权人；照顾权人反对此项措施的，青少年福利局必须返还儿童，或者将争议提交家庭法院进行裁判。在存在迟延危险的情况下，青少年福利局可以不经照顾权人同意而采取临时措施，如将儿童带离某人或某机构，这种情况下也必须毫不迟延地通知照顾权人，如果后者反对，应将有关事项提请家庭法院裁判（"德社会法"第八编第 42 条第 2、3 款）。

（2）对未成年子女人身利益的保护。若父母严重违反了《德国民法典》第 1631 条第 2 款所确立的"无暴力教育原则"，家庭法院可以在青少年福利局的协助下根据第 1666 条进行干预，在紧急情况下部分或全部地剥夺父母照顾权。

根据《德国民法典》第 1666 条第 1 款，在符合以下两个条件时，法院可以基于儿童最大利益干预父母的照顾权：一是子女在身体上、精神上或心灵上的最大利益受到危害，即各种对子女完整性利益和发展利益的严重损害。其中，完整性利益指的是身体健康、生活用品和最低限度的人身投入。二是父母无力或者不准备避开对子女的危险。对此，法院首先要通过声明敦促其采取行为，以维护子女最大利益；危害严重的，法院可以立即进行干预。

法律重在判定客观上是否存在危害子女最大利益的状况，而不要求父母有过错。也就是说，即使对子女最大利益的危害是由于精神病、病态嗜酒或某种非自由状态引起的，法院也可以干预。根据《德国民法典》第 1666 条第 1 款，第三人的行为危及子女最大利益的，家庭法院可以直接针对该第三人采取干预措施，如禁止妓女和未成年人交往。法院干预的前提是父母不愿或无力避免此种危害，父母也可以主动在家庭法院申请针对第

① 《联邦最高法院裁判》，载《家庭法大全杂志》1989 年卷，第 145-146 页。
② 《联邦宪法法院裁判集》第 7 卷，第 320-323 页。
③ 2008 年 7 月 4 日的《关于子女最佳利益受危害时简化家庭法院措施的立法》对"德民"第 1666 条进行了修订，目的是引导法院采取切实的措施，为受害子女提供实际的帮助。

三人的干预措施。

（3）对未成年子女财产利益的保护。在子女财产受到危害时，家庭法院也可以根据《德国民法典》第 1666 条第 1 款采取措施，其干预前提在于：存在对子女财产的危害，并且父母不准备或无力排除此种危害。这里的财产危害包括：父母为自己的好处使用子女的财产，或通过经济上无意义的措施造成子女现有财产减少或损失，或让子女陷入不适当债务风险。在通常情况下，进行财产照顾的人违反其对子女的扶养义务或与财产照顾有关的义务，或不服从与财产照顾有关的法院命令，均构成对子女财产利益的危害。

法院在选择干预措施时需遵循必要性和适当性原则。《德国民法典》第 1667 条列举了可采取的措施类型：家庭法院可以命令父母递交子女财产目录并就财产管理提交报告；可以规定金钱投资的方式，并规定提取金钱必须获得法院批准；还可以责成危害子女财产的父母一方提供担保。其他措施不能奏效的，法院可以剥夺父母双方或一方的全部或部分财产照顾权。

（4）对父母法定代理权的限制。父母在照顾权范围内享有对子女的法定代理权（"德民"第 1629 条第 1 款第 1 句），如代表子女在法院提出诉讼或应诉，或者以子女的名义作出和接受意思表示，该意思表示直接对子女发生效力。法定代理权不仅适用于人的照顾，也适用于财产照顾领域。父母通过法定代理权使子女获得权利和承担义务，子女对法定代理人的过错也承担责任（"德民"第 278 条第 1 句，《德国民事诉讼法》第 51 条第 2 款）。为了在高度人身性事务中充分尊重子女意愿，并保护子女的利益不受侵害，对于某些特别重要并具有较大风险的事项，父母的代理行为需要家庭法院的批准，这些具体事项详见前述"法定代理权的限制"（"德民"第 1821–1822 条）。

7. 父母照顾权的变更和终止

（1）父母照顾权的变更。父母双方可以在子女出生后任意时间作出共同的照顾声明，通过该声明，先前母对非婚生子女的单独照顾自动转换为父母的共同照顾（"德民"第 1626a 条第 1 款第 1 项）。

法院可根据各种原因通过判决变更照顾权状况。其中较为重要的情况是：单独拥有照顾权的父母一方死亡或被剥夺照顾权的，家庭法院必须根据具体情况，依照相应的法律规定将照顾权通过裁判托付给另一方父母。在父母分居的情况下，法院通过裁判将父母照顾托付给父母一方。此外，法院还可以根据第 1666 条，对危害子女最佳利益的情形直接进行干预，法院通过裁判变更照顾权。

（2）父母照顾权的终止。首先，在未成年子女已成年时，父母的照顾权随之终止。但父母仍然要以提供扶养费的形式，保证子女受到适当的职业培训。对于仍在父母家居住的成年学生，此种扶养义务具有特别的优先顺位（"德民"第 1603 条第 2 款第 2 句、第 1609 条）。其次，父母一方死亡会导致其父母照顾权终止。生存一方有权单独进行照顾。单独照顾人死亡的，法院需要通过裁判确定父母照顾事项（"德民"第 1680 条第 2 款）：有权单独进行父母照顾的父母一方死亡的，在不违背子女最佳利益的前提下，家庭法院必须将父母照顾托付给生存的一方（根据"德民"第 1671 条、第 1672 条）。再次，父母一方的照顾权经法院裁判被剥夺的，其父母照顾权终止。父母共同进行照顾的，由另一方父母单独进行父母照顾。父母双方均被部分或全部地剥夺照顾权的，必须设立监护或保佐。单独进行父母照顾的母的照顾权被剥夺的，必须将父母照顾托付给子女的父，但以这样做有利于子女的最佳利益为限（"德民"第 1680 条第 3 款和第 2 款第 2 句）。最后，如父母离婚，法院将父母照顾托付给父母一方时，另一方的父母照顾权终止。

8. 离婚或分居时对父母照顾权的处理

（1）离婚后共同照顾继续存在。根据德国法规定，父母离婚时家庭法院并不必须对父母照顾权进行变更。但如果在离婚程序中，配偶一方在一审口头辩论结束之前提出申请，要求对照顾权问题进行合并审理，就要将照顾权程序和离婚程序合并审理，除非法院基于子女最佳利益的考虑认为这样做不适合（《德国家事事件和非讼事件程序法》第 137 条第 3 款）。在其他情况下，照顾权程序是独立于离婚的单独程序，并不因为离婚而必然发生。

原则上，父母的分居或离婚不影响共同照顾权的继续存在。只有当父母一方在家庭法院根据《德国民法典》第 1671 条提出申请，要求将照顾权单独托付给自己时，才会启动法院程序。若法院驳回申请，共同照顾权继续持续，即使父母一方不愿意继续此种状况。

父母分居后，共同照顾权虽然继续存在，但子女通常只能和母或父一方共同生活，父母已经无法继续进行共同照料和教育。所以父母必须就此问题进行协商；不能协商一致的，父母一方（或双方）可以向家庭法院提出申请，要求根据《德国民法典》第 1671 条获得单独照顾权，或要求根据第 1628 条获得对子女居所的决定权。

（2）委托单独照顾权。父母分居之后，原本共同行使照顾权的父母任何一方均可向家庭法院提出申请，要求将父母照顾的一部分或全部托付给该方（"德民"第 1671 条第 1 款）。在下列两种情况下，必须批准这种申请，即父母另一方同意或法院确信共同照顾的废止和托付给申请人最符合子女的最佳利益。必须有父母提出申请，法院才能根据《德国民法典》第 1671 条进行裁判。根据另一方的同意，可以将单独照顾权托付给父母一方（子女年满 14 岁且对该托付有异议的除外）。

（3）根据第 1666 条处置照顾权。根据《德国民法典》第 1666 条，家庭法院可以为了避免对子女的不利而主动采取以下措施干预父母照顾权：一是部分或全部地剥夺父母一方的照顾权；另一方获得相应的单独照顾权。二是部分地剥夺父母双方的照顾权并在剥夺范围内必须对子女设立保佐。三是剥夺父母双方的全部照顾权，同时对子女设立监护。

这里特别需要注意《德国民法典》第 1671 条和第 1666 条的关系。根据《德国民法典》第 1666 条进行的程序和根据第 1671 条进行的程序可能会存在诉讼上的竞合，如父母一方在离婚后申请托付照顾权，但法院同时也认为应当依职权调整照顾权。此时应当优先适用第 1666 条排除对子女的危险：如果根据其他条款，特别是根据第 1666 条，必须对父母照顾作出不同的处置的，就不能批准当事人根据第 1671 条提出的申请（"德民"第 1671 条第 3 款）。

（三）交往权

1. 子女与父母之间的交往权[①]

在大多数情况下，离婚后子女不再和父母双方而是和父母一方共同生活。这样子女

---

① 交往权（Umgangsrecht），即父母子女等存在密切人身关系的人相互见面沟通的权利。我国大陆地区称之为"探望权"，我国台湾地区一般称为"会面交往"，日本称之为"面见交流权"。和探望权相比，"交往权"更加强调子女的权利主体地位。

会因为缺乏联系而和父或母逐渐疏远，所以《德国民法典》第 1626 条第 3 款第 1 句规定，子女和父母双方的交往一般属于子女的最佳利益。据此，子女和父母任何一方均有正式的交往权。同时父母也有与子女进行交往的义务和权利。

（1）父母的交往权。此权源自父母的天然权利以及与此相关的责任。① 交往权通过一定时限的直接接触而实现，如共度周末、共同旅行或进行其他娱乐活动。交往的类型和频率主要由父母之间的相互体谅而决定，也必须根据具体情况顾及子女的愿望。为了防止父母一方阻碍另一方与子女的交往，法律特意强调，父母一方不得有妨害他方父母与子女所建立之关系或阻碍其教育的行为。根据《德国民法典》第 1684 条第 3 款，当父母无法达成一致意见或父母双方均无意帮助子女实现其享有的交往权时，家庭法院可以就交往权的范围作出裁判，并详细规定交往权的行使；该裁判也可以针对第三人。

（2）子女自身的交往权。子女本身对父母双方均享有独立的交往权：与子女共同居住的父母一方必须同意子女和另一方交往；而另一方原则上有义务和子女进行交往。联邦宪法法院认为，② 对交往义务人应谨慎使用强制手段，对不愿意进行交往的父母一方采用强制手段，通常会造成对其人格权的不当干预，也不利于子女本身；同时，交往权的实施不得违背子女意愿，因为交往权的核心是维护子女最佳利益。

2. 子女与其他人的交往权

除了父母，特定的其他人对子女也有正式的交往权，包括子女的祖父母、兄弟姐妹，以及其他和子女密切相关并对子女承担了或承担过"事实上的责任"的人。《德国民法典》第 1685 条规定，此类交往必须有利于子女最佳利益。即维持子女与之有联系的其他人的交往有益于子女发展，子女与其他人的交往属于子女的最佳利益。（"德民"第 1626 条第 3 款）只有当该交往对子女最佳利益确有积极促进意义时，才能在有冲突的情况下对有照顾权的父母适用强制力，保障交往权的实现。

（四）父母对未成年子女的扶养义务

1. 扶养需要

未成年的未婚子女即使有财产，也可以在其财产收入和劳动收入不足以维持生计的限度内请求扶养费。只有在父母无给付能力的限度内，子女才例外地必须动用其财产的本金部分。（"德民"第 1602 条第 2 款）就子女的劳动收入而言，原则上不能认为未成年子女可以通过从事职业满足自己的扶养费：这和教育目标及培训目标相违背。对于那些仍由父母资助进行职业培训或在大学和学校接受教育的成年子女也是如此。

2. 履行给付的能力

针对未婚的未成年子女，父母不能因为给付扶养费会危害其本身的适当扶养而要求不承担扶养义务。父母有义务将所有可处分的资金平均使用于自身生计和对子女的扶养（"德民"第 1603 条第 2 款第 1 句），即根据需要的迫切程度以相同的方式分配。实践中同意有扶养义务的父母一方，在向未成年子女或和未成年子女有同等地位的子女支付扶

---

① 《联邦宪法法院裁判集》第 64 卷，第 180、188 页；《联邦宪法法院裁判》，载《家庭法大全杂志》2007 年卷；《欧洲人权法院裁判》，载《家庭法大全杂志》2001 年卷，第 341 页；2002 年卷，第 381 页。

② 《联邦宪法法院裁判》，载《家庭法大全杂志》2008 年卷，第 845 页。

养费前，从收入中扣除必要的保留份额。①

父母离婚后，没有和子女共同生活的父母一方不能以自己重新结婚，并且在新婚姻中承担"家庭主男"或"家庭主妇"的角色为借口，要求减免对子女的扶养义务。反过来，若有扶养义务的父母一方通过再婚改善了自己的扶养状况，该再婚对来自第一个婚姻的子女也会产生有利的影响。②

3. 扶养费的一般标准

《德国民法典》第 1610 条规定了扶养费标准的一般原则。在确定未成年子女的需求时，要考虑个人发展目标、与子女禀赋相称的学校或职业教育。通常情况下，在家庭内部不会计算扶养费给付，在父母分居或离婚时才有必要确定子女扶养费的数额。

2008 年《修改扶养法的法律》增设了有关未成年子女最低扶养费的法律规定（第 1612a 条第 1 款）。最低扶养费指的是有扶养义务且有给付能力的父母最低应承担的给付数额。最低扶养费的数额取决于德国《收入所得税法》第 32 条规定的最低生活标准。在确定子女扶养费数额时还必须考虑到，有扶养义务的父母一般会从国家获得子女援助金。父母分居或离婚的，未成年子女的子女援助金通常会全额支付给照顾子女的父母一方。所以法律规定，子女的现金扶养要减去子女援助金的一半。尤为重要的是：此种扣减针对的是"现金需要"，而无论扶养义务人实际上承担多少扶养义务。如果由于扶养义务人给付能力有限，其实际承担的扶养费没有达到子女最低生活需要的，不发生扣除。

子女为获得适当的职业和经济独立而接受教育的，原则上不能期待子女去从事职业工作。父母有义务在这一时期负担子女的一般扶养费（住房和食品等）和特殊培训费用。若因为教育的类型（如在大学学习）或特殊情况（如疾病或发育迟缓），导致子女在成年之后才能毕业的，父母的教育资助义务也延续到子女成年之后。

4. 子女主张扶养费的简易程序

为加快和便利未成年子女向没有与子女共同生活的父母一方请求扶养费，法律规定了简易程序。在简易程序中，未成年子女可以按照确定的支付金额请求扶养费，法院也可以按照不同年龄段子女最低扶养费的百分比灵活确定扶养费数额，即动态确定方法。这样应给付的扶养费数额可以根据一般的发展逐步提高，而无须修改法院的裁判。

四、当代德国事实上的照料关系制度

最初的《德国民法典》没有规定子女和实际照料者之间的关系，立法理由在于担心照料父母将子女作为家庭仆从而役使，或者照料父母可以随时终止此种关系。魏玛共和国时期的改革法案中有关于养父母子女关系的规定，但该草案并未转化为立法。联邦德国对此问题的改革始于 1979 年德国《照顾权改革法》，并经 1997 年德国《亲子关系改革法》获得进一步发展。1982 年召开的第 54 届德国法学家大会对此进行专题讨论。与会代表一致认为：（1）应当在一定条件下为实际照料人创设法律地位，他们可以被视为"次

---

① 根据 2009 年 1 月 1 日的杜塞尔多夫表格，从事职业者的保留份额为每月 900 欧元，其他人为每月 770 欧元，这样是为了避免父母本身陷于社会救济的对象。若子女已经成年，扶养债务人的自留份额明显提高，至少是每月 1100 欧元。

② 《联邦最高法院裁判》，载《家庭法大全杂志》2002 年卷，第 742 页。

等级"的法律上父母；（2）被照料子女和实际照料人之间已经形成的关系不受侵害干预。

上述第一个目标通过 1979 年德国《照顾权改革法》实现，该法规定，父母长期将子女托付家庭照料的，家庭法院可以根据父母一方的申请将父母照顾权事项托付给实际照料人。在托付范围内，实际照料人取得保佐人权利，也可以代替父母作为子女的法定代理人。1997 年德国《亲子关系改革法》允许照料人自己提出此种申请，此种申请必须得到父母的同意。与收养相比，此种关系的持续效力较小。

为了保护既存的照料父母子女关系，该《照顾权改革法》明确规定法院有权作出留下命令：若子女长期生活在照料家庭中，则父母想将子女从照料人那里带走时，家庭法院可以根据《德国民法典》第 1666 条第 1 款第 1 句的规定命令子女留在照料人处。该《亲子关系改革法》还规定，只要带走子女会危及子女最佳利益，法院即可发布此种命令。比照此种父母子女关系，继父母也被设立了相应的法律地位，如对日常生活的共同决定权，存在迟延危险时采取行动的权利，对子女的交往权，必要情况下可以申请法院作出留下命令，将子女留在继父母一方。该法还强化了祖父母的法律地位，如交往权、必要时的申请留下命令。

第六节　当代德国收养制度

本节研究和阐述以下内容：一是当代德国收养制度概述；二是当代德国收养的条件和程序；三是当代德国收养的效力；四是当代德国收养的解除制度。

一、当代德国收养制度概述

早在罗马法和日耳曼法中，当事人可以通过法律行为设立拟制亲子关系。这种行为今天被称为"领取子女"或"收养"。《德国民法典》原始文本中规定的即为"领取子女"，即建立在合同体系上的法律制度：收养基于收养人和被收养人的协议而发生，该协议须经过法院确认并基于确认而生效。收养人限于自身没有婚生子女者，唯有夫妇才能共同收养。收养之效果不同于今日所谓之"完全收养"，而带有相当之限制：收养效果不及于收养人的亲属，其与被继承人之间不发生继承关系；亲生父母并不能完全免除对子女的扶养义务，而仅是位列收养人之后，承担次位的扶养义务。关于收养的解除，当事人可以根据民法总则的规定撤销有关收养的意思表示。

1976 年通过的《收养法案》[①] 标志着德国收养法的重大转折，奠定了目前德国的收养法律状况。该改革法案将协议收养模式改变为裁定收养模式：收养关系依家庭法院的裁定而设立，收养人申请收养的意思表示以及同意的意思表示仅是法院裁定的前提条件，其本身不能发生私法上的效果。收养不再以收养人无子女为条件。未成年子女的最大利益成为收养法的核心：仅当收养有利于子女福利，并能预见其可以产生父母子女关系时，才能允许收养成立。配偶双方通常只能共同收养子女，未结婚者只能单独收养子女。但配偶一方可以收养另一方的子女（继子女收养）。对于非婚生子女，生父之同意仍不是必

---

① Gesetz über die Annahme als Kind und zur Änderung anderer Vorschriften (Adoptionsgesetz) vom 2. Juli 1976, 载《联邦法律公报》1976 年第 1 部分，第 1749 页。

备要件；但父亲可以通过自行提出收养申请而阻止第三人对其子女的收养。在收养效力上，新法采取"完全收养"制，即被收养子女解除与生父母等亲属关系，而与收养人及其亲属建立养父母子女等关系。新法加强了对收养效力的保护，收养不适用民法总则中关于法律行为无效和可撤销的规定，且只有在极端情况下才得解除。在成年人收养方面，必须如同以前一样具有道德的正当性，同时不完全适用前述关于未成年人收养的各项原则，成年人收养不发生"完全收养"的法律效果。

在法律渊源上，德国收养法以《民法典》中的规定为主，辅之以《收养中介法》和国际收养法之规定。就国际收养法而言，《海牙收养公约》自 2002 年 3 月 1 日起在德国生效。公约的内容包括国际收养的条件、各国关于跨国收养的分工合作、对于收养介绍机构的同意和监督以及对外国收养的承认。德国根据公约的要求修改了国内的收养法，颁布《海牙公约施行法》《收养效力法》等法律。

二、当代德国收养的条件和程序

（一）未成年人收养

1. 收养的条件

（1）收养人的条件。收养人必须亲自向家庭法院提交做成公证证书的申请，该申请不能附条件或期限，也不能通过代理人提出（"德民"第 1752 条第 2 款）。通常情况下，收养人必须年满 25 周岁。收养配偶的子女时，必须年满 21 周岁。夫妻共同收养子女的，配偶一方必须年满 25 周岁，另一方必须年满 21 周岁。

根据《德国民法典》第 1741 条，夫妻一般只能共同收养子女。配偶一方由于无行为能力或未满 21 周岁而不能收养子女的，另一方配偶也可以单独收养子女，可以收养配偶的子女。根据 2004 年的《生活伴侣关系法》修正案，父母一方的生活伴侣也可以进行继子女收养。未婚者只能单独收养子女。未婚伴侣不能按照德国法共同收养子女。只要存在收养关系，在收养人在世期间，被收养子女只能为收养人的配偶所收养。

（2）收养当事人的同意。《德国民法典》第 1750 条规定，收养获得一系列同意方可成立，包括待收养子女本人的同意、待收养子女生父母的同意、待收养子女配偶的同意以及收养人配偶的同意。这些同意都必须做成公证证书的形式，不得附有条件或期限，必须亲自作出且不能撤回。

第一，被收养人本人的同意。收养必须得到未成年子女的同意（"德民"第 1746条）。子女为限制行为能力人或年满 14 周岁的，必须在其法定代理人的同意下自行给予同意。有行为能力的子女必须亲自作出《德国民法典》第 1746 条第 1 款第 3 句规定的意思表示，而不能由他人代替。年满 14 周岁的子女可以在收养宣告生效前撤回同意，而无须法定代理人的同意。这样可以进一步保障子女的自决权。

第二，被收养人生父母的同意。收养还必须得到子女之生父母的同意（"德民"第1747 条），无论父母是否有照顾权。有限制行为能力的父母必须亲自给予同意，且无须得到法定代理人的同意；父母一方长期不能作出意思表示的，无须得到其同意。父的身份不明的，在收养程序中将能够证明自己在怀孕期间和子女的母同居的男子视为父。

为了防止生父母仓促决定，《德国民法典》第 1747 条第 2 款第 1 句要求，父母在子女出生后满 8 周才能给予同意。反之，未婚的父在子女出生前就可以给予同意。同意一经给予，就不能撤回。收养在同意的意思表示生效后3年还没有完成的，或收养申请被收回或拒绝的，父母的同意自动失效。

父母一方长期不能作出意思表示或居所长期不明的，无须获得其同意。此外，在特定情况下，家庭法院可以通过裁判代替父母的同意（"德民"第1748条）。第1748条第1款第1句的基本适用条件为：父母一方持续不断地严重违反其对子女的义务或者遗弃行为表明对子女漠不关心，且不收养会导致对子女的重大不利。

第三，收养人之配偶或生活伴侣的同意。《德国民法典》第1749条第1款还要求获得收养人配偶的同意。由于夫妇一般只能共同收养，所以该要求仅针对例外情况。根据2001年德国《生活伴侣关系法》第9条第6款要求的生活伴侣的同意，此意思表示的形式要求与子女之生父母的同意一样，且在同等条件下，也可以免除该同意。收养人可以向家庭法院提出申请，要求法院代替配偶或生活伴侣给予同意，如果另一方或整个家庭的正当利益与收养相抵触的，法院不得代为同意。

2. 收养的程序

（1）收养被宣告之前的照料关系。为了判断收养人和被收养人之间是否能产生父母子女关系，原则上必须在收养人已照料待收养子女一段适当的时间后，才能被宣告收养（"德民"第1744条）。这种收养成立之前的照料关系需要法律规置。

（2）法院的审查和宣告。收养的成立还需要家庭法院的收养审查和宣告（"德民"第1752条）。家庭法院必须依据子女的最佳利益和其他特定人的利益，对收养申请进行审查。只有当收养有利于子女的最佳利益，并且可预期在收养人和子女之间会形成父母子女关系时，法院才能批准收养申请，宣告收养成立（"德民"第1741条第1款）。此外，法院还必须顾及收养人或待收养人子女的利益；如果待收养人的利益有受到收养人的子女危害之虞的，不得宣告收养成立。但财产法上的利益不应是决定性的。

（二）成年人收养

《德国民法典》在第1767条以下规定了成年人的收养。在德国，收养成年人属于例外，必须"在道德上是正当的"才能获得许可，且不得严重影响收养人或被收养人之子女的根本性利益（"德民"第1769条）。在法律适用上，除法律另有规定的外，成年人收养准用有关未成年人收养条件与程序的规定。与未成年人收养相比，成年人收养的不同主要有如下方面：

（1）成年被收养人的配偶或生活伴侣的同意（"德民"第1749条第2款），对于登记的生活伴侣也是如此要求的。

（2）成年人收养的效力基本不适用完全收养，但除特别规定的外。即成年人收养的效力，不及于收养人的其他亲属[1]；且收养人的配偶或生活伴侣不与被收养人互为姻亲，被收养的配偶或生活伴侣不与收养人互为姻亲（"德民"第1770条第1款）。

（3）在特定条件下，成年人收养可以获得完全收养的效力，如待收养人的未成年兄弟姐妹也被收养人收养，待收养人被纳入收养人家庭，收养人收养其配偶的子女（"德民"第1772条）。

---

[1] 除法律另有规定外，被收养人及其晚辈血亲与生父母等自然血亲间的权利义务，不受成年人收养的影响（"德民"第1770条第2款）。

（4）基于重大原因，法院可以根据收养人和被收养人的申请，废止成年人的收养关系（"德民"第 1771 条）。但在未成年人收养中，无法通过双方申请废止收养关系。

德国联邦最高法院在 2014 年 3 月 12 日一项裁定①中特别指出：被收养人成年后，即使当事人存在极其严重的过错行为（如养父对养女的性侵），也不能废止其在成年之前成立的收养关系，即不能类推适用民法典第 1771 条的规定。法院的理由为：①之所以不允许被收养子女在成年后废止收养，是为了追求（收养）家庭的合法性以及德国《基本法》第 6 条第 1 款规定的制度保障，尽量消除亲生子女和被收养子女在法律地位上的区别（德国《基本法》第 2 条第 1 款结合第 1 条）。②即使收养出现了严重问题，如本案中的情形，立法者在法律结构上的选择仍具有宪法上的正当性。因为如果废止完全收养，则已经消除的被收养人和原生家庭的亲属关系重新恢复，由此引起的扶养法和继承法后果会损害第三人受宪法保护的利益。② ③即使根据收养成立的家庭关系对于已成年的被收养人构成严重负担，也不得废止该收养关系；同时允许被收养子女通过自由安排事实上的家庭关系来缓和此种负担，③ 如变更姓名（《德国姓氏变更法》第 3 条）、抵制收养在扶养法（"德民"第 1611 条）和继承法（"德民"第 2333 条和第 2339 条）上的效果；这也是亲生子女在类似情况下可以采取的措施。

三、当代德国收养的效力

在德国，未成年子女被收养后主要产生如下法律效果：

1. 子女权利和父母的照顾权

被收养人取得收养人的子女的法律地位（"德民"第 1754 条第 2 款）。收养人获得父母照顾权；所有的父母子女关系效果也随之产生。夫妻共同收养子女的，被收养人取得和配偶双方的共同子女同样的法律地位；双方共同拥有照顾权。收养配偶或生活伴侣的子女的，也是如此。

2. 养父母与养子女的亲属关系

被收养的未成年子女及其直系卑亲属与收养人及其血亲之间产生完整的亲属效果，如法定继承权、扶养请求权等。被收养子女原则上具有与收养人的亲生子女同等顺位的扶养请求权。该子女及其直系卑亲属和现有血亲的血统关系消灭（"德民"第 1755 条第 1 款第 1 句）。以下特殊情况除外：（1）配偶一方收养其配偶子女的，仅在子女与父母另一方及其血亲之间发生血统关系的消灭（"德民"第 1755 条第 2 款）。（2）收养人和被收养人互为二等或三等血亲或姻亲的，消灭的仅是子女和亲生父母的血统关系，子女和其他血亲的血统关系不受影响（"德民"第 1756 条第 1 款、第 1925 条第 4 款规定的继承权）。（3）收养配偶或生活伴侣的子女的，若被收养人的另一方父母曾经拥有父母照顾权并且已经死亡，子女和另一方父母的血亲的血统关系不消灭。

3. 养子女的姓氏

收养也会产生姓氏上的效果。被收养子女获得收养人的家庭姓氏作为出生姓氏（"德

---

① BGH, Beschluss vom 12. März 2014 – XII ZB 504/12 – OLG Karlsruhe，载《新法学周刊》2014 年卷，第 1663 页（NJW 2014, 1663）；《联邦最高法院民事裁判集》第 200 卷，第 310 页（BGHZ 200, 310）。

② 《联邦宪法法院裁判》，载《家事法大全杂志》1997 年卷，第 869、870 页。

③ 参看《巴伐利亚高等地法院判决》，载《家事法大全杂志》1991 年卷，第 227、229 页。

民"第 1757 条第 1 款)。若共同收养子女的夫妻本来就没有选择共同婚姻姓氏,他们就必须确定子女的姓氏。法院可以将子女的原家族姓氏置于新家族姓氏之前或者之后,但由于重大原因,这样做以子女的最佳利益所必要为限("德民"第 1757 条第 4 款第 1 句第 2 项)。为此法院需要收养人的申请和子女的同意。法院还可以基于子女最佳利益的考虑,更改被收养子女的名字,或在其后增加一个或多个新名字。

四、当代德国收养的解除制度

在德国,未成年人的收养原则上不能被撤销。只有在以下两种情况下,收养才能通过法院的裁判宣告被废止,并且只对未来发生效力(无溯及力):(1)欠缺收养必须的意思表示或意思表示无效("德民"第 1760-1762 条)。(2)由于重大原因,废止收养是为被收养子女最佳利益所必要的,并且子女不会因此而无家可归("德民"第 1763 条)。

第七节　当代德国监护制度

本节研究和阐述以下内容:一是当代德国监护制度概述;二是当代德国未成年人监护制度;三是当代德国成年人照管制度;四是当代德国保佐制度。

一、当代德国监护制度概述

德国亲属法第三章规范的是有关监护的相关规定,未成年人父母不在或无法行使照顾权时,为设置监护之前提要件。德国旧法对成年人亦有设置监护之必要,但自 1991 年起,针对有监护需求之成年人,改以新制成年照管法,自此监护制度仅保留给未成年人。因此本节内容分为三部分,分别为未成年人监护、成年人照管和保佐。

首先,关于成年人照管,德国早先的法律将成年人"精神错乱者"视同限制权利能力人。基于此,最初的《德国民法典》规定了禁治产制度,为精神和心理残障者设立监护人(1900 年《德国民法典》第 1896-1908 条)。禁治产必须通过法院裁定而设立。被宣告为精神疾病患者丧失全部行为能力;被宣告为精神耗弱、挥霍无度或酗酒成性的,则成为限制行为能力人。1976 年又增补吸毒成瘾为限制行为能力的原因。[①] 20 世纪 70 年代以后,人们认为禁治产制度并不适合身体残障者和精神疾病患者之境况。[②] 经过长期准备和争论,立法者终于在 1990 年通过《照管法》[③] 取代了禁治产制度。该法废止了禁治产制度、成年人监护制度和老弱病残保佐制度,而统一代之以"照管"制度。照管是依该成年人之心智状态,设置照管人并限定照管范围,来协助该成年人进行其人身财产之管理,并严守"必要性"原则。德国法上之成年照管宣告系以保护宪法上的人权为出发点及尊重受照管人之意思为基础。为此受照管宣告之人原则上具有完全行为能力,但因其判断能力较常人薄弱,而以同意之保留规定,于特定事项,必须经由照管人之同意方

---

① Gesetz vom 2. Juli. 1976,载《联邦法律公报》1976 年第 1 部分,第 1729 页。

② Siehe:Bericht über die Lage der Psychiatrie in der BRD, Unterrichtung durch die Bundesregierung vom 25. 11. 1975, Bundestags-Drucksache 7/4200.

③ Gesetz zur Reform des Rechts der Vormundschaft und Pflegschaft für Volljährige (Betreuungsgesetz - BtG) vom 12. September 1990,载《联邦法律公报》1990 年第 1 部分,第 2002 页。

生效力，以保护其利益。未成年人之监护事务由家事法院与监护监督人为监督机关，成年人之辅助事务由照管法院与照管监督人为监督机关。现行《德国民法典》的规定体现出对残障者加以保护的立法思想：精神和心理疾病患者仅在行为能力上受限，即当事人在认知、意思形成和意思掌控方面存在缺陷，因此需要法定代理人。因为精神疾病或身体、精神和心理残障而无法处理全部或部分个人事务者，可以通过个人申请或官方指定确立照管人，作为他的法定代理人。照管只能针对有必要进行照管的事务设立，而不能就所有事务设立笼统的照管；如果能选定其他值得信赖者，即无须设立照管人。照管人必须尽可能尊重被照管人的自决权。设立照管人本身并不影响被照管人的行为能力。只有当被照管人处于"不能自由决定意思的精神错乱状态"时，才属于无行为能力人。此种状态存在与否，由主张该事实者举证。

　　1998 年 6 月 25 日通过的《照管变更法》① 对照管制度作出修订。改革的核心是有关费用补偿和开支补偿的规定，以减少国库针对无财产之被照管人的开支。为明确照管人并非仅承担事实上的帮助和照顾，该法案用"法律上的照管"取代"照管"一词，强调照管人是依照法律处理被照管人的事务。新法还规定，道义上的照管人应当优先于职业照管人被考虑。

　　关于未成年人监护，当代德国法以未成年被监护人的最佳利益为指导原则。父母对子女的监护被称为"父母照顾权"，父母之外者对未成年人的监护才被称为"监护"。故监护为父母照顾权之延长，乃代替父母对未成年子女施以保护教养之责。有关"父母照顾权"的相关规定参见本章第五节"父母子女关系"的相关内容，本部分仅介绍父母照顾之外的监护制度。

　　关于保佐，其属于一种保护措施，但却不像监护制度般局限于与家庭有关之事务上。此外，其亦不限缩于未成年子女或有心神丧失状况之成年人，而就所有有需求之人，皆可提供照护。例如，已受父母照顾或监护之子女，就其父母或监护人无法处理之事务，得另行设置保佐人处理之。

二、当代德国未成年人监护制度

（一）监护的设立

　　对自然人的监护一般由家庭法院依职权发布命令而设立（"德民"第 1774 条第 1句）。例外情形下，监护可以根据法律规定直接产生：非婚生子女出生需要对其进行监护的，青少年福利局根据法律规定成为监护人（"德民"第 1791c 条第 1 款）。父母同意收养后，其父母照顾权即行停止，这时青少年福利局也成为监护人（"德民"第 1751 条第 1款第 2 句）。

　　通过家庭法院之命令设立监护，在未成年人满足下列情形时，可以设立监护：（1）对未成年人不存在父母照顾（如父亲死亡或者母亲丧失照顾权）；或者（2）父母在人身事务中和财产事务方面都无权代理未成年人行事（"德民"第 1773 条第 1 款，如父亲死亡，或者母亲为限制行为能力人从而无法行使父母照顾权）；或者（3）未成年人的家庭状况无法查明。在子女出生之前就可以设立监护，并且在子女出生时生效。

---

　　① Gesetz zur Änderung des Betreuungsrechts sowie weiterer Vorschriften vom 25. Juni 1998.

（二）对监护人的选择和任命

1. 监护人类型

家庭法院在通过发布命令设立监护的情况下，需要选任监护人。一般对被监护人只选任一个监护人（"德民"第1775条）。但是在特殊情形下也可能选任多个监护人，多个监护人可以共同行使监护权，也可以划分效力范围并在各自的效力范围单独行使监护权。在监护人之外，还可以选任监护监督人，监护人为特定行为时需要监护监督人的批准（"德民"第1809、1810和1812条）。

若监护涉及财产管理，则应当设立监护监督人，如果财产管理不重要或者监护由两个以上监护人共同执行的，可以不设立监护监督人（"德民"第1792条第2款）。父母在指定监护人的时候可以排除监护监督人的选任。如果监护人是青少年福利局，则不需要选任监护监督人。

2. 监护人资格

《德国民法典》规定，如果法院无法找到合适的自然人担当独任监护人，可以将青少年福利局选任为监护人（"德民"第1791b条第1款，此为选任的官方监护）。另外，根据《德国民法典》第1791a条，还可以选任有权利能力的团体为监护人。但只有在没有适宜的独任监护人，或者被监护人的父母指定该社团作为监护人时，才能将社团选任为监护人（社团监护人）。

德国的监护人可以分为独任监护人（自然人担任监护人，包括选任多个自然人为监护人的情形）、社团监护人和官方监护人。社团监护将指定自己的成员或者工作人员执行监护（"德民"第1791a条第3款）。官方监护由青少年福利局工作人员或者雇用人员来实现监护任务，这些人有法定代理人的权限（"德社会法"第八编第55条第2款第3句）。

3. 监护人的选择

法院一般根据如下规则选择监护人：

（1）最先应当考虑的是有父母照顾权的被监护人的父母在遗嘱中指定的监护人（"德民"第1776条、第1777条第3款）。如果父母双方的指定不同，以最后死亡的父母一方的指定为准。父母也可以指定社团作为监护人，但是不能指定青少年福利局作为监护人。

（2）如果不能根据《德国民法典》第1776条确定监护人，家庭法院需根据适宜原则选择监护人。在选择时应当考虑的因素包括父母的意愿、和被监护人的血缘关系或姻亲关系、被监护人的宗教信仰等。独任监护优先于社团监护和官方监护，社团监护又优先于官方监护。

（3）无行为能力者不能被选任为监护人（"德民"第1780条）。未成年人和处于照管之下的人也不能被选任为监护人。父母在遗嘱中排除的人也不能被选任为监护人，如果父母发出的选任监护人指示不同，以最后死亡父母的指示为准。

4. 接受监护任务的义务

被家庭法院选任的人原则上应当承担监护工作（"德民"第1785条），只是选任社团为监护人时，必须获得社团的同意。如果想拒绝担任监护工作，必须举出《德国民法典》第1786条规定的理由之一。如果没有正当理由而拒绝担任监护人，就有可能被科以罚款或者承担损失赔偿责任。

5. 任命监护人

家庭法院须通过任命程序对被选出的监护人进行任命，发给监护人任命书。该程序的核心是让被选定的人发誓忠实、认真地执行监护（"德民"第1789条、第1791条）。监护人要通过代替宣誓的保证承担义务。但此任命程序不适用于社团监护和官方监护。对于后两者，由家庭法院通过裁定的形式进行任命（"德民"第1791a条第2款、第1791b条第2款）。

（三）监护权的行使

1. 法律适用

监护是父母照顾权的替代，因此其在内容上包括对人身和财产的全部照顾，以及法定代理人权限（"德民"第1793条第1款第1句）。例如，监护人对被监护人的人身照料，适用德国民法典中针对父母照顾的规定。但监护人的权限范围可能小于父母照顾权，如未成年的母亲可能与监护人一起行使对人的照顾。如果对一定范围内的事务设置了保佐人，或者监护权由多个监护人共同或根据分工行使，或者设立了监护监督人的，监护人行使的父母照顾权都会因此受限。

2. 家庭法院的监督作用

监护人的对人照顾受到家庭法院的监督（"德民"第1837条第2款），这一监督获得青少年福利局的支持。监护人以及监护监督人必须随时根据请求，向家庭法院提供有关监护的执行和被监护人个人状况的情况（"德民"第1839条）。如果监护人或者监护监督人违反其义务，家庭法院可以通过提出要求和禁止加以干涉。独任监护人不遵守家庭法院的命令，可能会被科以罚款。至于有关措施的类型和范围，适用《德国民法典》第1666条、第1666a条和第1696条的规定。如果独任监护人的行为违反其义务，并且监护人职务的继续进行会危及被监护人利益的，家庭法院可以撤销独任监护人的资格。

（四）监护人的法定代理权

1. 需要批准的行为

在法定代理方面，监护人受到比父母更严格的监护和更多限制。监护人需要经过家庭法院批准之行为的范围，较父母照顾权大为扩展（参看"德民"第1821-1823条、第1643条、第1645条、第1814-1820条）。监护人在财产管理中的行为和措施需获得家庭法院或者监护监督人的批准（"德民"第1809-1813条）。

对于《德国民法典》第1812条和第1822条第8-10项规定的需要批准执行的，家庭法院可以事先给予监护人概括授权。对获得概括授权的监护人以及作为监护人的社团和青少年福利局，不适用第1809条，第1819条和第1812条规定的限制。

2. 法定代理权的限制

与父母一样，监护人的代理权也可以被《德国民法典》第181条和第1795条排除。根据《德国民法典》第1796条，在相关行为产生利益冲突的情形下，家庭法院也可以在一定范围内剥夺监护人的代理权。在未成年人监护中，若未成年人具有限制行为能力，那些促进青年人对个人事务自主决定利益的规定，以及根据《德国民法典》第112条和第113条的授权，也构成对代理权的限制。监护人在代理被监护人时不得作出赠与。除非这种赠与合乎道德上的义务或者礼仪上的考虑。

（五）财产照顾权的行使

监护人的财产照顾在范围和方式上和父母的财产照顾基本一样。监护人有权占有相关财物，并且可以为达到维持、增值以及其他特定目的管理该财产。监护人必须在监护开始时对被监护人的财产编制目录，目录中的财产既包括被监护人现有的，也包括嗣后归属于被监护人的财产。监护人必须保证目录的正确性和完整性，并送交家庭法院（"德民"第1802条）。

监护人必须获得监护监督人或者家庭法院的批准，才能处分被监护人的债权或者被监护人能够据以请求给付的其他权利，以及对此种处分的义务承诺。监护人在财产管理方面的限制，可以通过被监护人父或母的终意处分得以部分免除（"德民"第1852条第2款、第1853-1857条）。作为监护人的青少年福利局和社团，可以根据法律的直接规定或者限制免除。

家庭法院在青少年福利局的协助下（"德社会法"第八编第53条第3款第5句）监督监护人的财产管理（"德民"第1837条第2款）。监护人对法院有提供监护情况的义务，每年要提交管理财产的结算书。对于监护人违反义务的行为，法院要提出相应的要求和禁止加以干涉，对独任监护人还可以通过罚款督促其遵守法院的命令。另外还可以采取第1666条规定的法院措施，直到部分或者全部地剥夺监护人的财产照管权。

（六）监护以及监护人职务的终止

1. 监护的终止

监护的终止原因：一是设立监护的条件消灭（"德民"第1882条）。二是被监护人成年之时或者父母获得父母照顾权时；三是被监护人的死亡。

2. 监护人职务的终止

监护的终止和监护人职务的终止是两个不同的问题，不能混淆。比如，一个监护人由于自身原因脱离了监护职务，监护关系本身仍然存在，并不受影响，只需要重新选任一个监护人。

监护人死亡，或者被家庭法院免去监护人职务，监护人的职务即告终止。如果独任监护人继续行使职务会危及被监护人的利益，特别是当监护人的行为已经违反监护义务的时候，或者监护人存在《德国民法典》第1781条规定的情况的，家庭法院必须免去独任监护人的职务。如果有重大原因存在，家庭法院应当根据独任监护人的申请免去其职务；所谓的重大原因特别是指，令监护人有权按照《德国民法典》第1786条第1款第2项到第7项拒绝担任监护工作的情形。

如果符合被监护人的最佳利益，并且有其他更适合担任监护人的人选，家庭法院必须免去青少年福利局或社团的监护人职务，并代之以其他监护人（"德民"第1887条）。青少年福利局必须每年审查，是否应当出于对被监护人利益的考虑免去自己的监护人职务，而代之以独任监护人或者社团监护人，如存在此种情况，青少年福利局应及时通知家庭法院（"德社会法"第八编第56条第4款）。

3. 监护终止后的财产返还义务

监护人在其职务终止后，须将所管理的财产返还给被监护人（或者新的监护人），并且提交关于财产管理的结算报告（"德民"第1890条）。设有监护监督人的，监护人必须首先向监督人出示结算书，由监督人在结算书上作检查附注后，才递交给家庭法院，由家庭法院审查确认。

三、当代德国成年人照管制度

（一）概述

成年人因为心理疾病或身体上、精神上或心灵上的残疾而完全或部分地不能处理其事务的，照管法院可以为其选任一个照管人（"德民"第1896条第1款第1句）。照管法院根据该成年人的申请或依职权为其选任照管人。无行为能力的人也可以提出申请。成年人因身体上的残疾而不能处理事务的，只能根据该成年人的申请选任照管人，除非该成年人不能作出意思表示。照管只能针对有必要进行照管的事务设立，而不能总括设立，以区别于监护。

德国1990年的《照管法》取消了禁治产制度、对成年人的监护以及对年老体弱者的保佐，而统一代之以照管制度。法律上的照管（"德民"第1896-1908i条）是针对成年人设立的法律制度，即那些因心理疾病或身体上、精神上及心灵上的障碍而完全或部分地不能处理其事务的成年人。法院根据该成年人的申请或依职权为其选任一个照管人，后者即是被照管人的法定代理人。设立照管并不影响被照管人的行为能力，他的行为能力仍然按照《德国民法典》第104条第2项的规定判断。必要时可以限制被照管人的行为自由，如法院可以发布命令，要求被照管人必须获得照管人同意才能为意思表示（第1903条）。一般而言，照管人的职责范围根据具体需要限制在一定范围内，只有在例外情况下才会对被照管人的所有事务进行照管。

（二）照管人的设立条件

需要满足下列条件，才能设立照管：（1）成年人由于疾病和残障而不能全部或部分地料理自己的事务。（2）设立照管对相关事务而言是必要的。（3）照管的设立不违反成年人的自由意愿。（4）成年人因身体上的残疾不能处理事务的，只能根据该成年人的申请选任照管人。

法院不能违反成年人的自由意愿而通过命令设立照管。此种自由意愿的前提是，该成年人能够理解为自己事务设置照管人的原因和必要性。

根据必要性原则，照管限于需要帮助的具体事务。所以只有在极其例外的情况下，才能就所有事务对成年人设立照管。一般而言，照管设立时都会明确限定照管人的任务范围（如健康照顾、居所确定、财产管理等）。还可以单就监督被照管人的意定代理人而设立照管。只有在法院明示命令时，照管人的职责范围才包括控制被照管人的电话和通信。同样地，同意被照管人采取绝育措施的权限，也需要法院的明示命令。必要性原则还意味着，如果该成年人已经有意定代理人，或其他辅助人可以如同照管人一样处理好当事人的事务，就不必设立照管。

（三）照管人的选任与类型

1. 照管人的选任

照管人的选任，法院可以根据申请或依照职权进行选任。成年人因为心理疾病或身体上、精神上或心灵上的残疾而完全或部分地不能处理其事务的，照管法院可以为其选任一个照管人（"德民"第1896条第1款第1句）。在必要时，法院还可以选任多个照管人进行（共同照管），也可以划分职能并在各自的管辖范围进行单独照管。此外，法院还可以选任备用照管人（"德民"第 1899 条）。

照管法院根据该成年人的申请或依职权为其选任照管人。无行为能力的人也可以提出申请。成年人因身体上的残疾而不能处理事务的，只能根据该成年人的申请选任照管人，除非该成年人不能作出意思表示。照管只能针对有必要进行照管的事务设立，而不能总括设立，以区别于监护。

2. 照管人的类型

德国照管人的类型包括：（1）私人的非职业的独任照管人；（2）私人的职业照管人；（3）社团照管人；（4）机关照管人；（5）社团本身作为照管人；（6）机关作为照管人（官方照管人）。

照管法院选择照管人的判断标准是：自然人能够在法律上适当处理被照管人事务，并且可以在必要范围内亲自进行照管。成年人对于照管人的选任有重要的参与决定权：成年人可以对照管人的人选提出建议，并且只要该建议不违背成年人的利益，就必须依从。成年人拒绝考虑中的人选作为照管人的，也必须加以考虑。此外，选择照管人时还应当考虑照管人和被照管人之间的血缘关系或个人联系，以及是否存在利益冲突的危险。

被选定的人如果适合于照管，并且在考虑到其家庭、职业和其他状况的情况下也可以合理期待其承担照管工作的，有义务承担照管工作。但这并不强迫其承担照管职责：被选任的人只有在已经表示愿意承担照管工作时，才会被任命为照管人（"德民"第 1897 条、第 1898 条）。

（四）照管监督人

照管准用有关监护监督人的规定（"德民"第 1792 条、第 1799i 条和第 1908i 条第 1 款第 1 句），据此可以选任"照管监督人"。

（五）照管人的免职与废止

照管人可以基于多种原因被免职：如照管人不能保证对照管事务的合适性，或者有免职的其他重大原因（"德民"第 1908b 条）；照管人在选任后发生了不能再合理期待其进行照管的情况时，可以请求免去其职务；照管人推荐了同样合适的，并且愿意承担照管工作的人选。社团和机关照管人可以根据其工作人员的申请免除照管职务；一旦有合适的自然人可以承担照管工作，必须免除社团和机关的照管人职务。这时需要重新选任照管人。

与照管的免职相对应的是照管的废止，照管的条件消灭的，必须废止照管（"德民"第 1908d 条第 1 款第 1 句），如被照管人经过治疗后可以自行料理个人事务的。若照管人原本就是根据被照管人的申请选任的，废止该照管时也必须根据被照管人的申请（第 1908d 条第 2 款）。

（六）成年人照管中的法律关系

1. 照管人的义务

照管人的责任范围可以是人身事务、财产事务或二者兼有。《德国民法典》第 1901 条第 1 款规定，照管原则上是在法律上处理被照管人的事务，且照管人必须亲自执行照管事项（"德民"第 1897 条第 1 款）。照管人应该特别关注被照管人的愿望和对生活的想法，这体现了法律特别注重的自主决定因素。照管人在处理重要事务之前，应当和被照管人商议，从而使被照管人有机会表达其愿望。只要不违反照管人的利益，且是可以合理期待的，就应当满足被照管人的愿望。

2. 照管人的代理权

照管人的法定代理权（"德民"第 1902 条）在很多方面受到限制。一方面，监护法上的限制性规定大多准用于照管人，如《德国民法典》第 1795 条、第 1796 条对代理权的排除；第 1803 条、第 1805 条以下有关财产管理的规定；第 1812 条、第 1821 条、第 1822 条规定的批准保留。此外还有专门针对照管人的批准保留，如对医生检查和治疗措施的批准必须满足特定条件（第 1904 条）。

3. 被照管人的行为能力

尽管照管人在职责范围内是被照管人的代理人，但被照管人本身仍然有行为能力，除非他在具体事务中属于《德国民法典》第 104 条第 2 项规定的无行为能力人。在交易中不需对成年人的行为能力单独确认。如果照管人和有行为能力的被照管人对同一事项都有决定权，就可能产生矛盾。对此问题的处理规则：两项行为互相矛盾的（如照管人解除租赁合同，被照管人延长租赁合同），时间上先发生的优先；如两项行为可以并存的，皆为有效，即使这样做有违常理。

4. 允许保留

照管法院可以发布命令，要求被照管人作出涉及照管人职责范围的意思表示时，必须得到照管人的同意（允许的保留，"德民"第 1903 条）。允许保留的命令属于对被照管人自我决定能力的干预，所以必须在严格条件下才能适用（如为避开对被照管人或其财产的显著危险）。如果已命令作出同意之保留，且意思表示对被照管人只带来法律上的利益，或只涉及日常生活中的细微事务，则无须得到照管人同意（"德民"第 1903 条第 3 款）；但法院也可以命令，要求被照管人的细微事务也适用允许保留。对于特定的具有高度人身性质的意思表示如结婚、设立遗嘱等，不适用允许保留。

5. 准用监护法的规定

在其他方面，照管人和被照管人之间的法律关系类似于监护人和被监护人。和监护人一样，照管人也受到家庭法院的监督（"德民"第 1837 条第 2 款、第 3 款），并可以向家庭法院进行咨询。照管人可以根据"德民"第 1835 条以下的规定要求偿还费用和请求报酬。照管人的报酬按照《监护人和照管人报酬法》计算。

四、当代德国保佐制度

保佐的本意是对人或财产进行照顾的特殊法律制度，如对遗产的保佐（"德民"第 1961 条），或者对财团的保佐（"德民"第 1914 条）。

保佐与监护的区别在于，保佐人只能在限定的照顾范围内行使职务。此外，与被监护人不同的是，被保佐人是具有行为能力的人。

保佐可以依据法律直接产生，也可以通过家庭法院的命令设立，特殊情况下还可以通过照管法院设立。（"德民"第 1909、1911-1914、1917、1921 条）

家庭法中最重要的就是补充保佐（"德民"第 1909 条第 1 款）。如果父母或者监护人不能处理子女照顾中的某些事项，补充保佐就是对父母照顾权或者监护的补充。例如，父母或者监护人根据《德国民法典》第 181 条和第 1795 条被排除了对某项事务的法定代理权；子女（被监护人）获得无偿给予时，给予人规定父母（监护人）不能管理该项财产。在家庭法规定的有关父母照顾权的措施范围内，也可以设立保佐，如为了防止子女利益受到危害，可以就父母照顾权的一部分设立保佐（"德民"第 1666 条：子女最大利益受到危害时的法院措施）。补充保佐随着父母照顾权或监护权的终止而结束。旨在处理个别事务的保佐，随事务的了结而终止。（"德民"第 1918、1919、1921 条）

第八节　当代德国离婚制度

本节研究和阐述以下内容：一是当代德国离婚制度概述；二是当代德国离婚的条件和程序；三是当代德国离婚的法律后果。

一、当代德国离婚制度概述

德国法中的离婚指的是，基于一定的离婚原因，通过法院裁判而面向将来的婚姻解除。它与婚姻废止不同的是，废止的原因在于结婚时存在的瑕疵，而离婚的原因是婚后发生的情况。

德国 1976 年的一号改革法律将"婚姻关系无可挽回地破裂"规定为唯一的离婚理由，即"婚姻的破裂"。并且，德国法并不区分协议离婚与诉讼离婚，更未将裁判离婚之事由以列举方式定之。若对配偶一方或双方而言，婚姻的精神和心理基础已经无可挽回地陷于破裂，该事实本身就可以导致婚姻的解除，而无须考虑是否存在过错。对婚姻破裂有过错的一方也可以提出离婚。法院是以夫妻分居之年限来判断婚姻是否破裂。唯为未成年子女之利益，若离婚将对之造成极大影响，即使婚姻已破裂，法官仍可为不予离婚之决定。

离婚后所生之重要法律效果有二：（1）离婚后之扶养。在 1977 年 7 月 1 日之前，本来仅有对离婚有责之一方配偶方负有离婚后之扶养义务。改革之后，扶养权利与义务不再以夫妻双方对于离婚之事由有责与否，而仅视彼此间离婚之后的扶养需求与扶养能力而定。2008 年的改革旨在加强离婚后的自我照顾责任，法院可就离婚后之扶养义务予以一定期限，或可限制其金额而敦促当事人及早自立自强。（2）养老金的分配请求权。夫妻于婚姻关系中若仅有一方外出工作，另一方从事家务照顾子女，此时只有外出工作之配偶有退休金之保障；从事家务之一方，除了在配偶生前仍能向其请求扶养，是无任何相等之保障。因此德国法于《婚姻法》第一次修正时，即创设出"退休金请求权"，配偶之一方，于婚姻关系存续中因工作所取得之年金或退休金，应与无该年金或退休金之他方配偶共享。

1986 年的《扶养变更法》① 对离婚后扶养请求权进行了一定的限制，如在第 1579 条规定了公平条款，将拒绝或减少扶养费的理由从 4 种扩展到 7 种。对于差额扶养，《扶养变更法》采取了设立期限的思想，即对上述的因失业或收入不足产生的扶养请求权设立时间限制。

---

① Gesetz zur Änderung unterhaltsrechtlicher, verfahrensrechtlicher und anderer Vorschriften (UÄndG).

二、当代德国离婚的条件和程序

（一）离婚的法定条件

德国离婚的法定条件，可以分为非协议离婚的法定条件与协议离婚的法定条件。

1. 非协议离婚的法定条件

（1）抛弃过错原则，将婚姻破裂作为准予离婚的法定条件。从1977年起，德国对于离婚的法定条件抛弃了过错原则，转而采用破裂原则作为离婚的法定条件。离婚申请是否可以被批准，完全取决于婚姻的破裂状况；至于哪一方对此负有责任，在所不问。现行法律将"婚姻破裂"（"德民"第1565条第1款第1句）规定为唯一的离婚原因。根据第1565条第1款第2句，若配偶双方的共同生活已经不复存在，并且不能期待双方恢复共同生活的，即为婚姻破裂。"婚姻共同生活的终止"指的是全面停止共同生活，这一概念必须和"停止家庭共同生活"或"分居"（"德民"第1567条）等区分开来。

根据《德国民法典》第1565条第1款第2句规定的离婚条件，家庭法院审理离婚案件时，必须全面审查婚姻关系的破裂程度，并据此估计双方重新和好的概率（实体法上的破裂审查）。家庭法院必须分析婚姻的内部状况，并据此预测双方的和好机会。如果法院经审查后认为，至少有一方配偶确定地不想和另一方继续共同生活，该婚姻即为破裂。①

（2）婚姻破裂的推定。关于其他的离婚构成要件，适用《德国民法典》第1565条第1款第2句时，必须深入考察夫妻的内部关系，这有可能过多地涉及婚姻内部私密。故法律另行规定了两种离婚构成要件，使法院可以通过一些易于确定的外部特征判断婚姻是否破裂：第一，配偶双方分居一年以上，并且双方申请离婚或被申请一方同意离婚的，即可无可辩驳地推定婚姻已经破裂。第二，配偶双方分居三年以上的，也无可辩驳地推定婚姻已经破裂。（"德民"第1566条第1、2款）

故此，离婚原因（婚姻破裂）可以表现为三种离婚构成要件：《德国民法典》第1565条第1款第2句规定的是婚姻破裂的基本要件，法院必须根据主客观情形来判断婚姻是否已经无可挽回地破裂；第1566条第1款和第2款规定了两种破裂的推定。上述三种离婚构成要件，只要具备其中任何一种，便可以成就离婚原因，三种构成要件是并列存在的关系。

（3）离婚的障碍（或称限制）。根据《德国民法典》第1565条第2款和第1568条的规定，即使婚姻已经破裂，离婚也会遇到障碍（或称限制）：须达到分居　年的法定要求（"德民"第1565条第2款）和不公平条款（第1568条）。两种抗辩的功能不同：第1568条规定的不公平条款的适用前提是婚姻已经破裂；而第1565条第2款本身就是破裂审查的条件之一。

2. 协议离婚的条件

若配偶双方一致同意离婚，在协议离婚的情况下，可以推定婚姻已经确信无疑地破裂了。根据《德国民法典》第1566条第1款，离婚申请在下列情况下可以获得批准：

---

① 联邦最高法院裁判，载《家庭法大全杂志》1979年卷，第285、287、422、1003页。

（1）配偶双方分居一年以上，并且（2）双方都同意离婚。[①]

（二）离婚的程序

在德国，离婚必须由配偶一方或双方申请，通过法官的裁判批准才能实现（"德民"第 1564 条）。该裁判发生既判力时，婚姻即告解除。在一定条件下还存在离婚的后续效果（如扶养请求权、增益补偿、退休年金补偿、家庭用具和婚姻住宅的划分等）。从 2009 年 9 月 1 日起，离婚程序不再被规定在《德国民事诉讼法》，而是规定在《德国家事事件和非讼事件程序法》中。

离婚和后续事项（附带事项）的合并是离婚程序中的特殊制度。1976 年德国《一号改革法律》将离婚案件和后续案件进行合并，其目的是让配偶在离婚程序中就看清楚离婚的法律后果，防止人们草率离婚。实践中合并有助于保护经济上较弱一方的利益。此合并可以将离婚以及离婚的重要后果放在同一程序中处理并裁判。退休年金补偿一般无须申请就可以合并审理（《德国家事事件和非讼事件程序法》第 137 条第 2 款第 2 句）；法院会依职权发动补偿程序，并将其并入离婚程序（《德国家事事件和非讼事件程序法》第 137 条第 2 款第 1 句第 1 项）。其他离婚后果是否进行合并，原则上取决于当事人的行为，即当事人是否对离婚情况下必须作出裁判的事项及时提出裁判要求（《德国家事事件和非讼事件程序法》第 137 条第 2 款第 1 句）。

并入离婚程序的家庭事件被称为后续事件。可以作为后续事件的包括：关于退休年金补偿的程序、有关扶养费的程序（包括对共同子女的法定扶养义务，或因为婚姻而设立的法定扶养义务）、婚姻财产制上的请求权（如增益补偿）以及针对婚姻住宅和家庭用具的程序。特定的子女事件，特别是照顾权和交往权程序，也可以成为后续事件。法院通过裁定对离婚申请和后续事件一并作出裁判（《德国家事事件和非讼事件程序法》第 137 条第 2 款、第 142 条第 1 款）。

三、当代德国离婚的法律后果

（一）离婚时夫妻债务的清偿责任与婚姻财产的分割

1. 债务清偿

在德国，离婚计算补偿请求权时，配偶一方的财产增益就是其终结财产超出初始财产的数额，因此增益不能为负值，这就意味着，配偶一方的债务原则上由自己承担，债务大于资产的，也不能通过增益平衡制度由另一方承担。只有在例外情况下，如夫妻约定财产一般共有制、日常家事代理行为或明确共同承担债务的，才会出现夫妻共同债务。[②]

2. 财产分割

如前所述，德国的法定夫妻财产制名为共有、实为分别所有。夫妻在婚姻期间的财产原则上各自独立管理，债务亦是独立承担。法定财产制结束时，应对比各自财产在财

---

① 双方的离婚意愿可以通过两种方式表达：一是双方申请离婚；二是一方提出离婚申请而另一方表示同意。但该同意可以在离婚程序的口头辩论结束前被撤回（《德国家事事件和非讼事件程序法》第 134 条第 1 款、第 2 款）。

② 根据我国《民法典》第 1064 条，夫妻原则上各自对以个人名义所欠债务应当以个人财产承担清偿责任，唯有双方共同签字或者夫妻一方事后追认等共同意思表示所负的债务，以及基于家庭日常生活（日常家事代理权）产生的债务，方可形成共同债务。这一结论和德国法上法定财产制下的夫妻共同债务的清偿规定并无二致。

产增益共有制开始时和终止时的价值，得出增值数额，并在双方之间进行补偿。也就是说，双方离婚时仅产生债法上的补偿责任，而不会出现类似于我国民法典规定的物权法意义上的"夫妻共同财产分割"，除非双方约定采用一般共有制。

3. 赠与返还

较之共同债务和财产分割，德国理论和实务更为关注的是，配偶双方在婚姻期间若发生超出通常礼物意义的财产赠与，在共同生活破裂后是否可以索回。这种给予经常还会体现为一定的劳动给付（如维修一方伴侣的房屋，在企业中协作劳动）。随之产生的问题是，基于何种法律规定主张此种返还请求权。

判例中的基本立场是，该给予一般以维持生活共同为目的，不具有赠与特有的无偿性约定，不构成《德国民法典》第516条以下规定的赠与。联邦最高法院在判决中倾向于将此种给予视为建立在特定家庭法关系基础上的"独特的以婚姻为条件的法律行为"，或"特别的家庭法合同"。据此，给予的原因是合同关系，即配偶双方以默示方式形成内部合伙，该合伙没有共同财产，对第三人也不产生对外效力，只是在当事人内部产生类似股份公司的关系。提供协作者被视为企业的参股人，对企业的收益有参与分配的权利。但这种参与分配的权利不影响企业的所有权和物权状况。合伙结束时，即提出离婚申请或分居开始的时候，应当根据《德国民法典》第730条到第735条的规定进行分割。提供协作的配偶以金钱形式获得补偿。补偿数额根据当事人的约定确定，无约定时根据第722条第1款以均等份额进行分割。

只有当配偶双方根据约定、为追求某种超出婚姻共同生活需要的目的而共同给付时，法院才会认可合伙关系，如配偶双方投入劳动和资本共同创建企业，或从事某种工作或职业。德国联邦最高法院通过1990年的一个判决，[①] 将合伙的适用范围扩展到企业协作之外的情形。具体而言：配偶一方的协作增加了另一方的财产。只要配偶一方通过劳动或实物给付使另一方财产增加，并且满足下列条件的，就成立合伙：（1）配偶的给付不是为了满足共同生活的需要，而是为了某种超越共同生活需求的目标。（2）双方行为的主观前提在于，共同创造的财富从经济角度来看不只属于形式上为所有人的一方，而应当由双方分享。（3）当事人之间至少存在以默示方式缔结的并以上文所述为内容的合同，才能认定合伙关系成立。

若不能根据上述原则认定合伙，方可以考虑由于交易基础变化而产生补偿请求权（"德民"第313条第1款）。根据联邦最高法院的观点，只要配偶一方以结婚为目的，并且为了实现、建立、维持或保障婚姻共同生活而让另一方获得财产，并且期待自己可以在婚姻生活中共享该财物及其孳息的权利，就构成以婚姻为条件的给付。[②] 这种给付的结果是产生补偿请求权，即对配偶另一方获得的并且仍然持有的财产增值根据公平原则进行分配。

（二）离婚时退休年金的分配

通过退休年金补偿制度，德国法将财产增益共有制的原则，扩展到其他因年老或丧失劳动能力而发生的退休金请求权、期待权以及指望权（"德民"第1587条第1款第1

---

① 参看德国《家庭法大全杂志》1990年卷，第1580页。

② 参看《联邦最高法院裁判》，载《家庭法大全杂志》1999年卷，第1580、1582页。

句），无论这些权利根据公法还是私法成立。其基础理念是，配偶一方在婚姻期间获得的退休金权益是双方共同努力得来的；所以离婚时在婚姻期间获得价值较高的退休金的配偶一方，对另一方有补偿义务。

退休年金补偿最初被规定在 1976 年德国《一号改革法律》中。2009 年 4 月 3 日通过的《关于退休年金补偿的结构改革的法律》对退休年金补偿进行了全面修改。立法者将核心规则从《德国民法典》中取出，放入独立的 2009 年德国《退休年金补偿法》。

1. 需要进行补偿的退休金权益

（1）权益类型。退休金权益既包括对未来退休金的期待权，也包括对目前退休金的请求权。该《退休年金补偿法》第 2 条第 2 款详细规定了根据退休年金补偿规则要求退休金的条件。需要补充的权益必须是通过劳动或财产而获得或保有。这样就排除了基于事故保险的权利和民法上因为劳动能力降低的损害赔偿的退休金请求权（"德民"第 843 条）。

只有旨在保障年老或丧失工作能力的权利（如从业能力的减弱、不能从业等），才属于退休年金补偿的范围（德国《退休年金补偿法》第 2 条第 2 款第 2 项）。这主要是指第 1587 条列举的基于法定养老保险、公务员退休金、和职业有关的退休金（如医师退休金）、企业养老金以及私人养老和劳动保险的权利。这和改革之前的法律规定并无实质差异。

（2）限于婚姻期间取得的退休金权利。只有在婚姻期间获得的退休金权利才能进行补偿（德国《退休年金补偿法》第 1 条第 1 款、第 3 条第 2 款）。

2. 退休年金补偿的一般实施方式为价值补偿

原则上，配偶双方对婚姻期间所获得的经济价值有同等份额，任何一方配偶对另一方在婚姻期间获得的退休金份额的半数有请求权。法律将这半数价值称为"补偿价值"。该请求权在离婚时才能实现。

在离婚时，退休年金补偿具体的实施方式有两种：退休金权利的"内部划分"和"外部划分"。内部划分指的是，法院直接在待补偿的退休金权利的承担人那里，以补偿价值为标准，将退休金权利从补偿义务人转移给补偿权利人。也就是说，补偿权利人可能通过退休年金补偿而成为退休金机构的新"客户"。

外部划分指的是，法院按照补偿价值，在其他退休金机构为补偿权利人设置权利，该机构不同于现有的承担退休金的机构。例如，配偶一方在婚姻期间从企业养老金中获得退休金权利。内部划分意味着在配偶之间将该权利进行物上的划分，即另一方配偶也在该企业的退休金机构获得和补偿价值相当的退休金权利。外部划分意味着，补偿权利人没有获得企业退休金份额，而是在其他退休金机构，如法定的雇员保险机构，获得和补偿价值相当的退休金权利；该退休金权利的费用由义务人承担，即义务人在企业保险机构中的退休金权利会相应地减少。

3. 退休年金补偿的特别实施方式为债法上的补偿

在某些情况下，退休年金补偿不可以或不应当通过设立退休金权利（价值补偿）实现，而应当通过"债法上的补偿支付"实施（德国《退休年金补偿法》第 20-22 条）：在这种补偿形式下，有补偿义务的配偶一方必须持续地向补偿权利人按月支付和补偿价值相当的补偿定期金。

若某退休金权利在离婚时尚不具有价值补偿，即没有达到补偿的程度（德国《退休年金补偿法》第 19 条第 6 款），也可以用债法上的退休年金补偿代替价值补偿。另外，配偶双方可以自行约定用债法上的补偿支付代替价值补偿。

4. 对退休年金补偿权的抗辩

配偶双方可以通过有效约定排除退休年金补偿，以约定的范围为限，不发生退休年金补偿（德国《退休年金补偿法》第 6 条第 1 款第 2 项；"德民"第 1408 条第 2 款）。配偶双方的补偿价值差距微小的，法院应当不考虑补偿（德国《退休年金补偿法》第 18 条第 1 款）。

实施补偿显得重大不公的，法院可以减少补偿价值或完全排除退休金（公平条款《退休年金补偿法》第 27 条）。

（三）离婚后的扶养

1. 立法宗旨和体系

德国立法者对于离婚后扶养请求权的基本思路是，夫妻离婚后，双方原则上已经不存在共同生活责任，应当各自开始新的生活。因此《德国民法典》第 1569 条第 1 句规定，夫妻离婚后双方原则上应各自承担自己的扶养费。但从实际出发，该法在第 1353 条第 1 款第 2 句规定了离婚后配偶之间的扶养责任。其立法意旨在于：双方结婚之时怀着对未来共同生活的信任而将命运结合在一起；那么当共同生活破裂时，他们的相互义务并不随之消灭，因此离婚配偶在一定条件下可以对前伴侣提出扶养费请求。[1]

《德国民法典》第 1569 条规定了离婚后扶养请求权的条件：离婚之后不能自行维持生计的配偶一方，只能"根据下列规定"对另一方提出扶养请求权。也就是说，必须满足《德国民法典》第 1570-1576 条中规定的请求权要件，才能提出离婚后扶养请求权。只有当扶养权利人不能通过其收入和财产扶养自己的时候，才能主张扶养请求权（第 1577 条）。该法第 1578 条第 1 款还规定了确定扶养费标准的基本原则：扶养费包括全部生活需要，并根据婚姻生活状况确定，并要考虑扶养义务人的给付能力。

2. 离婚后的扶养请求权基础及其分类

（1）因照顾子女而进行的扶养。离婚配偶一方因为照料和教育未成年的共同子女而无法从事（全职）职业的，有权向另一方要求扶养（"德民"第 1570 条）。该请求权可以基于三种不同的原因而发生：①子女出生后 3 年内，照料子女的离婚父母一方有权请求扶养费。②符合公平原则并且以此为限，可以延长扶养请求权的期限；这时候要考虑子女的利益以及是否存在其他照料子女的可能性。③从子女照料的情形、婚姻中从事职业的情况以及婚姻的存续期间来看，这样做符合公平原则，扶养请求权还可以进一步延长。这里的公平原因指的不是子女最佳利益，而是照料子女一方基于婚姻而产生的信赖（和婚姻相关的原因）。[2] 在评价公平的时候，需要考虑婚姻中双方就照料子女和从事职业的分工，以及婚姻持续的时间。

（2）因年老而进行的扶养。离婚配偶一方因为年老而不能再期待其从事职业的，可以向另一方请求扶养（"德民"第 1571 条）。这种扶养请求权有时间限制，即不能期待从

---

[1] Dieter Schwab, Familierecht, 16. Auflage（2008），Rn. 358.

[2] 参看联邦议会第 16/6980 号出版物，第 9 页。

事职业的状况或者出现在：①离婚之时；②共同子女的照料或教育结束时；③第 1572 条和第 1573 条规定的扶养请求权的要件丧失时。如果在上述时间后才出现因年老而丧失劳动能力的情形，不发生扶养请求权。[1]

（3）因疾病而进行的扶养。只要离婚配偶一方因疾病或其体力或脑力上的其他残疾或衰弱而不能期待其从事职业的，且以此为限，有权向另一方要求扶养（"德民"第 1572 条）。该请求权必须在离婚或其他类似时刻起出现。

（4）因无业而进行的扶养。离婚后，如果配偶一方在劳动市场上找不到合适的工作，第 1573 条第 1 款也规定了扶养要件，作为一个兜底条款：配偶一方在离婚后不能谋得适当职业，可以此为限请求扶养。如果要求扶养的人没有充分努力地去寻找合适的工作，就不能获得扶养。[2]《德国民法典》第 1573 条第 1 款中的请求权基础也有时间限制：不能谋到适当职业的情形必须出现在"离婚之后"。依照《德国民法典》第 1570-1572 条、第 1575 条须给予扶养费且这些扶养费请求权由于规定的要件丧失而消灭的，视同发生在离婚之后（第 1573 条第 3 款）。[3]

（5）差额扶养。虽然从事了适当的职业，但所得的收入不足以维持全部扶养的配偶也可以请求扶养（"德民"第 1573 条第 2 款）。这种"补充扶养费"或"差额扶养费"请求权针对的是权利人收入和全部扶养费之间的差额。[4] 在实践中，如果双方都有收入作为扶养费，收入较少的配偶一方获得双方收入差额的七分之三（职业收入）。对于其他收益，则获得差额的二分之一。

（6）教育、进修或培训的扶养。《德国民法典》第 1575 条规定了对教育、进修或培训的资助请求权，以补偿因婚姻而产生的不利。这种扶养请求权保障的是配偶一方由于"对婚姻的预期或在婚姻存续期间……没有接受或者中断"的学校教育或者职业教育。离婚配偶为补偿因婚姻发生的不利而接受的进修或者培训，也属于该扶养保障的范围。该请求权包括全部的生活扶养费和培训费用，同时受到如下限制：①权利人必须尽快接受该培训。②培训的目的是获得能够持续保证生计的适当职业。③必须可预期成功的获得教育文凭。④该请求权的最长期限为此种教育的毕业通常所需的时间；对此必须考虑婚姻对教育的耽误。

（7）基于公平原因的扶养。除了上述的各种特殊扶养要件，《德国民法典》第 1576 条第 1 句规定了一般意义上的婚后扶养请求权：只要由于其他重大原因而不能期待离婚配偶一方从事职业，且考虑到双方利益的情况下，拒绝扶养会显失公平，该方可以向另一方请求扶养。根据判例，只有在例外情况下才发生第 1576 条规定的扶养请求权；[5] 相对于《德国民法典》第 1570 条而言，这种扶养请求具有附属性。[6]

① Dieter Schwab, Familienrecht, 16. Auflage. Rn. 376.
② 《联邦最高法院裁判》，载《家庭法大全杂志》1986 年卷，第 885、886 页；1987 年卷，第 912 页。
③ 参看《联邦最高法院裁判》，载《家庭法大全杂志》1987 年卷，第 684、687 页；1988 年卷，第 700、702 页。
④ 《联邦最高法院裁判》，载《家庭法大全杂志》1981 年卷，第 241 页；《联邦宪法法院裁判集》第 57 卷，第 361、389 页。
⑤ 《联邦最高法院裁判》，载《家庭法大全杂志》1984 年卷，第 361、363 页。
⑥ 《联邦最高法院裁判》，载《家庭法大全杂志》2003 年卷，第 1734 页；该判决涉及第 1576 条对第 1572 条附属性。

3. 扶养费数额的计算

（1）全部的生活需要。全部的生活需要（"德民"第1578条第1款第2句、第2款、第3款）指的是个人的基本生活需要，如食物、衣物、住房和医疗等；此外还包括业余和休养需要，以及精神上和身体上的照顾费用。扶养费还包括医疗和护理保险费用，以及学校教育费用。若离婚配偶有《德国民法典》第1570-1573条以及第1576条规定的扶养请求权，针对年老和工作能力减弱的情形而支出的适当保险的费用，也属于生活需要。

（2）扶养费的标准。应支付的扶养费标准要根据婚姻生活状况确定（"德民"第1578条第1款第1句）。原则上，扶养权利人应当获得和婚姻中的生活状况相应的扶养水平。该扶养水平通过配偶双方的收入状况确定。在扶养费用计算中，从事职业的配偶一方可以获得略多的份额（可享有七分之四的收入，而不是二分之一），而对于低收入和中等收入而言，《德国民法典》第1578条第1款第1句规定的全额扶养费，一般要高于配偶双方可支配收入的一半，因为离婚后会出现两份家务开支。根据第1581条，必须通过公平原则对该扶养请求权加以扣减。

4. 有限给付能力

根据公平原则的扶养保障。保障全部扶养费的义务前提在于，义务人有给付能力。义务人只需在考虑到离婚配偶双方的需要和职业与财产状况的情况下，在合乎公平的限度内作出给付（"德民"第1581条第1句）。判例中认为，配偶双方应当平等地分享可用于扶养的资金（平分原则），同时对从事职业获取收入的一方应有适当的倾斜：扶养权利人只能获得收入的七分之三或五分之二，而不是二分之一；或直接获得收入差额。[1] 根据该法第1581条的规定，法院在实践中会确定一个最低数额，扶养权利人在任何情况下都可以保留该数额的资金，以满足自身生计（自身需要或自身生计），以避免扶养义务人在提供扶养费后，自己却变成需要社会扶助的对象。

第九节　当代德国婚姻家庭法律制度的发展趋势及其启示

本节研究和阐述以下内容：一是当代德国婚姻家庭法律制度的发展趋势；二是当代德国婚姻家庭法律制度的发展趋势对我国立法的启示。

一、当代德国婚姻家庭法律制度的发展趋势

长期担任德国家庭法研究会主席的迪特尔·施瓦布教授指出：[2]《德国民法典》第四编（家庭法）是修订最为频繁的部分。自从《德国民法典》在20世纪初施行后，家庭法部分就不断发生变动，包括其基本制度和基本原则。进入50年代后，家庭法改革尤为频繁，整个家庭法如同一个"施工图纸不断变动的建筑工地"。施瓦布教授回顾了德国家庭

---

[1] 有关这种划分的正当性，参看《联邦最高法院裁判》，载《家庭法大全杂志》1987年卷，第913、915页；1988年卷，第265、267页。

[2] ［德］迪特尔·施瓦布：《20世纪德国婚姻家庭法改革综述》，载夏吟兰等主编：《家事法研究》（2012年卷），社会科学文献出版社2012年版，第352-400页。

法各个方面在 20 世纪的发展历程后，归纳出如下发展特征:[①]

(1) 德国家庭法建立在宪法基础之上。德国《基本法》生效后，虽然众多改革法案的立法意旨时有反复，但总体来看，德国家庭法在实体内容的发展上体现出一定的规律，即建立在宪法基础之上。首先是在家庭法中贯彻两性平等，这一基本原则通过大量立法和法院判决实现。妇女在"形式上的平等"最终战胜了"等值性"的借口，法律必须在实体内容上得到体现（如对弱势方的保护，对母亲的保护，对婚姻期间取得的财产享有平等权利，从事经济活动和职业的平等权利）。但关于平等的讨论尚未终止。特别是在某些具体问题上，平等原则开始背离原来的方向，寻求反向的平衡，如不仅要考虑妇女的平等权，还要考虑男性的平等权。

(2) 德国家庭法发展的第二条主线在于亲子关系法。非婚生子女及其父母在历史上长期被排除在法律之外。统一的亲子关系法意味着婚姻不再是家庭法的中心。因为依照亲子关系法，结婚与否对于亲子关系并无直接影响。这反过来又影响了对婚姻本身的理解。此外，法律规定没有结婚的父母也可对子女共同承担父母责任，这对于伴侣关系也产生一定影响，即双方必须为子女最大利益考虑而进行合作，特别是在共同行使照顾权的情况下。可以说，立法者在婚姻法之外设立了共同父母权利。总体来看，亲子关系发生了深刻的变化，其重心从父权转到子女权利。其中有的规定是真正的进步，如子女享有无暴力教育的权利，也有部分规定虽然修辞上有改动，但仍然隐藏着成年人的利益。子女仍需为其针对父母权威的自决权而努力。

(3) 德国现代家庭法的变革动力首先来自立法者和联邦宪法法院。这对实现两性平等和非婚生子女权利尤为必要。仅仅立法机关的长期准备和立法改革不能达到这一目标，在很多具体步骤上都有赖于联邦宪法法院对立法者的推动。此外，很多立法均是匆忙而就，在实施过程中出现很多问题，这些问题也有赖于宪法法院的及时补救，此种补救有时会导致法律修正案。

还有一些变革动力是来自政权更迭引起的法律政策变动。此种变动往往出于政治需要而缺乏充分的准备，对于现实情况也没有充分的理性考虑。改革的过于激进也为这种错误推波助澜：人们更多地关注尚处于孕育期的观点，而忽视了根据经验而得到的具体理性。此种匆忙出台的规范往往在现实中四处碰壁，随即不得不借助新的理论对法律进行修补或者推倒重来。这让当事人对于婚姻法难以确立信心，对此立法者也难辞其咎。

(4) 值得注意的是，立法者在家庭法中设立新规定时，总是援用基本法中的规定作为其基础。联邦宪法法院对此也功不可没。在处理那些原本属于私法范畴的问题时，总是作出一个宪法上的决断，从而扑灭实体法上的讨论，并强迫立法者接受的宪法方向。通过宪法解决具体问题将会妨害欧洲范围内的法律协调。尤其是，法院通常借助人格尊严来终结关于立法政策和实体规定上的讨论，如在婚姻姓名权方面。

(5) 立法者不断创设新法律的偏好和"社会变迁"有关，后者意味着目前的法律相对于社会现实而言变得过时。自 20 世纪初开始，人们的生活习惯和生活观念不断发生变化，这固然会促使家庭法持续发展。但这并不意味着立法可以忽左忽右地频繁变更。一

---

① Dieter Schwab, Familienrecht, in: Rechtswissenschaft und Rechtsliteratur im 20. Jahrhundert. Mit Beiträgen zur Entwicklung des Verlages C. H. Beck, München 2007, S. 277-355.

方面法律本身会影响现实，① 即法律自身在一定程度上也是社会变迁的一部分，如离婚法改革。另一方面立法时却很少进行严肃的社会分析和民意调查。立法的动力更多来自和法律政策相关的意识形态层面。领导层总是期望依据其个人设想对社会进行改造。最新的改革动议尽管在程序上完全合法，但其在观点、形式和内容上却完全是"专制主义"精神的体现。这有点类似于 18 世纪的"自上而下"的改革，并期望以此改变人们的行为。

　　（6）家庭法的变革在何种程度上可以体现"家庭的转变"？有关规定从没有对"家庭"的概念进行过可靠的界定。但立法者往往从政策角度对家庭进行解读。法律规范可以促进家庭关系，也可以摧毁家庭关系。在此种情形下应注意，家庭在今日之法律中很少体现为作为国家对立面的社会单元，这种社会单元是各种请求权的集合，包括当事人的主观基本权利。"个体化"似乎成了改革政策的主要动力：立法涉及妇女的平等权利，妇女的平等财产权，离婚后的经济权益，离婚者再婚的权利，子女的利益和自决权，父母对子女的交往权，以及祖父母、养父母、继父母的权利。但家庭关系的个体化和法律化已经达到如此高度，以至于其显然违反了过去传统的家庭整体观念以及对家庭联系的理想图景。这在立法政策上颇值得反思。

二、当代德国婚姻家庭法律制度的发展趋势对我国立法的启示

（一）非婚同居、同性婚姻和登记生活伴侣

　　在德国，从 20 世纪 60 年代起，越来越多的人选择非婚同居的生活方式。对于该问题，德国在理论上存在三种不同的基本观点：第一种观点认为，非婚共同生活是违反善良风俗之行为，应当完全排除在法律之外。第二种观点认为未婚共同生活关系和婚姻存在事实上的相似性，因此可以将其视为"具有次等效力的婚姻"。第三种观点处于上述两者之间，认为未婚共同生活关系在原则上有别于婚姻，因此不能直接适用有关婚姻的法律规定；但非婚共同生活是私法中的一个合法领域，故应当在一定程度上获得法律保护。在立法上，德国采取第三种观点，为非婚同居者提供了最低限度的法律保障，其法律适用规则为：（1）婚姻法原则上不能适用于非婚共同生活伴侣，但婚姻法中的个别具体规范并不以婚姻而是以紧密的人身关系为适用条件，这些规范可以类推适用于非婚共同生活关系。例如，照顾子女的非婚母亲可以向子女之父主张扶养费请求权，遭受家庭暴力的非婚共同生活者可以根据《防止家庭暴力法》提出救济。（2）民法中关于财产关系的一般规定可以适用于非婚共同生活关系，包括合同、侵权、不当得利、无因管理等引起的债上请求权、物上请求权以及共有关系下的分割请求权。（3）非婚共同生活者可以通过约定来调整他们之间的法律关系。这种约定不能因为非婚共同生活本身的道德瑕疵而归于无效。

　　同性恋者是否享有德国《基本法》第 6 条第 1 款意义上的制度保障？对此，20 世纪 90 年代联邦宪法法院认为，婚姻在概念上仅指男女的生活共同体，② 故同性恋者不能要求

---

① Siehe *Thomas Wagenitz*, Die Änderung der Familie als Aufgabe des Gesetzgebers, FamRZ 1996, p. 577.

② 《联邦宪法法院 1992 年 11 月 17 日裁判》，载《家庭法大全杂志》1993 年卷，第 164、168 页；《联邦宪法法院 1993 年 10 月 4 日裁判》，载《家庭法大全杂志》1993 年卷，第 1419 页。

具有结婚的权利，其制度保障的诉请只能通过设立类似婚姻的制度加以实现。[1] 在德国社会民主党和90联盟/绿党的共同努力下，德国议会于2001年2月16日通过了《关于停止歧视同性共同体的法律》（《生活伴侣关系法》），对同性恋关系进行法律规制。2017年6月30日，德国通过了《关于引入同性婚姻缔结权的法律草案》，该法律修正案于2017年10月1日正式生效，允许同性之间缔结婚姻。

关于非婚同居和同性婚姻的立法调整问题是在我国长期存在争议的话题[2]，我们认为德国立法对于上述问题的考量和价值取向，对于我国相关制度的构建具有一定借鉴意义。

（二）夫妻离婚后的扶养义务

德国家事法从经济角度出发，赋予经济上处于弱势的夫妻一方对夫妻他方享有离婚扶养请求权。《德国民法典》第1573条规定了行使离婚扶养请求权的条件，即离婚后应在何种情况下对前伴侣的福利负责：若配偶一方找不到工作或其工作收入不足以维持婚姻期间的生活水准，有给付能力的另一方均有扶养义务；若配偶双方离婚后都参加工作，但收入不同，则他们在离婚后仍需互相补偿收入差距。请求权数额原则上按照婚姻生活状况确定；这样可以让离婚后的配偶尽可能维持婚姻存续期间的生活水平。

在我国，对于离婚经济帮助的条件，我国《民法典》第1090条（以2001年修订的《婚姻法》第42条为基础）规定："离婚时，如一方生活困难，另一方应从其住房等个人财产中给予适当帮助。具体办法由双方协议；协议不成时，由人民法院判决。"该规定在内容上类似于离婚后扶养请求权，但对于请求权的条件、内容和限制均无明确规定。我国《婚姻法解释（一）》（现已废止）第27条曾规定："婚姻法第四十二条所称'一方生活困难'，是指依靠个人财产和离婚时分得的财产无法维持当地基本生活水平。一方离婚后没有住处的，属于生活困难……"这对于请求权的条件做了进一步规定，较之《婚姻法》有更强的可操作性，但对请求权的内容和实现方式没有进一步规定，并且现行《婚姻家庭编解释（一）》中对此也未规定。我国今后的立法是否进一步细化、补充规定夫妻离婚后的扶养义务，可以从德国立法和司法实践中得到启示。

（三）儿童利益最大化

在德国家事法中，20世纪也被称为"子女的世纪"。德国立法者对家庭法进行了多次重大修改，以彰显子女权利本位，实现儿童最大利益原则，具体表现在：

第一，用"父母照顾"取代了"父母权力"这一表述，强调了父母权利的义务本质，即父母照顾权仅为纯粹工具，其存在意义在于实现子女之最大利益。

第二，子女与父母双方的交往应以子女的最大利益为原则；不仅父母对子女有交往权，子女对父母也有交往权；其他人只要"与子女建立了某种联系，并且保持此种联系对子女的发展有益"，也有与子女交往的权利，如祖父母、兄弟姐妹、继父母和实际照料者。

第三，在子女出身方面，未成年子女对父亲身份有独立的撤销权，并有权知悉真实

---

① Bundestags-Drucksache 12/7069.

② See Chen Wei; Wang We, "On the social basis and legislative proposition of establishing non-marital cohabitation law of the PRC", *US-China Law Review*, Volume 6 · Number January 2009, pp. 1-13, p. 32. Chen Wei; Shi Lei, "*Cohabitation in China: Legislation and Practice*", *The International Survey of Family Law* (2017 Edition), pp. 55-97.

出身。

第四，父母须以子女最大利益为原则对子女进行人身和财产照顾，在教育中不得采用暴力，尊重子女的自决权；父母应就违反照顾义务之行为向子女承担赔偿责任；父母的法定代理权受到法院的监督和限制；父母管理未成年人产业形成巨额债务的，子女不承担完全责任。

第五，父母离婚后变更照顾权的，无论双方是否达成一致，法院均需进行子女最大利益审查；子女在相关法律程序中具有一定的诉讼主体地位。

第六，父母对未成年子女的扶养义务优先于其他扶养义务，未成年子女可以通过简易程序主张扶养费。

随着 1989 年联合国《儿童权利公约》将"儿童最大利益"确立为处理儿童相关事项的基本原则，以父母履行责任与义务、保障子女最大利益为特征的子女本位立法，已成为亲子关系立法的世界性趋势。[1] 但我国有学者指出："儿童最大利益原则"只指明了处理儿童事项时应坚持的方向，其内涵及适用均具有模糊性和不确定性，所以该原则的实现，在很大程度上依赖于各国自身的价值体系和具体立法。[2] 作为《儿童权利公约》的缔约国，我国《民法典》和相关司法解释中规定了对未成年子女的特殊保护（如《民法典》第 191 条、第 1041 条第 3 款等），并在多个条文中凸显了未成年人利益最大化原则。例如，《民法典》第 31 条第 2 款规定：居民委员会、村民委员会、民政部门或者人民法院应当尊重被监护人的真实意愿，按照最有利于被监护人的原则在依法具有监护资格的人中指定监护人。第 35 条第 1 款规定：监护人应当按照最有利于被监护人的原则履行监护职责。监护人除为维护被监护人利益外，不得处分被监护人的财产。第 36 条第 1 款指出：监护人有下列情形之一的，人民法院根据有关个人或者组织的申请，撤销其监护人资格，安排必要的临时监护措施，并按照最有利于被监护人的原则依法指定监护人。第 1044 条第 1 款规定：收养应当遵循最有利于被收养人的原则，保障被收养人和收养人的合法权益。第 1084 条第 3 款规定，离婚后，不满两周岁的子女，以由母亲直接抚养为原则。已满两周岁的子女，父母双方对抚养问题协议不成的，由人民法院根据双方的具体情况，按照最有利于未成年子女的原则判决。子女已满八周岁的，应当尊重其真实意愿。

同时，应当注意到，我国现有法律中关于子女利益保护的规定仍存在缺漏，如对子女的出身，特别是人工生育子女的法律地位规定不明确；有关未成年子女抚养权和父母探望权的规定主要考虑父母的意愿和利益，而不是维护子女利益；[3] 缺乏对未成年子女财产的保护制度；关于抚养费的规定过于原则化，缺乏动态调整及支付的监督保障机制；

---

[1] 冉启玉：《从理念到制度的转变：离婚亲子法中的儿童最大利益原则》，载《湖北社会科学》2012 年第 11 期，第 170 页。

[2] 王雪梅：《儿童权利保护的最大利益原则研究》（下），载《环球法律评论》2003 年春季号，第 108 页。

[3] 例如，在父母离婚后其子女直接抚养人的确定问题上，我国法律规定，在父或母已做绝育手术或因其他原因丧失生育能力以及无其他子女，而另一方有其他子女的情形下给予父母一方优先权。该规定对没有生育能力和没有子女的一方给予了政策倾斜，虽彰显了法律的人道主义关怀，但是对未成年子女的利益保护有所忽略。另外，在争夺甚至藏匿子女的情况下，多数法院均判决由与子女共同生活的一方享有优先直接抚养子女的权利，以避免为日后的执行带来障碍。过分重视执行便利容易导致法官在审理离婚案件中忽视抚养人与未成年子女的意愿，导致抚养双方与被抚养人之间矛盾加深，违背了抚养以有利于子女身心健康、保障子女合法权益的基本原则。

缺乏对父母监护权的监督机制等。① 在德国，德国家庭法通过数十年的探索，对于通过具体规范配置和制度设计实现"儿童最大利益原则"积累了较为丰富的经验。有鉴于此，深入研究德国法律的相关规定，对我国结合实际进行立法完善具有一定参考意义。

（四）国家对父母照顾的支持和监督

在德国，无论是父母照顾权人还是其他监护人，均处在家庭法院和青少年福利局等机关的监督之下，同时对监护人可以设立监护监督人。监护人以及监护监督人必须随时根据请求，向家庭法院提供有关监护的执行和被监护人个人状况的情况；如果监护人或者监护监督人违反其义务，家庭法院可以通过提出要求和禁止加以干涉；独任监护人不遵守家庭法院的命令，可能会被罚款。

我国现行《未成年人保护法》第53条规定：父母或者其他监护人不履行监护职责或者侵害被监护的未成年人的合法权益，经教育不改的，人民法院可以根据有关人员或者有关单位的申请，撤销其监护人的资格，依法另行指定监护人。被撤销监护资格的父母应当依法继续负担抚养费用。这些规定看似明确，实则可操作性不强。我国可以借鉴德国的有关规定，结合实际完善我国的相关法律，具体而言：（1）明确国家对父母监护权的监督责任和监督机关，划分法院和民政部门等社会机构在监督机制中的职能。（2）明确法院可以采取的干预措施类型。未成年人的人身或财产利益受到危害时，法院必须采取适当的干预措施。（3）比照德国的青少年福利局，授权某些社会机构辅助法院的监督工作。这些机构不仅可以针对危害未成年人权益的行为提起诉讼，在紧急状态下还可以采取必要的临时措施。

（五）最高法院对家事法改革的推进

德国联邦宪法法院是现代家庭法发展的重要推动力。由于政党意见不一，立法机关对于现实中的问题不能有效回应，经常迟滞于社会发展需求，在很多具体步骤上都有赖于联邦宪法法院对立法的推动。这一点在婚姻姓氏方面表现得淋漓尽致：德国联邦宪法法院在1991年通过判决指出，当时的《民法典》第1355条第2款第2句的规定违反德国《基本法》，要求立法者修改有关婚姻姓氏的规定。② 1993年的《家庭姓氏权利法》对姓名法的规定作出了重大调整。但联邦宪法法院认为1993年的改革法仍有违宪嫌疑。③ 因为该法规定，当事人不能选择基于先前婚姻取得的姓氏为婚姻姓氏，而只能选择其出生姓氏，这违反了德国《基本法》第2条第1款和第1款第1句。立法者不得不对有关婚姻姓氏的规定再次进行修订。由此产生了2005年的修订案。④ 根据新法的规定，配偶双方不仅可以选择出生姓氏，也可以选择配偶一方基于先前婚姻或同居伴侣关系取得的姓氏。⑤

---

① 参见陈苇、谢京杰：《论儿童最大利益优先原则在我国的确立——兼论〈婚姻法〉等相关法律的不足及其完善》，载《法商研究》2005年第5期，第38页；and see Chen Wei; Xie Jingjie, "A commentary on the principle of 'a child's best interests': the weakness and improvements of marriage and family law", *Frontiers of Law in China*, (Volume 3 · Number1 March 2008), pp. 51-64。

② Entscheidung vom 5. März. 1991, BVerfGE 84, 9 ff.

③ Urteil vom 18. 2. 2004, BGBl. 2004 I S. 431.

④ Gesetz zur Änderung des Ehe- und Lebenspartnerschaftsnamensrechts vom 6. Februar 2005（BGBl. I S. 203）. 参看《联邦法律公报》，第1部分，第203页。

⑤ § 1355 Abs. 2 BGB i. d. F. des Gesetzes vom 6. Februar 2005.

在我国，有学者认为，在家事法律领域，最高人民法院应保持适度的司法节制，尽可能少采取司法解释的方式来扩张自己的权力，更不应该通过司法解释的方式预先明晰和分割家庭财产；家庭婚姻财产纠纷不能按照司法理性化的逻辑来解决，而应结合道德、良知、伦理、仁爱等因素来处理。① 但是，从德国家事法的发展历史启示来看，我国最高人民法院的司法能动或许是我国婚姻家庭法走向现代化不可或缺的工具和助力。

首先，在婚姻家庭关系中，当事人通常存在地位不平等的问题，传统的家庭自治是以表面上的尊重家庭掩盖事实上的不公平，以牺牲个人自由和女性及儿童福利为代价。如果国家不加以必要的干预，优势成员就可能以自己的强制意志去控制、侵害劣势成员的自由。因此现代国家通常在宪法中规定国家对婚姻家庭的保护义务，并通过民法中的婚姻家庭制度安排将这一国家义务具体化。

其次，与德国法相比，目前我国相关立法规定较为简略，某些条文可操作性不强。在此情况下，我国通过司法解释对婚姻法的规定进行具体化，以应对现实需要，不失为一种行之有效的方法，能够有效促进婚姻家庭法的现代化。

最后，从德国婚姻法的发展历程来看，立法者并不总是能够对社会现实和法律漏洞作出及时反应，很多具体问题上都有赖于德国法院的司法能动②对立法者的推动。例如，德国联邦宪法法院在贯彻基本权利、推动婚姻法现代化方面发挥了重要作用。有鉴于此，我们应肯定我国最高人民法院在婚姻法领域的司法能动，通过司法解释的形式对社会现实和法律漏洞作出及时反应，为我国婚姻法的现代化提供必要推力。

---

① 强世功：《司法能动下的中国家庭——从最高法院关于婚姻法的司法解释谈起》，载《文化纵横》2011 年第 1 期，第 30 页。

② 根据《布莱克法律大辞典》，司法能动主义指司法机构在审理案件的具体过程中，不因循先例和遵从成文法的字面含义进行司法解释的一种司法理念及基于此理念的行为。当司法机构发挥其司法能动性时，它对法律进行解释的结果更倾向于回应当下的社会现实和社会演变的新趋势，而不是拘泥于旧有成文立法或先例以防止产生不合理的社会后果。

第四章 当代意大利婚姻家庭法律制度研究

第一节 当代意大利婚姻家庭法律制度概述

本节研究和阐述以下内容：一是当代意大利婚姻家庭法律制度的渊源和主要内容；二是 20 世纪以来意大利婚姻家庭法律制度修订概况。

一、当代意大利婚姻家庭法律制度的渊源和主要内容

意大利属于采取成文法的大陆法系国家，其婚姻家庭法由《意大利民法典》[①] 的第一编 "人与家庭" 中的内容和一系列单行法律共同组成。

当代意大利婚姻家庭法的内容大部分被规定在《意大利民法典》的第一编 "人与家庭" 中，包含第五章 "血亲与姻亲"、第六章 "婚姻"、第七章 "子女的地位"、第八章 "成年人收养"、第九章 "父母的责任和子女的权利义务"、第九章Ⅱ "针对家庭暴力的保护令"、第十章 "监护与解除监护权"、第十一章 "领养与安置"、第十二章 "精神病、禁治产和准禁治产" 和第十三章 "抚养费、扶养费、赡养费"，共计十章 300 余条。对结婚的条件，夫妻之间的人身和财产关系，父母子女关系，监护，家庭成员之间的抚养、扶养和赡养关系都做了基础性的规定，它们是意大利婚姻家庭法律制度最重要的渊源。

同时，为了适应社会的新发展，除了《意大利民法典》本身在不断地修订当中，单行法也成为意大利婚姻家庭法律制度重要的渊源。例如，在中世纪的欧洲，由于历史和宗教的原因，离婚是不被允许的，而罗马法传统中的收养也是为了解决家庭的继承人问题，并非为了保护未成年人的利益，所以现行的《意大利民法典》中只有结婚制度，而没有离婚制度的规定，只有成年人收养制度，而没有未成年人收养制度的规定。意大利婚姻家庭法中的离婚制度和未成年人收养制度都是在 20 世纪由专门的单行法加以规定的。另外，关于民事结合制度的规定、离婚制度的修改等，也都是通过单行法来实现的。

意大利婚姻家庭法的主要内容，基本覆盖了婚姻家庭领域的所有制度，包括亲属关系通则制度、结婚制度、夫妻关系制度、亲子关系制度、收养制度、监护制度、离婚制度以及针对家庭暴力的保护令制度等。

[①] 本章阐述意大利婚姻家庭法的内容依据 2019 年修订的《意大利民法典》（Codice civile e leggi collegate, Zanichelli, 2019.），在翻译语言上参照《意大利民法典》，费安玲、丁玫、张宓译，中国政法大学出版社 2004 年版。

二、20 世纪以来意大利婚姻家庭法律制度修订概况

在中世纪的欧洲，婚姻家庭法一直是教会法的领地。1865 年《意大利王国民法典》是意大利统一之后的第一部民法典，在内容上体现出很多父权和夫权的色彩，规定了民事婚姻，但没有关于离婚的规定。1929 年 2 月 11 日，教会和政府之间达成了《拉特兰条约》，该条约约定教会法上的婚姻只要履行简单的登记手续，就可以获得民法上的效力。这一条约是意大利婚姻家庭法非常重要的转折点，从此，即使是在教堂举行婚礼，人们一般也会履行登记手续，标志着原本属于教会法调整领域的婚姻开始转为现代民法的调整范围。1942 年的《意大利民法典》历经多次修改，为意大利的现行民法典，其第一编"人与家庭"规定了婚姻家庭法的制度，一直在持续的修改中。1970 年 12 月，意大利第 898 号法律《关于婚姻解除的规范》，以单行法的方式引入了离婚制度。自 1975 年意大利第 151 号法律开始的一系列的单行法和对《意大利民法典》的修订，意大利家庭法被进行了改革，该改革的内容涵盖了婚姻家庭法的方方面面，并且延续到 1975 年之后的多年，被称为"1975 年意大利家庭法改革"。21 世纪以来，意大利的婚姻家庭法又经历了新一轮的修订，这些修订主要通过单行法对《意大利民法典》中的一些条款进行删减、增补和修改来实现的。其主要目的也是顺应婚姻家庭法中不加区别地对待婚生子女和非婚生子女、未成年子女利益最大化、保护家庭暴力受害者、离婚自由、家庭组成方式多元化等现代家庭法的发展趋势。

（一）结婚制度修订情况

1861 年意大利半岛统一之后，对婚姻的管辖权才慢慢从教会回到国家手中。1929 年 2 月 11 日，教会和政府之间达成《拉特兰条约》，约定教会法上的婚姻只要履行简单的登记手续，便具有民法上的效力，使结婚制度从教会法的管辖领域转入民法的管辖领域。

由于天主教的影响，意大利至今未承认同性婚姻。但是 2016 年 5 月 20 日，通过了意大利第 76 号《关于同性民事结合和事实同居的法律规范》，又被称为 Cirinnà 法（Legge Cirinnà）。该法承认了婚姻之外的同性民事结合和事实同居制度，使得意大利家庭的组成方式更加多元化。该法规定了同性民事结合和事实同居的成立、当事人双方之间的权利和义务以及解除等。正如澳大利亚学者所言，"在西方社会，异性婚姻是唯一可以被接受的婚姻形式和唯一适当的教养方式的观念已经被真正推翻"。[①] 在婚姻之外，意大利法律还承认和保护其他家庭组成方式的合法性。"在涉及家庭生活时，西方社会果断地脱离了他们的基督教传统。"[②]

（二）夫妻关系制度修订情况

在夫妻人身关系方面，1865 年《意大利王国民法典》中，夫妻双方处于不平等的地位，家庭中存在"夫权"：丈夫是家庭的家长，妻子跟随丈夫的社会地位，必须冠夫姓，并且由丈夫决定家庭的居住地。丈夫有保护妻子的义务。[③] 1942 年《意大利民法典》也

---

① ［澳］帕特里克·帕金森：《永远的父母：家庭法中亲子关系的持续性》，冉启玉等译，法律出版社 2015 年版，第 296 页。

② ［澳］帕特里克·帕金森：《永远的父母：家庭法中亲子关系的持续性》，冉启玉等译，法律出版社 2015 年版，第 295 页。

③ http://www.notaio-busani.it/it-IT/codice-civile-1865.aspx.，访问日期：2021 年 4 月 16 日。

保留了夫权、夫妻地位不平等的原则。自 1975 年以来的意大利家庭法改革使得夫妻不平等的状况逐渐发生改变，对家庭生活的安排，包括住所的选定以及对子女亲权的行使等都开始由夫妻双方平等决定；夫妻对家庭事务有平等的协商决定和管理权。2001 年 4 月 4 日的意大利第 154 号法律在《意大利民法典》中加入了《针对家庭暴力的保护令》一章，加强对家庭中夫妻人身权利的保护。

在夫妻财产关系方面，在 1865 年《意大利王国民法典》中，夫妻的财产权利也是不平等的，丈夫要支持家庭生活，妻子仅在丈夫不能提供必要的家庭生活费用的情况下，才承担家庭生活的财产责任。在夫权之下，妻子没有丈夫的许可，不可以捐赠、转让不动产，没有丈夫的许可也不能签订合同。1942 年《意大利民法典》起初关于夫妻财产制的规定依然体现了夫妻之间的不平等。1975 年意大利家庭法改革之后，《意大利民法典》中相关的内容才得到修改：确立夫妻对家庭生活费用有平等的负担义务；设立家庭财产基金作为家庭生活的物质保障；加入家庭企业的制度，承认女性在家庭生活以及家庭经营生活中的劳动价值；夫妻财产制的类型，包括约定财产制与法定财产制，后者包括通常法定财产制与非常法定财产制；明确规定夫妻对共同财产的平等管理权及夫妻一方擅自处分共同财产时夫妻他方享有撤销权、夫妻共同债务的范围及夫妻以个人财产清偿夫妻共同债务的有限责任，夫妻双方的共同债权人享有对夫妻共同财产的优先受偿权等。共同财产制度和家庭企业制度的确立，承认了妇女在家庭生活中劳动的价值。

（三）亲子制度修订情况

1865 年《意大利王国民法典》在很大程度上受到拿破仑民法典的影响，不仅存在"夫权"，也存在"父权"。家子除了达到一定的年龄，并采取特定的解放仪式之外，都生活在父权之下。非经家父同意不能从事民事活动，包括结婚。[①]

1942 年《意大利民法典》中强调的是父母对子女的权力，第一编第七章的标题是"亲子关系"，第九章的名称是"亲权"，2013 年 12 月 28 日意大利第 154 号法律将第七章的标题改为"子女的地位"，第九章的名称改为"父母的责任和子女的权利义务"，内容和结构也作出了相应的调整。第七章第一节由"婚生亲子关系"改为"生父推定"，将原来的第一节第二分节"婚生亲子关系的证明"改为第二节"亲子关系的证明"，原来的第一节第三分节"否认之诉、确认之诉和准正之诉"改为第三节"否认之诉、确认之诉和子女地位的宣告之诉"，原来第二节"非婚生亲子关系与认领"的标题被删除，第二节第一分节"非婚生亲子关系"改为第四节"婚外出生的子女的认领"，原本第二节第一分节中的一个标题"由判决宣告非婚生父子、母子关系"改为第五节"由判决宣告父子、母子关系"，原来第二节第二分节"准正"被删除。第九章第一节"子女的权利和义务"，对原本父母对子女享有的权力的内容进行了修改，更强调父母对子女的责任。并且增加了第二节"父母在分居、婚姻解除、婚姻无效或被撤销的情形下以及针对婚外所生子女的程序中责任的履行"，专门强调在父母分离的情况下，如何履行对未成年子女的责任。这些修改表明意大利亲子制度的立法原则已经从"父母本位"转变为"子女本位"。

在婚生子女和非婚生子女的平权问题上，1975 年意大利家庭法改革推动了婚生子女和非婚生子女在继承等各项权利上的平等，废除了禁止认领通奸所生子女的规定。2012

---

① Loredana Garlati, La Famiglia tra Passato e Presente, Giuffrè Editore, 2011, p.14.

年 12 月 10 日意大利第 219 号法律和 2013 年 12 月 28 日意大利第 154 号法律对《意大利民法典》的文字进行了修改，以体现其不再区分"婚生子女"与"非婚生子女"的立法理念。因为多元化家庭生活方式的出现，而"孩子有权知道父母的情况，有权获得父母双方的关爱，而无论他们的父母是已婚、离婚、从未结过婚或从未住在一起"。[①] 例如，在该法典中，第 74 条对血亲的定义，添加了"无论子女是婚生子女、非婚生子女还是收养子女"这样的描述；第 236 条中删去"以户口簿中的出生证书为依据证明婚生亲子关系"中的"婚生"二字；第 433 条的承担给付抚养费、抚养费、赡养费义务人的顺序中删去了"婚生子女、准正子女、非婚生子女、养子女"的语言文字；第 565 条的特留份继承人"配偶、婚生的或者非婚生的卑亲属、直系尊亲属、旁系亲属、其他亲属"中，删去了"婚生的或者非婚生"；同时该条的遗产由"配偶、婚生和非婚生的卑亲属、直系尊亲属、旁系亲属、其他亲属"继承，也删去了卑亲属之前"婚生的或者非婚生的"区分文字。

（四）收养制度修订情况

1942 年《意大利民法典》只规定了成年人收养制度，其目的是站在收养者的角度，解决家庭没有继承人的问题，这样的制度在现代生活中已经名存实亡。1967 年意大利第 341 号法律第一次引入了"特殊"收养，即对未成年人的收养。根据这一新的立法，未满 8 岁的未成年人如果在精神和物质上被遗弃，可以由合适的家庭对其进行收养。这是第一次在意大利引入未成年人收养制度。通过这次立法，收养制度将关注的重点从家庭转向了孩子，重点关注弃婴的利益。[②] 因为被收养人是未成年人，不具有完全的行为能力，法官在收养的过程中要发挥很大的作用，需要判断被收养人是否处于"被遗弃的状态"，收养人是否"合适"，是否有利于被收养人的利益。

根据 1967 年 4 月 24 日的《斯特拉斯堡公约》确定的原则，1983 年 5 月 4 日意大利第 184 号法律对未成年人收养制度进行了修改，这部法律也是意大利现行收养制度的主体。被收养人不再局限于 8 岁以下的未成年人，并且规定了"特殊情况下"的收养和跨国收养。之后 1998 年意大利第 476 号法律、2001 年意大利第 149 号法律对这一立法进行了进一步的修订，如将收养程序规范化、尊重被收养人的意思、寄养（试收养）期间的设立和法院对于正式收养的审查与确认，目的都是更好地保护未成年人的最大利益。2001 年意大利第 149 号法律缩短了整个收养程序所需的时间，并且尽可能使得利害关系人都能够充分参与收养的程序。

（五）监护制度修订情况

关于未成年人监护，1865 年《意大利王国民法典》规定了"父权"，1942 年《意大利民法典》则规定了对未成年人的监护和保佐。之后在 1967 年，意大利法律规范了监护法官的职责范围，在 20 世纪 80 年代和 90 年代，开始细化监护人的任职和排除条件。2013 年意大利第 154 号法律将原来听取 16 岁以上未成年人关于监护人的意见，改为听取已满 12 岁或者未满 12 岁但有辨别能力的未成年人的意见，更加尊重未成年人对选择监护

---

① ［澳］帕特里克·帕金森：《永远的父母：家庭法中亲子关系的持续性》，冉启玉等译，法律出版社 2015 年版，第 198 页。

② Gilda Ferrando, Diritto di Famiglia, Zanichelli, 2015, p. 301.

人表达意见的权利。

关于成年人监护，2004 年 1 月 9 日意大利第 6 号法律对《意大利民法典》第一编第十二章进行了修改。原本第十二章的名称为"精神病、禁治产人和准禁治产"且不分节，被修改为"对全部或者部分丧失自主能力的人的保护"，分两节，第一节为"支持管理人"（Amministrazione di Sostegno），第二节为"禁治产人、准禁治产和无民事能力"，其中"支持管理人"是指在一个人因为精神疾病或者生理或心理上的缺陷，部分或者暂时地失去保护自己利益的能力，可以由其住所或居所所在地的监护法官指定的支持管理人来协助他，针对的是部分或者暂时丧失民事能力的情况。"支持管理人"制度标志着意大利成年人监护制度的进一步完善。

（六）离婚制度修订情况

在 1970 年之前，意大利没有离婚制度。此后通过的 1970 年意大利第 898 号法律"关于婚姻解除的规范"，以单行法的方式首次在意大利婚姻家庭法中引入了离婚制度。该法第 1 条规定，"法官可以在确定配偶精神上和物质上都不能共同继续生活的情况下判决根据民法典缔结的婚姻解除"。[①] 这部法律至今仍是意大利离婚法的主体。

根据 1970 年意大利第 898 号法律规定，分居的时间最初要求必须达到五年以上才能离婚，并且离婚必须经过法官的裁判。1978 年意大利第 436 号法律将最初的分居时间要求从 5 年改为了 3 年，2015 年 3 月 18 日通过的意大利第 55 号法律则进一步将离婚前裁判分居的时间标准降低为 1 年，合意分居的时间要求被降低为 6 个月，使离婚的时间周期得以大大缩短。

在意大利，2014 年第 132 号法律和第 162 号法律对离婚的民事程序进行了进一步的改革，在一定程度上简化了离婚的程序。根据该法律规定，配偶双方如果没有未成年、残疾或者在经济上仍然依赖父母的子女，在夫妻双方达成离婚协议的情况下，就不必去法院等待法官判决，履行登记的手续即可离婚；如果夫妻双方有属于这些情况的子女，则需要在律师的帮助下达成离婚协议，也可以免去法官判决的程序，但是离婚协议依然要经过法官的审查，以确保子女等家庭弱势群体的利益。

综上，意大利婚姻家庭法的修订和变化，体现出现代婚姻家庭法发展的共同趋势和轨迹，正如蒋月教授所说："当代世界各国的婚姻家庭法，就整体而言，对婚姻家庭关系的规定，相同和相似多于相异。这些共性和相似性，表现为：在一个较完整的家庭法律制度规范家庭成员之间关系的框架里，以一对夫妻及其未成年子女组成的核心家庭为主要家庭类型；夫妻享有平等的权利和义务；配偶任何一方都享有离婚请求权；子女无论是长幼或性别，无论是婚生还是非婚生，其法律地位同等；家庭法脱离宗教而成功转型为世俗法。"[②] 同时在这样的家庭中，我们可以观察到：横向的配偶之间的关系愈见松散，也出现了家庭组成方式的多元化，与之相对应的是父母子女之间纵向的关系成为家庭关系的核心，强调对未成年人利益的保护。"婚姻关系可能解除，但父母子女关系却不会

---

① https://it. wikisource. org/wiki/L. _1 _dicembre _1970, _n. _898 _ - _Disciplina _dei _casi _di _scioglimento _del _matrimonio，访问日期：2021 年 4 月 16 日。

② 蒋月：《20 世纪婚姻家庭法：从传统到现代化》，中国社会科学出版社 2015 年版，第 176 页。

消除。"①

第二节　当代意大利亲属关系通则

本节研究和阐述以下内容：一是当代意大利亲属关系通则概述；二是当代意大利亲属的范围和种类；三是当代意大利亲系及亲等的计算方法；四是当代意大利亲属关系的发生和终止；五是当代意大利亲属关系的法律效力。

一、当代意大利亲属关系通则概述

（一）当代意大利亲属关系通则的主要内容

当代意大利亲属关系通则的主要内容规定在《意大利民法典》第一编第五章"血亲和姻亲"中，包括：第一，亲属的范围和种类。第二，亲系及亲等的计算方法。第三，亲属关系的发生和终止，包括血亲关系的发生和终止以及姻亲关系的发生和终止。第四，亲属关系的法律效力。其主要内容包括近亲属之间禁止结婚、一定范围的亲属互负扶养义务、近亲属为婚姻撤销和婚姻无效之诉的请求权人、直系近亲属对失踪人的财产享有用益权、具有担任监护人的资格、一定范围的亲属为提出禁治产人或准禁治产之宣告与撤销的请求权人。

史尚宽先生说："亲属有广狭二义。广义的为血亲、配偶及姻亲之总称……狭义的亲属，则仅指血亲与姻亲而言。"② 意大利的亲属含义采取狭义说，该章以不多的条款规定了血亲和姻亲的概念与界限以及亲等的计算，内容十分简明。

（二）当代意大利亲属关系通则的修订情况

本章共5条（第74-78条），其中只有第74条根据2012年12月10日的意大利第219号法律进行了修改，原文为"血亲是源于同一祖先的人们之间的关系"，修改后的条文为"血亲是源于同一祖先的人们之间关系，无论子女是婚生子女、非婚生子女还是收养子女。但是对成年人的收养不产生血亲关系"。

二、当代意大利亲属的范围和种类

《意大利民法典》在第五章"血亲和姻亲"中规定，只有六亲等之内的血亲关系才在法律上具有意义，但是特别法的规定不在此限。在特定的法律问题上，会专门指出适用的亲属的范围，如禁止结婚的亲属的范围。（"意民"第77、87条）

意大利将亲属分为血亲和姻亲两种。血亲是源于同一祖先的人们之间的关系，无论子女是婚生子女、非婚生子女还是收养子女。但是对成年人的收养不产生血亲关系。③ 该法特别强调子女是否婚生并不影响亲属关系。而"姻亲是配偶一方与另一配偶的血亲之间的关系"。（"意民"第74、78条）

---

① ［澳］帕特里克·帕金森：《永远的父母：家庭法中亲子关系的持续性》，冉启玉等译，法律出版社2015年版，第304页。

② 史尚宽：《亲属法论》，中国政法大学出版社2000年版，第49页。

③ 2012年12月10日意大利第219号法律第1.1条替代。2013年12月28日意大利第154号法律第104条修订。

三、当代意大利亲系及亲等的计算方法

（一）亲系

意大利将亲系分为直系与旁系，"直系血亲是那些生育自己的和自己所生育的上下各代人们之间的关系；旁系血亲是那些既非生育自己也非自己所生育的有同一祖先的人们之间的关系"。（"意民"第 75 条）

（二）亲等的计算方法

意大利法传承于罗马法，所以采用了典型的罗马法的亲等计算方法："直系血亲以代为计算单位，一代为一亲等，共同祖先不计算在内。旁系血亲同样以代为计算单位，从一方的血亲开始按代向上数至共同祖先，再由共同祖先向下数至他方血亲，一代为一亲等，代数的总和即为亲等数，共同祖先亦不计算在内。"姻亲关系亲等的确定也参照血亲的亲等："配偶一方某一亲系某一亲等的血亲为另一方配偶该亲等的姻亲。"（"意民"第 76 条、第 78 条）

四、当代意大利亲属关系的发生和终止

（一）血亲关系的发生和终止

1. 自然血亲关系的发生和终止

自然血亲关系的发生以出生为原因。"以户口簿中的出生证书为依据证明亲子关系。"[①] 自然血亲关系终止的原因是一方当事人的自然死亡或者宣告死亡。（"意民"第 236 条、第 258 条、第 73 条）

2. 拟制血亲关系的发生和终止

意大利的拟制血亲仅有养父母子女关系。其产生的原因是收养的成立，其终止的原因是收养解除和一方当事人的死亡。对成年人的收养不产生拟制血亲的关系。（"意民"第 74 条）[②]

（二）姻亲关系的发生和终止

姻亲是配偶一方与另一配偶的血亲之间的关系。姻亲产生的原因是结婚，终止的原因是婚姻被宣告无效或离婚。而婚姻当事人一方死亡，即使没有子女，也不会引起姻亲关系的终止。（"意民"第 78 条）

五、当代意大利亲属关系的法律效力

限于本章的研究对象为婚姻家庭制度，关于亲属关系的法律效力以下仅阐述婚姻家庭领域。

（一）近亲属之间禁止结婚

在意大利法中，下列亲属之间不得结婚：第一，直系血亲之间。第二，直系姻亲之间，在产生姻亲关系的婚姻被宣告无效、婚姻关系解除、婚姻的民法效力终止的情况下，仍然禁止结婚。第三，旁系二等姻亲以及叔、伯与侄女之间，舅、姨夫与外甥女之间，

---

① 2013 年 12 月 28 日意大利第 154 号法律删去"婚生"二字。

② 2013 年 12 月 28 日意大利第 154 号法律第 104 条修订。

姑、婶、伯母与侄子之间，姨、舅母与外甥之间。第四，因收养而形成的一定范围的亲属之间：收养人、被收养人及其卑亲属之间；被同一人收养的子女之间；被收养人与收养人的子女之间；被收养人与收养人的配偶之间、收养人与被收养人的配偶之间。（"意民"第87条）堂兄妹和表兄妹不在禁止结婚的亲属之列。

（二）一定范围的亲属互负扶养义务

如果不能维持自己的生活开支，并且在非常需要的情况下，可以对亲属提出给付抚养费、扶养费、赡养费的请求。抚养费、扶养费、赡养费应当根据请求人的实际需要和义务人的经济状况按比例支付，其数额不应超过请求人的必要生活费用，但是应当与请求人的社会地位相适应。（"意民"第438条）

承担给付抚养费、扶养费、赡养费义务人的顺序是：配偶；子女包括养子女（没有的情况下为最近的直系卑亲属）；① 父母（在父母死亡的情况下，最近的直系尊亲属）、养父母；女婿和儿媳；公婆和岳父母；同父同母的兄弟姐妹和同父异母、同母异父的兄弟姐妹（其中同父同母的兄弟姐妹先于同父异母、同母异父的兄弟姐妹承担义务）。（"意民"第433条）可见，姻亲之间在特定情况下负有扶养义务，而兄弟姐妹间仅就非常必要的生活费用承担给付义务。（"意民"第439条）

如果在同一顺序上有数名义务人，则每个义务人都应当根据自己的经济状况按比例承担给付义务。如果被请求履行给付抚养费、扶养费、赡养费义务的先行顺序义务人没有给付能力或者只能承担部分给付义务，则由后一顺序义务人承担全部给付义务或者补充给付义务。如果义务人对给付抚养费、扶养费、赡养费的标准、分担比例、支付方式没有达成合意，则由司法机关根据具体情况确定。（"意民"第441条）当数人对同一个义务人享有请求权而该义务人的经济状况又不能同时满足每个权利人的需要时，由司法机关根据亲等的远近、权利人各自的处境以及权利人是否有可能请求前一顺序义务人承担给付义务等情况，作出适当的决定。（"意民"第442条）

扶养义务因义务人的死亡终止。给付抚养费、扶养费、赡养费的义务，即使义务人是因执行判决而履行给付义务的，同样因义务人的死亡而终止。（"意民"第448条）

公婆、岳父母给付扶养费的义务以及女婿、儿媳给付赡养费的义务在下列情况下终止：（1）有权请求给付扶养费或赡养费之人再婚；（2）赖以产生姻亲关系的配偶、他们共同生育的子女以及子女的卑亲属全部死亡。（"意民"第434条）

（三）近亲属为提起婚姻撤销和婚姻无效之诉的请求权人

对违反法律规定的婚姻，婚姻当事人本人及他们的父母，可以提起婚姻撤销和无效之诉。（"意民"第117条）

（四）直系近亲属对失踪人的财产享有用益权

对失踪人财产实行临时占有的失踪人的尊亲属、卑亲属及配偶享有其财产的全部用益权。（"意民"第53条）

（五）具有担任监护人的资格

在未指定监护人或者因重大事由不能任命被指定的人为监护人的情况下，应当在未成年人的尊亲属或者在其他的最近血亲、姻亲中挑选监护人。（"意民"第348条）

---

① 2013年12月28日意大利第154号法律第64条修订。

（六）一定范围内的亲属为提出禁治产或者准禁治产之宣告与撤销的请求权人

可以由配偶、四亲等以内的血亲、二亲等以内的姻亲等提起禁治产或准禁治产宣告或撤销的申请。（"意民"第417条、第429条）

第三节　当代意大利结婚制度

本节研究和阐述以下内容：一是当代意大利结婚制度概述；二是当代意大利婚约制度；三是当代意大利结婚的条件和程序；四是当代意大利婚姻无效制度；五是当代意大利事实同居制度；六是当代意大利同性民事结合制度。

一、当代意大利结婚制度概述

（一）当代意大利结婚制度的主要内容

婚姻作为家庭的重要组成方式，是一国婚姻家庭法中的重要制度。本节研究当代意大利结婚制度，其主要内容包括：第一，婚约制度。第二，结婚的条件和程序制度。其中结婚的条件有：结婚须双方当事人自愿、须双方当事人达法定婚龄、有配偶者不得结婚、精神病人不得结婚、近亲属之间不得结婚、犯杀人罪的罪犯与受害者的配偶之间不得结婚、待婚期内不得再婚；结婚的程序有：结婚预告、婚姻异议和举行婚礼。第三，婚姻的无效制度。其主要内容包括婚姻无效的原因、婚姻无效的请求权主体、婚姻无效诉权行使的阻却事由与诉讼时效、婚姻无效的法律后果。第四，事实同居制度。其主要内容包括事实同居的概念、同居伴侣的权利和义务、同居协议和事实同居的解除。第五，同性民事结合制度。其主要内容包括同性民事结合的成立、同性民事结合中当事人的权利和义务和同性民事结合的解除。

（二）当代意大利结婚制度的修订情况

在中世纪的欧洲，婚姻是教会法管辖的领域，虽然1865年《意大利王国民法典》已经规定了民事婚姻的条件、程序和效果，人们还是习惯于在教堂举行婚礼，这样的婚姻只具有教会法上的效力。直到1929年2月11日，意大利国家与教会签订了《拉兰特条约》，约定举行过宗教婚礼的当事人在履行简单的登记程序之后，其婚姻取得民法上的效力，这也被规定在1929年5月27日意大利第847号法律中。从此，意大利的婚姻便逐渐成为民法管辖的对象。今天的意大利人依然会在教堂举行婚礼，但是也会履行登记程序，这样的婚姻都具有民法上的效力。

自1942年《意大利民法典》颁布以来，结婚制度也发生了一些变化，如第91条关于"不同种族、不同国籍"之间的婚姻于1944年被废除，第92条"国王和王储的婚姻"也因为与宪法原则相抵触而被废除。关于结婚的条件，第87条"血亲、姻亲、收养和领养"一条中，根据2013年12月28日的意大利第154号法律，由于不再区分"婚生子女"与"非婚生子女"以及领养子女与非领养子女的情况，所以也对法条内容进行了修改。

另外，还有一个值得注意的变化就是，2016年5月20日，通过了意大利第76号《关于同性民事结合和事实同居的法律规范》，该法确立了婚姻之外同性民事结合和事实同居制度，使得意大利组成家庭的方式更加多元化。

二、当代意大利婚约制度

在意大利，婚约在想要缔结婚姻的双方当事人之间成立，法律上并没有特别的程序规定，而且婚约不具有法律上的强制约束力。"法律不要求必须缔结婚约，也不要求在违反婚约的情况下必须执行婚约。"（"意民"第79条）

但是，婚约缔结后如果解除，在特殊的情况下也发生一定的法律后果。比如，如果一方对另一方有财物赠与，或者为了婚礼的举行进行了特定允诺行为，另一方在解除婚约的时候有可能会承担退还赠与和赔偿损失的法律后果。退还赠与的请求应当自拒绝举行婚礼或允诺结婚的当事人死亡之日起1年内提出。而赔偿损失应当同时具备下列条件：第一，必须是以公证的方式、以结婚当事人在场见证的方式或者以公布结婚预告的方式作出结婚允诺的；第二，必须是无正当理由拒绝履行婚约或者由于己方的过错而使另一方当事人有正当理由拒绝履行婚约的；第三，赔偿损失的请求应当自拒绝举行婚礼之日起1年内提出。赔偿损失的范围应包括对方当事人因期待结婚支出的费用和承担债务所遭受的损失。同时，对费用和债务承担的赔偿责任应与双方当事人的经济条件相适应为限。赔偿损失的范围不包括间接损失。（"意民"第80、81条）

三、当代意大利结婚的条件和程序

（一）结婚的条件

1. 结婚须双方当事人自愿

结婚必须有双方当事人"愿意互为夫妻的声明"，民政官才能宣布"他们以婚姻形式结为夫妇"。（"意民"第107条）

2. 双方当事人须达法定婚龄

在意大利，"年满18岁为成年"，"未成年人不得结婚"。所以，法定婚龄要求男女均达18周岁。但是也规定了例外条款，即"根据当事人的请求，在考察了未成年人的身心发育情况和所提出的理由，听取检察机关以及父母或监护人的意见之后，根据本院议事室作出的决定，法院可以准许因重大事由提出结婚申请的年满16岁的未成年人结婚"。（"意民"第2、84条）

3. 有配偶者不得结婚

结婚必须双方当事人无配偶。有配偶者不得结婚。（"意民"第86条）

4. 精神病人不得结婚

根据意大利法规定，精神病人不得结婚。并且，"在提出宣告禁治产的请求之后，检察机关可以请求中止婚礼的举行，在此情况下，直到判决作出之前不得举行婚礼"。（"意民"第85条）

5. 近亲属之间不得结婚

下列亲属之间不得结婚：第一，直系血亲之间。第二，直系姻亲之间，在产生姻亲关系的婚姻被宣告无效、婚姻关系解除、婚姻的民法效力终止的情况下，仍然禁止结婚。第三，旁系二等姻亲以及叔、伯与侄女之间，舅、姨夫与外甥女之间，姑、婶、伯母与侄子之间，姨、舅母与外甥之间。第四，因收养而形成的一定范围的亲属之间：收养人、被收养人及其卑亲属之间；被同一人收养的子女之间；被收养人与收养人的子女之间；

被收养人与收养人的配偶之间、收养人与被收养人的配偶之间。（"意民"第 87 条）也就是说，堂兄妹、表兄妹之间的婚姻，并不在法律禁止之列。

但是对于上述限制，该法规定了以下例外情形：第一，二亲等的旁系姻亲之间，叔、伯与侄女之间，舅、姨夫与外甥女之间，姑、婶、伯母与侄子之间，姨、舅母与外甥之间，法院可以根据当事人的请求，在听取检察机关的意见之后，根据法院议事室作出的决定准许其结婚。第二，直系姻亲之间，在产生姻亲关系的婚姻被宣告无效后，法院可以准许其结婚。（"意民"第 87 条）

6. 犯杀人罪的罪犯与受害者的配偶之间不得结婚

在意大利，"因对他人实施已遂的或未遂的谋杀而被判刑的人，不得与被谋杀者的配偶结婚。如果仅仅是提交法院审判或下令逮捕，在宣告无罪的判决作出之前，不得举行婚礼"。（"意民"第 88 条）

7. 待婚期内不得再婚

在意大利，待婚期内不得再婚。"女方自上一次婚姻关系解除、被撤销或终止民法效力之日起 300 天后，始得再婚。"但由于配偶一方的性功能障碍或由于无生育能力而宣告婚姻无效的情形不在此限。在能明确排除妊娠或判决结果显示丈夫在婚姻解除、被撤销或终止民法效力之日前 300 天没有与妻子同居的情况下，法院在听取检察机关意见之后，根据法院议事室作出的决定，可以准许女方再婚。（"意民"第 89 条）这一条原本的目的是排除妻子在上一次婚姻中怀孕的可能性，以免出现孩子生父不明的情况，但是随着医学的发展，这样的规定已经失去了现代意义。

（二）结婚的程序

根据《意大利民法典》的规定，结婚首先要进行结婚预告，在无人提出婚姻异议的情况下，才能举行婚礼。

1. 结婚预告

结婚预告是举行婚礼的必备程序，经当事人的申请，由民政官进行。进行结婚预告的申请也可以由新婚夫妻或者接受新婚夫妻特别委托的人提出。发布结婚预告的申请向新婚夫妇一方居住地的民政官提出，并在双方居所地公布。民政官认为不能进行结婚预告的，将发给申请人拒绝接受申请的证书，并说明拒绝的理由。对拒绝不服的，可以起诉。结婚预告满 4 日后，申请结婚的当事人可以举行婚礼，但如果在结婚预告作出后 180 日以内未举行婚礼的，则此次结婚预告失效。例外情形是，在新婚夫妻一方面临生命危险的情况下，如果新婚夫妻发誓他们不存在任何婚姻障碍并要求立即结婚的，则民政官可以在没有进行结婚预告的情况下，为他们举行婚礼。（"意民"第 93-101 条）

2. 婚姻异议

婚姻的利害当事人，主要是双方当事人的近亲属，可以根据婚姻不符合法律规定的依据提出婚姻的异议。婚姻异议可以由父母根据妨碍结婚的事由提起；在父母死亡的情况下，由其他尊亲属或三亲等以内的旁系血亲提起。如果新婚夫妻一方处在监护或保佐下，其监护人和保佐人也有权提起异议。欲缔结另一婚姻的人的配偶，也有权提起异议。对于违反待婚期规定的，前夫的亲属有权提起异议。在存在婚姻障碍，或者知晓当事人一方患有精神病，但由于年龄的缘故不能申请禁治产宣告的情形下，应当由检察机关提起异议。异议书应载明：提出异议人的身份，提出异议的理由，新婚夫妻已经在法院辖区内的市镇选择了住所，婚礼将在法院辖区内举行。如异议被驳回时，除尊亲属和检察机关以外，异议人可以被判处赔偿损失。（"意民"第102-105条）

3. 举行婚礼

如果当事人已经进行了结婚预告，也无人提出婚姻异议，便可以举行婚礼。婚礼应当在市政厅受理结婚预告申请的民政官面前公开举行。[①] 在有2名证人在场的情况下，由民政官向新婚夫妻宣读《意大利民法典》第143条、第144条、第147条的规定，[②] 亲自分别接待新婚夫妻，听取他们愿意互为夫妻的声明，然后宣布他们以婚礼形式结为夫妻。结婚证书应当在婚礼举行后立即填写。新婚夫妻的声明不得附加期限和条件。在战争期间，军人及其辅助人员，或者在部队中服役的人员，可以委托他人代理参加婚礼。在新婚夫妻一方居住在国外，并且由于新婚夫妻另一方居所地法院承认的重大事由不能亲自参加婚礼的情况下，也可以由代理人代理参加婚礼。除不符合法律规定的婚姻外，民政官不得无故拒绝主持婚礼。（"意民"第111、112条）

四、当代意大利婚姻无效制度

《意大利民法典》不区分无效婚姻与可撤销婚姻，婚姻只要具有法定的事由，就有可能被宣告无效后被撤销。该法典在第117条中对婚姻无效的原因、请求权主体和诉权的限制规定都有规定。

（一）婚姻无效的原因

婚姻被宣告无效的原因包括：（1）重婚；（2）近亲属结婚；（3）犯杀人罪的罪犯与受害者的配偶缔结的婚姻；（4）结婚时未达法定龄的婚姻；（5）结婚时被宣告为禁治产人的婚姻，或结婚时已患病举行婚礼后被宣告为禁治产人的婚姻；（6）当事人举行婚礼时无理解能力或意思能力的；（7）胁迫婚姻；（8）重大误解的婚姻；[③]（9）虚假婚姻。

（二）婚姻无效的请求权主体

根据婚姻无效的原因不同，可以提出无效申请的权利人也不同。

（1）重婚、近亲婚或者犯杀人罪的罪犯与受害者的配偶缔结的婚姻，可以由婚姻当事人、其最近的尊亲属、检察机关以及利害关系人提起无效婚姻之诉。

（2）结婚时未达法定婚龄的，可以由婚姻当事人、双方各自父母、检察机关提起诉讼。

（3）被宣告为禁治产人的，可以由其监护人、检察机关及其利害关系人提起诉讼。在禁治产宣告撤销以后，也可以由禁治产本人提出。尽管未被宣告为禁治产人，但在能

---

① 在必要时，根据该民政官的请求，也可以在其他市镇举行婚礼。如果新婚夫妻一方由于患病或民政官确认的障碍而不能前往市政厅，则民政官将与秘书一起前往有障碍的当事人处当着4名证人举行婚礼。参见《意大利民法典》第110条。

② 《意大利民法典》第143条规定夫妻的权利与义务，第144条规定家庭的生活方式和家庭居所，第147条规定对子女承担的义务。

③ 《意大利民法典》第122条规定：对个人基本情况产生的重大误解是指：鉴于另一方配偶的情况，如果真正了解他，就不会作出结婚允诺，包括对以下方面的误解：（1）阻碍夫妻生活的身体或精神疾病、性变异；（2）因非过失犯罪而被判处不低于5年的有期徒刑的；（3）惯犯或职业罪犯；（4）因卖淫而被判处不低于2年有期徒刑的；（5）对于非配偶导致的妊娠，如果发生在第233条规定的期间（生父推定的期间）可能发生丈夫否认亲子关系的情况。

够证明于婚礼举行时，配偶一方不具备辨认能力或意思能力的，即使是暂时无能力的情况下，该方配偶也可以提起诉讼。

（4）胁迫婚姻和重大误解的婚姻，被胁迫一方或重大误解一方可以提起诉讼。

（5）虚假婚姻，任何一方配偶都可以提起诉讼。

（三）婚姻无效诉权行使的阻却事由与诉讼时效

对婚姻无效诉权的行使，如果出现法定的阻却事由，或经过法定的诉讼时效时间，对婚姻无效的诉权则不得行使（"意民"第117-123条）。

1. 未成年人婚姻无效的阻却事由

在未成年人已经成年、怀孕、生育子女以及其他所有应该查明未成年人希望保持该婚姻关系的意愿的情况下，即使已经提起诉讼在等待判决，也应驳回由其父母或检察机关提起的婚姻无效诉讼；未成年人自己起诉的，应当在成年后1年内提起。

2. 失踪人婚姻的无效之诉

婚姻缔结后配偶一方失踪的，在失踪期间不得提起诉讼。

3. 直系姻亲间婚姻的无效之诉

直系姻亲之间缔结的婚姻，婚礼举行1年后不得再对其提起诉讼。

4. 禁治产人婚姻的无效之诉

在禁治产宣告撤销后又同居1年以上的，不得再提起诉讼。未被宣告为禁治产人的，在无辨认能力或意思能力的配偶完全恢复理智后又同居1年以上的，不得再提起诉讼。

5. 胁迫、恐吓等婚姻的无效之诉

在胁迫、恐吓等消除后或发现误解后又同居1年以上的，不得再提起诉讼。

6. 虚假婚姻无效的阻却事由与无效之诉

虚假婚姻自婚礼举行之日起超过1年或者在婚礼举行后，双方以夫妻身份共同生活的，不得再提起诉讼。

7. 无效婚姻的配偶一方死亡为婚姻无效的阻却事由

配偶一方死亡的，检察机关不得提起诉讼。

8. 无效婚姻之诉的请求权不能继承

提起宣告婚姻无效的诉权不得向继承人转移，但因原告死亡而中止诉讼的情况，不在此限。

（四）婚姻无效的法律后果

即使婚姻被宣告无效，该婚姻的效力也不是绝对无效，只对恶意的配偶自始无效，而对子女和善意配偶只从被宣告无效时无效：

1. 婚姻被宣告无效对善意配偶的效力

婚姻被宣告无效，在当事人为善意的情况下，可以推定该婚姻有效，即对善意缔结婚姻的配偶双方，或者对在胁迫下，或以特别严重的、非当事人本身的事由对当事人进行恐吓之下表达婚意的配偶，该婚姻产生有效婚姻的效力。由此会产生对善意配偶的扶养责任：对善意缔结婚姻的配偶，如果配偶一方没有适当的个人收入，又没有再婚，则法官可以指定另一方配偶在不超过3年的期限内根据自己的财产状况向对方定期支付一定数目的生活费。即使善意缔结婚姻的配偶没有遭受损失，非善意的配偶也应对善意配偶给予适当的补偿。补偿费至少应当包括足够维持3年现有生活水平的费用，如果没有其他应当承担赡养义务的人，还要承担向善意缔结婚姻的配偶支付扶养费。因婚姻无效被起诉的第三人，也应对善意缔结婚姻的配偶承担上述规定的补偿责任。（"意民"第 129 条）

2. 婚姻被宣告无效对子女的效力

婚姻被宣告无效，对双方当事人所生的子女一般仍然具有有效婚姻所生子女的效力。出于对该婚姻中出生的子女的保护，该婚姻对子女来说是有效的。但应注意两点：第一，婚姻对子女的效力区分善意与恶意。在善意的情况下，其效力可以延伸到认领的婚前之子女，即对在被宣告无效的婚姻期间已经出生的和已经受孕、尚未出生的子女以及对婚前出生的，判决宣告之前被认领的子女均产生有效婚姻所生子女的效力；在夫妻双方都是恶意的情况下，其效力不包括认领的婚前的子女。第二，因乱伦而被宣告婚姻无效的，对其子女不产生有效婚姻所生效力。[①]（"意民"第 128 条）

五、当代意大利事实同居制度

在意大利，两个成年的同性或者异性也可以选择不结婚或者不缔结民事结合，而采取同居的生活方式。2016 年 5 月 20 日的意大利第 76 号《关于同性民事结合和事实同居的法律规范》（2016 年意大利第 76 号法律）中第 1 条第 36 款到第 65 款是关于事实同居的规定。

（一）事实同居（Convivenza di fatto）的概念

意大利法律调整的"事实同居"，是指两个成年人稳定地同居，获得法律上类似夫妻的效果以及相互在精神和物质上相互支持，并且他们之间没有血亲、姻亲、收养关系、婚姻或者民事结合的关系。双方当事人为了证明他们之间的是"稳定"同居，需要在户口上进行登记标注（2016 年意大利第 76 号法律第 36、37 款）。也就是说，该法律规定的事实同居是以在户口上进行登记为要件。

（二）同居伴侣的权利和义务

在生病和住院的情况下，同居伴侣双方享有根据相关规定像配偶和家庭成员一样相互探望、帮助、得到对方个人信息的权利。同居伴侣可以在对方生病或者无法表达自己意愿的情况下全部或者部分代表对方作出医疗决定，在一方死亡没有遗嘱安排的情况下，全部或者部分代表其作出器官捐赠、尸体处置和葬礼方面的决定。（2016 年意大利第 76 号法律第 39—41 款）

如果一方是共同居所的业主，在其死亡的情况下，另一方可以根据不同的情况在共同居所再居住 2—5 年，但是如果其不再在居所里稳定居住，或者又结婚、组成民事结合或者新的事实同居，则不再适用这样的规定。如果死者一方是居所的承租者，则另一方有继续承租的权利。此外，同居伴侣组成的家庭企业也适用民法典中关于家庭企业的规定。（2016 年意大利第 76 号法律第 42—45 款）

如果同居伴侣一方是禁治产人或者无民事行为能力，同居伴侣可以被指定为监护人、保佐人。对因第三人伤害而死亡的同居伴侣，另一方有获得损害赔偿的权利（2016 年意大利第 76 号法律第 48、49 款）。

---

① 2013 年 12 月 28 日意大利第 154 号法律第 2.1 条删去重婚的情形，即子女即使是在因为重婚而无效的婚姻中出生的，也不影响该婚姻对该子女的效力。

（三）同居协议

双方可以通过签署同居协议就他们之间的财产关系进行约定。同居协议的修改和解除都需要采取书面的形式，进行公证，或者虽然私下签订，但由一名公证员或者一名律师来鉴定以保证其不违反法律的强制性规定和公共秩序，否则该协议无效。同居协议的内容可以包括：居所的归属；双方根据各自的能力通过工作或者家务劳动来对共同生活做贡献的形式；以及根据民法典规定的双方之间的财产制度。双方选择的财产制度可以在同居过程中的任何时候通过公证或者鉴定的方式来进行修改。同居协议不可附期限或者附条件。（2016 年意大利第 76 号法律第 50-53、54、56 款）

如果同居中有以下情况，利害关系人可以对同居协议提出异议：一方结婚、组成民事结合或者其他同居协议，一方未成年或无民事行为能力，或者一方对另一方之前配偶实施、企图实施谋杀。（2016 年意大利第 76 号法律第 57 款）

（四）事实同居的解除

同居协议在以下情形下解除：双方同意；单方解除；双方结婚或者其中一方与他人结婚；一方死亡。（2016 年意大利第 76 号法律第 59 款）事实同居的解除也需要采取法定的形式。

单方解除的情况下，共同居所的所有人要给对方留出不少于 90 日的时间让对方搬走。（2016 年意大利第 76 号法律第 61 款）在同居解除的情况下，法官可以判决一方根据同居的时间长短来向另一方支付扶养费，同居伴侣支付扶养费的顺序在兄弟姐妹之前。（2016 年意大利第 76 号法律第 65 款）

可见，根据法案，意大利的同居伴侣比照婚姻中的配偶，在共同生活、相互扶养等问题上取得了相互的权利和义务。但是他们之间的财产关系主要依靠同居协议来规范，所以他们之间是建立在契约基础上的同居关系。同居伴侣之间并不当然适用法定财产制度（但可以协议约定适用法定财产制）、法定继承等完全等同于婚姻当事人的权利。

六、当代意大利同性民事结合制度

意大利是一个深受天主教影响的国家，梵蒂冈就在罗马城内。所以当欧洲国家的法律纷纷向非婚同居和同性婚姻敞开怀抱的时候，意大利却一直采取抵制的态度，拒不承认非婚同居或者同性结合。

从 1986 年开始，意大利的女性和同性恋权利组织就第一次向国会提出了关于同性民事结合的法案。至 20 世纪 90 年代，类似的法案开始被频繁地提出。但是，直到 2016 年关于同性民事结合的法案才被通过，即 2016 年 5 月 20 日意大利第 76 号《关于同性民事结合和事实同居的法律规范》，又被称为 Cirinnà 法（Legge Cirinnà）。① 该 2016 年意大利第 76 号法律之全部内容共计 69 款，其中第 1 款到第 35 款是关于同性民事结合的规定，第 36 款到第 65 款是对事实同居的规定。其中关于同性民事结合的规定，对民事结合的成立、双方的权利和义务、民事结合的解除，以及在特殊情况下可以进行的收养作出了规定。

---

① 其得名是因为民主党的女议员 Monica Cirinnà 提出并且第一个签署了这个法案。

（一）同性民事结合的成立

两个成年同性伴侣可以通过前往民政部门登记形成民事结合，需要两个见证人，并在民政部门记录在册。（2016 年意大利第 76 号法律第 2、3 款）可见，民事结合的成立不需要预告等形式，在形式上更加简单。

与结婚一样，同性民事结合的成立也有阻碍的法定条件，包括：其中一方已经结婚，或者已经与其他同性组成了同性民事结合；其中一方患有精神疾病；双方是直系血亲，或者叔叔、舅舅和侄子、外甥，姨妈、姑姑、姨母和侄女、外甥女，另外还适用民法典第 87 条关于禁止结婚的亲属关系的规定；一方被判杀害或者企图杀害对方的配偶或者民事结合相对人的；如果判决并非终审判决，民事结合在一方被宣判无罪之前不能成立。（2016 年意大利第 76 号法律第 4 款）如果存在以上这些阻碍条件，则组成的民事结合无效。

（二）同性民事结合中当事人的权利和义务

民事结合一旦成立，双方可以从他们的姓中选择一个作为共同的姓，将这个姓置于自己的姓之前或者之后，来表明他们的民事结合状态。（2016 年意大利第 76 号法律第 10 款）

与婚姻一样，民事结合的双方负有在物质和精神上扶助对方以及同居的责任，双方都有义务根据自己的劳动能力对家庭生活和共同的需要作出贡献。双方共同决定居所和居住地。（2016 年意大利第 76 号法律第 11、12 款）

双方可以根据自己的情况进行财产方面的约定。在没有财产约定的情况下，实行法定共同制。双方不能违反民事结合当事人法定的权利和义务，对他们适用民法典第一编第六章婚姻第六节家庭财产制关于家庭财产基金、法定共有、财产共有、分别财产制、家庭企业的内容。也就是说，民事结合当事人之间的财产关系，适用婚姻当事人之间的法定财产制度。（2016 年意大利第 76 号法律第 13 款）

除了财产制度之外，异性夫妻之间的社会权利、税收权利、财产权利，都适用于同性民事结合的当事人。为了保证并保护同性民事结合的有效性，在法律规定中、法律的强制执行中、行政行为以及集体合同中，关于婚姻中规定和"配偶""丈夫""妻子"等同等的词语都适用于同性民事结合。同性民事结合中的当事人也相互具有法定继承权，适用民法典中关于继承的一些规定。在此之前，同居的伴侣只能进行遗嘱继承，而且遗嘱继承的份额要受到法定继承人的特留份的限制。

意大利收养法虽然将同居伴侣排除在收养人之外，但是在特殊情况下，为了未成年子女的利益，他们可以收养其中一方的孩子。在新的法案生效不久，意大利最高法院就肯定了罗马上诉法院的一个判决，孩子母亲基于稳定同居的伴侣要求收养孩子得到了批准。[①]

（三）同性民事结合的解除

一方当事人的死亡或者宣告死亡，可以导致民事结合的解除。或者根据 1970 年意大利第 898 号法律（《关于婚姻解除的法律规范》）中严重的刑事犯罪、免予处罚的刑事犯罪等关于离婚原因的规定。但是与离婚不同，民事结合解除不需要经过分居的程序。如

---

① 意大利最高法院 2016 年 7 月 22 日第 12962/16 号判决。

果双方达成一致，可以在民政官面前进行解除的程序，而不必像离婚一样需要法院的判决。如果双方分别在民政官面前表达解除的意愿，表达之后的三个月同性民事结合解除。（2016 年意大利第 76 号法律第 22-24 款）

如果是单方想要通过诉讼解除，就适用关于婚姻诉讼解除的一些规定和《意大利民事诉讼法》中相应的规定。

如果一方得到了性别改变的判决，则民事结合自动解除。如果双方不想解除，就必须结婚。与此相对，如果婚姻当中的一方当事人变性，而双方不想解除婚姻，自动转为同性民事结合。（2016 年意大利第 76 号法律第 26、27 款）

目前世界上有一些国家允许同性缔结婚姻，如果在意大利境外同性伴侣缔结的婚姻或者类似于民事结合，在意大利可以适用民事结合的法律规定。

第四节　当代意大利夫妻关系制度

本节研究和阐述以下内容：一是当代意大利夫妻关系制度概述；二是当代意大利夫妻人身关系制度；三是当代意大利夫妻财产关系制度。

一、当代意大利夫妻关系制度概述

（一）当代意大利夫妻关系制度的主要内容

婚姻缔结之后，夫妻双方就会依据婚姻关系取得特定的权利义务，本节研究夫妻关系制度，其主要内容包括：第一，夫妻人身关系制度，包括：夫妻姓氏权、忠实和同居义务、家庭事务管理和决定权与家庭住所决定权和针对家庭暴力的保护令；第二，夫妻财产关系制度，包括：夫妻之间的扶养、夫妻财产制度。

（二）当代意大利夫妻关系制度的修订情况

在夫妻人身关系方面，1975 年意大利家庭法改革使得之前《意大利民法典》中夫妻不平等的状况逐渐发生改变。1975 年第 151 号法律增加了第 143 条："依据婚姻的效力，丈夫和妻子相互取得同等的权利和义务。"这使得对家庭生活的安排，包括住所的选定以及对子女亲权的行使等都开始由夫妻双方平等决定；夫妻对家庭事务有平等的协商决定和管理权。2001 年 4 月 4 日意大利第 154 号法律在民法典中加入了《针对家庭暴力的保护令》一章，加强对家庭中夫妻人身权利的保护。

在夫妻财产关系方面，1975 年以来的意大利家庭法改革极大地推动了夫妻财产关系的现代化，如 1975 年意大利第 151 号法律增加了第 166 条"禁止设立嫁资"的规定；修改了关于家庭财产基金的规定；废除了从第 198 条到第 209 条关于嫁资的一系列的规定；废除了从第 220 条到第 230 条关于共有财产中夫妻不平等的规定；修改了约定财产制度，包括约定共同制和分别财产制；确立了家庭企业制度。

二、当代意大利夫妻人身关系制度

夫妻之间的人身关系，主要规定在《意大利民法典》第一编第六章第四节"由婚姻产生的权利和义务"中，包括夫妻姓氏权、同居义务、忠实义务、相互扶助义务、家庭事务管理权及家庭生活方式决定权、家庭住所决定权以及针对家庭暴力的保护令等方面的内容。

（一）夫妻姓氏权

一旦结婚，妻子的姓氏之前要加上丈夫的姓氏。即使丈夫死亡，妻子在孀居期间仍须保留该姓氏直到其再婚时为止。（"意民"第143条Ⅱ）只有在可能给丈夫的利益造成严重损害的情况下，法官才可以禁止妻子继续使用丈夫的姓氏；在使用丈夫的姓氏可能给妻子的利益造成严重损害的情况下，法官也可以批准妻子不使用丈夫的姓氏。（"意民"第156条Ⅱ）。

（二）忠实义务和同居义务

夫妻双方互负忠实义务和互负同居义务（"意民"第143条）。夫妻同居，即要求夫妻共同生活，这是婚姻的必然要求。如果夫妻一方无正当理由不履行同居义务，另一方可依法行使请求权。在法定情形下，夫妻可以依法协议分居或向法院申请宣告分居（"意民"第150、151、158条）。

（三）家庭事务的管理和决定权与家庭住所决定权

夫妻双方应在家庭生活中相互合作。（"意民"第143条）在婚姻共同生活中，夫妻应当相互配合。当夫妻一方在为家庭生活的需要而从事一定事务时，另一方须给予必要的支持和协助；如无正当理由，不得加以拒绝或阻挠。

夫妻双方可以根据各自的需要及家庭的共同需要自行协商决定其家庭生活方式。实现约定的家庭生活方式的权利属于夫妻双方（"意民"第144条）。在无法达成一致的情况下，夫妻任何一方均可不拘形式地申请法官的介入。法官在听取夫妻双方的意见，并在适宜的情况下听取与该夫妻共同生活的年满16岁子女的意见后，找到双方能达成一致的解决方案。

夫妻双方可以根据各自的需要及家庭的共同需要自行协商决定其家庭住所。在夫妻双方无法达成一致而该事项又涉及确定家庭居所或其他重要事项的情况下，根据夫妻双方共同明确的请求，由法官以不得上诉的裁决提出他认为最符合家庭整体需要的解决方案。对无正当理由离开家庭住所并拒绝返回家中的配偶，中止第143条规定的夫妻间精神和物质扶助的权利。（"意民"第144、145、146条）

（四）针对家庭暴力的保护令

为了体现对家庭暴力防治的决心，2001年4月4日第154号法律专门在民法典第一编中加入了第九章Ⅱ《针对家庭暴力的保护令》，该章只有2条，规定了包括针对尚未达到刑事犯罪的家庭暴力由法官发出的一种特殊的人身保护令，对家庭暴力的受害人进行保护。

如果配偶或者共同生活者一方的行为对配偶他方或者共同生活者另一方身体、精神的完整性或自由造成严重损害的，如其事实尚不足以构成公诉追究的罪行，法官可以根据受害人的请求发出命令，采取第342条Ⅲ规定的一项或几项措施。（"意民"第342条Ⅱ）例如，责令有损害他人行为的配偶或者共同生活者停止该行为，并安排申请人离开造成其损害的配偶或共同生活者的家，或者责令损害者不得靠近受害人经常出入的地方，特别是其工作的地方、其原来家庭的住所或者其亲属或朋友的住所、其子女就读的学校等。

三、当代意大利夫妻财产关系制度

夫妻之间的财产关系包括夫妻之间的扶养和夫妻财产制度。

（一）夫妻之间的扶养

依据婚姻的效力，丈夫和妻子取得同等的权利和义务，夫妻间有相互给予精神和物质扶助的义务、在家庭生活中相互合作和同居的义务。夫妻双方根据各自的财产状况、工作能力或持家能力承担满足家庭需要的义务。（"意民"第143条）夫妻一方在不能维持自己的生活开支并且在非常需要的情况下，才能提出扶养费给付请求。扶养费的数额以请求人的必要生活费用为限，但应当与请求人的社会地位相适应。（"意民"第438条）。如果夫妻一方无正当理由离开居所并且拒绝返回家，则夫妻间相互给予精神和物质扶助的义务中止。（"意民"第146条）

（二）夫妻财产制度

《意大利民法典》第一编第六章第六节"家庭财产制"规定了夫妻财产制。该节有六个分节，分别是："一般规定""家庭财产基金""法定财产制""约定共同制""分别财产制"和"家庭企业"。意大利的夫妻财产制度具有自己的特点。[①]

1. 夫妻财产制的一般规定

"家庭财产制"一节专列"一般规定"分节对夫妻财产制作了规定。此外，家庭生活费用的负担、家庭财产基金也属于对夫妻财产制的一般规定。

（1）夫妻财产制的确立和适用效力。夫妻如果没有按照法律规定的条件对财产进行约定，则适用法定财产制。（"意民"第159条）

（2）家庭生活费用的负担[②]。夫妻双方应当根据各自的状况、工作能力或持家能力负担家庭生活费用。（"意民"第143条）

（3）家庭财产基金。关于家庭财产基金的设立与归属，为了家庭的需要，夫妻双方或一方或第三人都可以以公证的方式或遗嘱的方式将特定的财产、不动产、应当进行登记的动产或证券设立为家庭财产基金。第三人以非遗嘱方式设立的家庭财产基金，以夫妻双方的接受为设立完成；接受也可以以公证的方式嗣后作出。家庭财产基金的财产所有权归属于夫妻双方，设立文件另有约定的除外。（"意民"第167、168条）

家庭财产基金的管理、使用、收益及处分与债务负担，被设立为家庭财产基金的财产所产生的孳息，应当用于家庭的需要。家庭财产基金的管理，适用有关管理法定共同财产的规定。通常，家庭财产基金不得转让，除非设立家庭财产基金的文件有相反约定。如果转让家庭财产基金有必要或具有明显利益，则须经夫妻双方同意后，特定情况下甚至须经法院议事室决定、法官许可后才能转让。关于债务的负担，如果债权人明知契约并非为满足家庭需要而订立的情况下，不得请求以家庭财产基金及其孳息偿还债务。（"意民"第168-170条）

家庭财产基金因婚姻关系的撤销、解除或无效而终止。如果有未成年子女，则家庭

---

① 罗冠男：《意大利夫妻财产制度的历史发展和现状》，载《比较法研究》2015年第6期，第80页。

② 《意大利民法典》将夫妻负担家庭生活费用义务作为婚姻中的义务规定在第一编第六章第四节中，将夫妻因负担家庭生活费用所产生的债务放在夫妻财产制中予以规定。（"意民"第186、192条）

财产基金的使用延续至最后一名子女成年时为止。如果夫妻没有子女，则其家庭财产基金终止时准用解除法定共同财产的规定。（"意民"第171条）

2. 约定财产制

夫妻双方可以在婚姻中通过协议对财产的使用和归属作出自己的约定，约定财产制优先于法定财产制适用。

（1）婚姻协议的一般规定。夫妻双方所作的约定不得违反法律有关婚姻权利和义务的规定。婚姻协议可以在任何时候缔结。夫妻双方不得以协议的方式笼统地规定双方的全部或部分财产关系受法律或惯例调整，夫妻双方应当指出用以调整双方财产关系的具体约定的条款内容。婚姻协议应当以公证的方式缔结，否则无效。如果夫妻结婚证书中的备注栏中没有记载婚姻协议的缔结日期、受委托的公证人、缔约双方的身份或采用分别财产制的夫妻所约定的财产制的类型，则不得对抗第三人。（"意民"第160-162条）

无论是婚前还是婚后对婚姻协议所作的修改，须取得参加缔结协议的全体当事人或他们的继承人的同意，否则不产生任何效力。如同订立该婚姻协议一样，经修改的内容和准许的决定须记载于结婚证书中后，才对第三人产生效力。（"意民"第163条）

（2）约定财产制的类型及其具体内容。约定财产制包括约定共同制和分别财产制。（"意民"第210、215条）

约定共同制是夫妻双方可以以协议的方式修改法定夫妻共有关系，将修改后的约定共有制作为夫妻财产制。但是，夫妻不得将下列财产约定为共有财产：属于个人使用的物品及其附属物；属于配偶一方的职业用品，但属于夫妻共同财产的、用于企业经营的财产不在此限；因损害赔偿以及因部分或全部丧失劳动能力而获得的赔偿。夫妻双方不得违背法定共有关系中有关共同财产管理和共同财产份额均等的规定。夫妻一方对其婚前债务，仅以共同财产中本属于该方的婚前财产或在相等价值范围内承担责任。（"意民"第210、211条）

分别财产制则是夫妻双方可以约定对各自在婚姻期间取得的财产保留专属所有权。夫妻任何一方有权以各种方式证明自己对某一财产享有排他的所有权。但如果夫妻双方均无法证明，则该财产按照均等的份额分别属于夫妻双方。夫妻任何一方都对自己的财产享有管理和用益的权利。如果夫妻一方以承担报告孳息账目义务的方式赋予另一方管理自己财产的权利，则该方根据委托规则承担责任。如果夫妻一方以不承担报告孳息账目义务的方式管理另一方的财产，则该方及其继承人根据另一方的请求或者在婚姻关系解除、无效的情况下承担交付尚存孳息的责任。对已消费的孳息不承担返还责任。强行管理配偶他方财产或者实施与该财产有关行为的一方，将对由此造成的损害以及孳息损失承担责任。对另一方的财产享有收益权的夫妻一方承担用益权人应当承担的所有责任。（"意民"第217-219条）

3. 法定财产制

如果夫妻没有对夫妻财产制作出约定，则其家庭财产由该法典所规定的共同财产构成。（"意民"第159条）法定财产制包括通常法定财产制和非常法定财产制。通常法定财产制是在一般情形下适用的法定财产制，如果夫妻一方的财产或者财产行为发生破绽，致使通常法定财产制或约定财产制难以适用，则适用非常财产制。意大利通常的法定财产制是带有剩余所有制因素的婚后所得共同制。[1]

（1）通常法定财产制。

一般来说，夫妻的婚前财产属于个人财产，婚后所得属于共同财产。但是，夫妻法定共同财产又分为两部分：立即取得的共同财产和共同剩余财产。《意大利民法典》第177条的第 a 和 d 项规定了即时取得的共同财产：包括婚姻关系存续期间夫妻双方共同或分别取得的物品，但是个人物品除外；以及在结婚后设立的由夫妻双方共同经营的企业。这部分共同财产由夫妻双方共同管理和支配。

该法典第177条的第 b、c 项和第178条则规定了剩余共同财产的范围：剩余共同财产包括已经产生并且尚未消费的、属于夫妻个人财产的孳息；尚未消费的夫妻各自的工作收入；尚存的用于经营婚后设立的属于夫妻一方的企业财产，包括婚前设立的企业财产的增值部分。所谓剩余共同财产，即到婚姻结束时未被消费的部分才成为夫妻共同财产进行分割。对于这部分财产，在婚姻存续期间，夫妻可以分别进行独立的支配和使用，仅受到为了家庭生活作出贡献的义务限制。一旦婚姻关系结束，这部分财产的剩余部分将作为夫妻共同财产进行分割。

此外，婚后取得的赠与和继承，若无特殊说明，均属于个人财产。（"意民"第177条、第179条）债权，也就是尚未取得的财产权，直到取得之日，被排除在法定共同财产之外。

可见，意大利的法定财产制虽然也是婚后所得共同制，但是与概括的婚后所得共同制又有所不同。婚后夫妻双方的工作收入，在意大利则属于剩余共同财产，在婚姻存续期间由夫妻双方单独管理和支配，只在婚姻结束时将剩余部分进行分割，这就带有德国的剩余共同制的色彩，但是与德国的法定剩余共同制又不相同。[2] 意大利的法定财产制是带有剩余所有制因素的婚后所得共同制，这是意大利法定共同财产制的最大特色。

在意大利法定共同财产制下，除去夫妻共同财产，剩下的就是夫妻个人财产。根据取得时间，在婚前取得所有权和用益物权的物属于个人财产；根据取得的原因，在婚后取得的、在赠与文书或遗嘱中没有特别标明属于共有财产的赠与或遗产，因遭受损害获得的赔偿以及因部分或全部劳动能力而获得的抚恤金，在购置文件中明确载明是用转让或交换个人财产获得的价金购置的物品，以及根据取得财产的经济目的，属于个人使用的物品及其附属物，属于配偶一方的职业用品，都属于夫妻个人财产。但是要除去上面提到的属于夫妻共有财产的、用于企业经营的财产。根据共有财产和个人财产的不同性质，意大利法分别规定了共有财产和个人财产应当负担的义务。（"意民"第186-189条）而且该法典第191条列举了财产共有解除的情形，其中一些情形就是我们上文提到的非常法定财产制的适用。

---

[1] 罗冠男：《意大利夫妻财产制度的历史发展和现状》，载《比较法研究》2015年第6期，第80页。

[2] 德国的法定夫妻财产制是剩余共同制，规定在《德国民法典》第1363条到第1390条中。这种财产制虽然叫作共同财产制，但是婚姻存续期间，夫妻都对自己婚前和婚后取得的财产分别进行管理和支配，但要根据自己的收入状况对维持家庭生活作出贡献。离婚时如果一方的婚姻财产增值超过另一方婚姻财产的增值，即有所谓的"净益财产"，则以该净益财产的半数作为补偿，分配给另一方。这种财产制度还是基于婚姻存续期间取得的财产，即使是一方单独所得，也是依靠夫妻协力的理论基础。一方面保证了婚姻存续期间夫妻双方在财产上的独立性，另一方面在婚姻消灭时体现公平原则，保护其中的弱者，特别是家庭主妇的利益。

对于夫妻共有财产的管理，该法典首先规定夫妻共同财产的管理以夫妻双方共同管理、使用、收益和处分为原则，夫妻任何一方都有权处分，也可以共同管理。其次规定在特殊的情况下，一方不能行使管理权时，可以由一方管理共同财产或者剥夺一方的管理权。（"意民"第180、182、183条）但是实际上，意大利法定的剩余共同财产在婚姻存续期间，是由夫妻双方分别单独支配和管理的，而且日常生活中夫妻相互之间有家事代理权。所以该法典特别规定了特定的夫妻共同财产必须经夫妻双方一致同意才能处分。（"意民"第180条）那么，夫妻一方未获得对方同意就实施的法律行为，以及一方无正当理由不同意为了家庭利益和家庭企业利益所必须采取的法律行为，另一方可以采取一定的补救措施，即一方未经他方必要的同意或追认的处分共有财产的行为被认为是效力有瑕疵的法律行为，对方可以在一年之内行使撤销权。（"意民"第184条）这样形成了一个对夫妻共同财产管理、使用、收益和处分的完整体系。

夫妻在婚姻期间所负的债务分为共同债务和个人债务。夫妻共同债务包括：取得共同财产之时设立的一切负担和义务；为管理共同财产支出的费用；维持家庭生活的费用、养育子女的费用以及夫妻双方为家庭利益共同或分别承担的债务；任何一项由夫妻双方共同承担的债务。在无法以夫妻共同财产清偿全部债务的情况下，债权人可以请求用夫妻任何一方的个人财产清偿债务，但以满足债权额的半数为限。（"意民"第186、190条）夫妻个人债务是指夫妻一方在婚前承担的债务，应由该方的个人财产承担。如果夫妻一方所获得的赠与或继承的财产不属于夫妻共同财产，则该方因接受这些财产所负担的债务应以该方的个人财产偿还。在无法以夫妻一方的个人财产清偿其个人全部债务的情况下，对于该方在婚姻关系存续期间对应取得但未取得配偶他方同意的特殊管理行为所承担的债务，可以用夫妻共同财产清偿，但以该方在共同财产中享有的财产份额为限。如果上述债权人是无担保债权人，则夫妻双方的共同债权人享有优先受偿权（"意民"第187-189条）。

法定共同财产制因下列原因而终止：夫妻一方被宣告失踪或者被推定死亡；婚姻被宣告无效或解除或丧失民法效力；被宣告分居；由判决宣告财产分割；夫妻协议改变夫妻财产制；夫妻一方破产。（"意民"第191条）

法定共同财产制终止时，夫妻共同财产与夫妻个人财产之间可以进行补偿。如果家庭利益需要或者允许，则法官可以在共同财产制终止之前准许进行补偿。对于个人财产对共同财产的补偿，首先，夫妻一方为清偿应由其个人财产承担的债务而从共同财产中支取的款项，应由该方承担偿还责任。其次，夫妻一方为完成应取得而未取得对方同意的特殊管理行为而从共同财产中支取的款项，应由该方承担偿还责任；除非该方能证明该行为对共同财产有利或是为了满足家庭急需所必须采取的。对于共同财产对个人财产的补偿，夫妻双方都有权请求退还以其个人财产中支付的、用于管理共同财产的费用以及以共同财产名义进行投资的费用。在夫妻一方以债权人身份请求清偿时，可以按照其债权数额从共同财产中进行提取。提取应当以金钱的方式完成。因此，应当首先提取动产，然后提取不动产。（"意民"第192条）

法定共同财产制终止时，应当对夫妻共同财产进行分割。分割财产以均分资产和负债的方式进行。根据子女的需要和抚养子女的需要，法官可以在夫妻一方的部分财产上为另一方设立用益权。（"意民"第194条）

（2）非常法定财产制。① 非常法定财产制，即在特殊情形下，"由判决宣告财产分离"。如果有以下情形之一的，可以由法院判决宣告对夫妻共同财产进行裁判分割：夫妻一方被宣告为禁治产人或准禁治产人；夫妻一方管理不善；夫妻一方管理共同财产时混乱无序或者由于其管理行为致使另一方的利益、共同财产的利益或家庭的利益处于危险境地；夫妻一方有劳动能力却不根据个人的财产状况按比例承担家庭开支。分割共同财产的诉讼可以由夫妻任何一方或他们的合法代理人提起。宣告财产分离的判决的效力溯及提出诉讼请示之日并且产生设立分别财产制的效力。上述规定不影响第三人享有的权利。应当在结婚证书的备注栏和结婚协议正本中附载判决书的内容。（"意民"第193条）

第五节　当代意大利亲子关系制度

本节研究和阐述以下内容：一是当代意大利亲子关系制度概述；二是当代意大利亲子关系的确定制度；三是当代意大利父母子女的权利义务。

一、当代意大利亲子关系制度概述

（一）当代意大利亲子关系制度的主要内容

意大利的亲子关系可以分为基于婚姻出生的子女、非基于婚姻出生的子女以及人工生育的子女。虽然意大利已经通过对民法典的修订体现了不再区分婚生子女和非婚生子女的立法理念，父母无论双方是否结婚，对于基于婚姻出生的子女和非基于婚姻出生的子女的权利义务都是一样的，但对于非基于婚姻出生的子女会涉及子女认领的问题。在婚姻中受孕和出生的子女适用生父推定，如果对生父推定有异议，可以提起生父否认之诉。已结婚的父母应当然地承担对子女的父母的责任。如果子女出生在婚姻之外，对父母与子女之间的亲子关系没有任何影响。但是由于未结婚的父母所生子女不适用生父推定，要确定其生父甚至生母，就会涉及对非基于婚姻所生子女的认领，认领可以分为自愿认领和强制认领（详见后述）。此外，关于人工辅助手段生殖的子女的法律地位，根据2004年2月19日意大利第40号法律第8条规定：采用人工辅助手段生殖的子女具有基于婚姻所生子女的地位，或者自愿采取人工辅助手段进行生殖的夫妻认领的子女的地位。第9条规定：如果夫妻或者同居伴侣双方同意采取异质授精的方式生殖子女，则不得提起生父否认之诉；而代孕母亲则不能违反生母的匿名性原则；捐精者与出生的子女也不产生任何法律上的亲子关系，也不承担任何父亲的权利和义务。

本节研究亲子关系制度，主要内容包括：第一，亲子关系的确定，包括：生父推定与生父否认之诉、非基于婚姻出生子女的认领。第二，父母子女的权利义务。其中父母的权利和义务主要包括：协商决定子女的住所；代理未成年子女为民事活动；管理受监护子女的财产并对该财产享有法定用益权；对子女的家长责任及子女财产管理权等的撤销；子女的权利和义务包括：受父母抚养、教育和帮助的权利；参与涉及子女本人和家庭事务的权利；适当承担家庭生活费的义务；赡养父母的义务。

---

① 《意大利民法典》将非常法定财产制规定于其法定财产制之中，作为法定财产制终止的原因之一。

（二）当代意大利亲子关系制度的修订情况

《意大利民法典》第一编"人与家庭"有关亲子关系的第七章和第九章，经 2013 年 12 月 28 日意大利第 154 号法律修订后发生了较大的变化。其中，第七章标题由"亲子关系"被改为"子女的地位"。其中各节也进行了调整：第一节由"婚生亲子关系"被修改为"生父推定"，第一节第二分节"婚生亲子关系的证明"被修改为第二节"亲子关系的证明"，第一节第三分节"否认之诉、确认之诉和准正之诉"被修改为第三节"否认之诉、确认之诉和子女地位的宣告之诉"，第二节"非婚生亲子关系与认领"的标题被删除，第二节第一分节"非婚生亲子关系"被修改为第四节"婚外出生的子女的认领"，原本第二节第一分节中的一个标题"由判决宣告非婚生父子、母子关系"被修改为第五节"由判决宣告父子、母子关系"，第二节第二分节"准正"被删除。而第九章的标题由"亲权"被修改为"父母的责任和子女的权利和义务"，原来的内容作为第一节"子女的权利和义务"，对原本父母对子女享有的权力的内容进行了修改，更强调父母对子女的责任。并且增加了第二节"父母在分居、婚姻解除、婚姻无效或被撤销的情形下对子女以及针对婚外所生子女的责任的履行"，强调父母在分离的情况下，如何履行对未成年子女的责任。

另外，除了涉及对非基于婚姻所生子女的认领等问题，第七章在内容、结构和用语上的变化也体现出意大利不再区分婚生子女和非婚生子女的决心，如原第 236 条"民事身份登记中的出生证书，系证明婚生亲子关系的依据。没有上述文件的，以持续占有婚生子女身份的事实证明亲子关系"中的"婚生"二字都被删除；原第 253 条"在任何情况下都不允许对具有婚生子女身份或者经准正而获得婚生子女身份的子女进行与现有身份相反的认领"被改为"在任何情况下都不允许对子女进行与现有身份相反的认领"，删去"婚生子女"的字样；原第 277 条"宣告非婚生亲子关系的判决，产生认领的效力"被改为"宣告亲子关系的判决产生认领的效力"，"非婚生"的字样被删去。修改的目的也是更好地保护未成年子女的利益，实现基于婚姻出生的子女与非基于婚姻出生的子女之平权。

二、当代意大利亲子关系的确定制度

（一）婚内出生的子女之生父的推定与否认

在意大利对于婚内出生的子女之生父的推定，原来采取的是受胎原则，即婚姻关系存续期间受孕的子女为婚生子女，但是 2013 年 12 月 28 日第 154 号法律第 8 条删去了《意大利民法典》第 232 条中"自婚礼举行之日起 180 日以后出生的"限制条件，现在的推定标准为：自婚姻被撤销、解除或丧失民法效力之日起 300 日以前出生的子女被推定为婚姻关系存续期间受孕的子女；但是，自判决宣告分居之日起、获准协议分居之日起、已经准许分居，但是在分居诉讼中迟延的夫妻自出庭之日起或者自提起前款规定的诉讼之日起 300 日以后出生的子女不适用以上推定。（"意民"第 232 条）可见，现在采取的是受胎加出生原则，在婚姻关系存续期间受孕及出生的子女都为基于婚姻出生的子女。丈夫是在婚姻关系存续期间受孕或出生的子女的生父。（"意民"第 231 条）

但是，如果认为推定的生父并非真正的生父，可以提出生父推定的否认之诉。可以提起婚生否认之诉的请求权人包括：父亲、母亲和子女本人（"意民"第 243 条附加条）。

另外，上述有权起诉的当事人在诉讼时效届满前死亡的，起诉的权利可以转移给有关亲属：父亲或者母亲的尊亲属或卑亲属，子女的配偶或卑亲属（"意民"第246条）。提起生父否认之诉的法定事由是唯一的，即推定的父亲和子女之间实际上不存在父亲和子女的关系。（"意民"第243条Ⅱ）

提起生父否认之诉的期限是有限制的。生母提出生父否认之诉的期限是：子女出生后6个月内或得知怀孕时丈夫无生育能力之日起6个月；丈夫提出生父否认之诉的期限是：如果子女出生时，丈夫在出生地的，则为子女出生后1年内；丈夫证明不知道妻子怀孕时自己无生育能力或者妻子出轨的，期限从他知道之日起算；如果子女出生时，丈夫不在出生地的，则为丈夫返回出生地或者返回家庭居所之日起1年内；丈夫证明自己没有获知子女出生消息的，期限从他获悉子女出生的消息时起算；生母或者在出生地的丈夫提出否认之诉的期限，不能超过子女出生后的5年。[①] 达到成年年龄的子女可以自己提出生父否认之诉；在已满14周岁的未成年子女的要求下，其他未成年子女可以在检察院或者另一方父母的要求下，由法官指定的特别保佐人提起诉讼。（"意民"第244条）有权提出生父否认之诉的人因被宣告禁治产，在禁治产期间时效中断，在检察院、监护人或者另一方父母的要求下，诉讼可以由法官指定的特别保佐人提出。诉讼也可以由监护人提出，没有监护人的情况下，可以由法官事先授权的特别保佐人提出。[②]（"意民"第245条）生父否认之诉的诉权人如果死亡，该诉权可以被转让。受让诉权的人的新的诉讼时效是：父亲或者母亲的尊亲属或卑亲属从推定的父亲或者母亲死亡时起算1年内，如果涉及遗腹子，从遗腹子出生之日起1年内；子女的配偶或卑亲属自子女死亡或者每一个卑亲属成年之日起1年内。（"意民"第246条）

（二）非基于婚姻出生子女的认领

在意大利，认领是确定生父母与婚外出生的子女的亲子关系的法律行为。认领可以分为自愿认领和以判决宣告认领。

1. 自愿认领

生父和生母既可以共同也可以分别对婚外出生的子女进行认领。子女已年满14周岁的，未经该子女同意的认领无效；对未满14周岁的子女，未经已认领了子女的另一方父母同意的认领无效。在符合子女利益的情况下，已经认领的生父或生母不得拒绝同意另一方的认领。如果对于婚外出生的子女提出认领的一方，被另一方拒绝同意，可以经法定程序由法院的判决来代替该方欠缺的同意。为了已亡子女的卑亲属的利益，也可以对已亡子女进行认领。直系血亲之间、旁系二等血亲之间、直系姻亲之间所生子女，法官根据子女的利益和避免歧视的必要来决定是否认领。在任何情况下都不允许对子女进行与现有身份相反的认领。（"意民"第250-253条）

认领的方式包括：其一，在子女的出生证书上进行认领；其二，在子女出生后或确认怀孕后在民政官面前以特别声明的方式认领；其三，以公证或遗嘱的方式进行认领。（"意民"第254-258条）

对于欠缺真实性的认领，可以提起认领否认之诉。有权提起该诉讼的人包括：认领

---

① 2013年12月28日意大利第154号法律增加。
② 2013年12月28日意大利第154号法律修订。

人、被认领人以及其他利害关系人。在被认领人尚未成年的情况下，法官可以根据检察机关、进行了有效认领的另一方父母的或者年满14周岁的被认领人的请求，为未成年人指定特别保佐人之后依法允许其提出否认认领之诉。

因胁迫而作出认领决定的认领人，可以自胁迫停止后1年内提起否认认领之诉，如果认领人是未成年人，则在其成年后1年内可以提起否认认领之诉；被宣告禁治产失去行为能力的人，可以由其代理人提起，也可以由认领人在撤销禁治产宣告后1年内提起。如果认领人在尚未提起否认认领之诉时死亡，则在诉讼时效届满前，可由其尊亲属、卑亲属或继承人提起该诉讼。（"意民"第265-267条）

2. 判决宣告认领

仅在有特殊证据表明有必要查明亲生父母子女关系的情况下，才允许提出确认生父或生母身份的诉讼。依法有权请求认领子女的父母，可以向法院提出诉讼，请求以判决宣告确认非基于婚姻出生的子女与其父母的亲子关系。在乱伦的情形下，要求通过判决宣告生父或者生母身份的诉讼，未经法官根据子女的利益和避免歧视的必要而准许，不得提起。

向法院提起确认生父或者生母身份的诉讼，适格的原告是子女，其诉讼权利不因时效而消灭，如果子女尚未起诉就死亡的，由其卑亲属可以在他死亡后2年内提出或继续诉讼；子女提起诉讼后死亡的，其婚内出生的或认领的卑亲属可以继续该诉讼。为了未成年子女的利益，对子女负有家长责任的人或监护人有权提起确认生父或者生母身份的诉讼，监护人应当获得法官的许可，法官也可以另外指定特别保佐人。但未成年人年满14周岁的，应取得其本人同意。确认生父或者生母身份的诉讼中的被告为被推定为生父或生母的人，如果其已经去世，应当向其继承人提起。任何利害关系人都可以对上述诉讼请求主张异议。宣告确认亲子关系的判决即产生认领的效力。（"意民"第269-278条）

三、当代意大利父母子女的权利义务

（一）父母的权利和义务

2013年12月28日第154号法律将《意大利民法典》第一编第九章的标题"亲权和子女的权利义务"改为"家长的责任和子女的权利义务"。不再使用"亲权"一词，改为使用"家长的责任"，家长的权利本位改为义务本位，在一定程度上反映了意大利法已经体现"以子女利益为中心"的亲子法基本原则。同时也删去了"但是在发生可能给子女造成严重损害的危险时，父亲可以立即采取紧急措施"这种保留了"父权"残余的条文。（原"意民"第316条）

如前所述，意大利的所有子女具有相同的法律地位，不再区分婚生子女与非婚生子女。（"意民"第315条）在子女成年之前，父母对子女有家长的责任。家长责任由父母双方协商行使，在涉及特别严重的问题时，不需要特定程序，父母任何一方均可申请法官介入并作出决定。由父母双方共同承担的家长责任不因为分居、婚姻解除、丧失民法效力、被撤销或无效而终止。对于婚外出生的子女，由认领他的生父或生母承担家长责任。生父母共同认领的，由父母共同承担。当父母一方远离居所、无行为能力或者其他障碍致使不能承担家长责任的情况下，由另一方父母承担。（"意民"第316、317条）

1. 协商决定子女的住所

父母双方应当根据子女的能力、天赋和抱负，协商一致决定子女的住所。（"意民"第 316 条）在子女成年或者脱离父母监护之前，不得离开父母的家庭或承担家长责任的父母一方的家庭或者为其指定的住所。未获准许而离开的，父母可以要求子女回家。必要时，可以求助于监护法官。（"意民"第 318 条）

2. 代理未成年子女为民事活动

父母双方共同或者承担家长责任的父母一方有权代理已经出生或将要出生的子女参加一切民事活动，并管理其财产，直到子女成年或者脱离监护。该项代理和管理权受到一定的限制，即对子女的财产不能进行不利于子女利益的处理。（"意民"第 320 条）

3. 管理受监护子女的财产并对该财产享有法定用益权

承担家长责任的父母对子女的财产在子女成年或者脱离监护之前共同享有法定用益权。所得孳息用于支付家庭生活费、培养和教育子女的费用。但对以下特定财产不享有用益权：子女用自己劳动收入购置的财产；子女接受继承或者接受赠与的、用于开始某一职业生涯、掌握某一专业技能或者从事某项事业的财产；子女以父母双方或者一方不享有用益权为前提继承或受赠的财产，但是子女以特留份名义取得财产的，以上条件无效；违背承担家长义务的父母意愿但符合子女利益的，接受继承、遗赠或者赠与的财产。（"意民"第 324 条）

4. 对子女的家长责任及子女财产管理权等的撤销

如果父母一方违背或者忽略对子女应尽的义务的，或者滥用权利而给子女造成严重损害的，法官可以应申请宣告该方父母的家长责任终止。对未成年人财产管理失当的，法院可以为父母规定在管理行为中必须遵守的条件，或者撤销父母双方或者一方的管理权，还可以全部或部分撤销法定用益权。父母双方均被撤销管理权的，管理权授予保佐人。在法定的撤销情形消失后，父母对子女的责任或管理权等可以依法定程序申请法院宣告予以恢复。（"意民"第 330、332、334、335 条）

（二）子女的权利和义务

1. 受父母抚养、教育和帮助的权利

子女有权根据自己的能力、天赋和抱负获得父母的抚养、教育、培养和精神上的帮助；子女有权在家庭中成长并与父母保持有意义的关系。（"意民"第 315 条 Ⅱ）

2. 参与涉及子女本人和家庭事务的权利

对于已满 12 岁的未成年人，或者未满 12 岁但是具有辨别能力的子女，有权参与涉及其所有问题和程序。（"意民"第 315 条 Ⅱ）

3. 适当承担家庭生活费的义务

子女应当尊敬父母，并在与父母生活期间有根据自己财产状况和收入情况承担家庭开支的义务。（"意民"第 315 条 Ⅱ）

4. 赡养父母的义务

在父母不能维持自己的生活开支，并且在确实需要赡养的情况下，可以向成年子女提出给付赡养费的请求。成年子女应当按照法律的要求履行对父母的赡养义务。赡养费应当根据请求人的实际需要和义务人的经济状况按比例支付，其数额不应超过请求人的必要生活费用，但是应当与请求人的社会地位相适应。（"意民"第 438 条）当然，成年

子女在确实需要扶养的情况下，也可以向父母请求给付扶养费。（"意民"第 433 条）

第六节　当代意大利收养制度

本节研究和阐述以下内容：一是当代意大利收养制度概述；二是当代意大利收养的类型；三是当代意大利收养的条件和程序；四是当代意大利收养的法律效力；五是当代意大利收养的解除制度。

一、当代意大利收养制度概述

（一）当代意大利收养制度的主要内容

本节研究收养制度，其主要内容包括：第一，收养的类型。收养可以分为成年人的收养与未成年人的收养，或者完全收养与不完全收养。第二，收养的条件和程序。其主要内容包括：未成年人收养的条件和程序、成年人收养的条件和程序。第三，收养的法律效力，包括未成年人收养的法律效力和成年人收养的法律效力。第四，收养关系的解除，包括未成年人收养关系的解除和成年人收养关系的解除。

（二）当代意大利收养制度的修订情况

罗马法中的收养制度目的是让没有子女的家庭的姓氏和财产也能够传递下去，所以在最初的《意大利民法典》中只有以此为目的的收养，《意大利民法典》在第一编"人与家庭"第八章"成年人的收养"只规定了针对收养成年人的情形。对未成年人的收养，则被规定在意大利的单行法律之中。1967 年意大利第 341 号法律第一次引入了"特殊"收养，即对未成年人的收养。根据这一立法，未满 8 岁的未成年人如果在精神和物质上被遗弃，可以由合适的家庭对其进行收养。而关于收养制度最重要的立法是 1983 年 5 月 4 日的意大利第 184 号法律，其根据 1967 年 4 月 24 日的《斯特拉斯堡公约》的原则对未成年人收养制度进行了修改，至今是意大利现行收养制度的主体。1998 年第 476 号法律、2001 年的意大利第 149 号法律对这一立法进行了进一步的修订，如将收养程序规范化、增强对被收养人意思的尊重、寄养（试收养）期间的设立和法院对于正式收养的审查与确认。2001 年的意大利第 149 号法律缩短了收养程序所需的时间，并且尽可能使得利害关系人都能够充分参与收养程序。其根本目的都是实现"未成年人利益最大化"的原则。

二、当代意大利收养的类型

（一）成年人的收养与未成年人的收养

对成年人的收养来自罗马法的传统，针对的对象是年满 18 岁的成年人，其主要目的是使没有亲生子女的人也有继承人来保证家庭财产和姓氏的延续。这一制度具有其独特的内容，并不以保护被收养人的利益为目的。

而意大利单行法律中对未成年人的收养制度，才是现代意义上的收养制度。针对的对象主要是被遗弃的未成年人，也包括特殊情况下对一些并非"被遗弃"的未成年人，如一定范围内的血亲对未成年人进行的收养。其目的是保护未成年人的利益，使其有适合成长的生活环境。

（二）完全收养与不完全收养

完全收养与不完全收养的区别在于，养子女与亲生父母以及近亲属之间的关系是否因为收养关系而成立和解除。

意大利未成年人的收养，在绝大部分情况下都是完全收养，在养子女和养父母之间成立法律上的父母子女关系，养子女与亲生父母及近亲属之间的法律关系因此而解除。只在特殊情况下有不完全收养。这些特殊情况包括：未成年人失去了父亲或者母亲，而收养人是其六代以内的血亲，或者在其父母去世之前就已经和未成年人形成了稳定和持久的关系；或者收养人是未成年人父母的配偶，包括养父母的配偶。在第一种情形下，失去父母的未成年人被家中的亲属、家庭的朋友或者老师收养，有利于未成年人在熟悉的生活环境中成长，并不改变他与原来家庭的关系。第二种情形一般发生在未成年人的另一方父母死亡、父母离婚或婚姻被撤销后又再婚，或者是另一方父母在婚外出生的子女。这些情形下的收养有利于形成稳定的家庭关系，保证非亲生父母的一方也对未成年人承担起抚养和教育的义务。在这两种特殊情况下，未成年人并非处于完全的"被遗弃"状态，与原来父母之间的关系也并不解除，属于不完全收养。

意大利的成年人收养是不完全收养。因为成年人收养发生时被收养人已经成年，所以收养成立后，被收养人只在姓氏和继承权上体现与收养人之间的法律关系。（"意民"第 299、468、536 条）除此以外，收养人与被收养人的家庭及被收养人与收养人的亲属相互间一般不产生任何法律关系。同时，被收养人在其原家庭中享有的一切权利和义务皆得以保留。（"意民"第 300 条）

三、当代意大利收养的条件和程序

（一）未成年人收养的条件和程序

1942 年《意大利民法典》规定的是成年人收养制度。1967 年意大利第 341 号法律第一次引入了"特殊"收养，即对未成年人的收养。根据这一新的立法，不满 8 岁的未成年人如果在精神和物质上被遗弃，可以由合适的家庭对其进行收养。也是通过这次立法，收养制度将关注的重点从家庭转移向了孩子，不再关注成年人的利益，而在于保护弃婴的利益。[①]因为被收养人是未成年人，不具有完全的行为能力，法官在收养的过程中要发挥很大的作用，需要判断被收养人是否处于"被遗弃的地位"，收养人是否"合适"，是否有利于被收养人的成长。

根据 1967 年 4 月 24 日《斯特拉斯堡公约》的原则，1983 年 5 月 4 日意大利第 184 号法律（以下简称意大利第 184 号法律）对未成年人收养制度进行了修改，这部法律也是意大利现行收养制度的主体。被收养人不再局限于 8 岁以下的未成年人，并且规定了"特殊情况下"的收养和跨国收养，之后 1998 年意大利第 476 号法律、2001 年意大利第 149 号法律对这一立法进行了进一步的修订。

1. 未成年人收养的条件

（1）收养人条件。收养需要结婚至少三年以上的夫妻双方同意，不能是处于分居期间的夫妻。但是法院可以根据具体情况考虑在婚前已经稳定同居了三年以上的夫妻。（意

---

① Gilda Ferrando, Diritto di Famiglia, Zanichelli, 2015, p. 301.

大利第 184 号法律第 6 条第 1、2、4 款）并且 2016 年 5 月 20 日意大利第 76 号《关于同性民事结合和事实同居的法律规范》规定在特殊情况下，为了保护未成年子女的利益，同性民事结合可以收养其中一方的孩子。这样的规定是通过收养人关系的稳定性来保证已经经历过被遗弃的未成年人的利益。另外，单身者也不能收养，除非具有其他特殊的情形。（意大利第 184 号法律第 44 条）除了对传统家庭的偏爱之外，意大利立法还对收养人的年龄作出了规定，要求收养人与被收养人之间的年龄差距应当像正常的父母子女之间一样，应当大于 18 岁但少于 45 岁。（意大利第 184 号法律第 6 条第 3 款）但是对年龄差距的要求也不是绝对的，为了未成年人的利益，法官可以允许超过这一年龄差距的夫妻在特殊的情况下进行收养，如夫妻一方超过最大年龄差距 10 岁以内，而夫妻双方还有未成年的子女；或者要收养的是已收养孩子的兄弟姐妹。（意大利第 184 号法律第 6 条第 6 款）

收养人必须适合教育、培养和抚养未成年人（意大利第 184 号法律第 6 条第 2 款）。这种合适性既是一般性的规定，也要根据被收养人的具体情况和需求来确定。在经济上，收养人应当有稳定的收入可以为被收养人提供有尊严的生活。立法没有提到身体和道德上的合适性，但在实践中严重的疾病和犯罪记录都会影响收养人的收养资格。

在普通的收养之外，还有特殊的收养，即在特殊情况下，收养人即使不符合以上条件也有可能进行收养。这些情形首先被规定在意大利第 184 号法律中，后来又被 2001 年意大利第 149 号法律修订：包括未成年人是残疾人（2001 年意大利第 149 号法律增加），收养前的寄养被证实不可能等。

（2）被收养人条件。被收养人必须是未成年人，而且必须根据法律的规定满足可以被收养的条件，如果已满 14 周岁，需要未成年人本人的同意；如果已满 12 周岁，也要听取本人的意见；即使不满 12 周岁，也要根据他的辨别能力适当考虑其意见。"可收养"指的是因为缺乏父母或者其他亲属在物质和精神上的支持，而确定处于被遗弃的状态，但不是由于不可抗力导致短暂地处于这样的状态。如果有四代以内的血亲对未成年人进行抚养，未成年人就不是处于"被遗弃"的状态。（意大利第 184 号法律第 7、8、9 条）

在特殊情况下，不符合上述"被遗弃"状态的未成年人也可能被收养：如果未成年人失去了父亲或者母亲，而收养人是其六代以内的血亲，或者在其父母去世之前就已经和未成年人形成了稳定和持久的关系；或者收养人是被收养人父母的堂兄弟姐妹或者表兄弟姐妹，即使未成年人是原来父母的养子女。（意大利第 184 号法律第 44 条）

2. 未成年人收养的程序

意大利的收养程序基本可以分为三个阶段：可被收养状态的宣告、收养前的寄养和收养的宣告。2001 年的第 149 号法律对收养的程序进行了修改，以缩短整个收养程序所需要的时间，并且尽可能使得利害关系人都能够充分参与收养程序。这一法律的第 8 条第 4 款规定：收养的程序必须在未成年人、其父母以及与其有重要关系的其他亲属有法律帮助的情况下进行。在必要的情况下可以由有关机关指定辩护人。（意大利第 184 号法律第 10 条第 2 款）立法也更加重视未成年人本人的意愿，年满 12 周岁以及虽未满 12 周岁但有辨别能力的未成年人的意见都要被听取。（意大利第 184 号法律第 7 条第 3 款）

首先，发布未成年人处于"被遗弃"状态的公告，即由未成年人所在地的未成年人法院发出未成年人处于"被遗弃"状态的公告。对未成年人的状态，任何人都可以通知未成年人法院，其中负有特别责任的是老师、社会义工、医疗卫生机构的工作者，如果他们没有及时通报未成年人的"被遗弃状态"，有可能要负刑事责任。接到这样的通知之后，接下来未成年人法院要根据收集到的信息来判断未成年人的状态。根据未成年人是否有父母和四代之内的亲属，接下来的程序有所不同。（意大利第 184 号法律第 9 条）如果没有父母和亲属，可以适用第 11 条中更加简洁的程序，未成年人可能在很短的时间内被收养（意大利第 184 号法律第 11 条）；如果有父母或亲属，则需要与他们展开质询程序以保证未成年人在自己的家庭中成长的权利（意大利第 184 号法律第 12 条）。一旦未成年人被宣告为"被遗弃"，就可以被收养。

其次，提出收养的夫妇，需要被法院认为适宜对特定的儿童进行收养。然后，实施"收养前的寄养"。在正式收养之前，被收养人要在收养人家中进行一段时间的寄养，其目的是确定被收养人可以融入新的家庭。寄养的时间一般为一年，在特殊情况下再延长一年。如果未成年人不能融入新的家庭，收养程序即告结束。（意大利第 184 号法律第 22 条）

最后，法院宣告确立收养关系。在寄养期满之后，法院在听取所有利害关系人、被收养人（如果年满 14 周岁，需要他本人同意）、收养人其他年满 14 周岁的子女的意见后，对于符合收养条件的双方当事人依法宣告确立正式的收养关系。如果在寄养的过程中，夫妻一方死亡，收养仍然可以为双方进行；如果夫妻在此过程中分居，收养只在特殊情况下为了被收养人的利益为一方而继续。（意大利第 184 号法律第 25 条）

（二）成年人收养的条件和程序

1. 成年人收养的条件

（1）被收养人条件。民法典中的收养制是针对成年人的收养，所以被收养人须是年满 18 周岁的成年人。同时，禁止生父母对子女实行收养。（"意民"第 293 条）[1]

（2）收养人条件。收养人一般须符合年满 35 周岁、无子女及与拟被收养人年龄差距 18 周岁三项条件。[2]（"意民"第 291 条）另外，监护人不得收养自己曾监护过的被监护人，但通过了监护管理账目、交付了财产、清偿了有关监护的债务或为债务之清偿提供了适当担保后例外。（"意民"第 295 条）

（3）收养的同意。关于收养人与拟被收养人间的合意和配偶或父母的同意，一方面，收养必须取得收养人与拟被收养人间的同意；另一方面，收养必须取得拟被收养人父母的同意，以及在收养人和拟被收养人都已婚且未与配偶合法分居时须取得各自配偶的同意。（"意民"第 296、297 条）

2. 成年人收养的程序

对成年人的收养也需要遵循法定的程序（"意民"第 311－314 条），主要包括以下步骤：

---

① 2013 年 12 月 28 日意大利第 154 号法律第 37.1 条将"非婚生子女"改为"子女"，删去了"非婚生"的字样。

② 2013 年 12 月 28 日意大利第 154 号法律第 105.4 条删去了"准正子女"。意大利宪法法院 1988 年 5 月 9 日第 557 号判决宣告本条违宪，因为该条"不允许收养人在有婚生或准正的成年子女且成年的子女表示同意的情况下进行收养"；之后在 2004 年 7 月 20 日第 245 号判决中，意大利宪法法院又判决本条违宪，因为"没有规定收养人在有已认领的未成年非婚生子女情况下不得收养，或者该子女已成年但不同意收养"。

（1）收养合意的表达。收养人、拟被收养人或拟被收养人的法定代理人应在收养人住所地法院院长面前表达同意收养的合意，该合意的表达亦可由公证书或经认证的私证书所指定的特别保佐人代行。

（2）法院的调查。法院尚须根据所掌握的材料查证收养申请是否完全符合法定条件及该收养是否对拟被收养人适宜。

（3）法院的裁定。法院可在听取检察机关的意见后根据本院议事室所作出之说明理由裁定是否允许收养，同时，该裁定还可由收养人、检察机关及拟被收养人在接到通知后30日内提起上诉，上诉法院亦须在听取检察机关意见后作出终审裁定。

（4）登记。准许收养的终审裁定需要登记，且收养之情况还须记录于被收养人出生证书的备注栏内。

法院与检察机关在收养成立过程中的不同程度的介入是意大利整个收养制度的特色之一，其收养立法对国家监督的强调亦由此可见一斑。

四、当代意大利收养的法律效力

（一）未成年人收养的法律效力

在意大利，未成年人的收养一般情况下都是完全收养。被收养人获得收养人子女的地位，与亲生子女的地位完全相同。养父母和养子女之间的权利义务和亲生父母与子女之间的权利义务相同。被收养人要在名字上加上收养家庭的姓。养子女与亲生父母之间的法律上的权利和义务关系全部解除。（意大利第184号法律第27条）

但在特殊情况下，未成年人的收养才是不完全收养。这些特殊情况包括：未成年人失去了父亲或者母亲，而收养人是其六代以内的血亲，或者在其父母去世之前就已经和未成年人形成了稳定和持久的关系；或者收养人是未成年人父母的配偶，包括养父母的配偶。在这两种特殊情况下，未成年人被收养后与原来父母之间的关系并不解除。

（二）成年人收养的法律效力

根据《意大利民法典》的规定，成年人的收养采取的是不完全收养制度，不产生完全的父母子女间的权利和义务关系。

成年人收养的效力主要体现为被收养人取得收养人姓氏，并且需将收养人姓氏放在自己姓氏之前。（"意民"第299条）除此以外，收养人与被收养人的家庭及被收养人与收养人的亲属之间一般不产生任何法律关系，但法律规定的例外情况不在此限。同时，被收养人在其原家庭中享有的一切权利和义务皆得以保留。（"意民"第300条）另外，收养人不因收养而对被收养人取得任何继承权利，相反，被收养人对收养人则享有一定的继承权利，如可进行代位继承、可作为特留份继承人等。（"意民"第468条、第536条）

五、当代意大利收养的解除制度

（一）未成年人收养关系的解除

对未成年人的收养一旦成立，只在以下特殊的情况下可以解除：

（1）如果被收养人试图伤害养父母、尊亲属和卑亲属的生命，或者养子女已经对上述这些人实施了犯罪并且被判三年以上的监禁，养父母可以要求法院解除收养关系。（意

大利第 184 号法律第 51 条)

（2）如果养父母对孩子、配偶或者尊亲属和卑亲属有伤害行为，养子女或检察官可以要求法院解除收养关系。（意大利第 184 号法律第 52 条）

（3）如果收养人怠于行使父母的责任，检察官可以要求解除收养关系。（意大利第 184 号法律第 53 条）

（二）成年人收养关系的解除

与成年人收养的独特性相对应，该法典对成年人收养的解除作出了颇有特点的规定，只在两类刑事犯罪成立的情况下解除收养：在被收养人谋杀收养人或收养人之配偶、卑亲属或尊亲属以及被收养人对上述人员犯有应处以不低于 3 年的限制人身自由刑的犯罪的情况下，经收养人请求，可由法院宣告解除该收养关系。在收养人对被收养人之配偶、卑亲属或尊亲属实施了前条所定之犯罪时，经被收养人请求，可由法院宣告解除该收养关系。（"意民"第 306、307 条）

第七节　当代意大利监护制度

本节研究和阐述以下内容：一是当代意大利监护制度概述；二是当代意大利未成年人的监护和保佐制度；三是当代意大利成年人监护、保佐和支持管理人制度。

一、当代意大利监护制度概述

（一）当代意大利监护制度的主要内容

意大利的监护类型，可以分为对未成年人的监护和保佐，对成年人的监护和保佐以及成年人的支持管理人。对未成年人的监护包括对父母双亡或父母因其他原因不能承担家长责任的未成年人的监护，以及经常处于精神失常而不能处理自己事务的、因结婚而解除了家长责任的应受禁治产宣告的未成年人的监护。[①] 未成年人的保佐则出现在未成年人因结婚而解除家长责任的时候，与成年人结婚的，该成年配偶为保佐人，与未成年人结婚的，监护法官在他们双方父母中挑选配偶双方的保佐人。对于成年人，如果该成年人被宣告为禁治产人，则需要指定监护人为其管理财产；如果该成年人被宣告为准禁治产人，则为其设置保佐人协助其管理财产。另外，针对部分或者暂时丧失民事能力的成年人，该法典增加了"支持管理人"制度，来协助该成年人行使民事权利。

本节的主要内容包括：第一，未成年人的监护和保佐，包括：未成年人之监护的开始、未成年人之监护人的确定、未成年人之监护人的职责、未成年人之监护的变更与终止、未成年人的保佐。第二，成年人的监护和保佐、支持管理人，包括：成年人的监护、成年人的保佐、成年人的支持管理人。

（二）当代意大利监护制度的修订情况

关于未成年人的监护和保佐，1967 年意大利法律规范了监护法官的职责范围，在整个 20 世纪八九十年代，细化了监护人的任职和排除条件。2013 年意大利第 154 号法律，

---

① 《意大利民法典》第 2、84、390 条以及第 414 条。在意大利，成年年龄和一般情况下的法定许可结婚的年龄均为 18 岁，但是亦可以由法院根据具体情况许可年满 16 岁的未成年人结婚。

将原来听取 16 岁以上的未成年人关于监护人的意见改为听取已满 12 岁或者未满 12 岁但是有辨别能力的未成年人的意见，更加尊重未成年人对选择监护人表达意见的权利。

关于成年人监护，2004 年 1 月 9 日的意大利第 6 号法律对《意大利民法典》第一编第十二章进行了修改。原本第十二章的名称为"精神病、禁治产人和准禁治产"，不分节，被修改为"对全部或者部分丧失自主能力的人的保护"，分两节，第一节为"支持管理人"，第二节为"禁治产人、准禁治产和无民事能力"，其中新增的"支持管理人"制度，是指在一个人因为精神疾病或者生理或心理上的缺陷，部分或者暂时地失去保护自己利益的能力，可以由其住所或居所所在地的监护法官指定支持管理人来协助他，针对的是部分或者暂时丧失民事能力的情况，这标志着意大利成年人监护制度的进一步完善。

二、当代意大利未成年人监护和保佐制度

（一）未成年人之监护的开始

未成年人的监护，应当在父母双亡或父母由于其他原因不能承担家长责任的情况下，由未成年人主要事务或主要利益所在地的初审法院法官处为其设立。（"意民"第 343 条）

（二）未成年人之监护人的确定

在意大利，初审法院中监护法官主要负责监护事务、保佐事务以及法律规定的其他事务。户籍官在接到某人死亡并遗留有未成年子女的声明后或者在接到父母不详的子女的出生报告后，应当在 10 日内通知负责监护事务的法官。另外，其他的知情人也应当立即通知负责监护事务的法官。（"意民"第 344、345 条）监护法官在接到报告后，应任命最后承担家长责任的人指定的人为监护人。在没有指定监护人或者因重大事由不能任命被指定的人为监护人的，应当在未成年人的尊亲属或者其他最近血亲、姻亲中挑选监护人。指定监护人还要听取已满 12 岁或者未满 12 岁但是有辨别能力的未成年人的意见。（"意民"第 348 条）此外，在未成年人居住区内没有熟悉的或者能够担任监护职责的亲属的情况下，负责监护事务的法官还可以将监护的职责授予未成年人住所地的救济机构或养育院。（"意民"第 354 条）

关于监护人的排除事由，下列人员不得担任监护人，已经担任的，应当停止：对自己财产不享有完全管理权的人；最后承担家长责任的人规定不得选为监护人的；曾经、正在或将来与被监护人进行可能损害未成年人利益的诉讼的人及其尊亲属、卑亲属或配偶；丧失或可能丧失家长责任的人和被撤销监护人资格的人；没有被破产登记注销的破产人。（"意民"第 350 条）

监护的免职或辞任，下列人员可以申请免予担任监护职责或免予继续担任监护职责：第一，总理、红衣主教团成员、各立法委员会主席、各部部长以及意大利民法典第 351 条规定之外的国家高级官员；第二，大主教、主教以及神父；第三，现役军人；第四，年满 60 岁之人；第五，有 3 个以上未成年子女之人；第六，已经担任某一监护职责之人；第七，患有永久性精神病不能担任监护职责的人；第八，在国外担任公职或因公职需要居住在设立监护的法院管辖区以外之人。（"意民"第 351、352 条）

（三）未成年人之监护人的职责

未成年人监护人的职责是照料未成年人的生活、代理未成年人参加民事活动以及管理未成年人的财产。（"意民"第 357 条）未成年人应当尊重监护人并且服从监护人的管理，未经监护人许可不得离开监护人指定的居所或机构。未经许可离开居所的，监护人有权责令未成年人回家，有必要时监护人可以求助于监护法官。当监护人与未成年人利益冲突时，由监护监督人代表未成年人，在监护监督人与未成年人的利益也冲突时，由负责监护事务的法官为未成年人任命一名特别保佐人。在监护人死亡或离职时，由监护监督人负责确定监护人的人选并暂时代行监护人的职责。（"意民"第356、358、360条）

监护人在接到监护指定时，应当在规定的时间内编制未成年人的财产清单。如果监护人与未成年人有债权债务关系或者对未成年人享有其他权利的，应在财产清单完成之前进行申报，逾期不报债权的，监护人丧失该债权；逾期不申报明知的债务的，可以撤销其监护权。（"意民"第362、367、368条）

监护人在管理未成年人财产时应当尽善良家父般的勤谨注意义务。监护人对因违背监护义务给未成年人造成的所有损失承担责任。（"意民"第382条）一些特定的处分或负担行为，监护人应当在取得法院许可后才能进行。监护职务是无偿担任，但鉴于未成年人的财产状况和管理的难度，监护法官可以为监护人规定一定数额的津贴或者设立助手。（"意民"第374-379条）监护人应按照规定制作和保管财产管理账目并每年向负责监护事务的法官提交年度财产管理报告。（"意民"第380条）

关于监护监督的主体，除监护人为救济机构或养育院的外，均可以设立监护监督人。（"意民"第355条）

（四）未成年人之监护的变更和终止

关于监护的变更，如果监护人承担监护职责有困难又有适当人选可以替代的，监护法官可以随时解除该监护人的职责。（"意民"第383条）

关于监护人资格的撤销，法官在听取监护人的意见或者传唤监护人后，在下列情况下可以依职权撤销监护人的监护权：监护人疏于履行其职权的、滥用监护权的；或者在履行监护职务时表现出无能的；或者在实施与监护无关的行为中显示出监护人不再适宜担任监护职务的；监护人无清偿能力的。（"意民"第384条）

关于监护终止的结算义务，终止监护职务的监护人应当立即交出财产并且在2个月内向负责监护事务的法官提交决算报告。负责监护事务的法官召集监护监督人、达到成年年龄或者脱离监护的被监护人或者根据情况召集新的法定代理人一起检查决算报告并且发表意见，无异议的情况下通过决算报告。（"意民"第385、386条）

（五）未成年人的保佐

未成年人如果结婚，监护人的监护权就会被解除，但是其仍然需要保佐。如果未成年人与成年人结婚，其配偶为保佐人。配偶双方都是未成年人的，监护法官从其父母中挑选一人指定为双方的保佐人。解除监护权使未成年人具有从事一般管理活动的行为能力。在有适当用途的情况下，被解除监护权的未成年人可以在保佐人协助下收回投资，可以作为原告或者被告参加诉讼等。但其特殊管理行为，需要得到保佐人的同意，以及监护法官的准许。（"意民"第390、392、394条）

此外，该法典还有特别保佐人制度。为未成年人的利益设立赠与或以遗嘱设立遗产的人，即使该未成年人在家长责任之下，也可以为未成年人设立一名特别保佐人以管理受赠的财产或遗产。在监护监督人与未成年人的利益冲突时，由负责监护事务的法官为未成年人任命一名特别保佐人来代理被监护人进行活动。（"意民"第356、360条）

三、当代意大利成年人监护、保佐和支持管理人制度

（一）成年人的监护

为了对经常处于精神失常状态以至于不能处理自己事务的成年人进行足够的保护，应当进行禁治产宣告。对禁治产人需要指定监护人。监护法官应当首先考虑尚未合法分居的成年配偶、稳定同居的人、父母、子女或兄弟姐妹、四代以内的血亲或由父母通过遗嘱、公证或者经证实的私人文件指定的人。（"意民"第414、424条）成年人的监护人，准用未成年人之监护人的规定。

（二）成年人的保佐

对精神失常尚未到必须进行禁治产宣告程度的成年人，给自身或者家庭造成严重经济损失的浪费人、酗酒成性之人或者吸食毒品成瘾之人，没有受过充分教育的先天性聋哑人、盲人或者自幼失聪失明的人，可以进行准禁治产宣告。对准禁治产人需要指定保佐人。法官应当首先考虑尚未合法分居的成年配偶、稳定同居的人、父母、子女或兄弟姐妹、四代以内的血亲或由父母通过遗嘱、公证或者经证实的私人文件指定的人。（"意民"第415、424条）对成年人的保佐人，准用对于未成年人设立保佐的规定。

（三）成年人的支持管理人

另外，如果成年人因为精神疾病或者生理或心理上的缺陷，部分或者暂时失去保护自己利益的能力，可以由其住所或居所所在地的监护法官指定支持管理人来协助他。支持管理人在配偶、同居伴侣和近亲属中指定，根据实际情况确定其担任职责和担任时间。在需要支持管理人的条件消灭后，经受益人、支持管理人、检察机关和相关利害关系人的申请就可以撤销支持管理人。（"意民"第404、405、413条）

第八节　当代意大利离婚制度

本节研究和阐述以下内容：一是当代意大利离婚制度概述；二是当代意大利分居制度；三是当代意大利离婚的条件和程序；四是当代意大利离婚的法律效力。

一、当代意大利离婚制度概述

（一）当代意大利离婚制度的主要内容

意大利的离婚可以分为诉讼离婚和登记离婚。从1970年的离婚法开始，意大利的离婚必须要有法院的介入，即使婚姻当事人已经就财产和子女抚养等问题达成一致，也需要经历较长的分居时间，并且接受法官的判决才能离婚。即使是双方协商一致要求离婚，如果法官认为离婚不利于未成年子女的利益，也可以在听取双方意见之后作出自己的判决。（1970年意大利第898号法律第4条第13款）2014年，意大利的离婚法作出了重大修改，使得离婚程序相较于以前更短更简便。增加了当事人在没有未成年、残疾或者在经济上仍然依赖父母的子女和需要分割的财产的情况下，双方可以在律师的帮助下达成离婚协议后进行离婚登记的简易程序，不用前去法院等待法官裁判的情况。这是意大利第一次出现登记离婚，但是适用的范围非常狭窄。（2014年意大利第132号法律）

当代意大利离婚制度的主要内容包括：第一，分居制度，包括合意分居、裁判分居、

分居的法律效力。第二，诉讼离婚的条件和程序。第三，登记离婚的条件和程序。第四，离婚的法律后果，包括离婚时夫妻债务的清偿责任与婚姻财产的分割、离婚后的扶养。

（二）当代意大利离婚制度的修订情况

在漫长的中世纪，意大利的婚姻和家庭属于教会法的管辖范围，婚姻一旦缔结，除非一方死亡，否则不可解除。1970 年 12 月 1 日通过的意大利第 898 号法律"关于婚姻结束的规范"首次允许离婚。① 这部法律至今仍是意大利离婚法的主体，离婚制度始终没有进入《意大利民法典》。此后，1987 年 3 月 6 日意大利第 74 号法律②对 1970 年意大利第 898 号法律进行了修订；2005 年 5 月 14 日意大利第 80 号法律③对离婚的民事诉讼程序进行了修订；2013 年 12 月 28 日意大利第 154 号法令④对《意大利民法典》中家庭法的内容作出了很多修订，包括对分居制度的一些修订。

关于分居的时间，根据 1970 年意大利第 898 号法律规定，分居的最初时间要求必须达到 5 年以上才能离婚，并且离婚必须经过法官的裁判。1978 年意大利第 436 号法律将最初的分居时间从 5 年改为了 3 年，2015 年 3 月 18 日意大利第 55 号法律则进一步将离婚前裁判分居的时间标准降低为一年，合意分居的时间要求降低为 6 个月，使得离婚的时间周期得以大大缩短。

同时，意大利 2014 年第 132 号和第 162 号法律对离婚的民事程序进行了进一步的改革，规定配偶双方如果没有未成年、残疾或者在经济上仍然依赖父母的子女，在律师的帮助下无须前去法院即可进行"简易离婚"（登记离婚），这是对意大利离婚法的一大重要变革。⑤ 如果夫妻双方生育有子女，则需要在律师的帮助下达成离婚协议，也可以免去法官判决的程序。（详见后述当代意大利登记离婚的条件和程序）

二、当代意大利分居制度

在意大利，分居是离婚的法定条件，也是离婚的必经阶段。除了犯罪、变性等一些法定原因，配偶双方如果想要离婚，都需要经过一段时间的分居。作为离婚前置条件的分居分为合意分居与裁判分居。

（一）合意分居

配偶双方都同意的分居是合意分居，需要达成分居协议，但即使是合意分居也必须通过法官批准才能生效。（"意民"158 条）因为分居会涉及未成年子女的监护和抚养，以及配偶双方中弱势一方的利益保护，所以这种限制是出于公平的考虑。如果协议的内容不符合子女或者弱势一方的利益，违反公序良俗或者公共秩序，法官有权拒绝批准。

---

① https://it. wikisource. org/wiki/L. _1 _dicembre _1970, _n. _898 _-_Disciplina _dei _casi _di _scioglimento _del _matrimonio，访问日期：2021 年 4 月 16 日。

② http：//www. genghinieassociati. it/wp-content/uploads/2007/05/L. %206%20marzo%201987%20n. %2074. pdf，访问日期：2021 年 4 月 16 日。

③ http：//www. na. camcom. it/wps/wcm/connect/664929004228eccd954bb7b6d18892d5/4184. pdf? MOD = AJPERES，访问日期：2021 年 4 月 16 日。

④ http：//www. marasciuolo. it/documenti/finish/3-documenti/50-d-lgs-154-2013-riforma-della-filiazione-attuazione-legge-delega. html，访问日期：2021 年 4 月 16 日。

⑤ Bruno De Pilippis, Maurizion Rossi, Divorzio Breve, Divorzio Fai da Te, Cognome dei Figli, Figli non Riconosciuti del-la Madre, Unioni Civile, Riforme 2014 e 2015, CEDAM, 2015, p. 14.

合意分居的协议中必须包含的内容包括双方分居的决定和对配偶以及子女的扶养。双方达不成合意的部分，可以交由法官裁判。

（二）裁判分居

裁判分居顾名思义是经过法官判决的分居。1975 年的民法改革对裁判分居制度作了根本性的修改。之前的裁判分居必须建立在配偶一方违反婚姻中义务的过错之上，法官只能在"法律规定的特定情况下"[①] 判决分居。在这种"过错主义"原则之下，也只有无过错的一方才能请求法官判决分居。1975 年的家庭法改革将裁判分居的原因从一方的过错改为无法容忍共同生活，从"过错主义"到"无过错主义"，这样分居的原因实际上就分为了两类：一方过错导致的无法共同生活和无过错情况下的无法共同生活。这一改革根本改变了裁判分居的原则。现在的裁判分居是指无论配偶一方或双方的意愿如何，有事实表明配偶之间的关系已经发展到不能再继续共同生活的程度或者可能对子女的教育产生严重损害的，任何一方均可提出分居申请，由法官判决分居，并指出违反婚姻义务导致分居的责任人。（"意民"第 151 条）分居责任人是违反婚姻内对配偶和子女的义务从而导致分居的一方配偶。违反的婚姻义务包括忠诚义务、在物质和精神上的扶助义务以及同居义务等。分居责任人也不单单是因为违反了婚姻中的义务，违反义务与分居之间必须有因果联系才能被宣告为责任人。[②] 一旦被宣告为分居责任人，而另一方配偶没有适当收入的情况下，法官可以为其利益决定其有义务为对方提供维持生活的必要费用，其数额由法官视具体情况和义务人的实际收入确定。如果义务人可能不履行这些义务，法官甚至可以要求义务人提供适当的财产担保和个人担保。（"意民"第 156 条）

（三）分居的法律效力

1. 分居期间夫妻对子女的抚养与家庭住所的居住

分居之后，一方配偶要离开原来的居所。为了帮助未成年子女得到相对稳定的生活环境，法官要根据子女的最大利益，来考虑子女由哪一方父母直接抚养，以及不直接抚养的另一方父母要承担的义务范围和履行方式；在可能的情况下，在原家庭居所居住的权利，优先属于抚养子女的配偶。（"意民"第 155 条）

2. 分居期间妻子有权继续使用丈夫姓氏

由于分居并非离婚，所以在分居期间妻子仍然有权使用丈夫的姓氏，除非会给丈夫或者妻子的利益造成严重的损害，法官才可以禁止或者许可妻子不使用丈夫的姓氏。（"意民"第 156 条）

3. 分居期间夫妻之间的财产制

意大利的法定夫妻财产制度是共同财产制，配偶可以根据自己的协议实行分别财产制或者协议共同制。在实行法定共同制的情况下，分居不必然导致共同财产的分割，但是分居期间应当实行分别财产制。

4. 分居期间夫妻一方给付家庭成员扶养费的义务

如果夫妻一方以及其他家庭成员需要另一方来支付扶养费，扶养费的具体数额可以

---

① 《意大利民法典》第 151—153 条，特定的情形包括配偶一方通奸、抛弃、歇斯底里、虐待、威胁、严重的侮辱、5 年以上的刑事处罚等。丈夫的通奸行为如果不构成对妻子的严重侮辱，则不构成裁判分居的法定情形。

② 意大利最高法院 2000 年 1 月 12 日第 279 号判决。

由当事人协商，协商不成的时候，由法官裁判决定。

5. 分居期间夫妻一方死亡时生存配偶的继承份额

如果分居配偶在分居期间死亡，另一方的继承份额与正常婚姻不同，如果继承开始之前一直由被继承人支付扶养费，则该配偶仅享有请求终身年金的权利。终身年金的数额应当根据遗产的价值和法定继承人的情况决定，但不超过该配偶在被继承人生前所享有的扶养费的数额。（"意民"第548条）

三、当代意大利离婚的条件和程序

当代意大利的离婚制度，包括诉讼离婚与登记离婚，以下分别研究和阐述当代意大利诉讼离婚的条件和程序、当代意大利登记离婚的条件和程序。

（一）当代意大利诉讼离婚的条件和程序

1. 诉讼离婚的条件

1970年意大利第898号法律第1条规定"法官可以在确定配偶精神上和物质上都不能共同继续生活的情况下判决根据民法典缔结的婚姻解除"。该法第3条则规定了可以提出离婚的具体情形：

（1）严重的刑事犯罪。在婚姻缔结后，如果配偶一方触犯刑律被判处长时间的刑罚，或者犯了一些伤害配偶和子女的罪行，就可以成为离婚的法定理由。结婚后，如果一方配偶根据生效判决被判处无期徒刑或者15年以上的刑罚；触犯刑法典第564条或者第519、521、523条或者第524条中与性有关的罪行，或者犯引诱、强迫、利用或者帮助卖淫罪；故意杀害子女或者企图杀害、伤害配偶或者子女；因为刑法典第582条或者加重的情形第583条第2款，或者第570、572条和第643条伤害配偶和子女的两项以上的罪名被判处拘禁刑的。（意大利第898号法律第3条第1款）在这些情形下，离婚的请求权专属于另一方配偶。

（2）分居。意大利的分居分为合意分居和裁判分居，如果配偶双方没有未成年、残疾或者在经济上仍然依赖父母的子女，在夫妻双方达成离婚协议的情况下，就可以实行合意分居，而不必去法院由法官判决分居；如果夫妻双方有以上情况的子女，则需要在律师的帮助下达成离婚协议，就可以免去法官判决的程序。2015年意大利第55号法律则进一步将离婚前裁判分居的时间标准降低为一年，合意分居的时间要求降低为六个月，使得离婚的时间得以大大缩短。

（3）免予处罚的罪行。一些罪行即使最后免予处罚，也可以作为请求离婚的法定原因。比如，杀害或者企图杀害配偶或子女的罪行，或者性犯罪因为精神方面的问题而取消；因乱伦而启动的刑事程序最后因为缺乏公共危害性而被宣布无罪或免予起诉。（1970年意大利第898号法律第3条c、d条）

（4）婚姻在国外被宣告无效或解除。一方配偶是外国公民，婚姻在国外被宣告无效或解除，或者这一方在国外再缔结婚姻。在这种情况下提出离婚请求的一方应当是意大利公民。（1970年意大利第898号法律第3条e条）

（5）婚姻未完成。这一原因实际上来源于宗教法的规定，认为婚姻最重要的目的是生育。这一原因主要是针对举行了民法婚礼的当事人，认为婚姻的完成需要双方以生育为目的的性行为。（1970年意大利第898号法律第3条f条）。

（6）变性。根据 1982 年 4 月 14 日的第 164 号法庭判决，如果当事人的性别已改变，可以成为请求离婚的理由。（1970 年意大利第 898 号法律第 3 条 g 条）

2. 诉讼离婚的程序

离婚的诉讼请求应当向夫妻双方的共同居住地或者住所地的法院提出，如果一方下落不明或者住所在国外的，在提起诉讼一方的居住地或者住所地；如果双方都在国外居住的，则在国内任何法院都可以。共同提出的请求可以向任何一方的居住地和住所地的法院提出。夫妻双方除非有被证实的严重问题，否则必须亲自来到法官面前。法官要先分别、然后共同听取双方的意见，并且进行调解。如果双方和解，或者夫妻一方认为不需要再将此程序继续下去，审判长可以宣布调解的结束或者诉讼的取消。如果一方配偶拒不露面或者调解没有结果，审判长要根据未成年子女的年龄，连同暂时和紧急的措施，指定预审法官并确定前述未出庭当事人的听证，然后作出是否同意离婚的判决。（1970 年意大利第 898 号法律第 4 条第 1、7、8 款）

（二）当代意大利登记离婚的条件和程序

自 1970 年意大利第 898 号法律引入离婚制度以来，所有的离婚都要经过法院的判决，以保证离婚不会侵害未成年人和家庭中弱者的权利。近年来，随着对离婚自由权的彰显，意大利离婚法一方面对离婚前分居的时间要求缩短，另一方面增加了特定条件下登记离婚的内容。登记离婚制度的引入是近年来意大利离婚制度改革的重要内容之一。

意大利 2014 年第 132 号和第 162 号法律规定，登记离婚适用的条件是配偶双方没有未成年子女、残疾子女或者在经济上仍然依赖父母的子女。具体程序是，夫妻双方可以在律师的帮助下达成离婚协议，然后前往民政厅进行登记即可离婚。如果夫妻双方有以上几种情况的子女，在律师的帮助下达成离婚协议，离婚协议仍然要经过法官的审查，以确保子女的利益得到保障，然后才能前往民政厅进行离婚登记。

四、当代意大利离婚的法律效力

（一）离婚对婚姻当事人的人身效力

离婚后双方都有再婚的自由。但是根据《意大利民法典》第 89 条的规定：自从婚姻关系解除、被撤销或终止民法效力之日起 300 天后，女方方可再婚。婚姻依据 1970 年第 898 号法律第 3 条第 2 项 b 点（分居）、f 点（婚姻未完成）解除或丧失民法效力的，或由于配偶一方的性功能障碍，或由于无生育能力而宣告婚姻无效的情况不在此限。在能够明确排除妊娠或判决结果显示丈夫在婚姻关系被解除、被撤销或终止民法效力之日以前的 300 天内没有与妻子同居的，法院可以在听取检察机关的意见后由其议事室作出决定，准许女方再婚。这样规定的根本目的是在医学还不够发达的情况下避免女方在前一个婚姻中已经怀孕的情形，在医学发达的今天，这样的规定已经失去了其意义。

同时，妻子应当停止使用丈夫的姓，但是法庭可以伴随离婚的判决，允许妻子根据妻子和子女的利益，保留丈夫的姓，这当然也可以被以后的判决改变。（1970 年意大利第 898 号法律第 5 条第 2、3、4 款，1987 年第 74 号法律第 9 条修订）判决一经生效，双方不得有异议，但是检察院可以就未成年子女或无民事行为能力人的经济利益在一定限度内提出异议。（1970 年意大利第 898 号法律第 5 条第 5 款）

（二）离婚对婚姻当事人的财产效力

1. 离婚时婚姻财产的分割

根据意大利法律，离婚时婚姻财产分割的原则即个人财产归个人，共同财产原则上进行均等分割，个案中由法官根据具体情况，适当照顾弱者进行利益上的平衡。

夫妻在婚姻存续期间如果按照法律规定的条件对财产进行了约定，那么可以根据双方的约定来确定个人财产和共同财产，以及确定债务的承担责任。如果双方没有符合法律规定的约定，则适用法定财产制，原则上来说，夫妻的婚前财产属于个人财产，婚后所得属于共同财产。夫妻法定共同财产又分为两部分：立即取得的共同财产和共同剩余财产。其中立即取得的共同财产由夫妻双方共同管理和支配。而剩余共同财产，在婚姻存续期间，夫妻可以分别进行独立的支配和使用，仅受到为家庭生活作出贡献的义务限制。一旦婚姻关系结束，这部分财产的剩余部分才作为夫妻共同财产进行分割。（具体的内容在本章第四节中有介绍）

离婚时，法定共同财产制即告终止。此时，如果家庭利益需要或者允许，则法官可以在共同财产制终止之前准许进行补偿。（"意民"第192条）（具体补偿的方式在本章夫妻财产制部分有论述）

法定共同财产制终止时，也对夫妻共同财产进行分割。分割财产以均分资产和负债的方式进行。根据子女的需要和抚养子女的需要，法官可以在夫妻一方的部分财产上为另一方设立用益权。如果夫妻双方均无法证明一项财产的，则该财产按照均等的份额分别属于夫妻双方。（"意民"第194、217、219条）

如果家庭设立了家庭财产基金，那么家庭财产基金的财产所有权属于夫妻双方，设立文件另有约定的除外。家庭财产基金可以因离婚而终止。如果有未成年子女，则家庭财产基金的使用延续至最后一名子女成年时为止。如果夫妻没有子女，则其家庭财产基金终止时准用解除法定共同财产的规定。（"意民"第168、171条）

2. 离婚时夫妻对债务的清偿责任

夫妻在婚姻期间所负的债务分为共同债务和个人债务。夫妻共同债务包括：取得共同财产之时设立的一切负担和义务；为管理共同财产支出的费用；维持家庭生活的费用、养育子女的费用以及夫妻双方为家庭利益共同或分别承担的债务；任何一项由夫妻双方共同承担的债务。在无法以夫妻共同财产清偿全部债务的情况下，债权人可以请求用夫妻任何一方的个人财产清偿债务，但以满足债权额的半数为限。（"意民"第186、190条）夫妻个人债务是指夫妻一方在婚前承担的债务，应由该方的个人财产承担。如果夫妻一方所获得的赠与或继承的财产不属于夫妻共同财产，则该方因接受这些财产所负担的债务应以该方的个人财产偿还。在无法以夫妻一方的个人财产清偿其个人全部债务的情况下，对于该方在婚姻关系存续期间对应取得但未取得配偶他方同意的特殊管理行为所承担的债务，可以用夫妻共同财产清偿，但以该方在共同财产中享有的财产份额为限。如果上述债权人是无担保债权人，则夫妻双方的共同债权人享有优先受偿权。（"意民"第187—189条）

3. 离婚后的扶养

离婚后，一方有可能要继续扶养另外一方。法庭要根据夫妻双方的具体情况、离婚的理由、对家庭生活以及个人和共同财产的经济贡献，并且考虑婚姻存续期间上述所有的因素，来决定一方配偶在一定期间内对收入不足以供养自己或者因为客观原因不能供养自己的另一方的扶养。（1970 年意大利第 898 号法律第 5 条第 6 款，1987 年第 74 号法律第 10 条修订）法院判决应当确定一个标准来判断扶养是否足够，至少要考虑到货币的贬值。在扶养明显不足的情况下，法庭可以用理由明确的判决改变之前的判决。（1970 年意大利第 898 号法律第 5 条第 7 款，1987 年第 74 号法律第 10 条修订）夫妻双方需要亲自到法官面前就个人的收入进行听证，并提供与个人收入以及个人、共同财产有关的所有文件。如有异议，法庭可以对他们的收入、财产、真实的生活水平进行调查。（1970 年意大利第 898 号法律第 5 条第 9 款，1987 年第 74 号法律第 10 条修订）如果被扶养的配偶再婚，另一方扶养的义务就终止。（1970 年意大利第 898 号法律第 5 条第 10 款）

如果采用上文提到的"登记离婚"，则当事人双方可以就扶养的问题在离婚协议中达成一致。

（三）离婚对未成年子女的效力

1. 离婚不影响父母对子女抚养、教育的义务

父母对子女的抚养、教育和培养的义务，即使已经离婚，或者夫妻双方或者一方又缔结新的婚姻，也不受影响。（1970 年意大利第 898 号法律第 6 条第 1 款）

2. 离婚父母对子女监护权的行使方式（1970 年意大利第 898 号法律第 6 条第 2-5 款）

与离婚的判决一起，如果有特殊的情形存在，法庭可以判决一方获得子女的监护权，并且采取一切可能的措施保护子女的精神和物质利益。法庭也可以根据未成年人的利益及其年龄，判决共同监护或轮流监护。法庭要特别确定不与子女生活的一方抚养、教育和培养子女的程度和方式，以及他在与子女关系中的权利。除非法庭有不同的判决，监护子女的一方拥有对子女管理的权利，父母双方要作出符合子女最大利益的决定。没有监护权的父母另一方有监督子女教育和培养的权利和义务，如果认为存在不利于子女利益的情形，可以向法院告诉。法庭可以对监护一方的行为进行调查并改变监护。在有未成年子女的情况下，一方父母如果搬家或者变换住所，有义务在 30 日内与另一方沟通。如果没有沟通，另一方可以追究其因为寻找住所困难造成的损害赔偿。（1970 年意大利第 898 号法律第 6 条第 12 款）

3. 家庭住房的居住权优先归属于抚养、监护子女的一方

对于家庭房屋居住的权利优先属于监护子女或者在子女成年的情况下与子女同住的一方。在分配住房的问题上，法官要考察双方的经济状况，会特别保护弱势一方。（1970 年意大利第 898 号法律第 6 条第 6 款）

4. 离婚父母对子女财产的管理权和法定用益权

子女的监护人，对子女的财产享有法定用益权。如果父母双方共同监护，并且共谋获得子女财产的法定用益权，法庭可以取消他们管理和用益子女财产的权利，对子女的财产作出另外的安排。（1970 年意大利第 898 号法律第 6 条第 7 款）

5. 离婚父母违反对子女法定义务的法律责任

如果一方存在逃避扶养配偶或者抚养子女的义务的情形，法庭可以要求其提供财产担保或者人的担保。（1970 年意大利第 898 号法律第 8 条第 1 款）

6. 父母在分居、婚姻无效或被撤销等特殊情况下对子女及婚外出生子女之责任的

履行

同时，在 1942 年《意大利民法典》中，通过 2013 年第 154 号法律的修订，在第一编第九章"父母的责任和子女的权利义务"中增加了第二节"父母在分居、婚姻解除、婚姻无效或被撤销的情形下以及针对婚外所生子女的程序中责任的履行"，强调在父母的关系不稳定的情况下，如何实现未成年子女的权利。在父母分居、离婚或者婚姻被撤销或者无效的情况下，父母对未成年子女的责任仍然存在，但是其履行有可能会受到现实状况的影响。在这种情况下，法院需要介入，来考察未成年子女由父母双方共同监护或者由父母一方监护的可能性，双方父母履行责任的时间和方式，以及双方对子女的抚养、照顾、教育和培养的程度和方式。在父母任何一方都暂时不能进行监护的情况下，未成年子女也有可能被寄养在其他的家庭和机构中。（"意民"第 337 条Ⅲ）对于经济上不能独立的成年子女，法官可以根据情况要求父母供养，对残疾的成年子女，适用于未成年子女的规定。（"意民"第 337 条Ⅶ）

第九节　当代意大利婚姻家庭法律制度的发展趋势及其启示

本节研究和阐述以下内容：一是当代意大利婚姻家庭法律制度的发展趋势；二是当代意大利婚姻家庭法律制度的发展趋势对我国立法的启示。

一、当代意大利婚姻家庭法律制度的发展趋势

自 20 世纪以来，随着意大利的政治、经济、文化等各方面的进步与发展，人们的生活方式、生活习惯乃至生活观念都发生了很大的变化，也带来婚姻家庭法的新变化。这种新变化体现在：一方面是对传统家庭法律制度的修改，重视个人的自由和家庭成员地位的平等，集中反映在夫妻权利的平等、离婚的自由、对家庭暴力受害者的保护、对婚姻之外的家庭形式的认可、弱化父母对子女的权力等；另一方面又强调家庭社会功能的回归，这种回归主要体现在父母子女关系上，强调父母对未成年子女的责任、通过收养制度对未成年人利益的实现。这两方面的趋势，虽然出现的时间有早有晚，但也是东西方现代婚姻家庭法律制度发展的共同趋势。[1]

（一）当代意大利结婚制度的发展趋势

1861 年意大利半岛统一之后，婚姻的管辖权才慢慢从教会回到国家手中。1929 年教会和国家达成的协议使得在教堂举行的宗教婚礼通过简单的登记手续便具有民法上的效力。意大利的民事结婚制度，包括结婚的积极条件和消极条件、结婚的程序和效力等，从 1942 年民法典开始到现在没有很大的变化，但是事实上该民法典第 89 条中女方前一段婚姻关系结束后 300 天不得再婚的"待婚期"之规定，因为现代医学的发展已经形同虚设。[2]

---

① Mary Ann Glenda, The New Family and the New Property, Butterworth & Co. , 1981, p. 101.

② Michele Sesta, Diritto di Famiglia, CEDAM, 2013, p. 18.

　　在世界上不少国家对同性婚姻认可的潮流之下，意大利虽然尚未对同性恋婚姻敞开大门，但是也在 2016 年首次通过新的法律（2016 年意大利第 76 号"关于同性民事结合和事实同居的法律规范"）承认了婚姻之外的民事结合和事实同居制度，组成家庭的形式开始多元化。成年同性伴侣可以通过登记的方式组成同性民事结合，成年同性或者异性伴侣也可以组成事实同居，这样的家庭组合在人身关系上具有一部分类似婚姻的权利和义务，鼓励当事人通过协议的方式来规范他们之间的财产关系。民事结合制度为人们提供了建立共同生活方式的新选择，体现了对当事人本人自愿选择生活方式权利的尊重。

　　（二）当代意大利夫妻关系制度的发展趋势

　　1. 夫妻人身关系立法的发展趋势

　　在 1865 年《意大利王国民法典》中，夫妻双方地位不平等，家庭中存在"夫权"：丈夫是家庭的家长，妻子跟随丈夫的社会地位，必须冠夫姓，并且由丈夫决定家庭的居住地。丈夫有保护妻子的义务。[①] 最初颁布的 1942 年《意大利民法典》也保留了夫权、夫妻不平等的原则。自 1975 年的"家庭法改革"以来，夫妻不平等的状况逐渐发生改变，对家庭生活的安排，包括住所的选定以及对子女亲权的行使等都开始由夫妻双方平等决定；夫妻对家庭事务有平等的协商决定和管理权。另外，2001 年 4 月 4 日意大利第 154 号法律专门在民法典中加入了《针对家庭暴力的保护令》一章，采取一系列的措施加强对家庭中遭受家庭暴力的弱势者的人身保护。

　　2. 夫妻财产制立法的发展趋势

　　在 1865 年《意大利王国民法典》中，夫妻的财产权利也是不平等的，丈夫要支持家庭生活，妻子仅在丈夫不能提供必要的家庭生活费用的情况下，才承担家庭生活的财产责任。在夫权之下，妻子没有丈夫的许可，不可以捐赠、转让不动产，没有丈夫的许可也不能签订合同。1942 年《意大利民法典》起初关于夫妻财产制的规定依然体现夫妻之间的不平等，在 1975 年家庭法改革之后，民法典中相关的内容才得到修改，确立了夫妻对家庭生活费用有平等的负担义务；设立家庭财产基金作为家庭生活的物质保障；加入家庭企业的制度，承认女性在家庭生活以及家庭经营生活中的劳动价值；对于夫妻财产制的类型，设立有约定财产制与法定财产制，后者包括通常法定财产制与非常法定财产制；明确夫妻对共同财产的平等管理权及夫妻一方擅自处分共同财产时夫妻他方享有撤销权、夫妻共同债务的范围及夫妻以个人财产清偿夫妻共同债务的有限责任，夫妻双方的共同债权人享有对夫妻共同财产的优先受偿权等。从原来妻子不能独立从事经济活动，到后来共同财产制度和家庭企业等制度的加入，意大利夫妻财产制度的发展承认了妇女在家庭生活中劳动的价值，彰显了法律对夫妻共同财产、夫妻个人财产及与夫妻交易的第三人之财产的平等保护理念。

　　（三）当代意大利亲子制度的发展趋势

　　1865 年《意大利王国民法典》在很大程度上受到 1804 年《拿破仑法典》的影响，不仅存在"夫权"，也存在"父权"。家子生活在父权之下，非经家父同意不能从事民事活动，包括结婚。[②]

[①]　http：//www. notaio-busani. it/it-IT/codice-civile-1865. aspx. ，访问日期：2021 年 4 月 16 日。

[②]　Loredana Garlati, La Famiglia tra Passato e Presente, Giuffrè Editore, 2011, p. 14.

1942 年《意大利民法典》中强调的是父母对子女的权力，但是随着保护未成年子女理念的确立，现在的意大利法律更加强调父母对子女的责任，这表明意大利亲子制度的立法原则已经从"父母本位"转变为"子女本位"。这从民法典第一编第九章的名称变化就能看出：2013 年这一章从"亲权"被修改为"父母的责任和子女的权利义务"，内容和结构也作出了相应的调整。

虽然自 1975 年以来，意大利家庭法的改革推动了婚生子女和非婚生子女在继承等各项权利上的平等，废除了禁止认领通奸所生子女的规定，此后该家庭法进一步发展为对于子女的称谓不再区分婚生子女与非婚生子女，这也是与现代社会婚姻关系的松散和其他家庭组成方式的出现联系在一起的。2012 年和 2013 年意大利立法通过对民法典文字上的修改，采用婚内出生的子女与婚外出生的子女均统一为"子女"的称谓，进一步体现了其不再区分婚生和非婚生子女的立法理念，这是现代亲子法发展的趋势之一。正如我国有学者指出的那样，《德国民法典》于 1998 年生效的法律条文中，已经取消了"婚生子女"的称谓，该法中也从此没有"非婚生子女"一词，而仅用"子女"一词，有婚姻关系的男女所生子女与没有婚姻关系的男女所生子女，其法律地位都是平等的，他们的称谓也是相同的，即子女的法律地位和称谓不受父母有无婚姻关系的影响，这既能保护子女的合法权益，又能彰显现代法律对儿童的尊重和保护。[1]

（四）当代意大利收养制度的发展趋势

意大利收养制度也经历了立法者立场上的变化。1942 年《意大利民法典》中只规定有成年人收养，其目的是站在收养者的角度，解决家庭没有继承人的问题，这样的制度在现代生活中已经名存实亡。1967 年的意大利第 341 号法律第一次引入了"特殊"收养，根据这一新的立法，即结婚五年以上的夫妻，可以收养 8 岁以下能够被收养的儿童，第一次在意大利引入了未成年人收养制度。这一制度被意大利 1983 年未成年人收养制度所取代。

1983 年之后意大利通过单行法建立起来的未成年人收养制度，其立法是站在被收养人的角度，希望通过收养来实现未成年人的利益，保障未成年人在家庭中成长的权利。意大利未成年人收养法根据未成年人利益最大化的原则，进行的一系列修订和变化，如收养程序的规范化、对被收养人意思的尊重、寄养（试收养）期间的设立和法院对于正式收养的审查与确认，这些规定都是为了从各个角度更好地保护未成年被收养人的利益。[2]

（五）当代意大利监护制度的发展趋势

1. 未成年人监护制度立法的发展趋势

罗马法传统中，"家父"对"家子"就有一定"监护"的责任。1865 年《意大利王国民法典》中规定了"父权"，1942 年《意大利民法典》中则规定了对未成年人的监护和保佐。之后在 1967 年，意大利法律规范了监护法官的职责范围，在 20 世纪 80 年代和 90 年代，开始细化监护人的任职和排除条件。2013 年意大利第 154 号法律，将原来听取 16 岁以上的未成年人关于监护人的意见改为听取已满 12 岁或者未满 12 岁但是有辨别能

① 参见陈苇：《中国婚姻家庭法立法研究》，群众出版社 2000 年版，第 315、356-357 页。
② Gilda Ferrando, Diritto di Famiglia, Zanichelli, 2015, p.302.

力的未成年人的意见，更加尊重未成年人对选择监护人表达意见的权利。为了保护未成年人的人身和财产利益，未成年人监护制度的规定越来越完善。

2. 成年人监护制度立法的发展趋势

意大利法上对成年人的监护和保佐主要针对的是禁治产人和准禁治产人。2004 年 1 月 9 日的意大利第 6 号法律对《意大利民法典》第一编第十二章进行了修改，将第十二章的名称"精神病、禁治产人和准禁治产"修改为"对全部或者部分丧失自主能力的人的保护"，加入第一节"支持管理人"，第二节为"禁治产人、准禁治产和无民事能力"，其中"支持管理人"是指在一个人因为精神疾病或者生理或心理上的缺陷，部分或者暂时地失去保护自己利益的能力，可以由其住所或居所所在地的监护法官指定支持管理人来协助他。"支持管理人"制度标志着意大利成年人监护制度的进一步细化完善。

（六）当代意大利离婚制度的发展趋势

1. 裁判离婚的条件趋于宽松

意大利的离婚制度从 20 世纪至今，从禁止离婚到允许离婚，条件越来越自由。1970 年意大利通过单行法引入离婚制度，才从法律上允许离婚。但是冗长的离婚前的分居时间和复杂的过程使得意大利的离婚成本很高。1978 年的立法将最初的分居要求时间从 5 年改为 3 年，2015 年又将分居的时间要求进一步从 3 年改为裁判分居 1 年，协议分居 6 个月，这使得离婚前法定的分居期限大大缩短。

2. 登记离婚制度的确立

从 1970 年离婚被允许开始，直到 2014 年，意大利都只有裁判离婚，即使夫妻双方都同意离婚，达成一致，也要到法官面前接受裁判。2014 年意大利第 132 号法律才规定当事人在没有未成年、残疾或者在经济上仍然依赖父母的子女和需要分割的财产的情况下，双方可以在律师的帮助下达成离婚协议后进行离婚登记的简易程序，不用前去法院等待法官裁判。这是意大利第一次出现登记离婚，而且适用的范围非常狭窄。

分居时间的缩短和登记离婚的出现，说明意大利的离婚制度改革使得离婚条件放宽和程序简化，离婚越来越容易，立法从原来的限制离婚越来越倾向于实行离婚自由。在限制离婚和离婚自由的两端之间，意大利一直在向离婚自由发展。[①]

二、当代意大利婚姻家庭法律制度的发展趋势对我国立法的启示

目前，我国正处于社会变革的新时期，人们的生活方式和思想观念也都在发生变化，我国婚姻家庭法也将面临发展变革。而婚姻家庭法的现代化无论在西方还是在东方，都显示出惊人的相似趋势。意大利婚姻家庭制度的部分规定和发展趋势，对我国的婚姻家庭立法的细化、补充和完善，具有一定借鉴意义。

（一）我国亲属关系通则制度的立法现状与不足及立法完善建议

1. 我国亲属关系通则制度的立法现状与不足

之前我国原《婚姻法》中并没有关于亲属关系的规定，虽然有关于近亲属的相关规定，却并没有明确哪些关系属于亲属关系，哪些亲属属于近亲属的范围。针对此问题，

---

① Bruno De Pilippis, Maurizion Rossi, Divorzio Breve, Divorzio Fai da Te, Cognome dei Figli, Figli non Riconosciuti della Madre, Unioni Civile, Riforme 2014 e 2015, CEDAM, 2015, p. 14.

我国《民法典》"婚姻家庭"编在第 1045 条增补了对亲属的范围和近亲属范围的规定,这是其立法成就,但仍然没有关于亲等计算的规定。我国的代数计算法和国外多数国家的亲等计算法不同,我国存在诸如"三代以内旁系血亲禁止结婚"等反映亲属关系远近而需采用亲等进行科学计算的法律条文,为了使人们在适用的时候不产生疑问和歧义,我国应当在法律中作出明确规定。

2. 我国亲属关系通则制度的立法完善建议

《意大利民法典》第一编"人与家庭"中专设一章"血亲与姻亲",对血亲、姻亲的概念、直系血亲和旁系血亲的概念、亲等的计算方法进行了明确的规定,就使得之后有关亲属关系的规定有依据可循。我国《民法典》虽然已经对亲属的范围和近亲属的范围进行了规定,但是仍然可以进一步对血亲和姻亲的范围以及亲等的计算方法进行明确,使得法律规定更加严谨,也更加方便其适用。

(二)我国结婚制度的立法现状与不足及立法完善建议

1. 我国结婚制度的立法现状与不足

我国的法定结婚年龄是男不得早于 22 周岁,女不得早于 20 周岁,这是我国在 20 世纪 70 年代末期为了应对特殊的人口形势所作出的规定。我国《民法典》继续沿用此规定。实际上,在我国人口老龄化和低生育率的大背景下,学者早就有要降低我国的法定结婚年龄到成年年龄的观点提出。目前的法定婚龄的规定,与我国民事行为能力的年龄规定并不协调,也不再符合我国现在的人口形势,与世界上许多国家的以成年年龄为法定结婚年龄的规定亦有差别。

另外,我国《民法典》延续了之前我国《婚姻法》的规定,禁止直系血亲和三代以内的旁系血亲结婚,表兄妹堂兄妹在禁止结婚的近亲之列,这样的规定是出于优生优育的考虑。事实上,在我国一直具有"中表婚"的历史传统。而且在我国结婚登记的时候,民政部门并不能进行实质性审查,有效地对近亲进行排除。随着人们医学常识的丰富以及对结婚生育采取的态度变化,表兄妹和堂兄妹也应当在知晓可能的医学后果后具有选择的自由。

在我国现实生活中存在男女非婚同居甚至同性同居的情况,1994 年 2 月 1 日新的《婚姻登记管理条例》颁行后,最高人民法院在《关于适用新的〈婚姻登记管理条例〉的通知》中指出:自 1994 年 2 月 1 日起,没有配偶的男女,未经登记即以夫妻名义同居生活的,其婚姻关系无效,不受法律保护。对于起诉到人民法院的,应按非法同居关系处理。2001 年修正的《婚姻法》中没有关于非婚同居的规定。2001 年适用婚姻法的司法解释以 1994 年 2 月 1 日为界,排除了这一时间之后男女双方符合结婚实质要件的非婚同居被确认为事实婚姻而获得法律地位的可能性。2004 年的司法解释则彻底否定了非婚同居关系本身的可诉性。2021 年 1 月 1 日起实施的我国《民法典》中仍然没有关于调整同居关系的规定。"要想给每人本性任何公平的发展机会,最主要的事实是容许不同的人过不同的生活。"① 在我国没有履行结婚登记手续的男女两性结合不被法律所承认和保护,同性伴侣也尚未得到法律的承认和保护,这样的情况已经不能适应现代社会多元化家庭组成形式的需要。在我国,随着社会的发展和人们婚姻家庭观念的变化,非婚同居的人

---

① [英]约翰·密尔:《论自由》,程崇华译,商务印书馆 1959 年版,第 75 页。

数也在不断增加。有学者在分析我国产生非婚同居现象的社会基础后，提出了我国非婚同居立法的构想。[①] 我国还有学者认为："在公共政策价值取向的反复摇摆中，非婚同居人数则与日俱增。从西方国家法律规范此问题的经验看，我国未来婚姻家庭法律将不得不改变立场，接纳并保护非婚同居。"[②]

2. 我国结婚制度的立法完善建议

人类社会发展至今，家庭仍然是最重要的社会基本单位。各国宪法将婚姻作为其基本价值或制度予以保护，已经合法化的非婚同居、同性结合，虽然与传统婚姻并行，尚无可能取代传统婚姻制度之迹象。[③]

在意大利，成年年龄即法定婚龄。在我国人口老龄化和生育率降低的背景之下，建议可以考虑降低法定结婚年龄与成年年龄一致，给予当事人更大的选择权；在意大利，堂兄妹和表兄妹并不在禁止结婚的近亲之列，他们可以根据自己的意愿缔结婚姻。而在我国堂兄妹与表兄妹属于不能结婚的近亲属之列，随着医学常识的普及，也应该将这样的选择权交还给当事人自身。我国早已有学者提出了在一定的条件下，可以对这一结婚禁止条件解禁。[④]

在家庭组成形式上，承认婚姻之外的家庭组成方式，承认同性恋婚姻的潮流已经席卷世界，"无论是在西方还是中国，非婚同居开始成为普遍社会现象，尽管起始时间阶段有显著不同，但导致其流行的原因是惊人相似的"。[⑤] 世界各国承认非婚同居法律效力的，可以分为三种模式：婚姻模式、准婚姻模式和非婚姻模式。[⑥] 意大利的同性民事结合采取的就是准婚姻模式，而事实同居采取的就是非婚姻模式。法律承认和保护同性或异性的同居，这也是现代家庭法的发展趋势之一。早有学者呼吁我国应当为同性恋或者同居伴侣立法，从法律上认可他们之间的结合，赋予他们相应的权利和地位。[⑦]

（三）我国夫妻关系制度的立法现状与不足及立法完善建议

1. 我国夫妻关系制度的立法现状与不足

在夫妻人身关系上，我国《民法典》第 1050 条规定，登记结婚后，男女双方有约定互为对方家庭成员的权利[⑧]，但没有明确规定夫妻双方同居的义务、夫妻双方对婚姻住所的决定权。在夫妻财产关系上，一方面，在立法体例上，我国《民法典》中的夫妻财产关系制度比较分散，分别在第五编第三章"家庭关系"和第四章"离婚"中。另一方面，

① 参见陈苇、王薇：《我国设立非婚同居法的社会基础及制度构想》，载《甘肃社会科学》2008 年第 1 期，第 28-33 页。

② 蒋月：《20 世纪婚姻家庭法：从传统到现代化》，中国社会科学出版社 2015 年版，第 497 页。

③ 蒋月：《结婚自由将走向何处》，载陈苇主编：《21 世纪家庭法与家事司法：实践与变革》，群众出版社 2016 年版，第 145 页。

④ 李洪祥：《我国民法典立法之亲属法体系研究》，中国法制出版社 2014 年版，第 117 页。作者在这里提出可以允许年老者、没有生育能力的表兄弟姐妹结婚。

⑤ 蒋月：《20 世纪婚姻家庭法：从传统到现代化》，中国社会科学出版社 2015 年版，第 495 页。

⑥ 夏吟兰主编：《中华人民共和国婚姻法评注·总则》，厦门大学出版社 2016 年版，第 168 页。

⑦ 如王薇：《非婚同居制度比较研究》，人民出版社 2009 年版；但淑华：《我国非婚同居的二元法律规制研究》，法律出版社 2012 年版；蒋月：《20 世纪婚姻家庭法：从传统到现代化》，中国社会科学出版社 2015 年版，第 495-500 页。

⑧ 此系沿用我国 2001 年修正的《婚姻法》第 9 条之规定，虽然承认夫妻有约定互为对方家庭成员的权利，但没有明确规定夫妻对婚姻住所协商的决定权。

在立法内容上，一是在法定夫妻财产制部分，规定"继承或者受赠的财产"，除非在遗嘱或者赠与合同中确定只归一方，否则都归双方所有。此规定与世界上多数国家的规定恰好相反，源于我国认为夫妻是财产共同体的传统思想，却与当前婚姻中主体的独立性趋势背道而驰，而且如果婚姻即将结束，却有其中一方父母去世发生法定继承的情况下，往往会造成实践中的乱象。① 二是我国《民法典》和《婚姻家庭编解释（一）》有关夫妻各方以个人财产清偿夫妻共同债务的无限清偿责任之规定②，"偏重牺牲配偶财产权来保护社会交易安全"③，不利于保护夫妻的个人财产权益。意大利法规定，在夫妻无法以夫妻共同财产清偿全部共同债务的情况下，债权人可以请求夫妻各方以个人财产清偿，但以满足债权额的半数为限。此夫妻个人财产对共同债务承担有限补充清偿责任之立法，体现了保护夫妻合法财产权益与维护第三人利益相兼顾原则的精神。④

2. 我国夫妻关系制度的立法完善建议

《意大利民法典》中夫妻关系制度都集中在第一编"人与家庭"第六章"婚姻"当中。在夫妻人身关系方面，意大利在民法典中明确规定了夫妻双方同居的义务、共同决定家庭住址的权利以及在家庭生活中相互合作、相互协助的义务。在夫妻财产关系方面，约定财产制和法定财产制并存，法定财产制又分通常法定财产制和非常法定财产制，且夫妻以个人财产清偿夫妻共同债务仅承担有限补充清偿责任。我国《民法典》在夫妻人身关系方面，建议增加夫妻双方同居的义务，共同决定家庭住址的权利。在夫妻财产关系方面，建议将"继承或者受赠的财产"原则上作为夫妻一方的个人财产，在特殊情形下"遗嘱或者赠与合同中确定归夫妻双方"时则为夫妻共同财产。并且，建议修改我国夫妻以个人财产对共同债务承担无限清偿责任之立法，从我国实际出发，借鉴意大利法之规定，在夫妻共同财产不足清偿全部共同债务时，债权人可请求夫妻各方以其个人财产清偿该债权额的半数。这样可以兼顾保护夫妻合法财产权益与维护第三人利益及交易安全。

（四）我国亲子关系制度的立法现状与不足及立法完善建议

1. 我国亲子关系制度的立法现状与不足

在对未成年人的保护方面，"未成年子女最佳利益"原则已经成为许多国家家庭法的立法原则。与"子女最佳利益"相比，"父母在法律上的权利"则逐渐居于次要地位。在家庭组成形式多元化的今天，对亲子关系的规定一方面需要细化，另一方面需要体现"子女最佳利益"原则。⑤ 我国《民法典》在"一般规定"中增补了婚姻家庭受国家保护的基本原则，这是其立法成就，但仍然存在某些不足，如仍然没有明确规定"子女最大利益原则"；仍然使用"非婚生子女"的称谓；在父母直接抚养子女的优先条件规定中，

---

① 因为婚姻即将结束，一方却要进行继承，为了不使夫妻共同财产增加，继承一方会试图通过放弃继承等方式来规避，在实践中公证机关和司法机关做法不一，引起了很多问题。

② 我国《民法典》第 1089 条和《婚姻家庭编解释（一）》第 35-36 条。

③ 参见夏吟兰、薛宁兰主编：《民法典之婚姻家庭编立法研究》，北京大学出版社 2016 年版，第 202 页。

④ 参见陈苇：《中国婚姻家庭法立法研究》，群众出版社 2000 年版，第 223 页。

⑤ 参见［德］妮娜·德特洛夫：《21 世纪的亲子关系法——法律比较与未来展望》，樊丽君译，载《比较法研究》2011 年第 6 期，第 147-160 页。

还存在部分体现以"父母本位"的规定①；继父母与继子女之间形成抚养关系的认定标准并未充分明确。

2. 我国亲子关系制度的立法完善建议

《意大利民法典》在亲子关系部分的变化，体现了从"父母本位"转向"子女本位"、在用语和内容上努力追求婚生子女和非婚生子女权利平等的趋势。目前我国《民法典》主要是对 2001 年修正的《婚姻法》中相关内容的延续，未成年人利益最大化，应当成为我国当代婚姻家庭法发展的核心价值取向，建议对我国亲子关系制度明确规定"未成年人最佳利益"原则，逐渐摒弃"非婚生子女"的称谓②，修改父母直接抚养子女的优先条件中部分体现以"父母本位"的规定，并且明确继父母与继子女之间形成抚养关系的认定标准。还可以增加父母照顾权等概念，以实现对未成年子女利益的全面保护。③

（五）我国收养制度的立法现状与不足及立法完善建议

1. 我国收养制度的立法现状与不足

我国《民法典》中增补了"最有利于被收养人原则"，为更好地保护被收养人和收养人的合法权益，同时修改补充了收养成立的部分实质要件。随着我国人口形势的变化、二孩政策的全面放开，以及老龄化社会的到来，我国《民法典》对我国原《收养法》中对收养人数的限制、被收养人年龄的限制、对收养近亲属子女的限制，已经被作出了相应的修改，如有一名子女的收养人仍然可以进行收养，14 周岁以上的未成年人可以被收养等，这些都是其立法成就。但收养的类型存在不足，只有完全收养这一种类型，收养一旦成立，被收养人与亲生父母之间的关系即完全解除。事实上，很多国家都存在不完全收养，作为对完全收养制度的补充。在一些特殊的情况下，如与被收养人原来的家庭具有亲属和朋友关系的收养人对未成年人进行收养之后，被收养人与生父母以及原来家庭的关系不被切断，可能更加有利于被收养人的成长。此外，我国在收养的程序上也存在不足。在正式的收养成立前，我国没有"试收养期"作为让收养人和被收养人充分相处以确定能否共同生活的程序，而这样的程序往往能够最大限度地保证收养的成功。

2. 我国收养制度的立法完善建议

意大利收养法中有不完全收养制度，当然不完全收养只发生在一些特殊的情形下，是为了保护被收养人的最大利益。建议我国在完全收养之外，增设不完全收养制度作为补充。例如，单亲家庭中的未成年子女被收养，如果收养人是未成年人的血亲，或者是其生父母的朋友，则被收养人可以保持与生父母的法律关系，这样对未成年人的健康成长可能更加有利。同时，建议我国进一步适当放宽亲属间收养"三代以内同辈旁系血亲的子女"的限制，允许亲友之间的不完全收养。另外，意大利法要求再收养成立之前，被收养人需要在收养人家中进行为期一年的"寄养"，以确保被收养人可以融入新的家庭，以避免收养成立后才发现不适合的情况。建议我国设立收养成立前一段时间的"试收养"阶段，可以更大程度地保证之后的收养顺利进行，也更大限度地保证未成年人的

---

① 如我国《婚姻家庭编解释（一）》第 46 条第 1、3 款规定，对已满两周岁的未成年子女，父母均要求直接抚养，一方有下列情形之一的，可予优先考虑：已做绝育手术或者因其他原因丧失生育能力；无其他子女，而另一方有其他子女。

② 陈苇：《中国婚姻家庭法立法研究》，群众出版社 2000 年版，第 314-315、356-357 页。

③ 薛宁兰：《我国亲子关系立法的体例与构造》，载《法学杂志》2014 年第 11 期，第 28 页。

利益。

（六）我国监护制度的立法现状与不足及立法完善建议

1. 我国监护制度的立法现状与不足

我国监护制度的分类和设计不够细致，不能满足实际生活中对于监护多种多样的需要，尤其是在成年人监护方面，一直存在法律规定上的缺失。我国有学者指出："我国成年人监护制度立法尚滞后于现代世界主流成年人监护制度发展趋势。"[①] 我国原《民法通则》只规定有法定监护，后来自我国《老年人权益保障法》开始引入意定监护。我国《民法典》总则在全面监护之外增加了有限监护，[②] 特别是在成年人监护法定监护之外补充了意定监护，这些都是其立法成就。但我国立法仍然存在不足，目前在法定监护中，对被监护人是否需要监护的判断标准就是年龄和意识，并且一律实行全面的监护，没有任何区别。例如，对因高龄和身体障碍无法管理自己事务的成年人，并没有相对应地区分不同层级的监护措施（如辅助、保佐、监护）。[③]

2. 我国监护制度的立法完善建议

在意大利的监护制度中，针对不同的对象，实行监护或者保佐。并且在 2004 年加入了对部分或者暂时丧失民事能力的人的"支持管理人"制度，就使得监护制度完善起来，针对不同需求的人都有相应的制度存在。建议我国对法定监护制度进行更加细致的区分，建立起完善的监护体系。除指定监护与意定监护的分类之外，对于未成年人，一定年龄以上的就可以不再实行全面监护，而实行部分监护或者保护。

对于成年人监护，目前两大法系在该问题上进行变革，普遍形成了以"尊重自我决定权""本人生活正常化"为核心的新的发展理念。[④] 与传统的全面监护不同，完全无民事行为能力人和限制行为能力人也应有不同的监护制度相对应。已经有学者提出在我国建立意定监护为主，法定监护为辅的成年人监护制度，在法定监护中确立有限监护的中心地位，并在此基础上新设监护、保佐与辅助三种措施。[⑤] 也有学者根据世界成年人监护领域出现的新理念和新措施，提出了"支持决策"等设计我国成年人监护制度的新理念。[⑥] 在我国，《民法典》和现行《老年人权益保障法》已经在原有的法定监护和全面监护基础之上，增设了意定监护和有限监护，但是我国的监护制度，仍应根据现实需要进一步补充完善。

（七）我国离婚制度的立法现状与不足及立法完善建议

1. 我国离婚制度的立法现状与不足

在我国离婚制度中，对于诉讼离婚的法定理由，《民法典》第 1079 条根据我国现实需要进行了一项补充："经人民法院判决不准离婚后，双方又分居满一年，一方再次提起离婚诉讼的，应当准予离婚。"这是总结我国司法实践经验上升为立法的成就。但其仍然沿用"感情确已破裂"作为判决准予离婚的法定条件，这是立法之不足。因为夫妻感情

---

① 李霞：《成年监护制度的现代转向》，载《中国法学》2014 年第 2 期，第 199 页。

② 我国《民法典》第 33 条、第 35 条。

③ 参见陈苇、李艳：《中国民法典之监护制度立法体系构建研究》，载《西南政法大学学报》2017 年第 2 期。

④ 丁丽文、李梦雅：《论我国成年监护制度的发展与完善》，载《法律适用》2018 年第 16 期，第 50 页。

⑤ 李霞：《成年监护制度的现代转向》，载《中国法学》2014 年第 2 期，第 199 页。

⑥ 王竹青：《论成年人监护制度的最新发展：支持决策》，载《法学杂志》2018 年第 3 期，第 78 页。

是一种精神状况，不能够作为法律调整的对象，而婚姻关系才能够作为法律调整的对象，并且在司法实践中"感情确已破裂"往往难以认定，一直以来受到学界的批评，有学者提出应当采取"婚姻破裂论"①或采取"感情破裂与婚姻破裂混合论"，对我国法定离婚条件进行修改。②

在我国登记离婚制度中，根据我国 2001 年修正的《婚姻法》之规定，只要男女双方自愿离婚的，并且对子女和财产问题已有适当处理时，就可以前往民政部门进行登记离婚，当日就可以拿到离婚证。简便的登记离婚程序充分保护了婚姻当事人的离婚自由，但事实上民政部门无法对双方当事人达成的协议进行实质性审查，过分自由的离婚程序和过低的离婚成本对婚姻的稳定不利，对离婚后未成年子女的抚养和教育不利。早就有学者认为我国登记离婚制度"自由充分，限制不足"。③对此，有学者提出在我国建立离婚考虑期制度④。对此，我国《民法典》增加规定了为期 30 日的离婚冷静期，此规定表明了立法者坚持离婚慎重原则，减少冲动离婚的态度，实施不久就已经见到了成效。⑤

无论由于何种原因离婚，都会给未成年子女带来身心上难以消除的影响，如何在离婚后最大限度地减少对未成年子女的负面影响，保护未成年人的最大利益成为婚姻家庭法的重要课题。离婚后由父母双方共同行使监护权符合父母子女关系持续性的理念已被国际社会所认可。早在 1957 年的《儿童权利公约》中就明确规定，缔约国应当确保父母双方对儿童的养育和发展负有共同责任的原则得到确认。⑥由于共同监护更有利于离婚后未成年子女的身心健康成长，也已经成为世界上一些国家家庭法的普遍规定。⑦我国《民法典》规定离婚时必须要确定未成年子女由何方父母直接抚养一起共同生活，但父母离婚后不管未成年子女跟随哪一方父母共同生活，都是父母双方共同监护。意大利离婚后的子女监护亦是采取共同监护。但在我国现实生活中，事实上未与子女共同生活一方行使监护权，时常无法得到很好的实现。而在登记离婚的情况下，只要父母达成一致，甚至不需要征得未成子女本人同意，即可确定子女与谁共同生活，这显然不是"未成年人最大利益"的体现。⑧

2. 我国离婚制度的立法完善建议

第一，对我国诉讼离婚中准予离婚的原则，我国采取"感情破裂主义"一直饱受诟病，建议借鉴意大利离婚法中关于法定离婚条件的表述："配偶精神上和物质上都不能共同继续生活的情况下。"这样的表述兼顾婚姻的伦理性和实体性，兼顾婚姻感情的内容和其他功能，恰好符合学者而提出的"感情破裂与婚姻破裂混合论"。⑨

① 蒋月：《改革开放三十年中国离婚法研究之回顾与展望》，载陈苇主编：《改革开放三十年（1978-2008）中国婚姻家庭继承法研究之回顾与展望》，中国政法大学出版社 2010 年版，第 151 页。
② 胡志超：《中国破裂主义离婚法律制度》，法律出版社 2010 年版，第 65 页。
③ 夏吟兰：《离婚自由与限制论》，中国政法大学出版社 2007 年版，第 120 页。
④ 陈苇：《中国婚姻家庭法立法研究》，群众出版社 2000 年版，第 247-248 页。
⑤ 《离婚冷静期真的有用？近 6 成"离婚夫妻"冷静期内放弃离婚》，腾讯新闻 2021 年 4 月 16 日，https://new.qq.com/omn/20210416/20210416A0CAY600.html，访问日期：2021 年 4 月 16 日。
⑥ 夏吟兰：《离婚自由与限制论》，中国政法大学出版社 2007 年版，第 289 页。
⑦ 樊丽君：《共同监护已成离婚后抚养孩子的世界趋势》，载《中国妇女报》2015 年 9 月 21 日。
⑧ 参见冉启玉：《人文主义视阈下的离婚法律制度研究》，群众出版社 2012 年版，第 207 页。
⑨ 胡志超：《中国破裂主义离婚法律制度》，法律出版社 2010 年版，第 2 页。

第二，建议对我国登记离婚制度予以补充完善。一是对我国登记离婚制度设置调解程序。① 在意大利，原本不存在登记离婚制度，即使夫妻双方协商一致同意离婚，也要经过法官的裁判。而改革后的意大利离婚法，也只在没有未成年子女的特定情况下才能适用律师帮助下的"简便离婚"。因为"将离婚的个人成本和社会成本转给其他人或社会承担则是一种潜在的不公平，对离婚自由加以限制是社会公平正义的要求"。② 目前，除意大利外，世界上不少国家都设立了离婚前的分居程序和离婚等待期，在登记离婚中也设置调解程序。③ 二是建议有 10 周岁以下未成年子女者，不得使用登记离婚程序；有 10 周岁以上未成年子女者，离婚协议要由婚姻登记机关进行实质性审查。④ 三是如果有 10 周岁以上未成年子女者，在登记离婚时，应征询子女的意见，双方达成的协议须经婚姻登记机关审查核准。⑤ 婚姻登记机关经审查如发现对未成年人权益保护不利时，应当不予办理离婚登记，并告知离婚当事人可以提起诉讼离婚，以期由司法力量介入保护未成年人的合法权益。⑥

第三，建议对我国诉讼离婚制度予以补充完善。一是在我国建立分居制度，其也有减少冲动离婚的作用，采取分居制度与离婚制度并行的双轨制，以供婚姻当事人根据其实际情况进行选择。⑦ 二是对离婚时确定何方父母直接抚养子女的优先条件中个别以"父母本位"的规定修改为"子女本位"。三是诉讼离婚中法院判决时，应当充分考虑夫妻双方的条件，并且依法征求年满 8 周岁的子女意见，以保障未成年子女的最大利益。四是对探望权制度予以补充，应当尊重子女的主体地位，而不是首先考虑父母对子女探望的需求，并保障不与未成年子女共同生活的离婚父母一方行使探望权。我国有学者建议将父母对未成年子女"探望权"，修改为"交往权"或"全面交往权"，并且扩大交往权的内涵和交往权的主体范围，如增加孙子女、外孙子女与祖父母、外祖父母之间的交往权。⑧ 五是建立离婚父母对未成年子女监护权行使的监督制度，以更有利于未成年子女的成长。⑨

综上所述，婚姻家庭权是一项基本人权，为了保障婚姻家庭成员之基本权利的实现，国家应当采取立法、司法、行政等一切措施，使国家公权力适度介入家庭生活，尤其应

---

① 陈苇、石雷、张维仑：《中国登记离婚制度实施中儿童权益保障情况实证调查研究》，载陈苇主编：《21 世纪家庭法与家事司法：实践与变革》，群众出版社 2016 年版，第 226 页。

② 冉启玉：《人文主义视阈下的离婚法律制度研究》，群众出版社 2012 年版，第 144 页。

③ 奥地利、英格兰、瑞士、希腊、丹麦、挪威、冰岛、葡萄牙、法国都规定分居期；美国多个州都设有离婚等待期，如加利福尼亚州有 6 个月的等待期；我国澳门地区在登记离婚中也设置了离婚程序。

④ 夏吟兰：《离婚自由与限制论》，中国政法大学出版社 2007 年版，第 126 页。

⑤ 夏吟兰：《中国登记离婚制度的评价与反思》，载陈苇主编：《21 世纪家庭法与家事司法：实践与变革》，群众出版社 2016 年版，第 200 页。

⑥ 这样的制度普遍存在于意大利、德国和法国，一旦司法者认为离婚会严重损害未成年子女的利益，就可以判决当事人不得离婚，未成年人权利保护的法益高于父母的离婚自由。

⑦ 陈苇、罗晓玲：《设立我国分居制度的社会基础及其制度构想》（下），载《政法论丛》2011 年第 2 期，第 66 页。此外，关于学者对我国分居制度的设计，可参见孟德花：《别居与离婚制度研究》，中国人民大学出版社 2009 年版；王勤芳：《别居法律制度研究》，知识产权出版社 2008 年版等。

⑧ 陈苇：《离婚后父母对未成年子女监护权问题研究》，载《中国法学》1998 年第 3 期，第 49 页；冉启玉：《人文主义视阈下的离婚法律制度研究》，群众出版社 2012 年版，第 255 页。

⑨ 薛宁兰：《改革开放三十年中国亲子法研究之回顾与展望》，载陈苇主编：《改革开放三十年（1978-2008）中国婚姻家庭继承法研究之回顾与展望》，中国政法大学出版社 2010 年版，第 125 页。

当为婚姻家庭中的弱势群体提供优先的救济途径和救济措施。意大利加强对婚姻家庭关系的法律调整，从结婚、离婚到收养，以及父母子女关系，国家公权力都会全面介入，以保障家庭成员权利的实现，特别是弱者权利的实现。我国《民法典》在立法理念更新和制度增补后已取得了很大立法成就，但有些具体制度今后还需要进一步细化和完善，在适应我国现实国情需要的同时顺应世界家庭法发展的潮流，在尊重个人自由的同时保障实现家庭的社会价值。

第五章　当代瑞士婚姻家庭法律制度研究

第一节　当代瑞士婚姻家庭法律制度概述

本节研究和阐述以下内容：一是当代瑞士婚姻家庭法律制度的渊源和主要内容；二是 20 世纪以来瑞士婚姻家庭法律制度修订概况。

一、当代瑞士婚姻家庭法律制度的渊源和主要内容

《瑞士民法典》诞生于 1907 年，2019 年 1 月做了最新修订。[①] 当代瑞士婚姻家庭法律制度的渊源，主要源于《瑞士民法典》。《瑞士民法典》在历经 2016 年、2017 年、2018 年、2019 年[②]的修订后，瑞士婚姻家庭法律制度更为系统和完善，其不仅在内容上有所更新，而且在体系上更是有所突破，既顺应了 21 世纪婚姻家庭法律制度的发展趋势，也反映了当代瑞士婚姻家庭法律制度的前瞻性。

整体观之，2016 年至 2019 年《瑞士民法典》之婚姻家庭制度的总体框架尚无实质性变化，基本内容包括亲属关系通则、结婚制度、夫妻关系制度、亲子关系制度、收养制度、监护制度、离婚制度、分居制度等。其中，亲属关系通则的内容有亲属的范围、种类，亲系及亲等的计算方法，亲属关系的发生和终止，亲属关系的法律效力；结婚制度的内容有婚约、结婚的必备条件和禁止条件，无效婚姻构成要件与法律后果，同性伴侣关系（民事结合）；夫妻关系制度的内容有夫妻人身关系和夫妻财产关系，前者包括夫妻姓氏权、公民权、夫妻同居义务、忠实义务、相互帮助义务、婚姻住宅决定权、家庭事

---

① 截至 2019 年《瑞士民法典》经历多次修订，分别是 1911.04.19、1912.01.01、1920.07.01、1931.02.01、1935.03.01、1947.01.01、1952.02.22、1953.01.01、1954.01.01、1958.07.01、1965.01.01、1972.01.01、1973.02.15、1973.04.01、1978.01.01、1981.01.01、1985.01.01、1985.06.01、1988.01.01、1991.02.01、1994.01.01、1995.01.01、1996.01.01、1997.01.01、2000.01.01、2001.01.01、2002.03.01、2003.01.01、2003.04.01、2004.01.01、2004.06.01、2004.07.01、2005.01.01、2005.06.01、2006.01.01、2007.01.01、2007.05.01、2007.07.01、2007.12.01、2008.01.01、2008.07.01、2008.12.05、2010.01.01、2010.02.01、2011.01.01、2012.01.01、2013.01.01、2013.07.01、2014.07.01、2016.01.01、2016.04.01、2017.01.01、2017.09.01、2018.01.01、2019.01.01。值得说明的是，在婚姻家庭制度方面，2016 年《瑞士民法典》修订内容最为全面，2017、2018、2019 亦有个别条文有删除和增补。

② 笔者注：本章参考引用的瑞士婚姻家庭相关的法律条文来源有二：一是《瑞士民法典》，戴永盛译，法律出版社 2016 年版。（以下简称 2016 年《瑞士民法典》）二是笔者根据 2017 年 1 月 1 日、2017 年 9 月 1 日、2018 年 1 月 1 日、2019 年 1 月 1 日的《瑞士民法典》之婚姻家庭编的修订英文版的译文，（以下简称 2017 年《瑞士民法典》、2018 年《瑞士民法典》、2019 年《瑞士民法典》）资料来源：https：//www.admin.ch/opc/en/classified-compilation/19070042/index.html，访问日期：2019 年 7 月 26 日。

务管理权、夫妻的行为能力及日常家事代理权、夫妻就业权等，后者包括夫妻扶养义务、夫妻继承权以及夫妻财产制，其中，对非常法定财产制作了系统性规定，并将其作为通常法定财产制的必要补充，分为宣告的非常法定制和当然的非常法定财产制，在法定的特殊情况之下方可适用；亲子关系制度的内容有亲子关系发生的一般规定、夫之为子女之父的推定、撤销、生父母结婚、认领和父子关系的判决、撤销、推定、剥夺、变更等；收养制度的内容有收养的基本原则、收养的成立要件、收养的效力、收养的撤销、收养无效的法定情形；监护制度的内容有父母对未成年人的亲权、非父母对未成年人的监护、成年人保护制度，立法体系采用的是"两分法"的立法模式，分为未成年人监护和成年人监护两部分，但没有专门的章节设立监护制度的通则性一般规定，而是将通则性一般规定置于具体制度当中。具体内容包括第二分编"父母"的第八章"亲子关系的效力"之第三节"亲权"、第四节"子女的财产"、第五节"受监护的未成年人"，第三分编"成年人的保护"。① 在未成年人监护中，对亲权与监护做了区分，包括父母对未成年子女的亲权与非父母对未成年人的监护。并且，非父母对未成年人的监护分为意定的与法定的两种监护类型。在成年人监护中，分为意定的与法定的监护两种类型，但名称已被修改为"成年人保护"，具体措施包括自己预定的措施、依法应采取的措施和主管机构采取的措施三种。此外，成年人保护措施依据不同的监护执行主体进行了代理、医疗事务的代理、辅助、监护等层级划分；离婚制度的内容有离婚法定事由、分居、程序、法律后果。值得一提的是，瑞士原亲属扶养法部分包括夫妻之间的扶养、父母对子女的抚养以及其他亲属间的扶养，被分编在婚姻的普通效力、亲子关系以及家庭共同体中；分居制度则规定了分居的期限、分居的法律效力等。

二、20 世纪以来瑞士婚姻家庭法律制度修订概况

家庭是社会的基本单位，婚姻家庭法律制度的发展变革关系着全体当事人的切身利益，也反映着社会现实的需要。瑞士婚姻家庭法律制度的内容随着 2016 年《瑞士民法典》的修订，进行了一次较大规模的变动，其后在 2017 年、2018 年、2019 年又有不同程度的删除、增补、修订，主要被体现在亲属关系通则、结婚制度、亲子关系制度、收养制度、监护制度、离婚制度之中。本节阐述的瑞士婚姻家庭法修订概况，主要通过对1999 年《瑞士民法典》、2016 年《瑞士民法典》以及 2017 年、2018 年、2019 年 Swiss Civil Code（瑞士官方英文版《瑞士民法典》）的比较，研究 20 世纪以来瑞士民法典的立法动态。美国著名法学家博登海默指出，"任何值得被称之为法律制度的制度，必须关注某些超越特定社会结构和经济结构相对性的基本价值"。② 归纳如下：

第一，亲属关系通则的补充。为了体现更为合理的婚姻家庭伦理关怀，2017 年《瑞士民法典》对亲属关系通则进行补充，在姻亲关系中依 2007 年生效的《同性伴侣关系法》规定，增加了同性伴侣的姻亲关系，与他人有血亲关系的，该人的已登记的同性伴侣在同亲系和同亲等上互为姻亲，因已登记的同性伴侣关系而成立的姻亲关系不因已登

---

① 陈苇、李艳：《中国民法典之监护制度立法体系构建研究》，载《西南政法大学学报》2017 年第 2 期，第 80页。

② 赵玉：《司法视域下夫妻财产制的价值转向》，载《中国法学》2016 年第 1 期，第 222 页。

记的同性伴侣关系的解除而消灭。2018 年《瑞士民法典》新增家庭共同体或帮助义务请求权的范围和主张的规定。

第二，结婚制度的修改。2016 年《瑞士民法典》对于结婚制度的修改主要有：规定未成年人在没有取得法定代理人同意就订婚的，不因订婚而负义务，取消了父母对子女的结婚同意权，增强了结婚的自主性。缩小了禁止结婚的范围，结婚障碍仅限定在直系血亲之间、全血缘或半血缘的兄弟姐妹之间；删除了待婚期的规定。非瑞士籍结婚当事人仅需取得自己在瑞士的合法居留权，未能证明结婚当事人在瑞士享有合法居留权时，民事登记官应向主管机关汇报情况，放宽了对外国人在本国的结婚限制，但是在 2012 年增加补充规定，若夫妻双方没有成立婚姻生活共同体的意愿，仅是为了规避外国人入境和居留之规定的婚姻无效。在结婚的准备程序民事登记官审查核实事项中增加核实结婚要件以及当事人的结婚意愿情况。患有精神病者的婚姻不再归于无效，婚姻无效必须经由法院判决。另外，瑞士各州均通过了《联邦伴侣法》，此前仅有四个地区的法律认可同性伴侣关系。此后，对结婚制度再无修订。

第三，夫妻关系制度的修改。2016 年《瑞士民法典》对于夫妻人身关系部分改变原来婚后以夫姓氏为双方姓氏的规定，体现了男女平等的思想。此后，对夫妻关系制度再无修订。

第四，亲子关系制度的修改。2018 年《瑞士民法典》完善了未成年人的优先受抚养权，规定对未成年人的抚养责任应优先于家庭法规定的其他扶养义务，修改了子女抚养费的缴纳之考虑因素和时间，新增支付抚养费后的索赔条款、抚养协议的范围、父母离婚后与未成年人子女的照护、父母照护子女的保护机构。2019 年《瑞士民法典》修订了父母照护权，新增如果儿童的身体、精神或性完整性有可能受到威胁，任何人可通知儿童保护当局的规定，专业保密人士也包括在内，新增各机构的合作和行政援助制度等。

第五，收养制度的修改。2016 年《瑞士民法典》简化了收养条件，如收养配偶的子女无须年满 35 岁，只要求结婚满 5 年即可，如单独收养子女，仅须未婚者或者没有登记伴侣关系的年满 28 岁或年满 28 岁的已婚者因其配偶持续无判断力、下落不明已逾 2 年或判决分居满 3 年而不能共同收养时即可。登记伴侣关系后共同生活的人，如果其登记伴侣长期缺乏判断能力或下落不明超过 2 年，则允许 28 岁以上的人单独收养儿童。此外，还设有兜底性条款，即若出于未成年人最大利益化考虑，且收养人能够证明，可对收养人最低年龄作出例外性规定，也就是低于 28 岁的人亦可收养子女。然而，收养成年人的条件相对更加严格，收养人必须至少照料抚养被收养人 5 年方成立收养关系。关于收养的程序也更加严格，提交申请时必须满足申请要求，收养决议应包含进入民事登记册所需的收养人的名字、姓氏以及和公民身份有关的所有信息。而且联邦对收养居间行使监督权，以收养居间为职业的或者因职业关系而为收养居间的，须取得官方许可，但儿童保护机构除外。2018 年《瑞士民法典》修订了收养未成年人的一般要件、共同收养的夫妻年龄限制、单独收养者的年龄；新增了收养继子女的条件；新增收养年龄限制的例外性规定；修订了如果儿童有法定监护人或法定代表人，收养需要儿童保护机构的同意，即使儿童能够作出判断的规定；新增未成年人的公民身份须由亲子关系法律决定；新增收养应当听取儿童的意见，除非由于儿童的年龄或其他正当理由无法听取；新增儿童代表制度；新增州信息中心和儿童调查服务中心制度；新增同居关系中继子女被收养后的处理方式等。

第六，监护制度的修改。2016 年《瑞士民法典》取消了监护官厅对被监护人的临时处分权，删去了拒绝接受监护的 6 条法定理由；增加了"未成年人监护"一节，即增加了法定监护人的相关规定，未成年子女未受到父母照护的，儿童保护机构得为其指定监护人，此处受监护的子女享有和受父母照护的子女相同的权利，关于监护人的法律地位则适用成年人保护的相关规定以及救助性收容机构的规定。"成年人保护"制度的变化最为显著，在 2018 年的修订中将其专设为第三分编，在整个民法典中占用较大篇幅，足见其对成年人保护的重视，表明瑞士成年人保护立法的日趋成熟。成年人监护分为意定监护和法定监护，两者互相补充；成年人保护措施共三种，即自己安排照护、法定措施和官方措施，在监护内部实现了层级化的制度构造。其中，改革力度最大的无疑为保佐和救助性收容两部分内容，完全替代了 1999 年《瑞士民法典》的监护和保佐。[①] 同时，增设多种保佐类型，包括辅助性保佐、代表性保佐、参与性保佐、不同类型保佐的结合、总括保佐等。2019 年《瑞士民法典》在成年人保护制度中新增通知成人保护当局的义务、协助义务。

第七，离婚制度的修改。2016 年《瑞士民法典》对于离婚法部分将离婚原因的列举式规定改为概括性规定：配偶双方共同请求离婚、配偶单方请求离婚，离婚程序的阐述更加简洁。因结婚更改了姓氏的配偶在离婚后任何时候均可以恢复原姓氏，不受此前 6 个月期限限制。另外，还删除对再婚期限的规定。在离婚后果中，进一步明确离婚父母的权利义务，明示父母的照护权、子女的居所、父母各方与子女的个人来往或父母各方对子女应尽的照管义务、父母各方应承担的子女生活费数额。父母其他权利义务的变化适用关于亲子法的效力的规定。如父母双方同意，儿童保护机构可以对父母的照护权和子女的居所作出重新安排，并批准其抚养协议，其他情形则由法院进行裁判。删去离婚程序第 135-158 条。在分居制度中取消了原来定期分居与不定期分居的规定，修改原来请求离婚的配偶需分居状态满 1-3 年为至少 2 年。2017 年《瑞士民法典》修订了离婚时退休金的分割制度、残疾抚恤金分割制度，新增分居时支付给子女和他方的扶养费制度等。

第二节　当代瑞士亲属关系通则

本节研究和阐述以下内容：一是当代瑞士亲属关系通则概述；二是当代瑞士亲属的范围和种类；三是当代瑞士亲系及亲等的计算方法；四是当代瑞士亲属关系的发生和终止；五是当代瑞士亲属关系的法律效力。

一、当代瑞士亲属关系通则概述

(一) 当代瑞士亲属关系通则的主要内容

当代《瑞士民法典》之亲属关系通则的主要内容包括：亲属的范围、种类，亲系及亲等的计算方法，亲属关系的发生和终止，包括配偶关系的发生和终止、自然血亲关系的发生和终止、拟制血亲关系的发生和终止、姻亲关系的发生和终止，亲属关系的法律

---

① 孙犀铭：《民法典语境下成年监护改革的拐点与转进》，载《法学家》2018 年第 4 期，第 28 页。

效力，包括一定范围的亲属同意订婚、一定范围的亲属禁婚、一定范围的亲属应履行扶养义务、一定范围的亲属享有共同的财产权、一定范围的亲属享有提起婚姻无效诉讼的请求权、一定范围的亲属享有亲权和家长权、一定范围的亲属对无判断能力人的医疗措施享有代表权以及父母当为未成年子女的法定代理人等。

（二）当代瑞士亲属关系通则的修订情况

当代《瑞士民法典》对亲属关系通则的规定，包括亲属的范围和种类、亲系及亲等的计算方法、亲属关系的发生和终止到亲属关系的法律效力，截至2016年《瑞士民法典》的修订，亲属关系通则从体系和内容上是非常全面的。为了追求更为合理的婚姻家庭伦理关怀，在姻亲关系中依2007年《同性伴侣关系法》规定，增加了同性伴侣的姻亲关系，规定与他人有血亲关系的，该人已登记的同性伴侣在同亲系和同亲等上互为姻亲，因已登记的同性伴侣关系而成立的姻亲关系不因已登记的同性伴侣关系的解除而消灭，2018年《瑞士民法典》新增家庭共同体或帮助义务请求权的范围和主张的规定。

二、当代瑞士亲属的范围和种类

（一）亲属的范围

2016年《瑞士民法典》对亲属的范围采取的是分别限定的立法模式，在亲属之间有关结婚、继承、扶养、监护等方面分别规定了有权利义务的亲属范围。其主要有：直系血亲之间，全血缘或半血缘的兄弟姐妹之间，不论其亲属关系基于出生或基于收养而形成，均不得结婚（第95条第1款）、血亲的法定继承权，止于祖父母系法定继承人（第460条）、对死亡的配偶和登记的同性伴侣的遗产（第462条）、血亲的法定继承人包括直系血亲卑亲属、父母系法定继承人、祖父母系法定继承人（第457、458条）等。

可见，瑞士民法认可的亲属范围包括直系血亲，同父同母、同父异母或同母异父的兄弟姐妹，夫妻，祖孙，同性伴侣。以上均包括自然血亲和拟制血亲。

（二）亲属的种类

依2016年《瑞士民法典》规定，亲属分为血亲和姻亲，配偶未被列为亲属。第一编"人法"中仅对血亲和姻亲作了规定："一人为另一人所生者，该两人互为直系血亲；两人为同一第三人所生育且该两人相互间非为直系血亲者，该两人互为旁系血亲。""与他人有血亲关系者，其与该他人的配偶、该他人的已登记的同性伴侣，在同亲系和同亲等上，互为姻亲。"（第20、21条）可见，瑞士民法在亲属的分类中，并未将配偶列为其一，其种类分为以血缘为纽带的血亲和以婚姻、同性伴侣关系为中介的姻亲。

三、当代瑞士亲系及亲等的计算方法

关于亲系，瑞士民法将亲属依亲系分为直系与旁系。这体现在对法定继承人范围的立法中。

关于亲等的计算方法，依2016年《瑞士民法典》规定，血亲的亲等，依表现其相互间出生关系的间隔数而确定。对姻亲亲等的计算，与他人有血亲关系者，其与该他人的配偶、该他人的已登记的同性伴侣，在同亲系和同亲等上互为姻亲（第20、21条）。可见，对于血亲的亲等计算方式，瑞士民法采用罗马法的亲等计算方式；对于姻亲亲等的计算方式，等同于血亲的亲等计算方式。

四、当代瑞士亲属关系的发生和终止

（一）配偶关系的发生和终止①

配偶关系的发生是结婚，依 2016 年《瑞士民法典》规定，夫妻双方经结婚仪式而结合为婚姻共同体（第 159 条）。其终止是因婚姻被宣告无效或已经解销（第 96 条）。

（二）血亲关系的发生和终止

1. 自然血亲关系的发生和终止

自然血亲关系的发生是因出生。2016 年《瑞士民法典》规定，子女与母的亲子关系，因子女的出生而发生。子女与父的亲子关系，因父与母有婚姻关系而成立，或者依认领或由法院确认之（第 252 条）。自然血亲关系的消灭原因，是一方当事人的死亡。

2. 拟制血亲关系的发生和终止

瑞士民法认可的拟制血亲关系，仅为养父母子女关系。其发生的原因是收养。2016 年《瑞士民法典》规定，亲子关系得因收养而发生。收养成立后，养子女对于养父母，取得婚生子女的法律地位（第 252 条、第 267 条）。拟制血亲关系的终止原因是收养被撤销（第 269 条）。

（三）姻亲关系的发生和终止

在瑞士民法中，姻亲关系发生的原因是结婚。2016 年《瑞士民法典》规定，与他人有血亲关系者，其与该他人的配偶、该他人已登记的同性伴侣，在同亲系和同亲等上，互为姻亲（第 21 条第 1 款）。关于姻亲关系的终止，该法规定，因婚姻或已登记的同性伴侣关系而成立的姻亲关系，不因婚姻或已登记的同性伴侣关系的解销而废止（第 21 条第 2 款）。可见，姻亲关系是独立于婚姻关系和同性伴侣关系之外的，其不会因为婚姻关系的终止或同性伴侣关系的终止而终止。

五、当代瑞士亲属关系的法律效力

限于本章的研究对象为婚姻家庭制度，关于亲属关系的法律效力以下仅阐述婚姻家庭领域的法律效力。

（一）订婚的同意权

2016 年《瑞士民法典》规定，未成年人，未取得其法定代理人同意而订婚者，不因订婚而负义务。（第 90 条）可见，瑞士民法对未成年人因订婚而履行义务有严格的限制，在一定程度上也维护和保障了未成年人的合法权益。

（二）禁止结婚

关于婚姻的障碍，2016 年《瑞士民法典》规定，直系血亲之间，全血缘或半血缘的兄弟姐妹之间，不论其亲属关系基于出生或基于收养而形成，不准结婚。养子女或其直系血亲卑亲属，与养子女所由出生之家庭的亲属之间，在血亲关系上的结婚障碍，不因收养而消除（第 95 条）。可见，禁婚亲的范围包括一定范围的自然血亲和拟制血亲，并且拟制血亲解除后，禁婚亲的限制仍有溯及的效力。

---

① 笔者注：由于配偶是发生血亲和姻亲的基础，虽然瑞士法没有规定配偶为亲属，但规定了配偶关系的发生与终止、配偶的权利与义务。所以本章仍然将配偶作为亲属关系的一种予以介绍。

（三）扶养义务

关于婚姻的效力，2016 年《瑞士民法典》规定，夫妻双方互负忠实和扶助的义务（第 159 条）。夫妻双方应各尽所能，共同负责家庭的生计（第 163 条）。生活充裕的人，对于如不能得到其经济帮助就会陷于穷困的直系血亲尊亲属和直系血亲卑亲属，有帮助的义务（第 328 条第 1 款）。

1. 扶养义务人

直系亲属之间、兄弟姐妹之间互负扶养义务，但仅限于没有此帮助而生活陷于贫困者；兄弟姐妹须具有相当经济能力的，才承担扶养义务；但父母对子女以及配偶的扶养，不受此限。（2016 年《瑞士民法典》第 328 条）

2. 扶养的程度和顺序

2016 年《瑞士民法典》第 329 条规定，扶养义务的履行顺序依继承权的顺序，扶养费按扶养权利人的生活需要和义务人经济能力给付；因特殊情况，义务人承担扶养义务不合理时，法官可以减轻或者取消其扶养费给付义务；前述情况，一样适用关于子女扶养诉权及子女扶养请求权移转公共机构的规定。2019 年《瑞士民法典》在第 329 条增补了"家庭共同体或帮助义务请求权的范围和主张"，规定了扶养义务人如果基于照顾自己的孩子而限制从事有酬职业的能力，则不得向他方提出索赔的要求。[①]

3. 弃儿的扶养

弃儿由其入籍的乡镇扶养，如果弃儿的出生已经被确定，乡镇可向有扶养义务的亲属请求补偿其已经支出的扶养费，如无扶养义务的亲属，可向有扶养义务的公共机构请求。（2016 年《瑞士民法典》第 330 条）

（四）共同的财产权

2016 年《瑞士民法典》规定，共同财产不可分地属于夫妻双方共同所有。夫妻一方不得处分其在共同财产中的应有部分。家庭成员得将继承的全部或部分遗产，使之与家庭相结合而继续作为家庭共同财产，或者集合其他财产，使之与家庭相结合而设立家庭共同财产（第 222 条、第 336 条）。

（五）无效婚姻的诉讼请求权

2016 年《瑞士民法典》规定，一定范围的亲属可在一定情况下提起无效婚姻的诉讼，婚姻当事人一方在无判断能力或因误解或因受故意欺骗而结婚的，可以请求宣告其婚姻无效（第 107 条）。此无效之诉，应在知其无效原因或在胁迫终止后六个月内提出，但无论如何应在结婚后五年内提出（第 108 条第 1 款）。

（六）父母照护权

2016 年《瑞士民法典》规定，子女在成年前应受到父与母的共同照护，关于亲权的行使，子女的生父母在婚姻关系存续期间，由双方共同行使亲权；生父母未结婚的，父承认子女时或者亲子关系经法院判决确定，而法院在判决时未指定父母共同享有亲权时，父母得共同作出声明，父母亲权由父母共同享有，作出声明前，父母亲权由母单独享有；父母一方死亡时，亲权由生存方行使，若指定监护人更有利于保护子女利益，则将父母

---

① Swiss Civil Code：Art. 329 B. Scope and enforcement of the claim for assistance 1bis No claim for support may be made if the hardship arises from a restriction in the ability to pursue gainful employment owing to the care of one's own children.

亲权移转给该监护人（第 296-298 条）。

（七）家长权

2016 年《瑞士民法典》规定，当共同生活的成员依法律或约定或习惯有家长时，其家长有家长权。所有血亲、姻亲或依契约受雇用的佣人或因类似关系而与家庭共同生活的人，均须服从家长权（第 331 条）。可见，瑞士民法承认家长权。在古罗马，家庭是典型的宗法家长制的家庭，家父为自权人，其他家庭成员为他权人，其他家庭成员的人身自由和财产必须受到家父权的诸多限制。可见，罗马法的影响也体现在瑞士民法中。

（八）医疗措施代表权

经常亲自照管无判断能力人的直系血亲、父母、兄弟姐妹分别享有对无判断能力人的门诊治疗或住院治疗方案的第五、第六、第七顺序代表权。（2016 年《瑞士民法典》第 378 条）

可见，亲属效力及于对无判断能力人的医疗措施代表权，该代表权主体包括该人的直系血亲、父母和兄弟姐妹等近亲属。

（九）法定代理人

父母，在其享有父母照顾权的范围内，对第三人，有依法代表其子女的权利（2016 年《瑞士民法典》第 304 条）。可见，父母是未成年子女的法定代理人。

第三节　当代瑞士结婚制度

本节研究和阐述以下内容：一是当代瑞士结婚制度概述；二是当代瑞士婚约制度；三是当代瑞士结婚的条件和程序；四是当代瑞士婚姻无效制度；五是当代瑞士同性伴侣制度。

一、当代瑞士结婚制度概述

（一）当代瑞士结婚制度的主要内容

当代瑞士结婚制度包括婚约、结婚的必备条件和禁止条件，无效婚姻构成要件与法律后果，同性伴侣关系（民事结合）等。

（二）当代瑞士结婚制度的修订情况

当代瑞士结婚制度内容的修订主要体现在 2016 年《瑞士民法典》中，2017 年、2018 年、2019 年均无修订。其修订的主要内容包括未成年人订婚的法律后果、禁婚亲的范围缩小、删除了待婚期、放宽了对外国人在瑞士本国的结婚限制、结婚程序中增加核实结婚要件以及当事人的结婚意愿情况、患有精神病者的婚姻不再一律归于无效而须经由法院判决、认可同性伴侣关系。

二、当代瑞士婚约制度

（一）婚约的效力

2016 年《瑞士民法典》第 90 条规定，"婚约，因结婚之允诺而成立。未成年人，未取得其法定代理人同意而订婚者，不因订婚而负义务。不得基于婚约诉请结婚"。

可见，瑞士的婚约不是结婚的必经程序，当事人无权以婚约为由提起结婚之诉。当婚约当事人是未成年人时，须经未成年人的法定代表人同意才能订立婚约，否则未成年人不必履行因婚约所生之义务。

（二）解销婚约的后果

2016 年《瑞士民法典》第 91-92 条规定，解销婚约应承担以下法律后果：

1. 合理补偿

婚约当事人一方，已为结婚而作善意准备者，在婚约解销时，得请求他方合理分担因准备结婚而支出的费用，但依其情事有违公平合理者不在此限。

2. 返还赠与物

婚约当事人，向他方给予赠与物者，除属于礼俗上之偶然赠与外，在婚约解销时，得请求他方返还，但因婚约一方死亡而解销婚约的，不得要求返还。赠与物已不存在时，得依关于不当得利的规定，请求返还价额。婚约当事人一方，已为结婚而做善意准备者，在婚约解销时，得请求他方合理分担因准备结婚而支出的费用，但依其情事有违公平合理者，不在此限。

可见，瑞士民法对于婚约解销的后果，仍然从公平合理的角度规定了合理补偿和返还赠与物。当赠与物不复存在时，按照民法上的不当得利制度处理。

（三）行使请求权的期限

2016 年《瑞士民法典》规定，因婚约而产生的请求权，应当自婚约解销之日起一年内提出，逾一年的，请求权因时效而消灭（第 93 条）。

三、当代瑞士结婚的条件和程序

（一）结婚的条件

根据 2016 年《瑞士民法典》第 94-102 条的规定，结婚条件主要包括结婚的必备条件和禁止条件。

1. 结婚能力

首先，双方须达法定婚龄，男女均为 18 周岁。其次，双方须有对结婚及婚后产生的法律义务的判断能力。可见，结婚必备条件须满足两点：一是法定婚龄，二是结婚双方当事人对结婚行为的意识能力，包括智力因素和智识因素。

2. 结婚障碍

结婚障碍包括两类：一是一定范围的亲属之间不得结婚，指直系血亲之间，全血缘或半血缘的兄弟姐妹之间，不论其亲属关系基于出生或基于收养而形成均不得结婚。另外，养子女或其直系血亲卑亲属，与养子女所由出生之家庭的亲属之间，在血亲关系上的结婚障碍并不因收养而消灭。二是有配偶者不得结婚，再婚前必须证明其前一婚姻已被宣告无效，或因死亡或离婚而消灭。配偶一方被宣告为失踪，必须经法院解除其前一婚姻关系的，他方始得再婚。

（二）结婚的程序

根据 2016 年《瑞士民法典》第 97-100 条的规定，结婚是在完成准备程序后并在民事身份登记官面前而为之的行为。结婚当事人可以选择办理结婚仪式的民事身份登记地，但在办理民事婚的结婚仪式前，不得依宗教婚仪式缔结婚姻。结婚程序包括声请、审核、仪式三个阶段。从形式上分为结婚的准备程序和结婚仪式。其中，结婚的准备程序又分为声请、审核、期限，结婚仪式分为办理地点和形式。

1. 结婚的准备程序

瑞士民法分为声请和审核两个阶段。首先，在声请阶段，婚约人应亲自在民事身份登记官员处呈报其对婚姻的允诺，声请应附有关于个人详细情况的书面文件，并亲自向民事身份登记机关声明自己符合结婚的要件，结婚当事人尚须出示各种必要的同意书，此外，非瑞士国籍的结婚当事人，在结婚准备程序期间，须证明自己在瑞士有合法的居留权。其次，在审核阶段，主要审核结婚声请的内容、发布审核的结果、审核的期限。在审核内容方面，民事身份登记机关应审查核实结婚当事人是否已按规定提交结婚声请，该当事人的身份是否确定，是否符合结婚要件，特别是是否存在结婚声请明显不符合结婚当事人意愿的情况。在审核结果方面，若结婚当事人均符合审核内容规定，民事身份登记机关则应通知该当事人结婚准备程序已结束，并通知办理结婚仪式的法定期间，与该当事人协商确定结婚仪式具体的办理时间及地点。若结婚当事人未能证明其在瑞士有合法居留权时，民事身份登记机关应将该结婚当事人的身份情况通知主管机关。

在期限方面，结婚仪式得在发出结婚的准备程序已结束的通知后，最早在通知后10天，最迟在通知后3个月内办理；若结婚当事人一方有死亡危险，且因此又不可能期待在10天后办理结婚仪式之虞者，民事身份登记官得依医生证明书缩短其期限，或者立即为其办理结婚仪式。

2. 结婚仪式

根据2016年《瑞士民法典》第101-102条之规定，结婚仪式包括结婚办理地点、举行仪式。

在办理地点方面，原则上结婚仪式在结婚当事人选择的民事身份登记地的仪式厅办理，若结婚当事人能证明在仪式厅举办结婚仪式显然不可期待，则可在其他地点办理结婚仪式。准备程序已在其他民事身份登记地办理者，结婚当事人必须出示结婚许可证。

在举行仪式方面，结婚仪式应在有两名成年且有判断能力的证婚人在场的结婚场所公开举行，身份官员应向婚约人双方分别询问有无结婚的意愿，在得到肯定答复后，身份官员宣布，因双方的同意，婚姻依法缔结。

可见，瑞士民法规定当事人举行结婚仪式，原则上应当选择在民事身份登记地议事厅办理，如果不是，则当事人必须出示在其他民事身份登记地办理的结婚许可证；举行仪式必须公开且必须有证婚人在场，证婚人须为完全民事行为能力者。

四、当代瑞士婚姻无效制度

（一）诉请无效无时间限制的无效婚姻

1. 无效的原因

对诉请无效无时间限制的无效婚姻的原因主要有：结婚时，夫妻一方已婚，且其前婚未因离婚或配偶死亡而解销者；结婚时，夫妻一方无判断能力，且其后始终未成为有判断能力者；夫妻间存在禁止结婚的亲属关系者；夫妻一方无成立婚姻生活共同体的意思，其目的仅在于规避关于外国人入境和居留之规定者；夫妻一方，非出于自愿而结婚者；夫妻一方为未成年人者，但婚姻之继续有效，对于该未成年人具有决定性之利益者，不在此限。（2016年《瑞士民法典》第105条）

可见，诉请无效无时间限制的无效婚姻的原因包括重婚、近亲婚、结婚当时配偶一方无判断能力且此后也没有恢复此能力、配偶一方无意建立共同婚姻生活而仅想以此取得本国国籍的、配偶一方不自愿的；配偶一方为未成年人的，但如婚姻的继续对该未成年人具有决定性之利益的除外。

2. 婚姻无效的请求权主体

婚姻无效之诉，由婚姻当事人住所地所在州的主管机关依职权提出；利害关系人也有权提出。联邦或州的机关，在其职责范围内，应将其确信具有无效原因的婚姻，通告于无效之诉的主管机关。婚姻解销后，主管机关不再依职权诉追其无效；但利害关系人仍可以请求宣告婚姻无效。无效之诉的提出无时间限制。（2016 年《瑞士民法典》第 106条）

可见，在瑞士，婚姻无效的诉讼，时间上无限制，可由婚姻当事人住所地所在州主管官厅依职权提出，也可由任何利害关系人提出。联邦或州的机关在其职责范围内，应将其确信具有无效原因的婚姻，通告于无效之诉的主管机关。

（二）诉请无效有时间限制的无效婚姻

1. 无效的原因

对诉请无效有时间限制的无效婚姻的原因包括：在结婚仪式时，因暂时原因而无判断能力者；因错误而办理结婚仪式者，包括无结婚的意思但因错误而办理结婚仪式，或者无与他方结婚的意思表示但因错误而与之办理结婚仪式的；在他方作为婚姻当事人之重要资格上，受故意欺诈因而缔结婚姻的。（2016 年《瑞士民法典》第 107 条）

可见，诉请无效有时间限制的无效婚姻的原因包括临时阻却判断能力、结婚表意错误、受欺诈结婚三种。

2. 无效之诉的诉讼时效

该种婚姻无效之诉，应在知其无效原因或在胁迫终止后 6 个月内提出，但无论如何应在结婚后 5 年内提出。前款诉权不转移于继承人，但已提出的诉讼继承人得继续之。（2016 年《瑞士民法典》第 108 条）

可见，该种无效之诉的时效存在两个起算点，一是应当知道无效原因或受胁迫后 6 个月提出，二是结婚后 5 年内提出。

（三）判决婚姻无效的效力

在判决的效力方面，无效的婚姻须在法院作出无效宣告的判决后才能无效；在判决前，无效婚姻具有有效婚姻的一切效力，但生存的一方在任何情况下均丧失继承法上的请求权。裁判上的无效宣告对于夫妻双方及其子女的效力，参照离婚的相关规定；婚姻因规避关于外国人入境和居留的规定而被宣告无效时，关于夫为父的父性推定，失去效力。（2016 年《瑞士民法典》第 109 条）

可见，瑞士婚姻无效的判决不具有溯及力。婚姻无效对配偶及子女的后果比照离婚的规定处理。无效婚姻在法庭宣布无效之前具有有效婚姻的效力，但生存配偶无论在任何情况下均丧失配偶继承权。如果婚姻由于配偶一方仅想以此获取本国国籍而缔结婚姻被宣告无效的，依婚生推定规则推定丈夫为父亲的，失效。

五、当代瑞士同性伴侣制度

（一）立法进程

1942 年开始，同性恋行为在瑞士被视为合法。自 2000 年开始，瑞士宪法明文规定，禁止歧视不同性倾向的人。2001 年 11 月，瑞士政府公布了有关登记式同性伴侣关系的议案草案并下发各州、政党及其他有关组织讨论。在获得社会各界的积极响应之后，该提案于 2002 年年底正式提交国会。该议案提议建立一种名为"登记伴侣关系"的新制度，①但与法国的民事互助契约（Pacte Civil De Solidarité，PACS）不同，该制度仅适用于同性伴侣。依据该提案，同性恋者将享有自由进行登记的权利，这将改变他们的民事地位。2005 年瑞士公民通过投票使得同性伴侣制度合法化，以 58% 的绝对多数胜出，瑞士是首个以全民投票的方式实现法律认可同性结合关系的欧洲国家。在该法律生效前，瑞士已有日内瓦和苏黎士等四个地区的地方法律认可同性伴侣关系。2007 年 1 月 1 日起，瑞士《联邦伴侣法》（Partners Chafts Gesetz）正式生效。②瑞士的同性恋者从此可依法注册为伴侣。③2015 年瑞士联邦议会国民院通过了一项法律草案，与瑞士人登记伴侣关系的同性恋者也可通过简化入籍程序入籍。④依据瑞士新《收养法》规定，2018 年 1 月 1 日起，瑞士的同性伴侣和同居伴侣获得可以收养对方子女的权利。秘密收养法也有所松动，未来瑞士有望公开收养子女。⑤

（二）立法内容

2002 年以前，瑞士的同性恋者被称作"单身者"，登记之后变为"受登记伴侣关系制约的人"。但登记必须满足以下条件：第一，登记者必须年满 18 岁，第二，登记者必须具有完全行为能力，第三，登记伴侣一方必须是瑞士公民或者居住在瑞士。双方应当进一步证明本人既无其他婚姻关系，也无其他登记伴侣关系。同时，登记的禁止性条件与禁婚条件相同。此外还有附加条件——登记官须拒绝那些目的仅在于获得居住权的登记申请；登记伴侣不能适用法律承认的共同姓氏，但可以在身份证或护照上使用"已登记的姓名"；一旦完成登记，伴侣双方依据各自能力的大小维持共同生活。然而，该提案未就一方如果减少个人的工作活动而专司家务或者协助伴侣他方从事事业时是否应当获得补偿作出规定；伴侣们的住房受到保护，一方不能出售住房或者终止租约或者在未获他方明示许可的情况下，通过其他法律行为限制使用该住房；伴侣双方享有日常家事代

①　根据瑞士政府的说明，由于《联邦宪法》第 14 条——保护结婚和建立家庭的自由——是建立在传统的家庭概念之上的，如果允许同性伴侣结婚就意味着必须对宪法进行修订，因此，政治上较为明智的做法是单独为同性伴侣建立一种新的法律制度，使其与婚姻的效力不同但又相近似。

②　第一对同性恋伴侣在瑞士登记结婚，资料来源：https：//www.swissinfo.ch/chi/%E7%AC%AC%E4%B8%80%E5%AF%B9%E5%90%8C%E6%80%A7%E6%81%8B%E4%BC%B4%E4%BE%A3%E5%9C%A8%E7%91%9E%E5%A3%AB%E7%99%BB%E8%AE%B0%E7%BB%93%E5%A9%9A/5652090，访问日期：2019 年 7 月 29 日。

③　全民投票通过更加开放的瑞士，资料来源：https：//www.swissinfo.ch/chi/%E5%85%A8%E6%B0%91%E6%8A%95%E7%A5%A8%E9%80%9A%E8%BF%87%E6%9B%B4%E5%8A%A0%E5%BC%80%E6%94%BE%E7%9A%84%E7%91%9E%E5%A3%AB/718236，访问日期：2019 年 7 月 29 日。

④　瑞士通过法律草案已登记的同性伴侣入籍不再难，资料来源：http：//www.chinanews.com/gj/2015/07-17/7411846.shtml，访问日期：2019 年 7 月 28 日。

⑤　瑞士新《收养法》生效同性恋获许收养继子，资料来源：https://baijiahao.baidu.com/s? id=1588442293625832287&wfr=spider&for=pc，访问日期：2019 年 7 月 29 日。

理权；彼此附有报告收入、资本或债务的责任；如果自己的人格或经济安全由于共同生活受到危害，则他本人可以终止这种共同生活并要求对方给予赡养费；登记伴侣财产实行分别财产制，他们不能享有收养权，也不能进行人工受孕。但是，该法案第 29 条又规定，如果伴侣一方是一个或几个孩子的监护人，他方有义务进行协助；双方有权协议解除关系，但是如果仅有一方试图解除该关系所产生的花费应当由双方合理分担。① 总的来说，该提案给予同性伴侣与婚姻配偶极其相似的法律地位。与此同时，公众的积极推动也有助于提案获得议会的通过。

在瑞士，根据 2007 年《联邦伴侣法》，同性伴侣被允许民事结合后，符合登记条件的同性恋人士将可依法在各地市政厅等政府机构登记伴侣关系，可依法登记结合的伴侣双方之条件包括，年龄满 18 岁或以上，当前不处于婚姻状态或存在其他伴侣关系、不能是对方的直系血缘亲属或收养关系、至少一方拥有瑞士国籍或在瑞士的居留权等。瑞士联邦伴侣法生效后同性伴侣关系在法律上将享有与异性婚姻关系几乎相同的权利，其中包括在社会保险、养老金、财产继承、纳税等方面的配偶关系权利，但处于民事伴侣关系中的同性伴侣收养子女仍被禁止，同样，入籍简化申请程序以及获得生育治疗也被禁止。② 其规定同性伴侣财产分别所有是同性伴侣关系中的基本原则，但是，同性伴侣通过协商，在平等自愿的基础上可以选择一般的配偶财产共有关系。外国人同性伴侣可获得在瑞士居留的权利，五年后可申请永久居留。但与婚姻制度不同的是，外国伴侣不可申请瑞士国籍。注册的伴侣不需使用同一个姓，也不享有共同的公民权利。此外，同性伴侣不允许收养孩子和采取人工生殖，如果其中一名伴侣有孩子，另一名伴侣有责任抚养孩子，并享有亲代养育的权利。

2015 年，为了使瑞士公民的同性伴侣享受与普通夫妻在入籍问题上的同等待遇，瑞士国民院的国家政治委员会起草了同性伴侣入籍草案。外籍人士与享有瑞士国籍者结婚满 3 年，并且在瑞士居住满 5 年后可以申请加入瑞士国籍。另外，未婚外籍人士在瑞士居住 12 年以上的，亦可申请入籍。

2018 年，瑞士新《收养法》实施后，登记注册后的同性伴侣、事实婚姻中的一方，即同性伴侣或同居伴侣，均可收养对方子女作为继子女。另外，申请领养的父母的年龄限制也被放宽，将至少年满 35 岁以上降为满 28 岁以上。在具体实施中瑞士遵循现代国际收养立法以保护儿童最大利益为目的和宗旨的基本导向，③ 收养程序将有判断能力的儿童的意见纳入其中，在有关收养的禁止条件中，若是有利于儿童的最大利益，经收养方予以证明后，则可依例外规定而做改变。

第四节　当代瑞士夫妻关系制度

本节研究和阐述以下内容：一是当代瑞士夫妻关系制度概述；二是当代瑞士夫妻人

---

① Olivier Guillod, *Abortion*, *Registered Partnership and Other Matters*, *The International Survey of Family Law* (2003 edition), Jordan Publishing Lid, 2003, pp. 417-426.

② 瑞士同性恋婚姻向前迈进一步，资料来源：http://dy.163.com/v2/article/detail/E8FU95EC051487EE.html，访问日期：2019 年 7 月 28 日。

③ 蒋新苗：《欧洲收养法律冲突解决的新方略》，载《社会科学家》2018 年第 4 期，第 16 页。

身关系制度；三是当代瑞士夫妻财产关系制度。

一、当代瑞士夫妻关系制度概述

夫妻关系法是调整夫妻关系的法律规范的总和。男女结婚后，相互之间即形成夫妻关系，由此产生婚姻效力——双方均受到法律的保护和约束。瑞士有关夫妻关系的规定，主要集中于 2016 年《瑞士民法典》之中。

（一）当代瑞士夫妻关系制度的主要内容

2016 年《瑞士民法典》夫妻关系制度的主要内容包括夫妻人身关系和夫妻财产关系，在夫妻人身关系中，包括夫妻姓氏权、公民权、夫妻同居义务、忠实义务、相互帮助义务、婚姻住宅决定权、家庭事务管理权、夫妻的行为能力及日常家事代理权、夫妻就业权等。在夫妻财产关系中，包括夫妻扶养义务、夫妻继承权、夫妻财产制。① 在夫妻财产制中，瑞士民法对非常法定夫妻财产作了系统性的规定，并将其作为通常法定财产制的必要补充，分为宣告的非常法定夫妻财产制和当然的非常法定夫妻财产制。

（二）当代瑞士夫妻关系制度的修订情况

关于夫妻关系制度的修改，2016 年《瑞士民法典》对于夫妻人身关系部分由原来婚后采取夫之姓氏，改变为夫妻双方各自保留其姓氏，体现了男女平等的思想。此后，2017 年《瑞士民法典》、2018 年《瑞士民法典》、2019 年《瑞士民法典》对此再无修订。

（三）国家对婚姻家庭的保护与法院措施

各州应保障有婚姻困难的夫妻能够共同或单独地得到婚姻家庭咨询机构的帮助。夫妻一方不履行家庭义务，或者夫妻对婚姻家庭的重大事务不能达成协议时，夫妻得共同或单独请求调解。法院应当向夫妻说明其义务，并努力促成双方和解；法院在取得夫妻双方同意后，征询专家意见，或者将他们转由婚姻家庭咨询机构负责调处。如有必要，法院得依夫妻一方的申请，采取法律规定的措施。参照适用反暴力、恐吓或跟踪以保护人格的规定。（2016 年《瑞士民法典》第 171、172 条）

二、当代瑞士夫妻人身关系制度

该法有关夫妻人身关系的规定，主要集中于 2016 年《瑞士民法典》的第五章"婚姻的一般效力"中，认为夫妻双方，经结婚仪式而结合为婚姻共同体，夫妻双方互负协力维护婚姻共同体和睦与幸福的义务，并有共同履行照护子女的义务，夫妻双方互负忠实和扶助的义务。其中，具体内容包括夫妻姓氏权、公民权、忠实义务、相互扶助义务、婚姻住宅决定权、家庭事务管理权、日常家事代理权、告知义务、夫妻就业权等内容。

（一）忠实义务和相互扶助义务

2016 年《瑞士民法典》第 159 条第 3 款规定，"夫妻双方互负忠实和扶助的义务"。即夫妻应对配偶忠实，不得有婚外性行为，也不得有损害配偶合法利益的其他不当行为。在婚姻共同生活中，夫妻互负扶助义务，给予对方应有的照顾、帮助和支持。

（二）夫妻姓氏权

在瑞士，夫妻双方各自保留其姓氏。但结婚当事人得向民事身份登记官声明，双方

---

① 限于本章的研究对象为婚姻家庭关系，本章对夫妻继承权不予研究和阐述。

同意将未婚妻或未婚夫的婚前姓氏作为其共同的姓氏。结婚当事人各自保留其姓氏时，双方应就将来子女的姓氏作出决定。如有正当理由，民事身份登记官得免除结婚当事人的此项义务（2016 年《瑞士民法典》第 160 条）。可见，在瑞士男女结婚后，双方均可保留原姓氏，该内容是 2016 年修订的。尽管如此，保留原姓氏的结婚当事人必须向民事身份登记官进行声明双方均同意将未婚妻或未婚夫的婚前姓氏作为其共同的姓氏，且子女的姓氏决定权被赋予夫妻双方。

（三）公民权

夫妻双方各自保留其州和乡镇的公民权。（2016 年《瑞士民法典》第 161 条）可见，在瑞士，男女结婚后，各自仍保留所在州和乡镇的公民资格，体现了男女平等的立法价值取向。

（四）婚姻住宅决定权

2016 年《瑞士民法典》规定，夫妻双方共同决定其婚姻住房设于何处。夫妻一方，仅在取得他方明示同意后，始得通知终止适用租赁契约，让与家庭住房，或者以其他法律行为限制家庭住房上的权利。夫妻一方无法取得他方同意时，或者他方拒绝同意而又无充分理由时，得向法院提起诉讼（第 162 条、169 条）。

（五）维护婚姻共同体和照护子女的义务

2016 年《瑞士民法典》规定，夫妻双方经结婚仪式而结合为婚姻共同体，夫妻双方互负协力维护婚姻共同体和睦与幸福的义务，并有共同履行照护子女的义务。夫妻双方应各尽所能，共同负责家庭的生计。关于夫妻各方对婚姻共同体应为之贡献，特别是关于金钱的支付、家务的料理、子女的照管，以及一方对他方职业或营业上的协助，由夫妻共同协议之。协议时，夫妻双方应考虑婚姻共同体的需要和各方的实际情况（第 159 条、第 163 条）。

（六）日常家事代理权

根据 2016 年《瑞士民法典》规定，夫妻是婚姻共同体的代表，在夫妻共同生活期间，就家庭事务而言，任何一方都有权代表该婚姻共同体，而对于其他家庭事务，夫妻在一定情形下也有权代表该婚姻共同体，如已经取得他方或法院的授权、需处分的事务涉及婚姻共同体的权益且刻不容缓，然而他方当时却因疾病、外出或其他类似原因无法及时表示同意。夫妻一方对其个人行为，应单独负责，然而第三人有理由相信其行为并未超越代表权者，那么他方仍应承担连带责任。如果夫妻一方逾其婚姻共同体的代表权，或者无行使代表权的能力时，他方可依声请剥夺其全部或部分代表权。声请剥夺代表权的夫妻一方，得通知第三人剥夺代表权，但必须亲力亲为。代表权的剥夺，仅在依法院的命令而为公告时，才能对善意第三人发生效力。（第 166 条、第 174 条）

（七）夫妻就业权和缔结法律行为权

在选择和从事职业或营业时，夫妻一方应当顾及他方和婚姻共同体的利益。在法律行为方面，夫妻一方得与他方或第三人缔结法律行为，但法律另有规定者，不在此限（2016 年《瑞士民法典》第 167 条、第 168 条）。可见，夫妻双方均有权选择其从事的职业或事业，并且夫妻任何一方均有权与他方或第三人缔结法律行为。

三、当代瑞士夫妻财产关系制度

对 2016 年《瑞士民法典》规定的夫妻财产关系，以下研究和阐述夫妻扶养义务和夫妻财产制。

（一）夫妻扶养义务

关于夫妻的扶养义务，被集中规定在该法典第二编"亲属法"第五章婚姻的普通效力中。男女双方结婚后，相互负有婚姻共同生活的义务。配偶双方根据各自的能力共同负责以适当的方式扶养家庭；配偶双方在充分考虑婚姻共同生活的需要和个人的具体情况下，应就各方为共同生活作出的贡献达成一致意见，尤其是有关金钱的支付、家务的料理、子女的照料或协助他方从事职业或经营事业方面。（2016 年《瑞士民法典》第159、163、172、173 条）

（二）夫妻财产制

1. 概述

2016 年《瑞士民法典》第六章"夫妻财产法"就夫妻财产制作了规定。其中，第一节"一般规定"；第二节"普通的所得参与制"，即通常法定财产制；第三节"共同财产制"，分为法定的共同财产制与约定的共同财产制；第四节"分别财产制"，分为约定的分别财产制与非常法定夫妻财产制。2017、2018、2019 年《瑞士民法典》均无修订。

该法除第五章"婚姻的一般效力"对夫妻财产关系作出一般规定外，设专节"一般规定"对夫妻财产制作了一般性规定。

第一，法定财产制的适用。如果夫妻双方无婚姻契约的约定，也未适用夫妻特别财产制的，则适用所得参与制的规定。（2016 年《瑞士民法典》第181 条）

第二，家庭扶养义务。夫妻双方共同负责以适当的方式扶养家庭，任何一方均应为此尽其所能。夫妻应根据各自的实际情况确定各方应对家庭作出的贡献。如果夫妻一方不履行其家庭义务或夫妻双方在某项对于婚姻共同生活的重大事务上无法取得一致时，夫妻可以共同或单独诉请法官调解，必要时，法官可以应夫妻一方的申请采取法定措施，参照适用反暴力、恐吓或跟踪以保护人格的规定。应夫妻一方的申请，法官应确定夫妻各方为扶养家庭应分摊的金钱数额。夫妻一方不履行家庭扶养义务的，法官可以指示该方的债务人向另一方偿还全部或部分债务。（2016 年《瑞士民法典》第163 条、第172条、第173 条、第177 条）

第三，从事家庭劳动或职业协助的经济补偿请求权。负责料理家务、照料子女或扶助另一方从事职业或经营事业的夫妻一方，有权请求他方支付一笔合理的款项，任其自由处分。在协助对方从事职业或经营事业的过程中，如果夫妻一方的付出显著超过其为扶养家庭应作出的贡献的，其有权请求为此得到合理的补偿金。夫妻一方用其收入或财产扶养家庭显著超过其应负义务的，同样有权请求得到合理的补偿金。（2016 年《瑞士民法典》第164、165 条）应夫妻一方之申请，法官应为负责料理家务、照料子女或扶助配偶他方从事职业或经营事业的夫妻一方确定其应得的金钱数额。（2016 年《瑞士民法典》第173 条）

第四，财产状况告知义务。夫妻任何一方均可要求另一方通报其收入、财产和债务状况。应夫妻一方的请求，法官可以让另一方或第三人作出必要汇报并出示必要的文件。（2016 年《瑞士民法典》第170 条）

第五，家庭住房和其他重大财产处分的限制。一般而言，夫妻各方可以自由与他人为法律行为。但下列情形除外：夫妻一方只有在取得另一方明示同意后，才能解除租赁契约、转让家庭住宅或通过其他法律行为对家庭住房上的权利加以限制。如果该方无法得到另一方的同意或另一方无充分理由而拒绝同意的，该方可诉请法官。出于保全家庭经济基础或履行婚姻共同生活的财产权债务的需要，应夫妻一方之申请，法官可以命令另一方在处分一定价值的财产时须取得该方的同意。（2016 年《瑞士民法典》第 168、169、178 条）

第六，第三人利益的保护和交易安全的维护。如果夫妻一方或双方的债权人对某项财产可以提出清偿请求，则该财产不因夫妻财产制的设定、变更或夫妻财产权的分割而不承担清偿责任。（2016 年《瑞士民法典》第 193 条）

第七，夫妻的委托代理权。如果夫妻一方以明示或默示的方式将其财产交由另一方管理，只要无其他约定，则适用有关委托代理的规定；但夫妻之间债务的清偿除外。（2016 年《瑞士民法典》第 195 条）

第八，夫妻携入财产清单。夫妻任何一方可以随时要求另一方协助自己对携入财产，以公证证书的方式建立财产清单。如果此类财产清单是在财产携入后一年内建立的，应推定该清单上的记载为准确。（2016 年《瑞士民法典》第 195a 条）

2. 法定财产制

瑞士民法规定的法定财产制，包括通常法定财产制和非常法定财产制。

（1）通常法定财产制。如果夫妻未以财产契约约定其他财产制，则适用通常的法定财产制。通常的法定财产制是指所得参与制（2016 年《瑞士民法典》第 181 条）。可见，瑞士民法规定的夫妻财产制是所得参与制。

就财产的归属而言，依 2016 年《瑞士民法典》规定，夫妻财产所得参与制包括夫或妻的所得及其特有财产。夫或妻的所得，是指夫或妻在夫妻财产制存续期间有偿获得的财产。可作为夫妻一方所得的包括：劳动所得；人员救济机构、社会保险及社会救济机构的给付；丧失劳动能力的补偿金；自有财产的收益；为赔偿所得而购置的财产。就某项财产，主张属于夫妻中一方或他方所有者，负举证责任（2016 年《瑞士民法典》第 196、197、200 条）。

夫妻的特有财产，包括法定的特有财产和约定的特有财产。下列财产为法定特有财产：仅供夫妻一方个人使用的物品；所得参与制开始实行时已属于夫妻一方的财产；夫妻一方在所得参与制开始后通过继承或其他无偿方式得到的财产；慰抚金请求权；代替特有财产而取得的财产。夫妻可以通过财产契约使下列财产成为约定的特有财产：用于从事职业或经营事业的财产；特有财产的收益（2016 年《瑞士民法典》第 198、199 条）。

在法律允许的范围内，夫妻任何一方均可管理、使用或处分其所得及特有财产。如某财产是夫妻双方的共有财产，只要无相反约定，则夫妻任何一方未得到对方同意不得处分对方的应有部分。夫妻一方死亡或夫妻约定另一财产制时所得财产制随之终止。如果所得参与制因夫妻离婚、分居、婚姻被宣告无效或判决财产分割而终止，则以呈交申请之日为该财产制的终止之时（2016 年《瑞士民法典》第 201、204 条）。

如果以夫妻一方的个人财产支付了本应由所得承担的债务，或以所得支付了本应由夫妻一方的个人财产承担的债务，则夫妻财产分割时，应相互予以补偿。夫妻一方将特有财产用于清偿因所得财产而发生的债务，或者将所得财产用于清偿因特有财产而发生的债务者，在对夫妻财产制进行清算时，发生补偿债权。债务，应由与该债务存在客观联系的财产负担，但有疑义时，以所得财产负担之。在所得财产与特有财产间，此类财产对他类财产的取得、改良或维持作出贡献，而他类财产发生增值或减值者，其补偿债权，与其贡献比例相当，并按清算或让与时的财产价值计算之。（2016 年《瑞士民法典》第 209 条）

在分割财产前，应当对财产进行清算。如果夫妻一方对另一方财产的收益、改善或维护作出贡献但未得到相应的给付，则在夫妻财产分割时：如果该财产已增值，该方所享有的债权应与其贡献相符并依该财产目前的价值计算；如果该财产出现贬值，该方所享有的债权应与其贡献相符并依该财产目前的价值计算请求补偿；前述财产在清算前已被让与者，其债权应依让与该财产所得的价金计算之，且该债权立即到期。夫妻双方得以书面约定，排除或变更对于增值财产的应有部分。夫妻各方所得财产和特有财产，按所得参与制解销时的财产状况分离之。夫妻一方从社会保障机构领取的养老金，或者因丧失劳动能力而领取的病残救助金，按其在所得参与制解销时应享有的养老金或病残救助年金的折现值，算入其特有财产。夫妻一方所得的总价值（包括增入计算的财产和赔偿债权）扣除其负担的债务后剩余的部分，即构成该方的结余。其中，应增入计算的所得财产包括：夫妻一方，在所得参与制解销前的最后五年期间，未经他方同意而无偿给予他人的财产，但其无偿给予属于礼俗上之偶然赠与者，不在此限。夫妻一方在所得参与制期间，以减少他方分配请求权为目的而放弃的财产。（2016 年《瑞士民法典》第 206、207、210、208 条）

分割财产时，夫妻任何一方或其继承人有权分得另一方结余的一半。债权得抵销之。夫妻双方还可以通过婚姻契约约定其他参与结余分配的方式。但是，如果所得参与制因夫妻离婚、分居、婚姻被宣告无效或判决财产分割而终止，则夫妻须将其约定的参与结余分配的其他方式通过婚姻契约明确予以规定，否则无效。负有义务的夫妻一方的财产或遗产，在夫妻财产分割时，不足偿还参与债权者，享有权利的夫妻一方或其继承人，得请求受益第三人返还其所受之赠与，并算入所得财产，以至补齐缺额。前述诉权自夫妻一方或其继承人知其权利被侵害时起，经过一年而消灭，但无论情形如何，自所得共同制解销时起经过十年者亦同，除此之外参照适用继承法中关于扣减之诉的规定。（2016 年《瑞士民法典》第 215-217 条、220 条）

（2）非常法定财产制①。依据适用情形的不同，瑞士的非常法定财产制可分为宣告的非常法定制和当然的非常法定制。

宣告的非常法定制是指，如果出现了法定事由，法官可以根据夫妻一方的申请，命令该夫妻之间适用分别财产制。无论夫妻采用的是法定财产制还是约定财产制中的共同财产制，只要出现了确有实行分别财产制之事由，夫妻一方便可以提出申请。这些事由包括：夫妻另一方的财产不足清偿其债务或其在共同财产中的应有部分已被扣押；另一方危害到该方或婚姻共同生活的利益；另一方无正当理由拒绝给予处分共同财产之必要的同意；另一方拒绝向该方报告其收入、财产及债务或共同财产情况；另一方持续无判断能力。如果夫妻一方持续无判断能力，其法定代理人可以基于此理由请求法官判决实

---

① 2016 年《瑞士民法典》将非常法定财产制规定于"一般规定"之中，称之为"特别夫妻财产制"。

行分别财产制。在实行分别财产制后，夫妻双方可以随时通过婚姻契约或恢复适用其原来的财产制或设定其他财产制。当实行分别财产制的法定事由不存在时，法官可以应夫妻一方的请求命令恢复其原来的财产制。（2016 年《瑞士民法典》第 185、187 条）如果对依约定实行共同财产制的夫妻一方的个人债务开始强制执行，且其在共同财产中的应有部分被扣押，则强制执行的监督官可以针对夫妻双方请求法官命令实行分别财产制。（2016 年《瑞士民法典》第 189 条）

当然的非常法定财产制是指如果开始破产程序，则分别财产制成为适用于该夫妻之间的夫妻财产制。（2016 年《瑞士民法典》第 188 条）如果债权人得到了清偿，则法院可以应夫妻一方的申请命令恢复适用原共同财产制；夫妻双方也可以约定以所得参与制来取代原分别财产制。（2016 年《瑞士民法典》第 191 条）

不管夫妻是被宣告还是当然适用分别财产制，只要法律无其他规定，在开始适用分别财产制时，其夫妻财产权的分割适用其原来的财产制的有关规定（2016 年《瑞士民法典》第 192 条）。

可见，在瑞士民法中，非常法定财产制是通常法定财产制的补充，二者相辅相成，既有利于保护婚姻双方当事人的财产权益，也有利于维护第三人的利益及交易安全。[1]

3. 约定财产制

（1）夫妻财产契约。在瑞士，夫妻缔结婚姻契约的要件，分为实质要件和形式要件。实质要件包括：夫妻双方在婚前或婚后均可缔结婚姻契约。缔结婚姻契约的夫妻双方，须具有判断能力。未成年人缔结婚姻契约须取得其法定代理人的同意。夫妻双方以婚姻契约约定夫妻财产制时，仅可在法律规定的范围内选择、终止或变更其财产制。形式要件包括：婚姻契约须做成公示证书并由缔约人双方签字，必要时还须由法定代理人签字。（2016 年《瑞士民法典》第 182-184 条）

可见，夫妻双方可就财产的归属通过订立财产契约进行约定，但约定的财产类型是法定的，必须在法定财产类型的范围内进行选择。此外，未成年人订立的婚姻契约必须征得法定代理人的同意，否则其对未成年人无法律约束力。

（2）可选择的特别财产制。可选择的特别财产制，包括夫妻共同财产制和分别财产制。在夫妻共同财产制中所规定的夫妻共同财产的范围不同。在一般的共同财产制中，其共同财产包括夫妻双方的财产和收入，但法定的特有财产的物品除外；在限定的共同财产制中，其共同财产仅包括夫妻双方婚后所得；夫妻个人财产的收益归入共同财产。在其他共同财产制中，其夫妻双方可以通过财产的收益归入共同财产。此外，在其他共同财产制中，其夫妻双方可以通过财产契约将某些财产或某种财产排除在共同财产制之外；如无相反约定，该财产的收益不归入共同财产。所有财产，在未被证明为夫妻一方的个人财产时，被视为共同财产。（2016 年《瑞士民法典》第 221-224、226 条）夫妻个人财产包括：夫妻双方约定为一方所有的财产或者第三方或法律所规定的为一方所有的财产；仅供夫妻一方个人使用的物品和慰抚金的请求权。（2016 年《瑞士民法典》第 225 条）

---

[1] 瑞士夫妻财产制的立法及其启示的研究，参见陈苇：《夫妻财产制立法研究——瑞士夫妻财产制研究及其对完善我国夫妻财产制的启示》，载梁慧星主编：《民商法论丛》第 15 卷，法律出版社 2000 年版，第 310-319 页。

第一，共同财产制。其涉及的财产管理、适用、收益及处分规定在 2016 年《瑞士民法典》第 229-232 条之中。通常，夫妻双方以夫妻财产制的利益管理共同财产，瑞士民法称为 "普通管理"。夫妻任何一方均可在普通管理的范围内对夫妻财产制负责并处分共同财产。在除普通管理外的其他任何情况下，对共同财产的处理须由夫妻双方共同进行，或由一方在取得另一方同意后单独进行，此即瑞士民法所提到的 "特别管理"。在未取得另一方同意的情况下，夫妻任何一方不得抛弃可能会成为共同财产的遗产，亦不得承认不足承担债务的遗产。如果该方无法取得另一方的同意，或另一方无正当理由拒绝同意的，该方可以诉请法官。对于与共同财产有关的行为，夫妻双方在该夫妻财产制终止时承担与受委托人相同的责任，管理共同财产的费用由共同财产承担。对于夫妻个人财产，在法律允许的范围内，夫妻双方均有权管理并处分各自的个人财产。如果个人财产的收益计入个人财产的，则管理个人财产的费用由该财产的所有方负担。

有关债务清偿责任，对于共同债务，夫妻双方以其个人财产和共同财产对以下债务承担责任：在其行使夫妻财产代理权或共同财产的管理权时发生的债务；在其从事职业或经营事业中发生的债务，但仅以动用共同财产之资金或将收益归入了共同财产者为限；夫妻另一方个人亦应负责的债务；在债务方面，夫妻和第三方就将他们的共同财产和债务人的个人财产共同偿还达成协议。对于除共同债务之外的债务，夫妻一方仅以其个人财产和共同财产之一半承担责任。（2016 年《瑞士民法典》第 233-234 条）

关于夫妻共同财产分割，对约定实行夫妻共同财产制的，如果夫妻共同财产制因夫妻一方死亡或因双方约定另一财产制而终止，夫妻任何一方或其继承人均应得到共同财产的一半。夫妻还可以通过婚姻契约约定其他的分割方式。如果夫妻共同财产制是因夫妻离婚、分居、婚姻被宣告无效或判决财产分割而终止的，则夫妻双方均可从共同财产中取回依所得参与制应为夫妻个人财产的财产；其他共同财产由夫妻双方各分得一半。如果夫妻双方约定了不同于以上规定的分割方式，须明确规定于婚姻契约中，否则无效。在实施财产分割时，除法律有特别规定外，财产经折价后一般分配给对该财产具有更大利益的夫妻一方。（2016 年《瑞士民法典》第 241-245 条）

第二，分别财产制。夫妻一方死亡，或夫妻约定另一财产制，或对夫妻一方开始执行破产程序，共同财产制终止。如果共同财产制是因夫妻离婚、分居、婚姻被宣告无效或判决财产分割而终止，则以呈交申请之日为终止期日。（2016 年《瑞士民法典》第 236 条）

在共同财产制终止之后，如果以夫妻一方的财产偿付了另一方的个人债务的，则在财产权分割时，共同财产与夫妻双方的个人财产之间存在补偿债权。如果夫妻一方的个人财产或共同财产对另一方财产的收益、改善或维护作出了贡献的，则类推适用所得参与制中有关增值部分的规定（2016 年《瑞士民法典》第 238、239 条）。

关于夫妻间的债务清偿，第一，分别财产制对夫妻间债务的到期不发生影响。第二，负担债务的一方，如按期清偿金钱债务或偿还所欠实物会陷于严重困难，并因此危害其婚姻共同体时，得请求宽限债务期限；依情事如可认为正当合理，应为债权提供担保。（2016 年《瑞士民法典》第 250 条）

关于夫妻共同财产的管理与分割，对于分别财产制的夫妻，首先，在法律允许的范围内，夫妻任何一方均可管理、使用并处分其财产；其次，如某项财产不能被证明为夫妻一方所有，则推定该财产为夫妻双方共同所有；再次，夫妻一方以其个人全部财产对其个人债务承担责任；最后，当某项财产是夫妻共有财产时，如果夫妻一方可以证明其对该财产享有更大利益，则该方可以要求以向另一方支付补偿金为条件完整地取得该财产。（2016 年《瑞士民法典》第 247-249、251 条）

第五节　当代瑞士亲子关系制度

本节研究和阐述以下内容：一是当代瑞士亲子关系制度概述；二是当代瑞士亲子关系的种类；三是当代瑞士亲子关系的确定制度；四是当代瑞士父母子女的权利义务。

一、当代瑞士亲子关系制度概述

（一）当代瑞士亲子关系制度的主要内容

当代瑞士民法之亲子关系制度的主要内容包括亲子关系发生的一般规定，夫之为子女之父的推定、撤销、生父母结婚、认领和父子关系的判决、撤销、推定、剥夺、变更等。

（二）当代瑞士亲子关系制度的修订情况

在瑞士民法中，亲子关系制度的修改主要体现在 2018 年《瑞士民法典》中，其完善了未成年人的优先受抚养权相关内容，规定对未成年人的抚养责任应优先于家庭法规定的其他扶养义务，修订了子女抚养费的缴纳之考虑因素和时间，新增支付抚养费后的索赔条款、抚养协议的范围、父母离婚后与未成年人子女的照护、父母照护子女的保护机构。2019 年《瑞士民法典》修订了父母照护权，新增规定如果儿童的身体、精神或性完整性有可能受到威胁，任何人可通知儿童保护当局，专业保密人士也包括在内，新增各机构的合作和行政援助制度等。

二、当代瑞士亲子关系的种类

2016 年《瑞士民法典》在亲子关系发生的一般规定部分中，第 252 条规定，"子女与母的亲子关系，因子女的出生而发生。子女与父的亲子关系，因父与母有婚姻关系而成立，或者依认领或由法院确定。亲子关系亦得因收养而发生"。1998 年《瑞士关于医学辅助生育的联邦法律》中将医学辅助生育的子女也视为父母子女关系的一种。因此，瑞士民法之亲子关系种类共三个：生父母子女关系、养父母子女关系、人工生育子女的亲子关系。其中，生父母子女关系以父母是否存在婚姻关系又分为已结婚的生父母与子女关系、未结婚的生父母与子女关系两种。

三、当代瑞士亲子关系的确定制度

亲子关系是家庭关系的重要组成部分，是亲子法的核心内容。亲子关系的确认制度是亲子法的逻辑起点，决定亲子关系的成立及权利义务关系的存在与否。亲子关系的确认，是指对生育孩子的夫或妻与孩子之间是否成立父母子女关系的法律认定。从逻辑上看，只有存在亲子关系才会引发亲子间的权利与义务。瑞士亲子关系的确认制度包含两个方面的内容：亲子关系的推定与亲子关系的否认。前者意味着亲子关系的成立；后者则表明在法律上不存在亲子关系。亲子关系的成立是亲子间权利与义务发生的前提条件和基础。

（一）婚姻关系存续期间出生子女的推定与撤销

1. 推定

依 2016 年《瑞士民法典》第 255 条规定，婚姻关系存续期间出生子女者，视夫为子女之父。夫已死亡时，如子女在夫死亡后 300 天内出生者，或者在迟生之情形，能证明在夫死亡前已受胎者，视夫为子女之父。夫被宣告死亡时，如子女在夫遭受死亡危险或有最后消息后 300 天内出生者，视夫为子女之父。可见，在子女之父的推定上，瑞士是采取的"混合说"，即兼采取"出生说"和"受胎说"。① 这有利于最大限度地保障子女和父亲的合法权益。

2. 撤销

（1）请求权人。依 2016 年《瑞士民法典》第 256 条规定，父性之推定，得由下列人，请求法院撤销之：夫；子女，但仅限于在该子女未成年期间父亲共同生活已停止者。撤销之诉由夫提起时，以子女和母为相对人，由子女提起时，以夫和母为相对人。与第三人怀胎，经夫同意者，夫不得提出撤销之诉。1998 年 12 月 18 日《关于医学辅助生育的联邦法律》所规定的子女撤销权不受影响。可见，瑞士的子女之父撤销诉权的请求权人包括丈夫和子女，其中，后者仅限于父母之夫妻共同生活已结束期间的子女。无论是丈夫请求还是子女请求，其相对人都是在丈夫、子女之母、子女三者中择其二，因为子女之母无请求权，因此其是绝对的相对人。当然，如果丈夫同意第三人使其妻子怀孕的，丈夫请求权受到一定的限制。

此外，夫在起诉期限届满前死亡或丧失判断能力者，撤销之诉得由夫之父或夫之母提出。关于由夫提出撤销的规定，准用之。（2016 年《瑞士民法典》第 258 条）可见，丈夫的父母也在法定条件下有撤销请求权，以充分保障子女之父的否认权利。

（2）诉因。2016 年《瑞士民法典》规定的撤销之诉的诉因有以下两类：一是子女系在婚姻关系存续期间受胎。对婚姻关系存续期间受胎的子女，起诉人得证明夫非为子女之父。子女，最早在结婚后 180 天内出生，以及最迟在婚姻因夫死亡而解销后 300 天内出生者，应推定其在婚姻关系存续期间受胎。（第 256a 条）二是子女系在结婚前或在夫妻共同生活停止期间受胎。子女在结婚前或在夫妻共同生活停止期间受胎者，其撤销，无须有其他理由。如存在前款情形，如经证明，在妻受胎期间，夫与妻同居者，仍推定夫为子女之父（第 256b 条）。可见，瑞士民法认可行使请求权的原因分为两个阶段，一是子女是在婚姻关系存续期间受胎，但能够证明夫非为子女之父；二是子女在结婚前或父亲共同生活停止期间受胎。

（3）期间。夫提出撤销之诉者，应在知晓子女出生并知自己非为其父或其妻在受胎期间与第三人有同居之事实后一年内，但无论如何应在子女出生后五年内为之。子女提出撤销之诉者，最迟应在其成年后一年内，为之前二款规定的期限届满后，如怠于提出撤销系处于重大原因者，应允许其提出撤销。夫在起诉期限届满前死亡或丧失判断能力

---

① 现代国家的家庭法对子女的婚生推定主要有三种原则和方法，包括"出生说""受胎说"和"混合说"，参见陈苇主编：《婚姻家庭继承法学》（第三版），群众出版社 2017 年版，第 134-135 页。

者，撤销之诉得由夫之父或夫之母提出。关于由夫提出撤销的规定，准用之。一年的起诉期限，最早自知夫死亡或丧失判断能力之时起算。（2016 年《瑞士民法典》第 256c、258 条）

可见，瑞士民法规定的撤销之诉的时效是：其一，夫在知晓生育及知悉本人并非子女的父亲或第三人在妻受胎期间与其有同居的事实之后的一年内，但子女出生超过五年，诉权失效。其二，子女最迟得在其成年后的一年内。如果超过上述两种时效，必须有重要原因得到谅解后才可以起诉。其三，夫之父母代行夫的诉权，时效为一年，从知道夫死亡或丧失判断能力之时起算。

（二）不在婚姻关系存续期间出生子女的准正与认领

1. 准正

依 2016 年《瑞士民法典》第 259 条第 1 款规定："结婚前出生的子女，在其生父母相互结婚，并经认领或判决，夫被确定为子女之父后，准用关于婚姻关系存续期间所生子女的规定。"可见，如果子女是在父母结婚之前出生的，之后其父母结婚，须经父亲的认领或法院的判决确定该父亲为子女之父后，才能被视为在婚姻存续期间出生的子女。依该条第 2、3 款规定，认领的撤销权利人，包括四类：（1）母。（2）子女。子女已死亡者，由其直系血亲卑亲属撤销，但限于在子女未成年期间夫妻共同生活已停止，或者在子女满 12 岁后始为认领者。(3) 夫原籍地或住所地的乡镇。(4) 夫。

2. 认领

（1）认领的准许和形式。2016 年《瑞士民法典》第 260 条规定，其一，仅在母子间有亲子关系时，父始得认领其子女。其二，认领人为未成年人或受总括保佐，或者成年人保护机构有相应规定者，认领须取得其父母或其监护人的同意。其三，认领，得在民事身份登记官面前声明之，或者以终意处分为之。例如，在父性确认之诉程序中，向法院声明之。

（2）认领的撤销。其一，诉权。任何有利害关系的人，特别时母、子女、子女已死亡者，其直系血亲卑亲属，以及认领人原籍地或住所地的乡镇，均得就认领，向法院提出撤销之诉。认领人，仅在本人或其密切关系人的生命、健康、名誉或财产受到急迫和重大的危险或其错误认为自己与被认领人间有父子关系而为认领时，始得提出撤销之诉。仅在认领人和子女未提出撤销之诉时，始得对认领人和子女提出撤销之诉。（2016 年《瑞士民法典》第 260a 条）

其二，诉因。起诉人须证明，认领人非为子女之父。但母和子女仅在认领人声称自己在母受胎期间与母同居时，始须证明认领人非为子女之父。（2016 年《瑞士民法典》第 260b 条）

其三，起诉期间。撤销之诉，应自起诉人知有认领，且知认领人非为子女之父或第三人在母受胎期间与母同居的事实，或者自起诉人发现错误或胁迫终止后，一年内提出，但无论如何，应自认领后五年内提出。不管怎样，子女在其成年后一年内，均得提出撤销之诉。如该期限届满后，如怠于提出撤销系出于重大原因者，应允许其提出撤销。（2016 年《瑞士民法典》第 260c 条）可见，在瑞士民法中，认领撤销之诉的提起，对于认领人而言，一般为一年的除斥期间，五年则是最长时效期间；对于子女而言，一般为其成年后一年内的除斥期间，但有重大原因者除外。

（3）父性之诉。其一，诉权。在没有生父自愿认领的情况下，母和子女，均得提出确认子女与父间有亲子关系的诉讼。确认之诉，得对父提出，父已死亡时，父之直系血亲卑亲属、父之父母或兄弟姐妹均得提出，父已死亡且无直系血亲卑亲属、父母和兄弟姐妹时，得对父之最后住所地的主管机关提出。父已死亡时，为保护其妻的利益，法院应将已受理的父子关系确认之诉通知其妻。（2016 年《瑞士民法典》第 261 条）

其二，推定。被诉人，自子女出生日回溯于第 300 日至第 180 日止，在此期间与母同居者，推定其为子女之父。子女受胎于自其出生日回溯于第 300 日之前或第 180 日之后，而被诉人在母受胎期间与母同居者，仍推定被诉人为子女之父。前述推定，如被诉人能证明自己非为子女之父，或能证明自己为子女之父的可能性小于第三人者，可不使用。（2016 年《瑞士民法典》第 262 条）可见，凡有以下两种情形的，推定被告为生父：第一，被告在子女出生前 300 天至 180 天与母同居的；第二，子女是在出生前的 300 天之前或出生前的 180 天之后受胎的，且被告在母受胎期间与母同居的。但是，当被告证明其非能为生父或第三人为生父的可能性更大时，上述的推定不能成立。

其三，起诉期间。父子关系的确认之诉得在分娩前或分娩后提出，母须在子女出生后一年内提出，子女须在其成年后一年内提出。已与其他男子存在的亲子关系经排除者，无论情形如何，父子关系的确认之诉，得在亲子关系被排除后一年内提出。父子关系的确认之诉，未在规定期限内提出，但有重大原因者，应准许在所规定的期限届满后提出。（2016 年《瑞士民法典》第 263 条）可见，确认生父身份的诉权，其诉讼时效为：第一，生母须在子女出生后一年内提出；第二，子女须在其成年后一年内提出；第三，在已经存在与第三人的亲子关系时，须在该亲子关系被排除后一年内提出。如果超过上述时效，必须要有重大原因，才能提出此项诉讼。

四、当代瑞士父母子女的权利义务

（一）概述

在父母子女的权利义务方面，瑞士民法规定未成年的子女应服从父母的管教，父母如何行使亲权，是共同还是单独，原则上按照如下方式来确定：如果父母已经结婚，对子女的亲权由父母共同行使；如果父母已分居或共同家务已解除，亲权即由法官判予一方行使；如果配偶一方死亡，亲权由他方单独行使；如果父母已离婚，亲权归属于子女信赖的一方行使；如果父母未结婚，亲权归属于母亲行使，当然，如果母亲是未成年人或者母亲死亡或者被剥夺亲权，那么监护官厅应从子女最大利益出发，将亲权转交生父或者指定监护人；如果子女被委托由第三人照管，第三人应在委托范围内代表父母行使亲权，但法律另有规定的除外。

（二）父母的抚养义务

2016 年《瑞士民法典》第八章"亲子关系的效力"第二节中规定了父母的抚养义务。

1. 抚养的客体和范围

生殖和抚育是家庭最基本的功能，是其他功能所围绕的核心，社会采取如法律法规、宗教伦理、社会制裁等积极或消极的方式来确保这一功能的实现。[①] 在瑞士，父母应负担子女的抚养费，包括教育、职业培训和子女保护措施的费用。抚养，包括照护和教育；子女不与父母共同生活者，父母应支付金钱。父母，仅在子女有劳动所得或其他生活来源因而能自己负担其生活费的范围内，免予扶养义务。（2016年《瑞士民法典》第276条）值得注意的是，2017年《瑞士民法典》对该条新增了第276a条，即父母对未成年子女的优先抚养权，对未成年人的抚养责任应优先于家庭法规定的其他扶养义务。[②]

2. 抚养期间

父母的抚养义务，至子女成年时终止。子女在成年时尚未完成合理教育者，父母在其条件许可的限度内，仍须负担子女的抚养费，至其相应的教育依通常情形能结束时止。（2016年《瑞士民法典》第277条）可见，父母对子女的抚养义务，一般到子女成年时终止。在特殊情况下，子女虽已成年但仍在接受合理的教育，如读大学或其他职业培训，则父母应在其有抚养能力的限度内继续履行抚养义务，直到子女相应的教育结束时为止。

3. 抚养费之诉

父母在婚姻存续期间，应依法负担子女抚养费。夫妻一方，在他方对其婚前子女履行抚养义务时，应以适当的方式协助。子女得对父或母，或者对父母提起诉讼，请求支付今后以及起诉前一年的抚养费。（2016年《瑞士民法典》第278-279条）

父母一方不履行抚养义务时，儿童保护机构或州法院所指定的其他机构，依他方的声请，应以适当方式，无偿协助抚养费请求权的强制执行。当父母不照护子女时，法官得指示父母的债务人向子女的法定代理人履行其全部或部分债务。如果父母长期怠于履行给付抚养费的义务，或者父母有逃避义务、挥霍或隐匿财产者，法院得命令父母为其将来应支付的抚养费提供适当的担保。父母和子女均不能负担抚养费时，除了亲属应负资助义务外，其他应负担抚养费的人，由公法规定。此外，公法尚得就父母不履行抚养义务时子女抚养费的预付作出规定。（2016年《瑞士民法典》第290-293条）可见，在瑞士，当父或母未履行抚养义务时，经权利人的申请，有关机关有义务协助抚养费请求权的强制执行；法官得指示父母的债务人向子女的法定代理人履行其全部或部分债务。当父母长期不履行其抚养义务，或者其有逃避义务、廉价出售或者抛弃财产的行为时，法官可命令其为子女今后生活的抚养费提供相当的担保。当父母不能承担抚养义务时，除子女的亲属承担的抚养义务外，公法规定抚养费用的承担人，同时就子女抚养费的预付制定了规则。

4. 未婚母亲的请求权

母亲得就下列各项，最迟在分娩后一年内，对父亲或其继承人提起费用补偿之诉：分娩费用；分娩前不少于四周和分娩后不少于八周的抚养费；其他因怀孕或分娩所支出的必要费用，以及为初生婴儿添置基本生活用品所支出的费用。母亲提前终止妊娠时，

① 石艳：《婚姻家庭制度的多维属性——费孝通家庭社会学思想再认识》，载《理论界》2018年第1期，第62页。

② Swiss Civil Code 2017：Art. 276a A. General / II. Precedence of maintenance for minors Precedence of maintenance for minors. The duty of maintenance towards a minor shall take precedence over other maintenance duties under family law. In justified cases, the court may disregard this rule, in particular in order to prevent any disadvantage to a child entitled to maintenance who is of age.

法院得本于公平合理的原则，判决母亲得请求补偿全部或部分的费用。母亲依法律或契约得请求第三人为给付者，第三人的给付应在依情事可认为正当合理的限度内折抵之。（2016 年《瑞士民法典》第 295 条）

5. 抚养费数额的确定与变更

在父母对子女的抚养费数额的确定方面，应与子女的需要、父母的经济状况和给付能力相当，此外，还须考虑子女的财产和收入，以及不与子女共同生活的父母一方为子女所能提供的金额。儿童津贴、社会保障金和抚养义务人因抚养子女而有权取得的类似福利金，除法院另有规定外，应一并算入抚养费。抚养义务人，因年老或伤残，而在嗣后取得社会保障金或——作为补缺薪金收入而供给抚养子女之用的——类似福利金者，应将其给付于子女；原定的抚养费数额，依法在该给付的范围内减少。抚养费应在法院确定的日期届至前支付。（2016 年《瑞士民法典》第 285 条）

2017 年《瑞士民法典》对该条进行了修订，新增了第 285a 条，即子女抚养费的缴纳应符合子女的需要以及父母的经济状况和拥有的财富情况；必须考虑到孩子的资产和收入；儿童抚养费也有助于确保儿童得到父母或第三方的照顾；子女抚养费的缴纳应在法院规定的日期提前支付。① 同时对抚养费支付也进行了相应修改，即除了抚养费，还必须向需要支付抚养费的父母支付家庭津贴抵免额。除法院另有规定，在子女抚养费外，还必须支付父母有权领取抚养费的任何子女津贴、社会保障子女补助和类似的子女抚养津贴。如果因年老或残疾而承担抚养义务的父母随后获得社会保障、子女补助或类似的子女抚养津贴，以取代其就业收入，他或她必须向抚养子女支付津贴；通过法律的运作，他或她现有的子女抚养费会自动减少这些新福利的数额。② 同时其还于第 286 条新增规定，如果先前已经在批准的抚养协议或决定中确定不能为儿童提供适当的抚养费用，但父母有义务支付抚养费用的情况自此大大改善，则该儿童有权要求在过去五年中，负支付抚养费义务的一方支付未能支付的款项。索赔必须在知道情况已大为改善后的一年内提出。如果该父母或州政府已经履行了应有抚养费的份额，则要求将权利转让给另一方

---

① Swiss Civil Code 2017；Art. 285 D. Court action / IV. Amount of child maintenance contribution / 1. Parents´ contribution IV. Amount of child maintenance contribution 1. Parents´ contribution The child maintenance contribution should correspond to the child's needs and to the parents´ financial circumstances and resources；the child's assets and income must be taken into account；The child maintenance contribution also serves to ensure that the child is cared for by the parents or by third parties；The child maintenance contribution is payable in advance on the dates stipulated by the court.

② Swiss Civil Code 2017；Art. 285a D. Court action / IV. Amount of child maintenance contribution / 2. Other payments for maintenance of the child Other payments for maintenance of the child Family allowance credits paid to the parent required to pay maintenance must be paid in addition to the maintenance. Unless the court rules otherwise，any child allowance，social security children's supplement and similar child support benefits to which the parent subject to the duty of maintenance is entitled must be paid in addition to the child maintenance contribution. Where as a result of old age or invalidity the parent subject to the duty of maintenance subsequently receives social security，children's supplements or similar child support benefits which replace his or her employment income，he or she must pay said benefits to the child；by operation of law，his or her existing child maintenance contribution is automatically reduced by the amount of such new benefits.

父母或州政府。① 可见，在瑞士，法院判决确定抚养费数额时应考虑的因素包括子女的需要、父母的经济状况和给付能力、子女的财产和收入。

值得注意的是，瑞士民法还规定了子女抚养契约的签订与效力。父母双方可协商订立子女抚养契约，但非经儿童保护机构批准，对子女不发生效力。约定的抚养费金额得变更之，但儿童保护机构在批准时规定不得变更者不在此限。诉讼程序中订立的抚养契约，须由法院批准。（2016 年《瑞士民法典》第 287 条）2017 年《瑞士民法典》新增第 287a 条规定了抚养契约的数额，即如果抚养协议中规定了抚养费用，协议必须指明：根据每个父母和每个子女的收入和资产，从中计算设定的金额；为每个孩子设置金额；支付每个儿童适当抚养费不足所需的数额；抚养费是否以及在多大程度上进行调整，以反映生活费用的变化。② 可见，在瑞士，父母可以订立子女抚养契约，但需要经过儿童保护机构或法官批准，才对子女发生法律效力。

（三）父母照护权

1. 父母照护的原则

瑞士民法认为，父母照护权以服从于子女福祉为宗旨。子女在其成年前，应置于父与母共同的父母照护权之下。父母为未成年人或受总括保佐者，无父母照护权。父母成年后取得父母照护权。对父母的总括保佐被撤销后，儿童保护机构在有利于子女福祉的范围内，授予父母照护权。父母共同享有父母照护权，而父母一方死亡时，父母照护权由尚生存的父母一方享有。单独享有父母照护权的父母一方死亡时，儿童保护机构应将父母照护权转移于尚生存的父母一方；依具体情事，如为子女指定监护人，更有利于保护子女福祉者，应为子女指定监护人，并将父母照护权转移于该监护人。在离婚程序或婚姻保护程序中，基于保护子女福祉的原则，如有必要，应指定父母一方单独享有父母照护权。父母未能就子女的居所、与子女的个人来往或照管义务的承担达成协议时，法院亦得对这些事项作出规定。父母照护权既不能由父，亦不能由母享有时，法院应要求儿童保护机构为子女指定监护人。（2016 年《瑞士民法典》第 296 298 条）

在承认父性判决的相关规定中，父母抚养子女的原则表现为：

一是父母的共同声明。父母尚未结婚，而夫承认子女时，或者亲子关系经法院判决确定，而法院在判决时未指定父母共同享有父母照护权时，父母得共同作出声明，父母照护权由父母共同享有。在声明中，父母应当确认：父母愿意共同承担对子女的责任；

① Swiss Civil Code 2017: Art. 286a D. Court action / V. Change of circumstances / 2. Shortfalls If it was previously established in an approved maintenance agreement or a decision that no maintenance contribution could be set to provide due maintenance for the child, and should the circumstances of the parent liable to pay maintenance have since improved substantially, the child is entitled to claim payments that were not met by this parent during the previous five years in which payments were owed to provide due maintenance. This claim must be brought within one year of it being known that the circumstances have improved substantially. This claim passes with all rights to the other parent or to the state authority in as far as this parent or the state authority has met the missing share of the due maintenance.

② Swiss Civil Code 2017: Art. 287a E. Maintenance agreements / II. Scope of a maintenance agreement II. Scope of a maintenance agreement Where maintenance contributions are set in a maintenance agreement, the agreement must specify: the income and assets of each parent and each child from which the set amount is calculated; the amount set for each child; the amount required to cover any shortfall in the due maintenance of each child; if and to what extent the maintenance contributions will be adjusted to reflect changes in living costs.

双方已就子女的居所、与子女的个人来往、照管义务的承担和子女生活费的数额达成协议。父母得在作出声明前，咨询儿童保护机构。共同享有父母照护权的声明，在父承认子女时作出者，应向民事身份登记机关作出。嗣后作出者，应向子女住所地的儿童保护机关作出。作出声明前，父母照护权由母单独享有。（2016 年《瑞士民法典》第 298a 条）

二是儿童保护机构的决定。父母一方拒绝就共同的父母照护权作出声明时，他方得申请儿童保护机构作出决定。除为保护子女福祉，有必要由母继续享有单独的父母照护权或将父母照护权转移于父单独享有外，儿童保护机构应作出父母共同享有父母照护权的决定。儿童保护机构应在对父母照护权作出决定的同时，对其他有争议的事项作出决定。抚养费给付之诉不受影响。母亲作为未成年人或受总括保佐时，儿童保护机构应作出由父享有父母照护权的决定，依具体情事，如为子女指定监护人更有利于保护子女福祉者，应为子女指定监护人，并将父母照护权转移于该监护人。（2016 年《瑞士民法典》第 298b 条）2017 年《瑞士民法典》新增第 298 2bis、298 2ter 条，即儿童保护当局在决定居住、接触和分担养育子女义务时，应考虑到儿童与父母双方保持正常个人关系的权利。在授予父母共同责任的情况下，在儿童的最大利益方面，如果父母一方或子女提出要求，则应考虑子女与父母双方轮流居住的可能性。[1]

三是父性胜诉后的判决。法院判决父性之诉胜诉者，应同时判决由父母共同享有父母照护权，但为保护子女福祉，有必要由母亲继续享有单独的父母照护权或将父母照护权转移于父亲单独享有者不在此限。（2016 年《瑞士民法典》第 298c 条）

四是情况有变的原则。情况有重大变化时，为保护子女福祉，如有必要，儿童保护机构得因父母一方或子女的声请，亦得依职权，对父母照顾权的归属重新作出安排。儿童保护机构得仅就子女的居所、与子女的个人来往或照管义务的承担作出安排。（2016 年《瑞士民法典》第 298d 条）2017 年《瑞士民法典》新增第 298d 条第 3 款，即可向主管法院提起改变抚养费的诉讼；在这种情况下，法院可就父母责任和与子女有关的其他事项作出新的裁决。[2]2018 年《瑞士民法典》新增第 298e 条，即同居关系中继子女收养后情况的变化，如果领养孩子的人与孩子的母亲或父亲同居，并且情况发生实质性变化，则在确认父亲身份的情况下，适用情况变更的规定比照适用。[3]

---

① Swiss Civil Code 2017：Art. 298b1 Aquater. Recognition and court declaration of paternity / II. Decision of the child protection authority II. Decision of the child protection authority 3bis In its decision on residence, contact and the sharing of parenting duties, the child protection authority shall take account of the right of the child to maintain regular personal relationships with both parents. 3ter Where joint parental responsibility is awarded, with respect to the child's best interests, it shall consider the possibility of the child residing with both parents on an alternating basis, if this is requested by one of the parents or by the child.

② Swiss Civil Code 2017：Art. 298d Aquater. Recognition and court declaration of paternity / IV. Change in circumstances An action for a change to the maintenance payments may be brought to the competent court; in such a case the court may make a new ruling on parental responsibility and other matters relating to the child.

③ Swiss Civil Code 2018：Art. 298e Aquinquies. Change in the situation after the adoption of a stepchild in a cohabitation relationship Aquinquies. Change in the situation after the adoption of a stepchild in a cohabitation relationship. If the person who adopts the child cohabits with the child's mother or father, and there is a substantial change in the circumstances, the provision on the change of circumstances applies mutatis mutandis in the case of recognition and judgement of paternity.

2. 父母照护的内容

父母照护子女的内容在瑞士民法中被规定得比较全面。在一般规定中，父母应本于子女的利益抚养和教育子女，并就子女行为能力所不能及的一切事项，作出必要的决定。在某些情形下，照管子女的父母一方有权单独作出决定：所要处理的事务属于日常性或具有急迫性者；如与他方协商，将会徒增不必要的麻烦或费用者。当然，子女有服从父母的义务，父母应当保障子女享有与其心智相适应的安排自己生活的自由，对于与子女有关的重大事务，应当尽可能考虑自己的意见。非经父母同意，子女不得脱离家庭共同体，同时，父母也不得违法使子女脱离家庭共同体。子女的姓氏，由父母决定。（2016 年《瑞士民法典》第 301 条）可见，在一般规定中，瑞士民法将子女最大利益放在首位。

关于暂时居所，父母照护权包括对子女暂时居所的决定权。父母共同享有父母照护权，而父母一方要求变更子女暂时居所时，在下列情形下，须取得他方的同意或有法院的判决或儿童保护机构的决定：新的暂时居所在国外者；暂时居所的变更，对于他方行使父母照护权、与子女的个人来往会产生重大影响者。父母一方单独享有父母照护权，而其拟要变更子女暂时居所者，应在合理期间内通知他方。父母一方变更其本人住所时，亦负前款规定的通知义务。如有必要，父母应依有利于子女福祉的原则，通过协商对父母照护权、子女居所、与子女的个人来往和生活费数额作出适当的调整。父母不能协商一致时，由法院或儿童保护机构作出决定。（2016 年《瑞士民法典》第 301a 条）

关于对子女的教育。父母应依实际情况教育子女，促进和保护其身体、心智和道德的成长。父母应设法使子女，特别是那些在身体上或精神上有缺陷的子女，接受合适的、尽可能符合其能力和爱好的普通教育或职业教育。为此目的，父母应以适当的方式，与学校，必要时与公共和公益青少年福利机构合作。父母得决定子女的宗教教育。限制子女的宗教行为一律无效。但子女年满 16 岁的，可以自己决定宗教信仰。（2016 年《瑞士民法典》第 302、303 条）

关于代表子女的权利。父母在其享有父母照顾权的范围内，对第三人有依法代表子女的权利。父母双方均有父母照护权者，善意第三人得推定，父母中一方的行为已取得他方的同意。父母不得代表子女订立保证契约、设立财团，也不得代表子女赠与，但礼俗上之偶然赠与者不在此限。（2016 年《瑞士民法典》第 304 条）

可见，在瑞士，父母有照管和教育子女的权利义务，并就子女行为能力所不能及的一切事项作出必要决定；子女有服从父母的义务，非经父母同意不得离开家庭共同体；子女的姓氏由父母决定；父母双方有权协商决定子女的暂时居所，协商不成，由法院决定或儿童保护机构决定；父母应依实际情况教育子女，促进和保护身体、心智和道德的成长，应设法使子女尤其是身体上或精神上有缺陷的子女，接受合适的、尽可能符合其能力和爱好的普通教育或职业教育；父母得决定子女的宗教教育，待子女年满 16 岁得自己决定其宗教信仰；父母在其亲权范围内对第三人有依法代表其子女的权利。

3. 父母照护权的剥夺

在瑞士，父母照护权的剥夺分为两种情形，一是依职权剥夺，二是依父母同意剥夺。

一方面，依职权剥夺父母照护权。如果其他保护子女的措施，不能取得预期效果，或者自始即不合适者，如有下列情形之一，儿童保护机构有权剥夺父母照护权：父母无经验、疾病、残疾、失踪、暴力行为或类似原因，不能按要求行使父母照护权者；父母漠不关心子女或严重违反其对子女应尽之义务者。父母双方均被剥夺父母照护权时，应为子女指定监护人。除有明确相反之规定外，父母照护权的剥夺，对任何人包括此后出生的子女均发生效力。（2016 年《瑞士民法典》第 311 条）可见，如果父母行使照护权不利于子女的成长，那么儿童保护机构有权利直接剥夺父母的照护权。

另一方面，依父母同意剥夺照护权。有下列情形之一，儿童保护机构可以剥夺父母照顾权：父母基于重要原因申请剥夺的；父母已同意由未指明的第三人在将来收养其子女时。（2016 年《瑞士民法典》第 312 条）可见，父母申请剥夺照护权的原因有二：一是父母因重要原因不能或不合适行使照护权；二是父母因双方同意子女被第三人收养。

4. 父母照护权变更的程序

一般来说，当具体情况发生变化时，应依新情况，变更保护子女的措施，而父母的照护权，无论如何，不得在剥夺后一年内恢复。在父母照护权变更的一般规定中，父母照护权变更程序参照适用成年人保护机构处理事务的程序，在可能的情况下，儿童保护机构得要求父母进行调解，在指定保佐人时应同时明示该保佐人的职责和对父母亲权的限制。（2016 年《瑞士民法典》第 313、314 条）

值得注意的是，2019 年《瑞士民法典》对第 314 条的增补内容，即如果儿童的身体、精神或性完整性有可能受到威胁，任何人可通知儿童保护当局。如果报告有利于维护儿童的利益，则根据瑞士刑法受到专业保密的人员也有权通知当局。本规定不适用于根据刑法受专业保密约束的辅助人员。① 以下人员，如果他们不受瑞士刑法规定的专业保密，则有义务报告是否有明确迹象表明儿童的身体、心理或性行为处于危险之中：其一，与儿童经常接触的医学、心理学、护理服务、儿童保育、教育、咨询、宗教和体育等领域的专家；其二，以官方身份了解此类案件的人员；其三，各州可规定进一步的通知义务。② 儿童保护机构或其委托的第三人可以适当的方式对子女本人进行听证，但依子女的年龄或其他重大原因不应进行此种听证，听证内容应告知父母，有判断能力的子女可提出申诉，要求撤销拒绝听证的决定。如有必要，儿童保护机构应为子女设定代理，指定一名熟悉社会福利救助和法律事务的人作为该子女的保佐人。儿童保护机构应指定代理人的情况有：所涉及的程序事关子女的安置时；各当事人对于父母亲权的安排或个人往来等重大问题有不同意见时。子女的保佐人可提出申请和采取法律手段。（2016 年《瑞士民法典》第 314a 条）同时，子女必须被安置于看守所或精神病医院，参照适用为保护成年人而采取的救助性规定。当然，如子女有判断能力，其本人可直接向法院提起诉讼。（2016 年《瑞士民法典》第 314b 条）此外，2019 年《瑞士民法典》增补了第 314e 条，

---

① Swiss Civil Code 2019: Art. 314d C. Child protection / VI. Procedure / 6. Duty to notify Any person may notify the child protection authorities if a child's physical, mental or sexual integrity appears to be at risk. If a report is in the interest of the child, persons who are subject to professional confidentiality under the Swiss Criminal Code2 are also entitled to notify the authorities. This provision does not apply to auxiliary persons bound by professional confidentiality under the Criminal Code.

② Swiss Civil Code 2019:314d C. Child protection / VI. Procedure / 6. Duty to notify The following persons, provided they are not subject to professional confidentiality under the Swiss Criminal Code2, are obliged to report if there are clear indications that the physical, psychological or sexual integrity of a child is at risk and that they cannot remedy the threat as part of their professional activities: specialists from the fields of medicine, psychology, care services, childcare, education, counselling, religion and sport who have regular contact with children; persons who learn of such a case in their official capacity. The cantons may provide for further notification obligations.

内容是合作和行政援助，即参与诉讼的人和第三方有义务合作查明案件事实。儿童保护当局发布必要的命令，以保护任何值得保护的利益。必要时，应发布强制执行合作义务的命令；根据瑞士刑法受专业保密约束的人有权进行合作，而无须事先从这一保密要求中解除，本规定不适用于根据刑法受专业保密约束的辅助人员；如果有权保密的人授权他们这样做，或者上级主管部门或监管机构根据儿童保护机构的要求将他们从专业保密机构中解雇，则根据瑞士刑法受专业保密约束的人员有义务进行合作。2000 年 6 月 23 日《律师法》第 13 条仍然保留；行政机关和法院应传递必要的文件、报告和信息，条件是不得与需要维护的利益发生冲突。[①]

可见，父母照护权变更的原则是子女最大利益，其中，无论是变更的情况、参照适用的程序，还是对子女进行的听证、子女的代理人，以及法院的职权和命令的变更，均是从子女最大利益出发，最大限度地行使父母照护权，以保障子女的身体、心智、精神能够健康成长。

（四）父母对子女财产的管理

1. 父母对子女财产的管理

在父母对子女财产的管理方面，有父母照护权的父母，有管理子女财产的权利和义务。父母一方已死亡者，生存的一方应向儿童保护机构呈交子女的财产目录。依子女财产的性质和数量及父母的个人情况，儿童保护机构如认为适当，应命令定期呈交账目并报告财产状况。（2016 年《瑞士民法典》第 318 条）

2. 父母对子女财产收益的使用

在父母对子女财产收益的使用方面，父母得以子女财产的收益，用于子女的抚养、教育和职业培训，并在合理的限度内，用于家庭所需。有剩余者，应当归入子女财产。（2016 年《瑞士民法典》第 319 条）

3. 父母对子女财产的取用

在父母对子女财产的取用方面，对于补偿金、损害赔偿金和类似给付，父母仅得依当前抚养子女的实际需要，动用其中部分金额。确有支付生活费、教育费或培训费之需要时，儿童保护机构得准许父母，在特定的金额内，动用子女财产的其他部分。（2016 年《瑞士民法典》第 320 条）

4. 子女个人的自由财产

在对子女个人的自由财产方面，父母受到不同程度的授权限制。以下从三方面予以

---

① Swiss Civil Code 2019; Art. 314e C. Child protection / VI. Procedure / 7. Cooperation and administrative assistance Cooperation and administrative assistance. The persons and third parties involved in the proceedings are obliged to cooperate in ascertaining the facts of the case. The child protection authority issues the necessary orders to protect any interests worthy of protection. If necessary, it shall issue an order for the compulsory enforcement of the duty to cooperate; Persons bound by professional confidentiality in accordance with the Swiss Criminal Code2 are entitled to cooperate without having to be released from this confidentiality requirement beforehand. This provision does not apply to auxiliary persons bound by professional confidentiality under the Criminal Code; Persons bound by professional confidentiality in accordance with the Swiss Criminal Code are obliged to cooperate if the person entitled to confidentiality has authorized them to do so or if the superior authority or the supervisory authority has released them from professional confidentiality at the request of the child protection authority. Article 13 of the Lawyers Act of 23 June 2000 remains reserved; Administrative authorities and courts shall pass on the necessary documentation, reports and information, provided there is no conflict with interest's worthy of protection.

介绍。

第一，赠与财产。父母不得使用其收益而赠与子女的财产，或指定用于生息投资或用于储蓄而赠与子女的财产，其收益父母不得动用。同时，仅在赠与子女财产时明确规定父母不得管理时，始得排除父母对该财产的管理权。（2016年《瑞士民法典》第321条）可见，享有照护权的父母，在子女财产的使用，尤其在赠与、投资、生息方面是受到严格限制的。

第二，特留份财产。遗嘱人得以死因处分，排除父母对子女特留份的管理。被继承人委任第三人管理特留份时，儿童保护机构有权命令受任人定期呈交账目并报告财产状况。（2016年《瑞士民法典》第322条）可见，对子女的特留份财产，遗嘱人可以立遗嘱排除父母对子女特留份的管理。如其委任第三人管理该特留份，儿童保护机构依法具有监督第三人管理特留份的权利。

第三，劳动所得、职业和营业上的财产。子女对于自己的劳动所得，以及父母取自子女的财产而交与子女谋求职业发展或从事独立营业的财产，有管理和用益的权利。子女如与父母共同生活，父母得要求子女负担合理数额的生活费。（2016年《瑞士民法典》第323条）

5. 父母对子女财产管理权的剥夺和终止

关于父母对子女财产管理权的剥夺，如无其他方法能防止子女财产受到危害时，儿童保护机构得以管理权委任保佐人。非由父母管理的财产由受危害之虞时，儿童保护机构得采取相同的命令。子女财产的收益，以及指定用于子女日常生活消费或开支的子女财产，由于不能被用于原定目的之虞时，儿童保护机构亦得以管理权委任于保佐人。（2016年《瑞士民法典》第325条）可见，只要父母对子女财产处分不恰当或不符合子女最大利益时，儿童保护机构则有权剥夺父母的管理权。

关于父母对子女财产管理权的终止，父母照护权或管理权终止时，父母应将子女的财产，连同决算账册，返还于成年子女或子女的法定代理人。对于子女财产的返还，父母负与受任人相同的责任。父母善意让与子女财产时，应以价金补偿之。父母就其为子女或家庭事务而在合理范围内所使用的金额，无补偿义务。（2016年《瑞士民法典》第326、327条）可见，此父母照护权或管理权终止时子女财产的返还与清算的规定，有利于维护子女的财产权益。

第六节　当代瑞士收养制度

本节研究和阐述以下内容：一是当代瑞士收养制度概述；二是当代瑞士收养的类型；三是当代瑞士收养的条件和程序；四是当代瑞士收养的法律效力；五是当代瑞士收养的撤销制度。

一、当代瑞士收养制度概述

（一）当代瑞士收养制度的主要内容

2016年《瑞士民法典》第二编"亲属法"第二部分第七章亲子关系的发生，第四节专门规定了收养制度，主要内容包括未成年人的收养、成年人的收养、收养的法律效力和收养的撤销。其中，在未成年人收养中，包含收养的一般要件、共同收养、单独收养、子女的年龄和同意、生父母的同意等。与成年人收养相关的内容，除特殊情形下，均适用于未成年人收养的规定。在收养的法律效力中，包含一般规定、公民权等。在收养的程序中，包含程序的一般规定、调查、收养的秘密以及关于生父母基本情况的问询。在收养的撤销中，包含撤销的原因、撤销之诉的期间。此外，还有关于收养居间的法律规定。该章中，行政性官厅在收养同意中的介入是瑞士收养制度的一大特色，而这种介入正是国家监督原则的直接体现。从有关收养同意的各项规定中均可看出，瑞士收养制度具有浓厚的国家监督主义色彩，而这种对国家监督作用的强调其目的仍是保证收养的顺利进行、保护收养各方当事人的合法权益。

（二）当代瑞士收养制度的修订情况

2016年《瑞士民法典》简化了收养条件，如收养配偶的子女无须年满35岁，只要求结婚满5年即可，如单独收养子女，仅须未婚者或者没有登记伴侣关系的年满28岁或年满28岁的已婚者因其配偶持续无判断力、下落不明已逾2年或判决分居满3年而不能共同收养即可。登记伴侣关系后共同生活的人，如果其登记伴侣长期缺乏判断能力或下落不明超过2年，则允许28岁以上的人单独收养子女。此外还设有兜底性条款，即若出于对未成年人最大利益的考虑，且收养人能够证明，可对收养人最低年龄作出例外性规定，也就是低于28岁亦可收养子女。然而收养成年人的条件相对更加严格，收养人必须至少照料扶养被收养人5年方成立收养关系。另外，关于收养的程序也更加严格，提交申请时必须满足申请要求，收养决议应包含进入民事登记册所需的收养人的名字、姓氏以及和公民身份有关的所有信息。而且，联邦对收养居间行使监督权，以收养居间为职业的或者因职业关系而为收养居间的，须取得官方许可，儿童保护机构除外。2018年《瑞士民法典》修订了收养未成年人的一般要件、共同收养的夫妻年龄限制、单独收养者的年龄；修订了如果儿童有法定监护人或法定代表人，收养需要儿童保护机构的同意，即使儿童能够作出判断的规定。新增的规定主要有：收养继子女的条件，收养年龄限制的例外，未成年人的公民身份须由亲子关系法律决定，收养应当听取儿童的意见，但由于儿童的年龄或其他正当理由无法听取的除外，同居关系中继子女被收养后的处理方式，同时还新增儿童代表制度，州信息中心和儿童调查服务中心制度等。

二、当代瑞士收养的类型

在瑞士，收养分为两种，一是未成年人的收养，二是成年人的收养。从被收养人条件的角度看，两者除被收养人的年龄不同之外，前者的被收养人为符合法定条件的未成年人；后者的被收养人为符合法定条件的成年人。（其具体内容，详见后述）

三、当代瑞士收养的条件和程序

关于收养的基本原则，诸如保护未成年被收养人、国家监督等原则的精神可以从《瑞士民法典》关于收养的相关规定中发现。如该法第264条规定，未成年被收养人的利益被作为确定收养关系的首要考虑因素，至少一年抚育期的经过也更好地确保了被收养人对养亲家庭的适应。同时，该条文中对收养人其他子女利益的考虑，一方面避免了因对未成年养子女利益的过分强调而导致其他问题出现的可能，另一方面也为营造和谐、幸福的家庭生活提供了保证，从根本上看仍然对被收养人的健康成长有利，故该规定也是保护未成年养子女利益原则的具体体现之一。

（一）收养的条件

1. 未成年人收养的条件

第一，一般条件。2016 年《瑞士民法典》第 264 条规定，收养人，能证明其对被收养人已抚养和教育至少一年，同时，依各方面情事可认为，其与被收养人成立亲子关系，有利于被收养的其他子女因收养受到不公正待遇者，得收养该被收养人。

第二，被收养人条件。子女须至少小于养父母 16 岁。子女有判断能力者，非经同意，不得收养之。监护人收养被监护人时，被监护人纵有判断能力，仍须取得儿童保护机构的同意。（2016 年《瑞士民法典》第 265 条）可见，未成年人如果是被收养人，必须满足如下条件：一是不得年满 18 岁，因为瑞士民法规定成年年龄为 18 周岁。（2016 年《瑞士民法典》第 14 条）二是未成年人须与收养人年龄相差 16 岁。值得注意的是，2018 年《瑞士民法典》将第 264 条的一般要件分为两款，即如果有收养意愿的人已抚养和照顾孩子至少一年，并且表明建立亲子关系符合子女最佳利益而不对养父母的任何其他孩子不公平，则可以领养未成年子女；有收养意愿的人须有能力为未成年被收养人提供一般水平以上的生活和照顾，才能收养。[①]

第三，收养人条件。对于共同收养，2018 年《瑞士民法典》修改了对夫妻共同收养的年龄限制，即如果结婚至少已三年且两人至少年满 28 岁，才可以共同收养子女。而原来规定的是结婚至少满五年，或者夫妻均满 35 岁。基于儿童最大利益，必要时还可作出最低年龄的例外规定，但配偶必须证明例外是正当的。[②]对于单独收养，2018 年《瑞士民法典》修订为：其一，未结婚的人，如果年满 28 岁，可单独收养子女，原来规定的年龄为 35 岁。其二，年满 28 岁的已婚人士可单独领养，须其另一方配偶为永久无判断能力或者失踪超过两年的，或者配偶依法院判决分开超过三年的。其三，注册登记的伴侣年满 28 岁，如果其登记的伴侣长期无判断能力或下落不明超过两年，则允许单独收养未成年人。此外，如果为儿童的福利而认为有必要，则可作出此最低年龄的例外规定，但有收

---

① Swiss Civil Code 2018：Chapter Four；9 Adoption Art. 264 A. Adoption of minors / I. General requirements A. Adoption of minors I. General requirements. A minor child may be adopted if the persons wishing to adopt have raised and cared for the child for at least one year and provided the general circumstances suggest that establishing a parent-child relationship would be in the child's best interests without being unfair for any other children of the adoptive parents. Adoption is only possible, if the persons wishing to adopt the child are able to provide for the child up to the child's majority on the basis of their age and their personal circumstances.

② Swiss Civil Code 2018：Art. 264a A. Adoption of minors / II. Joint adoption II. Joint adoption. Spouses may adopt a child jointly if they have been in the same household for at least three years and both are at least 28 years old. Exceptions from the minimum age may be made if this is necessary for the welfare of the child. The spouses must justify the exception.

养意愿的人必须证明该例外是正当的。①

第四，收养继子女。2018 年《瑞士民法典》新增第 264c 条，允许收养人收养下述人的子女：与其结婚的人；与其以登记伴侣关系共同生活的人；与其同居的人。且收养人与上述人必须在同一个家庭至少生活了三年。禁止以同居的人结婚或受登记伴侣关系为条件进行约束。②

第五，收养人与被收养人年龄差。2018 年《瑞士民法典》新增第 264d 条，即未成年人与收养人之间的年龄差不得低于 16 岁，不得超过 45 岁。若出于未成年人最大利益考虑，可以有两种例外。收养人必须证明这一例外的正当性。③

第六，收养的同意。首先，关于同意的主体和形式，收养须取得被收养人的生父母的同意。同意须向生父母或子女的住所地或暂时居所地的儿童保护机构，口头或书面表示之，并须记录在案。同意虽在将来的收养人未被指定或尚未确定时作出者，亦未有效。但在特定情形下须得子女的同意或儿童保护机构的同意，即如果未成年被收养人有一定的辨识能力和判断能力，则需在其智识能力范围内经其同意。如果收养人是监护人，未成年人是被监护人，即便被监护人有辨识能力和判断能力，也必须经过申请取得所在当地儿童保护机构的同意后才能被收养。（2016 年《瑞士民法典》第 265 条第 2、3 款）此后，2018 年《瑞士民法典》将该条修订为两款，但法条内容没有实质性变化。④ 其次，在同意的时间上，子女出生未满六星期者，不得作出同意被收养的表示。同意被收养的表示，得再作出同意后六星期内撤回。撤回同意后又表示同意者，其同意，为终局的同意。（2016 年《瑞士民法典》第 265b 条）最后，在无须同意方面，须是生父母为谁不可知，或生父母长期不知其所踪或为继续性无判断能力人者；生父母从未认真照护其子女者。（2016 年《瑞士民法典》第 265c 条）子女被以嗣后收养之目的而收养，且尚未取得其生父母同意时，子女住所地的儿童保护机构得依收养居间机构或养父母的声请，作出是否须经其生父母同意的决定，其决定通常应在养育开始前作出。在其他情形中，应在收养

---

① Swiss Civil Code 2018：Art. 264b A. Adoption of minors / Ⅲ. Adoption by a single person Ⅲ. Adoption by a single person. A person who is not married and does not live in a registered partnership is permitted to adopt a child alone if he or she is at least 28 years old. A married person who is at least 28 years old is permitted to adopt alone where the other spouse permanently lacks capacity of judgement or has been of unknown whereabouts for more than 2 years or if the spouses have been separated by court order for more than 3 years. A person living in a registered partnership who is at least 28 years old is permitted to adopt a child alone if his or her registered partner permanently lacks capacity of judgement or has been of unknown whereabouts for more than 2 years. 4 Exceptions from the minimum age may be made if this is necessary for the welfare of the child. The person wishing to adopt must justify the exception.

② Swiss Civil Code 2018：Art. 264c A. Adoption of minors / Ⅳ. Adoption of a stepchild Ⅳ. Adoption of a stepchild A person is permitted to adopt the child of the person：to whom he or she is married；with whom he or she lives in a registered partnership；with whom he or she cohabits. The couple must have been in the same household for at least three years. Persons who cohabit are not permitted to be married or to be bound by a registered partnership.

③ Swiss Civil Code 2018：Art. 264d A. Adoption of minors / Ⅴ. Difference in age Ⅴ. Difference in age. The age difference between the child and the persons wishing to adopt may not be less than 16 years and not more than 45 years. Exceptions may be made if this is necessary for the welfare of the child. The person wishing to adopt must justify the exception.

④ Swiss Civil Code 2018：Art. 265 A. Adoption of minors / Ⅵ. Consent of the child and the child protection authority Ⅵ. Consent of the child and the child protection authority If the child is capable of judgement, its consent is required for the adoption. Where the child has a legal guardian or a legal representative, adoption requires the consent of the child protection authority even if the child is capable of judgement.

时作出决定。因生父母从未认真照护子女而无须取得其同意时，儿童保护机构应将其决定书面通知该生父母。（2016年《瑞士民法典》第265d条）此后，2018年《瑞士民法典》在该条的基础上保留了前两款，删除了第3款"因生父母从未认真照护子女而无须取得其同意时，儿童保护机构应将其决定书面通知该生父母"。

2. 成年人收养的条件

瑞士民法关于成年人收养的条件，绝大多数都是准用收养未成年人的规定。不同的是，"无直系血亲卑亲属的成年人，属于下列情形之一者，得被收养：因身体或精神上的疾病而需要照顾，且收养人已抚养其至少五年；在被收养人未成年期间，收养人已抚养和教育其至少五年；有其他重大原因，且被收养人与收养人已共同生活至少五年。已结婚者，非经其配偶同意，不得被收养。其他方面，准用关于收养未成年人的规定"。（2016年《瑞士民法典》第266条）可见，在满足未成年人收养的条件之外，收养成年人还须满足以下条件：其一，一般条件。无直系卑血亲的成年人在一定情形下可被收养：因身体或精神疾病而需照料且收养人已实际扶养其最少五年、收养人在被收养人未成年期即已实际扶养并教育其最少五年；其他重大原因致被收养人已与收养人实际共同生活满五年。其二，收养的同意。如果被收养的成年人已经结婚，那么该收养须经其配偶同意。

（二）收养的程序

在瑞士，收养的程序主要包括以下阶段：声请与调查、听证与宣告。

1. 声请与调查

依2016年《瑞士民法典》第268条规定，收养由养父母住所地的州主管机关宣布。收养人在提出收养声请后死亡或丧失判断能力者不影响收养，但不符合其他收养要件者不在此限。被收养人在提出收养声请后成年者，如成年前已符合收养条件，仍适用关于收养未成年人的规定。2018年《瑞士民法典》对该条第2、3款进行了修改，并新增了第4、5款，即提交声请时必须满足收养要求。一旦提出声请，有收养意愿的人的死亡或丧失判断能力并不必然导致收养关系的消灭，只要其他条件仍然符合要求即可。如果未成年人在提交收养声请后达到成年年龄，只要之前符合收养要求，有关收养未成年人的规定将继续适用。收养决定书应载有民事登记册所需的与被收养人的姓名、姓氏和公民身份有关的资料。[1] 2016年《瑞士民法典》第268a条规定，宣告收养仅得在全面调查所有重要情况，必要时征询专家意见后为之。特别是对于收养和被收养人的人格和健康，收养人和被收养人间的相互关系，收养人的教育能力、经济状况、收养动机和家庭关系，以及抚养关系的发展等情况，应调查清楚。养父母有直系血亲卑亲属者，该直系血亲卑亲属对收养的意见应考虑之。2018年《瑞士民法典》在该条的基础上删除了第3款"养

---

[1] Swiss Civil Code 2018：Art. 268 D. Procedure / I. In general D. Procedure I. In general：Adoption is pronounced by the competent cantonal authority at the adoptive parents′ domicile. The adoption requirements must already be met when the application is submitted. Once the application has been submitted, the death or loss of capacity of judgement of the person wishing to adopt does not preclude the adoption provided the other requirements are still fulfilled. If the child attains the age of majority after the application for adoption has been submitted, the provisions governing the adoption of minors continue to apply provided the requirements for adoption were previously fulfilled. The adoption decision shall contain all the information required for entry in the civil register relating to the first name, surname and citizenship of the adopted person.

父母有直系血亲卑亲属者，该直系血亲卑亲属对收养的意见，应考虑之"。[1]

2. 听证与宣告

2018年《瑞士民法典》新增第268abis条，即负责收养程序的州当局或为此目的指定的第三方应以适当方式亲自听取未成年人的意见，由于儿童的年龄或其他正当理由无法听取的除外，询问记录应保密，有判断能力的未成年人对拒绝听取其意见的决定有权提出上诉。[2] 新增第268ater条，即未成年人的代表，负责收养程序的州当局应命令为被收养的未成年人派代表，并任命一名在福利和法律事务方面有经验的人担任其助理，如果有行为能力的未成年人提出请求，则必须为其任命一名代表，未成年人对于决定可提出反对意见，对拒绝其请求的结果提出质疑。[3] 新增第268aquater条，即如果判断收养的人本身是否存在问题，则必须考虑到其对收养的态度。在收养成年人之前，还必须考虑到以下人员的意见：被收养人的配偶或者登记伴侣、被收养人的亲生父母，除非年龄问题或其他正当理由或被收养人存在问题，这是不可取的。如果条件允许，应将收养决定通知这些人。[4]

由上可见，在声请与调查阶段，应由养父母向其住所地的州主管官厅呈交。在提交申请时，必须满足相应要求，一旦提交，收养人死亡或丧失判断能力不妨碍收养，但前提是仍然符合其他收养要求。如果被收养人在提出收养申请后达到成年年龄，只要成年以前符合收养要求，关于收养未成年人的规定继续适用。主管部门必须对涉及该收养的所有重要情况进行全面调查，必要时还可与专家进行磋商。在为未成年人举行听证阶段，负责收养程序的州主管官厅或为此目的指定的第三方应以适当方式亲自听取未成年人的意见，除非由于未成年人的原因而不宜这样做，如因年龄或其他正当理由。有判断能力的未成年人可对拒绝听证的决定提出上诉。在未成年人的代表方面，负责收养程序的州主管官厅应作出未成年人的代表人出席的要求，并任命一名在福利和法律事务方面有经验的人作为未成年人的代表人。如果有判断能力表示同意的未成年人提出要求，则必须

---

① Swiss Civil Code 2018：Art. 268a D. Procedure／Ⅱ. Investigation Ⅱ. Investigation：An application for adoption may not be upheld until all material circumstances have been thoroughly investigated, where necessary in consultation with the relevant specialists. In particular, the investigation must look into the character and health of the persons wishing to adopt and the child, their mutual relationship, their suitability as parents, their financial situation, motives and family circumstances and the history of the child care relationship.

② Swiss Civil Code 2018：Art. 268abis D. Procedure／Ⅲ. Hearing for the child Ⅲ. Hearing for the child：The child shall be heard in person in an appropriate manner by the cantonal authority responsible for the adoption procedure or by a third party appointed for this purpose, unless this is inadvisable due to the child's age or for other good cause. Minutes shall be kept of the hearing. A child capable of judgement may appeal against a decision to refuse a hearing.

③ Swiss Civil Code 2018：Art. 268ater D. Procedure／Ⅳ. Representation for the child Ⅳ. Representation for the child：The cantonal authority responsible for the adoption procedure shall order the child to be represented and appoint a person experienced in welfare and legal matters as the child's deputy. If a child with the capacity to consent so requests, a representative must be appointed. The child may challenge the rejection of his or her request by filing an objection.

④ Swiss Civil Code 2018：Art. 268aquater D. Procedure／Ⅴ. Taking account of the attitude of family members Ⅴ. Taking account of the attitude of family members：Where the persons wishing to adopt have issue of their own, the latter's attitude to the adoption must be taken into account. Prior to the adoption of an adult, the attitude of following persons must also be taken into account：the spouse or registered partner of the person to be adopted；the biological parents of the person to be adopted. the issue of the person to be adopted, unless this is inadvisable due to their age or for other good cause. These persons shall, if possible, be notified of the adoption decision.

为其指定一名代表。在顾及家庭成员对收养的态度方面，如果准收养人自身有问题，必须考虑其家庭成员对收养的态度。在收养成年人之前，还必须考虑到下列人员的态度：被收养人的配偶或登记注册的伴侣；被收养人的亲生父母；被收养人存在问题，则除非由于年龄或其他正当理由不适宜这样做。如有可能，应将收养决定通知这些人。在宣告阶段，由主管官厅对经调查后各方面条件都符合的收养申请作出成立宣告。

（三）收养信息的披露与咨询服务

2016 年《瑞士民法典》第 268c 条规定，养子女已满 18 岁者，得随时要求了解生父母的基本情况；未满 18 岁者，仅在有正当利益时，始得要求了解。向养子女披露其生父母基本情况前，如有可能，有关机关或机构应告知养子女谁为生父母。如果生父母拒绝与养子女发生联系，应将情况告知养子女，并提醒养子女尊重生父母的个人隐私权。各州得指定适宜的机构为养子女提供咨询服务。此后，2018 年《瑞士民法典》对该条作出了修改，即养父母必须在其年龄或成熟程度允许时将收养情况通知子女，未成年人有权获得有关其亲生父母的信息，但不得就其身份予以公布，只有在未成年人表现出有意向时，才应向其提供身份信息。成年子女可随时要求将其亲生父母的个人详细信息及有关他们的进一步信息透露给自己。成年子女还可以要求，如果后代已经成年并且已经同意披露，则向他或她披露关于其亲生父母直系后代的信息。① 同时，2018 年《瑞士民法典》新增第 268d 和 268e 条，即州信息中心和调查服务中心，有关亲生父母、其直系后代和儿童的信息可从负责收养程序的州政府获得。主管部门应通知请求中提及的人员，以获取有关请求的信息，并在必要时获得其同意联系请求信息的人员，权威机构可以将这些任务委托给专门的调查服务机构，如果信息请求中提到的人拒绝进行单独联系，则政府或授权的寻人服务机构应通知请求提供信息的人，并提请他们注意信息请求中提到的人的个人权利，各州应指定一个机构，应要求向亲生父母、其直系后代或子女提供咨询服务。② 养父母可以同意亲生父母与未成年人进行合理接触。本协议及其任何修正案应提交未成年人居住地的儿童保护当局批准。儿童保护当局或其指定的第三方应在作出决定之前以适当方式亲自听取儿童的意见，除非由于儿童的年龄或其他正当理由，这样做是不

① Swiss Civil Code 2018: Art. 268c Dter. Information on the adoption, the biological parents and their issue. Dter. Information on the adoption, the biological parents and their issue. The adoptive parents must inform the child of his or her adoption when his or her age or maturity permits. A minor is entitled to information about his or her biological parents, provided it is not possible to draw conclusions about their identity. The child shall be given identifying information only if he or she can show an interest worthy of protection. An adult child may at any time request that the personal details of his or her biological parents and further information about them be disclosed to him or her. The adult child may also request that information about the direct descendants of his or her biological parents be disclosed to him or her if the descendants are of age and have consented to the disclosure.

② Swiss Civil Code 2018: Art. 268d Dquater. Cantonal information center and tracing services. Dquater. Cantonal information center and tracing services. Information about the biological parents, their direct descendants and the child may be obtained from the cantonal authority responsible for the adoption procedure. The authority shall inform the person referred to in the request for information about the request and, where necessary, obtain his or her consent to contact the person requesting information. The authority may delegate these tasks to a specialized tracing service. If the person referred to in the request for information refuses to make personal contact, the authority or the authorized tracing service shall inform the person requesting information and draw his or her attention to the personal rights of the person referred to in the request for information. The cantons shall designate a body to provide advice to the biological parents, their direct descendants or the child on request.

可取的。如果未成年人有判断能力，则协议需要征得其同意。如果未成年人的最大利益受到威胁，或对协议的执行有分歧，应由儿童保护机构作决定。未成年人可随时拒绝与其亲生父母联系。养父母不得违背未成年人的意愿向亲生父母传递信息。①

（四）对收养居间的监督权

在瑞士，联邦对收养居间行使监督权。以收养居间为业者，或者因职业关系而为收养居间者必须经过官方许可，但儿童保护机构为居间者不用取得许可证。联邦委员会发布的施行条例规定，对以嗣后收养为目的的子女养育负有责任的州主管机关，在收养条件的审核和监督的执行方面均有参与的义务。（2016 年《瑞士民法典》第 269c 条）

四、当代瑞士收养的法律效力

瑞士收养成立的法律效力如下：其一，养子女对于养父母而言，取得婚生子女的法律地位。其二，原亲子关系消灭，但生父或生母与收养人结婚者，其与被收养人的亲子关系不消灭。其三，养父母得为养子女取新名。其四，养子女未成年人者，取得养父母所在州和乡镇的公民权。（2016 年《瑞士民法典》第 267 条、第 267a 条）

五、当代瑞士收养的撤销制度

根据 2016 年《瑞士民法典》的规定，收养可因如下两个原因被申请撤销：

（一）缺乏同意

收养成立，无法定理由而未取得同意者，有同意权的人得向法院提起撤销收养的诉讼，但撤销收养会严重影响养子女利益者不在此限。生父母得就儿童保护机构的决定上诉于联邦最高法院者，不得提起前款撤销之诉（2016 年《瑞士民法典》第 269 条）。可见，此规定反映了现代收养立法以养子女利益为中心的趋势，即使在收养的同意要件尚未完全具备的情况下也可基于保护被收养人利益的实际需要而认可该收养的效力。

（二）其他瑕疵

收养有其他严重瑕疵者，任何有利害关系的人，特别是原籍地或住所地的乡镇，亦得提起撤销之诉。但其瑕疵在收养后得到补全或仅涉及程序规定者，不得提出撤销之诉。撤销之诉，应在发现有撤销原因后六个月内提起，且无论如何，应在收养后两年内提出。（2016 年《瑞士民法典》第 269a、269b 条）

第七节　当代瑞士监护制度

本节研究和阐述的内容有：一是当代瑞士监护制度概述；二是当代瑞士未成年人监

---

① Swiss Civil Code 2018：Art. 268e Dquinquies. Contact with the biological parents Dquinquies. Contact with the biological parents. The adoptive parents and the biological parents may agree that the biological parents be entitled to reasonable contact with the minor. This agreement and any amendments thereto shall be submitted to the child protection authority at the child's place of residence for approval. The child protection authority or a third party appointed by it shall hear the child in person in an appropriate manner before the decision is taken, unless this is inadvisable due to the child's age or for other good cause. If the child is capable of judgement, its consent is required for the agreement. If the best interests of the child are at risk or if there is disagreement about the implementation of the agreement, the child protection authority shall decide. The child may refuse contact with its biological parents at any time. The adoptive parents may not pass on information to the biological parents against the child's will.

护制度；三是当代瑞士成年人保护制度。

一、当代瑞士监护制度概述

（一）当代瑞士监护制度的主要内容

在瑞士民法中，监护制度包括父母对未成年人的照护、非父母对未成年人的监护和成年人保护制度。其中，父母对未成年人的照护已在亲子关系制度中论述，因此，本节仅阐述非父母对未成年人的监护和成年人保护制度两部分。在立法体系上，瑞士民法采用的是"两分法"的立法模式，分为未成年人监护和成年人监护两部分，但尚未有专门的章节设立监护制度的通则性一般规定，而是将通则性一般规定置于具体制度当中。具体内容包括第二分编"父母"的第八章"亲子关系的效力"之第三节"亲权"、第四节"子女的财产"、第五节"受监护的未成年人"，第三分编"成年人的保护"。① 在未成年人监护中，对父母照护权与监护做了区分，包括父母对未成年子女的照护与非父母对未成年人的监护。并且，非父母对未成年人的监护分为意定的与法定的两种类型。在成年人监护中，分为意定的与法定的两种类型，名称已被修改为"成年人保护"，具体措施包括自己安排照护、法定措施、保佐、救助性收容等，此外，对成年人保护措施依据不同的监护执行主体进行了代理、医疗事务的代理、辅助、监护等层级划分。

（二）当代瑞士监护制度的修订情况

监护制度、亲权制度、保佐制度三者之间具有密切关联。传统民法中先有亲权制度，同时有监护制度，后有辅助或保佐制度。② 2016年《瑞士民法典》在监护制度部分，取消了监护官厅对被监护人的临时处分权，删去拒绝接受监护的六条法定理由；增加了"未成年人监护"一节，亦即增加了法定监护人的相关规定，未成年子女未受到父母照护的，儿童保护机构得为其指定监护人，此处受监护的子女享有和受父母照护的子女相同的权利，关于监护人的法律地位则适用成年人保护的相关规定以及救助性收容机构的规定；"成年人保护"制度的变化最大，在2008年的修订中将其专设为第三分编，在整个民法典中占较大篇幅，足见其对成年人保护的重视，以及瑞士成年人保护立法的成熟。成年人监护分为意定监护和法定监护，两者互相补充，成年人保护措施共三种，即自己安排照护、法定措施和官方措施，在监护内部实现了层级化的制度构造；改革力度最大的无疑为保佐和救助性收容两部分内容，完全替代了1999年版该法典的监护和保佐。③并且增设多种保佐类型，包括辅助性保佐、代表性保佐、参与性保佐、不同类型保佐的结合、总括保佐等。被保佐人的权利虽被限制但并未像之前法典中完全丧失。2019年《瑞士民法典》在成年人保护制度中新增通知成人保护当局的义务、协助义务。

二、当代瑞士未成年人监护制度

监护是保护无民事行为能力人或者限制民事行为能力人的合法权益，弥补其民事行

① 陈苇、李艳：《中国民法典之监护制度立法体系构建研究》，载《西南政法大学学报》2017年第2期，第80页。
② 杜启顺：《论监护在婚姻家庭制度中的地位及立法完善》，载《法学杂志》2018年第8期，第86页。
③ 孙犀铭：《民法典语境下成年监护改革的拐点与转进》，载《法学家》2018年第4期，第28页。

为能力不足，协助其通过民事法律行为实现自身利益的法律制度。① 随着联合国 1959 年《儿童权利宣言》和 1989 年《儿童权利公约》的相继颁布，儿童最大利益原则作为联合国国际文献倡导的处理一切儿童事务的基本准则，许多国家纷纷在国内立法上对儿童进行关注和保护，并在实践上对儿童福利有进一步的推进。儿童作为缺乏辨认、判断、控制能力的弱势群体，主要依赖家庭监护、国家监护来保证利益实现。② 关于未成年人监护，2016 年《瑞士民法典》在第八章亲子关系的效力中以第五节对未成年人监护的原则、受监护子女的法律地位和监护人的法律地位作出了规定。

一方面，在监护原则方面，2016 年《瑞士民法典》第 327a 条规定，子女未受父母照护者，儿童保护机构应为其指定监护人。可见，凡不在父母照护权管理之下的所有未成年人均须交付监护，由儿童保护机构为其指定监护人。

另一方面，在法律地位方面，受监护的子女与受父母照护的子女，具有相同的法律地位。监护人享有与父母相同的权利。（2016 年《瑞士民法典》第 327b 条、第 327c 条第1 款）该章亲子关系的效力中，对于父母的抚养义务、子女的抚养费请求权、子女的抚养费请求权的强制执行、父母照护权行使的原则、方式与剥夺等作出了具体规定。③

三、当代瑞士成年人保护制度

当代瑞士成年人保护制度的主要内容包括：自己安排照护；法定措施；保佐；救助性收容。

（一）自己安排照护

1. 自己安排照护的原则、设立与撤回

在成年人保护中，关于成年人保护之意定监护人，自己安排照护的原则是"有行为能力的人，得委任自然人或法人，在其无判断能力时照护其人身或管理其财产，或者代理实施法律行为。委任人应与受任人明确规定所委任事务的具体内容，并指示如何执行其事务。受任人不适宜执行所委任的事务、不接受委任或通知委任人终止委任时，委任人得采取其他处分代替之"。（2016 年《瑞士民法典》第 360 条）在自己安排照护的设立中，"照护委任，应以亲笔书写或以公证书的方式为之。亲笔书写的照护委任，应由委任人自始至终书写，记载委任日期并签名。依声请，民事身份登记机关应将某人已设立照护委任的事实，以及照护委任契约的存放地点，记载于中心数据库。联邦委员会应发布必要的规定，特别是应对数据的存取作出规定"。（2016 年《瑞士民法典》第 361 条）

关于自己安排照护的撤回，自己安排照护设立后，委任人可以随时以亲笔书写或以公证书的方式撤回，也可以以毁弃公证书的方式撤回照护委任。委任人未明示废止已设立的照护委任而又重新设立照护委任者，除能够确定后设立的照护委任系补充前设立的照护委任外，后设立的照护委任取代前设立的照护委任。（2016 年《瑞士民法典》第 362条）

---

① 夏吟兰：《民法典未成年人监护立法体例辩思》，载《法学家》2018 年第 4 期，第 1 页。
② 参见冯源：《儿童监护模式的现代转型与民法典的妥当安置》，载《东方法学》2019 年第 4 期，第 150 页。
③ 参见当代瑞士的亲子关系制度的相关内容，此不赘述。

2. 照护委任的有效性与接受照护委任

成年人保护机构得知某人丧失判断能力，但不知其是否设立照护委任时，应向民事身份登记机关查询。如已设立照护委任，成年人保护机构应当审查所设立的照护委任是否有效、是否已经具备生效要件、受任人是否适宜执行所委任的事务以及是否有必要采取其他的成年人保护措施。如受任人接受照护委任，主管机关应当告知受任人必须依照《债务法》关于委任的规定开始履行义务，并将表明其权限的证书交与受任人。（2016 年《瑞士民法典》第 364 条）

3. 照护委任的履行与报酬

受任人在照护委任的范围内代表委任人，依照《债务法》关于委任的规定履行义务。某项行为必须被实施，但不包括在照护委任职责范围之内时，或者就某项事务，受任人的利益与被照护人的利益存在冲突时，受任人应立即通知成年人保护机构。当发生利益冲突时，受任人的权限当然停止。（2016 年《瑞士民法典》第 365 条）照护委任未就受任人的报酬作出规定时，依其所接受的委任事务的范围如可认为正当合理，或者受任人所提供的服务通常未有偿者，成年人的保护机构应为其确定适当的报酬。报酬与必要费用由委任人负担。

4. 照护委任的终止

受任人得随时以两个月为预告期，书面通知成年人保护机构终止照护委任。如果有重大原因，受任人得立即终止照护委任。（2016 年《瑞士民法典》第 367 条）

5. 成年保护机构的干预措施

委任人的利益有受危害之虞或不再有保障时，成年人保护机构应依职权或因密切关系人的声请，采取必要的措施。特别是成年人保护机构得指示受任人执行事务，命令受任人呈交财产目录、定期呈报账目和报告财产状况，以致剥夺其部分或全部权限。如果委任人重新取得判断能力时，照护委任依法失去效力。委任人的利益因此有受危害之虞者，受任人仍应继续执行照护义务，至委任人本人能维护其利益为止。受任人在得知照护委任失效前所为之行为，视同照护委任仍然存在，而对委任人发生效力。（2016 年《瑞士民法典》第 368、369 条）

6. 患者处分

2016 年《瑞士民法典》第 370-373 条规定：其一，患者处分应当写明的内容。有判断能力的人得在患者处分中写明，在其成为无判断能力人后，同意或不同意采取的医疗措施。有判断能力的人也可指定自然人，在其成为无判断能力人后，与主治医生协商，并代表指定人决定应采取的医疗措施。指定人得向被指定人作出指示。被指定人不适宜执行所指定的事务或不接受指定或向指定人通知终止时，指定人得以其他处分代替之。其二，患者处分的制作方式与撤回。患者处分必须以书面方式作出，并记载日期签名。已作成患者处分的人，得将已设立患者处分的事实及患者处分的保存地点记载于健康保险卡。联邦委员会应发布必要的规定，特别是应对数据的存取作出规定。在判断能力丧失方面，患者丧失判断能力，但不知其是否已作为患者处分时，主治医生应核实健康保险卡。但情况紧急时不在此限。其三，患者处分的实施。主治医生应按患者处分采取医疗措施，但患者处分违反法律规定，或者有理由怀疑患者处分并非出于患者自由意志或不符合可推知的患者意思者不在此限。主治医生应将不按患者处分而采取医疗措施的理由记载于病例档案中。其四，患者处分未被执行或执行不当的申诉。患者的密切关系人，可以书面向成年人保护机构申诉并主张主治医生未按患者处分采取医疗措施、无判断能力人的利益有受危害之虞或不再保障、患者处分不是出自患者的自由意志。

（二）法定措施

1. 配偶或登记的同性伴侣的代表权

根据 2016 年《瑞士民法典》第 374-376 条的规定，在代表权的要件和范围方面，与无判断能力人共同生活的配偶或登记的同性伴侣，或者经常亲自照管无判断能力人的人，依法享有代表权，但无判断能力人有照护委任或已受相应保佐者不在此限。该代表权包括日常生活中通常必要的一切法律行为、对收入和其他财产的通常管理、必要时拆封信函和处理邮件的权利。法律上之行为，具有非通常管理之性质者，配偶、登记的同性伴侣，非经成年人保护机构同意不得为之。代表权的行使参照适用《债务法》关于委任的规定。对于是否具备代表权的要件有疑义时，成年人保护机构应就代表权问题作出决定，如有必要，成年人保护机构应向其配偶、登记的同性伴侣授予代表权证书。无判断能力人的利益有受危害之虞或不再有保障时，成年人保护机构应依密切关系人的声请或依职权，剥夺配偶、登记的同性伴侣的全部或部分代理权，或者为无判断能力人指定保佐人。

2. 医疗措施的代表权

2016 年《瑞士民法典》第 377-381 条的规定：（1）征询代表权人的意见。无判断能力人在其患者处分中未就医疗问题表明其意见时，主治医生应向对医疗措施有代表权的人征询意见，并就所要采取的医疗措施拟定方案。医生应将一切与所要采取的医疗措施有关的重要事项告知代表人，特别是应告知采取该医疗措施的原因、目的、种类、方法、危险性和副作用，不采取该医疗措施的后果以及可供选择的其他医疗措施。如果有可能，应当听取无判断能力人对医疗方案的意见，医疗方案应当依医疗过程中的情况变化进行调整。（2）代表权人行使权利的顺序。对无判断能力人，有代表权的人依照一定顺序，对所作出的门诊治疗或住院治疗的方案，作出同意或不同意的权利。该顺序为：患者处分或照护委任所指定的人、对与医疗措施有关的事项有代表权的保佐人、与无判断能力人共同生活或经常亲自照管无判断能力人的配偶或登记的同性伴侣、其他与无判断能力人共同生活或经常亲自照管无判断能力人的人、经常亲自照管无判断能力人的直系血亲卑亲属、经常亲自照管无判断能力人的父母、经常亲自照顾无判断能力人的兄弟姐妹。如果存在数人有代表权时，医生应当本于善意，要求每个代表人与其他代表人协商一致后行使代表权。（3）无判断能力人的意思推定。患者处分未涉及的事项，代表人应依可推知的无判断能力人的意思，并以符合无判断能力人利益的宗旨加以决定。遇到紧急情况时，医生应依照可推知的无判断能力人的意思，并以符合无判断能力人利益的宗旨，采取相应的医疗措施。因心智错乱而被安置在精神病院的无判断能力人，治疗适用于救助性收容的规定。（4）成年人保护机构的干预措施。无代表人或代表人不愿行使代表权时，成年人保护机构应设立代表性保佐。如存在下列情形，成年人保护机构应当设立代表性保佐，如享有代表权的主体不明确、数个代表人间不能协商一致、无判断能力人的利益有受危害之虞或不再有保障等。成年人保护机构，应依医生或其他密切关系人的声请，或者依职权采取干预措施。

3. 安置于居留机构或照管机构

2016 年《瑞士民法典》第 382-387 条规定：（1）无判断能力人被安置的方式应征询本人意见。无判断能力人被安置于居留机构或照管机构时，必须以书面的照管契约，规定该机构应提供的服务和可收取的报酬。在决定居留机构或照管机构所应提供的服务时，应尽可能征询无判断能力人的意见。无判断能力人的代表人在缔结、变更或废止照管契约时的权限，参照适用关于医疗措施之代表权的规定。（2）无判断能力人行动自由的限制。居留机构或照管机构，仅在有较不严格的措施，明显不足以约束无判断能力人的行为，或者经证明自始即不足以约束无判断能力人的行为时，始得限制无判断能力人的行动自由，且措施仅限于避免发生严重损害无判断能力人或第三人的生命或身体的危险或者排除严重干扰共同生活的行为。（3）说明义务。对无判断能力人采取限制其行动自由的措施前，应向其说明：目前的情事、采取特定措施的原因、限制其行动自由的大概期间及在此期间的照管人。情境危急时不在此限。（4）限制行动自由命令的审查与终止。限制行动自由的命令应尽可能废止，且无论情形如何，均应定期审查并确定是否有继续限制之必要。（5）为限制行动自由而采取的任何措施，均须有记录。该记录特别是包括措施决定人的姓名、目的、种类、期间。同时，应将为限制行动自由而采取的措施，告知对医疗措施有代表权的人，对医疗措施有代表权的人得随时查阅其记录。对居留机构或照管机构有监督权的人，也有查阅权。（6）成年人保护机构的干预措施。无判断能力人或其密切关系人，得随时书面请求居留机构或主管机关所在地的成年人保护机构，对所采取的限制行动自由的措施进行干预。成年人保护机构确定所采取的措施不符合法定要件时，得变更、撤销其措施，或者命令采取官方的成年人保护措施。必要时，成年人保护机构应通知居留机构或照管机构的监督机关。请求成年人保护机构作出评估的声请，应立即呈交于该机构。（7）无判断能力人的人格与隐私保护。居留机构或照管机构应保护无判断能力人的人格和隐私，并应尽可能鼓励其与机构外的人保持联系。在居留机构或照管机构之外，无人对无判断能力人表示关心者，居留机构或照管机构应告知成年人保护机构。除有正当理由外，应保障无判断能力人享有选择医生的自由。（8）监督职责。对照管无判断能力人的居留机构和照管机构，各州负有监督职责，但已为联邦法律所监督者不在此限。

（三）保佐

保佐制度被规定在该法第十一章"官方措施"中。在一般原则中，"官方的成年人保护措施，旨在对需要照料的人提供帮助和保护。如有可能，官方的成年人保护措施，应维护和增进需要照料的人的自我决定能力"。（2016 年《瑞士民法典》第 388 条）该条是官方措施的宗旨，其有辅助性和比例原则，即成年人保护机构有权命令采取措施的情形包括：家庭、其他密切关系人、私人的或公共的服务机构所提供的帮助，对于需要照料的人而言尚不充足，或者有不充足者；需要帮助且无判断能力的人，没有或没有完全的自我照护的能力，且法定措施对于需要照料的人而言，尚不充足者。当然，所采取的官方措施都以必要为限。（2016 年《瑞士民法典》第 389 条）

1. 一般规定

2016 年《瑞士民法典》第 390-392 条规定：（1）设立保佐。因精神障碍、心理错乱或其他类似的内在的心智耗弱，完全或部分不能管理其事务者或因暂时性的无判断能力或暂时性的无意识，不能亲自处理其必须处理的事务而未指定代表人者，成年人保护机构应为其设立保佐。此外，还必须考虑家庭成员和第三人的负担和保护。成年人保护机构，应当依精神病人或其密切关系人的申请或者依职权设立保佐。（2）职责范围。成年人保护机构应当依照精神病人的需要，就保佐人所须履行的职责范围作出规定，其职责范围是为人身、财产管理或代理实施法律行为。如没有精神病人同意，保佐人未经成年人保护机构明确授权，不得拆阅其信函或进入其居所。（3）不设立保佐时的干预措施。当鉴于保佐的职责性质，设立保佐显然不是一种适当的措施时，成年人保护机构得自己实施必要的行为，尤其是得对法律行为表示同意或者委任第三人执行某项具体事务或者指定合适的人或机构，就特定事项负有查询和报告的义务。

2. 保佐的种类

2016年《瑞士民法典》第393-398条规定，成年人保佐的种类可分为辅助性保佐、代表性保佐、参与性保佐、不同类型保佐相结合及总括保佐。第一，辅助性保佐，受照料的人不一定是无判断能力者，该成年人可就其特定事务的处理需要他人协助，经其同意得为其设立辅助性保佐。第二，代表性保佐，成年人保护机构得适当限制被保佐人的行为能力，被保佐人不能处理其特定事务，须由他人代表为其设立代表性保佐。在财产管理方面，成年人保护机构需要明确规定保佐人管理的财产范围，包括由被管理的收入而形成的储蓄金和由被管理的财产而产生的收益，若成年人保护机构禁止被保佐人处分不动产的，应使其记载于土地登记簿上。第三，参与性保佐，被保佐人的行为能力依法受到相应限制，为保护其利益，经保佐人同意设立参与性保佐。第四，特殊情况下前述三种保佐类型可以相互结合。第五，总括保佐，被保佐人依法丧失行为能力，属于特别需要照料的人，包括对被保佐人的人身照护、财产管理和法律交易上的一切事务。

3. 保佐人

根据2016年《瑞士民法典》第400-404条的规定，第一，保佐人的指定。成年人保护机构应当指定一名自然人担任保佐人。作为保佐人，须良好的品行和处理保佐事务的能力，有执行保佐事务的充分时间并能亲自执行保佐事务。依照情事如有必要，可以指定多名保佐人。除有重大原因外，被指定人有接受担任保佐人的义务。成年人保护机构应当确保保佐人能获得必要的指示、指导和支持。第二，听取和尊重被保佐人或其密切关系人的意愿。被保佐人提议由某人担任保佐人，而该人确实适合担任保佐人且表示愿意担任保佐人时，成年人保护机构应尊重被保佐人的意愿。应当尽可能考虑被保佐人的家属或其他密切关系人的意愿。被保佐人拒绝由某人担任保佐人时，应尽可能尊重其意愿。第三，数人担任保佐人的保佐事务分配。当指定数人担任保佐人时，应规定该数人是共同执行保佐事务还是个别执行特定的保佐事务。如不是经数个保佐人一致同意，不得要求其共同执行保佐事务。第四，保佐的变更与终止。当保佐人不能执行保佐事务，或者就某项事务，保佐人的利益与被保佐人的利益存在冲突时，成年人保护机构应另行指定保佐人或自己执行保佐事务。当发生利益冲突时，保佐人对相关事务的权限当然停止。第五，保佐的报酬和必要费用。保佐人有权请求合理的报酬和必要的费用，其报酬和费用，由被保佐人的财产支付或偿还。如为职业的保佐人，报酬和费用应由雇用人支付或偿还。关于报酬的标准，由成年人保护机构确定。当然，在确定报酬标准时，应考虑保佐人所执行的保佐事务的范围和难度。此外，各州应发布施行细则，并规定不能以被保佐人的财产支付或偿还报酬或费用时，报酬支付和费用偿还的相应办法。

4. 保佐的履行

2016年《瑞士民法典》第405-414条规定，第一，保佐人的职责。保佐人应掌握执行保佐事务所必要的知识，并与被保佐人建立个人来往关系。保佐事务包括财产管理者、保佐人应当及时与成年人保护机构共同将所要管理的财产作成财产目录。依情事如可认为正当合理，成年人保护机构有权命令作成公示的财产目录。该财产的目录对于债权人，具有与继承法上公示的财产目录相同的效力。第三人应当尽其所知，提供编制财产目录所必要的情况。第二，尊重被保佐人的意愿与相应的权利。保佐人应本于被保佐人的利益执行保佐事务，在执行保佐事务时，应尽可能考虑被保佐人的意见，尊重被保佐人的意愿，依照被保佐人的能力安排符合其本人愿望和想法的生活。保佐人应致力于与被保佐人建立信任关系，尽力减轻其心智耗弱或防止其恶化。在被保佐人本人的行为方面，无判断能力的保佐人，虽无行为能力，仍得在人法所许可的范围内，以自己的行为，取得权利和承担义务，并行使具有高度人身性质的权利。在财产管理方面，应向被保佐人提供相当的金额供其自由处分，该金额从被保佐人的财产中支出。保佐人应向被保佐人说明账簿内容，并依被保佐人的要求，向其交付账簿副本。第三，财产保佐与监督。保佐人应当审慎管理被保佐人的财产，实施与财产管理有关的一切法律行为，保佐人有权因第三人对被保佐人负有债务而给付时受领给付，以使债务消灭、以适当的方式履行债务或必要时，就被保佐人的日常所需为代表行为。此外，联邦委员会应发布关于财产的投资和维持的规定。保佐财产的账簿，保佐人应当设立，并按成年人保护机构所规定的审核周期，定期将账簿交由成年人保护机构审核，审核周期不得长于两年。保佐人应按实际需要，不定期向成年人保护机构报告被保佐人的情况和保佐事务的执行情况，至少每两年报告一次。当保佐人提出报告时，应尽可能征询被保佐人的意见，并依被保佐人的要求，向其交付报告副本。保佐人不得代表被保佐人订立保证契约、设立财团，也不得代表被保佐人赠与，但其赠与属于礼俗上的偶然赠与者不在此限。被保佐人或其家属有特殊价值的财产，原则上不得被让与。第四，保佐人负有注意义务和保密义务。为便于保佐人执行保佐事务，必要时应将存在保佐的事实告知第三人。当然，因出现某种情事而需要变更措施，或者出现能使保佐被废止的情事时，保佐人应及时将该情事通知成年人保护机构。

5. 成年人保护机构的职责

2016年《瑞士民法典》第415-419条规定，成年人保护机构的职责有：第一，审查财产账簿并作出是否核准的决定，如有必要应要求其进行修正。同时应当审查其报告，在必要时要求其进行补充。在特殊情况下成年人保护机构应采取措施，来维护被保佐人的利益。第二，对特定保佐财产处分的审批同意。在一定的情形下，保佐人代表被保佐人时必须取得成年人保护机构的同意，具体包括：为保佐人清算家庭事务，通知终止住房租赁契约；为被保佐人订立长期居住契约；接受或放弃继承以明示为要件时，表示接受或拒绝继承，订立继承契约和遗产分割契约；受让或让与不动产，以不动产抵押或设定其他物上负担，以及在土地上建造建筑物等非通常的管理行为；受让或让与其他财产，以其他财产设定担保物权和用益物权，但其行为属于通常的管理和经营者不在此限；接受或提供巨额贷款，承担票据法上的义务；订立定期金契约或类似契约，订立人寿保险契约，但其行为属于与雇用契约有关联的职业照护之范畴者不在此限；营业的兼并或清算，投资于公司并承担个人责任或认购大量股份；声明无支付能力，诉讼程序中的行为，缔结和解契约、仲裁契约或调解契约，但保佐人在紧急情况下的临时措施不在此限。保佐人与被保佐人之间的契约，除无偿委任外，均须取得成年人保护机构的同意。对于其他行为，成年人保护机构得基于重大原因而命令须经其同意。须经成年人保护机构同意的行为，未经同意者，对于被保佐人仅具有人法中规定的未经法定代理人同意实施的法律行为的效力。第三，保佐人的行为经有判断能力的被保佐人同意者，无须取得成年人保护机构的同意，但以被保佐人的行为能力未因保佐而受限制为限。

6. 请求成年人保护机构的干预

被保佐人或其密切关系人或法律上有正当利益的人，对于保佐人的作为或不作为、成年人保护机构所委任的第三人或机构的作为或不作为，得请求成年人保护机构进行干预。（2016年《瑞士民法典》第419条）

7. 免除近亲属义务的特别规定

保佐人编制财产目录、定期报告财产状况和呈交账簿的义务，以及实施特定行为须经同意的义务，在被保佐人的配偶、登记的同性伴侣、父母、直系血亲卑亲属、兄弟姐妹或事实的生活伴侣被指定为保佐人之情形，依情事如可认为正当合理，成年人保护机构得全部或部分免除之。（2016年《瑞士民法典》第420条）

8. 保佐的终止与清算

保佐，因被保佐人死亡而终止；当保佐的原因不复存在时，成年人保护机构，应依被保佐人或其密切关系人的声请或者依职权废止保佐。（2016年《瑞士民法典》第399条）根据2016年《瑞士民法典》第421-425条的规定，当成年人保护机构规定的担任保佐人的期限届满终止，但保佐人仍在执行保佐事务者不在此限；因保佐事务的终止而终止；因职业保佐人与其雇主的雇用关系终止而终止；因保佐人成为需要被保佐的人或丧失判断能力或死亡而终止。此外，如保佐人担任保佐满四年后主动请求辞任或者有其他重大原因者未满四年请求辞任的，应当允许。当保佐人不再适合执行保佐事务时或有其他原因，成年人保护机构有权随时解任保佐人。被保佐人或其密切关系人也有权声请解任保佐人。

至于保佐事务的继续执行，对于不宜延迟执行的保佐事务，除成年人保护机构另有指示外，保佐人应继续执行，至继任人接替其职责时为止，但该规定不适用职业保佐人。

最后，当保佐事务终止时，保佐人应向成年人保护机构呈交终结报告，必要时呈交终结账簿。职业保佐人因雇用关系而终止保佐事务的，成年人保护机构有权免除其义务。成年人保护机构应以与审查定期报告和账簿相同的方式，审查终结报告和终结账簿，并作出是否核准的决定。成年人保护机构应向被保佐人或其继承人交付终结报告和终结账簿，必要时尚应向新任的保佐人交付终结报告和终结账簿，并就提醒注意有关责任的规定。成年人保护机构应将审查的结论通知保佐人。

（四）救助性收容

2016年《瑞士民法典》第426-439条规定，患有心智错乱或精神障碍的人，或者被遗弃的人，若没有其他方式使其得到必要的治疗或照护，得被收容于相应机构。当收容的条件不复存在时，即应解除对被收容人的收容。患有心智错乱的人自愿入住收容机构后意欲离开收容机构时，若该人有侵害其本人生命或身体的危险或有严重侵害第三人生命或身体的危险的，收容机构应将其羁留并在不超过三日的期限内对其进行医学检查和观察。并书面告知患者，其可以向法院提起诉讼。成年人保护机构有权作出收容或解除的决定，在特定情形下，成年人保护机构得将解除收容的决定权授予收容机构。成年人保护机构最迟应在收容后六个月内审查：被收容人是否仍具备收容的条件，收容机构对于被收容人而言是否仍为适宜。并且须在随后的六个月内进行第二次审查，在此之后，成年人保护机构应视实际需要审查，至少每年一次。

值得注意的是，2019 年《瑞士民法典》在第 443 条"成年人保护机构报告权利和报告义务"中新增第 2、3 款，即任何以官方身份行事的人都知道某人需要协助并且无法在其专业活动中提供这种协助，则必须通知成年人保护当局。其中，关于专业机密性的规定仍然保留。此外，各州可以规定进一步的通知义务。① 第 448 条"协助义务和行政协助"修改了第 2 款关于医生、牙科医生、药剂师、助产士及其辅助人的协助义务，即医生、牙医、药剂师、助产士及其辅助人、按摩师和心理学家及其辅助人员只有在对秘密信息有决定权的人授权他们这样做或者上级主管部门或监管机构要求或应成人保护机构的要求已经免除他们保守职业秘密的义务时才有义务合作。②

第八节　当代瑞士离婚制度

本节研究和阐述以下内容：一是当代瑞士离婚制度概述；二是当代瑞士分居制度；三是当代瑞士离婚的条件和程序；四是当代瑞士离婚的法律后果。

一、当代瑞士离婚制度概述

（一）当代瑞士离婚制度的主要内容

1907 年的《瑞士民法典》在有责主义的离婚理由之外，规定了破裂主义（无过错离婚）的离婚原因，被称为"开现代破裂离婚主义之先河"。该法对破裂主义离婚的规定对欧洲大陆各国影响甚大。2016 年《瑞士民法典》之离婚制度被集中规定在第二编"亲属法"第一分编"婚姻法"的第四章，主要包括：离婚的要件、分居、离婚的后果、离婚的程序。在离婚的要件部分，包括双方要求的离婚、一方起诉的离婚两部分。在分居部分，包括分居的要件和程序、分居的后果。在离婚的后果部分，包括夫妻姓氏、夫妻财产分割、家庭住房、职业上的退休金、婚后扶养、离婚后子女安排。综观整个瑞士离婚制度规定了离婚的法定事由、分居、离婚程序及其法律后果。

---

① Swiss Civil Code 2019：Section Two：Procedure，Sub-section One：Before the Adult Protection Authority Art. 443 A. Notification rights and obligations. A. Notification rights and obligations. 2. Any person who while acting in an official capacity learns that a person needs assistance and is unable to provide this assistance in the context of their professional activities is required to notify the adult protection authority. The provisions on professional confidentiality remain reserved. 3. The cantons may provide for further notification obligations.

② Swiss Civil Code 2019：Art. 448 F. Obligations to cooperate and administrative assistance. 2 Doctors, dentists, pharmacists, midwives and birth assistants, chiropractors and psychologists and their auxiliary personnel are only obliged to cooperate if the person entitled to confidentiality has authorized them to do so or if a superior authority or the supervisory authority has relieved them of the obligation of professional confidentiality at their own request or at the request of the adult protection authority.

在瑞士，离婚的类型分为两种，一是双方要求的离婚，即两愿离婚，包括全面合意的离婚和部分合意的离婚；二是一方起诉的离婚，包括分居后的离婚与不可期待。

（二）当代瑞士离婚制度的修订情况

2016 年《瑞士民法典》对于离婚法部分将离婚原因的列举式规定改为概括性规定：配偶双方共同请求离婚、配偶单方请求离婚，离婚程序也更加简明。因结婚更改了姓氏的配偶在离婚后任何时候均可以恢复原姓氏，不受此前六个月期限限制。另外，删除对再婚期限的规定。在离婚后果中，进一步明确父母的权利义务，明示父母的照护权、子女的居所、父母各方与子女的个人来往或父母各方对子女应尽的照管义务、父母各方应承担的子女生活费数额。父母其他权利义务的变化适用关于亲子法效力的规定。如父母双方同意，儿童保护机构可以对父母的照护权和子女的居所作出重新安排，并批准其抚养协议，其他情形则交由法院进行裁判。删去离婚程序第 135-158 条。在分居制度中取消原来定期分居与不定期分居的规定，将原来请求离婚的配偶需分居满一年至三年修改为至少两年。2017 年《瑞士民法典》修订了离婚时退休金的分割制度、残疾抚恤金分割制度，新增分居时支付给子女和夫妻他方的扶养费制度等。

二、当代瑞士分居制度

（一）分居的要件和程序

2016 年《瑞士民法典》第 117 条规定，"夫妻双方，得以离婚相同的要件，诉请分居。分居之判决，不妨碍离婚请求权"。可见，在瑞士，夫妻申请分居的条件与离婚要件相同，然而离婚请求并不受分居判决的影响。

（二）分居的后果

2016 年《瑞士民法典》第 118 条规定，"因分居，依法发生夫妻分别财产制。其他方面，参照适用关于婚姻共同体保护措施的规定"。可见，当事人分居后，在身份关系上仍然保持夫妻关系，仅别居而住，但在财产方面，因分居自然适用夫妻分别财产制。同时，根据 2016 年《瑞士民法典》第 247、249、250、176① 条的规定，夫妻之任何一方，均得在法律允许的范围内，管理、用益和处分其财产。夫妻各方对各自的债务以个人的全部财产负其责任。分别财产制对夫妻间债务的到期不发生影响，但负担债务的夫妻一方，如按期清偿金钱债务或偿还所欠实物，会陷于严重困难，并因此危害其婚姻共同体时，得请求宽限其债务期限；依情事如可认为正当合理，应为债权提供担保。分居时应当确定支付给任何子女和另一方配偶的抚养费，并按照法律规定协助支付预付款，适用于离婚和父母与子女关系的执行援助和预付款的规定。

---

① 2017 年《瑞士民法典》对第 176 条第 1 款第 1 项予以修订，并新增第 176a 条。Swiss Civil Code 2017：Art. 176 K. Protection of the marital union / II. Court measures / 3. Suspension of joint household / b. Arrangements for living a-part. b. Arrangements for living apart. 1 If the suspension of the joint household is justified, at the request of one spouse the court will：determine the maintenance paid to any children and the other spouse；Art. 176a K. Protection of the marital union / II. Court measures / 4. Enforcement / a. Enforcement assistance and advance payments. 4. Enforcement. a. Enforcement assistance and advance payments. The provisions governing enforcement assistance and advance payments on divorce and consequent to the parent-child relationship apply.

三、当代瑞士离婚的条件和程序

关于夫妻双方全面合意离婚的法律规定，2016 年《瑞士民法典》第 111 条规定，夫妻双方共同要求离婚，且提交关于离婚后果的全面协议，包括必要的文件和关于子女抚养的共同声请时，法院应分别和共同听取双方意见。听取意见得以座谈的方式，多次为之。如法院确信离婚请求和协议系基于自愿并经慎重考虑后而提出，且确信其协议及关于子女抚养的声请可被认许者，法院应同意其离婚。

关于夫妻部分合意离婚的法律规定，依 2016 年《瑞士民法典》第 112 条规定，夫妻双方得共同要求离婚，并表示其不能达成协议的离婚后果，由法院作出判决。法院应如同在全面合意的离婚请求之情形，就双方已达成合意的离婚后果，以及应由法院作出判决的其他后果，听取双方的意见。此即离婚当事人在两愿离婚协议中尚未达成一致的部分，由法院作出判决。

关于一方起诉离婚之分居后离婚的法律规定，依 2016 年《瑞士民法典》第 114、115 条的规定，夫妻分居，至离婚之诉的诉讼系属发生时，或者至变更未离婚之诉时，至少两年者，夫妻一方得起诉离婚。夫妻一方，因不可归责于其本人的重大事由，使婚姻之继续成为不可期待者，得在两年期限届满前，诉请离婚，即当配偶双方不能就离婚达成一致意见时，得请求法院判决，但要满足一定的条件。

四、当代瑞士离婚的法律后果

在瑞士民法中，夫妻离婚的法律后果主要包括身份上的后果和财产上的后果。其中，财产上的后果主要有婚姻财产的分配、离婚时养老金的分配以及离婚后的扶养三部分。

（一）离婚对夫妻身份上的后果

1. 夫妻的忠实和扶助义务终止

依 2016 年《瑞士民法典》第 159 条第 3 款规定，夫妻双方互负忠实和扶助的义务。离婚后，随着双方当事人之间的夫妻身份终止，夫妻双方互负忠实和扶助的义务也随之终止。

2. 夫妻婚后更改的姓氏，离婚后可予保留或变更

依 2016 年《瑞士民法典》第 119 条规定，夫妻一方在结婚时更改其姓氏者，在离婚后得保留之；但得随时向民事身份登记官声明重新使用结婚前的姓氏。可见，在瑞士已经离婚的夫妻一方仍可保留其通过婚姻而更改的姓氏，并且离婚后其在任何时候都可以向民事身份登记官声明恢复自己原来的姓氏。

3. 夫妻的婚姻共同体代表权终止

依 2016 年《瑞士民法典》第 166 条第 1 款规定，夫妻在共同生活期间，任何一方均得代表婚姻共同体。离婚后，随着双方当事人之间的夫妻身份终止，夫妻的婚姻共同体代表权亦终止，任何一方均不能代表婚姻共同体。

（二）离婚对夫妻财产上的后果

1. 婚姻财产的分割

2016 年《瑞士民法典》第 120 条规定，"夫妻财产的分割，适用夫妻财产法的规定。夫妻离婚后，相互间无法定继承权，亦不得基于离婚程序之诉讼系属发生前所作成的死

因出发而主张请求权"。可见，根据《瑞士民法典》第六章"夫妻财产权"的规定①，适用不同的夫妻财产制离婚时采用的财产分割方法不同。瑞士的夫妻财产制分为三种：所得参与财产制、夫妻共同财产制、夫妻分别财产制。夫妻双方如果未以婚姻契约作其他约定或未采用特别夫妻财产的，其财产适用所得参与财产制的规定。夫妻双方可以在婚前或婚后以订立夫妻财产契约的形式采取夫妻共同财产制、分别财产制，但分居时，应依法执行分别财产制。

首先，实行所得参与财产制的夫妻离婚时分割财产，双方可以取得自己的财产，并可相互获得对方所得财产结余的二分之一。在债务扣除之后，所得财产总价值与财产补偿请求金额的差额，所得财产的全部价值包括附加算入的财产价值和补偿债权扣除所负债务后为结余，如有亏损则不考虑。如果夫妻一方为夫妻他方财产的取得、财产增值和财产维持作出了贡献，而未给予适当的补偿，并且在财产分割之日尚存在财产增值的，夫妻一方有权对其所作的贡献要求给予相应的补偿。其次，实行共同财产制的夫妻，离婚时分割财产，夫妻共同财产及其所生的收益由夫妻双方平均分享。最后，实行分别财产制的夫妻，在通常情况下离婚时，财产归各自所有。夫妻一方离婚时以全部个人财产承担个人债务。如果某项财产属于夫妻双方共同所有，能证明自己有更大利益者，在分别财产制解销时，除依其他法定措施外，尚有权请求以向他方给付补偿金的方式，完整地取得该项财产。(2016 年《瑞士民法典》第 210、165、206、247-251 条)

2. 离婚时家庭住房居住权的处理

根据 2016 年《瑞士民法典》第 121 条的规定，第一，夫妻一方因子女或其他重大原因，需要继续在家庭住房中居住者，法院得判决向其转移使用租赁契约上的权利与义务，但不得因此对他方有失公平。第二，原承租人对于至使用租赁关系依契约或法律而终止或可能终止之日止的租金承担连带责任，但最长不得超过两年，原承租人因租金而被起诉时，其每月所应支付的租金得以分期付款的方式，与应向他方支付的生活费进行抵销。第三，家庭住房属于夫妻一方所有时，法院得按相同的要件，并以适当补偿或算入扶养费的方式，使他方享有确定期间的居住权，有重大新情况时，得限制或废止其居住权。

3. 离婚时对婚姻期间积累的养老金之分配

根据 2016 年《瑞士民法典》第 122、123 条的规定，夫妻一方或双方有职业退休金的保障，且夫妻双方均未开始领取养老金者，夫妻之任何一方均得依 1993 年 12 月 17 日《关于职业老年人、遗属、残疾人养老金的联邦法律》的规定，就夫妻关系存续期间他方应得到的退休金，请求其中的二分之一。夫妻互有请求权时，仅分割差额部分。夫妻一方，如有其他相应的年金和残疾金的保障，得依约定放弃其请求权的全部或一部分。依夫妻财产分割或离婚后的经济状况，有明显不公平时，法院得完全或部分拒绝其分割。这是离婚时职业上关于未开始领取退休金的规定，包括退休金的分割规则以及放弃和排除的规定。值得注意的是，2017 年《瑞士民法典》对第 122、123 条均作出了修订，删除了夫妻互有请求权时仅分割差额部分的规定，② 同时，在放弃和排除部分，规定其包括既

---

① 2016 年《瑞士民法典》第 181-182 条。

② Swiss Civil Code 2017: Art. 122 D. Occupational pensions / I. Principle D. Occupational pensions. I. Principle In the event of divorce, any occupational pension assets accrued during the marriage up to the point at which divorce proceedings commence are divided equitably.

得利益和购买自住房产的提前提款在内的终止福利平均分配，但不适用于依法从个人财产中获得的一次性捐款的情形。同时，还规定应当根据1993年12月17日"既得利益法"第15-17条和第22a条或第22b条计算终止福利。①

依2016年《瑞士民法典》第124条规定，夫妻双方或一方已开始领取退休金者，或者基于其他原因在婚姻关系存续期间所取得的职业退休金请求权不能被分割者，应给付适当的补偿金。依情事如可认为理由正当，法院得判决债务人对未补偿金的履行提供担保。值得注意的是，该条已于2017年被修订。原第124条由两款修订为三款，并新增第124a、124b、124c、124d、124e条。具体内容如下：

2017年《瑞士民法典》② 第124条规定，夫妻离婚时，在法定退休年龄之前得公平分配残疾人抚恤金。在新增条款中，第124a条规定，如果在离婚诉讼程序开始时，配偶在达到法定退休年龄后提取残疾抚恤金或领取退休金，法院应自行决定如何分配该养老金，在作出该决定时主要考虑婚姻的持续时间以及每个配偶的养老金情况。有权享有的配偶养老金份额可以转换为终身养老金。联邦委员会规定将养老金经保险精算转换为终身养老金，同时规定了退休金推迟或由于过度补偿而导致残疾抚恤金减少的情况下的程序。③

第124b条规定，在离婚后果的协议中，如果有足够的退休金和残疾抚恤金，配偶可以同意不将财产平等分配或分割，若存在正当理由，法院可以判决符合条件的配偶一方分割少于养老金的一半或者不予分割。当平等分割不合理时，最重要的原因就在于婚姻财产分割或离婚后的经济状况，或者依据养老金的具体情况，特别是配偶之间的年龄差异。如果在离婚后配偶一方照顾共同的子女并且负有扶养义务的配偶拥有足够的养老金

---

① Swiss Civil Code 2017：Art. 123 D. Occupational pensions / Ⅱ. Equitable division of termination benefits. Ⅱ. Equitable division of termination benefits. 1 Termination benefits including vested benefits and early withdrawals for purchasing owner-occupied property are divided equally. 2 Paragraph 1 does not apply to one-off contributions from individual property in accordance with the law. 3 The termination benefits to be divided are calculated on the basis of Articles 15-17 and 22a or 22b of the Vested Benefits Act of 17 December 1993.

② Swiss Civil Code 2017：Art. 124 D. Occupational pensions / Ⅲ. Equitable division of invalidity pension prior to statutory retirement age. Ⅲ. Equitable division of invalidity pension prior to statutory retirement age. 1 If, at the point at which divorce proceedings commence, a spouse is drawing an invalidity pension prior to the statutory retirement age, the amount to which he or she would be entitled under Article 2 paragraph 1terof the Vested Benefits Act of 17 December 1993 following cancellation of the invalidity pension counts as the termination benefits. 2 The provisions on the equitable division of termination benefits apply mutatis mutandis. 3 The Federal Council determines in which cases the amount under paragraph 1 may not be applied in the division because there has been a reduction due to over-compensation.

③ Swiss Civil Code 2017：Art. 124a D. Occupational pensions / Ⅳ. Equitable division in the case of invalidity pensions after statutory retirement age and in the case of retirement pensions. Ⅳ. Equitable division in the case of invalidity pensions after statutory retirement age and in the case of retirement pensions. 1 If, at the point at which divorce proceedings commence, a spouse is drawing an invalidity pension after the statutory retirement age or drawing a retirement pension, the court decides at its own discretion how the pension is to be divided. In doing so it primarily takes into account the duration of the marriage and the pension requirements of each spouse. 2 The share of the pension awarded to the spouse entitled thereto is converted into a life-long pension. This is paid to the entitled spouse by the liable spouse's occupational pension fund or is transferred to the entitled spouse's own occupational pension fund. 3 The Federal Council regulates：1. the actuarial conversion of the share of the pension into a life-long pension；2. the procedure in cases in which the retirement benefits are postponed or the invalidity pension is reduced due to over-compensation.

和抚恤金等资产，法院可以判决给有资格的配偶一半以上的失业补助金。①

第124c条规定，抵销夫妻共同权利。配偶对养老金或抚恤金份额共同权利被抵销，享有养老金的权利在授予有资格的配偶的养老金份额转换为终身养老金前抵销，如果配偶和养老金发放机构同意，养老金只能抵销抚恤金的一部分。②

第124d条规定，如果在考虑配偶双方的养老金要求后，平均分配养老金资产是不合理的，那么应负扶养责任的配偶对另一方配偶应一次性支付补偿款。③

第124e条规定，如果无法公平分配养老金基金资产，则负有扶养义务的配偶一方应以一次性付款或抚恤金的形式向另一方配偶支付适当的赔偿金。如果根据前述内容通过适当的补偿抵销了在国外存在的抚恤金权利，那么可以应责任配偶的要求修改瑞士当事人一方的判决，然后将这种抚恤金权利定为对可能对外国当事人一方具有约束力的外国决定，令其为支付养老金缴款。④

4. 离婚后的扶养

（1）离婚扶养的条件。根据2016年《瑞士民法典》第125条的规定，夫妻任何一方的生计，包括退休后的合理生活水平，没有合理保障时他方应支付相当份额。

（2）离婚扶养费的数额与期限。离婚扶养费支付份额的多少以及支付期限需要考虑一些因素。这些因素包括婚姻关系存续期间家庭义务的分担情况、婚姻关系存续的时长、婚姻关系存续期间的生活水准、夫妻双方的年龄和健康状况、夫妻双方的收入情况和财产状况、子女尚须夫妻共同抚养的程度和期间、夫妻双方的职业培训和职业发展前景、为取得职业劳动能力可能需要的费用、从联邦的老年人保险和遗属保险中所能得到的保险金、所能得到的职业补助金、所能得到的私人或国家的救助金、所能分割得到的退休金。

（3）离婚扶养费的减免。如夫妻一方要求他方支付相当的金额明显有失公平时，该

---

① Swiss Civil Code 2017: Art. 124b D. Occupational pensions / V. Exceptions. V. Exceptions. 1 The spouses may, in an agreement on the consequences of the divorce, agree not to divide the assets equally or not to divide them at all if there are sufficient retirement pension and invalidity pension funds otherwise. 2 The court may award the entitled spouse less than half of the termination benefits or rule that they should not be divided if good cause exists. Good cause exists above all when equal division would be unreasonable: 1. in view of the division of marital property or the economic circumstances following divorce; 2. in view of the pension requirements, in particular with regard to the difference in age between the spouses. 3 The court may award the entitled spouse more than half of the termination benefits if he or she cares for joint children following the divorce and the liable spouse continues to have sufficient retirement and invalidity pension assets.

② Swiss Civil Code 2017: Art. 124c D. Occupational pensions / VI. Offset of mutual entitlements. VI. Offset of mutual entitlements. 1 The spouses' mutual entitlements to termination benefits or a share of a pension are offset. The pension entitlement is offset before the share of the pension awarded to the entitled spouse is converted into a life-long pension. 2 Termination benefits may only be offset against a share of a pension if the spouses and the occupational pension institutions agree.

③ Swiss Civil Code 2017: Art. 124d D. Occupational pensions / VII. Unreasonableness. VII. Unreasonableness. If, having considered the pension requirements of both spouses, an equitable division of occupational pension assets is unreasonable, the liable spouse shall owe the entitled spouse a lump sum payment.

④ Swiss Civil Code 2017: Art. 124e D. Occupational pensions / VIII. Impossibility. VIII. Impossibility. 1 If the equitable division of pension fund assets is not possible, the liable spouse shall owe the entitled spouse adequate compensation in the form of a lump sum payment or as a pension. 2 A Swiss judgment may be amended at the request of the liable spouse if pension entitlements existing abroad have been offset by adequate compensation pursuant to paragraph 1 and such pension entitlements are then divided up in a foreign decision that is binding on the foreign party liable to pay pension contributions.

他方得拒绝支付或减少支付，特别是在有权请求支付的夫妻一方在特殊情况下，他方得拒绝支付或减少支付。特殊情况包括严重违反供养家庭之义务者、故意使自己陷于贫困者、对他方或其密切关系人犯有重罪者。

（4）离婚扶养费的给付方式。2016年《瑞士民法典》第126条规定，作为扶养费的支付方式，法院得判决一方向他方定期给付一定金额，并规定开始定期给付的时间。如有特别情事可认为正当合理，法院得判决一次性支付扶养费，以代替定期支付。法院得为扶养费的支付附加一定的条件。可见，扶养费的支付方式由法院判决，包括两种，一是定期给付，二是一次性支付。同时，在法院判决中可以附加条件。

在定期给付中，其一，夫妻双方根据合意，可以特别约定协议所确定的定期给付，全部或者部分不得变更。当遇通货膨胀期时，给付数额应当进行一定调整，法院可以判决扶养费的数额随生活费的一定变化而自动增减。其二，定期给付的内容可以请求判决而变更的情形：有重大或继续性的情况变化时，定期给付的金额，得予以减少、取消或在一定期间内停止支付；扶养权利人经济状况的改善，仅在离婚判决书中明订扶养费的定期给付以保障合理生活水准为本旨时，始得作为考虑的因素；或者扶养权利人得要求，如将来物价上涨，而扶养义务人在离婚后有未预见的收入增加时，应适当提高定期给付的金额；离婚时，法院基于扶养义务人的经济状况，判决扶养义务人应向扶养权利人定期给付足以保障其合理生活水准的扶养费，而扶养义务人在离婚后经济状况有相当改善者。其三，扶养权利人得在离婚后五年内，请求法院判决定期给付一定金额的扶养费或提高定期给付的抚养费金额。当然，给付义务并非永久存在，法定消灭的原因包括扶养权利人或义务人死亡或者扶养权利人再婚两种。（2016年《瑞士民法典》第127-130条）

（5）离婚扶养费的强制执行。根据2017年《瑞士民法典》对第131条的修订，同时新增了第131a条，如果扶养义务人不支付扶养费，儿童保护机构或州法律所指定其他政府机构应根据请求，依声请，以适当方式帮助扶养权利人一方强制执行其扶养费请求权，并通常不能因此收取相关费用。联邦委员会决定强制执行扶养费的期限。公法可以规定当扶养义务人不能够给付扶养费时先行垫付。公法可以就扶养人不能履行支付扶养费义务时的垫付作出规定。如果国家权力机关向扶养权利人预付扶养费，那么关于扶养费的所有权利全部指定归属于国家权力机关。①

（6）指示债务人给付和扶养义务人提供担保。根据2016年《瑞士民法典》第132条的规定，扶养义务人怠于履行扶养费给付义务时，法院得指示扶养义务人的债务人向扶养权利人履行全部或部分给付。扶养义务人经常怠于履行扶养费给付义务，或者扶养义务人有逃避义务、挥霍或隐匿财产之虞者，法院得命令扶养义务人为其将来应支付的扶养费提供相当的担保。

---

① Swiss Civil Code 2017: Art. 131 E. Post - marital maintenance / IV. Enforcement / 1. Enforcement assistance. IV. Enforcement. 1. Enforcement assistance. 1 Where the liable party fails to pay maintenance, an official agency designated by cantonal law shall on request, in an appropriate way and usually without charge, assist the party entitled to maintenance to enforce his or her claims. 2 The Federal Council determines the terms of enforcement assistance. Art. 131a E. Post-marital maintenance / IV. Enforcement / 2. Advance payments. 2. Advance payments. 1 Public law may provide for advance payments to be made should the liable person fail to make the necessary maintenance payments. 2 If the state authority makes maintenance payments to the entitled person, the maintenance entitlement with all rights is assigned to the state authority.

最后，必须说明，关于离婚损害赔偿，1907 年通过的《瑞士民法典》在规定有责主义的离婚理由的同时，还规定了破裂主义（无过错离婚）的离婚原因，此被称为"开现代破裂主义之先河"。该法典首次确立了离婚损害赔偿制度，它于第 151 条规定："因离婚，无过错的配偶一方在财产权或期待权方面遭受损害的有过错的一方应支付合理的赔偿金。因导致离婚的情势，配偶一方的人格遭受重大损害的，法官可判与一定金额的赔偿金作为慰抚。"从离婚损害赔偿制度的功能看，它具有填补损害、精神慰抚和预防、制裁危害婚姻的严重过错行为之功能。① 值得注意的是，此条规定已被 1998 年 6 月 26 日联邦法律第 13 项所废止，自 2000 年 1 月 1 日起失效。然而，根据 2016 年《瑞士民法典》第 125 条对于夫妻离婚后扶养的规定，离婚后夫妻一方的生活，包括退休后的合理生活水平没有合理保障时，他方应支付相当金额的扶养费；离婚时，对于严重违反供养家庭之义务者、对他方或其密切关系人犯有重罪者，他方得拒绝支付或减少支付扶养费。这实际体现了对离婚无过错方的生活保障和对离婚有过错方的惩罚。

第九节　当代瑞士婚姻家庭法律制度的发展趋势及其启示

本节研究和阐述以下内容：一是当代瑞士婚姻家庭法律制度的发展趋势；二是当代瑞士婚姻家庭法律制度的发展趋势对我国立法的启示。

一、当代瑞士婚姻家庭法律制度的发展趋势

婚姻家庭法的基本原则以调整和规范非功利性的亲属人伦关系为目的，直接反映亲属关系伦理性、社会性与团体性。② 1907 年的《瑞士民法典》是在 19 世纪中叶欧洲大陆的第二次民法典编纂浪潮中应运而生的。在瑞士，作为调整婚姻家庭法律关系法律规范综合的民法典，就如同其他民事法律制度一样始终处于变化的状态之中，这种变化随着瑞士本国的政治、经济、文化的发展日趋显著并完善。当代瑞士婚姻家庭制度经 2016 年、2017 年、2018 年、2019 年的先后修订，删除了不合时宜的部分内容，同时修改和增补了新的制度，被公认为是一部具有代表性的成功民法典。可以说，当代瑞士婚姻家庭制度呈持续渐进式发展，以追求人们婚姻幸福和家庭和睦为终极目标，尤其是近年最新修订的《瑞士民法典》，不仅在内容上更新速度快，而且体系精密、逻辑严整。该法典尽管在具体内容上与大陆法系代表国家，如法国和德国的民法典内容存有差异，但其仍具有大陆法系国家婚姻家庭法律制度的共同性，反映了 21 世纪婚姻家庭法律制度的发展趋势。

从立法模式看，当代瑞士婚姻家庭制度被统一系统地规定在成文法典——《瑞士民法典》之中，在体系上与其他大陆法系国家类似。从基本内容来看，仍然以亲属关系通则、结婚、夫妻关系、亲子关系、收养、监护、离婚等制度为核心。瑞士婚姻家庭制度的内容随着 2016 年《瑞士民法典》的修订，进行了一次较大规模的变动，其后在 2017 年、2018 年、2019 年又有不同程度的删除、增补、修订。在亲属关系通则部分，核心内容包括亲属的范围、种类，亲系及亲等的计算方法，亲属关系的发生和终止，亲属关系

---

① 参见陈苇：《建立我国离婚损害赔偿制度研究》，载《现代法学》1998 年第 6 期，第 99 页。
② 薛宁兰、金玉珍：《亲属与继承法》，社会科学文献出版社 2009 年版，第 112 页。

的法律效力等。当代瑞士亲属关系通则的修订主要体现在 2017 年、2018 年的修订中，目的是追求更为合理的婚姻家庭伦理关怀。2017 年《瑞士民法典》在姻亲关系中增加了同性伴侣的姻亲关系，与他人有血亲关系的，该人已登记的同性伴侣在同亲系和同亲等上互为姻亲，因已登记的同性伴侣关系而成立的姻亲关系不因已登记的同性伴侣关系的解除而消灭，2018 年《瑞士民法典》新增家庭共同体或帮助义务请求权的范围和主张的规定。

从前述瑞士婚姻家庭制度多次修订变化的情况观之，可以发现，随着瑞士政治、经济、文化的进步与发展，以及人们的生活方式、生活习惯、生活观念的实时变化，这一系列因素都影响到了人们对婚姻家庭关系的认知，因而对瑞士婚姻家庭制度亦不断提出新的要求和改变。为了从制度上保障婚姻家庭关系的和谐与稳定，瑞士选择革旧图新的理智方式，并非墨守成规地死守既有的法律规则。

（一）当代瑞士结婚制度的发展趋势

在当代瑞士结婚制度中，规定了婚约、结婚的必备条件和禁止条件，无效婚姻构成要件与法律后果，同性伴侣关系（民事结合）等。2016 年《瑞士民法典》中对未成年人在没有取得法定代理人同意就订婚的，不因订婚而负义务，取消了父母对子女的结婚同意权；缩小了禁婚亲的范围，仅限定在直系血亲之间、全血缘或半血缘的兄弟姐妹之间，结婚更加自由；删除了待婚期的规定，进一步放宽了对外国人在瑞士结婚的限制，即非瑞士籍结婚当事人仅需取得自己在瑞士的合法居留权，未能证明结婚当事人在瑞士享有合法居留权时，民事登记官应向主管机关汇报情况即可，如双方没有成立婚姻生活共同体的意愿，仅是为了规避外国人入境和居留之规定的婚姻一律无效；结婚程序中，增加核实结婚要件以及当事人的结婚意愿情况，进一步确认结婚合意以及结婚的必备要件。此外，患有精神病者的婚姻不再归于无效，婚姻无效必须经由法院判决，这为精神病患者的婚姻提供了一定程度的保障。瑞士各州均通过了《联邦伴侣法》，认可同性伴侣关系，为同性关系提供了保障，彰显了对同性恋群体的包容与保护。

综上，当代瑞士结婚制度的发展趋势是，为保障婚姻当事人本人依法行使婚姻自由权并自觉履行婚约义务，在结婚条件方面有所放宽，尤其是未成年人结婚。随着社会的发展，结婚的禁止性规定也日趋减少。随着子女的出生，结婚当事人身份的不可逆性，为保护当事人和子女的合法权益，瑞士从原来对无效婚姻与可撤销婚姻法律后果的模糊已过渡到删除了可撤销婚姻的法律规定，无效婚姻的财产分割、子女照护和扶养、当事人扶养等问题已基本与离婚后果无异。目前，同性结合关系在瑞士已被承认合法，这有利于当事人自由选择生活方式，是对基本人权的尊重。从法律层面来讲，同性结合者在相互扶养以及财产权益方面都可获得不同程度的保护。

（二）当代瑞士夫妻关系制度的发展趋势

在当代瑞士夫妻关系制度中，规定了夫妻人身关系和夫妻财产关系，前者包括夫妻姓氏权、公民权、夫妻同居义务、忠实义务、相互帮助义务、婚姻住宅决定权、家庭事务管理权、夫妻的行为能力及日常家事代理权、夫妻就业权等，后者包括夫妻扶养义务、夫妻继承权以及夫妻财产制，其中，对非常法定财产制作了系统性规定，并将其作为通常法定财产制的必要补充，分为宣告的非常法定财产制和当然的非常法定财产制，在法定的特殊情况之下方可适用。其夫妻财产制在经过多次修改之后，形成目前较为完善的以所得参与制、共同财产制、分别财产制等构成的夫妻财产制体系，同时，程序方面也日趋简化，原来规定夫妻财产清单须经过公证才能建立修改为夫妻共同制作的夫妻共同财产清单，经双方签名后即可生效，大大提高了效率。在夫妻人身关系方面，2016年《瑞士民法典》改变原来婚后以夫姓氏为双方姓氏，体现了男女平等的思想。

由此可知，当代瑞士夫妻关系制度的发展趋势是坚持贯彻男女平等原则，更加注重夫妻地位实质意义上的平等。这也是国际人权运动在瑞士的影响，反映了男女平等、性别平等的理念，同时，这也是对1979年《消除对妇女一切形式的歧视公约》的回应，即采取一切适当措施，包括制定法律、修改或废除构成对妇女歧视的现行法律、规章、习俗和惯例。瑞士根据该公约提供的立法和司法准则中不断完善夫妻关系制度，在夫妻财产制中确立了约定优先于法定，夫妻平等享有对财产管理、使用、收益的权利，承认家务劳动价值、保障夫妻关系中弱势一方以及兼顾保护善意第三人合法权益的规则。这是对1979年《消除对妇女一切形式的歧视公约》关于妇女签订合同和管理财产的回应，即配偶双方在财产的所有、取得、经营、管理、享有、处置方面，不论有偿或无偿，均具有相同的权利。瑞士法定财产制采取分别财产制与共同财产制结合的所得分享制，对于婚姻期间夫妻一方或双方所得的财产，离婚时公平分配，以保护在家庭中主要从事家务劳动或经济弱势一方。这既能充分保障夫妻的财产权益，亦能保障第三人的利益和维护交易安全。

（三）当代瑞士亲子制度的发展趋势

在瑞士亲子关系制度中，规定了亲子关系发生的一般规定、夫之为子女之父的推定、撤销、生父母结婚、认领和父子关系的判决、撤销、推定、剥夺、变更等。2018年《瑞士民法典》完善了未成年人的优先受抚养权，规定对未成年人的抚养责任应优先于家庭法规定的其他扶养义务，修改了子女抚养费的缴纳之考虑因素和时间，新增支付抚养费后的索赔条款、抚养协议的范围、父母离婚后与未成年人子女的照护、父母照护子女的保护机构。2019年《瑞士民法典》修订了父母照护权，新增如果儿童的身体、精神或性完整性有可能受到威胁，任何人可通知儿童保护当局的规定，专业保密人士也包括在内，新增各机构的合作和行政援助措施等。

可见，当代瑞士亲子关系制度的发展趋势是坚持以1959年联合国《儿童权利宣言》提倡的"儿童最大利益"作为瑞士亲子关系制度的最高原则，多次修改补充相关的具体制度，尽一切努力尊重儿童人权，为儿童的保护作出了较为全面且系统的规定，其包括：为体现尊重和保护儿童的理念，无论父母是否具有婚姻关系，瑞士将子女不再区分婚生与非婚生，而是统一称呼为子女。这样体现了瑞士对未成年子女人格的尊重。儿童有权认识父母、接受父母的抚养和照护，不以父母是否结婚或是否分居为标准，儿童有权定期了解和接触父母或对其发展有重要意义的"家人"，父母享有并必须履行保护儿童安全、促使儿童生活幸福、帮助儿童未来发展的权利和义务，父母必须承担对子女的养育和照护，保持基本的生活照料和经济供养，强化了儿童的法律地位。这既体现了对儿童的尊重和保护，也有利于指导父母履责，并指导法官依法裁决处理涉儿童的案件。可以说，瑞士亲子关系制度经历数次修订后，以未成年人受到照护为目的，修改完善了亲子关系的一般规定、父性推定、认领以及确认父性之诉等具体制度，充分体现了儿童最大利益原则。

（四）当代瑞士收养制度的发展趋势

在瑞士收养关系制度中，坚持以保护未成年被收养人的利益为重心，规定了收养的基本原则、收养的成立要件、收养的效力、收养的撤销、收养无效的法定情形等。2016年《瑞士民法典》，对于收养未成年人，收养人的条件被放宽如下：如收养配偶的子女只要求结婚满5年即可收养，不需要再限定35岁；如单独收养子女，仅须未婚者或者没有登记伴侣关系的年满28岁或年满28岁的已婚者因其配偶持续无判断力、下落不明已逾2年或判决分居满3年而不能共同收养时即可，如是登记伴侣关系且共同生活，登记伴侣长期缺乏判断能力或下落不明超过2年的，允许28岁以上的人可单独收养。弹性条款也明确规定如出于对未成年人最大利益化的考虑，且收养人能够证明，可对收养人最低年龄作出例外性规定，即可低于28岁收养。然而，对于收养成年人，收养人的条件却更加严格，即收养人必须至少照料被收养人5年才能收养。在收养的程序方面，收养人必须满足申请要求，联邦对收养居间行使监督权，以收养居间为职业的或者因职业关系而为收养居间的须取得官方许可，儿童保护机构除外。2018年《瑞士民法典》修订了收养未成年人的一般要件、共同收养的夫妻年龄限制、单独收养者的年龄、如果儿童有法定监护人或法定代表人，收养需要儿童保护机构的同意等，新增了收养继子女的条件、收养年龄限制的例外性规定，未成年人的公民身份须由亲子关系法律决定、收养应当听取儿童的意见，除非由于儿童的年龄或其他正当理由无法听取、儿童代表制度、州信息中心和儿童调查服务中心制度、继子女被收养后的处理方式。

可见，当代瑞士收养制度的发展趋势是，更加注重保护未成年被收养人的合法权益，这也是瑞士收养制度的重中之重，收养的条件和程序的设置都是为保护未成年被收养人的健康成长服务。在收养程序上加强国家的公力监督，国家公权力的介入更能有效保障收养的合法性。瑞士收养采完全收养制度为主，不完全收养制度为辅，努力实现养老育幼的法律价值取向。

（五）当代瑞士监护制度的发展趋势

当代瑞士的监护制度，包括未成年人监护和成年人保护两大类，将通则性一般规定置于具体制度当中，未成年人监护区分为亲权和监护，成年人保护则是成年人监护的改革结果。非父母对未成年人的监护和成年人保护均分为意定的与法定的两种类型。2016年《瑞士民法典》在监护制度的修订中，取消了监护官厅对被监护人的临时处分权，删去了拒绝接受监护的法定理由，专门增加了法定监护人的相关规定，监护人的法律地位适用成年人保护的相关规定以及救助性收容机构的规定。成年人保护制度被修订最多，以适应对成年人保护不同层次的需要。成年人保护措施有自己安排照护、法定措施、官方措施，而改革力度最大的是保佐和救助性收容两部分，完全替代了1999年《瑞士民法典》的监护和保佐，增设了多种保佐类型，包括辅助性保佐、代表性保佐、参与性保佐、不同类型保佐的结合、总括保佐等，2019年《瑞士民法典》在成年人保护制度中还新增通知成人保护当局的义务、协助义务。

由此可见，当代瑞士监护制度的发展趋势是，继续加强对未成年人的监护，强化监督措施，保障未成年被监护人的合法权益，同时，加强对成年人保护制度的改革，尊重被监护人的自由意志，细化成年人保护的具体措施，使被监护人能够根据自己的需求选择适当的保护措施。因此，瑞士监护制度体现了保障人权的立法理念，能够有效应对瑞士人口老龄化的局面，有利于满足成年人保护的不同需求。

（六）当代瑞士离婚制度的发展趋势

在瑞士离婚制度中，经历了 1998 年修订夫妻双方合意离婚的要件，2008 年修订夫妻一方起诉离婚的情形以及离婚后夫妻姓氏的保留问题，2016 年离婚原因立法模式的修订以及删除对再婚期限的规定，2017 年明确了离婚时夫妻债务的清偿责任、婚姻财产的分配、养老金的分配以及离婚后扶养等一系列问题。

由此可见，当代瑞士离婚制度的发展趋势是朝着离婚自由、离婚高效、离婚时财产分配公平以及离婚后子女抚养、双方当事人有条件的扶养义务发展。

总之，当代瑞士婚姻家庭法总体上朝着保障人权、保障结婚离婚自由、保障婚姻财产公平分配的方向发展，虽然大框架没有太大变动，但在具体内容上较之 1978 年《瑞士民法典》的婚姻家庭法部分有了突破性进展。在男女平等、尊重公民追求自由和幸福方面，瑞士在婚姻家庭法修订过程中将其充分考虑在内，特别体现在亲属关系法、结婚法、收养法、监护法、离婚法等部分。这些变化总体上密切了法律制度供给与社会需求的关系，亦符合世界婚姻家庭法彰显人文主义、公平正义的发展潮流和方向。

二、当代瑞士婚姻家庭法律制度的发展趋势对我国立法的启示

"家庭一直是一个激烈动荡的地带，是一个改弦易辙与时俱进最快的世界。"[1] 我国当代婚姻法律制度所采取的契约化、工具化婚姻取向，直接导致了婚姻家庭法律制度与国人的实际婚姻家庭状况不符，导致纸面上的法律和实际需求不一致，法律效果难以令人满意。[2] 家庭是社会的基本细胞，具有物质生产和人口生产的两种基本职能，它是人类社会生存和发展的基础，应当受法律的保护。我国《民法典》婚姻家庭编对于婚姻家庭制度的构建，不仅要确认婚姻家庭成员的主体地位，而且还应当秉承人伦的观念，遵循家庭本位、家庭团体性、同居共财的理念，并适当纳入优良的婚姻家庭习惯与道德规范，从而在婚姻家庭制度的设计上贯彻伦理精神，为家庭功能的重塑与家庭规则的重建提供各方面的支持。[3] 我国婚姻家庭制度的建设，应当从实际出发，汲取他国婚姻家庭法的有益立法经验，并符合当代婚姻家庭法的先进发展趋势。如前所述，瑞士婚姻家庭制度在历经多次修订、删除、增补后，无论是体例还是内容，均有某些可以结合我国实际的值得借鉴之处，以下在分析我国《民法典》婚姻家庭编的立法成就与不足的基础上，提出完善我国立法的建议。

（一）我国亲属关系通则制度的立法成就与不足及立法完善建议

1. 我国《民法典》婚姻家庭编亲属关系通则制度的立法成就与不足

我国亲属关系通则制度的立法成就，我国《民法典》婚姻家庭编第 1045 条新增了亲属的种类、近亲属的范围和家庭成员界定的规定，填补了我国亲属关系通则制度的部分

---

① 池莉：《家庭究竟什么意思》，载《三联生活周刊》2011 年第 3 期，第 21 页。
② 陈辉：《家庭因素在我国婚姻立法中的缺失问题与解决》，载《宁夏社会科学》2018 年第 6 期，第 48 页。
③ 参见夏沁：《婚姻家庭本质与民法体系中的婚姻家庭法》，载《四川理工学院学报》（社会科学版）2018 年第 1 期，第 48 页。

漏洞，有利于克服近亲属范围各部门法律立法不一的缺陷。①

我国立法之不足主要有：一是欠缺亲属关系通则性规定。目前该婚姻家庭编欠缺亲属关系通则性规定，而把亲属的种类、近亲属和家庭成员范围放置在"一般规定"中。二是计算亲属血缘关系的远近单位不够科学。我国《民法典》婚姻家庭编仍然沿用原《婚姻法》以"代"的计算方式作为计算亲属关系亲疏远近的单位。这不能较为科学地反映亲属关系血缘关系的远近。罗马法计算亲等方式是目前世界上计算亲属关系亲疏远近较为科学的方法，而我国以"代"为单位计算，容易滋生不必要的纠纷。

2. 完善我国立法的建议

建议结合我国实际，适当借鉴瑞士民法的相关规定，进一步完善我国亲属关系的通则性立法。可在婚姻家庭编增设专节，命名为"亲属关系通则"。亲属关系通则应当对亲属各项制度具有指导与统率作用，内容包括亲属的概念、种类、近亲属的范围，亲属关系的发生与终止、亲系的划分、亲等的计算方法，近亲属间的权利义务等内容，并且改为采取罗马法亲等的计算方法，明确直系姻亲之间互负扶养义务的规定，以彰显民法典倡导建立"家庭成员之间应当相互帮助"的新型家庭关系。此外，还应当在各部门法中统一近亲属的范围，以避免因立法不统一，而导致执法不一的问题。

(二) 我国结婚制度的立法成就与不足及立法完善建议

1. 我国《民法典》婚姻家庭编之结婚制度的立法成就与不足

我国结婚制度的立法成就主要有：一是在结婚禁止条件方面，该法典第 1048、1051 条分别对应禁止结婚、婚姻无效的法定情形，删除了原《婚姻法》第 7 条规定的"患有医学上认为不应当结婚的疾病"。二是新增重大疾病的告知义务。该法典第 1053 条增加规定，一方患有重大疾病的，应当在结婚登记前如实告知另一方；不如实告知的，一方可以向人民法院请求撤销婚姻。请求撤销婚姻的，应当自知道或者应当知道撤销事由之日起一年内提出。这既尊重患病方的结婚自由权，也保护另一方的结婚知情权，彰显了法律的公平与正义。三是在对无效或者被撤销婚姻无过错方的损害赔偿方面，该法典第 1054 条第 2 款新增规定婚姻无效或被撤销的无过错方享有损害赔偿请求权。这有利于保护无过错方的信赖利益，可以制裁过错方的违法行为，有利于预防和减少此类违反婚姻法行为的发生。

我国立法之不足主要有：一是法定婚姻男女存在婚龄差，这很容易造成事实上对女性的歧视，也不符合男女在生理和心理上的成熟度。二是缺少直系姻亲禁婚的规定。基于婚姻道理伦理的观念，直系姻亲之间虽无血缘关系，但结婚仍然难以被绝大多数人所接受。如允许结婚，既有可能导致亲属关系混乱，也不利于家庭稳定。三是可撤销婚姻的原因单一，仅胁迫婚一种，尚未对欺诈、虚假婚姻、缺乏智识因素的婚姻加以规定。四是欠缺婚姻成立的形式要件的情形，并未列入婚姻无效的原因，而是以补办结婚登记

---

① 参见陈苇、贺海燕：《论中国民法典婚姻家庭编的立法理念与制度新规》，载《河北法学》2021 年第 1 期，第 23-24 页。

为救济手段。[①] 五是可撤销婚姻与无效婚姻的法律后果，没有区别对待而一律溯及既往，这不符合世界相关立法的趋势。六是我国未有规范同居关系的立法，也不承认同性伴侣关系，应考虑异性同居和同性同居以及同性结合者的权益保障问题。

2. 完善我国立法的建议

建议结合我国实际，可适当借鉴瑞士民法的相关规定，进一步完善我国结婚制度的立法。第一，统一法定婚龄。可以考虑将法定婚龄统一规定为 21 周岁，这虽然与世界上绝大多数的法定婚龄为 18 周岁不一致，但基于我国现行立法以及我国具体国情，21 周岁较为妥当。男女平等是马克思主义妇女理论的要求，也是社会主义核心价值观的应有之义。我国统一法定婚龄，有利于清除在结婚年龄上对女性的歧视，体现我国社会主流的性别平等观，促进夫妻之间的实质平等。[②] 第二，增补直系姻亲之间禁止结婚的规定。可以考虑借鉴瑞士民法的相关规定，增补此规定有利于亲属关系的稳定和家庭的和谐。第三，增补可撤销婚姻的种类，将欺诈、虚假婚姻、智识欠缺的婚姻都纳入可撤销范畴。在婚姻无效和被撤销的后果上，应取消可撤销婚姻具有溯及力的规定。第四，增补调整同居关系条款，对同性伴侣关系立法做准备。可对同居关系予以界定，主体包括无配偶的两个异性或两个同性，自愿以伴侣身份持续公开共同生活两年以上形成的异性或同性结合关系；对同居的时间、伴侣的权利义务作出规定，如人身关系的身份权、日常家事代理权、诉讼法定代理人、医疗决定权等，财产关系的财产制、扶养的权利义务、房屋的承租权等；并对同居关系的解除条件、方式、后果作出规定。[③] 第五，对同性伴侣关系进行单独立法。因为性别平等不仅是男女两性的平等，而且应将性少数群体也纳入其中。[④] 但其不同于婚姻，保护的内容应有所不同，可以考虑借鉴瑞士《同性伴侣法》，采用以注册伴侣的单独立法模式，以此区别于异性婚姻。同性伴侣双方的权利和义务，可参照瑞士《同性伴侣法》结合我国实际进行规定。解除同性伴侣关系的方式包括协议解除、登记解除和判决解除，同性伴侣关系解除后当事人之间不再具有伴侣身份，相关的权利义务随之消灭，对于财产的处置，有约定的从约定，没有约定的由当事人双方协商，协商不成的，由法院依法判决（其财产方面的后果，可部分不同于婚姻）。对于子女的监护与抚养适用婚姻法有关离婚父母子女关系的规定处理。

（三）我国夫妻关系制度的立法成就与不足及立法完善建议

1. 我国《民法典》婚姻家庭编之夫妻关系制度的立法成就与不足

我国夫妻关系制度的立法成就主要有：一是在夫妻对未成年子女的权利义务方面，法典第 1058 条将原《婚姻法》第 21 条第 1 款的用语"父母"修改为"夫妻双方"，明确了夫妻双方平等享有对未成年子女抚养、教育和保护的权利，共同承担对未成年子女抚养、教育和保护的义务，有利于保障未成年人的合法权益。二是在夫妻共同债务方面，

[①] 马忆南：《民法典视野下婚姻的无效和撤销——兼论结婚要件》，载《妇女研究论丛》2018 年第 3 期，第 27 页。

[②] 参见陈苇、冉启玉：《公共政策中的社会性别分析——〈婚姻法〉的社会性别分析及其立法完善》，载梁慧星主编：《民商法论丛》（第三十三卷），法律出版社 2005 年版，第 150-151 页；薛宁兰：《新中国婚姻立法的男女平等价值观衡量》，载《山东女子学院学报》2018 年第 1 期，第 85 页。

[③] 参见陈苇、王薇：《我国设立非婚同居法的社会基础及制度构想》，载《甘肃社会科学》2008 年第 1 期，第 30-32 页。

[④] 郝佳：《性别平等视域下的民法典婚姻家庭编立法》，载《中华女子学院学报》2019 年第 2 期，第 28 页。

法典第 1064 条基于我国《婚姻法解释（二）》第 24 条，将夫妻共同债务的认定标准分为三类：“共债共签”，双方共同签字则为共同债务；夫妻一方事后追认为夫妻共同债务；用于夫妻共同生活、共同生产经营的为共同债务。此规定有利于司法实践中对夫妻共同债务的认定。

我国立法之不足主要有：一是欠缺夫妻互负同居义务的规定。二是夫妻财产制立法结构不全，欠缺非常的夫妻财产制，这不能满足夫妻一方在特殊情况采用非常财产制（撤销原共同财产制改为分别财产制）的需要。三是夫妻共同债务的规定较为粗略。在夫妻的合意行为夫或妻以个人名义实施行为所负担的债务，究竟是个人债务抑或是共同债务的问题尚未彻底解决。[①]

2. 完善我国立法的建议

建议结合我国实际，适当借鉴瑞士民法的相关规定，进一步完善我国夫妻关系制度的立法。第一，增补夫妻同居义务。可借鉴瑞士民法，明确规定夫妻互负同居义务以及免除夫妻同居义务的特殊情形，这些情形包括一方擅自将住所迁至国外或在不适当的地点定居，一方的健康、名誉或者经济状况因夫妻共同生活受到严重威胁，一方提起离婚或分居的诉讼，以及婚姻关系已破裂等。任何强制公民履行同居义务的法律都是违背宪法所确认和保护的公民基本人身自由权利的，可考虑当夫妻不能同居有正当理由的可以不负同居义务。第二，增设非常法定财产制，作为通常法定财产制的必要补充，两者相辅相成，以适应调整夫妻财产关系一般情况与特殊情况的需要。凡实行法定共同财产制的夫妻或约定为全部共有或部分共有财产制的夫妻，在法定事由出现时，可依法律的规定或经婚姻当事人一方申请，由人民法院宣告，撤销共同财产制，改为实行分别财产制。夫妻一方受破产宣告的，依法律规定，夫妻财产关系自人民法院作出破产裁判宣告之时起适用分别财产制。基于法定事由的发生当然适用或经法院宣告适用分别财产制的，其效力为撤销原共同财产制而改为分别财产制。[②] 第三，补充规定若是夫或妻一方以家庭利益为目的负担夫妻团体债务，在夫妻共同财产不足以清偿时，则由举债方的个人财产补充；若是夫妻双方合意负担债务，在共同财产不足时，则由夫妻双方的个人财产补充。当夫妻共同债务和个人债务并存时，可以采用“双重优先规则”，即夫或妻的个人财产优先用于个人债务的清偿，夫妻共同财产优先于夫妻共同债务的清偿。当各个清偿之后有剩余财产时，才可用于另一债务的清偿。[③]

（四）我国亲子关系制度的立法成就与不足及立法完善建议

1. 我国《民法典》婚姻家庭编之亲子关系制度的立法成就与不足

我国亲子关系制度的立法成就主要有：一是增加亲子关系确认和否认之诉。《民法典》第 1073 条规定，对亲子关系有异议且有正当理由的，父或者母可以向人民法院提起诉讼，请求确认或者否认亲子关系。对亲子关系有异议且有正当理由的，成年子女可以向人民法院提起诉讼，请求确认亲子关系。其立法目的在于，既要保护父母和未成年人

---

① 我国有学者认为，2018 年 1 月《夫妻债务解释》的出台进一步明确了夫妻共同债务的认定标准和举证责任分配，在一定程度上回应和解决了夫妻共同债务相关规范存在的争议和问题，但该解释的条款本身仍有商榷空间。参见夏江皓：《论中国民法典夫妻共同债务界定与清偿规则之构建》，载《妇女研究论丛》2018 年第 4 期，第 35 页。

② 参见陈法：《论我国非常法定夫妻财产制的立法建构》，载《现代法学》2018 年第 1 期，第 75-76 页。

③ 参见冉克平：《夫妻团体债务的认定及清偿》，载《中国法学》2017 年第 5 期，第 130-131 页。

的合法权益，又要维护婚姻家庭关系的稳定。二是在父母与子女之间的抚养赡养义务中增加"成年"二字（该法典第 1067 条），并删除我国 2001 年修正的《婚姻法》第 21 条规定的"禁止溺婴、弃婴和其他残害婴儿的行为"。这增强了法律的系统性，溺婴、弃婴和其他残害婴儿的行为应由刑法进行调整。三是在父母对未成年子女的教育和保护义务中，该法典第 1068 条将原《婚姻法》第 23 条的"父母有承担民事责任的义务"修改为"父母应当依法承担民事责任"，更加明确了法律责任的承担主体。四是增加关于人工授精所生子女的规定。我国《婚姻家庭编解释（一）》第 40 条规定，婚姻关系存续期间，夫妻双方一致同意进行人工授精，所生子女应视为婚生子女，父母子女间的权利义务关系适用民法典的有关规定。可见，我国婚姻家庭编的亲子关系制度体现了从家族本位到子女本位、从家长权利到父母责任、从家长决定子女的命运到子女最大利益原则、婚姻家庭领域"德法共治"的观念以及贯彻社会主义核心价值观，塑造婚姻家庭的伦理道德规范的立法发展趋势。

我国立法之不足主要有：一是我国仍然沿用非婚生子女的称谓，这不符合儿童最大利益原则，也不符合当代亲子法的发展趋势。二是我国亲子身份确认制度仍亟待细化。

2. 完善我国立法的建议

建议结合我国实际，适当借鉴瑞士民法的相关规定，进一步完善我国亲子关系制度的法律规定。第一，在立法中不再区分婚生子女和非婚生子女，统一使用"子女"的称谓。这更能体现子女的法律地位及称谓，不受父母有无婚姻关系的影响，既能保护子女的合法权益，又能体现现代法律对儿童的尊重和保护之立法意旨。① 第二，亲子关系的推定与否认是确立父母子女关系的制度，其请求权主体，除父母、子女外，应当赋予利益相关者的请求权主体资格。并且，适当借鉴瑞士立法的规定，在处理父母照顾权、交往权以及看护等方面，法官应当考虑实际情况和各种可能性以及利害关系人的正当利益，作出最有利于子女利益的裁判。

（五）我国收养制度的立法成就与不足及立法完善建议

1. 我国《民法典》婚姻家庭编之收养制度的立法成就与不足

我国收养制度的立法成就主要有：一是增加规定最有利于被收养人原则（该法典第 1044 条）。二是扩大了被收养人的范围，删除被收养的未成年人仅限于不满 14 周岁的限制：符合条件的 18 周岁以下未成年人均可被收养（该法典第 1093 条）。三是对收养人的条件，增加规定"无不利于被收养人健康成长的违法犯罪记录"；与国家计划生育政策的调整相协调，将收养人须无子女的要求修改为收养人无子女或者只有一名子女（该法典第 1098 条）。四是对男性无配偶者收养异性子女的年龄差，修改为男女无配偶者收养异性子女均须相差 40 周岁以上（该法典第 1102 条）。五是增加规定县级以上人民政府民政部门应当依法进行收养评估（该法典第 1105 条）。以上修订有利于更好地维护被收养的未成年人的合法权益，将联合国《儿童权利公约》关于儿童利益最大化的原则落实到收养工作中。

我国立法的不足主要有：一是欠缺成年人收养制度，对收养效力欠缺不完全收养的效力。二是违法收养法律责任的规定还不健全。三是欠缺"试收养期"。

---

① 参见陈苇：《中国婚姻家庭法立法研究》，群众出版社 2000 年版，第 315、356-357 页。

2. 完善我国立法的建议

建议结合我国实际，适当借鉴瑞士民法的相关规定，进一步完善我国收养制度的立法。第一，设立收养成年人制度。我国是老龄化严重的国家，因此，养老问题的凸显也是当今社会必然面临的棘手问题之一。在成年人收养逐渐成为各国收养制度之一的当下，我国应当顺应时代潮流，设立成年人收养制度，设计成年人收养的基本要件，补充不完全收养的效力。第二，具体规定违法收养的法律责任。第三，增设"试收养期"，可借鉴《瑞士民法典》第264条规定的试收养期为一年，规定自申请收养登记提起之日起期满一年后方可对符合收养条件且养父母、未成年养子女相处融洽的收养人发放收养登记证。

（六）我国监护制度的立法成就与不足及立法完善建议

1. 我国《民法典》监护制度的立法成就与不足

我国监护制度的立法成就主要有：一是新增规定遗嘱指定监护（第29条）。被监护人的父母担任监护人的，可以通过遗嘱指定监护人。这是我国监护制度中最有利于被监护人利益的原则的体现。二是协议确定监护人应当尊重被监护人的真实意愿（第30条）。其反映了我国对于被监护人的生活尽力有所保障，对其个人意愿也尽量尊重，是我国法治的进步。三是对于监护人有争议的情况之确定（第31条）。对于监护人之确定有争议的，除了可以向居委会、村委会或者民政部门指定监护人，当事人不服的，可以向人民法院指定监护人，也可以直接向人民法院申请指定监护人。在第31条第2款中，提出村委会、居委会和人民法院应当尊重被监护人的真实意愿，按照最有利于被监护人的原则依法具有监护资格的人中指定监护人。此体现了尊重被监护人意愿的原则，也是对被监护人的一项保护措施。四是增加意定监护制度，即"具有完全民事行为能力的成年人，可以与其近亲属、其他愿意担任监护人的个人或者组织事先协商，以书面形式确定自己的监护人，自己丧失或者部分丧失民事行为能力时，由该监护人履行监护职责"。（该法典第33条）这是由我国《老年人权益保障法》第26条演变过来的，其中将"老年人"修改成了"具有完全民事行为能力的成年人"且需要"书面形式"确定自己的监护人，这是我国民法典创设的意定监护制度，弥补了我国成年人意定监护制度的缺失。五是设立公职监护。我国《民法典》第34条第4款是在我国《民法通则》第34条的基础上的补充，增加了公职监护，即因突发事件等紧急情况，监护人暂时无法履行监护职责，被监护人的生活处于无人照料状态下的临时生活照料措施。六是明确监护人的履职原则。我国《民法典》第35条规定监护人在履行其职责时应当按照最有利于被监护人的原则，同时补充未成年人的监护人应当根据被监护人的年龄和智力状况，尊重被监护人的真实意愿，成年人监护也相应作出了尊重其真实意愿，对于其可以独立处理的实务，监护人不得干涉。这是尊重被监护人真实意愿原则的体现，被监护人作为一个独立个体，应得到独立人格的尊重。七是撤销监护人监护资格的具体情形及其法律后果。该法典第36-38条作为新增条款，规定了撤销监护人监护资格的具体情形、后期仍需支付费用的相关规定和是否可以恢复其监护资格。此有利于更加全面细致地保护被监护人的合法利益，体现了我国监护制度的进步。

我国立法之不足主要有：一是我国尚未确立监护监督机制，这不利于未成年人监护和成年人监护的实现。目前，法院既是监护权力机构，又有监督监护人履行监护职责的责任，但这种监督本身会因为法院的人手或其他具体困难，实际上只有当有人向其举报后才可能实现，不利于保障被监护人的合法权益。二是我国成年人法定监护的类型采用的是完全监护，没有区分成年人不同的精神、智力、身体状况设置不同层级的法定监护类型。[1]

2. 完善我国立法的建议

建议结合我国实际，适当借鉴瑞士民法的相关规定，进一步完善我国监护制度的立法。第一，监护监督制度的完善。建议我国借鉴类似瑞士儿童保护机构和成年人保护机构设立行之有效的监护监督机制，专门增设监护监督一职，对监督人的资格作出规定，以更好地保护被监护人的利益。第二，成年监护制度的细化完善。可以设置不同的成年人监护措施，经申请由人民法院依据被监护人精神、心智障碍程度、需要处理事务的能力的需求层次，作出照管、监护、保佐或辅助的宣告。同时，增设最后监护原则和最小监护原则，明确监护和协助的适用顺序，从而逐步架空完全监护的适用并为其废除做准备。此外，新设特定监护措施，"协助"一节增设持续性代理协议和医疗预先指示的规定。[2]

（七）我国离婚制度的立法成就与不足及立法完善建议

1. 我国《民法典》婚姻家庭编之离婚制度的立法成就与不足

我国离婚制度的立法成就主要有：一是登记离婚制度的补充。其第 1076 条对原《婚姻法》第 31 条增加了"应当签订书面离婚协议的"内容，且对"离婚协议"所包含的内容做了进一步补充。明确了我国离婚的形式要件，让夫妻双方对婚姻关系解除所产生的法律后果有较合理的认知，有利于增加履行的自觉性。二是新增离婚冷静期。其第 1077 条新增离婚冷静期制度，即夫妻双方在提交离婚登记申请后 30 日的离婚冷静期，在此期间，任何一方可以向登记机关撤回离婚申请。此是一项为促使夫妻冷静、慎重处理离婚问题，防止轻率离婚的制度。三是补充判决准予离婚的法定情形。其第 1079 条在原《婚姻法》第 32 条基础上增加一款："经人民法院判决不准离婚后，双方又分居满一年，一方再次提起离婚诉讼的，应当准予离婚。"此既是防止离婚诉讼中"久调不判"情况出现，也为人民法院识别夫妻双方感情确已破裂提出的认定标准之一。四是离婚后子女抚养问题的新规定。其第 1084 条在原《婚姻法》第 36 条基础上，对于离婚后子女抚养新增规定为"不满两周岁的子女，以由母亲直接抚养为原则"，而对于已满两周岁的子女，提出应当按照最有利于未成年人的原则判决，子女已满 8 周岁的，应当尊重其真实意愿。这与我国的监护制度相呼应，体现了我国对于未成年子女的保护，尤其是对其真实意愿的尊重。五是扩大离婚经济补偿请求权主体范围。其第 1088 条对原《婚姻法》第 40 条规定的"夫妻书面约定婚姻关系存续期间所得的财产归各自所有"的主体范围进行了放宽，即不再局限于约定分别财产制的夫妻一方，无论实行何种财产制的夫妻一方，只要其负担了较多的家庭义务，离婚时就可以要求另一方补偿。六是离婚损害赔偿制度的补充。其第 1091 条在原《婚姻法》第 46 条基础上对离婚损害赔偿的法定事由增加兜底性

---

[1] 参见陈苇、李艳：《中国民法典之监护制度立法体系构建研究》，载《西南政法大学学报》2017 年第 2 期，第 85—86、90—91 页；高丰美：《民法总则监护规定的进步、不足与完善——兼谈婚姻家庭编的监护立法》，载《上海政法学院学报》2017 年第 3 期，第 23 页。

[2] 参见李霞：《协助决定取代成年监护替代决定——兼论民法典婚姻家庭编监护与协助的增设》，载《法学研究》2019 年第 1 期，第 100 页。

条款"有其他重大过错"，这扩大了请求离婚损害赔偿的范围，在夫妻之间更为公平地赔偿的可能性增大的同时，也给予了法官在实践中可操作性的空间。

我国立法之不足主要有：一是离婚中有过错一方，若存在生活困难是否有权申请离婚经济帮助，欠缺明确规定。二是离婚损害赔偿的法定情形，还不够具体。三是欠缺分居制度。我国《民法典》对分居的成立、法律效果、夫妻间的权利义务均无明确规定。在瑞士立法中，分居是作为多层次调整夫妻关系的制度之一，有效地调整不同阶段、不同层次的夫妻关系。

2. 完善我国立法的建议

建议结合我国实际，适当借鉴瑞士民法的相关规定，进一步完善我国离婚制度的立法。第一，完善离婚经济帮助制度，规定离婚经济帮助请求权人应为无过错方配偶，另一方配偶在有负担能力范围内应当对离婚时经济较困难者予以经济帮助。第二，增加离婚损害赔偿的法定情形，在《民法典》婚姻家庭编第 1091 条的基础上，增加离婚时无过错方配偶有权请求赌博屡教不改、犯强奸罪、故意杀人罪或者残害无过错方配偶的近亲属等的过错方配偶就相关损害进行赔偿。第三，增设夫妻分居制度，与离婚制度并存。设计符合我国国情的分居要件、分居程序以及分居的法律后果等。①

---

① 设立我国分居制度的社会基础及其具体立法建议，参见陈苇、罗晓玲：《设立我国分居制度的社会基础及其制度构想》（上）、（下），分别载《政法论丛》2011 年第 1 期，第 38-47 页；《政法论丛》2011 年第 2 期，第 65-72 页。

第六章 当代日本婚姻家庭法律制度研究

第一节 当代日本婚姻家庭法律制度概述

本节研究和阐述以下内容：一是当代日本婚姻家庭法律制度的渊源和主要内容；二是 20 世纪以来日本婚姻家庭法律制度修订概况。

一、当代日本婚姻家庭法律制度的渊源和主要内容

（一）当代日本婚姻家庭法律制度的渊源

从日本亲属法的立法简况看，日本调整婚姻家庭的法律被规定在 1898 年 7 月 16 日实施的《日本民法》第四编"亲属编"中。日本于 1870 年（明治 3 年）在太政官制度局中设置了《民法》会议，开始尝试以首任司法大臣江藤新平为主的、以法国《民法》为蓝本的《日本民法》的编撰工作。江藤的主导思想是将翻译的法国《民法》变成《日本民法》，甚至激进地表示，将"法兰西"几个字改为"日本"即可，但事实上后来的立法并未采取翻译策略。江藤下台后，法国人波瓦索纳德（Gustave Emile Boissonade de Font-arabie）被聘到日本，于 1879 年开始着手《日本民法》的起草，1890 年（明治 23 年）公布，预定订于 1893 年（明治 26 年）实施，该法被称为旧《日本民法》，因为在公布前一年的 1889 年，英国法学派核心之一的日本法学士会公开发表了《日本民法》延期实施的意见，引发了关于《日本民法》的大争论，其中最著名的论稿来自穗积八束的"民法出忠孝亡"，该口号更是迎合了日本国民中排斥欧洲法律的情绪，最终延期派取得了胜利，旧《日本民法》的实施被延期到 1896 年（明治 29 年）。1893 年，日本政府设立了法典调查会，任命穗积陈重、富井政章、梅谦次郎三人为起草委员，负责《日本民法》的起草，于 1896 年公布了《日本民法》的"总则""物权"和"债权"前三编，后两编的"亲属编"和"继承编"于 1898 年公布，并于同年实施。[①]

从日本亲属法的渊源看，主要有《日本民法》以及其他法律中有关调整亲属关系的法律规范，如《户籍法》《家事审判法》《人事诉讼法》等。

从日本亲属法学说的发展看，《日本民法》制定后，日本亲属法学说的发展经历了黎明期、通说形成期和战后现代期，前两个时期的核心是与家族制度的斗争，日本学界为

---

① 参见［日］加藤雅信：《日本民法百年史》，载加藤雅信等编：《民法学说百年史》，三省堂 1999 年 12 月版，第 2-28 页。另外，文章中关于旧民法的实施被延期 1896 年（明治 29 年）的原文是"1890 年（明治 29 年）"，从上下文看，可以推断是将公元年号误写为 1890 年，明治年号是正确的，故笔者在引用时对公元年号进行了纠正。

废除"家"制度进行了不懈的努力,其中起到重要作用的是以中川善之助博士为代表的学者对"家"制度的批判和在实体法解释论中导入了核心家庭的理论。《日本民法》"亲属编"的条文与财产部分相比,财产部分的条文以要件事实构成,而"亲属编"的条文却多空白规定。在此情况下,中川教授建立的身份法理论成了日本现代亲属法的通说。中川教授的身份法理论的核心观点是身份法乃自然法的一部分,是超越法律关系的,具有非合理性,与财产关系不同,是独立的。中川教授强调亲属法上的行为不能附条件,要求自律性的主权决定,因此不能强制执行,也不能代理。但另一方面,中川教授认为亲属法中事实先行,即使欠缺法律上的要件也应该赋予其法律效果,相反即使具备法律上的要件也不应该赋予法律上的效果。① 但中川教授的理论也遭到学者的批判,认为该理论会导致亲属法的空洞化。② 学者水野纪子教授认为日本的亲属法往往转向了事实主义,即与其说亲属法是保障基于婚姻和亲子等身份关系而产生的法律效果的法律,不如说成是户籍登记根据的法律。但水野教授也认为,尽管日本学界在第二次世界大战后想突破中川教授的身份法理论,试图重构亲属法学的体系,但至今,试图构建亲属法的基础理论来代替中川教授的身份法理论的尝试均以失败告终。③(关于第二次世界大战后现代立法部分,详见本节第二部分)可见,从日本亲属法学说的发展看,如水野纪子教授所指出的,和财产法的研究相比,日本亲属法的研究成果远不及财产法,更多的成果来自社会学者。④

(二)当代日本婚姻家庭制度的主要内容

关于实体法方面,《日本民法》第四编"亲属编"分为总则、婚姻、亲子、亲权、监护、保佐和辅助、扶养计七章。与此配套的重要法律是1947年12月22日实施的日本《户籍法》,该法又分为总则、户籍簿、户籍的记载、申请、户籍的订正、有关电子信息处理组织利用户籍的特例、复议、杂则、罚则计九章。其中,第四章的"申请"包括出生、认领、收养、结婚、离婚、亲权及未成年人的监护、死亡和失踪、姓名的变更等十六节,因此,日本的身份关系均登记在其户籍上,户籍腾本,即副本,成为日本办理涉及婚姻、继承等手续时重要的证明材料。

关于程序法方面,除了上述实体法以外,配套的程序法主要有调整家事审判及家事调停程序的《家事事件程序法》,该法于2011年5月25日公布,2013年1月1日实施。⑤随着该法的实施,1947年1月1日实施、2011年修改的日本《家事审判法》同时废止。另一部重要的程序法是2003年制定、次年实施的日本《人事诉讼法》。日本《家事事件程序法》的立法宗旨是规定家事审判和家事调停的程序,因此该法详细规定了管辖、回避以及包括未成年人和成年人监护事件、婚姻、亲子关系事件等各种家事事件的审理和家事调停程序等。作为日本《民事诉讼法》的特别程序法,日本《人事诉讼法》主要调

① 参见〔日〕中川善之助:《身分法の基礎理論》,河山書房1939年版,第77-189页。

② 参见〔日〕神谷遊:《中川善之助〈身分法の基礎理論〉》,载加藤雅信等编:《民法学说百年史》,三省堂1999年版,第647页。

③ 参见〔日〕水野纪子:《親族·相続序論》,载加藤雅信等编:《民法学说百年史》,三省堂1999年版,第630-635页。

④ 参见〔日〕水野纪子:《親族·相続序論》,载加藤雅信等编:《民法学说百年史》,三省堂1999年版,第635页。

⑤ 秋武憲一偏:《概説家事事件手続法》,(株)青林書院,2012年第2刷,前言。

整婚姻、亲子和收养三种诉讼关系。婚姻诉讼包括婚姻无效、婚姻撤销、离婚及子女的亲权和财产分割、协议离婚无效、协议离婚、确认婚姻关系存否等诉讼；亲子关系诉讼包括含婚生子的否认、非婚生子女的认领、认领无效或认领撤销、确定父亲、确认亲子关系存否等诉讼；收养关系诉讼包括收养无效、收养撤销、解除收养、协议解除收养关系无效、撤销协议解除收养关系和确认收养关系存否等诉讼。①

二、20 世纪以来日本婚姻家庭法律制度修订概况

《日本民法》在 1898 年被制定实施后，在 1947 年对"亲属编"和"继承编"进行了大修改，故将 1898 年的《日本民法》称为旧《日本民法》。1962 年和 1980 年对该法的"继承编"作了修改，1987 年对收养制度作了重大修改，1999 年对成年人监护制度、2010 年就父母对未成年人监护制度作了修改。而关于婚姻制度，始终没有修改，仅仅在 1994 年由法务省提出了《有关婚姻等制度的民法修改要纲试案》，1996 年在此基础上提出了《部分修改民法的法律案要纲》（以下简称 1996 年日本《婚姻制度修改要纲》），但随后被束之高阁。下面介绍《日本民法》在第二次世界大战后的修改简况。

（一）昭和修法

第二次世界大战后的 1947 年，日本对婚姻制度的修改主要成果是"废除家长制、倡导男女平等"。但是废除家长制后又有呼声要求恢复家长制，终未果。② 男女平等制度的建立首先体现在战后制定、1947 年 5 月 3 日实施的日本《宪法》第 24 条第 1 款的规定，即"婚姻仅基于两性的合意而成立，以夫妻享有平等的权利为基本，相互协力而维持"；该条第 2 款规定，"在制定法律有关配偶者的选择、财产权、继承、居住的选定、离婚以及结婚和家庭等其他事项时，须立足于个人的尊严和两性的实质平等"。其次，在"亲属编"中废除了妻子无行为能力的规定，建立了夫妻共同承担婚姻中的费用的制度（"日民"第 760 条）；新设了夫妻别产制（"日民"第 762 条）；离婚财产分割制度（"日民"第 768 条），以保障妻子的家庭经济地位。但另一方面，将父亲对未成年子女优先行使亲权修改为父母双方共同行使亲权（"日民"第 818 条）。上述修法发生在昭和年间，因此，也被日本学者称为昭和修法。③

但是，昭和修法时也发生了一些相关的争议案件，最终没有被修法所采纳。一是关于女性离婚后六个月的再婚禁止期的规定（"日民"第 733 条）是否违反日本《宪法》男女平等原则的争论，一审、二审及日本最高法院"最判平成七年（1995 年）12 月 5 日"的判决都认为不违宪。二是关于非婚生子女的继承份额为婚生子一半的规定（"日民"第 900 条第 4 项但书）是否违反日本《宪法》第 14 条法律面前人人平等原则的争论，在高等法院层面意见是有分歧的，最终日本最高法院在"最决平成七年（1995 年）7 月 5 日"的判例中作出终审判决认为不违宪，但是日本最高法院 15 名法官的意见也有

---

① 关于日本《人事诉讼法》的详细内容，可参见 [日] 松本博之：《日本人事诉讼法》，郭美松译，厦门大学出版社 2012 年版。

② 参见 [日] 中川淳：《日本亲属法の步んだ道-敗戦後の立法を中心に-》，载《立命馆法学》2003 年第 6 期，第 228 页。

③ 参见 [日] 中川淳：《日本亲属法の步んだ道-敗戦後の立法を中心に-》，载《立命馆法学》2003 年第 6 期，第 228 页。

分歧，最终以微小的多数作出了合宪判决。

（二）平成修法

1996 年开始的平成修法是昭和修法的延续，其主要着眼点在于保护妇女、儿童和老人婚姻家庭的权益。

首先，有关保护妇女的婚姻家庭方面的权益。1996 年再次进入修法阶段时，日本法务省发表了 1996 年日本《婚姻制度修改要纲》，关于亲属法的修改建议有：夫妻同姓修改为夫妻选择同姓或别姓、将女性的再婚禁止时间由现在的 6 个月缩短为 100 天、婚生子女和非婚生子女继承份额平等，但由于政府内部意见不统一，最终没有提交国会讨论，被长期搁置。[①] 但是，关于婚生子女与非婚生子女的继承份额不平等问题，日本最高法院大法庭终于在"平成 25 年（2013 年）9 月 4 日"的判决中作出了《日本民法》第 900 条第 4 项但书规定违宪的判决，同年 12 月 5 日，日本《修改非婚生子女份额法律》予以颁布实施，《日本民法》中有关婚生和非婚生子女继承份额的内容被修改为相同。[②] 至此，可以说在昭和修法中争而未修的部分，随着时间的推移、理念的更新，在平成修法中终得以修改，但夫妻同姓问题一直未解决。

其次，关于保护儿童和老人的婚姻家庭方面的权益。随着日本步入高龄少子化社会，如何保护未成年人和高龄老人权益成了日本亲属法修改的关注点。为应对加速老龄化的日本社会，日本修法率先加强调整的是高龄化下的成年人监护问题，于 1999 年 12 月公布了日本《修改成年人监护法律》，于 2000 年 4 月 1 日起施行。在配套程序方面，同时颁布实施了《伴随修改部分民法的法律的实施带来的相关法律关系调整的法律》，又于 2016 年 4 月 6 日颁布了《关于为保障成年监护事务顺利化的民法及家事事件手续法部分改正的法律》，于当年 10 月 13 日起实施（详见本章成年人监护制度部分）。在未成年人监护制度上，将父母对子女监护的权利解释为系父母的义务，进而关注儿童虐待问题，于 2000 年制定了日本《防止虐待儿童法》，又分别于 2004 年和 2007 年对该法进行了修改。另外，于 2011 年 6 月 3 日公布了日本《修改亲权法律》，其主要修改了有关《民法》中亲权制度的部分内容（详见本章第五节亲子关系制度）。[③]

随着社会发展，日本的修法还在继续。根据日本 2017 年 9 月 8 日《每日新闻》的报道，法制审议会民事执行法部当日研究了对强制执行制度的修改，将于 9 月下旬公布有关离婚后交付子女给有亲权一方的间接执行的中间试案，拟导入支付制裁金的制度。[④] 相关法案在 2019 年 2 月 19 日提交日本第 198 次国会审议，于 2019 年 5 月 10 日通过，同年 5 月 17 日公布了《部分修改民事执行法以及有关实施国际诱拐儿童民事方面的公约》（详见本章第八节离婚制度）。

---

① 日本法务省：《これまでの亲属法の改正経緯》，网址：www. moj. go. jp/content/000121354. pdf，访问日期：2016 年 2 月 10 日。

② 日本法务省：《民法の一部が改正されました》，网址：http：//www. moj. go. jp/MINJI/minji07_ 00143. html，访问日期：2017 年 7 月 9 日。

③ 日本区别父母和非父母的监护，称父母对子女的监护为"亲权"。

④ 日本每日新闻：《〈法制審議会〉離婚した夫婦間、子の引きし「間接強制」》，网址：http：//www. excite. co. jp/News/society_g/20170908/Mainichi_20170909k0000m040158000c. html，访问日期：2017 年 9 月 9 日。

第二节 当代日本亲属关系通则

本节研究和阐述以下内容：一是当代日本亲属关系通则概述；二是当代日本亲属的范围和种类；三是当代日本亲系及亲等的计算方法；四是当代日本亲属关系的发生和终止；五是当代日本亲属关系的法律效力。

一、当代日本亲属关系通则概述

（一）当代日本亲属关系通则的主要内容

《日本民法》"亲属编"并无对亲属关系通则的专章规定，其内容散见在第一章总则、第二章婚姻和第三章亲子这三章里，自《日本民法》"亲属编"颁布实施后也无修改。不过，随着医学的发展，有关婚生子女的推定等方面的纠纷不断出现，如何修法也提上了日程（对此将在本章第五节亲子关系制度中介绍）。另外，与我国刑事、民事法律分别规定近亲属的范围不同，日本的亲属范围都适用《日本民法》第 725 条的规定。归纳起来，当代日本亲属关系通则立法的主要内容包括：亲属的范围和种类、亲系及亲等的计算方法、亲属关系的发生和终止以及亲属关系的法律效力。

（二）当代日本亲属关系通则的修订情况

《日本民法》颁布实施以来对有关亲属关系通则部分未做修改，仅在 1987 年《日本民法》第三章亲子第二节养子里增加了有关特别收养的第五款，其内容详见本章第六节相关论述，其法律条文为第 817 条第 2 款至第 11 款，共计 10 条。

二、当代日本亲属的范围和种类

《日本民法》在第 725 条明文规定亲属的范围为"六亲等以内的血亲、配偶和三亲等以内的姻亲"，可见日本的亲属分为血亲、配偶和姻亲三种。血亲包括自然血亲和拟制血亲，血亲亲属限于六亲等以内，从下述亲等的计算方法可见，六亲等即我国的七代，姻亲则限于三亲等，即我国的四代。显然，《日本民法》规定的亲属范围是非常宽泛的。

《日本民法》没有我国的近亲属、远亲属之分，但其法条中散见"尊亲""卑亲"的词语，即亲属还分为尊亲属和卑亲属。

三、当代日本亲系及亲等的计算方法

（一）亲系

我国学者将亲系定义为因血缘或婚姻而产生的亲属间的联系。[①]《日本民法》中并无关于亲系的直接规定，但其法条中散见"直系""旁系"的词语，可见，其亲系可分为直系和旁系。

（二）亲等的计算方法

根据《日本民法》第 726 条第 1 款的规定，一代为一亲等，则父母子女之间为一代即为一亲等，祖父母孙子女之间为两代即为二亲等。该条第 2 款规定旁系和姻亲的亲等计

---

① 参见余延满：《亲属法原论》，法律出版社 2007 年版，第 97 页。

算方式为从己身或者配偶起向上数至共同的祖先，再向下数至己身为止的代数。例如，兄弟姐妹的共同祖先为父母，数至己身为止是一代，则兄弟姐妹为一亲等。可见，日本采的是罗马法的亲等计算方法。

四、当代日本亲属关系的发生和终止

（一）配偶关系的发生和终止

配偶关系因结婚而产生、因离婚和配偶死亡而终止。

（二）血亲关系的发生和终止

自然血亲关系，始于出生，终于死亡。

拟制血亲关系随收养关系的成立而成立，随收养的解除、撤销和无效而终止。日本的收养分为普通收养和特别收养。普通收养自收养关系成立之日起形成法律上的亲属关系，因死亡、解除或者撤销收养关系而消灭，但普通收养并不导致与亲生父母及亲属之间的关系消灭。只在特别收养时，根据《日本民法》第817条之九的规定，成立特别收养关系的，被特别收养者与亲生父母及亲属之间的亲属关系随之消灭（其内容详见本章第六节收养制度）。

（三）姻亲关系的发生和终止

根据《日本民法》第728条第1款的规定，姻亲关系亦因结婚而产生，因离婚而终止。但配偶死亡时，是否终止姻亲关系，根据该条第2款及日本《户籍法》第96条的规定，需要当事人申请才终止，之所以如此区别立法，是为了尊重民众的情感。[1]

五、当代日本亲属关系的法律效力

限于本章的研究对象为婚姻家庭制度，关于亲属关系的法律效力以下仅阐述婚姻家庭领域的法律效力。

在日本，证明亲属关系的重要文件是户籍登记，称为户籍腾本，一般去区政府申请开具，需要支付印花税。因此，日本《户籍法》是《日本民法》"亲属编"的重要配套法律，甚至因户籍登记问题产生很多登记纠纷，如夫妻同姓问题、亲子户籍登记问题等，将在相关章节中阐述，此处先简单介绍日本的亲属关系和户籍登记的关系。

（一）亲属关系和户籍登记

1. 姓名

姓，在日本乃家庭单位的名称，因此，《日本民法》第750条规定，夫妻须同姓。而婚生子女的姓氏，根据该法第790条第1款的规定随父或者母姓，其结果则为全家同姓。日本《户籍法》第6条也规定，户籍以一对同姓夫妻及同姓子女为编制单位。而非婚生子女则在《日本民法》第790条第2款规定随母姓。不知父母的弃儿，根据日本《户籍法》第57条的规定，由市町村长取姓名。

2. 亲属关系和户籍登记

户籍登记在日本婚姻家庭中有着重要的作用，结婚、离婚等信息都必须登记在户籍上，因此，日本《户籍法》是《日本民法》"亲属编"的重要配套法律。户籍制度是日

---

① 参见 ［日］近江幸治：《民法講義Ⅶ親族法・相続法》（第二版），成文堂2015年版，第6页。

本明治时期管理社会、维持治安的重要制度，后于 1947 年修改，以夫妻及同姓氏子女为一单位，但子女成年后可以分籍。

户籍登记包括申请和订正。户籍的申请分为创设性申请和报告性申请，前者指带来身份关系变动的申请，如结婚、离婚、认领子女；后者指身份关系变动后的报告，如出生、死亡。户籍的订正包括申请订正和职权订正，前者是指户籍记载违法或者记载有错或者遗漏时，当事人可以请求家庭法院许可订正，[①] 另外基于生效判决的修改，申请人须于判决生效后一个月以内，提交判决书复印件申请订正；[②] 后者是指户籍记载违法或者记载有错或者遗漏时，市町村长须立刻通知当事人，当事人不申请订正时，可依职权订正。[③]

（二）禁婚的效力

《日本民法》第 734 条第 1 款规定，直系血亲和三亲等以内的旁系血亲禁止结婚，但养子女和收养方的旁系血亲之间不在此限。在特别收养时，被收养人与亲生父母的亲子关系终止（"日民"第 817 条之九），但即使亲子关系终止也适用该法第 734 条第 1 款的规定不得结婚（"日民"第 734 条第 2 款）。同时，该法第 735 条规定，直系姻亲之间禁止结婚，即使直系姻亲关系因离婚而终止，或者因一方死亡、另一方申请而终止姻亲关系的亦不得结婚。养子女及其配偶、其直系卑亲属及配偶与养父母及其直系尊亲属之间，即使解除收养关系也不得结婚（"日民"第 736 条）。

（三）扶养的效力

《日本民法》"亲属编"在第 730 条规定，直系血亲和同居亲属之间负有相互扶养的义务，该编最后一章设置扶养章计五条，自第 876 条至第 881 条，以调整亲属间的扶养问题，主要内容是扶养义务主体、扶养的顺序、扶养的程度和方法、扶养关系的变更或者撤销、扶养请求权处分的禁止。

该法第 877 条规定，直系血亲以及兄弟姐妹之间有扶养义务。但兄弟姐妹之间有扶养义务的规定，受到学者的质疑。[④] 家庭法院在特殊情况下还可判决三亲等以内的亲属之间负有扶养义务。但随着日本经济的发展及社会福利的加强，调整亲属间扶养关系的法律主要是社会保障法体系，因此三亲等以内的亲属之间，即使兄弟姐妹之间的扶养纠纷也不再存在，但夫妻之间和亲子之间的扶养纠纷比较多，以下将分别在夫妻关系和亲子关系部分介绍。

第三节　当代日本结婚制度

本节研究和阐述以下内容：一是当代日本结婚制度概述；二是当代日本的婚约；三是当代日本结婚的条件和程序；四是当代日本婚姻的无效和可撤销制度；五是当代日本事实婚姻制度；六是当代日本同性伴侣制度。

---

① 日本《户籍法》第 113 条。
② 日本《户籍法》第 116 条。
③ 日本《户籍法》第 24 条。
④ 参见［日］窪田充見：《亲族法》（第二版），有斐阁 2013 年版，第 322 页。

一、当代日本结婚制度概述

（一）当代日本结婚制度的主要内容

当代日本结婚制度的主要内容包括：第一，婚约制度。第二，结婚的条件与程序制度。其主要内容包括结婚的必备和禁止条件以及结婚的申请程序。第三，无效婚姻与可撤销婚姻制度。其主要内容包括无效婚姻与可撤销婚姻的事由、期限和效果。第四，事实婚姻制度。其主要内容包括事实婚姻产生的起源、法律性质和要件。第五，同性伴侣制度。

（二）当代日本结婚制度的修订情况

1. 关于婚龄问题

关于婚龄问题，《日本民法》第 731 条规定："男不满 18 周岁，女不满 16 周岁，不得结婚。"① 2018 年 3 月 13 日，日本内阁通过了日本《修改成年年龄及婚龄法律》，将成年年龄从 20 周岁下调到 18 周岁，同时将男女婚龄统一为 18 周岁。② 该法律于 2018 年 6 月 13 日在日本参议院会议获得多数赞成通过，将于 2022 年 4 月 1 日起施行。

2. 关于女性再婚禁止期间问题

为防止亲子关系难以推定，《日本民法》在制定当初，于第 733 条规定了女性在前婚解除或者被撤销后 6 个月以内不得再婚，但如果该女性在婚姻解除或者撤销前已经怀孕，自其生产日起则不受禁婚的限制。随着时代的发展，日本女性认为该条但书以外的规定违反了日本《宪法》的规定，遂有女性提起诉讼，终于在 2015 年 12 月 16 日，再婚的禁止期间被日本最高法院认定违宪，理由为"缺乏合理性的过度制约"，从而采纳了 1996 年《婚姻制度修改要纲》的提案，判决将 6 个月修改为 100 天。③ 2016 年 6 月 8 日，日本内阁通过日本《缩短女性禁婚期限法律》，将禁婚 6 个月的期限缩短为 100 天。

二、当代日本的婚约

《日本民法》并没有规定婚约的法律地位，婚约不是结婚的前置要件。但违反婚约，如逃婚，须承担损害赔偿责任。日本最高法院"最判昭和 38 年（1963 年）9 月 5 日"的判例认为，婚约乃非要式行为，即使没有交换戒指或其他仪式，双方有将来缔结婚姻的真实意思表示即可。④

三、当代日本结婚的条件和程序

（一）结婚的条件

1. 必备要件

（1）双方须达到法定婚龄。日本现行《民法》第 731 条规定的适婚年龄为男满 18 周

---

① 参见《日本民法典》，王书江译，中国人民公安大学出版社 1999 年版，译者序第 6 页。
② 日本雅虎网站：《18 岁成人、22 年にも施行＝飲酒、喫煙は20 岁维持—民法改正案が閣議決定》，网址：https://headlines.yahoo.co.jp/hl? a＝20180313-00000015-jij-pol，访问日期：2018 年 3 月 16 日。
③ 日本每日新闻：《再婚禁止 100 日超・違憲　夫婦同姓は合憲　最高裁初判断》，网址：http://mainichi.jp/articles/20151217/ddm/001/040/163000c，访问日期：2016 年 2 月 10 日。
④ ［日］《日本最高法院民事判例集》第 17 卷（1963 年）第 8 号，第 942 页。日本的判例是以裁判年月日命名的，"最判"指日本最高法院的判决。

岁，女满 16 周岁，而《日本民法》第 4 条规定的成年的年龄为满 20 周岁，为此，《日本民法》第 737 条规定，未成年人结婚须父母双方同意。但是，父母一方不同意的或者死亡的，另一方同意亦可。未成年人结婚后则被视为成年人（"日民"第 753 条）。不过，如上所述，随着 2018 年日本《修改成年年龄及婚龄法律》的通过，2022 年 4 月 1 日起上述现行《日本民法》关于成年和婚龄的规定都将被修改为 18 周岁。成年被监护人结婚的，不需要其监护人的同意（"日民"第 738 条）。

（2）双方须有结婚的合意。日本《宪法》第 24 条第 1 款规定，婚姻的成立须基于男女双方当事人的合意。关于婚姻的合意，学界存在实质合意说和形式合意说的对立。实质合意说在战前为中川善之助博士所提倡，其观点主要为，婚姻的意思应该是社会通念上认可的夫妻关系形成的意思；而谷口知平教授也在战前提出形式合意说，认为婚姻意思应该理解为提出婚姻申请的意思，只要登记了即使无婚姻之实质意思亦产生结婚离婚之效力，该学说在战后得到末川博博士的支持。[①] 实质合意说多从婚姻的合意，特别是从结婚合意的角度进行论述，认为不应该承认没有生活事实的法律关系。该说认为，为了在留工作资格的签证和取得国籍的婚姻，因为缺少共同生活的意思而无效。但是，如二宫周平教授所质疑的，现实中也有两者脱离的情况，如与死囚的婚姻，是不是应该认为无效呢？而仅仅办理了结婚的登记，却无结婚的实质，也全面产生婚姻的效力。[②]

日本最高法院"最判昭和 44 年（1969 年）10 月 31 日"的判例认为，婚姻意思是当事人具有真实的为社会观念所承认的效果意思，采了实质婚姻说。该案的当事人为了婚前出生的孩子能成为婚生子女而结婚，被认定为无效婚姻。[③] 但是，日本最高法院"最判昭和 45 年（1970 年）4 月 21 日"的判例，对于临终前为让长年照顾其的女子继承而与该女子结婚的当事人的婚姻，认定为有效。[④] 显然，并未彻底贯彻实质婚姻说。

（3）双方须无配偶。一夫一妻制已经是世界多数国家立法确立的制度，《日本民法》第 732 条规定禁止重婚，结婚当事人双方须无配偶。

2. 禁止要件

《日本民法》第 734 条第 1 款规定，直系血亲和三亲等以内的旁系血亲禁止结婚，但是，养子女和收养方的旁系血亲之间不在此限。在特别收养时，被收养人与亲生父母的亲子关系终止（"日民"第 817 条之九），但即使亲子关系终止也适用该法第 734 条第 1 款的规定不得结婚（"日民"第 734 条第 2 款）。同时，该法第 735 条规定，直系姻亲之间禁止结婚，即使直系姻亲关系因离婚而终止，或者因一方死亡、另一方申请而终止姻亲关系的亦不得结婚。养子女及其配偶、其直系卑亲属及配偶与养父母及其直系尊亲属之间，即使解除收养关系也不得结婚（"日民"第 736 条）。

（二）结婚的程序

早在《日本民法》被制定的 1898 年，该法第 739 条就规定，婚姻成立的形式要件为户籍登记，结婚男女应当向区政府户籍科提交署名的结婚申请，申请上需有两名证人的署名。不过，根据《日本民法》第 742 条第 2 项但书的规定，即使没有证人的署名，也

---

① 参见 ［日］窪田充见：《親族法》（第二版），有斐閣 2013 年版，第 19 页。
② 参见 ［日］二宫周平：《親族法》（第四版），新世社 2015 年版，第 36 页。
③ ［日］《日本最高法院民事判例集》第 23 卷（1969 年）第 10 号，第 1894 页。
④ ［日］《判例时报》第 596 号（1970 年 8 月 1 日），第 43 页。

不影响婚姻的效力；有无法署名的原因，则记载于申请书上，可由他人代书。因此，日语中"结婚"一词常常被"入籍"一词所代替，日本也是少有的没有结婚证的国家，证明婚姻的书面材料是户籍腾本，即复印件。但是，提交结婚申请并不要求双方当事人必须到场，邮寄也行，委托他人提交也行，因此双方是否确实有结婚的合意，申请是否为亲笔签名，均无法确认，仅为形式审查。日本实务部门通过验证驾驶证、护照来确认本人，不能确认时，则须立刻通知本人。① 也会存在比如双方已经填好婚姻申请书，但还未提交给区政府前，一方反悔的问题，为防止另一方单方或者代理人提出，日本《户籍法》第 27 条之二第 3 款规定，反悔的一方可以向户籍科提交不受理申请。还存在双方已经在一起生活，一方罹患重病将不久于人世时提出的结婚，双方签好了结婚申请书后男方陷入昏睡状态，女方单方提交了结婚申请并被受理，后男方死亡的情形。日本最高法院在"最判昭和 44 年（1969 年）4 月 3 日"的判例中认为，只要男方在受理前不存在反悔的特殊情况，则婚姻有效成立。② "最判昭和 45 年（1970 年）4 月 21 日"判例确定了临终婚的效力，但其前提是双方已经共同生活。如果婚姻受理时当事人死亡的，则申请不发生效力。③ 但是，如果申请人在生存时邮寄申请书的，即使在死亡后受理的，根据日本《户籍法》第 47 条的规定，视为申请人在死亡前提交，婚姻成立。

四、当代日本婚姻的无效与可撤销制度

（一）婚姻的无效

1. 无效婚姻的事由

根据《日本民法》第 742 条的规定，无效婚姻的事由仅限于因对象错误等事由导致的无结婚的意思和未提出结婚申请两种情形。

日本司法实践中尚无对象错误导致婚姻无效的案件，基于无结婚意思要求认定婚姻无效的有著名的日本最高法院"最判昭和 44 年（1969 年）10 月 31 日"的判例，该案中的原告与被告长期同居但一直未登记，男方父母也反对双方结婚。后女方生一子，男方也予以承认。随后男方与其他女性谈婚论嫁，女方及女方母亲希望双方先登记让孩子成为婚生子然后双方办理离婚手续，但因女方不予配合办理离婚手续，男方提出确认婚姻无效。判例采实质合意说，认为有效的合意是双方有建立社会通常观念上认可的夫妻关系，而双方是为了让非婚生子准正为婚生子，故双方的婚姻无效。④

未提出结婚申请构成事实婚姻（详见下文表述），因此，实践中基于"未提出结婚申请"要求认定婚姻无效的恰恰是上述提交申请中存在的一方反悔、丧失意思表示的情形。

2. 无效婚姻的性质

对于婚姻的无效是否是自始无效，以及是当然无效还是宣告无效，《日本民法》无规定，也没有规定无效婚姻的后果。当然无效是指不需要经过司法宣告，只要具备无效事由则即使有婚姻的登记，婚姻也无效。而宣告无效则需要经过司法程序，由法院判决宣告无效。日本最高法院"最判昭和 34 年（1959 年）7 月 3 日"的判例则采当然无效的

---

① 参见［日］二宫周平：《親族法》（第四版），新世社 2015 年版，第 35 页。
② ［日］《日本最高法院民事判例集》第 23 卷（1969 年）第 4 号，第 709 页。
③ ［日］《判例时报》第 596 号（1970 年 8 月 1 日），第 43 页。
④ ［日］《日本最高法院民事判例集》第 23 卷（1969 年）第 10 号，第 1894 页。

立场。①

3. 无效婚姻的治愈

无效婚姻能否因追认而转为有效？《日本民法》"亲属编"对此无规定，但该法"总则"第119条规定，无效法律行为不因追认而转化为有效法律行为。日本最高法院的判例对无效婚姻能否转化，持肯定态度。在"最判昭和47年（1972年）7月25日"的判例中，双方因婆媳关系不和而离婚，婆婆去世后双方又同居两年十个月后，女方未经男方同意提交了结婚申请，同居十年后双方再次分居，随后，男方提出确认婚姻无效的申请。该判例认为，男方在知道提交申请后12年才提出确认婚姻无效，双方存在实际生活的事实，故该婚姻在男方追认，即实际生活时，溯及有效。②

（二）婚姻的可撤销

1. 可撤销事由

根据《日本民法》第743-747条的规定，违反适龄婚、禁止重婚、再婚禁止期间和亲属婚以及欺诈、胁迫的婚姻，可以向法院申请撤销。但是违反适龄婚的，在不适龄方达到婚龄时，不得请求撤销。日本最高法院"最判昭和57年（1982年）9月28日"的判例确认了重婚的后婚如果通过离婚形式解除了婚姻关系，则不得再撤销。③

2. 申请人

可撤销婚姻由当事人及其亲属或者检察官向法院提出撤销申请，但是，在一方当事人死亡后，检察官不得提起。对于违反禁止重婚、再婚禁止期间的婚姻的撤销，当事人的配偶或者前配偶可以提出撤销申请。

3. 申请期限

虽然不适龄方达到婚龄时，不得请求撤销婚姻，但不适龄方在达到适龄后的三个月内仍然可以申请。欺诈、胁迫在欺诈被发现后或者胁迫状态解除3个月以后或者当事人追认后，撤销权消灭。

4. 被撤销的效果

婚姻被撤销后，根据《日本民法》第748条的规定，不溯及既往。结婚时不知道可撤销事由的，在婚姻被撤销后，仅返还现存利益。结婚时知道可撤销事由的，在婚姻被撤销后，需返还由结婚获得的全部利益，如果对方是善意的，还需承担损害赔偿责任。

婚姻被撤销后的子女监护权归属、姓氏恢复、财产分割、系谱继承等问题都准用协议离婚的相关规定，即《日本民法》第766条至第769条（详见本章离婚制度的协议离婚部分）。

五、当代日本事实婚姻制度

（一）当代日本事实婚姻制度概述

事实婚姻在日本被称为内缘，是指男女有夫妻之实但未提出结婚申请（以下除标题外，文内使用"内缘"一词）。日本之所以存在内缘，是因为在农耕时代，男丁对家庭尤

---

① ［日］《日本最高法院民事判例集》第13卷（1959年）第7号，第905页。
② ［日］《日本最高法院民事判例集》第26卷（1972年）第6号，第1263页。
③ ［日］《日本最高法院民事判例集》第36卷（1982年）第8号，第1642页。

为重要，而女性能否为夫家生育男丁则决定了婚姻能否持续，因此，很多男方只举行仪式，但在未生子之前并不向政府提交申请。① 当然，现代社会已经没有上述原因的内缘，当事人不提出申请的理由各式各样，如有的是因为反对夫妻同姓。②

关于日本事实婚姻的法律性质，日本早期的"大正4年（1915年）1月26日"的判例将内缘定性为"婚姻的预约"而予以保护，一方无正当理由拒绝结婚时，应承担违约的损害赔偿责任。"最判昭和33年（1958年）4月11日"的判例，对昭和二十六年（1951年）12月举行了结婚仪式但未提出申请、后因婆媳关系导致原被告关系破裂，男方提出解除内缘关系，女方要求损害赔偿的案件，在上述"婚姻的预约"的基础上，基于准婚理论支持了原告的诉讼请求，认为原告不仅可以主张违约责任也可以主张侵权责任。③ 基于准婚理论，日本最高法院在"最决平成12年（2000年）3月10日"的判例中认为，在内缘关系解除时，亦类推适用离婚财产分割的《日本民法》第768条的规定。④ 在日本，承认内缘关系的另一个效果是，日本《厚生年金保险法》第3条第2款规定，可以向有内缘关系者支付遗属厚生年金。⑤ 但是，由于不是法律婚，不能作为继承法上的配偶享有继承权。不过，下级审法院认为在一方死亡后可以类推适用财产分割的规定，但日本最高法院在"最决平成12年（2000年）3月10日"的判例中认为不能类推适用财产分割的规定。其主要理由是，在基于死亡而导致内缘关系终止时，如果承认内缘关系者具有继承法上的地位进行财产清算分割，则赋予了与继承法上财产继承构造不同的性质，乃立法设想之外。⑥ 可见，日本对于内缘关系基本适用有关合法婚姻的规定，仅在继承关系上除外。

（二）当代日本事实婚姻的构成要件与效力

在日本，内缘的要件为双方有成立夫妻关系的合意，且作为夫妻共同生活。该合意只要求为社会观念上的合意而无须具有提出婚姻登记申请的合意，住民票上显示居住在一起即可。⑦ 而共同生活也未必要求不间断同居，"大阪地判平成3年（1991年）8月29日"的案例对于一件男方死亡为止交往长达9年、相互留宿、以夫妻名义共同旅游、男方住院时女方照顾的情形也认定为内缘关系。⑧

对于存在婚姻障碍的内缘关系，日本的判例针对不同情况作出如下判断。对于不适龄的内缘、女性违反6个月再婚禁止期的内缘，判例都予以了肯定，因为内缘不是法律婚。⑨ 对于重婚的内缘，判例最初以违反公序良俗为由否定内缘，后判例在"大判昭和12年（1937年）4月8日"的法律婚已经处于离婚状态而内缘关系维持了10年的案件中肯

---

① 参见［日］近江幸治：《民法讲义Ⅶ亲族法·相续法》（第二版），成文堂2015年版，第48-49页。
② 参见［日］上野千鹤子：《近代家族の成立と終焉》，岩波書店1994年版，第23页。
③ ［日］《日本最高法院民事判例集》第12卷（1958年）第5号，第789页。
④ ［日］《日本最高法院民事判例集》第54卷（2000年）第3号，第1040页。
⑤ 参见［日］窪田充见：《亲族法》（第二版），有斐阁2013年版，第129、130页。
⑥ ［日］《日本最高法院民事判例集》第54卷（2000年）第3号，第1040页。
⑦ 参见［日］二宫周平：《亲族法》（第四版），新世社2015年版，第143页。
⑧ ［日］《家庭裁判月报》第44卷（1992年）第12号，第95页。"地判"指地方裁判所。
⑨ 参见［日］二宫周平：《亲族法》（第四版），新世社2015年版，第143页。

定了内缘。但学者认为原则上不应该予以保护，不过也要看个案的情况。① 因此，重婚情况下的内缘是否予以肯定则看个案的情况。对于违反亲属婚的内缘，也和重婚一样要分情况，"最判平成 19 年（2007 年）3 月 8 日"的某女与叔父形成内缘关系后叔父死亡，其要求支付遗属厚生年金的判例认为，比起公益的需要，更应该优先考虑遗属生活安定的立法目的，从而认定了内缘关系。② 不过，此案一审否定了内缘关系，但日本最高法院基于双方生活了 42 年且生有两个孩子以及该婚姻得到家族的认可等特殊理由，承认了内缘关系，因此该判例并不具有普遍效力。

必须注意的是，日本如此缓和事实婚姻的认定要件，与向有内缘关系者支付遗属厚生年金有很大的关系，即其目的并非基于分割财产而是基于社会救济。

六、当代日本同性伴侣制度

《日本民法》中既无男女同居的规定，也无有关同性伴侣的规定，根据日本《宪法》第 24 条第 1 款婚姻基于两性合意的规定，日本不承认同性婚姻。

但是，2015 年 3 月 31 日日本东京都涉谷区第一次区议会会议通过了《推进涉谷区男女平等以及多样性社会条例》，率先以地方条例的形式规定自 2015 年 11 月 5 日起给居住在该区的 20 岁以上的同性伴侣颁发证明。颁发证明原则上要求提供"双方互为后见人""双方共同生活"两份公证书以及双方的户籍登记腾本。2015 年 7 月 29 日，东京都世田谷区向议会提交了《世田谷区有关办理同性伴侣宣誓的纲要》，于 2015 年 11 月 1 日起实施，其也规定于当年 11 月 5 日起给同性伴侣颁发证明，颁发证明的要件是同性伴侣在区长面前宣誓。纲要和条例的不同之处在于前者不需要议会通过，只通知议会即可；后者要求议会通过。由于纲要形式简单，故后为很多地区所采用。截至 2019 年 3 月，三重县伊贺市、兵库县宝塚市、冲绳县那霸市和北海道札幌市、福冈县福冈市、大阪府大阪市、东京都中野区、千叶县千叶市、群马县大泉市等计 9 个地方自治体也都以纲要的方式设立了同性伴侣证明制度。截至 2017 年 11 月 1 日的统计，同性伴侣申请颁发证明的数量，除兵库县宝塚市无人申请未予颁发外，涉谷区颁发了 24 份、世田谷区颁发了 56 份、三重县伊贺市颁发了 4 份、冲绳县那霸市颁发了 18 份、北海道札幌市颁发了 31 份。③ 2019 年 4 月 1 日，又有东京都丰岛区等计 9 个地方自治体同时设立该证明制度。另有宫崎县宫崎市等地方表示将在 2019 年年内设立该证明制度。④ 2019 年 6 月 24 日，茨城县知事表示将在 2019 年 7 月 1 日颁发"同性伴侣宣誓证明"，这是首个县级（省级）层面颁发的证明。⑤

上述证明的颁发意味着同性伴侣可以享有家庭成员享受的福利，如申请公共的家庭

---

① 参见 ［日］ 近江幸治：《民法讲义Ⅶ亲族法·相续法》（第二版），成文堂 2015 年版，第 51 页。"大判"是指日本最高法院的前身大审院的判决。

② ［日］《日本最高法院民事判例集》第 61 卷（2007 年）第 2 号，第 518 页。

③ ［日］久禮义一：《同性パートナーシップ制度について——地方行政を中心に》，载《人権をかんがえる》第 21 卷（2018 年第 3 期），第 89—107 页。

④ ［日］安田聡子：《同性パートナーシップ制度诞生から 3 年半、9 つの自治体が新たに一斉导入。急速に増えている理由は?》，载《HUFFPOST》2019 年 4 月 1 日，网址：https://www.huffingtonpost.jp/entry/same-sex-partner-certificate-2019-april_jp_5ca09413e4b0474c08cfef9c，访问日期：2019 年 7 月 27 日。

⑤ ［日］重政紀元：《茨城県　同性パートナーシップ　都道府県で初导入》，载《朝日新闻》2019 年 6 月 25 日，网址：http://database.asahi.com/library2/main/top.php，访问日期：2019 年 7 月 31 日。

住宅、医院的签字、享受通信的家庭套餐折扣等。随后，日本的电信运营商软银也表示给予持证明者家庭套餐折扣。但是，同性伴侣制度并不具有与法律上的婚姻同等的效力，如法定继承权、生育子女等。① 2021 年 3 月 17 日，日本北海道札幌地方法院针对三对申请同性结婚不予受理违宪案件作出一审判决，认定不受理三对同性当事人的结婚申请违反了日本《宪法》第 14 条法律面前人人平等的规定；但另一方面，又认为不违反日本《宪法》第 24 条男女婚姻的规定从而驳回了原告的赔偿请求。② 该案原告已经上诉，试图将案件打到日本最高法院。

第四节　当代日本夫妻关系制度

本节研究和阐述以下内容：一是当代日本夫妻关系制度概述；二是当代日本夫妻人身关系制度；三是当代日本夫妻财产关系制度。

一、当代日本夫妻关系制度概述

（一）当代日本夫妻关系制度的主要内容

当代日本夫妻关系制度的主要内容有两方面：第一，夫妻人身关系，其主要内容是家事代理权、夫妻同姓问题和夫妻订约权；第二，夫妻财产关系，其主要内容是夫妻扶养义务和夫妻财产制。

（二）当代日本夫妻关系制度的修订情况

1. 家事代理权

1898 年的旧《日本民法》在第 801 条第 1 款规定妻子为无行为能力者，夫对妻的财产拥有管理权和使用权，与此同时在第 798 条规定丈夫要负担婚姻生活的全部费用。在这种丈夫主宰家庭关系之前提下，因家庭日常生活所产生的法律后果自然应由丈夫承担。因此该法在第 804 条第 1 款规定，在日常家事中，妻子视为丈夫的代理人；第 2 款规定，丈夫可以否认前款规定的代理权的全部或一部，但不得以此对抗善意的第三人。第二次世界大战结束后日本修改民法时删除了上述规定。

2. 夫妻同姓

夫妇同姓制度在近代日本一直引发争议，1996 年《婚姻制度修改要纲》提议修改为选择制，即夫妻可以选择同姓也可以选择别姓，但是，2011 年主张"夫妇同姓违宪"的诉讼却被日本最高法院驳回，尽管诉讼以败诉告一段落，但 2018 年 1 月 9 日，日本软件公司才望子（cybozu）株式会社的社长青野庆久等四人以夫妻同姓没有法律依据违反日本《宪法》为由，再次起诉日本政府。同时从 2018 年 1 月 4 日起发起了签名运动，至同年 1 月 9 日有 17000 人参与。③ 更引发日本社会关注的是，同日，日本最高法院新任大法官宫崎裕子在记者见面会上表示，即使在日本最高法院工作期间也要使用婚前的姓氏宫崎来

---

① ［日］久禮義一：《同性パートナーシップ制度について——地方行政を中心に》，载《人権をかんがえる》第 21 卷（2018 年第 3 期），第 89-107 页。
② ［日］每日新聞 2021 年 3 月 17 日：《「同性婚不受理は違憲」札幌地裁が初判断　賠償請求は棄却》。
③ ［日］后藤辽太：《望实现夫妻别姓制度 Cybozu 社长等人上诉》，载《朝日新闻》（中文版）2018 年 1 月 10 日，网址：https://asahichinese-j.com/society/11290804，访问日期：2018 年 1 月 23 日。

审理案件和作出判决。① 在这样的呼声之下，日本总务省于 2019 年 4 月 12 日发布通知，表示自 2019 年 11 月 5 日以后，可以在住民票上写上旧姓。② 尽管户籍登记上还不能写旧姓，但至少住民票上可以写。这也算是变相解决了因婚姻而被强制同姓所带来的到处变更姓名的问题。③ 不过，2019 年 9 月 30 日，东京地方法院驳回了律师出口裕规律师和妻子提起的"夫妻同姓规定违宪"的诉讼请求。④ 围绕此问题的后续诉讼，依然是需要关注的。

3. 夫妻财产制

《日本民法》在颁布之初规定的夫妻财产制就是分别财产制，日本最高法院大法庭早在"昭和 36 年（1961 年）9 月 6 日"的判例中指出，对于夫妻别产制的不合理之处可通过离婚时的财产分割以及配偶继承权来纠正。⑤ 日本在 1980 年审议继承法修法时曾有委员强烈主张将夫妻别产制改为夫妻共有制，为此，法制审议会对各国的夫妻财产制度进行了调研，总理府进行了问卷，有 21% 的人赞成现行别产制度，而有 64% 的人赞成夫妻共有制。但最终没有修改夫妻财产制的理由有以下几点：无法处理夫妻一方和第三方的交易关系，容易导致丈夫的个人债务成为夫妻共同债务等，故多数意见赞成提高配偶的继承份额而不是修改夫妻财产制，特别是论及夫妻法定财产制和继承的关系时认为，在夫妻别产制的背景下，通过调整离婚时的财产分割方法和提高配偶的继承份额，在一定程度上可以实现夫妻财产之共有。故将配偶的法定继承份额提高到二分之一，意味着在别产制下保护配偶潜在的一半的财产份额。⑥

因此，在昭和 55 年（1980 年）修改继承编时，将《日本民法》第 900 条规定的配偶在第一顺序和子女共同继承时的应继份由过去的三分之一提高到二分之一，配偶在第二顺序时的应继份为三分之二，配偶在第三顺序时的应继份为四分之三，均做了相应提高直至今日。显然，上述修改的目的在于强化对配偶继承权的保护，但其目的则为修正《日本民法》第 762 条所规定的法定夫妻别产制带来的缺陷。⑦

二、当代日本夫妻人身关系制度

（一）家事代理权⑧

1. 日本家事代理权的立法原因

《日本民法》第 761 条规定了日常家事代理权，即"夫妻一方因日常家务事与第三人

---

① 冀勇：《日本最高法院新任女法官拒绝改随夫姓 为司法界首例》，载《法制日报》2018 年 1 月 20 日，网址：http://www.chinanews.com/gj/2018/01-20/8428938.shtml，访问日期：2018 年 1 月 23 日。

② 日本总务省：《住民基本台帐法施行令等の一部を改正する政令（案）等に对する意见募集の结果》，网址：http://www.soumu.go.jp/menu_news/s-news/01gyosei02_02000187.html，访问日期：2019 年 4 月 18 日。

③ 住民票是用来证明居住地的，而户籍登记是证明户籍的。如在申请驾驶执照等业务时，需要提交住民票。

④ 共同通信：《夫婦別姓訴訟、請求退ける 弁護士が敗訴、東京地裁》，网址：https://news.yahoo.co.jp/pickup/6338067，访问日期：2019 年 9 月 30 日。

⑤ ［日］《日本最高法院民事判例集》第 15 卷（1961 年）第 8 号，第 2047 页。

⑥ 参见 ［日］加藤一郎：《相续法の改正》（上），载《ジュリスト》第 721 号（1980 年 7 月），第 73 页。

⑦ 关于日本的配偶继承制度，详细参见赵莉：《域外配偶继承权制度立法修法之争及启示——以配偶继承权与夫妻财产制的关联性为中心》，载《北方法学》2014 年第 6 期，第 69-78 页。

⑧ 关于日本家事代理权，详细参见赵莉：《论确立夫妻日常家事代表权制度之必要——日本夫妻家事代理权制度带来的启示》，载《江海学刊》2009 年第 2 期，第 223-228 页。

所为法律行为时，另一方对由此产生的债务负连带责任。但是，事先告知第三人对此债务不负责任的，则不在此限"。与旧《日本民法》规定丈夫是妻子的法定代理人、妻子有家事代理权的内容相比，现行《日本民法》第761条将夫妻的代理权限定在日常家事范围内。

根据一般的代理法理，要使一个人的行为的法律效果归属于另一个人，在委托代理的情况下，必须要有对方真实的或者外观上的授权意思表示；在法定代理的情况下，必须要有法律的明文规定。旧《日本民法》第804条规定，使得妻子在日常生活中当然地代理丈夫且不必在每一件事上取得丈夫的授权。此规定通过对代理制度进行技术性的处理，从而救济因夫权家庭制给日常生活带来的不便，即通过确定无行为能力的妻子之代理人的法律地位，使其为日常家事所为的行为有效化，这是一条不得不作出的规定，即承认妻子的日常家事代理权与当时的夫权家庭制以及以夫权为中心的夫妻财产制有着密不可分的关系，特别是妻子系无行为能力者，如果不赋予妻子在日常生活中具有一定的代理权，则第三人不敢与之为法律行为，由此将给家庭的正常生活带来不便。

2. 家事的判断标准的学说之争

日本学术界就区分因日常生活需要和非因日常生活需要的判断标准，主要有三种学说。（1）主观说。著名学者我妻荣认为："购买家庭的食物、光热、衣料，保健、娱乐、医疗、抚养教育子女，购买家具和生活用品等当然包含在内。问题是为达到这些目的而筹集资金，如处分现有财产或者借款，这些也应该包含在内，即使超出一般认为的普通家政范围，如果是对该夫妻共同生活来说特别确需的借款，我认为也包含在内。"① "我妻说"主张重视主观意思，考虑借款的目的、动机。（2）客观说。反对"我妻说"的学者认为："社会通常观念认为的粮食、衣物、燃料等生活必需品的购买，夫妻共同生活中不可缺少的租金、地税、电费水费的支付等，一定范围的家庭保健、娱乐、医疗、未成年子女的养育、教育等费用，不管夫妻的主观意思如何，都属于《日本民法》第761条规定的范围。另一方面，客观上超出日常生活范围的借款，或者将夫妻一方的个人财产的不动产卖掉、抵押，一般来说，应该认为不属于日常生活范围。"② （3）折中说。该学说认为不仅应该考虑客观行为，还要考虑主观目的："从行为的外观来说，对任何一个家庭来说都属于日常家事范围，即使一方不与另一方商量，亦可以推论另一方断然不会反对的行为，即使其在处理财产后用于玩乐，也应该认定为因日常家事而为的法律行为；相反，仅从行为的外观很难判断出该行为是否与日常家事有关，换言之，因目的不同行为的性质亦差异较大，或者事前可以推测因一方的某种行为可能令另一方承担债务，有的家庭绝对要另一方同意，有的家庭另一方不同意也没有关系，在此情况下，不得不考虑该夫妇的资产、收入，该行为的主观目的。"③

"客观说"和"主观说"以及"折中说"的最大分歧在于对某些个别情况的判断。依"客观说"判断，则日常生活的范围比较狭窄；依"主观说"或者"折中说"，则个案个别考察，日常生活的范围相对可能扩大。

---

① 参见［日］立石芳枝、我妻荣：《親族法・相続法評釈》，日本評論新社1952年版，第106页。
② 参见［日］奥村長生：《判例解説》，载《法曹時報》第22卷第8号（1970年8月），第160-169页。
③ 参见［日］斎木敏文：《日常家事代理権と表見代理》，载《判例タイムズ》第650号（1988年），第61-73页。

明确了日常家事代理权范围的司法实务，则是"最判昭和 44 年（1969 年）12 月 18 日"的判例。该判例认为，《日本民法》第 761 条所言的日常家事范围的法律行为是指，不同夫妻在经营共同生活时所为的通常必要的法律行为，因此，其具体范围因该夫妇的社会地位、职业、资产、收入等以及该夫妇共同生活的地域社会习惯之不同而不同。① 显然，判例并未采纳"客观行为说"。

（二）婚姻的其他人身效力

1. 夫妻同姓

根据《日本民法》第 750 条、第 751 条、第 769 条的规定，婚姻还带来夫妇同姓的效力："夫妻，按结婚时的约定，称夫或妻的姓氏。"即夫妻须同姓，但一方死亡时，另一方可决定是否恢复旧姓；双方离婚时，原则上恢复旧姓，可在离婚后 3 个月内申请。②

2. 夫妻订约权

《日本民法》第 754 条规定，夫妻之间订立契约的，在婚姻中的任何时候，一方都有权撤销该契约，但不得侵害第三人的权利。关于夫妻订约权的取消问题，其立法理由在于夫妻间的契约是基于一方的威力或溺爱，故难以查清夫妻订约时的真实意思，且该契约的履行应该靠当事人的爱情或者道义。但有学者则指出，既然这样，可以行使撤销权不能仅限于婚姻中，特别是在婚姻中无法行使，而是在离婚后行使。③ "最判昭和三十三年（1958 年）3 月 6 日"的判例排除了此条在夫妻关系濒临破裂时所订协议的适用，即在夫妻关系已经濒于破裂时签订的夫妻间赠与不得撤销。④

此外，夫妻有同居和协力、扶助的义务，直系血亲及同居的亲属有相互扶助的义务，这些规定散见在《日本民法》第 752 条、第 730 条之中。

三、当代日本夫妻财产关系制度

（一）夫妻扶养义务

如前述亲属关系的法律效力中，《日本民法》明文规定直系血亲和兄弟姐妹之间有扶养义务，却没有明文规定夫妻之间有扶养义务，但《日本民法》第 752 条规定，夫妻有同居和相互协力的义务，夫妻的相互扶助义务是和同居义务一体化的。因此，该法第 760 条规定夫妻双方在同居期间须相互照顾、分担费用，有相互扶养的义务。夫妻在分居期间也是有扶养义务的，在双方无法协商时，由家庭法院根据《日本民法》第 879 条规定的扶养的程度和方法，考虑扶养权利人的需要，扶养义务人的资力等其他情况决定。

日本的夫妻扶养义务最直接地反映在税收、社保上。在税收上有扶养扣除制度，根据 2018 年 1 月 1 日实施的新政策，如配偶一方年收入在 150 万日元（旧政策规定的是 103 万日元）以下，则配偶另一方的收入在计税时可以扣除扶养配偶的金额，具体根据收入的不同、年龄的不同而不同，收入越多扣除金额越少。根据日本《所得税法》第 83 条的规定，一般情况下，配偶的扣除计税金额为 38 万日元，老年配偶的扣除计税金额为 48 万日元。在配偶年收入在 150 万日元以上 201 万日元以下时，可以扣除扶养配偶的金额为

---

① ［日］《日本最高法院民事判例集》第 23 卷（1969 年）第 12 号，第 2476 页。
② 对于该规定引发的争议及最近日本政府采取的措施已在本节概述部分予以介绍，不再赘述。
③ 参见［日］中川淳、松本晖男编：《学说·判例家族法》，法律文化社 1970 年版，第 86 页。
④ ［日］《日本最高法院民事判例集》第 12 卷（1958 年）第 3 号，第 414 页。

3 万-36 万日元，乃配偶特别扣除。① 在医疗保险上，日本于 1961 年实行了全民医保，医保分为职业保险和国民健康保险，前者是按职业划分，分别受到《国家公务员共济工会法》《私立学校教职员共济法》《船员保险法》等的规制；后者主要为农民、自营主、自由职业者等，受《国民健康保险法》的调整。职业保险的被保险人是职工，保险费从工资中按比例缴纳，但其扶养的家属也在被保险人范围；国民健康保险分为市村住民保险和同职业协会保险，市村住民的被保险人是该市村住民个人，但同职业协会保险是以家为单位缴纳保险金，享受医保待遇。②

夫妻扶养纠纷主要集中在婚姻破裂分居时的婚姻费用分担请求以及离婚后的扶养问题上，司法实践则根据个案的情况判断，并无统一规则（详见本章第八节离婚制度的相关内容）。

（二）夫妻财产制

1. 法定夫妻财产制

关于夫妻财产关系，根据《日本民法》第 762 条的规定，日本的法定夫妻财产制为夫妻别产制。无法查明所有权归属的财产，则推定为夫妻共同财产。因此，除了婚前财产系个人财产以外，婚后的工资、继承和获赠的财产、登记在自己名下的财产均为个人财产。日本厚生劳动省发布的平成 25 年（2013 年）的《国民生活基础调查报告》显示，有孩子家庭的母亲完全不工作的比例达 36.9%，孩子越小，不工作的比例越高，有 1 岁以下孩子的家庭，母亲不工作的比例达 65.3%；有 15 至 17 岁的孩子的家庭，母亲不工作的比例下降到 22.9%。③ 因此，在日本这样一个男主外、女主内的家庭结构下，分别财产制在离婚分割财产时显然是对家庭主妇不利的，因此，日本在离婚分割财产时并未完全按照分别财产制进行分割，而是转化为潜在的夫妻共同财产制（详见本章第八节离婚制度的相关内容）。

分别财产制也带来税收的问题，有丈夫认为应该夫妻共同申报，理由是其收入有妻子的协力，故各自申报一半的收入，但未获得国税局的同意，丈夫遂以规定夫妻别产制的《日本民法》第 762 条第 1 款违反了日本《宪法》第 24 条的规定为由成讼。日本最高法院 "最大判昭和 36 年（1961 年）9 月 6 日" 的判例认为，日本《宪法》第 24 条基于夫妻的整体关系，规定了夫妻在婚姻关系上的平等，但并不意味着在每个具体的法律关系上始终有着同一的权利。民法规定了离婚时的财产分割请求权、继承权以及扶养请求权，通过行使上述权利，达到夫妻间实质上不发生不平等的结果，进而认为个人所得税计算未将夫妻所得分开申报也不违反日本《宪法》第 24 条的规定。④

2. 夫妻约定财产制

《日本民法》在第 755 条至第 756 条、第 758 条和第 759 条规定了约定财产制，即夫妻可以选择约定财产制，但是约定财产制必须在婚姻登记时作出，且不得变更。然而，当夫妻一方管理他方财产但管理失当危及财产安全时，他方可以向法院请求自己管理

---

① 日本《个人所得税法》第 83 条之二。

② 日本《国民健康保险法》第 19 条。

③ ［日］厚生劳働省大臣官房统计情报部：《平成 26 年国民生活基础调查（平成 25 年）の结果からグラフで见る世带の状况》，网址：http://www.mhlw.go.jp/toukei/list/dl/20-21-h25.pdf，访问日期：2018 年 3 月 7 日。

④ ［日］《日本最高法院民事判例集》第 15 卷（1961 年）第 8 号，第 2047 页。

（"日民"第 758 条第 2 款）；采共有财产制的，在适用第 758 条第 2 款时还可以请求分割财产（"日民"第 758 条第 3 款）。基于第 758 条第 2、3 款的规定或者双方协商的结果变更管理人或者分割财产时，须进行登记，否则不得对抗一方的继承人或者第三人（"日民"第 759 条）。

日本对夫妻如何约定财产的内容未作规定，但对约定的时间和公示作了要求，如果夫妻选择约定财产制必须在婚前登记，不登记不得对抗夫妻的继承人和第三人（"日民"第 756 条）。这样的立法规定体现了日本人的婚恋观，即婚姻不论损益，而是感情优先，要缔结契约则只能在婚前，且不得更改，因此，在《日本民法》颁布后到第二次世界大战之前，登记的夫妻约定财产的总数仅有 368 件，该阶段夫妻约定的内容主要为妻子的特有财产的收益归妻子所有。① 战后登记的夫妻约定财产的总数尚不得而知，根据日本律师对收集的 1930 年至 2009 年计 143 件的调研，战后夫妻财产契约的内容则呈现多样性，主要内容集中在财产的归属、管理、使用、收益及债务的负担等方面。② 但总体显示，约定夫妻财产制在日本的被使用率不高。

第五节　当代日本亲子关系制度

本节研究和阐述以下内容：一是当代日本亲子关系制度概述；二是当代日本亲子关系的确定制度；三是当代日本父母子女的权利义务。

一、当代日本亲子关系制度概述

（一）当代日本亲子关系制度的主要内容

当代日本亲子关系制度的主要内容有：第一，亲子关系的确定。其主要内容有婚生子女的推定和否定、非婚生子女的认领以及人工生育子女的法律地位。第二，父母子女的权利义务。其主要内容有亲权制度和亲子间的扶养。

（二）当代日本亲子关系制度的修订情况

1. 亲子关系

随着 2016 年 6 月 7 日通过的日本《缩短女性禁婚期限法》之实施，女性离婚后的禁婚期限从 6 个月缩短为 100 天，《日本民法》有关婚生子女推定的规定也摇摇欲坠。2019 年 7 月 23 日，日本法务省研究会提出了"离婚后 300 日以内再婚出生之子女推定为再婚丈夫之子"的修正案，后于 2022 年 2 月 1 日提交法制委员会讨论。③ 其背景在于，如此刚性的规定已经导致日本一些早产儿童因此无户籍，如与前夫离婚后 8 个月再婚的女性，与现在丈夫的孩子又早产，因在前婚解除后的 300 天以内则推定为前夫的孩子以致无法将孩子的户籍报在现在丈夫的户籍里。据推测日本国内有一万多无户籍之人。④

---

① 参见［日］山田俊一：《夫婦財産契約の理論と実務》，ぎょうせい2012 年版，第 83-92 页。
② 参见［日］山田俊一：《夫婦財産契約の理論と実務》，ぎょうせい2012 年版，第 305-364 页。
③ 日本日经新闻 2022 年 2 月 1 日：《離婚後 300 日以内でも「再婚夫の子」民法改正へ法制審》，网址：https://www.nikkei.com/，访问日期：2022 年 5 月 23 日。
④ ［日］井戸まさえ：《日本には一万人以上の無戸籍者がいる》，载日本《Business Journal》（电子版）2016 年 1 月 24 日，网址：https://biz-journal.jp/2016/01/post_13424.html，访问日期：2019 年 7 月 30 日。

2. 亲权制度

2011 年 6 月 3 日公布、2012 年 4 月 1 日施行的日本《修改亲权法律》主要修改和新设了一些有关亲权的规定，具体修改了《日本民法》第 820 条的监护、教育的权利义务，第 822 条的惩戒权，第 834 条的亲权丧失宣告，第 835 条的管理权丧失，另该法第 834 条之二新设了亲权停止制度。[①]

二、当代日本亲子关系的确定制度

（一）基于婚姻出生的子女

《日本民法》"亲属编"第三章第一节的"父母子女"用"实子"一词指亲生子女，该节法条中又区分使用了"嫡出"和"非嫡出"的用语，前者指婚生子女，后者指非婚生子女。如此区分，于婚姻亲属法上，涉及父子关系制度的规定，婚生子女采推定和否定的构造，非婚生子女采自愿认领和强制认领的构造。于继承法上，《日本民法》在第900 条第 4 项曾采非婚生子女的继承份额为婚生子女继承份额二分之一的不平等继承的制度，如上所述，该制度于 2013 年被认定违宪而被废止。

1. 母子关系的认定

《日本民法》中没有关于母子关系认定的规定，但由于母子关系的确认是基于生产的事实，所以即使没有规定，也无太大影响。但是随着人工生殖技术的出现，代孕之母子关系的认定则成为问题，不过日本至今还未认可代孕，因此去国外代孕的日本人只有通过收养制度来解决此问题，详见下述。

2. 父子关系的推定与否认

（1）父子关系的推定。根据《日本民法》第 772 条第 1 款关于婚生子女的推定，妻子在婚姻期间怀胎之子女推定为丈夫之子女；第 2 款规定，自婚姻成立之日起 200 日以后或者婚姻关系解销后 300 日以内出生之子女，推定为婚姻期间怀胎之子女。基于该推定规定，《日本民法》在第 773 条规定了离婚后女性的再婚禁止期间，现已被修改为 100 天。

对于上述之规定，一方面涉及婚姻成立后 200 天以内和婚姻解销 300 天后出生的问题，在有医生证明的情况下，依然适用《日本民法》第 772 条之推定。但是，如果父亲提出否认之诉则另当别论。另一方面随着再婚禁止期间的修改，《日本民法》有关婚生子女推定的上述规定今后也将被修改。

（2）父子关系的否认。与父子推定相配套的是婚生子女的否认制度。首先，关于否认权的主体，原则上仅限丈夫（"日民"第 774 条）。但是，根据日本《人事诉讼法》第 41 条第 1 款的规定，如果丈夫在子女未出生前或者否认期限内去世未能提起否认之诉的，则其继承权受到侵害之人及丈夫三亲等以内的血亲有权提起亲子否认之诉。对于否认权主体原则上仅限于丈夫的规定，二宫周平教授则提出质疑，认为母亲也应该享有否认父子关系的权利。[②] 其次，关于否认的程序，向该子女或者行使亲权的母亲提起诉讼（"日民"第 775 条）。没有行使亲权的母亲时，家庭法院必须选任特别代理人。再次，关于否认权的消灭，丈夫在子女出生后承认为其婚生的，否认权消灭（"日民"第 776 条）。但

---

① 参见［日］高橋信幸、藤川朋子：《子の親権・監護の実務》，青林書院 2015 年版，第 20 页。

② 参见［日］二宮周平：《家族と法——個人化と多様化の中で》，岩波書店 2013 年版，第 117 页。

是，该消灭权究竟向谁、如何行使均无规定，也没有判例。最后，关于婚生否认的期限问题，丈夫必须在知道该子女出生后一年之内提起（"日民"第777条）。如丈夫为成年被监护人时，一年的时效起算点自成年监护被裁判撤销后丈夫知道该子女出生时（"日民"第778条）。如此规定，则婚生否认权行使较为严格，为此，下级法院的判例，如"东京家审昭和42年（1967年）2月18日"的案例认为起算点应该是丈夫"知道应该否认的子女出生时"。① 如此立法的目的在于维护父子关系的稳定性，兼顾血缘关系的真实性。但是，能否真正达到立法目的，值得怀疑。2022年2月1日提交法制委员会讨论的民法修正案则采纳了上述判例的观点。

（二）非基于婚姻出生的子女

1. 认领的方式

认领分自愿认领和强制认领两种形式。

根据《日本民法》第779条的规定，父亲或者母亲可以认领非婚生子女。自愿认领的方法是根据日本《户籍法》的规定向政府户政科提出申请，也可以通过遗嘱认领（"日民"第781条）。"最判昭和54年（1979年）3月30日"的判例还支持委托他人提交申请的认领，该案中委托人在委托他人后失去意思能力。判例认为，即使受理时该人已经失去意思能力，但只要在受理前没有反悔或者其他特殊的情形，则基于受理该认领有效成立。② 在自愿认领时，如果是胎儿的认领，须得到该胎儿母亲的同意（"日民"第783条第1款）。子女成年后的父母认领，须征得该子女的同意（"日民"第782条）。

在父亲或者母亲不积极认领时，子女及其直系卑亲属及法定代理人可以提起强制认领之诉，但父亲或母亲去世之日起超过三年的除外（"日民"第787条）。

2. 认领的效力

认领具有溯及至出生时的效力，但不得侵害第三人已经取得的权利。这意味着一方面，自出生时起父亲为监护人、可成为父亲的继承人、有请求父亲抚养的权利，可以用父亲的姓。另一方面，如果法律上的父亲没有否认亲子关系，则即使是生物学上的父亲自愿认领也不具有法律效力（"日民"第784条）。

自愿认领的父、母不得撤销该认领（"日民"第785条），这意味着《日本民法》在自愿认领制度上采的是意思表示主义。对于该规定的理解亦存在分歧。有观点认为，此条指无理由撤销，而错误、虚假信息、欺诈、胁迫时，依然可以撤销；但也有观点认为，不存在认领撤销问题，但存在认领无效的问题。子女及其他利害关系人可以对认领提出相反的事实主张（"日民"第786条）。实践中，可以依据该条主张认领无效，日本通说认为，该条中规定的"其他利害关系人"包含了认领者本人，但也有学者认为不包含认领者本人。③ 近年的大阪高等法院的"高判平成21年（2009年）11月10日"的判决采纳了包含说。④

关于认领无效的性质是当然无效还是宣告无效，早在大正年间，"大判大正11年

---

① ［日］《家庭裁判月报》第19卷（1967年）第9号，第76页。
② ［日］《家庭裁判月报》第31卷（1979年）第7号，第54页。
③ 参见［日］水野纪子：《認知無効について》，载《法学》第64卷（2000年）第2号，第28页。
④ ［日］《家庭裁判月报》第62卷（2010年）第10号，第67页。

(1922年) 3月27日"的判例就认为在无效判决宣告时认领才无效。① 但学说主张当然无效，认为可以在其他案件中作为先决事项。②

认领无效后，如果认领人已经与被认领者的母亲结婚，则是否能成立收养关系？对此，"最判昭和54年 (1979年) 11月2日"的判例予以了否定。③ 被认领人死亡后能否提起认领无效之诉，对此，"最判平成元年 (1989年) 4月6日"的判例予以了认可，并认为在此情况下，以检察官为被申请人。该案弥补了当时的立法缺陷，类推适用《人事诉讼法》第2条第3款有关婚姻无效的规定，现在已经为日本《人事诉讼法》第12条第3款所规定。

3. 不得认领的情形

《日本民法》第783条第2款对于已经出生的子女规定了不得认领的情形，即父母不得认领死亡的子女，但仅限其有直系卑亲属时，父或母可以认领。该直系卑亲属成年的，须得到其同意。如此规定，值得思考的是，如果该子女没有卑亲属遭遇侵权死亡，却不允许父母认领，则侵权人岂非不需要承担民事责任？这样规定的合理性难以解释。另外，该款没有明确是得到所有成年直系卑亲属的同意，还是部分即可。相反，如果没有取得同意，申请却得到受理时，日本学界存在有效、无效、可撤销的三种对立观点。④

4. 非婚生亲子关系的准正

非婚生子女在认领后取得婚生子女的法律地位，称为准正。父亲在认领后与该子女的母亲结婚的，为婚姻准正；父亲与母亲结婚后认领该子女的，为认领准正（"日民"第789条）。

（三）人工生育子女的法律定位

1898年实施的《日本民法》"亲属编"完全不可能设想到一百年后的人工生殖问题，因此，该编对此无任何规定也属正常，日本迄今为止亦无有关人工生殖方面的法律规定，但随着医疗技术的发展，必须面对人工生殖问题。精子为丈夫提供情况下的人工生殖被称为配偶间人工授精（Artificial Insemination by Husband，简称AIH），精子为丈夫以外的第三方提供情况下的人工生殖被称为非配偶间人工授精（Artificial Insemination by Donor，简称AID）。日本旧厚生省最早在2000年12月发布了《精子、卵子、胚胎的提供等生殖辅助医疗方法的报告书》，后日本厚生劳动省于2003年4月颁布的《完善精子、卵子、胚胎的提供等的生殖辅助医疗的报告书》，均提出了AID技术仅限于运用在不能生育的夫妻、禁止代孕、禁止收费提供精子、卵子、胚胎的建议。

1. 夫妻间人工生殖的子女的法律地位

基于配偶间人工授精出生的子女不会产生亲子关系否认的问题，而基于非配偶间人工授精出生的子女则会产生亲子关系否认的问题。

日本法制审议会生殖辅助医疗有关亲子法制部会于2003年7月发布的《有关基于精子、卵子、胚胎的提供等生殖辅助医疗出生的子女的亲子关系的民法特例的要点中间试

---

① ［日］《日本最高法院民事判例集》第1卷（1947年），第137页。
② 参见［日］二宫周平：《亲族法》（第四版），新世社2015年版，第171页。
③ ［日］《判例时报》第955号（1980年4月11日），第56页。
④ 参见［日］窪田充见：《亲族法》（第二版），有斐阁2013年版，第169页。

案》提出，女性用自己以外的女性提供的卵子通过人工生殖方法怀胎生育的，生产者为出产子女的母亲；妻子经过丈夫的同意用丈夫以外之人提供的精子通过人工生殖方法怀胎生育的，丈夫为出产子女的父亲。

2. 代孕子女的法律地位

由于日本禁止代孕，不能生育的日本夫妻则会去国外寻求代孕，引发亲子关系之诉。日本最高法院"最决平成 19 年（2007 年）3 月 23 日"的判例是，因妻子接受了子宫摘除手术而无法生育的日本夫妻，用丈夫的精子和妻子的卵子生产的胚胎移植到居住在美国内华达州的女性 A 体内，并与 A 的丈夫 B 共同签订了代孕协议。生产后，经美国内华达州法院确认，该日本夫妻是出产孩子的生物学和法律上的父母，发给该日本夫妻孩子的出生证明。回国后，该日本夫妻申请办理孩子的出生手续，因妻子无分娩之事实从而被拒绝受理遂以区政府为被告成讼。[1]

一审东京家事法院基于民法规定的生孩子者为生母的规定驳回了原告的诉讼，二审则基于日本《民事诉讼法》第 118 条有关承认外国法院判决的规定以及本案的案情，认定涉案孩子为该日本夫妻的婚生子女，命令区政府受理出生手续。被告不服提出三审申请，日本最高法院维持了一审驳回起诉的决定。其理由主要有两点：一是内华达州法院确认亲子关系的判决属于日本《民事诉讼法》第 118 条第 3 项规定的违反日本公序良俗的情形。二是根据现行《日本民法》的解释，只能解释为怀孕生产的女性为出产孩子的母亲，即使该女性提供了卵子，但在该女子没有怀胎生育的情况下，与出产孩子之间不能成立母子关系。

不过，虽然日本的司法裁判不承认代孕子女婚生子女的法律地位，并不妨碍夫妻通过国际收养的方式在法律上确立代孕所生子女的法律地位，但如上述案例中，在美国已经判决承认原告夫妻为亲生父母、代孕子女为婚生子女的情况下，原告夫妻如何办理国际收养则成为问题。特别是当孩子已经在日本随原告夫妻生活却没有法律上的身份时，则完全侵害了未成年人的利益。不过，从司法角度审视，如果承认了代孕子女法律上的身份，则实际架空了日本关于禁止代孕和民法关于婚生子女推定的规定。如何进行利益考量，则是一个重要的课题。

3. 丈夫死亡后人工授精怀胎出生子女的法律地位

日本最高法院"最判平成 18 年（2006 年）9 月 4 日"的判例是，罹患癌症的原告丈夫在化疗前将精子冷冻，其丈夫死亡后，原告未将该死亡事实告知医院而接受了体外授精，胎儿顺利出生后原告将孩子作为夫妻双方的婚生子女向政府提出户籍登记申请，却未被受理，为此以国家为被告提起诉讼。[2]

日本松山地方法院于 2003 年 11 月以死后出产违背社会常识为由驳回了原告的诉讼请求，原告不服上诉。二审高松高等法院 2004 年 7 月以"自然血亲的血缘关系以外，还取得过丈夫生前的同意"为由支持了原告的请求，被告国家不服提起三审申请。2006 年 9 月 4 日，日本最高法院第二法庭判决撤销了高松高等法院的二审判决，驳回了一审原告的诉讼请求。主要理由为"因为父亲在该孩子怀胎前死亡，父亲已经没有取得死后怀胎子

---

① ［日］《日本最高法院民事判例集》第 61 卷（2007 年）第 2 号，第 619 页。
② ［日］《日本最高法院民事判例集》第 60 卷（2006 年）第 7 号，第 2563 页。

的亲权；在抚养上，死后怀胎子也无法得到父亲的监护、养育、抚养；在继承关系上，死后怀胎子无法成为父亲的继承人"，因此"死后怀胎子和死亡的父亲的关系上，已经没有产生上述法规规定的法律上的亲子关系的余地"。

三、当代日本父母子女的权利义务

日语中虽然也有"监护"一词，但日语的"监护"是动词，监护制度并不用"监护"一词。未成年人的监护区分为"亲权"和"后见"，父母对未成年子女的监护为"亲权"；当无法行使亲权或者行使亲权有困难的，则实施"后见"，详细后述。与亲权概念相对应的是父权概念，父亲作为一家之长管理支配家庭财产，对子女亦有支配的权利，子女也须服从父权。现代民法则认为应该以保护子女的利益为中心，因此亲权不仅仅是权利，更是义务。

（一）亲权的行使主体

1. 婚生子女的亲权行使主体

根据《日本民法》第818条第3款的规定，在父母婚姻中，未成年子女的亲权由父母共同行使。但父母一方不能行使亲权时，由另一方行使。所谓共同行使是指基于父母的共同意思表示，但现实生活中不可能要求双方的同意，一方行使时，他方同意后则有效；即使他方不同意，如果第三人是善意的，则一方单独行使的亲权行为有效（"日民"第825条）。父母别居时，依然是父母双方享有亲权，但可以向家庭法院申请确定一方的监护养育权。

根据《日本民法》第819条的规定，父母离婚时，协议离婚时须确定由一方单独行使亲权；裁判离婚时，由法院确定一方单独行使亲权，另一方有探望权。未成年子女出生前，父母离婚的，出生前的亲权由母亲行使，但出生后的亲权可以协商由父亲行使。另外，即使离婚时确定了一方父母单独行使亲权，但有变更必要时可以申请法院变更为另一方父母，法院确定是否变更以子女利益为衡量标准。

这样的规定与以儿童最佳利益为出发点朝着共同亲权发展的世界潮流是不相吻合的，因此，在1996年《婚姻制度修改要纲》提议修改为共同亲权，不过，在共同亲权的情况下，也会存在一些问题，如不跟子女生活的一方依然有财产管理权。2019年9月27日，日本法务省发布了年内设置研究会，讨论设立共同亲权制度的问题。①

如何判断离婚时单独亲权的归属？日本司法实践决定单方亲权的基准主要有：② （1）亲权的实绩和继续性。东京"高决昭56年（1981年）5月26日"的案例中认为，不能简单追认现状，而应该从子女的利益考虑尊重现实的亲权人和子女之间继续性的心理联结。③ （2）尊重子女意见。根据日本《家事审判规则》第54条、第70条、第72条的规定，法院在决定单方亲权时，需征求15周岁以上未成年人的意见。一般有表达能力的，也会征求其意见。不过，孩子会对分居的父母一方表达强烈的抵触情绪，为此，东京"高决平成11年（1999年）9月20日"案例中，6岁的女孩对母亲表达出强烈的抵触情

---

① 参见［日］時事通信社：《共同親権、年内に研究会設置＝導入の是非を議論へ-法務省》，网址：https：// headlines. yahoo. co. jp/hl？ a＝20190927-00000058-jij-pol，访问日期：2019年9月27日。

② 参见［日］二宮周平：《親族法》（第四版），新世社2015年版，第111、112页。

③ ［日］《判例时报》第1009号（1981年9月21日），第67页。

绪，高裁认为其"不希望再卷入父母的争吵因而不希望改变现状"，撤销了将亲权判给照管着孩子的父亲的原审判决。但此案其实存在父亲抢夺孩子的违法行为，所以并非单纯的尊重子女意见的典型案例。① （3）母亲优先。一般有哺乳期婴儿的情况下，则母亲优先。（4）是否保障对方的探望权。一方是不是能保障对方的探望权，是否能宽容对方并向孩子传达肯定对方存在的信息等，也是衡量标准。在东京"高决平成15年（2003年）1月20日"案例中，由于女方表达了可以创造一个离婚后双方依然交流的探望权环境，以期孩子情绪稳定、身心健康发展，东京高等法院将子女的亲权判决给女方。② （5）抢夺子女的违法性。对于在探望期间将孩子带离或者未与对方协商即将孩子带走的，即使孩子在其处生活安定，法院也绝不能认可这样的违法行为。比如，前述东京"高决平成11年（1999年）9月20日"案例，男方将6岁的女儿抢走，不执行交付子女的保全裁定，也不出庭应诉人身保护程序等。

2. 非婚生子女的亲权行使主体

非婚生子女的亲权由母亲行使，父亲认领子女的，可以协商由父亲行使，但是，非婚生子女的亲权只能由父母一方单独行使（"日民"第189条第4款）。如未成年女性未婚生子的，因其未成年而不能行使亲权，而由其父母代为行使亲权；但未成年人结婚后则视为成年人，可以行使亲权。

（二）亲权的内容

亲权的内容分为人身照顾和财产管理。

1. 人身照顾

人身照顾包括监护教育、居所指定、惩戒权和职业许可权。

2012年日本《修改亲权法律》首先在有关父母监护教育子女的《日本民法》第820条里增加了"为了子女利益"之目的，随后，第822条的惩戒规定中增加了在第820条规定的监护教育范围内行使惩戒权，明确了父母行使惩戒权的范围，还增加规定了经过家庭法院的许可将子女送入惩戒场所的规定。职业许可权包括允许未成年子女经营和被雇用，但是，如果该经营的项目系未成年人无法承受的，父母可以请求取消许可或者予以限制。关于未成年人的被雇用，还受到日本《劳动基准法》对就业年龄的限制，该法第56条第1款规定，未成年人须在满15周岁后最初的3月31日后才可就业，③ 但除重体力劳动等对未成年人有害的劳动以外，满13周岁就可以在学业时间以外从事劳动。④

2. 财产管理

《日本民法》第824条规定，行使财产管理的亲权之人，管理子女的财产并代表子女为与该财产有关的法律行为。条文使用的是"代表"一词，但日本学界通说都认为是代理。该法要求亲权者在管理子女财产时，要尽到为自己管理相同的注意义务；子女成年时，父母要立刻清点财产，此时，可以要求将财产的收益与抚养费和财产管理费进行抵销（"日民"第827、828条）。赠与子女财产的第三人如果表示不要父母管理财产的，则需要向家庭法院申请指定财产管理人（"日民"第830条）。父或母在有不得已的事由时

① ［日］《家庭裁判月报》第52卷（2000年）第2号，第163页。
② ［日］《家庭裁判月报》第56卷（2004年）第4号，第127页。
③ 日本每年的4月1日起为新的财务年度。
④ 日本《劳动基准法》第56条第2款。

（不得已事由主要指服刑等无法行使管理权的场合），可以向家庭法院申请辞去管理权；当上述不得已的事由消失时，可以申请恢复管理权。但另一方面，因父或母行使管理权困难或不适当而危及子女财产利益的，家庭法院可以根据子女、其亲属、未成年人的后见人、未成年人的后见监督人或者检察官的申请，宣告父或母丧失管理权。2012 年日本《修改亲权法律》扩大了原仅限于子女亲属或者检察官的申请人的范围，在事由中增加了行使困难的情形。当上述情形消失时，父、母或者其亲属可申请撤销上述宣告（"日民"第 835-837 条）。

3. 利益相反行为

父母在行使亲权时，不得有与子女利益相反的行为。司法实践否定利益相反的案例。① 而认定利益相反的有 "最判昭和 37 年（1962 年）10 月 2 日" 的判例，亲权者为了自身的债务在子女的不动产上设定抵押权的，即使该借款是用于子女的养育费，也构成利益相反行为从而构成无效。② 最典型的是 "最判昭和 43 年（1968 年）10 月 8 日" 的判例，亲权者为他人债务做担保并以子的代理人名义连带保证，将与子共同的不动产作了抵押，被认定为利益相反行为。理由是，当债权人实现债权，以不动产上子的份额清偿后，亲权者就可以少承担一半的债务，即自己的受益是建立在子女利益受损之上。③ 不过，诚如近江幸治教授指出的，判例认为判断利益相反的标准是亲权者受益的反面是子女利益受损，而该案事实扩大到了第三人受益。当然，由于父母是子女的法定代理人，所以扩大解释也是应该的。因此，对利益相反应该做实质性判断，即从代理行为的动机、目的、必要性和对价的用途等方面进行。④ 父或母在行使亲权时有与子女利益相反行为时，可以向法院申请特别代理人（"日民"第 826 条第 1 款）。

（三）亲权的辞任、丧失和停止

父母有不得已的理由，可向家庭法院提出辞任亲权（"日民"第 837 条第 1 款），但实践中相关案例较少。

父或母有虐待或者恶意遗弃以及其他无法行使亲权的情形从而严重损害未成年子女利益时，子女、其亲属、未成年人的后见人、未成年人的后见监督人或者检察官可以向家庭法院申请作出亲权丧失的宣告，但如果两年内该丧失情形有可能消失的，不在此限（"日民"第 834 条）。该条是在 2012 年日本《修改亲权法律》中修改的，增加了 "虐待或者恶意遗弃" 的情形，根据日本厚生劳动省速报的统计，2012 年日本全国儿童相谈所处理的虐待儿童案件数达到 66807 件，第一次超过 6 万件。2016 年日本全国儿童相谈所处理的虐待儿童案件数为 122578 件，比 2015 年增加 19292 件，增幅为 18.7%，比起四年前的 2012 年，几乎翻了一倍，可谓问题严重。2019 年 8 月 1 日，日本厚生劳动省公布的调查数据显示，日本全国儿童相谈所 2017 年处理的虐待儿童案件数为 133778 件，2018 年处理的虐待儿童案件数为 159850 件；2017 年 4 月 1 日至 2018 年 3 月 31 日，日本被虐

---

① 例如，"最判昭和 35 年（1960 年）7 月 15 日" 的判例，母亲为了帮丈夫（子女的继父）借款，以孩子为借款人，在孩子所有的房产上设置了抵押权。法院认为母亲不是为了自己的利益而是为了继父的利益，不构成利益相反行为。［日］《家庭裁判月报》第 12 卷（1960 年）第 10 号，第 88 页。

② ［日］《日本最高法院民事判例集》第 16 卷（1962 年）第 10 号，第 2059 页。

③ ［日］《日本最高法院民事判例集》第 22 卷（1968 年）第 10 号，第 2172 页。

④ 参见［日］近江幸治：《民法講義Ⅶ親族法·相続法》（第二版），成文堂 2015 年版，第 158-159 页。

待致死的儿童有 65 人。[①] 虐待包括身体虐待和性侵害；恶意遗弃包括不给食物、不让进入家门、父母不回家等放弃抚养子女的行为，还包括不让就学的放弃监护教育的行为。在案件审理期间，为保护子女利益，法院可以判决停止亲权行使并选定代行之人。2012年日本《修改亲权法律》将申请权利人从原来的子女亲属和检察官扩大到子女、其亲属、未成年人的后见人、未成年人的后见监督人或者检察官。又根据日本昭和 22 年（1947年）制定、昭和 23 年（1948 年）1 月 1 日实施、平成三十年（2018 年）6 月 27 日最新修订的《儿童福利法》第 33 条规定，除了《日本民法》第 834 条、第 834 条之二第 1款、第 835 条或者第 836 条规定的亲权丧失、亲权停止或者剥夺财产管理权的请求或者撤销请求的主体，儿童相谈所的所长也可以向家庭法院申请。据日本厚生省统计数据，2013 年由儿童相谈所的所长申请亲权停止的案件有 23 件，主要原因有父亲性侵害、父母基于宗教原因拒绝给罹患白血病的儿童实施输血等。[②]

亲权停止制度是 2012 年日本《修改亲权法律》创设的新制度，被规定在《日本民法》第 834 条之二中，作为应对虐待儿童的措施，过去只有亲权丧失制度，由于该制度要求较严，故适用场合较少，但虐待儿童的情况有增无减。在此背景下，新增了亲权停止制度，如果父或母行使管理权有困难或者不适当因而侵害子女利益的，家庭法院可以根据子女及其亲属、未成年人监护人、未成年人的监护监督人或者检察官以及儿童相谈所所长的申请，综合考虑，作出停止父或母不超过两年期间行使亲权的宣告。亲权停止和亲权丧失的申请人范围是一样的，但亲权停止的事由较亲权丧失的事由轻微。亲权一旦丧失则无法恢复，而亲权停止则是短期暂时停止父或母行使亲权。

（四）亲子间的抚养关系

首先，关于父母抚养未成年子女，《日本民法》并无明文规定，但从该法第 760 条夫妻分担婚姻费用和监护教育的规定可以推出父母对未成年子女有抚养的义务。

其次，离婚时，没有获得亲权的一方须支付抚养费，日本采取的是双方负担抚养费的计算方式，如父亲支付抚养费，则计算公式为子女的生活费乘以父亲的基础收入除以父母基础收入之和；而子女生活费的计算方法为父亲的基础收入乘以子女的最低生活费除以父亲的最低生活费和子女最低生活费之和。[③] 根据日本最高法院 2011 年的调查，日本全国审理的离婚案件的抚养费，有 38.3% 在每月 4 万日元（约合 2400 元人民币）以下，6 万日元（约合 3400 元人民币）以下的有 22.1%，10 万日元（约合 5800 元人民币）以上的有 5.1%，显然以每月 4 万日元居多。[④] 而大阪律师协会则批评这样的计算标准低于实际生活需求，因为现实中多为母亲抚养全部子女而父亲支付抚养费，导致母子几人的生活费仅为父亲一人的一半。[⑤] 虽然在日本抚养费的性质被解释为生活保持义务而非生

---

① 参见日本厚生省：《子ども虐待による死亡事例等の検証結果等について（第 15 次報告）、平成 30 年度の児童相談所での児童虐待相談対応件数及び「通告受理後 48 時間以内の安全確認ルール」の実施状況の緊急点検の結果》，网址：https://www.mhlw.go.jp/stf/houdou/0000190801_00001.html，访问日期：2019 年 8 月 5 日。

② 参见日本厚生劳动省：《平成 25 年度の児童相談所での児童虐待相談対応件数等》，网址：https://www.mhlw.go.jp/stf/houdou/0000052785.html，访问日期：2019 年 8 月 5 日。

③ 参见〔日〕大阪弁護士協会编著：《養育費算定のこと》，かもがわ出版社 2013 年版，第 38 页。

④ 日本厚生劳动省 2011 年实施的全国母子家庭等的调查结果显示，从离婚的父亲处接受抚养费的仅占 19.7%，已经成为社会问题。

⑤ 参见〔日〕大阪弁護士協会编著：《養育費算定のこと》，かもがわ出版社 2013 年版，第 33-47 页。

活扶助义务，但是，如果义务者的年收入超过 1409 万日元（约为 79 万元人民币）或者 2000 万日元（约为 112 万元人民币）时，以 1409 万日元或者 2000 万日元计算；相反，即使义务者没有收入但有劳动能力则仍须支付抚养费。抚养费的计算中包含公立学校的教育费用，如果孩子上的是私立学校，义务方同意支付该学费或者其收入有能力支付也是可以得到支持的，补习学校、留学费用等亦同。

关于扶养方式，可以通过支付扶养费或者实物的方式，也可以通过共同生活的方式，具体由当事人协商；无法协商时，由家庭法院作出判决。

抚养费的支付时间，至子女成年为止，由于此年龄正是大学二、三年级，因此，日本的司法实践中对于 20 岁以后尚未大学毕业的子女抚养费的支付，亦有争议。最近的司法实践倾向于认可部分抚养费，如东京"高决平成 22 年（2010 年）7 月 30 日"的判决。[①]

最后，关于抚养费的追索。日本"最判昭和 26 年（1951 年）2 月 13 日"判例认为，扶养人有数人时，承担扶养费之人可以向未承担义务之人追索扶养费。但是，扶养时期的起算点始于何时，有请求时说，即自请求之时开始计算；必要和可能发生时说，即在扶养的必要性和可能性发生时开始计算；协议审判说，即自协议成立时或者审判开始时计算。[②] 日本最高法院"最大昭和 40 年（1965 年）6 月 30 日"判例采了必要和可能发生时说。[③]

第六节　当代日本收养制度

本节研究和阐述以下内容：一是当代日本收养制度概述；二是当代日本收养的条件和程序；三是当代日本收养的效力；四是当代日本收养的无效和可撤销制度；五是当代日本收养的解除制度。

一、当代日本收养制度概述

（一）当代日本收养制度的主要内容

本节研究的主要内容为，第一，收养的条件和程序。其主要内容是普通收养和特别收养的条件和程序；第二，收养的效力。第三，收养的无效和可撤销。第四，收养的解除。

（二）当代日本收养制度的修订情况

《日本民法》在制定当初，设想的仅仅是普通收养制度，其功能在于家的继承。

随着对未成年人保护的重视，日本在 1987 年，建立了不区别养子女和亲生子女（两者具有相同法律效力）的特别收养制度。[④] 特别收养的功能在于对未成年孩子的抚养。由此，日本的收养制度分为普通收养和特别收养，两种制度在各方面都有很大的差异，详见下述。

① ［日］《家庭裁判月报》第 63 卷（2011 年）第 2 号，第 145 页。
② 参见 ［日］近江幸治：《民法講義Ⅶ親族法・相続法》（第二版），成文堂 2015 年版，第 215 页。
③ ［日］《日本最高法院民事判例集》第 19 卷（1965 年）第 4 号，第 1114 页。
④ 参见 ［日］近江幸治：《民法講義Ⅶ親族法・相続法》（第二版），成文堂 2015 年版，第 126 页。

二、当代日本收养的条件和程序

（一）普通收养

1. 普通收养的要件

有效的普通收养，要求符合实质要件和形式要件。（1）收养和被收养人的合意。实质要件首先要求收养人与被收养人有收养与被收养的合意。收养的合意应该为实质意思，大阪"高判平成21年（2009年）5月15日"的判例在当事人双方并无成为亲人的意思表示，仅纯粹为了构筑财产性法律关系的案例中认为，因双方欠缺收养的意思表示因此该收养无效。① 东京"高判平成21年（2009年）8月6日"的判例认定已经留有遗嘱的、后患有痴呆症的高龄收养者又收养他人的收养无效。② 同样案例的还有名古屋"家判平成22年（2010年）9月3日"的判例。③（2）收养和被收养人的适格。普通收养的收养人为成年人即可，但不得收养尊亲属或者年长者（"日民"第792条、第793条）。有配偶者收养的，须征得其配偶的同意，除非双方共同收养或者配偶不能作出意思表示（"日民"第796条）。因此，在日本，祖父母是可以收养孙子女为养子女的，兄姐是可以收养弟妹的。还可以将自己的非婚生子女收养为养子女从而成为婚生子女，但随着婚生和非婚生子女在继承份额上不等分的规定的修改，此种收养已经无意义了。（3）年龄。普通收养的收养人为成年人即可，被收养人无年龄限制，但如果被收养人是未满15周岁的未成年人时，需要其法定代理人代为同意；如果法定代理人和实际履行监护职责的不是同一人，还需要征得实际履行监护职责之人的同意（"日民"第797条）。之所以会出现法定代理人和实际履行监护职责不是同一人的情形，是由于日本采离婚单方亲权的制度，在被收养人父母离婚的情况下，可能出现父母一方是法定代理人，另一方是实际履行监护职责之人的情形。有配偶者收养未成年人的，须与配偶共同收养。但是收养的是配偶的婚生子女或者配偶不能作出意思表示的除外（"日民"第795条）。

1982年，日本法务省的调查统计显示，成年人被收养的占比为66.8%，未成年人被收养的占比为33.2%。而未成年人被收养中，收养继子女的占比为74.8%，收养孙子女的占比为16.7%，许可收养的仅占7.8%。随后，此数据不断下降，2011年收养未成年人的为790件，收养6岁以下儿童的特别收养为374件，两者合计1164件，占收养总数81556件的1.4%。④ 显然，现代日本收养制度的功能更多地体现在实现家的继承上，在抚养功能上则更多体现在继父母收养继子女方面，因为《日本民法》并无继父母子女关系的规定，只有通过办理收养手续形成拟制血亲关系才能形成法律上的父母子女关系，普通收养并不会导致继子女与亲生父母关系的当然解除，这也是日本收养继子女比例较高的原因所在。

2. 普通收养的程序

普通收养需要办理收养登记手续。收养未成年人需要经过家庭法院的许可，但是被收养的未成年人是收养人或者收养人配偶的卑亲属除外（"日民"第798条）。设立该许

---

① ［日］《判例时报》第2067号（2010年4月11日），第42页。
② ［日］《判例タイムズ》第1311号（2010年2月1日），第241页。
③ ［日］《判例タイムズ》第1339号（2011年3月15日），第188页。
④ 参见［日］二宫周平：《亲族法》（第四版），新世社2015年版，第186页。

可制度的目的是防止滥用收养制度，保障未成年人的利益。从上述日本法务省的调查可以看出，收养非血缘关系的未成年人的比例并不高。后见人收养被后见的未成年人或者成年人的，须得到家庭法院的同意，后见人的任务终止但管理清算任务还未结束时亦同（"日民"第794条）。

3. 普通收养的法律效果

普通收养成立后，被收养人与亲生父母之间的法律关系并不解除，依然存在。

（二）特别收养

在日本，1987年建立的特别收养制度有以下要求：（1）年龄。收养人的年龄为年满25周岁，但夫妻共同收养的，一方不满25周岁但年满20周岁的除外（"日民"第817条之四）；收养申请时，被收养人年满6周岁后则不得被收养，但如果该被收养人不超过8周岁、6周岁前为收养人持续照看的除外（"日民"第817条之五）。（2）同意。被特别收养的，须征得被收养子女的父母的同意，但该父母无法表达其意思，或者遭受父母的虐待、恶意遗弃等严重侵害该被收养人利益的除外（"日民"第817条之六）。不仅如此，《日本民法》第817条之七还规定了特别收养的必要性要件，即被收养人的父母须有严重监护困难或者不适合行使亲权的情形，为了子女的利益需要送养。但另一方面，第817条之八还规定了养父母要经过超过6个月的监护能力考察期，起算点为申请时，除非申请前已经处于养父母的照看之下。

显然，特别收养制度的要件是比较严格的，如此严格的要件使得日本近年来大量受到虐待的儿童无法被收养，只能生活在福利院。日本法务省在2018年9月召开的法制审议会上提出了有关修改特别被收养人的中间案，拟修改《日本民法》第817条的上述规定，提案分为甲、乙、丙三种方案，分别是将被收养人的年龄提高到8岁、15岁、18岁。[①] 但年龄太大者能否与养父母之间建立亲密的亲子关系，是需要面临的问题。

三、当代日本收养的效力

收养成立生效后，养子即被视为婚生子女，与养父母形成父母子女关系，与养父母的亲属形成亲属关系。养子女须随养父母姓，但是养子女已婚且一方单独成为养子女的，无须改姓维持婚姻中的姓氏。虽然养子女和养父母基于收养形成父母子女关系，但普通收养的养子女与生父母及其亲属的关系并不因此消灭，故依然有继承权，即属于不完全收养。与普通收养不同，特别收养的效力是与亲生父母及其亲属的法律关系终止（"日民"第817条之九），即完全收养。

四、当代日本收养的无效和可撤销制度

（一）收养的无效

根据《日本民法》第802条的规定，在两种情况下，收养无效：其一为无收养的意思表示的，收养无效。因此，基于其他原因的假收养等虚伪意思表示或者欠缺意思表示的收养无效。其二为未提交收养申请的，收养无效。但如果申请书上没有满足两个以上

---

① 参见日本法务省：《法制審議会特別養子制度部会第4回会議（平成30年9月25日開催）》，网址：http://www.moj.go.jp/shingi1/shingi04900376.html，访问日期：2019年8月5日。

成年人证明的要件的，不妨碍收养的效力，无效须通过法院确认，但采调解前置程序。

（二）收养的可撤销

违反了收养要件时，可以撤销收养。则根据《日本民法》第804条至第808条的规定，收养的可撤销事由有：（1）收养人未成年的，收养人及其法定代理人可以申请撤销，但该收养人成年的6个月以后或者追认的，不在此限。（2）被收养人为尊亲属或者年长者的，各当事人及其亲属可以申请撤销。（3）后见人和被后见人之间无许可收养的，养子女或者其血亲亲属可以申请撤销，但管理清算结束后养子女追认的或者经过4个月的，不在此限。（4）配偶未同意的收养，配偶可以向家庭法院提出撤销申请，但在知道收养的6个月后或者追认之后则不得以未同意为由申请撤销（"日民"第806条之二第1款）。昭和62年（1987年）《日本民法》修改之前规定，普通收养的，已婚者原则上须夫妻共同收养，修法后不再要求夫妻共同收养，但要求配偶同意（"日民"第795条）。未得到配偶同意的收养，赋予了配偶撤销权。如果配偶的同意是基于欺诈、胁迫的，则该配偶可以向家庭法院提出撤销申请，但在知道欺诈或者胁迫解除后的6个月以后以及追认之后，则不得以此为由申请撤销（"日民"第806条之二第2款）。（5）未取得养子女的实际监护履行人的同意的收养，实际的监护履行人可以申请撤销，但其追认的或者养子女年满15周岁的6个月后，或者养子女追认的，则不在此限；如果同意是基于欺诈、胁迫的，则可适用《日本民法》第806条之二第2款的规定。（6）未成年养子女的收养未得到家庭法院许可的，养子女或者血亲亲属、代为承诺之人可以申请撤销，但养子女成年后经过6个月或者本人追认的，则不在此限。

欺诈、胁迫成立的收养的撤销，适用婚姻的撤销规定，但是欺诈、胁迫在欺诈发现后或者胁迫状态解除后6个月以后或者当事人追认后，撤销权消灭。

收养被撤销适用离婚有关族谱继承的规定和姓氏恢复的规定，即收养被撤销后恢复收养前的姓氏。（"日民"第796条、第816条）

五、当代日本收养的解除制度

普通收养的解除方式分为协议解除和裁判解除。《日本民法》第811条规定，双方合意可以解除收养，与协议离婚一样，须提出申请。养子女未满15周岁的，解除收养的协议由养父母与解除后的养子女的法定代理人签订，该法定代理人一般为亲生父母。无法协议解除的，可向法院请求裁判解除。法定解除事由有：恶意遗弃的，三年以上生死不明的，其他无法继续收养关系的重大事由。该重大事由主要指双方之间有无法维持的精神和经济生活关系或者关系无法恢复的。"最判昭39年（1964年）8月4日"判例认为，与裁判离婚一样，不支持有责者向无责者提出的解除收养关系请求。① 不过，学者对该判例所确立的法理是否妥当提出质疑。其认为，在未成年人被收养的情况下，养父母有丧失亲权事由的，应该支持养子女提出的解除请求，而如果是养父母提出解除收养的，则不论未成年养子女是否有过错，都不应该支持。而在成年收养的情况下，在收养目的无法实现时应该支持收养关系的解除，但有过错方应该赔偿无过错方损失。②

---

① ［日］《日本最高法院民事判例集》第18卷（1964年）第7号，第1309页。

② 参见［日］二宫周平：《亲族法》（第四版），新世社2015年版，第199页。

根据《日本民法》第 816 条的规定，收养解除后恢复收养前的姓氏，但夫妻共同收养却只和一方解除收养的则不在此限。

特别收养的解除只能裁判解除，且事由仅为法定的两种情形，一种是养父母虐待、恶意遗弃及有其他侵害养子女利益的行为，另一种是亲生父母有相当的监护行为。同时，根据《日本民法》第 817 条之十的规定，解除特别收养的申请者只有养子女、生父母和检察官，即养父母并无申请解除的权利。这样的规定，对特别收养的养父母来说是比较苛刻的。收养解除后，养子女与生父母及其亲属的法律关系恢复（"日民"第 817 条之十一）。

第七节　当代日本监护制度

本节研究和阐述以下内容：一是当代日本监护制度概述；二是当代日本未成年人后见制度；三是当代日本成年人监护制度。

一、当代日本监护制度概述

（一）当代日本监护制度的主要内容

日本的监护制度内容，可分为未成年人后见和成年人监护。对未成年人的监护，又被分为具有"亲权"的父母之监护与除父母以外之人的"后见"（监护），鉴于亲权制度已经在第五节介绍过，故本节仅阐述未成年人后见制度。其主要内容有未成年人后见开始的事由，未成年人后见人的选任、职责、终止和未成年人的后见监督人；关于成年人监护制度，其主要内容包括日本成年人监护制度的变迁、日本成年人法定监护制度和日本成年人任意监护制度以及日本成年人任意监护与法定监护的关系。

（二）当代日本监护制度的修订情况

在未成年人后见制度方面，日本在平成 23 年（2011 年）删除了《日本民法》第 842 条规定的未成年人的后见人只能为一人的规定，则复数未成年人的后见人可共同行使权限（"日民"第 857 条之二第 1 款）。之所以这样修正，是基于实践的要求，因为未成年人的后见人为祖父母时，因其具有人身和财产的概括监护权，导致具有专业知识的人无法再担任后见人来保护未成年人的利益。[①]

在成年人监护方面，日本于 1999 年 12 月公布了平成 11 年法律第 149 号日本《修改成年人监护法律》，于 2000 年 4 月 1 日起施行。此次修法的主要内容是将民法总则编中关于成年人监护的原"禁治产、准禁治产"制度，修改为后见、保佐及辅助制度，增加了监护措施的不同层级之区分度。还新设了"任意监护制度"和"监护登记制度"。又于 2016 年 4 月 6 日颁布了《关于为保障成年监护事务顺利化的民法及家事事件手续法部分改正的法律》，于当年 10 月 13 日开始实施，以应对加速老龄化的日本社会。修法情况详见下述。

---

① 参见［日］窪田充见：《親族法》（第二版），有斐閣 2013 年版，第 316 页。

二、当代日本未成年人后见制度

必须说明，日本将未成年人监护称为未成年人后见，所以本节将当代日本未成年人监护制度称为"当代日本未成年人后见制度"。

（一）未成年人后见开始的事由

根据《日本民法》第838条第1项的规定，未成年人没有行使亲权之人或者亲权者丧失管理权的，开始后见。主要包括以下情形：首先，父母离婚后，获得亲权的一方死亡，另一方并不当然取得亲权，此时，需要另一方向法院申请变更亲权，如果该方不适合取得亲权，则开始后见。其次，养父母均去世后，亲生父母也不当然取得亲权，故可以开始后见。最后，父母离婚后，获得亲权的一方再婚，未成年子女与继父（母）办理了收养手续后，养父（母）取得亲权，之后离婚或者双方均死亡的，亲权并不当然恢复给离婚时未取得亲权的生父或生母，则开始后见。

（二）未成年人的后见人的选任

未成年人的后见人的选任途径有遗嘱指定和法院选任两种。《日本民法》第848条规定，最后行使亲权之人可以通过遗嘱指定后见人，但丧失管理权的亲权者不能指定。如没有遗嘱指定后见人的，未成年人及其利害关系人可以向家庭法院提出申请。家庭法院选任后见人主要考虑未成年的被后见人的年龄、身心状况及生活财产状况；后见人的职业、经历以及与未成年的被后见人是否有利害关系。

根据《日本民法》第847条的规定，未成年人后见人的欠格事由有：未成年人；被家庭法院免职的法定代理人、保佐人和辅助人；破产人；对被监护人提起诉讼或曾经对被监护人提起过诉讼之人及其配偶和直系血亲；去向不明的人。

（三）未成年人的后见人的职责

根据《日本民法》第867条的规定，后见人代替未成年人的父母行使亲权，后见人的职责基本与亲权者相同，但鉴于后见人并非未成年人的父母，所以立法对后见人的职责做了一定的规制。首先，在行使部分身上监护权时，如教育方法、住所变更、惩戒等，在有后见监督人时需要后见监督人的同意（"日民"第857条）。其次，在财产监护方面，后见人任职后须立即着手调查被后见人的财产，在一个月内完成调查任务并制作财产目录，不过，如果时间不够可以向家庭法院提出延长申请（"日民"第853条第1款）；如果有后见监督人的，在制作财产目录时，后见监督人须在场，否则不发生效力（"日民"第853条第2款）。后见人如果对未成年的被后见人享有债权、负有债务的，在有后见监督人时，在着手调查前须向后见监督人报告；如果不报告，则债权消灭（"日民"第855条）。从未成年的被后见人处接受转让财产的，未成年的被后见人有撤销权（"日民"第866条）。

《日本民法》不仅规定了未成年人的后见人的职责，还要求后见人在履行职责时尽到善良管理的义务；如果第三人赠与未成年人财产并表示不要后见人管理，又未指定管理人的，则可由亲属或者检察官向家庭法院申请选任管理人（"日民"第869条）。当然，未成年人的后见人与成年人的后见人一样，都是可以取得报酬的。

（四）未成年人后见的终止

当未成年被后见人成年或者因婚姻被视为成年时，未成年人后见终止。未成年被后见人死亡时，亦终止。另外，当未成年人的后见人辞任、被解任、欠格、死亡时，或者有亲权者出现等情形时，未成年人后见亦终止。

未成年人后见终止后的两个月以内，未成年人的后见人须对管理的财产进行清算，该期间可以向家庭法院申请延长（"日民"第870条）。未成年人后见终止后清算结束前，未成年人的后见人与未成年被后见人签订合同的，则该未成年被后见人享有撤销权（"日民"第872条）。有关委托合同中受托人在委托终止后，情况紧急时可以实施处分行为的规定，也准用在未成年人后见终止时（"日民"第874条）。可见，未成年人后见制度兼有亲权和委托合同的性质。

（五）未成年人的后见监督人

未成年人的后见监督人的选任途径也有遗嘱指定和法院选任两种。最后行使亲权之人可以立遗嘱指定后见监督人。如果没有遗嘱指定，家庭法院在必要时，可以根据未成年的被后见人及亲属或者未成年人的后见人的申请或者依职权选任。可见，后见监督人并非必需的机构。

后见监督人的欠格事由与后见人的欠格相同，后见人的配偶、直系血亲以及兄弟姐妹不得担任后见监督人（"日民"第850条）。

三、当代日本成年人监护制度

（一）日本成年人监护制度的变迁

1. 旧法的规定

1898年制定的《日本民法》将成年能力受限人分为"禁治产"和"准禁治产"两种，分别规定在《日本民法》第7条以下和第11条以下。对于心神丧失处于常态之人，或者心神耗弱及浪费之人，法院可以根据一定范围内的申请人之申请，宣告前者为禁治产之人，后者为准禁治产之人。所谓"禁治产"就是禁止对财产进行管理处分，因此，被宣告为禁治产之人所实施的行为，其一切事务均由被称为"后见人"的监护人来管理，其单独实施的行为可被撤销。被宣告为禁治产之人所实施的行为，需要由被称为"保佐人"的监护人同意，否则也可以被撤销。不仅如此，被宣告禁治产者还受到就业、选举等方面的限制，被宣告后要登记在户籍上，在政府公报上公示，基于上述原因，人们会避开利用禁治产宣告制度。① 另外，这样两种划分方式已经不能适应日本高龄化社会的需求，根据日本统计局的统计资料显示，日本1970年时65岁以上的老年人口为733.1万人，占全国总人口1.372亿人的比重达到7.07%，正式进入老龄化社会；至1998年，65岁以上的老年人口为2050.8万人，占全国总人口1.26486亿人的比重达到16.21%。②

2. 修改后的现行法规定

在此背景下，平成11年（1999年）12月，日本国会审议通过了四部法律，分别为平成11年法律第149号的日本《修改成年人监护法律》、平成11年法律第150号的《有

---

① 参见［日］宇田川幸则：《浅论日本关于成年人监护制度的修改》，载渠涛主编：《中日民商法研究》（第一卷），法律出版社2003年版，第386页。

② ［日］统计局 e-stat，网址：https://www.e-stat.go.jp/stat-search/files? page=1&layout=datalist&toukei=00200524&tstat=000000090001&cycle=0&tclass1=000000090004&tclass2=000000090005&tclass3val=0，访问日期：2021年4月29日。

关任意后见契约的法律》、平成11年法律第151号的《伴随修改部分民法的法律的实施带来的相关法律关系调整的法律》和平成十一年法律第152号的《有关后见登记等的法律》，于平成12年（2000年）4月1日实施。1999年修法的主要内容为，废除"禁治产"和"准禁治产"之用语，以"后见""保佐"取而代之，另增加辅助制度，适用于虽然本人欠缺判断能力，但并没有达到需要适用后见或保佐程度之人，还增加了任意监护制度。又修改了登记方法，将过去在区政府户籍科的户籍登记改为以电子信息记载的方式，在法务大臣指定的法务局或者地方法务局或分局、派出机构登记。① 《有关后见登记等的法律》就法定监护和任意监护的事项做了详细的规定，被登记人本人、监护人、监护监督人可要求登记机关出具登记事项证明书，国家工作人员出于职务上之必要也可申请。

（二）日本成年人法定监护制度

1. 日本成年人法定监护的类型

日本的成年人法定监护制度，根据失智程度，由重到轻分为后见、保佐、辅助三种类型。

（1）成年人后见制度。

第一，成年人后见审判的开始，须基于相关人员的申请。《日本民法》第7条规定，对于因精神障碍而欠缺事理辨识能力且处于常态之人，家庭法院根据本人或其配偶、四亲等以内的亲属、未成年后见人、未成年后见监督人、保佐人、保佐监督人、辅助人、辅助监督人或检察官的请求，开始后见审判。② 在1999年修改成年监护制度的讨论中，对于成年后见审判程序的开始，立法者就下述两种方式展开了激烈的讨论，一是由亲属等相关人员的申请作为要件即申请主义，二是由邻居等相关人向家庭法院作出事实报告，家庭法院依职权作出是否需要监护人的判断即职权主义。最终审议的结果是，遵照以前的方式，即维持申请主义，对于是否启动成年监护开始的审判，由申请人向家庭法院提出申请，家庭法院不能依职权启动程序。③

另外，也会存在上述申请人无法或不愿申请的可能。如果没有申请人，就无法利用成年人监护制度；也可能会出现申请后又撤回的情形，导致滥用该制度。为此，日本在三部特别法条文，即《老人福祉法》第32条、《智障者福祉法》第28条、《精神保健精神障碍者福祉法》第51条第2款中设置了有关区市町村长可以申请成年人后见审判开始的规定，并在《家事审判法》第121条规定，撤回申请须得到家庭法院的同意，以解决上述可能存在的问题。近年来，由区市町村长提出申请的比例也在逐渐增加。根据日本最高法院事务总局家庭局所作的《成年后见关系事件的概况》显示，2017年申请人为子女的占比从2000年的约40%下降到27.2%，其他家属也呈下降趋势。与家属减少形成鲜明对比的是，市区町村长及被监护人为申请人的比例明显增长，从2000年的23件增加到

---

① 《有关后见登记等的法律》第2条。

② 成年人监护审判是日本家事程序裁判的形式之一，采非讼方式，由于其与我国的成年人无行为能力认定制度并不对应，故本文使用日语汉字原文"审判"。

③ ［日］田山辉明：《日本成年监护制度——少子、老龄社会的法律制度》，顾祝轩译，载《交大法学》第3期（2015年），第112—124页。

2017 年的 7037 件。①

第二，成年人后见人的选任。修改前的《日本民法》规定，一方被宣告为禁治产者、准禁治产者的，配偶当然地担任后见人或者保佐人，但修改后的新成年人监护制度取消了这一规定，改为由家庭法院根据每个案件的不同情况来考虑选择最适合的人担任后见人。②《日本民法》第 843 条第 4 款规定，在选择后见人时，家庭法院要根据成年被后见人的身心状态及财产状况、拟选任的成年后见人的职业及生活工作经历、其与成年被后见人是否有利害关系等情况来综合判定。另外，日本民法在第 847 条规定的不得担任后见人的欠格事由，既适用于未成年人后见也适用于成年人后见。

新法实施后，后见人的构成比例也出现了和申请人同样的趋势，即亲属作为成年人的后见人的比例下降，第三人作为后见人的比例不断上升。2000 年成年人监护制度刚施行时，担任后见人的 90% 为家属，但随后家属不断减少，第三人逐年增加。至 2017 年，家属担任后见人的仅占 26.2%，第三人担任后见人的比例已经增加到 73.8%。其中律师被选任的有 7967 件，司法书士被选任的有 9982 件，社会福祉士被选任的有 4412 件，市民担任后见人的有 289 件。③

1999 年修法前，关于法人可否担任后见人的问题，法律没有明文规定，修法后，《日本民法》第 843 条第 4 款明文增加规定，拟担任成年人的后见人为法人时，应考虑其经营的种类及内容，法人及其代表人与成年的被后见人有无利害关系，从而明确了法人也可以担任后见人。

第三，成年人的后见人之人数。与未成年人的后见人的人数不受限一样，《日本民法》第 859 条之二也认可多人担任成年人的后见人，但当后见人有数人时，第三人仅须对其中一人作出意思表示即可。该条第 1 款规定，家庭法院依职权可以决定数个后见人共同或者分担事务。在实践中，数人担任时，财产管理事务常由法律人士负责，人身照顾等相关事务多由专门的社会福祉士负责，或者由亲属和不同领域的专业人士分别承担被后见人的事务。不过，学者也指出，在人身照顾中也经常会涉及签订护理等合同，必然会涉及费用的支付等财产问题。如何去区分此种分担？④ 税理士、司法书士则说明，在处理涉及金融、不动产等重大交易时，还是要求全体后见人到场的。⑤

第四，成年人的后见人的权责。成年人的后见人的权责可以分为财产管理和人身照顾两方面。

财产管理具体包括《日本民法》第 859 条第 1 款规定的代理权、财产管理权和撤销权。但是，根据《日本民法》第 9 条但书的规定，本人作出的购买日常用品及与日

---

① 〔日〕日本最高法院事务总局家庭局：《成年後见事件的概况》，网址：http：//www.courts.go.jp/about/siryo/kouken.html，访问日期：2018 年 4 月 6 日。

② 参见〔日〕宇田川幸则：《浅论日本关于成年人监护制度的修改》，载渠涛主编：《中日民商法研究》（第一卷），法律出版社 2003 年版，第 390 页。

③ 〔日〕日本最高法院事务总局家庭局：《成年後见事件的概况》，网址：http：//www.courts.go.jp/about/siryo/kouken.html，访问日期：2018 年 4 月 6 日。

④ 参见〔日〕山口春之：《成年後见人の職務》，载《東京成德大学人文学部・応用心理学部研究紀要》，2011 年第 18 号，第 59-72 页。

⑤ 参见〔日〕山本裕二、田口真一郎、黒川龍：《税理士のための相続・成年後见と家事事件手続の実务》，清文社 2013 年版，第 14 页。

常生活密切相关的行为不得撤销。在财产管理程序上，一方面，根据《日本民法》第853条的规定，后见人要调查被后见人的财产，且必须在一个月内制作成财产目录。若有后见监督人，则在调查和制作财产目录时，必须有后见监督人在场，否则无效。另外，当后见人对被后见人有债权债务时，后见人必须在着手调查财产之前，将对被后见人的债权及债务状况报告给后见监督人，否则，后见人的债权失效（"日民"第855条）。另一方面，后见人在任职之初，就必须预先制定被后见人在生活、教育、疗养看护以及管理财产而每年支出金额的预算（"日民"第861条第1款）。在实践中，当被后见人的金融财产较大时，家庭法院会将被后见人的财产中除生活所需资金以外的金融财产信托给信托银行，没有法院的许可，后见人不能支取该财产，被称为"后见制度支援信托"，于平成24年（2012年）2月1日设立，仅针对未成年人和成年人的后见，保佐和辅助不能利用。根据日本最高法院事务总局家庭局的报告，平成24年（2012年）2月至平成27年（2015年）12月，该制度的利用人数为9965人，信托财产累计3363.45亿日元。①

人身照顾的范围覆盖了护理、医疗、教育、康复等各个方面，成年后见人应该代为履行与这些事情有关的合同的签订与解除、费用的支付等职责。但是人身照顾仅仅限于以意思表示为基础的法律行为，不包括对后见人身体的强制，如强迫其住院、进行健康检查、强制本人入住公共服务机构等。②

法律还同时对后见人履行职务提出了基准要求，即成年后见人在履行财产管理和人身照顾时，应最大限度地尊重本人的意思并考虑被后见人的身心以及生活状况（"日民"第858条）。同时，要尽到受托人应尽到的注意、报告和交付的义务（"日民"第869条）。另外，法律也对后见人的权限也做了一些限制，即其一，后见人买卖、租赁被后见人居住的不动产或者设定抵押权及类似处分时，必须得到家庭法院的许可（"日民"第859条之三）；其二，后见人对于与被后见人利益相反的行为无代理权，须申请法院选任特别代理人，但有后见监督人的除外（"日民"第860条）；其三，根据《日本民法》第864条、第865条的规定，后见人代理被后见人进行经营或实施《日本民法》第13条第1款规定的行为，有后见监督人的须得到其同意，否则，被后见人或后见监督人有权撤销；③ 其四，后见人在财产管理中产生的以被后见人的行为作为给付内容的债务，必须得到被后见人的同意（"日民"第859条第2款）；其五，第三人明确表示赠与被后见人的财产不需要后见人管理的，该财产不由后见人管理（"日民"第869条）。另外，日本法学界对于被后见人与第三人之间实施的法律行为，认为成年人的后见人不享有事前同意权。因为被后见人由于精神障碍导致的判断能力丧失是处于常态化的，故就算在其清醒的某一时刻就某一行为事先得到了后见人的同意，在下一刻也有可能又立刻陷入了无判断能力的状态，因此，被后见人即使得到了同意也可以被撤销，然而日本法对于未成年

---

① ［日］日本最高法院事务总局家庭局：《後見制度支援信託の利用状況等について-平成27年1月-12月》，网址：http://www.courts.go.jp/about/siryo/sintaku/index.html，访问日期：2018年4月6日。

② 参见［日］小林昭彦、大鹰一郎、大门匡：《新成年後見制度の解説》，金融财政事情研究会2000年版，第144页。

③ 《日本民法》第13条第1款是关于需要保佐人同意的行为的规定，详细参见保佐制度。

人的后见人即监护人则在第 5 条中给予了肯定。① 不过，成年后见人虽没有事前同意权，但有事后追认权。

根据《日本民法》第 861 条的规定，管理后见事务的报酬，从被后见人的财产中支出。有些法院会在官网上公布报酬标准。

第五，成年人后见的终止。成年人后见的终止分为相对终止和绝对终止，前者是指选任了其他的后见人，后者是指后见制度的利用自身终止。相对终止的情形有五种，包括后见人的辞任、解任、死亡、欠格事由的发生以及后见选任的审判被撤销；绝对终止包括两种情形，即成年被后见人死亡和因成年被后见人能力恢复而撤销成年后见开始审判的裁决。

成年后见人辞任需具有正当理由，且需得到家庭法院的许可，辞任的后见人有义务申请选任后任者。正当理由一般指职业或者居住地的变更、年老、因病无法履行职责。解任则是基于被后见人及其亲属、后见监督人或者检察官的请求，法院依职权进行，一般基于后见人有不正当行为或者与被后见人无法相处等原因。一旦被解任，则不得再担任后见人，但后见人可以提出不服申请。②

后见终止后的两个月内，后见人必须进行清算，就管理期间的支出和收益向家庭法院报告。家庭法院可以根据情况延长上述期限。有后见监督人的，后见监督人应该对后见人的财产清算进行现场监督（"日民"第 871 条）。对于管理的财产，也必须还给被后见人，一般是新的后见人或者被后见人的继承人，法院选定的遗产管理人等。

（2）成年人的保佐制度。

《日本民法》第 11 条规定，对于因精神障碍而严重缺乏事理辨别能力之人，家庭法院根据本人或其配偶、四亲等以内的亲属、后见人、后见监督人、辅助人、辅助监督人或检察官的请求，开始保佐审判。修改后的上述规定较修法前"心神耗弱"和"浪费者"的表述，更有可操作性。

成年人后见的很多制度，如成年人后见的选任、人数、权责的规定都适用于保佐制度，保佐的终止也适用成年人后见的相关规定，与成年人的后见人代理被后见人不同，被保佐人所为的民事行为，需保佐人事先同意或者事后追认。根据《日本民法》第 13 条第 1 款规定，保佐人拥有对重要行为的事前同意权，具体为：收取或者利用本金；借款或担保；以有关不动产或其他重要财产的权利的得失为目的的行为；诉讼行为；赠与、和解或者达成仲裁合意；继承的承认、放弃以及遗产的分割；拒绝他人的赠与，放弃遗赠；新建、改建、扩建或者大修房屋；超过《日本民法》第 602 条规定期间的租赁，如以种植或采伐树木为目的的山林租赁超过 10 年；建筑物租赁超过 3 年；动产租赁超过 6 个月。不侵害被保佐人利益但保佐人不同意上述行为的，被保佐人可以向法院申请许可（"日民"第 13 条第 3 款）；若想扩大除上述事项之外的同意权，则《日本民法》第 11 条规定之人、保佐人或者保佐监督人可以向家庭法院提出请求，但因日常生活的行为不在此限（"日民"第 13 条第 2 款）。

① 参见［日］我妻荣、有泉亨、川井健：《民法 2 総則・物権法》，劲草书房 2005 年版，第 46 页。
② 参见［日］山本裕二、田口真一郎、黒川龍：《税理士のための相続・成年後見と家事事件手続の実務》，清文社 2013 年版，第 19 页。

《日本民法》第876条之四规定，保佐人除了有同意权，还可以向法院申请对于特定事项的代理权，但须得到本人的同意。如此设计原因在于，被保佐人还具有一定程度的判断能力，故应尊重其在力所能及的范围内决定的某些事情。但是，事实上是不具有可操作性的。①

（3）成年人的辅助制度。

成年人的辅助制度是日本在1999年修法时为解决高龄化问题新创设的制度。《日本民法》第15条第1款规定，对于因精神障碍而缺少事理辨别能力的人，家庭法院根据本人或其配偶、四亲等以内的亲属、后见人、后见监督人、保佐人、保佐监督人或检察官的请求，开始辅助审判。辅助制度是以被辅助人尚未达到需要后见和保佐的程度、自身具有一定的认知能力、能够实施法律行为，但需要给予本人一定帮助的一项制度。所以，《日本民法》第15条第2款规定，非本人提出的申请须得到本人的同意，此与成年人后见和成年人保佐制度都不同。

另一不同在于，成年人的辅助人的同意权、撤销权、代理权不因辅助开始的审判而取得，需由相关请求权人向家庭法院提出申请，由家庭法院根据情况来决定，所以在申请辅助开始审判的同时，必须申请同意权或者代理权（"日民"第15条第3款）；在申请非本人提出时，家庭法院需要询问本人的意愿（"日民"第17条第2款）。一般而言，同意权的申请事项为《日本民法》第13条第1款中的部分，代理权的事项没有限制，但须明确，否则如仅仅赋予处分不动产的代理权却没有赋予代理登记的权限，则不能实施代为登记的行为。②

2. 日本法定成年人监护的监督制度

法定监护中监督人的设置不是必需的，只有在家庭法院认为必要时才选任，因为法律首先规定监督的任务由法院来执行，为辅助法院的监督又设计了监护监督人制度，因此日本的成年人监护监督制度是由家庭法院的监督和成年人的监护监督人共同构成的，通过这样的构造，家庭法院直接或者通过监督人间接地监督。2011年，法院选任了成年人的后见监督人的案件1592件、保佐监督人的案件135件、辅助监督人的案件24件。近年来，这些案件数在不断增加。③

选任成年人的监护监督人，须依被监护人及其亲属或者监护人的请求，或家庭法院依职权选任。成年监护人的配偶及直系血亲、兄弟姐妹不能成为监护监督人（"日民"第850条）。《日本民法》在第851条规定了监督人的具体职责为：监督监护人的监护事务；在没有监护人的情况下，尽快请求家庭法院选任新的监护人；在情况紧急时可进行必要的处分；当监护人与被监护人利益相反时代理被监护人；适用民法关于委托的规定。监护人在行使《日本民法》第13条第1款规定内容的代理权时，须得到监护监督人的同意，否则，监护监督人有权撤销该代理行为。《日本民法》第863条规定，家庭法院和监护监督人在任何时候都可以要求监护人报告监护事务、要求其提出财产目录以及对被监

① 参见［日］山本裕二、田口真一郎、黒川龍：《税理士のための相続・成年後見と家事事件手続の実務》，清文社2013年版，第23页。

② 参见［日］山本裕二、田口真一郎、黒川龍：《税理士のための相続・成年後見と家事事件手続の実務》，清文社2013年版，第24页。

③ 参见［日］二宫周平：《親族法》（第四版），新世社2015年版，第241页。

护人的财产状况实施调查。

（三）日本成年人的任意监护制度

日本没有将任意监护制度放入《日本民法》，而是颁布了平成 11 年法律第 150 号《任意监护法》来规制任意监护合同的方式、效力及对任意监护人的监督，共计 11 条。

1. 任意监护制度的特点

任意监护制度是指本人为预防自己欠缺判断能力或者判断能力不足而接受公机关的参与、事先与自己信任的人签订意定监护合同，委托任意监护人在本人发生上述情形时对自己进行人身照顾和财产管理的制度。所谓接受公机关参与，是指任意监护人在家庭法院选任的监护监督人的监督之下行使代理权，这是日本法在参考英美法上的任意监护制度时的独创。①

与上述法定监护制度不同，任意监护制度不是由家庭法院选任监护人，而是由本人选任监护人；监护人的权限也不是由法律规定而是由本人决定。法定监护是一种法律规定的监护制度，而任意监护制度是一种本人生前预立监护制度；法定监护只具有监护的特点，而任意监护兼具委托和监护的特点。任意监护人的主要权利为委托代理权且委托人本人有撤销权，而法定监护人的主要权利为法定代理权且利害关系人有权请求法院撤销该代理权。

2. 任意监护制度的构造

（1）任意监护合同的要件。

与法定监护开始于审判不同，根据日本《任意监护法》第 2 条第 1 项、第 4 条第 1 款的规定，任意监护需要本人和受托人签订人身照顾和财产管理的合同，该合同在家庭法院选出任意监护监督人时才生效，可谓附条件生效的合同。

任意监护合同为要式合同，须经过公证。② 与公证遗嘱不同，公证任意监护合同不要求证人和医生在场，但公证人需要确认委托人的意思能力，为此，如果公证人对委托人的意思能力有所怀疑时，可能需要医生在场或者出具诊断书。

任意监护合同在监护监督人选任即合同生效之前，无论是本人还是任意监护人都可以随时解除任意监护合同，但是为了避免本人此时已不具备足够的判断能力，一定要取得公证人确认的书面报告方可解除；③ 如果监护监督人选任后，一方想要解除合同，必须要有正当的理由，且经过家庭法院的许可。④ 正当的理由主要指双方信赖关系破裂、受托人无法履行职责等。为保护善意第三人，日本《任意监护法》第 11 条规定，任意监护合同的解除如果不登记，虽任意监护人的代理权消灭，但不能对抗善意第三人。

（2）任意监护类型。

任意监护有将来型、即效型和移行型三种，将来型是任意监护合同在将来发生效力，符合制度本来的设想；即效型是指任意监护合同立刻生效，此种类型因签订时本人的判断能力已经处于低下的状态，所以其是否具备订约能力会成为争议的焦点，故该种类型

---

① 参见 ［日］日本弁護士連合会法のサービス企画推進センター遺言信託プロジェクトチーム：《高齢者・障害者の財産管理と福祉信託》，三協法規 2008 年版，第 35 页。

② 日本《任意监护法》第 3 条。

③ 日本《任意监护法》第 9 条第 1 款。

④ 日本《任意监护法》第 9 条第 2 款。

需要医生的诊断证明。移行型是指在具备判断能力时就经常委托一些事务，当判断能力不足时则从普通委托转移为任意监护。制度实施之初，将来型较多，最近则移行型增多。①

（3）任意监护的开始。

根据日本《任意监护法》第2条第1项、第4条第1款的规定，任意监护自任意监护监督人被家庭法院选任时才开始。选任任意监护监督人的前提是该任意监护合同在法务局登记，在该制度实施的当年，在法务局登记的任意监护合同有801件。② 在本人由于精神上的障碍导致判断能力衰退时，由本人或其配偶、四亲等以内的亲属、任意监护人向家庭法院申请选任监护监督人，法院最终作出决定后任意监护才开始。在实施的当年，申请选任任意监护监督人的案件有51件，实施20年后的2020年，申请选任任意监护监督人的案件达到738件。③ 从尊重本人意愿出发，如果申请人是本人以外的人，只要本人还具备意思决定能力，则该申请必须得到本人的同意。④ 判断本人由于精神上的障碍导致判断能力衰退的标准与辅助程度相似。

（4）任意监护监督人的职权。

与法定监护可设监督人不同，任意监护监督人是必设的，因此法官可以依职权选定。⑤ 任意监护人及其配偶、直系血亲和兄弟姐妹不能成为任意监护监督人。

《任意监护法》第7条规定了任意监护监督人的职权，除该条第4款规定适用法定监护监督人的职责外，任意监护监督人的职权还有监督监护人履责；定期向家庭法院汇报监护人的履责情况；情况紧急时，在监护人的代理权限范围内做必要的处分。⑥ 任意监护监督人有权申请家庭法院解任不称职的任意监护人。⑦

（四）日本成年人任意监护与法定监护的关系

日本《任意监护法》第10条就任意监护与法定监护的关系做了明文规定，两者只能选其一，不能同时适用，一旦本人受到法定监护开始的宣告后则任意监护合同终止。对于任意监护与法定监护孰先孰后，该法也给出了明确的规定，即任意监护制度优先。《任意监护法》第4条第2款规定，选定了任意监护监督人后，如果法定监护的审判已经开始，应撤销法定监护开始的审判；在任意监护开始后，仅在为了本人利益的必要时才能开始法定监护，此时任意监护合同终止。

（五）日本成年人监护中的不当问题

有监护，就会有监护人侵害被监护人利益的事情发生，日本也不例外。根据日本最高法院的统计，2011年至2020年的10年间，后见人侵害被后见人的案件数及受害金额

① 参见［日］日本弁護士連合会法的サービス企画推進センター遺言信託プロジェクトチーム：《高齢者・障害者の財産管理と福祉信託》，三協法規2008年版，第38页。

② ［日］日本最高法院事務総局家庭局：《成年後見事件の概況》，网址：https：//www.courts.go.jp/toukei_siryou/siryo/kouken/index.html，访问日期：2021年4月30日。

③ ［日］日本最高法院事務総局家庭局：《成年後見事件の概況》，网址：https：//www.courts.go.jp/toukei_siryou/siryo/kouken/index.html，访问日期：2021年4月30日。

④ 日本《任意监护法》第4条第3款。

⑤ 日本《任意监护法》第4条第4款。

⑥ 日本《任意监护法》第7条第1款。

⑦ 日本《任意监护法》第8条。

（约数，日元）如下表，括号内为专业人员担任后见人侵害被后见人的情况。①

	2011 年	2012 年	2013 年	2014 年	2015 年
案件	311 （6）	624 （18）	662 （14）	831 （22）	521 （37）
被害 金额	33.4 亿 （1.3 亿）	48.1 亿 （1.3 亿）	44.9 亿 （9 千万）	56.7 亿 （5.6 亿）	48.1 亿 （1.1 亿）

	2016 年	2017 年	2018 年	2019 年	2020 年
案件	502 （30）	294 （11）	250 （18）	201 （32）	186 （30）
被害 金额	26 亿 （9 千万）	14.4 亿 （5 千万）	11.3 亿 （5 千万）	11.2 亿 （2 亿）	7.9 亿 （1.5 亿）

第八节　当代日本离婚制度

本节研究和阐述以下内容：一是当代日本离婚制度概述；二是当代日本离婚的条件和程序；三是当代日本离婚的法律后果。

一、当代日本离婚制度概述

（一）当代日本离婚制度的主要内容

当代日本离婚制度的主要内容包括离婚的条件和程序以及离婚的法律后果。日本和中国一样，是世界上较少的采用协议登记离婚和诉讼裁判离婚两种方式的国家，因此离婚制度的主要内容为协议登记离婚的条件和程序、诉讼裁判离婚的条件和程序。离婚的法律后果包括离婚时婚姻财产的分割、离婚时养老金的分配和离婚后的探望权。

（二）当代日本离婚制度的修订情况

近年来，《日本民法》有关离婚制度的修改仅增加了探望权的内容。在法律上明确规定探望权的是 2011 年颁布的《修改亲权法律》，该法修改了《日本民法》第 766 条，增加了离婚后无亲权方的探望权，其原因在于日本于 2013 年经过国会同意加入 1980 年的海牙《国际诱拐儿童民事方面的公约》并于 2014 年 4 月 1 日生效。显然国内法已经先行了，不过，日本实务上早于 1964 年在"东京家审昭 39 年（1964 年）12 月 14 日"的案例中就认可了探望权。② 与此配套，日本于 2019 年 5 月 17 日公布了《部分修改民事执行法以及有关实施国际诱拐儿童民事方面的公约》，修改过去的子女交付的间接执行为直接执行，详见下述。

另一个与离婚有关的制度的修改是离婚年金的分割制度。2004 年，日本第 159 次国

---

① 日本最高法院网站：https：//www.courts.go.jp/toukei_ siryou/siryo/koukenninhuseijirei/index.html，访问日期：2021 年 4 月 30 日。

② ［日］《家庭裁判月报》第 17 卷（1965 年）4 号，第 55 页。

会通过了《部分修改国民年金法的法律》（以下简称"年金修改法"），修改的原因在于保障离婚女性，特别是中老年离婚女性的晚年生活（详见后述）。

二、当代日本离婚的条件和程序

（一）协议登记离婚的条件和程序

根据《日本民法》第763条的规定，当事人双方合意可以协议离婚。有效的协议离婚须具备离婚合意之实质要件和办理登记之形式要件。根据日本《户籍法》的规定，日本的离婚登记和结婚登记一样，在区政府办理，只需要提交双方填入相关事项并签字盖章的、包含子女亲权归属的官方制作的离婚申请即可，① 但该法对如何递交申请未作任何规定，因此，并不要求当事人亲自递交，邮寄或者代交均可。为此，日本关于协议离婚的争论与结婚合意一样，主要集中在对"离婚合意"的判断上。相关学说的争论在结婚制度一节中已经介绍，不予赘述。日本司法实践采何种立场？日本司法裁判的观点如下：对于无离婚之合意而登记离婚的，该离婚无效且"最判昭和53年（1978）3月9日"的判例认为，该无效无须经过法律程序的认定，为当然无效。②

关于假离婚是否为无效的离婚问题，在日本最高法院"最判昭57年（1982年）3月26日"的判例中，X女与A男原系夫妻，A男因病接受低保而X女在工作有收入。福利处的工作员告诉X女，如果没有离婚凭证而主张与A男分居且X女不提供收入证明，则构成不正当领取低保，双方为此协议离婚但依然住在一起。A男死亡后，X女以其具有继承A男的损害赔偿继承权为由，以检察官为被告诉请确认离婚无效。一、二审均判决X女败诉，X女上告到日本最高法院。日本最高法院认为，原审认为本案的离婚申请是基于双方解除法律上的婚姻关系的合意，无法认定该离婚无效的理由是正当的，从而驳回了X女的上告。③ 关联案例还有"最判昭和38年（1963年）11月28日"的判例，夫妻为让入赘的丈夫成为户主而协议离婚，亦被日本最高法院认为，双方对于解除法律上的夫妻关系的合意是一致的，故不能认定协议离婚无效。也即日本的判例在离婚合意的判断上采法律意思说。

另外，关于离婚的撤销制度。因欺诈、胁迫达成的离婚合意可以向法院申请撤销，该撤销与结婚的撤销不同，具有溯及效力（"日民"第764条、747条）。

（二）诉讼裁判离婚的条件和程序

1. 裁判离婚事由

夫妻双方无法就离婚等达成协议时，则一方可起诉离婚。《日本民法》第770条第1款规定了四种具体的离婚事由和一种抽象事由，即配偶者有不贞行为的、配偶者恶意遗弃的、配偶者生死不明三年以上的、配偶者患有重度精神病且无恢复可能的、其他婚姻难以继续的重大原因。但该条第2款却规定，即使配偶有上述五种情形，但综合考虑后认为婚姻能继续时，可以驳回离婚之诉讼请求。

对于上述五种事由，实务中的争论主要有：（1）强奸他人是否属于"有不贞行为"。

① 日本《户籍法》第76条、第77条第2款。
② 参见［日］窪田充见：《亲族法》（第二版），有斐阁2013年版，第93页。
③ 参见［日］本田纯一、棚村政行编：《基本判例4：亲族法》，法学书院1999年版，第15页。

"最判昭和 48 年（1973 年）11 月 15 日"的判例中，丈夫 Y 因数次强奸或欲强奸数名妇女构成强奸及猥亵未遂罪而被判处有期徒刑 3 年，正在服刑中。妻子 X 以丈夫 Y 的行为符合《日本民法》第 770 条第 1 款第 1 项规定的"有不贞行为"为由诉请离婚，一、二审均支持了妻子 X 的诉请。丈夫 Y 不服，上告认为，不贞行为是指有配偶者与配偶以外之人相互自由发生性关系的行为，欠缺自由意思的肉体关系不属于"有不贞行为"。日本最高法院认为，民法第 770 条第 1 款第 1 项规定的"有不贞行为"是指有配偶者，基于自愿，与配偶以外之人发生性行为，而对方是否是基于自愿则在所不问。① （2）其他婚姻难以继续的重大原因包括：司法实践认定的主要有：家庭暴力，如"最三小判昭和 33 年（1958 年）2 月 25 日"；② 重大侮辱，如"东京高判昭和 37 年（1962 年）2 月 26 日"；③ 性变态，如"大阪地判昭和 35 年（1960 年）6 月 23 日"；④ 性格不合，如"横滨地判昭和 59 年（1984 年）7 月 30 日"；⑤ 过度的宗教活动，如"广岛地判平成 5 年（1993 年）6 月 28 日"等。⑥

2. 破裂主义和有责主义的争论

如此规定则带来两个争议：一为离婚是采破裂主义还是有责主义，二为第 770 条第 1、2 款的关系问题。

（1）破裂主义和有责主义的对立观点。关于第一个问题，认为第 770 条采破裂主义的理由为，第 1 款第 5 项是该款的主要原则，满足婚姻难以继续的要件则可以判决离婚而前四项不过是具体列举。但认为采有责主义的理由为，第 1 款第 5 项不过是兜底条款，而其他四项列举事由均为有责事由，可以排除破裂主义。在司法实践中，以第 5 项为理由认定婚姻难以继续的主要有暴力、虐待、重大侮辱、犯罪、性不能等原因。日本的司法实践已从有责主义转向了破裂主义，发生重大转变的代表是"最判昭 62 年（1987 年）9 月 19 日"的判例。⑦ 该案案情为，丈夫 X 和妻子 Y 之间没有孩子故收养了两个孩子，其后，丈夫 X 和两个孩子的生母同居了 36 年，一直与妻子 Y 分居。故丈夫 X 提出离婚。一、二审均以双方之间虽感情已经破裂但丈夫 X 为有责者为由驳回了丈夫 X 的离婚请求，丈夫 X 不服上告到日本最高法院。日本最高法院认为，尽管是有责者提出的离婚请求，但对照双方的年龄和同居、分居时间，以及双方之间无未成年子女，离婚不会将对方置于精神的、社会的、经济的极端不利状态，并无存在违反社会正义的特殊情形，而仅仅因为是有责者提出的离婚请求就不予准许是不妥当的，从而发回重审。可见，日本的司法实务界也随着社会潮流的变化，从有责主义转向了重视破裂主义，随着修法的推进，确立全面破裂主义只是时间的问题。

（2）破裂主义和有责主义的关系。关于第二个问题，第 770 条第 1、2 项是有责事由，而第 3 项的生死不明与第 4 项的罹患精神病又并非有责事由而是婚姻破裂的事由。但

---

① ［日］《日本最高法院民事判例集》第 27 卷（1973 年）第 10 号，第 1323 页。
② ［日］《家庭裁判月报》第 10 卷（1958 年）第 2 号，第 39 页。
③ ［日］《下级法院民事判例集》第 13 卷（1962 年）第 2 号，第 288 页。
④ ［日］《判例时报》第 237 号（1960 年 10 月 21 日），第 27 页。
⑤ ［日］《判例时报》第 1141 号（1985 年 3 月 21 日），第 114 页。
⑥ ［日］《判例タイムズ》第 873 号（1995 年 5 月 15 日），第 240 页。
⑦ ［日］《日本最高法院民事判例集》第 41 卷（1987–1988 年）第 6 号，第 1423 页。

另一方面，在第 1 款列举了离婚事由的前提下却规定即使有该种事由，"但综合考虑后认为婚姻能继续时，可以驳回离婚之诉讼请求"，岂非相互矛盾，且如何掌握也是个问题。所以，有关诉讼裁判离婚事由第 770 条的问题，一直为学界所争论，至今仍无定论。

为此，在 1996 年《婚姻制度修改要纲》中，一方面提出全面破裂主义，一方面将此种驳回事由限定为"因离婚导致配偶或者子女生活陷入极端困难或者难以忍受的痛苦之中时，可以驳回离婚之诉讼请求"即苛刻条款以及"请求离婚者怠于扶养或者协助配偶致其请求违反信用原则"即信用原则条款。学者则质疑认为，苛刻条款与离婚并无关联性，即使离婚也可以通过相关措施解决生活困难等问题，以不许离婚的方式不确定是否能回避生活穷困等情况的发生。[①] 信用原则以怠于扶养等一定的事实为前提，提出离婚申请被认为是不合理的，但究竟何种情况为怠于扶养，因仅仅是修改纲要的提议，且至今搁置未再被讨论。

三、当代日本离婚的法律后果

在日本，不论协议登记离婚还是诉讼裁判离婚，都会明确子女的亲权归属何方行使的问题。在财产分割方面，日本在诉讼离婚时仅处理财产分割，不处理夫妻债务问题。如果是协议登记的离婚，并不要求夫妻写明财产分割、债务清偿，只要求有子女者写明亲权归属哪一方行使。夫妻有财产分割的纠纷，可以请求分割但双方协商不成时，必须在离婚时起两年以内向家庭法院提出分割请求（"日民"第 768 条第 2 款）。因此，日本的财产分割包含诉讼裁判离婚中的财产分割和离婚后的财产分割。

1. 离婚时夫妻财产的分割

（1）离婚财产分割的方法。如上所述，日本的法定夫妻财产制为别产制，即婚姻中以自己名义取得的财产为特有财产，但无法查明的推定为共同财产。如果以财产制为前提分割离婚财产，必然导致一方特别是丈夫的特有财产较多的结果，因此，离婚财产分割时并不需要分清财产之名义，双方名下的财产都是分割的对象，故日本的夫妻财产制也被称为潜在的夫妻共同财产制。

日本关于离婚财产分割的规定只有《日本民法》第 768 条的三款，既适用于协议离婚也准用于诉讼离婚，其第 1 款规定，协议离婚的一方有权向对方请求分割财产；第 2 款规定，双方协商不成或者无法协商时，可以请求家庭法院作出裁判，但自离婚起超过两年的不在此限；第 3 款规定，家庭法院根据双方当事人协力取得的财产金额等其他事情决定是否予以分割并决定分割的金额及方法。

可见，日本没有以立法的方式明确离婚时财产如何分割，完全将裁量权交给家庭法院的法官来决定。

（2）离婚财产分割的性质。关于离婚财产分割的性质，日本学说以及"最判昭和 46 年（1971 年）7 月 23 日"的判例均认为财产分割具有清算和离婚后的扶养之性质，该判例并以此为由支持了在财产分割后又以前夫的有责提出精神抚慰金请求的原告，从而确定了财产分割和抚慰金请求可以并行的规则。[②] 故财产分割具有上述三种性质，即清算性

---

① 参见［日］窪田充见：《親族法》（第二版），有斐閣 2013 年版，第 100 页。
② ［日］《日本最高法院民事判例集》第 25 卷（1971 年）第 5 号，第 805 页。

质、离婚后扶养性质和抚慰金性质。

首先，关于清算性质，如上所述，日本虽为法定夫妻别产制，但在离婚分割时依然是对半分法，清算的结果则为婚姻期间个人特有财产收入多的一方向另一方支付费用。

其次，关于离婚后的扶养问题如何解释，有余后效、政策义务效和补偿效三种观点。余后效即系离婚后扶养义务的余后效力；政策义务效即原本应该是由国家担负起的社会保障，作为过渡而获政策支持；补偿效即如果夫妻共同劳动则离婚后生活的差距不大，但如果丈夫工作而妻子在家相夫教子，离婚后须对妻子的生活予以补偿。补偿效最近较为有力。[①] 但是，究竟如何补偿，也只能由法官根据个案自由裁量。2004 年日本修改国民年金法律，相对解决了中老年女性离婚后的扶养问题，详见下述。

最后，关于精神抚慰金。精神抚慰金是包含在财产分割中还是应当分别处理，对此学说采对立观点。[②] 前述日本最高法院的"最判昭和 46 年（1971 年）7 月 23 日"的判例虽然确立了财产分割和抚慰金请求可以并行的规则，但该案在说理中也阐述认为，在财产分割时可以请求一并考虑精神抚慰金的问题，但该案并未考虑精神抚慰金的因素。可见，司法实践并未采学说的对立观点，而是认为既可以包含也可以分别，由当事人自己选择。

一般精神抚慰金的金额在 100 万日元（现在约为 5.6 万人民币）左右。在"最判平成 8 年（1996 年）1 月 29 日"的判例中，中国籍原告 X 在与日本籍的被告 Y 于 1993 年离婚后，以 Y 的家庭暴力为由提起精神抚慰金请求，一审以原告 X 于 1992 年已经回到中国生活，应该按照中国的生活标准赔偿为由判决被告 Y 支付 20 万日元，X 不服上诉到高等法院。二审高等法院认为虽然损害赔偿金额的计算方法应该以离婚时双方的生活地为参考，但本案是基于在日本生活期间婚姻生活破裂提出的，没有理由参照中国的生活水准予以减额，否则 Y 支付的金额就远远低于日本人离婚案件的当事人，则显然是不公平的，从而改判为 100 万日元。[③]

2. 离婚时养老金的分割

2004 年颁布的日本《年金修改法》于 2007 年 4 月起实施。其实施后，随丈夫一起加入国民年金的家庭主妇在离婚时可以要求分割丈夫的厚生年金或者共济年金，领取其中的一半。日本的公共年金按加入对象的不同，分为国民年金和厚生年金、共济年金，自营职业者、农民、20 岁以上的学生或者无职业者加入国民年金，被称为第一号被保险人；企业员工加入厚生年金，公务员和私立学校的教职工加入共济年金，被称为第二号被保险人，但加入厚生年金、共济年金的也必须加入国民年金。平成 27 年（2015 年）10 月起共济年金并入到厚生年金。第二号被保险人的扶养配偶被称为第三号被保险人，没有缴费义务，因为共济年金或者厚生年金的计算方法是以扶养人的工资为基准计算的。[④]

在日本《年金修改法》实施前，全职主妇在离婚后只能领到金额较少的国民年金；修改后，首先，在 2007 年是在合意基础上的分割；然后，2008 年 4 月开始，离婚的全职

---

① 参见［日］梶村太市等：《親族法実務講義》，有斐閣 2013 年版，第 146–147 页。
② 参见［日］梶村太市等：《親族法実務講義》，有斐閣 2013 年版，第 147 页。
③ ［日］《家庭裁判月報》第 48 卷（1996 年）第 5 号，第 66 页。
④ 关于日本养老保险，可参见李森：《日本年金制度的内涵、特征及主要问题》，载《日本学刊》2008 年第 4 期。

主妇不需要经过对方同意，可以直接向社会保险厅申请第三号保险分割。如此，全职主妇在离婚后也可以领到前夫加入的厚生年金或者共济年金的一半。根据学者的调研，在2007年4月至12月，向社会保险厅申请第三号保险分割的案件数为7047件，而同时间的离婚数约为19万件，可以推测有相当部分的离婚当事人可能因为结婚时间不长、离领取保险金的年限较长等原因放弃年金的分割直接通过财产分割解决。在司法实践方面，对于婚龄较长的夫妻，即使有数年甚至十几年的分居，法院依然支持一方主张的对半分割年金的请求。该制度也并非没有问题，如离婚时丈夫已经到了领取年金的年龄而妻子则在两年后才能领取，如果现在就去社会保险厅办理分割手续，则丈夫的年金减为一半但妻子也领不到，妻子是否可以在两年后再申请领取呢？①

3. 离婚后的探望权

（1）探望权的性质。关于探望权的性质，日本学界有：父母的自然权利或者固有权，与父母亲权有关的权利，具有上述两种性质，子女的权利，权利性否定说五种学说。日本最高法院在"最决平12年（2000年）5月1日"（民集54卷5号1607页）的判例中认为，与子女分居的父母探望子女属于父母亲权内容。本案中原被告夫妻分居，丈夫X起诉妻子Y，要求探望与Y一起生活的长子，一、二审法院均认为，虽然双方没有离婚，但X基于亲权有权探望长子，遂作出要求Y于每月的第一个周六下午1点至5点提供协助让X在其住所或者其他地方见面的判决。Y不服上告，认为双方没有离婚，探望权不属于家事裁判的范围，但被日本最高法院驳回。随着2011年《日本民法》第766条的修改增加了探望权的内容后，明确了探望权属于家事裁判的范围。

（2）否定探望权的事由。如果父母探望孩子，对孩子不利，则可以否定该探望权，司法实践中否定行使探望权的事由主要有以下情形②：一是探望权人有家庭暴力。在"东京家审平14年（2002年）5月21日"案例中，要求探望3岁女儿的原告即孩子父亲有家庭暴力，被告即孩子母亲经诊断需接受治疗。东京家庭法院认为，现阶段如果认定男方享有探望权，女方协助，将给女方造成极大的心理负担，遂驳回了男方的申请。③ 同样，在"东京家审平14年（2002年）10月31日"案例中，男方在离婚诉讼中申请探望，而法院因男方的家庭暴力已经下了人身保护令，故其探望权的申请亦被驳回。④ 二是擅自探望甚至将孩子带走。在"横滨家相模原支审平18年（2006年）3月9日"案例中，离婚的原被告已经就被告（两个孩子的父亲）的探望权达成协议，后原告（孩子母亲）申请中止探望权，理由是被告不仅多次在非探望时间擅自去学校、幼儿园等待孩子，还曾经把上幼儿园的小女儿带走两个小时，因有绑架未成年人的嫌疑而被捕。原告认为鉴于被告的背信行为而无法协助被告的探望，其中止探望权的申请得到支持。⑤ 三是有给子女带来不信任感的行为。在东京高等法院"高决平成19年（2007年）8月22日"案

---

① 参见［日］生驹俊英：《離婚時年金分割制度における「合意分割」に関する一考察》，载《吉備国際大学研究紀要》第20号（2010年），第1—10页。

② 参见［日］吉田純一郎：《親の子に対する面会交流とその主文》，载［日］佃浩一、上原裕之编：《家事事件重要判決50選》，立花书房2012年版，第208—209页。

③ ［日］《家庭裁判月報》第54卷（2002年）第11号，第77页。

④ ［日］《家庭裁判月報》第55卷（2003年）第5号，第165页。

⑤ ［日］《家庭裁判月報》第58卷（2006年）第11号，第71页。

例中，男方在离婚后申请探望权，但两个未成年儿子明确表示拒绝，因为男方曾在探望两孩子时，送给了孩子一个放入了位置信息确认装置的小包裹，导致孩子对其产生严重不信任；男方还给恩师写过威胁信。高等法院从而撤销了认定男方有探望权的原审判决。[①]

不过，即使判决否定其行使探望权，该父母一方依然可以通过写信等非见面方式和子女进行沟通交流。

4. 交付子女的执行制度

关于一方不配合另一方实现其探望子女能否强制执行的问题，根据日本昭和54年（1979年）制定的《民事执行法》，要执行子女的交付，只有间接执行，即首先进行履行劝告，不履行则以支付迟延金的办法赔偿执行的申请人。即使如此，日本的司法实践也有案例认为，探望权不能适用支付迟延金，如"高松高决平成14年（2002年）6月25日"的案例；但也有承认的案例，如"冈山家津山支决平成20年（2008年）9月18日"，判决不配合履行的一方不配合一次则支付5万日元。[②]

突破立法规定判决直接强制执行的有"东京家审平成8年（1996年）3月28日"的案例。该案中的申请人（妻子）因不堪被申请人（丈夫）的家暴，于平成7年9月带着5岁和2岁的孩子回了长野县的娘家。之前，两个孩子一直是由身为家庭主妇的申请人抚育。后被申请人去申请人娘家协商离婚事宜，借口将两个孩子带走。申请人提出交付子女和行为保全的申请后，东京家庭法院作出了如下两项决定，即一是被申请人在接到决定书的3日以内将两未成年子女交给申请人；二是如不按期交付，则迟延一日须向申请人支付3万日元。但被申请人接到决定后表示，即使支付迟延金，即使被拘留，也绝不将两孩子交给申请人。于是，东京家庭法院作出了直接强制的决定。[③]

在上述司法实务的变迁中，日本于2019年5月17日公布了《部分修改民事执行法以及有关实施国际诱拐儿童民事方面的公约》。此次修改，明确了有关交付子女的直接强制执行制度，主要内容有以下四方面：第一，修改了过去要求间接执行前置的做法，对于判断即使实施间接执行也无效果的案件，可以不经过间接执行申请直接强制执行；第二，关于听取被执行人意见方面，规定执行时可先听取被执行人意见，但情况紧急时也可不听取；第三，强制执行时不要求被执行人和子女同时在场，但要求申请人到场；第四，赋予了执行官去现场、必要时使用武力或者请求警方增援从而解除被执行人监护子女的权利。[④]

第九节　当代日本婚姻家庭法律制度的发展趋势及其启示

本节研究和阐述以下内容：一是当代日本婚姻家庭法律制度的发展趋势；二是当代

---

① ［日］《家庭裁判月报》第60卷（2008年）第2号，第137页。

② 参见［日］冈口基一：《间接强制》，载［日］佃浩一、上原裕之编：《家事事件重要判决50选》，立花书房2012年版，第551-552页。

③ 参见［日］远藤真澄：《子の引渡しの强制执行》，载［日］佃浩一、上原裕之编：《家事事件重要判决50选》，立花书房2012年版，第554-556页。

④ 参见［日］浅野匡男：《民事执行法及びハーグ条约实施法の一部を改正する法律案—债务者财产照会制度の创设、子の引渡しの强制执行の明确化等—》，载《立法と调查》第411号（2019年4月），第36-37页。

日本婚姻家庭法律制度的发展趋势对我国立法的启示。

一、当代日本婚姻家庭法律制度的发展趋势

综上可见，仅就《日本民法》亲属编而言，20 世纪的日本除第二次世界大战后的 1947 年对其进行了大修改以外，在其经济高速发展的 80 年代，只对收养制度进行了修改，增加了特别收养制度。① 日本自 90 年代起就动议修改亲属法，但可谓进展缓慢，甚至被束之高阁。与之相比的是，《日本商法》几乎每年都进行修改以跟上经济发展的速度和调整新出现的经济现象。

虽然日本仅在 1947 年对亲属法做了修改，此后，对婚姻方面的法律规定可谓毫无进展，但日本于 1949 年成立了家庭法院，将婚姻案件交由家庭法院专属管辖，至今已有 70 多年。可以说，日本通过建立专门的家事审判制度和家事程序，来保障家事法官在处理家事案件时能合法地行使自由裁量权，根据每一个家事案件的特点作出判断。通过上述一系列的判例可以看出，日本的判例基本贯彻了中川善之助教授的事实在先的理念，对事实婚姻，除不承认其有继承权以外，其他方面均类推适用婚姻的效力；又在离婚分割财产方面填补了立法采夫妻别产制的缺陷，体现了对已婚女性的照顾；在确定抚养权方面，也强化了对未成年人的保护。最新实施的日本《民事执行法》的修改更是增加了子女交付的直接强制履行制度，以司法的强制力保障未成年人的利益，凸显了程序法在家事审判中的重要性。反观我国，迄今没有一部针对家事诉讼的程序法，家事案件的审理基本按照财产案件的程序处理，被学者总结为呈现"重确权、轻分割、忽视矫正补偿"的倾向。②

当然，从日本亲属法的立法趋势可见，在对待男女平等的问题上，民间试图通过诉讼建立判例进而推动夫妻同姓制度、女性再婚禁止期制度的废止，但司法给出的却是否定答案；而对于女性再婚禁止期问题，虽缩短了女性再婚禁止期，但禁止期依然存在，尽管科学发展已经可以准确地鉴定出亲子关系，却依然将女性的再婚问题与亲子关系的确认问题紧密捆绑。如果说日本亲属法在战后的修改体现在废除还是不废除"家"制度的争议，则现代日本社会关于亲属法的争议则更多地体现在现代女性要求的男女平等和传统立法体现的男女不平等之间的斗争，并且还将持续下去。但另一方面，在同性伴侣方面，地方自治体史无前例地走在立法前面，对同性伴侣制度作出了相关规制，一改过去由日本最高法院首先建立判例进而对现行法律进行修改的模式。

至 20 世纪 90 年代，为日本经济高速发展作出巨大贡献的一群人步入了高龄，日本才意识到社会所面临的严峻问题是养老、老年监护和老龄配偶的继承问题，因此，在 20 世纪末期，日本修法的重点在于成年人监护制度，加强了家庭法院对成年人监护的监督，不再将监护人限于亲属，以期更多地推动专业人员和机构介入成年人的监护中，因为老年人群有管理财产的需要。

进入 21 世纪，医学发展带来的人工生殖子女的法律地位问题也成为日本司法必须面对的新问题。面对实践中出现的代孕、死后怀胎出生的亲子确认案例，日本下级法院观

① 日本在 20 世纪 80 年代对继承编做过修改，近年来又对债权法和继承进行了修改，但本章考察仅限亲属编。
② 赵玉：《司法视域下夫妻财产制的价值转向》，载《中国法学》2016 年第 1 期，第 210—223 页。

点对立，但日本最高法院则是坚定地依据《日本民法》第 772 条关于婚生子女推定的规定不予承认，与前述贯彻中川善之助教授的事实在先理念承认事实婚姻的理论迥然不同。至于没有法律地位的孩子如何在日本这样一个高度城市化、法制化的社会生活，或许是司法所无法回答、必须由立法去解决的问题。

二、当代日本婚姻家庭法律制度的发展趋势对我国立法的启示

（一）当代日本亲属制度对我国立法完善的启示

1. 我国亲属制度的现状和不足

我国 2001 年修正的《婚姻法》没有规定亲属关系通则，但有禁止亲属婚的规定，对于亲属关系的计算、姻亲关系的解除等，均无规定。2021 年 1 月 1 日实施的我国《民法典》在第 1045 条第 1 款规定"亲属包括配偶、血亲和姻亲"，该条第 2 款规定："配偶、父母、子女、兄弟姐妹、祖父母、外祖父母、孙子女、外孙子女为近亲属"，明确了亲属的种类和近亲属的范围，填补了这一定义空白。从我国《民法典》定义的近亲属范围看，仅限三代以内的直系血亲和两代以内的旁系血亲，虽然孙宪忠教授对此指出"其规定的法定亲属关系范围过窄""承认了一部分近亲属，而现实生活中一些非常亲近的亲属，却被处理为'远亲'甚至非亲属，人为造成了这些亲属之间相互亲善的障碍"。[1] 但从我国《民法典》的体系可见，其在婚姻家庭编第三章"家庭关系"中仅规制夫妻、父母子女和近亲属关系，舅舅、姨妈等两代以外的旁系血亲虽然在社会生活中关系亲密，若从法律规制的角度看，显然不属于"家庭关系"，因此不将其定义为"近亲属"是合理的。不过，我国《民法典》第 1048 条规定"直系血亲或者三代以内的旁系血亲禁止结婚"，但我国《民法典》婚姻家庭编却无亲系的规定，更无亲子关系的基础性规定，却在第 1073 条增加了有关亲子关系异议的规定，不能不说欠缺严密性。

但另一方面，支撑婚姻家庭关系的配套的户籍及社会福利、保障等方面的制度相互协调不够，特别是我国的《户口登记条例》颁布实施于 1958 年，条文简单，与其他部门的协调合作不足，以至于登记信息不准确，如婚姻状况，完全不能作为亲属关系的证明。在实践中，也无法仅仅依据户口登记来认定亲属关系。

2. 当代日本亲属制度对我国立法完善的启示

《日本民法》对于亲属关系规定的条文虽然不多，但其明确了亲属的范围和种类，其亲属范围宽至我国的七代；还明确了姻亲关系的终止等相关问题。另外，亲属关系涉及家庭中的权利义务、继承等各方面，因此，我国有必要在今后制定《户口登记法》时注意规制身份变动的登记，让户口成为亲属关系的证明。囿于篇幅，对此问题不在此展开阐述。

（二）当代日本结婚制度对我国立法完善的启示

1. 我国结婚制度的现状和不足

首先，在婚龄问题方面，1980 年《婚姻法》第 6 条规定的婚龄是男 22 周岁、女 20 周岁，一方面，这样的婚龄规定在立法例上偏高；另一方面，结婚作为一个法律行为，

---

① 孙宪忠：《民法典婚姻家庭编草案应该解决的四个现实问题》，载全国人大常委会办公厅微信公众号《西交民巷 23 号》2019 年 7 月 27 日，访问日期：2019 年 8 月 5 日。

具备完全行为能力之人就应该可以实施，可是在成年年龄为 18 周岁的我国，婚龄却比成年年龄高出 2-4 岁，可谓不太合理。在 2019 年 6 月 26 日，"民法典婚姻家庭编"草案二审稿提交十三届全国人大常委会十一次会议分组审议时，全国人大常委会委员张苏军呼吁降低法定婚龄，将法定结婚年龄调整至男女均为 18 岁。① 不过，我国《民法典》最终未改变 1980 年《婚姻法》规定的婚龄，依然在该法典第 1047 条沿用了男 22 周岁、女 20 周岁的规定。

其次，在结婚要件方面。一方面，1950 年《婚姻法》列举了一些禁止结婚的疾病，1980 年《婚姻法》依然将未经治愈的麻风病列为禁婚疾病，至 2001 年修改，删除了具体的禁婚病名，但在第 7 条第 2 项依然规定"患有医学上认为不应当结婚的疾病"者，则禁止结婚。2003 年《婚姻登记条例》不再要求当事人提供婚检证明，婚姻登记机关已经无法审查婚姻登记当事人是否属于疾病婚。另一方面，当事人认为基于疾病婚从而诉至法院要求认定婚姻无效的案件中多为精神疾病，对此，法院一般认为精神疾病不属于"不应当结婚的疾病"，而是暂缓结婚的疾病。相比而言，《日本民法》并无禁止疾病婚的规定，一般从意思表示的角度去规定禁止的婚姻。对此，孙若军教授也建议废除禁止疾病婚，对于登记时处于发病期的精神病人或者智力重度低下者，按无效婚姻处理，对于隐瞒与婚姻自然属性有直接关联的疾病或危害对方健康的疾病按可撤销处理。② 该建议已被我国《民法典》所采纳。

最后，我国 2001 年修正的《婚姻法》没有直系姻亲禁婚的规定，直系姻亲要求结婚的事例并不少见，也引发社会民众的争议。新闻报道甚至出现为多拿拆迁款而媳妇与公公结婚的事例。③ 学界对此亦多有论文呼吁禁止直系姻亲婚。④ 不过，也有学者表示反对，反对的主要理由是因为婚姻权内含个体自由，现代核心家庭结构为直系姻亲结婚提供了社会基础，其应该属于伦理道德调整的范围，从婚姻法的历史和比较法的角度来看，对直系姻亲的禁婚限制有放松的趋势。⑤ 但是，笔者认为，伦理道德恰恰是规定禁婚亲属范围的基础，且现代核心家庭结构自身并无为直系姻亲结婚提供社会基础的条件，而身份关系的混乱会给个体心理及人际交往带来很大的障碍，更会引发辈分的混乱，也给继承身份的认定带来困难。

2. 当代日本结婚制度对我国立法完善的启示

首先，关于直系姻亲禁婚的规定，禁止身份重叠应该是以身份为基础的婚姻家庭编的基本原则，因此，当婚姻家庭法回归《民法典》后，作为一个整体，是否可以依据我

---

① 孟亚旭：《委员建议降低结婚年龄婚龄定为男 18 岁女 18 岁》，载《中国青年报》2019 年 6 月 28 日，网址：http://news.eastday.com/c/20190628/u1a14935673.html，访问日期：2019 年 7 月 28 日。

② 参见孙若军：《疾病不应是缔结婚姻的法定障碍——废除〈婚姻法〉第 7 条第 2 款的建议》，载《法律适用》2009 年第 2 期，第 66-68 页。

③ 《南京：公公与儿媳领结婚证疑为多领拆迁补偿》，载《现代快报》2014 年 2 月 23 日，载新浪网站 http://jiangsu.sina.com.cn/news/s/2014-02-23/080192423.html，访问日期：2017 年 10 月 12 日。

④ 如孟存鸽：《论法律应禁止直系姻亲结婚》，载《法制与社会》2009 年第 14 期，第 353、361 页；何国强：《论直系姻亲间婚姻之效力——〈婚姻法〉第 10 条第二款的解释适用》，载《重庆理工大学学报》（社会科学版）2012 年第 1 期，第 68-74 页等。

⑤ 参见刘惠芹：《论我国禁婚亲法律制度的完善》，载《黑龙江省政法管理干部学院学报》2016 年第 1 期，第 60-62 页。

国《民法典》第 8 条的"民事主体从事民事活动，不得违反法律，不得违背公序良俗"的规定来规制直系姻亲的结婚行为，有待实践给出答案。

其次，应该缩小无效事由。所谓无效的法律行为，一般是指违反了法律的禁止性规定，而法定婚龄是结婚的必备要件之一，不是禁止要件，不达法定婚龄的婚姻，随着时间的流逝，一定会因达到法定婚龄而"治愈"，所以，2001 年《婚姻法解释（一）》第 8 条规定了无效婚姻的阻却事由，现为我国《婚姻家庭编解释（一）》第 10 条的规定，即该无效为相对无效，因此不如将未达法定婚龄的婚姻规定为可撤销婚姻，并规定申请期限，由当事人决定。

最后，我国《民法典》"草案二审稿""草案三审稿"都曾将"以伪造、变造、冒用证件等方式骗取结婚登记的"增加规定为无效事由，但是，与伪造、变造证件没有真实之人不同，冒用证件是有被冒用之人的，被冒用之人与登记之人不仅没有结婚的合意，甚至素不相识，因此，这样的登记婚姻不是无效，而是婚姻不成立，故应该增加规定婚姻不成立制度，将被冒用者与登记者之间的婚姻登记规定为婚姻不成立事由。但是，我国《民法典》对此却采取了回避态度。婚姻是一个事实在先的法律行为，应该注重实质主义，发现伪造、变造证件登记结婚的，查清其真实身份，修改登记即可，而不应该是婚姻无效。因此，将来在修改婚姻登记条例时如能增加规定"登记事项与真实身份证明不一致的，任何一方当事人都有权要求对方或者婚姻登记机关更正"，则也可以相对解决实践中出现的登记瑕疵问题。

（三）当代日本夫妻关系制度对我国立法完善的启示

1. 我国夫妻关系制度的现状和不足

我国 2001 年修正的《婚姻法》规定了夫妻结婚后有住所决定权（第 9 条）、拥有自己姓名的权利（第 14 条）、共同劳动的权利（第 15 条）、相互扶养的人身关系（第 20 条），我国《民法典》在第 1050 条、第 1056 条、第 1057 条、第 1059 条延续了上述规定，未予增减，应该说，在夫妻各自拥有姓名权方面，我国比《日本民法》亲属编的相关规定要更符合男女平等、两性独立之原则。

在夫妻财产关系方面，我国采与日本完全不同的夫妻婚后所得共同制，事实上夫妻婚后所得共同制与夫妻别产制，可谓各有利弊。前者会给对外交易关系带来极大的障碍，我国实务中不断出现股权转让后配偶以不知情为由提出转让无效的纠纷，终在"艾梅、张新田与刘小平、王鲜、武丕雄、张宏珍、折奋刚股权转让纠纷"案中被最高人民法院认定转让有效、从而驳回配偶方的上诉后结束了争论。[①] 上市公司董事离婚引发的违反婚姻自由的土豆条款问题等，[②] 都是夫妻婚后所得共同制在商事领域引发的障碍。特别是我国在 2001 年修法时又增加了婚后的特有财产，指导基层法院审理离婚纠纷的最高人民法院的三个司法解释更加细致地区分了财产，从而导致我国的夫妻财产关系实为共同财产制和分别财产制并存，给司法实践的审理带来很大的混乱。[③] 这样的立法规定和司法实务现状还导致共同财产制在婚姻解消时的优势消灭殆尽，徒留该制度在商事领域的弊端。

① 最高人民法院（2014）民二终字第 48 号二审民事判决书。

② 土豆条款是指上市公司的董事要求董事结婚离婚须经过董事会批准的条款，来源于土豆网在准备上市时，创始人王微当时的妻子提出离婚并向法院申请冻结了王的股份导致土豆网推迟上市。

③ 详细参见赵玉：《司法视域下夫妻财产制的价值转向》，载《中国法学》2016 年第 1 期，第 210-227 页。

分别财产制虽对交易无碍，但在婚姻解消分割财产时会造成不公。日本通过立法的别产制和司法实务的离婚时夫妻潜在共同财产制的二元制措施，以及修法提高配偶的法定继承份额为二分之一的方法来填补其夫妻别产制所带来的障碍，值得我国借鉴。同时，对于夫妻约定财产制所采取的登记公示方法也值得我国借鉴。

具体到相关制度，则不得不提 2001 年修正的《婚姻法》在第 17 条第 1 款第 4 项将受赠与继承财产原则规定为夫妻共同财产的前提下，又在第 18 条第 3 项将"遗嘱或赠与合同中确定只归夫或妻一方的财产"规定为婚后特有财产的规定，我国《民法典》在第 1062 条第 1 款第 4 项延续了上述规定，仅仅将用语修改为"遗嘱或者赠与合同中确定只归一方的财产"。但是，在有效的遗嘱中指定的继承人就是确定的，再强调"确定"则导致无所适从，以至于现实中老人立遗嘱时竟然明确强调不给子女的配偶，如此行文，不仅破坏子女的家庭，也违反有效遗嘱事项，因为否定事项不能构成遗嘱内容。另外，从合同的相对性看，合同的主体也是确定的，当然，从现实看，父母用自己的存款为子女购房时极少与子女签订合同，因此确定性遂成为问题。因此，不仅是遗嘱继承，包括法定继承及赠与所得的财产，或明确为夫妻共同财产，或明确为子女方特别财产，方体现法律规定的确定性。

2. 当代日本夫妻关系制度对我国立法完善的启示

我国《民法典》在第 1060 条规定，"夫妻一方因家庭日常生活需要而实施的民事法律行为，对夫妻双方发生效力，但是夫妻一方与相对人另有约定的除外""夫妻之间对一方可以实施的民事法律行为范围的限制，不得对抗善意相对人"。该条在文字表达上没有用代理一词，可以说是比较准确的，因为当一方实施的法律行为归属于双方时，不是代理而是代表。但是，如果只泛泛地规定"民事法律行为"而不加限制，其结果会不会倒退到夫妻一体的时代，但另一方面，在互联网让距离不成为距离，电子签名也具有法律效力的今天，一方的行为，即使基于家事，让不知道的另一方事后承担连带责任的必要性和合理性都值得质疑。为此有学者著文《日常家事代理之批判》，认为日常家事代理以家庭主妇婚姻模式为基础，有违当代双薪夫妻共同管理家务之现状。日常家事代理将夫妻强制捆绑为连带债务人，在实践中已沦为债权人的"便车"，对婚姻有歧视之虞，亦带来民法教义上的"违和"。[①] 但考察我国现状得知，现实中依然存在家事代理（代表）行为，故《民法典》明文新增该规定还是有现实意义的。不过，对何谓"家庭日常生活需要"，日本的判例对此采主观说，即根据个案来判断，显然并无客观标准。因此，该制度在建立后，在我国的司法实践中如何解释，还有待案例的积累和考察。

我国《民法典》继承了 2001 年修正的《婚姻法》规定的夫妻财产制，因此，建议在明确我国的夫妻财产制为婚后所得共同制的原则下，将继承和赠与的财产规定为特有财产，同时规定婚后所得共同制不适用于股权转让，而适用《公司法》的特别规定，离婚时不得查封股权。但另一方面，有必要建立夫妻别产制的登记公示制度。

（四）当代日本亲子关系制度对我国立法完善的启示

1. 我国亲子制度的现状和不足

第一，我国 2001 年修正的《婚姻法》没有建立亲子确认制度，以至于法院在审理亲

---

① 参见王战涛：《日常家事代理之批判》，载《法学家杂志》2019 年第 3 期，第 138—153 页。

子关系案件时无法可依。不过，2011 年《婚姻法解释（三）》第 2 条规定了亲子否认和亲子强制认领的规则，但仅仅一个条文是无法全面涵盖亲子制度的。虽然此司法解释填补了立法的空白。我国《民法典》在第 1073 条规定了亲子关系的确认和否认制度，不可否认是个进步，但是，自 1950 年《婚姻法》颁布至今近 70 年，法律都没有关于母子关系认定、父子关系推定的基础性规定，不能不说是一大遗憾。因为异议制度乃裁判规范，而基础规定更涉及未成年人之保护问题，如我国现在有关新生儿出生证明的颁发，依据的是 2013 年 12 月 27 日，国家卫生计生委、公安部颁发的《关于启用和规范管理新版〈出生医学证明〉的通知》，同时附件中有"新版《出生医学证明》（第五版）首次签发情形与要求"，该通知和要求的内容均无法律依据且有一些不合理之处，如依据该通知和要求"二"的规定"如领证人不是新生儿母亲，还需提供新生儿母亲签字的委托书以及领证人本人有效身份证件原件"，即如果母亲不提供其身份证原件，与母亲存在婚姻关系且对亲子关系完全无质疑的新生儿父亲则单方无法领取新生儿的出生证明，以至于给新生儿办理户口及将来的就学带来障碍。① 之所以会出现这样的情况，皆因上述立法之空白。

但另一方面，在继父母与继子女的关系上，2001 年修正的《婚姻法》第 27 条第 2 款规定"继父或继母和受其抚养教育的继子女间的权利和义务，适用本法对父母子女关系的有关规定"。我国《民法典》第 1072 条第 2 款除将"或"修改为"或者"外，并无变化。但是，规定拟制血亲完全适用自然血亲之间的规定是不合理的，因为拟制血亲存在人为解除关系的问题而自然血亲不存在，特别是在离婚率不断攀升的今日，再婚后又离婚的继父母与继子女的关系究竟是否解除，乃司法实践中一直存在的争议。1988 年 1 月 22 日，在《最高人民法院关于继父母与继子女形成的权利义务关系能否解除的批复》中认为，"继父母与继子女已形成的权利义务关系不能自然终止，一方起诉要求解除这种权利义务关系的，人民法院应视具体情况作出是否准许解除的调解或判决"。但是，在 2013 年 1 月 8 日《最高人民法院关于废止 1980 年 1 月 1 日至 1997 年 6 月 30 日期间发布的部分司法解释和司法解释性质文件（第九批）的决定》的序号 125 中，以该批复"已被继承法代替"为由被废止。② 蹊跷的是，我国 1985 年《继承法》并无"继父母与继子女形成的权利义务关系能否解除"的规定。至此，继父母与继子女已形成的权利义务关系就没有了解除的途径。

第二，《日本民法》区分了亲权和监护权的概念，虽然亲权概念有着显著的父权特征，但是不可否认，使用不同的概念区分父母监护权和父母以外之人的监护权，对立法表达和实务操作有着重要的意义。因为父母的监护权和父母以外之人的监护权的产生及证明是不同的，在社会治理不断规范的今日，父母作为监护人出示户口簿即可证明，而父母以外的人担任监护人是无法提供证明的，这就导致后者在监护未成年人时，因没有相关法律文书的证明，给未成年人的保护等带来一系列障碍。

---

① 详细参见赵莉：《谁有权为新生儿领取出生医学证明》，载《中国妇女报》2018 年 5 月 30 日 B1 版，网址：http：//paper. cnwomen. com. cn/content/2018－05/30/edition9475_ B1. html，访问日期：2019 年 7 月 29 日。

② 详细参见最高人民法院网站：http：//www. court. gov. cn/fabu-xiangqing-5030. html，访问日期：2019 年 7 月 29 日。

2. 当代日本亲子制度对我国立法完善的启示

首先，我国应当建立亲子推定和否认以及确认的完整制度。我国《民法典》第 1073 条规定"对亲子关系有异议且有正当理由的，父或者母可以向人民法院提起诉讼，请求确认或者否认亲子关系""对亲子关系有异议且有正当理由的，成年子女可以向人民法院提起诉讼，请求确认亲子关系"，但是，立法不仅仅是解决纠纷的裁判依据，更是调整社会关系、行政执法的依据，为此《民法典》婚姻家庭编中应该首先规定母子关系的认定、父子关系的推定原则，从而为我国每年出生的上千万的新生儿出生证明的颁发提供法律的依据，同时为未成年人保护的执法提供法律依据，因为很多未成年人保护的案件都存在未成年人为非婚生但其母亲有同居之人的情形。不过，日本以具体怀孕天数为主的婚生子女推定规定已经和现代医学不相符合，如 2018 年，南京成功救治了一名怀胎 156 天出生的新生儿。[①] 当然，日本也已经意识到此问题，故日本法务省已经提出修改方案。再者，日本关于亲子否定和确认制度也有一定的局限性，即将父母的权利放在首位考虑，而未将未成年子女的利益放在首位。我国已经加入了联合国《儿童权利公约》，因此，在构建我国的亲子否定和认领制度时，不能仅仅从父母权利出发，更应把未成年人权利放在首位。应在立法上建立婚生子女的推定和否认、非婚生子女的自愿和强制确认以及上述否认和确认之交叉关系的三方面的规制，具体为在基础层面规定"生自己者为自己的母亲；母亲在婚姻期间怀胎或出生之子女推定为母亲和其丈夫的婚生子女"；在亲子异议层面规定"对婚生亲子关系有异议的，父或母可以向人民法院提起诉讼，请求否认婚生亲子关系"；在亲子确认层面规定"未成年子女的生母可以请求与其无婚姻关系的生父确认亲子关系，成年子女可以请求与生母无婚姻关系的生父确认亲子关系"；在交叉关系层面规定"与生母无婚姻关系的生父请求确认与未成年子女的亲子关系的，人民法院应当遵循未成年人利益最大原则作出确认与否的判决。与生母无婚姻关系的生父请求确认成年子女的，应当征得子女本人同意"，之所以不应作出统一规定，是因为这样的交叉案件案情较为复杂，应该规定以儿童利益最大化为原则，让法官根据个案的情况作出判断，因为家事的复杂性决定了划一的规定不能包罗万象。

其次，在继父母子女的关系问题上，随着我国城市化的扩大，中国社会已经从过去的熟人社会转变为陌生人社会，社会治理也越来越规范，身份关系更多的是通过证明来确认而非实际生活来确认，因此，应通过办理收养手续建立拟制血亲关系，而不是通过事实来形成拟制血亲关系。对此，周友军教授在其《我国民法典编纂中收养制度的完善》一文中提出建立不完全收养制度以解决继父母收养继子女的问题。[②] 然而很遗憾，我国《民法典》将 1999 年修订的《收养法》放在第五编婚姻家庭编时，并未建立不完全收养制度。

最后，随着家庭财富的增加，相当一部分未成年人已经有了自己的财产，因此建议在立法中规定父母的人身监护和财产监护时，明确父母对未成年子女财产监护权的职责，从而更好地保护未成年人的利益。

---

① 张宣：《22 周 +2！南京成功救治国内最小胎龄超早产儿》，新华报业网 2018 年 4 月 26 日，网址：http://js.xhby.net/system/2018/04/26/030821139.shtml，访问日期：2017 年 7 月 29 日。

② 详细参见周友军：《我国民法典编纂中收养制度的完善》，载《广东社会科学》2019 年第 4 期，第 247—253 页。

（五）当代日本收养制度对我国立法完善的启示

1. 我国收养制度的现状和不足

我国 2015 年 12 月 27 日修正的《人口与计划生育法》第 18 条规定"国家提倡一对夫妻生育两个子女"，因此，随着我国二孩政策的出台，1999 年修订的《收养法》在编入《民法典》婚姻家庭编时也相应做了修改，在此不予赘述，但有关继父母收养继子女的规定并未修改，依然采完全收养制。在这样的立法构造之下，继父或者继母经继子女的生父母的同意收养继子女的实例极少，因为经继子女的生父母同意本是一个较大的障碍，而收养成立又与亲生父母及其他近亲属的权利义务关系也随之消灭，则是另一个更大的障碍。

2. 当代日本收养制度对我国立法完善的启示

我国《民法典》将收养规定在了"婚姻家庭编"的第五章，第 1093 条将被收养人的年龄限定在"未成年人"，可谓提高了被收养人的年龄。我国《民法典》虽然对现行收养制度做了一些修改，但在继父母收养继子女的问题上，并未做任何修改。在此问题上有必要借鉴日本法上的普通收养，即不完全收养制度，只需要直接抚养的生父或者生母同意即可。同时，不因收养成立而与亲生父母及其他近亲属的权利义务关系消灭，从而更好地规范我国的继父母子女制度。

（六）当代日本监护制度对我国立法完善的启示

1. 我国监护制度的现状和不足

首先，我国在监护类型上也有未成年人监护和成年人监护之分，但在未成年人监护制度上，我国采大监护概念，没有在用语上区分父母的亲权监护和父母以外的非亲权监护。由此带来的最大问题在于，当父母死亡时，父母的监护自然转移给祖父母和外祖父母，而实践中很多祖父母、外祖父母因年老体衰并无监护能力，因此，这样的监护转移制度并未体现出最有利于未成年人利益的原则。

其次，在成年人监护制度方面，我国《民法典》第 28 条明确了无行为能力和限制行为能力人的监护顺序，统一地将配偶确定为第一顺序监护人，意味着已婚的无行为能力和限制行为能力人的监护人首先法定为配偶，但是，现实中夫妻关系并非都很和睦，而当无行为能力人的配偶有虐待、遗弃等严重损害无民事行为能力一方配偶的人身权利或者财产权益行为时，根据 2011 年《婚姻法解释（三）》第 8 条的规定，其他有监护资格的人并不能直接起诉离婚，还需要依照特别程序请求变更监护关系后再起诉离婚。《婚姻家庭编司法解释（一）》第 62 条则规定无民事行为能力人的配偶有侵害被监护人利益的行为时，先撤销其监护资格由法院指定新的监护人，再由变更后的监护人代理无民事行为能力一方提起离婚诉讼。如此构造，增加了无行为能力人离婚的前置程序。

另外，尽管我国在 2017 年 3 月 15 日颁布的《民法总则》第 33 条中已新设了意定监护制度，此后 2020 年 5 月颁布的《民法典》依然将意定监护规定在第 33 条，但是，意定监护的前提是"在自己丧失或者部分丧失民事行为能力时"，而且，仅此一条却无任何配套制度保障支撑，为此，我国学者将此现象定义为监护与行为能力的"挂钩"。[①] 因此，我国的意定监护规定与包含了委托性质的日本的任意监护制度有着完全不同的构造。不过实践中，公证会出具包含委托性质的任意监护合同，因为根据我国《民法典》关于代理权消灭的第 173 条第 4 项之规定，被代理人死亡时委托代理终止，但并将部分或全部丧失行为能力作为终止事由，这与《日本民法》第 111 条有关代理权消灭的规定中仅规定在被代理人死亡时代理权消灭，没有涉及被代理人丧失行为能力是相同的。而根据日本的通说，被代理人丧失意思能力并非代理权消灭的原因。[②]

最后，我国《民法典》第 36 条将未成年人的监护权和成年人的监护权撤销规定在一个条文，没有设立区分条款；同时，在第 38 条规定了监护资格被撤销后的恢复制度，对比日本的永久撤销和短期撤销后自然恢复的构造可以看出，我国《民法典》第 38 条的构造几乎完全无法操作，因为一旦父母的监护资格被撤销后，未成年人是和法院指定的新的监护人或寄养家庭共同生活的，不会再和父母一起生活，因此，当父母申请恢复监护资格时，法官很难根据撤销后的相关事实来认定"确有悔改表现"。

2. 当代日本监护制度对我国立法完善的启示

首先，在未成年人监护制度方面，完善父母不能担任监护人时的审查制度，即使是祖父母、外祖父母担任监护人，在监护人之间无纠纷时，也应该建立由民政部门确认祖父母、外祖父母是否有监护能力的制度，从而构建父母的当然亲权和行政、司法部门确定父母以外监护人的双重制度，更好地保护未成年人的利益。另外，删除监护资格被撤销后的恢复制度，建立监护资格的永久撤销和短期撤销制度。在短期撤销到期前，由民政部门组织社工进行评估能否恢复监护人的监护资格。

其次，在成年人监护制度上，第一，任何成年人未经法院特别程序宣告，均为完全行为能力人，并应当适当扩大法定监护人的范围；第二，在宣告无行为能力和限制行为能力时应一并指定监护人，让法官根据个案在法定监护人的范围内指定最适合之人作为无行为能力或者限制行为能力人的监护人，可指定数人。另外，应建立监护监督制度，在监护人侵害被监护人利益时，监督人不仅可以申请撤销监护人资格，还可以为无行为能力人提起离婚诉讼，以尽快维护无行为能力人的权益并减少讼累。

最后，应完善意定监护制度。必须注意的是，我国意定监护的对象依然是无行为能力或者限制行为能力人，而日本在制定任意监护法时新增了辅助人制度，辅助人仅仅有代理权，但我国并无辅助人制度，而且，日本不论后见、保佐还是辅助，都必须经过家事法院宣告。综上，我国须对意定监护的成立、开始、监督及不适格意定监护人等方面作出详细规制，以应对加速老龄化的中国社会的需求。当然，在《民法典》已经颁布实施的今日，要实现修改成年监护制度的目的，恐须制定专门的《成年人监护法》或者在修改《老年人权益保障法》时细化。

---

① 彭诚信、李贝：《现代监护理念下监护与行为能力关系的重构》，载《法学研究》2019 年第 4 期，第 61-81 页。

② ［日］新井誠、赤沼康弘、大貫正男：《成年後見制度—法の理論と実務》，有斐閣 2012 年版，第 11 页。

（七）当代日本离婚制度对我国立法完善的启示

1. 我国离婚制度的现状和不足

我国 2001 年修正的《婚姻法》第 39 条第 1 款规定，"离婚时，夫妻的共同财产由双方协议处理；协议不成时，由人民法院根据财产的具体情况，照顾子女和女方权益的原则判决"。《民法典》第 1087 条第 1 款在该条规定基础上增加了照顾"无过错方权益"的原则。但是，考察 2001 年修正的《婚姻法》被颁布以来的三部《婚姻法解释》，仅在《婚姻法解释（三）》第 10 条第 2 款有关婚前一方按揭购买房屋的分割规定中提及"双方婚后共同还贷支付的款项及其相对应财产增值部分，离婚时应依据《婚姻法》第三十九条第一款规定的原则，由产权登记一方对另一方进行补偿"，但司法实践则将此条公式化，难以"照顾子女和女方权益"。《婚姻家庭编司法解释（一）》第 78 条继续保留了《婚姻法解释（三）》第 10 条的规定。

另外，关于离婚中未成年子女的直接抚养权归属和抚养费问题，我国 2001 年修改的《婚姻法》第 36 条第 3 款规定，"离婚后，哺乳期内的子女，以随哺乳的母亲抚养为原则。哺乳期后的子女，如双方因抚养问题发生争执不能达成协议时，由人民法院根据子女的权益和双方的具体情况判决"，我国司法实践中审理离婚涉未成年人抚养权的案件时，判断直接抚养权归属的主要依据还是 1993 年《子女抚养意见》，即 2001 年修正的《婚姻法》、被颁布的前述三部有关婚姻法的司法解释基本没有关注离婚中未成年人的利益，相反，2001 年《婚姻法解释（一）》第 20 条将"不能独立生活的子女"的情形之一，从 1993 年《子女抚养意见》第 12 条规定的"尚在校就读的"限缩为"尚在校接受高中及其以下学历教育"，这就意味着就读大学本科阶段的子女是不能获得抚养费的。但随着社会发展，本科教育已经较为普及的今天，不将本科教育阶段的学生纳入"不能独立生活的子女"的情形之一，是与现实脱节的。再者，2001 年《婚姻法解释（一）》第 21 条明确了《婚姻法》第 21 条所称"抚养费"包括"子女生活费、教育费、医疗费等费用"，在一般情况下，抚养费包含生活费、教育费是合理的，但医疗费不是抚养费，以至于要求直接抚养子女的当事人在离婚诉求时主张将医疗费从抚养费中剔除，今后发生医疗费则凭医院发票结算。[1] 但另一方面，经过对司法实践审理的大量案件的调研可以看出，1993 年《子女抚养意见》有关抚养权归属的规定更多地站在父母本位而不是未成年人最佳利益，司法实践中依据"现状"判决较多，至于现状是否对未成年人有益，则有些人民法院的法官缺少考察。[2] 当仅仅以"现状"作为抚养权判断的依据之后，由于我国不能强制执行未成年人的人身，因此，有些法官在判决时考虑到执行之难，甚至会将孩子判给带走从而造成既成事实的一方从而助长一方抢夺隐匿孩子。[3] 实践中，离婚夫妻抢

---

[1] 详细参见赵莉、丁钰：《离婚案件中确定未成年子女抚养费存在的问题及解决途径》，载《中华女子学院学报》2018 年第 2 期，第 18—26 页。

[2] 详细参见赵莉、丁钰：《离婚案件中涉未成年子女抚养权归属存在的问题及对策》，载《中华女子学院学报》2016 年第 1 期，第 24—34 页。

[3] 比如山东省淄博市周村区人民法院（2018）鲁 0306 民初 1589 号民事判决书显示，2010 年原告王某与被告孟某经法院调解离婚，婚生子由被告抚养，2012 年 8 月 16 日原、被告因探视等问题发生争执，原告将孩子带至其临沭老家。现在孩子表示愿意跟原告在临沭生活学习。则法院判决支持了原告请求变更抚养权的诉求。同样的判决还有山东省淄博市博山区人民法院（2017）鲁 0304 民初 2731 号民事判决书。载中国裁判文书网：http://wenshu.court.gov.cn/，访问日期：2019 年 7 月 30 日。

夺子女，除非在抢夺中构成其他犯罪，如非法侵入住宅罪，但仅仅趁对方不在将孩子带走隐匿并不构成犯罪。即使报警，有些警察一听是被父母一方带走也不处理。这已经成为一个很严峻的问题。①

在我国，《民法典》没有再用"哺乳期"的表达，而是在第 1084 条第 3 款以是否满"两周岁的子女"为界限，不满两周岁者，原则上由母亲抚养；已满两周岁者，"由人民法院根据双方的具体情况，按照最有利于未成年子女的原则判决"。《婚姻家庭编解释（一）》第 41 条、第 42 条则是 2001 年《婚姻法解释（一）》第 20 条、第 21 条的沿用，《婚姻家庭编解释（一）》第 44-47 条依然是 1993 年《子女抚养意见》第 1-4 条的沿用。另外，尽管 2020 年 10 月修订、2021 年 6 月 1 日实施的我国现行《未成年人保护法》在第 24 条最后规定了"不得以抢夺、藏匿未成年子女等方式争夺抚养权"，这是一大进步，但对于该规定并无具体的措施来保障，有待司法实践在适用中推动。

2. 当代日本离婚制度对我国立法完善的启示

首先，在离婚财产分割方面，考察日本司法在处理夫妻离婚财产分割时可见，其并不完全按照财产所有权人登记的名义进行分割，以期弥补法定的夫妻别产制带来的不公平，特别是对已婚女性的不公平。又通过《部分修改国民年金法的法律》，以保障中老年离婚的家庭主妇离婚后的生活。日本法在处理离婚财产分割上采取的是与夫妻财产制并不相连的独立制度，因此，尽管日本的法定夫妻财产制是分别财产制，且日本相当多的女性在结婚生育后回归家庭做家庭主妇，但由于离婚时的财产分割是与夫妻财产制分开的，故不会因为是丈夫的个人特有财产而导致女性净身出户。2003 年 12 月，《日本民法》修改委员会组成了由 10 位学者构成的"亲属法作业部会"，成员之一的东京大学大村敦志教授更是明确提出将潜在的夫妻财产共有制修改为剩余财产制、离婚财产的分割与夫妻财产制度分离等主张。② 而考察我国离婚实务可见，除离婚中财产分割自身的纠纷，遭遇经济高速发展后的法定夫妻共有财产制，已经在一定程度上给离婚的企业家经营公司带来诸多问题，甚至影响到企业的上市。③ 我国《民法典》并未对 2001 年修改的《婚姻法》有关夫妻财产制的规定作出重大修改，因此，只能期待司法实践区分夫妻财产制的对内与对外效力。

其次，在离婚中子女抚养权归属问题方面，应该明确将抢夺隐匿子女的行为定性为家庭暴力的行为之一，可以成为人身保护令或者行为保全的对象，并明确不得将抚养权判归该方。在抚养费方面，应该明确抚养费不包含医疗费，规定最低抚养费标准而不是仅仅根据离婚当事人中非直接抚养一方收入的比率来判断，从而实现未成年人利益之最大原则。

---

① 朱宁宁：《夺子大战愈演愈烈藏匿孩子有恃无恐　拿什么阻断离婚抢孩子大战》，载《法制日报》2019 年 7 月 9 日第 5 版，网址：http://epaper.legaldaily.com.cn/fzrb/content/20190709/Page05TB.htm，访问日期：2019 年 8 月 1 日。

② 参见［日］中田裕康：《亲属法改正—婚姻・亲子关系を中心に》，有斐閣 2010 年版，第 35 页。

③ 上海沪家律师事务所企业家事研究中心：《离婚对网络上市公司的影响》，载夏吟兰主编：《家事法研究》（2011 年卷），中国社会文献出版社 2011 年版，第 254-283 页。

　　最后，关于子女探望权问题。在我国，2001 年修正的《婚姻法》第 38 条第 3 款规定"父或母探望子女，不利于子女身心健康的，由人民法院依法中止探望的权利"，我国《民法典》在第 1086 条第 3 款沿用此条规定仅对个别文字做了修改。但对哪些属于"不利于子女身心健康的"情形，司法解释和实践的总结都较欠缺。因此，在考察总结我国司法实践经验的同时，借鉴日本判例中已经确定的、于我国亦同样发生的上述抢夺、隐匿子女的事由作为中止探望权的事由，是非常有必要的。

第七章 当代俄罗斯婚姻家庭法律制度研究

第一节 当代俄罗斯婚姻家庭法律制度概述

本节研究和阐述以下内容：一是当代俄罗斯婚姻家庭法律制度的渊源和主要内容；二是 20 世纪以来俄罗斯婚姻家庭法律制度修订概况。

一、当代俄罗斯婚姻家庭法律制度的渊源和主要内容

（一）俄罗斯婚姻家庭法律制度的渊源

"法的渊源"这一术语由罗马法进入当代法学，应当注意的是，英美法系国家与大陆法系国家因对法律的理解不同而导致对法律的渊源具有不同的认识。在英美法系国家，法院对具体争议所作出的已经发生法律效力的判决，经过一定形式的汇编和总结，以判例法的形式构成法律的渊源。但在大陆法系国家包括俄罗斯，判例并不被认为是法律的渊源。本章的"当代俄罗斯婚姻家庭法律制度的渊源"，是指具有普遍强制性的法律规范的形式。[①] 根据俄罗斯现行法律规范的体系、层次和立法模式，当代俄罗斯婚姻家庭法律制度的渊源如下：

1. 俄罗斯联邦宪法

宪法是国家的根本大法，对于任何法律和其他规范性文件而言具有最高的法律地位和法律效力。宪法是一切法律部门共有的法律渊源和立法基础，婚姻家庭法亦不例外。另外，一切调整婚姻家庭法关系的法律规范均不得与宪法相冲突。例如，《俄罗斯联邦宪法》第 125 条规定，宪法法院审查法律和其他规范性文件是否违宪，并对《俄罗斯联邦宪法》作出具有强制力的解释，其中被俄罗斯联邦宪法法院认定违宪的文件或者文献中的规定便丧失其法律效力。[②]

2. 联邦法律

联邦法律是俄罗斯联邦国家杜马通过的规范性文件，当代俄罗斯婚姻家庭法的基本渊源，包括 1994 年《俄罗斯联邦民法典》、1995 年《俄罗斯联邦家庭法典》等规范性文件。1994 年《俄罗斯联邦民法典》是俄罗斯民事立法的基础性法律规范，其中规定了民事法律关系的基本制度和原则。根据该民法典第 3 条第 2 款后半段之规定，包含在其他法

---

① 参见［俄］E. A. 苏哈诺夫主编：《俄罗斯民法》（第一册），黄道秀译，中国政法大学出版社 2011 年版，第 55 页。

② 参见 1994 年 7 月 21 日第 1 号宪法性法律《俄罗斯联邦宪法法院法》，载《俄罗斯联邦立法汇编》1994 年第 13 期，第 1447 号。

律中的民事立法规范应与法典相一致。另外，民法典第三部分第五编"继承权编"，由继承的一般规定、遗嘱继承、法定继承、遗产的取得、个别类型财产的继承五章构成。因此《俄罗斯联邦民法典》是婚姻家庭法的重要渊源。俄罗斯历史上共有四部家庭法典，其中前三部皆诞生于苏俄时代，现行《俄罗斯联邦家庭法典》由俄罗斯议会于 1995 年 12 月通过，于 1996 年 3 月 1 日生效。自其被颁布施行以来，该法典不断被修订完善以适应新的形势。《俄罗斯联邦家庭法典》第 3 条第 2 款明确规定，家庭立法应包括本法典和根据本法典通过的其他联邦法律。该法典第 4 条又就法典与民事立法的适用关系规定，仅在民事立法不与家庭关系的本质相抵触时，家庭立法未调整的家庭成员之间的财产和人身非财产关系才适用民事立法。可见，现行《俄罗斯联邦家庭法典》发挥着婚姻家庭基本法的作用。

3. 其他法律文件

这类规范性文件属于法规性质，包括俄罗斯联邦总统命令及联邦政府决议，在法律规范没有直接调整的领域，总统命令实质上具有与法律相同的效力，但命令不得与法律相抵触。至于俄罗斯联邦政府决议，其中关于婚姻家庭法的内容不仅应与 1994 年《俄罗斯联邦民法典》等联邦法律及总统命令一致，并且根据该民法典第 3 条第 4 款之规定，应当依照并为执行上述更高效力的文件才能作出。

4. 联邦行政机关的规范性文件

联邦各部及主管部门的规范性文件的通过需要有更高的法律效力文件，如法律、总统决议或政府决议的明文规定为条件，并以民法典等法律文件规定的情况为限。此外，涉及公民权利、自由和义务，规定组织法律地位及跨部门性质的部门性规范性文件，须在俄罗斯联邦司法部进行登记，否则不发生法律效力。[①]

5. 国际条约

此法律渊源既包括俄罗斯联邦参加的国际条约，也包括俄罗斯同外国或国际组织签署的政府间条约和部门间条约。[②] 俄罗斯参加的关于婚姻家庭法律关系的条约对涉外婚姻家庭的人身及财产关系进行调整。另外，俄罗斯参加的国际条约具有对国内民事立法的优先地位，即如果国内民事立法与国际条约发生冲突，则优先适用国际条约的规定。（"俄宪"第 15 条第 34 款、"俄民"第 7 条第 2 款第 2 项）

6. 基本原则与法理的"辅助渊源"地位

法的基本原则与法理并不能直接且单独作为俄罗斯婚姻家庭法的渊源被适用，但在特殊情况下确可用作法律漏洞填补与类推适用的辅助工具。根据《俄罗斯联邦民法典》第 5 条的规定，在家庭成员间的关系缺乏家庭立法或双方的协议调整，并且无用于调整上述关系的民法规范时，家庭成员的权利和义务可根据家庭法和民法基本原则，以及人道、理性和公正的原则确定。

（二）当代俄罗斯婚姻家庭法律制度的主要内容

当代俄罗斯婚姻家庭法律制度的主要内容，包括基本原则和各项具体制度的内容

---

① 参见 1996 年 5 月 3 日《关于俄罗斯联邦总统、俄罗斯联邦各部的文件和联邦行政机关规范性文件公布与生效的程序的命令》第 8、9 条，载《俄罗斯联邦立法汇编》1996 年第 22 期，第 2663 号。

② 参见 1995 年 7 月 15 日《俄罗斯联邦国际约法》第 2、3 条，《俄罗斯联邦立法汇编》1995 年第 29 期，第 2757 号。

（含亲属关系通则制度、结婚制度、夫妻关系制度、亲子关系制度、收养制度、监护制度和离婚制度）。

1. 当代俄罗斯婚姻家庭法的基本原则

当代俄罗斯婚姻家庭法的基本原则是婚姻家庭法的立法、守法和执法的指导性原则。其包括婚姻形式法定原则、婚姻自由原则、男女平等原则、夫妻协商解决家庭问题原则、子女最大利益原则等内容。这些基本原则可以更好地指导俄罗斯婚姻家庭法的改革，以适应多变的社会发展所需。

《俄罗斯联邦宪法》第二章第7条规定，国家保障家庭、母亲、父亲及儿童的合法权益。第38条明确规定母亲和儿童的合法权益受到国家保护；父母双亲负有照顾、抚养未成年子女的义务和责任；成年子女应当赡养无劳动能力的父母。这为现行《俄罗斯联邦家庭法典》的规定提供了宪法依据。在通过现行《俄罗斯联邦家庭法典》构造和实现《俄罗斯联邦宪法》所确立的宏观利益之保护时，也采取较为周延的立法技术——基本原则的兜底性设置——达至利益保护与法典稳定之双重效果。[1] 目前，有关俄罗斯婚姻家庭法的基本原则之规定主要来自现行《俄罗斯联邦家庭法典》及相关的婚姻家庭法律法规的规定，具体内容如下：

第一，婚姻形式法定原则。关于结婚程序，目前在世界上主要有三种立法模式：仪式制、登记制、登记制与仪式制的结合制。《俄罗斯联邦家庭法典》第1条规定"只承认在国家户籍机关登记的婚姻"。夫妻的权利和义务自户籍登记机关对婚姻进行国家登记之日起产生。可见，俄罗斯联邦家庭法典在面对婚姻制度时采取登记制。

第二，婚姻自由原则。婚姻自由可谓近代以来天赋人权之自由精神的深入贯彻，自由的多层次含义在婚姻法中得以贯彻时，首先以基本原则的形式予以出现。有学者认为，婚姻自由是指当事人有权根据法律的规定，按照自主意愿决定自己的婚姻走向[2]，其不受任何人的强制性干涉。当然，婚姻自由不仅包括结婚自由，也包括离婚自由。现行《俄罗斯联邦家庭法典》第22条规定："如果法院确认，夫妻双方已不可能继续共同生活和维持家庭，离婚依照审判程序进行。在审理离婚案件时，如果夫妻一方不同意离婚，法院有权采取使夫妻和解的措施，并有权延期审理案件，同时为夫妻双方指定不超过三个月的和解期限。如果夫妻和解的措施无结果，并且夫妻双方（或其中一方）坚持离婚，应准予离婚。"

然而，婚姻自由也不是绝对的自由。需要注意两点：一是对于法律相关规定必须遵守。在俄罗斯联邦家庭法中位于基本原则之首则是婚姻法定原则，从立法机关的态度不难发现对于此种强制性婚姻缔结程序，不允许当事人自由进行变更或进行替代性设置。二是对婚姻原始意义上所携带的道德义务应当予以尊重。实践中某些当事人为谋取利益而将原初基于感情所建立的婚姻轻易予以放弃，此是对婚姻自由原则的滥用。

第三，男女平等原则。《俄罗斯联邦家庭法典》第31条规定，夫妻各方都有选择的工作类型、职业、居所和住所的自由。女方、男方的问题，培养、教育子女的问题和其

---

① Куксин Иван Николаевич, Матвеев Павел Александрович: Семейно - правовые принципы как основные положения, выражающие сущность семейного права//Юридическая наука/2014.

② Бондов С. Н : Основные характеристики действия конституционного принципа свободы брака в семейном праве//Вестник Московского университета МВД России/2008.

他家庭生活问题都由夫妻根据夫妻平等的原则共同解决。夫妻双方应在相互尊敬与相互帮助、有助于家庭和睦与稳定、关心子女的生活和成长的基础上建立其家庭关系。这彰显了男女平等原则已经由宪法进入部门法典。

夫妻在家庭中平等，是指夫妻双方间的权利义务平等。无论是夫妻人身关系，还是夫妻财产关系，双方和权利义务都是平等的。为了保障夫妻双方在家庭中法律地位的平等，俄罗斯也制定了对于夫妻中处于弱势地位一方的倾向保护规定，以实现实质上的平等。"平等指导着法对权利、义务的公正分配"①，夫妻在家庭中地位平等，是确定夫妻间权利和义务的基础，也是处理夫妻间权利和义务纠纷的基本依据。对于夫妻间的权利义务纠纷，《俄罗斯联邦家庭法典》有具体规定的，应按照该规定处理；若无具体规定，则应该按照夫妻在家庭中平等原则的精神予以处理。

同时，《俄罗斯联邦家庭法典》就男女平等问题进行了细致的建构，具体包括两个方面：（1）权利平等。法典第 31 条开宗明义地规定："夫妻各方都有选择工作类型、职业、居所和住所的自由。"。在第 31 条第 2 款中同时又规定："母亲和父亲的问题、儿童的问题、教养和教育等问题以及涉及生活的家庭问题时，相关问题由配偶双方共同解决，一切从配偶双方平等原则出发。"其中，就权利平等问题中最为引人注目的是人格平等与财产处分平等。对此，第 32 条规定："配偶双方有选择姓氏的权利。"而在涉及配偶双方财产的处分权问题上，《俄罗斯联邦家庭法典》第 33 条第 2 款规定："配偶拥有、使用和处分财产的权利。"（2）义务平等。第 31 条第 3 款规定："夫妻双方应在相互尊敬与相互帮助、有助于家庭和睦与稳定、关心子女的生活和成长的基础上建立其家庭关系。"同时，离婚涉及债务的也遵从男女平等原则所阐发的义务平等原则，对此法典第 39 条第 3 款"夫妻共同债务应按其被裁定的比例分配"的规定可资证成。

第四，夫妻协商解决家庭问题原则。《俄罗斯联邦家庭法典》第 31 条第 2 款规定："母亲和父亲的问题、儿童的问题、教养和教育等问题以及涉及生活的家庭问题时，相关问题由配偶双方共同解决……"当然，此原则仅仅是一个倡导性原则，因为立法中没有任何机制可以强制通过双方协商的方式来解决争议的问题。一般而言，如果没有这种双方合意，家庭成员可以向有关的州或市政机关申请解决争议。

第五，子女利益最大化原则。儿童之于民族乃未来之本，儿童利益历来受到国家的高度重视。当下《俄罗斯联邦刑法》第 11 条和《俄罗斯联邦家庭法典》及其他规范性法律等都在修订中补充了相关的条款以保护儿童或曰子女利益的最大化实现。并且规定州和市政机构必须采取必要的措施确保儿童被安置在一个家庭中。在俄罗斯出现了这样一种新的组织形式：没有父母照顾的儿童，进入寄养家庭这种家庭式的儿童之家。当然，《俄罗斯联邦家庭法典》所确立的这项原则响应了俄罗斯联邦参加的 1989 年联合国《儿童权利公约》"儿童权利的保障"的精神。

综观当下《俄罗斯联邦家庭法典》，其从诸多条文设计上均体现出了重视家庭抚养子女，关心他们的福祉和发展，确保他们的权益得到优先保护这一原则，具体表现在三个

---

① 卓泽渊：《法的价值论》，法律出版社 1999 年版，第 438 页。

方面：（1）专章设计有关未成年子女的权利问题。① 在《俄罗斯联邦家庭法典》第54条至第60条中详细设计了儿童子女所享有的权利，并在相关的条文之下以款、项结合的设计方式进一步充实儿童子女所享有的权利。（2）以赋权性规范大量构造儿童子女所享有的权利。《俄罗斯联邦家庭法典》第54条第2款第2项规定："孩子具有受父母教育的权利、保障其利益的权利、全面发展的权利、尊重其人格尊严的权利。"第55条第1款还规定："子女有权与父母双方、祖父母、外祖父母、兄弟、姐妹和其他亲属有来往的权利。父母离婚确认婚姻无效或者父母分居不影响子女的权利。"（3）宪法性权利进一步具象化。《俄罗斯联邦家庭法典》第57条规定："在家庭中解决任何涉及子女利益的重要问题时，子女有权利表达自己的意见，有权在任何法庭审理和行政审理过程中被听取意见。"此种将一般性言论权具象为意见表达权的做法，值得肯定。

第六，立法平衡与类比原则。任何法律，无论成文法，抑或是不成文法，对于双方当事人的权利义务在进行规制时，根据不同原则体系会作出先期或后期的调试。而这种调试并非简单倾斜于某一方利益，其实质是当法律原则之间出现位阶性冲突时的一种选择。《俄罗斯联邦家庭法典》第17条也有相类似的规定："丈夫在妻子怀孕期间和分娩后一年内，未经妻子同意，无权提起离婚诉讼。"并且，该法典规定："禁止限制公民在家庭关系中的权利，除非以联邦法为依据，并且仅限于保护其他家庭成员和其他公民的道德、健康权利和合法利益所必需的范围。"

同时，亦需注意的是家庭法的原则不仅具有一般理论性，而且具有实际重要性。在家庭和民事立法方面存在差距的情况下，它们可用于规范家庭成员的权利和义务，即通过法律类比的方式来解决家庭间产生的纠纷和矛盾。对此，该法典第5条规定："如果家庭立法或当事人之间的协议未对家庭成员之间的关系作出规定，且在没有民法规范的情况下，直接对此作出规定上述关系，适用于这些关系，如果不违背其本质，则适用家庭法规范和（或）民法规范，规范类似关系（法律类比）。在没有这种规范的情况下，家庭成员的权利和义务应从家庭法或民法的一般基本原则出发类比，当然也可以从人道、理性和正义的原则出发类比。"

2. 当代俄罗斯婚姻家庭具体制度的内容

第一，当代俄罗斯亲属关系通则制度，主要包括亲属的范围和种类、亲属关系的发生和终止、亲属关系的法律效力等内容。

第二，当代俄罗斯结婚制度，主要包括结婚的条件和程序、无效婚姻、事实婚姻等内容。

第三，当代俄罗斯夫妻关系制度，其内容包括夫妻人身关系和夫妻财产关系。夫妻人身关系的主要内容有婚姻住所决定权、夫妻自主择业权、家庭事务管理权、夫妻相互尊重和互助的义务和夫妻姓氏权；夫妻财产关系的主要内容有夫妻扶养关系和夫妻财产制。②

---

① Темникова Наталья Александровна：Особенности семейно – правового метода// Вестник Омского университета. Серия《Право》/2015.

② 必须说明，当代俄罗斯夫妻财产关系的主要内容有夫妻扶养关系、夫妻财产制和夫妻继承权，但由于本书的研究对象限于调整婚姻家庭关系的法律规范，所以对于夫妻继承权不予研究和阐述。

　　第四，当代俄罗斯亲子关系制度，包括亲子关系的种类、亲子关系的确定（自然血亲的亲子关系的推定与异议；人工生育子女的亲子关系的确定）、父母子女的权利义务（未成年子女的权利、父母对子女的亲权、亲子间的扶养义务）等内容。

　　第五，当代俄罗斯收养制度，包括收养制度的基本原则、收养的条件和程序、收养的效力、收养的解除条件和程序、解除未成年人收养的法律后果和被收养人已成年解除收养的限制等内容。

　　第六，当代俄罗斯监护制度，包括监护的类型（未成年人监护与成年人监护；自然人监护与机构监护；监护与保护）、未成年人的监护和保护、成年人监护等内容。

　　第七，当代俄罗斯离婚制度，包括婚姻终止的原因、登记离婚的条件和程序、诉讼离婚的条件和程序以及离婚的法律后果（对婚姻当事人的法律后果和对子女的法律后果）等内容。

二、20 世纪以来俄罗斯婚姻家庭法律制度修订概况

　　在 20 世纪以前，俄罗斯的家庭关系主要受习惯法调整，奉行仪式主义，订婚和婚礼是由习惯决定的。同时参照适用拜占庭家事法：这主要由拜占庭皇帝的规范规则和世俗法令组成，俄罗斯在接受基督教的过程中适用了这些规则。[①] 俄罗斯家庭法领域的第一部"法律"可以称为《Номокан》（试用手册），其给"婚姻"所下的定义是："婚姻是丈夫和妻子的结合，是其生命中的事件，是神圣和人类交流的真理。"19 世纪末期至 20 世纪初的俄罗斯帝国法典第一卷有关"关于家庭的权利和义务"的规定，最早系统性地确立了家庭成员在法律上的权利和义务关系。随着苏俄政权的建立，用于贯彻其新婚姻家庭政策的系统性的婚姻家庭法典编纂工作也登上了历史舞台。截至苏联解体，共颁布有1918 年《苏俄婚姻、家庭和监护法典》、1926 年《苏俄婚姻、家庭和监护法典》，以及1968 年《苏俄婚姻和家庭法典》三部法典。

　　1918 年《苏俄婚姻、家庭和监护法典》是十月革命胜利后诞生的第一部俄罗斯家庭法典。此次立法活动也标志着关于身份关系的立法权最终从教会转移到了世俗政权手中，并否认了宗教婚姻的法律效力，承认世俗婚姻才是合法婚姻的唯一形式。缔结婚姻以及离婚的条件与程序被简化，当事人双方的意志自由得到充分尊重。"男女平等"首次被作为婚姻的核心价值被法典确认与落实：该法典废除了妇女在人身及财产关系中处于从属地位的规定，确定男女具有平等地位的原则。在身份关系上，妇女为独立的民事主体，不从属于她的丈夫。在财产关系上，婚姻本身并不导致形成财产共同体，财产仍属于双方分别所有。该项规定具备进步性，但是在当时妇女普遍不具有财产亦无工作的社会，并不能够完全实现其价值。[②] 该法典加强了对未成年人的保护：非婚生子女与婚生子女地位平等。亲子关系一旦确立，无论父母是否有婚姻关系，孩子的父亲均不能拒绝承担义务。此外，如果法院不能准确认定孩子的父亲，则由有可能为父亲的所有男子作为被告参加诉讼，并共同承担孩子的抚养费。此外，这部法典废除了收养制度，虽然国家的意

---

　　① Собина Ирина Юрьевна : Влияние византийского права на развитие отечественного семейного права : историография вопроса // Общество и право；2009.

　　② Вахромеева Оксана Борисовна: Отношения между родителями и детьми : из истории семейного права дореволюционной России//Труды Исторического факультета Санкт-Петербургского университета；2014.

图在于防止收养人剥削孩子的劳动危险的发生，但对于因持续的战争所造就的众多无父母照顾的孩子，无疑为国家带来了沉重的负担。[①]

1926 年《苏俄婚姻、家庭和监护法典》进一步加强了对婚姻当事人自由意志的尊重，其中离婚程序进一步简化，法院离婚程序被废除，配偶双方可以在国家登记机关登记离婚。[②] 事实婚姻被承认，婚姻财产共同体被引入法典。在亲子关系方面，法典废除了由多个男子作为被告共同承担抚养孩子的责任，但法院仍然应当为孩子"选择"一个父亲承担抚养费。当时的立法理念认为，虽然法院有可能会将义务强加于一个错误之人，但将孩子置于身无分文的境地将更为危险。然而法典在实施的过程中却发生了偏离。为了"强化苏联家庭"，使婚姻与家庭更为确定与稳固，不但废除了所有形式的事实婚姻，使离婚变得异常困难，同时也废除了流产以及非婚生子女亲子关系的确认制度。[③]

1968 年苏联最高苏维埃通过了《苏联各加盟共和国婚姻和家庭立法纲要》，对未来各加盟共和国的婚姻家庭立法提出了主要原则与部分统一规定。在此基础上，各加盟共和国结合自身民族习惯、地方特点制定了各自的新婚姻家庭法。俄罗斯联邦最高苏维埃于1968 年 7 月 8 日通过了新《苏俄婚姻和家庭法典》，同时废除 1926 年《苏俄婚姻、家庭和监护法典》。新法典首次增加了总则编，取消了监护和保佐编，增加了婚姻家庭关系的冲突法规定，并废除了斯大林时代的某些极端法律规则，如它使得离婚重新变得"容易"，并且废除了阻碍人们确定亲子关系的所有规则。但这在一定程度上助长了社会的非婚同居率与离婚率，在一定程度上使苏联长期存在的婚姻家庭关系不稳定的问题更为复杂。[④]

20 世纪末苏联解体以后，政治、经济及社会都发生了巨大的变革，原有的婚姻家庭法典已经不符时代所需，亟待新的家庭法典进行转型与创新。相比较前三部婚姻家庭法典，1995 年颁布的《俄罗斯联邦婚姻家庭法典》明显提升了任意性规范所占比重，主要表现在：

第一，婚姻合同制度被引入。根据该法典第 40 条之规定，婚姻合同是一种准备结婚之人或配偶之间所缔结的旨在界定婚姻期间或婚姻解体时他们有关权利与义务的约定，也即双方可以基于自愿的原则对财产以及义务的分配进行约定，该约定既可以产生于婚姻登记之前也可以缔结于结婚之后，但婚姻合同必须以书面形式并进行公证才会发生法律效力。婚姻合同不得限制配偶的基本权利，如限制配偶法律行为能力或为保护自身利益向法院提起诉讼的权利。

第二，进一步简化司法离婚程序。根据该法典第 22 条及第 23 条之规定，法院须确定配偶双方是否同意离婚并作出离婚判决，而无须指出原因且作出调解的努力。如果配偶一方不同意离婚，离婚程序同样，但是如果所有的调解失败且配偶将来共同生活与家庭

---

① Шершень Тамара Васильевна：Основные начала семейного законодательства России// Вестник Омского университета/2008.

② 参见魏磊杰、张建文主编：《俄罗斯联邦民法典的过去、现在及未来》，中国人民大学出版社 2012 年版，第264 页。

③ Фабричная Татьяна Борисовна：О некоторых аспектах семейного законодательства РСФСР в 1917 – 1926 годах//Юридическая наука и практика：Вестник Нижегородской академии МВД России/2014.

④ 参见张寿民：《俄罗斯法律发达史》，法律出版社 2000 年版，第 186-187 页。

存续已不可能，则法院将判决解除婚姻。另外，根据第 24 条的规定，在涉及子女的离婚案件中，法院被赋予更宽泛的权利，无论离婚是否达成一致，法院在作出判决时，都应当主动提出与子女相关的问题；在法院看来，他们达成的协议有可能侵害其子女的权利时，法院可作出适当的指令。

第三，抚养协议的引入。根据 1968 年《苏俄婚姻和家庭法典》第 71 条之规定，子女的抚养往往采用定期支付的形式，支付的金额根据父母收入的比例受到严格的限制。但是根据新法，家庭成员的权利更为宽泛，他们被赋予更多的协商自由，被允许采用一次支付的方式支付抚养费或者通过转让财产及任何其他的支付方式。同时，法院也具有较多的自由裁量权。法院有权指令采用定期支付一个固定数额的抚养费或者将两种支付合并使用的方式。

第二节　当代俄罗斯亲属关系通则

本节研究和阐述以下内容：一是当代俄罗斯亲属关系通则概述；二是当代俄罗斯亲属的范围和种类；三是当代俄罗斯亲系及亲等的计算方法；四是当代俄罗斯亲属关系的发生和终止；五是当代俄罗斯亲属关系的法律效力。

一、当代俄罗斯亲属关系通则概述

亲属关系是基于血缘、婚姻、法律拟制所形成的社会关系，法律对亲属关系确定、权利义务的内容加以规范。恩格斯在《家庭、私有制和国家的起源》一书中写道，父亲、子女、兄弟、姊妹等称呼，并不是单纯的荣誉称号，而是代表着完全确定的、异常郑重的相互义务，这些义务的总和构成这些民族的社会制度的实质部分。[①]

二、当代俄罗斯亲属的范围和种类

俄罗斯根据亲属关系发生的原因不同将亲属分为以下三类：直系亲属与旁系亲属；卑亲属与尊亲属；全血缘亲属与半血缘亲属。直系亲属，是指己身所出和从己身所出，直系亲属又分为直系血亲和直系姻亲；旁系亲属，是指与己身有间接血缘关系的人，如叔、伯等。尊亲属和卑亲属是根据辈分划分的，比己身辈分长的是尊亲属；比己身辈分低的是卑亲属。全血缘亲属，是指同父同母的兄弟姐妹；半血缘亲属，是指同母异父或者同父异母的兄弟姐妹。

三、当代俄罗斯亲系及亲等的计算方法

亲等是计算亲属关系远近的标准，确立亲等关系的法律意义是进一步确立亲属关系间权利义务的内容。世界上通行的是罗马法计算法和寺院法计算法。此两种计算方法的共同特点是利用世数计算亲属关系的远近，在计算直系血亲时所采用的方法是一样的，即把直系血亲从己身往上或者往下数，以一代为一亲等以此类推，如祖父母与孙子女是

[①]　恩格斯：《家庭、私有制和国家的起源》，中共中央马克思恩格斯列宁斯大林著作编译局译，人民出版社 1999 年版，第 28 页。

二等亲。但是在计算旁系血亲时罗马法与寺院法不同。罗马法在计算旁系血亲的亲等时，把旁系血亲从己身向上数找出同一祖先，再从该同一祖先的人往下数至待计算亲等的亲属，如叔伯是自己的三等亲，堂兄弟姐妹是自己的四等亲，共同的祖先是祖父母。寺院法计算法则从自己和所要计算的人，分别往上数至血缘同源人，两边的亲等数相等时，就采用一边的亲等数；如果两边的亲等数不相等，则采用多者一边的亲等数，如叔伯和堂兄弟姐妹均是自己的二等亲。寺院法算法无法准确反映旁系血亲的亲等关系，因此现在世界上大多数国家采用的是罗马法亲等计算法，目前俄罗斯采用的也是罗马法亲等计算法。

四、当代俄罗斯亲属关系的发生和终止

（一）配偶关系的发生和终止

配偶关系因结婚而发生，因离婚或当事人一方死亡而终止。1995 年《俄罗斯联邦家庭法典》第 10 条规定："结婚需在户籍登记机关登记。夫妻之间的权利义务自在户籍登记机关进行结婚登记之日起产生。"同时，该法典第 16 条规定："婚姻因夫妻一方死亡或者被法院宣告死亡而终止；婚姻可以以一方或双方申请离婚的方式终止，也可以由被法院确认为无行为能力人的一方监护人申请而终止。"

（二）血亲关系的发生和终止

血亲关系分为两种，一种是自然血亲法律关系，另一种是拟制血亲法律关系。在 1995 年《俄罗斯联邦家庭法典》中自然血亲关系发生的唯一原因是出生。出生者与其父母及其他的与父母具有血缘关系的亲属形成自然血亲关系。自然血亲关系终止的原因是一方死亡（包括自然死亡和宣告死亡）。收养不是自然血亲关系终止的原因，收养只是终止了生父母子女间的权利义务关系，但是他们之间的自然血缘关系并不消灭。

关于拟制血亲关系收养的发生，1995 年《俄罗斯联邦家庭法典》规定，自法院确立收养的判决生效之日起，收养人和被收养人的权利和义务产生。法院应自关于确立收养的判决生效之日起三日内，将该判决的摘要送交作出判决所在地的户籍登记机关。收养关系的终止情形则有：一方死亡（包括自然死亡和宣告死亡）；解除收养，收养自法院关于解除收养的判决发生法律效力之日起终止。

（三）姻亲关系的发生和终止

姻亲关系的开始以缔结婚姻的双方登记结婚为前提。婚姻成立的时间即为姻亲关系发生的时间。配偶一方与对方的亲属以及双方的亲属之间互为姻亲关系。而在姻亲关系的终止上是否因婚姻中介人离婚而消灭，在现代各国法律中有消灭主义和不消灭主义两种立法例：日本、韩国和我国台湾地区规定，姻亲关系可因离婚而终止；德国、瑞士规定，姻亲关系不因婚姻解除而消灭。同时，对于姻亲关系中是否因婚姻当事人一方死亡而终止，一些国家的法律规定不一。目前的立法例有：有规定不终止；生存一方再婚前不终止，再婚后终止；采任意主义、听凭姻亲双方自行决定等。俄罗斯法对姻亲关系终止的时间、条件、原因并无规定。

五、当代俄罗斯亲属关系的法律效力

限于本章的研究对象为婚姻家庭制度，以下阐述亲属关系在婚姻家庭领域的法律效力。

（一）禁婚的效力

首先，亲属关系的法律效力体现在禁止一定范围内的亲属结婚。1995 年《俄罗斯联邦家庭法典》规定了双方中有下列情况的不准结婚：双方是近亲属；长辈直系亲属和晚辈直系亲属（父母和子女、祖父母和孙子女），同胞兄弟姐妹和同母异父、同父异母（有共同的父亲或母亲）兄弟姐妹；双方为收养人和被收养人。由此可见，俄罗斯不仅禁止自然血亲之间结婚，还禁止一定范围内的拟制血亲之间结婚。

（二）扶养的效力

1. 扶养主体

（1）夫妻间的扶养。1995 年《俄罗斯联邦家庭法典》规定，在婚姻关系存续期间夫妻双方在物质上有相互扶助的义务。该法典第 90 条①还规定，离婚夫妻可通过司法程序请求扶养费（详见本章第八节当代俄罗斯离婚制度有关离婚扶养费的内容）。

（2）其他家庭成员间的扶养。在俄罗斯除夫妻外的家庭成员之间也负扶养义务。

第一，兄弟姐妹间的扶养。根据 1995 年《俄罗斯联邦家庭法典》第 93 条规定，需要帮助的未成年的兄弟姐妹，如果不能得到其父母的抚养，此时兄弟姐妹就负有扶养未成年兄弟姐妹和无劳动能力的成年兄弟姐妹的义务。

第二，祖孙间的扶养。根据 1995 年《俄罗斯联邦家庭法典》第 94 条规定，未成年需要帮助的未成年孙子女和外孙子女，如果不能得到其父母的抚养，祖父母和外祖父母也应承担起抚养孙子女和外孙子女的义务。同样，根据该法典第 95 条规定，无劳动能力的需要帮助的祖父母和外祖父母有权请求具有赡养能力的孙子女和外孙子女尽扶养义务。

第三，被教养人赡养实际教养人的义务。根据 1995 年《俄罗斯联邦家庭法典》第 96 条第 1 款规定，实际教养人如无法得到其有劳动能力的成年子女或配偶（原配偶）的扶养，则有权请求其有劳动能力的已成年的被教养人尽赡养义务。

第四，继子女赡养其继父母的义务。根据 1995 年《俄罗斯联邦家庭法典》第 97 条第 1 款规定，继父母如无法得到其成年的有劳动能力的子女或者配偶（原配偶）的扶养，其有权请求有劳动能力并有必要赡养条件的成年继子女履行赡养义务。

2. 未及时给付扶养费的法律责任

1995 年《俄罗斯联邦家庭法典》规定，有过错的欠付抚养费的一方应根据给付抚养费协议的规定承担责任。同时，根据该法典第 115 条第 2 款②规定，过错一方除按照协议内容承担责任外，还应依法院判决向抚养费受领人给付一定的罚金。

（二）对父母子女其他权利义务的效力

亲属关系的效力，还体现在对父母子女其他权利义务的相关规定上。

1. 未成年子女的权利

1995 年《俄罗斯联邦家庭法典》明文规定子女在家庭中生活并享有的权利包括：子女受教育的权利、子女与父母和其他亲属来往的权利③、子女受保护的权利、子女表达自己意见的权利④、子女的姓名权和子女的财产权利（"俄家庭法典"第 54、55、56、

---

① 此条在 2015 年 12 月 30 日第 457 号联邦法律修订。

② 此款在 2008 年 6 月 30 日第 160 号联邦法律修订。

③ 此条在 2013 年 7 月 2 日第 167 号联邦法律、2013 年 11 月 25 日第 317 号联邦法律修订。

④ 此条在 2008 年 4 月 24 日第 49 号联邦法律修订。

57、58、60 条）。

2. 父母对未成年子女的权利义务

1995 年《俄罗斯联邦家庭法典》第 61 条、第 63 条①、第 64 条分别就父母权利和义务的平等、父母对子女培养和教育的权利义务、父母对子女权利和利益保护的权利和义务进行规定。

可见，父母养育照顾未成年子女既是一种义务又是一种权利，所以该家庭法典既规定未成年子女的父母享有与子女共同生活和参与子女培养的权利，同时又规定了父母承担保护子女权利和利益的责任，在父母和孩子的利益有冲突时，父母无权代表孩子的利益。立法还细化父母对未成年子女的教育义务，父母在孩子获得普及基础教育之前，考虑子女的意见，有权给子女选择教育机构和教育的形式等。

第三节　当代俄罗斯结婚制度

本节研究和阐述以下内容：一是当代俄罗斯结婚的条件和程序；二是当代俄罗斯无效婚姻制度；三是当代俄罗斯事实婚姻制度。

当代俄罗斯的结婚制度主要被规定在《俄罗斯联邦家庭法典》的第二编的第三章、第五章中，主要包括结婚的条件、程序、无效婚姻以及事实婚姻等内容，但并无婚约、非婚同居和同性结合的内容。②

一、当代俄罗斯结婚的条件和程序

（一）结婚的条件

从《俄罗斯联邦家庭法典》第 12 条来看，明确规定了缔结婚姻关系所必须满足的情形。同时，第 14 条反向规定了禁止结婚的情形，具体内容如下：

1. 结婚的必备条件

（1）男女双方须达到法定婚龄。18 世纪初，彼得一世在位期间规定适婚年龄为男性 20 周岁，女性 18 周岁。目前，俄罗斯联邦境内的总体适婚年龄与民法典规定的完全民事行为能力人的法定年龄一致——18 周岁。由于实践中事实婚姻的年龄往往早于法定婚龄，因此当地的地方自治机关有权承认已满 16 周岁事实婚姻的合法性，但也可以通过法院否定婚龄提前的申请。（"俄家庭法典"第 13 条第 2 款）

此外，《俄罗斯联邦家庭法典》第 13 条第 3 款规定，特殊情况下准予未满 16 周岁者结婚，其结婚的程序和条件可由俄联邦各主体的法律规定。在俄罗斯联邦，只有少数州

---

① 此条在 2013 年 7 月 2 日第 185 号联邦法律修订。

② 由于《俄罗斯联邦家庭法典》尚无非婚同居的规定，所以非婚同居不具有婚姻的效力。尽管俄罗斯社会也曾倡议制定保护同居中女性权益的法律，甚至有人倡议通过将具备一定条件的同居等同于登记结婚，从而给予非婚同居当事人以一定的法律保障，但这些倡议目前尚未通过。并且，该法典也没有同性结合的规定，依据第 12 条所规定的结婚条件之一就是"申请结婚的男女双方必须自愿同意"，且现实中同性双方并不能在登记机关进行结婚登记，可见同性结合在俄罗斯并不具有婚姻的效力。此外，俄罗斯于 2013 年通过并生效的"禁止宣传非传统性关系"法案规定，任何向未成年人宣传非传统性关系（包括同性恋、双性恋等）的主体都将受到惩罚，其同样适用于外国人和无国籍人，这也从一个侧面表明目前俄罗斯对同性婚姻持否定态度。

市规定了已满 14 周岁未满 16 周岁可以缔结婚姻的情况，并且出现这种情况多数由于女方已经怀孕或者已经分娩，且父母一方面临生活的威胁。通常这种情况在当代并不多见。当然，在俄罗斯联邦也存在三个特殊的地区——巴什科尔托斯坦共和国、诺夫哥罗德和奥廖尔地区，其地方法律法规并未对婚龄作出统一的限制规定。可见，俄罗斯对婚龄的规定充分反映出该国当前的社会背景。在面临地广人稀，人口增长缓慢甚至偶有年份出现逆增长的情况下，结婚年龄普遍提前是进一步鼓励青年男女早婚早育，落实繁衍的生育政策。

（2）男女双方须自愿结婚。缔结有效婚姻的条件之一，就是男女双方自愿结婚（"俄家庭法典"第 12 条第 1 款）。这是该法第 1 条规定的婚姻自由原则的具体体现。其要求当事人应当具有表示同意结婚的能力，且其结婚的意思表示自由，未处于胁迫、欺骗、误解或登记结婚时因自身状况无法理解自己行为意义或无法控制自己行为的境地。否则，违背当事人意志所缔结的婚姻可能会被认定为无效。

2. 结婚的禁止条件

（1）禁止重婚。此规定符合一夫一妻制的原则。登记婚姻时，以前结过婚的人应出示一份确认婚姻终止的文件（如离婚证明，配偶死亡证明等）。配偶在收到居住地民事登记处离婚证之前，无权缔结新婚姻（"俄家庭法典"第 25 条第 3 款）。可见，对重婚的禁止性规定，体现了国家强制力的参与。

（2）禁止一定范围近亲结婚。根据《俄罗斯联邦家庭法典》第 14 条规定，结婚双方有下列近亲属关系的禁止结婚：父母和子女、祖父母和孙子女、同胞兄弟姐妹、同母异父和同父异母（有共同的父亲或母亲）的兄弟姐妹。可见，其旨在限制两种情形：一是禁止直系血亲间的结婚，如父母和子女之间、祖与孙之间；二是禁止二亲等的平辈旁系血亲间的结婚，如同父同母、同父异母或同母异父的兄弟姐妹之间。

（3）禁止养父母和养子女之间缔结婚姻。《俄罗斯联邦家庭法典》第 14 条规定，禁止"收养人与被收养人缔结婚姻"。因收养关系一旦成立视为收养人与被收养人之间为拟制直系血亲，即具有法律上的父母子女关系亦禁止结婚。

（4）禁止无行为能力人缔结婚姻。《俄罗斯联邦家庭法典》第 14 条第 5 项对因精神失常被法院认定为无民事行为能力人的婚姻进行了排除性规定。当然，这是考虑到无民事行为能力人无法作出同意结婚的意思表示，故不符合自愿结婚的原则。但这一规定不适用于民事能力有限的人。

（二）结婚的程序

1. 结婚的必经程序

俄罗斯的结婚制度为登记制，即结婚登记是婚姻成立有效的法定程序（"俄家庭法典"第 1 条第 2 款和第 10 条第 1 款）。只有经过户籍登记机关登记注册的婚姻才被国家所认可，具体如下：

（1）申请结婚的人应当自其向登记机关递交申请之日起满一个月后，亲自到该机关办理婚姻登记。若有正当理由，对婚姻进行登记的机关可缩短或延长该期限，但最长不得超过一个月。如有特殊情况（怀孕、分娩、一方的生命有直接危险和其他特殊情况），可于递交申请当日登记结婚（"俄家庭法典"第 11 条第 1 款）。俄罗斯规定登记审查期主要是出于组建家庭的审慎性和保持婚姻的稳定性，避免当事人冲动结婚，从而引起家庭矛盾激增和社会离婚率不断攀升。因此，一个月的登记审查期也是申请结婚者的冷静期，可以冷静思考是否结婚。当然一个月的期限是原则性规定，当有特殊情况时，地方自治机关有权进行变通性处理。

（2）婚姻登记机关应依照法律规定的程序进行登记（"俄家庭法典"第11条第2款）。登记机关需要对男女双方的情况进行审查，如双方是否自愿结婚、是否已达法定婚龄、是否存在禁止结婚的亲属关系情况等。

（3）登记机关拒绝进行婚姻登记时，申请结婚者（或其中一方）可向法院提起诉讼（"俄家庭法典"第11条第3款），这是一项救济性措施，以避免登记机关可能作出的错误决定对申请结婚者权益的损害。

2. 婚前医学检查

在俄罗斯，婚前医学检查并非强制，而是完全自愿的。《俄罗斯联邦家庭法典》第15条第1款规定："对申请结婚的人进行医学检查，以及对医学遗传和计划生育问题的咨询，由申请结婚人住所地的国家和地方医疗保健机构免费进行，并且仅经过当事人的同意。"至于体检结果也是医疗机密，未经被检查一方同意，不得告知他人（包括打算与之结婚的另一方）。可见，即使被检查方患有性病和艾滋病，其也可以与另一方在婚姻登记机关申请登记结婚，登记机关不得拒绝登记。但当被检查方隐瞒其患有性病或艾滋病时，另一方有权向法院申请认定婚姻无效。（"俄家庭法典"第15条第3款）

二、当代俄罗斯无效婚姻制度

《俄罗斯联邦家庭法典》对于可撤销婚姻无规定，只规定了无效婚姻制度。

（一）婚姻无效的法定事由

根据《俄罗斯联邦家庭法典》规定，如婚姻具有无效的法定事由，可以被法院裁决为无效婚姻。但在婚姻被法院认定为无效之前是有效的。

婚姻关系无效的法定事由包括：（1）缺乏男女双方自愿缔结婚姻关系的合意；（2）未达法定结婚年龄；（3）未办理结婚登记手续；（4）申请结婚的男女双方有禁婚的近亲属关系或收养关系；（5）男女双方中一方被法院认定为无民事行为能力人；（6）重婚；（7）申请结婚一方隐瞒其患有性病或感染艾滋病病毒；（8）无意建立家庭而登记的虚假婚姻。（"俄家庭法典"第27条）

当然并非满足上述所列事由之一，法院就当然认定婚姻无效，还需考量是否存在阻碍认定婚姻无效的情况，若存在则婚姻有效。《俄罗斯联邦家庭法典》第29条规定的阻碍事由如下：（1）如果法院在审理确认婚姻无效案件时，法律规定禁止结婚的情况已不存在的，法院应确定该婚姻有效；（2）法院驳回申请确认同未成年人缔结的婚姻无效的诉讼请求是基于未成年人利益的需求，以及未成年一方不同意确认婚姻无效；（3）如果法院在审查前，已登记的虚假婚姻夫妻已经实际建立家庭的，法院不能认定该婚姻为虚假婚姻；（4）婚姻关系解除后不能认定其无效，但夫妻间具有法律禁止结婚的亲属关系或者在结婚登记时夫妻一方未解除与他方的婚姻关系除外。

（二）婚姻无效的法定程序

无效婚姻的认定，需依当事人请求而为之。无效婚姻的请求权人范围如下：

1. 婚姻无效的请求权人

在下列情况下，当事人一方有权向法院请求认定无效婚姻：（1）婚前隐瞒患有性病或感染艾滋病病毒病情的患者配偶；（2）缔结婚姻关系缺乏自愿合意的一方当事人有权向检察院主张婚姻无效；（3）未满足法定结婚年龄的当事人父母；（4）监护和保护机构；（5）被认定为无民事行为能力人的监护人；（6）其他权利受到无效婚姻侵害的权利人，包括第一次婚姻的配偶子女、尚未解除婚姻关系的配偶子女等。（"俄家庭法典"第28条）可见，上述请求权人的范围，不仅包括直接关涉的婚姻当事人，也包括婚姻关系所衍生之人。

2. 婚姻无效的受理机关

俄联邦立法规定，婚姻无效的认定只能通过法院。法院有权依法认定该婚姻是否无效。法院应自认定婚姻无效的判决生效之日起3日内，将该判决送至婚姻登记机关。（"俄家庭法典"第27条第3款）

（三）婚姻无效的法律后果

根据《俄罗斯联邦家庭法典》第27条第4款的规定，无效婚姻自始无效。婚姻无效的法律后果，具体如下：

（1）除法律另有规定外，被法院确认无效的婚姻不产生夫妻间的权利与义务。

（2）认定为无效婚姻的夫妻双方共同所得的财产适用《俄罗斯联邦民法典》关于共有财产的规定。夫妻双方签订的婚姻合同认定为无效。

（3）无效婚姻的认定对婚姻期间所生子女或自婚姻无效认定之日起300天内所生子女的权利不产生影响。

（4）当法院认定婚姻无效时，法院应确认善意配偶一方从另一方获取生活费的权利，对确定婚姻无效前的共同财产进行分割，并确认婚姻合同全部或部分有效。善意配偶一方有权依据民事立法规定的规则，请求对方赔偿对其造成的物质损失和精神损害。

（5）婚姻被认定无效时，善意配偶一方有权保留其在婚姻国家登记中所选择的姓氏。

三、当代俄罗斯事实婚姻制度

在苏联时期，法律对事实婚姻的态度不断发生变化，主要历经三个阶段：第一阶段——十月革命之后，苏联实行事实婚姻与法律婚姻效力同等原则，并于1926年的《苏俄婚姻、家庭和监护法典》中规定判断事实婚姻的要素，从而承认事实婚的效力。[①] 第二阶段——1944年最高苏维埃主席团发布命令规定，只有登记的婚姻才能产生夫妻间的权利义务，事实婚姻经补充的婚姻登记才产生效力，但其效力从呈报的同居日起算，而非登记日。[②] 第三阶段——1968年《苏俄婚姻和家庭法典》规定只有经国家户籍机关登记的婚姻才有法律效力，宗教仪式所缔结的婚姻没有法律效力。但其不适用于苏维埃登记机关建立或恢复之前由宗教仪式所缔结或证明的婚姻。

当代俄罗斯家庭法对于结婚程序，原则上以办理结婚登记作为婚姻成立的必要条件，但其中也存在例外性规定。现行《俄罗斯联邦家庭法典》第169条第7款规定："关于只

---

① 陈苇主编：《外国婚姻家庭法比较研究》，群众出版社2006年版，第128页。
② 吴大业：《苏联亲属法要义》，上海三民图书公司1950年版，第9页。

有经户籍登记机关登记的婚姻具有法律效力的规定（法典第 1 条）并不适用于伟大的国内战争期间，在被侵略的苏联领土内的俄罗斯联邦公民在登记机关恢复前依宗教方式所缔结的婚姻。"可见根据俄罗斯现行事实婚姻制度，只是有条件地承认在一定时期内所形成的事实婚姻之效力。

第四节　当代俄罗斯夫妻关系制度

本节研究和阐述以下内容：一是当代俄罗斯夫妻关系制度概述；二是当代俄罗斯夫妻人身关系制度；三是当代俄罗斯夫妻财产关系制度。

一、当代俄罗斯夫妻关系制度概述

夫妻关系法是调整夫妻之间权利义务关系的法律规范的总称。男女双方结婚后即产生婚姻的效力。婚姻的效力有直接效力和间接效力之分，前者是指因婚姻在夫妻间产生的权利义务关系；后者是指婚姻引起的在其他亲属间的权利义务关系。本节研究和阐述婚姻的直接效力，即夫妻间的权利义务关系。

1995 年《俄罗斯联邦家庭法典》第三编为"夫妻的权利和义务"。根据该法第 31 条至第 46 条的规定，夫妻关系分为夫妻人身关系与夫妻财产关系两个方面，其中夫妻人身关系在家庭法中占主导地位，为夫妻财产关系产生的法律基础。具体而言，夫妻人身关系包括夫妻姓氏权、相互尊敬和帮助的义务、婚姻住所决定权、家庭事务管理权、夫妻择业权等；夫妻财产关系包括夫妻扶养义务和夫妻财产制等。[①]

二、当代俄罗斯夫妻人身关系制度

1995 年《俄罗斯联邦家庭法典》第六章"夫妻的个人权利和义务"中，第 31 条第 1 款规定："夫妻各方都有选择工作类型、职业、居所和住所的自由。"即该法在夫妻家庭法律地位平等的原则统摄下，于第 31 条和第 32 条对夫妻人身关系予以规定。其内容包括婚姻住所决定权、夫妻择业权、家庭事务管理权、相互尊重和互助的义务、夫妻姓氏权等。此外，俄罗斯还出台了一系列政策鼓励生育。目前在莫斯科等俄罗斯的一些大城市地区性社会福利当中就包括妇女的子女抚养金补助，相当于生育奖励。

第一，婚姻住所选择决定权。依据 1995 年《俄罗斯联邦家庭法典》第 31 条第 1 款的规定，夫妻双方有权依照自己的意愿选择居住地或住宅。

第二，夫妻自主择业权。1995 年《俄罗斯联邦家庭法典》第 31 条第 1 款规定，夫妻任何一方均有权根据自己的意愿选择自己所从事的工作的类型及职业。这是宪法上基本权利在婚姻家庭领域的具体化。夫妻有无择业权是夫妻在家庭中是否平等的标志。

第三，家庭事务管理权。1995 年《俄罗斯联邦家庭法典》第 31 条第 2 款规定，夫妻双方平等处理家庭生活问题，夫妻应致力于家庭的和睦与稳定，关心子女的生活和成长。夫妻任何一方的问题，以及培养、教育子女的问题和其他生活问题，应由夫妻根据平等

---

① Цветков Василий Александрович: Имущественные права и обязанности супругов//Вестник Омской юридической академии/2011.

原则协商后共同解决。

第四，夫妻相互尊重和互助的义务。根据 1995 年《俄罗斯联邦家庭法典》第 31 条第 3 款的规定，夫妻双方有应在相互尊重和相互援助的基础上建立家庭关系的义务，以促进家庭的福祉和巩固家庭，关心和照顾孩子的福祉和发展。此外，该法典第 89 条亦明文规定夫妻间相互扶持的义务与责任。

第五，夫妻姓氏权。根据 1995 年《俄罗斯联邦家庭法典》第 32 条规定，结婚时，夫妻可以按照自己的意愿选择其中一方配偶的姓氏作为共同的姓氏或者双方各自保留自己婚前的姓氏，或者将另一方的姓氏与自己的姓氏合并，但俄罗斯联邦各主体的法律另有规定的除外。如果婚前一方的姓氏是复姓的，则不得将姓氏合并。夫妻一方的姓氏发生变更，不会引起另一方姓氏的变更。离婚时，夫妻双方均有权选择保留共同的姓氏或恢复其婚前的姓氏。但只有在结婚或离婚时才能行使这些权利。

综上可见，从俄罗斯上述家庭立法中对夫妻人身关系中各项权利的塑造，不仅重视整个家庭的整体性推进，亦较为关注夫妻个人权利的发展。总体上，俄罗斯家庭立法中夫妻自主选择职业、居住地和住所权利的规定，体现了夫妻任何一方都无权强迫对方前往对方的居住地。俄罗斯 2002 年 5 月 31 日发布 62 号法规《关于俄罗斯联邦公民法》规定，夫妻一方的选择完全独立于另一方的意愿；第 8 条规定，在俄罗斯境内俄罗斯公民与他国公民缔结婚姻或者解除婚姻关系不会影响其公民身份的变更。

三、当代俄罗斯夫妻财产关系制度

当代俄罗斯夫妻财产关系制度的内容，包括夫妻扶养义务和夫妻财产制这两个方面。

（一）夫妻扶养义务

已经办理结婚登记的配偶有获得扶养费的权利。在其他情况下，如果婚姻没有按照法律规定的程序进行登记，则物质生活费合同将受民事立法规范的约束。同时，扶养费协议可以对扶养费的给付条件和数额等方面进行约定，在其不违反法律规定的情形下具有优先性效力。1995 年《俄罗斯联邦家庭法典》第五编集中规定了家庭成员的扶养义务，其中，夫妻间的扶养义务和原配偶间的扶养义务以及扶养义务的解除主要在第 89 条、第 90 条和第 92 条。

1. 夫妻间的扶养

该法第 89 条规定，夫妻双方在物质上有相互扶助的义务。在拒绝该扶助并且夫妻之间无给付扶养费协议的情况下，一方有权依照司法程序向拥有必要资金的另一方请求给付扶养费。有权请求支付扶养费的人包括：无劳动能力，而有需要的配偶；怀孕的妻子和自共同的子女出生之日起 3 年内的妻子；照顾共同的不满 18 周岁的残疾子女，或者照顾自幼为一等残疾人的共同子女的生活困难的配偶。配偶扶养费支付者只有在有必要的手段时才有义务支付扶养费，无所谓其工作能力和是否成年。（关于离婚后的原配偶扶养，详见本章第八节的相关内容）

2. 扶养义务的解除

根据该法 92 条的规定，无论是在婚姻期间，还是在离婚后，若出现以下情况：（1）需要帮助的夫妻一方劳动能力的丧失是因滥用酒精饮品、麻醉品或者故意实施犯罪；（2）婚姻存续期间不长；（3）请求给付扶养费的一方在家庭中行为不端等。法院可以解除夫妻一方扶养无劳动能力需要帮助的另一方的义务或者以一定的期限限制该义务。根据该法第 120 条第 2 款规定，如果领取扶养费的依据消失，配偶领取扶养费的权利也随之丧失。

（二）夫妻财产制

1995 年《俄罗斯联邦家庭法典》专门用三章对夫妻财产制进行了规定，分别是第七章"夫妻财产法定制"、第八章"夫妻财产约定制"、第九章"夫妻债务的承担"。该法典第 33 条规定："夫妻财产共有制为夫妻财产法定制度；如果婚姻合同无另行规定，夫妻财产法定制度生效。"可见，俄罗斯夫妻财产制采取双轨制，即夫妻财产法定制和夫妻财产约定制，如果夫妻未以财产合同对夫妻财产作出约定，则适用夫妻财产法定制。

1. 夫妻法定财产制

1995 年《俄罗斯联邦家庭法典》对夫妻财产法定制的内容规定在第 33 条至第 39 条，法定财产制是夫妻财产共同制。

第一，财产所有权的归属。在夫妻财产共同制中，夫妻财产分为夫妻共同财产和夫妻个人财产。夫妻的共同财产包括：夫妻在婚姻期间积蓄的财产；用夫妻共同收入购置的动产和不动产、有价证券、股份、储蓄、投到信贷机构或者其他商业组织的资本份额以及夫妻双方在婚姻期间积蓄的任何其他的财产，不论资金是以夫妻中谁的名义获得或者以谁的名义或由谁存入的。[①]此外，在婚姻期间，如果某项本属于夫妻一方的财产，其价值因夫妻共同财产或夫妻另一方的财产或劳动而获得很大提高，则该财产被认定为夫妻共有财产。1995 年《俄罗斯联邦家庭法典》第 34 条还特别规定，在婚姻关系存续期间从事家务、照管子女或者由于其他正当原因而没有独立收入的夫妻一方也享有夫妻财产共有权。夫妻的个人财产包括：夫妻各方的婚前财产；夫妻一方在婚姻期间因继承或受赠或者以其他无偿行为获得的财产；除奢侈品和贵重物品（包括金、银、铂金等）外的个人使用的物，即使该物是在婚姻期间用夫妻共同资金所购置；夫妻一方创作的智力成果的知识产权；由法院认定为夫妻特有财产的夫妻各方在分居期间积蓄的财产。（"俄家庭法典"第 34 条、第 36 条）

第二，夫妻共同财产的管理、使用、收益和处分。夫妻共有财产的管理、使用、收益和处分由双方协商一致后进行处理。夫妻一方在实施处分共有财产的行为时，推定其已取得了另一方的同意。如果另一方能证明实施行为的一方知道或应当知道其不同意实施该行为，则法院可以依据该方的请求确认此处分行为无效。此外，对于夫妻一方实施处分应进行国家登记的财产行为、法律规定应当进行公证的行为，和（或者）依照法定程序进行国家登记时，应当取得夫妻另一方经公证的同意。否则，若夫妻一方尚未取得夫妻另一方的公证同意书即处分共同财产，则未经同意的夫妻一方，从其知道或者应该知道实施该行为之日起一年内，有权依照司法程序请求确认行为无效。（"俄家庭法典"第 35 条）

第三，夫妻共同债务的承担。对于夫妻的共同负债、经过法院确定的夫妻一方为满足家庭需要所负的债务以及未成年子女造成的损失，由夫妻共同财产承担。如果共同财产不足，则夫妻双方以各自的财产对上述债务负连带责任。另若经法院认定，夫妻共同

---

① 　Довбыш А. А.Источники формирования имущества супругов//Проблемы законности/2013.

财产的获得或增加是由夫妻一方通过犯罪途径获得，则应由部分或全部夫妻共同财产予以偿还。对于夫妻双方的个人债务，由其各自的财产承担。夫妻一方的财产不足以清偿其个人债务时，该方的债权人可以请求分出该方在共同财产中应有的份额。（"俄家庭法典"第45条）

第四，夫妻共同财产的分割。夫妻共同财产的分割可在以下时间进行：婚姻期间；在婚姻解除后，按照夫妻一方的请求进行，夫妻一方提出该分割请求的诉讼时效期限为三年；债权人为了向夫妻一方索取债务而请求分割夫妻共同财产的。夫妻双方可以按照协议分割共同财产，而且夫妻双方也可以约定对其分割共同财产的协议进行公证。如果在分割夫妻共同财产以及在确定夫妻双方对该财产的份额有争议时，应按照诉讼程序进行。如果夫妻无其他约定，则在分割夫妻共同财产和确定对该财产的份额时，夫妻的份额为均等。但是，为了保护未成年子女的利益或为了保护夫妻中弱势一方的利益，法院是可以不按夫妻份额均等的原则判处的。在分割夫妻共同财产时，夫妻的共同债务在夫妻之间以其应负担的份额按比例确定。必须注意，在婚姻期间分割夫妻共同财产时，未被分割的共同财产仍为夫妻共同财产。此外，满足未成年子女（衣服、鞋、生活用品和体育器材、乐器、儿童丛书等）的必需品不属于共同财产，无偿转给与子女共同生活的一方。由夫妻共同财产、以未成年子女名义进行的投资应属于子女，并且不参与夫妻共同财产分割。（"俄家庭法典"第38条）

2. 夫妻约定财产制

第一，该法典第40-44条对夫妻约定财产制进行了规定。夫妻可以通过婚姻合同对夫妻财产关系作出约定，即婚姻合同可以改变夫妻共同财产制度。1995年《俄罗斯联邦民法典》第256条也规定配偶之间可以通过达成的协议建立不同的婚姻财产模式，但具体的份额和顺序等细节性规定由婚姻家庭立法规定。

（1）婚姻合同的定义。所谓婚姻合同，是指即将建立婚姻关系的男女或者已经形成婚姻关系的夫妻就双方之间在婚姻关系存续期间的财产权利和义务所达成的合意。其同样受到民事法律规范的调整。应注意的是，婚姻合同不同于财产分割协议，后者发生在婚姻存续期间内，约定的财产范围仅限于现已获得的财产，对于将来可能发生的财产不在约定范围之内，但婚姻合同不受此限。[1]

（2）婚姻合同的一般规定。该法典第41条规定，夫妻可以在进行结婚登记前或婚姻期间或在其离婚时订立婚姻合同。在结婚登记前订立的婚姻合同，自结婚登记之日起生效。婚姻合同应以书面形式订立并经过公证，可见在俄罗斯夫妻财产合同是强制性公证。关于婚姻合同的内容，该法从正反两方面进行规定，主要包括以下内容：夫妻财产制度、通过协议约定的双方或一方的义务、参与对方收入的方式、家庭开支的程序、分配财产的程序、涉及财产关系的其他条款等。其中第42条第3款和第44条从反面规定禁止条款及违反结果，具体而言：婚姻合同不能限制夫妻双方的权利能力或行为能力，不能限制他们为维护自己的权利而向法院提起诉讼的权利；不能限制调整夫妻间人身非财产关系、夫妻对子女的权利义务关系；不能规定对无劳动能力需要获取生活费的一方的权利限制

① Невзгодина Елена Львовна：Соглашение о разделе имущества супругов и брачный договор//Вестник Омского университета. Серия《Право》/2012.

的规则；合同的内容不能有使夫妻一方处于极为不利地位或与家庭立法的基本原则相违背的其他条款。否则，法院有权主动依据民法典关于无效合同约定或依夫妻一方的申请判决该婚姻合同全部或部分无效。

（3）婚姻合同的变更或解除。按照夫妻双方的协议，可随时变更和解除婚姻合同。变更或者解除婚姻合同的协议应以订立婚姻合同同样的形式订立。不得单方拒绝履行婚姻合同。按照夫妻一方的请求，根据俄罗斯联邦民法典对合同变更和解除的依据的规定，并按照俄罗斯联邦民法典对合同变更和解除的程序，依法院的判决可变更和解除婚姻合同。婚姻合同的效力自婚姻终止时起终止，但婚姻合同已规定的在婚姻终止后的期间内的债务除外。（"俄家庭法典"第43条）

（4）婚姻合同的无效。根据该法典第44条规定，婚姻合同可由法院按照俄罗斯联邦民法典规定的认定行为无效的根据，确认合同全部或部分无效。如果合同的条款使夫妻一方处于极为不利的地位时，法院也可根据该方的请求，确认婚姻合同全部或者部分无效。该法典第42条第3款规定：婚姻合同不能限制夫妻双方的权利能力或行为能力，不能限制他们为维护自己的权利而向法院提起诉讼的权利；不能限制调整夫妻间人身非财产关系、夫妻对子女的权利义务关系；不能规定对无劳动能力需要获取生活费的一方的权利限制的规则；合同的内容不能有使夫妻一方处于极为不利地位或与家庭立法的基本原则相违背的其他条款。侵犯该法典第42条第3款其他要求的婚姻合同条款，自始无效。

（5）婚姻合同的终止。根据该法典第43条第3款规定，婚姻合同于夫妻婚姻关系终止时终止；但婚姻合同中关于婚姻终止后的夫妻债务的约定除外。在户籍登记机关解除的婚姻，自户籍登记簿上对离婚进行国家登记之日起婚姻终止，而在法院解除的婚姻，自法院判决产生法律效力之日起婚姻终止。负债配偶应将订立、变更或解除婚姻合同的情况通知自己的债权人；在未履行该义务时，不管婚姻合同如何约定的，该方对自己的债务承担责任。夫妻一方的债权人在情况发生重大变化时，有权依照法定程序，请求变更或解除其与该夫妻一方订立的合同。①

第二，约定财产制的类型及其具体内容。俄罗斯法并没有详细规定夫妻财产合同制的类型和具体内容，只概括地规定了夫妻双方可以通过婚姻合同变更法定财产制，可以对夫妻的全部财产、财产的个别类型或者夫妻各方的财产确定共有、按份所有或者分别所有制度。

第五节　当代俄罗斯亲子关系制度

本节研究和阐述以下内容：一是当代俄罗斯亲子关系制度概述；二是当代俄罗斯亲子关系的确定制度；三是当代俄罗斯父母子女的权利义务。

一、当代俄罗斯亲子关系制度概述

从比较法的角度来看，传统亲子关系种类通常包括父母与婚生子女、父母与非婚生

---

① Звенигородская Н. Ф: Договор о разделе имущества супругов: теория и практика// Вестник Пермского университета. Юридические науки/2010.

子女以及养父母子女。随着科技的进步，生育领域除了传统的自然生育外还逐步形成了较为成熟的人工辅助生殖体系。在这样的背景下，可以预见亲子关系将呈现更为丰富的样态，如父母与代孕所生子女、父母与人工授精所生子女以及父母与试管婴儿，等等。这类亲子关系均可以归入父母与人工生育子女的范畴中来。传统亲子法根据父母之间是否缔结婚姻关系，将生子女区分为婚生子女和非婚生子女。但是，1995 年《俄罗斯联邦家庭法典》并未从法律角度明确界分婚生子女、非婚生子女，在亲子关系种类上规定得较为简略，主要体现为生父母子女关系的确定。[①] 但从其法律相关规定来看，俄罗斯亲子关系主要包括父母与生子女、父母与非婚生子女、养父母子女以及父母与人工生育子女。在对待非婚生子女的态度上，俄罗斯承认非婚生子女与婚生子女具有完全相同的法律地位，法律禁止虐待、歧视非婚生子女。

二、当代俄罗斯亲子关系的确定制度

（一）自然血亲的亲子关系之确定

婚生子女的推定是指对子女婚生身份或者丈夫为子女父亲的一种法律上的推定[②]。对于婚生子女推定的标准，俄罗斯采取的是出生论，即推定婚姻关系存续期间出生的以及在婚姻关系存续期间受孕而出生的子女是夫妻双方的子女。实际上早在 1968 年的《苏俄婚姻和家庭法典》第 47 条中就已有对婚生子女的推定的规定："如果父母处于婚姻状态，则婴儿的出生，由父母的结婚证加以确定。"

在俄罗斯，生育子女的妇女为子女的生母。如果婴儿出生时父母处于婚姻状态以及婴儿自父母离婚、婚姻确认无效或者自婴儿母亲的配偶死亡之日起 300 天内出生，没有不同的证明，则婴儿母亲的配偶（原配偶）为婴儿的父亲。对于与婴儿母亲尚未处于婚姻状态时的男子生父身份的确定，可以通过婴儿的父亲和母亲向户籍登记机关提交共同申请的方式（自愿认领）或者申请法院通过司法程序判决（强制认领）来确定（"俄家庭法典"第 48、49、50 条）。

婚生否认是对婚生推定的限制，婚生子女的否认制度即当事人依法享有否认婚生子女为自己子女的诉讼请求权。俄罗斯在提起婚生否认之诉主体这一问题上，规定被登记的父母、婴儿实际的父母、已经达到成年年龄的子女本人、子女的监护人（保护人）以及无行为能力的父母的监护人均有权对被登记成为子女父母的人提出异议，范围较宽。但法律限制了登记时已经知道自己并非子女的生父的人、依照法定程序同意人工生育的夫妻一方以及同意为妇女体内注入胚胎的夫妇和代孕者的异议权。（"俄家庭法典"第 52 条）

（二）人工生育子女的亲子关系之确定

20 世纪以来，随着生物科学技术的进一步发展，人工辅助生殖技术在生育领域也得到了进一步推广应用。在这样的背景下，人工授精、试管婴儿、代孕等人工辅助生殖技术在生育领域硕果累累，但我们也应看到人工辅助生殖技术在给不孕夫妇带来福音的同时，也使婚姻家庭法调整亲子关系面临更为复杂的局面。例如，基于人工辅助生殖技术

---

① 陈苇主编：《外国婚姻家庭法比较研究》，群众出版社 2006 年版，第 299 页。
② 陈苇主编：《外国婚姻家庭法比较研究》，群众出版社 2006 年版，第 321 页。

而出生的子女的身份确认问题，丈夫和妻子、代孕者、捐赠者、子女等在这一法律关系中的地位如何等，都是亟待婚姻家庭法予以积极回应的新问题。① 对于人工辅助生殖技术，俄罗斯呈现出一种开明的态度，并从立法上认可了人工授精、胚胎植入和代孕等人工辅助生殖技术的实施与应用。例如，俄罗斯认可代孕且未禁止有偿的代孕。法律规定，处于婚姻状态并且自己以书面形式同意将胚胎植入另一名妇女体内以使胚胎足月的男女双方，只有经生育婴儿的妇女（代孕母亲）的同意才能登记为婴儿的父母。同意给另一名妇女植入胚胎的夫妇以及代孕母亲在出生登记簿上进行父母登记后，也不能就生父母身份向法院提出异议。

在人工辅助生殖技术的子女与父母身份关系的确定上，俄罗斯采取了"事前同意不得违反"的立法模式。处于婚姻状态并且自己以书面形式同意采用人工授精或者胚胎植入方式的男女双方，在因此而出生的子女的出生登记簿上登记为婴儿的父母。依该规定登记为父母的夫妻提出生父身份异议的，法院不支持其请求。（"俄家庭法典"第51条）

三、当代俄罗斯父母子女的权利义务

（一）当代俄罗斯未成年子女的权利

1995 年《俄罗斯联邦家庭法典》规定了未成年子女的个人非财产权利（人身权利）和财产权利。1990 年 7 月 13 日俄罗斯联邦批准的 1990 年 9 月 15 日生效的 1989 年《联合国未成年人权利公约》规定，这些权利的大部分规范都被纳入了家庭法。该公约的前提是所有成员国都尊重和保证每个未成年人的权利，不受任何歧视（不论种族、已婚或未婚、财产、健康等情况）并保护、关心子女，保障其安全。同时，关于未成年人的概念问题可详见公约第 1 条。未成年人是指未满 18 周岁的俄罗斯公民。未成年人的基本权利罗列在 1995 年《俄罗斯联邦家庭法典》第十一章中以及 1998 年 7 月 24 日第 124-FZ 号《关于俄罗斯联邦未成年人权利主要保障的联邦法》。②

1. 未成年子女的人身权利

1995 年《俄罗斯联邦家庭法典》在未成年子女个人非财产性权利的规定上，充分地以未成年子女为利益出发点，其权利设置是全方位的，不仅包括一般的生存性权利，还包括发展性权利。

（1）未成年人享有受教育等发展性权利。该法典第 54 条规定："未成年人有权在家庭中生活并受教育；有权了解父母，有权获得父母的关心，并与其共同生活，除非这有损于未成年人的利益"；同时，按照家庭教育的优先原则，在无父母、父母的权利被剥夺或父母丧失监护能力等情况下，未成年人在家庭中获得的教育权由监护和保护机关提供。在安置无父母监护的未成年人形式中，收养优先。此外，还采取了其他形式，如转交给寄养家庭，保护人（监护人）家庭、家庭型孤儿院等。只有在未成年人没有被安置到家庭中，方可将其送至未成年人机构接受教育。可见，该立法对于未成年子女的发展权问题上充分地调动私法资源以保障其权利的有效落实。

---

① Лескова Юлия Геннадьевна：К Вопросу о наследственных правах суррогатных детей по законодательству РФ// Научный журнал/2015.

② Давыдова Юлия Хафизовна：Современное состояние правовых институтов по защите прав несовершеннолетних детей в России// Историческая и социально-образовательная мысль/2015.

（2）未成年人享有与父母、其他亲属来往的权利。该法典第 55 条规定了未成年人有权与父母和其他亲属来往的权利。第一，子女享有与父母双方、祖父母、外祖父母、兄弟姐妹和其他亲属来往的权利。父母离婚、确认婚姻无效或者父母分居不影响子女的上述权利。子女享有与处于分居状态的父母双方来往的权利。即使父母居住在不同的国家，子女的该项权利并不受影响。第二，即使子女处于异常情况（拘留、逮捕、监禁、在医院或其他的情况）下，仍享有依照法定程序与自己的父母（替代父母的人）和其他亲属来往的权利。① 这些规定体现了 1989 年联合国《儿童权利公约》第十章的规定，成员国有义务协助离散家庭复合之精神。

（3）未成年人受保护的权利。该法典第 56 条规定，未成年人有权保护自己的权利和合法权益。关于此项权利的落实上，首先是由父母（替代者）负责实现，其次是监护和保护机关，最后是检察官和法院。但该法典第 147 条第 1 款还规定，监护人（受托人）并不指派给在教育机构、居民社会保障医疗机构和其他类似机构获得国家全面监护的未成年人。并且，未成年人也可自行寻求保护他们的权利，如父母滥用其权利或无法履行职责时，年满 14 岁的未成年人可向法院提出申请，未满 14 岁的未成年人可寻求监护和保护机关。然而，大部分未成年人甚至不知道这些机构的存在，更多是向亲戚、朋友、老师、教育工作者诉说自己的问题。因此，该法典第 56 条第 3 款规定，知悉未成年人的生命或健康遭受威胁、其权利与合法利益遭受损害的组织负责人或其他公民有责任将此告知未成年人实际所在地的监护和保护机关。必须注意，联合国 1989 年《儿童权利公约》规定的未成年人免受以下侵害的权利亦被俄联邦法律予以承认，具体有：第一，任意或非法干涉其私生活，非法攻击其荣誉和名誉；第二，一切形式的身心暴力，虐待或伤害，不关心或忽视，粗暴或剥削；第三，经济剥削与任何可能对其健康构成危险或干扰其接受教育或损害健康和身体、智力、精神、道德和社会发展的行为；第四，非法使用麻醉药品和精神药物；第五，一切形式的性剥削和性虐待；第六，不人道或有辱人格的态度或惩罚；第七，有损于未成年人福利所有其他形式的剥削。②

（4）未成年人表达意见的权利。该法典第 57 条规定，在解决涉及其利益的家庭问题，任何司法或行政诉讼中予以聆讯时，未成年人均具有表达个人意见的权利。③ 例如，在解决有关子女将与离异父母何方共同生活的问题，未成年人有表达个人意见的权利。当然，根据未成年人年龄阶段的不同，意见的表达方式也有所区别。考虑到年满 10 岁未成年人的意见是强制性的，除该意见违反其利益的情况外。如果不同意未成年人的意见，法院和市政机构有义务证明，违背未成年人意见通过判决的原因。同时，俄联邦立法针对未成年子女的意见表达权问题给予了清晰的规定，具体有：第一，父母分居，子女将与谁一起生活；第二，关于子女作为原告起诉父母的诉讼（如果有人非法将其留在自己身边）；第三，1995 年《俄罗斯联邦家庭法典》第 67 条第 3 款④，涉及子女探视权的诉讼。此外，还有父母解决有关家庭养育、教育子女、选择教育机构，教育形式的问题。在前三种情况下，法院有义务在判决中反映未成年人对受理问题的立场，并明确规定在

---

① 此款在 2013 年 7 月 2 日被第 167 号联邦法律、2013 年 11 月 25 日第 317 号联邦法律修订。

② 参见联合国 1989 年《儿童权利公约》第 16、19、32-34、37 条。

③ 此条在 2008 年 4 月 24 日第 49 号联邦法律修订。

④ 此款在 2015 年 12 月 30 日第 457 号联邦法律修订。

以下情况下，务必征得年满 10 岁未成年人的同意：更改未成年人的名字、姓氏、父称，包括子女的收养问题；收养子女，以及作为子女父母的养父母的公民身份记录在证书中，但子女住在收养家庭并将其视为父母的情况除外；将子女转移到寄养家庭，家庭型孤儿院；恢复父母的父母权利等。

（5）未成年人的姓名权。关于父母对子女姓名的决定权，如无联邦及各主体法律或民族习俗例外规定，父称是以父亲的名字命名的。另外，父称并不当然授予子女。当然，关于不同的姓氏问题，除非联邦主体的法律另有规定，否则通过他们的协议决定子女随父亲或母亲的姓氏。同时，如果对子女的亲子关系不成立，姓氏应在子女的出生证明上和在母亲身份记录中以母亲为准，并由母亲命名，而父称则以母亲指认的父亲的名字为准。（"俄家庭法典"第 58、59 条①）

2. 未成年子女的财产权利

大多数情况下，未成年子女的财产权由民法调整。家庭法只规定家庭内未成年人的某些财产权，如父母与子女之间的财产关系。所以，父母尚在，子女不具有父母财产的所有权。同样，父母对未成年人的财产也没有所有权。但如果子女和父母一起生活，双方同意的情况下，他们拥有并使用彼此的财产。父母和子女共同获得财产并不意味着享有共同所有权。他们的关系受共同所有权规则的约束。农民（农业）经济成员的共同所有权是例外。该法典第 60 条第 2 款对此种情形有明文规定，法院按照应给付未成年孩子的抚养费的父母一方的请求，有权作出判决，将应给付的不超过百分之五十的抚养费转拨到以未成年人的名字开立的银行账户上。

（二）当代俄罗斯父母对子女的亲权

在传统民法中，法律侧重对父母享有的亲权之保护和加强，强调子女尊敬和服从的义务，父母的权利即亲权。随着时代的变迁，"亲本位"变为"子本位"，亲权从单纯的权利演变为权利义务的统一体，更为重视子女权利的保护和对子女的教育。亲子法立法本位的发展突出体现在有关父母子女间的权利义务规范上，从过去把重点放在亲权转而放在父母责任和儿童权利上，法律更关注父母对子女义务的履行。

父母对于子女的亲权，在现代家庭法中又被称为父母对子女的权利义务或父母的照护权。现代意义上的亲权，通常是指父母对未成年子女基于其人身和财产而享有或应履行的管教和保护的权利与义务。父母对子女的照护权，通常是指父母在子女的抚养、教育和人身保护以及财产管理上的权利与义务。对此规定当属德国立法为典型。《德国民法典》修法时直接用照护权取代了原来的亲权称谓，此立法称谓的变动反映了当前亲子法的立法趋势，即立法更加注重父母对子女教育管理等责任的履行，父母对子女的权利义务以"义务"为中心。传统意义上的亲权"亲本位"的立法理念向"子本位"转变，正在引领着世界许多国家亲子法领域的深刻变革。俄罗斯虽然未如德国一样用照护权替代亲权，但 1995 年《俄罗斯联邦家庭法典》在亲权相关规定上进一步突出了以子女利益保障为中心的主题。

1. 亲权的特点

该法典第 61 条规定，父母对子女享有平等的权利并承担平等的义务（亲权）。亲权

---

① 此条在 1997 年 11 月 15 日第 140 号联邦法律修订。

是父母对其未满 18 周岁的未成年子女或不具备完全行为能力但已满 18 周岁的成年子女的权利与义务。其特点包括：（1）父母在行使亲权时享有平等的法律地位，不论年龄、性别、居住地点等；（2）父母的权利也是他们的义务（职责）；（3）亲权的行使必须符合未成年人的利益。

2. 亲权的内容

亲权的内容包括人身亲权与财产亲权，前者一般包括居所、住所指定权、子女交还请求权、惩戒权、职业许可权、法定代理权和同意权；后者主要是指财产管理权、使用收益权以及处分权。① 在俄罗斯，父母对子女享有平等的权利与义务，非因法定事由，不得剥夺父母对子女的亲权。同时，亲权的享有不以共同生活为必要条件，即便父母一方在不与子女共同生活的情形下，其仍然享有亲权。俄罗斯法的亲权内容包括：父母和未成年子女共同生活的权利；父母培养教育子女的权利义务；未成年子女与祖父母、外祖父母、兄弟姐妹及其他亲属正常往来不受父母阻碍等。该法典规定的亲权，具体内容如下：

第一，父母对子女培养和教育的权利和义务。所谓"家庭教育"是指父母对孩子法律意义上的养育义务和监护权利，而"家教"的立足点也正在于培养后代"自我意识"的形成。对此，该法典第 63 条第 2 款第 1、2 项明文规定：一是"父母应保障子女获得普及基础教育"②；二是"父母根据子女的意见，有权在接受基本普通教育之前选择教育机构和子女的学习形式"。可见，对于子女教育权的实施在俄联邦立法中贯穿于基础教育与普通教育两个环节之中。

第二，父母对子女保护的权利和义务。对此该法典第 64 条通过两个条文全方位地塑造了父母的保护义务，具体不仅认为保护子女权利和利益是父母之法定义务，更认为父母是子女的法定代表人——在与任何自然人和法人的关系中，包括在与法院的相关诉讼中。

第三，父母有权要求任何非法滞留子女的人交还未成年人。该法典第 68 条第 1 款第 1 段在规定此问题时，面对存在的争议要经过司法审查。并于第 68 条第 1 款第 2 段进一步规定，法院可考虑未成年人的意见，如子女转交给父母的结论违背未成年人的利益，则有权拒绝父母提起的诉讼。审理这些案件时，法院会考虑到父母能确保未成年人适当养育实际情况、父母与未成年人的关系性质以及未成年人对其拥有者的依赖性以及其他情况。

3. 亲权的行使

关于亲权行使的一般规则，根据该法典第 65 条③，亲权的行使不能与子女的利益相抵触。保障子女的利益应是其父母主要的关系对象。在实现亲权时，父母无权给子女的生理和心理健康，道德发展造成损害。教育孩子应禁止用轻视、残酷、粗暴、损害人格尊严、侮辱或者剥削孩子的方式。实施亲权损害子女权利和义务的父母，依照法律规定的程序承担责任。涉及培养和教育子女的一切问题，由父母根据子女的利益并考虑子女

---

① 参见余先予主编：《俄罗斯民商法与冲突法》，上海图书出版公司 1995 年版，第 221 页。
② 此款在 2013 年 7 月 2 日第 185 号联邦法律修订。
③ 此条在 2011 年 5 月 4 日第 98 号联邦法律修订。

的意见协商解决。在父母之间有争议时，父母（其中一方）有权向监护和保护机关或者法院提出解决该争议的请求。父母分居时，孩子的居住地由父母协商确定。不能达成协议时，从孩子的利益出发由法院裁决。此时，法院应考虑子女对父母各方兄弟姐妹的依恋程度，考虑孩子的年龄、父母的道德和其他个人品质、父母各方与孩子之间存在的关系、是否能为孩子的培养和发展创造条件等（父母的活动类型、工作制、父母的物质和家庭状况和其他情况）。根据父母按照民事诉讼法规定的程序提出的要求以及前述规则的要求，法院有权在监护和保护机关参与的情况下，出于保护子女权利和利益在子女居住地的法院判决书尚未生效前决定子女的居住地。行使亲权时，父母（替代父母的人）有权展示其在家庭中作出的医疗、心理、教育、法律及社会方面的帮助。

关于特殊情况下亲权的行使，可以分为以下情形：

第一，未成年父母亲权的行使。首先，根据该法典第62条第1款，未成年父母有权与子女一起生活，并参与其抚养。但由于未成年公民并不具有完全民事行为能力，未成年父母只有参与抚养子女的权利，关于其权利行使的具体情况如下：未成年的父母享有与子女共同生活和参与子女培养的权利。未成年的父母在其子女出生后，如能确定其为子女生母或生父，有权在其年满16岁后独立行使亲权。（"俄家庭法典"第62条第1、2款）。应当注意，在民法关系中未成年人的法定代表人是其父母，年满14岁之前，父母可代表子女进行所有的实际交易行为（《俄罗斯联邦民法》第28条）。同时，未成年人未经其父母同意无权进行多项交易（详见"俄家庭法典"第26条），尽管他本人是其子女的法定代理人，并且可代表子女进行交易。因此，未成年父母未经其父母同意不得出售房屋，但可以支配其子女的财产，包括不动产（须经监护和保护机关同意）。其次，未成年父母在满16岁之前无法独立行使亲权，但可以为子女指定监护人并与该监护人共同实现对子女的教育。子女的监护人与未成年人的父母之间产生的分歧，由监护和保护机关解决。[①]（"俄家庭法典"第62条第2款）通常，未成年人的祖父母是其监护人。该监护人将与子女的未成年父母一起对未成年人的子女进行抚养教育。如果监护人与父母之间存在分歧，则由监护和保护机关解决争议。该监护人作为未成年子女的法定代理人，其应履行的基本职责便是代理未成年子女进行民事活动，在未成年子女权益受到侵害或者与人发生争议时，代理其进行活动。对子女财产的管理是父母的职责，故父母无权收取报酬，但父母为子女的利益使用子女的财产及其收益是合理的。最后，关于未成年父母对亲子关系确认请求权，未成年的父母有权根据一般原则承认自己的生父和生母的身份并对此提出异议，也有权自年满14岁后请求依照司法程序对自己的子女确定生父。（"俄家庭法典"第62条第3款）

第二，与子女分开居住的父母亲权的行使。与子女分开居住的父母拥有与子女共同居住的父母相同的权利。不同之处在于前者可能由于一些情况限制，而不能随时行使这些权利。例如，如按照法院程序解决与未成年人沟通权的问题，法院会考虑到未成年人的年龄、健康状况，对父母一方的依赖性以及影响未成年人身心健康与道德发展的其他情况。同时，即使与未成年人分开居住的父母也有权与子女沟通、参与子女的抚养、解决子女受教育的问题、从教育机构和其他机构获得关于子女的信息情况（父母对子女的

---

① 此款在2015年12月30日第457号联邦法律修订。

生命和健康构成威胁的情况除外）以及父母可就行使亲权的程序达成协议，否则争议将由法院解决，且有监护和保护机关参与。（"俄家庭法典"第 66 条）

父母与子女之间的关系并不因父母之间离婚而消除，也不会因为父母与子女的分居事实而消除。故无论父母是否与孩子事实上分居，都对子女享有同样的权利和承担同样的义务。但是由于时空上的阻隔，未与子女共同居住的父亲或者母亲一方针对一些特定的权利在事实上却难以行使，因此需要在立法上明晰与未成年人分开居住的父母有何权利，并且受何种程度的限制，且此问题在未成年人与父母之间的关系尤为突出。未成年人因年龄与心智的不成熟等因素而无法在市民社会中完全独立地从事民事活动，选择自己的生活方式。因此，该法典第 66 条规定，即便父母有一方未与未成年子女共同居住，也对其享有沟通、抚养、解决受教育问题及获得有关子女的信息情况等权利。

4. 亲权的剥夺与恢复

剥夺亲权是极端措施，在特殊情况下，父母对子女实施了犯罪行为，则可剥夺之。[①]至于剥夺亲权的依据详见 1995 年《俄罗斯联邦家庭法典》第 69 条[②]以及 1998 年 5 月 27 日俄罗斯联邦最高法院全体会议判决第 10 号令"关于法院在解决与抚养子女有关的争议时使用的法律"。

关于剥夺亲权的法定事由：第一，父母不履行父母的责任。最普遍的一条依据就是没有关心未成年人的道德和身体发育、教育，蓄意不支付抚养费。第二，无正当理由，拒绝从产科医院（病房）或其他医疗机构、教育机构、社会保障机构或类似组织接受其子女。如有正当理由则除外，如由于缺乏生活条件，难民、无国籍、无工作的人孕育子女等不可能从这些机构中接受未成年人。第三，滥用其亲权，即使用这些权利有损于未成年人的利益。例如，妨碍其学习，要求其进行乞讨、盗窃、卖淫、食用酒精饮料或麻醉剂等。第四，对子女存在各种伤害。对此，主要表现为父母虐待或蓄意性侵、抚养方法不当、粗鲁、轻视、有损子女人格、虐待或剥削子女。当然，暴力行为也包括其中，不仅有身体暴力还有精神暴力。需要注意的是，此处的暴力不取决于身体伤害的实际情况，且身体和精神暴力通常是相互关联的。第五，父母慢性酗酒或吸毒成瘾，且须有医学结论予以确认被告被视为活动能力受限，而非强制性的。第六，有损于子女的生命或健康，或有损于配偶、子女的另一方父母或其他家庭成员生命或健康的蓄意犯罪，且必须由法院判决确定。在这种情况下，蓄意形式在所不论。

上述在特定情形剥夺未成年子女父母与子女交往、抚养子女、探视子女等规定是民事法律中家庭法部分的重要内容，其根本目的是更好地维护子女，特别是未成年子女的合法权益。[③]

关于剥夺亲权的请求人，包括：父母或替代者之一；检察官；负责保护未成年子女

---

① Заботкин Александр Олегович: Лишение родительских прав: некоторые аспекты правоприменения// Государственный советник/2014.

② 此条在 2008 年 4 月 24 日第 49 号联邦法律、2013 年 11 月 25 日第 317 号联邦法律、2015 年 11 月 28 日第 358 号联邦法律、2015 年 12 月 30 日第 457 号联邦法律修订。

③ Григорьева Анна Германовна: Мера семейно-правовой ответственности в виде лишения родительских прав// Теория и практика общественного развития/2013.

权利的机构或组织。（"俄家庭法典"第 70 条第 1 款①）在立法上明确列举负责保护未成年子女权利的机构或组织也享有申请剥夺父母之权的资格，以此弥补公权力部门保障子女合法权益之不足。在审理剥夺亲权案件时，检察官、监护和保护机关的代表必须参与审理。

关于剥夺亲权的程序，须根据子女生活条件的调查证明以及案件中收集的所有证据结论，由法院审理剥夺亲权的争议。在法院筹备审理限制甚至剥夺父母一方的亲权时，为了保护未成年人的权利，并确保其后续适当的抚养条件，以及与子女分开居住的亲权，法院在任何情况下，都需通知双方父母法院审判的时间与地点并进行情况释明。父母一方有权提出有关将子女变更监护人抚养的要求（1998 年 5 月 27 日俄罗斯联邦最高法院全体会议第 10 号令，"关于法院在解决与未成年人抚养有关的争议适用法律的若干解释"）。自法院裁定剥夺亲权的判决生效之日起三日内，法院必须将该判决的摘录发送到国家未成年人出生登记地的民事登记办公室。

关于剥夺亲权的法律后果，有如下内容：其一，被剥夺亲权的父母，丧失基于与子女的血缘事实而产生的一切权利，其中包括获得子女赡养的权利，也丧失为有孩子的公民所规定的享受优惠条件和国家补助金的权利。其二，剥夺亲权并不解除父母对自己子女抚养的义务。其三，关于子女与被剥夺亲权的父母（父母一方）继续共同居住的问题，由法院按照住宅法规定的程序解决。其四，父母（父母一方）被剥夺了亲权的孩子，仍有住宅所有权或者住宅使用权，也仍在基于其与父母和其他亲属的血缘事实而产生的财产权，其中包括获得继承的权利。其五，在不能将孩子交由父母另一方或者父母双方都被剥夺亲权时，交给监护和保护机关照管。其六，如果父母（父母一方）被剥夺亲权，则自法院作出剥夺父母（父母一方）亲权之日起 6 个月内，不得收养子女。（"俄家庭法典"第 71 条）

关于亲权的恢复，按照该家庭法典第 72 条②规定的法定条件，父母因不履行法定职责或者从事了损害子女合法权利的行为等特定事由而导致被依法剥夺父母之子女所享有之权利后，若被撤销之人能真心悔改，则法院可以视情况恢复其被撤销之权利。但是在适用此制度时，应当以尊重未成年子女的真实意愿为基本原则，倘若未成年子女不愿意恢复其父母被剥夺之权利，纵使剥夺权利的事由消灭，也不应当恢复其权利。③

有关恢复亲权的程序，恢复亲权须父母本人亲自提出有关恢复亲权的诉讼。被告是父母另一方或其子女监护人（养父母、监护人、未成年人机构）。该案件必须由监护和保护机关以及检察官参与审理。法院解决争议的主要标准是未成年人的利益。如果子女已满 10 周岁并且反对，则不能恢复父母的权利。如果子女还没有达到 10 周岁，那么只有在审理诉讼时，才会考虑其意见。通常，在申请恢复亲权的同时，审理将子女归还父母的要求。自判决生效之日起 3 日内，法院判决摘录将提交给民事登记处。

---

① 此款在 2008 年 4 月 24 日第 49 号联邦法律修订。

② 此条在 2012 年 11 月 12 日第 183 号联邦法律修订。

③ Доржиева Светлана Владимировна, Мурзина Елена Александровна: Актуальные проблемы восстановления в родительских правах//Евразийская адвокатура/2017.

5. 亲权的限制与撤销

第一，限制亲权的原因。从父母一方带走子女并未剥夺父母的权利则是另一种方式，即限制父母的权利。并非所有情况下，这一措施都可以作为对有罪行为的制裁。子女和父母共同居住将会对未成年子女的生命健康产生威胁是采取限制亲权的依据，在此过程中既不取决于他们的情况（精神紊乱、疾病、严重情况），也不由于父母的行为缺乏足够的理由剥夺父母的权利。（"俄家庭法典"第73条①第1、2款）

第二，限制亲权的法定程序。限制亲权的诉讼，可由子女的近亲属、法律规定的对未成年子女的权利有保护义务的机关和机构（"俄家庭法典"第70条第1款）、学龄前教育机构、普及教育学校和其他机构以及公诉人提起。② 审理限制亲权的案件，应吸收公诉人、监护和保护机关参加。在审理限制亲权的案件时，法院对向父母（父母一方）追索子女抚养费的问题作出判决。可见，起诉限制亲权的原告相比申请剥夺亲权的原告范围要更加宽泛。包括未成年人的近亲，有责任保护未成年人的权利的机关或组织（监护和保护机关、未成年人事务委员会、孤儿与无父母监护未成年人的组织等）以及检察官。在审理限制亲权案件时，检察官、监护和保护机关的代表应出席审理。法院在处理此类案件时应注意保护子女的受抚养权。（"俄家庭法典"第73条第3、4、5款）

限制亲权是一种临时措施。如果法院下达有关限制亲权的判决后六个月内，父母不改变其行为，监护和保护机关应当就剥夺父母权利进行诉讼。基于子女利益的考虑，可酌情缩短该期限。③

第三，限制亲权的法律后果。该法典第74、75条规定④，法院限制其亲权的父母丧失亲自教育子女的权利，以及失去为有子女的公民规定的享受优惠和国家补助金的权利。亲权的限制不解除父母抚养子女的义务。父母（父母一方）为被限制亲权的子女，保留住宅所有权或者住宅使用权，以及保留基于其父母和其他亲属的血缘事实产生的财产权，其中包括获得遗产的权利。如果父母双方都被限制亲权，子女交给监护和保护机关照管。被法院限制亲权的父母（父母一方）可以准许和子女接触，只要这种接触不会对子女产生不良影响。父母与子女的接触须经监护和保护机关的同意或者经未丧失监护权、未被限制亲权的父母、监护人（保护人）、孩子的养父母或者孩子所属行政机构其中一方的同意。

第四，撤销对亲权的限制。根据1995年《俄罗斯联邦家庭法典》第76条⑤，如果限制父母（父母一方）亲权的理由已经消失，法院可按照父母（父母一方）的诉讼请求作出判决，将子女交还父母（父母一方）并撤销对亲权的限制。如果将子女交还父母（父母一方）有悖于该子女的利益，法院考虑孩子的意见，有权拒绝满足父母的诉讼请求。法院应自关于撤销限制亲权的判决发生法律效力之日起3日内，将判决书副本送达孩子出生所在地的户籍登记机关进行国家登记。

---

① 此条在2008年4月24日第49号联邦法律、2013年7月2日第185号联邦法律修订。

② 此款在2008年4月24日第49号联邦法律、2013年7月2日第185号联邦法律修订。

③ Шангареев Анвар Тагирович: Вопросы лишения и ограничения родительских прав – проблема осуществления основных гарантий прав ребенка//Бизнес в законе. Экономико-юридический журнал/2013.

④ 此条在2015年12月30日第457号联邦法律修订。

⑤ 此条在2012年11月12日第183号联邦法律修订。

（三）父母子女间的扶养义务

1. 父母对子女的抚养义务

父母对未成年人的抚养义务。父母必须抚养未成年、无劳动能力、需要帮助的子女。无论是否与子女生活在一起，这种责任对于母亲和父亲来说都是固有的。即使被剥夺亲权或被限制的父母也有义务支付赡养费，除非子女被收养，生父母免除抚养义务。无论收入、能力和工作能力如何，父母都必须支持自己的子女。父母需要抚养子女，即使后者处于监护状态下，寄养家庭也是如此。

（1）未成年子女的抚养费。

第一，未成年子女领取抚养费的权利。该法典第 80 条规定，父母应抚养自己的未成年子女。给未成年子女提供抚养的方式和形式由父母独立确定。父母双方有权订立关于抚养自己的未成年子女的协议（给付抚养费的协议）。如果父母不向自己的未成年子女提供抚养，则依照诉讼程序向父母追索未成年子女的生活费（抚养费）。如果父母没有关于给付抚养费的协议，又未给未成年子女提供抚养费，也未向法院提起诉讼时，监护和保护机关有权对未成年子女的父母（父母一方）提起追索抚养费的诉讼。根据法院判决，父母对未成年人，以及年满 18 岁而无劳动能力的成年人未支付生活费，则承担刑事责任，即 120-180 小时的强制性劳动或者劳教长达 1 年，或者拘留 3 个月。

第二，抚养费索取的标准。该法典第 83 条第 1 款规定，在以下情况下，法院可以索取确定数额或同时按固定数额比例追回抚养费：其一，如果父母的收入或其他收入发生不定期变化（如画家靠出售画作谋生，其收入不稳定）；其二，父母收到工资，其他全部或部分实物收入（如其企业的产品）或外币；其三，在没有工资或其他收入的情况下（在这种情况下，有可能申请追讨抚养费支付者的财产）；其四，在其他情况下，以份额比例收取抚养费很困难或严重侵犯一方的利益。可以看出，上述情况属于子女的父母的经济状况出现了困难，丧失了继续支付抚养费的能力或者继续支付抚养费会危及一方的生存利益。[①] 以上规定采取列举示例的方式，首先列举了三种具体情况作为示例，最后再以"其他情况"作为兜底规定，"以份额比例收取抚养费很困难或严重侵犯一方的利益"为实质性的判断标准，以增强其灵活性，可以适应复杂多变的实践情况。

第三，抚养费的管理。如果未成年人没有双方父母照顾，抚养费支付给保护人（监护人）、养父母或汇入至孤儿与无父母监护未成年人的组织，并为每个子女单独核算。该法典第 84 条第 2 款[②]第 3 段规定，上述组织有权将这些数额存入银行。收到的抚养费的百分之五十的金额用于这些组织为未成年人支出的生活费。如果子女留在该组织，他收到的抚养费和收入的百分之五十都记入以未成年人名义在俄罗斯联邦储蓄银行开立的账户。

（2）父母对成年无劳动能力子女的抚养义务。成年无劳动能力子女享有抚养费索取的权利。如果子女无劳动能力并需要帮助，那么父母不管他们的收入如何都必须支付生活费。在立法中没有对"无劳动能力"一词进行明确的定义。无劳动能力者是一级、二

---

① Мусаев М. Г: Алиментные обязательства родителей по содержанию несовершеннолетних детей//Вестник Московского университета МВД России/2011.

② 此款在 2008 年 4 月 24 日第 49 号联邦法律、2013 年 11 月 25 日第 317 号联邦法律、2015 年 11 月 28 日第 358 号联邦法律修订。

级残疾人或已达到退休年龄的人员。关于三级残疾人的无劳动能力根据其具体情况、就业的可能性判断。例如，一名小提琴手遭受了腿部伤害，并成为三级残疾人，但他并没有失去工作能力。他继续从事专业工作。对所有各级残疾人而言，都应公平对待，确保他们享有抚养费的权利。在确定抚养费金额时，残疾程度很重要。

（3）抚养费索取争议的解决。在没有抚养费协议的情况下，无劳动能力的成年人和未成年人的抚养费金额按固定数额确定，每月按照物质和婚姻状况以及各方的其他有价值的利益支付。在索取无劳动能力成年子女的抚养费时，则可以由成年抚养费领取者自己提出诉讼，或者如他被认定为无能力者，则由其监护人提起诉讼。

（4）父母对子女的额外开支。该法典第 86 条规定，在无协议和有特殊情况（未成年子女或者无劳动能力的需要照顾的成年子女患重病、伤残、为看护他们须雇人而支付的费用和其他状况）时，法院可确定父母各方分担因上述情况引起的额外开支。父母分担这类开支的方式和金额，由法院根据父母和子女的物质和家庭状况和其他应注意的双方利益，确定按月应给付的固定数额的货币。法院有权责成父母分担实际的已发生的额外开支，或是预期的额外开支。

（5）父母对子女抚养费的免除。该法典第 119 条第 2 款规定可免除父母支付抚养费的理由有二：其一，有行为能力的成年抚养费领取者蓄意对抚养费支付者实施犯罪；其二，家庭中有行为能力的成年抚养费领取者的不正当行为。原则上，父母应当支付抚养费，但针对特殊情况，该法典规定了父母支付抚养费的免除情形，也就是在成年的抚养费领取者有行为能力而且存在重大过错的情况下，如蓄意犯罪或有不正当行为，免除父母支付抚养费的义务。这是基于公平正义的精神。

2. 子女对父母的赡养义务

（1）子女支付赡养费的考量标准。父母和子女的责任是相互的。在达到成年年龄后，有劳动能力的成年子女不论其收入如何，都必须照顾无劳动能力需要帮助的父母。成年子女对父母的赡养义务是宪法规定的（俄罗斯联邦"宪法"第 38 条第 3 部分）。1995 年《俄罗斯联邦家庭法典》第 87 条也规定了"有劳动能力的成年子女，应赡养其无劳动能力需要帮助的父母并关心他们"。但是，强迫子女关心父母是不可能的。强制性措施只能用于履行支付赡养费的财产义务。

在没有协议的情况下，按照法院程序，每月收取固定金额的赡养费。在确定赡养费金额时，应考虑该父母的所有有劳动能力的成年子女，取决于是否向他们提出要求。如果法院确定，父母未能履行父母的职责（如未支付子女的抚养费，抚养子女等），则可免除子女支付赡养费。

（2）子女对父母的额外开支。在特殊情况（疾病，残伤等）下，赡养费接受者可能需要支付购买药品、经常护理、假肢、手术付款等额外资金。如果成年子女不关心无劳动能力的父母和在特殊情况下（父母重病、伤残、须雇用他人看护而支付的费用和其他情况），法院可确定由成年子女分担因上述情况引起的额外开支。对于每位成年子女分担额外开支的方式和该费用的数额，须考虑父母和子女物质和家庭状况和各方其他应得考虑利益确定。分担额外开支的方式和该开支的数额，可由双方的协议确定。（"俄家庭法典"第 88 条）

第六节 当代俄罗斯收养与寄养制度

本节研究和阐述以下内容：一是当代俄罗斯收养与寄养制度概述；二是当代俄罗斯收养制度；三是当代俄罗斯寄养制度。

一、当代俄罗斯收养与寄养制度概述

1995 年《俄罗斯联邦家庭法典》第六编专门规定"无父母照管的子女的教育方式"。该编立法对于"无父母照管子女的安置"制度，同时设立有收养、监护和保护、寄养三个章节。由于本章第七节专门研究和阐述当代俄罗斯监护制度，所以对于未成年子女的监护和保护在本节不予论述。

1995 年《俄罗斯联邦家庭法典》第六编第十八章是关于无父母照管的子女的发现与安置，第 121 条规定，无父母照管的子女的权利和利益的保护："如果父母死亡、剥夺父母亲权，认定父母无行为能力、父母患病等其他无父母照管子女的情况下，由监护和保护机关承担保护子女权利和义务的责任。"同时，该法典第 123 条规定，第一，无父母照管的子女应当被移送到家庭中教育（作养子养女，受该家庭的监护和保护，或者到被寄养的家庭中）。第二，如果不具有前述可能性时，将该子女转移至为孤儿和无父母照管的子女设立的各类机构包括教育机构、医疗机构、居民社会保障机构等中安置（"俄家庭法典"第 155 条第 1 款）。[①] 第三，在安置无父母照管的子女时，应考虑到其种族根源、宗教信仰和文化、母语以及保障培养和教育的延续性。[②] 第四，在无父母照管孩童被安置进家庭接受教育培养或者本条第 1 款所列的机关教育前，监护和保护机关承担子女的监护（保护）责任。[③]

可见，对于该法典第 121 条规定的法定情形下"无父母照管子女的安置"，一方面，采取家庭养育的安置方式，其主要采取两种家庭的安置方法：一是收养家庭；二是寄养家庭。另一方面，采取机构养育。也就是说，寄养家庭是对于无父母照管、无父母行使亲权、也无收养人的子女的一种安置方式。或者说，对于无父母照管、无父母行使亲权也无收养人的子女的家庭养育安置而言，寄养家庭的安置是对于收养家庭安置的一种补充。

在俄罗斯，有关收养的内容被集中规定于该法典第六编"无父母照管的子女的教育方式"之第十九章"收养子女"之中，并且还与《俄罗斯联邦民法典》以及相关国际公约有关。1995 年《俄罗斯联邦家庭法典》并未明确规定收养的具体原则，但可以根据具体制度设计归纳出以下原则性规定。

（一）被收养人利益最大化原则

1995 年《俄罗斯联邦家庭法典》第 1 条第 1 款规定："俄罗斯联邦的家庭、母亲、父亲和儿童受国家保护"，而具体立法中许多制度设计也较充分地体现出对被收养儿童利益

---

① 此款在 2008 年 4 月 24 日被第 49 号联邦法律修订、2013 年 7 月 2 日被第 167 号联邦法律修订。
② 此款在 2008 年 4 月 24 日被第 49 号联邦法律修订。
③ 此款在 2008 年 4 月 24 日被第 49 号联邦法律修订。

的国家保护，故对未成年被收养人利益的保护依然是俄罗斯收养立法的重心所在。

根据该法典第 124 条第 2①、3②、4③ 款的规定，未成年人收养需要保证未成年人最大的利益即收养能够最大限度地满足未成年人成长所需的物质及精神等需求；原则上兄弟姐妹不得分开收养，但是为了儿童利益原则，可以分开收养。此外，该法典专门规定涉外收养的原则是 "国内收养优先于国外收养"，即在涉外收养中也注重儿童利益的保护，如当外国人收养俄罗斯儿童时，必须首先保护儿童的利益。④

（二）国家监督原则

国家监督原则是俄罗斯收养法保护儿童最大利益原则的程序性规定。该原则在儿童收养过程中发挥的作用举足轻重。比如，对于收养程序，该法典第 125 条⑤规定，收养由法院根据希望收养子女的人（或数人）的申请进行。审理关于确立子女的收养案件由法院按照民事诉讼规定的规则依特殊诉讼程序进行。法院审理关于确立收养子女案件，必须吸收收养人本人、监护和保护机关，以及公诉人参加。确立子女的收养，须有监护和保护机关作出的关于收养有充分理由且与被收养子女的利益相符合的鉴定结论。并且，收养的解除同样需要法院及以上机构的参与。再如，第 165 条第 2 款规定，如果收养子女可能侵犯俄联邦立法和俄联邦国际条约规定的儿童权利，则无论收养人的国籍如何，不得办理收养，而已办理收养子女的应依照司法程序取消等。

二、当代俄罗斯收养制度

（一）收养的条件和程序

1. 收养的条件

（1）被收养人的条件。根据俄罗斯法规定，收养是安置无父母照顾的儿童的优先形式，被收养人只能是未成年人而且收养需满足儿童最大利益原则，即该收养能够最大限度满足儿童的身体、心灵、精神和道德等发展需求。兄弟姐妹由不同人收养原则上禁止但该收养符合儿童利益的除外。另外，该法还就涉外收养作出专门规定，要求在如不能将儿童送交给在俄罗斯联邦境内经常居住的俄罗斯公民家中培养，或在不取决于儿童家属的国籍和居住地的情况下都不能将儿童送交其亲属收养时，才允许外国人或无国籍人收养儿童。（"俄家庭法典" 第 124 条）

（2）收养人的条件。根据该法典第 127⑥、128 条的规定，收养人必须具备的法定条件如下：

第一，收养人必须是成年人，但有以下情形的成年人不得收养：被法院认定无行为

---

① 此款在 1998 年 6 月 27 日第 94 号联邦法律修订。
② 此款在 1998 年 6 月 27 日第 94 号联邦法律修订。
③ 此款在 1998 年 6 月 27 日第 94 号联邦法律、2004 年 12 月 28 日第 185 号联邦法律、2013 年 7 月 2 日第 167 号联邦法律修订。
④ Минеева Ирина Николаевна, Панфилов Михаил Анатольевич: Проблемы усыновления（удочерения）российских детей иностранными гражданами//Пробелы в российском законодательстве. Юридический журнал/2014. 必须说明，本著作不研究有关国际私法之涉外收养，故对俄罗斯的涉及收养制度不予以阐述。
⑤ 此条在 2015 年 12 月 30 日第 457 号联邦法律、1998 年 6 月 27 日第 94 号联邦法律、2015 年 12 月 30 日第 457 号联邦法律修订。
⑥ 此条在 2015 年 12 月 30 日第 457 号联邦法律修订。

能力或者限制行为能力的人；夫妻一方被法院确认为无行为能力或限制行为能力；被法院剥夺父母身份或法院限制亲权的人；因违反法律规定的义务而被解除监护人职责的人员；因自身过错被法院解除收养的人；由于健康状况而无法履行父母责任的人，阻止该人收养儿童、作为其监护人的疾病清单，应由俄罗斯联邦政府编制；在收养时，无法确保被收养人的最低生活保障者；没有永久居留权的人，以及无符合既定卫生和技术要求的生活住房者；在收养时，因故意犯下危害公民生命或健康的罪行而被定罪留有犯罪记录的人。

第二，未婚者不得共同收养同一个子女。

第三，在若干人希望收养同一个孩子的情况下，在必须遵守本条第 1 款和第 2 款的要求和被收养儿童利益的情况下，应给予子女的亲属以优先权。

第四，收养人与被收养人之间有年龄差的限制。单身公民不能成为养父母，除非未婚收养人与被收养人的年龄差距不少于 16 岁。若法院有正当理由，可以减少年龄差距。如果子女被继父（继母）收养，则不受本条第 1 款规定的年龄差距的限制。

（3）收养当事人的同意。根据该法典第 129-133 条的规定，有关国内收养当事人的同意，有如下情形：

第一，被收养人父母的同意。收养儿童，必须征得其父母的同意。在收养未满 16 岁的未成年父母的子女时，还必须征得其父母或监护人的同意，在其父母或监护人不在的情况下应征得监护和监管机构的同意。在法院确认收养成立之前，父母有权撤回对儿童收养的同意。父母可以同意由指定人员收养儿童或者不指定，父母对收养儿童的同意只能在其出生后给予。在以下情况下无须征求父母的同意：父母下落不明或被法院宣告为失踪；父母被法院认定为无行为能力；父母被法院剥夺亲权的；法院认定父母非基于正当理由，超过 6 个月不与孩子一起生活，逃避其抚养责任。

第二，无父母的儿童在被收养时可行使同意权的主体。如果儿童处于监护、寄养情况下，收养应经监护人、寄养家庭的父母及无父母照管的儿童所处机构（如教育机构、医疗机构等）领导的书面同意。法院有权在未经前述规定的人员同意的情况下，就子女的利益通过关于子女收养的决定。

第三，被收养人的同意。被收养人如果年满 10 周岁，收养必须征得本人同意。在递交收养申请前该儿童已在收养人家中生活并视收养人为父母的情况例外。

第四，已婚夫妻一方收养必须征得配偶的同意，但夫妻双方已终止家庭关系，共同生活不足一年且另一方居住地不明时例外。

2. 收养的程序

根据该法典第 125 条的规定，收养的法定程序如下：

（1）申请。收养人应向法院提出收养申请即收养程序于希望收养该儿童的人（个人）向法院提出申请时开始。

（2）审理。有关收养儿童的案件，由法院根据民事诉讼法律规定的规则，通过专门程序审理。收养儿童的案件由法院审理，收养人本人、监护和监管机构及公诉人均有义务参与。法院要确立收养儿童的成立，就必须由监护和监管机构作出鉴定结论，以确定收养是否合理以及是否符合被收养儿童的利益，并同时作出一个或数个收养人与被收养人间存在亲自交往的事实说明。

（3）登记。收养人和被收养人的权利和义务应自法院关于收养儿童的判决生效之日起产生。法院有义务在生效判决作出后的 3 天内，将生效判决副本移送本地户籍登记机关，然后由户籍登记机关按照有关程序办理国家登记。

（二）收养的效力

在俄罗斯，收养成立后，被收养人及其后代与收养人及其亲属间成立拟制血亲关系，同时解除被收养人对其生父母及亲属间的权利义务关系，即采取完全收养制度。但俄罗斯收养法中仍有不完全收养的规定，如出于对被收养人的利益考虑，被收养人亲生父母一方去世，则根据死者父母（被收养人祖父母或外祖父母）之请求，在收养人不反对的情况下，可以对已故父母一方的亲属保留人身与财产方面的权利和义务。此外已故父母亲属与被收养人间交往的权利，应按照家庭法第 67 条的规定行使。被收养儿童与其父母之一或已故父母的亲属保持关系，应在法院关于儿童收养的决定中指出。（"俄家庭法典"第 137 条）

儿童被收养的秘密应受法律保护。作出收养决定的法官，或者了解情况的国家工作人员，以及通过其他方式知晓收养的人，均有义务保守儿童被收养的秘密。前述人员如果违反收养人的意愿而泄露了收养儿童的秘密，应按法律规定追究责任。（"俄家庭法典"第 139 条）

（三）收养的解除

1. 解除收养的条件

收养解除的法定条件：其一，如果收养人不履行或推卸履行父母的义务、滥用父母的权利、残忍地对待被收养的孩子或酗酒、吸毒成瘾，收养可能会被解除。其二，法院还应根据儿童的利益并考虑儿童的意见，以其他理由解除收养。（"俄家庭法典"第 141 条）

2. 解除收养的请求权人

解除收养的请求权人，包括被收养人生父母、收养人、年满 14 周岁的被收养人、监护和监管机构以及检察官。（"俄家庭法典"第 142 条）

3. 解除收养的程序

解除收养的程序及相关要求如下：其一，儿童收养应由法院依程序解除；其二，解除收养的案件应考虑监护和监管机构以及检察官的参与；其三，如果法院判决解除收养，则该收养自法院判决生效之日起终止。并且由法院在该判决生效起 3 日内将判决书副本交送收养登记地的户籍登记机关。（"俄家庭法典"第 140 条）

4. 解除未成年人收养的后果

关于解除未成年人收养的后果，其一，如果法院解除收养，被收养人和收养人（收养人的亲属）间的权利和义务将被终止，如果为了儿童的利益需要，则应恢复其与生父母（及其亲属）间的权利和义务关系。其二，如果解除收养，则应由法院判决将被收养人交还给其生父母。在生父母缺席的情况下，如果被收养人回到父母身边违背了他的意愿或有损其利益，则应将儿童交由监护和监管机构负责。其三，法院还应解决儿童是否应保留与收养有关的姓名问题。如果其年满 10 岁，只有经过其同意才能更改姓名。其四，根据儿童的利益，法院有权要求前收养人按照法律规定的金额支付抚养费用。（"俄家庭法典"第 143 条）

5. 养子女成年后解除收养的限制

在俄罗斯，原则上不允许在被收养的子女成年后解除收养。在提出解除收养的请求时，如果被收养的孩子已成年，除非收养人和被收养的孩子对该解除相互同意，以及若被收养人的父母尚生存、没有被剥夺亲权或者未被法院认定为无行为能力人且同意解除，否则不得解除收养。（"俄家庭法典"第144条）

三、当代俄罗斯寄养制度

如前所述，在1995年《俄罗斯联邦家庭法典》中，对于没有父母、收养人或其父母被剥夺亲权的未成年人，同时设立有收养、监护和保护、寄养三种制度。依该法典规定，对于没有父母、收养人或其父母被剥夺亲权的未成年人，可以采取寄养家庭的形式安置未成年人的家庭养育和监护，并且由国家监护和保护机关对寄养家庭的义务履行进行监督。俄罗斯政府于1996年在《收养家庭条例》中以法律的形式确认了这一安置方式。2000年，俄罗斯立法机关根据国家第32号补充决议在1995年《俄罗斯联邦家庭法典》中又补充了家庭形式的保育院是作为培育机构产生的。如今，寄养家庭与家庭形式的保育院，已成为两种完全相同的安置孤儿的平行安置方式。①

在俄罗斯，寄养家庭是对儿童养育和监护的一种形式，实质上是政府购买的一项民间服务。寄养家庭制度将养育与监护相结合，通过寄养家庭合同规定养父母的抚养、教育义务，由监护和保护机关对其履行进行监督，从而保障被寄养儿童的利益。该制度是对未成年人的养育和监护的一个特色补充制度。2009年5月18日俄罗斯联邦政府第423号令"关于对未成年公民开展托管和保管的某些问题"也确定了创建寄养家庭和监督寄养家庭中未成年人或子女的生活条件和养育的程序。俄罗斯寄养家庭的主要特点是，它是根据监护和保护机关与养父母之间缔结的家庭中养育子女合同的基础上形成的。对寄养家庭合同应包含送到寄养家庭的子女或子女信息（姓名、年龄、健康状况、身体和智力发育）、该合同有效期、未成年人或子女的抚养和教育条件、养父母的权利和义务、监护和保护机关针对养父母的权利与义务以及本合同的终止依据和后果。根据联邦法律，收养父母的报酬金额，每个子女生活费以及向寄养家庭提供的社会支持措施（取决于接受教育未成年人的数量），均由寄养家庭合同确定。

（一）寄养父母的条件

寄养家庭是在监护和保护机关和收养父母或收养父母一方订立寄养家庭合同后，在合同约定期限内承担被寄养人监护和保护职责的家庭。根据1995年《俄罗斯联邦家庭法典》第153条，寄养父母必须具备的条件如下：

（1）寄养父母可以是有意愿抚养孩子的夫妻，也可以是单独的公民。不存在婚姻状态的两个人不能收养同一个孩子。监护和保护机关应根据俄罗斯联邦民法典、联邦法律《监护和保护法》，以及本法典相关规定的要求对寄养父母进行监督和培训。对寄养父母不但有严格的条件限制，同时还要对符合条件下的寄养父母进行监督与培训，目的在于确保寄养儿童能够享受关怀与家庭氛围，在良好的抚养、教育环境中成长。

（2）寄养父母对被接受抚养的孩子享有权利，履行监护和保护的义务；并在不履行

---

① 乌云特娜、朱小蔓：《当前俄罗斯孤儿安置政策分析》，载《教育研究》2008年第4期，第90-91页。

或者不根据联邦法律和合同规定的程序和条件适当履行被赋予的职责时，依法承担责任。以此通过对寄养父母权利、义务与责任的规定，确保实现寄养儿童在家庭中享有合法权益。（"俄家庭法典"第 153 条①）

（二）寄养家庭合同的内容

《俄罗斯联邦家庭法典》第二十章的条款调整寄养家庭合同关系，寄养家庭合同中的某部分关系不受法典调整，而是由关于有偿服务的民事规范调整，因为这并不违反该关系的本质。根据该法典第 153-1 条，寄养家庭合同必须具备的内容如下：

（1）寄养家庭合同应当包括：被移转到寄养家庭接受抚养的孩子的基本信息（姓名、年龄、健康状态、身体和智力发展情况）；合同有效期限，孩子生活、培养、教育条件；寄养父母的权利和义务；监护和保护机关对寄养父母的权利和义务；以及合同终止的事由和后果。

（2）根据 2013 年修改的该法典第 155 条第 2 款，收养合同应规定养父母的试验期，试验期能够给养父母和被收养子女提供一个体验的机会，利用试验期来判断双方是否适宜建立收养关系，若经过相处得出否定答案，则可以及时中断，若答案肯定，则继续维系双方的收养关系，这对于建立关系和子女适应家庭是必要的。

（3）寄养家庭合同根据俄罗斯联邦各主体法律确定收养父母的报酬标准，支持每个孩子生活的资金数额，以及根据寄养孩子数量提供给寄养家庭的社会补助。（"俄家庭法典"第 153-1 条）

（三）寄养家庭合同的终止

关于寄养合同的终止，除合同约定的时间截止而终止寄养关系外，在发生法律规定的情形时，合同也应终止。该法典第 153-2 条②规定了合同终止的法定依据：（1）当出现民事规范规定的终止事由时，寄养家庭合同终止。监护和保护的职责终止也会引起合同终止。（2）寄养父母有权基于正当理由（重病、家庭或财产状况发生重大改变、与孩子缺乏相互理解、孩子与他人出现冲突）拒绝履行合同。监护和保护机关有权在寄养家庭出现以下状况时拒绝履行寄养合同：出现无力支撑孩子的生活、培养和教育的条件改变、孩子返回父母身边、孩子被收养。（3）寄养家庭合同一方恶意损害导致合同终止，则合同另一方有权请求就合同终止所引起的损失进行赔偿。

综上可见，寄养作为对于没有父母、收养人或其父母被剥夺亲权的未成年人养育和监护的家庭安置方式之一，有利于寄养儿童的健康成长。该制度在以合同形式平衡寄养中各方当事人利益的同时，以强制性规定设立监护和保护机关的监督方式，确保实现未成年人在家庭中享有的合法权益，包括人身权和财产权两部分，具体有受抚养权、姓名权、受教育权等，这体现了联合国《儿童权利公约》倡导的儿童权利保障之精神，有利于保障未成年人在良好的抚养、教育环境中成长。

第七节　当代俄罗斯监护制度

本节研究和阐述以下内容：一是当代俄罗斯监护制度概述；二是《俄罗斯联邦民法

---

① 此条在 2008 年 4 月 24 日第 167 号联邦法律修订。

② 此款在 2008 年 4 月 24 日第 167 号联邦法律修订。

典》对监护的一般规定；三是《俄罗斯联邦家庭法典》对监护的特殊规定。

一、当代俄罗斯监护制度概述

广义的监护制度，是指对一切未成年人和限制民事行为能力人及无民事行为能力的成年人的人身和财产权益进行监督和保护的法律规范的总称。[①] 俄罗斯的监护制度被规定在《俄罗斯联邦民法典》与《俄罗斯联邦家庭法典》中。其中，在《俄罗斯联邦民法典》的民事主体制度部分，规定了对于成年人与未成年人监护的一般规则；《俄罗斯联邦家庭法典》除在父母子女关系部分规定父母对未成年人的监护外，还以第二十章专章规定了对无父母照管的未成年人监护和保护的特殊制度。

二、《俄罗斯联邦民法典》对监护的一般规定

（一）广义的监护类型

根据《俄罗斯联邦民法典》第三章"公民（自然人）"部分的相关规定，广义的俄罗斯监护制度包括监护、保护与庇护三种类型。狭义的监护，是指对幼年人和因精神病而被法院确认为无行为能力的人应设立监护。监护、保护与庇护的区别，主要在于被监护人、被保护人和被庇护人的条件，监护人、保护人和庇护人的权利和职责等方面有所不同。

关于监护和保护的对象，根据《俄罗斯联邦民法典》第 31 条的规定，监护和保护设立的目的是保护无行为能力的公民和不完全行为能力的公民的权利和利益。在与任何人的关系中，其中包括在法院，监护人和保护人应出面维护被监护人和被保护人的权利和利益，而无须专门的授权。在未成年人如果没有父母、收养人，或其父母被法院剥夺亲权以及由于其他原因而没有父母保护的情况下，在包括其父母逃避对未成年公民的教育和逃避保护其权利和利益时，对未成年人应设立监护和保护。对年满 14 岁不满 18 岁的未成年人以及因酗酒或吸毒而被法院限制行为能力的公民应设立保护。可见，监护和保护的对象是无行为能力的公民和不完全行为能力的公民，包括成年人和未成年人。监护人依法为被监护人的法定代理人，以被监护人的名义和为了被监护人的利益实施一切必要的法律行为。（"俄民"第 32 条）保护人对处在保护下的公民无权独立实施的法律行为作出同意或不同意实施的决定。保护人对被保护人在行使其权利和履行其义务方面给予协助，并保护其不受第三人的不法利用。（"俄民"第 33 条）为了对无亲权人、无收养人的未成年人进行养育和监护，应当设立监护和保护，并且此类儿童的监护人和保护人之条件及其权利和义务由《俄罗斯联邦家庭法典》第二十章专门进行了规定。

关于庇护，对于有行为能力公民的庇护是指，对于因健康状况不能独立行使和保护自己权利和履行义务的具有行为能力的成年公民，可以根据其请求（其实质为意定监护），对他设立庇护形式的保护。（"俄民"第 41 条）

（二）监护和保护的一般规则

1. 监护和保护的设立

《俄罗斯联邦民法典》第 31、32、33 条规定，监护和保护设立的目的是保护无行为

[①] 陈苇：《中国婚姻家庭法立法研究》，群众出版社 2010 年版，第 459 页。

能力的公民和不完全行为能力的公民的权利和利益。为了对未成年人进行教育也可以对未成年人设立监护和保护。对因精神病而被法院认定无行为能力的成年人应当设立监护，对因酗酒或吸毒而被法院限制行为能力的成年人应当设立保护。在未成年人如果没有父母、收养人，或其父母被法院剥夺亲权以及由于其他原因而没有父母保护的情况下，其中在包括其父母逃避对未成年人的教育和逃避保护其权利和利益时，对未成年人应设立监护和保护。对年满14岁不满18岁的未成年人应设立保护，即监护和保护的对象为无行为能力的公民和不完全行为能力的公民，包括成年人和未成年人。依据该民法典规定，监护与保护的区别在于，监护人是被监护人的法定代理人，以被监护人的名义为了其利益实施一切必要的法律行为；而保护人只是对被保护的公民无权独立实施的法律行为作出同意或者不同意的法律决定，并协助被保护人不受第三人的不法利用。

综上可见，俄罗斯的监护类型主要有监护和保护，监护和保护分别规定了不同的对象。俄罗斯关于成年人监护的对象较为广泛，除无行为能力的精神病患者以外，还有酗酒或吸毒的限制行为能力人。此外，对于因健康状况不能独立行使和保护自己权利和履行义务的具有行为能力的成年公民，可以根据其请求，对他设立庇护形式的保护，此即意定监护。

2. 监护和保护的机关

（1）监护和保护的权力机关。《俄罗斯联邦民法典》第34、35条规定，监护和保护的权力机关是地方的权力机关。地方权力机关负责在获悉必须对公民实行监护或保护之时起1个月内指定监护人或保护人（如果1个月内没有指定，则由地方权力机关暂时履行监护人和保护人的职责），并对他们的活动实行监督。对地方权力机关的指定有不同意见时，利害关系人还可以向法院提起诉讼。由此可见，俄罗斯监护和保护的权力机关有两种：一是地方权力机关，其可在1个月以内指定监护人或保护人；二是法院，对地方权力机关的指定有不同意见时，利害关系人可向法院提起诉讼，由法院进行裁决。

（2）监护和保护的执行机关。具有行为能力的成年公民才能被指定为监护人或保护人，被剥夺亲权的人不得担任。指定监护人或保护人时应当经过本人的同意，并考虑其道德品质和各种相关关系，可能时，还应当考虑被监护人的意愿。被收入有关教育机构、医疗机构、居民社会保护机构或其他类似机构的需要被监护或保护的人，上述机构为其监护人和保护人。可见，监护和保护的执行机关包括自然人和社会组织。（"俄民"第35条）

（3）监护和保护的监督机关。《俄罗斯联邦民法典》第34、35条规定，监护和保护的权力机关是地方的权力机关。地方权力机关不仅负责指定监护人，而且对他们的活动实行监督。由此可见，地方权力机关依法承担监护监督之职责，被监护或保护人权利受侵犯的，可向地方权力机关进行投诉。

3. 监护和保护的内容

俄罗斯监护和保护的内容，主要包括监护人和保护人的报酬、监护和保护职责以及监护和保护的法律责任。

（1）监护人和保护人的职责。监护人和保护人的职责，包括对被监护人和被保护人的生活、健康及教育等人身方面的照护，以及对被监护人和被保护人的财产管理和处分。

第一，人身的监护和保护。对人身的照护包括：一是监护人和保护人应与被监护人和被保护人共同居住。监护人和保护人与被监护人与被保护人分开居住，须经监护和保护机关批准，且以不对被监护人和被保护人产生不利影响为条件。二是关心被监护人和被保护人的生活，保障对其照顾和医疗，维护其权利和利益。三是未成年人的监护人和保护人，应当关心未成年人的学业和品德教育。四是如果公民被确认无行为能力或限制行为能力的根据不复存在，监护人和保护人有义务向法院提出申请，请求确认被监护人或被保护人具有行为能力并撤销监护或保护。（"俄民"第36条第2、3、5款）

第二，财产的监护和保护。在事先得到监护和保护机关批准的前提下，为了被监护人和被保护人的利益，监护人和保护人有权对被监护人和被保护人的收入进行开支，被监护人和被保护人有权独立处分的收入除外。监护人和保护人有权无须得到监护和保护机关的事先批准用被监护人和被保护人的收入为维持其生活进行必要的开支。但是不经监护和保护机关事先批准，监护人无权实施转让被监护人财产的法律行为，其中包括交换或赠与、出租、无偿使用或抵押被监护人财产的法律行为，无权实施导致放弃属于被监护人的权利、分割其财产或从中分出若干份额的法律行为以及导致被监护人财产减少的任何其他法律行为，也无权对上述行为表示同意。监护人、保护人、他们的配偶和近亲属无权与被监护人或被保护人订立契约，但向被监护人或被保护人赠与财产或移交财产供其无偿使用的除外；也无权在被监护人或被保护人与监护人或保护人的配偶或近亲属之间缔结契约时和进行诉讼时代表被监护人和被保护人。（"俄民"第37条）

（2）监护人和保护人的报酬。监护人和保护人履行监护和保护的职责是无偿的，法律另有规定的除外。（"俄民"第36条第1款）

（3）监护人和保护人的法律责任。监护人和保护人未正确履行所负担的职责，包括利用监护和保护关系达到私利的目的或对被监护人不加监管或不给予必要的帮助，监护和保护机关可以撤销其职责并采取必要措施依法追究过错公民的法律责任。（"俄民"第39条第3款）

4. 监护和保护的免除、撤销、变更和终止

监护和保护机关在将该成年人安置在有关的教育机关、医疗机构、居民社会保护机关或其他类似机关而不违背被监护人和被保护人的利益时，免除监护人或辩护人履行其职；监护人和保护人在有正当理由，如疾病、财产状况的改变、同被监护人或被保护人缺少相互理解等时可以向监护和保护机关申请免除职责；对成年人的监护和保护，在法院作出关于确认被监护人或被保护人具有行为能力或撤销对其行为能力限制的判决时，根据监护人、保护人或监护和保护机关的申请予以终止。（"俄民"第39、40条）

（三）对有行为能力公民的庇护制度

《俄罗斯联邦民法典》第二分编第三章"公民（自然人）"第41条中规定了庇护制度，作为一种较为灵活的成年人监护制度，其主要内容如下：

1. 庇护的设立条件

《俄罗斯联邦民法典》第41条规定，对于有行为能力公民的庇护，是指对于因健康状况不能独立行使和保护自己权利和履行义务的具有行为能力的成年公民，可以根据其请求，对他设立庇护形式的保护。

2. 庇护的保护人（帮助人）的指定

具有行为能力的成年公民的保护人（帮助人）由监护和保护机关指定，但必须征得

该公民的同意。

3. 庇护的保护人（帮助人）的职责履行与限制条件

属于具有行为能力的成年被庇护人的财产，由保护人（帮助人）依照同被庇护人签订的委托合同或委托管理合同进行处分。以实施生活性法律行为为主，维持被庇护人的生活和满足其日常生活需要而实施其他法律行为，由保护人（帮助人）征得被庇护人的同意后进行。

4. 庇护的终止

对具有行为能力的成年公民设立的庇护，根据受庇护公民的要求予以终止。被庇护公民的保护人（帮助人），在免除和撤销监护人和保护人履行其职责的情况下免除履行所担负的职责。

三、《俄罗斯联邦家庭法典》对监护的特殊规定

对于不在亲权保护下的未成年人，《俄罗斯联邦家庭法典》第六编"无父母照管的子女的教育方式"之下的第二十章"对未成年人的监护和保护"进行了专门的特殊规定。对于无父母照管的未成年人监护和保护制度的主要内容如下：

（一）应受监护和保护的未成年人的条件

根据《俄罗斯联邦家庭法典》第145条[1]，应受监护和保护的儿童包括：（1）对无父母照管的孩子（"俄家庭法典"第121条第1款），为了他们的生活、培养和教育，以及为了保护他们的权利和利益，确定监护或保护；（2）对未满14周岁的孩子确定监护，对14岁至18岁的孩子确定保护。

此外，对无父母照管子女建立、实现和终止监护和保护引起的关系由俄罗斯民法典、联邦法律《监护和保护法》调整，以及在不违反本法典和家庭法规范中包含的其他规范性法规的情况下，依据该联邦法律通过的其他俄罗斯联邦规范性法律法规也可以调整。在安置儿童的监护和保护时，若孩童已满10周岁，应考虑其意愿。禁止将兄弟和姐妹置于不同的人监护和保护之下，除非这种分离符合孩子的利益。根据联邦法律《监护和保护法》允许通过合同方式实现监护和保护，其中包括接受家庭合同、收养家庭合同（收养、收养培养），或者俄罗斯联邦各主体法律规定的其他情形以实现孩子的安置。通过合同方式实现对孩子的监护和保护，要求监护和保护机关通过委托监护人和保护人履行义务的法规。通过委托监护人和保护人履行义务法规的监护和保护机关无正当理由逃避签订监护和保护实施合同时，监护人和保护人有权向监护和保护机关提出《俄罗斯联邦民法典》第445条第4款规定的请求。根据合同安置孩子的监护和保护时，监护人和保护人自委托监护人和保护人履行义务的条款生效时起，在提供和保护孩子权利和合法利益方面开始享有和承担监护和保护的权利和义务。而监护人和保护人的报酬权自合同订立时成立。（"俄家庭法典"第145条）

---

[1] 此条在2008年4月24日第49号联邦法律修订。

（二）未成年人的监护人和保护人的条件

根据《俄罗斯联邦家庭法典》第 146 条[①]，只有成年的有行为能力的人才可被指定为儿童的监护人（保护人）。不能成为监护人（保护人）的有：（1）剥夺亲权的人不能被指定为监护人（保护人）；（2）曾有或现有犯罪前科的人、曾经或者当前表露过（基于悔过的理由中止了犯罪意图的除外）对生命、健康、自由、名誉和人格（在提供精神病护理的医疗组织内非法住院治疗、诽谤的除外）、性自主权利、未成年、公民健康、社会道德、社会安全、人类和平和安全方面有犯罪动机的人；（3）依照《俄罗斯联邦家庭法典》第 127 条第 6 款确定的程序未参加过培训的人（以下情况除外：近亲属的孩子、现在或者以前是收养人，但收养关系尚未终止的人、现在或者以前是监护人，但现在继续承担监护责任的人）；承认同性婚姻的国家中已经建立同性婚姻关系或者进行登记的人，以及是同性国家公民，但尚未建立婚姻关系的人。

此外，在给儿童指定监护人（保护人）时，应考虑监护人（保护人）的道德和其他个人品质、其履行监护人（保护人）义务的能力、监护人（保护人）与孩子之间的关系，监护人（保护人）的家庭成员对孩子的态度，如有可能，还应考虑孩子本人的意愿。患有慢性酒精中毒或吸食麻醉品的人，被禁止履行监护人（保护人）义务的人，被限制亲权的人，因过错而解除收养的原收养人，以及由于身体状况（"俄家庭法典"第 127 条第 1 款）不能对孩子履行培养义务的人，不能被指定为监护人（保护人）。想要收养孤儿、无父母照管子女的申请人根据俄罗斯联邦权力执行机关依据俄罗斯联邦政府的授权确定的程序通过国家无偿提供的公民医疗救助项目进行医疗检查。（"俄家庭法典"第 146 条第 2、3 款）

（三）被监护和保护的未成年人的权利

根据《俄罗斯联邦家庭法典》第 148 条第 1、2 款，被监护（保护）的儿童有以下权利：（1）在监护人（保护人）家庭中受教育，获得监护人（保护人）的照顾，与监护人（保护人）共同生活，但《俄罗斯联邦民法典》第 36 条第 2 款规定的情况除外；（2）要求对他们的生活、培养、教育、全面发展和尊重他们人格尊严的条件提供保障；（3）获得应支付他们的抚恤金、抚养费，补助金和其他的社会补偿；（4）保留住房所有权或者住房使用权，没有住房时，根据住宅法有权获得住房；（5）按照《俄罗斯联邦家庭法典》第 56 条，保护自己的权利，以防滥用监护（保护）权。同时，被监护（保护）的儿童也享有该法典第 55 条至第 57 条规定的权利。

此外，根据该法典第 148 条第 3 款[②]被监护（保护）的孩子有权根据俄罗斯联邦各主体法律规定的程序和范围每月获得生活费，依据《监护和保护法》第一编第 13 条规定的程序经父母申请派给监护机关或保护机关的除外。上述资金由监护机关或保护机关根据《俄罗斯联邦民法典》第 37 条规定的程序进行使用。

---

① 此条在 2010 年 12 月 23 日第 386 号联邦法律、2011 年 11 月 30 日第 351 号联邦法律、2013 年 7 月 2 日第 167 号联邦法律、2013 年 11 月 25 日第 317 号联邦法律、2015 年 4 月 20 日第 101 号联邦法律、2015 年 7 月 13 日第 237 号联邦法律修订。

② 此款在 2008 年 4 月 24 日第 167 号联邦法律修订。

（四）未成年人的监护人和保护人的权利义务

根据《俄罗斯联邦民法典》第 148-1 条①，儿童的监护人和保护人的权利和义务包括：

（1）联邦法律《监护和保护法》规定孩子监护人和保护人的权利和义务。

（2）如果联邦法律没有其他的规定，孩子的父母或者替代父母的人自监护人或保护人权利义务形成时丧失作为孩子法定代理人和保护孩子权利和合法利益的权利义务。

（3）孩子的父母或者其他亲属或是收养人可以向监护和保护机关控诉监护人或保护人实施监护或保护的任何作为（不作为）。

监护和保护机关有权责令监护人或保护人消除对孩子或其父母或其他亲属或收养人的权利和合法利益的妨害。如果监护人或保护人不遵守监护和保护机关的规定，孩子的父母或其他亲属或是收养人有权向法院就孩子或自己的权利和合法利益提起诉讼。法院基于孩子利益，并考虑其意见处理解决纠纷。不履行法院裁判的将承担被剥夺监护人或保护人资格的法律后果。

（4）监护人或保护人有权基于法院裁判向无正当理由而滞留被监护和保护的孩子的任何人要求归还，包括孩子的父母或其他亲属，或是收养人。

（5）监护人或保护人无权阻碍孩子与其父母或其他亲属的来往，除非这种交往不符合孩子的利益。

（6）监护人或保护人有权并有责任培养被监护和保护的孩子，关心他的健康、身体、心理、精神和道德的发展。

监护人或保护人有权在考虑孩子的意见，以及在监护和保护机关建议下，独立决定被监护和保护孩子的培养方案，同时应当遵守本法典《俄罗斯联邦家庭法典》第 65 条第 1 款规定的要求。

监护人或保护人有权让在孩子接受普及教育前综合孩子的意见选择教育组织、教育的接受形式以及教育方式。有责任保障孩子接受普及教育的权利。

（7）民事规范以及联邦法律《监护和保护法》规定监护人或保护人的财产权利和义务。

第八节　当代俄罗斯离婚制度

本节研究和阐述以下内容：一是当代俄罗斯离婚制度概述；二是当代俄罗斯离婚的条件与程序；三是当代俄罗斯离婚的法律后果。

一、当代俄罗斯离婚制度概述

在整个俄罗斯家庭法发展的历史进程中对待解除婚姻关系的态度是不尽相同的。例如，在 20 世纪 20 年代，解除婚姻关系只需要在民事婚姻登记处进行登记，甚至无须得到妻子的许可，仅仅事后告知即可。而第二次世界大战后 40 年，离婚程序明显严格起来，必须进行两次司法程序，并且要在报纸上进行公告。当申请离婚的理由不正当不充分时，

---

① 此条在 2013 年 7 月 2 日第 183 号联邦法律修订。

法院有权拒绝受理。

依据 1995 年《俄罗斯联邦家庭法典》第 16 条之规定，有下列情形之一，婚姻终止：(1) 夫妻一方死亡；(2) 夫妻一方申请法院对另一方作出宣告死亡的裁判；(3) 申请法院或者协议解除婚姻关系。在上述前两种情形下，解除婚姻关系不需要特别的法定注册程序。宣告死亡的配偶如果重新出现，夫妻双方可以向法院共同申请恢复婚姻关系，被宣告死亡一方的配偶再婚的情况除外。

二、当代俄罗斯离婚的条件与程序

根据 1995 年《俄罗斯联邦家庭法典》的规定，夫妻双方的婚姻因离婚而终止。解除婚姻可到户籍登记处，在离婚后夫妻关系除一些例外情形外在未来将停止，配偶双方将承担相应的法律后果。按照该法典第 16 条第 2 款规定，婚姻可以通过其中一人或者夫妻双方共同提交的离婚申请而解除。目前，俄罗斯现行法中并没有明确列举离婚的原因。但规定了两种离婚方式——登记离婚和诉讼离婚。

（一）登记离婚的条件与程序

1. 登记离婚的条件

（1）夫妻双方共同递交离婚申请。如果夫妻双方没有共同的未成年子女且双方达成离婚合意，可以依据相关行政程序向婚姻登记机关申请办理离婚手续。当然，双方在婚姻关系存续期间共同收养的子女享有亲生子女同等法定权利。如果被收养子女只是夫妻一方收养，另一方仅作出同意的意思表示，该夫妻的婚姻关系可以在婚姻登记机关解除。（"俄家庭法典"第 19 条第 1 款）

婚姻登记机关无须调查离婚的原因，其职能仅是办理登记离婚手续。在离婚申请时，夫妻双方必须亲自确认双方均同意离婚，并且不存在共同的未成年子女。在协议离婚时，还应注明以下信息：(1) 姓，名，父称，出生日期和地点，国籍（由夫妻双方的意愿表示确定），夫妻双方的居住地；(2) 记录结婚证书的必要条件；(3) 夫妻双方在解除婚姻时各自选择的姓；(4) 证明配偶身份的文件的必要条件。

（2）夫妻一方递交离婚申请。根据该法典第 19 条第 2 款的规定，夫妻一方被法院宣告失踪、被认定为无民事行为能力人或者因为犯罪被判处三年以上有期徒刑的，另一方有权向婚姻登记机构单方申请解除婚姻关系。在这种情况下，婚姻登记机关应在申请之日起三日内通知正在服刑的配偶，或无民事行为能力配偶的监护人，或失踪配偶财产的监管人。服刑的配偶以及无民事行为能力的监护人必须提供配偶在解除婚姻时选择的名字。

如果是协议离婚，则解除婚姻关系的效力从被登记在婚姻登记簿上开始，同时签发离婚证书。

2. 登记离婚的程序

根据该法典第 19 条第 3、4 款的规定，离婚的国家登记应在提交申请之日起一个月后作出。离婚的国家登记由户籍登记机关按照国家对户籍登记规定的程序进行。

3. 登记离婚的争议

如果配偶之间有关于财产、赡养费和未成年子女的争议，则由法院审理。财产分割的请求诉讼时效为三年。（"俄家庭法典"第 20 条）

（二）诉讼离婚的依据和程序

该法典第 21 条[①]规定，如果夫妻拥有共同的未成年子女、只有夫妻一方主张离婚，或者夫妻一方拒绝协议离婚的情形下可以通过诉讼解除婚姻关系。诉讼离婚分为一方要求离婚和双方合意离婚诉讼。其一，一方要求离婚的情形，即夫妻一方不同意离婚时依照司法程序离婚。该法典第 22 条规定，如果法院确认，夫妻双方已不可能继续共同生活和维持家庭，离婚依照审判程序进行。在审理离婚案件时，如果夫妻一方不同意离婚，法院有权采取使夫妻和解的措施，并有权延期审理案件，同时为夫妻双方指定不超过三个月的和解期限。如果夫妻和解的措施无结果，并且夫妻双方（或其中一方）坚持离婚，应准予离婚。此外，如果婚姻解除的原因是夫妻一方的起诉离婚。离婚诉求中可以同时包含追索抚养子女或配偶的赡养费要求，以及财产分割的要求。其二，双方合意离婚诉讼的情形，即夫妻协议离婚时依司法程序离婚。该法典第 23 条第 1 款规定，有共同的未成年子女的夫妻双方，以及法典第 21 条第 2 款所指的夫妻在协议离婚时，法院无须查明离婚的动机，可解除婚姻。其三，该法典第 23 条第 2 款规定，自夫妻双方提交离婚申请之日起的一个月内法院不办理离婚手续。

（三）男方诉讼离婚请求权的限制

当妻子怀孕期间或者分娩后一年内，基于保护妇女健康和儿童权益的原则，丈夫未得到妻子的同意无权起诉离婚。此后该条规定拓展适用于儿童出生为死胎或在一岁之前死亡的情况。在妻子不同意离婚的情况下，法官拒绝受理离婚请求，如果受理，则停止诉讼。法律并不限制女方随时提出离婚申请的权利。（"俄家庭法典"第 17 条）

综上，在现代社会，对于判决离婚的原则逐步由过错原则、无过错原则向破裂原则发展。破裂原则即不以婚姻中夫妻一方有过错行为造成夫妻无法继续共同生活为离婚要件，也不以夫妻一方由于无过错的客观事实妨害婚姻关系为要件，而是在法律上无须有规定的离婚理由，只要在事实上达到了无法挽回的情感破裂程度，家庭和谐和夫妻关系无法继续维护，即可判决离婚。该法典第 22 条第 1 款规定，在双方没有达成解除婚姻的合意情况下，法院必须进一步确定夫妻确实无法继续未来的共同生活和维持家庭的和谐，但并不要求法院列明原因。在保障离婚自由的同时，防止轻率离婚也是俄罗斯婚姻家庭立法的理念之一。[②] 因此，该条同时规定，如果法院经审理有理由相信夫妻感情尚未达到破裂程度，有权给予诉讼夫妻三个月的和解期，如果和解期满，双方依旧坚持离婚，则法院应当判决解除婚姻关系。

三、当代俄罗斯离婚的法律后果

离婚将在夫妻间人身关系和财产关系两个方面产生法律后果，意味着终止夫妻间的人身关系和财产关系。1995 年《俄罗斯联邦家庭法典》规定离婚的法律后果，包括对婚姻当事人的法律后果和对未成年子女的法律后果。

---

① 此条在 2015 年 12 月 30 日第 457 号联邦法律修订。

② Косарева Ирина Александровна：К вопросу о становлении института брака в России（собственные традиции，Транснационально-Правовое влияние и иностранное заимствование）//Вестник Российского университета дружбы народов. Серия：Юридические науки/2010.

（一）离婚对婚姻当事人的法律后果

依照司法程序离婚时，夫妻双方可把关于未成年子女将同谁生活、抚养子女的生活费和（或）无劳动能力需要抚养的夫妻一方的生活费的支付方式、该费用的金额或者夫妻共同财产分割的协议提交法院审理。（"俄家庭法典"第 24 条第 1 款）

1. 离婚后夫妻的姓氏

该法典第 32 条第 3 款规定："离婚时夫妻双方有权保留共同的姓或者恢复其婚前的姓。"即当双方解除婚姻的状况被录入系统后，夫妻一方可根据其要求返回一个婚前姓氏。

2. 夫妻共同财产的分割

夫妻共同财产分割的方法。离婚时夫妻对于婚姻中获得的夫妻共同财产的分割可以通过双方协商或法院裁决。

第一，夫妻共同财产分割的请求权人。夫妻一方或"为了向夫妻共同财产中的夫妻一方索取债务"的债权人有权请求分割夫妻共同财产。（"俄家庭法典"第 38 条第 1 款）

第二，夫妻共同财产分割的协议。该法典第 38 条第 2 款①规定："夫妻共同财产可在夫妻之间按其协议分割，按照夫妻双方的意愿，其分割共同财产的协议可进行公证。"在分割夫妻共同财产以及在确定夫妻双方对该财产的份额有争议时，按照司法程序进行。（"俄家庭法典"第 38 条第 3 款）

第三，夫妻共同财产分割的诉讼与诉讼时效。该法典第 38 条第 7 款规定，对于离婚后夫妻双方分割共同财产的要求适用三年诉讼时效。

第四，夫妻共同财产分割的份额。如果夫妻双方间的合同无另行规定，在分割夫妻共同财产和确定对该财产的份额时，夫妻的份额为均等。（"俄家庭法典"第 39 条第 1 款）

3. 夫妻共同债务的清偿

对于夫妻一方的债务，只能追索该一方的财产。在该财产不足时，债权人为追索债务有权请求分出作为债务人的夫妻一方在分割夫妻共同财产时应分给该债务人的份额。同时，该条第 2 款规定，对于夫妻共同债务追索夫妻共同财产，对于夫妻一方的债务，如果法院确定夫妻一方的债务全部用于家庭需要，也追索夫妻共同财产。当该财产不足时，夫妻以其各自的财产对上述债务负连带责任。如果法院的判决认定，夫妻共同财产是由夫妻一方以犯罪途径获取的资金购置或增值的，可追索相应的夫妻共同财产或者其部分财产。（"俄家庭法典"第 45 条第 1 款）

此外，根据该法典第 46 条第 1 款的规定，离婚导致婚姻合同解除时，夫妻一方应将解除婚姻合同的情况通知自己的债权人（或数个债权人），在未履行该义务时，夫妻一方对自己的债务负担责任，而不论婚姻合同的内容如何。

4. 离婚扶养费

离婚扶养费也是离婚的法律后果之一。

（1）请求离婚扶养费的条件。该法典第 90 条②规定，离婚扶养费请求权人必须符合

---

① 此款在 2015 年 12 月 29 日第 391 号联邦法律修订。

② 此条在 2015 年 12 月 30 日第 457 号联邦法律修订。

以下条件之一：第一，怀孕及自共同子女出生之日起三年内的原配偶；第二，照顾共同的不满 18 岁的残疾子女或者照顾自幼为一等残疾人的共同子女的生活困难的原配偶；第三，在离婚前或者自离婚之日起一年内成为无劳动能力人的原配偶；第四，如果夫妻婚姻存续时间较长，自离婚之时起不超过五年已达退休年龄的、生活困难的原配偶。离婚后向原配偶提供的抚养费数额和给付方式可由原配偶间的协议确定。

（2）离婚扶养的解除与限制。在需要帮助的父亲一方劳动能力的丧失是因滥用酒精饮品、麻醉品或者故意实施犯罪；婚姻存续期间不长；给付扶养费的一方在家庭中行为不端三种情形下，无论在婚姻期间，还是在离婚后，法院可解除夫妻一方扶养无劳动能力需要帮助的另一方的义务或者以一定期限限制该义务。（"俄家庭法典"第 92 条）

（二）离婚对未成年子女的法律后果

离婚将会导致夫妻双方间的法定婚姻关系的终止，但这并不意味着伴随婚姻解除的诸多问题，如子女抚养问题就会随同解决。在夫妻离婚后未成年子女抚养问题上，比较法上大体可以分为三种，第一种是由单方行使监护权，第二种是由双方行使监护权，第三种是混合行使监护权，即根据未成年子女的利益需求，由法院决定是由单方还是双方行使监护权。

1. 离婚时确定子女跟何方父母生活的依据

一般而言，俄罗斯法采取单方行使监护权，即未成年子女跟随父母中一方生活的较多，由法院根据离婚当事人的情况确定未成年子女跟随何方父母共同生活。在决定跟随哪一方生活时，所考虑的因素主要包括子女的意愿，离婚一方是否已做绝育手术或丧失生育能力，离婚一方是否有其他子女，离婚一方是否患有久治不愈的传染病或其他严重疾病等健康问题，以及各方之前与子女共同生活时间的长短，改变生活环境对子女的影响等因素，另外对于在哺乳期内的子女，一般以跟随母方生活为原则，以保障该子女的健康发育和成长。

2. 子女抚养费的给付

离婚时确定子女跟随一方生活时，另一方须承担的抚养费也是需要确定的重要事项。在抚养费的数额确定时，主要根据父母双方的经济能力、当地的正常生活水平以及子女的实际生活需要来计算，其主要涵盖子女的一部分生活费、教育费与医疗费等必要生活费用。离婚时经协议或判决确定的子女抚养费并非一成不变，在因父母一方或双方及未成年子女的实际生活情况发生特殊变化时，当事人可以依法请求增加、减少或免除原抚养费。一般而言，抚养费给付的期限从离婚时起，至子女成年时止，对于成年但不能独立生活的子女，父母还应继续给付抚养费，在其恢复劳动能力或其他法定情形出现时，父母可停止给付抚养费。

在夫妻双方未就这些事项达成协议的情况下，或者他们之间达成的协议违反儿童或一方的利益时，法院应当：（1）确定离婚后未成年子女将同父母哪一方共同生活；（2）确定父母一方支付抚养费的方式和额度；（3）根据夫妻一方或者双方的请求分割共同财产；（4）根据有权从夫妻一方获得利益的另一方要求确定利益的范围。（"俄家庭法典"第 24 条第 2 款）

第九节　当代俄罗斯婚姻家庭法律制度的
发展趋势及其启示

本节研究和阐述以下内容：一是当代俄罗斯婚姻家庭法律制度的发展趋势；二是当代俄罗斯婚姻家庭法律制度的发展趋势对我国立法的启示。

一、当代俄罗斯婚姻家庭法律制度的发展趋势

通过以上各节对俄罗斯婚姻家庭制度的研究，我们可以认识到，随着社会政治、经济、文化、风俗以及人们的社会观念、宗教信仰等不断变化，俄罗斯的婚姻家庭制度也正力图寻求对发展中的婚姻家庭关系的良好回应，此点可从俄罗斯百年来数次家庭立法过程中考证。虽然各个具体领域的变革深度和广度有异，但都在一定程度上展现了俄罗斯当代于婚姻家庭法律制度的共同理念与价值追求。正如古谚所云："以人为鉴，可以知得失"，对俄罗斯婚姻家庭法律制度的研究和总结，可以将其值得借鉴的优秀思想、文化、基本原则以及具体制度等为我国立法提供一个参考的视角。总体而言，当代俄罗斯婚姻家庭法律制度呈现以下发展趋势。

（一）当代俄罗斯结婚制度的发展趋势

俄罗斯结婚制度尊重当事人意思自治，辅以公权力机关适度干预。意思自治作为近代私法三大原则之一，其基本精神当然也应延续到具备私法属性的婚姻家庭立法之中。具言之，意思自治于结婚法首先体现在当事人对于生活模式选择的自由，并尊重当事人结婚的自愿。同时，俄罗斯婚姻家庭法尊重当事人的结婚自由，并不意味着完全排斥国家（政府）的政策性指导。为了维护婚姻本身的庄严性和家庭生活的秩序性，1995 年《俄罗斯联邦家庭法典》于结婚法领域对当事人施以公权力机关的适度干预也是必要的。譬如"结婚考虑期"的设置，正面可解释为要求结婚申请人充分考虑、慎重对待自己的婚姻选择，反面亦可解释成是公权力机关把关婚姻领域的具体体现，让本可在递交结婚申请之时便可步入婚姻生活礼堂的双方当事人再度思量自己的选择。又如，该法典第 14、15 条对于禁止结婚情形和婚姻无效情形的规定，无不体现着国家对于当事人结婚行为的有意调整态度。再如，虽然法律明确规定国家登记为结婚获得法律上效力的形式要件，但同时于第 30 条又规定，对无效婚姻中的善意一方，法院应适用有关离婚及夫妻财产制的规定，确定其从另一方获取生活费的权利，对确认婚姻无效前共同所得财产进行分割，并确认婚姻合同全部或者部分有效，同时善意一方有权按照民事立法的规定请求赔偿其所受到的物质和精神之损害。由此以善意无效婚姻制度有限消弭登记之无效婚姻与有效婚姻之间的界限，实现结婚意思自由与关于婚姻形式国家管制之间价值的动态平衡。

（二）当代俄罗斯夫妻关系制度的发展趋势

当代俄罗斯夫妻关系制度更注重追求男女在婚内实质平等的实现。1995 年《俄罗斯联邦家庭法典》在第六章配偶的权利义务①里开宗明义地道出配偶在家庭中地位平等。这

---

① 具体规定详见《俄罗斯联邦家庭法典》第 31、32 条。

着重体现在双方自由地选择职业和进行交易活动、对婚后的住所选择有平等的决定权以及夫妻双方对涉及子女的教育、教养问题有平等的协商处理权等方面：

第一，夫妻的人身自由权。在立法层面上，肯定夫妻双方都有参加生产、工作、学习和社会活动的自由，是为了剔除长久以来存在于人们心中的"男尊女卑"的"余毒"，防止一方肆意限制或干涉另一方的职业选择或活动需求。这既是夫妻地位平等的标志，又为夫妻平等地行使权利和义务提供了法律保障。

第二，夫妻对婚姻住所的平等协商权。夫妻双方对于婚后住所或居住地拥有平等的协商决定权，在一定程度上打破了婚后女方入住男方家的传统，也克服了男方若入住女方家所引发的无谓争议和质疑。

第三，夫妻对子女教育、扶养问题的协商处理权。父母双方都对子女负有扶养、教育义务，即使婚姻关系终结时也不例外。对于未成年子女和尚不能独立生活的成年子女，父母双方均有照顾子女生活起居、成长学习、技能储备和社交锻炼等多方面的职责。

第四，夫妻双方相互尊重、互相陪伴的义务。俄罗斯婚姻家庭法倡导夫妻在婚姻中应互敬互爱、相互尊重和支持，丈夫和妻子任何一方都没有抛弃对方的权利。由于受根植于俄罗斯家庭的古老传统的影响，即使家庭成员丧失劳动能力，相互之间应彼此照顾、相互赡养。受宗教教义的浸染，抛弃生病的配偶被认为是不正直、不文明的行为，无论是苦乐还是健康病患，夫妻都应互相陪伴。①

值得注意的是，该法典第八章所创立的"婚姻合同"制度为婚姻关系中夫妻财产权利的共同与平衡实现增加了重要的技术途径。婚姻合同被作为婚前或夫妻关系中男女对未来双方财产权利关系的构建，或者和夫妻对未来离婚时双方财产权利和义务关系的安排的协议，使得男女双方对未来财产关系的意思自由获得了相对平衡的实现手段。同时在第42条对婚姻合同的内容限制上还专门规定了"合同的内容不能有使夫妻一方处于极为不利地位或与家庭立法的基本原则相违背的其他条款"，从而有效制约某些利用他人对结婚或离婚自由的迫切需求，迫使对方在"夫妻财产协议""离婚补偿协议""离婚财产分割协议"等婚姻合同形式中接受对其极为不利的财产安排条款的效力，提供了明确的法律根据。

（三）当代俄罗斯父母子女关系制度的发展趋势

对于长期陷于人口不足压力的俄罗斯社会，对子女利益的保护历来是其婚姻家庭立法的基本任务。同时，社会变革也使儿童的权利越来越受到关注，法律督促父母履行职责以保障子女权利的实现，而不是干扰子女行使权利。自联合国1989年《儿童权利公约》第3条第1款宣布"关于儿童的一切行动，不论是由公私社会福利机构、法院、行政当局或立法机构执行，均应以儿童最大利益为一种首要考虑"以来，现代父母子女关系法正由保护儿童一般权益原则转向儿童最大利益原则。1995年《俄罗斯联邦家庭法典》正是在保护儿童利益的国际大背景下，由以往的"亲本位"转向"子本位"的立法理念。该法典第十章极为详细与全面地规定了各种时间阶段上亲子关系的认定方法、相应的争议解决方式以及相关主管机构，可操作性很强。其第十一章全面地明确规定了子女的各

---

① Основы социальной концепции русской православной церкви , 13 – 16 августа 2000 года URL: http://www. wco. ru/biblio/books/konceol/main. htm.

种人身与财产权利。尤其是还规定父母对子女的财产不当然地享有所有权，子女有权维护自己的财产权利，对子女享有的受教育权、家庭照顾权以及父母分居甚至离婚后与孩子的会面交往权等典型子女人身权的精细规定，更是系统体现了保护儿童利益的初衷。虽然在亲子法领域儿童的权益受到重视得到最大限度地体现，但并非意味着其他领域可忽视子女特别是儿童的利益。前文所述的离婚法领域以及下文将要论述的收养法、监护法领域，都不同程度地彰显了"儿童最大利益"原则，可以说"保护儿童权利"理念已经内化于俄罗斯家庭法的各个领域。法典第十二章全面规定了父母的权利（亲权），尤其是其第 62 条全面规定了"未成年父母的亲权"的取得、不同行使条件与方法，以及与未来父母成年以后亲权的接序等，有效应对了在当代俄罗斯社会日益多发的未成年人且未婚生育条件下，子女利益保护以及父母抚养资格利益保护问题的解决。

值得注意的是，该法典以第五编专门规定"家庭成员的扶养义务"，集中但又分别地规定了父母对未成年子女和无劳动能力成年子女的抚养费义务、对遭遇紧急困难的成年子女的资助义务，成年子女对父母赡养义务及特殊必要开支的资助义务，以及夫妻之间、离婚后原配偶之间的扶养义务。对家庭成员间扶养义务的整体与系统的规定，将夫妻关系、亲子关系的规定从基础义务保障的角度再进行整合与强化，最大限度保障未成年人利益、全面保障家庭关系中全部重要利害关系人的家庭权益，从而力求在新世纪不断稳定俄罗斯"家庭"单位，助益社会稳定与发展。

（四）当代俄罗斯收养制度的发展趋势

未成年被收养人利益的保护已日益成为世界各国收养立法的中心，这既是收养制度"育幼"功能于现代社会热衷推崇所导致的结果，也是国家、社会稳定与发展的必要环节。1995 年《俄罗斯联邦家庭法典》第六编专门规定"无父母照管子女的安置"制度：收养、监护和保护、寄养三种。而法典第 14 条将收养的子女父母关系视同婚生的子女父母关系，即将拟制血亲赋予了自然血亲同等的法律地位。同时，为了照顾无父母抚养的未成年人子女，俄罗斯婚姻家庭法确立了"国内优先收养"的原则，限制外国人收养本国未成年人，并禁止收养居间活动。其还极为详细地规定了被收养人的人身与财产权利，这些规定从收养安全的角度考量，优先考虑保障亟须救济帮扶的未成年人利益，及其对于维持俄罗斯家庭与社会结构稳定的意义，家庭本位、国家本位色彩仍旧浓厚。该法典在 2013 年修改的第 155 条第 2 款规定了通过收养合同约定的，旨在判断未来亲子关系质量的试收养期制度。试收养期可给养父母和被收养子女提供一个体验的机会，以判断彼此之间是否适宜建立长期与稳定的收养关系。

（五）当代俄罗斯监护制度的发展趋势

在俄罗斯，成年人监护制度主要由《俄罗斯联邦民法典》规定，而《俄罗斯联邦家庭法典》则设计了系统与层次分明的未成年人保障制度体系：父母（包括未成年父母）的亲权、无父母照管子女的监护和保护。无父母照管子女的监护和保护又是由负有监护与保护职责的国家机构主持，通过对无父母照管子女的"发现"，进而通过特定程序交由俄罗斯家庭收养或寄养，使未成年人的监护与保护的具体制行机制再次回归家庭。在此，监护制度既充分保障家庭监护职能的发挥，又以公职监护弥补家庭监护之不足。综观俄罗斯监护的历史发展，家庭监护一直是传统监护的主要方式。在传统监护中，基于私法自治、家庭自治的理念，对被监护人的监护往往以家庭的私力完成，国家公权力介入较少。在现代公权力介入监护逐步加强的情况下，国家机构的监护与保护职责主要在于及时发现缺乏父母照管的未成年人并加以妥善安置，以防止其流落街头或者遭受其他威胁。随着收养等安置措施的完成，这种国家监护也将责任复还给家庭，国家监护与家庭监护紧密协同，而家庭仍然发挥着履行监护职责的主要力量。

（六）当代俄罗斯离婚制度的发展趋势

离婚制度集中体现了特定婚姻家庭立法在兼顾自由、公平和秩序等价值方面的态度。在历史的长河中，人类的离婚制度之进路呈现出由严格走向宽松、由家族本位走向个人本位、由限制走向自由的发展趋势。俄罗斯离婚制度在前时期的法律修改先后有五次。立法者根据当时的情况试图寻找解决离婚问题的最佳法律标准[1]，不断在离婚标准的宽严、程序的繁简方面改变着立场。1995 年《俄罗斯联邦家庭法典》在关注社会经济状况发生巨变的同时，将俄罗斯宪法中规定的人民享有的自由、平等、公平、受救济等基本权利在婚姻家庭立法中重申。[2] 这体现在离婚制度中便是：（1）实行相对自由的离婚主义。该法典第 16 条规定，婚姻终止的理由不仅包括配偶一方死亡（含宣告死亡），还包括配偶一方或双方申请解除婚姻关系。客观事实的变化，使得夫妻一方或双方当初缔结婚姻时的美好希冀不复存在而欲逃离婚姻枷锁的情形屡见不鲜。赋予当事人婚姻的再度选择权，是现代社会对婚姻本质的尊重，也是维护当事人和社会根本利益的需要。（2）从形式平等走向实质平等，注重平衡离婚的法律效力。形式平等即法律平等，是指以法的形式承认所有的人在法律面前一律平等，实质平等即事实平等，就是指国家在形式上的平等可能导致的事实上的不平等予以调整和救济。法律在承认妇女家务劳动价值的基础上更为精细地形成其劳动贡献价值权重的核算方法，在离婚制度中予以女方于财产分配上的适当照顾，以及对女方怀孕期间和分娩一年内男方离婚自由的限制，均体现了该法对于实质公平的追求。（3）注重保护婚姻之外的第三人利益，强调对交易秩序的维护。该法第 24 条第 3 款规定"若离婚的夫妻双方对财产的分割损害了第三人的利益，则法院有权以单独的诉讼划分财产的索赔"。这体现了婚姻家庭法对善意第三人的保护功能，也表明了婚姻家庭法对公平正义的追求和维护。

二、当代俄罗斯婚姻家庭法律制度的发展趋势对我国立法的启示

《俄罗斯联邦家庭法典》于 1995 年 12 月颁布实施，此后历经了多次修改补充，这与改革开放以后的我国婚姻法的立法完善之发展道路具有相似性。中俄均属大陆法系国家，这更便于从制度层面上相互比较与借鉴。

（一）当代俄罗斯结婚制度对我国立法的启示

其一，规定结婚登记审查期。1995 年《俄罗斯联邦家庭法典》规定，申请结婚的人自其向户籍登记机关递交申请之日起满一个月后，亲自到该机关办理婚姻登记。在特殊情形下，可以作相应的变通处理：①在有正当理由时，对结婚进行国家登记的户籍机关可允许在不满一个月时登记结婚，也可延长该期限，但最多不得超过一个月；②在特殊

---

① Уенкова О. Г Институт расторжения брака по законодательству Российской Федерации континентально-правовой семьи (сравнительно-правовое исследование)/М;2010. с. 19-20.

② Инюкина С. А. Эволюция института расторжения брака в советский период развития Российского государства//общества и право, -2008, -no3, -с 19-24.

情况下，如怀孕、分娩、一方的生命有直接危险和其他特殊的情况出现时，可于递交申请当日予以登记。此种结婚审查期制度被认为发挥了"结婚冷静期"的重要作用，大大减少了草率结婚率，也就降低了低质量婚姻中常见的草率离婚发生率。相对而言，我国《民法典》婚姻家庭编并无结婚审查期的专门规定，其第 1049 条规定"要求结婚的男女双方应当亲自到婚姻登记机关申请结婚登记。符合本法规定的，予以登记，发给结婚证"。虽然我国可以通过"离婚冷静期"制度在一定程度上降低草率离婚率，但这并不能从根本上改变大量草率结婚引起的低质量婚姻的不稳定性。因此，我国可借鉴俄罗斯的关于结婚登记的审查期制度，既有利于对结婚条件予以充分审查，又有利于杜绝违法婚姻和草率婚姻。同时，在特殊情形下（如怀孕、分娩等），适当缩短登记时间，又有利于公民通过合法的方式确立婚姻关系，体现出法律规范对结婚行为的人文关怀。

其二，完善无效婚姻制度。我国《民法典》婚姻家庭编在第 1051 条、第 1054 条规定了无效婚姻的法定情形及后果，其中修改了我国 2001 年修正的《婚姻法》第 10 条关于无效婚姻的规定，不再将"患有医学上认为不应当结婚的疾病"作为禁止结婚情形，并相应增加规定一方隐瞒重大疾病的，另一方可以向人民法院请求撤销婚姻；婚姻无效或者被撤销的，无过错方有权请求损害赔偿，这有利于无过错方权益的保护。此外，我国《婚姻家庭编解释（一）》第 9、10 条规定了有权请求确认婚姻无效的主体和宣告婚姻无效的机关为人民法院，但并未像《俄罗斯联邦家庭法典》对婚姻无效的宣告期间作出规定，可操作性相对欠缺。可参照《俄罗斯联邦家庭法典》增补以下内容：根据婚姻无效的不同情形，确认婚姻无效的期限也应有所不同。例如，因重婚和有禁止结婚的亲属关系的，可不受时效的限制；如因未达法定婚龄而请求确认无效，应在法定婚龄届至前提出。还可参照《俄罗斯联邦家庭法典》第 30 条规定，善意一方有权按照民事立法的规定请求赔偿其所受到的物质和精神损害。

其三，适当降低法定婚龄。我国《民法典》婚姻家庭编规定的男 22 周岁、女 20 周岁的法定婚龄，大大高于自然人获得完全民事行为能力的年龄，也高于当代我国男女两性的生理与心理成熟以及广泛参与社会生产与生活的实际年龄。1995 年《俄罗斯联邦家庭法典》规定的法定婚龄为男女两性平等的 18 岁（及有正当理由情况下的 16 岁）。在赋予有效的监护制度、在校学生生育学籍保留制度等配套措施的情况下，俄罗斯的婚龄设计对于其对抗人口老龄化、稳定人口出生率是有实际效用的，并且并未带来显著的社会问题。我国正快速进入人口老龄化阶段，可参照俄罗斯立法并根据本国国情，适当降低我国的法定婚龄。

（二）当代俄罗斯夫妻关系制度对我国立法的启示

其一，完善夫妻财产制度的规定。我国《民法典》婚姻家庭编无论是对夫妻法定财产制度的性质、内容还是对约定财产制度的形成，以及对二者之间的转化关系的规定均比较粗疏。相对而言，《俄罗斯联邦家庭法典》第三编则对夫妻财产制度进行了全面与系统的规定。参照之下不妨考虑：一是增设非常法定财产制，在夫妻一方受破产宣告或出现一方故意损害另一方合法权益的行为时①，可以申请法院改夫妻共同财产制为分别财产制；二是对夫妻共同财产的范围予以修正，增补规定婚姻期间取得的文凭、执照等证书之归属以及修正价值较大的个人生活用品（如价值不菲的奢侈品）为夫妻一方个人财产的规定。完善约定财产制的内容。增补约定的时间与主体：对于婚姻期间的财产关系，男女当事人可于结婚前或结婚后以书面形式进行约定。当然，由于"约定"属于民事法律行为，约定的主体即须具备完全民事行为能力，否则则需他人代理为之。补充约定财产协议的内容以及夫妻实行约定的分别财产制时的债务清偿规则。双方当事人对财产关系进行约定后，可以采书面形式依法变更或终止。

其二，集中规定"婚姻合同"制度。我国《民法典》婚姻家庭编以及相关司法解释中不乏具体的身份协议，如夫妻分别财产制协议、夫妻财产分割协议、离婚抚养协议等，但这些协议并不能覆盖主要的涉婚姻财产关系协议，导致有关调整依据不足。实践中不乏所谓"离婚补偿"等无名协议中离婚一方以承担巨大财产"补偿义务"负担为代价换取离婚自由的实现，有关"协议"效力却借助所谓"意思自由"而获得法官支持的不公情形。《俄罗斯联邦家庭法典》以专节将其婚姻关系中的全部财产协议集中规定为"婚姻合同"，消除了有关领域中无名合同的存在性，明确了这些合同的自由范围与限制要件，使得男女双方对未来财产关系的意思自由获得了相对平衡的实现手段。尤其重要的是，法典第42条对婚姻合同的内容限制性规定中还专设"合同的内容不能有使夫妻一方处于极为不利地位或与家庭立法的基本原则相违背的其他条款"，从而有效制约某些利用他人对结婚或离婚自由的迫切需求，迫使对方在"夫妻财产协议""离婚补偿协议""离婚财产分割协议"等婚姻合同形式中接受对其极为不利的财产安排条款的效力，提供了明确的法律根据。这一规定尤其值得我国相关立法与司法实践借鉴。

其三，完善夫妻债务的认定及清偿制度。我国《民法典》婚姻家庭编对夫妻共同债务认定有了较为明确的规定，即吸收此前司法解释的有效做法于第1064条明确规定了夫妻共同债务"共债共签"原则等。但总体而言，我国对夫妻共同债务与分别债务清偿中的区分机制的规定仍然较为疏略。可以借鉴1995年《俄罗斯联邦家庭法典》第45条所代表的夫妻债务认定与清偿区分机制：对于夫妻一方的债务只能追索该一方的财产。在该财产不足时，债权人为追索债务有权请求分出作为债务人的夫妻一方在分割夫妻共同财产时应分给该债权人的份额。对于夫妻共同债务追索夫妻共同财产，夫妻一方的债务，如果法院确定夫妻一方的债务全部用于家庭需要，也追索夫妻共同财产。当该财产不足时，夫妻以其各自的财产对上述债务负连带责任。如果法院的判决认定，夫妻共同财产是由夫妻一方以犯罪途径获取的资金购置或增值的，可追索相应的夫妻共同财产或者其部分财产。夫妻对其未成年子女造成损害的责任，由民事立法规定。在夫妻赔偿致未成年子女的损害时，依前述规则追索夫妻财产。

（三）当代俄罗斯父母与子女关系制度对我国立法的启示

其一，完善父母子女身份关系的确立制度。我国《民法典》婚姻家庭编虽然明确地

---

① 如学者建议的以下情形：夫妻因感情不和，分居已满一年以上的；夫妻一方无正当理由不履行扶养义务，不依法给付家庭生活费用的；夫妻一方无能力管理共同财产或滥用管理共同财产权利的；夫妻一方的财产，不足清偿个人债务，或夫妻共同财产，不足清偿夫妻共同债务的；夫妻一方无正当理由拒绝对共同财产的通常管理予以应有的协作，或无正当理由拒绝夫妻他方对共同财产进行处分等。

规定非婚生子女具有与婚生子女平等的法律地位，以防止对非婚生子女的歧视，但也就此疏漏了二者在确立程序与方法上及事实上的区分需要，反而妨碍了有关亲子关系在法律上的认定与确立，对父母与子女权利的保护均有不利。1995 年《俄罗斯联邦家庭法典》以第十章全面系统地规定了各种婚姻状态下，以及人工辅助生殖技术条件下所生育子女与父母关系的确立方法、程序以及有关纠纷的救济途径。相应地，我国立法也可借鉴俄立法进行区分性的规定，有婚姻关系的父母所生子女的父亲身份的推定和否认制度，以及无婚姻关系的父母所生子女的父亲身份的确认制度。同时应科学技术的发展构建人工生育子女的亲子关系制度：增加"人工生殖子女的法律地位"条款，增加"代孕协议"效力认定条款，因代孕协议无效而发生的未成年子女抚养的纠纷，由人民法院根据照顾未成年子女利益的原则处理。

其二，完善未成年子女权利体系及其实现保障机制。我国《民法典》婚姻家庭编对未成年子女权利规定得较为粗略，有些规定将父母作为子女利益的主动施予者，而子女为被动接受者的传统"亲本位"，不利于未成年子女权利的完整与独立发展。1995 年《俄罗斯联邦家庭法典》是在保护儿童利益的国际大背景下，由以往的"亲本位"转向"子本位"的立法理念。该法典第十章极为详细与全面地规定了各种时间阶段上亲子关系的认定方法、相应的争议解决方式以及相关主管机构，可操作性很强。法典第十一章全面与明确地规定了子女各种人身与财产权利。尤其是还规定父母对子女的财产不当然地享有所有权，子女有权维护自己的财产权利，对子女享有的受教育权、家庭照顾权以及父母分居甚至离婚后与孩子的会面交往权等典型子女人身权的精细规定，更是系统体现了保护儿童利益的初衷。为此，我国不仅应进一步细化子女权利类型体系，还可以规定：父母、法官在处理一切涉及未成年子女的事务时，应考虑子女的意愿及情感，子女的物质、精神以及教育需要，子女的年龄、性别、背景以及相关的其他情况，子女生活环境的改变可能对其产生的影响，父母一方以及与此相关的其他人的意愿、对子女的情感以及满足子女需要的能力等合理因素。[①]

其三，增设未成年父母权利的专门规定。我国《民法典》婚姻家庭编并未就未成年父母与子女之间的关系进行专门规定，无法应对现实中已出现的未成年父母及未婚父母地位的确认及其子女利益保护的法律调整之需。1995 年《俄罗斯联邦家庭法典》法典第十二章全面规定了父母的权利（亲权），尤其是其第 62 条全面规定了"未成年父母的亲权"的取得、不同行使条件与方法，以及与未来父母成年以后亲权的接序等，有效应对了在当代俄罗斯社会日益多发的未成年人且未婚生育条件下，子女利益保护以及父母抚养资格利益保护问题的解决。这尤其值得我国有关立法关注。

（四）当代俄罗斯监护制度对我国立法的启示

其一，优化我国《民法典》对监护制度的调整分工。我国《民法典》总则对监护制度已有较为系统的一般规定，较之此前监护制度增加了遗嘱监护、协议监护、临时监护等多种形式，确立了"以家庭监护为基础，社会监护为补充，国家监护为兜底"的监护制度体系。这使我国《民法典》婚姻家庭编的专门调整空间受到限制。在俄罗斯，其民法典主要负责监护的一般规定以及成年人监护的具体制度设计，而对未成年人的监护则

---

① 陈苇：《中国婚姻家庭法立法研究》，群众出版社 2010 年版，第 454 页。

主要由《俄罗斯联邦家庭法典》专门设计与调整。我国也可借鉴这一调整分工方法。

其二，建立体系化、层次化的未成年人照护制度。我国《民法典》并未区分亲权与监护制度，这不利于区别以父母对子女的核心家庭性质照护为目的的亲权制度价值与以兼顾国家保障与家庭照护为核心的监护制度价值。《俄罗斯联邦家庭法典》设计了系统与层次分明的未成年人保障制度体系：父母（包括未成年父母）的亲权、无父母照管子女的监护和保护。而无父母照管子女的监护和保护又是由负有监护与保护职责的国家机构主持，通过对无父母照管子女的"发现"，进而通过特定程序交由俄罗斯家庭收养或寄养，使未成年人的监护与保护的具体制行机制再次回归家庭。在此，监护制度既充分保障家庭监护职能的发挥，又以公职监护弥补家庭监护之不足。鉴于此，我国相关立法应大力补充国家监护过渡性、兜底性制度设计，以及与最终归回家庭的收养、寄养而形成的家庭监护之间的制度衔接。

（五）当代俄罗斯收养制度对我国立法的启示

其一，完善收养的条件与程序性规定。我国《民法典》婚姻家庭编在规定收养条件时相较于 1999 年修订的《收养法》有所放宽，如扩大被收养人范围，将被收养人年龄上限由 14 周岁统一提高到所有未成年人，有条件地放宽收养子女数量的限制，规定无子女的收养人可以收养两名子女，与国家计划生育政策的调整相协调，将收养人须无子女的要求修改为收养人无子女或者只有一名子女，贯彻男女平等原则，将无配偶男性收养未成年女性要求年龄相差 40 岁以上修改为无配偶者收养异性子女要求年龄相差 40 岁以上，并且重申了收养的保密义务等。但在收养人的资格与能力方面又相对概括，对外国人以及可能被同性伴侣收养的情形又缺乏有效的规制机制，失之过宽。相对来说，1995 年《俄罗斯联邦家庭法典》严格地将监护作为国家对丧失父母亲权照护的未成年人"安置"措施，在程序上分别与上下游的国家机关监护（或保护）与收养家庭监护紧密衔接，对收养人资格分类严格规定，收养程序中各方当事人与国家机关分工协作配合参与，提高了收养的效率。同时俄罗斯严格限制外国人的收养条件，以及限制可能被同性伴侣收养的可能，对保障被收养人的民族性以及身心稳定，均有一定意义。这些都值得我国立法借鉴。

其二，完善被收养未成年人权益保护机制。我国《民法典》婚姻家庭编对被收养未成年人与收养相关的利益保障规定相对简单，保护难言周详。1995 年《俄罗斯联邦家庭法典》将接受国家提供的提高监护能力素养的免费培训作为成为收养人的法定条件予以规定；为防止拆散，不得由不同的人收养兄弟和姐妹，除非符合这些孩子的利益；对于交由外国人收养的被收养人，则规定只有在不能将孩子转交给常住在俄联邦境内的俄联邦公民的家庭中培养，或者不能交给亲属收养时，才可由外国公民或者无国籍人收养孩子。俄罗斯这些立法可资借鉴。

其三，增补"试收养期"制度。我国《民法典》婚姻家庭编没有规定旨在向稳定收养家庭关系过渡的尝试性阶段，即"试收养"制度，这不利于轻率与低质收养的防范与剔除。1995 年《俄罗斯联邦家庭法典》规定可通过收养协议约定旨在判断未来亲子关系质量的试收养期，这有助于提高未来亲子关系的稳定性，可为我国立法借鉴。

（六）当代俄罗斯离婚制度对我国立法的启示

其一，对协议离婚自由的有效控制。我国《民法典》婚姻家庭编第 1076 条与第 1078

条规定，夫妻双方自愿离婚的，应当签订书面离婚协议，并亲自到婚姻登记机关申请离婚登记。婚姻登记机关查明双方确实是自愿离婚，并已经对子女抚养、财产以及债务处理等事项协商一致的，予以登记，发给离婚证。而对于离婚"自愿"并未进行其可适用情形的限定。这方便了协议离婚自由的轻率行使，由此可能造成对未成年子女等利害关系人的利益损害。相对而言，1995 年《俄罗斯联邦家庭法典》第 19 条第 1 款规定只有在没有共同的未成年子女场合，才可以在户籍登记机关以协议方式离婚。俄罗斯的规定对保护弱势群体更加审慎，强调对离婚的慎重抉择和对未成年子女利益的保护。我国可借鉴俄罗斯关于"没有共同的未成年子女的夫妻协议离婚时，在户籍登记机关办理离婚"的规定。

其二，离婚扶养制度规定的细密。我国《民法典》婚姻家庭编在第 1090 条规定，离婚时，如果一方生活困难，有负担能力的另一方应当给予适当帮助。具体办法由双方协议；协议不成的，由人民法院判决。此规定较为笼统，且将离婚经济帮助请求权仅限于离婚当时生活有困难的原配偶，对离婚后一定期限内发生生活困难的原配偶不予救济，此条件限制过于严苛，不利于保护离婚后生活有困难的原配偶利益。1995 年《俄罗斯联邦家庭法典》中的离婚扶养制度从适用条件、对象、程序等各方面加大了对离婚后生活困难一方当事人的经济救济力度，可为我国立法借鉴。

第八章　当代英国婚姻家庭法律制度研究

第一节　当代英国婚姻家庭法律制度概述

本节研究和阐述以下内容：一是当代英国婚姻家庭法律制度的渊源和主要内容；二是 20 世纪以来英国婚姻家庭法律制度修订概况。

一、当代英国婚姻家庭法律制度的渊源和主要内容

自 20 世纪以来，英国婚姻家庭法律制度在社会变迁中不断前行。尤其进入 21 世纪的近些年英国婚姻家庭法律制度的变化反映了当代英国社会婚姻家庭关系发生的巨大改变。作为英美法系的重要代表，英国婚姻家庭法律制度至今仍然在世界一些使用英语的国家中发挥着重要影响，同时，随着英国与欧盟之间的一系列政治举措，英国与欧盟国家间的婚姻家庭法律制度也不断发生交流、碰撞，并且相互影响。

（一）英国婚姻家庭法律制度的渊源

1. 概述

英美法系国家的典型法律制度以普通法为主要渊源。[①] 英国作为英美法系的源头，普通法也是其法律主要的渊源。在英国的法律中，最重要的两种渊源包括判例法和成文法。早前，英国的判例法又可进一步细分为普通法和衡平法。在英国历史上，诺曼征服后，威廉二世建立了以国王为中心的封建土地制度，逐步形成王权专制国家，国王发布的敕令成了法律最初的形态，而随后发展衍生出的王座法院和巡回法院的判例，宣示某些习惯法原则成为全国普遍适用的普通法。衡平法是独立于普通法的另一种形式的判例法，由于普通法重程序、轻实体，因此在适用中可能导致一些严重不公的结果。14 世纪末，通过大法官和衡平法院的审判活动，以法官"良心""公平"和"正义"作为审理案件的原则，英国逐步建立起一套重内容、轻形式的案件审理体系，此即为衡平法体系。在 1875 年《最高法院审判法》生效前，英国存在普通法法院和衡平法院两套体系，分别审理普通法和衡平法的案件；该法案生效后，去除了普通法法院和衡平法院之分，建立起统一的法院体系。

英国的成文法主要包括基本立法（由立法机关也即英国议会颁布的成文法）和次级立法（由立法机关委托授权的政府行政机关针对某些具体问题进行的立法，也即除英国

[①] 普通法是根据英国各地存在的习惯法逐步发展出来的，其以判例为主要形式，重视具体，轻视一般；重视形式，轻视实体。参见何勤华主编：《英国法律发达史》，法律出版社 1999 年版，第 24 页。

议会外的其他机构颁布的规章制度等）、欧盟法、欧洲人权公约、国际条约，目前已经不太显著的权威学说①和习惯。②

2. 欧盟法及其影响

在英国加入欧盟期间，欧盟法以及欧洲人权公约等内容部分已经通过英国国内法的方式被英国法所吸收采纳。③ 而且英国司法也受到欧盟法院（the Court of Justice of the European Union）和欧洲人权法院（the European Court of Human Rights）的判决影响。

目前受英国退出欧盟的影响，未来英国法与欧盟法之间的关系势必受到影响。从法律上讲，随着英国退出欧盟成为现实，在两年过渡期结束后，如无重新订立新的条约或规则，那么之前英国以欧盟成员身份缔结的相关条约以及因执行这些条约制定的相关规则中，没有引入国内法的部分都将失效。同时，也不再受欧盟法院判决影响。但已经引入英国国内法的部分则仍然有效，除非通过新的立法程序将这些法律予以废止。④ 此外，《欧洲人权公约》也是一个例外。《欧洲人权公约》是 1950 年 11 月 4 日在罗马签署，1953 年 9 月 3 日生效的一份区域性人权公约。英国是该公约的缔约国，而且英国 1998 年《人权法》已经将该公约的内容引入国内法。这一法律也不会受英国退出欧盟的影响。同样，基于该公约的规定设立的欧洲人权法院在司法上仍然对英国具有影响力。

实际上，英国政府很可能不会在脱离欧盟之时废止所有因欧盟而生的相关条约或规则，也很可能不会重新制定相关法律和规则，考虑到英国和欧盟之间紧密的经贸关系，如果不遵守现有的欧盟法，那英国很可能将停止与欧盟的经贸往来。很明显，对英国政府而言，这不是一个合理的选项。这一点在与经贸关系联系紧密的部分法律领域表现尤为明显。因此，特别是在数据保护、消费者保护、产品责任、金融服务等领域，现行有效的法律很可能维持不变。同样，对于未来欧盟出台的新法，英国在考虑与欧盟经贸往来的基础上，仍可能受这些法律的影响，只是在影响的程度、广度方面与退出欧盟前，可能有所区别。

目前，英国政府已经审议通过英国《退出欧盟法》。该法案有三个目标：第一，于英国退出欧盟之际，废止 1972 年英国《欧洲共同体法》。第二，将两万余件欧盟法转变为英国成文法，包括将英国直接适用的欧盟法转为英国国内法；保留为执行欧盟法颁行的国内法；对于个人在法院中依据欧盟法被保护的权利，英国法继续予以认可；以英国最高法院判例的形式认可欧盟法院判决为英国法律体系的司法先例；至此，欧盟法对英国国内法不再有上位法的性质。

3. 四地区的法律体系

从地域上看，由于英国历史上是由几个不同的国家联合而成的，因此英国法形成了三种不同的法律体系。英格兰和威尔士地区适用同一法律体系（为论述方便，以下简称英国法），苏格兰地区适用苏格兰法，北爱尔兰地区适用北爱尔兰法。三个法律体系在一

---

① 有学者认为，教科书也是间接的法律渊源，[英] J. 沃克：《英国法渊源》，夏勇、夏道虎译，西南政法学院 1984 年内部印刷，第 107 页。

② 张越主编：《英国行政法》，中国政法大学出版社 2004 年版，第 18 页。

③ Gary Slapper & David Kelly, The English Legal System (13th ed.), Oxford：Routeledge, 2012, p. 79.

④ Debbie Heywood, Brexit - the potential impact on the UK´s legal system, 2016-5-3, https：//www.lexology.com/library/detail. aspx？g=e698ac37-57c7-4d62-b684-ca840436fe0a, access time：2018-2-16.

些具体制度上存在差异，但也有一些适用于英国四个地区的法律。2009年成立的英国最高法院是审理英格兰、威尔士以及北爱尔兰地区的所有民事案件和刑事案件的最高法院，也是苏格兰地区所有民事案件的最高法院。由于资料收集以及本章篇幅的限制，本章主要介绍适用于英格兰和威尔士地区的英国法，以及苏格兰法的部分制度，对于北爱尔兰的婚姻家庭制度不作介绍。

4. 英国婚姻家庭法律制度的渊源

英国的婚姻家庭法律制度的主要渊源，包括司法先例和成文法。在政府颁布的成文法中，比较重要的有：1973年《婚姻诉讼法》、1976年《反家庭暴力及婚姻诉讼法》、1989年《儿童法》、1991年《子女抚养法》、1996年《家庭法》、1998年《人权法》、2002年《收养和儿童法》、2004年《民事伴侣关系法》等。[1] 法官在判决中将引用这些成文法渊源作为裁决依据。同时，法官也会对成文法的部分规定进行解释，一旦判例中出现这些解释，那么这些解释也成为司法先例的一部分，从而成为普通法的渊源。因此，在后文阐述当代英国婚姻家庭法领域的具体制度时，我们将成文法和相关案例相结合予以介绍。

（二）英国婚姻家庭法律制度的主要内容

对于当代英国婚姻家庭法律制度的主要内容，本章将从以下七个方面予以阐述：亲属关系通则、结婚制度、夫妻关系制度、亲子关系制度、收养制度、监护制度、离婚制度。首先，亲属关系通则部分将对英国有关亲属关系的基本规则予以阐述，同时，也将对其他部门法中涉及的亲属关系规则予以说明。第二，在结婚制度部分，将介绍英国结婚的条件和程序、无效婚姻和可撤销婚姻制度等，以及英国最新通过的涉及同性婚姻的相关法律规定。第三，在夫妻关系制度部分，将重点分析英国法中的调整夫妻人身关系和财产关系的相关规则，尤其是夫妻财产制方面的规则。第四，在亲子关系制度部分，将阐述英国在亲子关系的确立等方面的规则，随着科技的进步以及英国法上对同性婚姻的承认，在人工生育子女以及代孕问题上，英国的立法例的具体内容及其特点。第五，在收养制度部分，将阐述英国收养法的相关法律规则。第六，在监护制度部分，将对英国法上的未成年人监护制度进行分析。第七，在离婚制度部分，阐述英国离婚条件和离婚程序的基础上，将重点分析离婚的法律后果。

二、20世纪以来英国婚姻家庭法律制度修订概况

（一）世俗婚制度逐渐被接受

英国中世纪的法律渊源主要包括盎格鲁—撒克逊时代的习惯法以及教会法。教会法院不但管辖教职界的案件，同时也受理涉及教徒世俗身份关系的案件。在婚姻家庭制度方面，中世纪的家庭法中，结婚离婚等规则都来源于教会的婚姻观念和家庭法原则。[2] 单就结婚制度而言，英国法律把婚姻的控制管理权都交给教会。借助对诸如婚姻等世俗事务的控制，基督教会一方面宣扬了自己的家庭观念和家庭规则，另一方面也趁机敛财。

从17世纪到19世纪，世俗机构对婚姻事务控制权的争夺并未就此停止。英国1836

---

① 英国的成文法可以在英国政府网站 www.legislation.gov.uk 中查阅。
② 李喜蕊：《英国家庭法历史研究》，知识产权出版社2009年版，第51、58页。

年《结婚法》一方面认可了犹太人和教友派根据自己的宗教仪式，在其他宗教场所举办婚礼的效力，同时也规定了完全世俗化的婚姻形式。修法时，立法者甚至希望引入全国统一的预备结婚程序，但这一建议遭到了上议院的反对。① 但对于非英国国教之外的其他结婚形式，该法都要求完成全国统一的世俗化的预备结婚程序。

此后，尽管英国结婚制度又经历了一系列立法改革，但根本上讲，1836 年《结婚法》奠定了现行结婚制度的基础，即根据当事人的身份、财富及宗教背景，当事人可以自行选择符合个人实际的合法结婚途径（新的世俗婚所需费用非常亲民，只需 2 先令就可完成婚姻登记；② 而宗教仪式婚费用则非常高）。虽然在制定 1836 年法时，罗素勋爵主张的观点——在防止秘密结婚、决定一个人是否结婚以及由此带来的结婚后果方面，国家具有一种正当利益；因而国家有权坚持建立一套统一有效的婚姻登记制度③——没能得到全部支持，但让婚姻制度世俗化的努力在面临来自英国国教的强大压力下，依然取得了可喜的成就。婚姻世俗化慢慢为民众所接受。

在 20 世纪初，绝大多数婚姻是宗教仪式婚，只有 15% 的婚姻通过世俗方式缔结。到 20 世纪末，民众缔结的有效婚姻中只有 38% 为宗教仪式婚。④ 进入 21 世纪，英国先后通过了 2004 年英国《民事伴侣关系法》和 2013 年英国《结婚法（同性伴侣）》。这意味着从 2014 年开始，英国同性伴侣也可以缔结婚姻。对于同性婚姻而言，由于宗教机构对这一改革的抵触，2013 年《结婚法（同性伴侣）》认可宗教机构，特别是英国圣公教，有权拒绝为这些人群举行宗教婚仪式，⑤ 故更多同性伴侣选择了世俗婚。

（二）离婚制度更趋自由但仍显保守

按照教会法的教义，婚姻不可解除。因此，想要结束一段婚姻，当事人往往把希望寄托于宣布婚姻无效。这样，所生子女将被认定为私生子，不能继承生父的财产及爵位。亨利八世就遭遇了这个问题。这种以宣布婚姻无效结束一段婚姻的做法为之后 300 多年的英国离婚制度改革带来了深远影响。一个男人要想离婚首先要从教会法院获得"司法分居"令。其次，他必须在普通法法院上依据另一方的通奸行为获得赔偿。最后，他必须确保获得议会签发的一个个人议案，终止其婚姻并允许其再婚。⑥ 这种通过个人议案的方式实现离婚目的费时费力，整个过程费用高昂。

这是引发离婚制度改革的主要原因之一。此外，随着经济发展，个人财富的增长，民众也迫切希望对处理遗嘱的法院（遗嘱检验原由全英 300 余个教会法院处理）进行机构调整，最终 1857 年《婚姻诉讼法》得以出台。相较通过前述个人议案的方式离婚而

---

① Judith Masson, Rebecca Bailey-Harris, Rebecca Probert, Cretney's Principles of Family Law (8th ed.), London: Sweet & Maxwell Ltd, 2008, p. 17.

② Chris Durston, Unhallowed Wedlock: the Regulation of Marriage during the English Revolution, (1998) 31 The History Journal 48.

③ Hansard's Parliamentary and Debates (3rd Series) 1836, vol. 31, col. 368.

④ J Haskey, Marriage in Approved Premises…, (2002) 107Population Trends? 83.

⑤ J Oliva and H Hall, Same-Sex Marriage: An Inevitable Challenge to Religious Liberty and Establishment?, (2014) 3 (1) Oxford Journal of Law and Religion 25-56.

⑥ Stephen Cretney, Family Law in the 20th Century: A History, Oxford University Press, 2003, p. 3.

言，该法在离婚法定理由方面并未在根本上有太大改变，① 也即男方提出离婚时须女方有通奸行为，女方提出离婚时，不但要求男方有通奸行为，而且还对女方存在其他过错。但其也有一些重大突破：首先，该法设立了专门的世俗离婚法院，并将离婚诉讼的管辖权由教会法院交与世俗法院（虽然当时只在伦敦设有一个离婚法院）；其次，该法赋权法院可在双方离婚后，根据女方财产的多寡、丈夫能力、是否有过错等因素判令丈夫向妻子支付扶养费；最后，妻子享有自己独立的财产权利，在被遗弃后自己的合法收入归自己所有。离婚或被判令司法分居后，妻子可以恢复对自己婚前财产的所有权。

1857 年《婚姻诉讼法》出台后，离婚的唯一法定理由仍然是通奸。许多人都不赞同法律的这一规定。为此，该法遭到了越来越多的批评。但对离婚法定理由的改革却姗姗来迟。在此后进行的离婚制度改革中，为了应对第一次世界大战后离婚诉讼的增加，英国通过了 1920 年《司法管理法》，授权法官可以在巡回法庭审理离婚案件并作出相应指令。随后的 1923 年《婚姻诉讼法》删除了对女性作为原告起诉离婚的特别要求，她们也可仅以对方通奸为由提出离婚。②

直到 1937 年《婚姻诉讼法》（又被称为《赫伯特法》）的出台，离婚法定事由才有了较大改变。该法规定，夫妻任一方都可以因以下四种情形提请离婚：通奸；遗弃满三年；虐待；患有无法治愈的精神病且持续接受治疗已满 5 年。但另一方面，鉴于保守派对离婚过于自由不利于家庭稳定的担忧，该法还新设了离婚限制条款，即结婚头 3 年不得提出离婚。但 1937 年《婚姻诉讼法》本质上仍坚持离婚过错主义，离婚是对无过错方的一种救济。推动该法得以通过的赫伯特强调的离婚并非过错观点没有在该法中体现。③ 因此，允许协议离婚就是对神圣婚姻机制的破坏。可喜的是，1937 年《婚姻诉讼法》在离婚法定理由上有一项重大立法变化：可以被告患有无法治愈的精神病且持续接受治疗已满 5 年为由提请离婚。这是无过错离婚理由被立法机构承认的开端。至此，过错离婚原则开始逐渐发生实质性的改变。

1937 年《婚姻诉讼法》过错离婚原则在实践中遭遇了诸多困难。为达到离婚目的，当事人双方常常通过合谋制造某个过错。立法者最初设想的禁止协议离婚的目的在现实中根本无法实现。此外，第二次世界大战给英国社会的婚姻家庭也带来了深远影响。最直接的结果是：战前的 1939 年，全英有 8517 起离婚，到战后的 1947 年，离婚数飙升至 47041 起。④ 离婚制度给那些希望离婚的人制造的困难加剧了新一轮离婚制度改革的压力。英国先后成立了两个独立的离婚问题调查团队，一个是由坎特伯雷大主教任命，又被称为主教团队；另一个则是由法官和法律界人士组成的法律委员会。两个调查团队在调查结束后得出了一个共同结论——离婚应该是对婚姻已不可挽回地破裂的一种法律救济。⑤ 这一结论逐步被各宗教团体及公众舆论所接受。1969 年《离婚改革法》最终得以出台。该法规定，任一方当事人可以基于婚姻已无可挽回地破裂诉请离婚，但必须以如下五种

① Judith Masson, Rebecca Bailey-Harris, Rebecca Probert, Cretney's Principles of Family Law (8th ed.), London: Sweet & Maxwell Ltd, 2008, p. 18.

② 石雷：《英国现代离婚制度研究》，群众出版社 2015 年版，第 32 页。

③ O Kahn-Freund, The Matrimonial Causes Act (1937) 1 Modern Law Review 231-236.

④ Royal Commission on Marriage and Divorce, Report 1951-1955 [Cmd. 9678 (1956)] (the Morton Report), Table 1.

⑤ B. Passingham, The Divorce Reform Act 1969, London: Butterworths, 1970, p. 1.

法定离婚理由之一证明婚姻已无可挽回地破裂；通奸；不合理行为；遗弃；分居两年且另一方同意离婚；分居 5 年。大多数离婚案件都选择了前两项事由离婚，因为这是英国离婚的最快方式。尽管 1969 年《离婚改革法》摒弃了离婚过错原则，但仍在法定离婚理由中保留了过错因素。从离婚程序上看，该法首次规定，当事人可以通过地方郡法院而非伦敦的高等法院诉请离婚。到 20 世纪 70 年代，法院引入了"特别程序"，地区法官只审理双方当事人提交的书面文件及宣誓书。现在，在大多数的离婚案件中，人们正是通过这种书面离婚的特殊程序解除婚姻关系。

与欧洲大陆的离婚法发展趋势相比，英国目前的离婚法已明显过时。尽管进入 21 世纪以来，全英最高司法机关持续呼吁离婚法改革，[①] 但从政治层面上看，几乎没有人有兴趣启动离婚法改革。总体而言，英国离婚制度仍显保守。

（三）法律对家庭模式的调整范围逐渐扩大

1880 年后，英国社会对性行为的态度也更趋自由，同居情形开始增多。但婚姻家庭的整个概念以及国家在家庭制度方面的角色仍有诸多问题。[②] 许多民众都希望自由解释有关婚姻制度的法律。现行法对同居也没有一个准确界定。他们往往认为同居就意味着负有经济和情感义务，尤其是同居关系涉及子女问题时。

从法律的角度看，尽管 19 世纪尚无针对同居关系的成文法，同居双方也没有法律规定的权利义务，但普通法以及刑事法院往往也会保护"同居关系"中弱势方的权利。由于这类案件中，男性往往来自上层阶级，女性和儿童更加弱势，因此，普通法法院的法官通常会判令男性向女性及儿童支付扶养费。虐待同居女性的男方一旦被诉，也会遭到法律的制裁。但同居当事人的权利义务与婚姻当事人的权利义务并不相同。比如，1927年保守党政府的《失业保险法》就不承认"未婚伴侣"是法律认可的失业者的受扶养人（但为失业男子照顾子女的女方仍被视为"受扶养人"）。实践中，法院似乎也不愿推定同居伴侣打算共享他们房屋的所有权。法律本质上只是提供了一种弱于婚姻当事人的保护，以免同居关系中的弱势方及儿童因男方的离开而陷入经济困境，从而接受政府济贫法的保护。

从 20 世纪 70 年代开始，英国的非婚同居出现大幅增长。20 世纪最后 25 年，非婚同居的人口比例迅速增加。其中，非婚同居关系中的育龄妇女（18-49 岁的妇女）的比例从 1976 年的 9% 到 1998 年的 29%，增长了三倍多。过去的主流观点认为同居只是结婚的前奏，双方在同居中评估相互是否适合结婚，而英国的统计数据也支持这一观点。60 年代中期，只有 5% 的人婚前同居，而到 90 年代中期这一数字上升到了 70%。最终结婚的同居者中有两成多在完成注册程序时给了相同的住址。但现在无意结婚或根本没打算结婚、只愿长期同居的人有了显著增长，并且同居人数的增长已高于结婚人数的增长。在英格兰和威尔士，有超过三分之一的新生儿来自非婚同居家庭，而且非婚生子女父母往

---

① 参见沙律师家庭法协会争议解决家庭法部主席尼古拉斯·瓦尔爵士（Sir Nicholas Wall）的讲话，相关报道刊登在［2012］Family Law 598。转引自 Gillian Douglas, The changing concept of 'family' and challenges for family law in England and Wales, Jens M. Scherpe ed., European Family Law（vol. II）, Northampton: Edwawrd Elgar, 2016, p. 24。

② Ginger Frost, Living in Sin: Cohabiting as Husband and Wife in Nineteenth-Century England, Manchester: Manchester University Press, 2008, p. 22.

往处于稳定的同居关系中。1996 年接近 60% 的非婚生子女与其父母同住。[①]

伴随同居人口数据的变化，有关同居伴侣的法律也在随之发生改变。第一个公开宣布要以立法形式给予同居伴侣和已婚夫妻基本相同的法律保护的成文法是 1976 年英国《反家庭暴力及婚姻诉讼法》。该法主要解决的是家庭暴力的防治，在保护弱势方不受家庭暴力伤害方面，同居伴侣享有和已婚配偶同等的权利。成文法也开始试图界定同居关系，如 1996 年英国《家庭法》第 62 条第 1 款第 a 项规定，同居指没有结婚的两个人以夫妻名义同居生活或（如果是同性的话）以一种平等关系共同生活。随后，2002 年英国《收养和儿童法》第 144 条第 4 款第 b 项规定，以伴侣身份持久地共同生活的两个人（无论同性或异性）可以收养子女。值得注意的是，人们普遍认为，要维护婚姻制度，就必须强调合法婚姻是法律认可的唯一合法的同居，因此，同居伴侣必然不能全部享有合法婚姻配偶享有的所有权利，现行英国法也只在人权（防止家庭暴力）和子女权利方面认可同居伴侣享有与结婚配偶一样的正当权利。在财产方面，异性同居伴侣仍被法律视为两个独立的个体。

与调整异性同居的法律相比，近年来，调整同性同居关系的法律发展更加迅速。1967 年，英国年满 21 周岁的成年男性之间的私下性行为实现了非罪化。1999 年，在涉及租赁关系中租户死亡后租赁权的继承问题时，上议院承认，同性伴侣也属于"家庭成员"。五年后，上议院甚至将"以丈夫或妻子的名义共同生活"也解读为包括同性伴侣。2001 年，欧洲人权法院判定，以性取向为由拒绝一方父母的抚养权或探视权属于非法歧视。[②] 2002 年英国《收养和儿童法》甚至认可同性伴侣可以一起收养子女。这方面法律的变化在 2004 年达到了一个高潮。2004 年《民事伴侣关系法》允许英国的同性伴侣通过登记，获得和婚姻中的配偶几乎一样的法律地位。[③] 唯一不同的是，在称谓上，他们的这种关系不是婚姻，不能在宗教机构按照宗教程序缔结婚姻，只能以世俗婚姻的方式结婚。出于维护婚姻制度的考虑，2004 年《民事伴侣关系法》没有采纳最初引入该立法草案的议员建议的方案——选择同居的同性或异性伴侣都可以登记为民事伴侣，相反只有同性伴侣可以登记为民事伴侣。

但这并非调整同性伴侣关系法律改革的终点。尽管 2004 年《民事伴侣关系法》刻意避免使用婚姻的称谓指称同性伴侣间的民事伴侣关系，但实际上对许多登记民事伴侣关系的当事人、社会甚至法律而言，这和婚姻并无太大区别。有当事人对现状十分满意（统计数据表明，截至 2013 年，英国办理的民事伴侣关系共有 66730 对，远远超出政府立法时的预期[④]），但也有当事人希望能够在宗教场所缔结这种得到法律认可的关系。因此，政府在调研是否应许可同性伴侣在宗教场所缔结民事伴侣关系问题时，发现这些人群希

---

　　① J Haskey, Demographic Aspects of Cohabitation in Great Britain (2001) 15 International Journal of Law, Policy and the Family 51, 56.

　　② 欧洲人权法院由欧洲委员会设立，成员有包括英国在内的 47 个欧洲国家，该法院的判决对英国具有约束力。即使英国脱离欧盟，但由于欧洲人权法院并非欧盟机构，因此，其判决对英国仍有约束力。

　　③ John Eekelaar, Perceptions of Equality: The Road to Same-Sex Marriage in England and Wales, (2014) 28 International Journal of Law, Policy and the Family 1–25.

　　④ 参见英国政府登记的民事伴侣统计数据，http://www.ons.gov.uk/peoplepopulationandcommunity/birthsdeathsandmarriages/marriagecohabitationandcivilpartnerships/bulletins/civilpartnershipsinenglandandwales/2015-02-11#number-of-civil-partnership-formations，访问日期：2016 年 8 月 17 日。

望享有和其他人同样的平等的婚姻。随后，政府提出了新的立法建议，希望对同性婚姻进行立法。在平等、反歧视观念的影响下，[1] 英国最终于 2013 年 7 月通过了《结婚法（同性伴侣）》（该法于 2014 年 3 月 13 日生效）。至此，同性婚姻及同性配偶家庭得到了法律的正式认可。

（四）从绝对父权到父母责任

在英国，中世纪时期，父亲对子女享有绝对的权力，母亲对子女不享有任何权力，即父亲对其婚生子女的人身和财产享有完全的支配权。英国成文法上对父亲绝对权力进行干预的第一部法律是 1839 年《婴幼儿监护法》，该法授权法院可以将 7 岁以下的子女交由母亲监护，在子女年幼时，也可判定母亲享有探望权。

随后，英国成文法中不断出现新的法律，开始逐渐缩小绝对父权的权利范围。1857 年《婚姻诉讼法》在引入离婚制度的同时，也要求法院在作出离婚判决前，需要考虑离婚后的财产问题以及子女抚养的需要。因此，法院在离婚、司法分居等案件中，有权作出有关子女监护、抚养、教育等的判决，必要时，甚至可以将子女送到衡平法院，由其履行保护儿童之责。[2] 实际上，该法也首次确定了，在离婚或司法分居诉讼中，涉及子女监护问题时，法院有权干预父亲权力，作出有利于子女利益的判决。

与法院在离婚或司法分居诉讼中享有的自由裁量权相比，在其他案件中，父亲对其子女仍享有较大的权力，且不受法院干预。很快，立法者就达成了共识，通过了 1873 年《婴幼儿监护法》。至此，法院可以作出法令，将不满 16 周岁子女交由母亲监护。该法同时规定，如果双方在分居协议中，约定父亲放弃监护，子女由母亲监护，这样的协议不会被认定为无效。只要双方没有在协议中约定排除法院的公权力审查。1839 年和 1873 年的《婴幼儿监护法》也是英国法上在处理子女监护问题上的"幼年原则"的渊源。[3]

绝对父权遭遇到的下一个挑战是父亲在其死后在家庭事务上享有的绝对权威。普通法上，父亲可以在生前订立遗嘱，在其死后，按其意愿继续管理家庭事务：他可以为子女指定一个遗嘱监护人，由该监护人担任父亲的角色，相反，母亲却无权干涉遗嘱监护人行使相应权力。但随着前述三项成文法的通过，母亲对于子女的监护权利已得到了法律的认可。因此，1886 年通过了新的《婴幼儿监护法》。[4] 该法规定，父亲死后，婴幼儿的母亲可以作为其监护人，如果父亲指定了遗嘱监护人，则母亲可以和遗嘱监护人一起担任该子女的监护人。尽管 1886 年《婴幼儿监护法》表面似乎是旨在解决婴幼儿的监护问题，但其对整个英国家庭法却具有深远影响。该法彻底摒弃了中世纪延续下来的一个重大观念——家庭是父亲统治下的一个独立王国，[5] 外人不得干涉。同时，该法也授权法院，可以在离婚或司法分居案件中作出指令，认定一方父母不称职。从而在判定监护人时，作出不利于不称职父母的判决。

---

① John Eekelaar, Perceptions of Equality: The Road to Same-Sex Marriage in England and Wales, (2014) 28 International Journal of Law, Policy and the Family 1-25.

② 1857 年《婚姻诉讼法》第 33 条。

③ 王洪:《论子女最佳利益原则》，载《现代法学》2003 年第 6 期，第 73 页。

④ 在英文中，这几部法的英文名称并不相同。前两部《婴幼儿监护法》的英文名为 the Custody of Infants Act, 后一部《婴幼儿监护法》的英文名为 the Guardianship of Infants Act.

⑤ Andrew Bainham, Children: The Modern Law (3rd edition), Bristol: Family Law, 2006 p. 12.

随着社会济贫工作的开展，贫困儿童得到了照料，英国社会随即出现了另一类案件：被父母遗弃的贫困儿童被慈善人士收留，安置在自己建立的孤儿院一类的福利机构中，等这些儿童长到可以外出打工挣钱的年龄时，生父母又出来跟养育他们的养父母们争夺监护权。在这类案件中，养父母往往败诉。据此，议会很快通过了1891年《儿童监护法》①。该法规定，如果生父母故意遗弃未成年子女，或允许他人收养（或由济贫法规定的监护人收养）已经有较长一段时间，足以使法院认定生父母已经完全忽略了自己的抚养子女的责任，那么法院可以拒绝作出相应指令，让收养父母或济贫法规定的监护人继续担任这类儿童的监护人。

截至19世纪末，虽然父亲的绝对权力有所弱化，但在子女监护问题上，母亲并没有监护、照料、管理子女的法定权利。因此，相关团体仍然致力于推动立法改革，主张母亲在子女监护问题上应享有同父亲一样的权利。这些努力最终促使政府出台了1925年《儿童监护法》②。该法规定，法院审理的任何案件，一旦涉及儿童的监护和抚养问题，或者涉及儿童的财产问题等，法院应以儿童福利作为首要的、最重要的考虑因素。该法首次明确规定了儿童福利原则的至上性，撇清了以往司法实践中的错误认识，即将儿童福利等同于父亲的意愿。该法出台后，似乎在子女抚养问题上，父母双方已经处于一个平等地位。但该法的实质条款仍然否认母亲在婚姻关系存续期间享有对子女的任何法定权利：她仅能通过申请法院指令获得这种权利。直到1973年《监护法》通过后，在子女抚养问题上，母亲才享有和父亲同样的权利，并可以独立地行使。

20世纪末，1989年英国《儿童法》得以出台。调整父母子女关系的亲子法迎来又一次重大改革。亲子法由以往对父母权利的强调开始向父母责任转化，也即由亲本位转向子女本位。③该法第3条第1款将父母责任界定为法律规定的父母就其子女及子女的财产所享有的所有权利、义务、权力、责任等。父母双方在抚育子女方面负有同样的责任。在司法实践中，父母离婚时法院作出共同抚养令（Shared residence orders）④的情况也越来越多。⑤

此后，英国立法机构为了再次强调父母离婚后对子女仍有持续的抚养责任，2014年出台了《儿童和家庭法》。该法第12条将之前法院可作出的居住令和探望令改为子女抚养安排令。立法者希望通过法律术语的改变，淡化子女抚养纠纷中的胜负之分，强调父母子女关系不受父母离婚影响，仍持续发生效力。

（五）公权力干预家庭的方式更加优化

自工业革命后，伴随社会经济发展及法律政策变迁，困扰英国的贫困问题及流浪儿童乞讨、青少年犯罪等相关问题逐渐凸显。要求对家庭问题进行公权力干预的呼声日渐高涨。立法机构为回应现实需要，开始通过相关法律改革，实施公权力干预，并不断对

---

① 英文原名为：the Custody of Children Act 1891. 该法被1989年《儿童法》废止。

② 英文原名为：the Guardianship of Infants Act 1925。

③ 夏吟兰：《比较法视野下的父母责任》，载《北方法学》2016年第1期，第25页。

④ 在共同抚养令中，法院将会判令子女分别在父亲或母亲的家中轮流生活不特定的时间。这和我国判令轮流抚养的情况相似。

⑤ Gillian Douglas, The changing concept of "family" and challenges for family law in England and Wales, Jens M. Scherpe ed., European Family Law (vol. II), Northampton: Edwawrd Elgar, 2016, p. 30.

干预机制和干预措施进行优化。

早期，立法机构主要希望解决的是贫困问题及流浪儿童乞讨问题。1601 年《伊丽莎白济贫法》第一次通过成文法形式，对家庭扶养义务做了法律规定，违反法定义务就要接受法律制裁。父母，祖父母和子女都相互负有扶养义务。这种扶养义务作为一项基本原则最终得以延续下来。该法除了规定家庭扶养义务外，也希望通过为失业的穷人提供就业岗位（让贫困儿童成为学徒）解决贫困问题，同时还对面临窘境的穷人提供其他必要的救济措施。但 1834 年济贫法皇家委员会报告显示，该法在实际运行中差强人意。①1834 年出台的《济贫法修正令》开始将救济对象限定于进入济贫院的儿童。这就意味着贫困儿童只能住在济贫院中，不能再成为学徒。贫困儿童不能成为学徒，必然限制他们未来进入社会的能力。因此，1844 年政府又出台法律，允许儿童成为学徒。

为了满足孤儿、被抛弃或被遗弃的儿童的需要，政府不断探索新的措施。早期，英国政府选择将这些儿童送到英国的海外领地，如加拿大、澳大利亚、新西兰等。到 19 世纪末，济贫法委员会开始将贫困儿童送到寄养家庭寄养。这种做法一来为贫困儿童提供了类似家庭一样的环境，同时又为政府节省了资金，因此得到了政府的支持并被大力推广。②1889 年《济贫法》赋予其指定的监护人更大的权利。涉及被父母遗弃子女的所有权利都转归由济贫法指定的监护人所有。为了应对媒体报道的父母虐待子女的案件，同年出台了《防止虐待和保护儿童法》。该法授权法院，对判定有虐待行为的父母，可下令将其子女交由适当的人或者亲属照顾；即使该父母诉请交还子女，该"适当的人"仍有权保留子女。1899 年《济贫法》则进一步扩大可将子女用于寄养的法定事由——如果父母由于精神疾病或生活恶习被认为不适合抚养未成年子女时，也可以将未成年子女送养。这些措施被视为给贫困儿童提供抚养但又不让他们被习艺所或类似福利机构收容的重要机制。

20 世纪初，家父权转变为了父母权利，但父母子女关系的实质并没有发生重大改变。父母被认为拥有一切权利，可以就子女成长中的任何问题作出决定。这种权利又被称为父母对子女的监护和控制权。早期法律关注的重点是保护这种权利不受外界不当干扰。③但是，随着 1908 年《儿童和青少年法》（又被称为 1908 年《儿童法》）的出台，严重虐待或疏于照顾自己子女的父母也会被剥夺监护权。按照该法第 58 条之规定，如果发现儿童因为父母不能照顾而乞讨、流浪或身陷贫困之中，任何人都有权将其送往少年法庭，如果必要，少年法庭将判令将该儿童送往工读学校或感化学校。以此督促父母履行监护职责。由于立法者认为，遭受虐待的儿童如不及时予以干预，就可能使其走向犯罪的深渊，因此，上述保护虐待儿童的立法思路得以延续。在 1933 年《儿童和青少年法》中，法律明确规定，如果儿童没有父母，或者父母或监护人不适合照顾和监护，或者子女是某些特定犯罪的受害者（如乱伦、虐待等），或者父母长期四处漂泊，不能为未成年子女提供安定的教育环境，法院就可以据此作出指令，将家庭中的弱势儿童送往工读学校。

20 世纪 40 年代，政府需要考虑第二次世界大战后，如何处理于战争中无家可归的儿

① Stephen Cretney, Family Law in the 20th Century: A History, Oxford: Oxford University Press, 2003, p. 440.

② I Pinchbeck and M Hewitt, Children in English Society, London: Routledge, 1973, p. 49.

③ Sonia Harris-Short and Joanna Miles, Family Law: Text, Cases and Materials (2nd edition), Oxford: Oxford University Press, 2011, p. 657.

童问题。卫生部成立的委员会建议应成立一个专门的管理机构，相关组织对战后重建工作中儿童接受救助的关注也使政府面临巨大的舆论压力，[1] 舆论要求改善贫困问题和被疏于照顾儿童的管理和照料。随后成立的柯蒂斯委员会就此展开调查。1946 年出版的该委员会报告直接导致了 1948 年《儿童法》的颁布。此法律奠定了未来国家对困境儿童提供救助的基础，是第二次世界大战后英国建立的福利国家机制的重要组成部分。该法第 1、2 条明确规定，国家有义务救助需要救助的儿童，只要符合该儿童的福利需要，但同时，该法也为这种公权力对家庭生活的干预画出了一条界线，地方政府不能在违背父母及监护人意志的情况下，将未成年子女带走。除非地方政府向法庭证明父母遗弃了子女或由于精神或心智不健全或由于其习惯或生活方式，不适合监护子女。较之以往的立法，1948 年《儿童法》更加关注公权力干预的适度问题。

1948 年《儿童法》颁行后，政府机构和相关组织开展的救助工作逐渐揭示出以下事实：救助需要救助的儿童工作具有一定的专业性。对于公权力干预，也有人提出，不能仅仅因为父母忽视照顾儿童，就使其成为公权力干预家庭生活的充分理由。1952 年《儿童和青少年修正法》为地方权力机关在实施将儿童带离不称职父母这样的干预措施前，设定了一个特别责任，即在收到一个需要公权力救助保护的儿童的相关信息后，应先进行必要的充分调查。由此家庭政策开始转向。帮助家庭应对各种困难，开展预防不良后果的社会工作，成了公权力干预家庭生活的一种主要手段。1963 年《儿童和青少年法》则明确将这种预防工作规定为地方政府的一项具体责任。该法第 1 条规定，政府有义务提供咨询、指导和援助，促进儿童福利，减少搜救和照顾儿童以及在少年法庭起诉儿童的需要。

对儿童和家庭的关注让立法机构开始审视儿童和家庭的内在关系。1968 年《西博姆委员会关于地方机构和联合人身社会服务报告》[以下简称西博姆（Seebohm）报告] 摒弃了以往所认为的儿童保护工作和家庭服务工作是完全不同的任务，该报告建议：整合现有服务机构，建立一个新的政府部门，提供一个全民享有的以社区为基础、以家庭为导向的服务。[2] 尽管西博姆委员会建议的初衷是研究防止家庭破裂和预防青少年犯罪的对策，但该报告首次提出了以家庭为导向的服务。[3] 该报告出台后，立法机构随即推出了以该报告的建议为基础的 1970 年《地方机构社会服务法》，着手实施西博姆报告的建议内容。自 20 世纪 80 年代开始，社会工作角色开始变得越来越专业化，各机构的工作也逐渐细化。[4]

1987 年 2 月到 7 月，克利夫兰地区的两名儿科医生先后诊断出 121 名遭受性虐待的受害儿童，这些儿童因此被社会服务机构带离原来的家庭。这一事件直接引发了高等法院家事法庭的由巴特勒·斯洛斯法官领衔的克利夫兰调查组的关注。该调查组 1988 年所做的报告指出，应谨慎采取公权力干预措施，将儿童带离家庭。并就改善儿童的疏于照

① Stephen Cretney, Law, Law Reform and the Family, Oxford; Clarenton Press, 1998, p. 53.

② 潘屹：《西欧社会服务的概念及老人社区照顾服务的发展趋势与特点，民政部政策研究中心》，http：// zyzx. mca. gov. cn/article/yjcg/shfl/200803/20080320012831. shtml，访问日期：2016 年 9 月 11 日。

③ Gilbert Smith, Some Research Implications of the Seebohm Report (1971) 22 The British Journal of Sociology 295.

④ Nigel Parton, From Seebohm to Think Family: reflections on 40 years of policy change of statutory children's social work in England (2009) 14 Child and Family Social Work 68.

顾和虐待问题建议设立特别的跨机构评估队伍，并就社会工作者在进行儿童福利调查时的询问技巧以及公权力的干预方式提出了改进措施。该报告得到了政府的重视。议会于1989年通过了新的《儿童法》。1989年《儿童法》相较于以往的成文法有重大进步。该法第一次将调整父母子女关系的私法规范和保护儿童福利的公法规范整合在一起，首次用"父母责任"的概念代替了以往的"父母权利"。整个立法表现出对儿童权利保护工作的优化，反映了政府对公权力干预应适度的观点：一方面，该法限制了政府干预父母抚养子女的情形，如该法第1条规定了不干预原则，即法院只要在确有必要时，才会作出涉及儿童的指令；另一方面，也保护父母不受公权力的不当干预。① 地方机构只有在获得法院作出的指令后，才能干预家庭的子女抚养问题。而法院作出指令的前提是，现有事实足有证明确有必要作出相关指令。除不干涉原则，该法还明确提出了儿童福利原则和非迟延原则②，旨在充分保护儿童的权利。20世纪末颁布的1998年英国《人权法》也在其第8条规定，任何公民都有权享有家庭生活的权利。据此，家庭成员可以保护自己，免受公权力机构的不当干预。

在程序方面，1989年英国《儿童法》创设了一个灵活、专业化的法院系统来处理有关儿童收养和儿童抚养案件。自1970年创设了高等法院家事法庭后，1989年英国《儿童法》通过行政手段支持家事法官的专业化，家事法庭有专门的家事法官，对于在"家事法庭"上审理案件的一般的治安官，也有专门的培训。2001年4月，根据2000年《刑事司法和法院服务法》，英国设立了儿童和家事法庭咨询支持服务署（CAFCASS）。政府整合了以前由感化服务署、地方管理的诉讼监护人和报告官服务署以及最高法院官方律师儿童部这三个部门提供的服务，以便更灵活地运用各种资源，一方面充分保护儿童权利，另一方面也为家事纠纷的处理提供支持。③ 家事法庭也逐步认识到福利报告的重要性，越来越多的法官开始委托社会工作者就家事案件的儿童福利进行调查并提出评估报告（特别是那些已经交由政府照顾或是基于某种原因受到社会服务关注的人）。公权力干预家庭事务的措施和手段得到进一步优化。

第二节　当代英国亲属关系通则制度

本节研究和阐述以下内容：一是当代英国亲属关系通则制度概述；二是当代英国亲属的范围和类型；三是当代英国亲系及亲等的计算方法；四是当代英国亲属关系的发生和终止；五是当代英国亲属关系的法律效力。

一、当代英国亲属关系通则制度概述

亲属关系一直以来，都是人类学、社会学中的一个重要概念。在法学领域，亲属关系是婚姻家庭法调整的对象。英国社会对亲属关系的认识采取了一种较为灵活的态度。学者芬奇（Finch）对亲属做了如下的定义：亲属不仅指因婚姻和血缘联系在一起的人，

---

① Gillian Douglas, Family Law under the Thatcher Government, (1990)17 Journal of Law and Society 411-426.
② 即在涉及儿童抚养等儿童权利的案件中，应及时作出指令，迟延就损害了儿童的福利。
③ 石雷：《现代英国家事案件审判体制的变迁及其启示》，载《时代法学》2012年第5期，第103页。

而且包括人们以亲属关系对待的人，如被收养人、同居伴侣。① 这种观点在英国法上也得到了另一种形式的认可。收养和同性民事伴侣关系已经被纳入英格兰和威尔士的家庭法律体系中进行调整。另一位学者巴特勒（Butler）认为，从法律层面看，在公众眼中，只有某些人有一个得到认可的家庭形式时，这个形式下的人和人之间的关系才被认为是亲属关系。② 必须注意，法律意义上的亲属关系比家庭关系更大，包括不在一起居住的祖父母或外祖父母或伯叔姑舅姨等。法律调整的亲属关系中的重点为核心家庭的亲属关系，也被称为家庭关系，父母子女关系和配偶关系之外的亲属间的法定扶养义务相对较弱。③

二、当代英国亲属的范围和类型

（一）亲属的范围

英国法上有关亲属的范围主要体现在结婚制度和继承制度中。在结婚制度中，一定范围内的亲属缔结的婚姻是无效婚姻。首先，直系血亲之间不能结婚，这主要包括父母子女（养父母子女）、祖父母和孙子女、外祖父母和外孙子女。其次，部分旁系血亲不能结婚，包括兄弟姐妹、叔姑舅姨及侄子女、外甥子女。但值得注意的是，英国法上并未禁止表兄妹或堂兄妹间缔结婚姻，尽管有医学研究证明，这类婚姻关系中出生的子女有更大可能罹患遗传疾病，但在英国的巴基斯坦裔及孟加拉裔的族群中，人们仍然接受这种结婚方式。最后，直系姻亲之间原则上禁止结婚，但有除外的规定。在英国，1949 年《结婚法》第 1 条第 2 款原则上禁止直系姻亲之间结婚，同时在第 3 款④规定了对禁止直系姻亲之间结婚排除无效的法定情形。⑤ 而在 1986 年《结婚法（禁婚亲）》中也规定了对禁婚亲的结婚排除无效的法定情形，如禁婚亲之一的继父母和继子女，双方在结婚时均年满 21 周岁，而且年少一方的继子女在年满 18 周岁前不曾是继父母一方所在家庭的子女，则不因双方之间的直系姻亲关系而导致婚姻无效。⑥

在继承制度中，英国法上的无遗嘱继承列举了享有法定继承权的亲属范围，包括配偶、父母、直系卑血亲（包括子女、孙子女以及更远的直系后裔）、全血缘的兄弟姐妹、全血缘兄弟姐妹的子女、半血缘兄弟姐妹、祖父母、全血缘伯叔姑舅姨、半血缘伯叔姑舅姨。⑦

---

① Fatemeh Ebtehaj et. ed., Kinship Matters, Oxford: Hart, 2006, p. 4.

② Fatemeh Ebtehaj et. ed., Kinship Matters, Oxford: Hart, 2006, p. 5.

③ Janet Finch, "Kinship as 'Family' in Contemporary Britain", Fatemeh Ebtehaj et. ed., Kinship Matters, Oxford: Hart, 2006, p. 298.

④ 参见《英国婚姻家庭制定法选集》，蒋月等译，法律出版社 2008 年版，第 10—11、30—31 页。

⑤ 第 3 款规定，本条第 2 款规定的此类结婚，如果双方当事人在缔结婚姻时已年满 21 岁，而且年少一方在年满 18 岁前的任何时候，不曾是另一方当事人所在家庭的子女的，则不因双方之间仅存在特定亲属关系而无效。第 5 款规定，本条第 4 款规定的此类婚姻，只要当事人双方在结婚时均已年满 21 岁，结婚具有下列情形之一的，则不因此而无效：（a）男人与其前妻的母亲结婚，且其前妻和前妻的父母均已先于该结婚而死亡的；（b）男人与他儿子的前妻结婚，且其儿子和儿子的母亲均已先于该结婚而死亡的；（c）女人与其前夫之父结婚，且其前夫和前夫的母亲均已先于该结婚而死亡的；（d）女人与其女儿之前夫结婚，且其女儿和女儿的父亲均已先于该结婚而死亡的。参见《英国婚姻家庭制定法选集》，蒋月等译，法律出版社 2008 年版，第 10—11 页。

⑥ Section 1, the Marriage (Prohibited Degree of Relatives) Act 1986.

⑦ 参见陈苇主编：《外国继承法比较与中国民法典继承编比较研究》，北京大学出版社 2011 年版，第 390 页。

（二）亲属的类型

从有关具有权利义务的亲属的规定看，亲属被分为配偶、血亲、姻亲。1949 年《结婚法》附录部分明确区分了血亲和姻亲。但原来有关禁止姻亲结婚的规定被 1986 年《结婚法（禁婚亲）》废止。同时，在英国法中，立法者区分了全血缘的兄弟姐妹和半血缘的兄弟姐妹。这体现在英国无遗嘱继承制度中列举的享有法定继承权的亲属范围中。

三、当代英国亲系及亲等的计算方法

（一）亲系

英国法上没有关于亲系划分的直接法律规定，从法律对有权利义务的亲属规定看，亲系有直系亲与旁系亲、尊亲属与卑亲属。例如，英国 1925 年颁布的《遗产管理法》规定，法定继承有三种情形：（1）当被继承人留有年满 18 周岁或未满 18 周岁但已结婚的卑亲属时，配偶先取一定的法定遗产及自无遗嘱死亡之日起该先取遗产的法定利息加上无遗嘱死亡者的动产，并对剩余遗产的一半享有终身权益，子女和生存配偶同时参加继承，剩余遗产则以被继承人的其他亲属为法定受益人，成立法定信托。① （2）当被继承人没有留下年满 18 周岁或未满 18 周岁但已结婚的卑亲属，但有父母或全血缘的兄弟姐妹或全血缘兄弟姐妹的年满 18 周岁或未满 18 周岁但已结婚的子女（也即被继承人的侄子女、外甥子女）时，配偶的应继份为法定先取份额及该先取遗产的法定利息，加上无遗嘱死亡者的动产，并对剩余遗产的一半享有绝对权益，剩余遗产则以被继承人的其他亲属为法定受益人，成立法定信托。（3）当被继承人无遗嘱死亡时，没有上述符合条件的直系卑亲属、父母及全血缘的兄弟姐妹，也没有全血缘的侄子女、外甥子女时，生存配偶对剩余全部遗产享有信托上的绝对权益。生存配偶是否成为最终受益人，则要看被继承人的直系卑亲属或全血缘的侄子女或外甥子女是否年满 18 周岁。如果被继承人的直系卑亲属或全血缘的侄子女或外甥子女年满 18 周岁，则按照前述继承规则继承。②

（二）亲等的计算方法

关于亲等的计算方法，英国现有成文法中尚无具体规定。但有学者认为，英国采用寺院法的亲等计算方法。③ 从英国法上有关禁止结婚的亲属范围以及继承法中无遗嘱继承制度中的享有法定继承权的亲属范围看，英国法采用了一种列举式的方法。比如，1949 年《结婚法》第 1 条明确规定，男性不得和附录中第一栏下的亲属结婚，女性不得和附录中第二栏下的亲属结婚。然后在附录中分别以亲属的名称列举了这些亲属的范围，如第一栏下第一个亲属为母亲。概言之，禁婚亲的范围包括父母子女、祖父母和孙子女、外祖父母和外孙子女、兄弟姐妹、叔姑舅姨及侄子女。可见，英国法以列举的方式规定

---

① 法定信托首先以被继承人的直系血亲卑亲属为受益人。在没有直系血亲卑亲属的情况下，受益人的顺序依次为：（1）父母；（2）全血缘的兄弟姐妹；（3）半血缘的兄弟姐妹；（4）祖父母；（5）全血缘的伯叔姑舅姨；（6）半血缘的伯叔姑舅姨。前一顺序排除后一顺序的受益人。参见：Roger Kerridge, Parry and Kerridge: The Law of Succession (12th ed.), London: Sweet & Maxwell, 2009, pp. 12-20。

② Roger Kerridge, Parry and Kerridge: The Law of Succession (12th ed.), London: Sweet & Maxwell, 2009, pp. 12-16.

③ 关于英国的亲等计算方法，参见李双元、温世扬主编：《比较民法学》，武汉大学出版社 1998 年版，第 874 页；靳宝兰、徐武生主编：《民事法律制度比较研究》，中国人民公安大学出版社 2001 年版，第 605 页；何勤华、李秀清主编：《外国民商法导论》，复旦大学出版社 2000 年版，第 443 页。

了亲等。这种立法方式在继承法中也有体现。因此，我们认为，英国法采用了列举的方式替代用亲等描述亲属范围，尚未发现在英国现行法律中采用寺院法的亲等计算方法。

四、当代英国亲属关系的发生和终止

（一）配偶关系的发生和终止

配偶关系的发生是结婚。其终止是因为配偶一方死亡或离婚。

（二）血亲关系的发生和终止

1. 自然血亲关系的发生和终止

自然血亲的产生源于出生。其消灭原因是一方当事人死亡。

2. 拟制血亲关系的发生和终止

拟制血亲关系在英国仅仅指养子女与养父母关系。英国收养法规定，养子女与养父母关系的发生是因法院颁发的收养令。[①] 收养关系的终止是因当事人一方死亡或收养被撤销。[②]

（三）姻亲关系的发生和终止

在法律规定的禁止结婚的亲属范围中，有禁止直系姻亲间结婚的规定。故姻亲关系的产生是以结婚为中介。姻亲关系的终止未见相关规定。但按照 1986 年《结婚法（禁婚亲）》，关于禁止结婚的姻亲在配偶死亡后可以结婚。由此可以推定，英国法认为，婚姻关系终止后，原来的姻亲关系将不存在。

五、当代英国亲属关系的法律效力

限于本章的研究对象为婚姻家庭制度，以下阐述亲属关系在婚姻家庭领域的法律效力。

（一）禁婚的效力

以下范围的全血缘关系的血亲禁止结婚：父母子女、祖父母和孙子女、兄弟姐妹、叔伯舅姑姨和侄子女外甥子女。上述范围内的半血缘关系之间的血亲也适用同一规定。表兄妹之间的婚姻并未禁止。对于上述范围的姻亲关系也属于禁止结婚的范围。[③]

（二）扶养的效力[④]

英国法认为祖父母和孙子女之间的生物血缘关系并不会使祖父母和孙子女之间产生法律上的权利义务关系。相反，只有法院按照儿童福利原则作出认定双方存在抚养关系，判令作出养育令（parenting order）或其他指令［比如居住令（residence order），特殊监护令］时，祖父母和孙子女之间才能享有相应的权利义务。孙子女才能在一定情况下主张祖父母抚养。祖父母要探望孙子女，也必须向法院申请同意，获得法院批准后才享有

---

① Jonathan Herring：Family Law（6th edition），Harlow：Pearson，2013，p. 677.

② 英国限制撤销收养，只有在特殊情况下才允许撤销收养关系，即在非婚生子女由其生父或者生母单方收养后，如果其生父或生母事后正式结婚，可以撤销先前的收养关系，同时，该子女取得婚生子女的地位。参见巫昌祯主编：《婚姻家庭法新论》，中国政法大学出版社 2002 年版，第 288 页。

③ Jonathan Herring：Family Law（6th edition），Harlow：Pearson，2013，p. 57.

④ 配偶和亲子间扶养各自放在夫妻关系和亲子关系法中讨论。这里只讨论其他亲属。

这一权利。① 简言之，英国法上不认为祖父母和孙子女有任何法律上的权利义务关系，双方的权利义务来源建基于双方已经建立其一种对未成年人有利的抚养教育关系。在兄弟姐妹间的法律关系上，英国法上也采取同一立场。

（三）监护的效力

在英国，一定范围的亲属有担任监护人的义务。2002 年《收养和儿童法》第 105 条第 1 款规定，亲属包括祖父母、兄弟姐妹、伯叔姑舅姨（无论是全血缘还是半血缘的）、继父母。这些人可以担任特殊监护人。②

第三节　当代英国结婚制度

本节研究和阐述以下内容：一是当代英国结婚制度概述；二是当代英国结婚的条件和程序；三是当代英国无效婚姻和可撤销婚姻制度；四是当代英国同居关系制度；五是当代英国民事伴侣关系和同性婚姻制度。

一、当代英国结婚制度概述

（一）当代英国结婚制度的主要内容

按照英国成文法及部分判例法的内容，英国结婚制度大体可分为以下内容：一是结婚的条件和程序；二是无效婚姻和可撤销婚姻；三是同居关系；四是民事关系伴侣法与同性婚姻法。

（二）当代英国结婚制度的修订情况

英国的结婚制度在很长一段时期属于宗教法的调整范围。在封建社会，也即诺曼人征服英国的时期，一切有关夫妻间的案件均由宗教法院管辖。据此，英国的所有婚姻都须按照宗教上的规定进行。婚姻的这种宗教行为性质使早期的婚姻制度与宗教制度紧密结合。宗教的思想对婚姻的缔结和解除都具有决定性，除其他要求外，教会组织特别强调的一点是，当事人的同意被认为是必要的因素。如果双方当事人没有选择宗教仪式结婚而自行结合，假如没有结婚的障碍，他们可以自愿结为夫妻，从而缔结一个有效的婚姻。这种婚姻，被叫作非正式婚姻（irregular marriage）。③ 依照普通法，凡是庄严的结婚，其婚姻均依宗教仪式举行。

在英国，1849 年后，婚姻被认为是一种民事契约，因此，宗教制度下的结婚制度开始转变为世俗婚制度，神父在结婚中的重要作用开始减退。1898 年，法律规定申请结婚的双方当事人须到婚姻登记官面前作出必要的声明，他们的结婚许可证要被接受，凭着这个许可证，他们可以有婚姻登记官参加婚礼，或不举行仪式，而缔结有效的婚姻。④ 英国现行结婚法的规定主要见于 1973 年《婚姻诉讼法》。1996 年《家庭法》虽然对该《婚姻诉讼法》进行了许多修改，但在结婚法部分基本上未作改动。当代英国的结婚制度较

---

① Heather Draper, "Grandparents' Entitlements and Obligations", Bioethics, 27, 2013(6), 309-316.

② 关于英国法上的特殊监护人参见本章第七节的内容。

③ 苏格兰历史上也存在非正式婚姻制度。参见 E. Gordon, Irregular Marriage: Myth and Reality, (2013) 2 Journal of Social History, pp.507-525。

④ ［美］阿瑟、库恩：《英美法原理》，陈朝璧译注，法律出版社 2002 年版，第 124-126 页。

之历史上的结婚制度已经发生了重大变化。现在，基督教中对婚姻的观念已经不再占据主导地位。民众缔结的婚姻大多数都是世俗婚姻。而且，随着少数族裔的人口增加，也有部分少数族群选择穆斯林的清真寺或印度寺庙作为结婚地点，按照各自的宗教仪式缔结婚姻。当下，非婚同居群体上升，同性恋群体也已经可以缔结同性婚姻。但英国结婚制度仍然强调当事人的自愿。这是英国结婚制度的一个基本原则。

二、当代英国结婚的条件和程序

（一）结婚的条件

结婚的条件包括结婚的必备条件和禁止条件。

1. 结婚的必备条件

英国法并未明确规定结婚的必备条件，但从 1973 年《婚姻诉讼法》第 11—12 条所规定的当然无效的婚姻和宣告无效的婚姻以及其他相关法律的规定来看，可以间接地推出有效婚姻应当具备以下必备条件。在英格兰和威尔士：

（1）须达法定婚龄。法定婚龄男女各为 16 周岁。[①]

（2）16—18 周岁的未成年人初婚须经享有父母责任的任一方父母的书面同意。如果被拒绝，当事人可请求法院授予同意。

（3）须经双方合意，并且具有判断能力。在胁迫、错误或当事人精神上存在缺陷的情况下所缔结的婚姻可宣告无效。[②] 1953 年生效的《欧洲人权公约》第 12 条规定，达到结婚年龄的男女根据有关结婚和成立家庭权利的国内法的规定享有结婚和成立家庭的权利。因此，结婚权是一项基本人权，受到法律保护。但在结婚能力的判断上，芒比（Munby）法官指出：一个人结婚能力的判断在于他或她是否能够理解婚姻契约的性质，以及结婚将给配偶双方带来的责任和义务。但这一标准既不能过高，从而成为对精神障碍者不公平、不必要且带有歧视性的障碍，同时也不能过低，从而不能保护那些看似正常且合法有效的婚姻中的弱者。[③]

（4）至少一方在该行政区居住 7 日以上，才能申请结婚。如果双方在该行政区域居住期间少于 7 日，登记官将不会授予他们婚姻证书。[④]

在苏格兰，根据 1977 年《苏格兰结婚法》第 1 条的规定，苏格兰结婚的法定婚龄为16 周岁，未满 16 周岁的当事人所缔结之婚姻为无效婚姻。与英国法不同的是，年满 16周岁的未成年人结婚无须父母同意。同时，也没有居住期限的要求。

---

① 依据 1973 年英国《婚姻诉讼法》对婚姻无效原因的规定可知，英国法中的最低婚龄为 16 周岁。

② 在英国部分少数民族中，仍存在家庭安排的婚姻，这又被称为"基于（家庭）荣誉的"暴力。因此，英格兰和威尔士地区于 2007 年通过了《反强迫结婚法（民事保护）》［the Forced Marriage（Civil Protection）Act］。该法为违背个人意愿、被强迫结婚的当事人提供民事上的保护措施，如法院可以签发禁制令，阻止其被强迫结婚，甚至禁止把她们带出英国，如果她们已经被带出英国，则要求将她们带回英国。但该法是否可以真正保护当事人，还有待观察。按照 2014 年《反社会行为、犯罪和治安法》（the Anti-Social Behaviour, Crime and Policing Act）第 109 条之规定，违反这一禁制令将构成刑事犯罪。但现有法律规定很可能将这种习惯做法逼入地下市场。参见 Gillian Douglas, The Changing concept of 'family' and challenges for family law in England and Wales, Jens M. Scherpe ed., European Family Law (vol. II), Northampton: Edwawrd Elgar, 2016, p. 240。

③ 参见 Re E（An Alleged Patient）；Sheffield City Council v E and S［2005］FLR 965。

④ See Jonathan Herring, Family Law（6nd ed），Harlow: Pearson, 2013. pp. 56-64。

2. 结婚的禁止条件

结婚的当事人不得有下列禁止条件：（1）有配偶者不得再次结婚。（2）一定范围的亲属之间不得结婚。

在血亲方面，1949 年《婚姻法》第 1 条规定，以下亲属之间不得结婚：父母与子女、养父母与养子女、祖父母与孙子女、兄弟姐妹、伯叔姑舅姨和侄子女、外甥子女。但堂兄弟姐妹和表兄弟姐妹未被列入禁婚的范围，他们之间可以结婚，这主要是为了解决部分少数族裔（如巴基斯坦裔和孟加拉裔的族群）的民族习惯问题。此限制包含养亲关系，且收养结束后，一定范围内的亲属禁止结婚的限制并不随之消失。

在姻亲方面，按照 1986 年《结婚法（禁婚亲）》之规定，继父母和继子女年满 21 周岁，且在继子女年满 18 周岁前，继父母没有抚养继子女，生母或生父已死亡的情形下，继父母和继子女可以结婚。以往公公与前儿媳、岳母与前女婿之间的禁婚限制已于 2007 年废止，只要双方都已年满 21 周岁，且双方各自的配偶都已去世，公公与前儿媳、岳母与前女婿也可缔结婚姻。

在苏格兰，结婚的禁止条件也包括两点：一是不得重婚，二是不属于禁婚亲范围内的亲属。虽然苏格兰禁止重婚，但对于在国外缔结的合法的一夫多妻的婚姻，苏格兰予以认可。但当事人不得再在苏格兰境内缔结新的婚姻，否则会被视为重婚。按照 1977 年《苏格兰结婚法》第 2 条的规定，禁婚亲的范围包括直系血亲、养父母和养子女、兄弟姐妹、叔伯舅姑姨和侄子女外甥子女等旁系血亲。在姻亲问题上，苏格兰也与英格兰有同样的法律规定。

值得注意的是，根据 2013 年《结婚法（同性配偶）》（该法于 2014 年 3 月 29 日正式实施），在英格兰和威尔士地区，同性不再是结婚的禁止条件。苏格兰也于 2014 年 3 月通过《结婚和民事伴侣关系法（苏格兰）》，2014 年 12 月 16 日，第一个同性婚姻在苏格兰获得了登记。

（二）结婚的程序

在英格兰和威尔士，结婚的程序主要包括申请结婚登记、结婚公告、举行婚礼、登记四个阶段。

1. 申请结婚登记

办理结婚登记的机关是婚姻登记处。当事人在申请结婚登记时，由双方向登记官提出，并填写结婚申请书。当事人须在婚姻登记处管辖区居住至少 7 日，才有资格向其申请结婚登记。当事人的身份和居住期限越受限，所需缴纳的费用就越高。

2. 结婚公告

登记官应在婚姻登记处和结婚当事人的住所地发布结婚公告，公告期为 15 日。公告期少于 15 日须获得总登记官的特别许可。公告期满无人提出异议并经核实后，由登记官向当事人签发结婚许可证。当事人双方领到证书后，方可举行婚礼。但是，若当事人在领取证书后的 3 个月内未举行婚礼，则所提交的结婚申请书及前述手续全部作废。由此可见，结婚许可证并非结婚证。

3. 举行婚礼

当事人必须获得结婚许可证后才能举行婚礼。在英格兰和威尔士，根据举行婚礼的场所和方式的不同，可将婚礼分为世俗婚礼、宗教婚礼两种类型。这两种婚礼具有同等的法律效力，但是具体的要求和程序各不相同。

（1）世俗婚礼。申请结婚的当事人可在婚姻登记处或获得许可的特定场所由一名登记官举行法律婚礼。在举行世俗婚礼前，可由当事人一方或双方在 28 日前正式通知登记官。登记官应于婚礼举行前在登记处进行公告。举行婚礼时须有两名以上的见证人在场。婚礼结束后，婚姻登记官将结婚记录存档备案，并在其结婚登记册上录入结婚记录中记载的结婚当事人的相关信息。世俗婚礼除可在登记处举行外，也可在获得许可的特定场所举行。对于举行婚礼的场所，必须是获得许可的特定场所，不能在户外，而且该场所必须是符合婚礼所要求适当的严肃场合。

（2）宗教婚礼。宗教婚礼是指结婚须在神职人员面前举行仪式，婚姻才能有效成立。在英格兰和威尔士，宗教婚礼必须在宗教组织的教堂，由神职人员主持。宗教婚礼须公开举行，并有两名以上的除神职人员外的证人在场。宗教婚礼必须由结婚当事人出示结婚许可证方可举行。举行婚礼时，婚姻登记官应把制作的结婚记录一式二份送交礼拜堂，由主持婚礼的神职人员、结婚的双方当事人向两名以上的证人共同在结婚记录上签名。婚礼结束后，主持婚礼的神职人员应随即把一份结婚证书交双方当事人；另一份由婚姻登记官存档备案。教友派信徒及犹太教信徒可按照他们自己的宗教仪式要求举行仪式。非国教的宗教婚礼同样要求公开举行，并有两名以上神职人员之外的证人在场，且登记官或宗教登记人员必须在场。

如果结婚双方是英国公民或者来自欧盟经济体或瑞士，且双方选择在圣公会教堂举行结婚仪式，则无须通知登记官，[①] 但仍须提前 7 日通知牧师发布公告，[②] 并连续公示 3 个星期日。[③] 只有经过了结婚公告或者获得了登记官的结婚许可证，神职人员才能为当事人举行结婚仪式，并做好结婚记录，完成结婚登记前的相关工作。

4. 登记

在完成婚礼后，登记官应在相应的结婚登记簿上按照结婚记录上的信息录入双方当事人的信息，完成登记工作。

在苏格兰，按照 1977 年《苏格兰结婚法》第 3 条到第 6 条的规定，双方当事人须各自向婚姻缔结地的登记官提交结婚申请，出生证以及单身证明（如离异的情况下，则为离婚令，如配偶死亡，则为前配偶的死亡证明）。如涉及特殊姻亲关系，则需要同时在申请中填写双方的亲属关系及年轻的一方在 18 岁以前从未在另一方家里以这个家庭的子女一样生活。登记官在收到结婚申请后，须在结婚申请簿上登记相关信息，并对结婚当事人的结婚信息进行公告，任何人可在结婚前随时提出异议。15 日后，对于无人提出异议的，可在神职人员或登记员主持下举行宗教婚礼或世俗婚礼。在宗教婚礼中，申请结婚的双方当事人填写一份结婚记录，并交由主持婚礼的人以及两名证人签名，在婚礼结束后交到当地的结婚登记处登记。在世俗婚礼中，由登记官保留结婚记录，并在结婚仪式

---

① 英国结婚程序可参见，https：//www.gov.uk/marriages - civil - partnerships/religious - ceremonies，访问日期：2018 年 2 月 16 日。

② 参见 1949 年《结婚法》（the Marriage Act）第 7 条。

③ ［英］凯特·斯丹德利：《家庭法》，屈广清译，中国政法大学出版社 2004 年版，第 38 页。

后签名，随后，证人签名，由登记官收回并对此予以登记。①

对于宗教婚礼，苏格兰可以在任何地方甚至户外举行，而在英格兰和威尔士宗教婚礼不能在户外举行。由此可见，在结婚程序上，苏格兰法和英国法没有太大差别，同样有申请结婚登记、结婚公告、举行婚礼、登记四个阶段。

三、当代英国无效婚姻和可撤销婚姻制度

按照英格兰法之规定，无效婚姻（void marriage）和可撤销婚姻（voidable marriage）的原因、请求权人、确认的程序和后果均有不同。②

（一）婚姻无效和可撤销的原因

1. 婚姻无效的原因

对于当然无效的婚姻来说，其无效的原因主要是涉及社会和公共政策利益的。根据1973年英国《婚姻诉讼法》第11条规定，1971年7月31日以后缔结的婚姻属下列情形的，当然无效：第一，属禁止结婚的亲属间的婚姻，即使当事人对该亲属关系并不知晓（a款i项）。第二，未达法定婚龄的，即结婚时，当事人一方或双方未满16岁。但是在婚姻缔结时，如果双方都定居在国外，该婚姻以缔结地法有效，则应当视之有效（a款ii项）。第三，不符合法定结婚程序的，即当事人结婚时不符合婚姻成立的特定要件③（a款iii项）。第四，重婚的，即在婚姻缔结时，已有一方处于合法婚姻状态之中（b款）。第五，在英格兰和威尔士境外缔结的一夫多妻或一妻多夫婚姻，在缔结婚姻时，只要任一方当事人居住于英格兰或威尔士境内（d款）。④

2. 婚姻可撤销的原因

根据1973年英国《婚姻诉讼法》第12条的规定，凡下列情形的婚姻可以请求撤销：第一，由于任何一方没有能力圆房而导致未能完婚（a款）。第二，由于被告故意拒绝圆房而导致未能完婚（b款），也即除非婚姻双方在婚姻之后必须有至少一次正常的性行为。婚姻一方不愿与对方过性生活，或者因性无能，不能进行正常性行为，对方均可以

---

① 在结婚程序方面，2002年《苏格兰结婚法》修订了有关结婚地点的规定，除了登记处外，经核准的地方也可以举行世俗婚礼。

② 关于当然无效婚姻和可撤销婚姻的区别，Jonathan Herring教授指出：第一，从后果上，无效婚姻自始无效，无须法院宣告。然而，可撤销的婚姻从婚姻缔结之日到被法院撤销之日是持续有效的。这就是说，认为自己婚姻无效的男女通常会通过到法院申领法院命令的方式来确认该婚姻无效。这避免了对婚姻有效性的任何怀疑，也允许当事人申请有关处理他们之间的经济问题的法院命令。｛Whiston v. Whiston [1995] 2 FLR 268，[1995] 2 FCR 496 CA；discussed Cretney（1996a）｝第二，无效婚姻当事人的子女被视为"婚生子女"，只要结婚时，父母一方有合理理由相信他们之间的婚姻是有效的。第三，在决定一方对另一方的养老金所享有的权利时，无效婚姻与可撤销婚姻之间的差异是重要的考虑因素。（Ward v Secretary of State for Social Services [1990] 1 FLR 119，[1990] FCR 361）第四，任何人都可以宣告婚姻无效，但是仅有婚姻双方当事人能够申请撤销婚姻。这反映了婚姻无效与可撤销之间在无效原因上的实质性差异。婚姻无效的原因通常是该婚姻违反了公共政策，因此任何利害关系人均可宣告婚姻无效。然而，婚姻可撤销的原因不是该婚姻违反了公共政策，但是该婚姻仍然存在瑕疵，如果一方当事人请求，则该婚姻可被宣告撤销。｛Re Roberts（dec'd）[1978] 1 WLR 653 at p. 656, per Walton J.｝See Jonathan Herring, Family Law（6th edition），Harlow: Pearson, 2013, pp. 73-74.

③ 只有在该缺陷是由双方当事人"有意地和蓄意地"造成的情况下，该婚姻才无效。

④ See Keith Morgan, Essential Family Law, 武汉大学出版社2004年版，第6页。

以此为理由，请求撤销婚姻。① 第三，缺乏同意。任何一方没有作出有效的同意，不论婚姻的缔结是缘于受到胁迫、错误、心智不健全或是其他原因（c 款）。第四，结婚时，任一方当事人虽能做出有效之同意，但由于结婚时，其患有法律规定的精神疾病（不论是持续性或间歇性），致使该方当事人不适合结婚（d 款）。第五，在婚姻缔结时，被告患有传染性的性病（e 款）。第六，在婚姻缔结时，被告因非原告之原因而怀孕（f 款）。

按照 1977 年《苏格兰结婚法》之规定，婚姻无效的原因包括：（1）配偶双方属于禁婚亲内的近亲属结婚。（2）一方属于已婚。（3）婚姻一方或双方都未满 16 周岁。（4）婚姻一方或双方不能理解结婚，没有同意结婚的判断能力。（5）婚姻一方当事人住在另一法域，且在该法域内，该当事人有结婚的禁止条件。② （6）婚姻是虚假婚姻。如果一方当事人结婚的目的是获得英国国籍，那么这一婚姻将被认定为无效婚姻。③ （7）一方当事人的同意是在强迫或威胁下作出的。2006 年《苏格兰家庭法》增补规定，如果结婚时，有行为能力的当事人是在他人强迫、威胁的情形下作出同意结婚的意思表示，那么其所缔结的婚姻也为无效婚姻。但错误不是认定婚姻无效的理由，如果妻子欺骗丈夫她怀孕了，而后两人结婚，丈夫发现其实妻子之前并未怀孕，但这不是认定婚姻无效的理由。

在苏格兰的法律体系中，婚姻可撤销的法定事由只有一个，即丈夫性无能且不可治愈。丈夫的这一身体疾病须在结婚时就已存在，且一直未治愈，直到妻子到法院起诉请求撤销婚姻。需要注意的是，性无能与拒绝性行为以及不育都不同，拒绝性行为和不育都不是婚姻可撤销的理由。④

（二）确认婚姻无效或可撤销的程序

1. 无效婚姻，无须经法院宣告，当然自始无效

但当事人或者其他利害关系人为了自己的利益，在任何时间均可请求法院宣告该婚姻无效。

2. 可撤销的婚姻必须经法院宣告，才能撤销该婚姻的效力

第一，可撤销婚姻的请求权主体。由于可撤销婚姻仅违反了婚姻的私益要件，所以只有当事人才有权请求撤销。

第二，撤销婚姻的阻却事由。1973 年英国《婚姻诉讼法》第 13 条规定了以下撤销婚姻的两项阻却事由：（1）如果被告向法院证明，原告的一系列行为让被告相信，原告不会否认婚姻的效力，法院作出撤销婚姻的判令违背了公共政策，对被告不公平。这就成

---

① 这些理由的不同措辞表明，根据第 12 条第 a 款，一方可以因为自己的性无能而提起撤销婚姻诉讼，但根据第 12 条第 b 款，故意拒绝圆房的那一方不能提起撤销婚姻的诉讼，参见《家庭法》，徐妮娜译，武汉大学出版社 2004 年版，第 15 页。在 1974 年的 Horton v. Horton 一案中，故意拒绝被界定为"在缺乏正当理由的情况下作出的决绝的、确定的决定"。

② 参见 1977 年《苏格兰结婚法》第 1、5 条以及附录 1 中有关禁婚亲的规定。

③ Cleland Alison，? Stair memorial encyclopaedia, reissue：child and family law, Edingburgh：Lexis Nexis/Butterworths, 2004，p. 56.

④ Cleland Alison，? Stair memorial encyclopaedia, reissue：child and family law, Edingburgh：Lexis Nexis/Butterworths, 2004，p. 58.

为撤销婚姻的阻却事由。① （2）如果当事人依据另一方患有性病或其与婚外第三人发生性行为并怀孕为由请求撤销，那么请求权人应在结婚时对上述情形不知情。（第 13 条第 3 款）此外，撤销婚姻请求权的行使期间为自结婚之日起 3 年内，但以性无能或当事人拒绝同房为由提出撤销婚姻请求的除外。（第 13 条第 2 款）如果请求权人在此期间患有 1983 年《精神卫生法》之规定范围内的精神疾病致使其不能行使请求权，在法院认为正当的情形下，可以同意延长请求权行使期间。（第 13 条第 4 款）另一种特殊情形涉及跨性别人群。如果请求权人是基于临时性别认可令提出撤销婚姻请求，那么请求权人应在获得临时性别认可令之日起 6 个月内提出撤销婚姻的请求。② （第 13 条第 2A 款）

（三）婚姻无效或可撤销的后果

在英国，婚姻当然无效属于自始无效；婚姻被宣告撤销，从撤销之日起溯及至婚姻成立之日起无效。这两种情况下，婚姻都被认为是从未发生。近年来，为了避免当事人生活陷入困境，在无效婚姻和可撤销的婚姻的判决中，法院已经承认其具有有效婚姻的某些法律后果。所以，尽管当然无效婚姻本身并不需要通过判决宣告，但当事人往往会请求法院的判决宣告，更多是为了请求权人的利益。

在英国，虽然无效婚姻和可撤销婚姻被认为是从未发生，但是在财产处理上，法院有较大的自由裁量权，这使得前两者在法律后果上与离婚的差别正在逐渐缩小。例如，作为获得无效婚姻判决的结果，不论婚姻是自始无效还是可撤销的，当事人都有权获得 1973 年《婚姻诉讼法》所规定的任何经济和财产命令，只要法院认为发布命令是适当的。这些命令自判决发布之时起生效。③ 但是存在例外情况，在 Whiston v. Whiston④ 案之后，正如 Rampal v. Rampal（No. 2）⑤ 案所阐释的那样，如果婚姻是因为重婚而无效，则法院可以判定行为人的行为是如此恶劣，以至于不授予其任何辅助性救济是合理的。⑥

此外，在有关子女的问题上，法官的这种自由裁量权受到一定的限制，体现出以"子女最大利益"原则为首要考虑因素的特征。例如，无效婚姻的子女可以有条件地被视为婚生子女。1976 年英国《婚生子女法》第 1 条第 3 项规定，如果孩子的出生是由于父母的性行为（或后来举行了结婚仪式），并且当事人双方或一方相信该婚姻有效，其子女视为婚生子女。Re Spence⑦ 一案对该法又作了补正，如果婚姻是在子女出生后被宣告无效的，那么该子女也应被视为婚生子女。⑧ 此外，1973 年英国《婚姻诉讼法》第 41 条还规定，在婚姻无效诉讼中依据 1989 年《儿童法》，法院在考虑是否行使其权利时，必须

---

① 按照 1973 年英国《婚姻诉讼法》第 13 条第 1 款的规定，这意味着被告必须满足三个要件：（1）原告明知自己有权决定撤销该婚姻，（2）有相关行为让被告有理由相信他不会起诉撤销，（3）发布该法令不公平，ＤＶＤ（1979）案显示出这三点是相互关联的。1987 年《家庭改革法》第 28 条修正了这一规定，取消了"被告有理由相信他（她）不会提出撤销婚姻的请求"这一要件。

② 按照 2004 年《性别识别法》的规定，一般情况下，跨性别人士应向性别认可审查组提交申请和相关证据，性别认可审查组审查合格后，将向跨性别人士签发性别认可证。如果跨性别人士有一个合法婚姻，那么他们将获得一个临时性别认可证，据此，他们可以申请撤销婚姻。撤销婚姻后，他们将获得最终的性别认可证。

③ 《家庭法》（最新不列颠法律袖珍读本〈英汉对照〉），徐妮娜译，武汉大学出版社 2004 年版，第 27 页。

④ ［1995］2 FLR 268，［1995］2 FCR 496 CA；discussed Cretney（1996a）.

⑤ ［2001］2 FCR 552.

⑥ Jonathan Herring, Family Law（6th edition），Harlow：Pearson, 2013, p. 73.

⑦ ［1990］2 FLR 278，［1990］FCR 983.

⑧ Jonathan Herring, Family Law（6th edition），Harlow：Pearson, 2013, p. 73.

确保其已为子女的生活安排作了考虑。①

在苏格兰，如果婚姻无效或具有可撤销的事由，任何利益相关方（通常是婚姻一方当事人）可以向苏格兰高等民事法院（Court of Session）申请婚姻无效令。一旦法院签发这一指令，则该婚姻将被认定为无效且自始无效。但法官在作出婚姻无效令时，也可像离婚案件一样，签发经济扶养方面的指令。②

四、当代英国同居关系制度

（一）同居的概念

在英国，随着社会的发展，英国社会对于同居关系的民众态度也在逐步发生变化。现在，无论是同性伴侣或异性伴侣，同居已经成为一个越来越受欢迎的选项。但在英国法上，目前还没有一个统一的可适用于所有情形的有关同居关系的界定。③ 现有有关同居关系的定义规定在如下法律中：1975 年《继承法（扶养家庭成员和被扶养人）》。该法第 1 条第 1 款规定，同居伴侣想要申请分割部分被继承人遗产时，须与被继承人以配偶或民事伴侣为名共同生活满两年。1982 年《司法法》修订了 1976 年《致命意外事故法》的规定，同居满两年的伴侣可就其伴侣的死亡请求损害赔偿。1996 年《家庭法》第 62 条规定，"本法所指的同居者指未结婚、也未缔结民事伴侣关系的当事人双方以夫妻名义或民事伴侣名义共同生活的当事人"。前任同居者也据此解释，但不包括同居后结婚或缔结民事伴侣关系的当事人。2004 年《家庭暴力与犯罪及受害人法》对 1996 年《家庭法》第 62 条做了修订，将同性伴侣也包括在其中。而在收养法中，2002 年《收养和儿童法》第 144 条第 4 款第 b 项中规定，收养法中的伴侣是指，在一段具有稳定性的家庭生活中以伴侣共同生活的两个人，不论同性或异性。

在苏格兰，按照 2006 年《苏格兰家庭法》第 25 条之规定，同居者指以夫妻名义或民事伴侣名义共同生活的当事人之一。

（二）认定同居关系的考虑因素

在判例法中，Kimber v. Kimber ［2000］1 FLR 224 案中确立的认定同居关系的标准包括：他们是否共同居住在同一住所；他们是否有共同生活，分担日常家务；关系的稳定和持续程度；是否共同处理家庭经济事务；是否有性行为；如何抚养子女；对于这段关系，当事人自己的目的和动机是什么。④ 在 G v. G（Non-molestation Order：Jurisdiction）［2000］2 FLR 533 案中，这些考虑因素得到了法官的支持。比较英国成文法和判例法中的规定，可以发现，一般同居关系的认定没有明确的时间要求（尤其涉及人身权利保护时，1996 年《家庭法》和 2004 年《家庭暴力与犯罪及受害人法》的规定都有关于家庭暴力的处理），但如果涉及请求死亡赔偿或继承，则要求双方同居须满两年。

2006 年《苏格兰家庭法》第 26 条则对认定同居关系的考虑因素作了明确规定，包括：双方同居持续的时间；双方同居时，亲密关系的性质；双方同居期间有关经济事务

---

① 本条并不适用于离婚和分居案件。

② Cleland Alison，? Stair memorial encyclopaedia, reissue：child and family law, Edingburgh：Lexis Nexis/Butterworths, 2004, p. 56.

③ 周应江：《英国家庭法对非婚同居关系的承认和保护》，载《中华女子学院学报》2008 年第 1 期，第 35 页。

④ ［英］凯特·斯丹德利：《家庭法》，屈广清译，中国政法大学出版社 2004 年版，第 54 页。

安排的性质及对双方生活的深入程度等。可见，虽然法律没有明确规定认定同居关系的时间要求，但法官拥有的自由裁量权则将同居时间作为认定同居关系是否存在的考虑因素之一。

（三）同居的法律效力

1. 人身关系

在人身关系上，英格兰为同居者提供了反家庭暴力的保护。这在1996年《家庭法》和2004年《家庭暴力与犯罪及受害人法》中都有具体体现，他们可以根据1996年《家庭法》第4条之规定，像婚姻关系中的配偶一样，向法院申请"禁止骚扰令"和"居住令"，①充分表现出英国法在应对非婚同居关系方面的灵活性。

2. 财产关系

在财产关系上，英国法在处理非婚同居关系时，采取了当事人自我约定处理和法院裁判处理相结合的方式。同居伴侣可以根据民法上的一般规定，主要是财产法和合同法上的规定，包括信托规则以及财产法上的禁反言原则，请求法律的保护。因此，如果当事人双方缔结了协议处理双方关系破裂时的财产分配和其他问题，这份合同可能会被法院认定为有效，但难度较大。英格兰和威尔士很少有人缔结同居协议。②通常情况下，法院将依据该合同违背公共政策认定其无效（这类合同很可能对婚姻具有潜在的破坏性），另外，如果合同存在胁迫，交易一方利用其优势地位，虚假陈述或隐瞒重要事实等，也可能被法院认定为无效。但如果没有可能被法院认定为无效的类似因素，那么同居关系中的弱势方可以依据合同法的制度以及双方的约定，请求法律的保护。如果可以适用信托规则和财产法上的禁反言制度，弱势一方也可以据此请求法律的保护。

在没有订立相关协议时，法院在处理同居关系时可以依据的法律规则包括以下内容：首先，在扶养义务方面，同居伴侣双方没有相互扶养的义务，只有在一方死亡时，共同生活满二年的另一方有权请求分得适当遗产。其次，在财产权利方面，双方相互间没有任何的财产权利。要在财产上享有某些权益，主要依据衡平法上的一般财产规则，如信托和禁反言规则。③因此，在双方结束同居关系后，一方伴侣不能就双方同居期间的家庭房屋或一方的养老金权益主张任何权益，甚至连居住权也没有，除非自己享有家庭房屋的部分所有权或有订立租赁协议，或因家庭暴力，法院签发了"居住令"。最后，在父母子女关系方面，如果同居双方生育了子女，同居双方和婚姻中的配偶以及民事伴侣一样，对子女享有同样的权利和义务，唯一不同的是，同居中的父亲一方不会自动获得对其子女的父母责任。但其可以通过在子女出生证明上登记、和其母亲达成父母责任方面的协议，或者从法院处获得父母责任令的方式获得父母责任。不论父亲是否有父母责任，同居双方对该子女都有抚养义务，双方也可根据1989年《儿童法》第8条之规定，申请共同居住令和探望令，也可为子女利益考量申请子女抚养令或子女抚养的一次性支付令。④

在苏格兰地区，对于非婚同居涉及的财产问题，苏格兰采取了一种折中的态度。法

---

① 关于禁止骚扰令和居住令的内容，参见本章第四节中夫妻人身关系部分涉及家庭暴力的内容。
② ［英］凯特·斯丹德利：《家庭法》，屈广清译，中国政法大学出版社2004年版，第54页。
③ 参见 Stephen Gilmore & Lisa Glennon, Hayes and Williams' Family Law (3rd edition), Oxford University Press, 2012, p.47.
④ 参见本章第五节的父母子女权利义务关系部分。

律推定，同居双方对同居期间获得的、除继承和赠与外的家庭财产[1]享有平等的份额。2006 年《苏格兰家庭法》第 28 条规定，同居伴侣解除同居关系后，一方可向另一方主张一次性支付令，旨在平衡同居关系期间因同居关系获得的利益或损失，在涉及子女的情形中，分担子女抚养的费用。该法第 29 条则规定，同居伴侣也可以在一方当事人无遗嘱死亡时，请求法院酌分遗产。[2] 但法院判令其可以获得的份额不得超过生存配偶可获得的份额。[3] 苏格兰最高民事法院对于该法第 28 条的规定做了限缩解释，认为第 28 条只针对，一方以对方获利为目的，所遭受的"明确的、可量化的"不利益。[4] 但英国最高法院则采取了一种扩大解释，黑尔女男爵在该案的二审中，指出审判的出发点是比较同居双方在同居开始时的状况和同居结束时的状况，从而尽可能作出一个反映这种差距的公平的判决。霍普勋爵也指出，尽管第 28 条没有明确规定"公平"二字，但"公平"是这一条的核心精神。由此可见，在同居关系结束时，法官将尽可能作出一个公平的判决，以平衡双方在同居期间产生的经济上的不平衡。[5]

（四）同居关系的解除

如上所述，英国法上对于同居关系没有统一的立法界定。在解除同居关系上，也没有明确的法律规定。同居关系的解除由当事人自主决定。解除的事由包括：一方死亡、一方与第三人结婚或双方结婚、双方的合意、单方的通知。在解除后果上，则依据当事人是否订立同居协议而定，尽管同居协议在司法实践中被认定有效的可能性很小。对于没有订立同居协议的，则按照上文提及的民法上的一般规定予以处理。

五、当代英国民事伴侣关系和同性婚姻制度

（一）民事伴侣关系制度

英国结婚法历史上曾经不承认同性同居、同性婚姻，甚至对变性婚姻都予以拒绝。但随着近年来同性恋关系逐渐被社会公众所包容，这种情况有所改变。例如，两个成年男性保持性关系不再被视为一种犯罪行为。[6] 2004 年，政府通过了《民事伴侣关系法》。至此，同性伴侣一经登记成为民事伴侣关系，其实质上享有类似婚姻的权利、责任和利益。2004 年《民事伴侣关系法》将适用于英格兰和威尔士地区的法律规定在第一部分，适用于苏格兰地区的法律规定在第二部分。总体而言，适用于苏格兰地区的民事伴侣关系法与适用于英格兰和威尔士地区的法律制度趋于一致。

1. 民事伴侣关系的定义

在英格兰和威尔士，按照 2004 年《民事伴侣关系法》第 1 条之规定，民事伴侣关系是指两个同性的个体结合在一起，并相互登记为各自的民事伴侣。

---

① 按照苏格兰法的规定，这些家庭财产的范围包括在共同生活期间共同使用的，以共同生活为目的的财产，但不包括金钱、证券以及机动车辆，家庭饲养的宠物。参见 2006 年《苏格兰家庭法》第 26 条。

② E. E. Sutherland, From "Bidie-in" to "Cohabitant" in Soctland: The Perils of Legislative Compromise, International Journal of Law, Policy and the Family, 2013(2), p. 1-33.

③ 2006 年《苏格兰家庭法》第 29 条第 4 款。

④ Gow v Grant [2012] UKSC 29.

⑤ Kenneth McK. Norrie, the changing concept of "family" and challenges for family law in Scotland, Jens M. Scherpe ed., European Family Law (vol. II), Northampton: Edwawrd Elgar, 2016, p. 240.

⑥ Sexual Offences (Amendment) Act 1957. 2003 年《性犯罪法》也试图对同性和异性的性行为进行区分。

2. 构成要件

在英格兰和威尔士，按照 2004 年《民事伴侣关系法》第 3 条之规定，民事伴侣关系有以下构成要件：第一，双方当事人须为同性。第二，双方当事人都已年满 16 周岁，且不属于禁婚亲的范围；16-18 周岁的当事人须取得其父母的同意。第三，双方当事人都没有合法的婚姻或法律认可的民事伴侣关系。

值得注意的是，与婚姻不同，民事伴侣关系只能通过登记方式建立，不能通过宗教仪式的方式建立。同性伴侣希望登记为民事伴侣关系的，需要声明双方都没有结为民事伴侣关系的障碍，且双方也符合法律要求的居住地条件（须在登记所在地居住满 7 日），在通告 15 日内没有异议时，登记机关将出具一份"民事伴侣关系登记附录"，授权对同性伴侣进行登记。在登记官面前，在两名见证人的见证下，双方当事人签署相关登记文件，登记官和见证人分别签字后，即完成登记。

在苏格兰，民事伴侣关系的构成要件规定在该法第 85 条：符合条件的两个同性的个体在登记官以及两名年满 16 周岁见证人的见证下，在登记处或其他获得许可的地方（不包括专门服务于宗教的场所），共同签署了民事伴侣登记附录。登记官和见证人分别签字后，双方建立起民事伴侣关系。按照法律规定，有以下情形将被认定为不符合登记的条件：第一，双方当事人为异性。第二，双方当事人任一方未满 16 周岁，或双方属于禁婚亲的范围；在苏格兰，16-18 周岁的当事人登记为民事伴侣关系，不需要父母的同意。第三，双方当事人任一方已经结婚或与他人缔结了法律认可的民事伴侣关系。第四，任一方不能理解民事伴侣关系的性质，或者不能作出有效同意的。结婚制度中关于姻亲的特殊规定，在民事伴侣关系中也适用。也即，如果双方都年满 21 周岁，且年幼一方在 18 岁前从未被年长一方作为其家庭的子女共同生活过时，双方不属于禁婚亲范围，可以缔结民事伴侣关系。但苏格兰法中，没有必须在登记地居住满 7 日的时间要求。

3. 民事伴侣关系的无效与可撤销

在英格兰和威尔士，民事伴侣关系的一方当事人也可以请求法院判令民事伴侣关系无效或请求撤销某民事伴侣关系，相关程序和法律规定都和调整婚姻关系的程序和法律规定大部分相同。但不同的是，导致民事伴侣关系可撤销的事由中没有不能圆房和一方有传染性的性疾病这两个事由。

4. 民事伴侣关系的效力

无论在英格兰、威尔士还是苏格兰，民事伴侣与婚姻中的配偶有同样的权利和义务。以下我们以英国法展开，苏格兰法与英国法没有太大差别。

在人身方面，民事伴侣关系的当事人双方的人身权利受法律保护。任一方遭受家庭暴力，都可以依据 1996 年《家庭法》第四部分的规定请求法律的保护。双方当事人可以缔结民事伴侣协议，但如协议涉及人身权利的内容，那么这部分协议就没有合同效力。

在财产方面，民事伴侣关系中，双方有相互扶养的义务，在养老金、税收及国家福利等方面享有与配偶同样的权利。① 法院在颁布解除民事伴侣关系的指令时，也可依据案

---

① 有学者将此归纳为等同于婚姻的同居登记制，参见陈苇、王薇：《我国设立非婚同居法的社会基础及制度构想》，载《甘肃社会科学》2008 年第 1 期，第 28-32 页。另可参见熊金才：《民事伴侣关系法律认可的现状及其立法模式》，载《河北法学》2007 年第 5 期，第 57 页。

件事实作出有关财产方面的指令。在民事伴侣关系中的一方配偶死亡时，生存伴侣和婚姻中一方死亡时的生存配偶享有同样的继承权。

在父母子女关系方面，英国的非血缘关系的一方父母可以和有血缘关系的一方父母达成有关父母责任的协议，从而获得对该子女的父母责任。（1989年《儿童法》第4A条）2008年《人工授精和胚胎法》增加规定，在民事伴侣关系中，通过人工辅助生殖技术或代孕生育的子女，女同性恋伴侣可以自动获得对该子女的父母责任。[①] 民事伴侣的一方当事人也可以依据1989年《儿童法》的规定申请居住令（the residence order）和探望令（the contact order）。他们也有义务抚养子女，也可以像已婚配偶一样申请共同收养子女，在某些情况下，也可以单独收养子女。[②]

5. 民事伴侣关系的解除

在英格兰和威尔士，解除民事伴侣关系的法律规定与通过离婚解除婚姻的相关法律规定相似。[③] 法律规定解除民事伴侣关系需要证明双方关系已经无法挽回地破裂。这主要通过以下四个事实得以证明：（1）被告的行为表明，申请人没有合理理由期望还能与被告共同生活（不合理行为）；（2）在提出解除前，申请人与被告已连续分居满2年，且被告同意解除民事伴侣关系（一方同意时，持续分居满2年）；（3）在提出解除前，已持续分居满5年；（4）在提出解除前，被告已持续遗弃申请人满2年。[④] 但在解除民事伴侣关系中，没有通奸这一解除事由。这不意味着如果一方不忠，另一方不能请求解除民事伴侣关系，当事人可以适用不合理行为，申请解除同居关系。在其他方面，解除民事伴侣关系的制度与离婚制度的内容完全一样。以下只简单提及解除同居关系的抗辩和解除令两个方面。

（1）解除同居关系的抗辩。在英国，双方缔结民事伴侣关系未满一年时，不得请求解除民事伴侣关系。（2004年《民事伴侣关系法》第41条）任何不超过6个月的恢复同居或者两个累积不超过6个月的同居不得作为抗辩理由，不影响对连续分居期间或持续遗弃行为的计算。如果申请人适用双方分居满5年的这一法定事由证明双方关系破裂，那么被告可以民事伴侣关系的解除将给被告造成严重经济困难或其他困难为由，提出抗辩。（该法第47条）法庭将综合考虑各种情况，包括民事伴侣的品行，利益以及子女或其他利害关系人的利益，决定是否应驳回当事人解除民事伴侣关系的申请。

（2）根据2004年《民事伴侣关系法》第37、38条之规定，法院将先签发一个附条件的初始解除令。自作出解除令之日起，满6周后，符合条件的，法院才会作出最终解除令。该法第48条规定，法院作出最终解除令的条件是：①被告不应向原告主张经济扶养，或者；②原告提供的经济扶养是公平合理的，或者是涉案情形中最恰当的。如果法院认为应该尽快将初始解除令改为最终解除令，或者法院确信原告将会履行承诺，践行其所做的支付经济扶养的保证，则可以免去上述条件，作出最终解除令。

---

① 如果一位女性接受了人工辅助生殖技术，她的丈夫将被视为该人工生育子女的父亲。有关英国人工生育子女的亲子关系问题，参见本章第五节亲子关系的确立和否认部分。

② 在英国，同性伴侣收养子女的权利被规定在2002年《收养和儿童法》第144条第4款。

③ 参见本章第八节英国离婚制度第四、五节的内容。

④ 参见英国2004年《民事伴侣关系法》第44条。

（二）同性婚姻制度

在英国，2013 年《结婚法（同性配偶）》于 2013 年 7 月 17 日在英国议会通过，并获得了御准，绝大部分涉及同性婚姻的条款于 2014 年 3 月 13 日开始实施。同性婚姻的结婚仪式则于 2014 年 3 月 29 日始，允许举办。[①] 至此，英格兰和威尔士地区同性伴侣缔结婚姻的障碍完全消除。苏格兰议会也于 2014 年 2 月 4 日通过了 2014 年《苏格兰婚姻和民事伴侣关系法》。该法于 2014 年 3 月 12 日获得了御准，苏格兰第一对同性配偶于 2014 年 12 月 16 日缔结了婚姻。

根据 2013 年《结婚法（同性配偶）》第 11 条第 1 款规定，在英格兰和威尔士，同性婚姻和异性婚姻具有同等的效力。英国法并未在收养中对同性婚姻中的伴侣设定任何限制。同性伴侣收养子女的权益在 2002 年《收养和儿童法》已经做了规定。在人工辅助生殖方面，亦是如此。

第四节　当代英国夫妻关系制度

本节研究和阐述以下内容：一是当代英国夫妻关系制度概述；二是当代英国夫妻人身关系制度；三是当代英国夫妻财产关系制度。

一、当代英国夫妻关系制度概述

（一）当代英国夫妻关系制度的主要内容

当代英国夫妻关系制度主要包括夫妻的人身关系和财产关系两个方面，在夫妻人身关系方面，主要包括反家庭暴力等内容；在夫妻财产关系方面，主要包括夫妻扶养义务、夫妻财产制和婚姻住宅权以及夫妻债务制度等内容。

（二）当代英国夫妻关系制度的修订情况

20 世纪以来，英国在夫妻关系制度方面做了较大改革，尤其是夫妻人身关系方面的制度。随着英国社会民众的个体主体以及权利意识的增强，原来有关人身依附性的夫妻关系的部分内容逐步被废止，如 1970 年英国《婚姻诉讼和婚姻财产法》废止了有关夫妻日常家事代理权的相关规定。另外，对弱势群体的保护则得到了进一步加强。比如，1996 年英国《家庭法》增加了对家庭暴力受害人的保护，提供了相应救济措施。在夫妻财产制度方面，1973 年英国《婚姻诉讼法》授予了法官可以依职权分割夫妻双方财产的权利。案例法则为英国夫妻财产关系制度提供了注脚。

自英国通过了 1998 年《人权法》，将《欧洲人权公约》的内容融入国内法后，英国的国内法也要遵守《人权法》的相关规定。在婚姻家庭领域，最重要的条款主要有：第 3 条（保护个人不受非人道或有辱人格的对待），第 6 条（接受公正审判的权利），第 8 条（私生活和家庭生活的权利），第 12 条（结婚和组建家庭的权利），第 14 条（在适用公约规定的权利时，不被歧视）。

这些条款在夫妻关系法中得到了重要的体现。需要注意的是，与大陆法系以民法典

---

① 参见 Marriage（same sex couples）Act，http：//us. studybay. net/marriage－same－sex－couples－act－2013/，access time：2019－6－7.

为主要法律渊源的制度不同，英国法普通法系具有更强调法律的实用主义特点，更重视具体制度，因此在夫妻关系制度上，英国法也主要集中在具体制度上。

二、当代英国夫妻人身关系制度

英国有关夫妻人身关系的规定，主要包括：夫妻姓氏权、同居义务、日常家事代理权、有关反家庭暴力的规定。

（一）夫妻姓氏权

在英国，妻冠夫姓最早是由诺曼征服后法国人引入的。到14世纪，被英国人接受。随之而来的则是由诺曼人带来的夫妻一体主义的法律原则，即结婚后，妻子即成为丈夫的一部分。这种法律上的夫妻一体主义发展到15世纪初时，接受了妻冠夫姓的做法，牧师会在双方当事人结婚时为妻子指定夫姓。直到18世纪末，妻子冠夫姓的法律开始逐渐被质疑。早期，只有富裕阶层的女性可以通过特许或私人法案的方式请求保留自己的姓氏。直到1924年，海伦娜·诺曼顿（Helena Normanton）成为英国第一位保留自己姓氏的已婚妇女。身为一名巴律师（Barrister），她成功拿到了以自己姓名登记的护照。[1]

现在，有关夫妻一体主义的法律早已被废止。缔结婚姻后，妻子和丈夫享有平等的权利，可以自主决定自己的姓氏。夫妻婚后既可以保留原姓，也可以用夫妻双方的姓氏合成新的姓（或者将双方的姓用连字符连起来的新姓氏），也可以变更其原姓而改用夫姓。在离婚后或丈夫死亡后，妻子可以自主决定是否保留自己的原姓、保留夫姓，或者保留双方姓氏合成的新的姓氏。

（二）同居义务

在英国，结婚后夫妻双方均负有与对方同居的义务，双方不得随意解除。只有法院依法定程序发出离婚令或分居令后，夫妻一方便不再负有与对方同居的义务（1973年《婚姻诉讼法》第18条第1款）。

（三）日常家事代理权

在历史上，英格兰和威尔士的普通法规定，妻子享有日常家事代理权（agency of necessity），这一权利源于早期已婚妇女没有自己的财产权，即使她们在外取得了一些收入（在早期，女方结婚后外出工作的非常少），这些收入的所有权人也是丈夫。因此普通法上规定，婚后男方有扶养女方的义务，并由此衍生出女方的日常家事代理权，即女方有权以男方的名义为日常家事需要订立合同。在双方没有共同生活时，普通法上也承认这种日常家事代理权，女方可以代理男方购买生活必需品或者为生活所需以男方名义赊购生活必需品。男方对非日常家事必需品的代理行为享有撤销权。女方在分居后依然享有日常家事代理权的前提条件是，分居并不是因为女方的过错。所以如果是因为女方通奸，双方分居，不论男方有多么严重的过错行为，女方都因此丧失日常家事代理权。但如果分居不是因为女方的过错，如因为女方生病，那么男方仍有这一义务。[2] 1970年英国《婚姻诉讼和婚姻财产法》第41条第1款废除了这些授权性规定，现有法律制度中没有

---

① 2014年英国婚姻调查研究组所做的调查显示，仍有54%的受访者冠夫姓。Sophie Coulombeau, Why Should Women Change Their Names on Getting Married?, 2014-11-1, http://www.bbc.com/news/magazine-29804450, access time：2018-2-19.

② 黑尔女男爵对此做了详细的解释。R (Kehoe) v Secretary of State for Work and Pensions [2005] UKHL 48.

日常家事代理权的规定。

（四）有关反家庭暴力的规定

1. 家庭暴力的定义

在英国法上，家庭暴力是指作为成年人的亲密伴侣或家庭成员以及曾经的亲密伴侣或家庭成员之间，不论性别，所发生的任何威胁性行为，暴力或虐待。不但包括身体暴力，而且包括威胁或恐吓性的行为，以及其他直接或间接导致伤害风险的虐待行为，[1] 包括一系列的虐待及控制性的行为，如精神虐待、性虐待、经济虐待等。[2] 这里的"成年人"是指年满 18 周岁以上的人，"家庭成员"是指包括父亲、母亲、儿子、女儿、兄弟、姐妹、祖父母在内的家庭成员，不论他们是有血缘关系的亲属还是姻亲或继父母子女关系。[3] 英国法调整的家庭暴力不但包括夫妻之间的暴力，也包括父母对子女的暴力，对老年人的暴力，强迫婚姻，荣誉犯罪（honour crimes）[4] 以及女性的割礼。[5]

2. 家庭暴力的民法救济措施

1996 年英国《家庭法》规定了针对家庭暴力的民法上的救济措施，主要包括"禁止骚扰令"（non-molestation orders）和"居住令"（occupation orders）。同时，如果上述法令尚不足以制止施暴者的暴力行为或暴力威胁，法院有权对施暴者予以逮捕。

禁止骚扰令旨在禁止施暴者骚扰受害者（包括未成年子女）。该《家庭法》没有对骚扰进行界定，因此很多行为都可能纳入"骚扰"中。该法第 42 条规定，法官在制定禁止骚扰令时，可以根据案件的具体情形写明禁止施暴者实施的行为，如禁止写邮件或信给受害人。

按照该《家庭法》第 33 条之规定，居住令的请求权人包括两类：一类是对家庭住房享有所有权份额的受害人，另一类是对家庭住房没有任何财产权益的受害人。由于居住令签发后，可能限制一方当事人的财产权利，如允许另一方当事人回家居住，或限制施暴者不能进入某个房间或回家居住等，因此，法院在审查决定是否签发居住令时，往往较为慎重，法院采用的主要标准是"危害权衡"标准，也即是否存在如下情形：一旦不作出居住令，受害人将因此遭受家庭暴力，受到严重伤害。

除申请这些法令外，当事人也可以申请民事赔偿。根据 1995 年《刑事伤害赔偿法》的规定，家庭暴力的受害人可以请求国家对其所受的人身伤害予以赔偿。需要注意的是，首先，这些伤害必须是家庭暴力直接导致的人身伤害；其次，请求权人须在两年内提起；最后，赔偿款如果可能使施暴者受益（如施暴者和受害人仍是共同生活的夫妻关系或伴侣关系等），则受害人的请求不会得到支持。[6]

3. 家庭暴力的刑事救济措施

在刑事救济方面，在 R v. R（强奸：婚姻免责事由）案[7]后，丈夫婚内强奸也将构成

---

[1] Section 177(1) in the Housing Act 1996, Yemshaw v Hounslow London Borough Council [2011] UKSC 3.

[2] 参见 Stephen Gilmore & Lisa Glennon, Hayes and Williams' Family Law (3rd edition), Oxford University Press, 2012, p. 92。

[3] Home Office, Domestic Violence: A National Report, 2005, p. 2.

[4] 指为维护名誉进行的犯罪。

[5] Home Office, Domestic Violence: A National Report, 2005, p. 2.

[6] 参见 Criminal Injuries Compensation Scheme (2008)。

[7] R v R (Rape: Marital Exemption) [1992] 1 AC 599.

强奸罪。此外，殴打、骚扰等其他家庭暴力行为也将受到刑事制裁。如果法院在签发禁止骚扰令后，施暴者违背该法令的，按照 2004 年《家庭暴力、犯罪和受害人法》规定，这将构成刑事犯罪。

三、当代英国夫妻财产关系制度

对英国的夫妻财产关系制度，以下研究和阐述夫妻扶养义务、法定财产制和婚姻住宅权三个方面的内容。

（一）夫妻扶养义务

在英国，1970 年《婚姻诉讼和婚姻财产法》、1978 年《家庭诉讼和婚姻诉讼法》、1973 年《婚姻诉讼法》以及 1996 年《家庭法》对夫妻扶养义务和夫妻扶养协议作了具体规定。[①]

根据英国法，夫妻供养的责任只限于对配偶提供合理生活费。扶养费是配偶的合理生活费，包括三方面含义：一是配偶个人生活费，不考虑配偶对其他亲属的照顾接济费用；二是配偶的合理费用；三是夫妻扶养费是生活费，包括全部或部分生活费。

在英国，夫妻应相互承担扶养对方的义务，如果一方不履行此义务，另一方可以诉至法院，主要依据的法律有两个：一是 1978 年《家庭诉讼和婚姻诉讼法》。该法第 2 条规定，夫妻一方可向治安法院申请定期支付令或者不超过 1000 英镑的一次性支付令；二是 1973 年《婚姻诉讼法》。该法第 27 条的规定，夫妻一方可向郡法院或高等法院申请定期支付令和一次性支付令，没有金额的限制。[②] 不管依据的是哪一个法条，法官都只能作出定期支付令或一次性支付令，不能作出财产调整令。此外，作为保障配偶居住权的一部分，1996 年《家庭法》第 40 条规定，法院在作出第 33、35 条或第 36 条中的居住令时或之后的任何时间内，可以责令一方当事人支付与住宅有关的租金、抵押金或其他支出。[③] 一般情况下，如果房屋登记为夫妻二人的共同财产，则房屋为二人共有。否则，房屋为房屋所有人所有。如果依照现有的财产规则将导致夫妻二人间不公平的结果，法院则可能适用衡平法上的结果信托或推定信托等规则，根据案件具体情况，认定夫妻中的弱势方可分得部分财产。

（二）夫妻财产制

在英格兰和威尔士地区，19 世纪女权运动的博兴促成了 1870 年《已婚妇女财产法》的颁布，明确了妇女作为个人财产所有人的法律地位，也可以独立的民事主体继承财产。1882 年又出台了新的《已婚妇女财产法》。根据该法规定，自 1882 年起，婚姻对于配偶的财产权利不发生影响。[④] 但该法实际上不能为弱势配偶一方提供充分保护，因为这些弱势配偶本身就没有多少经济收入。1938 年《继承法（家庭扶养）》的出台为由于配偶未

---

① 对于已婚配偶来说，夫妻间的扶养义务有两个潜在的依据：一个是制定法，另一个是双方自愿达成的扶养协议。在判决夫妻扶养费的数额时，儿童利益是首要考虑因素。See Jonathan Herring, Family Law (6th edition), Harlow: Pearson, 2013, p.210.

② 在适用这两个法条时，必须证明被告未能合理地扶养配偶，并且该条仅适用于已婚配偶。See Stephen Gilmore & Lisa Glennon, Hayes and Williams' Family Law (3rd edition), Oxford University Press, 2012, p.243.

③ 《英国家庭法》(1996)，张雪忠等译，载中国法学会婚姻法学研究会编：《外国婚姻家庭法汇编》，群众出版社 2000 年版，第 33 页。

④ 这一规定同样适用于自 2004 年以来登记的同性民事伴侣关系。

立遗嘱死亡从而落入经济困境的寡妇和鳏夫提供了一定的法律保障。至此，这部分弱势配偶可以在另一方配偶未立遗嘱死亡的情形下，分得一定的财产。但这一制度却不能为离婚的弱势配偶一方提供必要的经济补偿。[①]

承继英格兰和威尔士地区法律重先例，轻抽象的法律传统，英国法中，并无专门规范夫妻财产关系的法律制度。在后来的离婚制度改革中，1973年《婚姻诉讼法》规定，法官可以在离婚案件（解除同性民事伴侣关系案件）中，就离婚（解除同性民事伴侣关系）的财产上的法律后果作出判决。赋予了法官强大的自由裁量权。Upjohn法官在Pettitt v. Pettitt[②]一案中指出，解决夫妻之间的财产纠纷可以适用财产法的一般原则[③]。因此，英国有关夫妻财产制的规定，是由一系列的判例和部分成文法构成。

在2000年以前，法官在离婚财产分配中，更关注当事人的"需要"，在满足当事人的需求后，剩余的财产通常留给当事人自己，也即在满足弱势配偶方及子女的"需要"后，剩余的财产仍归另一方（通常为丈夫）所有。这一标准在不同的案件中，会带来截然相反的结果。在家庭财产较少的大多数案件中，抚养子女的弱势配偶一方成为法律保护的重点对象。但对于有较多财产的富豪离婚案件中，弱势配偶一方能分得的财产和丈夫相比往往较少。

2000年后，上议院在White v. White案[④]中确立了一个新的审判规则，也即"公平"原则。如果双方当事人的需要能够得到满足，那么法院通常会判定双方平均分割剩下的财产。[⑤]

1. 约定财产制和婚姻财产协议

从英国的法律传统和判例法来看，英国允许夫妻在律师帮助下就其财产关系作出约定，但这种约定对于法官按照1973年《婚姻诉讼法》行使其权力没有太多影响，且双方不能约定排除法院的管辖权。如果双方的婚姻财产协议做了这样的约定，则约定无效。法官可根据双方的约定作出同意令，或者将双方的约定置于一旁，重新作出有关财产的指令。

对于夫妻订立的财产契约，法官一般要考虑以下几个因素：夫妻双方是否通过真实的意思表示达成合意；在庭审时，依据双方约定处理夫妻财产关系时是否公平，如是否损害了婚姻中未成年子女的合法权益，或者由于一方或双方出现重大情势变更，再执行该协议将使一方配偶陷入重大不公平的情形。

在最近的案例法中，法官开始使用自主权、个人选择权这类术语，即对夫妻缔结的

---

① Elizabeth Cooke, Marital Property Agreements and the Work of the Law Commission for England and Wales, Katharina Boele-Woelki, Jo Miles and Jens M. Scherpe ed., The Future of Family Property in Europe, Antwerp: Intersentia, 2013, p. 97.

② Pettitt v Pettitt [1970] AC 777 HL; Gissing v Gissing [1971] 1 AC 886 HL.

③ Stephen M Cretney, MA, DCL, FBA, Elements of Family Law, London, Sweet &Maxwell Ltd., 1992, p. 98.

④ [2000] UKHL 54, [2001] 1 AC 596.

⑤ 有学者认为，这实际上就是延期共同财产制（deferred community of property）。但英国学者认为，这一制度连所谓的"夫妻财产制"都谈不上，原因主要有：在离婚财产分配中，法官拥有巨大的裁量权，在案件处理时，对夫妻双方各自的财产及收入并不进行严格区分，对于哪些财产属于婚姻财产、哪些财产不属于婚姻财产，没有一个明确标准。但有一点可以明确，当事人无权排除法律的规定，自行约定离婚财产分割方案。这也是英国法律委员会关注的一个重点。参见 Stephen Cretney, "Community of property imposed by judicial decision", [2003] 119 Law Quarterly Review 349。

财产契约的效力认定有放宽的迹象。①

2. 法定财产制

在英国，男女结婚之后，除另有约定，法定财产制是分别财产制，即夫妻的婚前财产和婚后个人所得的财产仍归该方个人所有。因此，如前所述，Upjohn 法官在 Pettitt v. Pettitt② 一案中指出，解决夫妻之间的财产纠纷可以适用财产法的一般原则。关于动产和不动产的所有权（一般情况下，不动产是指土地和房屋，除此之外的财产属于动产）认定如下，对于动产，法律规定：（1）收入属于个人所有。（2）动产通常属于购买者所有。但该种推定可被推翻。（3）如果交付财产的目的是赠与，则该转让行为有效，财产所有权转移。（4）结婚、订婚或同居的事实本身不能改变所有权的归属。对于不动产，英格兰和威尔士法并没有创设处理家庭房屋的特殊制度。因此，在有关家庭房屋所有权这个问题上，无论共同所有人是商业伙伴还是夫妻，法律的处理手段没有差异。③

3. 夫妻债务

在夫妻债务方面，同样可以适用财产法的规则。在债务的性质认定上，法院适用法律时，只会考虑举债人是夫妻何方，而不区分某一债务是个人债务还是共同债务，某一人举债的债务是否用于夫妻共同生活。夫妻一人举债由其一人承担，夫妻共同举债则由夫妻共同承担。对婚姻弱势方的保护，则主要通过法官在离婚财产分配中的自由裁量权予以实现。

（三）婚姻住宅权

在英格兰和威尔士，婚姻并不改变财产的所有权。法院只在婚姻终止时，享有自由裁量权，根据案件的具体情形分割双方的财产。由此，英国法上发展出另外一项重要的制度，即婚姻住宅权制度，旨在保护婚姻中弱势方的基本生活。英国在 1983 年《婚姻住宅法》第 1 条中作出规定，要保护没有住宅或其他占有权的夫妻，使之免予被逐出住所。1996 年《家庭法》④ 更进一步就婚姻住宅权作出具体规定。依照该法第 30 条的规定，如果夫妻一方因基于使用权、所有权及契约而被授权占有住宅，或是被法律授予继续占有住宅的权利，而另一方无此授权，则如该无授权的一方正占有住宅，另一方不得将其逐出该住宅或部分住宅，除非经法院许可；如该无授权的一方没有占有住宅，其经法院许可后有权进入并占有该住宅。但如果夫妻双方未曾将某房屋作为婚姻住宅，也没有打算以后将该房屋作为婚姻住宅，则对该房屋不适用以上规定。该法"附则 4"中的第 5-（1）条还规定："享有婚姻住宅权的配偶可通过书面形式放弃该权利或有关住宅的部分权利。"

第五节 当代英国亲子关系制度

本节研究和阐述以下内容：一是当代英国亲子关系制度概述；二是当代英国亲子关

---

① 石雷：《英国现代离婚制度研究》，群众出版社 2015 年版，第 217 页。
② Pettitt v Pettitt［1970］AC 777 HL; Gissing v. Gissing［1971］1 AC 886 HL.
③ 有关具体内容，参见 Jonathan Herring, Family Law（6th edition），Harlow：Pearson, 2013, pp. 158-163.
④ 《英国家庭法》（1996），张雪忠等译，载中国法学会婚姻法学研究会编：《外国婚姻家庭法汇编》，群众出版社 2000 年版。

系的确立与否认；三是当代英国父母子女的权利义务。

一、当代英国亲子关系制度概述

（一）当代英国亲子关系制度的基本原则和主要内容

在英国，根据 1989 年《儿童法》的规定，调整亲子关系的基本原则如下：

一是儿童福利原则。该法第 1 条第 1 款的规定即此原则的具体体现："法院在审理任何涉及以下问题的案件时：（1）有关儿童抚养；（2）有关儿童财产管理或由于管理儿童财产产生的收入问题；儿童福利是法院的首要考虑因素。"司法实务中根据儿童福利原则，在处理有关本法第 8 条第 3、4 款中所包含的"家庭诉讼"的定义以及本法第 1 条第 4 款所规定的情形的诉讼请求时，应考虑如下因素，包括：（1）可以感知的涉案儿童的愿望和感情（综合考虑他的年龄和智识）；（2）涉案儿童的身体、情感和教育需要；（3）生活环境的改变可能对其造成的影响；（4）涉案儿童的年龄、性别、背景和法院认为有关的其他性格特征；（5）涉案儿童曾经遭受过的任何伤害或可能遭受的伤害；（6）父母各方以及法院认为有关的其他人满足涉案儿童需要的能力；（7）在本案中，法院依据本法可能行使的权力范围。这些考虑因素具有同等的地位，没有优先顺序，而且上述考虑因素并非已经穷尽了法官要考虑的所有因素。

二是不干预原则。该法第 1 条第 5 款规定了不干预原则："法院在考虑是否应根据本法作出一个或多个法令时，除非法院认为签发法令比不签发对儿童更有利，否则法院不应作出任何法令。"

三是不拖延原则。该法第 1 条第 2 款中对此原则规定为："在任何涉及子女抚养的诉讼中，法院应坚持以下原则：对这一问题的任何拖延都很可能损害儿童福利。"[①]

以上是英国处理亲子关系的三项重要基本原则。英国调整亲子关系的法律制度可根据具体内容的不同细分为亲子关系的确定，父母子女关系的权利义务、防治对儿童实施家庭暴力等内容。亲子关系的确定主要包括确立亲子关系成立的标准，父母子女关系的权利则主要包括父母对子女的扶养和父母责任。按照亲子关系形成的原因不同，可以将英国法上亲子关系的类型划分为已结婚父母与子女的关系、未结婚的父母与子女的关系、养父母子女关系[②]、继父母子女关系、父母与人工生育子女的亲子关系。

（二）当代英国亲子关系制度的修订情况

当代英国亲子关系制度的主要法律渊源，除前文提及的 1998 年《人权法》外，还包括 1989 年《儿童法》，1991 年《子女抚养法》和联合国《儿童权利公约》。

在英国，1998 年《人权法》中与家庭生活相关的最重要的一条是该法第 8 条的规定：任何公民都有享有家庭生活的权利。这就包括家庭中的父母和儿童。1989 年《儿童法》是涉及亲子关系最重要的法律文件之一。该法明确规定了调整亲子关系法律规范的基本原则，其中最重要的一项原则为儿童福利原则。在涉及儿童的纠纷中，儿童福利是最重要的考虑因素。这就是说，只有其他人的利益会对儿童福利产生影响时，才会予以考虑。很明显，在法律适用上，1998 年《人权法》和 1989 年《儿童法》之间存在一定的矛盾。

---

① Andrew Bainham, Children The Modern Law, Family Law, 2005, pp. 37-48.

② 养父母子女的内容，请参见本章第六节。

在处理涉及儿童的纠纷中，如果以儿童福利原则为判断基准，那么就有可能无法充分保障一方父母享有的家庭生活权利。但在近年来的司法实践中，法官的态度仍然以儿童福利原则来解释 1998 年《人权法》的第 8 条规定，这也符合《儿童权利公约》的要求。儿童福利原则在处理涉儿童纠纷中具有至上地位。1989 年《儿童法》和 1998 年《人权法》主要保护未成年人的人身方面的权利，1991 年《子女抚养法》则是主要保护未成年人财产方面的权利，旨在解决未成年人子女的抚养问题。英国法更强调公权力对另一方支付子女抚养费的强力介入，以便为未成年人得以健康成长提供经济保障。

（三）亲子关系制度的几个重要概念及其相互区别

在英格兰和威尔士，英国法在判断谁是子女的父母时，使用了三个重要的术语，分别是"生父母关系""父母身份"和"父母责任"。[1] 生父母关系与父母子女之间的血缘关系有关，只有父母子女之间具有生物血缘关系，父母提供配子，使子女最终得以出生的，双方才具有亲子关系。这是一种事实性的评价，具有生物血缘的真实性，或者推定具有生物血缘的真实性。这一术语在探讨子女对于自己生物血缘关系的知情权时特别重要。父母身份一词则表达了抚养子女的一种身份。因此，法定的父母身份强调在法律上谁被认为是子女的父母。这是一种法律上的评价。父母责任则是指法律上作为子女的父母对子女及其财产所享有的所有权利、义务、权力、责任。[2]

从生父母和父母身份二者的关系看，普通法上，法定父母身份来自生父母这一事实。[3] 但也有父母身份与生父母不符的情形，如在人工生育子女的情况下，捐精者并不因为与人工生育子女有生物血缘关系，而具有该子女的父母身份。按照英国法，所有的母亲在生育子女后将立即获得法定的父母身份，并对该子女具有父母责任。从父母身份和父母责任二者的关系看，有法定父母身份的人不一定有父母责任，有父母责任的人也不一定有法定父母身份。不具有父母责任的人不影响对子女有法定抚养义务之人承担子女抚养责任。[4] 由此可见，英国法对父母身份和父母责任做了区分。必须注意，在英国，按照 1991 年《子女抚养法》第 1 条的规定，只有具有父母身份的人才有支付子女抚养费的法定义务。这主要针对的是没有与子女共同居住的一方父母，而法院则将授予父母责任看作涉及抚养子女的相关事务，1989 年《儿童法》第 105 条对抚养子女所做的解释说明，抚养子女的相关事务不包括支付子女抚养费。[5] 同时，第 105 条也说明，本法所指儿童为未满 18 周岁的未成年人。因此，父母责任不包括子女年满 18 周岁后，父母对成年子女可能承担的任何责任。比如，1991 年《子女抚养法》第 55 条规定，未满 20 周岁接受高等教育以下的全日制教育时，父母仍有抚养子女的责任。

① Andrew Bainham, Parentage, Parenthood and Parental Responsibility: Subtle, Elusive Yet Important Distinctions, Andrew Bainham et al, What is a Parent? A Socio-Legal Analysis, Oxford: Hart, 1999, p. 25.

② Section 3 (1), The Children Act 1989.

③ Jonathan Herring, Rebecca Probert & Stephen Gilmore, Great Debates in Family Law, Hampshire: Palgrave Macmillan, 2012, p. 29.

④ Section 3 (4), The Children Act 1989.

⑤ 参见 N. Wikeley, Financial Support for Children after Parental Seperation: Parental Responsibility and Responsible Parenting, Rebecca Probert, Stephen Gilmore, and Jonathan Herring (eds.), Responsible Parents and Parental Responsibility, Oxford, Hart, 2009, p. 73.

二、当代英国亲子关系的确立与否认

（一）亲子关系的确立

以下，按照亲子关系的不同类型阐述英国亲子关系的确立规则。

1. 已婚父母与子女关系和没有结婚父母与子女关系

在讨论这种类型的亲子关系前，需要说明的是英国法上曾经使用的婚生子女、被准正的子女和非婚生子女这几个术语。在英格兰和威尔士，父母一词，包括相互结婚的父母、未相互结婚的父母，以及养父母、继父母。而与父母有血缘关系的子女在 1987 年家庭法修正前，分为婚生子女、准正后的子女和非婚生子女。婚生子女、准正后的子女以及非婚生子女之间有着不同的法律地位，尤其在婚生子女和非婚生子女之间，他们与父亲的关系、扶养费用、市民权、继承权、财产权等方面都有许多不同。在英国，1987 年《家庭法改革法》颁行以后，1976 年《婚生子女法》中使用的非婚生子女的概念已经被取代，子女被区分为结婚父母的子女和没有结婚父母的子女，人们认为区分标识父母比区分标识子女更恰当些。1987 年《家庭法改革法》第 1 条第 1 款规定，不论婚内所生的子女还是婚外所生的子女，二者于父母具有同等的权利义务。在无遗嘱的情况下，没有结婚父母的子女享有与结婚父母的子女一样的法定继承权。由于 1987 年《家庭法改革法》并未完全废止 1976 年《婚生子女法》，因此，在 1987 年后的案例法中，仍有法官或学者继续使用婚生子女和非婚生子女的称谓，[①] 但黑尔女男爵则明确指出，应避免使用"非婚生子女"这一术语。[②]

（1）亲子关系推定规则。在英格兰和威尔士，已经结婚父母与子女的亲子关系的确立，适用亲子关系推定规则。这就包括婚姻关系中的父母和他们所生的子女，生父母嗣后结婚和在结婚前所生子女，善意当事人缔结的无效婚姻和在此无效婚姻中所生的子女。普通法上，亲子关系推定的标准采用了出生说和受胎说的标准，即一名已婚妇女在其婚姻关系存续期间生育的子女，其丈夫被推定为孩子的生父，而不论怀孕是在婚前还是婚后，也不论丈夫在结婚时是否知道妻子怀孕。已婚妇女在婚姻期间怀孕，即使生育是在离婚后或丈夫死亡后，其丈夫也会被推定为所生育子女的生父。根据 1976 年《婚生子女法》第 1 条，出生在无效婚姻中的子女，如果父母双方或任何一方在该子女受孕（包括自然性交和人工授精或胚胎移植）时或举行婚礼时合理地相信该婚姻是有效的，该子女依法为婚生子女。而对于可撤销婚姻中出生的子女，从 1971 年 7 月 31 日以后，宣布婚姻被撤销的婚姻无效令无溯及力，因此该婚姻中出生的子女享有与出生于合法婚姻中子女同样的权利。

（2）亲子关系确立规则。对于没有结婚的父母与子女亲子关系的确立，英国法推定，子女出生登记上载明的男子为子女的生父，该父亲因此获得承担父母责任的资格。根据 2009 年《福利改革法》的规定，生育子女的母亲须在出生登记上列出子女父母的姓名，只有在特殊情况下，如确实不知道生父姓名时，才可以免予登记。

---

① Andrew Bainham, Changing Families and Changing Concepts: Reforming the Language of Family Law, Child and Family Law Quarterly, 1998(1), pp. 8-11.

② Re R (Surname: Using Both Parents) [2001] 2 FLR 1358, 1362.

对于生父不确定的情形（如母亲在怀孕期间同时与多个人有性行为），① 可以申请亲子关系宣告，此即英国法上的确认生父之诉。依据1986年《家庭法》第55A条和修正后的1991年《子女抚养法》第27条的规定，确认生父之诉的请求权人为任何人，也即申请法院宣告某人是或不是某人的父亲。1986年《家庭法》第55A条第4款规定，某位子女的父母也可以依据自己固有的权利，申请法院宣告自己为某子女的父母。同时，法院可以自主决定是否受理亲子关系宣告的申请，如果法院认为申请人对于裁定亲子关系没有相关人身利益，那么法院也有权拒绝该申请。② 此外，案例法上确认了拒绝进行亲子关系验证的推定亲子关系成立。在F诉CSA一案③中，有关子女的生父到底是其母亲的丈夫还是情人存在争议。子女抚养费署请求对情人是否是涉案儿童生父的情况进行评估。但因该情人拒绝验血，最终导致法院推定，该情人即为涉案儿童的生父。

在既无登记又没有宣告的情形下，对于没有结婚的父母的子女，其生父并不能根据1987年《家庭法改革法》自然地获得父亲的权利义务，除非该子女的生母同意让他承担父母责任。他可以作为遗嘱指定的监护人，也可以请求法院作出父母责任令，使其有权利与孩子的母亲共同照护子女，如果母亲死亡，他还可以根据1971年监护法被指定为监护人。除此之外，他也可以通过收养的方式获得承担父母责任的资格。

2. 养父母子女关系

养父母子女是具有法律意义的父母子女关系。有关养父母子女间的权利义务关系，将在本章第六节收养制度中阐述，在此从略。

3. 继父母子女关系

继父母子女关系比较特殊。在英格兰，继父母既包括生父母的再婚配偶，也包括生父母有同居关系的另一方同居伴侣。

在英国，对于生父母的再婚配偶这一类继父母而言，不能通过婚姻直接成为继子女的父母。只有在继子女的生父母（包括未与子女共同生活但仍承担父母责任的一方）的同意下，继父母才能承担父母责任；④ 或者继父母可以向法院申请父母责任令。法院签发父母责任令的考虑因素包括：未成年人的最大利益；继父母和生父母感情稳定程度；承担父母责任的其他人的态度和立场等。法院签发父母责任令后，继父母也可以承担父母责任。⑤ 继父母一旦通过上述两种方式获得了承担父母责任的资格，即便其与继子女的生父母离婚，这种资格也不会终止。只有经继子女或承担父母责任的一方父母申请，才能

———————————

① 参见 Re T（Paternity：Ordering Blood Tests）[2001] 2 FLR 1190.

② 早期英国法上有两种不同的确认生父之诉，分别规定在1986年《家庭法》第56条和1991年《子女抚养法》第27条。1986年《家庭法》第56条规定的确认生父之诉通常适用于子女成年后，想要修正出生证明，确认当事人的继承权，或者取得国籍等。按照1991年英国《子女抚养法》第27条之规定，部长或被抚养人可以向法院申请确认当事人所指认的生父是否是其生父。按照这一规定，确认生父之诉的请求权人为部长或被抚养人。适用上述规定的前提是，相关机构正在评估子女抚养费，同时，所指认的生父否认双方具有父子关系。但这种制度只适用于确认抚养子女的责任。后来，法律修正后简化了生父确认之诉。参见 Andrew Bainham, Children：The Modern Law,（3rd ed.）, Bristol：Family Law, 2005, pp. 189-190。

③ F v CSA [1999] 2 FLR 244.

④ Section 4A, Children Act 1989. Amended by the Adoption and Children Act 2002.

⑤ 蒋月：《从父母权利到父母责任：英国儿童权利保护法的发展及其对中国的启示》，载夏吟兰、龙翼飞主编：《家事法研究》（2011年卷），社会科学文献出版社2011年版，第339页。

终止继父母继续承担该继子女的父母责任。继父母也可以通过收养的方式成为继子女法律上的父母，从而承担父母责任。尽管实践中采用这种方式的并不多。需要注意的是，如果继父母是在与生父母感情出现危机时申请父母责任令，法院只有在继父母一方和生父或生母的婚姻仍然存续时，才会作出父母责任令。①

如果继父母是父或母的同居伴侣，那么其可以通过向法院申请居住令或收养继子女的方式获得父母责任令。② 根据 2002 年《收养和儿童法》第 49 条第 1 款和第 144 条第 4 款的规定，具有稳定同居关系的同居伴侣可以作为收养人申请收养。

未获得父母责任令的继父母没有抚养继子女的义务。即使其获得父母责任令，也只是承担继子女的父母责任，与继子女法律上的父母所需承担的支付抚养费的责任有细微的差异。但根据 1973 年《婚姻诉讼法》第 27 条之规定，如果继父母将继子女视为自己家庭的子女并以这种方式予以对待，事后又没有为其提供合理的抚养费，那么离婚时，继父母可能会被判令支付继子女的抚养费。③

4. 涉人工生育子女的亲子关系

1990 年《人类授精和胚胎法》和 2008 年《人类授精和胚胎法》④ 对人工生育子女作出了规定。在英国，人工辅助生育包括人工授精（artificial insemination）、试管授精（in vitro fertilisation）和代孕（surrogacy）。

在同质人工授精（AIH）中，医生将丈夫的精子植入妻子体内，一般而言，因此出生的子女是该夫妇的婚生子女，在他们之间将自动产生父母子女间的权利义务。相比同质人工授精，妻子接受除丈夫以外的第三人捐赠的精子进行人工授精的异质人工授精（AID）所带来的现实问题要多一些。但 1987 年《家庭法改革法》对此作出了规定。该法第 27 条第 1 款规定：已婚妇女在 AID 情况下孕育的，出生于英格兰和威尔士的子女应当且仅仅是夫妇俩的子女，在人工授精时夫妻应处于有效的婚姻关系中，或者是双方或单方相信有效的无效婚姻关系中。但如果丈夫能够证明自己没有同意妻子接受 AID，而且不知道精子的捐赠人，该子女就是没有父亲的子女。

世界上第一例通过试管授精（IVF）受孕的试管婴儿路易斯·布朗于 1978 年出生在英国。虽然试管授精因为精子和卵子都有可能是捐赠的，从而使父母子女的法律关系变得异常复杂，但 1987 年《家庭法改革法》对此问题没有作出规定。根据 1990 年和 2008 年的《人类授精与胚胎法》之规定，孕育子女的妇女是子女的母亲。父亲身份则根据母亲来确定，即当妻子接受异质人工授精或胚胎移植，丈夫应该被确定为孩子的父亲，除非其丈夫明确反对妻子所接受的人工授精或胚胎移植；或者当妇女接受人工授精或胚胎移植，与该妇女一起但并非提供精子的男子申请了实施人工授精或者胚胎移植的治疗，那么该男子被视为子女的父亲。⑤ 如果接受人工辅助生殖技术的妇女未婚且有同性民事伴侣关系，在接受他人捐献的精子进行人工生育后，希望某位男士作为人工生育子女的父

① Re R（Parental Responsibility）［2011］2 FLR 1132.

② Lehna Hewitt & Camilla Fusco, Step-parents: Family or Legal Strangers?, New Law Journal, 2014-3-1, https://www.newlawjournal.co.uk/content/step-parents-family-or-legal-strangers, access time: 2018-2-20.

③ Jonathan Herring, Family Law (6th edition), Harlow: Pearson, 2013, pp. 358-359.

④ 这一法律同样适用于苏格兰地区。

⑤ Section 28(2)(3) of the Human Fertilisation and Embryology Act 1990.

亲，则适用同意规则。只有当事人双方（接受人工辅助生殖技术的妇女和这位男士）同意，那么该男士可因此获得法律上的父亲身份。唯一的限制是这名男士不能是受术女性的禁婚亲范围内的亲属。但 1990 年《人类授精与胚胎法》规定，其同性伴侣与人工生育子女没有任何法律关系，即使该子女与其同性伴侣具有生物血缘关系。2008 年《人类授精与胚胎法》对此做了修订，其同性伴侣可以在子女出生时，获得父母身份，只是在称谓上存在区别。人工生育子女的母亲为实施生育行为的女性，同意其实施人工辅助生育技术的同性伴侣则被称为"法律上的第二父母"。同性婚姻中的双方当事人也按这一制度确认双方的父母子女关系。① 简言之，具有血缘关系的生父或可适用法律推定的生父将被法律认定为人工生育子女的生父。

根据 1990 年《人类授精与胚胎法》和 2008 年《人类授精与胚胎法》之规定，除上述一般规则外，关于人工生育子女还有一些例外规定：

首先，2008 年《人类授精与胚胎法》第 41 条规定，男性向经批准的机构捐献精子，其精子是按照 1990 年《人类授精与胚胎法》附则 3 的规定，在其同意下使用时，那么他不会被法律视为使用其精子所孕育的子女的父亲。

其次，假如在男子死亡后使用其冷冻的精子人工授精而怀孕出生的子女，是否享有对该男子的继承权呢？2008 年《人类授精与胚胎法》第 39 条和第 40 条规定，如果丈夫或同居关系中的男性在遗嘱中表达了允许妻子或同居关系中的女方在其死亡后接受其冷冻精子的人工授精这一意愿的，法院将认定该男子是因此出生的子女的父亲，子女享有继承权。如果没有经过男性的同意，擅自使用其精子或在死亡前用其精子已经成功培育胚胎的，在此种情况下出生的子女不能作为该男子的子女，不享有其遗产的继承权。在 L 诉 HFEA 案②中，法官认定，在未经当事人本人同意的情况下，摘取其精子的做法侵犯了其人权，构成刑事犯罪。

最后，关于代孕，在英国，1985 年《代孕协议法》规定，为参与商业目的代孕协议的协商以及签订商业目的代孕协议的行为违法，同时禁止发布代孕服务广告。违法者将可能面临 3 个月的监禁或者不超过 2000 英镑的罚款。但当事人双方缔结代孕协议不违法，此协议不能强制执行。在涉及代孕的情形下，代孕母亲为代孕生育子女的生母，提供精子的父亲是代孕生育子女的法律上的父亲，除非他是向经批准的医疗机构提供精子的捐精者。如果代孕母亲已婚，则其配偶是代孕子女的父亲，但有证据表明他不同意其妻子实施代孕的除外。在丈夫不表示反对的情况下，法律视为其同意。③ 但是，委托父母可以向法院申请父母责任令，按照 2008 年《人类受精与胚胎法》的规定，法院是否作出父母责任令的最高准则为儿童福利。该法第 54 条规定，只有符合下列情形时，才能作出父母责任令：（1）申请人中至少有一方与子女有生物血缘关系；（2）经过非自然的医学受孕过程；（3）代孕母亲同意；（4）代孕子女与申请人共同生活。在获得该指令后，他们将

---

① 按照英国法的规定，单身女性可以接受人工辅助生殖技术，人工生育子女可能只有母亲，没有父亲或第二父母。Emily Jackson: Assisted Conception and Surrogacy in the UK, John Eekelaar & Rob George eds. , Routledge Handbook of Family Law and Policy, Oxford: Routledge, 2014, p. 189.

② L v HFEA [2008] EWHC 2149 (Fam).

③ Emily Jackson: Assisted Conception and Surrogacy in the UK, John Eekelaar & Rob George eds. , Routledge Handbook of Family Law and Policy, Oxford: Routledge, 2014, p. 189.

被视为该子女的法律上的父母。这一指令甚至可以在该子女出生后，一方申请人在庭审前死亡的情形下作出。父母责任令一经作出，其他人的父母责任（尤其是代孕母亲）将消灭。[①]

（二）亲子关系的否认

在英国，1969年《家庭法改革法》第26条规定，可以根据盖然性标准否认推定的亲子关系。否认推定的亲子关系主要有两种方法：一是通过亲子鉴定。权利人可以向法院申请亲子鉴定，通常是通过DNA亲子鉴定进行。二是被推定为父亲的男子可以通过证据证明，这种亲子推定违背常识。

如果推定的亲子关系存在争议，1986年《家庭法》第55A条第1款规定，任何人都可以向法院提出申请，宣告某当事人是或不是涉案子女的父亲。法院的这一宣告对所有人都具有约束力。但该法第55A条第5款同时规定，如果当事人是未成年人，且法院认为，受理该申请作出判决有违该未成年人的最大利益，则法院有权拒绝受理这一申请。可见，英国亲子关系异议之诉的请求权人可以是任何人。有关亲子关系异议之诉，英国法上没有权利人行使权利的期限限制，这一方面反映了英国法对于亲子关系中生物血缘关系的重视，另一方面对亲子关系提出异议的请求权人也受到法官自由裁量权的限制，在可能违背未成年人最大利益的情形下，法官可能以此为由拒绝受理申请人的请求。

三、当代英国父母子女的权利义务

（一）亲子间的抚养

1. 亲子抚养义务人

在英国，根据1991年《子女抚养法》第1条之规定，任何符合条件的子女的父母都有抚养该子女的义务。但在英国的福利制度下，老年人可以从政府领取相关津贴，所以英国法上未规定父母享有受子女扶养的权利，也即子女对父母没有法定的赡养义务，只有道德义务。

父母对子女的抚养责任，不受父母之间是否有婚姻关系的影响。生父母对其生子女负有抚养责任。（以捐献精子形式实施人工生育的，捐精者不是人工生育子女的法律上的父亲）养父母是养子女法律上的父母，对其养子女也负有抚养责任。权利人可以依据1989年《儿童法》第15条规定，申请抚养儿童的指令。即便是没有父母责任的生父母或者从未见过自己子女的生父母，一旦被认定为该儿童的法定父母，那么其对该儿童也有抚养责任。将该儿童视为自己家庭成员对待的继父母对该儿童也可能被法院判定承担一定程度的抚养责任。[②] 必须注意，继父母承担的子女抚养责任只是一种补充责任。只有在法院认为满足相应条件且必要时，才会判令继父母承担这种抚养责任。

2. 子女抚养权利人

在英国，1991年《子女抚养法》第55条第1款规定，本法所称子女是未满16周岁或者未满20周岁但符合以下条件的人，即该子女该接受高等教育以下的全日制教育，也

---

① Jonathan Herring, Family Law (6th edition), Harlow: Pearson, 2013, pp. 350-351.

② Section 27(1), Matrimonial Causes Act 1973. 法院的裁判依据可参见该法第25条第4款。主要包括丈夫是否在明知子女不是自己的情况下，在较长一段时间内承担了该子女的抚养责任，尤其是经济上的责任。

即父母对满足上述条件的子女承担抚养义务，这些子女可以向父母请求支付抚养费。此外，根据1978年《家事程序和基层司法官法院法》规定，婚姻当事人的一方因对方未向家庭之任何子女提供或者分担合理的抚养，可以向基层法官申请颁发经济给付令。

一般而言，抚养费支付到子女18岁生日为止，已年满18岁的子女正在、将要在教育机构接受教育，或接受行业、专业或职业训练或是其他特别情况如疾病、残废等没有独立谋生的能力，则抚养费支付期会延长。[①]

3. 子女抚养费的计算方法

在英国，如果处于婚姻关系正常期间，且未成年子女与父母共同生活，抚养子女费用的支付一般就不会引起争议。但在父母离婚、婚姻被认定为无效或者分居后，非共同居住方父母需要支付子女的抚养费。直接抚养子女的一方（包括对子女有父母责任的当事人）或非共同居住方都可以按照1991年《子女抚养法》第4条的规定，向子女抚养费执行委员会申请子女抚养费核算。该核算完成后，如果一方当事人向该委员会申请执行，那么该委员会将帮助收取子女抚养费。

按照该法附录一的规定，子女抚养费的计算按照每周的总收入予以计算。如果非共同居住方每周总收入超过200英镑不到800英镑，那么应按基础比例计算子女抚养费：有一个需抚养的子女时，子女抚养费为12%；有两个需抚养的子女时，子女抚养费为16%；有三个以上需抚养的子女时，子女抚养费为19%。非共同居住方每周总收入在800英镑到3000英镑的，[②] 适用以下比例：有一个的，子女抚养费为9%；有两个的，子女抚养费为12%；有三个以上的，子女抚养费为15%。对于每周总收入低于200英镑的，可以享受折扣比例，但支付的子女抚养费不得低于每周7英镑。对于每周总收入低于100英镑，依靠社会救济金生活的困难群众，适用最低一级的比例，每周支付7英镑。每周总收入低于7英镑时，无须支付子女抚养费。

如果子女抚养费执行委员会有权进行核算，那么法院不得就子女抚养费纠纷进行审理。这大幅减轻了法院的工作量。按照1991年《子女抚养法》第8条的规定，法院可以管辖的涉及子女抚养费的案件的特殊情形包括：（1）2003年3月前已经作出子女抚养费令的；（2）双方已经就子女抚养费的给付达成协议的，法院可以依照协议内容制作子女抚养费令；（3）非共同居住方每周总收入超过3000英镑；（4）涉及教育支出的（通常是成年子女在高等院校或职业院校进行学习的）；（5）由于子女身体残疾增加的费用；（6）涉及针对父母以外的人作出子女抚养令的。此外，尚有不适用1991年《子女抚养法》的特殊情形，也需要由法院审理并作出判决，主要包括父母不属于英国人的涉外案件等。[③]

4. 涉子女抚养费的司法裁判

在英国，在如离婚、婚姻无效、制令分居等其他婚姻诉讼里，法院可判令定期付款或一次性付款，或者要求具保付款。法院还有权下令夫妻任何一方转移财产予指定受益人，将财产交付予信托基金和更改婚前或婚后所订立的财产信托基金。在诉讼期间，法庭也可颁布临时命令要求任何一方父母支付抚养费作为紧急救济。在审理子女抚养费纠

---

① Section 8(7), Child Support Act 1991, 也可参见 Schedule 1, paragraph 2, Children Act 1989.

② 超过3000英镑的部分不予计算，但法院可以依据案情的情况另外制作定期支付令。

③ 按照1991年英国《子女抚养法》第44条的解释，该法中所指的父母为居住在英国的英国人。

纷时，法院将根据 1973 年《婚姻诉讼法》第 25 条第 3、4 款的规定，考虑下列因素：子女的经济需要；子女的收入、赚钱能力、财产以及其他经济来源，如果适用则考虑子女的身体残疾或精神残疾；在当事人的婚姻中，子女被抚养的方式以及双方配偶希望以何种方式教育该子女；双方当事人的收入、责任、离婚或分居前的生活水平等。

在英国，如果父母双方没有结婚，不适用 1973 年《婚姻诉讼法》的规定，则 1989 年《儿童法》第 15 条和附录一的规定将予以适用。1989 年《儿童法》第 4 条第 1 款规定了在审理涉及子女抚养费纠纷时，法院主要的考虑因素包括：现在以及可预见的未来，父母子女各方的收入、赚钱能力、财产和其他经济来源；现在以及可预见的未来，父母子女各方的个人需要，义务和责任；该子女的经济需要；子女的收入、赚钱能力（如果有的话），财产和其他经济来源；该子女的身体或精神残疾；该子女正在接受的教育或职业培训的方式及婚姻双方希望子女接受的教育或职业培训的方式。

比较而言，1989 年《儿童法》的规定考虑了儿童可能生活在一个单亲家庭，父亲从来没有和该儿童共同生活的特殊情形，因此，该法没有规定要考虑婚姻中或家庭中原来的生活水平问题。

（二）父母责任

前文已述，英国的父母与其他监护人一样有照顾和保护未成年子女的权利与义务，是自然的监护人。在英国，根据 1975 年《儿童法》第 85 条第 1 款，"父母的权利与职责，法律赋予父母的对于其子女（不论是否婚生）在人身和财产上的所有权利和职责，并且包括探望和其他法定权利和职责"。在 1989 年《儿童法》出台前，法律委员会认为有必要废止父母对子女的"权利"这一概念。所以，该法规定，父母对子女只有责任，没有权利。① 但该法第 3 条将父母责任解释为法律规定的父母对其未成年子女及其财产所享有的所有权利、责任、权力、职责及职权。该法律要求父母以符合子女最大利益的方式行使他们的父母责任。

父母权利与子女权利之间的相对关系不断变迁的状态在 Gillick② 一案中得到了反映。该案创立了"Gillick 适格子女"概念，即一个达到足够年龄，具备充分理解力的子女有权自主作出决定，而父母并不对子女事务享有决定权。该案运用了有关子女的主要立法，

---

① ［英］伊克拉：《家庭法和私生活》，石雷译，法律出版社 2015 年版，第 130 页。

② 吉利克案件［Gillick V West Norfolk AHA（1986）］上诉到了英国的上议院，在英国引发了关于父母权利（parental rights）和子女权利的争论。英国的卫生和社会安全部门向各地的卫生和社会安全主管部门发出通告，在通告的指导性的备忘录中提到家庭计划诊所的医生出于善意，为了保护 16 岁以下的女孩避免因性交而受到不利后果的伤害，有权向 16 岁以下的女孩解释避孕问题而在特定情况下不必得到父母或其他监护人的许可。吉利克夫人有 5 个 16 岁以下的女儿，她要求当地的卫生部门承诺在没有得到她事先许可的情况下，不得向她的 16 岁以下的女儿就避孕问题进行建议或者治疗，遭到对方的拒绝。因此，吉利克夫人将卫生部门诉至法院，第一个诉讼请求是认为卫生部门所发通告中允许的这种建议侵犯她作为母亲的权利、职责以及她的孩子们的利益，是不合法的；吉利克夫人的另外一个请求是在没有得到她事前的许可时，当地的卫生部门不得向她的女儿提供避孕或流产方面的建议和治疗。初审法官驳回了原告的诉讼，但是上诉法院却支持了吉利克夫人的诉讼请求。卫生部门就原告的第一个诉讼请求提出上诉，上议院撤销了上诉法院的判决。

即 1989 年《儿童法》，对儿童能力的认定采用了更灵活的方法，以期能更好地保护儿童福利。①

英国法并没有在成文法中详细规定父母责任的具体内容，但我们可以在普通法和某些具体的成文法规定中找到父母责任的具体内容。一般情况下，父母责任指父母抚养其子女不受外界干扰的自由。

英国学者就父母责任归纳了以下内容：（1）子女姓名权：为子女取名，改变子女的姓氏；通常情况下，无论父母是否结婚，子女都跟随父姓。也有将父母姓氏连在一起用作子女姓氏的情形。在英格兰和威尔士地区，父母离婚或分手后，一方希望改变子女姓氏的情形也比较常见。但父母一方不能在未经对方同意或法院许可的②情况下，私自变更子女姓氏。（2）子女住房保障义务：为子女提供住房。（3）交往权（contact）。（4）保护和抚养义务：根据英国 1933 年《儿童和青年人法》，应当保护未成年人不受到忽略、虐待以及其他身体上或精神上的伤害。而父母的抚养义务则更是法定的职责。（5）对子女财产的管理义务：父母作为自然监护人，有权管理子女的财产，但是不享有用益权。（6）亲子鉴定同意权。（7）访问子女的同意权。（8）移居同意权：将儿童带出国，并移居国外。（9）申领子女护照的同意权。（10）送养权：将子女送养的权利。（11）接受医学治疗同意权。（12）保证子女受教育的职责：根据 1944 年的教育法，父母在未成年子女 5-16 岁必须保证其接受全职义务教育。（13）父母有权决定子女的宗教教育。（14）惩戒权、对子女侵权造成损害的赔偿责任：惩戒权是一项历史悠久的权利，普通法许可父亲偶尔使用惩戒以纠正子女的不良行为，但惩戒权的使用必须符合合理而且偶然使用的标准，并且必须考虑子女的年龄、身体状况、理解能力以及受处罚的原因，殴打和非法拘禁子女可能导致法院取消其承担父母责任的资格。（15）未成年子女结婚的同意权。（16）父母有权作为子女的诉讼代理人。（17）指定监护人的权利。（18）处置子女尸体的权利。③ 但实际上不可能穷尽父母责任的所有内容，应根据具体案件事实综合判断。

（三）防止对儿童实施家庭暴力

在英国，根据 1989 年《儿童法》第 47 条的规定，如果公权力机关认为儿童正在遭受或可能遭受重大伤害时，其有责任对这一事件进行调查。该法第 43 条规定，如果调查遇阻，那么其可向法院申请儿童状况评估令（Child Assessment Orders）。法院签发儿童状况评估令的条件包括：（1）合理性：申请人有合理理由推定该儿童正在遭受或将可能遭受重大伤害的；（2）必要性：要求对该儿童的健康、发展状况或其被对待方式作出评估，

---

① 英国 1989 年《儿童法》于 1991 年 10 月 14 日生效，被视为 20 世纪针对儿童最为重要的立法。该法反映了社会对儿童态度的变化，并且在所有领域都引发了极大的变化，无论是涉及私法事务还是公法事务。该法强调子女利益的重要性和如何满足子女需要及国家（法院或当地机构）能够干预的程度，并创立了一些关键性的概念，如父母责任。值得注意的是，该法引入了一种新的国家理念，即国家对家庭事务的不干涉原则，除了由于儿童遭受巨大伤害需要给予保护之外，任何即便看似是必需的诉讼，只要可能，该类诉讼都应当在儿童仍与父母生活在一起时提起。该法的一个重要目标是提供一套灵活的、一致的、可运用于各级法律体系的救济和命令，且不论有关事务是私法性的还是公法性的，当事人都可能得到救济和命令。通过在法院就儿童福利问题的判决中引入特定原则的方法，1989 年《儿童法》实现了这一目标。［B V. B（A Minor）（Grandparent：Residence Order（1992）］。具体内容参见 Keith Morgan，Essential Family Law，武汉大学出版社 2004 年版，第 98-114 页。

② Dawson v. Wearmonth［1999］2 AC 308.

③ Rob George，Ideas and Debates in Family Law，Oxford：Hart，2011，p. 131.

这是申请人确定该儿童是否正在遭受或可能遭受重大伤害所必需的；（3）实质性：不签发评估命令，有可能无法客观评估或作出满意评估的。

如果情况紧急，则可适用该法第 44 条之规定，申请紧急保护令（Emergency Protection Orders）。该法令可以要求相关当事人将儿童交由申请人监护，并在申请人提供的住所居住或禁止将儿童带离特定场所，如医院或其他地方等。由于紧急保护令对当事人家庭的干预力度非常强，因此法院在签发紧急保护令时也很慎重。法院签发紧急保护令的条件包括：（1）有合理理由相信该儿童在下列情形下可能遭受严重伤害：他未搬进由申请人或他人代表申请人提供的住所，或他没有继续留在现在的住所。（2）如果申请人是地方公权力机关，其正根据第 47 条对儿童状况进行调查时，授权调查者的工作遭到了无理阻挠，地方公权力机关有合理理由相信因事态紧急有必要立即接出儿童的。在签发紧急保护令时，如有必要，可同时增加"驱离"的内容，要求对儿童造成伤害或可能造成伤害的施暴者离开儿童的居所，禁止进入儿童居所，或驱离儿童的居所区域。

1996 年《家庭法》第 46 条规定，未满 16 周岁的青少年在遭遇家庭暴力时或有遭受家庭暴力的危险时，也可以向法院申请禁止骚扰令和居住令。但其在申请前，须经法院批准。法院在确认其有足够的认知能力，知道并理解这些法令所带来的后果时，可准许他们申请这类法令。

第六节　当代英国收养制度

本节研究和阐述以下内容：一是当代英国收养制度概述；二是当代英国收养类型；三是当代英国收养的条件和程序；四是当代英国收养的法律效力；五是当代英国收养令的撤销制度。

一、当代英国收养制度概述

（一）当代英国收养制度的主要内容

在英国，有关收养法的基本原则被规定在 2002 年《收养与儿童法》第 1 条。该条基本保留了 1989 年《儿童法》第 1 条的规定。英国收养法的基本原则可归纳如下：

第一，儿童福利原则。[①] 英国收养制度得以确立的根本目的"既非为强化如罗马法上的家族制度，亦非为使无血统关系的人易于受遗赠，实则仅在于对无子女的人予以父母的权利，对无父母或父母无养育能力的人予以父母的保护"。[②] 2002 年《收养与儿童法》第 1 条第 2 款规定："法院及收养机构的首要考虑因素是终其一生的儿童福利。"该法第 1 条第 4 款进一步规定，司法实践中法官审核是否符合儿童福利原则的因素，包括："（1）涉

---

① 1976 年《收养法》第 6 条规定："在作出有关子女收养的任何决定时，法院或收养机构必须顾及所有情况，第一考虑是保障和促进子女在其整个儿童时期利益的需要；其应尽可能确定子女关于这个决定的愿望和感情，并对之给予适当考虑，还要注意子女的年龄和理解力。"2002 年的法案仍然坚持了这一方式，但法院应当考虑的有关因素发生了变化，并以新的清单列明，这些因素是：子女的愿望（根据其年龄和理解力确定）；子女的需要；子女被收养后可能受到的影响；子女的年龄、性别、背景；他们已受到的、可能遭受的任何伤害；子女的相互关系。参见《家庭法》（最新不列颠法律袖珍读本〈英汉对照〉），徐妮娜译，武汉大学出版社 2004 年版，第 239 页。

② See Stephen Gilmore & Lisa Glennon, Hayes and Williams' Family Law (3rd edition), Oxford University Press, 2012, p.683.

案儿童的愿望和感情（综合考虑他的年龄和智识）；（2）涉案儿童的具体需求；（3）离开原来家庭成为被收养人可能对其一生造成的影响；（4）涉案儿童的年龄、性别、背景和法院认为有关的其他性格特征；（5）涉案儿童曾经遭受过的任何伤害或可能遭受的伤害；（6）涉案儿童和其亲属的关系以及涉案儿童与法院认为有关的其他人的关系，"法院在评估这一关系，需要考虑的因素包括：这段关系的可持续性以及这段关系对该儿童的价值；在这段关系中，该儿童的亲属或者其他人为该儿童成长提供一个安全环境、满足其需要的能力及意愿；该儿童的亲属或者其他人抚养该儿童的意愿和感情。这些考虑因素从效力上讲具有平等地位，相互间没有优先顺序，而且上述考虑因素并非已经穷尽了法官要考虑的所有因素。

第二，维护文化和宗教信仰原则。2002 年《收养与儿童法》第 1 条第 5 款规定："在送养儿童时（In placing the child for adoption），[1] 收养机构必须适当考虑儿童的宗教信仰、种族、文化和宗教背景。"

第三，不拖延原则。2002 年《收养与儿童法》第 1 条第 3 款规定："法院或收养机构必须始终牢记，一般情况下，作出是否收养决定的任何延误都很可能损害儿童福利。"

第四，不干预原则。2002 年《收养与儿童法》第 1 条第 6 款规定："法院在考虑是否应根据本法作出法令时，除非法院认为签发法令比不签发对儿童更有利，否则法院不应作出任何法令。"

英国法上的收养制度主要包括以下内容：收养的条件和程序；收养的效力以及收养的解除。英国法强调收养的育幼功能，主张收养是为儿童提供一个充满爱的安全生活环境，因此，在制度设计中，强调应注重收养安置的适当性，对于收养的管控和监督制度表现出浓厚的国家监督主义。因此，英国法上禁止私人收养，收养必须由收养人向管辖法院提出申请并经法院裁定，法院不但审查收养的一般要件是否完全具备，而且还依照收养法进行实质调查以确认收养对养子女有利，才作出收养判决。[2] 经批准的收养机构提供的是综合的收养服务，在服务过程中，地方机构和收养机构须承担较多监督管理的职责。

（二）当代英国收养制度的修订情况

作为普通法系国家，英国采取的单行法之立法模式，于 1926 年颁布了单行的《收养法》，该法根据不同时期在收养方面的具体需要被多次修改、补充，而且还辅之以 1984 年《收养规则》、1989 年《儿童法》、1991 年《被收养人出生证的登记和收费条例》以及 2002 年《收养与儿童法》（该法最终于 2005 年 12 月 30 日生效）[3]，从而共同确立了相对完善的收养制度。

---

① 也有学者将此译为安排试收养，参见蒋月：《英国婚姻家庭制定法选集》，法律出版社 2008 年版，第 350 页。2002 年《收养和儿童法》第 18 条第 5 款，对这一术语作了如下解释：送养儿童是指将被收养人送到希望成为收养人的申请人处，包括当该儿童已经在收养申请人处居住，将儿童继续留在收养申请人处。

② 李喜蕊：《英国现代收养制度的发展与启示》，载《郑州航空工业管理学院学报》2009 年第 4 期，第 99~113 页。

③ 英国 2002 年《收养与儿童法》于 2002 年 11 月 7 日获得王室批准。它对 1976 年《收养法》进行了部分修改，该法的目的在于增加因需照管而被收养的儿童数量，确保鼓励养父母自愿领养子女，改变作出收养令的时间安排，改变有关子女利益的重点，改变必须采取的程序性步骤。但是，收养的基本观念仍然得到保留。参见《家庭法》（最新不列颠法律袖珍读本〈英汉对照〉），徐妮娜译，武汉大学出版社 2004 年版，第 237~238 页。

苏格兰地区收养法律制度的重大变化发生在 1975 年。1975 年英国《儿童法》（同样适用于英格兰和威尔士地区）对于苏格兰地区的收养制度做了重大改革。随后 1978 年《苏格兰收养法》又对苏格兰地区的收养制度做了修订。最近一次修订是在 2007 年出台了《苏格兰收养和儿童法》，进一步补充完善了苏格兰地区实行的收养制度。2007 年通过的新法带来的最大改变是扩大了收养人的范围。该法第 29 条第 3 款规定，现在"相关伴侣"都可以提出共同收养的申请，这里的相关伴侣包括已婚配偶、民事伴侣、与夫妻或民事伴侣一样有长期共同稳定的家庭生活的人。这里的标准有两个：一是共同生活，二是有一段长期稳定的家庭生活，只有满足这两个条件，才能申请共同收养。而英格兰和威尔士地区，只要有长期稳定的家庭生活，即使没有共同生活，也可申请共同收养。[①] 此规定实际上承认了由没有婚姻的伴侣或同性伴侣抚养长大的儿童，他们的福利不会因为伴侣没有婚姻或是同性恋人群而受到威胁。[②]

二、当代英国收养类型

英国法只认可未成年人收养，不承认成年人收养。年满 18 周岁即丧失被收养的资格。

从收养人角度出发，可将英国的收养分为单独收养和共同收养。单独收养主要针对未婚者或以继父母身份收养未成年人的情形。共同收养主要适用于婚姻中的配偶或有稳定家庭关系的同居伴侣共同收养未成年人的情形。

从收养的法律效果看，英国法只有在继父母收养继子女的情形中承认不完全收养，其他情况下，则只承认完全收养，收养成立后被收养人与原生家庭的权利义务关系消灭。

三、当代英国收养的条件和程序

（一）收养的条件

1. 被收养人条件

根据 2002 年《收养与儿童法》第 47 条之规定，被收养人必须为 18 岁以下（提出申请时）[③] 且未婚或未登记为同性伴侣的未成年人，且必须已经与申请人一起居住达必要时间以上，从而将成年人收养排除在外。

2. 收养人条件

收养人条件规定在 2002 年《收养与儿童法》第 50 条和第 51 条。在共同收养的情况下，英国法律规定，夫妻（伴侣）双方须均年满 21 岁，但如果被收养人为夫妻（伴侣）中一方的子女，那么如果生父或生母一方已年满 18 周岁，且另一方已年满 21 周岁时，也可收养被收养人。（2002 年《收养和儿童法》第 50 条第 1、2 款）这里的夫妻（伴侣）包括已婚夫妇以及和在一段稳定的家庭关系中以伴侣身份生活的两个人（不论是同性还是异性）。（2002 年《收养和儿童法》第 144 条第 4 款）

在单独收养时，年满 21 岁的成年人即可以未婚者或继父母的身份收养子女，在提出

---

① Re T（Adoption）［2011］1 FLR 1487.

② Kenneth McK. Norrie, the changing concept of "family" and challenges for family law in Scotland, Jens M. Scherpe ed., European Family Law（vol. II）, Northampton: Edwawrd Elgar, 2016, p. 244.

③ 由于英国的收养程序耗时较长，可能出现的结果是，等到完成收养程序时，被收养人已经年满 18 周岁。比如 Re D（A Minor）（Adoption Order: Validity）［1991］2 FLR 66.

收养申请前，收养人应在英格兰和威尔士居住至少一年；如果收养人年满21周岁且已婚，但该收养人之配偶下落不明、夫妻已分居或打算永久分居以及其配偶因身体或精神不健全而不能为收养申请时，法院也可作出收养令。在特殊情况下，被收养人的生父或生母可以申请收养其子女，并排除另一生母或生父收养子女的权利，只要法院认定：（1）另一生父或生母已经死亡或下落不明；（2）根据1990年《人类受精和胚胎法》第28条规定，没有其他父母；或者（3）有其他理由支持由申请人一人收养该儿童。1976年《收养法》废除了英国收养法上对独身男子收养女子的特殊限定，同时也未具体限定收养人与被收养人间的年龄差距。

3. 收养的同意

在英国，根据2002年《收养和儿童法》第47条第2款规定，如果未成年被收养人有父母或监护人，那么法院在作出照护令前，须征得其每一方父母及监护人的同意（同意必须以填写法定表格的方式作出），或者颁令免除父母或监护人的同意权，也即只有在儿童因缺乏父母监护遭受重大伤害或很可能遭受重大伤害时，或已成为孤儿时，国家才会介入。[1] 该法第47条第4款规定，如果：（1）被收养人是收养机构送养的，（2）生父母同意收养的意思表示系在子女出生满6周后作出的或者收养是依据送养令实施的，且（3）没有父母或监护人反对收养，这种情况下，法院也可以作出收养令。有特殊情况时，法院会准许父母或监护人提出的反对收养的申请。但法院认定的标准非常严苛，只有在特殊情况下，法院才会准许父母或监护人提出的反对收养的申请。

英国法还规定了收养同意的撤回。父母或监护人可以主张撤回收养的同意。该法第52条第4款规定，一旦有人向人民法院提出了针对该未成年人的收养令的申请，父母就无权主张撤回收养的同意了。

（二）收养的程序

按照英国法的规定，收养有以下几个阶段：

1. 列入收养计划

如果收养机构认为未成年人的原生家庭在可预见的未来不能为其提供基本需要，且原生家庭没有什么希望变好，那么收养机构就会将该未成年人列入收养计划。

2. 评估准收养人

任何向收养机构表达收养意愿的配偶或个人都将由收养机构进行评估。评估程序既要评估准收养人是否适格，同时也帮助准收养人作出是否收养的决定。然后，收养机构将制作一份详细的收养报告，提交审议组。收养机构最终会作出决定。评估报告的内容大致包括申请人的婚姻关系、健康状况、生活方式、对抚养儿童的态度，是否体罚儿童等。收养机构在评估报告基础上，作出对准收养人是否适格的决定。如果收养机构认定某准收养人不适合成为收养人，申请人可以申请对此决定进行司法审查。[2]

3. 配对

在决定准收养人是适格收养人后，收养机构接下来就会考虑，是否有合适的被收养

---

① See Stephen Gilmore & Lisa Glennon, Hayes and Williams' Family Law (3rd edition), Oxford University Press, 2012. p. 683.

② R (AT, TT and S) v. Newham London Borough Council [2009] 1 FLR 311.

人。如果有，收养机构将向收养人介绍该未成年人的情况，如果收养人有意愿，那么工作组将向收养机构制作一份配对报告，收养机构最终决定是否批准收养。如果收养将增进该未成年人的儿童福利，收养机构就会同意收养。收养机构在决定过程中，同时会考虑该儿童的宗教信仰、种族、文化及语言背景等。配对获得收养机构批准后，就进入下一个程序：送养。

4. 送养

被收养人将被送到收养人处，共同生活一段时间。这实际上就是试收养期。送养前，收养机构须取得有父母责任的每一方父母的同意，或者已经获得了法院颁布的送养令。一旦进入送养阶段，收养机构或被送养儿童的收养人就获得了父母责任，此时，尽管生父母尚没有完全丧失父母责任，但收养机构可以限制他们行使父母责任的方式。比如，一旦法院签发了送养令，那么任何人（包括生父母）都不能从收养人处带走被收养人，除非是地方收养机构。[①]

监护人同意后的送养和送养令下的送养不同。在监护人同意后的送养情况下，监护人所做的同意可以是一般同意，也可以是特别同意。一般同意指，只要收养机构认为合适的收养人，监护人都同意。特别同意指，同意将子女送到某特定的收养人处。但如果监护人此时提出撤回同意，那么收养机构要么将向法院申请送养令，要么将把被收养人送回其父母处。

在英国，法院只有在满足以下情形下，才会作出送养令。首先，法院已经针对该儿童作出了照护令（the care order），或者该儿童符合 1989 年《儿童法》第 31 条规定的重大伤害标准。[②] 其次，为保障该儿童的福利，法院已免除了该父母的同意权。最后，作出送养令符合不干预原则，也即作出送养令比不作出送养令更能保障儿童福利。一旦作出送养令，生父母很难再反对法院作出收养令。[③]

按照英国法的规定，收养成立前，被收养人和收养人须共同生活一段时间，也即收养儿童须经过一段时间的试收养期。在申请人为其父母的情况下，或者被收养人由收养机构或根据高等法院作出的指令送养时，收养儿童须在收养申请前在申请人的家中共同生活 10 周。申请人为继父母的为 6 个月；申请人为地方机构联系的养父母家庭的为 1 年；上述范围之外的申请人的，须在申请前的 5 年时间里，与被收养儿童共同生活不少于 3 年。（2002 年《收养和儿童法》第 42 条）特殊情况下，对于后两者申请人，如果不满足试收养期的要求，可以向法院申请特别许可。

5. 获得收养令

如果被收养人系收养机构送的儿童，收养机构将根据法院要求，向法院提交一份收养报告，帮助法院判断是否作出收养令。如果被收养人不是收养机构送养的儿童，那么收养人首先要向相关地方机构发出个人想要申请收养令的意愿的通告。该通告须在申请收养令前 2 年内作出，最晚不得少于 3 个月。如果申请收养令须得到法院许可的，那么应先获得法院许可，再向地方机构发出通告。地方机构在接到通告后，必须就收养人是

---

① 2002 年英国《收养和儿童法》第 34 条第 1 款，第 47 条第 4 款。

② 即该儿童正在遭受重大伤害，或有遭受重大伤害的现实危险。参见 Re T（A Minor）（Care Order：Conditions）[1994] 2 FLR 423。

③ 2002 年英国《收养和儿童法》第 47 条。

否适合等收养事项展开调查，并向法院提交调查报告。最后由法院根据收养报告作出裁判。

四、当代英国收养的法律效力

在英国，法院依据 2002 年《收养和儿童法》第 50、51 条作出收养令后，收养人就获得了承担被收养人父母责任的资格。同时，收养前对该被收养人有父母责任的，因收养令的作出，父母责任消灭。协议中以及法院判决中涉及收养后的任何抚养责任以及抚养费支付义务也因此消灭。该法第 68 条则进一步规定被收养人和收养人其他亲属之间的关系。该条规定，被收养人与收养人的其他亲属也发生亲属关系，这被称为收养亲属关系。比如，收养人的父母在被收养人收养后，就成为被收养人的祖父母或外祖父母。需要注意的是，如果是继父母或一方生父母的同居伴侣申请的收养令，该收养令不会使该生父母对其子女的抚养责任及其他父母责任消灭。可见，英国现行收养立法原则上是采完全收养制，要求切断养子女与原生家庭的一切权利义务关系而完全融入养亲家庭生活当中，但涉及继父母时例外，则采不完全收养制。

在英国，还用专门条款规定了收养登记的公开制度，收养信息必须保密，至少保存100 年。① 对于 2002 年《收养和儿童法》颁行前的被收养人，他们可以在登记总长处直接获得自己的原生家庭信息。年满 18 周岁的被收养人有权要求收养机构提供能帮助其获取出生记录经认证的证明，除非特殊情况下，高等法院下令禁止。②

尽管英国法对收养原则采用完全收养制，但近年来，随着相关理论研究的深入，这一理念正遭受挑战。英国有学者指出，收养后，让被收养人探望自己的原生家庭，既有利于送养人的心理宽慰和确认自己子女的幸福和安全，同时，被收养人在了解了自己的过去以及原生家庭后，可以解答自己心中的一些疑问，不再纠结自己的收养家庭和原生家庭之间可能存在的矛盾。这更有利于收养的稳定。③ 致力于社会工作的专业人士也开始积极帮助有需要的家庭实现被收养人对原生家庭的探望。尽管在 2002 年《收养和儿童法》正式实施前，法院依然强调完全收养制的基本观点——被收养人和原生家庭之间的法律关系已经完全切断，但很快司法实践中就出现了一种新变化。收养公开不再停留于收养登记信息的公开，对于被收养人和原生家庭的探望问题，法院也开始转变以往的传统观点。有法官认为，在法院认为适当的时候（以儿童福利原则为判断基准），可以作出收养后的探望令。④

五、当代英国收养令的撤销制度

在英国，除生父母单方收养的非婚生子女之生父母正式结婚的特殊情况下，才允许撤销收养令外（2002《收养和儿童法》第 55 条），收养一经有效成立则不得撤销。

---

① See Disclosure of Adoptioin Information Regulations 2005, regs 5 and 6.

② 2002 年英国《收养和儿童法》第 60 条。

③ M. Ryburn, "In whose best interests? —Post-adoption contact with the birth family", (1998) 10 Child and Family Law Quarterly 53, 59-61.

④ See Wall LJ in Re P（a child）［2008］EWCA Civ 535. Baroness Hale in Down Lisburn Health and Social Services Trust v H［2006］UKHL 36.

此外，在特殊情况下，法院可以撤销收养令。比如，收养程序存在重大瑕疵，导致严重不公平的结果时。收到收养令申请后，被收养人的一方父母却没有收到相关通知或者通过欺诈的方式实施收养，这就属于上述收养程序存在重大瑕疵的情形。[①]

第七节　当代英国监护制度

本节研究和阐述以下内容：一是当代英国监护制度概述；二是当代英国监护的类型；三是当代英国未成年人监护制度；四是当代英国成年人监护制度。

一、当代英国监护制度概述

(一) 当代英国监护制度的主要内容

从英国监护制度的目的观察，保护儿童和弱势人群利益是英国现代监护制度的一项基本原则。对未成年人监护而言，该制度旨在为父母双亡的未成年人重新提供一个承担父母抚养子女责任之人。对成年人监护而言，则是为了保护弱势成年人能够在监护人的帮助下按其意愿处理其财产权利等。本节在介绍监护的类型基础上，将主要从未成年人监护和成年人监护两部分展开讨论。当代英国监护制度的主要内容包括监护的开始、监护机关、监护人资格及其职责、监护的效力、监护关系的设立、变更及终止等。

(二) 当代英国监护制度的修订情况

英国的监护制度有较长的历史。在17世纪以前，普通法上的英国监护制度尚不发达，仍处于零散的状态。按照英国普通法的规定，已婚父亲是婚生子女的法定监护人。在已婚父亲死亡时，监护法上只为有不动产的继承人提供监护。在长子继承制下，如果父亲死亡，那么普通法只为长子提供监护，对其他年幼的子女不提供监护。如果父亲没有完全所有权的土地，则长子也没有监护人。除普通法外，教会往往有监护事务的管辖权。这主要基于以下三点理由：一是教会对弱势群体事务享有一般管辖权。没有父亲的子女也被包括在内。二是教会在英格兰享有遗嘱检验的权力。指定监护人是履行遗嘱管理事务的工作之一。三是教会对很多家庭法事项行使管辖权。因此，教会有机会接触大量的儿童，并为保障这些儿童的权利指定监护人。由于教会法中没有对监护事务的相关规定，因此，英国教会在处理监护问题时，主要依据的是罗马法上的监护制度。[②]

在英国，1973年《监护法》赋权母亲享有和父亲一样的父母权利和责任，但仍未改变监护法上，已婚父亲是子女唯一监护人的传统。废止这一传统，将父母身份和监护区分开来的做法，直到1989年《儿童法》的出台才最终得以完成。自1989年《儿童法》颁布后，英国法上的监护仅指非父母的其他人在父母死亡后担任未成年人监护人的情形，不再包括父母担任子女自然监护人的情形。[③] 父母的权利义务放在前文论及的父母责任制度中予以调整，也即目前英国法已经和大陆法系的监护制度逐渐靠近，监护已经由以往的大监护概念转变为现在的小监护概念。本节论及的监护制度只涉及父母以外的其他人

---

①　Re B (Adoption: Jurisdiciton to Set Aside) [2009] 1 FLR 1378.

②　Richard H. Helmholz, Roman Law of Guardianship in England: 1300-1600, 52 Tulane Law Review 223.

③　Andrew Bainham, Children: The Modern Law (3rd edition), Bristol: Family Law, 2006, p. 228. 另可参见王竹青、杨科：《监护制度比较研究》，知识产权出版社2010年版，第107页。

担任监护人的情形。

二、当代英国监护的类型

根据监护产生的依据，可将英国法的监护分为意定监护和指定监护。意定监护指根据相关主体的个人意愿设定的监护，通常为通过遗嘱的方式确定监护；指定监护指根据法院作出的指令确定的监护。

根据监护的对象不同，监护可分为未成年人的监护和成年人的监护。

根据监护人的多寡，当监护人为一人时，为单独监护；当监护人为多人时，为共同监护。

在英国，根据监护职责的不同，监护可分为普通监护和特别监护。普通监护是指按照 1989 年《儿童法》的规定，由有父母责任的父母按照个人意愿指定，在他们死亡后担任子女监护人的人。法院也可以依职权指定监护人。需要注意的是，机构不能担任监护人。特殊监护是指 2002 年《收养和儿童法》引入的特别监护人制度。这一制度主要是为了解决因为收养导致的被收养人和生父母断绝父母子女关系的问题。特殊监护人是收养制度的一种替代方式。对于年龄较大，不愿与生父母切断父母子女关系的未成年子女，可以将他们交由特殊监护人监护。特别监护人将对儿童提供长期稳定的照顾。特殊监护人常常由被监护人的祖辈父母或其他亲属担任。

三、当代英国未成年人监护制度

英国现行未成年人监护制度主要被规定在 1989 年《儿童法》等法律中。如前所述，1989 年《儿童法》出台后，区分了父母和监护人，父母对子女的权利义务主要被规定在父母责任制度中（与大陆法系亲权制度近似）。而监护人不再包括父母。以下将根据监护产生的根据不同，对意定监护和指定监护分别予以阐述。

（一）意定监护

1. 意定监护的主体与形式

意定监护通常指有父母责任的生父母可以根据个人意愿为未满 18 周岁的未成年人指定监护人。有权指定的监护人除了有父母责任的生父母外，监护人也可以指定监护人，特殊监护人也可以指定监护人。但没有父母责任的未婚父亲一方以及有父母责任的非父母一方[①]不能指定监护人。意定监护必须以书面形式作出，有日期，并有签字。通常意定监护通过自书遗嘱的方式作出。

2. 意定监护的效力

在英国，按照 1989 年《儿童法》第 5 条规定，在不同情形下，意定监护的生效时间存在差异。首先，如果父母一方获得了法院签发的居住令，而有居住令的一方父母指定

---

① 根据 1989 年英国《儿童法》第 4A 条的规定，未成年人的继父母，在其配偶或民事伴侣有对该未成年人的父母责任时，经其配偶或民事伴侣同意，可以获得该未成年人的父母责任。如果该未成年人的另一方生父母也有父母责任，则须征得该生父母的同意。在与有父母责任的生父母达成一致的意思表示后，继父母或民事伴侣可向法院申请父母责任。此外，根据该法第 33、44 条的规定，在涉及儿童权利保护的案件中，申请人也可能在获准涉案儿童的紧急保护令或照护令的同时，被赋予父母责任。这种情况下，通常为地方相关机构。因此，有父母责任的非父母一方主要指这些主体。

了监护人，那么意定监护在该方父母死亡时即生效。这就意味着，该子女有一位有父母责任的父母，同时，也有一位监护人。如果双方父母都没有获得法院签发的居住令，那么，意定监护在双方父母都死亡后才生效。① 而且，后死亡的一方父母可以在意定监护生效前撤销该意定监护。所以，如果父母已婚，母亲单独指定了监护人，母亲死后，该意定监护尚未生效，直到父亲也死亡时才生效。但如果双方未婚，且父亲没有父母责任，此时，母亲单独指定的监护人在其死亡后立即生效。意定监护生效后，监护人获得父母责任。但与父母不同，按照 1989 年《儿童法》等有关子女抚养的规定，监护人对被监护人没有提供经济扶养的义务；② 实际上，按照法律规定，监护人仍有义务为被监护人提供衣食住等基本生活并提供适当的医疗、教育等。之所以规定监护人没有经济扶养的义务，是因为立法者担心，这样规定可能导致监护人拒绝承担监护人责任。③ 和有父母责任的生父母相比，更重要的是监护人有权拒绝指定监护。

（二）指定监护

1. 指定监护的概念

根据 1989 年《儿童法》第 5 条第 1 款的规定，如果未成年人的父母在死亡前未曾为未成年人指定监护人，或者未成年人的父母指定的监护人不适格，或者不愿担任监护人，④ 法院有权根据个人申请为未成年人指定监护人；必要时，也可为未成年人直接指定监护人。⑤

2. 指定监护适用的条件

根据 1989 年《儿童法》第 5 条之规定，法院可以指定监护人的情形包括：一是如果该儿童没有履行父母责任之人；二是已作出的居住令尚未失效，获得居住令的父母一方或监护人已经死亡，致使儿童没人照护；三是如果不适用第二种情形，儿童唯一在世的特殊监护人也已经死亡。

法院对监护人的选择应当以未成年人最大利益为原则，并考虑指定被监护人的血亲、父母的意愿，在未成年人足够成熟时也可以考虑他的意见。只有未成年人已经没有生父母或监护人的，前述监护人的指定才生效。

（三）特殊监护

特殊监护是类似于收养，但不切断父母子女关系的一种儿童保护机制。它是指监护人对被监护人进行长期稳定的照顾，被监护人仍与其生父母保持父母子女关系。特殊监护人主要由被监护人的祖父母或其他亲属担任。准备担任特殊监护人的个人须向法院申请特殊监护令。法院签发特殊监护令后，申请人始取得其特殊监护人地位。适用特殊监护的被监护人通常为遭受虐待或与父母关系恶劣的未成年人。

特殊监护人对被监护人享有父母责任，而且其可以不受其他有父母责任人的影响，单独行使父母责任（除非另有一位特殊监护人），就被监护人的抚养教育问题作出决定。

---

① 1989 年英国《儿童法》第 5 条第 7、8 款。

② 这里指监护人不具有和父母一样，为子女提供经济扶养的义务，也即被监护人无权向监护人主张子女抚养费等。

③ Jonathan Herring, Family Law (6th edition), Harlow：Pearson, 2013, p. 354.

④ 参见 Jonathan Herring, Family Law (6th edition), Harlow：Pearson, 2013, p. 353。

⑤ 值得注意的是，本条中的监护申请即可由一人单独提出，也可由多人同时申请。

但法律规定需要所有监护人和负有父母责任的人都作出同意的除外。① 特殊监护人也因此与被监护人建立了永久性的法律上的照护关系。被监护人仍与其生父母保持父母子女关系。②

（四）监护职责

在英国，根据 1973 年《监护法》第 7 条第 1 款规定，"1971 年《儿童监护法》中的监护人，除了对该未成年人的人身监护之外，还对其财产有监护的全部权利、权力和职责"。1989 年《儿童法》第 5 条有关指定监护人的规定，实质就是为未成年子女安排一个承担父母责任之人。该法所创设的"父母责任"这一新概念实际已包括了 1971 年《儿童人监护法》及 1973 年《监护法》中有关监护的内容。一旦设立监护，将对监护人和被监护人产生以下法律后果：（1）监护人即取得父母责任。③（2）监护人可以反对收养。在被监护人被收养的问题上，只有承担父母责任的父母才能同意。（3）监护人可以再行指定监护人，在自己死亡后承担监护责任。④（4）与有父母责任的生父母不同，监护人没有 1989 年《儿童法》和相关子女抚养法规定的经济上抚养该儿童的义务。监护人有权要求生父母支付未成年人的抚养费，在没有父母或者父母一方死亡另一方无法供养时，监护人有权向社会保障机构申请监护人津贴。⑤（5）在监护人无遗嘱死亡时，被监护人不是其法定继承人。但其可以通过遗嘱的方式指定被监护人继承。

（五）监护的变更、拒绝和终止

在英国，1989 年《儿童法》第 6 条规定，监护可以通过以下方式撤销：（1）作出指定的父母可以通过一个新的指定监护撤销前一指定监护，除非其清楚表示，后一指定监护是对前一指定监护的补充，也即指定第二位监护人；（2）作出指定监护的一方父母可以通过一个签名并注明时间的书面文件撤销指定监护；（3）如果指定监护是通过遗嘱作出的，当遗嘱或遗嘱附件被撤销，那么指定监护也被撤销；（4）如果指定监护是通过文件作出的，销毁文件也意味着撤销指定监护；（5）如果指定的监护人是配偶，那么离婚就意味着撤销该指定监护。

被指定的监护人在知悉指定监护后的合理时间内可以拒绝担任监护人，但必须通过书面形式拒绝。由于指定监护无须通过被指定的监护人同意，因此，被指定的监护人如果不愿担任监护人应尽快拒绝，并对此承担举证责任。

监护可以通过法院作出的指令终止监护。有父母责任的人或被监护人本人可向法院申请终止监护，法院也可以自行启动终止监护的程序或者另行指定其他监护人。被监护人或监护人死亡，被监护人成年都会导致监护终止。是否适用终止监护程序的标准是儿童福利原则。

① 1989 年英国《儿童法》第 2 条。
② Special Guardianship Regulations 2005, SI 2005/1109.
③ 关于父母责任的内容，参见本章第五节。
④ 2002 年英国《收养和儿童法》第 47 条。
⑤ 需要注意的是，如果与监护人共同生活的未成年人被法院视为"该家庭的子女"，那么根据 1973 年英国《婚姻诉讼法》的规定，监护人离婚后有可能会被法院认定为有义务抚养该未成年人。参见 Jonathan Herring, Family Law (6th edition), Harlow: Pearson, 2013, p. 354.

四、当代英国成年人监护制度

对于弱势成年人，英国现行法提供了成年人监护制度，旨在保护精神病人和老年人的合法权益。英国的成年人监护制度主要被规定在1983年《精神卫生法》（2007年修正）和2005年《心智能力法》等相关法律中。2005年《心智能力法》第1条确定了涉及成年人监护的五项基本原则：一是行为能力推定原则：任何成年人都推定为有行为能力，除非已证明该成年人欠缺行为能力。二是自我决策能力推定原则：任何成年人都推定具有自我决策能力，除非在穷尽所有措施后，仍不能成功帮助他作出决策。三是尊重错误决策原则：不能仅仅因为该成年人作出了一个不明智的决策，就认定其不具有自我决策能力。四是最有利于监护人原则：根据本法为成年人作出的任何行为或决策应最有利于被监护人利益。五是干预最小化原则：代替被监护人的行为或决策应选择可以实现行为目的，但对被监护人的个人权利和行为自由限制更少的措施。这些基本原则体现了成年人监护制度的一个基本理念：尊重弱势成年人残存的自我决定权和一切监护事务应最有利于被监护人。根据英国法的规定，成年人监护主要包括意定监护、指定监护和临时监护。意定监护又可细分为预先指令和持久性授权委托；指定监护指法院通过法令的方式指定监护；临时监护是针对精神病人的特殊监护。

（一）意定监护

1. 预先指令

在英国，2005年《心智能力法》第24条规定了预先指令。预先指令是指，年满18周岁有行为能力者作出的，针对自己未来失去行为能力时，是否要接受某种治疗的指令。预先指令有以下要件：（1）作出指令的当事人须年满18周岁且具有行为能力；（2）预先指令只有在当事人失去行为能力，无法对某项医疗措施表示同意时，才适用；如果治疗当时，当事人具有行为能力，且作出了一个与预先指令相反的决定，那就不适用该预先指令；（3）预先指令只适用于消极的指令，也即拒绝某种治疗的指令，当事人不能在预先指令中强迫医生提供某种治疗；（4）如果当事人作出的是拒绝维持生命的治疗的预先指令，这一预先指令必须是书面形式，经第三人见证，当事人签名。其他情况下的预先指令不需要必须以书面形式作出。

2. 持久性授权委托

在英国，2005年《心智能力法》第9条规定了持久性授权委托。持久性授权委托的受托人可以为有关委托人福利的一般性事项代为作出决定。按照法律规定，持久性授权委托可以委托卫生健康事务和经济财产事务。委托人也可以同时制作两份持久性授权委托。[①] 持久性授权委托的有效要件[②]包括：（1）作出持久性授权委托书的委托人须年满18周岁且具有行为能力；（2）持久性授权委托书的受托人须年满18周岁，如果持久性授权委托书涉及的委托事项涉及委托人的财产性事项，则受托人须为年满18周岁，未受破产宣告的自然人或信托组织；（3）双方须就"持久性授权委托书"中的委托事项意思达成一致；（4）持久性授权委托书须以书面形式作出；（5）持久性授权委托书须向公共监护

---

① 每一份授权委托须缴纳82英镑。参见 https：//www.gov.uk/power-of-attorney，访问日期：2019年6月7日。

② 参见 Jonathan Herring, Medical Law and Ethics (4th edition)，Oxford：Oxford University, 2012, p. 179。

人服务署［the Office of the Public Guardian（OPG）］登记，如果委托人愿意，该持久性授权委托在登记后立即生效，也可以留待委托人丧失行为能力时，再生效。

在委托人尚有行为能力时，委托人有权随时变更或撤销原来的持久性授权委托，并在公共监护人服务署重新办理登记。

持久性授权委托书生效后，受托人可根据受托事项代替委托人就个人人身或财产问题作出决定。但其所作出的决定应符合委托人的最大利益。但是，持续性授权委托书中如无明文授权，对于是否接受或继续接受维持生命的治疗，受托人无权作出同意或拒绝。①

（二）指定监护

在英国，根据 2005 年《心智能力法》第 16 条之规定，在当事人对其个人福利（如健康问题）的某一事项上欠缺行为能力时，法院有权为其指定一位代理人代其作出决定。② 法院的判断标准为这是否符合当事人的最大利益。对此，法院审查时需要考虑的因素包括：（1）当事人残存的行为能力；（2）如果可能的话，当事人当下的态度和观点；（3）如果可能的话，当事人过去的态度和观点，包括当事人的宗教信仰；③（4）如果适用的话，应询问当事人指定的对于这一问题应询问的委托人（如持续性授权委托书上指定的委托人）、照顾当事人的看护人员或者利益相关者、法院指定的代理人；（5）应不侵犯当事人的人权，也即如需对当事人开展任何治疗，因证明该治疗对当事人确有必要。④ 法院不应仅仅由于当事人的年龄、相貌、他的某一疾病、他的某一行为就作出相应决定。如果当事人未来很可能在某一事项上具有决定能力，那么就应将此作为考虑因素。在涉及维持生命的治疗时，在作出是否有利于当事人决策时，不能以让其死亡为决策动机。⑤

（三）临时监护

在英国，按照 1983 年《精神卫生法》（2007 年修正）之规定，经核准的社会工作者或者病人的近亲属可以申请担任成年人的监护人。对病人的监护时间最长为 6 个月，期满后可以展期。精神病人是否需要监护人必须由两名医生予以确认。医生的判断标准主要为精神病人疾病的严重程度已经达到需要监护人的情形，且这符合病人的利益，或可保护他人。在医生作出适用临时监护的决定后，申请人应在 14 日向地方社会服务机构提出申请。

根据 2005 年《心智能力法》第 8 条规定，监护人可以要求病人在指定地点居住，前往特定地点参与训练或者接受治疗，准许医生、社会工作者或者由监护人指定的其他人员探视病人。监护人不得强迫病人接受治疗。在符合病人最大利益的情形下，病人的住院医师、当地社会服务机构或者病人的近亲属可以申请终止监护。病人也可以向精神卫生复核审裁处申请终止监护。

---

① 参见 2005 年英国《心智能力法》第 11、13 条。
② 这里的代理人实际上充当了监护人的职责。
③ 2005 年英国《心智能力法》第 4 条。
④ See R（N）v Dr M，A Health Authority Trust and Dr O［2002］EWHC 1911.
⑤ 2005 年英国《心智能力法》第 4 条。

第八节　当代英国离婚制度

本节研究和阐述以下内容：一是当代英国离婚制度概述；二是当代英国分居制度；三是当代英国离婚的条件和程序；四是当代英国离婚的法律效力。

一、当代英国离婚制度概述

（一）当代英国离婚制度的主要内容

当代英国离婚制度的主要内容包括：分居制度、离婚的条件和程序以及离婚的法律效力（包括离婚在财产关系上的效力和离婚在子女抚养上的效力）。

（二）当代英国离婚制度的修订情况

英国是较早采用过错原则、干扰原则的国家，也是较早单独采用破裂原则的国家。它对欧洲各国离婚法改革产生了重大影响，欧洲各国离婚法自 20 世纪 60 年代后半期以来是以"1969 年英国离婚法之修正为契机，而迈向另一新纪元"的。[1]

12 世纪中叶至 16 世纪宗教改革期间，英格兰规范婚姻关系的法律是由教会法院执行的罗马天主教教会法。教会法主张禁止离婚主义，认为婚姻是神作之合，婚姻使男女在肉体上结为一体，在配偶双方和上帝之间建立了不可解除的永久关系，不能用任何世俗力量解除婚姻关系。法院无权作出离婚的判决，人们只能通过宗教法院获得别居。因重大事由需要离异的，须经国会单独的私法案，被称为"立法离婚"。[2] 16 世纪西方掀起的宗教改革，许多宗教改革家力倡婚姻应被视为国家规范的民事合同，虽在法定离婚理由上还有分歧，但均主张婚姻可以解除，然而这些主张并未成为法律。[3] 17 世纪初，英格兰教会声明婚姻仍不可解除。直到 18 世纪以后，国会才以国家立法形式解除某一具体婚姻关系。最初规定英国离婚制度的是 1857 年《婚姻诉讼法》，该法仅承认通奸是离婚的唯一原因，对于女方而言是丈夫通奸并伴有乱伦、鸡奸、兽交或伴有二年以上的遗弃或虐待。到 1923 年《婚姻诉讼法》，本着男女平等的理念，女方才能仅以对方通奸作为离婚理由请求离婚。[4] 1937 年《婚姻诉讼法》在仅有的离婚理由外，承认虐待、三年以上恶意遗弃、看护五年以上不治精神病为离婚理由，突破了原来的有责主义离婚法，新增了干扰主义的离婚理由。第二次世界大战后，巨大的社会变动，离婚数量年年增加，人们

---

① 陈棋炎、黄宗乐、郭振恭：《民法亲属新论》，三民书局 1995 年版，第 189 页。

② Harry D. Krause，Family Law，法律出版社 1999 年版，第 335 页。在英国，1857 年前宗教法庭对婚姻行为有排他的管辖权。它们能宣告婚姻无效，然后称作"解除婚姻关系"；也可以追溯既往，使有缺陷的婚姻无效。除了宣布婚姻无效，宗教法庭也可以只判令夫妻分居，且分居双方不享有再婚的自由。早在一个世纪以前，布莱克斯通就写道，"近年来，由于通奸而导致的离婚经常得到国会法令的特许"。由于整个程序进行起来非常艰难且花费不菲，所以只有少数特权者可享受这一权利。即使当婚姻司法权被移交到民事法庭以后并且一项允许完全离婚（离婚双方享有了再婚的权利）的法案业已颁布，也仍然没有彻底摆脱过去的影响。由于对此问题没有给予足够的关注，世俗法庭毫无改变地承袭了教会法庭的裁判程序，并保留了这样一种观念——离婚作为对错误婚姻的补救，只能提供给"无罪"的一方，对"有罪"的一方无效。

③ 张学军、斐桦：《英国法定离婚理由研究》，载梁慧星主编：《民商法论丛》第十一卷，法律出版社 1999 年版，第 368 页。

④ 石雷：《英国现代离婚制度研究》，群众出版社 2015 年版，第 31-32 页。

对离婚态度的变化也使社会对离婚采取了宽容的态度。实际上，90%以上的离婚诉请双方就离婚原因没有争议（被称为无防御或无争议离婚案件），其中不少离婚相当于依合意而离婚。在这种状况下，有责主义的离婚立法显得与时代和现实极不适应。因此，大主教于 1964 年 1 月，任命宗教界、法律界及社会学界的 13 名委员进行调查、研究，于 1966 年 7 月 29 日发表了名为《离异——当代社会的离婚法》的报告。此报告成为离婚法改革的催化剂，它有三个很明确的主张：首先，完全废止现行的离婚原因，而以婚姻的破裂为唯一的离婚原因；其次，为防止可能的滥用，法院应对每一个离婚请求进行审查；最后，如果在被告需扶养或在给子女经济上给付不足时，法院认为离婚有悖于公共利益时，应拒绝判决离婚。在大主教的报告公布前一年即 1965 年，政府进行法律改革及法典编纂，由五位法学家组成的法律委员会，于 1966 年 11 月 9 日，发表《离婚理由的改革：选择范围》。本报告赞成采取破裂主义，但对大主教报告中提到的附审查的破裂主义提出了异议，认为大量的无争议离婚无须审查，否则不仅是对时间、人员或司法费用的浪费，更有可能对当事人的隐私造成侵害。法律委员会认为，良好的离婚法的目的是："与其侵害不如维持婚姻之安定性，不幸婚姻破绽至不能恢复之程度时，能以最大的公正与最小的痛苦、困顿、屈辱除去空虚的法律外壳。"基于此，法律委员会引入了依一定时间的别居——被告同意离婚时适用短期别居，被告反对时采取长期（5 年或 7 年）别居，将要证明的离婚原因列为附加的离婚原因。大主教小组的报告与法律委员会的报告相妥协的结果，成了 1969 年《离婚改革法》的基础。1969 年《离婚改革法》于 1971 年 1 月 1 日生效，将破裂原则引入了离婚法，从而使英国离婚法发生了彻底的变化。然而，证明婚姻关系无可挽回地破裂的唯一方法是证明存在法律所列举的五种法定事由之一。1969 年《离婚改革法》已经被整合在 1973 年《婚姻诉讼法》之中。①

二、当代英国分居制度

根据英国法之规定，婚姻当事人可以向法院申请分居令。现在这一制度主要适用于部分由于宗教原因不愿离婚，但希望分居的配偶。民事结合的伴侣同样可以申请分居令。

分居的事由和离婚理由相同。（如通奸、不合理的行为等，参见后文离婚理由的阐述）

获得分居令的法律后果有：（1）双方不再有共同生活的义务。（2）分居后，双方作为配偶仍保留部分权利义务，如一方当事人仍可以另一方当事人配偶的名义领取某些津贴、补助等。当一方死亡时，按照无遗嘱继承的规则，另一方将被视为已经死亡，不再有继承其遗产的资格。但根据 1975 年《继承法（扶养家庭成员和被扶养人）》的规定，另一方的生存配偶可以向法院申请合理的经济扶养费。②（3）对于分居后的配偶，双方当事人仍可以请求离婚。③ 但经登记的民事伴侣关系中的伴侣不能请求离婚，只能请求解除民事伴侣关系。

---

① Jonathan Herring, Family Law (6th edition), Harlow: Pearson, 2013, p.92.

② Roger Kerridge, Parry and Kerridge: The Law of Succession (12th edition), London: Sweet & Maxwell, 2009, p.10.

③ 参见［英］凯特·斯丹德利：《家庭法》，屈广清译，中国政法大学出版社 2004 年版，第 165 页。

三、当代英国离婚的条件和程序

（一）当代英国离婚的条件

1. 离婚的法定事由

1969 年《离婚改革法》废止了以往的离婚原因，规定婚姻已破裂至无可挽回之程度为唯一的离婚原因。婚姻当事人任何一方均可以婚姻已经无可挽回地破裂为由提出离婚（第 1 条第 1 款）。但是原告必须证明以下事实才可能获准离婚，或者说只有证明有下列事实之一存在，法官方可认定其婚姻已经无可挽回地破裂：

（1）被告方犯有通奸且原告方已不能容忍与被告方共同生活。（第 1 条第 2 款第 a 项）这种情况必须满足两个条件：一是被告方与异性通奸，无论对方是否已婚且该行为必须是自愿的；二是原告方已不能容忍与被告方共同生活 [奉行主观检验标准，不需要与通奸行为有联系，Cleary v. Cleary（1974）]。但原告如果在知道被告方与人通奸后仍然与其连续或断续共同生活，时间总计超过 6 个月的，则丧失以该种情况为由诉请离婚的权利。（第 2 条第 1 款和第 2 款）

（2）被告的不合理行为让原告方有合理理由认为，其与被告无法共同生活。（第 1 条第 2 款第 b 项）在司法实践中，可以被认定为不合理行为的包括家庭暴力及同性性行为、经常犯法入狱、酗酒、赌博过度、不负供养家庭的责任、不照顾家人的饮食起居、因害怕怀孕而拒绝和配偶进行性行为等。这种不合理行为既可能是一次的严重行为，也可能是多次不合理行为叠加构成。但如果一方有这些行为，他方仍然与其连续或断续共同生活，时间总计超过 6 个月的，则法庭可能认为对方的行为并非不合理，拒绝作出离婚判决。（第 2 条第 3 款）

（3）被告于离婚之诉前至少连续两年遗弃原告者。（第 1 条第 2 款第 c 项）一方面，须有双方分居的事实；另一方面，遗弃具有连续性，被告有永久遗弃的故意，在未经对方同意的情况下，没有正当原因地离开。如果遗弃期内双方又连续或断续地共同生活，只有该共同生活时间总计超过 6 个月的，法庭会将其从遗弃期中扣除。

（4）婚姻当事人双方于提起离婚之诉前已连续分居二年以上且被告同意离婚。（第 1 条第 2 款第 d 项）

（5）婚姻当事人双方于提起离婚之诉前已连续分居五年以上。（第 1 条第 2 款第 e 项）

法院受理离婚诉请后有义务尽可能地调查原告提供的情况。

可见，此《离婚改革法》只是英国从过错主义的离婚法向破裂主义的离婚法转变的开端，仍带有过错主义的痕迹，其规定"婚姻已破裂至无可挽回之程度"为唯一的离婚原因，但在五项法定离婚事由中，有三项都与过错有关，这种限制把本已经清晰凸显的破裂原则弄得有些模糊不清。①

此后，英国颁布了 1996 年《家庭法》，完全废除了对于过错的证明条款。依据该法第 5 条规定，只有在下列情形下，婚姻视为彻底破裂：（1）婚姻当事人一方或双方作出声明，称该婚姻已经破裂；（2）婚姻当事人一方或双方作出声明的反省与考虑期已届满，

---

① 参见宋豫、陈苇主编：《中国大陆与港、澳、台婚姻家庭法比较研究》，重庆出版社 2002 年版，第 391 页。

而且提出离婚申请的申请人同时宣布：对婚姻破裂已经过反省且考虑了当事人对今后安排的要求，仍然认为婚姻已经无法维持。反省与考虑期为9个月，自法院收到声明之后的第14天起算。① 由于新法在推行这一规定的试点项目上的失败，2001年，英国政府决定停止实施1996年《家庭法》中涉及离婚理由的条款，② 也即现行法依然适用1969年《离婚改革法》中有关离婚理由的规定。

在苏格兰，1976年《苏格兰离婚法》建立起新的离婚制度。从法律规定看，从1976到2004年间，离婚只有一项法定理由，即婚姻无可挽回地破裂。同样，当事人需要证明存在五项法定事由。其中三项法定事由与过错有关，分别是通奸、遗弃和不合理行为。当存在这三项事由之一时，当事人可以立即获准离婚。另外两项与过错无关，一是双方同意离婚且分居已满两年；二是一方不同意离婚但双方分居已满五年。此外，2004年《性别识别法》又新增了一项事由，即一方当事人获得了临时性别认可证明时，也可离婚。③ 2006年《苏格兰家庭法》将离婚事由中涉及分居的两项事由的分居时间分别降低为一年和两年，同时将离婚事由中的遗弃予以废止。④ 这样，苏格兰现行法上的离婚法定事由变为四项：通奸；不合理行为导致双方无法继续共同生活；双方同意离婚且分居已满一年；一方不同意离婚，但双方分居已满两年。

2. 离婚的障碍

在英国，1973年《婚姻诉讼法》对于离婚的障碍条款的规定主要有：

（1）离婚考虑期的规定。1973年《婚姻诉讼法》第3条第1款规定，结婚之日起一年内，不得向法院起诉离婚。但该法第3条第2款也规定了例外情况，对于有特殊情况要求分开的，可以向法院请求司法分居。

（2）对离婚后经济困难一方的特殊保护。1973年《婚姻诉讼法》第5条规定，如果原告以分居五年的事实为由主张婚姻已无可挽回地破裂，被告可主张，一旦婚姻破裂，将给其带来经济上或其他方面的巨大困难，要求法院不作出解除婚姻的指令。这里所谓的"困难"包括在不解除婚姻的情况下，被告可能获得利益的机会损失。在现行司法实践中，法院依据这一条款拒绝作出离婚令的案件已经非常少见。

（3）对当事人宗教自由的保护。1973年《婚姻诉讼法》规定，保护当事人在必要情况下，获得宗教上的离婚，否则法院可拒绝作出绝对离婚令。⑤

由此可见，对于离婚的限制或阻碍仅是对另一方当事人或子女的利益有所损害时才适用，表明英国现行的离婚法一方面极大地保护了婚姻当事人的离婚自由，另一方面却又对当事人的离婚自由进行了合理的限制。

苏格兰地区，早前的离婚法规定的抗辩离婚有三种理由：（1）通谋（Collusion）。如果发现两人通谋离婚，绝对禁止离婚。（2）对通奸的抗辩。如果原告纵容被告的通奸行

---

① 《英国家庭法》第7条，张雪忠等译，载中国法学会婚姻法学研究会编：《外国婚姻家庭法汇编》，群众出版社2000年版，第5页。

② 石雷：《英国现代离婚制度研究》，群众出版社2015年版，第43页。

③ 该法同样适用于英格兰和威尔士地区。

④ S. 11, Family Law (Scotland) Act 2006.

⑤ 英国学者认为，在离婚障碍问题上，如果双方当事人有不满16周岁的子女时，法官在作出绝对离婚令前，如果双方当事人提出的子女抚养协议没有对子女生活作出合理安排，这也是一个离婚障碍。参见Jonathan Herring, Family Law (6th edition), Harlow: Pearson, 2013, p. 123。

为，则原告不得以被告通奸为由请求离婚。但原告怀疑对方通奸，收集证据的，不构成纵容。原告知道被告通奸，并继续或重新开始共同生活从而宽恕被告的，也不得以通奸为由请求离婚。尽管推定同居 3 个月不构成宽恕。（3）离婚会导致被告陷入赤贫。如果被告能证明，一旦原告离婚请求获准，则自己将陷入赤贫，法庭可行使自由裁量权驳回以分居 5 年为由的离婚请求。[1] 2006 年《苏格兰家庭法》已经废止了通谋和离婚导致困难这一抗辩事由。[2]

实践中，由于抗辩离婚可能导致诉讼费用的大幅增长，且如果原告执意离婚，抗辩获得法院支持的可能性不高，因此，在英国离婚案件中，真正提出抗辩的案件较少。

（二）当代英国离婚的程序

英国现代离婚制度的法定程序规定在 2010 年《家事程序规则》中，该规则于 2011年生效。根据离婚当事人是否已经达成合意，可将英国离婚程序分为两种情形，一是无争议离婚的程序，二是有争议离婚的程序。相较于无争议离婚程序而言，后者更加复杂。以下，将在无争议离婚程序基础上简介英国法的离婚程序。无争议离婚程序大致可分为以下几个步骤：

第一，原告起诉。离婚的一方当事人作为原告启动离婚程序。原告向有管辖权的法院提交三份离婚起诉书，同时提交结婚证、子女抚养声明等材料。如委托了代理人，则需要提交"调解声明"，说明已经向委托人建议调解，并向委托人提供了相关信息，方便委托人找到调解服务的专门机构和专业人员。提交离婚诉讼书同时须缴纳案件受理费。[3]

第二，被告答辩。法院在接到离婚起诉状及相关材料后，将向被告送达离婚起诉状副本，诉讼程序通知书（通知当事人相关程序事项）和确认送达书。被告将在八日内，在确认送达书上确认签收离婚起诉状，同意离婚，是否需要法院作出涉及离婚法律后果的指令。

第三，请求暂准离婚令。被告提交确认送达书后，原告或其代理人将向法院提交一份"暂准离婚令申请书"，请求法院作出"暂准离婚"的判决。法院将根据双方婚姻关系的具体情况，酌情考虑是否作出暂准离婚令。在双方没有不满 16 周岁子女或年满 16 周岁仍需要抚养的子女时[4]，法院将在公开法庭上宣布暂准离婚令。如果涉及上述情形，那么法院将考虑离婚对这些需要抚养子女的影响，或者离婚后双方所达成的相关协议是否能为子女提供足够保护，在已经为这些子女提供充分保护的情况下，法院也将作出"暂准离婚令"。否则，法院将作出不准离婚的通知。

第四，请求绝对离婚令。原告在法院判决暂准离婚令 43 天后，可向法院申请绝对离婚令。原告必须在获得暂准离婚令后 12 个月内请求绝对离婚令，否则需向法院作出解释。这可能给离婚带来不利影响。如果原告没有申请绝对离婚令，被告也可以申请绝对离婚

---

① Karen Bruce Lockhart, Scotland, Carolyn Hamilton & Alison Perry ed., Family Law in Europe, 5th edition, p. 563. 转引自蒋月：《婚姻家庭法前沿导论》（第二版），法律出版社 2016 年版，第 224 页。

② S. 13, 14, Family Law (Scotland) Act 2006.

③ 现在，启动离婚程序的费用已经上涨到 550 英镑，民众可以通过网络的方式申请。参见：https://www.gov.uk/divorce/file-for-divorce，访问日期：2018 年 5 月 11 日。

④ 关于子女年龄对子女抚养义务的影响，参见本章第五节第三部分，当代英国父母子女的权利义务。按照 1991年英国《子女抚养法》规定，该法所称子女为未满 16 周岁或未满 20 周岁但正在教育机构接受高等教育以下的全日制教育。

令，但被告需要在获得暂准离婚令 43 天届满后再等 3 个月，才可以请求绝对离婚令。

与无争议离婚的程序不同，在有争议的离婚中，被告在收到离婚起诉状后，在确认送达书上说明其反对离婚的答辩意见。这样，通常情况下，双方将进入离婚诉讼程序，双方交换起诉书和答辩状，法院将在公开法庭上听取双方当事人意见，并按照法律规定的程序和方式对离婚问题进行审理，并决定是否作出"暂准离婚令"。

四、当代英国离婚的法律效力

在英国，一旦法院作出绝对离婚令，双方当事人即不再有配偶关系。双方获得再婚的自由。在财产方面，双方当事人可以在律师的帮助下，拟定离婚财产分割协议，在获得法院的同意令后，该协议生效。如果法院认为该协议有违公平，那么可能拒绝作出同意令。① 如果不能达成协议，法院将根据案件的具体情况作出相关指令。由于英国的法定财产制是分别财产制，因此婚姻关系不会改变双方当事人的财产所有权关系，只是使不具有所有权的一方当事人对他方之财产享有使用权。一方婚前所有的财产、在婚姻期间通过购买或受赠所得都归其个人所有，另一方配偶对该财产没有财产性权益。② 1970 年《婚姻程序财产法》设立了一项新制度，赋权法院在作出离婚、婚姻无效或司法分居判决时，有权对双方当事人的财产进行调整，并作出离婚后的扶养令。这被称为离婚时衡平分割婚姻财产原则。③ 这一制度在 1973 年《婚姻诉讼法》和 1984 年《婚姻和家庭程序法》中得到了进一步完善。

在父母子女关系方面，离婚不改变父母子女关系。父母在离婚后仍须承担对子女的父母责任，同时也有责任为子女提供抚养费。法院将根据案件的具体情形，作出两类不同的指令，一类为调整子女抚养方式的指令，另一类为调整子女抚养费的指令。以下将分别从财产方面和子女抚养方面对英国法上离婚的法律效力进行阐述。

（一）离婚在财产上的法律效力

1. 分割财产应考虑的因素

按照离婚时衡平分割婚姻财产这一原则，法院在决定是否应对离婚的双方当事人的财产作出具体指令时，应该首先考虑未满 18 周岁儿童的权益。（1973 年《婚姻诉讼法》第 25 条第 1 款）这也是英国离婚制度中对未成年子女利益特别保护的另一个表现。另外，法官在处理离婚案件的财产分割时，还应考虑到的标准包括：

（1）财产来源。法庭必须考虑婚姻双方具有的或可以具有的收入、挣钱能力、财物

---

① 实践中，如果双方当事人是在律师帮助下达成协议的，这类协议最终获得法院同意令的可能性比较大。对于双方当事人私自订立的协议，法院审查的力度相对更大，以保障婚姻中的弱势方的权利。

② 财产性权益的标的可以是任何形式的财产（包括不动产、动产甚至是无形财产）。这种财产性权益具有以下特点：（1）可以被转让；（2）一旦权益的标的毁灭或消失，该权益也不复存在；（3）它是一种对世权；（4）在破产清偿中享有对一般债权的优先权。[英] F. H. 劳森、伯纳德·冉得：《英国财产法导论》，曹培译，法律出版社 2009 年版，第 15 页。

③ 英国法上并未明确规定婚姻财产的范围，丹宁勋爵将其定义为家庭财产，包括婚姻中一方当事人或双方当事人获得的，旨在在双方共同生活期间，由双方及其子女共同使用，让整个家庭受益的财产。财产来源是认定是否属于婚姻财产的一个重要考虑因素。实务中，有法官认为，双方分开后一年以内，任一方所得财产都是婚姻财产。一年以后的财产为非婚姻财产，不适用衡平分割原则。如果一方的大笔财产来自继承所得，该财产也很可能被认定为非婚姻财产。参见石雷：《英国现代离婚制度研究》，群众出版社 2015 年版，第 92、111-112 页。

以及其他财产来源，包括可能增加的挣钱能力。

（2）经济需求。法庭应考虑婚姻各方在可预见的将来出现的或可能出现的经济需求。在大多数案件中，法庭的任务是核算双方合理的请求，特别是抚养子女的需要，并决定是否作出收入或资产转移的决议以满足这些需要。法庭应同时保证给"支付方"留有足够的费用满足他自己合理的需要。维持第二个家庭的费用是常常引起争论的，并且是今后困难、苦恼和摩擦的原因。①

（3）婚姻期间的生活标准，婚姻破裂前家庭的生活标准。在大多数案件中，法庭关注的是保证一方的生活标准不能与另一方相差很多。实践中，这一考虑因素的作用不大，法官只会在处理涉及特别富裕的家庭的离婚案件时，会有所考虑。②

（4）双方年龄和婚姻存续时间。法庭必须考虑双方年龄和婚姻存续时间，年龄较轻的妻子通常能很快进入劳动力市场，但年龄超过 50 岁的妇女则应区别对待。离婚时，对照顾家庭付出较多的一方，如辞职专门照顾家中子女的（通常是妻子），即使她 30 多岁或 40 出头，可是由于专门照顾孩子的原因，她重新进入劳务市场的难度更大。在判定她是否具有自食其力的能力前，法庭通常要求出示她雇工和/或可能应聘能力的证据。通常认为婚姻时间越长，双方付出的就越多，对因照顾孩子而不工作一方就应多加考虑。对于短暂的婚姻，如果费用都来自一方，另一方就不能获得大量的分配资产，无须考虑其他因素。但是，如果有子女，即使婚姻时间很短，请求被扶养方仍然可以得到扶养费。

（5）残疾。法庭必须考虑婚姻各方的任何精神或身体残疾。在司法实践中，这一因素常常被包含在前文论及的"经济需求"中。③

（6）贡献。在 1969 年《英国离婚法》生效前，配偶一方不能因为从事家务活动和照看孩子而受益；显然，这对那些主要从事家务劳动的妻子来说，非常不公平。1973 年法规定法庭应考虑"夫妻哪方对家庭利益作出或在可预见的未来将作出大的贡献，包括看家或照顾整个家庭"。这里没有决定性的方针，由法庭全面考虑。事实上，对一个婚姻期很长的家庭来说，丈夫挣钱，妻子理家，法庭考虑的出发点（不考虑其他因素）应是双方对婚姻的贡献一样。但是，如果法庭认为妻子在家中的表现不尽如人意，则给她的财产就会减少。

（7）品行。法庭应考虑双方的品行，如果法院认为忽视当事人的某些行为将会导致严重的不公平，那么法院就应考虑这些行为。在现行审判实践中，行为因素常常指那些极端、超乎寻常的行为。④ 法庭常考虑的普遍例子就是发现一方对另一方的财物有明显的不良意图。例如，一方挥霍全部或大部分家庭财产，却仍妄图占有剩余财产。对于情节轻微的大多数家庭暴力，法庭在决定离婚财产问题时通常不予以考虑。对于造成严重人

---

① 有学者指出，2000 年，White v. White 案对英国离婚法中有关离婚时财产分割的法律规定产生了重要的影响，而且"这种影响的重要性只能用时间来证明"。在该案中，英国上议院作出决定，在法院就离婚时夫妻双方如何分割家庭财产行使自由裁量权之时，法院应当以平等为"准绳"，为"指导原则"或"起点"而不是强调"合理需要"。只有在存在更好的原因的情况下，才能偏离这一原则。具体内容参见 Michael Freeman, Exploring the Boundaries of Family Law in England in 2000, The International Survey of Family Law (2002 edition), Jordan Publishing Ltd. , 2002, pp. 134-139.

② S v. S [2008] 2 FLR 113.

③ C v. C (Financial Provision: Personal Damages) [1995] 2 FLR 171.

④ Kyte v. Kyte [1998] Fam 154.

身伤害或精神伤害的家庭暴力行为，则是法院在审判时将予以考虑的涉及品行的问题。[①]

（8）损失利益。法庭应考虑在离婚或无效婚姻诉讼中，由于婚姻无效或废止的原因，婚姻一方会失去获得家庭财产的机会，最常见的例子就是申请分割养老金。

2. 财产分割的方式

（1）定期支付令。法庭有权作出一方向另一方按规定条件分期付费的决定，再婚的一方不得申请。

（2）一次性支付令。一次性付款的权利是 1970 年引入的，并被收编在 1973 年法案中。在作出离婚、婚姻无效或法律裁定分离的判决后，法庭可以作出一项决议，令婚姻一方应向另一方支付规定数目的一次性费用。在作出是否一次性支付以及支付金额为多少的决定时，法庭依然应遵照第 25 条的规定，即上文提及的分割财产应考虑的因素，对这类案件而言，没有数学公式可循或单凭经验判定。

（3）财产调整令。1973 年法第 24 条规定：法院在作出离婚、婚姻无效或司法分居的指令时，根据案件的具体情况，有权对双方当事人所享有的财产或财产份额进行调整。在大多数案件中，这类财产都为不动产（如土地），但是个人财产如动产、股份、保险金也可以转让。财产调整令又可分为转让财产令和安置令。转让财产令指法院可根据案情向离婚当事人作出指令，要求一方当事人将其财产或继承所得转让给另一方当事人或其子女，或者指令中规定的其他人。安置令指法院可根据案情要求离婚当事人一方将其房产用于安置另一方当事人及双方子女。

（4）出售房产令。1973 年法第 24A 条第 1 款规定：法院在根据本法第 23 条、第 24 条作出定期支付令、一次性支付令或财产调整令时，或在作出指令后，可对一方或双方当事人所有的，或一方或双方当事人拥有财产权益的房产作出出售房产的指令。在司法实践中，梅舍令（a Mesher order）和马丁令（a Martin order）这两种处理房产的指令比较常见。[②]

（5）拍卖决议。如果婚姻双方或一方对拍卖财产有兴趣，法庭只能在作出其他决议同时判定拍卖。当判定拍卖后，法庭可以要求支付拍卖财产之外的费用，可以要求财产卖给特定的人。另外，法庭可以判定是否作出拍卖的判决。

（6）养老金。[③]在婚姻解除时，对于婚姻当事人，养老金就成了他们关注的主要问题。这通常是妻子可能在离婚时失去的权利。离婚时，非养老金保障成员的一方（通常是妻子）可能失去两种权益：按养老金保障成员规定应得到的权益，因丈夫去世应得的家属补助。法庭应考虑婚姻一方根据养老金制度应得的利益，和任何阶段主要是未来，由于婚姻解除或无效，婚姻一方将会失去的养老金制度下的利益。在涉及养老金的问题，法院签发的两种常见指令分别是指定用途养老金令和养老金分享令。这两种指令不能同

---

① H v. H（Financial Relief：Conduct）［1994］2 FLR 801. 在该案中，丈夫在子女面前用刀砍妻子。又如：K v. L［2010］EWCA Civ 125. 该案中，丈夫对两个继女实施了性侵。

② 梅舍令指双方等到子女年满 17 岁或完成了全日制教育后，再出售房产。马丁令指双方等到居住在房屋内的配偶死亡或再婚，再出售房产。参见 Harris-Short S. & Miles J., Family Law：Text，Cases and Materials，Oxford：Oxford University Press，2011，p.436。

③ 关于英国夫妻分割养老金立法的研究，参见陈苇、杨璇：《英国夫妻分割养老金立法研究及完善我国立法的建议》，载陈苇主编：《家事法研究》2006 年卷，群众出版社 2007 年版，第 113-140 页。

时适用。此外，法院也可下令将养老金转化为一笔款项，但实践中这种方法很少被法院采用。①

（二）配偶之间的扶养义务

英国法上最突出的表现为夫妻分居或离婚后的扶养义务。夫妻分居或离婚时，法院可作出指令，重新分配财产，要求夫妻一方向其配偶和子女分给适当扶养费，使其配偶能够扶养自己和抚养子女，并能维持必要的家庭生活开支。对于一般家庭而言，根据英国1989年《儿童法》和1991年《子女抚养法》，一旦一方被判支付子女的抚养费，可能其就没有多余的钱支付配偶的扶养费。

离婚当事人双方可以自行就离婚后的扶养达成协议，并就协议内容向法院申请同意令。一旦该协议获得同意，双方的协议就有了法律上的执行力。这种执行力源于法院的指令，而非双方的协议。② 在双方未达成协议的情况下，法院可以根据申请人的具体情况作出两类指令，一类是以双方收入为计算基准的指令，包括定期支付令，有担保的定期支付令。定期支付令所支付的款项可以以一方应向另一方支付的扶养费作为标准。如果情况发生变化，法院有权变更定期支付的款项数额，甚至终止定期支付令。有担保的定期支付令可以通过对标的财产设定信托等方式，保证付款方支付义务的履行。在特殊情况下，也可以作出一次性支付令。另一类是财产调整令。法院在作出离婚、司法分居指令时，可以根据案件的具体情况，对双方当事人的财产及财产权益进行重新分配，以保证所有家庭成员都能获得扶养。③

关于离婚后扶养义务的终止，离婚后扶养的终止时间，依不同情况而定：对于离婚夫妻而言，扶养义务最长可延长至夫妻任一方死亡时终止，或离婚后一方再婚，则终止扶养；有时法院也会在指令中明确扶养的终止时间；④ 未离婚的夫妻扶养，不因一方死亡而消灭，生存一方可以从死者遗产中获得扶养费，若死者将遗产全部留给他人，未留一份给妻子，则有赖丈夫维持生活的妻子可请求法庭酌情划拨部分遗产作为扶养费。

如果夫妻双方都具有独立经济能力，那么法院也会考虑作出彻底决裂令。一旦法院作出了彻底决裂令，夫妻一方就无须再向另一方支付离婚后的扶养费。

在英国，根据1973年《婚姻诉讼法》第25条的规定，法院在作出与夫妻扶养相关的指令时，主要的考虑因素包括：

第一，如果离婚涉及未成年子女，那么儿童的福利是法院的首要考虑因素。

第二，婚姻双方中任何一方现在或可预见的将来的收入、赚钱能力、财产和其他经济来源。在实践中，法庭会先下令夫妇各自向法庭呈报其财产、收入、债务和需要供养其他人士的详情，双方均要据实呈报。

第三，婚姻双方中任何一方现在或可预见的将来的经济需要、义务和责任。此种"经济需要"将考虑到各自居住地域的生活一般水平；最重要的考虑因素是尽可能满足各方当事人的住房需要，尤其是离婚双方有未成年子女的情况。法院通常会优先保证未成

---

① Field v. Field［2003］1 FLR 376.
② See B v. B（Consent Order：Variation）［1995］1 FLR 9. 该案中，法院判令延长定期支付令的执行时间。这实际上更改了原来协议的内容。
③ 石雷：《英国现代离婚制度研究》，群众出版社2015年版，第106页。
④ 1973年英国《婚姻诉讼法》第28条。2004年英国《民事伴侣关系法》目录五的规定。

年子女及与子女共同生活一方有住房居住。"责任"不仅包括对本案中妻子、儿女的扶养责任，还包括对前妻、前妻子女、已经预见的下一个妻子、与情妇的私生子等的扶养责任，即上述人员都算入男方的责任范围内。法庭不会下令男方倾全力供养已离异的妻室，而不顾其他有需要者。

第四，婚姻破裂前家庭享有的生活水平。这一因素通常只适用于有大量资产的富裕家庭。遇到这种情况，法庭会尽可能令贫困的一方维持其身份地位的生活水平。一般而言，有经济能力的一方须提供经济援助给对方，使其维持其以往的生活水平。

第五，婚姻双方的年龄和婚姻存在时间的长短。这一点通常影响应否判予整笔金钱付款的决定。双方年龄越大，结婚时间越长，而又需要整笔金钱安顿，法庭会考虑颁下合适命令。例如，女方离婚后打算移民国外，或另置业安居，而双方结婚多年，法庭可命令有能力负担的丈夫付大笔金钱资助女方成行或迁居；反之若女方年纪较轻而结婚时间短，则扶养费相对较少甚至不付。

第六，婚姻双方中任何一方有身体或精神缺陷，即婚姻的任何一方在身体上或精神上无能力的，另一方在其能力范围内应多付扶养费。

第七，婚姻双方各自对家庭财产作出的贡献，包括以照管住宅或家庭的方式作出的贡献。例如，一方对另一方购置的物业进行增值的修葺，该物业的部分产权会被考虑由该方取得；丈夫在外工作，妻子在家料理家务，应视为丈夫的收入有妻子的部分。倘若法院认为一方有贡献，即使夫妇二人的财产是由丈夫个人名义做物主、业主，妻子也有权分一份。法庭可下令丈夫把财产转到两人名下或妻子名下，或是下令丈夫把从财产中所得投资收益交出分享。

第八，婚姻双方在婚姻关系存续期间存在挥霍财物等不理性的行为以及其他一些极端不寻常的行为，如杀害配偶等。

第九，在请求离婚或宣判婚姻无效的诉讼中，婚姻双方中任何一方由于离婚或宣判婚姻无效可能丧失的利益。这里所指的利益，包括退休金、养老金或夫妇离异导致家族生意分解所造成的损失。

法庭经过上述各方面的考虑并且联系双方的表现，如认为可行和公正，就应通过行使上述权力重新分配双方的财产，过去秉持的使双方的经济状况与婚姻未曾破裂时一样的观念现在已经不再占据主流，因为这一观点违背了公平原则。[1]

（三）离婚涉及子女抚养的法律效力

在抚养子女方面，按照英国法的要求，如果不考虑婚姻中的子女利益，就不能判定任何财产分配的案件。未成年子女的利益在诸多考虑因素中，具有优先性。在实施1991年《子女抚养法》之前，婚姻双方都可以向法庭申请获得对儿童的财务支持。新《儿童法》引入了一个突出的有关获取儿童财务的变化。除了极其有限的例外［这包括"成长费"、额外教育费、特殊需要费（如残疾儿童）］，法庭不再就儿童的财务问题作出判决，而由儿童援助机构的儿童援助官员来判定和实施儿童抚养的问题。2008年，英国新出台了《子女抚养费和其他款项法》。从立法理念上讲，新法强调父母应协商解决子女抚养费的问题，政府主要是帮助双方协商达成协议，并帮助执行这些协议。总的来说，按照

---

① 参见石雷：《英国现代离婚制度研究》，群众出版社2015年版，第113—127页。

1991 年《子女抚养费法》的规定，如果双方无法就子女抚养费问题达成一致，与子女共同居住的一方或另一方可以向相关机构申请对子女抚养费进行估算。在完成估算后，一方父母就可以向子女抚养费服务署申请代收抚养费或请求强制执行另一方父母承担的抚养费。

此外，根据 1989 年《儿童法》第 8 条的规定，离婚后，任一方当事人可向法院申请相关指令，调整子女抚养方式。法院可以根据案件的具体情形作出以下法令：① （1） 居住令。确定一方父母与子女共同居住的指令。（2） 交往令。不与子女共同生活的父母一方可以与子女保持某种方式的交往，获得居住令的一方应允许子女探望另一方父母或在另一方父母处暂住。（3） 禁为令。这是指法院针对申请人请求的特定事项，判定一方当事人在未获得法院同意前，在其履行父母责任的过程中，禁止从事某些行为。（4） 指定事项令。指法院根据当事人的申请，就履行父母责任时出现的或可能出现的某一事项，如教育或医疗问题，作出的具体指令。

第九节　当代英国婚姻家庭法律制度的发展趋势及其启示

本节研究和阐述以下内容：一是当代英国婚姻家庭法律制度的发展趋势；二是当代英国婚姻家庭法律制度的发展趋势对我国立法的启示。

通过考察英国调整婚姻家庭关系的结婚、离婚、夫妻关系、亲子关系等具体制度，不难发现，自工业革命以来，英国家事法体系已经发生了重大改变。英国学者指出，早前法律似乎像是某种封闭的系统，主要关注自身法律体系的逻辑性，其次才关注法律适用对象的个体生活，也即法律优先维护事实上的或法律拟制的社会规则，最后才保护个人福祉。② 梳理英国婚姻家庭法律制度的发展趋势，有利于我们总结英国婚姻家庭法律制度变革的成功经验和失败教训，为我国《民法典》婚姻家庭法编的细化、完善提供有益的借鉴。

一、当代英国婚姻家庭法律制度的发展趋势

（一）更加尊重和保护人权

英国婚姻家庭法律制度的变革受到了英国参加的部分国际公约——尤其是《欧洲保障人权和基本自由公约》——的影响。③ 在英国婚姻家庭法的各项具体制度修订中，人权思想的影响已经深入到立法、司法的各个层面。在制度的塑造和修订过程中，限制或剥夺人权的具体规定被一一抛弃，尊重和保护人权的制度则渐次发展。比如，1996 年《家庭法》中涉及防治家庭暴力的相关法律规定，"禁止骚扰令"和"居住令"等。又如，1989 年《儿童法》规定了"儿童状况评估令"和"紧急保护令"等。这些具体制度的设立对以往社会中普遍接受的家庭暴力加大了防治力度；对传统家庭中的弱势群体，通常是妇女和儿童的人身权加大了保护。

---

① 1989 年英国《儿童法》第 8 条第 1 款。
② ［英］约翰·伊克拉：《过去和现在——英国家庭法的轨迹及走向》，石雷译，载夏吟兰、龙翼飞主编：《家事法研究》（2014 年卷），社会科学文献出版社 2014 年版，第 343 页。
③ 该公约第 8 条第 1 款规定：人人有权享有使自己的私人和家庭生活、家庭和通信得到尊重的权利。

（二）越发强调婚姻家庭法的保障功能

英国婚姻家庭法律制度 20 世纪以来的变迁表明，家事法已从"规范"时代的家事法向"功能主义"时代的家事法转变，[①] 具体表现为以下两点：

1. 认可同性婚姻、同居等多种家庭模式

当下，英国法开始注重保护多种家庭模式。除传统的一夫一妻制外，同性婚姻、非婚同居也得到了英国法的认可。英国分别于 2004 年出台了《民事伴侣关系法》，2013 年出台了《结婚法（同性配偶）》，这些制度对有不同性倾向的少数群体组建婚姻家庭权利的肯定，既是对《欧洲人权公约》第 8 条规定的私生活权和家庭生活权的落实，也反映出英国社会与欧洲其他国家立法思想的逐步融合。[②] 对于不选择婚姻的群体，英国法也从单纯的不提供任何保护变为提供弱于婚姻的保护。尤其是在涉及家庭暴力问题时，英国法对于同居关系的认定没有同居伴侣共同生活的时间要求，体现出婚姻家庭法对于个体私生活权及家庭生活权的保障功能。

2. 注重对婚姻中弱势方的倾斜性保护

在婚姻关系破裂时，英国法注重对弱势方离婚后生活的保障。尽管英国实行分别财产制，但法官在审理离婚纠纷时，有权就双方财产及其权益进行调整，这就意味着原属一方所有的个人财产可能在离婚时划为另一方所有。如果依照现有的财产规则将导致离婚时的财产分配在夫妻二人间出现不公平的结果，法院则可适用衡平法上的结果信托或推定信托等规则，根据案件具体情况，认定夫妻中的弱势方可分得他方个人所有的部分财产。而离婚后一方的经济需求，如因抚养子女产生的需要是法官作出相应调整财产的法令的重要考虑因素之一。对于共同生活满两年的伴侣，在一方死亡时，另一方有权以共同生活的伴侣名义申请分割部分遗产。

（三）正面应对科技对婚姻家庭法带来的挑战

与其他部门法不同，婚姻家庭法主要围绕社会亲属人伦秩序展开，因此相对其他部门法而言，婚姻家庭法显得尤为传统保守。但人工辅助生殖技术已经深刻改变了以往传统的父母子女关系。在人工生育子女的情形下，英国法对于现实生活中因科技改变带来的新问题，通过制定部分成文法，正面回应了人工辅助生殖技术的挑战。代孕就是一个明显的例子。英国法虽明确禁止商业代孕，但并未严格禁止其他情况下的代孕，且对于代孕子女的父母子女关系，也明确规定，代孕母亲为代孕子女的生母，提供精子的父亲是代孕子女的法律上的父亲，除非他是向经批准的医疗机构提供精子的捐精者。如果代孕母亲已婚，则其配偶是代孕子女的父亲，但有证据表明，他不同意其妻子实施代孕的除外。在丈夫不表示反对的情况下，法律视为其同意。符合条件的委托父母则可以向法院申请父母责任令，获得法院签发的法令后，他们可以成为代孕子女的法律上的父母。

（四）更加注重公权力对私领域的适度干预

观察当代英国婚姻家庭法可知，一方面，英国婚姻家庭法坚持维护家庭自治和家庭友好政策，但另一方面，也特别强调家庭并不是家庭暴力施暴者的"保护伞"，家庭暴力

---

① ［英］约翰·伊克拉：《家庭法和私生活》，石雷译，法律出版社 2015 年版，第 30 页。

② 在英国之前，已有多个欧洲国家通过同性婚姻合法化的法律，分别是荷兰（2001），比利时（2003），西班牙（2005），挪威（2009），瑞典（2009），葡萄牙（2010），冰岛（2010），丹麦（2012），法国（2013）等。此外，还有一些欧洲国家通过了民事结合（民事伴侣）的制度认可同性恋群体的某些权益。

的受害人可以向法院申请禁止骚扰令或居住令，即使房产属于另一方所有，在满足一定条件时，受害人也可以获得法院签发的居住令，将房产的所有人，也即家庭暴力的施暴者驱逐出家庭。

除人身权外，对夫妻双方达成的离婚财产协议，英国法采取了一种更加审慎的态度。按照英国法的规定，法院对这类离婚财产协议具有审查职权，一旦法院认为有违公平原则的，会拒绝签发同意令。

公权力对私领域的适度干预，在涉及儿童权利保护问题上表现更加明显。一方面，英国婚姻家庭法将对家庭中弱势儿童的保护工作，即儿童福利原则置于处理家事纠纷的首要原则，通过家庭友好型（family-friendly）① 社会工作者有技巧、讲方法的家庭调查，为法院审理工作提供帮助和支持。另一方面，如果地方公权力机关发现或有合理理由怀疑儿童遭受家庭暴力的，英国法上规定了一系列的法令，包括"儿童状况调查令""紧急保护令"等，在调查核实后，对困境儿童予以保护。

在子女抚养问题上，对未成年子女的抚养费支付，英国法明确规定了公权力机关的帮助性义务，帮助双方当事人协商。协商不成的，公权力机关有权对子女抚养费进行评估，并且还为有困难的当事人提供代收子女抚养费的服务。

二、当代英国婚姻家庭法律制度的发展趋势对我国立法的启示

（一）我国婚姻家庭制度的现状与不足

观察当代中英两国婚姻家庭法不难发现，尽管两国国情不同，但其婚姻家庭法实际上都有一个共同的基本目标和价值，即维护现有家庭，保护家庭中的弱势方。结合前文对英国婚姻家庭法律制度发展趋势的分析，反观我国婚姻家庭法律制度，我们认为我国婚姻家庭制度主要存在以下不足：

1. 反家庭暴力法中防治家庭暴力的措施有待进一步细化

我国已于 2015 年出台了《反家庭暴力法》，这部法律的出台标志着我国防治家庭暴力法律体系的形成，而且该法还是一部基本人权保障法，充分体现了尊重和保障人权的宪法精神。② 此后，2021 年修订后的我国《民事诉讼法》第 103 条规定了行为保全制度，即"人民法院对于可能因当事人一方的行为或者其他原因，使判决难以执行或者造成当事人其他损害的案件，根据对方当事人的申请，可以裁定对其财产进行保全、责令其作出一定行为或者禁止其作出一定行为；当事人没有提出申请的，人民法院在必要时也可以裁定采取保全措施。人民法院采取保全措施，可以责令申请人提供担保，申请人不提供担保的，裁定驳回申请。人民法院接受申请后，对情况紧急的，必须在四十八小时内作出裁定；裁定采取保全措施的，应当立即开始执行。"2021 年 1 月 1 日起实施的我国《民法典》第 997 条也规定："民事主体有证据证明行为人正在实施或者即将实施侵害其人格权的违法行为，不及时制止将使其合法权益受到难以弥补的损害的，有权依法向人民法院申请采取责令行为人停止有关行为的措施。"可见，在对婚姻家庭中亲密关系里弱势方的人权保障方面，我国较之以往已取得了较大进步。但有关防治家庭暴力的具体举

---

① 家庭友好型是指某一产品或服务适合一般家庭的所有成员。
② 李明舜：《反家庭暴力法是一部有多重意义和作用的良法》，载《妇女研究论丛》2016 年第 1 期，第 5 页。

措仍有待进一步细化。

具体而言，现有制度体系中虽明确规定了责令行为人停止有关行为的措施，但和英国法相比，仍存在一定的模糊之处，致使部分措施的使用受限。比如，我国《反家庭暴力法》第 29 条规定了责令被申请人迁出申请人住所的防治措施。但在我们开展的有关家庭暴力的调研中，有法官提出，如果家庭只有一处房产，要求施暴者不得回家这种人身保护令的执行，是否会使施暴者流浪社会，给社会增加更多不稳定因素？[①] 也即法律应进一步明确规定签发这类人身安全保护令的适用标准问题。

2. 非婚同居制度的保障救济功能较弱

随着我国社会经济的不断发展，家庭模式也出现了多样化的趋势。非婚同居开始增多，这种准家庭模式需要法律予以应对。我国 2015 年出台的《反家庭暴力法》第 37 条明确规定，家庭成员以外共同生活的人之间实施的暴力行为，参照本法规定执行。这里的家庭成员以外共同生活的人就包括因恋爱关系或同居形成共同生活的人。[②] 可见，在调整准家庭关系者之间的人身关系方面，我国《反家庭暴力法》已经走在了前面。但在同居伴侣的财产关系方面，我国目前仍主要依据有关共有的一般财产规范予以调整。此外，需要进一步思考的是，对于这部分非婚同居群体，是否也应将同居伴侣间的财产关系纳入特别法予以调整？

比较英国法的经验，不难发现，随着经济的不断发展，部分人群出于种种考虑开始选择婚姻制度外的其他生活方式，或者在进入婚姻前，长时间选择非婚同居的方式。并且这部分人群的数量正在逐步增加。从家庭关系相互扶养扶助的功能出发，将同居伴侣间的财产关系纳入特别法的调整范围有其必要性和可能性。目前，我国非婚同居关系的法律制度相对简单薄弱，且非婚同居的制度重在规范当事人的行为，在行为后果上，将其与婚姻制度进行区分，在法律的保障功能方面相对较弱，致使现有非婚同居制度在应对非婚同居关系方面，尤其是当下中国人口老龄化背景下的老年人非婚同居问题时，存在对弱势群体保护力度不足的问题。

3. 对婚姻家庭制度面临的科技挑战尚无有针对性的回应

与英国一样，我国目前也面临代孕带来的一系列问题。2016 年上海法院审结的涉代孕子女抚养纠纷就是一个典型例子。目前，我国尚无有关代孕问题的全国人大层面立法的规定，只有卫生部在 2001 年颁布的《人类辅助生殖技术管理办法》，该办法第 3 条规定，医疗机构和医务人员不得实施任何形式的代孕技术。但现有规定并不能有效治理代孕技术带来的许多社会问题。法律在规制代孕行为方面存在失灵的问题。

4. 公权力对私生活的干预力度仍有待进一步完善

在我国调整家庭关系的法律图谱中，随着 2015 年《反家庭暴力法》、2021 年实施的《民法典》中监护制度的细化等，对于家庭成员间的人身关系、父母子女间的监护关系的公权力干预力度较之以前有了大幅提高。近年来，随着家事审判改革的不断推进，家事

---

① 陈苇、石雷：《防治家庭暴力的地方实践研究——以重庆市某区 2009—2010 年防治家庭暴力情况为对象》，载《甘肃社会科学》2013 年第 3 期，第 162 页。

② 家庭成员以外共同生活的人还应包括：因抚养、寄养关系而共同生活的人。参见蒋月：《婚姻家庭法前沿导论》（第二版），法律出版社 2016 年版，第 61 页。

审判改革主张"柔性司法"①，开始推广"离婚冷静期"等旨在修复家庭关系的措施，体现出"疗愈性"的司法理念。② 我国《民法典》在登记离婚制度中新增了"离婚冷静期"的规定。但与英国法不同，目前我国婚姻家庭法领域的一个突出特点是，婚姻家庭法的法律条文相对较少，公权力在干预私生活方面仍然保持着一种较为克制的态度。

在儿童权利保护方面，2014年最高人民法院、最高人民检察院、公安部、民政部联合出台的《关于依法处理监护人侵害未成年人权益行为若干问题的意见》和我国《民法典》第36条都明确规定了撤销监护人的情形，2020年修正的《未成年人保护法》进一步明确了国家的监护监督职责，在第43条明确规定："……应当协助政府有关部门监督未成年人委托照护情况，发现被委托人缺乏照护能力、怠于履行照护职责等情况，应当及时向政府有关部门报告，并告知未成年人的父母或者其他监护人，帮助、督促被委托人履行照护职责。"对于实践中出现的监护人缺位、监护侵害紧急安置、监护缺失等问题，《未成年人保护法》规定由民政部门进行临时监护或长期监护。立法的最新发展说明，我国在儿童权利保护的制度建设方面取得了长足进展。通过规定居民委员会、村民委员会在家庭监护的指导、帮助和监督职责，完善民政部门的监护补充职责，完善国家的监护兜底责任，全方位保护儿童权利。值得注意的是，现有监护监督制度关注人身权利较多，但无法应对现实生活中监护人浪费、侵占被监护人财产等复杂情形，干预方式有待进一步细化。③ 且按照我国《民法典》的规定，民政部门是保护困境儿童的最后一道屏障，但关于民政部门如何履行监护监督职责，现有规定过于简单粗略。④

（二）当代英国婚姻家庭法律制度的发展趋势对我国立法的启示

在未来修订完善我国《民法典》婚姻家庭制度时，英国法主要带给我们以下几点启示：

1. 完善防治家庭暴力的立法

针对防治家庭暴力问题，建议借鉴英国法中"居住令"的规定，针对人身安全保护令中的几项措施，可出台相应司法解释，明确规定必要性标准：只有在有必要作出更严厉的限制措施，否则就不能保护申请人免遭家庭暴力伤害的情况下，法院才颁布迁出申请人住所这一人身安全保护令。比如，如果不作出被申请人迁出申请人住所的人身安全保护令，就不能保护申请人免遭家庭暴力伤害，那么这时就必须作出责令被申请人迁出申请人住所的人身安全保护令。同时，对于责令迁出的被申请人，可通过要求其参加一定时间的反家庭暴力的法制教育视频学习，帮助其改正观念，防止家庭暴力的再次发生。

2. 进一步强化婚姻家庭法的保障功能

在补充完善非婚同居制度方面，建议我国未来应采取区别于婚姻的同居不登记制为主，兼采区别于婚姻的同居登记制为补充的立法模式，将非婚同居制度类型化：对愿意通过协议登记的非婚同居伴侣，可以依照双方在协议中约定的财产关系处理非婚同居期

---

① 语出广东省高级人民法院副院长谭玲对广东家事审判改革的总结，载袁定波等：《家事审判改革的广东样本》，载《中国审判》2016年第11期，第141页。
② 参见石雷：《疗愈性法理学视野下的家事审判改革》，载陈苇、陈彬主编：《中国家事审判改革暨家事法修改理论与实务研究》，中国人民公安大学出版社2018年版，第50页。
③ 陈甦主编：《民法总则评注》（上），法律出版社2017年版，第271页。
④ 叶英萍：《未成年人意定监护立法研究》，载《现代法学》2017年第5期，第45页。

间的财产问题，否则，适用分别财产制。在结束非婚同居关系时，注重对非婚同居弱势方的生活保障，非婚同居伴侣一方死亡时，另一方享有和婚姻中配偶一样的继承权；对没有登记的非婚同居伴侣，同居生活满 3 年的，适用分别财产制，在结束非婚同居关系时，注重对非婚同居弱势方的生活保障，一方死亡时，同居伴侣没有类似配偶的法定继承权，但可请求酌分遗产；同居时间不满 3 年的，按一般同居关系处理，一方死亡时，同居伴侣只能请求酌分遗产。① 我国未来构建的非婚同居制度，建议也可适用于同性同居的人群。为同性恋群体提供一定程度的保护，是适合我国国情的一个中间选项。

3. 正面应对科技对婚姻家庭法带来的挑战

虽然，我国在是否应放开代孕的问题上仍未建立共识，但在由代孕产生的父母子女关系问题上，并无立法技术上的障碍。目前的司法实践中，在现有部门规章禁止代孕的话语体系下，倾向于采用代孕母为生母，在代孕母已无法联系的情形下，则以共同生活抚养事实为标准，认定委托父母为法律上的父母的做法。这一司法观点具有一定合理性，应在我国未来立法中予以吸收。建议借鉴英国有益的立法经验，对我国代孕子女的父母子女关系明确规定：代孕母亲是代子的法定母亲，但其应在 72 小时内，作出是否同意将代孕子交由委托父母抚养的决定。一旦作出同意，代孕子法律上的父母为其委托父母。②

4. 完善公权力对私生活的适度干预

我们认为，对于婚姻家庭中的财产关系，也应进一步完善公权力的适度干预机制。比如，司法实践中正在摸索的婚前财产申报制度等，这些都是对调整夫妻财产关系进行适度干预的尝试。考虑到我国原来的登记离婚和诉讼离婚双轨制，以及登记离婚中因离婚协议而产生的离婚后财产纠纷以及子女抚养纠纷，研究如何对双方当事人订立的离婚协议进行适度干预具有一定的理论价值和现实意义。在这方面，英国法给我们的启示是，完全否定夫妻双方在订立财产协议时的自由不符合中国实际，但放任离婚当事人的这种自由，很可能使婚姻关系中的弱势方得不到法律有效的保障。建议未来在完善相关制度时，增加离婚协议的审查机制，对于一方当事人因离婚协议财产分割问题提出诉讼，要求重新分割财产的，除按照我国《婚姻家庭编解释一》第 70 条的规定，审查离婚协议是否存在欺诈、胁迫等情形外，对于直接抚养子女方当事人放弃共同财产，也不要求对方支付子女抚养费的直接损害子女权益的离婚协议也应加大审查力度，③ 一旦发现，应予以撤销，并依法确定对方支付子女抚养费的数额。此外，建议细化监护监督实施细则，明确对于浪费、侵占未成年人财产的特殊情况，建立监护职责部分撤销机制，从而加强国家公权力对儿童权利保护的干预。此外，对于我国 2020 年修正的《未成年人保护法》，建议开展更多的实施情况调查，以发现现有监护监督制度的不足，予以补充完善，切实保护未成年人的合法权益。

---

① 有关我国非婚同居制度构建的研究，参见陈苇、王薇：《我国设立非婚同居制的社会基础及制度构想》，载《甘肃社会科学》2008 年第 1 期。陈苇、石雷：《老年人搭伴养老的法律应对和我国非婚同居制度之重构》，载陈洪忠、王冬梅主编：《全国老年法律论坛》（2016 年卷），法律出版社 2017 年版，第 12—27 页。

② 参见石雷：《俄罗斯代孕制度研究及其启示——兼论我国代孕制度之构建》，载《月旦医事法报告》2018 年第 7 期。

③ 关于我国登记离婚制度中儿童权益保护存在的问题，参见陈苇、石雷、张维仑：《登记离婚制度实施中儿童权益保障情况实证调查研究》，载《西南政法大学学报》2016 年第 1 期，第 113 页。

第九章　当代美国婚姻家庭法律制度研究[①]

第一节　当代美国婚姻家庭法律制度概述

本节研究和阐述以下内容：一是当代美国婚姻家庭法律制度的渊源和主要内容；二是 20 世纪以来美国婚姻家庭法律制度修订概况。

一、当代美国婚姻家庭法律制度的渊源和主要内容

（一）当代美国婚姻家庭法律制度的渊源

美国是一个联邦制国家，由此决定了不仅要研究其法律的多元化渊源，还要聚焦婚姻家庭纠纷中联邦与州的关系和权力范围划界。

1. 各州的婚姻家庭法律

长期以来，婚姻家庭被认为是各州的事务，联邦最高法院在过往的判例中反复强调"家庭关系属于州法而非联邦法调整范围"，[②] 因此，各州法律包括其普通法、制定法和宪法，构成了美国婚姻家庭法律制度最主要的渊源，而美国没有一部统一的、全国性的家庭法。尽管美国全国统一立法委员会就家庭领域问题，如婚前协议、离婚、父母身份确认、子女监护及收养等起草并通过了一些统一示范法，近年美国法律协会还提出了《家庭解体时相关法律原则》，但这些更多是在努力影响州立法而非彻底统一各州的立法。

2. 联邦相关立法

在美国，联邦在婚姻家庭领域的相关立法主要可以分为几种情况：第一，为了解决州际的法律冲突与协调问题，如 1980 年美国联邦《反父母绑架子女法》和 1992 年美国《子女抚养救济法》。第二，直接规制某类行为，如 1996 年美国《跨种族收养法》规定，收养人或收养机构不得基于种族、国籍的歧视而拒绝或推迟收养。第三，通过财政援助引导各州立法取向，即某个州遵照联邦特别规定进行立法的，联邦对该州予以资助。例如，1997 年美国《收养和安全家庭法》等。随着经济社会的发展，联邦的这类涉及婚姻家庭的社会福利法律法规已成为非常重要的全国性婚姻家庭法渊源，如 2005 年美国《赤字削减法》虽名称与婚姻家庭无关，但该法案每年提供 15 亿美元的补助来推进"健康婚姻"和父亲身份确认，因此也是婚姻家庭法律的重要渊源。第四，不具法律效力的倡议，

---

① 本章由李霞撰写，但本章第五节"二、当代美国亲子关系的确定制度"，由陈苇、郭庆敏合作撰写；本章第八节"二、当代美国分居制度"，由石雷撰写。

② Rose v. Rose, 481 U. S. 619, 625(1987) [Re Burrus, 136 U. S. 586, 593-94 (1890) 案中引用过]；另可参见 De Sylva v. Ballentine, 351 U. S. 570, 580(1956).

如以没有约束力的国会决议形式敦促各州确立祖父母探望权，或是在子女监护权纠纷中应作出不利于有家庭暴力记录一方的判决等。

3. 国际条约

婚姻家庭事务属于州事务范围，因此 20 世纪 80 年代以前美国联邦政府一直以来都没有加入涉及国际收养、境外离婚承认、扶养义务等的国际公约，而是交由各州自行决定。但是，此后美国联邦政府加入此类公约的倾向日益明显。例如，1981 年签署、1988 年有所保留地批准了《海牙非法诱拐儿童公约》，国会批准理由是父母违反监护判决将对美国政府产生巨大的利益损害，这在 1980 年美国联邦《反父母绑架子女法》中有明确说明。1995 年又签署了联合国《儿童权利公约》;[1] 1994 年签署、2007 年批准了《海牙跨国收养公约》。

4. 联邦宪法的解释

联邦介入州事务主要有两个途径，一是该事务在宪法中列明联邦有权介入，二是宣称州对该事务的处理违反宪法规定因此联邦必须介入。美国宪法并没有将婚姻家庭列为联邦权力范围内，因此根据法无明文授权不可为的美国宪法解释规则，婚姻家庭事务属于州权范围。但进入 20 世纪后情况发生了变化。如果联邦最高法院认为公民家庭生活受到州的侵犯，其就有权对州家庭法进行审查。联邦最高法院在 60 年代找到了突破口，那就是宪法中对"家庭隐私"的保护，[2] 而这在当时迅速被应用在结婚、家庭生活协议、生育、避孕、堕胎等案件中。[3] 随后，美国宪法第十四修正案中正当程序和平等保护两大概念逐渐接过联邦介入州家庭法的旗帜，日益成为最高法院裁判解释的焦点，并在 2015 年确立同性婚姻合法化的案件中达到新的顶峰[4]。

5. 统一示范法

美国全国统一立法委员会在包括婚姻家庭制度在内的多个法律领域都制定了统一示范法，虽然这些示范法本身不能被直接适用，但是它们或者被各州直接吸收条文，或者影响了各州的立法理念或法院裁判，因此也是美国婚姻家庭制度的重要组成部分。在美国，重要的统一示范法有 1973 年《统一结婚离婚法》、2017 年修订的《统一父母身份法》、1988 年《统一辅助生殖儿童法》、1994 年《统一收养法》等。

(二) 当代美国婚姻家庭法律制度的主要内容

美国婚姻家庭法律制度与其他各国大体相同，主要内容都包括结婚、夫妻关系、亲子关系、收养、监护、离婚等具体制度。

1. 结婚制度

美国结婚制度主要包括结婚的形式要件、实质要件，违反法定要件的后果以及婚姻的可撤销与宣告无效等内容。美国结婚制度有一定的特色：第一，结婚手续更多，不仅有带有公法性质的申请、登记，还要求有民俗色彩浓厚的仪式；第二，采取"两层三阶

---

① 但该公约一直未获美国国会批准，美国是目前世界上唯一一个未批准该公约的国家。

② Griswold v. Connecticut, 381 U. S. 479(1965).

③ 分别参见 Zablocki v. Redhail, 434 U. S. 374(1978), Loving v. Virginia, 388 U. S. 1(1967); Moore v. City of East Cleveland, 431 U. S. 494(1977); Skinner v. Oklahoma, ex rel. 316 U. S. 535(1942); Eisenstadt v. Baird, 405 U. S. 438(1972); Roe v. Wade, 410 U. S. 113(1973).

④ Obergefell v. Hodges, 576 U. S. (2015).

制"的婚龄制度，更有弹性地在保护未成年人和尊重个人意愿之间取得平衡。值得注意的是，缺失某些法定要件的婚姻可以通过普通法婚姻、推定配偶制、婚姻效力禁反言等法技术手段产生法律效力。此外，同居关系也在财产关系上有限度地承认，另外还有调整同性结合关系的制度。

2. 夫妻关系制度

在美国，夫妻关系分为人身关系和财产关系，前者包括配偶权、作证豁免、婚内诉讼豁免、婚姻姓氏等内容，后者包括夫妻间一般性的经济支援义务、事实代理、配偶和子女扶养义务等。较有美国特色的是夫妻财产制度，因为各州立法不尽相同，有些采用普通法财产制，有些采用大陆法财产制，不同的财产制度之间互有异同，译名更易混淆。即使是统一示范法，如1983年美国《统一婚姻财产法》也只是采用了诸多财产制的其中一种。因此，本章专门介绍了均分财产制、夫妻一体共有制、所得共同制等内容，这些财产制度是夫妻财产关系的静态，而配偶和子女扶养义务等则是发生家庭纠纷后夫妻财产关系的动态，两相结合才能较为完整地了解美国夫妻财产关系的概貌。此外还有婚姻协议，美国将婚姻视为契约，夫妻之间的权利义务允许以契约的方式进行约定。因此，婚姻协议在美国非常发达，不仅有婚前协议，还有婚后协议、分居协议；不仅有统一示范法，并且还就示范法进行了修订，制定了新的2012年美国《统一婚前和婚姻期间协议法》。

3. 亲子关系制度

美国亲子关系制度主要有两方面内容：一方面是亲子关系的确定制度，另一方面是亲子间的权利义务。在过去，后者才是亲子关系的重点，前者只是局限于如何认定父亲身份，即"爸爸是谁"。时至今日，美国作为应用人工辅助生殖技术最早、最广泛的国家，有关亲子身份的纠纷早已从"爸爸是谁"扩散到"爸妈是谁"，从而使确定亲子关系的重要性日益凸显，与亲子间的权利义务关系并驾齐驱。此外，美国非常重视子女抚养费支付，为此建立了一整套的强力追索机制。

4. 收养制度

美国收养制度遵循子女最佳利益原则，抛弃了过往"家庭利益至上"的倾向。在收养制度产生初期，"独立收养"盛行，但是为了保护子女利益，大部分州逐步建立起以法院为中心的公权力监督机制。公开收养已成为收养制度的改革方向，有些州就规定了收养后联系条款，以促进儿童全面健康成长。收养制度主体资格各州要求不一，在统一示范法中的收养人没有资格限制，被收养人不仅包括未成年人，还包括成年人。美国非常重视跨国收养，是1993年《海牙跨国收养公约》的缔约国。

5. 监护制度

美国监护制度可分为未成年人监护和成年人监护，前者是传统婚姻家庭制度的重点，而后者是近年来的研究热点。未成年人监护制度基本上是围绕儿童最佳利益原则进行的，并由此衍生出幼儿随母、生父母优先等推定规则。裁判未成年人监护纠纷还需要综合考虑父母行为、性别、种族等因素，但这些因素都是以儿童最佳利益来判断。成年人监护，可分为成年人法定监护与成年人意定监护，这两种监护又根据监护内容的不同再细分为财产监护与人身监护。成年人法定监护已经确立了有限监护优先的理念，有限监护能够满足需求的就不能适用一般的全面监护。成年人意定监护本身就代表着有限监护优先，并且意定监护优先于法定监护，充分体现了尊重个人意愿和意思自治的精神。

6. 离婚制度

美国离婚制度主要有两方面内容：离婚的条件和程序与离婚的法律后果。至今，美国大多数州都是兼采过错与无过错离婚原则。而且，因为普通法传统和过往宗教法的影响，美国除离婚制度外，还有司法分居与协议分居。离婚的法律后果侧重于经济方面，财产分割也要与各州采用的夫妻财产制度相适应。基于婚姻平等的理念，美国离婚重财产分割而轻扶养，除非有特别情形，否则法院通常不会支持一方在财产分割后另向对方索取扶养费的请求。同时，普通法上夫妻分居后双方仍有配偶扶养义务。

二、20 世纪以来美国婚姻家庭法律制度修订概况

美国属于联邦制国家，婚姻家庭法立法权主要在各州。但是，美国统一法律改革委员会等不断致力于制定统一示范法，在推动婚姻家庭法发展、缩小各州法律差异等方面发挥了重要作用。

（一）当代美国结婚制度的修订

美国对结婚制度的修订主要有四个方面：（1）男女婚龄的差异消除。过去的普通法规定了男女不同婚龄，但是 20 世纪 70 年代出现平等保护条款后婚龄差异被取消了，取而代之的是 1973 年《统一结婚离婚法》采取的不分性别的"两层三阶制"法定婚龄制。（2）强制婚检被废除。以前各州曾普遍要求对性传播疾病或可能影响配偶、子女健康的疾病进行婚前检查，后来这些规定有的被认定违宪，因此强制婚检逐渐没落，现在各州主要通过风险告知、提供免费检查来吸引人们主动婚检。（3）心智障碍者缔结婚姻效力变化。以前大多数州将精神不健全者缔结的婚姻作为无效婚姻，但现在是可撤销，除非精神或智力障碍达到非常严重以至法院作出无行为能力判决的程度，这体现在 1973《统一结婚离婚法》的规定中。（4）同性婚姻合法化。各州鸡奸法被废除，同性恋者的法律地位从家庭伴侣到部分州承认同性婚姻，最后到联邦最高法院在 2015 年的 Obergefell v. Hodges 案中正式承认同性婚姻。

（二）当代美国夫妻关系制度的修订

当代美国夫妻关系制度的修订主要有四个方面：（1）配偶权兴起。根据普通法的传统配偶权只是丈夫享有的权利，时至今日妻子配偶权得到普遍承认，美国有 40 多个州规定婚姻双方都有权就配偶权受侵害而索赔。（2）婚内诉讼豁免衰落。交通事故、家庭暴力、刑事犯罪中其都不再被适用，美国半数以上州完全排除其在侵权法上适用。（3）妇女经济地位确立。美国自 20 世纪中期开始陆续颁布了统称《已婚妇女财产法案》的一系列赋予妇女经济社会权利的法律，废除了已婚妇女不得拥有不动产、不得单独缔约的规定。（4）婚姻契约化日益盛行。在美国，从 1983 年《统一婚前协议法》到 2012 年《统一婚前和婚姻期间协议法》，关于婚姻的协议适用范围越来越广，效力越来越得到承认，如以前在美国婚前协议不能有任何关于离婚的计划，但是现在只有不存在欺诈、胁迫以及显失公平的情形，仅仅是离婚的计划不会影响协议的效力。

（三）当代美国亲子关系制度的修订

当代美国亲子关系制度的修订主要有三个方面：（1）无推定父亲之子女获得正名。过去他们的法律处遇与婚生子女相比"低人一等"，但 2002 年美国《统一父母身份法》

颁布标志着无推定父亲之子女已基本获得与婚生子女同等的权利义务。（2）父母身份与生物学上的生父母脱钩。早期父亲身份认定主要是生物学意义上的生父，2017年修订的《统一父母身份法》①具体规定了不同情形下父亲身份的推定规则，生父以外的人如果符合推定规则就能取得父亲身份。（3）各种人工辅助生殖技术日益被承认、放宽。在人工辅助生殖技术冲击下，为保护儿童最佳利益，一个孩子可以同时有两个妈妈，甚至父母亲的数量可以在两人以上。2002年美国《统一父母身份法》将人工授精适用范围从已婚妇女扩大到单身女性，1988年美国《统一辅助生殖儿童法》规定在符合极其严格的条件下承认代孕合同有效性等。

（四）当代美国收养制度的修订

当代美国收养制度的修订主要有三个方面：（1）原来收养偏向家庭利益，即收养动机多是传宗接代等，自1973年美国《统一结婚离婚法》起转向子女最佳利益原则并几乎被所有州的立法采用。（2）过去以秘密收养为原则，公开收养为例外，但是自从1993年《海牙跨国收养公约》倡导公开收养后，各州逐步转向公开收养。

（五）当代美国监护制度的修订

当代美国监护制度的修订主要有三个方面：（1）确立儿童最佳利益推定规则。幼儿随母、随主要照料人等推定不再被在司法中适用。（2）监护人迁居放宽。法院原来的态度是"如无必要不得迁居"，但因不符合社会发展需要被推翻。（3）成年人监护确立有限监护原则。原来的成年人监护制度主要在1969年美国《统一遗嘱认证法》中，后通过颁布1997年美国《统一监护和保护程序法》以及2006年美国《统一代理权法》，修改了成年人监护制度并采用有限监护优先理念。

（六）当代美国离婚制度的修订

当代美国离婚制度的修订主要是从过错离婚逐步向无过错离婚靠拢，过去大部分州都采过错离婚，现在所有州都已废止了纯粹的过错离婚制度，1973年美国《统一结婚离婚法》采取了无过错离婚，但是大部分州是兼采过错与无过错离婚。此外，美国的分居制度包括司法分居与协议分居。离婚的财产分割则与各州的夫妻财产制度有关，总体而言绝大多数州摒弃了机械的对半分配，取而代之的是公平分割法。

第二节　当代美国亲属关系通则

本节研究和阐述以下内容：一是当代美国亲属关系通则概述；二是当代美国亲属关系的范围和种类；三是当代美国亲属关系的发生与终止；四是当代美国亲属关系的法律效力。

一、当代美国亲属关系通则概述

20世纪中后期，美国家庭法发生了重大变革。在50年代后期和60年代这两个时期，

---

① 该法英文为：Uniform Parentage Act（2017），又被译为美国《统一亲子关系法》（2017）。该法的历次修订情况，可参见陈苇、郭庆敏译：《美国新〈统一亲子关系法〉（2017年修订）》，载梁慧星主编：《民商法论丛》2020年第1卷（总第70卷），社会科学文献出版社2020年版，第343页。

在美国家庭法领域，民权运动留下的最深的印记则是法律改革和个人权利保障意识的提升。个人关于结婚的选择权内生于私人自治，结婚是一项基础权利，这种结合的重要性与法律支持的其他任何个人的结合都不同。结婚为子女和家庭提供保障，由此赋予子女抚养权、生育权、教育权等相关权利以重大意义。各法院的判例和民族传统都表明婚姻是社会秩序的基石。① 在 1970 年颁布《统一结婚离婚法》之前的 75 年间，立法委员会一直致力于离婚法的研究和改革。各州的家庭法也基本围绕结婚法、离婚法、亲子法、未成年人监护法、收养法以及近年来兴起的人工生殖法与反家庭暴力法等展开。美国家庭法中的亲属关系以婚姻关系与亲子关系最为重要。故而本节主要简介这两类亲属关系的产生、消灭及效力。

家庭法中新近出现越来越多挑战权威性法律理论的法律理解，这些新的理解对婚姻和家庭等基础性的社会制度提出质疑。在马萨诸塞州，结婚证已经用"甲方"和"乙方"，取代了"丈夫"和"妻子"。马萨诸塞州州长米特·罗姆尼表示，该州的公共卫生部门已经开始着手调查载有"父亲"和"母亲"的出生证明是否需要被"父母 A"和"父母 B"所取代。这一文化转变深深牵涉相关法律的转变，如在马萨诸塞州的法院判决中重新定义婚姻，以及对相关问题的回应。② 在法律上理解"家庭"主要有两种方式：第一种是家庭法为亲属关系提供准确的定义和范围；第二种是自由的契约选择建立的亲属关系。

亲属，是基于婚姻、血缘和法律拟制而形成的社会关系，主体之间具有法定的权利与义务关系。婚姻家庭领域中各类主体之间的权利义务，都是以特定的亲属身份为发生依据的。亲属关系在其他法律领域也具有一定的法律效力，在家庭法对亲属关系进行一般性规定是采成文法国家的一般做法。③ 家庭法中的亲属关系通则一般包括亲属的概念、亲属的范围、亲系的划分及亲等的计算方法、亲属关系的产生和消灭、亲属关系的法律效力等内容。

二、当代美国亲属关系的范围和种类

虽然亲属关系的概念在许多学科中都有定义，但从生物学角度和婚姻所创造的关系进行关注是法律研究这一关系的出发点。这个概念与我们对自然家庭的理解以及它在几代人之间产生的关系紧密联系在一起。基于血缘关系的附属关系在不同的文化和时代都有不同的意义，但两性关系和亲子关系的独特性是为各国法律所承认的。正如 Brucc Hafen 教授在书中所述："亲密关系和婚姻的承诺代表着作为责任来源的最后的现代遗迹。通过婚姻和亲属关系的承诺，子女和父母在他们最原始的形式中体会到权利、责任和义务的需要和价值。"④

---

① Sanford N Katz. Family Law in America (second edition), Oxford University Press, 2015, pp. 23 - 24. refer to 2015WL2473451at * 17- * 18.

② William C. Duncan, "Choice and Kinship in Contemporary Family Law," WHITTIER JOURNAL OF CHILD AND FAMILY ADVOCACY. [Vol. 4;2], 2005, pp.233-238.

③ 夏吟兰、李丹龙：《民法典婚姻家庭编亲属关系通则立法研究》，载《现代法学》2017 年第 5 期，第 24 页。

④ Bruce C. Hafen, "The Constitutional Status of Marriage, Kinship, and Sexual Privacy：Balancing the Individual and Social Interests," *Michigan Law Review*. 1983, pp.463-476.

对于"家人"而言，人们可能很容易接受一个现成的观点即家人包括遗传意义上的"亲属"。但是毋庸置疑，"亲属关系"是一种社会建构，主要通过婚姻、收养等社会机制展现。但其并不局限于这些社会机制，我们似乎可以将以一种亲密关系同居过一段时间的成年人，无论是同性还是异性，视为组成了一个家庭。[1] 亲属关系作为一种法律上认知的家庭关系，在其中权利和义务是相连的。亲属关系的类型包括个体之间亲属关系的法律和社会建构两个方面，而不仅仅是血缘关系。[2]

在美国，实体法虽未直接归纳亲属的范围，但从相关法律的具体表述中可推出亲属的范围，主要包括：配偶（夫妻、同居伴侣）、父母子女（简称为"亲子"）、兄弟姐妹和祖孙，大致可以分为配偶、血亲与姻亲三类。但是需要注意的是，"亲属关系"并不局限于因出生而产生的自然的血亲关系，还包括收养的法律拟制血亲关系。

三、当代美国亲属关系的发生与终止

在亲属关系中，进入与退出的标准通常是清晰可辨的：婚姻、结婚仪式、婚姻登记、离婚判决、出生登记和死亡登记。在许多文化中，家庭团结意识是非常强烈的，包括承认亲属关系及其突出表现——使用家庭姓氏。

（一）配偶关系的发生与终止

当代英美法律界对"家庭"这个概念的认识已大大超越了传统的婚姻家庭范畴。比如说，对同性结合相关权利的认可，可能会突破婚姻制度在性别问题上的预设前提，因此，要进入英美家庭法的语境，就必须对"婚姻"和"家庭"等概念持更加开放、更加包容的认识。[3] 所以本节论述共同生活的配偶关系以是否遵循传统婚姻法观念为区分，以示传统婚姻与新兴类婚姻与婚姻替代品的区别。

1. 婚姻关系

关于婚姻关系的建立，按照 1970 年美国《统一结婚离婚法》，结婚必须符合法定的实质要件和形式要件，前者包括双方同意、一夫一妻制、达到法定婚龄、不能是近亲属等；后者是指需要符合法定的结婚程序。

除 1970 年美国《统一结婚离婚法》外，美国家庭法个别州规定另外一种进入婚姻的模式——普通法上的婚姻，犹他州是唯一一个设立和承认普通法上婚姻制度的州。11 个州，哥伦比亚特区以及一部分印第安部落目前通过一定方式承认普通法上的婚姻。这种婚姻，通过订立契约而结婚，不需要任何证件和庆典仪式。它即使进入认为其无效的州，将也会被其他州承认，即使这些州自己并不允许以这种方式缔结婚姻。普通法上的婚姻名义上婚姻关系的终止有两个方面的原因：当事人一方的死亡或离婚。1970 年美国《统一结婚离婚法》就离婚的条件与程序分别做了规定。

---

① Fitzpatrick v, Sterling Housing Association [2001]1 AC 27.

② Kinship, MERRIAMWEBSTER, http://www. merriam－webster. com/dictionary/kinship [https://perma. cc/8Q7THM3C]（defining kinship as "the quality or state of being kin"）; THE ROUTLEDGE ENCYCLOPEDIA OF SOCIAL AND CULTURAL ANTHROPOLOGY 397（Alan Barnard & Jonathan Spencer eds. , 2d ed. 2010）（distinguishing between the social and biological aspects of kinship）.

③ 马忆南、邓丽：《当代英美家庭法的新发展与新思潮》，载《法学论坛》2011 年第 2 期，第 13-19 页。

2. 准/类婚姻关系

美国的家庭结构在近 30 年中经历了戏剧性的变化，非婚生子女的比例和单亲家庭的数量均不断攀升。同姓婚姻的解禁，完全收养制度等进一步推动了家庭主义的衰落。[1] 同时美国"同居不婚"的现象越来越多。只有华盛顿州，基于长期同居创设了一种法律地位，被称为"坚定的亲密关系"。在这种情况下，每对伴侣获得一种平等地享有对方财产权的权利；但是这个规定在无遗嘱死亡法中不生效，也不在州立法和联邦立法中创设婚姻地位。这种法律地位设定涵盖同性同居者。

另外，美国有很多州已经承认了长期同居的契约声明，其中一方承诺照顾另一方，作为陪伴、家庭主妇等。这种声明一旦被承认，通常被作为明示合同和默示合同来对待。不过，即使声明成功，同居者在离婚财产分割和争取扶养费的时候也只能获得他们所声明的一部分权利。但有一部分州完全不承认这种声明，辩称，承认这种声明的话会破坏婚姻制度，或者阻挡婚姻的进程，担心有出现欺骗性声明的可能性。

在同居关系等准婚姻关系终结时，法律应该为其提供补救措施。[2] 美国法院在此类案件的审判中也开始积累判例法经验。例如，加利福尼亚州最高法院认为，在同居之间的明示和默示的合同都是可强制执行的。[3]

(二) 亲子关系的发生与终止

1. 血缘亲子关系

对于亲生子女，一般从子女出生时自动与生父母建立亲子关系，对于婚生子女，采绝对推定原则，除非丈夫性无能或没有生育能力，一对同居夫妇所育子女应被认为是婚生子。[4] 对于非婚生子，则采用亲子鉴定的方式确定子女的生父。在个别州，允许以自愿声明的方式建立亲子关系，这可使获得抚养和其他福利的儿童人数增加。此由于避免了长期而昂贵的法律程序来确定父亲身份，符合公共利益。建立亲子关系所需的时间和金钱也大大减少。[5]

对于亲子关系的终止，除父母一方死亡外，有州立法规定父母可以被剥夺亲权，如果发生虐待子女的情况，根据法律规定子女、子女的三代以内血亲、子女居住县的县监事均可以提起民事诉讼对亲权滥用进行司法认定；确认滥用事实的，子女可以脱离父母支配、抚养和义务教育。[6]

---

① Neo Khuu, "Obergefell v. Hodges: Kinship Formation, Interest Convergence, and the Future of LGBTQ Rights," UCLA Law. Review. 2017, pp.199-200.

② Cynthia Grant Bowman, "The New Family: Challenges to American Family Law," Child & Family. Law Quarterly. 2010, p.387.

③ Marvin v Marvin, 18 Cal 3d 660 (1976). But see Marvin. v. Marvin, 5 Family Law Reporter (BNA) 3079 (1979) (awarding nothing on remand).

④ West's Annotated California Codes Family Code (Refs & Annos), Division 12. Parent and Child Relationship, Part 2. Presumption Concerning Child of Marriage and Blood Tests to Determine Paternity, § 7540.

⑤ West's Annotated California Codes Family Code (Refs & Annos), Division 12. Parent and Child Relationship, Part 2. Presumption Concerning Child of Marriage and Blood Tests to Determine Paternity, § 7570.

⑥ West's Annotated California Codes Family Code (Refs & Annos), Division 12. Parent and Child Relationship, Part 1. Rights of Parents, § 7507.

2. 拟制亲子关系

当儿童的合法父母与其他人结婚，那么后来的配偶对于孩子来说就是继父母。继父母与继子女没有法律上的权利义务，但通过收养程序继父母可以成为儿童法律上的父母。如果儿童的另一方父母同意，或很少与儿童联系而不必取得其同意，继父母即可收养继子女，收养儿童也要遵循儿童利益最大化原则。养父母可以通过收养程序获得法律上的父母身份。一个孩子可能会因为父母的死亡而失去法定父母，但是在已经有两位合法父母的情况下，不允许再增加父母的数量，除非其中有人失去了亲权。①

四、当代美国亲属关系的法律效力

限于本章的研究对象为婚姻家庭制度，以下阐述亲属关系在婚姻家庭领域的法律效力。

（一）禁婚的效力

1970 年美国《统一结婚离婚法》规定：（1）直系血亲和兄弟姐妹之间禁止结婚；对于兄弟姐妹，无论全血缘还是半血缘，都禁止结婚。（2）对于旁系亲之间，首先，几乎所有州都禁止叔伯与侄女、姑妈与侄子等结婚；其次，约半数的州禁止第一代的堂（表）兄弟姐妹结婚，少数州禁止第二代堂（表）兄弟姐妹结婚。（3）对于拟制旁系血亲之间，有些州的最高法院明确认为不应禁止结婚，认为这种法律限制"不合逻辑"。

（二）对婚姻财产和夫妻扶养的效力

在美国，婚姻财产规则各州不尽相同，但可以被划分为两大部分：一部分遵循普通法规则；另一部分遵循夫妻共有财产规则。其中十个州有夫妻共有财产规则，夫妻共有财产制表明了一种强烈的婚姻结合的观念。② 在这种体制下，所有婚姻存续期间取得的财产均属于家庭所有，用这些收入购买的财产也归夫妻双方共有，不管其中一方是否是名义上的供给家庭，也不管最初的合法所有权归谁。但是任意一方取得的婚前财产，或者是赠与、继承给另一方的财产仍然是"独立财产"。剩下的州遵循"普通法"财产权规则，财产权的所有和控制依照个人权利确定。然而，即使是在依普通法规定财产权的州，配偶双方也可以选择财产共有：通过联名银行账户或者将财产所有权标记为联权共有、共有财产或共同所有权等方式。③

对于夫妻间的扶养义务，有个别州立法予以明确规定，如俄亥俄州家庭法第 3105.18 条就明确规定："'配偶扶养'是指为了维持、支持配偶或前配偶的生活需要而向配偶或前配偶，或为配偶或前配偶的利益而向第三人所为的给付。"目前美国普通法的"家主庇护原则"已被废除，现在遵循的是平等保护、性别平等原则，并且这个原则已上升到宪法第十四修正案的高度，成为婚姻财产权利配置的根本要求和逻辑起点。在此原则下，夫或妻，都对对方有一个一般性、原则性的经济支援义务（Economic Support in General）。夫妻离婚当然可主张扶养费（Alimony），但在普通法上，即使未离婚，只要处于分居状

---

① Leah C. Schwartz, Family Law-Blood as Best Interests: The Wyoming Supreme Court Expands Associational Rights and the Preference for Kinship Placement, Wyoming Law Review, Vol.11, 2011, pp.550−555.

② Sanford. N. Katz, Family Law in America, (second edition), Oxford University Express, 2015. p.62.

③ Brian H. Bix, Family Law, Oxford University Press, 2013, pp. 4−22.

态，一方也可起诉另一方要求扶养费，在有些州这甚至是法定义务。[①]

（三）监护的效力

目前，父母作为其未成年子女监护人享有监管儿童的权利，但同时有义务保证儿童利益最大化。母亲对其子女从出生起就拥有受宪法保护的权利，美国最高法院宣告非婚父亲只有调查中发现与子女保持一定程度的联系时才享有宪法所保护的权利。如果父母照顾和保护子女利益的行为低于一个特定的最低界限，那么国家有权将儿童带离该家庭，最严重的情况下可撤销父母对子女的监护人资格。撤销父母对子女的监护人资格，是美国用来保护受虐待和受忽视儿童、干预父母子女关系的最严厉手段。父母如果有忽视、虐待儿童的行为或者父母因酒精或其他物质造成无能力或道德堕落、被判重罪、被宣告患有发育障碍或精神疾病等都可能导致父母丧失亲权。[②]

第三节　当代美国结婚制度

本节研究和阐述以下内容：一是当代美国结婚制度概述；二是当代美国结婚的条件和程序；三是当代美国婚姻的无效与可撤销制度；四是当代美国同居关系制度；五是当代美国同性结合制度。

一、当代美国结婚制度概述

美国结婚制度主要内容包括婚姻的实质要件和形式要件，其具有自己的特色。第一，结婚手续更多，不仅要求申请、登记，还要求有民俗色彩浓厚的仪式；第二，采取“两层三阶制”的婚龄制度，更有弹性地在保护未成年人和尊重个人意愿之间取得平衡。

值得注意的是，美国对不符合法定要件的婚姻有条件地承认一定的效力。狭义上看，缺失某些法定要件的婚姻可以通过普通法婚姻、推定配偶制、婚姻效力禁反言等法技术手段产生正式的法律效力；广义上看，双方没有结婚的同居关系，也在财产关系上得到有限度的承认。美国对于同性结合的承认过程曲折、反复，但最终承认了同性婚姻。

在法律渊源上，美国结婚制度主要有统一示范法的 1973 年美国《统一结婚离婚法》和各州判例，同性结合部分主要是联邦最高法院的判例。

二、当代美国结婚的条件和程序

美国婚姻法上婚姻的要件，分为实质要件和形式要件，包括双方同意、一夫一妻制、达到法定婚龄、非近亲属以及结婚仪式等。

（一）结婚的实质要件

1. 双方同意

双方同意包含两层要求：（1）结婚双方必须有订立合同的行为能力；（2）双方必须

---

① Homer H. Clark. The law of domestic relations in the United States. West Group, 1988, pp. 266–267.

② See, West's Annotated California Codes Family Code（Refs & Annos）Division 12. Parent and Child Relationship, Part 4. Freedom from Parental Custody and Control（Refs & Annos）, § 7822–7827.

就结婚达成一致的意思表示。① 因此，合同法领域中关于行为能力、合同效力的基本规则也适用于婚姻法中的结婚。

2. 符合一夫一妻制

一夫一妻制在美国之所以成为问题，是因为美国奉行宗教自由并实行联邦制。前者导致摩门教教徒等一夫多妻支持者以宪法修正案对宗教自由的保护为依据，要求允许他们实行一夫多妻；后者导致联邦不能直接立法禁止一夫多妻，因为这被视为州的权力范围。联邦法院系统努力争取禁止一夫多妻，其在判决中提出的观点包括：在公共管理中社会利益高于摩门教徒权利，因此教徒们可以信仰但不能实行一夫多妻制；② 一夫一妻是我们社会结构中不可分离的部分，是文化的基石，因此州政府有理由为了它的根本利益禁止一夫多妻，以保护一夫一妻的婚姻关系。③ 但是反对联邦法院干涉一夫多妻的声浪也很高，甚至包括联邦法院内部也有反对意见。在著名的 Lawrence v. Texas 案件中，联邦最高法院某法官声称"一个州中具有支配地位的大多数人将某一行为（一夫多妻）定性为不道德，但这不能成为禁止这种行为的立法理由"。④ 从美国一夫一妻制的争论及其背景可见，主要涉及的是宗教信仰问题而非法律专业问题，并且大部分州都是实行一夫一妻制的，允许一夫多妻只是少数州的非主流做法。

3. 达到法定婚龄

美国婚姻法的法定婚龄有几个较为特别之处：第一，过去的普通法规定了男女不同婚龄，男方满 14 周岁，女方满 12 周岁，即使其后法定婚龄不断提高，男女差异在很长一段时间依然存在。但是，在 20 世纪 70 年代⑤出现的平等保护条款要求下，男女婚龄差异被取消。第二，法定婚龄的设立依据发生了变化。过去设定法定婚龄主要是认为准备结婚的人应当达到青春期，现代社会因结婚婚龄一般来说都高于青春期年龄，因此法定婚龄的设立依据不再是生理上的身体发育程度，而是法律上的订立合同的能力。第三，美国法定婚龄采取了可称之为"两层三阶制"的做法。以 1973 年美国《统一结婚离婚法》为例：（1）18 周岁以上，自主决定是否结婚。（2）18 周岁以下，又以 16 周岁为界分为两个阶段：①16 周岁以上只须取得家庭或共同许可之一即可，只要双方父母或监护人同意，或法庭许可，都可以结婚；②16 周岁以下则必须取得共同许可，即不仅要双方父母或监护人同意，还必须得到法庭许可，二者缺一不可。

美国法定婚龄采取"两层三阶制"的依据在于，首先，结婚被视为缔结婚姻合同，因此结婚能力与缔结合同能力息息相关，而在美国合同法上，从 20 世纪 70 年代开始，18 周岁被视为完全行为能力年龄，⑥ 而美国《合同法第二次重述》也规定 18 周岁以上缔结合同有效，18 周岁以下可撤销。⑦ 其次，无论是联邦还是各州，都逐渐认可公民即使不满

---

① 有的译著对第二层要求一般翻译成"有真实的结婚意图"，根据双方同意的原用语 consent 的概念以及论述内容，实际上是就结婚达成一致的意思表示。

② Reynolds v. United States, 98 U. S. 145(1878).

③ Potter v. MurrayCity, 760 F. 2d 1065(10th Cir. 1985).

④ 539 U. S. 558(2003).

⑤ Stanton v. Stanton(Stanton Ⅰ), 421 U. S. 7(1975)；Stanton v. Stanton(Stanton Ⅱ), 429 U. S. 501 (1977).

⑥ ［美］杰弗里·费里尔、迈克尔·纳文：《美国合同法精解》（第四版），陈彦明译，北京大学出版社 2009 年版，第 491 页。

⑦ 美国《合同法第二次重述》第 14 条。

18 周岁也应有权投票或就重要事宜进行自我决定，因此设置了两层，为 18 周岁以下结婚留下窗口。最后，对 16 周岁以下的既要父母或监护人同意，还需获得法院许可，这传递着对 16 周岁以下不提倡结婚的政策倾向。

4. 双方非禁婚亲

结婚双方不能是禁止结婚的近亲属，具体而言分为几个层次：

（1）直系血亲和兄弟姐妹之间禁止结婚；对于兄弟姐妹，无论全血缘还是半血缘，都禁止结婚。这是各州的共同选择。

（2）对于旁系亲之间，首先，几乎所有州都禁止叔伯与侄女、姑妈与侄子等结婚；其次，约半数的州禁止第一代的堂（表）兄弟姐妹结婚，少数州禁止第二代堂（表）兄弟姐妹结婚。

（3）对于拟制旁系血亲之间，有些州的最高法院明确认为不应禁止结婚，认为这种法律限制"不合逻辑"。

由此可见，美国各州在直系血亲和兄弟姐妹之间、旁系血亲长辈与晚辈之间禁止结婚达成了共识，但对此以外的禁止结婚的近亲属范围则做法各不相同。尽管如此，各州的理念依然能够找到共通的地方：禁止近亲结婚的依据在过往主要是出于优生优育的考虑，但现在更多的是出于防止家庭关系成为性利用或性剥削基础的考虑，这也许是美国婚姻在旁系血亲结婚问题上强调禁止长晚辈而宽容同辈的原因。

此外，实行自愿婚前检查。在美国，为了优生优育以及维护配偶健康，以前各州曾普遍要求对性传播疾病或可能影响配偶、子女健康的疾病进行婚前检查。到了 20 世纪 80 年代，更是有 30 个州都进行立法，强制婚前筛查 HIV 病毒。犹他州是其中的典型代表，曾规定艾滋病、梅毒或淋病等传染病患者禁止结婚。然而，此后强制婚前检查逐渐被取消，如犹他州的规定就被认定为违宪而废止，[1] 而罗德岛也撤销了血液检查，只是向办理结婚登记的新人们发放关于性传播疾病的告知书，并提供免费检查。因此，婚前检查已经从强制进行，转向风险告知、提供免费检查，来吸引人们自愿选择。

（二）结婚的形式要件

美国的结婚程序主要包括申请结婚、获得批准、举行仪式、取得证明、办理登记等步骤。下面以 1973 年美国《统一结婚离婚法》为例介绍美国结婚程序：[2]

第一，提出结婚申请。结婚申请要写明申请结婚双方的个人信息，如果没有重婚或者属于禁婚亲的情形，就会获得登记机关颁发的结婚批准书和结婚证明书。结婚批准书一旦颁发，申请人必须在法定期限内举行结婚仪式，否则仪式不具法律效力。这段期限从 30-60 天不等，逾期举行仪式有些州还要罚款。[3]

第二，举行结婚仪式。结婚仪式是结婚登记的前置程序。新人们要先举行一场结婚仪式，这个仪式本身没有硬性要求，按照任何种族、宗教要求的任何类型都可以，主持人可以是法官、公共官员，也可以是与信仰或风俗相应的人员。举行结婚仪式后，由主持人就仪式情况填写结婚证明。此外，结婚仪式允许代理，即新人一方或双方不能出席

---

① T. E. P. v. Leavitt，840 F. Supp. 110（D. Utah 1993）.

② 美国《统一结婚离婚法》第 201-206 条。

③ 夏吟兰：《美国现代婚姻家庭制度》，中国政法大学出版社 1999 年版，第 20 页。

仪式时，可由他人代为出席。①

可见，美国结婚程序既有任意性部分也有强制性部分，结婚仪式为了因应不同种族、宗教的要求而更多体现的是任意性，强制性主要体现在批准、登记等程序中，因此允许代理也不会损害结婚手续的严肃性和公示公信力。

第三，办理结婚登记。登记机关凭主持人填写的结婚证明为新人办理结婚登记。一般而言，只需有结婚证明就可以办理结婚登记，但是为防止人们因毒品、酒精影响或各种动机的刺激而冲动结婚，美国有约四分之三的州要求举行结婚仪式后要经过 1 天至 10 天（通常是 3 天）才可以去办理结婚登记，这期间就是等待期。

三、当代美国婚姻无效与可撤销制度

在美国，如果结婚不符合或者违背法定的实质要件或形式要件，就会产生应当的法律后果，即婚姻的无效或可撤销。归纳起来，其主要有不具备结婚能力、不具备结婚意愿以及违背公共政策等三种情形。

（一）婚姻的无效与可撤销的要件及法律后果

1. 不具备结婚能力

结婚既然被视为缔结婚姻合同，那么不具备结婚能力主要指向不具备缔结婚姻合同的能力，从心智的角度看主要是未达到法定婚龄，或者是精神不健全。值得注意的是，美国将身体不健全即不可医治的性无能也纳入不具备结婚能力的范畴，即配偶在结婚时对对方性无能不知情的，婚姻无效。②

2. 不具备结婚意愿

不具备结婚意愿主要是指结婚的意思表示存在瑕疵，包括欺诈、胁迫、通谋虚假行为等情形。这些意思表示瑕疵基本适用合同法上对应的构成要件。

就欺诈而言，要求其必须是"实质性的"。这是指，一方面，如果不是因为欺诈，根本不可能成立婚姻；另一方面，这种欺诈对正常婚姻关系发生负面影响。具体情形包括拒绝夫妻性生活、拒绝生育、性无能或有性病、掩盖自己具有不同信仰的事实等。相反，关于贞操、年龄、财富、身份以及婚姻史的欺诈不构成实质性欺诈。就胁迫而言，部分法院认为，从公共政策出发应尽可能维持婚姻有效性，不予撤销；部分法院则认为因害怕法律制裁而结婚也构成胁迫，应宣布撤销婚姻。③ 就通谋虚假行为而言，关键是当事人结婚的真实意思是否涵盖了婚姻的实质部分，是则婚姻有效，否则婚姻无效。

3. 违背公共政策

还有些婚姻是因为违背公共政策而影响婚姻的效力，如婚姻双方属于禁婚亲，或一方重婚或患有不宜结婚的特定疾病，或者没按要求举行婚姻仪式等。此外，从传统婚姻来说，婚姻双方当然是异性的，因此过去并不允许同性结婚，但是随着美国社会的发展已经允许同性结婚。

---

① 结婚仪式与结婚登记的规定主要参见美国《统一结婚离婚法》第 206 条，允许结婚仪式代理规定在该条（b）款。
② 夏吟兰：《美国现代婚姻家庭制度》，中国政法大学出版社 1999 年版，第 44 页。
③ 夏吟兰：《美国现代婚姻家庭制度》，中国政法大学出版社 1999 年版，第 45 页。

违反婚姻要件的法律后果是使婚姻无效或可撤销。总体来说，不具备结婚能力以及严重违背公共政策的大多属于无效婚姻，如性无能、属于禁婚亲、重婚等。不具备结婚意思的大多属于可撤销婚姻，例外的是通谋虚假表示，如果当事人结婚的真实意思未涵盖婚姻实质部分则婚姻无效。

值得注意的是，在不具备结婚能力的情形中，如前所述根据美国合同法未成年人缔结的合同是可撤销而非无效，因此相应的未达法定婚龄成年人缔结的婚姻也是可撤销的。以前大多数州将精神不健全缔结的婚姻作为无效婚姻，但现在是可撤销婚姻，除非精神或智力障碍达到非常严重以至于法院作出无行为能力判决的程度。[1] 1973 年美国《统一结婚离婚法》也体现了这个立法趋势。[2]

此外，一些州规定，无效婚姻中一旦无效事由消灭，则婚姻自动生效，当事人不得再申请认定婚姻无效，但婚姻效力不溯及既往。1973 年美国《统一结婚离婚法》也选择了这个立场，如某人重婚，前婚配偶死亡后，后婚即合法有效。[3]

（二）婚姻的无效与可撤销法律后果的缓和

1. 普通法婚姻

在美国，婚姻仪式是婚姻成立法定程序的组成部分，但是在普通法上是允许不举行婚姻仪式而建立婚姻关系的，这些婚姻被称为普通法婚姻。美国保留了这个普通法传统的历史原因也许是因为早期国家地广人稀，找官员或牧师主持婚礼以及记录保管仪式过程都比较困难，因此，有一部分州承认不按照要求举行仪式的婚姻的法律效力。但是，目前美国有越来越多的州不承认这种不举行仪式的婚姻，其原因有二：一方面，如前所述，婚姻仪式的关键功能在于固化双方缔结婚姻的意思表示的证据，如果缺少了仪式而要求承认婚姻关系，无疑是让法院在缺乏证据的基础上作出裁判，因此有必要废除。另一方面，推定配偶等制度可以对因缺少仪式而不被承认的婚姻作出救济，当事人仍有机会享受与正式婚姻同等的权利，因此没必要保留。

2. 推定配偶制

推定配偶制是美国婚姻法中非常重要而且极富司法技术色彩的制度。[4] 根据 1973 年美国《统一结婚离婚法》第 209 条，其具有两层意思：（1）某人和另一人同居，虽然没有办理结婚手续，但某人确信他们已具有婚姻关系，该人就被推定为另一人的配偶；（2）某人和另一人的婚姻虽有无效事由或已被宣告无效，某人依然享有法定配偶的权利，主要是指经济上的权利，包括配偶法律地位被终止后的被扶养权利。因此，推定配偶制即是因存在特定事由不给某人合法的夫/妻之名，但又让某人享有经济权利上的夫/妻之实。

综上，推定配偶制的构成要件包括：（1）某人与另一个人同居；（2）两人之间没有建立婚姻关系，或者虽建立婚姻关系但有无效事由；（3）某人善意地相信两人已建立婚

---

[1]　与我国大量适用无行为能力不同，美国对行为能力采取谨慎且个性化的判断标准，即除非精神或智力障碍达到非常严重的程度，否则不会被判决无行为能力。[美] 杰弗里·费里尔、迈克尔·纳文：《美国合同法精解》（第四版），陈彦明译，北京大学出版社 2009 年版，第 457 页。

[2]　美国《统一结婚离婚法》第 208 条。

[3]　美国《统一结婚离婚法》第 207 条。

[4]　有的译著将其翻译为推定配偶"理论"/"原则"，虽然符合 doctrine 的一般译法，但是不符合该制度在司法实践中的运用，因其不是指导某一具体制度的适用，而是具有特定构成要件，由法官根据案情判断是否符合要件要求进而决定是否适用，是裁判技术，而非司法理念，因此本书译为"制度"。

姻关系，或者不知道已建立的婚姻关系有无效事由。必须注意，对于既存在法定配偶又存在推定配偶的，法院可以以法定配偶优先，在经济上适用照顾推定配偶。

3. 婚姻效力禁反言规则

婚姻效力禁反言的最初含义是指，某人缔结前婚、离婚、缔结后婚的，因前婚的离婚不符合规定而无效后，如果某人知道前婚离婚无效又缔结后婚，或者有参与前婚离婚手续的，那么该人不得主张后婚因前婚未解除而无效，即使后婚在法律上确实会因为重婚而无效。在司法中这一规则被扩张适用，内涵扩充至不仅某人自己不得主张，而且第三方也不得主张后婚因前婚未解除而无效，只要法院认为因前婚离婚无效而导致后婚无效的结果会对后婚其中一方当事人不公，就足以适用这一规则。①

婚姻效力禁反言规则的适用还遵循一个子规则，即"身份与财产区分对待"。这个规则的意思是，如果诉讼请求是关于婚姻身份，即确认婚姻无效之诉或离婚之诉，不适用婚姻效力禁反言规则；如果诉讼请求是关于财产方面的，如反对已故配偶的遗产分配方案等，就可以适用婚姻效力禁反言规则。②

四、当代美国同居关系制度

所谓同居关系，也称为非婚同居关系，是指不进行法律上的结婚就共同生活在一起的同居（伴侣）当事人之间的关系。非婚同居是社会发展的产物，越来越多的同居伴侣不愿意承担婚姻的责任，或者对这种责任是如此谨慎以至于必须经过共同生活才敢决定是否要结伴走进结婚，又或者仅仅是出于某段时间某种环境的必要而临时结合在一起。在美国2010年的人口普查中，所有的家庭中只有48%是结婚的，即52%都是非婚同居关系，这是自1940年美国建立家庭统计以来首次结婚的家庭占比不足50%。③ 也就是说，非婚同居已经不是"少数派"而是多数派。有研究反映，大部分的非婚同居者在一两年内就分开，或者结婚，但是他们的婚姻并不如那些没有同居而直接结婚的伴侣稳定。④ 非婚同居数量大且同居关系不稳定，故会产生大量纠纷，如何对非婚同居伴侣进行权利界定和保护成为重要课题，目前美国也改变了传统对非婚同居批判的社会态度，以及法律上一概否定非婚同居的财产协议具有效力的态度。

（一）承认非婚同居财产协议的马文规则

非婚同居案件中影响力最大的有两个案件，第一个是 Marvin v. Marvin 案，⑤ 产生了"马文规则"。该案中，李·马文已婚，但与米歇尔发生性关系并同居7年，其间李·马文与妻子离婚，米歇尔也改姓马文，但两人一直没有结婚。其后，李·马文将米歇尔赶出住所，米歇尔起诉李·马文要求分割财产，理由是双方达成了平等分配财产的"口头协议"。一审法院以这种协议违背公序良俗为由，驳回了米歇尔的诉讼请求。但是加利福

① Clark, *Estoppel Against Jurisdictional Attack on Decrees of Divorce*, 70 Yale L. J. 46-49(1960); Rosenberg, *How Void is a Void Decree, or the Estoppel Effect of Invalid Divorce Decrees*, 8 Fam. L. Q. 208-209(1974).

② Gregory, John De Witt, Peter N. Swisher, and Sheryl L. Wolf. *Understanding family law*. LexisNexis, 2011, p. 44.

③ Robert E. Oliphant, Nancy Ver Steegh. *Family law(Fourth Edition)*. Wolters Kluwer. 2013, p. 459.

④ W. G. Axinn, A. Thornton, *The Relationship Between Cohabitation and Divorce: Selectivity or Causal Influence*. Demography 29(1992). p. 357; J. D. Teachman, J. Thomas, K. Pasch. *Legal Status and the Stability of Coresidential Unions*. Demography 38(1991). p. 571.

⑤ 557 P. 2d 106 (1976).

尼亚州最高法院撤销了原判并发回重审，它认为：（1）非婚同居协议，无论是明示还是默示，都有法律约束力；（2）除非协议直接建立在庸俗的性关系上，否则不会违背公序良俗；（3）非婚同居协议的效力依据，在合资企业、默示契约、按劳动获酬以及推定信托、归复信托等衡平法救济中都可以找得到。[①] 由此，本案产生了"非婚同居分居生活费"这个诉请项目。

（二）否认非婚同居财产协议的霍伊特规则

Marvin v. Marvin 案发生 3 年以后，另一个富有影响力的案件产生了，伊利诺伊州最高法院在 Hewitt v. Hewitt 案中得出了一个完全相反的结论。在该案中，双方当事人在大学时就发生了性关系并同居达 15 年之久，男方声称仪式是不重要的并且信誓旦旦地保证会与女方分享他的生命、未来、收入和财产。其间，两人育有 3 个孩子，像传统的已婚夫妻一样生活，女方更是完美扮演了妻子的角色并完成家务工作，还在男方的儿童牙医诊所工作。此后女方诉请离婚，并要求获得非婚同居的分居生活费。伊州最高法院认为：（1）本州已废除了普通法婚姻，因此非婚同居者是没有配偶财产权的；（2）双方之间确实存在原告主张的协议，但协议包含了性关系的内容，是违背公序良俗的；（3）依照衡平法理论来给予救济是立法的事，而不是司法机关的任务。

伊州最高院采取了一种非常严格的立场。因为该案在事实和证据层面远比 Marvin v. Marvin 案扎实和充分。Hewitt v. Hewitt 案的原告如果在其他州进行诉讼的话，那么在部分承认普通法婚姻的州，她将得到普通法配偶的地位，在其他不承认普通法婚姻的州也会依据婚姻效力禁反言规则、不当得利等获得救济。但是，仔细分析两案的分歧并不是太大。首先，诉请赔偿的原告在两案中都败诉了，只是败诉原因一个在事实和证据层面，一个在法律层面；其次，两个州都拒绝赋予违反公序良俗的合同以法律效力。两案的实质性分歧在于，对于非婚同居协议的效力，加利福尼亚州最高法院认为仅是其中有关性关系的部分无效，其他部分有效；而伊州最高法院认为只要其中有性关系的内容，就全部无效。

大部分州既没有采用马文规则也没有采用休伊特规则，而是采取了其他折中的办法。有些州认为只要有书面合同，那么合同中关于财产分享的约定就是有效的；其他的州也认定明示的口头协议的效力，但不认可默示协议效力；有些州既允许通过合同法给予救济，又允许合同法之外的救济。[②] 此后，较为有影响力的是马萨诸塞州的判例，它提出只要性服务不是协议的主要对价的话，那么非婚同居协议只要符合合同法的生效要件就是有效的。[③]

总体来说，美国法院处理非婚同居的问题依然遵循了之前推定配偶制等制度的理念，有财产无身份。但非婚同居协议因为涉及性关系，可以确定的一条底线是，性服务绝对

---

① 推定信托（Constructive Trust）是指在一定的特殊情况下，衡平法认为，特定财产的所有者纯粹为了自己的利益而持有财产是不合良心的，因而由法院施加的一项信托；归复信托（Resulting Trust）也称结果信托，是指委托人或遗赠人进行一项财产转移，但由于某种原因未成功，财产又回转给委托人或遗赠人。在本案中，前者是指从衡平法角度，不应由李·马文独占财产，因此在他与米歇尔之间拟制了财产信托关系；后者是指根据口头协议，相当于米歇尔订立契约时将部分财产委托给李·马文，关系破裂后该财产应当复归米歇尔。

② Lynn Dennis Wardle, Laurence C. Nolan. *Family Law in the USA*. Kluwer Law International, 2011, p. 137.

③ Wilcox v. Trautz, 693 N. E. 2d 141 (Mass 1998).

不能成为协议的主要对价，否则协议无效。

五、当代美国同性结合制度

在美国，同性结合关系从最初的污名化、绝对被禁止，到今天的联邦最高法院承认同性婚姻，产生了许多著名的具有立法性质的判例。尽管这个过程有起伏、反复，但总体向着承认同性结合关系、同性婚姻的趋势发展，具体而言可分为以下几个阶段：

（一）同性结合的实质禁止

婚姻一直以来被定义为异性的结合，因此大部分州之前是禁止同性婚姻的，同性婚姻被视作自始无效，不但禁止同性婚姻的立法在当时被认为不违背宪法所保护的公正程序和平等保护的权利[1]，甚至同性性行为都在禁止、打击的范围内。以前，许多州都设有鸡奸法，将同性性行为视为犯罪。1986年，联邦最高法院在 Bowers. v. Hardwick 案中再次肯定了鸡奸法，[2] 确认了佐治亚州鸡奸法的合法性，使同性结合遭受沉重打击。但同性结合者经过近20年的权利斗争和社会发展后，2003年联邦最高法院终于推翻了自己的观点，在 Lawrence v. Texas 案中废止了田纳西州的鸡奸法，认定将同性性行为定性为犯罪构成了对同性恋者人格的诋毁。[3] 其实，在该案中联邦最高法院还比较分析了异性婚姻家庭和同性伴侣家庭之间的共同点，但仍是小心地回避了对同性婚姻的承认问题，尽管判决承认了同性建立持久的亲密关系的权利。

（二）同性结合的名义禁止

同性结合者的斗争成果不仅体现在去污名化上，还体现在同性伴侣享有的法律权利上。在1993年的 Baehr v. Lewin 案中，夏威夷州最高法院认为为了实现州宪法平等保护的目的，要求对同性婚姻的禁止应接受严格的合宪性审查。案件发回重审后，重审法院认为禁止同性婚姻找不到令人信服的对本州有益的依据，因此承认了同性婚姻的法律效力。[4] 但是，随后夏威夷实施了与判决略为不同的、被称为"除了结婚啥都行"的措施：一方面，修订了州宪法明确禁止同性婚姻；另一方面，颁布新法允许同性伴侣以"家庭伴侣"的身份进行登记，[5] 家庭伴侣能够获得许多法定配偶享有的权利和利益，主要是财产权利。

1999年，佛蒙特州最高法院提出要将"婚姻中的权益和保护"延伸给同性伴侣，[6] 随后该州立法允许同性伴侣登记为家庭伴侣。加利福尼亚州、哥伦比亚特区等纷纷效仿，通过立法允许同性伴侣登记为家庭伴侣，或者采取民事结合制度，给予同性伴侣除了"婚姻"之名以外的几乎各种法定配偶的权利，其主要是财产权利。

① Baker v. Nelson, 191 N. W. 2d 185(Minn. 1971); Dean v. District of Columbia, 653 A. 2d 307(D. C. Ct. App. 1995); Jones v. Hallahan, 501 S. W. 2d 588(Ky. Ct. App. 1973); De Santo v. Barnsley, 476 A. 2d 952 (Pa. Super. Ct. 1982); Slayton v. State, 633 S. W. 2d 934(Tex. Ct. App. 1982).
② 478 U. S. 186(1986),
③ 539 U. S 558(2003).
④ Baehr v. Lewin, 852 P. 2d 44(Haw. 1993). 重审案件 Baehr v. Miike, 910 P. 2d 112(Haw. 1996)。
⑤ 新法也允许异性未婚伴侣登记为家庭伴侣。
⑥ Baker v. State, 744 A. 2d 864(Vt. 1999).

（三）同性结合者权利斗争的正名运动

截至 2010 年，全美已有 13172 对同性已婚配偶以及 514735 对同性未婚伴侣。① 他们不再满足于实质性的财产权利，还渴望合法的配偶身份，渴望在法律的"婚姻"庇护下维持更稳定的伴侣关系。这首先在个别州得到了实现。在 2003 年 Goodridge v. Massachusetts Department of Public Health 案中，马萨诸塞州最高法院认为该州禁止同性婚姻没有充分的宪法依据。换言之，在法律上同性婚姻是有效的。② 随后，在立法推动的过程中，州立法机关询问州最高法院采取家庭伴侣或民事结合制度是否可行时，州最高法院给予了否定的答复，因此马萨诸塞于 2004 年立法承认同性婚姻，成为美国第一个正式承认同性婚姻的州。③

近年来，联邦最高法院开始正面承认同性婚姻并大力推进。首先，在 2013 年 United States v. Windsor 案中废除了《婚姻保卫法案》的部分内容，并明确对已在各州获得合法性的同性婚姻，联邦政府不得认定无效。然后，在 2015 年的 Obergefell v. Hodges 案中，④ 联邦最高法院首次承认了同性婚姻的合法性。

该案并非来源于一个案件，而是密歇根、肯塔基等四个州地方法院判决上诉到联邦巡回法庭后，联邦巡回法庭决定合并审理并驳回同性恋者当事人请求，随后由联邦最高法院提审的案件。在判决主要理由中，肯尼迪法官简要回顾了婚姻以及美国同性结合关系的历史，以及上述多个有影响力案件的判决，随后对同性婚姻合法性作出论证：首先，宪法第十四修正案的正当程序条款要求对基本权利进行保护。其次，婚姻权属于基本权利：（1）婚姻权属于基本权利在多个判例中得到反复重申，包括 Loving v. Virginia 案等。⑤（2）这些肯定婚姻权属于基本权利的判例确实都是关于异性婚姻的，但是宪法保护的范围也是可以扩张的。（3）宪法所保护的婚姻权可以且有必要扩张到同性婚姻，一是因为个人对婚姻的选择权，无论选择同性婚姻还是异性婚姻，都是实现个人自治的要求；二是结婚这种两个人结合关系的重要性超越其他个人关系；三是许多同性伴侣正在组建家庭、养育儿女，承认他们的婚姻有利于保护家庭和儿童；四是婚姻是社会的基石、法律秩序的核心，税收、继承、监护、医疗保险、工伤补偿等千条以上的联邦法律都是以婚姻状态为适用依据的。（4）对同性婚姻的保护，不仅是宪法第十四修正案中正当程序的要求，也是该修正案中平等保护的要求。因此，联邦最高法院的结论是：（1）同性伴侣有结婚的权利，该项自由不受干涉；（2）本案涉诉的各州法律中涉及将异性婚姻法律适用于同性婚姻的规定，应属无效。

该案判决的意义毋庸赘言，其涉及的案件事实都非常典型：其中，一个原告与自己

① Robert E. Oliphant, Nancy Ver Steegh. *Family law(Fourth Edition)*. Wolters Kluwer. 2013, p. 459.

② Goodridge v. Massachusetts Department of Public Health, 798 N. E. 2d 941(Mass. 2003).

③ 但当时各州对 Goodridge v. Massachusetts Department of Public Health 案的反应不一。有些州一直拒绝该案判决，仍有 40 多个州拒绝承认同性婚姻，有 30 个以上的州还专门修改宪法来禁止同性婚姻。然而，此后有越来越多的州通过判例或通过立法，陆续承认同性婚姻。尤其是缅因州、罗德岛、新罕布什尔、纽约州、宾夕法尼亚、哥伦比亚特区等东北部州，它们大多采取自由派立场。

④ Obergefell v. Hodges, 576 U. S. (2015). 关于该案国内已有不少论文作了富有启发的论述，但大多从法理、宪法等角度讨论，从婚姻家庭制度角度讨论的不多。判决主要意见的翻译参见申晨：《美国同性婚姻合法化判决——"奥伯格费尔诉霍奇斯"案判决主文》，载《苏州大学学报》（法学版）2016 年第 3 期。

⑤ Loving v. Virginia, 388 U. S. 1(1967). 该案废除了关于不同种族通婚的禁令。

同性伴侣共同生活了近20年，伴侣去世后因所在州不承认同性婚姻，原告不能登记为伴侣配偶，为此名分之争诉至法院；另一个原告与同性伴侣收养了两名残疾儿童，但由于不能缔结婚姻，不仅收养数量受到限制，而且被收养儿童只能选择她们其中一人为监护人，即从法律意义上被收养的儿童生活于"单亲家庭"。可见，联邦最高法院的判决不仅是同性婚姻的胜利，也是同性结合者权利斗争进入纵深阶段的标志：他们不仅要财产权利，还要身份权利。尽管联邦最高法院的判决并非终局性的胜利，同性婚姻问题因意识形态、文化传统等方面在美国还可能有反复，但是承认同性婚姻在美国已是大势所趋。

第四节　当代美国夫妻关系制度

本节研究和阐述以下内容：一是当代美国夫妻关系制度概述；二是当代美国夫妻人身关系制度；三是当代美国夫妻财产关系制度。

一、当代美国夫妻关系制度概述

美国夫妻关系可分为人身关系和财产关系两大类，前者包括配偶权、作证豁免、婚内诉讼豁免、婚姻姓氏等内容，后者包括夫妻间一般性的经济支援义务、事实代理、配偶扶养义务及夫妻财产制等。其中具有美国特色的是夫妻财产制度，因为各州立法不尽相同，有些采用普通法财产制，有些采用大陆法财产制，不同的财产制度之间互有异同，译名更易混淆，即使是统一示范法1983年美国《统一婚姻财产法》，也只是采用了诸多财产制的其中一种。因此，本节专门介绍了均分财产制、夫妻一体共有制、所得共同制等内容，这些财产制度与配偶扶养义务制度等相结合，才能较为完整地展示美国夫妻财产关系的概貌。此外，婚姻协议在美国非常发达，不仅有婚前协议，还有婚后协议、分居协议；不仅有统一示范法，并且还就示范法进行了修订后制定了新的2012年美国《统一婚前和婚姻期间协议法》。它的适用也是婚姻纠纷在司法实践中的热点和难点。

二、当代美国夫妻人身关系制度

（一）配偶权

在美国，根据普通法的传统，配偶权只是丈夫享有的权利，包括要求妻子做家务、陪伴以及性交。时至今日，许多州都承认了妻子的配偶权，41个州和哥伦比亚特区都规定了婚姻双方有权就配偶权受侵害而索偿。[1] 根据美国立法和判例，配偶权指的是：夫妻之间各种关系的集合；[2] 内容指向配偶的爱、情感、服务和陪伴等。[3] 这种与身份关系密切相关并且内容庞杂的权利，从理论上很难彻底穷尽地列举，实践中更重要的是它受到侵害后可以获得的救济而不是它本身的概念，因此司法救济是配偶权的焦点问题。

1. 夫妻一方对配偶权的侵害

在美国的大部分州，夫妻一方侵害另一方配偶权的，另一方可以提起侵权损害赔偿

---

① American Export Lines v. Alvez, 446 U. S. 274(1980).
② Homer H. Clark. *The law of domestic relations in the United States*. West Group, 1988, p. 382.
③ Pickens Bond. Constr. Co. v. Case, 584 S. W. 2d 21(Ark,1979); Clark v. Ark-La-Tex Auction, Inc. , 593 So. 2d 870 (La. Ct. App. 1992); Berger v. Weber, 267 N. W. 2d 124(Mich. Ct. App. 1978).

之诉。

2. 第三人对配偶权的侵害

美国法院大都支持针对第三人损害配偶权的索偿之诉，如第三人意外致丈夫死亡的，妻子可以提起配偶权受侵害之诉；又如，第三人与夫妻一方通奸的，无论第三人是否知道通奸对象有配偶，通奸对象的配偶都有权请求损害赔偿。[1] 因为这侵犯了配偶权中夫妻性行为的排他性权利。[2] 但这种救济一般只有依法结婚的配偶才享有。无论非婚同居伴侣，还是侵害发生后才结婚的配偶，一般无权就伴侣或配偶受的第三人侵害而要求救济。

3. 配偶权的延伸

一般只有依法结婚的当事人才享有配偶权，但夏威夷州允许已登记的同居伴侣在第三人致自己伴侣死亡时提起配偶权索偿之诉，[3] 但既未结婚也未登记的同居伴侣仍不享有配偶权。另外，有些州还将配偶权的范围扩张至亲子关系中。在少数州，父母享有的子女陪伴或服侍的利益也在配偶权范围内，一旦受侵害也能依据配偶权索偿。[4]

（二）家事代理

结婚以后，夫妻一方就成为另一方的代理人，有时这种代理是源于另一方的明确授权，有时却是源于另一方的默示授权，即对一方从事某项交易且未表示反对，这两种代理都被称为家事代理。然而，在州都有相应立法或判例的情况下，还有第三种代理，即前述在必要性原则限制下的经济支援义务，推演出有经济收入的配偶对无经济来源的一方有购买家庭必需品的授权。如此，家事代理与家庭必需品代理就容易混淆，尤其是生活必需品是一个系统的、可变的概念，曾有判例认为毛皮大衣、珠宝等也属于生活必需品，[5] 这进一步加剧了两种代理的区分难度。也许，未来对两种代理进行区分的必要性会越来越小。目前美国有学者提出，家事代理的重要性在逐渐下降，在个人主义日益盛行，夫/妻地位日益独立自主的现代社会，家事代理的作用将越来越有限。[6]

（三）婚姻姓氏

在美国的习惯中，已婚男性会保留自己的姓，而已婚女性则会将丈夫的姓加在自己的姓氏前面。然而，20世纪70年代的许多判例支持了妻子保留姓氏的权利。[7] 现在，有不少夫妇采取折中办法，即夫妻双方都使用一个由双方姓氏组合而成由连字符结合起来的姓氏，至于谁的姓在连字符前则由夫妻双方自己决定。

三、当代美国夫妻财产关系制度

在美国，过去的家庭普遍遵循"男主外，女主内"的模式，经济主要来源于丈夫，而妻子负责家务，由此产生了普通法上的"家主庇护原则"，即妻子没有独立的人格和民

---

[1] Restatement (Second) of Torts § 685(1977), Comment e, f, g.

[2] William E. Geer. *Criminal Conversation*: *Civil Action for Adultery*. 25 Baylor Law Review. 1973. p. 496.

[3] Milberger v. KBHL, LLC, 486 F. Supp. 2d 1156(D. Haw. 2007).

[4] Kinsella v. Farmers Ins., 826 P2d 433(Colo. Ct. App. 1992); Rogers v. Donelson-Hermitage Chamber of Commerce, 807 S. W. 2d 242(Tenn. Ct. App. 1990).

[5] Sharpe Furniture, Inc. v. Buckstaff, 99 Wis. 2d 114, 299 N. W. 2d 219(1980).

[6] Lynn Dennis Wardle, Laurence C. Nolan. Family Law in the USA. Kluwer Law International, 2011, p. 99.

[7] Secretary of Com. v. City Clerk of Lowell, 366 N. E. 2d 717 (Mass, 1977); Welcker v. Welcker, 342 SO. 2d 251 (La. Ct. App. 1977).

事行为能力，她不能成为诉讼当事人，也不能在丈夫是当事人的案件中担任证人，丈夫有权要求她提供各种家庭服务。① 从 17 世纪开始，衡平法院允许部分特定财产通过信托方式，作为个人财产由妻子享有，被称为"妇女专有财产"。尽管这个制度后来发展成为没有受托人的财产制度，但由于通常由妇女的父亲、丈夫或其他男性亲属设立，他们不会让妇女对财产享有完全的权利。②

到现代社会，丈夫已经不再是家庭的唯一经济来源，夫妻双方都可以对家庭经济作出重要贡献。在育有未成年子女的妇女中，参加工作的比例从 1975 年的 47.4% 上升到 2000 年的 72.9%；子女在 6 周岁以上的妇女参加工作的比例在 2000 年更是高达 79%。③ 因此，美国在 20 世纪中期开始陆续颁布了统称为《已婚妇女财产法案》的一系列赋予已婚妇女经济社会权利的法律，废除了已婚妇女不得拥有不动产、不得单独缔约的规定。

（一）夫妻一般性的经济支援与夫妻扶养义务

1. 夫妻一般性的经济支援

美国普通法上的"家主庇护原则"已被废除，现在遵循的是平等保护、性别平等原则，并且这个原则已上升到宪法第十四修正案的高度，成为婚姻财产权利配置的根本要求和逻辑起点。在此原则下，夫或妻都对对方承担一个原则性的经济支援义务，无论这对夫妻是单职工还是双职工，无论妇女是职业女性还是全职主妇，经济支援的范围则包括衣食住行、教育、诉讼费、医疗费用等。但是，一方并没有义务满足另一方的所有经济要求，该经济支援义务受必要性原则的限制，这对单职工家庭来说尤为必要和明显。④

2. 夫妻扶养义务

根据美国各州有关的家庭开支法律和统称为《已婚妇女财产法案》的系列法案，夫妻双方互相负有对对方必要支出提供支援的义务。此夫妻间的扶养有以下特点：（1）夫妻扶养并不能直接由配偶申请执行，而是由第三方如配偶的债权人申请执行。它其实是一般性经济支援义务的具体化，其重要的应用是，如全职主妇赊账购买了大宗生活用品，如果符合必要性原则，那么出卖方可直接申请要求丈夫付款，这在超前消费极其盛行的美国有非常实用的应用价值。（2）受必要性原则限制，第三方可申请扶养的项目包括法律费用、医药费用等。如果不是家庭消费项目，就会受到法院的严格审查。例如，一宗案件中借款人拿着已故的丈夫签署的借款承诺，依据配偶扶养规定要求妻子履行借款，最后被法院驳回。⑤

（二）夫妻财产制

美国大部分州采用普通法的财产制度，即财产登记所有人就是所有权人和管理人。采用普通法财产制度就意味着双方愿意将财产放在一起或以共有方式登记，如采取婚姻期间夫妻各自拥有、管理自己个人财产的州，则被称为分别财产制州。在实行分别财产

---

① W. Blackstone. Commentaries on the Laws of England(3rd edition). Cooley(1884). pp. 442-443.

② Homer Harrison. Clark, *The law of domestic relations in the United States.* West Group, 1988. pp. 288-289.

③ U. S. Bureau of the Census, Table ST-F1-2000. Average Number of Children Per Family and Per Family With Children, by State; 2000 Census.

④ 所谓必要，一方面是指对他们家庭来说是客观需要，另一方面是指在家庭经济负担能力范围之内。See, Homer H. Clark. *The law of domestic relations in the United States.* West Group, 1988, pp. 252-254.

⑤ North Shore Community Bank and Trust, Co. v. Kollar, 710 N. E. 2d 106 (Ⅲ. App. 1999).

制的这些州，夫妻如果在买不动产时采取均分共有制、夫妻一体共有制或一般共有制等方式，那么这部分财产就归夫妻共同所有，任何一方不得主张为个人的分别财产。而采用大陆法系财产制度的州被称为共同财产制州，① 在这些州，婚前财产是个人财产，婚后除继承、赠与财产为个人财产外，其他财产均为共同财产，不论登记于谁名下。以下对美国夫妻共同财产制的种类予以简介。

1. 均分共有制

均分共有制，是指二个以上的共有人，通过相同方式对财产取得相同份额财产制，它有以下特点：（1）不仅可适用于夫妻，也可以适用于非夫妻的人；不仅可以适用于婚姻财产，也可以适用于个人财产。（2）共有人必须同时取得该财产。（3）共有人以相同方式、同一时间取得该财产或权利，如通过同一法律行为或同一份遗嘱。（4）共有人对该财产享有平均分配的份额，如3人共有的，每人是三分之一；夫妻共有的，每人二分之一，而一般共有制并不要求均分。（5）共有人对其他共有人享有"在世者财产权"，即一方死亡后，在世配偶对共有财产中死者权利部分享有的权利，在一体共有制下通常发生在世配偶享有全部权利的法律效果。例如，三人共有，一人死亡后则变成余下两人每人有二分之一的权利；夫妻共有的，一方死亡后另一方享有全部权利，这又是均分共有制不同于一般共有制的地方。（6）共有人各自有权就自己享有的财产份额进行管理、处分，不需对方同意，但转让受到限制。（7）共有人不得转让对财产享有的份额和权利，如果决定要转让，那么均分共有制就被打破，受让人拥有的是一般共有制的权利，而非均分共有制的权利。（8）有些州要求在明示的情况下才适用均分共有制，否则视为适用一般共有制。②

必须说明，许多州明确规定，均分共有制下禁止夫妻一方单方转让财产份额，转让须得到对方同意，即限制了共有人单方处分的权利。

2. 夫妻一体共有制

夫妻一体共有制，是均分共有制的一种特殊形式，不同于均分共有制的地方主要在于：（1）只能适用于夫妻之间，如果不是夫妻关系则不适用该制度，因为制度理论基础在于夫妻一体主义。适用一体共有制的夫妻，离婚时如无约定则会转化为一般共有制。③（2）无论夫还是妻，都不能自主决定处分自己对财产享有的份额和利益。

所谓一体共有，是指将夫妻视为一体，对财产享有占有、使用、管理等权利。这种财产所有制的特点有：（1）夫妻双方对财产享有平等的、未划分的权利。（2）客体是双方有生之年取得的财产，离婚除外，即不限于婚姻存续期间获得的财产，还及于婚前财产；以前限于不动产，后来发展为还包括动产。④（3）与均分共有制一样，夫妻之间相互享有在世者财产权。由于共有人就只有两人，因此一方死亡后，在世配偶将取得共有财产的全部权利。（4）任何一方未经另一方同意，不得单独对财产进行转让、设置负担等

---

① 只有9个州：亚利桑那、加利福尼亚、爱达荷、新墨西哥、内华达、得克萨斯、华盛顿、路易斯安那、威斯康星州等。

② Bryan A. Garner, ets. *Black's Law Dictionary* (*Ninth Edition*). West Group. p. 1631.

③ Union Grove Milling & Mfg. Co. v. Faw, 404 S. E. 2d 508 (N. C. Ct. App. 1991); V. R. W., Inc. v. Klein, 503 N. E. 2d 496 (N. Y. 1986).

④ Jesse Dukeminier, ets. Property (6th ed). Aspen Publishers. (2006). pp. 276-277.

处分，也不能取消另一方的在世财产权。（5）仅对夫或妻一方享有债权的债权人，不能就一体共有财产中债务人享有的份额主张权利。（6）丈夫作为夫妻一体的首领，享有管理共有财产的权利。（7）传统上一体共有产生于夫妻同时获得一项财产时，后来有些州要求必须以明示方式才予以适用，① 还有些州规定只要双方一起获得某个财产则推定适用一体共有。

目前，美国有不到一半适用普通法的州承认夫妻一体共有制，这些州大都沿袭了一方不得干涉另一方权利，并且一方债权人不得主张就债务人享有份额索偿的传统。但是，也有部分司法辖区允许一方处分自己享有的份额，也允许债权人就债务人享有份额索偿，但是仍然保留了债务人配偶享有的份额及其在世者财产权。②

3. 一般共有制

一般共有制可依协议产生，也可依遗嘱产生，还可依法律的规定产生。它的特点在于：（1）只要求共有人对财产共有即可，不像均分共有制那样要求共同取得方式、同一时间等。（2）一般共有制共有人份额是可变的，不要求均分。（3）共有人可以自由处置自己的财产份额，而不像均分共有制那样要获得一致同意。（4）一般共有人相互之间没有像均分共有人那样的在世者财产权，因此夫妻一方死亡的，在世一方只能通过继承或遗嘱、受让等方式取得另一方的财产份额。均分共有人相互之间享有在世者财产权，而一般共有人没有，因此一般共有人死亡后，他的财产份额和权利依其处分或发生继承。（5）一般共有人之间享有未分割但相互独立的利益，他们可按自己意愿管理、处分自己的份额，包括转让出去。

由此可见，一般共有制远比均分共有制要灵活，适用条件也更简单，因此美国有许多州都将一般共有制作为法定夫妻财产制，除非有明确约定适用均分共有制，否则适用一般共有制。

4. 所得共同制

前述的均分共有、夫妻一体共有、一般共有等都属于普通法中的财产所有制，但是美国有些州在财产法上遵循的是法国或西班牙的大陆法系制度，这些州的法定财产制是大陆法系国家的所得共同制。③ 1983年美国《统一婚姻财产法》也被认为采取了此制度。④

所得共同制的理论依据是，夫妻关系是一种分享性、近似于合伙人的关系，它的逻辑起点是双方对家庭的贡献——无论经济收入还是家务琐事——是平等的，双方都在直接或间接地厚植家庭资产。之所以称之为所得共同制，是因为它要求夫妻双方在婚姻期间获得的财产作为婚姻财产来平等分配。具体而言：（1）在时间上限于婚姻期间的所得

---

① 美国要求明示的州有：夏威夷、伊利诺伊、马里兰、马萨诸塞、密歇根、新罕布什尔、俄勒冈、田纳西、弗吉尼亚、怀俄明等。

② Paul G. Haskell. *Preface to wills, trusts, and administration.* Foundation Press, 1987. pp. 118-119.

③ 根据该财产制的内容，属于共同财产制里面的所得共同制，因此意译为所得共同制，而不采直译的共同财产制等译法，避免与一般共有制等普通法财产制混淆，也便于中国大陆读者掌握。共同财产制的分类参见杨大文主编：《婚姻家庭法》（第四版），中国人民大学出版社2006年版，第153页。

④ 在美国，财产法遵循大陆法系传统的是：亚利桑那、加利福尼亚、爱达荷、路易斯安那、内华达、新墨西哥、田纳西7个州和华盛顿特区、波多黎各。威斯康星州原本是普通法州，但因批准了《统一婚姻财产法》而采用了所有共同制。

财产，不包括婚前所得财产；（2）与婚姻财产相对的是个人财产，包括婚前财产和婚姻期间获得的继承财产、给个人的赠与物以及夫妻约定或法院裁判认定的其他个人财产等。① 必须注意，美国不同的州在对免税收入的范围和个人财产收益的计算等方面做法有所不同，但相同的地方是都将工资收入以及用工资购买的资产计入婚姻财产。②

实践中的争议问题是，所得共同制下，一方是否有权将所得共同中的财产赠与给第三方呢？在加利福尼亚州，一方单独将所得共同中的财产赠与第三方的，另一方有权撤销；而在其他采取所得共同制的州，则允许一方单独决定赠与第三方，只是这种赠与必须是合理的。后来，相关机构在总结各州做法后提出的立法建议是，如果一方赠与第三方的财产在赠与时对婚姻财产的价值有实质性影响，那么另一方有撤销权。③ 值得注意的是，所得共同制这种将家务琐事也纳入贡献范围的思想本身就是对弱势方尤其是无收入来源方的保护，因此适用所得共同制后将不再适用在世者财产权、寡妇产（Dower）或鳏夫产（Curtesy）以及特留份（Elective Share）的规定。④

（三）婚姻协议

在美国，据估算，80%-90%的离婚夫妻都订立了关于配偶财产权利或身份权利的婚姻协议。⑤ 美国法院认为，婚姻协议能让婚姻双方在结婚、离婚的许多重要方面达成一致意见，实现对自己生活的掌控。这无疑会大大提高法院的审判效率。因此，在美国尽管反对婚姻协议的声音一直存在，但是承认、倡导婚姻协议的观点已经是必然的发展趋势。

以订立时间划分，婚姻协议可分为婚前协议和结婚后的婚姻期间协议，后者根据协议内容又可分为婚后协议与分居协议。在法律渊源上，原来的统一示范法主要是1983年美国《统一婚前协议法》，现在的统一示范法已变更为2012年美国《统一婚前和婚姻期间协议法》。

1. 婚前协议

婚前协议，⑥ 是在结婚之前签订，旨在调整婚姻期间甚至分居、离婚时的权利义务关系。由于美国的离婚率越来越高，当事人结婚时都希望万一离婚也能够取回自己的财产而不希望它们成为婚姻共同财产，因此婚前协议得到广泛应用。还有就是，通过婚前协议，配偶双方可以对婚姻期间或者离婚后的收入、财产分配问题作出一致表示，以此避

---

① William S. McClanahan, *Community property law in the United States*. Lawyers Co-operative, 1982. § 410.

② William De Funiak, Michael J. Vaughn. *Principles of community property*(2d ed). University of Arizona Press (1971). § 67.

③ American Law Institute. *Principles of the Law of Family Dissolution*. § 4. 10(1)(2000).

④ 寡妇产是指丈夫死后，妻子对丈夫财产享有一定比例的权利，丈夫遗嘱指定给她的财产少于这个比例的，按寡妇产比例执行；高于的按遗嘱执行。相应地，鳏夫产是妻子死亡，丈夫对妻子财产享有一定比例的权利。这两个都是中世纪英国的普通法中的权利，许多州已取消。特留份是指由法律强制规定的，一方死亡后，另一方对其财产享有的特定比例的权利，因此又称 Statutory Share 或 Statutory Forced Share。之所以命名为 "Elective"，是指当死亡一方遗嘱留给在世配偶的财产份额小于特留份时，在世配偶可以选择接受，也可以选择诉讼撤销遗嘱，还可以选择适用特留份获得法定比例的财产权，因此究其本质就是特留份制度，而不采直译为选择份。参见 Lawrence W. Waggoner, *Family property law: Cases and materials on wills, trusts, and future interests*(4th ed). Foundation Pr, (2006). § §. 10-12to10-25。特留份与在世者财产权不同，前者是一定比例，后者是完全独占。

⑤ Green. Samuel and John V. Long. Marriage and Family Law Agreements. McGraw-Hill Companies,1984. § 213.

⑥ 也可称为 Antenuptial Contracts 或 Prenuptial Contracts。

免对这些问题的处理适用各州的法律规定。[1]

（1）婚前协议的效力。在美国，只要符合以下两个条件，婚前协议就是有效的：第一，双方财产进行了充分的披露，或者为弱势配偶约定了优待条款；[2] 第二，弱势配偶方在缔约前获得了独立的法律咨询。

（2）1983年美国《统一婚前协议法》平衡合同自由与权利保护的努力。为统一司法裁判，美国在1983年制定了《统一婚前协议法》，其立法的理念是：第一，婚前协议是有效的、可执行的；第二，谁主张协议无效，谁负有举证责任。[3] 其力图在合同自由与权利保护之间取得平衡，对维持协议效力与维护底线公平采取"两手抓"的做法：第一，在维持协议效力上，该法第6条明确规定了撤销婚前协议的条件，即主张撤销的当事人负有证明该协议存在胁迫或显失公平的情形的责任。对于显失公平而言，必须同时满足以下条件：首先，对方没有对其财产进行公平、合理地披露，或者对方根据条款没有承担应有的经济义务；其次，主张撤销的一方并没有自愿、明确地放弃要求对方披露财产信息的权利；最后，主张撤销的一方对对方的财产状况或应负的经济义务缺乏充分的理解和认识。第二，在维护底线公平上，如果婚前协议中的条款修改或者放弃了配偶获得对方经济支援的权利，而协议的执行会导致其中一方境况过度艰难，并且这种艰难是由缔约时无法合理预见的客观情况所导致的，那么法庭就可以要求另一方给予必要的经济支持。

（3）2012年美国《统一婚前和婚姻期间协议法》的进步。1983年美国《统一婚前协议法》在司法实践中发挥了非常重要的作用，它定下了对婚前协议处理的基调，即在合同自由与权利保护之间努力取得平衡。2012年，美国又制定了《统一婚前和婚姻期间协议法》，该法依然沿袭1983年美国《统一婚前协议法》定下的基调，只是因为各州司法立法的发展，"两手抓"的做法有了更丰富的内涵、更细化的标准和更充实的内容：

第一，维持协议效力。如果要撤销婚前协议，必须证明该协议有以下四种情形之一：

①存在欺诈或胁迫的情形。

②一方在签署婚前协议前没有获得独立的法律代理服务，具体又分为两类情况：其一，一方没有时间来决定是否要购买法律代理服务，或者没有时间足以找到律师、获得建议并认真考虑律师的建议；其二，一方没有足够的经济能力去聘请律师，而另一方是有律师代理的，但另一方没有答应为对方聘请律师提供合理的经济支持。总之，不管协议内容是否公平，一方没有独立法律代理服务就构成撤销的事由。[4]

③协议中，对放弃婚姻权利条款没有提示、解释，对修改婚姻权利的条款没有解释。

④缔约之前一方没有对自己财产状况进行充分披露。只有符合以下两种情形之一，

---

① Guggenheimer. A Modest Proposal: The Feminomics of Drafting Premarital Agreements. Women's Rights L. Rep. 17 (1996). p. 147, 204.

② In re Estate of Benker. 331 N. W. 2d 193 (Mich. 1982); Friedlander v. Friedlander, 494 P. 2d 208 (Wash. 1972). 所谓优待条款，原称为 fair provision，但实质上是优待，指的是根据婚前协议，弱势配偶至少对对方缔约时三分之一的财产享有权利。

③ 在美国，截至2013年已有28个州采用了这部统一示范法，包括亚利桑那、阿肯色、加利福尼亚、夏威夷、爱达荷、伊利诺伊、印第安纳、艾奥瓦、堪萨斯、缅因、蒙大拿、内华达、新泽西、新墨西哥、北卡罗来纳、北达科他、俄勒冈、罗得岛、南达科他、得克萨斯、弗吉尼亚等。

④ 这与分居协议的效力审查要求不同，参见下文关于分居协议的内容。

才被视为履行了充分披露的义务：一是切实履行义务，即本着善意对自己的财产、债务和收入进行评估，并向另一方作出合理、准确的说明，并且另一方有足够的知识或者有条件获得足够的知识来理解这些说明；二是对方放弃权利，即对方在一份独立于婚前协议的记录中明确表示接受已有披露、放弃要求更多披露的权利。

第二，维护底线公平，主要采取以下方式：

①直接地给予弱势配偶救济，即对于修改或者免除一方获得对方经济支援权利的协议，如果这种修改或者免除在夫妻分居或是离婚时导致配偶境况是如此艰难，以至于达到有资格领取公共救助的时候，法院有权依申请不顾协议约定，命令对方给予必要限度的经济支援。

②间接地撤销不公平条款，即如果有缔约时显失公平，或者是缔约后发生情势变更以至于一方处境艰难这两种情形之一的，法院有权撤销相关条款。

总之，2012年美国《统一婚前和婚姻期间协议法》在具体问题上的细化，实际上更有力地推动了各州司法的统一。

2. 婚姻期间协议

以订立时间为标准，与婚前协议相对应的是婚姻期间协议，它也被称为夫妻间协议。过去，根据普通法上夫妻一体主义的传统，妻子是没有资格与丈夫缔约的。一直到1887年《已婚妇女财产法》颁布，才废除了禁止妻子缔约能力的不合理规定，使婚姻期间协议在法律上成为可能。其中，根据协议内容的不同，又可区分为婚后协议和分居协议。

（1）婚后协议。它指的是夫妻双方结婚后签订的，出现配偶死亡、分居或离婚等情况时如何处分财产、设立遗嘱或信托、调整财产和经济支援等权利的约定。根据2012年美国《统一婚前和婚姻期间协议法》，婚前协议和婚后协议有效的条件都是一样的。但是，司法中一直对婚后协议抱有"歧视"态度。大部分州都有设立、执行分居协议、婚前协议的明确法律，但是只有少部分州对婚后协议采肯定态度。[①] 例如，北卡罗来纳州和路易斯安那州都要求婚后协议必须获得一位法官的批准才生效；夏威夷则采取了"双重公平"的要求，即协议必须在签订时和离婚时都符合公平要求才是有效的，也就是说如果其中一个配偶的财产在婚姻期间发生了较大幅度的变动，那么他们在离婚时就很可能要重新谈判并订立协议，而马萨诸塞州也持类似的立场；[②] 俄亥俄州则直接认定婚后协议无效。[③] 司法如此歧视婚后协议的一个重要原因也许在于担忧婚后协议被利用来规避法律，以达到分居或离婚的目的。

（2）分居协议。它是在夫妻结婚后订立的，但与婚后协议不同，它不是计划将婚姻继续下去，而是为了迎接马上或计划要到来的法院分居或离婚命令所作的人身或财产权利的安排。最初，分居协议当然也逃脱不了被视为助推离婚的祸首，但时至今日其已被几乎所有的州承认了。分居协议获得承认最主要的理由在于，如果分居或离婚不可避免，那么双方达成一致意见总比在法庭上激烈对抗好。对法院来说承认分居协议更是利大于弊：第一，法院可以据此处理分割财产、决定子女监护权等问题；第二，分居协议的执

---

① 持肯定态度的州如纽约、佛罗里达等。
② Ansin v. Craven-Ansin, 929 N. E. 2d 955(Mass,2010).
③ Hoffman v. Dobbins, 2009 Ohio 5157(Ct. App.).

行要比法院强制裁判的执行容易得到双方配合；第三，节约了大量司法资源，当事人也减少了诉讼费用支出。①

对分居协议的效力审查与婚前协议、婚后协议的效力审查也有相似之处，如显失公平会导致协议被撤销，② 其他一般民法上的欺诈、虚伪表示、滥用优势地位等也同样适用。但是，基于分居协议本身的特点，夫妻双方的财产披露义务在效力审查中处于特别重要的地位。③

分居协议与婚前协议等不同的地方在于，是否获得独立的法律代理服务并不能单独决定协议的效力。只要协议本身是公平的，那么不论各方是否聘请律师，都不影响协议的效力；④ 而根据2012年美国《统一婚前和婚姻期间协议法》，婚前协议缔约时一方有律师的，另一方也要有律师或者得到对方支援律师费用的承诺，否则协议会被撤销。由此可见，美国法院对分居协议的态度是以上三种协议中最宽容、最肯定的。

美国法院对分居协议的偏爱还体现在，特定条件下允许双方代理。如果夫妻双方之间在配偶或子女经济支援义务、子女监护、婚姻财产分割等问题上有争议，那么就不能由一位律师同时代理双方起草分居协议；没有争议或者争议不在上述问题之列的，则允许由一位律师同时代理起草协议。⑤

另外，如果在订立分居协议后，夫妻双方又达成和解的，那么之前的分居协议依然有效，只是与和解内容有关的条款视为已被修改。⑥

以上三种协议虽然有不同，但共通的地方也有很多，如欺诈、胁迫等一般民法上的撤销事由也适用于婚姻协议。此外如子女监护等事由，即使协议作出约定并且协议没有其他可撤销事由，法院依然对相关条款进行审查，确保符合儿童利益最大化或其他公共政策的要求。例如，2012年美国《统一婚前和婚姻期间协议法》规定，凡对子女权益不利的、限制家庭暴力受害方获得救济的、意图更改关于分居或离婚的法院裁判所依据的事实或约定的、禁止一方提起分居或离婚诉讼的，都是无效条款；凡是涉及监护权或监护职责的约定，都必须经过法院审查。分居协议在涉及子女监护和子女权利的问题上也采取了类似的立场，许多州都规定这些相关条款必须接受法院审查。⑦

第五节　当代美国亲子关系制度

本节研究和阐述以下内容：一是当代美国亲子关系制度概述；二是当代美国亲子关系的确定制度；三是当代美国人工辅助生育子女制度；四是当代美国亲权制度。

---

① Green. Samuel and John V. Long. Marriage and Family Law Agreements. McGraw-Hill Companies,1984. § 213.

② Burke v. Sexton, 814 S. W. 2d 290(Ky. Ct. App. 1991); Derby v. Derby,378 S. E. 2d 74(Va. Ct. App. 1989).

③ O' Connor v. O' Connor, 435 So. 2d 344 (Fla. Dist. Ct. App. 1983); Billington v. Billington, 595 A. 2d 1377 (Conn. 1991).

④ Whitney v. Seattle First National Bank, 579 P. 2d 931,940(Wash. 1978).

⑤ 这主要由律师职业守则进行规范，参见 ABA Model Rules of Professional Conduct 1. 7。

⑥ Stegall v. Stegall,397 S. E. 2d 306(N. C. Ct. App. 1990);Yeich v. Yeich,399 S. E. 2d 170(Va. Ct. App. 1990).

⑦ 例如，堪萨斯州、肯塔基州、弗吉尼亚州等。参见 Kan. Stat. Ann. § 60 - 1610 (f); Ky. Rev. Stat. Ann. § 403. 180;Va. Code Ann. § §20-191. 1, 20-108。

一、当代美国亲子关系制度概述

美国亲子关系制度有两条主线：一是怎样确定存在亲子关系，二是亲子关系的权利义务。在过去，后者才是亲子关系的重点，前者只是局限于如何认定父亲身份，即"爸爸是谁"。时至今日，美国作为应用人工辅助生殖技术最早、最广泛的国家，有关亲子身份的纠纷早已从"爸爸是谁"扩散到"爸妈是谁"，从而使确定亲子关系的重要性日益凸显，与亲子间的权利义务关系并驾齐驱。

在美国，婚生子女的亲子关系通常比较明确，只是近年来受人工辅助生殖技术影响才出现新的纠纷和争论。一直以来，无推定父亲之子女的亲子关系确定才是法律领域的焦点难点问题。在以往的普通法中，无推定父亲之子女的法律地位与婚生子女相比是"低人一等"的，他们不仅被称为"非婚生子女"，而且被视为"无亲之裔"（filius nullius），即不允许拥有父亲血统，不被承认是生父母的后代。他们没有继承权，生父母对他们也没有抚养的义务。[①] 随着立法、司法的发展，尤其是里程碑式的 2002 年美国《统一父母身份法》的颁布，无推定父亲之子女已基本获得与婚生子女同等的权利义务，这部法律一个最为明显的变化就是摒弃了"非婚生子女"的称谓，而代之以中性的"无推定父亲之子女"。然而，无推定父亲之子女与未婚妈妈的日益增加，如何确定谁是父亲成为新的困扰无推定父亲之子女的首要问题。

在当代美国，注重对无推定父亲之子女的保护，是从两个不同的方向进行努力的，一个方向是放宽婚生子女认定标准，使更多的子女获得婚生子女身份，自然能够获得充分保护；另一个方向是对无推定父亲之子女赋权，即使没有婚生子女身份，也能够享受与婚生子女基本一致的权利。以下介绍对无推定父亲之子女的婚姻家庭权益保护的情况。

第一，放宽婚生子女认定标准。一方面，在时间上，所谓婚生主要是以子女出生时间为标准，在婚姻期间内，以及或者离婚或者丧夫后的合理期限内出生的子女，都属于传统意义上的婚生子女。[②] 另一方面，在婚姻法律要件上，所有的州都规定即使是无效或可撤销婚姻下出生的子女，只要符合一定条件仍然被视为婚生子女。[③] 即使是父母重婚或者缺乏行为能力，生下的子女也是婚生子女。[④] 他们享有与其他有效婚姻的婚生子女相同的权利，包括继承权、保险受益权、参加父母不法致死索偿诉讼权等。[⑤] 但是，非婚同居双方必须至少要履行一些婚姻的仪式或手续，如果父母双方仅仅是同居，那么他们的子女是无法被认定为婚生子女的。[⑥]

第二，为无推定父亲之子女增权赋能。在放宽婚生子女认定标准的同时，美国还加强了对无推定父亲之子女的权利保护，并且提高到宪法权利保护的高度，这主要是由美国最高法院通过一系列的判例来推动的。这些判例确认的无推定父亲之子女享有的权利

①　Gregory, John De Witt, Peter N. Swisher, and Sheryl L. Wolf. Understanding family law. LexisNexis, 2011, p. 120.

②　［美］哈里·D. 格劳斯、大卫·D. 梅耶：《美国家庭法精要》（第五版），陈苇等译，中国政法大学出版社 2010 年版，第 80 页。

③　14 C. J. S. Children out of Wedlock § 2(2011).

④　In re Marriage of Seaton, 133 Cal. Rptr. 3d 50(Cal. Ct. App. 2011)

⑤　Harry D. Krause. Illegitimacy: Law and Social Policy. Bobbs—Merrill (1971). pp. 11—13.

⑥　Kasey v. Richardsom, 462 F. 2d 757 (4th Cir. 1972); Grove v. Metropolitan Life Inc. Co., 271 F. 2d 918 (4th Cir. 1959).

包括：（1）参加父母不法致死索偿诉讼的权利，并且这种权利是宪法平等保护条款所保护的；① （2）获得父母劳动赔偿金的权利；② （3）对无推定父亲之子女，只要证明了父亲的身份，那么父亲要与母亲一样承担抚养子女的义务；③ （4）无推定父亲之子女的继承权不仅包括母亲财产，还包括被证明了身份的父亲的财产；④ （5）州法中关于无推定父亲之子女提出的抚养费之诉的诉讼时效必须与婚生子女的一致，否则因违反平等保护条款而无效。⑤ 至今，美国几乎所有的州都采用了 2002 年美国《统一父母身份法》，婚生子女与无推定父亲之子女的权利鸿沟已不复存在。

第三，无推定父亲之子女的监护权。过去无推定父亲之子女被认为是无亲之裔，相应地，父亲不可能拥有对他们的监护权，只能由母亲监护，但这在 Stanley v. Illinois 案后改变了。该案中，最高院指出无推定父亲之子女的父亲有权在诉讼中证明自己是适任监护人，否则诉讼违反公正程序要求。⑥ 随后，最高法院指出生父有权收养自己的无推定父亲之子女，也有权否决该子女被别人收养，剥夺父亲这些权利的法律因违反宪法的平等保护条款而无效。⑦ 当然，本着法律不保护"躺在权利上睡觉的人"的理念，生父也应及时与子女建立明确的法律上的父子关系，否则如果有第三方与子女建立合法的亲子关系的话，生父就丧失了父亲的权利。⑧

第四，无推定父亲之子女的父亲确定。从无推定父亲之子女的增权赋能中不难发现，他们许多权利尤其是对父亲享有的抚养权和受监护权都必须建立在证明"我爸是我爸"的基础上。时至今日，可以说父亲是谁这个问题已经取代了与婚生子女平权的诉求，成为无推定父亲之子女保护的首要问题。正因如此，父亲身份及抚养之诉成为无推定父亲之子女纠纷的主要形式。

第五，父亲身份与抚养义务的关系。（1）父亲的抚养义务。父亲身份与抚养义务是必然关系，不容否认。具体到诉讼中，父亲不能以欺诈或重大误解为抗辩，以逃避抚养义务。男方无论主张是由于女方诈称自己不育，才导致子女的出生⑨，还是主张女方诈称采取了避孕措施但实际上并没有⑩，只要父亲身份确实就不能免除抚养义务。（2）非父亲的抚养义务。没有父亲身份的，也可能会因约定或单方承诺而负有抚养义务。

二、当代美国亲子关系的确定制度

当代美国亲子关系的确定制度，主要有两个方面的内容：一是亲子关系的推定；二是亲子关系的否认。

---

① Levy v. Louisiana,391 U. S. 68(1968).
② Weber v. Aetna Casualty & Surety Co. ,406 U. S. 164(1972).
③ Gomez v. Perez, 409 U. S. 535(1973). 在传统普通法中，父亲对非婚生子女不负抚养义务。
④ Trimble v. Gordon, 430 U. S. 762(1977).
⑤ Clark v. Jeter,486 U. S. 456(1988).
⑥ Stanley v. Illinois, 405 U. S. 645(1972).
⑦ Caban v. Mohanmmed, 441 U. S. 380(1979).
⑧ Lehr v. Robertson, 463 U. S. 248(1983).
⑨ Murphy v. Meyers, 560 N. W. 2d 752(Minn. Ct. App. 1997).
⑩ Matter of L. Pamela P. v. Frank S. ,451 N. Y. S. 2d 766(N. Y. App. Div. 1982).

　　2017 年 7 月，美国统一州法全国委员会通过了 2017 年《统一父母身份法》。① 同时废止了 2002 年《统一父母身份法》。② 2017 年美国《统一父母身份法》旨在为各州提供建立亲子关系的统一法律框架，帮助各州遵守新承认的宪法义务并更好地反映和解决现代家庭的实际问题。③ 在美国，基于对儿童权利的尊重和保护，无论父母双方是否具有婚姻关系，父母与其子女之亲子关系的确定均统一适用 2017 年《统一父母身份法》。

　　在 2017 年美国《统一父母身份法》中，亲子关系的推定与否认制度主要被规定在第二章"父母子女关系"、第三章"亲子关系的自愿承认"（该章内容包括亲子关系的承认与亲子关系的否认）、第六章"判决认定亲子关系的诉讼"中。④ 以下，我们研究和阐述 2017 年美国《统一父母身份法》中亲子关系的推定与否认制度的主要内容。

　　（一）亲子关系的推定

　　在美国，亲子关系的推定包括亲子关系的推定规则及相冲突的亲子关系推定的判决认定。以下从这两个方面进行介绍。

　　1. 亲子关系的推定规则⑤

　　根据 2017 年美国《统一父母身份法》的规定，亲子关系的推定规则有以下四种：婚前出生的推定规则、婚姻期间出生的推定规则、婚姻终止后或分居期间出生的推定规则、不容否认的推定规则。

　　（1）婚前出生的推定规则。某人与生育该子女的女子在子女出生后结婚，该人主张与该子女的亲子关系，并且符合以下两个条件之一的，无论该婚姻已经被宣告无效还是可能被宣告无效，该人被推定为该子女的父或母：其一，该人主张对该子女的亲子关系，并且以记录的形式向保存出生记录的州行政机关已登记备案；其二，该人同意为该子女的父或母，并且在该子女的出生证书上已被登记为该子女的父或母。此即自愿承认（又称自愿认领）的亲子关系。

　　（2）婚姻期间出生的推定规则。某人与生育子女的女子有婚姻关系，并且该子女在婚姻期间出生的，不论该婚姻已经被宣告无效还是可能被宣告无效，该人被推定为该子女的父或母。此即基于婚姻推定的亲子关系。

　　（3）婚姻终止后或分居期间出生的推定规则。某人与生育子女的女子结婚，并且该子女在婚姻关系因一方死亡、双方离婚或者被宣告无效而终止后 300 日内出生的，或者在分居判决或分居抚养费判决作出后 300 日内出生的，不论该婚姻已经被宣告无效还是可能

----

　　① 2017 年 7 月 14 日—2017 年 7 月 20 日，美国统一州法全国委员会在加利福尼亚州圣地亚哥召开的会议上，通过了美国《统一父母身份法》（2017 年修订），英文全称：Uniform Parentage Act（2017），资料来源：美国统一州法全国委员会官方网站，https：//www.uniformlaws.org/home，访问日期：2019 年 11 月 10 日。英文简称"UPA（2017）"。

　　② UPA（2017），s. 1005："The following are repealed：……（5）Uniform Parentage Act（2002）……"

　　③ Courtney G. Joslin，"Nurturing Parenthood through the UPA（2017）"，*Yale Law Journal Forum*，Vol. 127，2017-2018，p. 599.

　　④ 必须说明，由于 2002 年美国《统一父母身份法》设定夫妻由一男一女组成，在美国同性婚姻合法化后，2017 年美国《统一父母身份法》为确保该法平等地适用于同性父母及其子女，在用语上进行了具有实质意义的修改，如将"父亲身份的推定"（presumption of paternity）修改为"亲子关系的推定"（presumption of parentage），将"男子"（man）修改为"个人"（individual），因此下文考察的内容在用语上没有明显的性别区分，如"父母"可能包括男男同性父母，也可能包括女女同性父母。

　　⑤ UPA（2017），s. 204.

被宣告无效，该人被推定为该子女的父或母。此也即基于婚姻推定的亲子关系。

（4）不容否认的推定规则。某人在子女出生后的两年内（两周岁以前）与该子女共同居住，包括任何临时不在的期间，并且公开将该子女视为自己的子女的，该人被推定为该子女的父或母。[①]此即事实上共同生活形成的亲子关系。也就是说，无论父母双方是否具有婚姻关系，只要某人在子女出生后的两年内（两周岁以前）与该子女共同居住，并且公开将该子女视为自己的子女的，该人就被推定为该子女的父或母。可见，这是依据某人在子女出生后的两年内，以父或母身份与子女共同生活且公开视该子女为自己的子女之抚育事实，而视其为事实上的自愿认领。[②]

必须说明，前述（1）（2）（3）三种推定规则不适用于 2017 年美国《统一父母身份法》第八章"代孕协议"和各州其他法律另有规定的情形。

2. 相冲突的亲子关系推定的判决认定[③]

关于相冲突的亲子关系推定的判决认定，2017 年美国《统一父母身份法》规定，除实施性侵犯导致他人怀孕生育子女的亲子关系的确认另有规定外，在诉讼中，若有两人或两人以上对亲子关系提出相冲突的主张，包括提出相冲突的亲子关系的推定之主张，法院应当在符合子女最大利益原则的情况下，根据相关因素判决认定亲子关系。法院考虑的相关因素包括：（1）子女的年龄；（2）每个人承担子女的父母责任的期间；（3）子女与每个人之间的关系的性质；（4）不承认子女与每个人之间的关系将对该子女造成的伤害；（5）每个人主张与子女的亲子关系的依据；（6）因子女与每个人之间的关系遭到破坏或者可能对子女造成其他伤害而产生的其他衡平法上的因素。此外，个人根据基因检测结果对亲子关系提出异议的，法院还应当考虑以下两个因素：（1）发现该人可能不是子女的亲生父母的事实；（2）该人被告知其可能不是亲生父母的诉讼开始的期间。[④]关于判决认定为父母的人数，该法为各州提供了可供选择的两种模式：第一，法院不得判决认定子女的父母超过两个；第二，法院原则上不得判决认定子女的父母超过两个，但法院查明，不承认子女的父母超过两个会对该子女造成伤害的，法院可以根据本法判决认定该子女的父母超过两个。可见，关于相冲突的亲子关系的推定，美国采取有条件地承认多个父母的立法例。

这里值得注意的是，2017 年美国《统一父母身份法》新增第 614 条，明确规定了阻止性侵犯罪者的亲子关系的确认的相关内容，这是 2017 年《统一父母身份法》的亮点之一。该法第 614 条第（b）（c）款规定，在女子指控男子实施性侵犯导致其生育子女的诉讼中，该女子可以依法阻止确认该男子为该子女的父亲。但该男子以前被判决认定为该子女的父亲；或者该子女出生后，该男子与该子女建立了一种紧密与依赖关系，这种关

---

① 加利福尼亚州将这种推定称为不容否认的亲子关系（parentage by estoppel）。See the California Judicial Branch："Parentage/Paternity"，https://www.courts.ca.gov/selfhelp-parentage.htm. Access time：2019-5-17.

② 必须说明，此种依据事实上以父母子女身份共同生活而被推定的生父或生母，在法国民法上被称为"依占有身份而确立亲子关系"，参见《法国民法典》第 317 条；而在我国台湾地区"民法"中规定非婚生子女"其被生父抚育者，视为认领"。参见我国台湾地区"民法"第 1065 条。我国台湾学者认为，所谓"抚育"只须生父有以非婚生子女为自己子女之意思即而为抚育之事实即可，不限于教养，亦不以生父与生母同居生活为必要。参见高凤仙：《亲属法》（2019 年增订第十九版），台湾五南图书出版股份有限公司 2019 年版，第 235-236 页。

③ UPA（2017），s.204（b），s.613.

④ UPA（2017），s.613（a）（b）.

系在本质上属于亲子关系的除外。

（二）亲子关系的否认

2017 年美国《统一父母身份法》第三章"亲子关系的自愿承认"规定了通过行政程序否认亲子关系的内容，而通过司法程序否认亲子关系的内容主要被规定在第六章"判决认定亲子关系的诉讼"中，但第六章并没有单独对亲子关系的否认进行规定。以下我们结合这两章的规定研究和阐述美国亲子关系的否认制度之具体内容。

1. 亲子关系的否认主体[①]

根据 2017 年美国《统一父母身份法》的规定，推定的父母以及声称亲生父母可以签署亲子关系的否认表，以否认亲子关系。[②] 此外，确认推定的父母是否为子女的父母的诉讼，可以开始于：第一，子女成年之前；第二，子女成年之后，但仅限于该子女提起诉讼。由此可见，亲子关系的否认主体包括推定的父母、声称亲生父母以及子女。

2. 亲子关系的否认程序[③]

在美国，如果要否定亲子关系的推定，解决对亲子关系有争议的主张，只能通过法院对亲子关系的否认之判决认定或者亲子关系的否认之行政程序来实现，即亲子关系的否认可以通过行政程序或者司法程序进行。一是通过行政程序否认亲子关系的，应当满足以下条件：第一，推定的父母或者声称亲生父母对亲子关系的否认表的签名，须经公证员证实或者见证；第二，亲子关系的否认表与他人签署的亲子关系的承认表，应当一并送交保存出生记录的州行政机关备案；第三，推定的父母或者声称亲生父母以前没有进行对亲子关系的承认，但以前对亲子关系的承认被撤销或者有人提出异议被法院确认的除外；或者没有被判决认定为该子女的父母。二是通过司法程序否认亲子关系的，由法院审理后予以判决认定。以司法程序否认亲子关系的诉讼，除各州法律另有规定外，应采用该州民事诉讼规则的规定。

3. 亲子关系的否认事由及否认权的限制[④]

根据 2017 年美国《统一父母身份法》的规定，否认事由有以下三种：（1）推定的父母不是该子女的亲生父母，从未与该子女共同居住，也从未将该子女视为自己的子女；（2）该子女的推定的父母超过 1 个；（3）子女出生后两年内，该人提起认定与该子女的亲子关系的诉讼，并且法院查明该人在该子女出生之前、出生之时或者出生之后不同意辅助生殖，或者该人依法撤回了对辅助生殖的同意。必须注意，即使子女年满两周岁后，否认主体也可以基于前述第（1）（2）两个事由推翻亲子关系。原则上子女出生时，已同意通过辅助生殖生育子女的女方的配偶，不得对该子女的亲子关系提出异议。

4. 亲子关系的否认期限[⑤]

通过行政程序否认亲子关系的，亲子关系的否认表可以在子女出生之前签署，也可

---

① UPA(2017), s. 303, s. 607.

② "推定的父母"是指在前述的亲子关系的推定中，被推定为子女的父母的个人。"声称亲生父母"是指本人声称或者由他人声称为或者可能为子女的亲生父母，但是亲子关系未经判决认定的个人，包括声称亲生父亲和声称亲生母亲，UPA（2017），s. 102.

③ UPA（2017），s. 204（b），s. 303，s. 601.

④ UPA（2017），s. 608（b），s. 705（a）.

⑤ UPA(2017), s. 304(b), s. 608(b).

以在子女出生之后签署。通过司法程序否认亲子关系的，原则上亲子关系的推定在子女年满两周岁后不能被法院准予否认。但法院确定存在下列两种情况之一的，在子女年满两周岁后也可以推翻亲子关系：第一，推定的父母不是该子女的亲生父母，从未与该子女共同居住，也从未将该子女视为自己的子女。第二，该子女的推定的父母超过 1 个。可见，其立法理念是坚持血缘关系的真实性，兼顾亲子关系的安定性，从而保障儿童健康成长的生活环境。

5. 亲子关系的否认效力①

除亲子关系的否认被撤销或者被提出异议外，符合否认亲子关系法定条件者，可填写亲子关系的否认表，该表被送交保存出生记录的州行政机关登记备案后，其效力与否认推定的父母或者声称亲生父母的亲子关系的判决认定之效力相同，即免除父母的所有权利和义务。②

三、当代美国人工辅助生育子女制度

美国是应用人工辅助生殖技术（以下简称辅助生殖）最早、最发达的国家，因此亲子关系受到的冲击也最大、相关处理规则也最有代表性。辅助生殖可以分为三大类，还可以细分为十多项小类。三大类是：人工授精（母体内受孕）、试管婴儿（母体外受孕）和代孕。其中，人工授精又分为同质授精、异质授精，共同之处在于都是母亲卵子，不同之处在于前者是父亲精子，后者是第三方捐赠者精子。试管婴儿又分为完全同质（精卵均来自父母）、完全异质（精卵均来自捐赠者）和半异质（精卵分别来自父或母、捐赠者）。③ 代孕的情况则更为复杂，唯一确定的是代孕人并非法律上的母亲，但是精子来源有两种可能（父亲或捐赠者），卵子来源有三种可能（法律上的母亲、代孕人、第三方捐赠者）。因此，虽然它能够帮助许多不育家庭圆梦，但是对原有法律体系造成很大冲击。无推定父亲之子女的关键问题在于如何认定谁是父亲，但辅助生殖的问题不仅在于认定父亲，甚至在试管婴儿、代孕等情形下还需要认定谁是母亲，仅是身份认定问题就极易引发争论。此外，这还会引发法律制度中的"多米诺效应"，如普通法中有一项禁止永久权规则，④ 在实施辅助生殖尤其是冷冻胚胎结合试管婴儿时，这项规则很容易就会被突破。

（一）人工授精

在人工授精中，同质授精就父母身份而言在法律上与自然生育并无太大区别，⑤ 因此

---

① UPA（2017），s. 305.

② 2017 年美国《统一亲子关系法》的全文译文，参见陈苇、郭庆敏：《美国新〈统一亲子关系法〉（2017 年修订）》，载梁慧星主编：《民商法论丛》2020 年第 1 卷（总第 70 卷），社会科学文献出版社 2020 年版，第 343—392 页。

③ 杨大文主编：《婚姻家庭法》（第四版），中国人民大学出版社 2006 年版，第 219—220 页。

④ 指如果要设立一项未来的权利，那么在设立人死亡后，这项权利必须在受益人死亡之日起 21 年内生效。后来该规则被运用到信托法中，即非慈善信托存续期限不得超过生存受益人终身加上 21 年，否则该信托无效。这项规则目的在于避免财产或权利长期处于没有归属、没有人有权处分而导致资源浪费。参见薛波主编：《元照英美法词典》，法律出版社 2003 年版，第 1211 页；Bryan A. Garner, ets. Black's Law Dictionary（Ninth Edition）. West Group. p. 1447.

⑤ 同质授精的特殊情形是丈夫死亡后利用其冷冻精子受孕，但是这时主要涉及的是妻子是否有权使用该精子的问题，而非父母亲身份问题。

产生新问题的主要是异质授精，即精子来源于捐赠人。需要注意的是，美国允许营利性质的人工精子库存在。

1. 捐精人一般不具父亲身份

一般情况下，捐精人与人工授精产生的孩子是没有任何权利义务关系，这也是各州的普遍规定，例外的情形发生在捐精人并非匿名第三方，而是与受捐人认识甚至与受捐人有约定的情况下。例如，捐精人与受捐夫妇认识，并且大家一开始就捐精人对人工授精子女部分履行父亲权利义务关系达成一致意思表示的，如果州法禁止他履行这些权利义务，那么就因触犯了他的宪法权利而无效；[①] 又如捐精人与母亲相识，并且母亲承诺接受捐精人为子女的父亲，那么他不受州法上关于捐精人与人工授精子女没有法律关系的规定的约束。[②] 从医疗伦理和法律制度来看，捐精者身份以保密为原则，但是也有例外，如受捐者可以预先在接受捐赠协议上订立有条件披露捐赠者身份的条款，以防子女出生后由于精子的基因缺陷需要捐赠者协助。[③]

2. 丈夫"同意"的及法律后果

根据 2002 年美国《统一父母身份法》只要已婚夫妇在有资质的医院做人工授精，并且丈夫出具了书面同意的，那么人工授精子女就被推定为婚姻夫妇双方的子女，与自然生育子女无异，许多州也采用了这个规定。[④] 但是，口头同意也具有法律效力，除非他能够举证证明在人工授精之前已经撤回了之前的口头同意。[⑤] 有些州更进一步，只要丈夫知道了人工授精这件事而他没有提出反对的话，那么可以推定他同意。[⑥] 从时间上看，丈夫不仅可以在人工授精前同意，而且还可以在事后同意。[⑦] 丈夫的同意是他取得父亲身份的关键，只要确定了父亲的身份，在法律上他就与自然生育的父亲的权利义务相同。

3. 人工授精的限制与违反

单身妇女是否可以使用人工授精？2002 年美国《统一父母身份法》修法的一大亮点是不再规定只有已婚妇女可以使用人工授精，即使是单身妇女也可以使用。值得关注的是，捐精者取得探视权的门槛似乎比获得完全的父亲身份更低一些。例如，一对女同性伴侣找了一位男性朋友借精来人工授精，法院判决该男性朋友有父亲身份，有探望权，但是不享有子女的事务决定权。[⑧] 此判例更清楚地反映出，虽然法院确认了捐精者的父亲身份，但实质上只给予探视的权利，并没有给予子女事务决定等完全等同于真正父亲的权利，也许这是在生父的感情需要与母亲另组家庭（尤其是同性伴侣家庭）的权利之间的一种平衡。

此外，由于人工授精等辅助生育技术使精卵结合突破时空限制，因此许多囚犯就寻求在监禁期间通过人工授精使妻子生育子女。是否允许囚犯这样做，完全取决于对这样

---

① McIntyre v. Crouch, 780 P. 2d 239(Or. Ct. App. 1989).

② J. R. v. E. C. ,775 P. 2d 27(Colo. 1989).

③ American Society for Reproductive Medicine. *Informing Offspring of Their Conception by Gamete Donation*. 81 Fertility & Sterility 527(2004).

④ 《统一父母身份法》第 705 条。州立法可参见 Va. Code Ann. § 20-156（2011）。

⑤ R. S. v. R. S. , 670 P. 2d 923(Kan. Ct. App. 1983).

⑥ In re Baby Doe, 353 S. E. 2d 877(S. C. 1987)；R. S. v. R. S. , 670 P. 2d 923(Kan. Ct. App. 1983).

⑦ Lone v. Lone, 912 P. 2d 290(N. M. Ct. App. 1996).

⑧ Jhordan C. v. Mary K. , 224 Cal. Pptr. 530(Cal. Ct. App. 1986).

一个问题的回答，即自由刑所剥夺的自由是否包括生殖的自由？美国也没有形成统一做法，有的地方认为自由刑剥夺的自由包括生殖，那么就会禁止囚犯通过人工授精使妻子生育；① 反之，则允许。②

(二) 试管婴儿

人工授精还是在母亲体内进行，而试管婴儿则是在体外，由于社会观念和宗教意识形态等原因，试管婴儿自诞生之日起就引发了远较人工授精更多的争论和质疑。在美国，甚至最初有些州对它是一律禁止的，无论是同质还是异质试管婴儿，如伊利诺伊州。但是在渴望运用试管婴儿受孕的家庭以及医生们的共同努力下，这些禁令被废止了。③ 试管婴儿的特点在于，它使生殖与性交分离了，在技术上这是个优点，而在法律上又是个缺点，许多纠纷都因此而起。

1. 受精卵归谁所有：一致意思表示在试管婴儿中的效力

试管婴儿由于技术上的原因，决定了它会培育两个或两个以上的多个受精卵，对这些受精卵的处置可能有三种情况：第一，全部移植以提高成功率；第二，移植一部分，冷冻一部分以备这次失败后继续试验；第三，移植一部分，其余部分捐赠给其他有需要的夫妻。④ 这些技术特点在夫妻不和的情况下极易发生纠纷。对于这类纠纷，通常的裁判思路是"一致意思论"，即第一，通过试管婴儿方式生育必须得到双方同意；第二，即使双方先前同意的，在怀孕之前，一方可以撤回同意，⑤ 即双方同意必须持续到成功怀孕时。在这种思路之下，否决方具有重大优势，判决几乎都是偏向不同意试管婴儿的一方。⑥ 例如，一对夫妻已经通过试管婴儿成功生育了子女，还余有部分受精卵，这时双方要离婚，女方要求销毁余下的受精卵而男方不同意。法院认为，男方生育功能正常，因此女方有权拒绝成为余下受精卵的母亲，支持了女方的诉讼请求。⑦ 但在例外的情况下，如要求获得受精卵的一方丧失了生育功能或除此没有其他方法能够生育的话，法院才会驳回拒绝方的诉讼请求。⑧

"一致意思论"在一方死亡的情况下能够大派用场。例如，在加利福尼亚州有一个案件，一位男士自杀身亡，通过遗嘱将自己的冷冻精子赠给长期同居的一位女士。该女士想用其精子进行人工授精，但是男士的子女们反对，并要求销毁这颗精子。最终加利福尼亚州法院判决支持了女士的诉讼请求，认为这没有违反公序良俗。⑨ 这样生下来的子女其父亲当然是精子来源者。但也有部分法院采取的是"利益衡量论"。例如，在 Davis v. Davis 案中，夫妻双方决定做试管婴儿，并培育了9个受精卵。第一次用了两个受精卵，

① Goodwin v. Turner, 908 F. 2d 1395(8th Cir. 1990).

② Gerber v. Hickman,291 F. 3d 617(9th Cir. 2002).

③ Lifchez v. Hartigan,735 F. Supp. 1361(N. D. Ill. 1990).

④ 有些地方禁止销毁受精卵，因为它们被认为是法律上的人了。George J. Annas & Sherman Elias. In Vitro Fertilization and Embryo Transfer：Medicolegal Aspects of a New Technique to Create a Family. 17 Fam. L. Q. 1983. pp. 199,208-210.

⑤ 即使是书面同意也可以撤回，参见 A. Z. v. B. Z.，725 N. E. 2d 1051(Mass. 2000)。

⑥ Judith F. Daar. Reproductive Technologies & the Law. LexisNexis Matthew Bender,2006. p. 104.

⑦ J. B. v. M. B.，783 A. 2d 707 (N. J. 2001). 相似立场判例还可参见 Roman v. Roman，193 S. W. 3d 40 (Tex. Ct. App. 2006)。

⑧ Reber v. Reiss, 2012 PA Supper 86(Pa. Supe. Ct. 2012).

⑨ Hecht v. Superior Court,20 Cal. Rptr. 2d 275(Cal. Ct. App. 1993).

结果失败了，其余 7 个受精卵冷冻起来等以后用。结果在等待期间夫妻离婚了，双方都想取得这 7 个受精卵。由于法律视受精卵为人，因此双方在诉讼中都在争受精卵的"监护权"。一审法院判决由女方享有单独监护权，言下之意女方可以用受精卵来怀孕。上诉法院推翻了一审判决，改判由双方享有共同监护权，因为在怀孕之前男方享有拒绝成为父亲的权利。但州最高法院又推翻了上诉法院的判决，它的思路是：第一，先看双方是否能达成一致意思；第二，若不能达成一致意思，则由法院根据个案情况进行利益衡量；第三，本案中女方将 7 个受精卵捐赠给一对不育夫妇的法益要优于男方拒绝生殖的法益，因此判决支持女方诉讼请求。[1] 这个判例的意义在于用利益衡量的裁判方法打破了之前严格依照一致意思表示的思路。目前，美国法院的裁判思路仍然以"一致意思论"或"利益衡量论"为主，而不论双方是否是配子来源方。

2. 试管婴儿的身份认定：子女最佳利益原则的影响

在同质试管婴儿中，婴儿父母显然是配子来源者。值得注意的是子女最佳利益在这里的巨大影响力。例如，一位已婚男士，向自己的情人捐精做了第一个试管婴儿，后来情人在他不知情的情况下利用他的精子做了第二个试管婴儿。法院认为他要对两个试管婴儿负责，因为虽然第二个试管婴儿是在他不知情的情况下辅助生殖的，但是由于情人举了大量的照片和书信证明他们之间保持着密切关系，因此他不是辅助生殖法上的匿名捐精人，不得免除父亲义务，必须对子女负责。[2] 在这里，承担责任的基础已不再是上述人工授精中的同意，而是只要不符合辅助生殖法所要求的匿名捐精人的要求，就要负责任。其裁判理念是为了保护婴儿的利益。

又如在得克萨斯州的一宗案件中，夫妻在离婚前冷冻了受精卵，离婚后女方未再婚，通过用离婚前的冷冻受精卵做试管婴儿成功生育，法院认为从子女最佳利益出发，由于女方没有结婚，为了避免子女成为"无父之子"，男方应成为该子女的父亲，并负有抚养义务。[3]

3. 试管婴儿与同性伴侣：亲权的证成

如前所述，试管婴儿使生殖与性交分离，对一般夫妻而言意味着生育功能的修补，但对同性伴侣而言这就是从无到有的飞跃。但是同性伴侣取得亲权在法律上经常面临多种困难，主要有两种障碍：第一种障碍来自同性伴侣本身，能否取得合法伴侣身份成疑；第二种障碍来自试管婴儿的自然父母，由于同性无法生殖，因此子女必然与同性伴侣以外的第三方具有生物意义上的联系。

对外，已经有判例支持了同性伴侣的父母身份诉请，该案中同性伴侣是以合法的"家庭伴侣"身份向试管婴儿的生母诉取监护权的，法院支持了他们的诉讼请求并且指出同性伴侣取得父母身份的法理基础在于替代父母规则（In Loco Parentis）。[4]

对内，当同性伴侣就试管婴儿发生纠纷时更让法院头痛。例如，甲与乙是女同性伴侣并且双方登记为家庭伴侣关系，甲向乙赠与了卵子并书面承诺放弃对该卵子生育的子

---

[1]　Davis v. Davis, 842 S. W. 2d 588 (Tenn. 1992).

[2]　In re Parentage of J. M. K. , 119 P. 3d 840(Wash. 2005).

[3]　In re O. G. M. , 988 S. W. 2d 473(Tex. Ct. App. 1999).

[4]　Latham v. Schwerdtfeger, 802 N. W. 2d 66(2011). 关于"家庭伴侣"，参见本章第三节当代美国结婚制度的内容。

女的亲权。乙拿着卵子做了试管婴儿，自己怀孕并生产了子女后，双方发生纠纷。甲诉请确认自己是生母，而乙以甲已书面放弃权利为由反对确认甲是子女的母亲。一、二审法院都以书面合同为由驳回了甲的诉讼请求，但州最高法院改判支持了甲的诉请，认定甲是生母，主要理由有二：第一，根据 2002 年美国《统一父母身份法》，甲与子女有基因联系，她又不是匿名的捐赠人，因此与子女建立了亲子关系；第二，甲书面放弃亲权的真实目的在于使她们两人能够以家庭伴侣的身份共同抚养通过试管婴儿生育的后代。但是，州最高法院也指出，这样大胆地对书面协议作出解释的原因在于，甲并不否认对方是子女的母亲，她只是想确认自己也是母亲，因此两人的亲权是相容而不是相斥的。结果，甲因提供卵子、乙因怀孕和生产，都取得了母亲的身份。①

4. 试管婴儿辅助生育中的医疗和保险机构

受精卵权属纠纷不仅会发生在夫妻之间，也可能发生在夫妻与医疗机构之间，但总的来说，美国法院偏向于认定所有权归属于夫妻而非医疗机构，夫妻权利优于医疗机构的权利。② 较为复杂的是，当试管婴儿所需的材料，无论是配子还是合子存在缺陷时，在美国法上医疗机构是负有产品质量责任的，即此时适用的是严格责任。③ 在有些州，医疗机构不得拒绝为未婚妇女做试管婴儿，否则会被视为构成歧视。④ 这与人工授精是不太一样的。

可能会被诉的还有保险公司，根源在于试管婴儿到底是不是治疗，如果是的话那就可能纳入人身保险赔偿范围，反之保险公司就可以拒赔。有的州通过判例将试管婴儿视为治疗，即纳入人身保险赔偿范围。⑤ 还有的州通过立法纳入保险赔偿范围，但是也有的州采取相反的态度，并没有形成统一的做法。⑥

（三）代孕

从技术路径上分，代孕主要可分为传统代孕与试管婴儿代孕两种，前者是指通过男方与代孕人不直接接触的人工授精，或者男方与代孕人直接接触的传统性交，来获得生育。后者是指在试管婴儿技术下，试管胚胎不是移植到决定做试管婴儿的女方体内，而是移植到决定者所委托的代孕人体内。由于技术的发展和社会伦理的限制，传统代孕已日落西山，⑦ 而试管婴儿代孕却发展得如火如荼。试管婴儿代孕从配子来源来划分，又可分为四种：（1）精卵分别来自决定做试管婴儿的男女双方；（2）精子来自决定者男方，卵子来自捐赠者，且捐赠者与代孕者是两个人；（3）精子来自捐赠者，卵子来自决定者女方；（4）受精卵或胚胎来自捐赠，主要来源于其他人试管婴儿成功后余下的冷冻受精卵或胚胎，权利人将它们捐赠出来。在代孕合同中，为了既保证实现目的又能避免合同因违反公序良俗而无效，一对夫妻通常会由其中一人（通常是男方）作为委托人，与代

① K. M. v. E. G. ,117 P. 3d 673(2005).
② York v. Jones, 717 F. Supp. 421(E. D. Va. 1989).
③ Jennifer M. Vagle, Comment. *Putting the "Product" in Reproduction: The Viability of a Products Liability Action for Genetically Defective Sperm.* 38 Pepp. L. Rev. 1175(2011).
④ Moon v. Michigan Reproductive Services &IVF Center P. C. ,810 N. W. 2d 919(2011).
⑤ Kinzie v. Physician's Liability Insurance Co. ,750 P. 2d 1140(1987).
⑥ Valarie Blake. *It's an ART not a Science: State-Mandated Insurance Coverage of Assisted Reproductive Technologies and Legal Implications for Gay and Unmarried Persons.* 12 Minn. J. L. Sci. &Tech. 651(2011).
⑦ Carla Spivak. The Law of Surrogate Motherhood in the United States. 58 Am. J. Comp. L. 97(2010).

孕人订立一份服务提供合同而非生育子女合同。① 委托人的义务是向代孕人以及中介支付一定的报酬，并且要接受胎儿可能存在的先天缺陷；代孕人的义务是接受人工授精、怀胎、生产，承诺放弃对婴儿享有的所有权利，并且同意婴儿出生后被委托人及其配偶收养；中介的义务则是办理期间各种事务和手续等。

由此可见，代孕面临的问题更为复杂，涉及三类或交叉或重叠的人：代孕人、委托人、配子来源者（与婴儿有基因联系的人）。美国对此争论也很大，有的认为代孕人才是母亲，有的认为委托人才是父母，还有的认为一切以基因关系为准。② 更令这个问题复杂化的是，有些代孕人是出于慈善的目的，希望帮助不孕夫妇而做代孕人的，有些代孕人则是为了获得经济报酬，但是两种代孕人都有可能反悔，希望成为婴儿的母亲，这使代孕成为一个极其棘手的法律难题。1988 年美国制定了《统一辅助生殖儿童法》，为辅助生殖尤其是代孕所涉及难题的破解作出了重要的贡献。

1. 传统代孕：关于合同效力的争论

传统代孕的特点是，卵子和子宫都来源于代孕人，无论最开始时她是出于慈善还是出于经济利益而成为代孕人，她与生下的子女的关系是如此紧密，以致代孕合同中关于代孕人放弃母亲身份的约定的有效性成为争论的焦点。在这种情况下，从合同法的角度看代孕人违约，但从家庭法的角度看她又确实具有法律上的母亲身份，因此这实质上是不同法律规范之间的矛盾及其调和的问题。对此有不同意见，主要分为两派。

在美国，"意思表示自由派"认为，作为完全行为能力的成年人，其作出的意思表示合法有效有法律约束力，除非存在欺诈、胁迫等意思表示错误的情形；③ 如果否定这些合同的法律效力，那么无异于传统的家父主义思想，实质上否定了已婚妇女缔约的权利。④ "悖俗派"则认为，这些合同是不合法的，它们相当于买卖儿童，因此是违反公序良俗的，是无效的合同；代孕人拥有作为试管婴儿生母的一切权利，除非代孕人同意，否则婴儿不得被委托人收养。⑤ "悖俗派"的观点再结合子女最佳利益原则和法院在监护纠纷中的通常做法，就很容易得出这样的结论：代孕人是母亲，男性委托人是父亲，两人不结婚的情况下，由其中一人享有监护权，另一人享有探视权。⑥

---

① Kelly A. Anderson. *Certainty in an Uncertain World：The Ethics of Drafting Surrogacy Contracts.* 21 Geo. J. Legal Ethics 615(2008).

② 三派观点分别参见 Anne Goodwin. *Determination of Legal Parentage in Egg Donation, Embryo Transplantation, and Gestational Surrogacy Arrangements.* 26 Fam. L. Q. 275, 291(1992)；Erin Y. Hisano, Comment. *Gestational Surrogacy Maternity Disputes：Refocusing on the Child.* 15 Lewis & Clark L. Rev. 517(2011)；Jeffrey M. Place. *Gestational Surrogacy and the Meaning of "Mother"：Johnson v. Calvert*, 851 P. 2d 776(Cal. 1993)。

③ Hugh V. McLachlan & Kim Swales. *Commercial Surrogate Motherhood and the Alleged Commodification of Children：A Defense of Legally Enforceable Contracts.* 72 Law&Contemp. Probs. 91(2009).

④ Christine L. Kerian. *Surrogacy：A Last Resort Alternative for Infertile Women or a Commodification of Women's Bodies and Children?* . 12 Wisc. Women's L. J. 113(1997). 关于家父主义下的妇女权利状况，参见本章第四节当代美国夫妻关系制度中普通法上的"家主庇护原则"（Common-Law Doctrine of Coverture）。

⑤ Vanessa S. Browne-Barbour. *Bartering for Babies：Are Preconception Agreements in the Best Interests of Children?* . 26 Whittier L. Rev. 429(2004).

⑥ 参见本章第七节当代美国监护制度的内容。

在传统代孕中，最有影响力的案例是 In re Baby M. 案。① 该案中，某男甲作为委托人，与代孕人乙及其丈夫丙签订了代孕协议，约定通过人工授精的方式，将甲的精子注入乙体内并使乙怀胎、生产；乙承诺放弃对婴儿的一切权利，自婴儿出生之日起放弃监护权，丙也承诺放弃对婴儿的一切权利，并且负有协助甲推翻丙作为婴儿推定父亲的义务；② 甲向乙和中介机构支付报酬。婴儿出生后，乙却反悔，甲因此将乙诉上法庭要求履行代孕协议，终止乙的母亲身份和监护权。该案一审采取的是"意思表示自由派"立场，认定合同有效，甲享有单独监护权，甲妻丁有权收养婴儿。上诉后州高等法院却采取了"悖俗派"观点，要点有：第一，代孕合同因违反公序良俗而无效，而且州法严禁有偿收养，本案合同如果有效将与这些禁止性法律冲突；第二，代孕合同中关于乙放弃亲权的约定与监护法冲突，因监护法中只有证明不适任或有遗弃情节，才能剥夺亲权；第三，根据子女最佳利益原则，婴儿的监护权归属必须待其出生后才能综合各种情况决定，在其出生前就通过约定而分配监护权的，不符合子女最佳利益原则。州高等法院将案件发回重审，重审法院认为根据最佳利益原则，由甲享有监护权，乙享有探视权。表面上看，州高等法院采用了"悖俗派"的观点，但是甲确实如合同约定取得了监护权，只是甲妻不能如约收养婴儿而已。因此，在这个影响巨大的案件中，法院实际上采取的是一种折中的立场：合同部分有效，部分无效。也许"折中派"的方法才是最有利于解决这类纠纷的。

在美国，其他各州的观点并不一样，如有的州明确宣布有偿代孕合同无效，③ 有的州却承认代孕合同合法性，④ 还有的州直接宣布代孕适用人工授精的法律规定。⑤ 甚至一州之内也有不同观点，如纽约州内，有的法院认为只要有偿，代孕合同无效；⑥ 有的法院则认为代孕合同中代孕人放弃监护权、终止亲权的条款是可撤销而不是无效。⑦ 后来，纽约州明确立法规定代孕合同无效，禁止与代孕合同直接或间接相关的报酬。⑧

对此，1988 年美国《统一辅助生殖儿童法》采取了有条件承认的立场，即在极其严格的条件下承认代孕合同有效性，前提是事先获得法院批准，而为了获得法院批准，必须达到以下条件：（1）委托人（想要生育的夫妻）与代孕人双方共同向法院提出申请，如果代孕人已婚，她的丈夫也必须提出申请；（2）法院将为可能出生的婴儿指定一名诉讼监护人来参加听证；（3）委托人中的妻子不能生育；（4）政府的有关儿童福利部门对委托人、代孕人双方家庭进行调查研究并书面报告法院；（5）委托人、代孕人双方符合

---

① In re Baby M. ,525 A. 2d 1128(N. J. Supper. Ct. Ch. Div. 1987). 上诉后部分改判部分维持，In re Baby M. ,537 A. 2d 1227(N. J. 1988)；州高等法院将案件又发回重审 In re Baby M. ,542 A. 2d 52(N. J. Sup. Ct. Ch. Div. 1988)。

② 这个推定是指，一对夫妇在婚姻存续期间生育了小孩，推定他们分别是小孩的父亲、母亲，除非有相反证据证明不是。

③ 例如，密歇根州，Mich. Comp. Laws § 722. 851-722. 863(2011)。

④ 包括佛罗里达、内华达、新罕布什尔、弗吉尼亚州等。参见 Fla. Stat. Ann. § 742. 14 to 742. 17(West 2011)；Nev. Rev. Stat. Ann. § 126. 045,127. 287(West 2010)；N. H. Rev. Stat. Ann. § 168-B:1 to 168-B:32(2011)；Va. Code Ann. § 20-156 to 20-165(West 2011)。

⑤ Ark. Code Ann. § 9-10-201 to -910-202(West 2011).

⑥ In re Adoption of Paul, 550 N. Y. S. 2d 812(N. Y. Fam. Ct. 1990).

⑦ In re Adoption of Baby Girl L. J. ,505 N. Y. S. 2d 813(N. Y. Surr. Ct. 1986).

⑧ N. Y. Sess. Laws Ch. 308(1992) , N. Y. Dom. Rel. § 122-124(McKinney 2011).

州法中收养的主体资格；（6）医学报告表明代孕人曾经生育，并且此次代孕不会给代孕胎儿或代孕人身心健康带来负面影响；（7）委托人、代孕人必须接受咨询以充分了解代孕后果，医疗或社工机构必须出具报告证明双方有理解、履行代孕合同的能力；（8）合同不得对受合同影响的各方利益构成实质性的不利影响；（9）法院将在听证后决定是否颁布准许代孕的许可，颁布许可的，许可有效期是 12 个月。① 同时满足上述所有条件的，代孕合同有效，委托人可以依合同约定成为婴儿父母，代孕人及其丈夫（如果代孕人已婚的话）不具婴儿父母身份。可见，上述条件极其严格，不仅在实体上要满足诸多条件，而且手续非常烦琐，甚至有效期都作了明确限制。

如果没能满足上面的条件，那么代孕合同无效，代孕人是婴儿的母亲，婴儿父亲的确定要视情况而定：如果代孕人已婚，且她丈夫是代孕合同当事人的，那么代孕人丈夫是婴儿的父亲；如果代孕人未婚，或者虽已婚但她丈夫不是代孕合同当事人的，那么婴儿的父亲将依据所适用的州法的规定来确定。②

2. 试管婴儿代孕：谁才是母亲

试管婴儿代孕不仅具有传统代孕所存在的这些问题和纠纷，而且问题更多。第一，试管婴儿代孕的卵子不是来自代孕人，因此代孕人与婴儿的生物联系就减弱了。第二，如果卵子既非代孕人又非委托人的妻子，那么可能争夺母亲身份的女性就又增加了，即第三方卵子来源者。例如，在宾夕法尼亚州的一个案件中，某甲与其未婚妻乙是委托人，丙是卵子来源者，丁是代孕人，戊是代孕人丈夫，通过试管婴儿技术用甲的精子、丙的卵子，通过丁怀孕生下 3 个小孩，发生亲权确定纠纷。小孩出生后与丁、戊一起居住，一审法院判决丁有监护权，甲有部分监护权并负有抚养义务，丙的探视权请求被驳回。二审法院则改判为甲是父亲享有完全监护权，包括生活监护和法律监护，即小孩要与甲一起生活；丁没有监护权，丙才是母亲。③ 该案由于管辖权的问题在邻州俄亥俄州也进行了审理，该州明确承认了这种代孕合同的合法性，理由是试管婴儿代孕中卵子并非来自代孕人，因此代孕人放弃母亲身份等约定并不违反公序良俗。④ 由此可见，试管婴儿代孕不同于传统代孕的特点，使其在法律上也产生了不同的特点：第一，试管婴儿代孕合同更容易被承认有效性，因为代孕人与婴儿生物联系弱了，放弃母亲身份易被接受；第二，争夺母亲身份的人多了，卵子来源者也会加入纠纷之中。也就是说，传统代孕纠纷的裁判难点在于合同效力，而试管婴儿代孕纠纷的裁判难点在于确定母亲的身份以及监护权的归属。

如果配子分别来源于委托人夫妻，那么试管婴儿代孕人基本上是没有机会获得母亲身份的，法院倾向于认定委托人夫妻是婴儿基因上、生物上的自然父母。⑤ 即使卵子来自第三方，只要卵子不是来自代孕人，委托人都有很大机会赢得父母身份。甚至，即使配

---

① 《统一辅助生殖儿童法》第 6 条。

② 《统一辅助生殖儿童法》第 5 条。原条文是"或者虽已婚但她丈夫不是代孕合同当事人的，那么婴儿的父亲将依据《统一父母身份法》来确定"，但这只是统一示范法的立法技术，司法适用时必然是依案件所适用的州实体法而定。强调代孕人丈夫是否是代孕合同当事人，是因为父母身份推定，即一对夫妇在婚姻存续期间生育了小孩，推定他们分别是小孩的父亲、母亲，除非有相反证据证明不是。

③ J. F. v. d. B., 897 A. 2d 1261,1281(Pa. Sup. Ct. 2006).

④ J. F. v. d. B., 879 N. E. 2d 740 (2007).

⑤ Johnson v. Calvert, 851 P. 2d 776; Anna J. v. Mark C., 234 Cal. App. 3d 1557(1991).

子均非来源于委托人夫妻，而且委托人夫妻在代孕人生下试管婴儿后离婚，男方拒绝接受父亲身份的，法院还要强加父亲身份给他，并要求他承担抚养义务。[1]

试管婴儿代孕在司法中获得非常高的肯定，这种代孕合同的效力基本可以确定会获得法院支持，因此成为同性伴侣们的福音，他们可以通过试管婴儿代孕合同得到自己的孩子，成为孩子的"父母"，而不必担心代孕人反悔。[2] 例外的情形是，在女同性伴侣之中，如果由一方供卵而另一方代孕，事后发生纠纷的，由于代孕人此时有了"家庭伴侣"等法律关系加成，与婴儿联系比一般的试管婴儿代孕人更强。对于这种情况，佛罗里达州的回答是，两人都是孩子的母亲。[3]

有学者指出辅助生殖带来的最大挑战是，过去我们一直持有的是每个子女在法律上的父母只能是两个人而不能更多，但是人工辅助生殖很有可能使法律上的父母是两个人以上。[4] 美国有法院已经指出，为子女认定三个法律上负有抚养义务的父/母是可能的。[5]

四、当代美国亲权制度

（一）亲权的权力内涵：管教与决定

在美国，父母的亲权与父母对未成年子女的监护的内涵相同，两者都包括对子女的抚养、教育、保护以及对子女财产的管理、使用、收益和必要处分的权利。在亲权中，最重要的是以下三种权利：管教权、教育决定权和医疗决定权。其中，由于美国是一个多元化的国家，而许多教派抗拒公立教育或达尔文进化论，因此教育决定权成为政府介入最多而争议也最多的一个问题。

1. 管教权

根据普通法传统，父母对子女有惩戒权，即对子女进行一定程度的体罚。联邦最高法院也确认，父母管教权是受宪法保护的，只要满足两个条件：第一，体罚在适当程度内；第二，目的是教导子女。有些州还立法明确规定，只要家长认为可以达到管教目的，就有权进行适当、合理的体罚。[6]

2. 教育决定权

教育决定权是指父母决定子女接受什么教育，以及接受教育的内容的权利。显而易见，这个权利势必涉及父母、政府、学校等各方的博弈。联邦最高法院努力在父母教育决定权与保障子女接受必要教育上取得平衡，但总体而言，它的判例所确定的规则表明，如果没有特别严重影响子女的事由，都会保护父母的教育决定权：（1）各州不得阻止父

---

① In re Marriage of Buzzanca, 72 Cal. Rptr. 2d 280(Ct. App. 1998).

② Raftopol v. Ramey, 12 A. 3d 783(Conn. 2011).

③ D. M. T. v. T. M. H. , 129 So. 3d 320 (2013). 该案被同性恋团体视为同性家庭的胜利，因为法院在判决中指出对子女来说关键是父/母关心爱护自己，而非父/母的性别。参见 Daniel Tilley, D. M. T. v. T. M. H. : Breaking Down Barriers to Same-Sex Parenthood, JURIST - Sidebar, Jan. 3, 2014, http://jurist.org/sidebar/2014/01/daniel-tilley-florida-art.php.

④ Melanie B. Jacobs. More Parents, More Money:Reflections on the Financial Implications of Multiple Parentage. 16 Cardozo J. L. &Gender 217,218(2010).

⑤ Jacob v. Shultz-Jacob, 923 A. 2d 473(Pa. Super. Ct. 2007).

⑥ 纪欣：《美国家事法》，台湾五南图书出版股份有限公司 2009 年版，第 221 页。

母使用外语对子女进行教育;① （2） 各州不得限制儿童入读公立学校，父母可以送子女到条件相当的私立学校;② （3） 如果教育年限与宗教信仰冲突，父母可以决定子女不再继续接受义务教育而不用受到州法关于违反义务教育法的处罚。③ 义务教育的问题还有一定争议，法院也极力限制父母以宗教信仰为由豁免义务的适用范围，但是必须看到现在全美50 个州都已经承认家庭教育，而且接受家庭教育的儿童人数增长明显。④ 可见，联邦最高法院的态度基本上属于"底线正义"的立场：只确保子女接受教育，至于教育的内容，场所甚至是教育的年限，在美国多元化社会背景下都只能交由父母决定。

3. 医疗决定权

医疗决定权是指对子女将要采取任何形式的医疗手段，父母都有权决定接受或者拒绝。这个权利包括接受和拒绝两个方面，后者往往容易被忽略，但判例是支持父母拒绝医疗的，即使这看起来对子女不利。例如，一位听力残障母亲不同意为其同样有听力残障的儿子进行耳蜗植入手术，一家儿童福利机构诉至法院希望强制实施手术，法院驳回请求，认为母亲有权决定让儿子在失聪状态下成长。唇裂、严重脊柱弯曲等方面的残障也有类似的判例和结果，更不用说拒绝子女为他人提供骨髓移植了。但是，如果父母拒绝接受治疗将危及子女生命时，法院就不再保护父母医疗决定权，而是为子女另行指定监护人并由其为子女治疗作出决定。因此，可以这样概括美国父母对子女医疗决定权的特点：事关子女健康权的，尊重父母决定；事关子女生命权的，政府随时准备干预。

4. 获得成年子女赡养权

根据普通法传统，成年子女没有赡养父母的义务，即使父母生活贫穷。但是，美国大多数州还是根据英国17 世纪的《旧济贫法》的立法精神，规定了成年子女对需要帮助的父母有赡养义务，部分州甚至还将严重违反此义务的行为入罪。⑤

5. 未成年子女自主权

对未成年子女而言，一般来说，父母的决定权高于其自主权，但是也有例外，就是子女取得"独立未成年人"身份的，此后他就不再受父母控制，父母对他也不再有抚养义务，他可以独立生活，为自己做决定，对自己负责等。具体而言，一方面，未成年人可以自己向法院申请"判决独立"，在证明自己独居、自立自养或已婚等事实后，法院依据最佳利益原则，判决其是否能够获得独立未成年人身份。另一方面，许多州规定，未成年人和父母其中一方或双方共同向法院申请"法定独立"，由法院依据最佳利益原则判决其是否能获得独立未成年人身份。⑥ 两种途径都是通过法院实现，但是提起主体、证据事实等要求不同。

---

① Meyer v. Nebraska, 262 U. S. 390(1923).

② Pierce v. Society of Sisters, 268 U. S. 510(1925).

③ Wisconsin v. Yoder, 406 U. S. 205(1972). 该案涉及的是一个美国阿米什人家庭，该种族信仰基督新教再洗礼派门诺会信徒（又称亚米胥派），以拒绝汽车及电力等现代设施，过着与外界隔绝的简朴生活而闻名。该案判决后引发司法争议，许多父母都以信仰为由希望使子女豁免义务教育，但法院通常认为该案判决视为仅适用于阿米什族或其他像阿米什族一样的长期自给自足的宗教族群。

④ Kimberly A. Yuracko. *Education off the grid：Constitutional Constraints on Homeschooling.* 96 Cal. L. Rev. 123(2008).

⑤ Ann Britton. *America's Best Kept Secret：An Adult Child's Duty to Support Aged Parents*, 26 Cal. W. L. Rev. (1990). pp. 351-354.

⑥ 纪欣：《美国家事法》，台湾五南图书出版股份有限公司 2009 年版，第 205-206 页。

（二）亲权的义务属性：照顾与保障

1. 照顾义务及违反后果

父母对子女有管教权等权利，但也负有照顾、抚养的义务。美国有学者指出，每个家庭都应当负责照顾其成员，"照顾不可避免的依赖者，包括孩子以及先天的或后天形成的需要照顾者"等。① 这些义务内容非常广泛，美国法主要规定了违反这些义务的几种情形：（1）疏于照顾，即不能为子女提供食物、教育、医疗保健以及安全住所等基本需要；（2）依靠他人抚养，与疏于照顾不同之处在于不以父母有过错为要件，如父母是心智障碍者等；（3）虐待，包括身体、性和情感上的虐待等。② 在美国有一套机构和人员来确保父母的这些不当行为能够被政府获知，包括各州的儿童福利机构，还有很有特色的"通报责任人"，后者在各州的具体范围不一样，通常来说是指老师、学校行政人员、与儿童有接触的医生等。尤其是医生，州法会特别规定他们负的通报父母对子女不当行为的责任要高于职业保密义务。③

对父母违反照顾、抚养义务的处理办法，美国经历了从重视"家庭团聚"到重视"子女安全"的立场变化。起初，1980年美国联邦《收养协助和儿童福利法》以"家庭保护"为最高理想，要求各州努力教育改造、转变那些疏于照顾或虐待子女的父母，当这些父母有不当行为时，子女可临时安置在寄养家庭或福利机构，然后州政府开始教育、转化这些不良父母，或者心理辅导，或者强制戒毒、戒酒等，转化好后子女再回到自己家庭。但是后来发现，很多时候这些努力都没有效果，一些父母反复再犯，使子女在自己家庭和寄养家庭之间奔波，无所适从。④ 为此，1997年又颁布了《收养和安全家庭法》，不再过分强调"家庭团聚"，而是将子女安全放在首位。具体而言，对于严重虐待，如毒打甚至杀害子女的父母，州不再需要努力教育改造、转变之，而是直接将子女送养；对于一般的虐待和疏于照顾，如果在22个月内子女有15个月不受父母监护的，州必须终止父母权利，将子女送养。这增加了收养的数量，也缩短了子女在福利机构或寄养家庭等待判决的时间。此外，父母严重违反对子女义务的，如果危及子女生命或有性虐待情节，还可能会被追究刑事责任。⑤

2. 支付抚养费义务及追索机制

美国极其重视子女抚养义务的履行，建立了一套强有力的执行保障机制。在父母离婚、分居的情况下确定抚养费时，主要有以下几个问题：

（1）抚养费的数额。根据1973年美国《统一结婚离婚法》，法院应根据以下因素确定抚养费：第一，子女的经济来源；第二，父母中获得监护权一方的经济来源；第三，离婚前子女可享受的生活标准；第四，子女身心状况和教育需要；第五，父母中未获得

---

① 参见［美］玛萨·艾伯森·法曼：《自治的神话：依赖理论》，李霞译，中国政法大学出版社2014年版，第164-165页。

② ［美］哈里·D.格劳斯、大卫·D.梅耶：《美国家庭法精要》（第五版），陈苇等译，中国政法大学出版社2010年版，第130页。

③ 纪欣：《美国家事法》，台湾五南图书出版股份有限公司2009年版，第225页。

④ 纪欣：《美国家事法》，台湾五南图书出版股份有限公司2009年版，第228页。

⑤ ［美］哈里·D.格劳斯、大卫·D.梅耶：《美国家庭法精要》（第五版），陈苇等译，中国政法大学出版社2010年版，第133、136页。

监护权一方的经济来源及需要。① 具体而言，抚养费的计算还有固定比例模式（Income Shares Model）、按比例分摊模式（Percentage of Income）和能者多付模式（The Delaware Melson Formula）等不同方法，各州情况各不相同，且不同的方法也各有优缺点。②

（2）抚养费的变更。不管是哪种计算方式，抚养费数额都在很大程度上取决于父母双方的实际收入，变更抚养费的情形包括：第一，一方失业或残疾的，可减免抚养费的支付，但如果失业是由于其主观因素造成的，如无心工作导致解雇，或者为了照顾新的子女而辞职的，那么法院将以其在市场上获得劳动报酬的能力为支付抚养费的依据；第二，如果是由于家长选择了一份收入变低的工作，那么其必须是善意的，且这不会给子女带来不必要的困难，法院才会同意减少抚养费支付；第三，组建新家庭的，不能要求减少抚养费；有了新子女的，可以适当考虑减少。③

（3）抚养费的负担期限。其主要问题是对于成年子女是否需要负担抚养费。一般情况下，子女成年即意味着父母抚养义务的终结，但也有例外：第一，子女在成年之前残疾的，父母对其成年后仍负支付抚养费的义务；第二，有的州规定，对于离婚或未婚的父母，子女有能力读大学而父母也有能力支付学费的，父母需对学费负抚养义务。④

（4）抚养费的执行保障。为保障抚养费的执行，美国建立了一整套强力的追索机制，抚养费义务人几无脱责之机：⑤

第一，成立专门机构。依据《社会安全法第 IV-D》，联邦政府成立了强制执行抚养费办公室，各州也设立类似机构，专门负责确认抚养义务和亲子关系、协助跨州追索以及收集父母就业、所得税等资料。这是准司法机构，可以核发、执行抚养费的命令。

第二，控制义务人薪金。首先，州法院有权查封欠付抚养费者的财产，或者扣除薪水。后者的实现得益于 1996 年出台的《个人责任和工作机会一致法》，该法要求雇主向政府报告所有新员工的资料，以便法院能够从中找到欠付人并要求雇主从工资中扣除应支付部分，直接交给法院。同时，1988 年《家庭扶养法》还允许法院要求雇主先扣留欠付人一半工资交给法院。

第三，限制义务人自由。各州追索手段层出不穷，最普遍的是吊销欠付人驾驶执照、执业资格证，还可以给欠付人的车辆上锁。有的州还将欠付人照片放在州的官网上，如密西西比州将照片放上网并命名为"孩子最需要的 10 位父母"，马萨诸塞州则命名为"本月老赖"等。⑥

第四，欠付抚养费入罪。对有经济能力而恶意不支付的，法院一般判以藐视法庭罪，一旦缴清即可清除罪名。但是 1992 年《抚养费追索法》规定，恶意逃至其他州，不支付

---

① 《统一结婚离婚法》第 309 条。

② 夏吟兰：《美国现代婚姻家庭制度》，中国政法大学出版社 1999 年版，第 194-200 页。此处作者根据不同计算方法采意译，因此译法与引著有不同，引著译称分别为：百分比抚养费模式、收入分享模式、麦尔森模式。

③ ［美］哈里·D. 格劳斯、大卫·D. 梅耶：《美国家庭法精要》（第五版），陈苇等译，中国政法大学出版社 2010 年版，第 121-122 页。

④ ［美］哈里·D. 格劳斯、大卫·D. 梅耶：《美国家庭法精要》（第五版），陈苇等译，中国政法大学出版社 2010 年版，第 123-124 页。

⑤ 纪欣：《美国家事法》，台湾五南图书出版股份有限公司 2009 年版，第 161-164 页。

⑥ ［美］哈里·D. 格劳斯、大卫·D. 梅耶：《美国家庭法精要》（第五版），陈苇等译，中国政法大学出版社 2010 年版，第 125 页。

抚养费达 5000 美元以上，或欠付一年以上的，如果能证明权利人已用尽所有州和联邦法院救济无效的，那么欠付行为即作为联邦罪行处理。

第五，加强司法协助。因监护权和抚养费判决在子女成年之前可以随时变更，不是终审判决，因此各州之间互相承认他州终审判决的"互惠原则"不能适用。为此，1996 年颁布了《抚养命令互惠法》，规定第一个核发抚养命令的州对案件享有持续的、排他的管辖权，因此权利人完全可以在其他州登记并要求执行在原州颁发的抚养命令。《个人责任和工作机会一致法》还规定，各州要协助对从别的州逃到本州的欠付人进行强制执行，否则该州会失去联邦财政资助。

可见，美国对支付抚养费的保障力度很大，不履行该法定义务在美国将会面临非常严重的制裁后果。

（三）亲权终止：自愿与强制

亲权的终止有两种情况，一种是自愿终止，主要是指父母通过法定途径将子女送养，参见本章收养法的内容；另一种则是强制终止，主要是指父母严重违反对子女负有的义务，不宜再行使亲权的，由法院强制终止亲权。根据 1994 年美国《统一收养法》的规定，强制终止亲权的情形包括：（1）遗弃，即不与子女联络达到一定时限的；（2）虐待、忽视；（3）不抚养子女，主要是指没有正当理由不尽抚养义务一年以上；（4）不适合为人父母，主要是指父母有酗酒、吸毒等恶习而没有能力的生活，不能给子女提供安全环境且恶习难以矫正；（5）因身心缺陷无法照顾子女的，主要是指心智障碍者等。[①]

强制终止亲权与父母违反对子女的义务不同，前者是政府干预亲子关系最严厉的后果，后者只是政府干预亲子关系的开始。因此，对强制终止亲权是非常慎重的。联邦最高法院通过系列判例，对强制终止亲权程序作出了限制：（1）在实体上，以父母不称职为实质要件；（2）在证据上，指控的证明标准较高，必须达到清晰且有说服力的程度；（3）在程序上，要为贫穷父母上诉提供便利，包括免除上诉的各种费用。事实上，几乎所有的州都在强制终止亲权诉讼中为父母提供律师服务，可见各州的慎重态度。[②]

第六节　当代美国收养制度

本节研究和阐述以下内容：一是当代美国收养制度概述；二是当代美国收养的类型；三是当代美国收养的条件和程序；四是当代美国收养的法律效力。

一、当代美国收养制度概述

（一）立法沿革

收养，即指为那些彼此之间并不存在亲生父母子女关系的人们创设父母子女关系的法律行为。在美国，纽约州 1982 年 7 月生效的《家庭法》第 110 条明文规定："收养是一方与另一方形成父母子女关系，并由此以父母身份享受权利和承担义务的法定程序。"

[①] 夏吟兰：《美国现代婚姻家庭制度》，中国政法大学出版社 1999 年版，第 106-108 页。

[②] ［美］哈里·D.格劳斯、大卫·D.梅耶：《美国家庭法精要》（第五版），陈苇等译，中国政法大学出版社 2010 年版，第 134-135 页。

美国本土的第一部收养法是马萨诸塞州的收养立法。① 美国的马萨诸塞州是当今世界最早推行现代收养制度，或称完全收养制度的地区，美国其他的州在进行收养立法时各有特色，并未一致采用完全收养制度。继而美国统一各州法律全国代表大会（NCCUSL）意识到这一问题，1951 年制定了《统一收养法》，于 1953 年颁布，但遗憾的是只有六个州批准实施了该法②，其他各州仍适用各自制定的收养法，导致各州关于收养问题法律冲突严重，问题亟待解决。美国律师协会家庭法部曾在 1985 年制定一部《收养示范法》，却很遗憾地未能获得美国律师协会的认可。但该示范法的一些基本原则对美国统一各州法律全国代表大会产生了巨大影响。③ 美国统一各州法律全国代表大会即以 1951 年《统一收养法》为基础，参照《收养示范法》的基本原则，在 1994 年 8 月完成并通过新的《统一收养法》。美国律师协会也在 1995 年 2 月签署认可该法。尽管美国还有少部分州没有认可该《统一收养法》，但随着现代收养法的发展，尤其是美国也已经于 1994 年 3 月签署了 1993 年《海牙跨国收养公约》，美国各州也加快了融入现代收养法体制的步伐。④

近年来，收养在儿童福利政策方面扮演了日益重要的作用，美国收养立法持续跟进，联邦国会于 1997 年通过实施《收养与安全家庭法》（ASFA），鼓励各州法院和儿童福利官员对于父母虐待或疏忽儿童的案件，尽快结案并将儿童送交新的家庭收养。⑤

（二）当代美国收养法的特点

从美国当今社会的具体情况看，现代收养具备七大特征：第一，被收养人的亲生父母的同意不可缺少；第二，坚持儿童最大利益原则；第三，收养家庭替代原出生家庭；第四，收养过程的记录与登记材料的非公开性；第五，收养关系的永久性；第六，收养行为的非契约性；第七，收养适龄儿童与确保收养成功的互动性。⑥

1994 年美国《统一收养法》强调："收养创设父母子女关系"，"收养令一旦生效，养父母与养子女便形成法定的父母子女关系，亲子关系的所有权利义务即刻产生。"⑦ 就收养的程序而言，法律对收养程序进行了严格的规定，大多数规范属于强行法的范畴，必须在实质要件、形式要件均具备，并有政府相关机关进行监督的情况下进行收养。例如，孤儿的收养或收养事务由各州政府下属的儿童福利与社会服务局负责管理，这些机构就什么样的个人或家庭具有收养或收养资格制定了许多规定，如年龄、收入、身体健康和心理状况以及是否有犯罪记录等，对收养资格的认证通常需要几个星期才能完成。而在被收养儿童方面，只有经法院认定为包括父母和直系亲属在内的家人无力抚养或放

---

① 蒋新苗：《收养法比较研究》，北京大学出版社 2005 年版，第 60 页。转引自 Walter Wadington and Raymond C. O'Brien, Family Law in Perspective, New York Foundation, 2001, p. 198.

② 只有阿拉斯加、阿肯色、蒙大拿、北达科他、俄亥俄、俄克拉荷马六州批准实施 1951 年《统一收养法》。

③ 蒋新苗：《收养法比较研究》，北京大学出版社 2005 年版，第 61 页。转引自 Sanford N. Katz, Family law in America oxford university press, 2003, pp. 156-158.

④ 蒋新苗：《收养法比较研究》，北京大学出版社 2005 年版，第 61 页。

⑤ ［美］哈里·D. 格劳斯、大卫·D. 梅耶：《美国家庭法精要》（第五版），陈苇等译，中国政法大学出版社 2010 年版，第 94 页。

⑥ 蒋新苗：《收养法比较研究》，北京大学出版社 2005 年版，第 23-24 页。转引自 Joan Heifetz Hollinger, Adoption Law and Practice, Matthew Bender & Company Inc, 2004, Ch. 1, p. 3.

⑦ The uniform Adoption Act of 1994, § 1-102, § 1-104.

弃抚养的儿童，才有可能成为被收养或收养的对象。①

近20年来，美国的收养情况发生了大幅度的变化。② 因20世纪90年代法律、政策推动以及其他条件的便利，美国被收养儿童的数量直线攀升，至21世纪伊始达到顶峰。然后随着生殖技术的发展与跨国收养难度加大而逐渐走向低谷。③

（三）种族与宗教对收养的影响

收养不同种族的未成年儿童，这种情况在美国会经常遇到，如美国黑人儿童、土著印第安儿童的收养问题。在美国坚持种族隔离与反对种族歧视一直是同时存在的一对共生现象，在收养领域，美国白人家庭收养印第安部落的儿童就存在突出问题。由非印第安人收养印第安儿童在现实中会给儿童及其所处的部落带来极大困扰。因此，美国国会于1978年制定颁布了《印第安儿童福利法》，该法赋予印第安人的部落法庭以专属管辖权。印第安部落法庭对"居留或居住在印第安人社区内"的儿童享有专属管辖权。但在具体的司法实践中又解释得比较宽泛。一方面显出特殊保护印第安儿童的意思反对种族歧视，而另一方面却又变相承认了种族隔离。

美国作为多宗教信仰国家，在进行儿童收养时亦不能忽视宗教信仰问题。部分州立法态度明确，在确定收养人是否符合收养被收养人条件时，法律规定会与宗教因素联系在一起。例如，伊利诺伊州要求法院"无论何时，通过收养给予儿童的监护不可忽视他们之间的宗教信仰"。④ 又如，加利福尼亚州家庭法中规定：相关部门、县收养机构或持牌收养机构，安置通过让渡或终止亲权而待收养的儿童，应当考虑儿童的宗教背景，以确定适当的安置。⑤

（四）美国收养法的基本原则

1. 儿童利益最大化原则

在世界上不同国家收养制度的发展过程中，最初表现出来的一个常见的收养动机便是传宗接代以使家庭财产特别是土地有继承人而得到保护。在这种情况下，"家族利益至上"的特征表现得特别明显。随着社会发展，收养逐渐从为家族收养转向偏重于"为儿童利益"的收养。⑥ 第二次世界大战造成无数家庭破碎，儿童流离失所、无家可归，社会问题严重。如何安抚不幸的儿童使人们进一步发现和认识到收养制度的社会功能。收养可以为丧失父母的儿童提供新的父母，收养为儿童利益的观念悄然发展起来。海牙国际私法会议1965年11月订立《收养管辖权、法律适用和判决承认公约》推动了国际收养立法。20世纪60年代，"福利国家"政策盛行，工业化国家开始重视社会福利政策，注意维护妇女、儿童和老弱病残者的利益，不再将追求经济利益作为国家发展的唯一目标。与此相呼应，收养问题也在国家儿童保护与社会福利政策中受到关注和重视。⑦ 1960年由

---

① Rose Kreider, Adoption Factbook Ⅳ, Foreign Born Adopted Children in the U. S. , 2000, pp.138-139.

② https：//www. childwelfare. gov/pubs/adopted0812/.

③ Brian H. Bix；Family Law, Oxford University Press,2013, p. 81.

④ Illinois Rev . Stat. Ch. 4 §9. I-15(1971).

⑤ California Codes Family Code, §8709.

⑥ 蒋新苗：《收养法比较研究》，北京大学出版社2005年版，第44页。转引自林菊枝：《亲属法专题研究》，台湾五南图书出版公司1985年版，第85页。

⑦ 戴炎辉、戴东雄：《中国亲属法》，台湾三文印书馆1988年版，第324-329页。

联合国发起在瑞士莱森召开的高级专家讨论会上，专家们对国际、国内收养问题进行了讨论，许多专家主张将儿童利益置于首要地位的观点对现代收养立法产生了深远而重大的影响。在现代社会，收养立法倾向于保护儿童利益的趋势越来越明显。①

在美国，十分强调收养需保障子女利益最大化。美国对收养人并无经济能力的要求，但必须确保收养儿童心理不被压抑和扭曲。收养前会有专门机构进行"家庭调查"，以确定该家庭是否适合儿童安置，收养期间亦会有监督机关监督养父母是否虐待、忽视养子女，必要情况下可以终止收养，并为养子女寻找其他适宜收养人②。儿童利益最大化几乎在各州收养法中都有规定，如加利福尼亚州家庭法典收养法部分就明确提道：为实现儿童利益最大化，亲生父母应保持与相关部门、县收养机构或持牌收养机构的联系以便相关部门了解父母任何可能影响儿童的健康问题③。上述内容充分反映了现代美国收养立法以保护儿童利益为目的的宗旨和基本导向。

2. 国家监督主义——机构收养

在收养立法的发展过程中，许多国家为适应现代收养目的的需要和保护未成年儿童的利益，逐渐改变个人"独立收养"形式，倡导通过"收养机构"进行收养的制度，这是收养法发展过程中出现的又一新趋势。"独立收养"这一术语最先在美国产生并获得了较广泛的使用，是指由养父母与生父母直接进行联系的，不需要通过任何机构或中介环节进行的收养。这是收养制度产生时的基本形态，但是，由于独立收养常有忽视对儿童利益的保护、容易滋长以儿童作交易或谋利等弊端，一些国家在收养立法中逐渐加强和提高政府主管机关或机构对收养的监督和管理，强调收养须通过收养机构来完成。美国一些州的法律明确禁止私人从事收养的中介活动，只能通过政府机构或政府认可的组织进行收养。并通过法律对收养机构的建立和活动范围设立了最基本的条件和准则，以便严格地规范收养行为和完善收养制度。④

英美等普通法系国家自采纳收养制度起便对收养采取严格的国家监督主义。在美国，法院作为国家公权力的代表，在收养活动中占据举足轻重的地位。根据美国大部分州收养制度的规定，收养人必须向法院提出书面申请并主要由法院完成相关的调查，只有少数州允许法院依情况而确定由儿童福利局等专门机构完成调查。法院只有在必要的调查和法定的通知完成之后，才能就该收养申请进行分阶段的审理，一是初审并作出初步裁决；二是最终的判决，这须在经过一段试养期之后才能作出。⑤

二、当代美国收养的类型

（一）完全收养

"完全收养"是指养子女与亲生父母之间的亲子关系完全终止，而与养父母之间发生

---

① 蒋新苗：《收养法比较研究》，北京大学出版社 2005 年版，第 50 页。转引自 Leslie J. harris and lee E. teitel baum：family law，aspen law & business，2ed.，2000，p. 1098。

② 雷明光主编：《中华人民共和国收养法评注》，厦门大学出版社 2016 年版，第 51 页。

③ West's Annotated California Codes Family Code（Refs & Annos），Division 13. Adoption，Part 2. Adoption of Unmarried Minors，Chapter 2. Agency Adoptions，§ 8702.

④ 蒋新苗：《收养法比较研究》，北京大学出版社 2005 年版，第 53 页。

⑤ 蒋新苗：《收养法比较研究》，北京大学出版社 2005 年版，第 32 - 33 页。转引自 Joan Heifetz Hollinger，*Adoption Law and Practice*，Matthew Bender & Company Inc，2004，Ch. 1，pp. 8–17。

完全相同于婚生的父母子女关系，即被收养人完全融入新的家庭之中。在美国，"完全收养"最早见于 1851 年的马萨诸塞州收养法，随后纽约州法、加利福尼亚州法以及其他大多数州竞相效仿马萨诸塞州的做法进行了收养立法，选择了完全收养主导模式。

（二）公开收养

按收养行为是否保密，可分为公开收养与秘密收养。在 20 世纪的历史进程中，秘密收养已成为一种习惯。为保守这一秘密，收养记录常常会封存，直到被收养子女长大成人。甚至在有些司法区，记录将永远封存。[①] 美国纽约州《家庭法》第 114 条甚至规定：不得泄露收养的秘密，泄密的个人或团体构成藐视法庭罪。[②] 直至现在，许多州立收养法中仍固定需要有法院命令或正当理由才能查阅相关记录。例如，加利福尼亚州《家庭法》就规定：除法律另有规定外，本部门和有执照的收养机构均不得公布收到收养服务人员的资料。[③]

现代社会对秘密收养的突破，最开始是起因于一些国家允许被收养人亲生父母（通常是生母）保留某种通信联系权，有的国家允许亲生父母有探视权。[④] 美国一些被收养人基于宪法对秘密收养提出了质疑。法院驳回了这类诉讼请求，理由是考虑到州在保护生父母以及养父母隐私方面的优先权益，所以各州有正当理由保留法律中的秘密收养规定。[⑤] 目前美国有五个州已颁布法律准许成年的被收养人查看收养记录，但仍有州认为秘密收养法律并不违宪，并将此种观点体现在判例中。现在出现了一种"折中"的办法，根据一些州立法，如果成年的被收养人与生父母乐于相认，可在中介机构进行登记，如果双方均进行了登记，则可相认。[⑥]

当前国际社会以儿童利益为首要考虑，倾向于公开收养。例如，1993 年《跨国收养方面保护儿童和合作的海牙公约》第 30 条就对确保被收养儿童获知其身世的方式和途径进行了规定，只要缔约国法律允许，就可公开收养。从秘密收养走向公开收养也是当今世界收养立法的趋势。1989 年联合国《儿童权利公约》规定，儿童有权"知道谁是其父母并受其父母照料"，有权"维护其身份包括法律所承认的国籍、姓名及家庭关系"。[⑦] 现在，在美国对于一名被收养的儿童来说，希望能够调查出自己的出身和联系自己的亲生家庭完全是可以实现的。

美国加利福尼亚家庭法明确规定，当事人可以签订收养后联系协议：被收养儿童可以在被收养后直接或间接地与血亲联系，包括亲生父母或父母一方或印第安部落。收养协议的目的是确保有利于儿童的持续联系可实现，而这些协议是由血亲自愿签订的，包括亲生父母、父母一方或印第安部落以及养父母[⑧]，并规定如果法院确认该协议是为儿童最大利益自愿签订的，在收养申请被批准的时候，允许儿童继续联系亲戚，包括亲生父

---

① Sanford. N. Katz , Family Law in America,（second edition）, Oxford University Express ,2015. pp.186-187.

② 蒋新苗：《收养法比较研究》，北京大学出版社 2005 年版，第 39 页。

③ West's Annotated California Codes Family Code（Refs & Annos）Division 13. Adoption, Part 2. Adoption of Unmarried Minors, Chapter 2. Agency Adoptions, § 9201.

④ 蒋新苗：《收养法比较研究》，北京大学出版社 2005 年版，第 52 页。

⑤ Sanford. N. Katz, Family Law in America,（second edition）, Oxford University Express ,2015. pp.186-188.

⑥ Sanford. N. Katz , Family Law in America,（second edition）, Oxford University Express ,2015. pp.186-188.

⑦ UN Convention on the Rights of the Child, Articles 7 and 8.

⑧ California Codes Family Code, § 8616. 5.

母或印第安部落。

三、当代美国收养的条件和程序

（一）收养的法定条件

1. 收养申请人

对于收养申请者的要求，美国各州法律规定不同，有的规定"任何人"可申请收养，也有规定"任何符合条件的人"可申请收养，还有规定"任何成年人"可申请收养的。可以说美国大部分州的法律对收养人的年龄未作出特别限制，其中约有六个州的法律要求收养人年满18岁①，四个州的法律规定收养人必须年满21岁②，爱达荷州和佐治亚州的法律规定相对严格，要求收养人年满25岁。③加利福尼亚州家庭法明文规定收养人至少比被收养人大10岁，但是如果法院同意继父母、姐妹、兄弟、姑姨、叔叔、一代表亲和已婚人士夫妇收养儿童，在符合各方最大利益和公众利益的情况下，可以不考虑收养子女和准收养父母的年龄问题。④

对于独身者的收养，美国法律一般不禁止，但也并非每个州都如此规定，佛罗里达州法律就不允许同性恋者收养子女。但加利福尼亚州法律就不禁止"家庭伴侣"/"民事结合关系"的同性夫妇收养子女。⑤美国大部分州的法律规定了已婚夫妻共同收养子女的原则，即如果收养者为已婚夫妇，申请收养时必须夫妻双方共同收养子女，如加利福尼亚州家庭法就规定：已婚人士，只要其配偶有能力同意，就不得在未经配偶同意的情况下收养子女。⑥

1994年美国《统一收养法》并未对收养人的具体条件作出规定。该法在"一般规定"中的第1-102条仅要求："凡旨在创设父母子女关系的人都可收养或被收养"。⑦

2. 被收养人

美国大部分州法律规定收养的对象不仅是儿童，也包括成年人。如加利福尼亚州家庭法对于被收养人的一般规定为：未婚的未成年人可以被成年人收养。⑧但有专章规定成年人和已婚未成年人收养，如成年人可以按照本州家庭法规定，通过法院批准的收养协议，收养年龄较小的成年人。收养协议应当以书面形式，由准养父母和被收养人执行，并且要声明双方同意相互承担父母子女之间的法律关系，并且拥有所有的权利和义务。⑨不过对于成年人和已婚未成年人的收养有一些特殊限制，如一人在收养一个不相关的成年人一年内，不得收养一名以上无关的成年人。除非拟被收养者是之前被收养人的亲生

---

① Kentucky Rev . stat . Ann . §199.470；Louisiana Ch . Code art . 1198,1221,1234；Montana Code Ann . §42-1-106；New Jersey Stat . Ann . §9：3-43；Tennessee Code Ann. §36-1-115；Washington Rev Code Ann . §26.33.140.

② Colorado Rev . Stat. §19-5-202；Delaware Code Ann. Tit. 13，§903；Oklahoma Stat. tit. 10.§7503-1.1.

③ Idaho Code §16-1502；Georgia Code Ann. §19-8-3.

④ California Codes Family Code，§8601.

⑤ California Codes Family Code，§9000.

⑥ California Codes Family Code，§8603.

⑦ The Uniform Adoption Act of 1994, Art1-102.

⑧ California Codes Family Code，§8600.

⑨ California Codes Family Code，§9320.

兄弟姐妹或者拟被收养者是残疾人①等。

(二) 收养的法定程序

1. 收养申请的提出

美国各州法律都规定收养由法院决定。收养人必须提出书面收养申请，亚利桑那州和加利福尼亚州等大部分州的法律规定提交书面申请和由法院进行调查是强制性的，如加利福尼亚州家庭法就规定：申请人应在其所在的县或者该儿童被给予自由以备收养的县提出申请。法庭书记员应立即以书面形式通知该诉讼程序的进程。② 1994 年美国《统一收养法》第 3-101 条对收养的管辖权和管辖地作出了详细规定，可作为收养管辖权的根据有：被收养儿童居住地、与被收养儿童最密切联系地以及准养父母连续居住达六个月以上的住所地。第 3-102 条进一步规定，考虑到收养程序的特殊性，收养机构所在地或者收养申请人生活的所在地也可作为管辖的依据。

2. 家庭调查

由专门机构对养父母家庭进行全面的家庭调查，以确定养父母家庭是否适合收养该儿童。少数州的法律允许对收养人家庭情况的调查决定权由法院视情况而定。这种调查工作一般由儿童福利局承担，首先对申请收养的家庭进行必要的法定通知和调查，完成这些必要步骤后，由法院对收养进行审理。

3. 亲生父母与被收养人的同意

生父母对其子女收养必须一致同意，除非一方的父母权利因该方的不适当行为被剥夺。例外的是成年人收养（只需获得被收养人同意即可）和非婚生子女收养。③

美国几乎所有的州都要求如果收养涉及的是较大年龄的儿童，需征得儿童本人的同意。大多数州将这一相关年龄设定为 10-14 岁。④ 例如，加利福尼亚州家庭法就规定：如果儿童年满 12 岁，收养时取得儿童同意是必要的。⑤ 如果儿童系通过机构获得安置的，收养必须征得该机构同意。

同意应采用书面形式，也可以要求公证。为避免有人借机买卖儿童，许多州要求除非一项同意系由许可的收养机构作出，否则必须在同意中明确收养人的身份。大多数州只承认子女出生后作出的同意合法。该同意应在出生后 12 小时乃至 15 天之后作出。

只有在特别的情况下，才可以免除亲生父母的同意，如加利福尼亚州家庭法规定：在下列情况中，亲生父母的同意是不必要的：（1）亲生父母已被司法剥夺儿童监护权和控制权：①根据《福利机构法》第 366.25、366.26 节和本法典 12 部门第 4 部分规定由法院命令宣布的孩子脱离亲生父母或父母一方的监护和控制，或②另一管辖区的法院依照该司法管辖区内的法律作出的类似裁定。（2）亲生父母在另一司法管辖区的司法程序中，根据规定，自愿交出儿童的监护权和控制权。（3）亲生父母遗弃子女时没有提供儿童的身份证明。（4）根据第 8700 节规定，亲生父母已让渡（relinquished）儿童以备收养。（5）亲生父母已将儿童让渡给根据该司法管辖权的另一司法管辖区的持牌或被授权的儿

---

① California Codes Family Code，§ 9303.

② California Codes Family Code，§ 8614.

③ Sanford. N. Katz，Family Law in America，(second edition)，Oxford University Express，2015. p.194.

④ Sanford. N. Katz ，Family Law in America，(second edition)，Oxford University Express，2015. p.175.

⑤ California Codes Family Code，§ 8602.

童安置机构（child-placing agency）。①

4. 收养令

美国大部分州的法院对于收养问题分两个阶段处理：第一阶段是对申请收养的情况进行初步审理作出裁决，第二阶段是在规定时间的监督期完成之后作出最终裁决。很多州都规定被收养子女应当与养父母一起居住一段时间，时间长短从六个月到一年不等。还有个别州法律赋予法院指定"诉讼监护人"的权利，即在整个诉讼过程中，为保护被收养儿童的利益，法院可依据有关的收养申请为被收养儿童指定诉讼监护人。法院在听审中，应审查出庭的相关人员，一般情况下准许养父母应当出庭。准养父母应承认并执行在各方面将养子女视为合法子女的书面协议。如果收养对儿童的利益有所促进，法院可作出准予养父母双方或准养父母一方收养子女的命令（收养令）。应养父母或被收养儿童的请求，高等法院的书记员可以签发收养证书，其中应载明收养日期、收养地点、儿童出生日期、养父母的姓名以及儿童姓名，并可以签发新的出生证明。

四、当代美国收养的法律效力

对于收养的效力，1994年美国《统一收养法》第1-104条明确规定："收养令一旦生效，收养人与被收养人之间就形成法定的父母子女关系，相互之间产生并承担亲子关系的全部权利义务。"该法第1-105条对"收养后被收养人与其原父母的法律关系"进一步规定：除本法第4-103条的规定（继子女）收养外，收养令一旦生效便产生如下法律效力：（1）被收养人与其原父母的亲子关系全部终止，除被收养人的原父母拖欠儿童抚养费必须继续支付外；（2）收养前所有涉及被收养人探望权的法院裁定终止。不仅如此，该法第1-106条还特别规定，收养令不影响被收养人收养以前的既得权或利益。② 美国所有州的法律都一致规定，自收养关系成立之日起，被收养儿童的抚养义务和监护权自然转移至养父母。此外，关于被收养人的姓氏，该法第1-103条还规定，被收养人的姓名以收养令中确定的姓氏为准。③ 目前美国大部分州的法律规定被收养人从收养人之姓。

美国现代收养法律制度坚持收养的目的在于建立永久的父母子女关系，即养父母与养子女关系同自然血亲的父母子女关系同样是不可解除的，因而美国只有少数州的法律有关于撤销收养的专门条款。在这些州的立法中，它们规定了几种撤销收养的共同理由，如收养存在欺诈或胁迫，被收养儿童患有痴呆症、癫痫病、精神病等，而且是在收养成立前已患病且不为收养人所知的，一旦获悉便允许申请撤销收养。④

第七节　当代美国监护制度

本节研究和阐述以下内容：一是当代美国监护制度概述；二是当代美国未成年人监护制度；三是当代美国成年人监护制度。

① California Codes Family Code, § 8606.
② The Uniform Adoption Act of 1994, Art1-104、1-105、4-103、1-106.
③ The Uniform Adoption Act of 1994, Art1-103.
④ Alabama code tit. 27 § 4；arkansas stat. ann. § 56-110；Georgia code ann. § 74-416；Iowa code ann. § 600.7；Minnesota stat ann. § 259.30；Missouri ann. stat § 453.130.

一、当代美国监护制度概述

本节重点阐述美国的未成年人监护制度，同时概要介绍美国成年人监护制度的内容。最佳利益原则是美国监护制度的核心原则，尤其是未成年人监护。司法实践中曾经盛行的幼儿随母、生父母优先等推定，乃至至今仍使用的父母行为、子女偏好、监护人健康状况等影响因素，都是最佳利益原则的推演结果和具体应用。即使在成年人监护中，最佳利益原则也占有重要地位：成年人法定监护中监护人要依据本人最佳利益行事，成年人意定监护中监护人无从得知本人意愿的，也应依据最佳利益履职。因此，最佳利益原则是理解美国监护制度的钥匙。

在法律渊源上，未成年人监护制度主要体现在州法和判例中，但是在程序法上，为打击子女监护纠纷中产生的父母擅自将子女带离原司法辖区制造管辖权以争讼的现象，全国统一立法委员会制定了 1997 年美国《统一子女监护权管辖与执行法》等。成年人监护制度的内容，在美国的统一示范法中占有重要地位，尤其是 2007 年美国《统一成年人监护和保护程序法》、2006 年美国《统一代理权法》等，对各州立法产生了重要影响。

二、当代美国未成年人监护制度

(一) 子女最佳利益原则

美国婚姻家庭制度中的监护主要是指对未成年人的监护，即依照子女最佳利益原则，为子女指定一名监护人，由该监护人照料子女生活起居，为子女作出有法律效力的决定。监护制度的内容有两大主题：(1) 如何确定监护人；(2) 监护权衍生出共同监护权、探视权等次生权利后，如何在监护权的强势地位下保障次生权利的实现。处理这些问题都要围绕一个核心原则进行，那就是子女最佳利益原则。这个原则是未成年人监护制度的立法和司法的指导思想。

在监护纠纷中适用子女最佳利益原则，是指关于监护所做的任何决定，都必须符合有利于子女利益、促使子女利益最大化的目标。此原则早已被规定在 1973 年美国《统一结婚离婚法》中。[①] 一些州如堪萨斯州，对监护纠纷甚至没有其他更具体的指导，仅仅要求法院按照"子女最佳利益原则"裁判。[②] 由于子女最佳利益原则的适用涉及面很广，因此一些州就采取列清单的方法，将子女最佳利益原则的涉及事项列了出来，它包括但不限于父母双方取得监护权的意愿、子女的主要照护人、父母双方各自与子女的关系密切程度等。[③] 为了在司法中能够更好更准确地适用这个原则，美国通过立法或判例，将这个原则细分为各项推定、影响因素，力图使原则更具可操作性。

1. 子女最佳利益的推定

对子女最佳利益原则的适用，美国法院努力从该原则之下发展出一些简明、直接的认定方法：

(1) 幼儿随母。这是最有影响力的推定之一，它是指对处于幼年的子女，由于"一

---

① 美国《统一结婚离婚法》第 402 条。
② Ark. Code Ann. § 9-13-101(1978).
③ Minn. Stat. Ann. § 518.17 (1990).

位女性即使在最虚弱的时候她的母爱情感也会占绝对统治地位，通常母亲要比父亲更关爱后代，而且子女也更需要母亲的养育"，①因此发生监护纠纷时应将监护权判给母亲，除非有充分证据证明她作为监护人会危及子女福祉。但是，至20世纪60年代，社会观念发生改变，男人们开始承担并且许多情况下能够胜任监护人角色，因此法院逐渐抛弃将监护与性别挂钩的态度。法院在一些案件中甚至提出幼儿随母推定属于性别歧视因而违宪。②但由于该原则在文化和理念中深入人心以致很难被根除，其结果就是虽然它不再是一个原则，但是可以作为判断子女最佳利益的一个因素考虑。③

（2）随主要照料人。"幼儿随母"的推定自20世纪70年代后逐渐衰落，有的州又提出了随主要照料人的推定。它指的是在原来谁承担起照料子女的主要任务，那么监护权就应判给谁。该原则是西弗吉尼亚州通过判例发展起来的，④但该州不仅是唯一的一个明确采纳这个推定的州，而且它在后来又通过立法废除了此推定。其原因在于，第一，它没有走出幼儿随母的框架；第二，在男女日益平等的情况下，有些案件很难识别夫妻双方照料子女谁多谁少；第三，这个原则对幼儿还有一定作用，但对青少年就意义不大了。⑤

（3）生父母优先于心理父母。生父母优先的推定不同于前述的推定，它仅适用于亲生父母与亲生父母以外的人之间，即除非有证据证明生父母不适任，否则子女应由生父母监护。其理念在于，国家的公共监护义务不能随意越位取代生父母的权利义务，除非有遗弃、长期疏忽等重大事由。⑥所谓亲生父母以外的人，在司法实践中主要是指继父母、祖父母等。⑦与前述两个基本退出舞台的推定不同，生父母优先到今天依然得到承认和适用。

但是，法院适用该原则面临的难题主要是，如果与子女基本没有接触的生父母与长期履行抚养义务的生父母以外的人之间发生监护纠纷又怎么处理？由此又发展出了心理父母优先的推定，作为生父母优先的补充。根据心理父母优先推定，即使生父母主张监护权，但如果子女已经与第三方发展出亲密关系并且子女在情感上已将第三方视同父母的，那么应由第三方享有监护权。例如，在Guardianship of Philip B.案中，涉案小孩有唐氏综合征，生父母将他送到一个专为残疾儿童而设的机构，其间小孩与机构的一名志愿者及其家庭建立起亲密的照料关系，生父母则与该小孩有生理上的联系和一定的感情关系。法院认为，如果将监护权判给生父母将伤害小孩与志愿者之间的心理上的亲子关系，因此监护权应由志愿者享有。⑧至于判断子女与生父母以外的人建立了心理父母关系，可以参照的判断标准包括：第一，是否与子女居住达到一定时间；第二，其间是否履行了

---

①　Freeland v. Freeland,452 N. W. 2d 219,222(Minn. 1990).
②　代表性案例 Ex parte Devine, 398 So. 2d 686(Ala. 1981).
③　Street v. Street,936 So. 2d 1002(Miss. App. 2006).
④　Garska v. McCoy,278 S. E. 2d 357(W. Va. 1981).
⑤　Robert E. Oliphant, Nancy Ver Steegh. Family law(Fourth Edition). Wolters Kluwer. 2013, p.170.
⑥　Bennett v. Jeffreys, 356 N. E. 2d 281(N. Y. 1976).
⑦　State of N. M. ex rel. CYFD v.Lisa A. , 187 P. 3d 189 (N. M. App. 2008); Eifert v. Eifert, 724 N. W. 2d 109 (N. D. 2006).
⑧　Guardianship of Philip B. ,188 Cal. Rptr. 781(Cal. Ct. App. 1983).

父母角色所承担的照料义务；第三，生父母是否履行了自己应履行的义务等。①

以上这些推定，有的仍在发挥作用，有的已经退出司法舞台。但是需要注意的是，这些都只是从属于最佳利益推定的规则，一方面，它们是为了使最佳利益推定能够更直接、更明确地适用而产生的；另一方面，它们是否得以存续，是否能够在个案中得到适用，都取决于法院的检视，即认为它们符合最佳利益推定的就可以适用，否则就不适用。

2. 父母行为

父母行为中影响监护权的主要是性行为，或者说是生活作风，如婚内出轨、同性恋等。但是需要明确的是，这是影响监护权裁判的因素，而不是判断当事人自身是否构成不适任监护的标准。也就是说，即使有婚内出轨、同性恋等行为，也不构成监护不适任，但在还有其他适任监护人的情况下，可能会使法院倾向于将监护权给其他适任监护人。构成不适任监护的，只限于遗弃、长期疏忽等恶劣情节，这些情节并非父母行为的概念范畴。②

父母行为在司法裁判中有两大问题。第一个问题在于，如何防止父母行为的泛化适用。各州都有一定的立法指引力图防止父母行为的泛化适用，如明尼苏达州要求法院只考虑会影响监护人与子女关系的那些父母行为，阿拉巴马州则聚焦于父母应有的谨慎和道德示范作用，哥伦比亚特区声称种族、肤色、国籍、政治立场和性取向等问题本身不能构成决定监护权的因素。③

第二个问题在于，生活作风问题达到什么程度会影响监护权呢？以下是有代表性和影响力的判例：④

案件	案情	一审	二审	时间/州
Feldman v. Feldman	夫妻离婚后，女方结交男友并在家中置有色情杂志，但未对其抚养的子女造成影响；子女自出生起即随母生活且得到良好照料	女方生活作风不良，变更监护人为男方	不应对离婚女性采取不合理的道德标准，改判监护人为女方	1974 纽约
Jarrett v. Jarrett	夫妻离婚，婚姻期间女方与第三者公开同居	女方生活作风不良，监护权归男方	维持原判，女方行为将鼓励子女今后罔顾社会道德操守	1979 伊利诺伊

---

① American Law Institute. Principles of the Law of Family Dissolution: Analysis and Recommendations. 2002. § 2. 03(b), (c).

② Gregory, John De Witt, Peter N. Swisher, and Sheryl L. Wolf. *Understanding family law*. LexisNexis, 2011, p. 528.

③ Minn. Stat. Ann. § 518. 17(1990); Ala. Code § 30-3-1(1975); D. C. Code Ann. § 16-914(1981).

④ Feldman v. Feldman, 358 N. Y. S. 2d 507(N. Y. App. Div. 1974); Jarrett v. Jarrett, 400 N. E. 2d 421(Ⅲ. 1979); Hansen v. Hansen, 562 A. 2d 1051(Vt. 1989); Hanhart v. Hanhart, 501 N. W. 2d 776(S. D. 1993); Roe v. Roe, 324 S. E. 2d 691(Va. 1985); Bottoms v. Bottoms, 444 S. E. 2d 276(Va. Ct. App. 1994), 改判 457 S. E. 2d 102 (Va. Ct. App. 1995)。

案件	案情	一审	二审	时间/州
Roe v. Roe	夫妻离婚时协商决定由女方享有监护权,两年后由于女方患病由男方抚养子女,数年后女方发现男方与同性恋人同居	双方享有共同监护,子女暑假随母居住,开学随父居住,但当子女随父时男方不得与同性恋人同房或同床	男方行为将使子女直面他的不道德、不正当的关系,这使男方不适任监护人,撤销原判,改判女方独享监护权;男方有探视权,但禁止在男方家中或同性恋人在场时探视	1985弗尼尼亚
Hansen v. Hansen	夫妻因女方通奸离婚	女方婚外情导致离婚,监护权归男方	婚外情导致离婚与子女最佳利益不具关联性,一审滥用裁量权,撤销原判	1989佛蒙特
Hanhart v. Hanhart	夫妻因女方通奸离婚	监护权归女方	维持原判,女方过错与监护权不具关联性	1993南达科他
Bottoms v. Bottoms	生母与祖母争夺监护权,生母与同性恋人公开同居	因生母与同性恋人同居,监护权归祖母	生父母优先不能仅因为生母是同性恋就排除适用,撤销原判,改判监护权归生母	1994弗吉尼亚

从上表可以看出,法院很少会因为生活作风问题而剥夺监护权,这里又分为不同的情况:第一,离婚后交往异性朋友的,当然不会影响监护权;第二,离婚后交往同性恋人的,一般不影响监护权,但有的法院会予以限制,如 Roe v. Roe 案中撤销了共同监护,男方虽然仍享有探视权但受到限制以防止子女直面他的"不当"行为;第三,因生活作风问题导致离婚的,大多数法院认为虽然生活作风有问题且对离婚有过错,但这依然与监护不具有关联性,因此不影响监护权分配;持少数观点的是 Jarrett v. Jarrett 案,法院认为女方行为将鼓励子女罔顾社会道德因此拒绝授予她监护权。至此不难得出结论,即父母行为在实践中不是立法者们所担忧的泛化适用,而是虚化:无论是否因生活作风导致离婚,无论是异性恋还是同性恋,除非有证据证明子女确实受到不良影响,否则与监护权不具关联性。

3. 其他因素

监护人是否应当与子女相同性别,种族、宗教信仰对监护权的影响等。其中较为特别的是性别、种族、宗教信仰等因素,这涉及美国主要意识形态因此容易引起是否违宪的争论。

(1)性别。承认性别差异就容易想当然地认为,子女跟随相同性别的父或母更有利于他们的成长。但是,幼儿随母推定的衰落已经判了性别与监护挂钩的死刑,如果仅以性别为由判决监护权就是违宪的。例如，在 Fox v. Fox 案中，[①] 一审法院仅以"女儿应随母亲"为由就将监护权判给母亲，被上诉法院撤销判决。正确的处理方法是，监护权的授予要围绕子女最佳利益进行，而不能根据父母性别来决定。[②] 但是，监护权绝非不考虑性别因素。在 Warner v. Warner 案中，[③] 一审法院将儿子监护权判给父亲并得到上诉维持，因为该案中有心理专家作证证明该父亲担任监护人不仅能提供像母亲一样的照料，而且对儿子的性别认同大有裨益。可见，美国法院对监护权的裁判不是不考虑性别，而是必须进行具体的个案审查。

（2）种族。种族问题是美国的敏感议题，监护中的种族问题还引发了联邦最高法院的判例。在 Palmore v. Sidoti 案中，[④] 一对白人夫妻离婚时女儿随母，但母亲后来与一名黑人同居并结婚，父亲据此向法院提出变更监护人，理由是女儿在"黑白配"的家庭中容易遭受社会歧视。州法院支持了父亲的诉讼请求，但联邦最高法院撤销了州法院的判决，认为仅以种族为由来裁决监护纠纷是违宪的，驳回了父亲的诉请，尽管法律无法制裁社会偏见，但决不能使社会偏见正当化。但是，与性别问题相似，禁止以种族为依据来裁决监护纠纷不等于完全不考虑种族因素的影响，法院仍可以在个案中根据具体案情，从子女最佳利益出发，考虑种族因素后作出裁判。例如，在 Jones v. Jones 案中，[⑤] 父亲是印第安人，子女因此遗传了印第安人的一些样貌特征，一审法院认为父亲有遭受社会歧视印第安人的经历因此能够更好帮助子女应对今后可能遭受的歧视，因此判决监护权归父亲。上诉法院维持了判决，认为本案不适用联邦最高法院 Palmore v. Sidoti 案的原则，一审法院从子女最佳利益出发来决定监护权归属是正确的。

（3）宗教信仰。与性别、种族问题相似，宗教信仰是法院应当考虑的问题，但只能具体地进行个案审查。例如，在 Quiner v. Quiner 案中，[⑥] 父母争夺两岁儿子的监护权，母亲信奉一个与世隔绝的教派，当时法律上还遵行幼儿随母推定，且监护人有权决定子女信仰。法院经审查后认为与世隔绝不利于儿子心智发育，因此监护权归父亲。但是与性别、种族问题不同之处在于，宗教信仰问题更难获得裁判标准的统一。在另一个案件中，[⑦] 父母都信仰原教旨主义基督教，该教派要求绝对忠诚、服从、对儿童实行体罚、禁食、隔离等严格措施，还要培养对非教派成员的敌视，离婚时父亲离开了教派。一审法院认为仍然信仰该教派的母亲将使儿子缺乏与社会的必要接触，将监护权判给父亲，但上诉法院认为母亲的信仰不构成对子女的不利影响，因此撤销原判并发回重审。但是在另一个父亲信仰原教旨主义基督教的案件中，法院却认为除非有证据证明这对子女构成实质性伤害，否则法院不应干涉。[⑧]

（4）子女偏好。亲权监护的对象是未成年子女，在法律上一般被认为是不完全行为能力人。但是，达到一定年龄的未成年子女许多时候对谁来担任自己监护人是有偏好的，

① Fox v. Fox, 788 S. W. 2d 743(Ark. Ct. App. 1990).

② Ark. Code Ann. §9-13-101(1987).

③ Warner v. Warner, 534 N. E. 2d 752(Ind. Ct. App. 1989).

④ Palmore v. Sidoti, 466 U. S. 429(1984).

⑤ Jones v. Jones, 542 N. W. 2d 119(S. D. 1996).

⑥ Quiner v. Quiner, 59 Cal. Rptr. 503(Cal. App. Dep't Supper. Ct. 1967).

⑦ In re Marriage of Hadeen,619 P. 2d 374(Wash. Ct. App. 1980).

⑧ Kendall v. Kendall, 687 N. E. 2d 1228(1997).

他们的偏好尽管因法律上的不完全行为能力而不能完全决定监护权的分配，但至少是应该被法院所考虑的。因此，有些州允许法院在法庭外的会议厅里询问那些有能力表达自己意愿的子女，以确定他喜欢谁当自己的监护人，不同的是有的允许单独询问，有的要求第三方陪同或记录；有的州则更进一步，规定 14 岁以上子女有权选择监护人，除非被选择的人具有不适任的情形否则法院不得作出违背子女选择的决定。① 在法院裁判的时候，对子女偏好的适用主要遵循以下思路：第一，要判断子女是否有足够的能力来表达自己的偏好；第二，如果子女有足够能力表达，那么就要考虑采取合理方式来促使、帮助子女表达自己的真实想法；② 第三，子女表达偏好以后，法院还需要考虑子女偏好究竟能在多大程度上影响监护权归属，此时要综合考虑子女年龄、子女偏好背后的原因、子女偏好是否受到偏好方的有意引导或影响、监护权纠纷双方相比较之下哪位更适任等因素。③

（5）监护人健康状况。监护人健康状况直接关系着是否能够为子女提供良好的照料，因此美国的统一示范法和一些州法都明确规定监护权裁判要考虑监护人的身心健康状况，④ 但在司法实践中并不容易把握。在 In re Marriage of Carney 案中，⑤ 夫妻双方早在离婚前就达成协议由丈夫照顾两个儿子，妻子在 3000 英里外居住且从未探访或经济支援过儿子。提起离婚诉讼前不久，丈夫因车祸而导致残疾，一审法院认为丈夫残疾后只能与儿子交谈或进行教育，不能形成正常的父子关系，因此将监护权判给妻子。上诉法院撤销原判，认为身体健康状况只是监护权案件中众多因素的一小部分，要综合全案包括残疾的程度、当事人对残疾的适应情况、家人对残疾问题的适应能力等进行全盘考虑；除非残疾对子女最佳利益有实质性、持续性的不利影响，否则不能仅因残疾本身就拒绝授予当事人监护权。残疾以及患有癫痫甚至艾滋病的问题在美国较顺利地取得了司法裁判的统一，⑥ 其背后的理念支撑是鼓励残障及非正常人士正常参与社会生活。

至此可见，首先，子女最佳利益原则毫无疑问是美国法院重视和适用的基本原则。其次，影响监护权裁判的各种因素在司法实践中的命运各不相同。父母行为、监护人健康状况等因素虽然都可能会影响监护质量，但是在多元化社会和促进残障人士参与社会的大背景下，除非有证据证明直接对子女构成不利影响，否则不会影响裁判结果。最后，对于与意识形态密切相关的因素，法院则面临这样的困境：从子女最佳利益出发，我们应当将父母宗教信仰考虑进去，但是美国宪法又禁止法院评估不同宗教主义的特点或内容。⑦ 这不仅适用于涉及宗教信仰的监护案件，还适用于涉及性别、种族等案件。但是，合宪性与子女最佳利益之间并非没有调和道路，根据上面的案例可知，最核心的要求就

① Minn. Stat. Ann. §5183166(1990); 750 Ill. Comp. Stat. 5/604(a) (2012); Ga. Code Ann. §19-9-3(a)(5) (1991).

② Goldstein v. Goldstein, 341 A. 2d 51(R. I. 1975);

③ Yates v. Yates,702 P. 2d 1252(Wyo. 1985).

④ 《统一结婚离婚法》第 402 条（5）；Minn. Stat. Ann. §518. 17 (9) (1990) .

⑤ In re Marriage of Carney,598 P2d 36(Cal. 1979).

⑥ 参见 Moye v. Moye,627 P. 2d 799(Idaho 1981)，该案中的母亲患有癫痫，需药物控制，发作后无力、头痛，每晚需卧床休息 8~10 个小时，但法院依然将监护权判给她；Stewart v. Stewart, 521 N. E. 2d 956(Ind. Ct. App. 1988)，该案中的父亲患有艾滋病，但法院认为从未接到通过家庭接触而感染艾滋病的病例，因此他仍享有探视权。

⑦ Pater v. Pater, 588 N. E. 2d 794(Ohio 1992).

是，不能抽象地以性别、种族、宗教信仰为依据来裁判监护权归属，而只能具体地对这些因素进行个案审查，应该综合全案事实和证据情况，以子女最佳利益为指导来进行认定。

目前，美国法院在许多情况下都会尊重夫妻双方达成的监护协议，[①] 其监护命令一般会对监护协议进行确认。[②] 而法院审查监护协议或者裁决监护纠纷的标准就是子女最佳利益原则。

(二) 共同监护权与探视权

在美国，除单方监护外，共同监护与探视等运用也越来越多。以下简介美国的共同监护权与探视权。

1. 共同监护

所谓共同监护，是与单独监护相对应的监护形式。共同监护的出现，首先是从监护内容上划分为法律监护与生活监护的结果，前者是指为被监护人作出有法律效力的决定，后者是指照料被监护人生活起居。[③] 共同监护主要形式是由父母双方同时共享对子女的法律监护权，但是一般由其中一方独享子女生活监护权——离婚或分居的夫妻双方几乎不可能继续住在一起，所以子女生活监护也只能由一方享有，同时由双方共享为子女作出决定权即法律监护权。共同监护有它的优势，从理论上看，即使离婚后，父母能够共同关心陪伴子女成长是最理想的结果；更为重要的是，从司法实践上看，共同监护相当于使监护纠纷案件从父母二选一的"单选题"，变成父母都当选的"双选题"，法院不再需要绞尽脑汁地评估父母双方对子女成长优劣，各种推定、考虑因素都大可抛诸脑后，当然受到裁判者的拥护。但在离婚的夫妻之间实施共同监护，肯定是困难重重的。

目前，美国各州虽然都规定了共同监护，但没有形成统一的意见，具体做法可以大致划分为拥护派、反对派和中立派。(1) 拥护派的代表是佛罗里达州、路易斯安那州，其立法规定，除非有证据证明共同监护不符合子女最佳利益，否则共同监护优先适用于一般监护。[④] 艾奥瓦州提出应当促使子女与父母双方保持最大限度的联系，法院在判决监护权归属时要考虑父母各自对另一方与子女接触是持敌对态度还是鼓励态度。由于担心给法院留下自己抗拒另一方与子女接触的态度进而可能失去监护权，该州的父母在监护纠纷中绝对不愿意流露反对共同监护的态度。[⑤] 因此，尽管该州没有明确立法规定共同监护优先适用，但它实际上是共同监护的积极拥护派。(2) 反对派代表加利福尼亚州和犹他州，它们是原本采用共同监护的州，但又先后废除了各自的共同监护制度，可见其对共同监护持反对态度。[⑥] 此外，纽约州虽然没有像前面两个州那样经过立法反复，但其主要理念就是认为在抱有敌意的父母之间实施共同监护是不合适的。[⑦] 其法院还提出判断是否适用共同监护的标准：父母双方都达到适任的程度；双方都愿意履行监护责任；其他

---

① 如前文所述，婚前协议和婚姻期间协议关于子女监护部分的内容都要经过法院审查，而不能直接执行。参见本章第四节当代美国夫妻关系制度中婚姻协议的内容。

② Alanna M. v. Duncan M. ,611 N. Y. S. 2d 886(N. Y. App. Div. 1994).

③ Bryan A. Garner, ets. *Black's Law Dictionary* (*Ninth Edition*). West Group. pp. 441–442.

④ Fla. Stat. Ann. § 61. 13. 2(1985&Supp. 1993); La. Civ. Code Ann. art. 131(Supp. 1993).

⑤ Iowa Code Ann. § 598. 41(1992).

⑥ Utah Code Ann. § 30–3–10. 2(2001).

⑦ Braiman v. Braiman, 378 N. E. 2d 1019(N. Y. 1978).

实际问题，如经济能力、居住距离、子女年龄和数量等。① 因此纽约州实际上是有条件地适用共同监护。马里兰州的裁判方法与纽约州略有不同，但都看到了共同监护最大问题是父母之间不太可能在监护问题上合作，因此除非有证据证明父母非常成熟、理性并且今后也会理性合作，否则不能适用共同监护。② （3）还有的州持中立态度，即不明确规定共同监护与一般监护的适用先后，只是要求法院综合考虑案情后作出符合子女最佳利益的决定。③

需要注意的是，共同监护容易与其他监护性权利混淆，如轮流监护和分别监护。轮流监护是指父母双方在不同时间段内享有排他性的监护权。与共同监护主要有两方面不同：一方面，在权利内容上，共同监护是法律监护与生活监护相分离的，而轮流监护与一般单独监护一样，同时包含了法律监护与生活监护；另一方面，在监护时间上，共同监护是同一时间内法律监护权与生活监护权同步并存的，而轮流监护是不同时间段流转继起的。最典型的轮流监护安排是，子女开学随母，放假随父，各自时间段内监护人享有完全的监护权。分别监护则是指当子女有两个以上时，部分子女随父而另一部分子女随母，可见分别监护是对监护人而言的，对子女而言仍然只有单独监护或共同监护两种形态。

2. 探视

探视权是与一般监护相伴生的权利，即不享有监护权的一方对子女的探望权利，除非有证据证明探视会对子女造成伤害。但探视权面临着与共同监护相类似的问题，即离婚夫妻在许多问题尤其是监护问题上是很难合作的。从日程安排、交通费用到监护方变更住所后如何保证继续探视，再到由于离婚夫妻的争执延续到探视问题上而引起子女行为问题，这都是探视权面临的棘手问题。④ 因此，探视权在法律上主要有两个问题：第一，探视权要受到哪些限制，以保护子女免受不当探视的伤害；第二，探视权要如何保障，以排除主要来自监护权人对探视的干扰。

（1）探视权的限制，主要是哪些人不能享有探视权，以及探视权行使时不能有哪些行为。首先，可能危害子女的父母不能探视，但各州具体做法不一，有的州是通过判例来说明的，如阿拉斯加州在判例中明确有酗酒或者滥用药物的父母不能享有探视权。⑤ 更多的州是通过立法明确规定的，如科罗拉多州立法制订了"负面清单"，凡犯有清单上所列罪行的父母都不能享有探视权。⑥ 伊利诺伊州则立法规定，除非通过听证会证明探视会严重危害子女，否则不得剥夺探视权。⑦

其次，少部分州将探视权与子女抚养费（Child Support）挂钩，即不履行给付子女抚养费的，将可能被剥夺探视权，如俄勒冈州。⑧ 而肯塔基州则规定，如果待抚养的子女接

---

① Beck v. Beck, 432 A. 2d 63 （N. J. 1981）.
② Taylor v. Taylor, 508 A. 2d 964 （Md. 1986）.
③ Squires. v. Squires, 854 S. W. 2d 765（Ky. 1993）.
④ Sterbling v. Sterbling, 519 N. E. 2d 673（Ohio Ct. App. 1987）.
⑤ Soltis v. Soltis,470 So. 2d 1250（Ala. Civ. App. 1985）.
⑥ Colo. Rev. Stat. § 14–10–129 （2001）.
⑦ 750 Ill. Comp. Stat. 5/607（2001）.
⑧ Or. Rev. Stat. § 107. 431 （1） （2001）.

受了政府援助，那么无论父或母都不能再以与监护或探视相关的问题作为不支付抚养费的借口，即必须为此负法律责任。① 但更多的州仍然坚持除非探视会危害子女，否则不支付抚养费的行为不足以引发剥夺探视权的法律后果。②

最后，宗教信仰和生活作风等也有可能会影响到探视权。所谓宗教信仰问题，冲突根源于监护权人与探视权人可能分属不同信仰，因此问题的实质在于探视权人是否有权在探视期间引导子女参加不同于监护人信仰的宗教活动。生活作风问题是指，探视权人在探视期间，如带子女回自己家中过夜时，是否允许探视人的恋人甚至同性恋人在场。如上文所述，这两个问题在判决监护权归属时的影响力都日渐式微，举重以明轻，在探视的问题上影响力更是微乎其微。③ 因此，要限制探视权行使，主流意见是必须有证据证明不限制将会引致伤害子女的后果。

（2）探视权的保障。关于保障探视权的实现问题，阿拉斯加州以次数计算处罚，每次故意拒绝对方行使探视权的，处以 200 美元罚款。④ 科罗拉多州的处罚更为严重，如果一方（通常是享有监护权一方）拒绝另一方行使探视权的，法院不仅可以处以罚款，还可以处以监禁。⑤ 俄亥俄州与科罗拉多州类似，拒绝另一方行使探视权的将可能面临监禁的处罚。⑥ 对监护一方更有威慑力的是，拒绝另一方行使探视权将可能导致监护人变更的结果，如在 Egle v. Egle 案中，⑦ 由于监护人母亲一方持续极端地阻挠父亲行使监护权，结果法院剥夺了她的监护权并将监护权交由父亲行使。需要指出，虽然美国高度重视探视权的实现，但是对探视权的侵犯不产生损害赔偿责任，原因在于：第一，探视权纠纷本就是美国法院的负担，如果还有赔偿的刺激，那么将进一步引爆诉讼；第二，探视权人有许多救济途径，包括申请强制执行、变更监护人等；第三，允许赔偿将使焦点从探视与子女的关系转移到侵权索偿上，不利于子女成长。⑧

（3）第三方探视。第三方探视是指除父母以外的人对他人的未成年子女进行探视，通常是爷爷奶奶或外公外婆。对第三方探视的态度各州并不相同，大致可分为开放派与限制派。开放派代表包括加利福尼亚州、康涅狄格州和俄勒冈州，其中加利福尼亚州态度最为开放，任何关心相关未成年人利益的第三方都可享有对该未成年人的探视权；俄勒冈州态度可称为"建立关系说"，即只要第三方与未成年人建立了类似于父母与子女之间的情感联系就可申请探视权；康涅狄格州态度可称为"拒绝不利说"，即不仅要求第三方与未成年人建立了情感联系，而且还要求如果拒绝第三方探视权的申请会对未成年人造成真实的、明显的伤害。⑨ 限制派代表是路易斯安那州、新泽西州和阿拉斯加州，在这

---

① Ky. Rev. Stat. Ann. § 205. 770（1991）．

② Kemp v. Kemp，411 A. 2d 1028（Md. 1980）；Cooper v. Cooper，375 N. E. 2d 925（Ⅲ. App. Ct. 1978）．

③ 宗教信仰案例参见 Zummo v. Zummo，574 A. 2d 1130（Pa. Supper. Ct. 1990）以及 Brown v. Szakai，514 A. 2d 81（N. J. Supper. Ct. Ch. Div. 1986）。生活作风案例参见 Kelly v. Kelly，524 A. 2d 1330（N. J. Supper. Ct. Ch. Div. 1986），允许探视人同性恋人在探视时在场案例 In re Marriage of Cabalquinto，669 P. 2d 886（Wash. 1983）。

④ Alaska Stat. § 25. 20. 140（1992）．

⑤ Colo. Rev. Stat. Ann. § 14-10-129. 5（1987）．

⑥ Smith v. Smith，434 N. E. 2d 749（Ohio Ct. App. 1980）．

⑦ Egle v. Egle，715 F. 2d 999（5th Cir. 1983）．

⑧ Gleiss v. Newman，415 N. W. 2d 846（Wis. Ct. App. 1987）．

⑨ Cal. Fam. Code § 3100（a）（2001）；Conn. Gen. Stat. Ann. § 46b-59（2012）；Or. Rev. Stat. § 109. 119（1999）．

些州仅在同时满足两种条件的情况下才允许第三方探视，即父母死亡、离婚或分居的，以及第三方是未成年人的兄弟姐妹或爷爷奶奶、外公外婆。①

（三）监护的变更与保障

1. 监护变更

在美国，监护的变更需要满足严格的法定条件，或者说受到严格的限制。以科罗拉多州为例，变更监护需要受到以下限制：②

（1）实体限制。如果原监护是由法院判决决定的，变更监护的申请只有同时满足三个条件才可能得到法院支持：第一，子女身心健康受到威胁；第二，之前的监护判决所依据的基础事实发生了变化，并且这种变化在判决时未发生或者是不知道的；第三，由于情势发生了变化，变更监护是符合子女最佳利益的。如果原监护是由父母双方通过订立监护协议确定的，那么只有满足下列情形之一才可能变更该监护协议：监护人同意变更协议的、子女已融入了变更申请人的家庭并且得到监护人认可的，以及原协议对子女身心健康构成了威胁，变更监护对子女来说利大于弊的。

（2）程序限制。第一，提出变更监护申请后，无论结果如何，申请人两年内不得再次申请变更监护，除非法院认为有必要或者申请人和监护人都要求变更监护；第二，申请人必须有优势证据证明变更监护的必要性。

共同监护下的监护变更会更加复杂。一方面，在有些法院，共同监护的监护变更可能会体现为维持共同监护、变更其中的生活监护的形式。例如，在 King v. King 案中，③男孩 8 岁时法院判决了共同监护，生活监护人是母亲；到他 12 岁时法院认为男孩的年龄增长使他处于人生关键时期，构成监护环境的重大改变，因此支持了父亲的请求，变更生活监护人为父亲。另一方面，有些法院认为维持共同监护，仅是变更其中的生活监护的，不属于监护变更的范畴，因此不需要以监护环境改变为要件。④

2. 监护人迁居

监护人迁居实质上是监护纠纷的判后延续，即监护人或为了生活所需，或为了彻底掌控子女，或厌烦了前任配偶的探视，通过迁居的方式来割裂与前任配偶的关系。因此，法院面临的难题主要是两个：（1）如何判断迁居是否必要、合理；（2）如何判断监护人迁居是生活所需，还是为了阻碍探视。许多州都对监护人的迁居作出限制，如新泽西州规定，子女是新泽西州人或在当地定居 5 年以上的，除非获得父母一致同意或法院命令，否则监护人不得迁居。⑤ 内华达州不仅规定监护人迁居需获得法院同意，而且如果监护人违反规定迁居的，将作为变更监护的重要法律事实。要想获得法院同意，监护人首先要证明他自己和子女都意识到迁居尽管会给探视造成障碍，但依然能够获得实实在在的好处。完成这项证明责任以后，法院还要综合考虑以下因素来决定是否允许迁居：（1）迁居能在多大程度上改善监护人与子女的生活质量；（2）监护人迁居是否动机不纯，即为了隔绝探视；（3）迁居后监护人是否还会遵守法院的探视令；（4）探视人反对迁居是否

---

① La. Rev. Stat. Ann. § 344(2001);N. J. Stat. Ann. § 9:2-7-1(1993);Alaska Stat. § 25. 24. 150(1992).

② Colo. Rev. Stat. Ann. § 14-10-131 (1999).

③ King v. King,333 A. 2d 135(R. I. 1975).

④ In re Marriage of Birnbaum,260 Cal. Rptr. 210(Cal. Ct. App. 1989).

⑤ N. J. Stat. Ann. § 9: 2-2 (1993).

动机不纯，即不是为了经济利益而反对；（5）迁居后是否还有可能实现探视。① 改善生活是迁居的一个重要支持理由，在 DeCamp v. Hein 案中，② 母亲申请带着子女从佛罗里达州迁居新泽西州，后者不仅是她故乡而且还有她的亲戚，能够保证她有工作、居所，因此法院同意了其申请。在美国，有些州对迁居采取了更为严苛的态度，它们的理念是更加关注探视权利的保障，因此必然对迁居采取更多限制。例如，纽约州的法院认为，除非有非常极端的情势变化，否则不应允许迁居以致探视权无法实现。③

尽管在监护迁居的问题上还难以形成统一的意见，但是发展趋势已经略见端倪，这在跌宕起伏的 In re Marriage of Burgess 案中体现得更为明显。④ 该案中母亲与父亲共同监护子女，母亲享有生活监护权，父亲享有探视权。母亲希望迁居到 40 分钟路程外的兰卡斯特镇，事实上她已在兰卡斯特工作了 4 个月，称这份工作是职业上的提升，并且能够为子女创造更好的医疗和教育条件。一审法院支持了母亲的申请，只是调整了父亲原来的探访计划时间；上诉法院推翻了一审法院的判决，认为父亲在举证证明了迁居将对现有照料节奏和父亲与子女关系造成冲击的情况下，母亲未能证明这次迁居是必要的，因此撤销了一审法院的判决；案件后来又到了加利福尼亚州最高法院，州最高法院认为，根据该州立法，监护人有权决定子女居所，⑤ 监护人不需要负有证明迁居必要性的举证责任，只需证明符合子女最佳利益即可。该上诉法院实际上与纽约州法院是同样态度，即"如无必要不得迁居"，但是这不仅被州最高法院否定，而且州最高法院还特地指出在现代流动社会里过分限制监护人迁居是不现实的。加利福尼亚州最高法院的态度显然更符合社会现实，更符合监护迁居的发展方向。

3. 侵犯监护权的法律责任

（1）刑事责任。在美国，父母失去监护权后因爱子心切，或是在监护纠纷败诉后在其他州制造管辖连结点而绑架自己子女的情形屡见不鲜。为此，一方面，通过颁布 1997 年美国《统一子女监护权管辖与执行法》、1980 年美国联邦《反父母绑架子女法》逐步解决了多个州具有管辖权的问题；另一方面，侵害监护权达到严重程度在美国许多州都是"入刑"的。以科罗拉多州为例，侵害监护权罪是重罪，即使是生父母或养父母，只要客观上将子女带离监护人，主观上知道自己没有监护权利且意图剥夺监护人对子女监护权，那么就构成侵害监护权罪，除非他有理由相信这是保护子女的必要手段。⑥ 加利福尼亚州也有类似规定，该罪一旦成立将面临 1000-10000 美元的罚款，或者是一年至三年的自由刑。⑦

（2）民事责任。侵犯监护权的民事责任主要是侵权责任，主要针对的是"绑架子女"的现象。如前所述，美国拒绝将侵犯探视权纳入侵权损害赔偿范畴，顾虑在于防止增加

① Schwartz v. Schwartz, 812 P. 2d 1268 (Nev. 1991).

② DeCamp v. Hein, 541 So. 2d 708 (Fla. Dist. Ct. App. 1989).

③ Aldrich v. Aldrich, 516 N. Y. S. 2d 328 (N. Y. App. Div. 1987).

④ In re Marriage of Burgess, 13 Cal. 4th 25.

⑤ Cal. Fam. Code, § 7501.

⑥ Colo. Rev. Stat. § 18-3-304 (2001).

⑦ Cal. Penal Code § 278 (2007).

讼累、不利于子女成长等。但在 Wood v. Wood 案中，① 艾奥瓦州最高法院允许监护人对前任配偶"绑架"子女的行为提起侵权之诉，并表示这也是大部分司法辖区的做法，该州现在只是加入这些辖区的行列而已。但是该案少数意见法官在异议时表示强烈反对，理由是这会刺激诉讼，且不利于子女最佳利益。

（四）监护纠纷的非诉解决

在美国，近年来试管婴儿、同性伴侣等新现象的出现更给法院带来许多新的棘手的监护问题。在此情况下美国出现了强调通过非诉方式解决监护纠纷的大趋势，主要是调解、和解等。

美国大部分州都规定对监护纠纷适用调解前置程序，即在进入审判程序之前，挑选一个第三方来促成双方当事人就监护问题达成协议。第三方通常有法律、儿童教育等相关专业知识背景，他们的任务不是直接处理纠纷，而是努力促成共识。加利福尼亚州甚至还建立了一套精密复杂的监护纠纷调解机制，要求在听证前或听证时就进入调解程序，调解员有权探访涉案子女、单独与父母各自会面等，力求降低双方对抗情绪，使子女与父母即使在家庭重组后也能保持亲密关系。② 和解是一种更加新颖的非诉纠纷解决程序，它是指双方当事人及其律师达成协定，商定纠纷在法院外的非诉程序解决，然后大家本着善意努力达成监护协议。如果任一方违背了这个协定，那么双方律师就自动请辞，双方在审判程序中就得再次聘请新的律师了。研究显示，调解、和解等非诉纠纷解决方式比正式的审判程序成本更低却效果更佳，双方对抗情绪下降并且对监护决定满意度更高。③

三、当代美国成年人监护制度

在美国的历史上，心智障碍者长期处于社会边缘，国家和社会普遍以保护之名行剥夺权利之实而鲜有人关注。但从 20 世纪 60 年代以来，美国开始关注他们的权利状态，通过一系列的立法司法活动大幅修改了成年人监护制度，力求保护心智障碍者权利并促进他们实现"自我决定"，④ 成为近年美国成年人监护制度的亮点。

美国成年人监护法律体系包括四部分：第一部分是统一示范法，如 2006 年美国《统一代理权法》、1969 年美国《统一遗嘱认证法》、2007 年美国《统一成年人监护和保护程序法》等；第二部分是联邦法，如 1965 年《老年人法》等；第三部分是各州相关法律法规；第四部分是社会组织提出的立法建议，如《全国遗嘱验认证法庭标准》等。

美国成年人监护的类型主要被规定在 1997 年美国《统一监护和保护程序法》、2006 年美国《统一代理权法》等统一示范法中，可以分为法定监护和意定监护两大类。

（一）成年人法定监护

在美国，成年人法定监护制度中全面确立了有限监护的优先地位，由法院任命监护人，其权限和义务根据被授予权利的不同类型而定。法定监护强调的是法院任命，个人

---

① Wood v. Wood, 338 N. W. 2d 123(Iowa 1983).

② Cal. Fam. Code § 3161(2011).

③ Lynn Dennis Wardle, Laurence C. Nolan. Family Law in the USA. Kluwer Law International, 2011, p. 183.

④ 李霞：《成年监护制度研究——以人权的视角》，中国政法大学出版社 2012 年版，第 58 页以下。

被视为无能力代表自己的行为。必须指出，美国的法定监护主要是由法院为意思能力缺陷者指定监护人，主要有以下特点：

1. 没有规定法定监护人的范围或顺序

在美国，任何人或社会组织都可以向法院申请担任监护人，申请人要写明自己申请的理由、监护权限的范围（财产关系或人身关系，或者兼有）等，由法院综合所有递交的申请来挑选法官认为的最合适的监护人。法院要遵循一定的优先顺序，如已经实际担起监护职责的、本人通过持续性代理指定人选的以及配偶、成年子女、父母等。但法院并不必然按照这些顺序来指定监护人。第一，法院要依照最佳利益原则来选择监护人；第二，通常而言本人只要有相应的行为能力，在听证程序中或通过持续性代理指定的人选具有"优先中的优先"效力，充分体现对本人意愿的尊重。① 如果找不到任何合适的个人或社会组织担任监护人，法院可以指定县一级社会服务部门的负责人作为"公共代理人"来担任监护人。②

2. 全面确立有限监护优先原则

第一，从欠缺行为能力人的定义变化来看，删除了"不能作出相关决定"的表述，并且强调即使其通过技术辅助手段也无法具备满足最基本的身体健康、安全或照料要求的能力。也就是说，只要在辅助手段下能够满足基本需求的，不属于欠缺行为能力人，从而限缩了监护的适用对象范围。③ 第二，监护的主要分类是人身监护与财产监护，两者都可进行有限监护与全面监护的再分类，确立了有限监护的重要地位。④ 第三，申请担任监护人时，申请上需注明担任的是否属于有限监护；对于申请有限监护的，只需写明监护权限范围，但对于申请一般监护即全面监护的，则需写明对本人不能适用有限监护的理由，体现了鼓励有限监护的精神。⑤ 第四，监护人首要的职责是，无论是什么类型的监护，监护人都应当在被监护人本人力所不逮的范围之内行使监护权，并且要努力促使本人参加决定。⑥

3. 设置监护监督制度

第一，监护人的自查监督。例如，被指定为监护人后 30 天内向法院提交报告，载明被监护人财产状况、身心状态、护理计划等。⑦ 被监护人可能改变住址甚至司法辖区的，必须提前告知法院。⑧ 第二，法院监督。这包括法院制作监护档案并审查监护人提交的年度报告等。同时，还设有"探访员"制度，法院可以任命一位探访员来审查监护人报告、探访监护人和被监护人，或者从事其他法院要求的调查。⑨ 如果发现监护人失职并且被监护人利益需要得到立即保护的，法院有权指定不超过 6 个月的临时替代监护，其间监护人

---

① 1997 年《统一监护和保护程序法》第 310 条及评注。
② 州法参见 North Carolina General Statutes § 35A-1101,1214。
③ 《统一监护和保护程序法》第 102 条之（5）及评注。
④ 《统一监护和保护程序法》第 102 条之（2）、(4)，第 403 条之（c）。
⑤ 《统一监护和保护程序法》第 304 条及评注。
⑥ 《统一监护和保护程序法》第 314 条及评注。
⑦ 《统一监护和保护程序法》第 317 条。
⑧ 《全国遗嘱法庭标准》第 3.3.16 条。
⑨ 《统一监护和保护程序法》第 317 条之（b）、(c)。

职务暂停。① 第三，他人监督。监护人如有违反职责的事由，如管理财产不力、疏于照顾本人、不依法院指示提交报告等，本人或利害关系人可向法院申请撤销监护人职务。②

（二）成年人意定监护

成年人意定监护是指本人依自己意思而指定代理人作为监护人，并通过监护人的代理行为实现监护的制度。美国的成年人意定监护制度中充分体现本人意思自治，这主要是通过持续性代理制度实现的，它不同于一般代理。因为在持续性代理中，本人可以在自己丧失相应意思能力前与代理人订立代理协议，并且该协议和代理关系在本人丧失相应意思能力后仍有法律约束力，即代理效力从本人具有相应能力之时"持续"至丧失相应能力之后。与成年人法定监护相似，持续性代理也分为人身持续性代理与财产持续性代理，但是由于代理权限之大小取决于本人与代理人的约定，因此没有"有限"持续性代理的分类，或者说持续性代理本身就是一种有限监护。人身持续性代理主要是健康照料和医疗决定方面，主要法律渊源是 1993 年美国《统一健康照料决定法》；财产持续性代理主要法律渊源则是 2006 年美国《统一代理权法》。

由于持续性代理突破了传统代理中本人须具相应行为能力的要求，因此需要有很多特别的规定。根据 2006 年美国《统一代理权法》和 1993 年美国《统一健康照料决定法》的规定，持续性代理合同的生效应具备三个要件：（1）必须以书面形式订立；（2）应在法院进行登记；（3）本人丧失意思能力时，代理人应向法院申请，通知本人近亲属或本人指定的其他人担任代理监督人，避免代理权滥用。

持续性代理的核心在于实现本人意思自治，主要体现在以下方面：（1）条件成就上实现本人意思自治。虽名为持续性代理权，但是合同可以是附条件的也可以是即时生效的，并不一定以本人丧失意思能力为生效条件。对于以本人丧失意思能力为生效条件的持续性代理，上述统一示范法充分尊重本人的意思自治：持续性代理合同可以授权一人或多人（可以是持续性代理人也可以是其他人）来判断本人是否已丧失意思能力，只有在没有约定的情况下，才由医生认定本人是否达到即使借助技术辅助手段也无法接受、评估信息并作出决定的程度。③（2）代理人履职须尊重本人意愿。代理人应按其所知道的本人的合理预期来行使代理权，如果确实无从得知本人对某事项的应有态度的，则依照最佳利益原则行事，④ 即在判断代理人是否尽忠职守时，本人意愿优先于最佳利益。但必须注意，无论是未成年人法定监护还是成年人法定监护，最佳利益原则才是最高原则；成年人法定监护也只是要求监护人充分考虑本人愿意和价值取向，并不要求探究本人意愿应当如何从而依此行事。⑤（3）法院指定法定监护人要尊重持续性代理中的约定，即如果本人在持续性代理中任命了监护人，那么在他的监护诉讼中，除非有特别充分的理由，否则法院应按本人的任命指定法定监护人。⑥（4）持续性代理人与法定监护人同时存在且为不同的主体时，持续性代理在其权限内优先于法定监护，持续性代理人作出的决定优

① 《统一监护和保护程序法》第 313 条之（a）。
② 《统一监护和保护程序法》第 112 条及评注。
③ 《统一代理权法》第 109 条、第 102 条之（5）。
④ 《统一代理权法》第 114 条之（1）。
⑤ 《统一监护和保护程序法》第 314 条之（a）。
⑥ 《统一监护和保护程序法》第 108 条之（a）。

先于监护人的决定，除非有法院相反命令为依据；监护人不能撤销本人的持续性代理授权，除非法院批准。① 从最后两点内容来看，成年人意定监护对法定监护在监护人选任、监护人职权位阶上都具有优先性。

目前，美国各州的成年人监护制度改革正在陆续进行之中，前述统一示范法所倡导的尊重个人意愿、优先适用有限监护已成为各州改革的主旋律。

第八节　当代美国离婚制度

本节研究和阐述以下内容：一是当代美国离婚制度概述；二是当代美国分居制度；三是当代美国离婚的条件和程序；四是当代美国离婚的法律后果。

一、当代美国离婚制度概述

美国离婚制度主要有两方面内容：一是离婚的法定条件和程序，二是离婚的法律后果。美国离婚制度受英国教会法和衡平法影响很深，也继承了英国的法定别居、过错离婚等法律传统。到目前为止，美国所有的州都已废止了纯粹的过错离婚制度，但是这并不代表美国是实行无过错离婚的国家。目前，美国仅有三分之一的州选择了完全的无过错离婚制度，而有 30 个州是兼采过错离婚与无过错离婚制度，它们在过错离婚制度中或多或少地附加无过错离婚的理由。总体而言，美国大多数州仍遵循着过错离婚的法则。② 过错离婚的理由包括通奸、虐待、遗弃、酗酒、精神错乱等。③

但是，过错离婚引发了很多问题，主要有两个方面：一方面，传统的过错离婚的理论假设在于夫妻一方存在过错，为公平起见，只有无过错方有权要求离婚，过错方无权要求离婚。那么在诉讼中，如果双方都能证明对方有过错的，就谁都无权要求离婚。这不仅迫使许多确实丧失感情基础和共同生活意愿的夫妻继续夫妻之名，而且使夫妻双方在诉讼中极力互相揭短而导致关系急剧恶化。一些法院对此努力进行修正：（1）如果双方都有过错，同意双方都有权离婚，这实际上已背离了传统意义上的过错离婚；（2）双方都有过错的，只允许过错更小的一方有权离婚；（3）扩大"过错"的内涵，最充分的体现是发明了"精神伤害"这种内涵模糊而与夫妻双方主观感受直接相关的法定事由，使过错离婚向无过错离婚靠拢。④

因此，无过错离婚才符合发展趋势和实践的需要。1969 年加利福尼亚州成为美国首个立法采用无过错离婚的州，随后 1973 年美国《统一结婚离婚法》也采取了无过错离婚的立场，它规定离婚的唯一理由是："婚姻已无可挽回地破裂"。⑤ 无过错离婚的好处是，夫妻双方都有权利决定何时终止婚姻关系，不必以敌对、互相揭短来实现离婚的目的，

① 《统一监护和保护程序法》第 316 条之（c）、第 411 条之（d）。
② ［美］哈里·D. 格劳斯、大卫·D. 梅耶：《美国家庭法精要》（第五版），陈苇等译，中国政法大学出版社 2010 年版，第 168-171 页。
③ 夏吟兰：《美国现代婚姻家庭制度》，中国政法大学出版社 1999 年版，第 155-158 页。
④ ［美］哈里·D. 格劳斯、大卫·D. 梅耶：《美国家庭法精要》（第五版），陈苇等译，中国政法大学出版社 2010 年版，第 170-171 页。
⑤ 1970 年美国《统一结婚离婚法》§302。

设立两性之间平等的新标准，[①] 当事人也没必要为了离婚而作伪证。但无过错离婚也引发了一些问题，如在加利福尼亚州、密歇根州和佛蒙特州等实行无过错离婚的州，离婚后的男性普遍生活改善而女性却普遍生活水平降低等。[②] 但即使是发现无过错离婚这场"离婚革命"事实上导致妇女儿童陷入不利地位的研究者，都没有主张回归过错离婚，而只是希望改革离婚财产分配制度来消除无过错离婚的消极影响。[③]

二、当代美国分居制度

在美国，1970 年《统一结婚离婚法》（该法于 1973 年被修订）保留了司法分居制度。目前美国对于分居关系的法律调整，各州立法有所不同，多数州保留了司法分居制度，有少数州未采用司法分居制度，但承认夫妻双方的分居协议。

（一）美国分居制度概述

在当下美国，适用司法分居制度的案件数量已经大幅减少。过去，部分宗教（主要是罗马天主教）加上离婚本身所带来的社会歧视使部分宗教信徒在婚姻破裂时，愿意选择司法分居，而不离婚。现在在美国离婚已成为一种普遍的社会现象。人们对离婚当事人的社会歧视也基本消失。但司法分居制度并未被废止。1970 年美国《统一结婚离婚法》（该法于 1973 年修订）[④] 中保留了司法分居制度，即使没有采用该《统一结婚离婚法》的部分州法律中也仍然保留了司法分居制度。目前美国只有少部分州未采用司法分居制度，包括特拉华州，佛罗里达州，得克萨斯州等。[⑤] 在这些未采用司法分居制度的州，一般采取认可夫妻双方订立的分居协议。

（二）协议分居

在美国，未采用司法分居的州一般采取认可夫妻双方订立的分居协议的方式。比如，特拉华州的法律允许双方通过订立分居协议的方式分居，分居协议由夫妻双方对分居后的扶养、债务以及子女抚养问题进行约定，而后由公证员进行公证。[⑥] 佛罗里达州没有专门的司法分居规定，对于分居中的分居扶养、财产及债务问题、子女抚养等分别通过不同的制度予以规范，但大多认可夫妻双方自愿达成的相关协议。[⑦] 得克萨斯州也认可双方

---

① 纪欣：《美国家事法》，台湾五南图书出版股份有限公司 2009 年版，第 114-115 页。

② 薛宁兰：《无过错离婚在美国的法律化进程》，载《环球法律评论》1998 年第 4 期，第 80-86 页。

③ 章玲：《〈无过失离婚法〉给美国妇女和儿童带来了灾难——〈离婚革命〉一书简介》，载《国外社会科学》1986 年第 12 期，第 61-62 页。

④ 截至目前，美国有八个州立法采用了美国《统一结婚离婚法》，如华盛顿州（1973 年），科罗拉多州（1973 年），亚利桑那州（1973 年），蒙大拿州（1975 年），伊利诺伊州（1977 年），明尼苏达州（1978 年）等。而乔治亚州（1973 年）则只采用了该法规定的部分条款。

⑤ 乔治亚州虽然采用了美国《统一结婚离婚法》，但其未采用司法分居制度（legal separation）。该州法院同意不愿离婚但希望分居生活的婚姻当事人在分居时向法院提请分居扶养诉讼。参见乔治亚州南方巡回法庭的自助材料《分居扶养信息指南》。密西西比州法也允许希望分居的当事人向法院提出分居扶养诉讼。但密西西比州并不要求离婚必须要有一定时间的分居。

⑥ 参见 Divorce/annulment overview, delaware courts, https://courts.delaware.gov/family/divorce/，访问日期：2019 年 9 月 17 日。

⑦ 参见 The 2019 Florida Statutes, http://www.leg.state.fl.us/Statutes/index.cfm? App_mode = Display_Statute&URL = 0000-0099/0061/Sections/0061.075.html，访问日期：2019 年 9 月 17 日。

自愿达成的分居期间的相关协议。①

（三）司法分居

1. 司法分居的法定事由

在请求司法分居的事由上，按照美国《统一结婚离婚法》第 302 条的规定，如果有证据证明：（1）双方在提起诉讼前，分居已超过 6 个月；（2）有相关事实致使夫妻严重不和，影响了夫妻对于婚姻的态度，法院足以认定夫妻感情破裂，如果一方要求法院作出分居的判令，且另一方不反对时，法院可以作出分居的判令。但有些州则有明确的请求司法分居的事由规定，如收于《纽约州汇编法》的《家庭关系法》②第 11 条第 200 款规定，请求司法分居须具有以下事由：（1）被告对原告实施了残暴的、非人道的行为；（2）被告遗弃原告；（3）被告拒绝扶养原告；（4）通奸；（5）被告在婚姻关系存续期间入狱达 3 年以上。

2. 司法分居的程序

希望司法分居的当事人可以在律师的帮助下拟好分居协议，然后，向当地的法院提出司法分居申请，并提交已对分居后的配偶扶养、子女抚养和探视作好安排的分居协议，请求法院裁判确认双方司法分居。一般情况下，法院将依据该分居协议制作成司法分居裁判书。据此，双方当事人的身份状态变为已司法分居。

3. 司法分居的效力与撤销

司法分居在效力上，并不解除婚姻关系。因此，双方当事人仍享有配偶所享有的部分权益，如在养老金以及医疗保障方面的权益，收入税减免的权益、受扶养权以及继承权。在实行共同财产制的州，司法分居将导致夫妻共同财产制终止。分居后所得将属于夫妻一方的个人财产。③ 司法分居的判决和离婚判决相比，最大的区别在于司法分居的判决没有终止婚姻的效力，而且如果分居双方没有达成任何协议，法院不能就夫妻双方婚姻期间积累的财产进行分割。④

在其他方面，如在伊利诺伊州，《伊利诺伊结婚和解除婚姻法》第 402 条规定，司法分居诉讼的开始、临时救济和审理都和离婚诉讼相同，只在临时救济措施方面相对有些限制。当事人可以通过司法分居诉讼请求分居期间的扶养费，分居期间子女的抚养以及探视的问题。法院可以根据案件具体情况作出相关的临时救济措施的判令，如判令临时的扶养费、子女抚养费，甚至禁止一方转移、挥霍财产。⑤

关于司法分居的撤销，在纽约州，《家庭关系法》第 11 条第 203 款规定，如果夫妻双方共同向法院提出申请，并向法院提供了双方已和好的相关证据，法院可以撤销原来的司法分居判决。

---

① 参见 Texas does not have legal separation. What options are there? https://texaslawhelp.org/article/texas-does-not-have-legal-separation-what-options-are-there，访问日期：2019 年 9 月 17 日。

② 这一法律是多项法令的汇编，包括 2010 年 10 月 12 日引入了无过错离婚制度（在该法第 170 款），2011 年 7 月 24 日通过了《婚姻平等法》（Marriage Equality Act）（旨在解决同性婚姻的问题，在该法第 10-a、10-b、11、13 款）等。参见 Meaghan E. Howard, "Modern Reformation: An Overview of New York's Domestic Relations Law Overhaul", *Touro Law Review*, Vol. 29 [2013], no. 2, 389.

③ Jo Carrillo, *Community Property in a Nutshell*, (4th edition), West Academic, 2018, p. 501.

④ Joseph H. Gitlin, *Gitlin on Divorce: A Guide to Illinois Family Law* (4th edition), Lexisnexis, 2019, §7-5.

⑤ 参见《伊利诺伊结婚和婚姻解除法》第 501 条。

（四）分居对离婚的影响

在美国，有些州夫妻如果以分居要求离婚，那么司法分居就是离婚的必经程序，一般会要求达成半年至一年的司法分居。如果司法分居的判决已经解决了双方当事人的财产分割、扶养、子女抚养以及探视等问题，当事人可以凭借司法分居的判决直接请求法院将其转为离婚判决。

三、当代美国离婚的条件和程序

（一）无过错离婚的条件和程序

1973 年美国《统一结婚离婚法》规定离婚的唯一理由是"婚姻已无可挽回地破裂"，这也是采无过错离婚的州的基本一致立场。这种情况下，当事人不需要举证证明对方存在过错，只需要证明双方婚姻关系破裂或者不和谐，就足以构成离婚理由。在此背景下，分居成为少有的能够直接证明并且具有较有普遍意义的婚姻破裂的有力证据。例如，该《统一结婚离婚法》规定，夫妻分居 180 天以上的，法院可据此认定达到"婚姻已无可挽回地破裂"的标准。[1] 无过错离婚的程序一般也比较简单，因为不需要像过错离婚那样由一方提出申请、提交另一方存在过错的证据，然后由另一方抗辩。无过错离婚一般只是规定从提出申请到发出离婚证必须经过一定时间，还有些州制定简易离婚程序进一步提高程序效率。但是，无论无过错离婚程序如何简化，都必须经过法院裁判。[2]

（二）过错离婚的条件和程序

在美国，采过错离婚的州，过错的理由包括通奸、虐待、遗弃、重婚、乱伦、有罪判决、精神错乱、酗酒、毒瘾、恶疾等。既然一方主张过错，另一方相应地可以主张抗辩，纵容、诱致、通谋、宥恕以及管辖权和诉讼时效等都可以成为抗辩理由。[3]

在过错离婚的原则指导下，离婚的诉讼请求只能由无过错一方提出，相应地被告会为自己进行辩护，如提出配偶也有过错。过去，过错离婚下还允许像一般民事诉讼那样提出反诉的，其结果是请求离婚一方也存在过错的，离婚的诉讼请求会被驳回。这就很容易出现荒谬的情况，如夫妻互相虐待的，显然不适合在一起生活，法律上却不支持离婚请求。因此现在即使是坚守过错离婚的州，也不允许反诉了。[4]

为了减少夫妻双方对抗情绪，一些州设置了非诉纠纷解决机制来处理离婚纠纷，主要包括以下三种：（1）仲裁。例如，在开庭前夫妻双方就财产分配、监护权等问题的协议提交给仲裁员的，由仲裁员进行裁决，然后再提交法院。法院一般都会承认这种裁决，这样既节省了司法成本又具有离婚裁判的法律效力。（2）咨询。在审理离婚纠纷过程中，法院聘请婚姻咨询员与夫妻双方进行沟通，希望能够维持婚姻。（3）调解。调解员是居中沟通协调的角色，其不能直接作出决定。有的州夫妻离婚时是否聘请调解员由当事人自己决定，但是在有的州调解是强制的前置程序。[5]

---

① 《统一结婚离婚法》§302。
② 纪欣：《美国家事法》，台湾五南图书出版股份有限公司 2009 年版，第 114 页。
③ 陈苇主编：《外国婚姻家庭法比较研究》，群众出版社 2006 年版，第 428-431 页。
④ 夏吟兰：《美国现代婚姻家庭制度》，中国政法大学出版社 1999 年版，第 160 页。
⑤ 纪欣：《美国家事法》，台湾五南图书出版股份有限公司 2009 年版，第 112-113 页。

四、当代美国离婚的法律后果

(一) 离婚的财产分配

美国普遍将婚姻视为契约，因此在离婚分割财产时也大多采衡平分割原则，最典型的是 1973 年美国《统一结婚离婚法》，它不仅规定法院在婚姻或同居关系解除时对夫妻共同财产、分别财产，无论什么时候以何种方式取得，也无论是以一方名义还是双方名义取得，都可以衡平分割，而且还列举了分割时应考虑的因素，包括婚姻存续时间、双方对获得财产作出的贡献、从事家务劳动及照顾子女等的经济价值、年龄和身心状态、收入能力等。①

具体而言，离婚财产分配与所适用州法的夫妻财产制度息息相关。② 采普通法的分别财产制的州在分割财产时要先区分哪些财产是分别财产，哪些财产是婚姻财产，后者是指以均分共有制、夫妻一体共有制或一般共有制等形式在婚姻关系存续中取得的财产。在过错离婚原则下，过错方要将自己分别财产制下个人所有财产的部分或全部给无过错方，被称为所有权及过错分割制。在采无过错离婚的分别财产制的州，夫妻首先拿到各自的分别财产，然后按照贡献大小分割婚姻财产，这被称为公平分割法，③ 即由法院充分考虑夫妻双方各自对家庭直接或间接、经济收入或家庭任务等多方面对家庭的贡献，综合权衡下确定分配比例。

采大陆法的共同财产制的州在分割财产时也是先区分分别财产与婚姻财产再行分割，与分别财产制的州主要是婚姻财产的范围不同。所得共同制下，夫妻双方对婚姻期间所得财产是共有的，但是一旦离婚或一方死亡，那么就要划分各方所占的份额。本来按照所得共同的要求，是夫妻双方平分婚姻期间所得的财产，但是在具体案件中这可能会引起实质不公平，因为有些婚姻中夫妻双方对家庭的贡献差异悬殊。因此到后来，绝大多数州摒弃了机械的对半分配财产的方法，也改采用 "公平分割法" 分割财产。④ 公平分割法实质上是与所得共同制的理论依据一脉相承的，其本质在于赋予法院自由裁量权，根据个案情况判断纠纷婚姻中夫妻双方各自对家庭的贡献大小，从而达到相对公平分配婚姻财产的目的。

(二) 离婚时养老金的分配

养老金在美国被认为也是劳动的一种对价，本质上与工资没有太大区别，因此它也被定性为婚姻财产，而不是分别财产。曾经争论的是，过去有的法院认为未到期领取的养老金因为具体数额没法确定，甚至当事人退休时是否能够领取到退休金也没有办法确定，因此不予承认，而只支持分割已到期领取的养老金。但是近年来，这种将养老金区分未到期、已到期从而决定是否支持分割请求的观念已经被摒弃，无论养老金到期与否，

---

① Martha Fineman, The Illusion of Equality——The Rhetoric and Reality of Divorce Reform, The University of Chicago Press, 1991, p.41.

② 夫妻财产制内容参见本章第四节当代美国夫妻关系制度。

③ 纪欣：《美国家事法》，台湾五南图书出版股份有限公司 2009 年版，第 120 页。

④ 50 个州中有 47 个都采用公平分配法，只有加利福尼亚、路易斯安娜和新墨西哥州还固守平等均分做法。

法院都支持分割请求。① 但是由此带来的问题是，未到期的养老金要怎样计算，如何分配？

各州法院在处理离婚养老金分配时基本就以下方法达成了共识：（1）先判断养老金属于定额收益型还是定额负担型，如果是前者，即约定雇员到退休年龄后每年可获得退休金额的养老金计划，那么就采用婚姻成分法来计算婚姻财产利益，具体而言是将雇员结婚后工作的年数除以他到达退休年龄需要工作的总年数，得出结果就是养老金中的婚姻财产所占比例。如果是后者，即建立一个专门的雇员个人的养老金账户，约定雇主每年应缴付的金额，再从雇员薪水中定期扣缴一部分，退休时账户中的资金就是可领取的养老金，那么就要采用收益累积方式计算婚姻财产利益，具体而言是将离婚时养老金账户资金减去结婚时的资金，就是婚姻财产，但是这会因为各州夫妻财产制的不同而有所差别。（2）综合考虑是当事人是否有其他财产可以替代养老金，以及财产分配的结果是否会使夫妻双方在离婚后都有足够使用的财产，来决定对养老金是离婚时分配还是延期分配。如果有就业配偶的养老金是定额收益型的，法院要估算养老金的合理现值，现值不太确定的就必须采取延期分配。（3）如果决定延期分配的，应尽量运用1974年《就业退休收入保障法》中的"有资格的家庭关系令"来为没有就业的一方配偶分配养老金；法院还应确定一个计算公式来计算没有就业的一方配偶应得的份额，以随着有就业的另一方配偶的养老金增长而增加，从而避免在离婚时就确定延期分配的具体金额。②

（三）离婚对人力资本的补偿

在婚姻过程中，一方可能通过继续深造、培训等获得人力资本增值，但是这背后通常是另一方对家庭的额外投入。因此，有的州在离婚分割财产时也会考虑一方人力资本的增值，以对为家庭进行额外投入的另一方予以适当倾斜。但是，在具体计算方法上有两种不同的方式。

一种是成本补偿法，这种方法首先要计算出为家庭额外投入一方为人力资本增值一方所作的贡献的具体数额，然后由人力资本增值一方就此数额给予补偿。这种计算方法的代表性判例是 Dela Rosa v. Dela Rosa 案，③ 该案中双方结婚后丈夫开始攻读医学预科、本科，妻子工作供养家庭。婚姻关系破裂后，法院查明婚姻存续期间妻子收入用于共同生活的费用约41000美元，其间丈夫只有劳动收入2300美元、教育资金9031美元、贷款10000美元，丈夫还花了8811美元支付学费；双方都没有为个人购买大宗物品，没有不动产，收入都用于家庭支出。最终，法院认为，假定双方消耗的生活费用相同，妻子作为工作供养一方应获得的补偿为41000−1/2（41000+2300+9031+10000−8811）=11400美元，即补偿了妻子为丈夫支付的生活、教育费用。

另一种是收益补偿法，先算出人力资本增值一方因此得到的收益，再算出为家庭额外投入一方对人力资本增值贡献的百分比，然后两个数值的乘积就是人力资本增值一方要给予的补偿。这种计算方法的代表性判例是 Re Marriage of Francis 案，④ 该案中双方婚

---

① ［美］哈里·D. 格劳斯、大卫·D. 梅耶：《美国家庭法精要》（第五版），陈苇等译，中国政法大学出版社2010年版，第220页。

② 纪欣：《美国家事法》，台湾五南图书出版股份有限公司2009年版，第130–140页。

③ Dela Rosa v. Dela Rosa, 309 N. W. 2d 755（Minn. 1981）.

④ Re Marriage of Francis, 442 N. W. 2d 59（Iowa 1989）.

姻关系存续期间，丈夫通过园艺工作获得 1200 美元年收入，妻子通过在家中为他人照料儿童获得每年 5000 美元收入，丈夫父母总共资助他们 11500 美元，妻子母亲资助了 12000 美元；两人都有进修，丈夫获得医学学位后收入提高较快，在离婚诉讼前一年的收入是 8700 美元，提起离婚诉讼当年收入 29337 美元，案件审理时每月收入 3000 美元。本案还延请了财政方面的专家证人。专家证人评估认为，妻子 6 年来的家务劳动价值为 64095 美元，结合为他人照料儿童获得的收入，对丈夫攻读医学学位贡献约为 50%；丈夫今后作为内科医生的税后价值约为 1615735 美元，扣去丈夫婚前拥有的学历水平以及同年龄段从事其他工作可能获得的收入 807206 美元，医学学位为丈夫带来的收入是 808529 美元，按照资本与劳动力 3：7 的通行比例计算可知丈夫未来收入的 30% 应认定为医学学位带来的收入，结合妻子 50% 的贡献，妻子对丈夫教育投资所应获得的收益是（1615735-807206）×30%×50%＝121279 美元。法院认为专家证人评估数据基本正确，但是没有考虑到妻子在婚姻存续期间也进行了深造，人力资本也有一定增长，因此对专家证人计算结算进行了微调，最终认定丈夫应补偿妻子 10 万美元。

（四）离婚后对配偶的扶养

如前所述，一般情况下离婚引发的财产关系是财产分割而非配偶扶养费，因为既然强调婚姻平等，那么离婚就并不必然引起法律上的一方对另一方的扶养义务。离婚时如果双方没有达成协议的，那么法院分割财产时当然会考虑双方经济情况；如果双方有婚姻协议的，法院也会审查约定是否有显失公平的情形。[①] 无论哪种情况，一般不产生离婚后需要另外支付扶养费的问题，换言之扶养费不是离婚的必然后果或引发的主要经济责任，除非例外情况下才会产生支付扶养费的义务。例如，1973 年美国《统一结婚离婚法》规定，只有同时满足以下两个条件的，另一方才承担支付扶养费义务：（1）一方缺乏足够财产以满足其合理需要；（2）通过正当就业依然不能自给自足，或者其取得了子女监护权而子女的情况使其不应被要求外出就业。这时，法院应综合以下因素来判断扶养费的数额：（1）请求扶养一方的经济来源，包括离婚时分得的财产、谋生能力、与子女共同生活所需的费用等；（2）请求扶养一方得到合适就业机会所需的教育或培训时间；（3）婚姻期间生活水平；（4）婚姻持续时间；（5）请求扶养一方的年龄、身体和精神状况；（6）扶养方的支付能力。[②]

关于扶养费的变更，如被扶养人经济状况的好转与扶养人经济条件的恶化会引发扶养费的变动（降低）。反之，亦然。法院将根据客观情况变化行使自由裁量权来决定扶养费的多少。至于扶养费的终止情形，包括一方死亡以及被扶养人再婚、同居等。[③]

需要指出的是，1973 年美国《统一结婚离婚法》关于离婚扶养的规定实现了与过错的脱钩，这与无过错离婚是一脉相承的，符合离婚法发展的趋势和方向。

（五）分居期间的配偶扶养

普通法上，只要夫妻处于分居状态，一方也可起诉另一方给付扶养费，在有些州这甚至是法定义务，这被称为分居期间的配偶扶养。这里需要说明：（1）分居期间扶养请

---

① 婚姻协议部分参见本章第四节当代美国夫妻关系制度。
② 美国《统一结婚离婚法》§308。
③ ［美］哈里·D. 格劳斯、大卫·D. 梅耶：《美国家庭法精要》（第五版），陈苇等译，中国政法大学出版社 2010 年版，第 210-213 页。

求权以权利人无过错为前提，有过错则可能丧失请求权。① （2）该权利的另一个实际功能在于，许多地方都要求正式离婚之前必须有一段时间的"冷静期"，1973 年美国《统一结婚离婚法》也采纳了这样的规定，故分居期间扶养费就相当于离婚法律程序过程中的临时救济。②

此外，美国还有离婚诉讼帮扶令，它是指在离婚诉讼期间，根据法院命令强制要求收入较高一方对较低一方予以经济支援，以维持较低一方诉讼期间生活并有能力支付诉讼费用。它是专为离婚诉讼而规定的：（1）在部分州，如加利福尼亚州，离婚诉讼帮扶命令有溯及力，溯及至诉讼提起之日起计算帮扶费用;③ （2）它不以最终判决结果为适用条件，无论最后是否准许离婚或宣告婚姻无效，都不影响命令的执行；（3）在那些没有分居期间扶养制度的州，离婚诉讼帮扶令是弱势方可以获得的支持离婚诉讼的经济支持。

第九节　当代美国婚姻家庭法律制度的发展趋势及其启示

本节研究和阐述以下内容：一是当代美国婚姻家庭法律制度的发展趋势；二是当代美国婚姻家庭法律制度的发展趋势对我国立法的启示。

一、当代美国婚姻家庭法律制度的发展趋势

美国学者指出，对于家庭法上的问题可分为两大类：第一类是经济问题——解决夫妻双方之间的经济问题，如扶养费、子女抚养费和离婚财产分割等问题；第二类是"人"的问题——通常需要评估当事人之间或当事人双方与国家之间的关系，如儿童监护权、儿童虐待、堕胎和收养等问题。④ 但总体而言，家庭法规制目前还是立足于"身份法"而非"契约法"。20 世纪以来的社会发展和人口状况的变化产生了各种各样的新家庭形式——同居伴侣、同性伴侣、单身家庭以及离婚后的单亲家庭。在 1948 年，美国女性劳动力的比例仅为 32.7%，而到 2009 年，比例已升至 59.2%，已婚家庭现在主要由双收入夫妻组成，所有的问题都在讨论照顾工作和家务劳动分工。此外，人们首次结婚年龄推迟，第一次婚姻的年龄从 1966 年的男性 23 周岁和女性 20 周岁，上升至 2006 年的男性 27 周岁和女性 25 周岁。离婚率也大幅上升，在 20 世纪几乎以稳态徘徊在 50%。现在婚姻家庭领域的法律问题中包括：离婚时涉及妇女和儿童的"中性规则"有时会产生负面影响、同居男女的财产和赡养义务的模糊性和不充分、男女同性恋者地位的不完全革命、离婚后家庭的关系，如继父与继子女之间的关系以及不同州立法对这些问题的不一引起的法律冲突与挑战，而它们也为美国家庭法的发展指明了方向。

当代美国家庭法律制度的特点包括如下：一是法律理念方面，注重维护家庭稳定，

---

① Rosenthal v. Rosenthal, 107 N. W. 2d 204(Wis. 1961).

② 美国《统一结婚离婚法》第 314 条（b）款。

③ 加利福尼亚州《家庭法典》第 4333 条。

④ Samuel M. Davis, Rethinking the American Family Law, North Dakota Law Review, Vol. 61:185, 1985, pp.185-192.

注重保护儿童权益，注重低成本解决争议。当代美国家庭法在关注个人权益的同时，也警醒地认识到家庭价值的珍贵、儿童权益的脆弱，因此其法律理念表现出注重维护家庭稳定、注重保护儿童权益的新趋势，在解决家庭纠纷的途径上则倡导善用非诉纠纷解决机制，力争低成本解决争议。① 二是法律属性方面，公权力干预渐次深入，部门法边界愈加模糊。从传统的法域划分来说，家庭法是典型的私法领域，为了保持个人及家庭生活的私密和安宁，公权力不应过多介入家庭事务和家庭纠纷。但随着时代发展和社会变迁，婚姻家庭领域的一些问题已经超出私法范畴，进入公法视野，美国家庭法的发展也融入更多的社会法因子，公权力的干预不断深入和扩展，家庭法本身的边界也越来越模糊。三是法律渊源方面，制定法大量出台，判例法持续发展，国际条约纷纷入法。20 世纪以来，由于人权运动、女权运动和儿童保护运动的推动，美国家庭法领域发生了深刻的、革命性的变化，结婚自由、离婚自由、夫妻平等、儿童利益保护等现代意义的家庭法基本原则都得以确立，这些变革大都是通过颁布或修改制定法的形式进行的，使得美国家庭法领域增加了大量的制定法。但是英美法系判例法的基本特点并未丧失。

综观美国家庭法律制度的发展趋势，可以概括为以下几个方面：

（一）结婚制度中婚姻权利平等观念的进一步贯彻

婚姻家庭法领域，对人性和个人意思的尊重被提升到前所未有的高度，个人自由的范围和程度继续扩展，人们得以更广泛、更充分地决定自己的家庭生活事务。一方面，法律放松了对结婚与离婚的限制，婚姻的缔结与解除更加自由。②

近年来，美国最引人注目的新家庭形式是由同性恋夫妇建立家庭，并在一些地区得到法律的承认。美国社会对于同性结合表现出更多的容忍和接纳，如夏威夷州允许同性伴侣以家庭伴侣名义登记，佛蒙特州允许同性伴侣通过民事结合的方式进行登记，以此获取类似婚姻的许多实际权益。这种被称为"ABM 协定"（Anything But Marriage）的立法模式在许多州都获得了认同和采纳，其特点在于：给予同性结合类似于婚姻的诸多权益，但不给予其"婚姻"的名分。走得更远的是马萨诸塞州，该州于 2004 年率先允许同性恋结婚。关于变性人，美国大部分州如亚利桑那州、加利福尼亚州等都允许其在出生证上改变性别登记，并且不限制其以新的性别角色缔结婚姻，但也有些州立场尚不明朗，如得克萨斯州和堪萨斯州。

另一方面，妇女在工作场所和家庭中所扮演的角色发生了巨大变化，这使妇女能够更加清楚地认识到她们是否需要结婚，日益加剧的经济不平等推动受过良好教育的个人推迟了结婚和生育的年龄。③ 美国女权主义运动导致社会规范的改变，将婚姻视为平等的关系，而不是妇女的从属地位和工作场所与家庭中的性别分工。

（二）夫妻关系制度中契约关系取代传统身份关系

在美国，当事人双方通过协议或其他选择来安排家庭中的权利和义务具有法律上的效力。例如，婚前协议、婚姻协议、分居协议、公开收养协议、共同抚养子女协议、代

---

① 马忆南、邓丽：《当代英美家庭法的新发展与新思潮》，载《法学论坛》2011 年第 2 期，第 13-20 页。
② 马忆南：《婚姻家庭法领域的个人自由与国家干预》，载《文化纵横》2011 年第 1 期，第 45-50 页。
③ June Carbone & Naomi Cahn, "Marriage Markets: How Inequality is Remaking The american Family," 2014.

孕协议、正式和非正式配子捐赠安排，以及关于冷冻胚胎的处置协议。[①]

婚前协议可以覆盖婚姻期间双方金融权利、双方离婚时扶养费[②]和其他财产部分规定。所有美国司法管辖区都要求书面签署婚前协议，并且不允许非由各方自愿签订的协议被强制执行。法院的不同认定在于一些模糊概念的处理——比如，婚前协议是在婚前几天或几个小时后交给对方的，如果以取消婚礼作为威胁逼迫对方签署的如何处理。[③] 而一些州拒绝允许当事人在婚前协议中放弃扶养费的权利，但允许放弃财产权利。[④] 1983 年美国《统一婚前协议法》，使婚前协议在某种意义上比传统商业协议更为牢固。2012 年，统一法律委员会颁布了《统一婚前和婚姻协议法》，比 1983 年美国《统一婚前协议法》更能保护脆弱的当事人，并为婚前协议和婚姻协议引入了程序要求。[⑤] 婚姻协议是婚姻成立之后夫妻双方签订的协议。有些法院在审查婚姻协议时遵循商业法的标准，对当事人寻求协议的真意进行评估，并对其进行跟踪调查。[⑥] 在离婚时，法院也更倾向于执行这类婚姻协议。

共同抚养子女协议是指未婚的同性伴侣或异性伴侣签订的协议，其中双方都同意承认对方的合法权利。[⑦] 现代美国家庭法一般会保护生物（遗传）父母、养父母和已婚人士的权利；对于非亲生或收养的父母来说，法律上的不确定性是存在的。所以对于同性伴侣或其他非子女合法父母的夫妻而言，通常会选择签订协议抚养儿童的方式而不是到法院申请合法的亲权。[⑧] 支持传统观点的法院一般拒绝执行共同抚养协议，但是最近有迹象表明，一些司法管辖区可能正在改变对共同抚养协议的态度。在近年的一项判决中，堪萨斯州最高法院似乎更进一步，认为一位生母与同性伴侣签署了一项与同性伴侣的共同抚养协议，该协议是在双方关系中诞生的，该协议是可以执行的。[⑨] 法院还认为，共同抚养子女协议并不违反公共政策。

分析美国家庭法对不同家庭法协议的反应及其可执行性不难看出，婚前协议、婚姻协议目的是改变被承认的地位和法律规定的部分。共同抚养协议，可以被视为涉及通过私人协议获得合法承认和确定的身份（为人父母）的目的。尽管美国家庭法的重要组成部分仍然是由强制性规则和身份规则决定的。但对于部分家庭法领域的新发展，如非传统的家庭生活方式和新的生殖技术的发展给家庭法带来的挑战，在传统法律规则未加以规制的领域，采用协议的方式保护个人权利与自由已成为很多美国家庭的选择。

对于家庭财产问题，美国各州的家庭财产分配机制大致可分为两种，一种是通过

---

① Brian H. Bix, "Agreements in American Family Law," International Journal of the Jurisprudence of the Family, Vol. 4, 2013, pp.123-126.

② 扶养费（alimony）有时也被称为 spousal maintenance or spousal support.

③ Compare Azarova v. Schmitt, No. C-060090, 2007 WL 490908 (Ohio App. Feb. 16, 2007).

④ CAL. FAM. CODE ANN. § 1620 (West 2004 & Supp. 2013); IOWA CODE ANN. § 596.5(2) (West 2001 & Supp. 2011); N. M. STAT. ANN. § 40-3A-4(B) (West 2013); Sanford v. Sanford, 694 N. W. 2d 283 (S. D. 2005).

⑤ 全文可见：http://www. uniform laws. org/Act. aspx? title-Premarital / 20and / 20Marital / 20 Agreements%20Act. 访问日期：2017 年 12 月 22 日。

⑥ In re Marriage of Tabassum, 881 N. E. 2d 396 (Il. Ct. App. 2007), appeal den. , 889 N. E. 2d 1122 (Il. 2008).

⑦ Brian H. Bix, "Agreements in American Family Law," International Journal of the Jurisprudence of the Family, Vol. 4, 2013, pp.128-129.

⑧ http：//www. hrc. org/resources/entry/co-parenting-agreement.

⑨ Frazier v. Goudschaal, 295 P. 2d 542 (2013).

"婚姻财产"机制校正的普通法财产制模式，其特点在于运用分别财产制和婚姻财产制相结合的机制使配偶双方的财产利益达至均衡。另一种是在法国、西班牙和墨西哥民法影响下确立的"共同财产制"，其特点在于直接规定共同财产一经取得，双方配偶就各自享有一半份额。上述两种夫妻财产制度对于婚姻存续期间夫妻获得的财产权利会造成差异：在实施普通法财产模式的州，一方配偶在婚姻存续期间的财产完全归其个人所有，有权单方处分该财产；而在实行共同财产制的州，共同财产一经取得，双方配偶就各自享有一半份额。在美国家庭法中，夫妻约定财产制度是从属于婚姻的契约性的，近几十年来，美国家庭法的发展已清晰地呈现出认可和加强婚姻之契约属性的趋势，允许夫妻就婚姻关系以及离婚后果进行协商，而且法院也越来越乐意执行当事人之间经过协商达成的协议，只要这些协议确系当事人在充分披露有关信息的基础上自愿签订，符合法律规定的一些要件（如具有书面形式、具有当事人签章、具有法律认可的对价等），而且不构成"有失公正"、不违反公共政策。

（三）亲子关系制度中儿童利益最大化原则成为基本原则

在亲子关系确认方面，美国加强对非婚生子女的保护。一方面，美国联邦最高法院依据联邦宪法"平等保护条款"或"正当程序条款"推定对非婚生子女的任何歧视都属违宪，除非能够证明这种区别对待与重要的公众利益的实现相关。另一方面，全美统一州法委员会所制定的1973年《统一父母身份法》不再对婚生子女和非婚生子女进行区分，而是对父母与子女之间的关系一视同仁。从证明方式和技术手段上来说，司法机构非常看重和推崇血液检验，尤其是DNA鉴定。有些案件的当事人接到指令，必须进行血液检验，但如果血液检验会扰乱家庭的稳定性对孩子成长不利，法院也会拒绝发布此类指令。

人工辅助生殖技术带来的挑战。美国依恃其多元化判例法的优势在这个领域作出了新的尝试和探索。根据2002年美国《统一父母身份法》，如果妻子实施辅助生殖技术生育了子女，那么其伴侣（可以是婚姻配偶，也可以是非婚伴侣）和提供精子的男子都有可能被认定为子女的父亲，关键是看他们是否有意愿承担父亲的责任。当涉及冷冻胚胎和精子的使用时，如果当初提供精子或卵子者不同意，大多数法院主张优先保护反对生育的当事人，以避免将其拖入其拒斥的亲子关系。至于代孕合同，因其有生殖商业化的嫌疑，美国法当前的趋势不承认代孕合同具有执行效力，尤其是涉及对代孕母亲进行补偿的合同。但如果先行取得司法许可并通过家庭研究和审查程序，代孕合同也可能获得法律的支持。从权利的分配来说，贡献基因物质、具有抚养意愿、实施生育行为这些因素都可能成为获得父亲或母亲身份确认的理由，但究竟将父亲或母亲的身份赋予何方主体，是法官综合考量的结果。①

涉及子女监护权时，法院通常会根据1973年美国《统一结婚离婚法》第402条下述的指引去把握"子女最佳利益"，包含：一方父母或双方有监护子女的意愿；子女对监护人的意愿；子女与父母双方或一方，与兄弟姐妹或与任何对其最佳利益有重大关联的其他人之间的相互关系或影响；子女对家庭、学校、社区的适应性；所有相关人员的身心

---

① Janet L. Dolgin, "Defining the Family: Law, Technology, and Reproduction in an Uneasy Age", New York University Press, 1997, pp.17-22.

健康。目前，有些州在确定子女监护权的问题上采用"主要抚养人原则"，即优先考虑在家庭里承担抚养子女主要责任的一方父母享有监护权，有些州则引入了"接近性原则"，即根据父母过去的分工确定监护权以尽可能接近父母离异之前子女的生活状况。此外，各州法院也非常重视"共同监护"的方案，即由父母双方共同享有子女重大事项的决定权，这种方案注重使子女保持与父母双方的合理联系而避免一方父母被疏离。

（四）离婚制度中法院角色的转换与保障同居者利益

自1962年美国婚姻律师学会成立以来，美国的离婚制度发生了很大的变化。民权、妇女和环境运动在美国社会引起了重大变革。这一时期还催生了政治学家赫伯特·雅各布所称的离婚法"无声革命"。① 现在，在无过错离婚的情况下，配偶是否犯了通奸罪与配偶是否有权离婚无关，而且在离婚时通常与其他问题也没有关系。家庭法院案件数量增加，法院也增加了他们提供或要求的服务范围。② 为了应对这些发展，家庭法院也支持多元化的纠纷解决机制。例如，家庭法院在举行有争议的法庭听证会之前，越来越多地要求当事人使用调解，尤其是涉及儿童的纠纷。③ 到20世纪90年代初，儿童监护调解成为家庭法庭纠纷解决系统的"心脏"，至少有38个州建立了与法院有关的调解方案。④ 在21世纪初，美国学者玛戈·梅利在其文章中提出了这个问题："我们已经开始发展一种法律结构，对离婚的后果和子女及其父母的需要作出更积极的反应，我们改变了离婚的性质。现代的离婚制度已经与前任完全不同；特别是，它与早期无过错时期离婚的'彻底分离'不同。如今，离婚并不是一段关系的结束，而是一段持续关系的重组。"⑤ 家庭法院的主要作用已从对纠纷的裁决转变为主动地管理与他们管辖的个人有关的家庭法律问题。

家庭法庭已经从最初的"裁判"变成了扮演"恢复关系"或"解决问题"的角色。⑥ 在旧的制度下，家庭法院不需要计划和管理案件，只需要判决。而有了新的社会目标后法官除了管理诉讼和裁定法律权利之外，基本上还指导了家庭纠纷和功能障碍解决的全过程。早在十年之前，全美就有超过四分之三的州开始实施"全州家庭法院、州选定地区的家庭法院或试点或计划的家庭法庭"。⑦ 家庭法院积极地使用两种替代方法，专家彼得·塞勒姆称之为"分层"和"分流"系统。在一个"分层"系统中，"家庭法院以最少的侵入性和最少的时间消耗服务开始，如果争论没有解决，就进入下一个可用的程序，

① John Lande, "The Revolution in Family Law Dispute Resolution", Family Law Dispute Resolution, Vol. 24 ,2012, pp. 411-416.

② SCHEPARD, supra note 7, at 38-40, 58-60, 68-78, 90-95, 100-24; Nancy Ver Steegh, Family Court Reform and ADR: Shifting Values and Expectations Transform the Divorce Process, 42 FAM. L. Q. 659, 669-70 (2008).

③ Andrew Schepard, "The Model Standards of Practice for Family and Divorce Mediation, in DIVORCE AND FAMILY MEDIATION: MODELS, TECHNIQUES, AND APPLICATIONS," 516, 525-26 (Ann L. Milne, Jay Folberg, & Peter Salem Eds.), 2004.

④ Salem, supra note 33, at 373 (citing an estimate by the National Center for State Courts).

⑤ Marygold S Melli "Whatever Happened to Divorce?" Wis Law Review, 2009, pp.637-638.

⑥ John Lande, "The Revolution in Family Law Dispute Resolution", Family Law Dispute Resolution, Vol. 24, 2012, pp. 426-435.

⑦ Barbara A. Babb, "Reevaluating Where We Stand: A Comprehensive Survey of America's Family Justice Systems," Family. Court. Review., 2008, p.230.

但通常比之前的程序具有更大侵扰性和更大强制性"。① 而在"分流"（或"区分案例管理"）系统下，法院根据案件的特征对不同的服务进行初步评估和提交案例。这一过程可能包括筛选、制订家庭服务计划、任命案件经理、制订育儿计划和定期进行法庭审查。② 家庭领域的社会变化给法律和法律适用者带来了巨大的挑战，也给法律制度的进步提供了推动力。

同居伴侣的合法权利和义务，对于没有登记成为合法伴侣的同居人（大部分为异性伴侣）是没有效力的。在美国，同居伴侣的平均同居时间约为 1.5 年，其中三分之二的同居时间不超过 2 年。③ 在美国，每 10 对同居伴侣中就有 4 对有子女；其中大约一半是同居者双方的亲生子女，另一半是法律意义上配偶的子女，就像继父母子女的关系一样。④ 大多数同居伴侣财产共有，如果拥有子女，在这方面他们和已婚夫妇没有什么不同。同居在经济和教育上处于不利地位，在其他种族和少数民族，尤其是非洲裔美国人和波多黎各人中间尤其常见。⑤ 同时，同居伴侣比已婚者有更高的家庭暴力和女性自杀率。⑥ 同居者在很多方面都非常脆弱，尤其是当他们的关系瓦解时，女性比男性更容易受到伤害，因此法律应该为她们提供补救措施。⑦ 针对此类问题的解决，美国学者们在法律改革中提出了相应的建议，美国法院在此类案件的审判中也开始积累判例法经验。如有学者主张：从我们所了解的同居伴侣的特征来看——其经济相互依赖，家庭中子女的存在，以及其脆弱性来源——有理由相信，这些伴侣实际上比已婚夫妇更需要家庭法律的保护。⑧ 加利福尼亚州最高法院认为，在同居当事人之间的明示和默示的合同都是可强制执行的。⑨

最后，在对待同性伴侣、同居关系问题上，州和州之间产生了许多法律冲突。当人们进入这些新的关系，然后转移到另一个司法管辖区，法院面对越来越多的冲突。例如，如果一对同性伴侣在爱荷华州结婚，他们是否需要离婚才能在伊利诺伊州再婚？如果他们现在居住在伊利诺伊州，他们将如何获得它？同性伴侣在英国注册成为民事伴侣，如果他们搬到美国，他们将如何对待？这些问题正在逐步得到解决的过程中，如个别案件的出现或某些情况下的判例规则。美国的一些州法院——如纽约州的法院——已经决定

---

① Salem, supra note 33, at 371.

② SCHEPARD, supra note 7, at 7; Salem, supra note 33, at 38-84.

③ L. L. Bumpass, 'What's Happening to the Family? Interactions Between Demographic and Institutional Change' (1990) 27 Demography 483, at p 487; A. Barlow, 'Cohabitation Law Reform - Messages from Research' (2006) 14 Feminist Legal Studies 167, at pp.172-173.

④ L. L. Bumpass et al, 'The Role of Cohabitation in Declining Rates of Marriage' (1991) 53 Journal of Marriage and Family 913, at p.919; R. M. Kreider and J. Fields, Living Arrangements of Children: 2001 (US Census Bureau, 2001), at p 5 (Table 2).

⑤ C. G. Bowman: Unmarried Couples, Law, and Public Policy, London: Oxford University Press, 2010, pp.111-117.

⑥ Cynthia Grant Bowman, "The New Family: Challenges to American Family Law," Child & Family. Law. Quarterly, 2010, p.387.

⑦ Cynthia Grant Bowman, "The New Family: Challenges to American Family Law," Child & Family. Law. Quarterly, 2010, p.387.

⑧ Cynthia Grant Bowman, "The New Family: Challenges to American Family Law," Child & Family. Law. Quarterly, 2010, p.387.

⑨ Marvin v. Marvin, 18 Cal 3d 660 (1976). But see Marvin v Marvin, Family Law Reporter (BNA) 3079 (1979) (awarding nothing on remand).

承认同性婚姻在其他司法管辖区的存在，即使同性婚姻在其自身的边界内是不合法的。①
因此，一对在马萨诸塞州结婚的女同性恋夫妇可能会在纽约离婚，尽管他们不能在那里
结婚，但他们的所有补救措施都是财产分配、经济扶养和子女抚养权。考虑到美国人口
的流动性，这些冲突造成的问题必须逐步探求解决的方法。

综上所述，尽管美国家庭法的发展呈现出多元化和激进与保守并存的发展矛盾，但
仍可以通过横向与纵向的比较研究来把握当代美国婚姻家庭法发展的趋势，其在一定程
度上反映着世界家庭法变革的潮流涌向。当代美国婚姻家庭法律制度的发展趋势，对于
我国今后从中国实际出发补充完善《民法典》婚姻家庭编具有一定的参照意义。

二、当代美国婚姻家庭法律制度的发展趋势对我国立法的启示

家庭现代化变迁中不平等的身份逐渐被改造为平等的家庭成员角色，民法典是调整
平等主体之间的人身关系和财产关系的民事基本法律，是社会生活的百科全书，为满足
人民群众对美好生活的向往提供了民事法律制度支撑。在我国，自 2021 年 1 月 1 日起实
施《中华人民共和国民法典》，其第五编婚姻家庭，是在 2001 年修订的《婚姻法》和
1998 年修订的《收养法》的基础上修改编纂的。从此，我国的婚姻法和收养法均脱单入
典，它们构成的婚姻家庭编是我国《民法典》的重要组成部分。我国《民法典》婚姻家
庭编具有中国特色，其中被修改和增补的新规范回应了新时期调整我国婚姻家庭新情况
新问题的需要，对于保障我国民众的婚姻家庭权益具有重要作用。尽管中美两国分属于
大陆法系和普通法系，通过对美国婚姻家庭法律理念以及实践运作予以考察，可以发现
中美婚姻家庭法在制度构建和实践操作上存在一定的趋同性，美国立法与司法实践可为
我国从中国实际出发补充完善婚姻家庭法提供有益的借鉴。

（一）性别平等视域下的婚姻家庭法

1. 我国《民法典》婚姻家庭编中的性别平等

性别平等是一种价值观，体现了一个社会对不同性别者的人格、能力、权利、责任
等基本问题的认知，它将包括男性、女性及性少数群体在内的所有性别者平等地视为社
会的构成分子、社会制度的建构主体和社会发展的推动力量。我国《民法典》婚姻家庭
编贯彻性别平等原则，在婚姻关系、家庭关系中的人身权利和财产权利方面，构建两性
关系的平等框架，同时在部分制度的权益分配中，又给予女性更多的保护。一方面，它
延续性地规定了在婚姻家庭领域遵循男女平等原则的相关要求，即实行男女平等的婚姻
制度、夫妻在婚姻家庭中地位平等、夫妻对共同财产有平等的处理权，以及在婚姻关系
方面，结婚和离婚的条件、程序及其相应的权利、义务、责任对男女双方同等适用，在
父母子女关系方面，父母子女间的权利义务对不同性别的家庭成员平等适用，在其他家
庭成员关系方面，兄弟姐妹间、祖父母与外祖父母、孙子女与外孙子女的权利义务平等
适用。另一方面，我国《民法典》在以下三个问题上注入和强化了男女平等的要素：一
是增加了第 1058 条有关"夫妻双方平等享有对未成年子女抚养、教育和保护的权利，共
同承担对未成年子女抚养、教育和保护的义务"的规定；二是将"收养人与被收养人的
年龄应当相差四十周岁以上"的限制情形，由"无配偶的男性收养女性的"变化为《民

---

① Martinez v. County of Monroe, 850 N. YS. 2d 760（2008）（recognising same-sex marriage entered into in Canada）.

法典》婚姻家庭编第 1102 条规定的 "无配偶者收养异性子女的"，以此消除了这一情形的性别差异；三是第 1088 条改变并删除了婚姻法有关适用家务劳动补偿的前提条件 "夫妻书面约定婚姻关系存续期间所得的财产归各自所有"，这是对男女平等最具推动促进意义的改变。这一改变不仅扩大了家务劳动补偿的适用范围，全面肯定了多由女性从事的家务劳动的社会价值，而且使原来花瓶式的条款接了地气，有利于促进夫妻家庭地位的实质平等。

2. 我国《民法典》保护婚姻关系中弱势一方

《民法典》婚姻家庭编在基本原则中坚持男女平等，在具体制度的设计中更加注重实质平等，充分考虑了中国的国情，注意保护婚姻关系中弱势一方。第一，将保护妇女、未成年人、老年人、残疾人的合法权益作为婚姻家庭编的基本原则规定在 "一般规定" 之中，指引着本编立法为婚姻家庭中的弱者提供贴心照顾和特别关爱。第二，赋予可撤销和无效婚姻中无过错方、因一方重婚、家庭暴力等重大过错而离婚的无过错方以损害赔偿请求权，为其遭受的精神损害或物质损害提供必要救济，彰显公平正义的立法价值取向。第三，在女方怀孕、分娩、终止妊娠等特殊时期的特定期间，对男方的离婚诉权予以限制，给予脆弱时期的女性更多的关爱，避免此时离婚对其可能造成的伤害。第四，在离婚判决中，坚持照顾子女、女方和无过错方的原则，对夫妻共同财产的分割，充分考量相对弱者方的实际需求和利益保障，着力保护妇女和未成年子女的生存权和发展权。第五，离婚时，有负担能力一方应当为生活困难的另一方提供离婚经济帮助，以救济另一方离婚后的生活困难。

但是我国《民法典》婚姻家庭编在对婚姻中的弱者，尤其是女性的保护上仍有一些不足。例如，其对离婚经济帮助制度并未做实质性修改。该婚姻家庭编删除了 2001 年《婚姻法》中 "另一方应从其住房等个人财产中" 给予补偿的具体帮助措施，仅在第 1090 条作出了原则性规定："对于离婚时生活确有困难的夫妻一方，有负担能力的他方应当进行适当帮助。" 诚然，此规定删除了一方从住房等个人财产对生活困难者进行帮助的列举情形，并非法律对该列举中的情形持否定态度，而是因该列举的情形不够严谨，实践中易引起 "生活困难" 与 "住房困难" 的判断混乱。此删除可以使经济帮助的解释范围扩大，有利于法官根据自由裁量权增加对困难一方经济帮助的内容与形式。但由于删减了具体的帮助措施，特别是删除了 "以个人财产" 予以帮助的规定，有可能会导致离婚经济帮助制度的虚化，甚至出现以适当多分割夫妻共同财产的形式取代经济帮助的情况。我国《民法典》婚姻家庭编第 1090 条的规定，对于多年来学术界不断讨论的应将 "生活困难" 解释为 "广义困难"，经济帮助应当采取灵活多样的方式，以及明确规定具体的考量因素等问题，也未能在立法中给予回应。这有可能会导致在司法实践中离婚经济帮助适用更为困难的状况，不利于对困难一方给予更为切合实际的帮助。

(二) 儿童利益最大化的亲子关系与家庭维系

1. 我国《民法典》中的 "儿童利益最大化原则"

1989 年联合国《儿童权利公约》倡导各缔约国要在涉及处理儿童问题的立法和司法中贯彻 "儿童最大利益原则"。此原则本节称之为 "儿童利益最大化原则"，该原则的核心概念是 "儿童最大利益"，但儿童最大利益的内涵目前没有固定且明确的内容。在我国，未成年人最大利益原则要求，凡是处理涉及未成年人的任何事项都必须以未成年人的最大利益为重，以最有益于未成年人的发展为出发点。在我国《民法典》中，最有利于未成年人原则主要体现在监护、收养和父母离婚后未成年子女的抚养等法律规范中，具体包括最有利于被监护人原则、最有利于被收养人原则和最有利于未成年子女原则。

第一，确立父母等主体对未成年人的抚养责任及履行顺序，对于未成年人，父母有抚养的义务；如父母死亡或无力抚养的，应由其有负担能力的祖父母、外祖父母或兄、姐抚养，这种对儿童抚养责任的家庭代际资源分配规则，符合儿童最大利益原则。第二，赋予所有子女以平等的法律地位，即父母的婚姻无效或被撤销的子女、非婚生子女、养子女、与继父母形成抚养教育关系的继子女均适用本编父母子女的规定，以周全地保护未成年子女的利益。第三，确立亲子关系的确认与否认之诉规则，兼顾考虑亲子关系血缘的真实性与家庭的稳定性，以保障未成年子女健康成长。第四，离婚时处理子女抚养问题注意贯彻儿童最大利益原则：一是法院对子女直接抚养人的确定，应依据"最有利于未成年子女的原则"判决，并应当尊重已满8周岁子女的真实意愿；二是针对抚养费，必要时子女可向父母提出超过离婚协议或离婚判决原定抚养费数额的合理要求。第五，确立"最有利于被收养人原则"，禁止借收养名义买卖未成年人，严格设置收养人的条件（如新增收养人须无不利于被收养人健康成长的违法犯罪记录等条件），收养8周岁以上的未成年人须征得其本人之同意，以保障被收养人的合法权益。

2. 儿童利益最大化原则具体适用的完善建议

儿童最大利益原则需要通过立法明确授予特定身份更多的利益权重。但在法律适用中，最有利于未成年人原则的内涵和外延具有不确定性和模糊性，为了最大限度地保护未成年人的合法权益，需要通过立法或司法解释明确判断"最大利益"的具体标准。建议我国立法应明确列举判断儿童利益最大化的具体情形，以增强"儿童利益最大化原则"的可操作性。在立法内容方面，基于儿童权利本位的视角，从整体性利益和发展利益两个维度规定具体标准，蕴含诸多共同考量因素。在我国，有些学者提出父母离婚后确定子女监护人时，判断子女最佳利益的具体标准，包括积极事由、消极事由和其他事由：积极事由包括监护人的监护能力、监护儿童的意愿以及对于儿童的情感与态度、子女受教育环境的继续性和适应性、儿童的年龄和性别等；消极事由包括监护人道德上的不当行为、对子女的不当行为；其他事由包括第三人协助照顾的可能性、兄弟姐妹的共同相处、宗教的异同等。其从肯定方面、否定方面明确"子女最佳利益"的判断标准，尤其是否定事由的列举可以使原则明确化，具有重要的参考意义。①

（三）家庭类型多样化的法律回应增补

1. 我国《民法典》对家庭关系的"国家认可"

《民法典》婚姻家庭编的编纂思路，进一步体现了对家庭关系的"国家认可"标准的强化。具体表现为《民法典》婚姻家庭编第1073条增加规定了亲子关系的确认与否认之诉。赋予民事主体通过诉讼方式确认或否认亲子关系的权利，填补了上述法律漏洞，也使"国家认可"标准进一步落实到亲子关系的家庭关系认定中。但我国立法并未规定类婚姻关系的法律调整。在我国《民法典》婚姻家庭编立法过程中，对于非婚同居、同性伴侣等关系是否适用婚姻家庭编调整的争议较大。支持观点认为，同居关系在我国社会

---

① 参见夏吟兰主编：《从父母责任到国家监护》，中国政法大学出版社2018年版，第149页。

存在的数量较大，应当纳入家事法调整范畴；且承认非婚同居、同性伴侣的民事法律地位已经是世界主流。但从最终的立法结果看，立法者仍认为上述类婚姻关系不宜被纳入婚姻家庭编进行调整。在当代中国，随着市场经济的深入发展、城市化进程的推进、人口流动性的增加，人们的婚姻观念发生了深刻的变化，婚姻形态和家庭结构日益多元化。我国婚姻家庭法必须对此作出应有的回应，但目前这种回应显然是不足的。因此，我国立法是否将某些类型的生活事实排除在外，必须谨慎对待，且须陈述充分理由。除回应家庭生活形态的事实变化外，而对已经出现的人工辅助生殖问题，我国立法也不能视而不见。

2. 同居关系调整规定补齐

目前我国较为普遍地存在非婚同居现象。在我国，同居是未婚以及离异或者丧偶男女不办理结婚登记而共同生活的两性结合关系的一种事实状态。对此，我国立法不予承认是不现实的，其中受到损害的往往是处于同居关系中和同居关系破裂后的女方以及所生育的子女，以及同居的老年丧偶者。[1] 在美国，针对越来越普遍的非婚家庭伴侣现象，改变了原来对非婚同居者的歧视、惩罚及否定的法律态度。在传统的普通法婚姻与衡平法原则保护事实婚姻之外，设立了一系列手段各异的新型的法律方法来调整非婚家庭伴侣关系。非婚同居制度的功能是调整那些符合结婚条件，而自愿不缔结婚姻的伴侣家庭。我国也应当适时回应社会现实及民众观念的变迁，综合考虑教义体系和实际法效两个方面。同居虽然不属于婚姻，但它毫无疑问是家庭关系的一种类型。[2] 建议今后将其纳入《民法典》婚姻家庭编并在要件与法律效果上将其与婚姻区分开，赋予当事人更多的生活模式选择权，在法政策上无疑是较为妥当的选择。

(四) 从"替代家庭功能"转向"支持家庭功能"的家庭法

1. 我国《民法典》稳定婚姻家庭关系，强化家庭保障

现代亲属法立法理念已逐渐由"家庭主义"转向"个人主义"，具体表现为国家放松了对婚姻家庭关系的介入，而给予个人更多的行为自由。我国《民法典》稳定婚姻家庭关系，强化家庭保障，主要体现在：第 1043 条首次以倡导性规范规定家庭美德与优良家风；第 1047 条顺应国家政策的变动删除了鼓励晚婚晚育的规定；第 1077 条增设 30 日离婚冷静期，以使登记离婚的婚姻当事人慎重处理离婚问题、防止草率离婚，但其适用并没有对家暴、虐待、遗弃等情形设置除外规定，这是其不足。此外，我国婚姻家庭编还在一定程度上强化了家庭的社会保障功能，如通过扩张抚养费的给付范围（第 1071 条）、对提供帮助方设置限制性条件（第 1090 条）以及放宽被收养人的年龄（第 1093 条），进而发挥家庭的"社会稳定器"功能。

2. 我国《民法典》成年人监护适用与人口老龄化应对

从第二次世界大战后的福利扩张，再到 20 世纪 90 年代的福利改革，美国的社会政策在应对社会和家庭结构变化中不断发展，政策理念逐渐由"替代家庭功能"转向"支持家庭功能"。而中国目前处于社会和家庭结构转型时期，面对日益突出的家庭压力增加和

---

① 参见何群：《同居关系的法律保护》，载《宁夏社会科学》2005 年第 3 期，第 24 页。
② 值得注意的是，《反家庭暴力法》虽然认为同居者之间不属于家庭成员，但非婚同居关系亦受该法的保护，实际上将非婚同居关系作为一种类婚姻家庭关系进行对待。参见《反家庭暴力法》第 37 条，以及刘维玉与李云申请人身安全保护令案，(2016) 渝 0229 民保令 4 号民事裁定书。

家庭功能弱化的问题，对家庭政策的需求亦增加。美国家庭政策发展中的主要特点为：立法先行，明确权利和义务；政策手段灵活，采用多样化政策工具；重服务网络建设，鼓励社区服务；采用发展型社会政策模式，选择最有效的干预；建设绩效和结果并重的监测和评估体系；注重措施落实，适应社会经济发展和民意。美国学者指出，目前美国大部分州都有关于家庭支持的法规，其对家庭支持的定义各不相同，但都基于一个共同的理念，即采取可能的措施，维持和提升家庭照料其成员的能力，家庭支持意味着支持、资源、服务、财政补助以及其他形式的各种帮助。[1] 美国家庭政策的发展特点以及关于家庭支持的法规，对于我国从实际出发制定家庭政策以及家庭支持的立法具有一定参考价值。

在人口老龄化与老年人照顾方面，美国已有的关于老年人的法律规范数量已经极为可观。老年人自发形成、管理有序的成员组织——美国老年人协会在联邦政策制定过程中享有极大的话语权，该政策涉及 55 周岁以上公民的利益。[2] 目前，美国老人法案（Older Americans Act）和家庭与医疗假期法案（Family and Medical Leave Act）两项政策是美国主要的家庭照顾政策，它们试图帮助家庭成员平衡家庭照顾责任和工作责任。[3] 此外，美国政府还有所得税减免政策来鼓励家庭照顾生病和不能自理的家属。例如，美国1993 年出台的《家庭与医疗假期法案》（Family and Medical Leave Act，FMLA）规定，男性和女性每年最多有 12 周的假期来照顾自己或者家人。尽管联邦政策允许该假期是无薪假期，但是很多单位都为员工提供有薪假期。FMLA 法案强调男性和女性对照顾家庭成员都有责任，间接地鼓励他们花时间照顾老年的父母、自己以及孩子。[4] 此外，在成年人监护方面，持续性代理权的发展也应得到重视，以尊重老龄人的残存能力、提升个体福利为宗旨的国际人权保护声势日趋高涨。[5] 在国际人权理念的推动下，为应对老龄化给行为能力、监护、代理等制度带来的难题，许多国家开始了持续性的修法运动。在此过程中，诞生于美国的持续性代理权授予制度被视为尊重本人自我决定权的立法具有参考意义。

在我国，《民法典》中与意定监护有关的规定主要体现在第 33-36 条。其内容包括：意定监护的设立、监护职责、监护人的履职原则和监护人资格的撤销。其制度架构尚未完成，意定监护的要素及要件等均未明确：（1）意定监护的概念和成立要件不明确。对意定监护，既无缔约能力的规定，还无意定监护成立要件的规定，也无意定监护契约义务违反的责任承担规则。另外，还缺乏意定监护与法定监护的适用关系的阐明。（2）意定监护的授权范围不明确。在意定监护人代理事务的范围方面，将人身事务与财产事务分别委托授权还是概括委托授权，尤其是老年人医疗自主决定权，我国立法均未规定且依旧没有突破原监护制度赋予监护人含代理权在内的全部权利的做法，[6] 即是将对被监护

① Shirley L. Zimmerman, Family Policy: Constructed Solutions to Family Problems, p.24.

② Richard L. Kaplan & Lawrence A. Frolik：Elder Law in a Nutshell, Thomson/West Publishing Co.；6th ed. 2014, pp. 45-46.

③ Binstock. R. H, From the Great Society to the Aging Society-25 Years of the Older Americans Act, Generations, 2012, 15, pp.8-11.

④ Anderson. J, R. Wilde, J.L.Family policy in the United States：An Overview.

⑤ 参见李霞：《意定监护制度论纲》，载《法学》2011 年第 4 期。

⑥ ［日］村田彰：《成年监护与意思能力》，载黄诗淳：《高龄化社会法律之挑战：以财产管理为中心》，新学林出版社 2014 年版，第 281-296 页。

人本人财产的管理权、人身、医疗与健康护理等事务均统统交付于监护人。（3）意定监护的变更规定缺位。意定监护合同的撤销、解除、终止，我国立法均无规定。（4）缺乏意定监护监督制度。意定监护的监督机构的范围和职责范围，也同样有待细化。（5）意定监护程序保障不足。在程序上缺乏国家公权力的干预，对意定监护制度各项的保障程序无规定。此外，我国需要改变残疾人长期以来因"限制行为能力或无行为能力"而导致民事行为能力受限或丧失的立法结构，应采取立足人权的模式，① 即进行立法范式转型，将"替代决策范式"转变为"协助决策范式"。

必须注意，在美国于1954年制定了《持续性代理权授予法》，老龄（成年）监护的本质属性是"替代本人做决定"而不是事实上的实际"照顾"本人。现代成年监护的模式是协助决策而不是传统民法成年监护的替代决定。老龄意定监护的理念是尊重自我决定，老龄意定监护制度的核心是委任代理人代理本人处理事务，代理人取得代理权是本人通过委任代理契约授予的，形式上采代理权授权书。委托代理契约生效后不受本人意思能力丧失的影响，代理权永久有效。美国学者认为，老龄人的各项能力是渐退式的，其能力丧失的判断标准用能力"功能测试法"取代"精神状态法"。② 所以，建议我国民事行为能力欠缺制度应再分为缔约能力、亲密关系能力、医疗决定能力、遗嘱能力，其中，各项能力所需的意思能力各异。老年人的具体需求表现在日常人身照顾事务、医疗与护理事务、财产事务的处理。③ 其中，人身照顾事务的处理是当下最为普遍和急迫的。以上对我国相关立法具有一定的参考价值。

建议我国从实际出发，在制度建设上，国家福利要加大支持性和预防性的公共服务体系建设。我国《民法典》婚姻家庭编，既是国家民事立法的重大成果，也是涉及民众切身利益的重大法律保障。遏制违法婚姻、突破离婚救济适用的瓶颈、填补亲子关系立法空白、解决离婚财产分割与债务清偿等一系列问题，既是《民法典》婚姻家庭编的重心，也是回应民众合理期待、维护婚姻家庭权益的重要环节。我国《民法典》从总则到各编，对监护、亲属、结婚、夫妻关系、亲子关系、收养关系、离婚等立法热点难点问题的解决，完成了婚姻家庭编法各章之间的制度定位、立法衔接与实践应对；对民众婚姻家庭生活的回应、指导、约束与规范，提升民众建设婚姻家庭的能力与智慧；促进对民众婚姻家庭先进文化的建构，有利于推进我国婚姻家庭文化建设和家风建设的进程。同时，我国新时期社会的急剧变化也推动着人们的婚姻家庭的观念、形态与作用的变革。因此，我国对于同居关系的规制、夫妻财产制度的细化、亲子关系的充实、人工生殖子女地位的确认，监护制度的完善等立法问题，有待更深入的理论研究以及对民情民意的充分研判，然后通过制定单行法规、立法解释、司法解释以及地方性法规等形式，与时俱进地作出更为明确、具体，更具可操作性的相关规定，以保障我国民众的婚姻家庭权益，促进我国婚姻家庭的精神文明建设。

---

① Gerard Quinn and Rekas-Rosalbo, eds, Civil Death: Rethinking the Foundations of Legal Personhood for Persons with a Disability, Vol. 56, Irish Jurist, 2016, pp. 286-325.

② Rebekah Diller, Legal Capacity for All: Including Older Persons in the Shift from Adult Guardianship to Supported Decision-Making, Vol. 45 Fordham Urb. L. J. 2016.

③ Terry Carney, Clarifying, Operationalising, and Evaluating Supported Decision Making Models, Vol. 1, Research and Practice in Intellectual and Developmental Disabilities, 2014.

第十章　当代澳大利亚婚姻家庭法律制度研究[①]

第一节　当代澳大利亚婚姻家庭法律制度概述

本节研究和阐述以下内容：一是当代澳大利亚婚姻家庭法律制度的渊源与主要内容；二是 20 世纪以来澳大利亚婚姻家庭法律制度修订概况；三是当代澳大利亚家庭法解决家事纠纷的新机制。

一、当代澳大利亚婚姻家庭法律制度的渊源与主要内容

澳大利亚作为一个联邦制国家，在历史上曾为英国的殖民地，因此其立法深受英国法的影响。澳大利亚的法律源于英国。[②] 英国是典型的判例法国家，由此，判例法成为澳大利亚法律的重要渊源。此外，根据 1900 年《澳大利亚联邦宪法》第 51 条的规定，在家庭法领域，联邦和州都有相应的立法权。因此，联邦和州的制定法包括宪法和家庭法也是澳大利亚法律的重要渊源。

（一）澳大利亚婚姻家庭法律制度的渊源

英美法系各国，采取不成文法主义，因此判例法是基本的法源，而成文法只起补充作用。[③] 总体而言，澳大利亚婚姻家庭法律制度的渊源主要有制定法、判例法以及国际条约。

1. 制定法

（1）澳大利亚联邦宪法和州宪法。澳大利亚是一个联邦制国家，有六个州和两个地区，包括新南威尔士州、昆士兰州、南澳大利亚州、塔斯马尼亚州、维多利亚州、西澳大利亚州、首都地区和北部地区。这意味着联邦宪法与州宪法的并存。联邦宪法及各州宪法均是澳大利亚家庭法的法源。

根据 1900 年《澳大利亚联邦宪法》第 51 条的规定，议会有权制定有关结婚、离婚

---

① 本章由陈苇、郭庆敏合作撰写，但以下内容除外，本章第一节"三、当代澳大利亚家庭法解决家事纠纷的新机制"和第九节"一、当代澳大利亚婚姻家庭法律制度的发展趋势（一）当代澳大利亚家庭法解决家事纠纷新机制的发展趋势"，由陈法撰写。

② 参见［澳］帕瑞克·帕金森：《澳大利亚法律的传统与发展》，陈苇等译，中国政法大学出版社 2011 年版，第 7 页。

③ 梁慧星：《民法总论》（第五版），法律出版社 2017 年版，第 25 页。

和婚姻诉讼、父母权利以及未成年人监护的法律。① 该规定授权联邦议会就结婚、离婚等事项进行立法，以减少因州法分立带来的弊端，同时也为各州和各地区相关法律的制定提供了依据。

在澳大利亚，许多州的宪法都对涉及家庭关系的调整作出了相关规定。例如，1975年维多利亚州《宪法》规定，就养老金利益而言，成员配偶指具有养老金利益的配偶；伴侣指个人的配偶或者家庭伴侣。② 1934年塔斯马尼亚州《宪法》对该法中的家庭成员及伴侣做了界定。③ 1934年南澳大利亚州《宪法》规定不得因妇女的性别或婚姻而取消其投票或被选为议会成员的资格，妇女享有与男子同等的选举权。④

（2）澳大利亚联邦和州的其他制定法。在澳大利亚，不管是联邦还是州和地区都规定了有关的家庭法。从联邦的角度来看，1975年联邦《家庭法》是主要的内容较为全面的家庭法，其内容涵盖了非诉家庭服务、澳大利亚家庭法院、离婚与无效婚姻、子女、财产、配偶扶养费、财产协议、养老金权益等内容。⑤ 1961年澳大利亚联邦《结婚法》对结婚的条件和程序等做了规定。此外，1984年澳大利亚联邦《家庭法条例》、1988年澳大利亚联邦《子女抚养费（登记与收取）法》、1989年澳大利亚联邦《子女抚养费（评估）法》、2004年澳大利亚联邦《家庭法实施细则》等法律也做了相关规定。

从州和地区的立法看，澳大利亚各州和地区对家庭法中的民事伴侣关系、收养、监护等制定了专门的法律。例如，1984年新南威尔士州《事实伴侣关系法》、1991年北部地区《事实伴侣关系法》、2004年塔斯马尼亚州《反家庭暴力法》、1988年南澳大利亚州《收养法》、1993年首都地区《收养法》、1990年西澳大利亚州《监护与管理法》、2000年昆士兰州《监护与管理法》等。由于澳大利亚联邦家庭法与各州和地区的家庭法之内容，有同有异，限于篇幅，本章的研究对象以1975年联邦《家庭法》为主，辅以部分州的相关立法。前述这些法律虽已被多次修改，仍为现行的有效法律，但有特别说明的除外。

2. 判例法

"判例法"，又称"普通法"或"法官造法"，是指法院在司法实践中创造出来的法律原则。⑥ 从历史看，英美法系的判例法主要形成于1066年诺曼公爵征服英格兰之后形成的普通法制度。随着制定法的大量增多，判例已经在英国开始出现萎缩的现象，但其仍然是英美法系国家的主要法律渊源。⑦

判例法是澳大利亚法律的重要渊源。澳大利亚曾为英国的罪犯流放地，从法律传统上看，澳大利亚属于典型的普通法系国家，其法律制度是在英国普通法（判例法）基础上发展起来的。⑧ 澳大利亚的判例法最初源于从英国继受过来的"普通法"，长期以来，

① *Commonwealth of Australia Constitution Act*, s. 51(xxi),(xxii).

② *Constitution Act* 1975(VIC), s. 5A.

③ *Constitution Act* 1934(TAS), s. 33.

④ *Constitution Act* 1934(SA), ss. 48–48A.

⑤ *Family Law Act* 1975；参见《澳大利亚家庭法》（2008年修正），陈苇等译，群众出版社2009年版，目录第1–2页。

⑥ 何家弘主编：《外国司法判例制度》，中国法制出版社2014年版，第113页。

⑦ 彭中礼：《法律渊源论》，方志出版社2014年版，第117页。

⑧ 何家弘主编：《外国司法判例制度》，中国法制出版社2014年版，第108页。

澳大利亚判例法的含义与内容一直注意保持着与英国"普通法"的相通性。20 世纪 60 年代以前，澳大利亚的高等法院及其他法院均以英国上议院判决作为最高效力的判决，保证了澳大利亚普通法与英国普通法的统一性。在 1963 年"帕克诉雷吉"一案中，该高等法院指出，其今后不应再受英国上议院判例的约束。① 澳大利亚学者认为，澳大利亚的法律传统以前在某种意义上属于大英国"法系"的传统，但是现在一切都变了。澳大利亚已经意识到，单独依赖外来传统和派生的合法性是远远不够的。澳大利亚法律需要走一条自己的道路。澳大利亚可以借鉴英国和其他普通法系国家的立法和司法经验，但最终还得找到自己解决法律和社会问题的方式。②

必须注意，随着两大法系融合的趋势不断增强，目前一些英美法系国家制定了大量的制定法，一些大陆法系国家也开始收集出版典型的案例以指导司法实践。而在我国，最高人民法院定期发布的指导性案例，对全国法院审理案件具有重要的指导意义。

3. 国际条约

在澳大利亚，婚姻家庭制度的渊源除包括制定法与判例法外，还有国际条约等。国际条约是国家及其他国际法主体间缔结确定相互关系的权利和义务协议，它对于缔结、承认或加入国际条约的国家，具有约束该国国家机关和公民行为的效力，因此也属于这些国家法律的渊源。③ 澳大利亚签署了许多与婚姻家庭制度相关的国际公约，如 1979 年联合国《消除对妇女一切形式歧视公约》、1989 年联合国《儿童权利公约》、2006 年联合国《残疾人权利公约》等。根据这些公约规定的内容，澳大利亚先后对其婚姻家庭法律中相关制度进行了修订。

（二）澳大利亚婚姻家庭法律制度的主要内容

澳大利亚婚姻家庭法律制度的主要内容包括：亲属关系通则制度、结婚制度、夫妻关系制度、亲子关系制度、收养制度、监护制度及离婚制度。本章将依次围绕这七个制度展开研究和阐述。第一，亲属关系通则制度，其主要内容有亲属的范围和类型、亲系及亲等的计算方法、亲属关系的发生与终止、亲属关系的法律效力等规范。第二，结婚制度，其主要内容有结婚的条件和程序、婚姻的无效和可撤销、民事伴侣关系、民事结合等具体制度。第三，夫妻关系制度，其主要内容有夫妻人身关系和财产关系之具体制度。第四，亲子关系制度，其主要内容有亲子关系的类型、亲子关系的确定以及父母子女的权利义务之具体制度。第五，收养制度，其主要内容有收养的条件和程序、收养的法律效力以及收养关系的解除之具体制度。第六，监护制度，其主要内容有未成年人监护和成年人监护之具体制度。第七，离婚制度，其主要内容有家事纠纷解决的新机制、分居、离婚的条件和程序、离婚的法律效力之具体制度。

二、20 世纪以来澳大利亚婚姻家庭法律制度修订概况

1788 年，随着第一批英国殖民者抵达澳大利亚，他们就将其对法律和社会组织结构的理念带到了这块土地。1900 年《澳大利亚联邦宪法》（1901 年 1 月 1 日生效）是澳大

---

① 何勤华主编：《外国法制史》，清华大学出版社 2008 年版，第 350-351 页。

② ［澳］帕瑞克·帕金森：《澳大利亚法律的传统与发展》，陈苇等译，中国政法大学出版社 2011 年版，第 21 页。

③ 参见张光杰主编：《法理学导论》（第二版），复旦大学出版社 2015 年版，第 42 页。

利亚在谋求国家独立上所迈出的第一步。1901 年，澳大利亚建立了自己的联邦政府，自此，其开始逐渐摆脱英国的统治。随着 20 世纪的到来，英国在澳大利亚政府中的地位越来越微不足道。1986 年《澳大利亚法》（1985 年 12 月 4 日通过）是该国独立于英国的一个重要标志。通过该法最终废止向英国枢密院的上诉，这标志着澳大利亚法律的一个重要转折，这种上诉的最终废止使得澳大利亚拥有了完全独立的司法裁判权。①

法律是社会生活的调节器，法律规范与其社会效果之间相互作用。"法律制度的社会功能转变出现在法律范围之外，并最终必然引起法律规范的转变。"② 澳大利亚于 1975 年 7 月 12 日通过的 1975 年联邦《家庭法》，为适应调整澳大利亚婚姻家庭新情况新问题的需要，该法至今已经历了多次修改，其主要修改情况如下：1976 年 6 月 8 日通过 1976 年联邦《家庭法修正案法》（1976 年第 63 号法令）、1977 年 10 月 11 日通过 1977 年联邦《家庭法修正案法》（1977 年第 102 号法令）、1979 年 4 月 5 日通过 1979 年联邦《家庭法修正案法》（1979 年第 23 号法令）、1983 年 10 月 28 日通过 1983 年联邦《家庭法修正案法》（1983 年第 72 号法令）、1987 年 12 月 26 日通过 1987 年联邦《家庭法修正案法》（1987 年第 181 号法令）、1989 年 12 月 28 日通过 1989 年联邦《家庭法修正案法》（1989 年第 182 号法令）、1991 年 3 月 27 日通过 1991 年联邦《家庭法修正案法》（1991 年第 37 号法令）、1991 年 10 月 25 日通过 1991 年联邦《家庭法修正案法（第 2 号）》（1991 年第 159 号法令）、1995 年 12 月 16 日通过 1995 年联邦《家庭法改革法》（1995 年第 167 号法令）、1997 年 4 月 10 日通过 1997 年联邦《家庭法修正案法》（1997 年第 25 号法令）、1998 年 7 月 14 日通过 1998 年联邦《家庭法修正案法（第 1 号）》（1998 年第 89 号法令）、2000 年 11 月 29 日通过 2000 年联邦《家庭法修正案法》（2000 年第 143 号法令）、2001 年 6 月 28 日通过 2001 年联邦《家庭法立法修正案（养老金）法》（2001 年第 61 号法令）、2003 年 12 月 17 日通过 2003 年联邦《家庭法修正案法》（2003 年第 138 号法令）、2004 年 12 月 15 日通过 2004 年联邦《家庭法修正案（年金）法》（2004 年第 153 号法令）、2005 年 7 月 6 日通过 2005 年联邦《家庭法修正案法》（2005 年第 98 号法令）、2006 年 5 月 22 日通过 2006 年联邦《家庭法修正案（共同父母责任）法》（2006 年第 46 号法令）、2008 年 11 月 21 日通过 2008 年联邦《家庭法修正案（事实财务事项与其他措施）法》（2008 年第 115 号法令）、2011 年 12 月 7 日通过 2011 年联邦《家庭法立法修正案（反家庭暴力与其他措施）法》、2017 年 12 月 8 日通过 2017 年联邦《结婚修正案（定义与宗教自由）法》（2017 年第 129 号法令）等。

以下，将从结婚制度、夫妻关系制度、亲子关系制度、收养制度、监护制度及离婚制度这六个方面，简介 20 世纪以来澳大利亚婚姻家庭具体制度的修订概况。

（一）20 世纪以来澳大利亚结婚制度的修订概况

在澳大利亚，1900 年《澳大利亚联邦宪法》第 51 条授权联邦议会就结婚、离婚等事项进行立法，以减少因各州和地区分别立法带来的弊端。但在该法制定后的半个多世纪中，联邦议会几乎没有进行相关的立法，各州和地区的法律不统一局面并未得到改善。

---

① ［澳］帕瑞克·帕金森：《澳大利亚法律的传统与发展》，陈菁等译，中国政法大学出版社 2011 年版，第 164、167 页。

② ［奥］卡尔·伦纳：《私法的制度及其社会功能》，王家国译，法律出版社 2013 年版，第 49 页。

1945 年第二次世界大战结束后，当 1961 年联邦《结婚法》和 1959 年联邦《婚姻诉讼法》生效时，结婚和离婚才受到联邦管辖。在此之前，结婚和离婚仍由澳大利亚各州管辖。我们将结婚制度的修订情况分别从以下四个方面进行研究阐述：统一法定婚龄、废止可撤销婚姻、承认事实伴侣关系、同性婚姻合法化。

1. 统一法定婚龄

在澳大利亚，1961 年联邦《结婚法》颁布之初规定男女法定结婚年龄分别为 18 周岁和 16 周岁（第 11 条）。已满 16 周岁不满 18 周岁的男子以及已满 14 周岁不满 16 周岁的女子，须经父母同意后向法院提出申请，在申请被许可后才可以结婚。随后，澳大利亚于 1980 年 7 月 17 日签署了 1979 年联合国《消除对妇女一切形式歧视公约》。该公约第 2 条规定，缔约国应采取适当立法和其他措施，包括适当时采取制裁，禁止对妇女的一切歧视。在此背景下，澳大利亚于 1984 年 3 月 21 日通过了 1984 年联邦《反性别歧视法》，并于同年 8 月 1 日生效。该法禁止基于性别、婚姻状况、怀孕的直接和间接歧视。随后的 1991 年联邦《反性别歧视修正案法》（1991 年第 71 号法令）① 对 1961 年联邦《结婚法》进行了修改。该法第 12-13 条将男女法定结婚年龄统一修改为 18 周岁，经父母同意和法院许可才能结婚的年龄也相应地修改为 16 周岁以上不满 18 周岁，且不区分男女。

2. 废止可撤销婚姻

1959 年 12 月 16 日，澳大利亚通过了 1959 年联邦《婚姻诉讼法》，并于 1961 年 2 月生效。该法采取了无效婚姻与可撤销婚姻并行的双轨模式。无效婚姻的无效事由有重婚（后婚无效）、近亲结婚、受欺诈或胁迫而结婚、误认对方身份而结婚、未达法定婚龄而结婚等情形（第 18 条）；可撤销婚姻的可撤销事由有一方或双方无性行为能力、心智不健全或有精神缺陷，或者女方与他人有性行为而怀孕等（第 21 条）。随后颁布的 1975 年联邦《家庭法》废除了 1959 年联邦《婚姻诉讼法》。1975 年联邦《家庭法》采用无过错离婚主义，并废除了可撤销婚姻制度。

3. 承认事实伴侣关系

1900 年《澳大利亚联邦宪法》第 51 条只授权联邦议会就婚姻、离婚等事项进行立法，事实伴侣关系不属于联邦议会行使立法权的范围。因此，在制定 1975 年联邦《家庭法》时并没有对事实伴侣关系作出规定。

在澳大利亚，新南威尔士州于 1984 年成为第一个颁布立法，调整未婚异性同居伴侣关系的财产权益的州。1984 年新南威尔士州《事实伴侣关系法》第 3 条将事实配偶界定为：就男方而言，指未与其结婚，但却在真实的家庭基础上以该男子的妻子的身份与该男子共同生活的女子；就女方而言，指未与其结婚，但却在真实的家庭基础上以该女子的丈夫的身份与该女子共同生活的男子。此后，对于事实配偶，维多利亚州、南澳大利亚州、北部地区和塔斯马尼亚州的立法均采用了与上述类似的定义。随着社会发展，人们对同性伴侣关系的认可，1999 年新南威尔士州再次修订事实伴侣关系法，事实伴侣关系的当事人不再有性别区分。从 1999 年开始，新南威尔士州、维多利亚州、昆士兰州、

---

① 该法于 2016 年 3 月 10 日被 2016 年第 5 号法令废止。

首都地区都将事实伴侣关系法的调整范围扩展到同性伴侣。①

在澳大利亚，1975 年联邦《家庭法》在制定之初并不调整事实伴侣关系，直到 2006 年联邦《家庭法修正案（共同父母责任）法》才将事实伴侣关系纳入 1975 年联邦《家庭法》之中。但此时事实伴侣的定义仍限定在异性之间，不包括同性伴侣。至 2008 年联邦《家庭法修正案（事实财务事项与其他措施）法》新增第 4AA 条（事实伴侣关系）以及其他有关事实伴侣等的规定，才将同性事实伴侣关系纳入调整范围。从 2009 年 3 月 1 日起，同居关系破裂的符合条件的事实伴侣可以向家庭法院或联邦巡回法院申请以与已婚夫妇相同的方式处理财产问题。②

总体而言，当代澳大利亚的事实伴侣关系法的修改呈现如下特点：第一，调整事实伴侣的法律逐步多元化，如有各州制定的事实伴侣关系法、家庭关系法、家庭伴侣财产法，还有联邦制定的 1975 年联邦《家庭法》；第二，事实伴侣关系的调整范围被扩大，从异性伴侣扩展到了同性伴侣。

4. 同性婚姻合法化

在澳大利亚，1961 年联邦《结婚法》在被制定之时，并没有明确规定哪些性别可以结婚。至 2004 年，霍华德政府提出并通过了关于 1961 年联邦《结婚法》的修正案，即 2004 年联邦《结婚修正案法》。该修正案于 2004 年 8 月 16 日通过，该法在 1961 年联邦《结婚法》中新增了"婚姻"的概念，将婚姻限制为"男女"两性的自愿结合。此外，该法还规定，在其他国家进行的同性结合，在澳大利亚不会被认定为婚姻。由此，同性婚姻成为澳大利亚政治中的热门话题。澳大利亚绿党将同性婚姻作为其政治议题的一部分。2011 年，同性婚姻成为劳工大会辩论的核心问题。③ 2013 年，澳大利亚颁布了 2013 年首都地区《婚姻平等（同性）法》，该法旨在使首都地区的同性婚姻合法化。但在联邦诉澳大利亚首都地区（婚姻平等案）④ 中，高等法院一致认为 2013 年首都地区《婚姻平等（同性）法》无效，其理由是只有联邦法律可以规定婚姻的定义，此外，由于首都地区立法允许同性结合，这与联邦法的规定相抵触，因而无效。⑤

早在 2004 年，澳大利亚婚姻平等协会成立，该协会旨在反对 2004 年拟议的将婚姻限制在男女之间的联邦《结婚修正案法》。该组织在支持平等婚姻权利方面发挥了主要作用。2017 年 12 月 9 日，同性婚姻终于在澳大利亚获得联邦法律的正式认可。2017 年联邦《结婚修正案（定义与宗教自由）法》将"婚姻"的定义由原来的"婚姻是指排斥其他任何人的，为共同生活自愿组成的一男一女的结合"修改为"婚姻是指排斥其他任何人

① 目前，澳大利亚各州调整事实伴侣关系的法律主要有：1984 年新南威尔士州《事实伴侣关系法》、2008 年维多利亚州《关系法》、1991 年北部地区《事实伴侣关系法》、1999 年塔斯马尼亚州《事实伴侣关系法》、2003 年塔斯马尼亚州《关系法》、1997 年西澳大利亚州《家庭法院法》、2011 年昆士兰州《民事伴侣关系法》、1994 年首都地区《家庭关系法》、1975 年南澳大利亚州《家庭关系法》、1996 年南澳大利亚州《家庭伴侣财产法》等。

② See, Family Court of Australia: "De facto Relationships", http://www.familycourt.gov.au/wps/wcm/connect/fcoaweb/family-law-matters/separation-and-divorce/defacto-relationships/, 访问日期：2019 年 4 月 6 日。

③ See, Renata Grossi, "The Meaning of Love in the Debate for Legal Recognition of Same-Sex Marriage in Australia", *International Journal of Law in Context*, Vol. 8, issue 4, December 2012, p. 490.

④ Commonwealth v. Australian Capital Territory (Marriage Equality Case) [(2013) 250 CLR 441].

⑤ Bede Harris, "Human Rights and the Same-Sex Marriage Debate in Australia", *Journal of Politics and Law*, Vol. 10, issue 4, 2017, p. 60.

的，为共同生活自愿组成的两个人的结合"，即修改了 1961 年联邦《结婚法》中"婚姻"的定义，将此前的"一男一女的结合"修改为"两个人的结合"。① 由此，澳大利亚有效的婚姻不再要求婚姻当事人为异性，澳大利亚成为全球第 26 个同性婚姻合法化的国家。

（二）20 世纪以来澳大利亚夫妻关系制度的修订概况

1882 年英国《已婚妇女财产法》实行分别财产制，妻子可以拥有并管理自己的财产，并享有对外签订合同的权利。该法在 1884-1901 年被澳大利亚各州立法仿效和继受。② 因此，在 1975 年以前，有关夫妻财产关系的处理主要依据澳大利亚各州的《已婚妇女财产法》，适用分别财产制。1975 年通过的联邦《家庭法》继续采用分别财产制，但该法授权法官对离婚时婚姻双方所拥有的财产进行"公平和公正"的调整分配，即要求法官在作出相关命令时要考虑该法第 79 条第 4 款和第 75 条第 2 款规定的因素。实践中最重要的考虑因素是每个伴侣对婚姻和家庭的财富和福利的贡献。③

澳大利亚夫妻婚姻财产法的发展历史，主要经历了以下三个阶段：第一阶段，从 1788 年白人定居到 19 世纪末，已婚妇女在婚姻解除时几乎无权拥有财产或分享财产。第二阶段，在 19 世纪，澳大利亚殖民地逐渐制定扶养法，以应对大量被遗弃的妻子和儿童（特别是 19 世纪中期的淘金热期间）的扶养需要。值得注意的是，到 19 世纪末，由于衡平法院以及已婚妇女财产法的创设，已婚妇女被法律赋予拥有和控制财产的合法权利。澳大利亚的这一发展阶段一直持续到 1959 年。但是，在丈夫是赚钱养家者和以其名义下的工资购买财产的情况下，许多已婚妇女没有个人财产。第三阶段，始于 1959 年联邦议会最终行使对家庭法的宪法权力（自联邦独立以来，该权力一直处于休眠状态）。根据 1959 年联邦《婚姻诉讼法》第 86 条的规定，法官获得了以公平和公正的方式在离婚配偶之间调整分配财产的自由裁量权。1975 年通过的联邦《家庭法》第 79 条重申了此原则，并废止了 1959 年联邦《婚姻诉讼法》。④ 至此，1975 年联邦《家庭法》在采取分别财产制的基础上授予法官在离婚配偶间重新调整分配各方所得财产的权利，即依据分别财产制婚姻期间夫妻各自所得财产归各自所有，但离婚时法官考虑到夫妻一方对夫妻另一方或者家庭的贡献，有权对婚姻期间夫妻各自所得财产进行调整、公平分配。

在澳大利亚，原来实行普通法规定的吸收财产制时，妻子在家庭中没有财产权，而由丈夫对妻子尽扶养义务，但自各州《已婚妇女财产法》实行分别财产制后夫妻互有扶养的义务。⑤ 1975 年联邦《家庭法》延续各州的做法，在第八章中对配偶扶养进行了规定。此外，2001 年联邦《家庭法立法修正案（养老金）法》的颁布，使婚姻期间配偶积累的养老金首次被视为婚姻财产，并在离婚夫妻之间进行分配。⑥ 其立法目的在于允许夫

---

① *Marriage Amendment* (*Definition and Religious Freedoms*) *Act* 2017, schedule 1, s. 3.

② See, H. A. Finlay, A. J. Bradbrook, R. J. Bailey-Harris, *Family Law* (2nd edition), Sydney: Butterworths, 1993, pp. 524-525. 转引自何勤华主编：《澳大利亚法律发达史》，法律出版社 2004 年版，第 216 页。

③ John H. Wade, "Matrimonial Property Reform in Australia: An Overview", *Family Law Quarterly*, Vol. 22, issue 1, Spring 1988, p. 46.

④ John H. Wade, "Matrimonial Property Reform in Australia: An Overview", *Family Law Quarterly*, Vol. 22, issue 1, Spring 1988, p. 48.

⑤ 参见何勤华主编：《澳大利亚法律发达史》，法律出版社 2004 年版，第 219 页。

⑥ https://legalanswers.sl.nsw.gov.au/family-law-and-divorce/family-law-act-1975，访问日期：2019 年 4 月 8 日。

妻双方当事人通过协议或法院命令对夫妻双方婚后所得养老金利益进行分割。[①]

（三）20世纪以来澳大利亚亲子关系制度的修订概况

1. 取消非婚生子女的称谓

在澳大利亚，过去的普通法对婚生子女和非婚生子女，始终是区别对待的。1945年第二次世界大战结束以后，非婚生子女地位被彻底提高，联邦和各州的制定法都将他们与婚生子女同等对待。[②] 根据1961年联邦《结婚法》第89条、第91条的规定，澳大利亚从以下两个方面进行了改革：一是承认合法婚姻的夫妻所生子女具有合法地位；二是承认子女从出生之日起（子女在该法生效之后出生）或者从该法生效之日起（子女在该法生效之前出生），非婚生子女享有合法地位。[③] 早在20世纪70年代，澳大利亚家庭法中就已废除了"非婚生子女"的称谓，如1974年维多利亚州《儿童身份法》第12条将"非婚生子女"重新定义为"在出生之时或受孕之时或之后父母没有结婚的子女"。[④] 1975年联邦《家庭法》中也摒弃了"非婚生子女"的概念，无论父母有无婚姻关系，他们所生子女被统一称为"子女"。现在澳大利亚全部的州和地区都实现了婚生子女和非婚生子女在法律地位上完全平等，无论父母有无婚姻关系，他们与所生子女间的权利义务是完全平等的。

2. 子女抚养

1972年，澳大利亚政府为有受抚养子女的失业单亲家庭提供福利金，即"单亲补贴"。但是，虽然政府采取了单亲补贴政策，许多单亲监护人和他们的子女仍生活在贫困中。[⑤] 在整个20世纪80年代，澳大利亚面临财政危机和经济衰退的现实和威胁。因此，其公共支出计划受到严格的审查，政府对单亲父母的社会保障支出的增加感到担忧。[⑥] 政府对单亲父母支付的社会保障支出数额迅速上升，并已成为政府的一笔较大的开支。加上到80年代中期，澳大利亚政府面临离婚后父母没有为子女提供足够抚养费的儿童数量增多的问题。因此，澳大利亚政府进行了被称为"儿童抚养计划"的改革，并颁布了两部重要的法律。

第一部是1988年联邦《子女抚养费法》[后改名为1988年联邦《子女抚养费（登记与收取）法》]，该法于1988年6月1日开始实施。根据该法，澳大利亚在税务局内设立了儿童抚养机构，负责收取法院命令的抚养费和执行法院批准的抚养协议。一旦子女抚养令或抚养协议在儿童抚养机构登记，该债务就成为欠澳大利亚联邦的债务，使儿童

---

① 参见陈苇、陈思琴：《澳大利亚夫妻离婚时养老金分割立法及其借鉴》，载《法商研究》2008年第6期，第144页。

② 参见何勤华主编：《澳大利亚法律发达史》，法律出版社2004年版，第221页。

③ 参见陈苇：《澳大利亚现代家庭法简介》之亲子关系立法，载陈苇主编：《外国婚姻家庭法比较研究》，群众出版社2006年版，第573页。

④ Victorian Law Reform Commission, "History of adoption law in Victoria", https://www.lawreform.vic.gov.au/content/2-history-adoption-law-victoria#toc-human-rights-and-the-rights-of-the-child-TxSF5OnT. 访问日期：2019年4月10日。

⑤ See, Helen Rhoades, "Australia's Child Support Scheme – Is It Working", Child and Family Law Quarterly, Vol. 7, issue 1, 1995, p. 26.

⑥ Stephen Parker, "Rights and Utility in Anglo-Australian Family Law", Modern Law Review, Vol. 55, issue 3, May 1992, p. 312.

抚养机构能够代表与子女共同生活的父母一方启动执行程序。第二部是 1989 年联邦《子女抚养费（评估）法》，该法于 1989 年 10 月 1 日开始实施，其根据相关计算公式进行子女抚养费的评估。澳大利亚"儿童抚养计划"的实施分为两个阶段，其实施后监护人不再需要直接要求负担抚养义务的离婚父母一方给付抚养费，因为第一阶段和第二阶段儿童的抚养费都是可以从儿童抚养代理机构直接领取。① 此两部法律之目的，旨在减少澳大利亚离婚家庭贫困儿童的数量，并减少政府向单亲父母支付社会保险金的开支。②

1989 年 11 月 20 日，联合国大会通过 1989 年《儿童权利公约》，1990 年 12 月 17 日，澳大利亚批准了该公约。该公约对澳大利亚儿童权益保护产生了重要影响。1995 年 7 月 12 日，澳大利亚通过 1995 年联邦《家庭法改革法》，并于 1996 年 7 月 11 日生效。一方面，1995 年澳大利亚联邦《家庭法改革法》第十部分首次明文规定"子女最大利益是父母和法院首要考虑的因素"，从而确立了"子女最大利益原则"。并且，该法第 68F 条第 2 款明确规定了法院认定"子女最大利益"应当考虑的 12 项因素，以指导司法实践，增加此原则的可操作性。③ 另一方面，在父母对子女的监护用语上，用"父母责任"代替"监护"一词，强化父母对子女的责任和义务。这体现了其亲子法立法理念的进步，即从重视父母对子女的权利到注重父母对子女的责任和义务，反映了亲子立法的重心从"父母本位"转向"子女本位"，采取了以儿童权利和父母责任的立法新模式。④

在澳大利亚，2006 年联邦《家庭法修正案（共同父母责任）法》是自 1975 年联邦《家庭法》被制定后比较大的一次修改。家庭法的目标之一被修订为确保"子女能够从父母双方有意义的参与子女的生活中获益，最大限度地符合子女的最大利益"。⑤ 该法鼓励父母在分居后能够以合作的方式承担子女的抚养责任，并将父母双方分居或离婚后争议纠纷解决的方式从法院诉讼方式转向私人的、调解的方式。该修正案法是联邦在家庭事务中采取国家干预的重要步骤。

此外，2011 年联邦《家庭法立法修正案（反家庭暴力与其他措施）法》对家庭暴力和儿童虐待提出了新的更广泛的定义，加强了有关家庭暴力和虐待的法庭程序，并且在评估儿童最大利益所需的考虑因素中，将儿童安全放在首位。⑥ 其他法律如 2018 年联邦《家庭援助和儿童抚养立法修正案（儿童保护）法》等也对儿童抚养问题做了相关规定，以加强对家庭援助和儿童抚养的法律保障。

（四）20 世纪以来澳大利亚收养制度的修订概况

在澳大利亚，根据联邦宪法的规定，收养澳大利亚儿童不属于联邦立法权限，而由

---

① 参见陈苇、王鸥：《澳大利亚儿童权益保护立法评介及其对我国立法启示——以家庭法和子女抚养（评估）法为研究对象》，载《甘肃政法学院学报》2007 年第 3 期，第 13-14 页。

② See, Helen Rhoades, "Australia's Child Support Scheme – Is It Working", *Child and Family Law Quarterly*, vol. 7, issue 1, 1995, pp. 26-29.

③ 参见陈苇、王鸥：《澳大利亚儿童权益保护立法评介及其对我国立法启示——以家庭法和子女抚养（评估）法为研究对象》，载《甘肃政法学院学报》2007 年第 3 期，第 11-12 页。

④ 参见陈苇：《澳大利亚现代家庭法简介》，载陈苇主编：《外国婚姻家庭法比较研究》，群众出版社 2006 年版，第 574 页。

⑤ 参见［澳］帕特里克·帕金森：《永远的父母：家庭法中亲子关系的持续性》，冉启玉主译，法律出版社 2015 年版，第 119 页。

⑥ https://legalanswers. sl. nsw. gov. au/family-law-and-divorce/family-law-act-1975，访问日期：2019 年 4 月 8 日。

各州和地区进行管辖。① 西澳大利亚州是澳大利亚第一个出台收养立法的州。② 该州1896年《儿童收养法》终止了被收养儿童与其亲生父母之间的所有法律上的权利和关系，并赋予被收养儿童与养父母之间具有法律上所有的权利和责任。目前，澳大利亚各州和地区均已经制定了专门的收养立法。③ 由于澳大利亚有六个州和两个地区，且各个州和地区的收养立法存在一定的差距。以下，我们以维多利亚州收养法的修订情况为例进行研究和阐述。④

1. 维多利亚州的四部收养法

在澳大利亚，维多利亚州先后主要颁布了四部收养法：1928年维多利亚州《收养法》、1958年维多利亚州《儿童收养法》、1964年维多利亚州《儿童收养法》和1984年维多利亚州《收养法》。⑤ 各部收养法主要的修订情况如下：（1）1928年维州《收养法》规定将亲生父母的权利、义务及责任转移给养父母，并承认未经亲生父母同意的现有非正式收养的合法性。在此之前，法律并不承认非正式收养。（2）该州经过先后颁布的1936年《儿童收养（修正案）法》、1942年《儿童收养法》、1953年《儿童收养（修正案）法》、1954年《儿童收养（修正案）法》、1955年《儿童收养法》⑥ 之后，1958年维州《儿童收养法》被通过并巩固了收养立法。该法规定了法院指定个人（诉讼监护人）在法院收养诉讼程序中保护儿童利益的要求。（3）1964年维州《儿童收养法》于1966年1月1日生效。该法开启了秘密收养时代，⑦ 并禁止私下协议收养，还创建了民间收养机构，该机构是由部长批准的安排收养的慈善组织。（4）20世纪60年代，有证据证明秘密收养存在不足，并且收养人和亲生父母有相互了解和接触的必要性。1978年，维多利亚州政府要求对1964年维州《儿童收养法》进行审查。随后，1984年维多利亚州《收养法》被通过，该法引入了公开收养。此外，该法还赋予被收养儿童有获得其原生家庭信息的权利。该收养法即为该州现行收养法，从该法颁布之初到现在，又经过了多次修改。

2. 1984年维多利亚州《收养法》的修改

1984年维多利亚州《收养法》被制定后已经过多次修改，虽然该法的基本框架没有改变，但连续的修改将诸如1989年《儿童权利公约》、1993年《海牙跨国收养方面保护儿童及合作公约》⑧ 等国际公约规定的国际义务纳入该法中。1984年维多利亚州《收养

---

① See, *Commonwealth of Australia Constitution Act*, s. 51(xxi)(xxii).

② *The Adoption of Children Act* 1896 (WA).

③ *Adoption Act* 1993(ACT), *Adoption Act* 2000(NSW), *Adoption of Children Act* 1994(NT), *Adoption Act* 2009(QLD), *Adoption Act* 1988(SA), *Adoption Act* 1988(TAS), *Adoption Act* 1984(VIC), *Adoption Act* 1994(WA).

④ See, Victorian Law Reform Commission," History of adoption law in Victoria", https://www.lawreform.vic.gov.au/content/2-history-adoption-law-victoria#toc-human-rights-and-the-rights-of-the-child-TxSF5OnT. access time:2019-4-10.

⑤ *The Adoption Act* 1928 (VIC), *Adoption of Children Act* 1958 (VIC), *Adoption of Children Act* 1964 (VIC), *Adoption Act* 1984(VIC).

⑥ *Adoption of Children (Amendment) Act* 1936(VIC), *Adoption of Children Act* 1942(VIC), *Adoption of Children (Amendment) Act* 1953(VIC), *Adoption of Children (Amendment) Act* 1954(VIC), *Adoption of Children Act* 1955(VIC).

⑦ 秘密收养是一种在收养家庭和原生家庭之间不分享信息的收养，并且亲生父母在其子女被收养后不能有任何联系。公开收养允许在养父母和亲生父母之间共享信息或进行交往，并且这种做法可能伴随被收养子女的一生。

⑧ *Hague Convention on Protection of Children and Co-operation in Respect of Intercountry Adoption of* 1993，以下简称1993年《海牙跨国收养公约》。

法》被修改的主要内容如下：（1）1997 年维多利亚州《残疾服务与其他行动（修正案）法》① 将收养人的范围扩大到事实伴侣关系。（2）2000 年维多利亚州《收养（修正案）法》② 吸纳了 1989 年《儿童权利公约》和 1993 年《海牙跨国收养公约》以及国家间收养的某些双边协议，并规定了在收养程序中考虑儿童意愿的方式。（3）2013 年维多利亚州《收养修正案法》③ 取消了向亲生父母提供收养人身份信息前获得该收养人同意的要求。该法还引入了允许收养人明确表达与亲生父母交往的意愿的"交往声明"。此后，2015 年维多利亚州《收养修正法案》④ 删除了与"交往声明"有关的条款。收养人虽然不能再作出交往声明，但其可以在收养信息登记簿上记录他们对交往的意愿。（4）2015 年维州《收养修正案（同性夫妻收养）法》⑤ 进一步对收养法进行了修改。该法删除了与收养资格相关的性别问题，并用"家庭关系"和"家庭伴侣"取代了"事实关系"和"事实配偶"。

必须注意，澳大利亚于 1998 年 8 月 25 日签署了 1993 年《海牙跨国收养公约》，并通过修订的 1975 年联邦《家庭法》和相关的条例实施。此外，国内还制定了 1998 年《家庭法（海牙跨国收养公约）条例》。该条例规定除在各州和地区建立当地中央机关外，还要建立联邦中央机关。⑥ 澳大利亚联邦律政部就是联邦中央机关，负责履行根据 1993 年《海牙跨国收养公约》规定的国际义务。

（五）20 世纪以来澳大利亚监护制度的修订概况

1900 年《澳大利亚联邦宪法》第 51 条赋予联邦对未成年人监护的立法权限，因此联邦法律可以对儿童监护问题进行规定。20 世纪中后期，在儿童监护方面，澳大利亚的相关立法都表现出对儿童最大利益原则的重视。例如，1959 年联邦《婚姻诉讼法》规定，在有关婚姻所生子女的监护、福利、发展或教育的诉讼中，法院应当将儿童的利益视为首要考虑因素。⑦ 此后，澳大利亚各州或地区各自制定了本地区的监护法，如 1991 年首都地区《监护与财产管理法》、1987 年新南威尔士州《监护法》、2018 年修正的新南威尔士州《未成年人监护法》、2000 年澳昆士兰州《监护与管理法》、1993 年南澳大利亚州《监护与管理法》、1995 年塔斯马尼亚州《监护与管理法》、1986 年维多利亚州《监护与管理法》、1990 年西澳大利亚州《监护与管理法》、2016 年北部地区《成年人监护法》等。⑧ 这些州和地区的监护法虽然具体内容存在一定差异，但在立法原则上均要求保护被监护人的最大利益。

1989 年 11 月 20 日，联合国大会通过 1989 年《儿童权利公约》，1990 年 12 月 17 日，

---

① *Disability Services and Other Acts（Amendment）Act* 1997（VIC）.

② *Adoption（Amendment）Act* 2000（VIC）.

③ *Adoption Amendment Act* 2013（VIC）.

④ *Adoption Amendment Act* 2015（VIC）.

⑤ *Adoption Amendment（Adoption by Same-Sex Couples）Act* 2015（VIC）.

⑥ *Family Law（Hague Convention on Intercountry Adoption）Regulations* 1998, ss. 5-11.

⑦ *Marriage Cause Act* 1959, s. 85（1）（a）.

⑧ *Guardianship and Management of Property Act* 1991（ACT）, *Guardianship Act* 1987（NSW）, *Guardianship of Infants Act* 1916（Amended in 2018）（NSW）, *Guardianship and Administration Act* 2000（QLD）, *Guardianship and Administration Act* 1993（SA）, *Guardianship and Administration Act* 1995（TAS）, *Guardianship and Administration Act* 1986（VIC）, *Guardianship and Administration Act* 1990（WA）, *Guardianship of Adults Act* 2016（NT）.

澳大利亚批准了该公约。该公约对澳大利亚儿童权益保护产生了重要影响。1995 年 7 月 12 日，澳大利亚通过了 1995 年联邦《家庭法改革法》，该法将原 1975 年联邦《家庭法》中 "父母权利与对未成年子女的监护权" 替换为 "对子女的父母责任"。①同时，它在用语上用 "父母责任" 代替 "监护权"，这一变化强化了父母对子女的责任和义务。

2006 年，联合国通过了 2006 年《残疾人权利公约》。② 根据该公约第 12 条规定，残疾人与其他人应当在平等基础上享有法律权利能力，缔约国应当采取适当措施给予他们在行使法律权利能力时可能需要的协助。③ 澳大利亚政府于 2007 年 3 月 30 日签署了该残疾人权利公约。此外，2006 年维多利亚州《人权和责任宪章法》④ 于 2008 年 1 月 1 日全面实施，该法为维多利亚州的人权保护提供了立法框架，其中还包含一些对决定能力受损的人重要权利的规定。在此背景下，2009 年 6 月，维多利亚州政府要求维多利亚州法律改革委员会审查 1986 年《监护与管理法》，并于 2011 年 6 月提交最终报告。⑤ 2012 年，维多利亚州法律改革委员会（VLRC）成为第一个建议采用 "协助决定" 立法计划的澳大利亚法律改革机构。⑥ 澳大利亚学者指出："协助决定" 引入监护法是为了使有决策障碍的人能够参与社会活动，并作为一种防止虐待、遗弃和剥削的方式，且监护法只能作为最后的救济手段。⑦

（六）20 世纪以来澳大利亚离婚制度的修订概况

在澳大利亚于 1901 年成为一个独立国家时，英国议会允许当时六个现有的澳大利亚殖民地作为澳大利亚联邦的一部分进行自治。这意味着澳大利亚从此拥有了自己的结婚和离婚立法权。然而，从独立后的半个世纪以来，澳大利亚联邦并没有完全行使该权利。直到 1959 年联邦《婚姻诉讼法》和 1961 年联邦《结婚法》生效时，结婚和离婚才受到联邦管辖。在此之前，结婚和离婚均仍由各州进行管辖。1959 年联邦《婚姻诉讼法》吸收各州已经存在的做法，采用源自英国 1857 年《婚姻诉讼法》的 "过错离婚主义"。⑧

---

① See, *Family Law Reform Act* 1995, s. 3.

② *Convention on the Rights of Persons with Disabilities.* 该公约是联合国于 2006 年 12 月 13 日通过的有关保护残疾人人权的国际公约，也是 21 世纪第一个人权公约，是联合国所通过的国际性公约中，第一个专门用于保护残疾人人权的公约。该公约于 2008 年 5 月 3 日正式生效。我国于 2007 年 3 月 30 日签署该公约。

③ 《残疾人权利公约》第 12 条规定：一、缔约国重申残疾人享有在法律面前的人格在任何地方均获得承认的权利。二、缔约国应当确认残疾人在生活的各个方面在与其他人平等的基础上享有法律权利能力。三、缔约国应当采取适当措施，便利残疾人获得他们在行使其法律权利能力时可能需要的协助。四、缔约国应当确保，与行使法律权利能力有关的一切措施，均依照国际人权法提供适当和有效地防止滥用保障。这些保障应当确保与行使法律权利能力有关的措施尊重本人的权利、意愿和选择，无利益冲突和不当影响，适应本人情况，适用时间尽可能短，并定期由一个有资格、独立、公正的当局或司法机构复核。提供的保障应当与这些措施影响个人权益的程度相称。五、在符合本条规定的情况下，缔约国应当采取一切适当和有效的措施，确保残疾人享有平等权利拥有或继承财产，掌管自己的财务，有平等机会获得银行贷款、抵押贷款和其他形式的金融信贷，并应当确保残疾人的财产不被任意剥夺。

④ *Charter of Human Rights and Responsibilities Act* 2006（VIC）.

⑤ John Chesterman, "Capacity in Victorian Guardianship Law: Options for Reform", *Monash University Law Review*, Vol. 36, issue 3, 2010, p. 84.

⑥ Shih-Ning Then, "Evolution and Innovation in Guardianship Laws: Assisted Decision-Making", *Sydney Law Review*, Vol. 35, issue 1, March 2013, p. 134.

⑦ Justine O'Neill, "Decision-Making in Guardianship Contexts: From Substitution to Support", *Human Rights Defender*, Vol. 24, issue 1, May 2015, p. 31.

⑧ 英国在 1857 年《婚姻诉讼法》后，教会法丧失了对离婚的管辖权，在立法理念上，禁止离婚主义被过错离婚主义所取代，但教会法在英国仍然有一定的影响。

1959 年联邦《婚姻诉讼法》规定的离婚理由绝大部分与"婚姻过错"有关，主要有通奸、遗弃、习惯性地使用暴力、酗酒、被判长期监禁等。在该法生效之前，离婚由各州管辖，每个州有自己的救济理由和管辖权规则。1959 年联邦《婚姻诉讼法》为整个澳大利亚的离婚、婚姻无效和其他婚姻诉讼提供了统一的管辖权基础、统一的理由和统一的法律救济。[①] 1973 年英国新制定的《婚姻诉讼法》采取了"无过错离婚主义"（第 1 条）。1975 年澳大利亚联邦《家庭法》也采取无过错离婚主义，将"婚姻无可挽回地破裂"作为离婚的唯一法定理由，同时以夫妻双方分居已满 12 个月为其客观判断标准。1975 年联邦《家庭法》规定设立澳大利亚家庭法院，并为离婚和因离婚而产生的财产与抚养纠纷之解决提供了统一的法律规范，在澳大利亚家庭法发展史上具有里程碑意义。

此外，1959 年联邦《婚姻诉讼法》还对司法分居进行了规定（第 52-59 条），即法院可以应一方请求判决夫妻双方分居，但仍然维持婚姻关系。这种司法分居来源于教会法，根植于传统婚姻神圣的观念，是对教会法"禁止离婚"的补充。1975 年联邦《家庭法》采用"无过错离婚主义"，司法分居规定的必要性丧失，因此 1975 年联邦《家庭法》没有对司法分居进行规定。

虽然 1975 年联邦《家庭法》采取无过错离婚主义，以保障离婚自由，但其宗旨仍是尽可能挽回走向破裂的婚姻，防止轻率离婚。该法同时规定了非诉讼家庭服务（含家庭咨询和家事纠纷调解）和家庭顾问（诉讼家庭服务）制度，以避免草率离婚。并且，通过离婚时法院对婚姻财产分割的公平调整，子女抚养问题的适当处理，尽量减少离婚给当事人及其子女和社会可能带来的负面影响。

综观澳大利亚家庭法发展的历史，尤其是第二次世界大战以后的发展历史，澳大利亚法律制度经历了一个逐步独立、不断改革，日益减少英国法影响的过程。与 20 世纪前半叶严格遵循英国判例不同，在 20 世纪最后 25 年中，澳大利亚法院逐渐摆脱英国法院的判例，其对普通法的解释与英国普通法之间的分歧也逐渐增大。这在一定程度上推动了澳大利亚立法和司法的独立。[②] 正如澳大利亚学者帕瑞克先生所言，澳大利亚的法律传统，如同其他西方国家一样，无论是过去还是现在都需要改良和更新，以求与法律制度能服务的多样化的人口以及对此系统的需要范围相适应。[③] 回顾 20 世纪以来澳大利亚婚姻家庭制度的修订概况可以看出，澳大利亚的结婚制度、夫妻关系制度、亲子关系制度、收养制度、监护制度、离婚制度历经多次修订后日臻完善，在保障婚姻当事人、事实伴侣及民事结合伴侣的家庭权益，尤其是保障儿童权益和离婚妇女财产权益等方面发挥着重要的作用。

三、当代澳大利亚家庭法解决家事纠纷的新机制

21 世纪初期，澳大利亚家庭法修订中最具特色的内容之一，就是新增加的具有本国特色的解决家事纠纷的新机制。在澳大利亚，1975 年联邦《家庭法》被 2006 年第 46 号

---

① J. H. C. Morris, "The Australian Matrimonial Causes Act, 1959", *International and Comparative Law Quarterly*, Vol. 11, issue 3, 1962, p. 42.

② 何家弘主编：《外国司法判例制度》，中国法制出版社 2014 年版，第 112 页。

③ ［澳］帕瑞克·帕金森：《澳大利亚法律的传统与发展》，陈苇等译，中国政法大学出版社 2011 年版，第 250 页。

法令即《2006 年家庭法修正（共同承担抚养责任）法》修正前，解决家事纠纷的机制与修法后的新机制两者有所不同。该法在 2006 年被修正前，原第二章名为"咨询组织和调解组织"，主要规定咨询组织和调解组织的批准、财政支持和咨询组织和调解组织的业务报告等；原第三章名为"主要纠纷解决机制"，主要规定咨询、调解和仲裁在内的非诉讼解决纠纷的要求和程序。2006 年修正的联邦《家庭法》，在废止原第二、三章的基础上，代之第二章"非诉讼家庭服务"、第三章"家庭顾问"（此属于"诉讼家庭服务"），这两种引导和帮助当事人解决家庭纠纷的新制度。同时，该法在第三章增加第三 A 章和第三 B 章，分别规定"有关非诉讼家庭服务及法院程序、服务的告知义务"和"法院在诉讼和非诉讼家庭服务中的权力"，前者明确规定法律从业者和法院首席执行官等对当事人有提供解决家庭纠纷新机制信息的法定告知义务；后者明确规定法院对当事人具有指示的权力，即引导和帮助当事人使用非诉讼的家庭咨询、家庭纠纷调解和诉讼中的家庭顾问等新机制，尽可能帮助家庭纠纷当事人在诉讼前达成和解或在诉讼中妥善处理家庭纠纷。此外，该法还新增了第四 A 章第一 A 节"法院对家庭服务的管理"、第七章第一节的 E 小节"家事纠纷调解"（此节规定的家事纠纷调解是申请子女抚养令等法院命令的一种强制性前置程序①）。可见，澳大利亚家庭法解决家事纠纷的新机制，是一个由非诉讼家庭服务制度、诉讼家庭服务制度及相关程序构成的有机整体。

以下，将从两个方面进行研究和阐述：一是当代澳大利亚家庭法解决家事纠纷新机制的主要内容；二是当代澳大利亚家庭法解决家事纠纷新机制的主要特色。

（一）当代澳大利亚家庭法解决家事纠纷新机制的主要内容

根据 2006 年修正的联邦《家庭法》对解决家事纠纷新机制的具体制度规定，以下简要阐述五个方面的内容：非诉讼家庭服务制度；家庭顾问（诉讼家庭服务）制度；有关主体解决家事纠纷新机制信息的告知义务；法院在诉讼和非诉讼家庭服务中的权力以及对家庭服务的管理；申请子女养育令等法院命令的诉讼之调解前置程序。

1. 非诉讼家庭服务制度

2006 年修正的联邦《家庭法》新增第二章为"非诉讼家庭服务"。该章的内容包括：第一节"家庭咨询员、家庭纠纷调解员和其他家庭服务人员的委任"，主要规定制定委任规则含被委任者的标准、监督、中止、免除等；第二节"家庭咨询"，主要规定家庭咨询和家庭咨询员的定义、家庭咨询中的信息保密与信息采纳；第三节"家庭纠纷调解"，主要规定家庭纠纷调解和家庭纠纷调解员的定义、家庭纠纷调解中的信息保密与信息采纳、家庭纠纷调解员应遵守的条件及其违反条件的处罚等；第四节"仲裁"，主要规定仲裁和仲裁员的定义、仲裁服务费的收取、仲裁员的保护和免责等。② 以下简要阐述非诉讼家庭服务制度中的三方面内容：非诉讼家庭服务人员委任制度、家庭咨询制度和家庭纠纷调解制度。

---

① 此强制性调解前置程序的要求，正如英国马修·索普大法官所指出的那样，双方应当在诉诸仲裁或者其他非诉讼解决程序未果的情况下，方能向法院提出诉讼。参见［英］马修·索普：《离婚的财产后果：英格兰与欧洲其他地区比较》，载［德］Katharina Boele-Woelki、Jens M. Scherpe、［英］Jo Miles 主编：《欧洲婚姻财产法的未来》，樊丽君等译，法律出版社 2017 年版，第 15 页。

② 必须说明，由于本章篇幅限制，对于澳大利亚家庭纠纷的"仲裁"制度在此从略，不予介绍。其具体制度的规定，参见《澳大利亚家庭法》（2008 年修正），陈苇等译，群众出版社 2009 年版，第 60、70-72 页。

（1）非诉讼家庭服务人员的委任制度。该第二章第一节为"家庭咨询员、家庭纠纷调解员和其他家庭服务人员的委任"，该法第10A条主要规定非诉讼家庭服务人员之委任规则的制定与具体事项的内容：

第一，委任规则的制定与适用对象。根据该条款可以制定与下列有关的委任规则：家庭咨询员的委任规则、家庭纠纷调解员的委任规则，以及本款的实施条例所规定的其他职责人员的委任。

第二，委任规则的具体事项内容，包括被委任者应当符合的标准、审查申请者是否符合委任规则的责任人、委任的形式（登记或其他方式）、被委任者的义务以及任期届满后继续被委任的标准、被委任者未遵守本法及规则的法律后果、被委任者应当遵守被监督的义务、被委任者职务的中止与免除、委任的拒绝、中止或免除的复议、处理被委任者投诉的程序、被委任者的培训责任人等。

可见，该条明确规定了家庭咨询员和家庭纠纷调解员的委任规则的制定及其具体事项的内容，这为非诉讼家庭服务人员之委任规则的制定提供了法律依据。

（2）家庭咨询服务制度。家庭咨询服务制度属于非诉讼家庭纠纷咨询服务制度之一。该章第二节"家庭咨询"，对于家庭咨询服务（第10B、10D、10E条）分别规定了以下三方面内容：

第一，家庭咨询和家庭咨询员的定义。所谓家庭咨询，是指帮助当事人一方或双方处理婚姻问题，或者帮助分居或离婚而受影响的当事人及其他相关人员（包括子女）处理以下问题：个人的或双方的婚姻问题；涉及子女照管的问题。

所谓家庭咨询员，是指经委任规则委任的从事家庭咨询的人员或者经授权代表部长委任的组织的名义进行家庭咨询活动的人（部长至少每年度公布"被委任组织"的名单），或者依联邦有关法律规定从事家庭咨询的人员，或者经州法院授权从事家庭咨询的人员。

为确保家庭咨询服务的质量和专业性，2007年12月澳大利亚通过了由社区服务与职业技能委员会新制定的"家庭服务资格"。根据该规定，家庭咨询员应当具有相应职业的学历文凭。从实践中看，家庭咨询员主要来自澳大利亚司法部批准的专门从事家庭咨询服务的"家庭关系中心"等组织。

第二，家庭咨询中的信息保密。其一，家庭咨询员不得公开其在履行家庭咨询职责时当事人向其透露的信息，但本条授权或要求公开的除外。其二，家庭咨询员如有合理的理由确信公开信息是遵守联邦、州或地区法律的必要，应当公开信息。具体而言，一方面，如果以下主体同意公开信息，家庭咨询员可以公开信息：与家庭咨询员交流的主体年满18周岁且本人同意；该交流的主体虽然未年满18周岁，但承担抚养责任的人同意或法院同意。另一方面，家庭咨询员如有合理的理由确信公开信息是为实现以下目的，可以公开信息：保护子女不受到伤害，无论是身体上或精神上的；防止或减少对某人生命或健康产生的严重而紧迫的威胁；报告或阻止对某人施加暴力或以暴力相威胁的犯罪行为；防止或减少对某人财产造成的严重而紧迫的威胁；报告或阻止故意毁坏他人财产或威胁毁坏他人财产的犯罪行为；为帮助独立代理子女利益的律师适当地履行职责；为调查家庭成员而提供信息（法律对保护隐私另有规定的"个人信息"除外）；以及家庭咨询员在提交《1961年婚姻法》第16条第2A款第a项规定的证明时；等等。

第三，家庭咨询中或家庭咨询指示中的信息采纳。原则上，家庭咨询中所掌握的证据不具有证据效力，即家庭咨询员、提供咨询服务的专家在非诉讼家庭服务中掌握的证据不能被法院采信，但应当被法院采信的以下情形除外：家庭咨询中成年人表明未满 18 周岁的子女受虐待或有受虐待可能的承认；或者未满 18 周岁的子女表明其受虐待或有受虐待危险的披露。

可见，以上规定明确了以下三方面问题：一是家庭咨询和家庭咨询员各自的定义，家庭咨询员主体既可是自然人也可是经批准委任的组织。家庭咨询员的委任方式，包括行政委任、依法律担任和法院授权委任。必须说明，家庭咨询的定义之内容，即为家庭咨询员应当履行的职责，包括向当事人提供婚姻问题的咨询和帮助和解等服务；帮助当事人处理子女抚养问题；向受到分居或离婚影响的子女提供服务等。二是家庭咨询员对咨询信息负有保密义务，但符合公开信息法定条件的除外。三是家庭咨询服务中掌握的信息不具有证据效力，但特殊情况下应当被法院采信的除外。这可以使当事人放心地与家庭咨询员、咨询服务专家进行坦诚交流，有利于帮助当事人达成和解或妥善处理家庭纠纷。在实践中，澳大利亚政府通过"家庭关系服务计划"资助了一批社区组织，以便这些社区组织及其工作人员能够更好地为家庭纠纷当事人提供家庭关系的咨询服务。①

（3）家庭纠纷调解服务制度。家庭纠纷调解服务制度属于非诉讼家庭纠纷调解服务制度之一。该章第三节"家庭纠纷调解"，以第 10F、10G、10H、10J、10K 条分别规定了以下四个方面的内容。

第一，家庭纠纷调解和家庭纠纷调解员的定义。所谓家庭纠纷调解，是指家庭纠纷调解员在诉讼外帮助因分居、离婚而受影响的人解决他们之间部分或者全部的纠纷，其不是司法诉讼程序，调解员作为独立于当事人的主体参加调解。可见，家庭纠纷调解的性质属于一种非诉讼家庭纠纷调解服务。

所谓家庭纠纷调解员，包括依委任规则委任的家庭纠纷调解从业人员、经授权以代表部长委任的组织名义进行调解活动的人（部长至少每年度公布"家庭纠纷调解员"中"被委任的组织"的名单）、经授权依相关法律规定担任家庭纠纷调解员或从事家庭纠纷调解的人、经州家事法院授权担任家庭纠纷调解员的人。

此外，为加强调解的专业性和提高调解水平，对于家庭纠纷调解员的任职资格，澳大利亚《1984 年家事法条例》规定：一是须已获得法律或社会科学等学科的学位（或已修读一年以上调解或纠纷解决全日制课程）；二是须不断接受相关职业训练，维持相应的专业水平。2008 年 1 月，澳大利亚开始推行"全国调解员资格评审制度"，细化了各类调解员的任职资格。在此基础上，《2008 年家事法（家事纠纷解决从业者）条例》明确规定了家事纠纷调解员任职的必备条件和障碍条件。②

第二，家庭纠纷调解中的信息保密。其一，家庭纠纷调解员不得公开其在履行家庭调解职责时当事人向其透露的信息，但本条授权或要求公开的除外。其二，家庭纠纷调解员如有合理的理由确信公开信息是遵守联邦、州或地区法律的必要，应当公开信息。

---

① 参见陈苇、曹贤信：《澳大利亚家事纠纷解决机制的新发展及其启示》，载《河北法学》2011 年第 8 期，第 40 页。

② 参见齐树洁主编：《外国 ADR 制度新发展》（第二版），厦门大学出版社 2017 年版，第 523-524 页。

具体而言，首先，如果以下主体同意公开信息，家庭纠纷调解员可以公开信息：与家庭纠纷调解员交流的主体年满 18 周岁且本人同意；该交流的主体虽然未年满 18 周岁，但承担抚养责任的人同意或法院同意。其次，家庭纠纷调解员如有合理的理由确信公开信息是为实现以下目的，可以公开信息：保护子女不受到伤害，无论是身体上或精神上的；防止或减少对某人生命或健康产生的严重而紧迫的威胁；报告或阻止对某人施加暴力或以暴力相威胁的犯罪行为；防止或减少对某人财产造成的严重而紧迫的威胁；报告或阻止故意毁坏他人财产或威胁毁坏他人财产的犯罪行为；为帮助独立代理子女利益的律师适当地履行职责；为调查家庭成员而提供信息（法律对保护隐私另有规定的"个人信息"除外）；在根据该法第 60I 条第 8 款提交证明时；等等。必须注意，家庭纠纷调解员有依法出具调解情况证明的义务。[①]

第三，家庭纠纷调解中或家庭纠纷调解指示中的信息采纳。原则上，家庭纠纷调解中所掌握的证据，不具有证据效力，即家庭纠纷调解员、提供咨询服务的专家在服务中掌握的证据不能被法院或程序中采信，但应当被法院采信的以下情形除外：一是成年人表明未满 18 周岁的子女受虐待或有受虐待可能的承认，或者未满 18 周岁的子女表明其受虐待或有受虐待危险的披露；二是家庭纠纷调解员根据该法第 60I 条第 8 款提交证明时需要的信息。

第四，家庭纠纷调解员应遵守条例规定的条件及其违反条件的处罚。依本条规定制作的条例，可以规定家庭纠纷调解员有提供家庭纠纷调解时应当遵守的条件，以及违反条例时处以 10 个罚金单位以下的罚款。

可见，以上规定明确了五个方面的问题：一是家庭纠纷调解和家庭纠纷调解员各自的定义，其调解服务的对象是因分居、离婚而受影响的当事人及相关人员，家庭纠纷调解的性质是非诉讼家庭服务。必须说明，家庭纠纷调解的含义之内容，即为家庭纠纷调解员应当履行的职责，其以调解方式帮助因分居、离婚而受影响的当事人处理相关家庭纠纷。二是家事纠纷调解员的任职资格。三是家庭纠纷调解员对调解信息负有保密义务，但符合公开信息法定条件的除外。四是家庭纠纷调解服务中掌握的信息不具有证据效力，但特殊情况下应当被法院采信的除外。五是家庭纠纷调解员应遵守条例规定的条件及其违反条件的处罚。这样可以使当事人放心地与家庭纠纷调解员、咨询服务专家坦诚交流，有利于帮助当事人达成和解或妥善处理家庭纠纷。

必须注意，家庭咨询与家庭调解有所不同，前者是家庭咨询员向前来咨询的当事人提供解决婚姻家庭问题和子女抚养纠纷的相关信息；后者是家庭调解员对当事人具体的婚姻家庭问题和子女抚养纠纷进行调解。对当事人而言，依联邦《家庭法》第 60I 条的规定，申请子女养育令等法院命令的诉讼，调解是法定的强制性前置程序。凡涉及子女抚养令等的诉讼，必须提交家庭纠纷调解员出具的已参加调解服务的证明，才能起诉。但有特殊情况无须参加调解的除外（详见后述）。澳大利亚通过家庭咨询与家庭调解这两项非诉讼家庭服务制度，委任具有一定专业知识和能力的人担任家庭咨询员或家庭纠纷调解员，他们为家庭纠纷当事人包括分居或离婚的当事人及受其影响的子女提供家庭咨

---

① 根据 1975 年联邦《家庭法》第 60I 条第 7、8 款规定，家庭纠纷调解员有出具调解情况证明的义务。参见《澳大利亚家庭法》（2008 年修正），陈苇等译，群众出版社 2009 年版，第 124-126 页。

询和家庭纠纷调解的服务，以期尽可能使家庭纠纷当事人在诉讼前通过非诉讼机制实现和解或以其他方式予以妥善处理。

2. 家庭顾问（诉讼家庭服务）制度

2006 年修正的联邦《家庭法》新增第三章"家庭顾问"，家庭顾问制度属于诉讼家庭服务制度。该章分为二节，其主要内容包括：第一节关于家庭顾问①，主要规定家庭顾问的职责、家庭顾问的定义，家庭顾问获得的或家庭顾问指示的信息采纳以及家庭顾问的免责；第二节关于家庭顾问在法院的作用②，具体规定了法院向家庭顾问征询意见、法院可以指示当事人向家庭顾问咨询、未遵守法院所作指示向家庭顾问咨询的后果。③

（1）家庭顾问的职责。家庭顾问的职责是在依法在家事诉讼中提供服务，其包括以下五项：第一，向当事人提供帮助和建议；第二，向法院提供帮助和建议以及提供涉及诉讼的证据；第三，根据该法第 55A 条向法院提交涉及子女的离婚令（分居或离婚当事人对子女的照管、福利或成长的安排是否妥当）的报告；第四，根据该法第 62G 条向法院提交涉及未满 18 周岁子女养育令的诉讼中对子女的照管、福利或成长的安排的报告；第五，就法院要求的向诉讼当事人提供适当的家庭咨询、家庭纠纷调解、课程、计划以及服务等事项提供建议。可见，家庭顾问服务的性质属于诉讼中的服务，其服务对象包括诉讼当事人和法院。

（2）家庭顾问的定义。家庭顾问，是指依法被任命的下列人员：依法被任命为家庭顾问的人、依法被任命为联邦治安法院家庭顾问的人、根据条例被任命为家庭顾问的人、根据州法律被任命为州家事法院家庭顾问的人。

（3）家庭顾问获得的或家庭顾问指示的信息采纳。家事诉讼中被法院采信的证据，包括由家庭顾问、家庭顾问指示向当事人提供医学咨询或者其他专业问题咨询服务的专家所提交或见证的关于当事人陈述的事情或者作出承认的证据，但当事人未被告知其在诉讼服务中向家庭顾问或咨询专家陈述的事情或自认具有证据效力的除外。然而，即使当事人未被告知其在诉讼服务中的陈述或自认具有证据效力，如果具有以下法定情形的，法院也可以作为证据采信：成年人表明未满 18 周岁的子女受虐待或有受虐待可能的承认，或者未满 18 周岁的子女表明其受虐待或有受虐待危险的披露。除非法院认为有其他途径可以获得更为充足的承认或者披露的证据，才能除外。

由此可见，非诉讼家庭服务中与诉讼家庭服务中所掌握的信息，两者在证据效力上有所不同：前者原则上不能被法院采信即不具有证据效力，但法定特殊情形下法院应当采信的除外；后者能够被法院采信即具有证据效力，但当事人未被告知其诉讼服务中陈述的事情或自认具有证据效力的除外，然而法定特殊情形下法院应当采信的则不能除外。

（4）家庭顾问的免责。家庭顾问在履行职责时，与家事法官履行职责时一样受到相同的保护和免责。

（5）家庭顾问在法院的作用。其主要有以下作用：

第一，法院向家庭顾问征询意见。包括法院有权：其一，指令当事人参加家庭咨询

---

① 1975 年联邦《家庭法》第 11A、11B、11C、11D 条。
② 1975 年联邦《家庭法》第 11E、11F、11G 条。
③ 参见《澳大利亚家庭法》（2008 年修正），陈苇等译，群众出版社 2009 年版，第 61—64 页。

或家庭纠纷调解；其二，指令当事人参加课程、计划或其他服务；其三，指令当事人向家庭顾问咨询；其四，建议或通知当事人参加家庭咨询、家庭纠纷调解、课程、计划或其他服务。为保障当事人的知情权，法院在作出上述征询意见前，应当通知为其征询意见的当事人，法院向谁征询意见，以及法院征询意见的性质。

第二，法院可以指示当事人向家庭顾问咨询。法院可以指示一个或多个诉讼当事人向家庭顾问咨询。必须注意两点：一是法院在行使职权之前，应当征求家庭顾问的意见，了解服务是否符合当事人的需要。可见，家庭顾问是家事法院的"特别辅助机构"。[①] 二是法院在作出此指示时，应当通知当事人未遵守法院所作指示的后果。

（6）未遵守法院所作指示的后果。如果法院指示向家庭顾问咨询的当事人未遵守法院的指示或家庭顾问的指示，家庭顾问应当将此情况报告给法院。法院在收到报告后，可作出其认为适当的进一步指示。法院作出进一步指示，即可依职权，或者依诉讼当事人一方的申请或者第68L条作出的命令而独立代理子女利益的律师的申请。[②]

3. 有关主体解决家事纠纷新机制信息的告知义务

2006年修正的联邦《家庭法》第三A章"有关非诉讼家庭服务及法院程序、服务的告知义务"中，以第12A条至第12G条详细规定了有关主体对当事人给予解决家事纠纷新机制信息的告知义务[③]，该信息包括非诉讼家庭服务、法院程序和诉讼家庭服务，其主要内容如下：

（1）立法目的。根据该法第12A条规定，本章的目的是：其一，确保正考虑分居或离婚的夫妻被告知获得（在夫妻双方可能达成和解的情形下）旨在帮助他们达成和解的服务；其二，确保受到或者可能受到分居或者离婚影响的当事人被告知获得旨在帮助他们适应下列事项的服务：分居或者离婚；依本法作出其他命令；并且确保受到或者可能受到分居或者离婚影响的当事人被告知除依本法申请命令外还有其他解决纠纷的方法。

（2）提供的信息类型（包括非诉讼家庭服务、法院的程序和诉讼家庭服务的信息）。依本章规定提供给当事人的文件应当包括与非诉讼家庭服务和法院的程序、服务有关的信息。其包括但不限于以下信息：其一，即将进行的诉讼之法律效果和可能的社会影响（包括子女的照管、福利或成长可能受到诉讼影响的后果）。其二，家庭咨询员和家庭纠纷调解员提供旨在帮助受分居或者离婚影响的当事人服务。其三，即将进行的诉讼所涉及的措施。其四，家庭顾问的任务等。此外，依本章规定提供给当事人的文件，应当包括获得旨在帮助婚姻当事人达成和解的信息；提供给涉及第七章子女诉讼的当事人的文件应当包括获得旨在帮助当事人及其子女的家庭咨询服务的信息，以及获得适用第七章规定的子女养育令、子女抚养令等命令之后果的家庭咨询服务的信息。[④]

（3）提供信息的主体和时间。其一，法律从业者的告知义务。该法第12E条规定，在当事人考虑依据本法提起诉讼而向法律从业者咨询时，法律从业者应当向其提供文件，

---

① 参见齐树洁主编：《外国ADR制度新发展》（第二版），厦门大学出版社2017年版，第524页。

② 必须说明，根据2006年修正的1975年联邦《家庭法》第68L条规定，在诉讼程序中子女的最大利益或子女的福利是首要的考虑因素，如果法院认为子女在诉讼中的利益应当由律师独立代理时，可以命令子女在诉讼中的利益由律师独立代理。

③ 参见《澳大利亚家庭法》（2008年修正），陈苇等译，群众出版社2009年版，第64-67页。

④ 2006年修正的联邦《家庭法》第12B、12C、12D条。

该文件包括有关非诉讼家庭服务以及法院的程序、服务的信息。如果当事人申请离婚令的诉讼、与婚姻相关的财产诉讼或第七章规定的子女养育令等诉讼时，法律从业者应当向其提供有关和解信息的文件。如果法律从业者依据第七章的规定在诉讼中代理某当事人的，应当向当事人提供有关第七章子女诉讼信息的文件。其二，法院首席执行官的告知义务。对法院首席执行官，该法第12F条规定了以下提供信息的两项告知义务：一是提供特定信息的义务。法院首席执行官应确保依法提起诉讼的当事人在首次与法院的登记员接触时获得关于非诉讼家庭服务以及法院的程序和服务的信息，以及关于和解的信息。二是对信息要求作出回应的义务。法院首席执行官应确保第七章（子女）规定的诉讼当事人在依据本法请求法院提供关于非诉讼家庭服务、家庭纠纷调解服务的信息时，获得含有这些信息的文件。其三，家庭咨询员、家庭纠纷调解员的告知义务。该法第12G条规定，对于离婚诉讼、婚姻财产诉讼或者第七章规定的涉及子女诉讼的当事人，家庭咨询员、家庭纠纷调解员应当向他们提供有关和解信息的文件。但如他们有合理理由确信当事人已经获得含有和解信息的文件，或认为婚姻当事人之间基本上没有达成和解可能的除外。

可见，法律从业者、法院首席执行官和非诉讼家庭服务人员三者均为提供信息的主体，他们负有法定的告知义务。这体现了立法者让当事人及时获得解决家庭纠纷新机制信息的要求，以确保当事人知道除法院诉讼程序外还有非诉讼解决家庭纠纷的渠道，以帮助当事人优先采取非诉讼家庭服务的方式，尽可能促成和解或妥善处理家庭纠纷。

4. 法院在诉讼和非诉讼家庭服务中的权力以及对家庭服务的管理

（1）法院在诉讼和非诉讼家庭服务中的权力。2006年修正的联邦《家庭法》第三B章中，第13A条至第13D条具体规定了法院在诉讼和非诉讼家庭服务中的权力。[①] 其主要内容如下：

第一，立法目的。根据该法第13A条规定，本章的立法目的是，促进家庭咨询的职能：一是帮助正考虑分居或离婚的夫妻达成和解；帮助人们适应分居或离婚；帮助人们适应法院依据本法作出的命令；二是鼓励人们在适合的情形下，且有正当程序可供遵循时，利用非诉讼家庭纠纷解决机制（司法措施除外）解决现有的问题等；三是赋予法院权力，要求诉讼当事人采用适合于当事人需要的诉讼或者非诉讼家庭服务。

第二，法院应帮助促成可能的和解。根据该法第13B条规定，法院应帮助促成可能的和解，具体要求如下：一是法院在审理申请离婚令的诉讼、婚姻期间提起的财产诉讼或者第七章规定的涉及子女养育令等诉讼中，应当随时考虑婚姻当事人和解的可能性。二是如果在诉讼期间，法院认为从诉讼证据和婚姻当事人的态度来看，双方达成和解的可能性都比较大时，应当中止诉讼，给当事人机会以考虑和解。三是法院如果中止了诉讼，应建议当事人参加家庭咨询或者使用其他适当的人或者组织提供的调解或其他服务。法院在建议当事人之前，应当考虑征询家庭顾问的意见，看该服务是否符合当事人的需要。四是如果在法院中止诉讼后，一方当事人请求恢复诉讼的，法院应尽快恢复诉讼。

第三，法院对当事人参加家庭咨询、家庭纠纷调解和其他家庭服务的指示。根据该法第13C条规定，对法院作出指示或命令的具体要求如下：一是法院可指示当事人参加

---

① 参见《澳大利亚家庭法》（2008年修正），陈苇等译，群众出版社2009年版，第67—70页。

家庭咨询、家庭纠纷调解和其他家庭服务（参加适当的课程、计划或其他服务）。必须注意，法院在作出以上命令之前，应当考虑征询家庭顾问的意见，看服务是否符合当事人的需要。法院也可以指示当事人向家庭顾问咨询。二是法院可以说明当事人应当出席或者参加家庭咨询等方面的具体目的。三是法院可以要求诉讼当事人一方或者双方鼓励可能受到诉讼影响的其他人（如子女、祖父母、外祖父母或者其他亲属）参加。四是法院可以依职权或者依诉讼当事人一方或者依独立代理子女利益的律师的申请作出本条规定的命令。

第四，未遵守依第 13C 条所作指示的后果。该法第 13D 条规定，如果当事人一方未遵守法院依第 13C 条所作的指示，家庭咨询员、家庭纠纷调解员以及课程、计划或其他服务的提供者应当将此情况报告给法院。法院在收到报告后，可作出其认为适当的进一步命令。[①]

（2）法院对家庭服务的管理。2006 年修正的联邦《家庭法》新增第四 A 章的第一 A 节"法院对家庭服务的管理"。其规定：首席执行官具有以下职责：[②] 一是有家庭顾问的职能。其履行第 11A 条赋予家庭顾问的所有职责拥有其他有关的权力并履行相关的义务。其负责家庭顾问履职的管理。二是其可授予家庭顾问以权力和职责。三是可以就家庭顾问的职责作出指示。四是可以授权官员或者工作人员作为家庭咨询员或家庭纠纷调解员。[③]

必须注意，为实现调解与审判相分离，该小节规定，如果担任家庭顾问的官员或工作人员因本条授权同时成为家庭咨询员、家庭纠纷调解员的，第 11C 条（家庭顾问的信息采纳效力）不适用于充当家庭咨询员、家庭纠纷调解员的官员；并且，在具体诉讼中，该官员已经为涉案当事人提供了家庭咨询服务、家庭纠纷调解服务的，其不得履行家庭顾问的职责。[④]

5. 申请子女养育令等法院命令的诉讼之调解前置程序

2006 年修正的联邦《家庭法》专门新增第七章"子女"第一节 E 小节"家事纠纷调解"。该小节的第 60I 条标题为"在申请第七章命令前参加家庭纠纷调解"。其主要内容如下：本规定的目的，是确保所有面临可由依本章作出的命令予以处理的纠纷的当事人，能够尽量在申请第七章命令前通过家庭纠纷调解机制解决争议。在申请养育令前，要求先尝试通过家庭纠纷调解机制解决争议。除申请人已向法院提交一份由家庭纠纷调解员依该第 8 款出具的调解证明外，法院不得审理与子女有关的第七章命令的申请。[⑤] 关于子女养育令，依 2006 年修正的联邦《家庭法》第 64B 条规定，包括四种与子女养育相关问题的法院命令：（1）居住令，法院以命令决定子女何处居住的问题；（2）接触令，法院以命令决定子女与父母、祖父母及其他第三人的接触交往问题；（3）特定事项令，对于

---

① 法院作出进一步命令，可依职权或者依诉讼当事人一方的申请或者第 68L 条作出的命令而独立代理子女利益的律师的申请。

② 根据澳大利亚 1975 年联邦《家庭法》第 38A、38B 条的规定，首席法官负责法院行政事务的管理。首席执行官负责协助首席法官管理法院行政事务。

③ 澳大利亚 1975 年联邦《家庭法》第 38BA、38BB、38BC 条和第 38BD 条第 1、2 款。

④ 澳大利亚 1975 年联邦《家庭法》第 38BD 条第 3 款。

⑤ 参见澳大利亚 2006 年修正的联邦《家庭法》第 60I 条第 1、6、7 款。

居住令、接触令未能涵盖的事项，法院以命令决定子女的特殊事项，如紧急医疗等问题；（4）抚养令，法院以命令决定子女的抚养包括照料、教育、福利和成长有关的问题。同时，该法第 64E 条规定，法院决定是否制作子女养育令时，必须以"子女最大利益作为首要的考虑因素"。① 正是为保护儿童最大利益，该法对于申请子女养育令等法院命令的诉讼，确立了强制性的调解前置程序。但必须注意，为保障当事人的人身安全，对家庭纠纷调解前置程序的例外规定，该小节第 60J 条规定："因虐待或家庭暴力不得参加家庭纠纷调解。"

（二）当代澳大利亚家庭法解决家事纠纷新机制的主要特色

综上可见，当代澳大利亚家庭法解决家事纠纷新机制具有以下五项特色：

第一，解决家庭纠纷新机制的具体制度多元化，且各项制度内容详细，便于知法、守法、用法和执法。首先，设立解决家事纠纷从业人员的委任制度。对于从事非诉讼家庭服务和诉讼家庭服务的人员，该法明确规定了委任规则的制定与适用对象，家庭咨询员、家庭纠纷调解员、家庭顾问各自的定义及其职责、信息保密义务、信息公开的法定条件以及提供信息的证据效力。此为这些人员的委任和履职提供了法律依据。其次，设立非诉讼家庭服务的法定告知义务。该法分别规定了法律从业人员、法院首席执行官、家庭咨询员和家庭纠纷调解员各自对非诉讼家庭服务及法院程序、服务的告知义务，并且规定了法院在诉讼与非诉讼家庭服务中的权力。这体现了要求尽可能引导和帮助当事人采用非诉讼家庭服务方式解决家庭纠纷的立法理念。最后，设立申请涉及子女抚育令等法院命令的强制性调解前置程序。对于子女抚育纠纷问题的处理，以保障实现儿童最大利益为目的。此外，该法明确规定了法院对家庭服务的管理等职责。以上多元化制度和详细具体的规定，便于家庭纠纷当事人和法律实务人员知法、守法、用法和执法。

第二，非诉讼家庭服务和诉讼家庭服务的人员专业化，以保证服务质量。该法明确规定了委任规则的制定与具体事项的内容，提供非诉讼家庭服务和诉讼家庭服务的主体，既有自然人也有社会组织。家庭咨询员、家庭调解员可以被行政方式委任、依法律规定担任或由法院授权委任。此外，1984 年《家事法条例》规定了调解员的任职资格：一是已获得法律或社会科学等学科的学位（或修读一年以上的调解或纠纷解决全日制课程）；二是须不断接受相关培训，保持相应的专业水平。2008 年 1 月，澳大利亚开始推行"全国调解员资格评审制度"，细化各类调解员的任职资格。澳大利亚 2008 年《家事法（家事纠纷解决从业者）条例》明确规定了家庭调解员的任职资格，如持有家事纠纷调解全日制本科文凭、注册于家事纠纷解决登记处并被注册机构评定为合格、适合承担家事纠纷调解的责任等，② 即家庭调解员应当具有相应职业的学历文凭和调解工作能力。从实践中看，家庭咨询员主要来自澳大利亚司法部批准的专门从事家庭咨询服务的"家庭关系中心"等组织，这有利于保证其提供服务的专业性。

第三，法律从业人员等履行告知义务与法院作出指示的权力相结合，引导当事人优先采用非诉讼家庭服务机制解决家庭纠纷。例如，对于"有关非诉讼家庭服务及法院程

---

① 参见陈苇：《澳大利亚现代家庭法简介》，载陈苇主编：《外国婚姻家庭法比较研究》，群众出版社 2006 年版，第 582-584 页。

② 关于澳大利亚家事纠纷调解员的具体任职资格要求，参见齐树洁主编：《外国 ADR 制度新发展》（第二版），厦门大学出版社 2017 年版，第 523-524 页。

序、服务的告知义务"和"法院在诉讼和非诉讼家庭服务中的权力",该法分别写明:法律从业人员、法院首席执行官、家庭咨询员和家庭调解员应当履行告知义务,以确保正在考虑分居或离婚的夫妻能够获得(在夫妻双方可能达成和解的情形下)旨在帮助他们达成和解的服务;法院在诉讼和非诉讼家庭服务中有作出指示的权力,法院可依法指示当事人参加家庭咨询、家庭纠纷调解和其他家庭服务(参加适当的课程、计划或其他服务),以引导当事人优先采用非诉讼家庭服务机制来解决家庭纠纷。

第四,非诉讼家庭服务与家庭顾问(诉讼家庭服务)两种制度并行,适用方式灵活,实行调审分离。[①] 非诉讼家庭服务,主要是在诉讼前由家庭咨询员和家庭调解员为当事人提供解决家庭纠纷的服务,也可在诉讼中由法院指示当事人采用非诉讼家庭服务;诉讼家庭服务,在诉讼中则由家庭顾问为诉讼当事人和法院提供解决家庭纠纷的服务,实行调审分离。在家庭纠纷解决新机制的适用方式上,家庭咨询、家庭纠纷调解等非诉讼家庭服务,既可在诉讼前被当事人自行适用,也可在诉讼中当事人依法院的指示适用或法院中止诉讼后指示其适用。例如,在未提起诉讼前,为帮助和促成当事人和解,妥善处理子女抚养、分居或离婚等问题,通过非诉讼家庭服务,引导家庭纠纷当事人优先采用家庭咨询、家庭纠纷调解等非诉讼方式处理家庭纠纷;在提起诉讼时,对于离婚诉讼、婚姻期间财产诉讼和子女抚养诉讼,法律从业人员和法院首席执行官应当履行非诉讼家庭服务信息的告知义务,引导家庭纠纷当事人采用非诉讼家庭服务处理家庭纠纷。在诉讼中,实行调审分离。[②] 法院可指示当事人采用家庭咨询、家庭纠纷调解等非诉讼家庭服务,或者指示当事人采用诉讼家庭服务即向家庭顾问听取咨询和指示,或者指示当事人参加适当的课程、计划或其他服务,以促成可能的和解。即使在诉讼进行中,法院如认为当事人有和好可能,也可中止诉讼,指示当事人采取家庭纠纷调解员的调解、家庭顾问的咨询和指示以及课程、计划等方式,以尽可能促使当事人和解。这些不同情况下灵活适用相关制度的规定,可操作性很强。

第五,为促进解决家事纠纷新机制的实施,积极采取多种支持措施。在解决家事纠纷新机制的实施中,首先,在经费上给予支持。澳大利亚政府早在 2005 年的财政预算中就明确规定,在未来四年内将拨款 3.97 亿元用于支持家庭法改革项目。其次,在组织上给予支持。澳大利亚政府的主要改革计划是在全国各地建立 65 个"家庭关系中心",形成一个覆盖全国的网络,为家事纠纷当事人提供专门服务。一方面,通过"家庭关系服

---

① 必须说明,关于"调审分离"和我国"法院调解"的存与废之研究,我国学者主要有三种观点:"重构调解论"、"调解前置、另设和解论"和"废除调解、设立和解论",其中,仅就我国法院调解而言,后两者观点的主张其实是一致的,都是主张废除,即其主张将"调解前置"实际上是保留"法院调解"的名称,而内容则属于"非诉讼性质"。并且另设法院诉讼准备程序中的"诉讼和解"制度,诉讼和解立足于当事人的合意,和解与否取决于当事人,法官的调解活动仅在于帮助当事人沟通信息。参见齐树洁主编:《民事司法改革研究》(第三版),厦门大学出版社2006年出版,第221-226、231-233页。

② 我国大陆地区有些学者认为,实行调审分离,可以消除"法官既是调解人又是裁判者的双重身份",以使"调解的正当性得到保证"。参见齐树洁主编:《民事司法改革研究》(第三版),厦门大学出版社2006年版,第234页。但我国台湾地区有学者认为,经法院调解之离婚,"因为有法院之介入,可确保婚姻弱势之权益维护,又强化诉讼外之纷争解决方式,有助于节省诉讼资源"。此为法院调解的优势。参见林秀雄:《我国离婚制度之变迁与发展》,载陈棋炎先生九十晋五冥寿纪念文集编辑小组:《家族法新课题——陈棋炎先生九十晋五冥寿纪念文集》,台湾元照出版公司2017年版,第191页。

务计划"资助一批社区组织，以便这些社区组织及其工作人员能够更好地为家庭纠纷当事人提供家庭关系的咨询服务。另一方面，通过"家庭关系中心"的专门组织机构，为当事人提供家事纠纷调解服务。① 最后，在司法实践中，一是加强宣传和引导，通过澳大利亚联邦法院网站向当事人宣传非诉讼家庭服务信息，法律从业人员和法官对当事人负有法定告知义务，引导和帮助当事人采用咨询、调解等非诉讼解决家庭纠纷新机制；二是新增强制性调解前置程序，即对申请子女养育令等法院命令的诉讼，2006 年修正的联邦《家庭法》新增强制性调解前置程序，利用"家庭关系中心"的咨询、调解等纠纷处理机制，大力帮助当事人在诉讼前妥善处理子女抚养等纠纷。②

第二节　当代澳大利亚亲属关系通则制度

本节研究和阐述以下内容：一是当代澳大利亚亲属关系通则制度概述；二是当代澳大利亚亲属的范围和类型；三是当代澳大利亚亲系及亲等的计算方法；四是当代澳大利亚亲属关系的发生和终止；五是当代澳大利亚亲属关系的法律效力。

一、当代澳大利亚亲属关系通则制度概述

当代澳大利亚的亲属关系通则的内容，除被规定在 1975 年联邦《家庭法》外，还被规定在州和地区的立法中，如 1984 年维多利亚州《收养法》、2006 年新南威尔士州《继承法》、1972 年西澳大利亚州《家庭供养法》、2012 年首都地区《民事结合法》、2018 年修正的新南威尔士州《未成年人监护法》等。澳大利亚各州和地区的亲属关系通则内容略有不同。由于本节篇幅限制，我们主要研究和阐述 1975 年联邦《家庭法》的规定，另外，还选取部分州和地区的立法予以简介。

二、当代澳大利亚亲属的范围和类型

（一）亲属的范围

许多国家的法律都将具有法律上权利和义务的亲属限定在一定的范围内，以便对亲属关系进行调整。在当代的法律中，对亲属范围的界定主要有两种不同的方式。一是抽象限定法，即通过总则的方式直接规定亲属的范围。二是具体限定法，即仅对亲属之间在法律上享有的权利或承担的义务作列举性规定。③ 不过，澳大利亚对亲属范围的规定，似乎不能简单地被划定为抽象限定法或具体限定法。澳大利亚对亲属范围的规定，既有在相关的法律的"定义"或相关的解释中对亲属范围进行列举，也有在具体的权利义务中列举相关的亲属主体，不过第一种更为常见。

根据澳大利亚 1975 年联邦《家庭法》第 4 条第（1AC）款的规定，就第 4 条第

① 澳大利亚家事纠纷调解制度的实施情况，参见陈苇、来文彬：《论我国家事纠纷人民调解的新机制——以澳大利亚"家庭关系中心"之家事纠纷调解为视角》，载《学术交流》2009 年第 7 期；全文被转载于陈苇等：《中国婚姻家庭法理论与实践研究》，中国人民公安大学出版社 2019 年版，第 511-519 页。
② 澳大利亚离婚诉讼前处理子女抚养纠纷新机制的实施情况，参见陈苇、胡苷用：《离婚诉讼前处理子女抚养纠纷的一种新机制——澳大利亚"家庭关系中心"评介及其启示》，载《吉林大学社会科学学报》2007 年第 4 期。
③ 参见陈苇主编：《婚姻家庭继承法学》（第三版），群众出版社 2017 年版，第 28 页。

（1AB）款，所谓某人的"亲属"是指他的：（1）父母、祖父母、外祖父母、继父母；（2）子女、孙子女、外孙子女、继子女；（3）兄弟姐妹、同父异母或同母异父的兄弟姐妹、继兄弟姐妹；（4）伯叔姑舅姨；（5）侄子女、外甥子女；（6）堂兄弟姐妹、表兄弟姐妹；（7）该人已婚或曾经结婚的，除上面所列出的人外，还包括其配偶的上述亲属；（8）该人与他人形成或曾经形成事实伴侣关系的，除上述（1）至（6）项所列亲属外，还包括事实伴侣关系另一方的上述亲属。该法还规定，在1975年联邦《家庭法》第七章"子女"中，子女的亲属是指他的：（1）继父母；（2）兄弟姐妹、同父异母或同母异父的兄弟姐妹、继兄弟姐妹；（3）祖父母、外祖父母；（4）伯叔姑舅姨；（5）侄子女、外甥子女；（6）堂兄弟姐妹、表兄弟姐妹。[1] 1961年联邦《结婚法》规定禁止结婚的关系有：某人与其直系尊亲属或直系卑亲属禁止结婚；兄弟姐妹之间禁止结婚（不论是全血缘还是半血缘的兄弟姐妹）。[2]

在州或地区的家庭法中，也有关于亲属范围的规定。1984年维多利亚州《收养法》第4条规定，儿童的亲属是指儿童的祖父母、外祖父母、兄弟姐妹、伯叔姑舅姨，不论这种关系是全血缘、半血缘抑或是姻亲关系。[3] 2006年新南威尔士州《继承法》规定符合条件的人可以就死者的遗产向法院申请家庭供养令。这些人包括：被继承人死亡之时该被继承人的配偶、与其有事实伴侣关系的人、子女以及前配偶；在任何特定时间完全或部分依赖死者，且是被继承人的孙子女、外孙子女或者在特定或任何其他时间，是被继承人所属的家庭成员的人；在被继承人死亡时与其密切生活的人。[4] 1972年西澳大利亚州《家庭供养法》规定，被继承人的配偶、有事实伴侣关系的另一方、符合条件的子女、孙子女及继子女等可以申请从被继承人的遗产中支付供养费。[5] 此外，1994年西澳大利亚州《收养法》、1997年西澳大利亚州《家庭法院法》等法律对亲属的范围也有相关的规定。[6] 但不同法律规定的亲属的范围略有不同。

综上可见，该联邦家庭法规定的亲属范围如下：（1）直系血亲包括：父母、祖父母、外祖父母、子女、孙子女、外孙子女。其中，父母包括生父母、养父母[7]和继父母，子女包括生子女、养子女[8]和继子女。（2）旁系血亲包括：兄弟姐妹及其子女（侄子女、外甥子女）、堂兄弟姐妹、表兄弟姐妹、伯叔姑舅姨。其中，兄弟姐妹包括全血缘和半血缘兄弟姐妹、继兄弟姐妹。（3）配偶的上述亲属和事实伴侣关系另一方的上述亲属。

---

① *Family Law Act* 1975, s. 4.

② *Marriage Act* 1961, s. 23.

③ Relative, in relation to a child, means a grandparent, brother, sister, uncle or aunt of the child, whether the relationship is of the whole blood or half-blood or by affinity, and notwithstanding that the relationship depends upon the adoption of any person. *Adoption Act* 1984（VIC）, s. 4.

④ *Succession Act* 2006（NSW）, s. 57.

⑤ *Family Provision Act* 1972（WA）, s. 7.

⑥ *Adoption Act* 1994(WA), s. 120, *Family Court Act* 1997(WA), s. 7.

⑦ 根据澳大利亚联邦《家庭法》第4条释义的规定，子女是指18岁以下的子女，包括收养的子女。参见《澳大利亚家庭法》（2008年修正），陈苇等译，群众出版社2009年版，第33页。

⑧ 根据澳大利亚联邦《家庭法》第60F条（3）（4）的规定，如果子女被养父母收养，其不再是生父母的子女，应当适用法律上养父母与养子女的关系。参见《澳大利亚家庭法》（2008年修正），陈苇等译，群众出版社2009年版，第122-123页。

（二）亲属的类型

在澳大利亚，1975 年联邦《家庭法》及相关的法律没有明确规定亲属的种类。从该联邦《家庭法》规定的亲属范围来看，澳大利亚的亲属可以分为配偶（包括事实伴侣关系中的配偶）、血亲和姻亲。

亲属关系是因婚姻、血缘和法律拟制而产生的社会关系。①从前文所述澳大利亚亲属的范围来看，在 1975 年联邦《家庭法》中，没有将配偶直接列入亲属的范围。但澳大利亚相关法律中，明确规定了配偶享有的权利和义务。例如，2006 年新南威尔士州《继承法》第四章第二节规定了"配偶的权利"，内容包括配偶的应继份、先取权等。②该法第四章第三节为"遗产在亲属间的分配"，该节规定以下亲属享有继承权：被继承人的后代、父母、兄弟姐妹（包括兄弟姐妹的后代）、祖父母、外祖父母、伯叔姑舅姨等。③ 这些亲属即为血亲。此外，根据 1975 年联邦《家庭法》第 4 条第（1AB）款的规定，配偶或事实伴侣关系一方的父母、祖父母、外祖父母、孙子女、外孙子女、兄弟姐妹等均为亲属，这些亲属即为姻亲。因此，可以将配偶与血亲和姻亲列为澳大利亚亲属的类型。

三、当代澳大利亚亲系及亲等的计算方法

（一）亲系

亲系是指亲属间的血缘联系或称亲属的系统。由于亲属间血缘联系的状况和特点的不同，可以划分出不同的亲属系统。④ 除配偶外，一切亲属都有一定的亲系可循。澳大利亚法律没有直接规定亲系的划分，但从亲属的相关规定来看，亲系有直系亲与旁系亲，尊亲属与卑亲属。在被继承人无遗嘱的情况下，澳大利亚各州和地区的法律规定了法定继承人的范围。大体上，被继承人的继承人有如下分类：一是生存配偶和晚辈直系血亲；二是父母；三是兄弟姐妹及其子女（侄子女、外甥子女）；四是父系祖父母和母系祖父母及其子女（伯叔姑舅姨）。⑤ 2012 年澳大利亚首都地区《民事结合法》规定，达成民事伴侣的条件之一是拟订立民事结合的当事人不存在以下亲属关系：直系尊亲属、直系卑亲属、兄弟姐妹、同父异母或同母异父的兄弟姐妹。⑥ 从这些规定中可以看出，澳大利亚的亲属，从亲系上看，可以分为直系亲与旁系亲；从辈分上看，可以分为尊亲属、平辈亲属与卑亲属。

（二）亲等的计算方法

澳大利亚近亲属的范围是根据普通法来界定的。普通法将亲属划分为第一亲等，第二亲等，等等。第一亲等的亲属是被计算亲等之人的相隔一个亲等的亲属，而第二亲等的亲属是与此人相隔两个亲等的亲属。当涉及直系后裔时，这种亲等是根据世代来计算的，或者在旁系血亲的情形下，亲等的计算是将从己身往上数至共同的被继承人的亲等

---

① 陈苇主编：《婚姻家庭继承法学》（第三版），群众出版社 2017 年版，第 24 页。

② *Succession Act* 2006（NSW），ss. 110–121.

③ *Succession Act* 2006（NSW），ss. 127–132.

④ 巫昌祯主编：《婚姻与继承法学》（第六版），中国政法大学出版社 2017 年版，第 75 页。

⑤ ［澳］肯·马蒂、马克·波顿：《澳大利亚继承概要》（第二版），陈苇等译，西南政法大学外国家庭法及妇女理论研究中心 2007 年内部印刷，第 235–245 页；陈苇主编：《外国继承法比较与中国民法典继承编制定研究》，北京大学出版社 2011 年版，第 398 页。

⑥ *Civil Unions Act* 2012（ACT），s. 7.

数与往下数至特定亲属的亲等数相加。①

可见，此属于罗马法亲等计算方法。其计算方法为：直系血亲从己身（不算己身）向上、向下数，以一代为一亲等，旁系血亲从己身（不算己身）上数至共同的直系血亲，再由共同的直系血亲下数到所指的亲属，世代相加之数即为所求的亲等数。②

四、当代澳大利亚亲属关系的发生和终止

亲属关系的发生和终止，是指因一定法律事实的出现，从而使当事人之间产生亲属关系或使既存的亲属关系归于消灭。③ 澳大利亚各类亲属的性质不同，其亲属关系发生和终止的原因也有所不同。

（一）配偶关系的发生和终止

配偶关系的发生。澳大利亚以结婚作为配偶关系发生的原因，须履行法定的结婚仪式后婚姻关系才能成立。④

配偶关系的终止。1975 年联邦《家庭法》规定，离婚是指除婚姻当事人一方死亡外终止婚姻的一种方式。⑤ 因此，配偶关系的终止有两种情况，一是配偶一方死亡；二是离婚。

（二）血亲关系的发生和终止

1. 自然血亲关系的发生和终止

自然血亲关系因出生而产生，基于出生这一事实，出生者与其父母、兄弟姐妹等产生自然血亲关系。自然血亲之间的血缘关系不能通过法律或其他方式加以改变，只有死亡才能引起自然血亲血缘关系的终止，包括自然死亡和宣告死亡。但收养成立后，可以消除自然血亲间在法律上的权利义务关系。

2. 拟制血亲关系的发生和终止

养父母与养子女之间属于法律上的拟制血亲关系。根据澳大利亚各州或各地区收养法的规定，法院一旦作出收养令，养父母与养子女之间形成与自然血亲的父母子女相同的权利义务关系，同时养子女与其生父母或前养父母的父母子女关系终止。⑥继父母在符合法定条件下可以收养继子女，从而形成拟制血亲关系。⑦在符合一定的条件下，当事人可以申请撤销收养令，解除收养关系。⑧因此，收养关系可因当事人一方死亡或收养关系的撤销而终止。

（三）姻亲关系的发生和终止

澳大利亚法律没有直接规定姻亲关系的发生原因，但从家庭法、结婚法等相关规定

---

① ［澳］肯·马蒂、马克·波顿：《澳大利亚继承概要》（第二版），陈苇等译，西南政法大学外国家庭法及妇女理论研究中心 2007 年内部印刷，第 245 页。

② 李双元、温世扬主编：《比较民法学》，武汉大学出版社 2016 年版，第 654 页。

③ 李双元、温世扬主编：《比较民法学》，武汉大学出版社 2016 年版，第 655 页。

④ 参见陈苇主编：《外国婚姻家庭法比较研究》，群众出版社 2006 年版，第 571 页。

⑤ *Family Law Act* 1975, s. 4.

⑥ *Adoption Act* 1994（WA），s. 75，*Adoption of Children Act* 1994（NT），s. 38，s. 45，*Adoption Act* 2009（QLD），s. 214，*Adoption Act* 1984（VIC），s. 53，*Adoption Act* 1993（Act），s. 39，s. 43，*Adoption Act* 1988（SA），ss. 8–9，*Adoption Act* 2000（NSW），s. 95，*Adoption Act* 1988（TAS），s. 50.

⑦ *Adoption Act* 2000（NSW），s. 30.

⑧ *Adoption of Children Act* 1994（NT），s. 44.

来看，姻亲关系因结婚而发生。继父母子女关系因生父母一方再婚，其与前配偶所生子女与再婚配偶之间即为继父母子女关系，此属于一种姻亲关系。

关于姻亲关系的终止事由，澳大利亚法律无规定。

五、当代澳大利亚亲属关系的法律效力

限于本章的研究对象为婚姻家庭制度，以下仅阐述亲属关系在婚姻家庭领域的法律效力，主要包括禁婚的效力、扶养的效力、监护的效力以及其他效力。

（一）禁婚的效力

在澳大利亚，一定范围内的亲属禁止结婚。1961年联邦《结婚法》规定禁止结婚的关系有：某人与其直系尊亲属或直系卑亲属禁止结婚；兄弟姐妹之间禁止结婚（不论是全血缘还是半血缘的兄弟姐妹）。①此即一定范围的近血亲之间的禁婚效力。

（二）扶（抚）养的效力

依澳大利亚家庭法的规定，一定范围内的亲属之间会产生扶养效力，主要包括夫妻间的扶养效力、亲子间的抚养效力，其他亲属间的扶养效力。由于夫妻间的扶养效力将在第四节夫妻关系制度、亲子间的抚养效力将在第五节亲子关系制度中进行研究和阐述，因此这里主要阐述其他亲属之间的扶养效力。

1975年联邦《家庭法》在第七章"子女"中规定，继父母为子女的亲属，若继父母没有收养继子女，他们之间不存在亲子关系。但法定情形下法院有权作出子女抚养令，命令由继父母承担抚养继子女的义务。此外，儿童的祖父母、外祖父母也可以申请儿童抚养令。②也就是说，继父母与继子女之间属于姻亲关系，因此，在法律上继父母本无抚养继子女的义务。但在法定情形下，由法院作出抚养令后，继父母应当承担对继子女的抚养义务。③

（三）监护的效力

一定范围内的亲属是法定的监护人。澳大利亚各州和地区监护法规定，父母是未成年子女的监护人。例如，2018年修正的新南威尔士州《未成年人监护法》第13条规定，未成年人的父母一方去世后，根据本法规定，生存父母为该未成年人的监护人，可单独或与已故父母一方指定的监护人共同监护。已故父母没有指定监护人，或者指定的监护人死亡或者拒绝监护的，法院如认为恰当，可以指定监护人与生存父母一方共同监护未成年人。另外，成年人本人、其亲属在内的利害关系人可以向法院申请监护令，从而取得监护成年人的资格。④

（四）其他效力

一定范围内的亲属与儿童有会面交往权。儿童有权定期与父母及其他对其照顾、福

---

①　*Marriage Act* 1961，s. 23.

②　*Family Law* 1975，s. 66F.

③　1975年联邦《家庭法》第60F条规定，基于婚姻所生子女被收养后与生父母的权利义务消除；第66B条规定子女应从父母处获得经济供养及确定供养费应当考虑的因素；第66C条规定原则上生父母对抚养子女承担主要义务。参见《澳大利亚家庭法》（2008年修正），陈苇等译，群众出版社2009年版，第122页、第161-162页。

④　*Guardianship of Adults Act* 2016（NT），s. 3.

利和发展有重要意义的人（如祖父母、外祖父母及其他亲属）会面交往。①一定范围内的亲属有结婚的同意权。16 周岁以上的未成年人结婚的，需取得父母的同意，或经其他经法院授权承担该未成年人父母责任的人、监护人或机构的同意。②

第三节　当代澳大利亚结婚制度

本节研究和阐述以下内容：一是当代澳大利亚结婚制度概述；二是当代澳大利亚结婚的条件和程序；三是当代澳大利亚婚姻无效和可撤销制度；四是当代澳大利亚事实伴侣制度；五是当代澳大利亚民事结合制度。

一、当代澳大利亚结婚制度概述

澳大利亚于 1901 年成为一个独立国家，根据《澳大利亚联邦宪法》的规定，独立后的澳大利亚联邦拥有对婚姻的管辖权。然而，直到 1959 年联邦《婚姻诉讼法》和 1961 年联邦《结婚法》生效时，婚姻的缔结行为才受联邦管辖。在此之前，结婚仍由各州管辖。1959 年联邦《婚姻诉讼法》同时规定了无效婚姻和可撤销婚姻。但 1975 年通过的联邦《家庭法》废除了 1959 年联邦《婚姻诉讼法》，同时废止了可撤销婚姻制度。1961 年联邦《结婚法》在 1991 年联邦《反性别歧视修正案法》生效以前，将法定婚龄规定为男 18 周岁，女 16 周岁。已满 16 周岁不满 18 周岁的男子以及已满 14 周岁不满 16 周岁的女子，经父母同意后向法院申请，在申请被许可后，可以结婚。1991 年联邦《反性别歧视修正案法》将法定婚龄统一为 18 周岁。经父母同意和法院许可才能结婚的年龄也被相应地改为 16 周岁以上不满 18 周岁，且不区分男女。

就事实伴侣关系而言，1975 年联邦《家庭法》在制定之初并不调整事实伴侣关系，随后的 2006 年联邦《家庭法修正案（共同父母责任）法》才将事实伴侣关系纳入 1975 年联邦《家庭法》之中。此时事实伴侣的定义仍限定在异性之间，不包括同性伴侣。2008 年联邦《家庭法修正案（事实财务事项和其他措施）法》新增第 4AA 条（事实伴侣关系）以及其他有关事实伴侣等的规定，并将同性事实伴侣关系纳入调整范围。就同性婚姻而言，在 1961 年联邦《结婚法》中，没有明确规定哪些性别可以结婚。2004 年联邦《结婚修正案法》在 1961 年联邦《结婚法》中新增了"婚姻"的概念，将婚姻限制为"男女"两性的自愿结合。直到 2017 年 12 月 9 日，同性婚姻获得澳大利亚联邦法律的承认。2004 年该《结婚修正案法》中，原来的"婚姻"的定义是"婚姻是指排斥其他任何人的，为共同生活自愿组成的一男一女的结合"。对此，2017 年澳大利亚联邦《结婚修正案（定义与宗教自由）法》修改为"婚姻是指排斥其他任何人的，为共同生活自愿组成的两个人的结合"。

澳大利亚的结婚制度主要被规定在 1961 年联邦《结婚法》、1975 年联邦《家庭法》及各州、各地区的《事实伴侣关系法》《家庭关系法》《民事结合法》等法律之中。根据前述法律的规定，澳大利亚结婚制度的内容包括结婚的条件和程序、结婚的无效和可撤

---

① *Family Law* 1975, s. 60B.

② *Marriage Act* 1961, s. 14, schedule 1.

销、同性伴侣关系、民事结合，以下分别进行考察和阐述。

二、当代澳大利亚结婚的条件和程序

在澳大利亚，结婚必须符合法定的条件和程序，才能对当事人具有法律效力。

（一）结婚的条件

结婚的条件包括必备条件和禁止条件。

1. 结婚的必备条件

根据 1961 年澳大利亚联邦《结婚法》第二章结婚年龄及未成年人结婚，第三章无效婚姻以及其他相关法律的规定，结婚的必备条件包括：结婚的主体须为两个当事人、双方须具有缔结婚姻的合意、双方须达到法定婚龄。

第一，结婚的主体须为两个当事人。在澳大利亚，结婚的主体须为两个当事人，且没有性别区分。在 1961 年联邦《结婚法》中并没有明确规定哪些性别可以结婚。2004 年联邦《结婚法修正案》在 1961 年《结婚法》中增加了"婚姻"的概念，将婚姻限制为"男女"两性的自愿结合。然而，2017 年联邦《结婚修正案（定义与宗教自由）法》将 1961 年联邦《结婚法》中"婚姻"的定义，由此前的"一男一女的结合"修改为"两个人的结合"。可见，澳大利亚法律不再要求结婚的当事人须为异性。

第二，双方须具有缔结婚姻的合意。1961 年联邦《结婚法》明确规定，"婚姻是指排斥其他任何人的，为共同生活自愿组成的两个人的结合"。结婚的双方当事人必须完全自愿，意思表达真实。这是婚姻自由原则的要求。

第三，双方须达到法定婚龄。根据 1961 年联邦《结婚法》的规定，当事人结婚的法定年龄是 18 周岁。年满 16 周岁未满 18 周岁的人可以向州或地区的法官或地方官员申请允许他或她与达到结婚年龄的特定人结婚的指令。法官或地方官员必须就有关事实和情况进行调查，在符合以下条件的情况下作出法令：（1）申请人年满 16 周岁；（2）情况比较特殊，以至于有作出法令的正当理由，如西澳大利亚家庭法院对一位已怀孕的 17 周岁零 9 个月的女孩作出了同意结婚的法令。[1] 凡同意结婚的法令作出后，3 个月内没有缔结婚姻的，该指令失效。[2]符合条件的未成年人在结婚前需取得其父母、监护人或指定的部门的同意。[3]

2. 结婚的禁止条件

在澳大利亚，结婚的禁止条件包括：禁止重婚、禁止一定范围的亲属结婚。

第一，禁止重婚。任何一方在缔结婚姻时已经与他人合法结婚的，后婚属无效婚姻。已婚的人不得与任何第三人举行结婚仪式，否则，构成重婚的，监禁 5 年。同样，任何人不得与其知道或有理由相信已经结婚的人举行结婚仪式，否则构成重婚，将被判处 5 年监禁。[4] 可见，重婚不仅会导致婚姻无效，还可能会构成重婚罪从而受到相应的刑事处罚。

第二，禁止一定范围的亲属结婚。禁止结婚的亲属包括：一是直系血亲之间禁止结婚，这包括直系尊亲属和直系卑亲属；二是兄弟姐妹之间禁止结婚，这包括同父同母的

---

① See, Ex parte Willis [1997] FLC 92-725.

② *Marriage Act* 1961, ss. 11-12.

③ *Marriage Act* 1961, s. 14, Schedule 1.

④ *Marriage Act* 1961, s. 94.

全血缘的兄弟姐妹，也包括同父异母或同母异父的半血缘的兄弟姐妹。凡属于禁婚关系的当事人缔结的婚姻无效。

必须注意，由于养父母与养子女的关系被视为亲生的父母子女关系，因此上述禁婚关系的当事人包括收养关系的当事人。

（二）结婚的程序

澳大利亚的结婚制度受到英国教会法的影响。在结婚程序上体现为均认可民事程序和宗教程序，当事人可以选择其中之一，但有效的结婚仪式必须由法律认可的宗教的或民事的主婚人来主持。1961 年联邦《结婚法》第四章对结婚的程序进行了详细的规定，没有履行结婚程序所缔结的婚姻属于无效婚。①其结婚法定程序如下：

1. 提交通知与申明

结婚应在由授权的主婚人主持或在场的情况下举行。必须符合下列条件，否则不得举行婚礼：第一，拟结婚的当事人应提前 1~18 个月向授权的主婚人提交书面的预定结婚通知。② 第二，授权的主婚人出示载明当事人出生地和出生日期的正式证明文件或者官方登记。③ 第三，在授权的主婚人面前作出或者签署载有下列事项的书面申明：（1）当事人的婚姻状况；（2）当事人确信不存在法定的结婚障碍；（3）其他的规定事项。④

授权的主婚人在收到通知后，应当尽快向当事人提供一份文件，概述婚姻的义务和结婚的法律效力，并表明可以提供婚姻教育和咨询。如果当事人一方作出的声明表明其已离婚或丧偶的，需要提交其离婚或其配偶死亡的证明，否则授权的主婚人不得举行婚礼仪式。⑤

2. 两名 18 周岁以上的见证人见证

在结婚仪式现场必须有至少两名 18 周岁以上的人出席作为见证人。⑥

3. 举行结婚仪式

结婚仪式主要有两种形式：宗教仪式和民事仪式。（1）宗教仪式，须由被授权的主婚人主持，该主婚人是宗教的神职人员，结婚仪式按照该主婚人所属的宗教团体或组织所认可的形式进行。（2）民事仪式，须由授权的主婚人主持，该主婚人不是宗教的神职人员，当事人需在授权的主婚人和见证人面前互相交换誓言。在民事结婚程序中，授权的主婚人还须在见证人在场的情况下，告知当事人婚姻的严肃性和法律上的权利义务关系。⑦

4. 颁发结婚证

授权的主婚人主持婚礼时，应当按照规定的格式准备一份结婚证书（非官方），用于发给结婚当事人。另外还要准备两份官方的结婚证书，其中一份提交给州或地区的登记机关，另一份由主婚人保存。

---

① *Marriage Act* 1961, s. 23 (1) (c), s. 48.

② *Marriage Act* 1961, s. 42 (1) (2) .

③ *Marriage Act* 1961, s. 42 (1) .

④ *Marriage Act* 1961, s. 42(1).

⑤ *Marriage Act* 1961, s. 42(5A), s. 42(10).

⑥ *Marriage Act* 1961, s. 44.

⑦ *Marriage Act* 1961, s. 45.

三、当代澳大利亚婚姻无效与可撤销制度

1959 年澳大利亚联邦《婚姻诉讼法》采取无效婚姻与可撤销婚姻并行的双轨制，1975 年联邦《家庭法》生效后，废止了 1959 年联邦《婚姻诉讼法》规定的可撤销婚姻制度，仅保留了无效婚姻制度，并延续至今。

（一）无效婚姻

1. 婚姻无效的法定事由

根据 1961 年联邦《结婚法》的规定，婚姻无效的法定事由包括：（1）重婚。任何一方在结婚时已与他人合法结婚（已婚）。（2）当事人属于禁婚关系。禁婚关系存在于某人与其直系尊亲属或直系卑亲属之间或者兄弟姐妹之间（无论是全血缘还是半血缘）[1]。（3）违反结婚程序。由于第 48 条的原因婚姻无效，即由于没有按规定提交通知或作出申明等，违反结婚程序导致婚姻没有有效缔结。（4）欠缺结婚的合意。因存在以下情形之一，任何一方对结婚的同意不是真实的意愿表达：或是通过胁迫或欺诈手段获得的；一方对另一方的身份或所进行的结婚仪式的性质进行了错误的认识；或者该方不知婚礼的性质和效力。（5）任何一方未达法定婚龄。

2. 申请婚姻无效的程序

在澳大利亚，婚姻无效须由法院以判决宣告。根据 1975 年联邦《家庭法》的规定，当事人向法院提出申请婚姻无效判决的，应当提出婚姻无效的法定事由。[2] 此外，如果就同一婚姻均向法院提出婚姻无效判决和离婚判决的，法院不得作出离婚令，除非法院已经驳回了婚姻无效判决的申请。[3]

（二）可撤销婚姻

如前所述，在 1975 年联邦《家庭法》生效前，澳大利亚采取无效婚姻与可撤销婚姻双轨制。1959 年联邦《婚姻诉讼法》第四章为"无效婚姻与可撤销婚姻"。可撤销婚姻的事由包括，在结婚之时，（1）任何一方无性行为能力；（2）任何一方心智不健全或精神有缺陷；（3）任何一方患有可传染的性病；（4）妻子怀有他人的孩子。[4] 但 1975 年联邦《家庭法》中没有规定可撤销婚姻制度，即可撤销婚姻制度已被废止，从此由双轨制转为单轨制。现行澳大利亚家庭法中已没有"可撤销"婚姻的类别。[5]

四、当代澳大利亚事实伴侣制度

在澳大利亚，早期的法律对事实伴侣的权利保护并不太关注。事实伴侣关系虽被社会视为婚姻关系的可接受的替代方式，但就财产权而言，立法并没有对其进行与婚姻相

---

[1] *Marriage Act* 1961, s. 23B.

[2] *Family Law Act* 1975, s. 51

[3] *Family Law Act* 1975, s. 52.

[4] *Matrimonial Causes Act* 1959, s. 21.

[5] Richard Chisholm, "Children and the Law in Australia", *Columbia Human Rights Law Review*, Vol. 13, issue 1, Spring-Summer 1981, p. 4; Patrick Parkinson, "Tricked into Marriage", *Melbourne University Law Review*, Vol. 42, issue 1, 2018, p. 145.

同的法律调整。成文法并未将这种关系视为与婚姻相同的类别。① 直到 1983 年，新南威尔士州法律改革委员会发布了关于事实伴侣关系的报告。该委员会关于财产调整的建议被规定在 1984 年新南威尔士州《事实伴侣关系法》中。该州成为第一个颁布法律，调整非婚同居男女的财产权益的州。这项立法引发了维多利亚州和北部地区的类似但不相同的立法。关于财产调整，随后各州颁布的法律遵循新南威尔士州的模式。② 可以说，1984 年新南威尔士州《事实伴侣关系法》使事实伴侣关系的保护逐渐成为澳大利亚家庭法的一个组成部分。

目前，澳大利亚的六个州和两个地区，各自都有调整事实伴侣关系的法律，其立法指导思想是保护人权，尊重当事人自主选择生活方式的自由。③ 现在，澳大利亚调整事实伴侣关系的法律，主要有 1975 年联邦《家庭法》、1984 年新南威尔士州《事实伴侣关系法》、2008 年维多利亚州《关系法》、1991 年北部地区《事实伴侣关系法》、1999 年塔斯马尼亚州《事实伴侣关系法》、2003 年塔斯马尼亚州《关系法》、1997 年西澳大利亚州《家庭法院法》、2011 年昆士兰州《民事伴侣关系法》、1994 年首都地区《家庭关系法》、1975 年南澳大利亚州《家庭关系法》和 1996 年南澳大利亚州《家庭伴侣财产法》等。④

此外，必须注意，根据 1994 年首都地区《家庭关系法》的规定，该地区的家庭伴侣关系包括民事结合与民事伴侣关系。另外，2015 年维多尼亚州《收养修正案（同性夫妻收养）法》已用"家庭伴侣关系"和"家庭伴侣"取代了"事实伴侣关系"和"事实配偶"，即对于事实伴侣关系，目前有的州称为民事伴侣关系，有的州称为家庭伴侣关系。所以，我们以下研究和阐述的事实伴侣关系包括民事伴侣关系和家庭伴侣关系。

（一）事实伴侣关系的法定条件

关于事实伴侣关系的法定条件，在 1975 年联邦《家庭法》以及州或地区的相关法律中都做了规定。根据 1975 年联邦《家庭法》第 4AA 条的规定，认定双方当事人之间存在事实伴侣关系，须符合以下三个条件：第一，没有依法缔结婚姻。第二，没有家庭关系，即一方不是另一方的子女（包括养子女）、晚辈血亲（即使他们的关系源于养父母）或者他们没有共同的父母（包括养父母）。第三，双方当事人像夫妻一样共同生活，其关系建立在真实的家庭基础上。⑤ 1991 年北部地区《事实伴侣关系法》规定，两人没有结婚但具

---

① M. M. Helsham, "De Facto Relationship and the Imputed Trust", *Sydney Law Review*, vol. 8, issue 3, January 1979, pp. 571-572.

② Owen Jessep, Richard Chisholm, "De Facto Relationships Law in Australia: Recent Developments in Property Adjustment", *Asia Pacific Law Review*, vol. 3, issue 2, Winter 1994, p. 2.

③ 参见陈苇、高伟：《我国事实婚姻制度之重构——澳大利亚的〈事实伴侣关系法〉的启示》，载《法学杂志》2008 年第 2 期，第 19 页。

④ 2008 年联邦《家庭法修正案（事实财务事项和其他措施）法》在 1975 年联邦《家庭法》中增加了"事实财产诉讼""事实伴侣关系"的定义等有关事实伴侣等相关规定。2008 年首都地区《民事伴侣关系法》于 2008 年 5 月 19 日生效。根据该法，同性伴侣和事实伴侣可将其关系登记为"民事伴侣关系"。但该法被 2012 年 9 月 11 日生效的 2012 年首都地区《民事结合法》所废止。[*Civil Unions Act* 2012 (ACT), s. 33 (1).] 1996 年南澳大利亚州《家庭伴侣财产法》，之前被称为 1996 年南澳大利亚州《事实伴侣关系法》[*De Facto Relationships Act* 1996 (SA)]，被 2006 年南澳大利亚州《法规修正案（家庭伴侣）法》[*Statutes Amendment (Domestic Partners) Act* 2006 (SA)] 第 73 条修改为 1996 年南澳大利亚州《家庭伴侣财产法》。

⑤ *Family Law Act* 1975, s. 4AA (1) (6).

有像婚姻一样的真实家庭关系，该关系属于事实伴侣关系。[1] 2011 年昆士兰州《民事伴侣关系法》第 4 条规定，民事伴侣关系是由两名成年人（不考虑其性别）建立的一种法律承认的关系。

对于认定事实伴侣关系的考虑因素，1975 年联邦《家庭法》规定如下：（1）该关系的持续时间；（2）共同居住的性质和程度；（3）是否存在性关系；（4）双方在财产上的依赖程度，以及经济供养安排；（5）财产的所有权、财产的使用和取得；（6）为共同生活相互贡献的程度；（7）该关系是否已根据州或地区规定的法律进行登记；（8）对子女的照顾和抚养；（9）该关系的声誉和公开情况。[2] 1991 年北部地区《事实伴侣关系法》的相关规定与上述联邦《家庭法》规定的内容基本相同，但前者增加了对家庭义务的履行，而没有规定"该关系是否已根据州或地区规定的法律进行登记"。[3]

一般来说，在上述因素中，最为重要的是双方当事人关系持续的期间。有些州的立法对该持续期间有明确的规定，新南威尔士州为两年，南澳大利亚州为三年。但如该持续期间未达到法定要求，而且具有影响公正的例外情形的，并不绝对导致该事实伴侣关系不存在。[4] 从司法实践中看，雷瑟穆勒·FM 法官（Riethmuller FM）在 Baker v. Landon [2010] FMCAfam 280 案中指出，认定事实伴侣关系的法定要件，要求法院判断当事人是否基于善意形成了同居关系。为此，法院需要考虑认定同居关系之法定要件的所有内容，这些因素中并没有优先考虑的因素。而且，这类同居关系并不具有排他性，甚至已婚配偶的一方也可以形成这种事实同居关系。对同居的界定也不应做狭隘的理解，认为双方当事人需要一直处于同居状态。[5]

从地区性立法看，澳大利亚各州和地区对于事实伴侣关系的法定条件规定不尽相同。以 2011 年昆士兰州《民事伴侣关系法》为例，该州建立事实伴侣关系的法定条件可归纳如下：[6] 第一，当事人须为两个成年人，可为同性或异性。第二，双方当事人自愿建立民事伴侣关系。凡具有下列情形，任何一方均不能建立民事伴侣关系：当事人对建立民事伴侣关系的同意是通过胁迫或欺诈获得的；当事人对另一方的身份或民事伴侣关系申明的性质认识错误；当事人没有民事行为能力[7]建立民事伴侣关系。第三，当事人未结婚或没有处于民事伴侣关系中。第四，当事人之间不存在以下禁止关系。一方不是另一方的直系尊亲属、直系卑亲属、兄弟姐妹（无论是全血缘还是半血缘）。第五，提出申请的民

① *De Facto Relationships Act* 1991（NT），s. 3(1)，s. 3A(1).
② *Family Law Act* 1975，s. 4AA(2).
③ *De Facto Relationships Act* 1991（NT），s. 3A(2).
④ 参见陈苇、高伟：《我国事实婚姻制度之重构——澳大利亚的〈事实伴侣关系法〉的启示》，载《法学杂志》2008 年第 2 期，第 17-18 页。
⑤ See，Lisa Young，New Frontiers for Family Law，2013 INT'l Surv. FAM. L. 61（2013）.
⑥ *Civil Partnerships Act* 2011（QLD），ss. 4-5，s. 30.
⑦ 这里的"能力"是指 2000 年昆士兰州《监护与管理法》中能力的意思，指理解对某事项作出决定的性质和效力；并能自由且自愿的就事作出决定，还能以某种方式表达决定的能力。*Guardianship and Administration Act* 2000（QLD），schedule 4，*Civil Partnerships Act* 2011（QLD），s. 30.

事伴侣当事人中有一方居住在昆士兰州。① 而 1996 年南澳大利亚州《家庭伴侣财产法》第 4 条规定，事实伴侣关系是指男方和女方虽然没有依法缔结婚姻关系，但他们在真实的家庭基础上像夫妻一样共同生活，即该州要求事实伴侣关系的当事人须为异性。然而，根据 2008 年联邦《家庭法修正案》第 4AA 条的规定，对事实伴侣关系的当事人没有性别要求，同性伴侣之间亦可以建立事实伴侣关系。

（二）建立事实伴侣关系的法定程序

依据 1975 年联邦《家庭法》第 4AA（2）条的规定，认定是否建立事实伴侣关系，在程序上须考察该关系是否已根据州或地区规定的法律进行登记。以下，将以 2011 年昆士兰州《民事伴侣关系法》为例，该法规定符合条件的当事人可以通过以下程序建立民事伴侣关系：（1）根据第 9 条的规定登记民事伴侣关系（通过申请登记的方式）；或者（2）根据第 11 条的规定作出民事伴侣关系申明，并根据第 12 条的规定登记该关系。②可见，该州申请民事伴侣的程序有两种：一是直接申请登记；二是作出申明后登记。

1. 直接申请登记

提出申请。希望建立民事伴侣关系的双方当事人向登记总长③申请登记为民事伴侣关系。申请必须附有关于下列事项的法定声明：（1）一方希望与另一方建立民事伴侣关系；该方未婚且没有处于民事伴侣关系中；一方相信其与另一方没有禁止建立民事伴侣关系的关系；以及居住地点。（2）证明每一方身份和年龄的文件。（3）法律规定的其他事项。④

申请决定。在 10 天冷静期⑤结束前，登记总长不得登记民事伴侣关系。且申请登记的一方或双方可以在冷静期结束前向登记总长提交撤回通知，以撤回申请。⑥在冷静期结束后，除一方或双方当事人不符合第 5 条规定的资格标准（将拒绝登记）或者撤回申请外，登记总长必须将该关系登记为民事伴侣关系。⑦

2. 作出声明后登记

民事伴侣关系的通知与声明。第一，民事伴侣关系的通知。双方当事人建立民事伴侣关系之前，须向以下人员发出有意建立民事伴侣关系的通知：民事伴侣公证人；若公

---

① Civil Partnerships Act 2011（QLD），s. 5，A person may enter into a civil partnership only if：（a）the person is not married or in a civil partnership；and（b）the person does not have any of the following relationships（a prohibited relationship）with the person's proposed civil partner：（i）lineal ancestor；（ii）lineal descendent；（iii）sister；（iv）half-sister；（v）brother；（vi）half-brother；and（c）the person or the person's proposed civil partner lives in Queensland.

② Civil Partnerships Act 2011（QLD），s. 6.

③ 登记总长（registrar-general），指根据 2003 年维多利亚州《出生、死亡与婚姻登记法》［Births, Deaths and Marriages Registration Act 2003（VIC）］的规定任命的负责出生、死亡及婚姻登记的总负责人。

④ Civil Partnerships Act 2011（QLD），s. 7.

⑤ 申请登记的冷静期（Cooling-off period）。对于提出民事伴侣关系的申请，冷静期是指向登记总长作出申请及提交规定的文件后 10 天结束的期间。See, Civil Partnerships Act 2011（QLD），schedule.

⑥ Civil Partnerships Act 2011（QLD），s. 8, schedule 2.

⑦ Civil Partnerships Act 2011（QLD），s. 9. 2011 年昆士兰州《民事伴侣关系法》第 5 条规定建立民事伴侣关系的资格标准包括：第一，当事人没有结婚或处于民事伴侣关系中；第二，当事人之间不存在以下禁止关系：直系尊亲属、直系卑亲属、兄弟姐妹、同父异母或同母异父的兄弟姐妹；第三，有一方居住在昆士兰州。Civil Partnerships Act 2011（QLD），s. 5.

证人不是登记总长的，则通知登记总长。①第二，民事伴侣关系的声明。第三，声明必须由一方向另一方作出，且必须明确说明双方当事人的姓名以及承认他们自愿相互建立民事伴侣关系。② 在收到通知和法定声明后，民事伴侣关系的公证人必须在收到通知和法定声明后尽快以认可的形式向每个当事人发出书面通知，说明民事伴侣关系的法律效力。③

民事伴侣关系声明后的登记。登记总长在知悉该两人根据第 11 条作出民事伴侣关系声明的日期后，必须尽快作出是否将该关系登记为民事伴侣关系的决定。除双方当事人没有按照第 11 条的要求作出民事伴侣关系声明外，登记总长应当将该关系登记为民事伴侣关系。④

（三）事实伴侣关系的法律效力

关于事实伴侣关系的法律效力，各州法的规定内容不尽相同，主要有扶养效力、调整财产利益的效力和继承效力。

1. 扶养效力

在新南威尔士州，除法律另有规定外，事实伴侣关系的一方不负责扶养另一方，且一方无权向另一方主张扶养。⑤但如事实伴侣关系的一方申请扶养令，法院认为符合条件的，可以作出扶养令。在确定是否作出扶养令以及扶养费数额时，法院应当考虑以下因素：（1）事实伴侣各方的收入、财产及经济来源（包括支付给任何一方的养老金、补助金、福利或者任何一方获得养老金、补助金、福利的资格）以及民事伴侣为获得适当的有酬职业的身体和心理状况。（2）事实伴侣各方的经济需求及义务。（3）事实伴侣各方扶养其他人的义务。（4）就事实伴侣的财产利益作出或建议作出调整的命令的期限。（5）根据法院命令或其他方式，已经对抚养申请人的子女的支出。⑥1999 年塔斯马尼亚州《事实伴侣关系法》也作出了类似的规定，该法还增加了事实伴侣的年龄、身体健康状况、生活水平、事实伴侣关系的存续期间等作为考虑因素。⑦

2. 调整财产利益的效力

澳大利亚多个州或地区的法律规定了财产调整令，如新南威尔士州、塔斯马尼亚州、南澳大利亚州。例如，1996 年南澳州《家庭伴侣财产法》规定，家庭伴侣关系结束后，任何一方可以向法院申请分割财产。法院在考虑是否作出分割财产的命令时，必须考虑家庭伴侣对一方或双方的财产的获得、保管和改善的直接或间接、经济或非经济的贡献，必须考虑一方对另一方或其子女的贡献等因素。⑧

3. 继承效力

事实伴侣一方死亡的，另一方可以就死者的遗产主张权益，包括从死者遗产中支付

---

① *Civil Partnerships Act* 2011（QLD），s. 10（1）-（3）.

② *Civil Partnerships Act* 2011（QLD），s. 11.

③ *Civil Partnerships Act* 2011（QLD），s. 10（4）.

④ *Civil Partnerships Act* 2011（QLD），s. 12.

⑤ *De Facto Relationships Act* 1984（NSW），s. 26.

⑥ *De Facto Relationships Act* 1984（NSW），s. 20, s. 27.

⑦ *De Facto Relationships Act* 1999（TAS），ss. 22-23.

⑧ *Domestic Partnership Property Act* 1996（SA），ss. 9-11.

其供养费。① 1981 年昆士兰州《继承法》中的配偶包括事实伴侣，当事实伴侣一方死亡时，另一方还可以参与分配获得其遗产。②

（四）事实伴侣关系的终止

事实伴侣关系可因以下事由而终止：事实伴侣任何一方死亡；任何一方结婚；登记总长根据法律的规定登记终止申请的，事实伴侣关系终止。③

民事伴侣关系的一方或双方可以向登记总长申请终止民事伴侣关系。在终止申请期结束前，登记总长不得登记终止民事伴侣关系。终止申请期，指提交终止申请及向登记总长提交法定声明等相关文件后 90 天结束的期间。④ 在终止申请期内，当事人可以申请撤回终止民事伴侣关系的申请。登记总长必须在终止申请期结束后尽快登记民事伴侣关系的终止或者拒绝登记。凡被登记终止民事伴侣关系的，即发生效力。⑤

五、当代澳大利亚民事结合制度

澳大利亚首都地区既规定了民事伴侣关系，也规定了民事结合。民事伴侣关系被规定在 1994 年首都地区《家庭关系法》第 4A 章中，该章标题即为"民事伴侣关系"；民事结合被规定在 2012 年首都地区《民事结合法》中，以单行法的形式进行规定。因此在澳大利亚首都地区，当事人双方可以根据自己的意愿，选择结婚、民事结合或民事伴侣关系这三种形式之一作为自己的生活方式。民事伴侣关系的各方之后相互建立民事结合的，之前的民事伴侣关系终止。⑥

（一）建立民事结合的实质条件

根据 2012 年首都地区《民事结合法》的规定，建立民事结合必须具备以下法定条件：第一，当事人须为两个成年人，可以是同性，也可以是异性。第二，当事人未婚且没有处于民事结合关系中，且与申请人以外的第三人没有处于民事伴侣关系中。第三，拟订立民事结合的当事人之间没有以下禁止民事结合的关系：直系尊亲属、直系卑亲属、兄弟姐妹、同父异母或同母异父的兄弟姐妹。第四，拟建立民事结合的任何一方或双方居住在首都地区。⑦ 第五，双方自愿建立民事结合关系。

（二）建立民事结合的法定程序

根据 2012 年首都地区《民事结合法》的规定，建立民事结合须依以下程序进行：（1）作出通知。建立民事结合之前，当事人必须向民事结合的主持人⑧作出他们有意建立民事结合的通知。通知必须附有：其一，每个人证实以下事项的声明：一方希望与另一

---

① *Inheritance（Family Provision）Act* 1972（SA），s. 6. *Family Provision Act* 1972（WA），s. 7, *Family Provision Act* 1969（ACT），s. 7. 南澳大利亚州，家庭伴侣关系包括事实伴侣关系。*Domestic Partnership Property Act* 1996（SA），s. 4.

② *Succession Act* 1981（QLD），s. 5AA, s. 36.

③ *Civil Partnerships Act* 2011（QLD），s. 14.

④ *Civil Partnerships Act* 2011（QLD），schedule 2.

⑤ *Civil Partnerships Act* 2011（QLD），ss. 17–19.

⑥ See，*Domestic Relationships Act* 1994，s. 37H（1）（c）.

⑦ *Civil Unions Act* 2012（ACT），s. 7.

⑧ 符合条件的个人可以向总登记官（registrar‑general）书面申请被登记为民事结合的主持人（civil union celebrant）。该人须满足以下三个条件：（1）成年人；（2）拥有根据本法行使民事结合的主持人职能所需的知识、技能或经验。（3）将其登记为民事结合的主持人是适当的。*Civil Unions Act* 2012（ACT），s. 15.

方建立民事结合；该方未婚、没有处于民事结合中或与申请人以外的第三人没有民事伴侣关系；该方与拟民事结合伴侣不存在禁止建立民事结合的近亲属关系；该方的居住地点。其二，须提交有关当事人身份和年龄的证件（如出生证明、公民身份证明、护照等）。其三，法律规定的其他事项。收到通知后，民事结合的主持人必须尽快向每个人发出书面通知，说明民事结合的性质和效力。① （2）作出声明。作出通知后，当事人可以通过在民事结合主持人和至少一名见证人面前作出声明，以建立民事结合关系。声明必须在给民事结合的主持人发出通知后不早于 1 个月，不晚于 18 个月内作出。声明必须由一方向另一方作出，并且必须明确说明当事人的姓名、承认他们彼此自愿地建立民事结合。② 当民事结合当事人根据上述规定作出声明时，民事结合成立。③

（三）民事结合的效力

关于民事结合的效力，根据 2012 年首都地区《民事结合法》第 6 条的规定，民事结合不能等同于婚姻，但被视为以婚姻相同的方式对待。④ 对于其他效力，该法并没有作出规定。

关于民事结合的无效，由于以下原因并非自愿建立民事结合的，民事结合无效：（1）一方对建立民事结合的同意是通过胁迫或欺诈获得的；（2）一方对另一方的身份认识错误或对根据法律作出的声明的性质认识错误；（3）一方在心智能力不足无法理解民事结合的性质和效力。当事人在作出民事结合声明时，任何一方均不满足前三项法定条件的，将会导致民事结合无效。⑤

（四）民事结合的终止

民事结合可因以下几种情况而终止：（1）任何一方死亡。（2）任何一方结婚。（3）一方或双方自愿终止民事结合。一方或双方向登记总长提交终止民事结合的书面通知，自愿依法终止民事结合。但是提交终止通知的人可以在提交终止通知后 12 个月内提交书面的撤回通知，以撤回终止通知。一般在终止通知提交满 12 个月后，民事结合终止。（4）法院命令终止民事结合。经民事结合的一方申请，最高法院可以在符合下列条件的情况下作出终止民事结合的命令：一方或双方无法自愿终止民事结合；双方不打算继续其民事结合关系。⑥

综上，澳大利亚的婚姻、事实伴侣关系以及民事结合关系这三者之间有相同之处，也有不同之处。三者的主要相同点是，在主体上，这三者的主体可以为异性，也可以为同性；三者的主要不同点是，在法定程序上，结婚必须要求举行法定仪式（民事仪式或宗教仪式），而事实伴侣关系和民事结合则须进行民事伴侣登记或作出民事结合的通知和声明才能成立，但无须举行法定仪式。

---

① *Civil Unions Act* 2012（ACT），s. 8.

② *Civil Unions Act* 2012（ACT），s. 9.

③ *Civil Unions Act* 2012（ACT），s. 10.

④ "A civil union is different to a marriage but is to be treated for all purposes under territory law in the same way as a marriage." *Civil Unions Act* 2012（ACT），s. 6.

⑤ *Civil Unions Act* 2012（ACT），s. 21.

⑥ *Civil Unions Act* 2012（ACT），s. 11, s. 12, s. 14.

第四节　当代澳大利亚夫妻关系制度

本节研究和阐述以下内容：一是当代澳大利亚夫妻关系制度概述；二是当代澳大利亚夫妻人身关系制度；三是当代澳大利亚夫妻财产关系制度。

一、当代澳大利亚夫妻关系制度概述

夫妻关系制度是调整夫妻间权利义务关系的法律规范总和。在澳大利亚，夫妻关系制度经历了一个由男女不平等到男女平等的发展历程。首先，从 1788 年第一批殖民者抵达澳大利亚到 19 世纪末，已婚妇女在离婚时几乎没有财产或分割财产的权利。其次，从 19 世纪末到 1959 年，由于衡平法院和已婚妇女立法的创设，已婚妇女被法律赋予拥有和控制财产的权利。但在丈夫是赚钱养家者和以其名义下的工资购买财产的情况下，许多已婚妇女仍然没有个人财产。直至 1959 年，联邦行使对家庭法的宪法权利，制定了 1959 年联邦《婚姻诉讼法》，根据该法第 86 条的规定，对婚姻期间夫妻双方和一方所得的财产，法官可基于公平原则在离婚配偶间进行分配。[1] 1975 年联邦《家庭法》重申了该规定。现行澳大利亚家庭法实行夫妻分别财产制，1975 年联邦《家庭法》授权法官对夫妻双方所得的财产权益在离婚时具有调整公平分配的权利，财产权益的调整遵循"公平和公正"原则，并规定了为确保夫妻财产公平公正分配的考虑因素，此外，澳大利亚还制定了 2012 年联邦《职场性别平等法》、1984 年联邦《反性别歧视法》，北部地区制定了 1989 年《已婚者（地位平等）法》，它们均规定已婚者具有独立的、单独的区别于其配偶的法律人格。这些立法促进了夫妻在家庭关系上的实质平等。

澳大利亚夫妻关系制度的内容，主要包括夫妻人身关系与夫妻财产关系。

二、当代澳大利亚夫妻人身关系制度

夫妻人身关系是夫妻双方人身不可分离而没有直接经济内容的有关人格、身份、地位等方面的权利和义务关系。[2] 澳大利亚有关夫妻人身关系的规定，以下主要有夫妻的姓氏权、夫妻的同居义务、夫妻的人身自由权和有关反家庭暴力的规定。

（一）夫妻的姓氏权

关于夫妻姓氏权，1975 年联邦《家庭法》无规定。有些州的立法规定，当事人结婚后，一方可以自愿选择使用其丈夫或妻子的姓氏。例如，在维多利亚州，如果要在驾照、护照、银行账户等中更改姓氏的，当事人须直接向澳大利亚护照办公室等相关机构申请，同时须提交结婚证书或者变更姓名的证书作为证据。如果当事人在澳大利亚出生，在分居或离婚后可以使用原来的姓氏，且无须向出生、死亡与结婚登记处登记。[3]可见，在澳

---

① 澳大利亚 1961 年联邦《结婚法》对结婚制度作了规定，但并没有对婚姻当事人即夫妻的权利义务作出规定。See, Jill Cowley, "Does Anyone Understand the Effect of the Marriage Ceremony – The Nature and Consequences of Marriage in Australia", *Southern Cross University Law Review*, vol. 11, 2007, p. 170.

② 李双元、温世扬主编：《比较民法学》，武汉大学出版社 2016 年版，第 684 页。

③ https：//www.bdm.vic.gov.au/changes-and-corrections/changing-your-name-after-marriage-separation-or-divorce. 访问日期：2019 年 4 月 14 日。

大利亚，结婚后夫妻有使用自己姓氏或者对方姓氏的权利。如果夫妻一方是使用他方姓氏的，离婚后可以恢复其原姓氏。

(二) 夫妻的同居义务

在澳大利亚，结婚后夫妻间具有同居义务。根据 1975 年联邦《家庭法》第六章关于离婚和无效婚姻的规定，将持续 12 个月以上的分居作为法院确信当事人的婚姻已无可挽回地破裂的客观标准，由此间接承认了夫妻之间的同居义务。关于同居义务的免除情形，根据该法第 114 条第 1 款的规定，法院可以作出：为保护一方当事人的人身安全的禁止令；阻止夫妻一方进入或滞留在婚姻住所、婚姻另一方当事人居住的房屋，以及阻止夫妻一方当事人进入或滞留在婚姻住所的指定区域、另一方当事人居住房屋所在的指定区域的禁止令；禁止夫妻一方进入另一方工作场所的禁止令；与婚姻住所的使用或占有有关的禁止令等。可见，在特殊情况下，夫妻的同居义务会因法院的禁止令而被免除。

(三) 夫妻的人身自由权

夫妻的人身自由权是夫妻家庭地位平等的一个重要标志。1989 年澳大利亚北部地区《已婚者（地位平等）法》规定已婚者具有独立的、单独的区别于其配偶的法律人格，其行为能力不因其是否结婚而受到影响。[①] 2012 年联邦《职场性别平等法》规定该法的目的是促进和改善就业和工作场所的性别平等（包括男女之间的平等报酬）；支持雇主消除妇女参与工作的障碍，承认妇女在就业问题上的不利地位；在雇主中促进消除与就业事项有关的性别歧视（包括有关家庭和照顾责任的歧视）。[②] 该法充分尊重妇女参加工作的权利，即使在结婚后，夫妻各方有决定本人是否参加工作的权利。

(四) 有关反家庭暴力的规定

1993 年，联合国大会通过了《消除对妇女的暴力行为宣言》。[③] 这项决议通常被看作对 1979 年《消除对妇女一切形式歧视公约》和 1993 年《维也纳宣言和行动纲领》的补充与强调。家庭暴力的主要受害者是家庭中处于相对弱势地位的妇女和儿童。家庭暴力除造成人身伤害外，容易给受害者造成更大的心理压力、较高的精神疾病、更多的睡眠障碍等不良后果。[④] 在 1995 年澳大利亚联邦《家庭法改革法》生效前，1975 年联邦《家庭法》中没有规定家庭暴力。1995 年联邦《家庭法改革法》于 1995 年 7 月 12 日通过，1996 年 7 月 11 日生效。该法对 1975 年联邦《家庭法》进行了修改，以新的一章替代原第七章"子女"的内容。新的第七章中增加第 11 节规制家庭暴力的内容，并且要求法院在判定儿童的最大利益时，考虑避免儿童受到家庭暴力的危害。在澳大利亚，2008 年，当时的联邦政府成立了"减少对妇女及其子女的暴力行为全国委员会"，该委员会制定了

---

① *Married Persons (Equality of Status) Act* 1989 (NT), s. 3 (1) (2).

② *Workplace Gender Equality Act* 2012, s. 2A.

③ 1993 年《消除对妇女的暴力行为宣言》第 1 条规定："为本《宣言》的目的，'对妇女的暴力行为'一词系指对妇女造成或可能造成身心方面或性方面的伤害或痛苦的任何基于性别的暴力行为，包括威胁发生性行为、强迫或任意剥夺自由，且不论其发生在公共生活还是私人生活中。"第 2 条规定："对妇女的暴力行为应理解为包括但并不仅限于下列各项：(a) 在家庭内发生的身心方面和性方面的暴力行为，包括殴打、家庭中对女童的性凌虐、因嫁妆引起的暴力行为、配偶强奸、阴蒂割除和其他有害于妇女的传统习俗、非配偶的暴力行为和与剥削有关的暴力行为；(b) 在社会上发生的身心方面和性方面的暴力行为，包括强奸、性虐待、在工作场所、教育机构和其他场所的性骚扰和恫吓、贩卖妇女和强迫卖淫；(c) 国家所做或纵容发生的身心方面和性方面的暴力行为，无论其在何处发生。"

④ See, Eithne Mills, Marlene Ebejer, *Family Law* (6th edition), NSW: LexisNexis Butterworth, 2015, p. 598.

若干报告和国家十二年行动计划。① 2010 年，联邦政府委员会通过了《减少暴力侵害妇女及其子女的国家计划（2010-2022）》。2011 年 12 月 7 日通过了 2011 年联邦《家庭法立法修正案（反家庭暴力与其他措施）法》，对家庭暴力的定义等内容做了新的规定。2019 年 3 月 5 日，澳大利亚政府宣布了一项 3.28 亿澳元的一揽子计划，用于减少针对妇女及儿童的家庭暴力行为。该方案包括资助制定澳大利亚首个国家预防战略，以制止家庭暴力和性侵犯，并改变某些人可能导致暴力的态度和信仰。②

在澳大利亚，目前各个州和地区都有反对家庭暴力的立法，如 2007 年新南威尔士州《犯罪（反家庭暴力与个人暴力）法》、2008 年维多利亚州《防止家庭暴力法》、2012 年昆士兰州《防止家庭暴力法》、1997 年西澳大利亚州《限制令法》、2009 年南澳大利亚州《干预令（防止虐待）法》、2004 年塔斯马尼亚州《反家庭暴力法》、2008 年首都地区《反家庭暴力与保护令法》、2007 年北部地区《反家庭暴力法》等。

家庭法院或者其他法院在根据 1975 年联邦《家庭法》行使管辖权时，应当考虑确保相关人员免遭家庭暴力的需要。③ 首先，家庭暴力的定义。各州和地区的规定并不统一，如 2007 年北部地区《反家庭暴力法》规定，家庭暴力是一个人对与该人有家庭关系的人采取的以下任何行为：造成伤害，如性侵犯或者其他攻击行为；毁坏财产，包括使动物受到伤害或死亡；恐吓威胁；骚扰；经济性虐待；企图或威胁实施上述行为。④ 2004 年塔斯马尼亚州《反家庭暴力法》规定，家庭暴力是指：（1）某人直接或间接对其配偶或者伴侣实施的以下任何行为：攻击，包括性侵犯；威胁、胁迫、恐吓或谩骂；绑架；《刑法》第 192 条指的跟踪和欺凌；企图或威胁实施上述行为。或者（2）以下任何行为：经济性虐待；情感虐待或威胁；违反家庭暴力令。（3）直接或间接对以下财产造成的任何损害：该财产由该人和其配偶或伴侣共同享有；该财产属于该人的配偶或者伴侣；该财产由受影响的子女享有。⑤ 其次，防止家庭暴力的措施。2004 年塔斯马尼亚州《反家庭暴力法》规定，警察、受影响的人、受影响的子女（前提是法院确信该子女能够理解诉讼程序的性质）、法院准许申请的其他人可以向法院申请反家庭暴力令。⑥ 最后，作出反家庭暴力令应当考虑的因素。2007 年北部地区《反家庭暴力法》规定，有关机关只有在确信被保护人担心被告人对其实施家庭暴力有合理理由时，才能作出反家庭暴力令。在决定是否作出反家庭暴力令时，对被保护人的安全和保护是有关机关最重要的考虑因素。此外，有关机关还要考虑以下因素：与被告有关的任何有效的家庭法令，或有关机关知悉的与被告有关的家庭法令的未决申请；受保护人的住宿需要；被告的犯罪记录；被告人先前的行为，不论该行为与被保护人有关还是与其他人有关；有关机关考虑的其他有

---

① See, Renata Alexander, "Family Violence in Parenting Cases in Australia under the Family Law Act 1975 (Cth): The Journey So Far-Where Are We Now and Are We There Yet", *International Journal of Law*, *Policy and the Family*, vol. 29, issue 3, December 2015, p. 321.

② 澳大利亚联邦政府社会服务部官网："Announcement of Commonwealth Contribution to the Fourth Action Plan", https://www.dss.gov.au/women-programs-services-reducing-violence/announcement-of-commonwealth-contribution-to-the-fourth-action-plan. 访问日期：2019 年 4 月 2 日。

③ *Family Law Act* 1975, s. 43.

④ *Domestic and Family Violence Act* 2007(NT), s. 5.

⑤ *Family Violence Act* 2004 (TAS), s. 7.

⑥ *Family Violence Act* 2004 (TAS), s. 15.

关事项。①

三、当代澳大利亚夫妻财产关系制度

限于本章的研究对象为婚姻家庭领域，故当代澳大利亚夫妻财产关系制度只研究和阐述两个方面的内容：夫妻扶养义务和夫妻财产制。

（一）夫妻扶养义务

夫妻之间互负扶养义务。根据 1975 年澳大利亚联邦《家庭法》的规定，在有需要的情况下，夫妻双方都有同等的扶养义务。夫妻扶养义务，在经济方面主要体现为给付配偶扶养费。该法对配偶扶养费的条件、法院作出配偶扶养费令的考虑因素、配偶扶养费令的变更和终止等进行了规定。

1. 配偶扶养费的条件

根据 1975 年联邦《家庭法》第 72 条规定，配偶享有受扶养的权利。申请配偶扶养费的条件包括两个方面：其一，就受扶养的配偶而言，其由于以下原因不足以维持自己的生活时，另一方有义务对其扶养：（1）照顾未满 18 周岁的该婚姻所生子女；（2）因年龄、身体或精神上的缺陷没有能力从事适当的有收入的工作；（3）其他适当理由。其二，就扶养人而言，要求扶养人须有扶养能力。若扶养人不具有扶养能力，则不承担扶养对方的义务。在澳大利亚司法实践中，离婚夫妻一方照顾未满 18 周岁的子女，并不都能充分地表明其不足以维持自己的生活。从司法实践看，Keach & Keach and Ors 案中，妻子是两个未满 18 周岁的子女的主要照顾人，她要求丈夫每周支付 1350 澳元的扶养费。法官在对比了她的收入和支出后认为，该妻子请求扶养费，并不是由于"她对子女的照顾"、她的"年龄"或她"没有能力从事有适当收入的工作"等原因，因为其已为子女安排了全职托儿服务，她有时间并有能力从事有适当收入的工作，但她并没有选择去工作。所以法官没有判决支持她的诉讼请求。②而澳大利亚法院是如何理解"足以"维持自己的生活呢？在贝文（Bevan）婚姻案③中，法院强调，关于申请人经济状况的要求不是基于申请人的"需要"，而是基于其是否"足以"维持自己的生活，这可能会导致一个对申请人更为慷慨的结果。在该案中，妻子 51 周岁，是一名兼职厨师，每周报酬 224 澳元；丈夫 51 周岁，是一名挖墓人，每周收入 602 澳元。根据财产令，在出售婚姻住房后，妻子获得 18 万澳元，丈夫获得 10 万澳元。法院认为，若根据妻子的需要确定扶养费数额，她只能获得每周 30 澳元的配偶扶养费。但是，丈夫有能力每周支付 100 澳元的配偶扶养费。根据联邦《家庭法》第 75 条第 2 款的规定，法院可以考虑其他因素，包括当事人之间的收入差距、婚姻存续时间以及妻子的收入能力等。综合上述的考虑，法院判决丈夫每周支付妻子 50 澳元的配偶扶养费。由此可见，在支付配偶扶养费的一方有足够财产的情况下，"足以"不仅仅指受扶养一方的基本需求，其通常习惯的生活水平是法院在确定扶养费数额是否"足以"维持生活时也要考虑的因素之一。

---

① *Domestic and Family Violence Act* 2007（NT），s. 19.
② See，Keach & Keach and Ors [2011] FamCA 192.
③ *See*，*In the Marriage of Bevan* [1995] FLC 92 - 600.

2. 配偶扶养费的申请时间

由于配偶扶养义务因婚姻而产生并且属于联邦根据宪法规定的婚姻权力，因此当事人可以在婚姻期间、分居后或离婚时申请配偶扶养费。①

3. 法院作出配偶扶养费令的考虑因素

根据该家庭法的规定，法院在作出有关上述配偶扶养费令时，需要考虑如下因素：（1）双方的年龄及健康状况。（2）双方的收入、财产和经济来源以及从事适当的有收入的工作应具备的身体和精神条件。（3）是否有任何一方在抚养和照顾该婚姻所生的未满18周岁的子女。（4）为使一方扶养以下人员各方所必需承担的义务：他或她自己；子女或该方有义务扶养的其他个人。（5）一方当事人扶养他方的义务。（6）任何一方在遵守联邦、各州、各地区或其他国家的法律以及养老金基金或计划②的规定所获得补助、津贴或福利的资格及其费用。（7）双方已经分居或离婚的，在所有情况下的合理的生活水平。（8）给付的扶养费能够使接受扶养费的一方通过接受教育、培训、从事商业活动或获得适当收入，从而提高其谋生能力的程度。（9）拟作出的命令对债权方实现债权的能力的影响（只要影响是相关的）。（10）拟受扶养方对他方的收入、谋生能力、财产及经济来源的贡献程度。（11）婚姻的持续时间以及对拟受扶养方谋生能力的影响的程度。（12）保护希望继续担任父母角色的一方的需要。（13）任何一方当事人与第三人同居的，同居期间的经济状况。（14）根据第79条的规定作出的关于当事人的财产或者与破产方有关的既定破产财产的命令的条款。（15）根据第八AB章③与下列事项有关的规定，作出或拟作出的命令或申明的条款：婚姻一方当事人；与婚姻一方当事人有事实伴侣关系的个人；婚姻一方和与婚姻一方有事实伴侣关系的个人的财产，或者其任何一方的财产；有关婚姻一方或与婚姻一方有事实伴侣关系的个人的既得破产财产。（16）根据1989年联邦《子女抚养费（评估）法》的规定，婚姻一方当事人为婚姻所生子女已经提供、即将提供或将来可能有责任提供抚养费。（17）法院认为需要考虑案件公正的任何事实或情况。（18）任何对婚姻双方具有约束力的财产协议的条款。（19）对婚姻一方当事人有约束力的第八AB章的财产协议的条款。④以上法定考虑因素对法院作出合理的配偶扶养费法令具有重要的指导意义，同时也有利于保护当事人的合法权益。

4. 配偶扶养费令的变更和终止

法院可以根据相关的规定，基于正当理由撤销配偶扶养费令，全部或部分中止该命令的效力，全部或部分恢复中止的配偶扶养费令，增加或减少配偶扶养费的数额等。婚姻一方当事人死亡的，有关该方的配偶扶养费令不再具有法律效力。在依配偶扶养费令承担付款义务的一方死亡的，有关婚姻一方的配偶扶养费令失效，但是配偶扶养费令明示为一方当事人的利益作出的命令终身有效，在承担付款义务的一方死亡时，给付扶养

① See, Belinda Fehlberg, "Spousal Maintenance in Australia", *International Journal of Law, Policy and the Family*, vol. 18, issue 1, April 2004, p. 11.

② 无论该养老金基金或计划是否已经建立或运作。

③ 第八AB章规定的是与事实伴侣关系有关的财产事宜。2008年联邦《家庭法修正案（事实财务事项和其他措施）法》对1975年联邦《家庭法》进行了修改，增加了有关事实伴侣关系的条款，该法第50条规定在1975年联邦《家庭法》中增加第八AB章。

④ *Family Act* 1975, s. 75（2）.

费的期限未届满，在这种情况下该命令对死者的法定遗产代理人仍有约束力。向婚姻一方当事人支付配偶扶养费的命令在该方再婚时失效，但特殊情况下法院作出相反的规定除外。若受扶养的一方再婚的，其有义务毫不迟延地将再婚之日告知付款义务人，再婚后支付的配偶扶养费，付款方可以向有管辖权的法院主张追偿。[①]

5. 配偶紧急扶养令

澳大利亚家庭法还对配偶的紧急扶养费作了规定。如果在与婚姻一方的扶养有关的诉讼中，法院认为婚姻一方急需经济帮助，可以作出支付其认为合理的款项的命令[②]，使需要帮助的当事人一方得到及时救助。从司法实践看，在海森（Hayson）案[③]中，夫妻双方于1980年分居，分居后他们的三个未成年子女均由丈夫抚养。1983年1月双方正式离婚。1987年1月9日，罗斯·琼斯法官签发离婚丈夫每周向前妻支付440澳元的紧急扶养费命令。初审法官认为，该妻子在靠近子女住所的地方租房是合理的，其租住有三间卧室的房屋可以方便其子女与她一起居住。丈夫向家庭法院提起上诉。家庭法院扩大庭认为，妻子可以有充分的理由租用该房子，尽管租金很高。因为这样离子女住的地方很近，并且房屋的大小也适合子女留宿。但目前妻子租用该房屋不能被认为是"迫切需要"，并且她没有事先与离婚前夫商量或者告知他。因此，审理该上诉的法院撤销了罗斯·琼斯法官签发的紧急扶养费令。可见，紧急扶养费令必须要求夫妻一方存在迫切需要经济帮助的情形。

（二）夫妻财产制

夫妻财产制被称为婚姻财产制。[④] 从夫妻财产制是依夫妻双方的约定或法定规定而确定的，可以分为约定财产制与法定财产制。以下，将从约定财产制和法定财产制两个方面考察阐述澳大利亚的夫妻财产制。

1. 约定财产制

在澳大利亚，根据1975年联邦《家庭法》第八A章对财产协议的规定，夫妻可以通过约定的方式对财产进行处理。该章规定了婚前财产协议（第90B条）、婚姻期间的财产协议（第90C条）、离婚令作出后的财产协议（第90D条）、财产协议发生约束力的时间（第90G）、财产协议一方死亡后的效力（第90H条）、财产协议的终止（第90J条）、法院撤销或者终止财产协议的情形（第90K条）等内容。

根据该法第90B条、第90C条的规定，当事人可以在婚前、婚姻关系存续期间，对以下事项订立书面协议：（1）在婚姻关系破裂时，对订立协议时，或订立协议后及离婚前任何一方或双方的财产或经济来源如何处理；（2）在婚姻关系存续期间、离婚后或者婚姻关系存续期间及离婚后任何一方的扶养费。在离婚令作出后，当事人可以对当事人任何一方或双方拥有的财产或经济来源以及婚姻存续期间获得的财产处理以及配偶的扶

---

① *Family Act* 1975, ss. 82-83.

② *Family Act* 1975, s. 77.

③ See, *In Marriage of Hayson* [1987] FLC 91-819.

④ 夫妻财产制又称婚姻财产制，是指规定夫妻财产关系的法律制度。其内容包括各种夫妻财产制的设立、变更与废止，夫妻婚前财产和婚后所得财产的归属、管理、使用、收益、处分以及家庭生活费用的负担、夫妻债务的清偿、婚姻终止时夫妻财产的清算和分割等问题。参见陈苇：《中国婚姻家庭法立法研究》，群众出版社2000年版，第175页。

养费订立书面协议。

约定财产制具有优先适用的效力。该法第 71A 条规定，第八章有关财产、配偶扶养与扶养协议的法律规定不适用于对当事人有约束力的合法有效对财产协议约定的事项。财产协议是否合法有效且具有强制性，应由法院根据普通法和衡平法原则进行确定。[①] 可见，双方当事人约定的财产协议具有优先适用的效力，这是对意思自治原则的贯彻以及对当事人自由意志的尊重。

2. 法定财产制

澳大利亚的法定财产制为分别财产制。分别财产制是夫妻婚前和婚后所得财产均归各自所有，各自独立行使管理、使用、收益和处分权；但不排除妻子以契约方式将财产的管理权交与丈夫行使，也不排斥双方拥有一部分共同财产。[②] 这意味着在婚姻当事人没有书面财产协议进行特别约定的情况下，夫妻各自的财产归各自所有，由其自由管理、使用、收益、处分。但由于共同生活及照顾子女、家人的需要等，不排除双方会拥有一部分共同财产。因此，许多夫妻对房产、银行账户以及其他资产享有共同的法定所有权。[③] 从司法实践看，关于合伙人的权利或利益是否可以纳入婚姻财产的问题，Best 婚姻案（1993）中，扩大庭法官审理时认为，合伙人利益就是财产"在通常情况下是无可争议的"。同时，合伙人利用收益以及从合伙中获得收益的权利通常也被认为是一种经济来源，理当属于婚姻财产。[④]

必须注意，在现代社会，基于夫妻地位平等原则，即使在实行分别财产制的一些英美法系国家，离婚时法院处理夫妻在婚姻期间所得的财产实际上是依据夫妻对婚姻家庭所作的贡献等进行公平分配的。[⑤] 澳大利亚的法定夫妻财产制是分别财产制，但 1975 年联邦《家庭法》第 79 条第 2、4 款的规定，法官在判决离婚时，有权根据夫妻对家庭、财产的直接或间接贡献，公平、合理地判决分配夫妻在婚姻期间所得的财产。该法第 79 条第 4 款规定了如下考虑因素：（1）婚姻一方当事人或该婚姻所生子女直接或间接为获得、保管或增加婚姻当事人双方或一方的财产所作的经济贡献，或与该财产有关的其他行为（无论作出经济贡献后，该财产是否已不再是婚姻当事人双方或一方的财产）；（2）婚姻一方当事人或该婚姻所生子女直接或间接为获得、保管或增加婚姻当事人双方或一方的财产所作的贡献（经济贡献除外），或与该财产有关的其他行为（无论作出经济贡献后，该财产是否已不再是婚姻当事人双方或一方的财产）；（3）婚姻一方当事人为婚姻双方当事人及该婚姻所生子女组成幸福家庭所作的贡献，包括主妇或父母在能力范围内可作的任何贡献；（4）拟作的命令对婚姻任何一方当事人谋生能力的效力；（5）该法第 75 条第 2 款提及的相关事项；（6）根据本法作出的对婚姻一方或该婚姻所生子女产生影响的其他命令；（7）一方婚姻当事人根据《1989 年子女抚养费（评估）法》的规定，为抚养该婚姻所生子女已经提供、即将提供或者将来可能提供的抚养费。从司法实践看，

---

① *Family Law Act* 1975, s. 90KA.

② 参见陈苇主编：《婚姻家庭继承法学》（第二版），高等教育出版社 2018 年版，第 96 页。

③ Patrick Parkinson："Family Property Division and the Principle of Judicial Restraint", *University of New South Wales Law Journal*, vol. 41, issue 2, 2018, p. 381.

④ 陈苇主编：《外国婚姻家庭法比较研究》，群众出版社 2006 年版，第 596 页。

⑤ 参见陈苇主编：《外国婚姻家庭法比较研究》，群众出版社 2006 年版，第 29 页。

一般来说，法院可能在特定情况下，干预离婚夫妻双方所有财产的分配，在公平基础上根据夫妻各方对婚姻家庭的直接贡献和间接贡献，结合以上考虑因素进行财产净值的调整分配，即法院在分配积极财产的同时，也要考虑财产责任（如财产上设置的抵押、担保、契约等）。法院对于间接贡献的认定，不仅有对家庭的间接贡献而且包括对配偶的间接贡献，如在 Whitely 婚姻案中，法官发现，基于或然性原则，妻子是丈夫艺术性及创造行为的激发者。①

第五节　当代澳大利亚亲子关系制度

本节研究和阐述以下内容：一是当代澳大利亚亲子关系制度概述；二是当代澳大利亚亲子关系的类型；三是当代澳大利亚亲子关系的确定制度；四是当代澳大利亚父母子女的权利义务。

一、当代澳大利亚亲子关系制度概述

亲子关系，又称父母子女关系，在法律上是指父母和子女之间的权利义务关系。②澳大利亚的亲子关系立法以儿童最大利益原则为指导，不断地进行修改和完善。早在 1959 年联邦《婚姻诉讼法》中已经规定，在有关婚姻所生子女的监护、福利、发展或教育的诉讼中，法院应当将儿童的利益视为首要考虑因素。澳大利亚在 20 世纪 70 年代废除了"非婚生子女"的称谓，非婚生子女与婚生子女统一被称为"子女"，这有利于对子女的平等保护。③

1975 年联邦《家庭法》第七章"子女"的内容，根据联合国 1989 年《儿童权利公约》倡导的"儿童最大利益原则"，确立了"子女最大利益"作为亲子法的指导原则。该法第 60B 条明确规定第七章的目的是确保通过以下方式实现子女的最大利益：④（1）确保子女能从父母有意义地参与其生活中受益，以在最大限度上符合子女的最大利益；（2）保护子女免受虐待、遗弃或者家庭暴力造成的身体或心理伤害；（3）确保子女得到充分和适当的抚养，以帮助他们充分发挥潜力；（4）确保父母履行其职责，关心子女的照顾、福利和发展。同时该法明确规定，根据第七章进行的任何诉讼，在该诉讼中子女的最大利益是最重要的考虑因素。⑤例如，法院在作出抚养令时，子女的最大利益必须是最重要的考虑因素。

对于法院确定"子女最大利益"的考虑因素，该法规定包括首要考虑因素和次要考虑因素。首要的考虑因素有两个：第一，让子女与其父母双方建立有意义的关系对子女

① 参见陈苇：《澳大利亚现代家庭法简介》，载陈苇主编：《外国婚姻家庭法比较研究》，群众出版社 2006 年版，第 596、598-599 页。
② 陈苇主编：《婚姻家庭继承法学》（第三版），群众出版社 2017 年版，第 124 页。
③ 必须指出，在德国，《德国民法典》于 1998 年生效的法律中，第 1591 条就已经取消了"婚生子女"的称谓，该法中从此也不再有"非婚生"一词。此立法意旨在于仅用"子女"一词，体现了法律对儿童的尊重和保护，即有婚姻关系的男女所生子女，与无婚姻关系的男女所生子女，其法律地位都是平等的，其称谓也是相同的。这对我国立法无疑具有参考价值。参见陈苇：《中国婚姻家庭法立法研究》，群众出版社 2000 年版，第 315 页。
④ *Family Law Act* 1975, s. 60B（1）.
⑤ *Family Law Act* 1975, s. 60CB（1）.

的益处；第二，保护子女免受虐待、遗弃或家庭暴力造成的身体或心理伤害的必要性。[①] 在适用这两个考虑因素时，该法规定第二个考虑因素比第一个重要。[②]次要考虑因素包括：（1）子女的意见、子女的成熟情况或理解力等相关因素；（2）子女与其父母以及（外）祖父母或其他亲属等的关系的状况；（3）父母参与有关子女的重要且长远的问题的决定、陪伴子女、与子女沟通的程度；（4）父母履行或者没有履行抚养子女的义务的程度；（5）子女周围环境的变化可能带来的影响，包括子女与父母、与他一直居住的其他子女或其他人分离后可能产生的影响；（6）子女与父母接触的实际困难和费用，以及这种困难或费用是否会严重影响子女与父母保持个人关系和直接交往的权利；（7）父母以及任何其他人（包括子女的祖父母、外祖父母、其他亲属）满足子女的需求包括情感以及智力需求的能力；（8）子女的成熟情况、性别、生活方式和背景（包括生活方式、文化和传统）以及法院认为其他的相关因素；（9）子女是土著子女或托雷斯海峡岛民子女的，还要考虑子女学习土著或托雷斯海峡岛民文化的权利（包括学习其他文化的权利），依据本章作出的抚养令对子女权利所造成的影响；（10）父母表明对子女以及作为父母的责任的态度；（11）对子女或该子女的家庭成员实施的家庭暴力；（12）家庭暴力禁止令适用于或已经适用于该子女或该子女的家庭成员的，可以从该命令中得出任何相关推论，同时考虑到以下因素：该命令的性质，作出命令的情况，为该命令在诉讼中采信的任何证据，法院为该命令在诉讼中作出的任何调查结果，任何其他有关事宜；（13）是否作出最不可能导致就子女进一步提起诉讼的命令；（14）法院认为其他相关的任何因素或情形。[③]以上规定体现了子女最大利益原则的要求，对于法院如何确定子女的最大利益，该法明确规定了首要考虑因素以及次要考虑因素，这有利于指导法院作出符合子女最大利益的判决。

并且，该法规定对涉及儿童问题的处理应当考察和重视儿童本人的意愿。1975年联邦《家庭法》规定，法院在决定是否为相关子女签发抚养令时，应考虑子女的意见。[④]1988年新南威尔士州《儿童与青少年（照管与保护）法》第9条规定，无论儿童或青少年能否就其安全、福利和健康问题形成自己的意见，必须给予其自由表达意见的机会，并且应根据该儿童或青少年的发展状况及所处环境，对其意见给予应有的重视。

此外值得注意的是，在家事诉讼中为切实保障子女的利益，1975年联邦《家庭法》第69ZN条和第69ZS条分别明确规定了"指导与子女诉讼有关的原则"和"家庭顾问的设置"。一方面，"指导与子女诉讼有关的原则"有以下五项：第一，法院应当考虑子女的需求以及诉讼行为对子女的影响；第二，法院应当主动指示、控制和管理诉讼行为；第三，诉讼的进行应当确保：（1）子女免受家庭暴力、家庭虐待和遗弃，（2）当事人免受家庭暴力；第四，诉讼应当改善尽可能以促进当事人实现合作，以子女为中心养育的方式进行；第五，诉讼应当毫不拖延，并尽可能减少形式化。另一方面，对于"家庭顾问的设置"规定为：在涉及子女的诉讼中，法院可以任命某个家庭顾问作为该诉讼的家庭顾问。[⑤] 这些涉及儿童的家事诉讼之特殊规定，符合儿童最大利益原则的要求，有利于保

---

① *Family Law Act* 1975, s. 60CC（2）.

② *Family Law Act* 1975, s. 60CC（2A）.

③ *Family Law Act* 1975, s. 60CC（3）.

④ *Family Law Act* 1975, s. 60CC（3）（a）.

⑤ 参见《澳大利亚家庭法》（2008年修正），陈苇等译，群众出版社2009年版，第210–212页。

障儿童的合法权益。

二、当代澳大利亚亲子关系的类型

根据 1975 年联邦《家庭法》的规定，澳大利亚亲子关系中子女的种类主要包括基于婚姻关系所生子女、基于事实伴侣关系所生子女、养子女、继子女、人工受孕所生子女。[①]

（一）基于婚姻关系所生子女

根据 1975 年联邦《家庭法》的规定，基于婚姻关系所生子女包括：（1）子女为有婚姻关系的双方共同生育的子女，不论该子女是婚前还是婚后出生；（2）婚后由婚姻双方收养的子女，或婚后经另一方同意，由其中任何一方收养的子女。基于婚姻关系所生子女，即使在父母离婚、婚姻被宣告无效或因婚姻一方死亡而终止婚姻关系，该子女仍为基于婚姻关系所生子女。就养子女而言，其被收养后，即不再是生父母基于婚姻关系所生子女。[②]

（二）基于事实伴侣关系所生子女

根据 1975 年联邦《家庭法》的规定，基于事实伴侣所生子女包括：（1）事实伴侣双方所生的子女；（2）由事实伴侣双方共同收养或者由其中一方在他方同意的情况下收养的子女；（3）因人工受孕或者根据代孕协议所生的子女，该子女是该个人与其事实伴侣的子女。[③]如事实伴侣的子女由他人收养的，该子女将不再是该事实伴侣的子女。[④]

（三）养子女

收养关系成立后，养父母和养子女之间具有法律上的养父母子女关系，具有亲生父母子女之间的权利义务。（详细内容参见本章第六节"当代澳大利亚收养制度"）

（四）继子女

在澳大利亚，形成法律上的继父母子女关系需要满足一定的法定条件，根据该 1975 年联邦《家庭法》第 4 条的规定，成为子女法律上的继父母需要满足以下条件：第一，不是该子女的亲生父母；第二，与该子女的父母结婚或是该子女的父母的事实伴侣；第三，将该子女视为其与该子女的亲生父母组成的家庭的一员。

（五）人工受孕所生子女

根据 1975 年联邦《家庭法》第 60H 条的规定，对人工受孕所生子女亲子关系之认定条件如下：（1）满足以下条件进行人工受孕所生的子女，为某女子与意向父母的子女，该子女不是该女子与意向父母以外的提供遗传物质的人的子女。第一，子女为该女子与意向父母结婚或成为事实伴侣后进行人工受孕所生育的子女；第二，该女子与意向父母同意进行人工受孕，且提供用于人工受孕的遗传物质的任何其他人同意在人工受孕过程中使用该遗传物质，或者根据联邦、州或地区的法律规定，该子女是该女子与意向父母的子女，无论该子女是否是该女子和意向父母的生物学上的子女。（2）某女子通过人工

---

① 根据 1975 年联邦《家庭法》的规定，婚姻关系所生子女中已经包含了养子女，不过为了强调养子女的地位，这里我们将养子女单独列为一类。

② *Family Law Act* 1975, s. 60F.

③ *Family Law Act* 1975, s. 60HA（1）.

④ *Family Law Act* 1975, s. 60HA（2）.

受孕的方式生育子女，并且根据联邦、州或地区的法律规定该子女属于该女子的子女，不论该子女是否是该女子遗传学上的子女，该子女为该女子之子女。（3）某女子通过人工受孕方式生育子女，并且根据联邦、州或地区的法律规定，该子女属于某男子之子女，不论该子女是否是该男子遗传学上的子女，该子女为该男子之子女。从司法实践看，在Baker v. Landon［2010］FMCAfam 280案中，原告与案涉子女 E 并无血缘关系。E 是通过人工辅助生殖技术出生的，在人工生育手术实施前得到了双方当事人的同意。根据1975年《家庭法》第60H 条的规定，在人工生育子女的情形下，如果男女双方都同意实施人工生育手术，且男方为生育子女的女方之丈夫或同居伴侣，那么男女双方将被认定为人工生育子女的父母。该案中，法官对原告是否属于被告女方的事实伴侣进行慎重考量后，认定原告与被告属于事实伴侣关系，由此推定原告与 E 的亲子关系成立。①

三、当代澳大利亚亲子关系的确定制度

关于亲子关系的确定，主要从以下两个方面进行考察阐述：一是亲子关系的推定，二是亲子关系的否认。

（一）亲子关系的推定

在澳大利亚，1975年联邦《家庭法》对于亲子身份关系的确立有以下规则：基于婚姻关系推定的亲子关系（第69P 条）；基于同居关系推定的亲子关系（69Q 条）；基于出生登记推定的亲子关系（第69R 条）；基于法院判决推定的亲子关系（第69S 条）；基于认领推定的父亲身份（第69T 条）；基于证据宣告的父亲身份（第69VA 条）。

1. 基于婚姻关系推定的亲子关系

基于婚姻关系的亲子关系的推定包括三种情况：第一，女方婚后生育子女的，该子女被推定为女方与其丈夫的子女。第二，子女在婚姻因一方死亡而终止或婚姻关系被宣告无效后44周内出生的，该子女被推定为女方及其丈夫或声称丈夫（被宣告无效的婚姻的男方）的子女。第三，婚后男女双方分居后又同居，在恢复同居后3个月内再次分居，子女在同居结束后44周内出生且此时双方已离婚的，该子女被推定为双方的子女。

2. 基于同居关系推定的亲子关系

基于同居关系的亲子关系的推定，法定条件如下：（1）女方生育子女；（2）在子女出生前44周至子女出生前20周的期间内，女方与男方未婚同居。那么，该子女被推定为男方的子女。

3. 基于出生登记推定的亲子关系

根据联邦、州、地区或规定的海外司法管辖区的法律记载的出生登记或亲子关系资料，凡被登记为子女的父母的人可被推定为该子女的父母。

4. 基于法院判决推定的亲子关系

法院明确判决某人为子女的父母，且该判决没有被变更、宣告无效或撤销的，该人可被推定为子女的父或母。

5. 基于认领推定的父亲身份（自愿认领）

根据联邦、州、地区或规定的海外司法管辖区的法律规定，男方已经签署文书，承

---

① See，Lisa Young，New Frontiers for Family Law，2013 INT'l Surv. FAM. L. 61（2013）.

认其是特定子女的父亲，且该文书没有被宣告无效或者没有被撤销的，该男子为子女的父亲。

6. 基于证据宣告的父亲身份（强制认领）

在收到相关证据后，对于子女的身份（争议）问题，法院诉讼中可以作出子女的父亲身份之宣告。①

从州的立法看，1975 年南澳大利亚州《家庭关系法》也对父亲身份的承认（第 7 条）与亲子关系的宣告（第 9 条）做了规定。根据该法规定，关于亲子关系的承认或宣告，任何人只有在以下情况下才被视为在婚姻关系之外出生的子女的父亲：（1）由于该子女地位的准正（如父母结婚）或根据有关收养儿童的法律，其被视为该子女的父亲；（2）该人已在儿童出生登记程序中（本州或其他地方）承认其是该儿童的父亲；（3）在该人有生之年，他曾被有管辖权的法院（本州或其他地方）判决宣告认定为该子女的父亲；（4）根据本法，该人被判定为该子女的父亲，且根据本法，任何其他人均不被视为该子女的父亲或共同父母。符合上述条件之一的，被视为婚外所生的子女的父亲。（5）某女子声称某人是其子女的父亲或共同父母，或者某人声称亲子关系存在于该人和另一人之间的，其可以向法院申请亲子关系宣告，若法院采信亲子关系是存在的，可以作出亲子关系宣告。

（二）亲子关系的否认

亲子关系的推定可能因存在相反的事实而被推翻。1975 年联邦《家庭法》规定了亲子关系的推定之否认规则（第 69U 条）。亲子关系的推定可以通过证明存在多种可能性而被否认。如果在诉讼中，两个以上的推定具有相关性，且这些推定相互冲突，但在诉讼中并没有被否认的，法院将优先适用更具可能性的推定。

在某些情况下，当事人可以申请做 DNA 亲子鉴定，以否认亲子关系的存在。② 但法院只有在需要的时候才可以作出 DNA 测试令，要首先考虑是否符合所涉儿童的最大利益。③ 例如，在 F 与 R 的亲子关系否认之诉案件中，丈夫与妻子于 1972 年结婚，于 1984 年离婚。1984 年法官当时判决丈夫每周给付子女抚养费 36 澳元；1990 年丈夫支付的子女抚养费被增加到了每周 50 澳元；1991 年法官再次将丈夫支付的子女抚养费增加到每周 65 澳元。由此，丈夫申请进行亲子鉴定以拒绝继续支付子女的抚养费。其理由主要有：第一，在妻子怀孕之前，丈夫和妻子每月仅有一次性生活。第二，妻子和其现任丈夫在妻子怀孕那段时间在一起工作。第三，该子女和妻子的现任丈夫在外形上长得相似。第四，妻子的现任丈夫拥有公布该子女出生的简报。该子女已满 13 周岁，在心智上较为成熟，并且想知道谁是自己的亲身父亲。母亲和她的现任丈夫拒绝进行亲子鉴定。最终法院批准了丈夫的申请并作出了进行亲子关系鉴定的命令，④ 即法官作出亲子关系鉴定的命令必

① 参见《澳大利亚家庭法》（2008 年修正），陈苇等译，群众出版社 2009 年版，第 200—203 页。

② DNA 由每个人独有的可识别物质组成，但其中包括一些遗传自父母的物质。DNA 测试目前被视为人类之间物理关系的最确切的证据。它通常被称为"遗传指纹"。这种技术比血液测试和血型测试更有效。See, Legal Service Commission of South Australia, "How is paternity determined?" https://lawhandbook. sa. gov. au/ch21s08s02s14. php. Access time: 2019-4-15.

③ See, Legal Service Commission of South Australia, "How is paternity determined?" https://lawhandbook. sa. gov. au/ch21s08s02s14. php. Access time: 2019-4-15.

④ *F and R* (1992) FLC 92-300.

须基于子女的亲子关系是"一个有争议的问题",因此必须满足以下两个条件:第一,亲子关系必须与诉讼的性质相关;第二,必须有证据证明子女的亲子关系存在疑问。① 法院不会随意作出进行亲子鉴定的法令,除申请人必须对子女的出身具有真实且合理的怀疑理由和证据外,子女的最大利益始终是是否作出子女关系鉴定命令最重要的考虑因素。

四、当代澳大利亚父母子女的权利义务

在澳大利亚,父母子女的权利义务主要被规定在 1975 年联邦《家庭法》、1989 年联邦《子女抚养费(评估)法》、1988 年联邦《子女抚养费(登记与收取)法》等法律中。这些法律对父母子女的权利义务之规定,可以分为两个部分:一是父母对子女的权利义务,包括父母对子女的权利义务和父母责任;二是子女的权利。

（一）父母对子女的权利义务

澳大利亚法律规定的父母对子女的权利义务,包括父母对子女的抚养和父母责任。

1. 父母对子女的抚养

在澳大利亚,父母对未成年子女及特定成年子女负有抚养义务。如果父母不履行此义务的,子女或其代理人等可以请求法院判决发出子女抚养令。法院作出子女抚养令,应以该子女的最大利益为首要考虑。② 子女抚养令的目的是确保子女从父母处获得适当的经济供养,确保通过父母双方的收入、谋生能力、财产和经济来源满足子女的适当需求,确保父母平等承担抚养责任。③

（1）父母对未成年子女的抚养。根据 1975 年联邦《家庭法》第 66F-66K 条的规定,父母对未成年子女具有抚养义务。如果父母不履行对未成年子女的抚养义务时,该子女或其代理人等可以请求法院判决发出子女抚养令。

第一,关于子女抚养令的申请,具体要求如下:

一是子女抚养令的申请人。其申请人包括:子女的父母,子女,子女的祖父母、外祖父母;与子女的照管、福利或成长有关的其他人。如果属于受监护或照管的子女,子女抚养令的申请人仅可由下列人员提出:子女、对子女进行日常照管的父母或其他亲属、相关州或地区的子女福利官员。

二是法院确定子女的经济供养时应当考虑的因素。其包括子女的年龄、养育方式、教育和培养的需要以及其他特殊需要等。

三是法院确定父母对子女分担抚养费的份额时应当考虑的事项。其包括双方的收入、谋生能力、财产和经济来源,各方父母各自的供养能力(各自是否还对其他子女或亲属进行扶养、为直接照管子女所支出的直接和间接费用,应当考虑照管人为照顾子女所放弃的收入和影响的挣钱能力),特殊情况下是否会产生不公平的结果或者使供养人陷入困境等。

四是子女抚养费的给付方式。原则上,对于父母他方或其他亲属照管的未成年子女,父母一方或双方应当以定期付款的方式提供抚养费。

---

① See, Marriage of LEE and TSE (2005) 33 Fam LR 167.

② *Family Law Act* 1975, s. 65AA.

③ *Family Law Act* 1975, s. 66B.

第二，关于子女抚养令的变更，依该法第 65D 条（2）的规定，法院有权撤销、变更、暂停或恢复原先发出的抚养令之部分或全部内容。该法第 65S 条（3）列举了法院增加或减少抚养费的事由：一是权利人或义务人的经济状况变化；二是每年需要的生活费用发生变化；三是原定的抚养费数额现在已不适当；四是抚养令作出时法院否定的事实或证据有误。

第三，关于子女抚养令的终止，依该法第 66L 条（3）的规定，导致子女抚养令的终止失效的主要原因如下：子女已成年，但法院明示继续的除外；子女本人、付款人或收款人死亡；子女被收养、结婚或者与他人建立事实伴侣关系。此外，子女不再接受教育或智力康复治疗等，也是与之相关子女抚养令的终止原因。

必须注意，依该法第 65E 条的规定，法院在决定是否制作子女养育令时，必须把"子女的最大利益"作为首要考虑的因素。从司法实践看，在 Kress 婚姻案（1976）中，法官 Gldstein 认为，子女的福利问题"必须是高于一切的考虑因素。"换句话说，在作出最后决定之时，法院必须寻求最有利于子女的福利或最大利益的唯一决定。①

（2）父母对特殊情况成年子女的抚养。在澳大利亚，原则上父母对双方所生的年满 18 周岁以及 18 周岁以上的成年子女不承担抚养义务，但对特殊情况的成年子女则要承担抚养义务。如果父母不履行对特殊情况的成年子女的抚养义务时，该成年子女可以向法院申请子女抚养令。成年子女请求子女抚养令的条件如下：第一，确保子女为完成适当的教育；第二，子女有精神或身体上的残疾。对于符合前述法定条件的成年子女，法院可以作出子女抚养令，要求父母继续抚养该成年子女。②

此外，必须说明，在澳大利亚，继父母一方对于继子女（他方配偶与前婚配偶所生子女）原则上不承担抚养义务，只有在法院作出抚养令的情况下才承担抚养义务。法院作出继父母对继子女抚养令应当考虑的事项包括：第一，继父母之婚姻关系持续的时间与状况；第二，继父母与继子女之间现有的关系状况；第三，现有的子女抚养计划；其他特殊情况（如果不考虑此特殊情况将会产生不公平的结果或使当事人陷入困境）。③ 必须注意，在澳大利亚，生父母对生子女的抚养义务与继父母对继子女的抚养义务，两者是不同的。第一，两者有主次之分。生父母对其所生子女须承担主要抚养义务，继父母对继子女则承担次于生父母的抚养义务（属于次要的补充性义务）。第二，继父母对继子女承担抚养义务须经诉讼程序由法院判决确定。只有须经诉讼程序，法院依法作出命令判决继父母承担继子女的抚养义务是恰当的时，继父母才承担抚养义务。第三，继父母承担抚养义务并不能减轻亲生父母对其子女的抚养义务。④

2. 父母责任

1995 年联邦《家庭法改革法》用"父母责任"替代了"监护权"，以强化父母对子女的义务。根据 1975 年联邦《家庭法》第七章第二节专门对"父母责任"的规定，父母

---

① 参见陈苇：《澳大利亚现代家庭法简介》，载陈苇主编：《外国婚姻家庭法比较研究》，群众出版社 2006 年版，第 584 页。

② *Family Law Act* 1975，s. 66L.

③ *Family Law Act* 1975，s. 66M.

④ *Family Law Act* 1975，s. 66D.

责任是指法律规定的父母对子女所有的义务、责任与权利。① 每个父母对未满18周岁的子女都应承担父母责任，该责任不受父母分居、任何一方结婚或再婚的影响。②

父母责任的主要内容如下：

（1）父母对未成年子女的照顾和管束义务。1975年联邦《家庭法》第60B条规定，父母应当共同承担子女的照顾、福利和发展的责任与义务。2009年昆士兰州《收养法》规定，对子女有监护权的人有对子女日常照顾的权利以及决定子女的日常照顾的权利与义务。③

（2）父母对子女的教育和保护义务。父母对子女负有教育义务。若子女年满18周岁，但为确保该子女完成教育，法院可作出抚养令，要求父母继续抚养该子女。④ 2009年昆士兰州《收养法》规定，子女的养父母对子女的抚养、保护和发展负有主要责任。⑤ 1999年昆士兰州《儿童保护法》还规定，儿童有权受到保护，以避免受到伤害或伤害的风险。儿童如果没有能够并且愿意保护自己的父母的，州有责任保护该儿童。⑥ 因此，父母承担对其子女的保护责任是首要的，在父母没有能力保护的情况下，则由州承担该儿童的保护责任。

（3）父母管理子女财产的权利和义务。子女有拥有自己财产的权利，其父母有权管理子女的财产。有澳大利亚学者认为，实践中，对子女财产的管理方式没有有效的监督，只有当某人向法院提出申请时，法律才会介入。一旦发生这种情况，法院有权为该子女的利益作出任何适当的命令。⑦除法院认为对子女有益外，法院不得作出授权他人管理（包括对该财产的投资、收益、为该未成年子女的利益使用该财产或该财产的收益等）该子女财产的命令。⑧

（4）父母代理子女的权利和义务。父母有权代理其子女行使权利，以此弥补子女在法律上的行为能力的不足。一般情况下，父母被视为其子女利益的代表，他们有权代表其子女行事。同时，这也是父母的责任。"任何权利都有相对应的义务或职责。这些义务或职责的履行是权利得以行使的基本保障。"⑨ 如果父母没有做到，法律可能要求他们代表子女行事。在某些情况下，父母可能会因未尽到责任而被剥夺对子女的监护权或者照顾权。⑩

（二）子女的权利

澳大利亚家庭法关于子女权利的规定，体现了儿童最大利益原则的要求，子女在家

---

① *Family Law Act* 1975, s. 61B.

② *Family Law Act* 1975, s. 61C.

③ *Adoption Act* 2009（QLD），ss. 12–13.

④ *Family Law Act* 1975, s. 66VA.

⑤ *Adoption Act* 2009（QLD），s. 6.

⑥ *Child Protection Act* 1999（QLD），s. 5B.

⑦ Richard Chisholm, "Children and the Law in Australia", *Columbia Human Rights Law Review*, vol. 13, issue 1, Spring–Summer 1981, p. 23.

⑧ *Minors（Property and Contracts）Act* 1970, s. 50.

⑨ 顾培东：《社会冲突与诉讼机制》，法律出版社2016年版，第183页。

⑩ Richard Chisholm, "Children and the Law in Australia", *Columbia Human Rights Law Review*, vol. 13, issue 1, Spring–Summer 1981, p. 23.

庭中的合法权益受到法律的保护。如前所述，1975 年联邦《家庭法》明确规定了父母对子女的抚养、教育、照顾等义务和责任。对子女而言，父母对子女的抚养、教育、照顾等义务和责任，则属于其受抚养、教育、照顾的权利。

1975 年联邦《家庭法》第七章名为"子女"，该章第 60B 条第 1 款明确规定，本章之规定是为了确保子女的最大利益能够符合以下目的：（1）为了确保子女与父母和谐相处，最大限度地符合子女最大利益；（2）保护子女不受虐待、遗弃或家庭暴力等身体上或精神上的伤害；（3）确保子女能够获得足够和适当的养育，以帮助充分发挥他们的潜能；（4）确保父母履行其职责，对子女的照管、福利或成长尽到父母的责任。

同时，根据该章第 60B 条第 2 款的规定，子女依法享有的基本权利如下：（1）子女有对父母身份的知情权和接受父母照管权。子女有权知道父母的身份并受到双亲的照管，而不论其父母是否结婚、分居、从未结婚或从未居住在一起。（2）子女对父母及其他亲属有会面交往权。子女有权与父母以及对其照顾、福利或成长有重要意义的其他人包括祖父母、外祖父母以及其他亲戚相聚、会面交往。（3）子女享有受父母共同照顾权。父母对子女的照顾、福利或成长共同承担责任和义务，父母应当对子女今后的养育达成一致意见。（4）子女有学习文化的权利。[1]

以上规定符合儿童最大利益原则，有利于保障未成年子女的健康成长。

第六节　当代澳大利亚收养制度

本节研究和阐述以下内容：一是当代澳大利亚收养制度概述；二是当代澳大利亚收养的条件和程序；三是当代澳大利亚收养的法律效力；四是当代澳大利亚收养的解除制度。

一、当代澳大利亚收养制度概述

在澳大利亚，目前全国尚无统一的收养制度。根据 1990 年《澳大利亚联邦宪法》第 51 条的规定，收养制度没有被包含在联邦的立法权限范围内，收养行为主要由各州或地区制定的法律进行规范。虽然 1975 年联邦《家庭法》规定了收养对父母抚养责任的效力（子女被收养后父母对子女的抚养责任即终止）（第 61E 条）、收养对养育令的效力（子女被收养后养育令即终止）（第 65J 条）、收养对抚养令的效力（子女被收养后抚养令即终止）（第 66V 条）等内容[2]，却没有对收养进行全面系统的专门规定。但各个州和地区对收养进行了专门立法。各州或地区规范收养的法律主要有 1993 年首都地区《收养法》、2000 年新南威尔士州《收养法》、1994 年北部地区《儿童收养法》、2009 年昆士兰州《收养法》、1988 年南澳大利亚州《收养法》、1988 年塔斯马尼亚州《收养法》、1984 年维多利亚州《收养法》、1994 年西澳大利亚州《收养法》。[3] 此外，各州和地区还辅以相

---

① *Family Law Act* 1975, s. 60B. 参见《澳大利亚家庭法》（2008 年修正），陈苇等译，群众出版社 2009 年版，第 114–115 页。

② 参见《澳大利亚家庭法》（2008 年修正），陈苇等译，群众出版社 2009 年版，第 131、150、172 页。

③ *Adoption Act* 1993（ACT），*Adoption Act* 2000（NSW），*Adoption of Children Act* 1994（NT），*Adoption Act* 2009（QLD），*Adoption Act* 1988（SA），*Adoption Act* 1988（TAS），*Adoption Act* 1984（VIC），*Adoption Act* 1994（WA）.

应的收养条例。①

从澳大利亚各州或地区的收养法中，可以概括出收养制度的立法原则，即未成年被收养人最大利益原则。

2009 年昆士兰州《收养法》规定，该法的目的最重要的是促进被收养人一生的福利和最大利益。② 法院在行使权利时，必须将未成年子女的福利和最大利益作为最重要的考虑因素。③ 1994 年北部地区《儿童收养法》第 8 条亦规定，儿童的福利和利益是首要考虑因素。1984 年维多利亚州《收养法》第 9 条规定，儿童的福利和利益应被视为最重要的考虑因素。1988 年南澳大利亚州《收养法》第 3 条强调儿童的最大利益、福利和权利，不管是在童年时期还是在童年以后的生活中，应是最重要的考虑因素。1994 年西澳大利亚《收养法》第 3 条规定，应当将被收养儿童的福利和最大利益作为最重要的考虑因素。新南威尔士州、塔斯马尼亚州的立法也有类似的规定。④ 在司法实践中，法院须考虑作出收养令是否能够促进被收养儿童的福利。⑤

前述各州和地区的收养法还规定了确定被收养儿童的最大利益的考虑因素。例如，1993 年首都地区《收养法》第 4-5 条规定，应确保儿童或青少年的最大利益是收养儿童或青少年的首要考虑因素。在形成关于儿童或青少年最大利益的观点时，根据本法作出决定的人必须考虑以下因素：（1）该决定对儿童或青少年的生命历程可能产生的影响；（2）儿童或青少年的年龄、理解水平、成熟程度、性别和个人特征；（3）儿童或青少年的物质、情感和教育需要；（4）儿童或青少年表达的意见；（5）儿童或青少年与父母、兄弟姐妹及任何其他亲属的关系；（6）儿童或青少年与养父母的关系；（7）养父母满足儿童或青少年需要的能力；（8）获得永久家庭安排的儿童或青少年收养的替代办法。⑥ 新南威尔士州的收养法还规定了需要考虑的其他因素，如（1）儿童的残疾情况；（2）任何一方或双方父母表达的意愿；（3）拟定的养父母对儿童和父母责任的态度；（4）保护儿童免受因遭受虐待、暴力或其他行为而造成或可能造成的身体或心理伤害的需要，或避免儿童在第三人遭受虐待、暴力或其他行为时在场的需要。⑦

关于收养的类型，依据不同的标准，可以对收养进行不同的分类。在澳大利亚，根据各州或地区的收养立法，收养可以分为以下三种类型：

（1）未成年人收养与成年人收养。澳大利亚所有的州和地区均认可未成年人收养。但对于成年人收养，2009 年昆士兰州《收养法》明确规定不得收养成年人。⑧其他州和地区的立法则进行了严格限制，只允许在某些条件下的成年人收养。例如，2000 年新南威尔士州《收养法》规定，由申请收养令的人照顾的 18 周岁以上的"儿童"可以成为该法

---

① *Adoption Regulation* 2015（NSW），*Adoption of Children Regulations* 1994（NT），*Adoption Regulations* 2008（VIC），*Adoption Regulations* 2016（TAS），*Adoption Regulation* 1993（ACT），*Adoption Regulation* 2009（QLD），*Adoption Regulations* 1995（WA），*Adoption（Fees）Regulations* 2018（SA），*Adoption（General）Regulations* 2018（SA），etc.

② *Adoption Act* 2009（QLD），ss. 5-6.

③ *Adoption Act* 2009（QLD），s. 229.

④ *Adoption Act* 2000（NSW），s. 8；*Adoption Act* 1988（TAS），s. 8.

⑤ See, Fogwell（Father）and Ashton（Mother）[1993] FamCA 113.

⑥ *Adoption Act* 1993（ACT），ss. 4-5.

⑦ *Adoption Act* 2000（NSW），s. 8.

⑧ *Adoption Act* 2009（QLD），s. 10.

的收养对象。①

（2）完全收养与不完全收养。在澳大利亚，所有的州和地区均承认完全收养。首都地区承认继父母对继子女的不完全收养。在此情况下，被收养人和与继父母居住的父母的关系不受影响。在被收养人的亲生父母或前养父母之一死亡，且在死亡发生后收养令支持继父母时，收养令不得排除被收养人应该从死者处获得的继承权。②

（3）单独收养与共同收养。例如，2000 年新南威尔士州《收养法》规定法院可以作出支持一人单独收养或支持夫妻共同收养的收养令。该法还对个人收养、夫妻收养、继父母收养等做了规定。其中个人收养、继父母收养属单独收养，夫妻收养属共同收养。③

二、当代澳大利亚收养的条件和程序

由于本章篇幅有限，澳大利亚各州和地区均有独立的收养制度，以下选择部分州的收养制度进行研究和阐述。

（一）收养的条件

1. 被收养人的条件

在澳大利亚，对未成年人收养，被收养人须不满 18 周岁。④ 2009 年昆士兰州《收养法》第 10 条明确规定，"成年人不得被收养"。⑤ 必须注意，有两个州还以不存在婚姻关系等作为被收养人的法定条件之一。1994 年西澳大利亚州《收养法》规定，被收养的未成年人必须没有结婚或没有事实伴侣关系。1988 年塔斯马尼亚州《收养法》规定，对于收养的对象已经结婚的，法院不得作出收养令。⑥

对于成年人收养，一方面要求年龄达到 18 周岁。另一方面还要满足其他特殊条件。新南威尔士州收养法要求收养 18 周岁以上的人的，申请收养令的申请人或者申请人与申请人已故的配偶在被收养人年满 18 周岁前对其进行了照顾。⑦ 北部地区要求申请人或者申请人与申请人已故的或分居的配偶已经将该被收养人作为自己的孩子进行抚养和教育，但并没有规定限于 18 周岁以前。⑧首都地区仅要求，在事实收养的情况下，申请人已经对年满 18 周岁以上的人进行了抚养和教育，但没有要求将其视为子女进行抚养和教育或必须在 18 周岁以前进行了抚养和教育。⑨

---

① "An adoption order may be made in relation to a child who: (a) was less than 18 years of age on the date on which the application for the order was made, or (b) was 18 or more years of age on that date and was cared for by the applicant or applicants for the order." *Adoption Act* 2000 (NSW), s. 24 (1). 可见，在该条规定中，由申请收养令的人照顾的 18 周岁以上可以被收养的人也被称为 "child"。在后文提到的监护立法中，同样有类似的规定。

② *Adoption Act* 1993 (ACT), s. 43 (2).

③ *Adoption Act* 2000 (NSW), s. 23, ss. 27-30.

④ Geoffrey Monahan; Jennifer Hyatt, "Adoption Law and Practice in Australia", *Singapore Academy of Law Journal*, vol. 30, special issue, 2018, p. 491.

⑤ 不过其他州或地区 18 周岁以上的 "儿童"（"child"）是允许被收养的，如 1988 年南澳大利亚州《收养法》第 4 条规定该法中的 "儿童"（child）包含 18 周岁以下的人以及根据本法寻求或作出收养令的年满 18 周岁或以上的人。我们将各州或地区收养法中 18 周岁以上的 "儿童" 的收养视为成年人收养。

⑥ *Adoption Act* 1994 (WA), s. 66; *Adoption Act* 1988 (TAS), s. 19.

⑦ *Adoption Act* 2000 (NSW), s. 27.

⑧ *Adoption of Children Act* 1994 (NT), s. 12.

⑨ *Adoption Act* 1993 (ACT), s. 9.

2. 收养人的条件

对于收养人的条件，由于各州和地区规定略有差异，以下主要考察阐述 2000 年新南威尔士州《收养法》规定的收养人条件。该法对个人收养、夫妻收养、亲属收养、继父母收养的条件做了规定。

（1）个人收养。收养人需符合以下条件：第一，基本要求。收养人需在本州居住，并且具有良好的声誉，是履行父母责任的适当人选。第二，年龄要求。收养人年满 21 周岁，且比被收养儿童年龄大 18 周岁以上。但特定情况下，即使收养人不符合年龄要求，在法院也可以作出收养令。第三，配偶同意。个人收养者如已婚的，要求收养人的配偶以书面形式同意收养令的申请。①

（2）夫妻收养。收养人需符合以下条件：第一，基本要求。收养人都在本州居住，都具有良好声誉并且是履行父母责任的适当人选。第二，年龄要求。收养人双方均不是儿童的亲生父母或亲属的，要求收养人年龄均为 21 岁周岁及以上，年龄比儿童大 18 周岁。但特定情况下，即使夫妻一方或双方不符合年龄要求，也可以作出收养令。第三，持续时间要求。夫妻双方在申请收养令之前连续同居不少于 2 年。②

（3）亲属收养。收养人需符合以下条件：第一，有关的人已经明确同意亲属对该儿童的收养。这些人包括该儿童的特定养父母，并且是该儿童的亲属；两名特定的收养人，其中之一是该儿童的父母或者亲属；特定的养父母，并且是该儿童的继父母；特定的养父母，并且是一名被授权的照顾者，对该儿童已经履行了 2 年或 2 年以上的照顾责任。第二，该儿童与该亲属建立了 2 年以上共同生活的关系。第三，法院认为，为了儿童的最大利益，作出收养令更优于通过法律对儿童采取的其他任何行动。③

（4）继父母收养。如果收养人为继父母，该法第 30 条规定，法院作出有利于儿童的继父母的收养令必须满足下列条件：第一，该儿童须年满 5 周岁；第二，在申请收养令之前，继父母与儿童及儿童的亲生父母或养父母连续共同生活 2 年以上（此规定不适用于申请收养令时对年满 18 周岁以上的儿童的收养）；第三，有关人员根据本法规定同意继父母收养儿童；第四，法院认为，为了儿童的最大利益，作出收养令更优于通过法律对儿童采取的其他任何行动。④

3. 收养的同意

（1）父母的同意。2009 年昆士兰州《收养法》第 16 条规定，在儿童法院作出收养令之前，子女的父母须同意收养。⑤同意须由有行为能力的人自主自愿地作出。⑥

同意的形式。父母对子女收养的同意必须采用批准收养的表格的方式作出，由父母签字并经被授权人见证。被授权人指公务人员或经授权的其他适当的人。⑦

同意的撤销。父母仅可以在同意后 30 日内通过向首席执行官发出已签字的通知，撤

---

① *Adoption Act* 2000（NSW），s. 27.
② *Adoption Act* 2000（NSW），s. 28.
③ *Adoption Act* 2000（NSW），s. 29.
④ *Adoption Act* 2000（NSW），s. 30.
⑤ *Adoption Act* 2009（QLD），s. 16.
⑥ *Adoption Act* 2009（QLD），s. 17.
⑦ *Adoption Act* 2009（QLD），s. 18.

销其对子女收养的同意。①

（2）儿童的同意。针对收养的同意，除了需要父母同意外，还要考虑儿童的意愿。儿童可以对收养表达自己的意愿，并且法院在决定是否作出对该儿童的收养时，必须考虑该儿童的意见。②

（二）收养的程序

根据 2000 年新南威尔士州《收养法》的规定，收养的程序大致如下：

1. 选择未来的养父母之程序

（1）选择被授权的照顾人以外的人为养父母的程序与选择被授权的照顾人为养父母的程序相似，其主要有如下内容：

养父母表达收养儿童的意愿。个人或夫妻可以向相关部门或经批准接受收养申请的收养服务提供者的主要人员提交收养意向书。③

提交收养申请。相关部门或主要人员可根据规定并在有关收养服务提供者认可的任何条件下，邀请已提交意向书的人或夫妇提交收养子女的申请。④

（2）养父母适合性的评估和对养父母的选择。收养人需经历一个收养评估。除了家庭内部的收养外，未来的收养者（"申请人"）需要在被批准为未来养父母之前经历一个准备过程。申请人必须首先确定他们需要的收养类型（如当地收养或跨国收养），并向相关政府部门或收养服务提供者（如果有）提交收养意向书。除家庭内申请者外，所有申请人都必须参加培训计划，该计划提供有关被收养子女的需求、生父母有关的信息等。申请人还必须完成"收养申请书"。如果申请符合要求，申请人将进入"评估阶段"。一旦获得批准，在当地收养的情况下，申请人被列入未来的养父母中。在跨国收养的情况下，他们被列入有关国家的备选名单中。在收养特定需要的儿童的情况下，申请人通常针对特定儿童，因此，他们可能会遇到不同的培训和评估过程。⑤

2. 制订收养计划

收养计划须经两个以上有关儿童收养的当事人同意所作出。收养计划采用书面形式，并包含条例要求的事项。⑥ 法院在作出收养令时，需要将收养计划作为考虑事项。

收养计划的内容。其主要包括：（1）就以下任何一项或多项事项作出信息交流安排：儿童的医疗背景或状况；儿童的发展和儿童生活中的重要事件；当事人与子女之间的联系方式和性质。（2）与收养儿童有关的任何其他事项。⑦

收养计划的登记。收养当事人可以向法院申请登记该收养计划。如果收养计划符合以下事项，法院可以登记：第一，未违反收养原则；第二，收养当事人理解收养计划的内容且自愿达成；第三，内容恰当且符合儿童的最大利益。法院在作出相关的收养令时，

---

① *Adoption Act* 2009（QLD），s. 20.

② *Adoption Act* 2009（QLD），s. 179.

③ *Adoption Act* 2000（NSW），s. 42.

④ *Adoption Act* 2000（NSW），s. 44.

⑤ See，Geoffrey Monahan；Jennifer Hyatt，"Adoption Law and Practice in Australia"，*Singapore Academy of Law Journal*，vol. 30，special issue，2018，pp. 496–497.

⑥ *Adoption Act* 2000（NSW），s. 47.

⑦ *Adoption Act* 2000（NSW），s. 46.

已登记的收养计划具有效力，如同收养令的一部分。①

收养计划的审查。法院审查收养计划后，在其认为变更规定或撤销收养计划恰当且符合儿童的最大利益的情况下，可以通过命令作出如下决定：（1）对收养计划的规定作出其认为适当的变更；（2）撤销该计划；（3）确认该计划。② 例如，在霍加斯（Hogarth）案③中，法院认为，如果当事人就被收养子女与其出生家庭的联系作出了适当的安排，收养将有利于促进被收养子女的最大利益，但本案中拟定的收养计划没有就此作出适当安排，因此法院没有立即作出收养法令，而是中止了该诉讼程序，以便双方当事人能够在可能的情况下协商解决收养计划中存在的不足。

3. 作出收养令

收养令的申请。向法院申请收养令须经家庭与社区服务部部长④同意。法院只能根据以下个人提出的申请作出收养令：经家庭与社区服务部部长同意的未来的养父母；代表未来养父母的家庭与社区服务部部长或主要官员；年满 18 周岁以上的儿童（child）。⑤ 但是，申请人是该儿童的继父母或亲属的，或者申请涉及跨国收养的，收养令的申请无须家庭与社区服务部部长同意。⑥

收养令申请的通知。一般情况下，应至少提前 14 天将收养令申请的通知发送给任何须同意收养儿童的人。法院也可以免除发出通知。法院认为为了司法公正而有必要的，法院可指示将申请收养令的通知发给任何特定的人。⑦

法院收养令作出前需要的报告。（1）除非申请人已向法院提交有关提议收养的书面报告，否则法院不得对 18 周岁以下的人作出收养令。（2）只有家庭与社区服务部部长或被授权的人拟定的报告，法院才会接受。（3）法院可以要求家庭与社区服务部部长作出涉及申请收养令的报告，但仅限于该被收养的子女未满 18 岁的情况。（4）法院可要求家庭与社区服务部部长在提出申请之日起 6 个月内或法院在考虑案件情况后指明的其他期限内作出此类报告。⑧

收养令作出的时间。成年人对收养的同意的撤回期限届满之前，或者被收养的儿童已经同意收养的，从签署收养同意书之日起 30 天的期限届满之前，法院不得作出收养令，⑨ 即有 30 天的收养考虑期。

法院作出收养令的考虑事项。法院认为符合下列事项的，可以作出收养令：（1）收养将促进儿童的最大利益；（2）考虑儿童的年龄和理解力，以确定儿童的意愿和感受；（3）未来的养父母是儿童的继父母或亲属以外的人的，该未来的养父母是根据本法进行选择的；（4）要求同意儿童收养的人已经作出同意，或者对该同意的要求已经被免除；（5）就儿童（土著居民或托雷斯海峡岛民的儿童除外）而言，儿童的文化、残疾、语言

---

① *Adoption Act* 2000（NSW），s. 50.

② *Adoption Act* 2000（NSW），s. 51.

③ *Adoption of Hogarth*（No 2）［2019］NSWSC 9。

④ 家庭与社区服务部部长（Department of Family and Community Services，the Secretary）。

⑤ *Adoption Act* 2000（NSW），s. 87（1）.

⑥ *Adoption Act* 2000（NSW），s. 87（2）.

⑦ *Adoption Act* 2000（NSW），s. 88.

⑧ *Adoption Act* 2000（NSW），s. 91.

⑨ *Adoption Act* 2000（NSW），s. 89.

和宗教，以及儿童的名字、身份、语言和文化、宗教关系，在作出与收养有关的收养计划时都作出了考虑；（6）儿童是土著居民或托雷斯海峡岛民的儿童的，该地的儿童安置原则已经得到适用；（7）儿童是来自公约国家或澳大利亚以外其他国家的非公民儿童的，本法和任何其他相关法律的适用要求已得到满足。此外，收养方已同意收养计划的，除非计划的安排符合儿童的最大利益并且在当时情况下是适当的，否则法院不得作出收养令。①

必须说明，向法院申请收养令，法院可以推迟对该命令作出决定，并作出临时令。临时令须受法院认为合适的条款及条件的限制。临时命令的有效期不得超过 2 年。法院可以随时作出命令以撤销临时令。一旦作出收养儿童的命令，有关该儿童的临时令失效。②

三、当代澳大利亚收养的法律效力

澳大利亚收养的法律效力，包括人身关系的效力与财产关系的效力。

（一）人身关系的效力

2009 年昆士兰州《收养法》第 214 条规定，收养的效力有：（1）养子女成为养父母的子女，养父母成为养子女的父母。（2）养子女不再是前父母的子女，前父母不再是养子女的父母。（3）其他关系根据（1）和（2）确定。（4）前监护人不再是被收养孩子的监护人。（5）以前的收养令失效。③

关于子女姓氏上的效力，澳大利亚各个州或地区的收养法对子女姓氏的效力的规定不尽相同。1993 年首都地区《收养法》第 45 条规定，在作出儿童或青少年收养令时，法院可根据任何养父母的申请更改儿童或青少年的姓氏。在决定儿童或青少年的姓名时，法院必须考虑以下两个因素：第一，该儿童或青少年的最大利益；第二，儿童或青少年保留其姓氏及身份的权利。1984 年维多利亚州《收养法》第 56 条规定，收养令作出后，只有一个养父母的，养子女的姓氏应当为该养父母的姓氏；有两个养父母，且养父母姓氏相同的，养子女的姓氏应当为该养父母的姓氏；两个养父母的姓氏不同的，养子女的姓氏可为其中之一。

（二）财产关系的效力

根据 1975 年联邦《家庭法》第 61E 条的规定，子女被收养后，在财产关系上，养父母与养子女之间有父母子女的权利义务，生父母对子女的抚养责任终止。在州立法方面，2009 年昆士兰州《收养法》规定，子女的养父母对子女的抚养、保护和发展负有主要责任。④父母为子女提供的抚养费数额，应依据父母的经济供养能力、子女所需费用等进行确定。⑤ 此外，1993 年首都地区《收养法》第 43 条规定，被收养人的亲生父母或前养父母之一已经死亡，且在死亡后作出的收养令有利于继父母的，收养令不能排除被收养人可能从已故的人处获得的任何继承权。

---

① *Adoption Act* 2000（NSW），s. 90.
② *Adoption Act* 2000（NSW），ss. 84–86.
③ *Adoption Act* 2009（QLD），s. 214.
④ *Adoption Act* 2009（QLD），s. 6.
⑤ *Child Support（Assessment）Act* 1989，s. 4.

四、当代澳大利亚收养的解除制度

关于收养关系的解除，根据 2009 年昆士兰州《收养法》的规定，其内容包括收养关系解除的申请人、解除事由以及解除的效力。

（一）收养关系解除的申请人

申请解除收养令的人有以下四类：（1）成年的被收养人；（2）被收养人的生父母；（3）被收养人的养父母；（4）行政长官。[①]

（二）收养关系解除的事由

收养关系可能由于以下原因，经申请由法院宣告被解除：（1）以不当方式获得收养令。这主要包括，第一，基于虚假的或误导性的文件或陈述获得收养令；第二，因个人的欺诈行为或对他人施加不当影响获得收养令；第三，以其他不正当的方式获得收养令。（2）收养的同意不是由具有行为能力的同意的人自主自愿作出的。（3）其他特殊情况。[②]

（三）收养解除的效力

解除收养的命令一旦作出，儿童与所有其他人的权利、义务、责任、关系等恢复到未作出收养令之前的状态。但收养关系解除令的作出并不影响：在收养令生效期间当事人依法所做的任何事情，或依法所做的任何事情所产生的后果；也不影响在收养令生效期间获得或产生的权利或义务，即解除收养令不具有溯及既往的效力。

第七节　当代澳大利亚监护制度

本节研究和阐述以下内容：一是当代澳大利亚监护制度概述；二是当代澳大利亚未成年人监护制度；三是当代澳大利亚成年人监护制度。

一、当代澳大利亚监护制度概述

目前，澳大利亚各州和地区对监护制度有专门的立法，主要有 1991 年首都地区《监护与财产管理法》、2016 年北部地区《成年人监护法》、1987 年新南威尔士州《监护法》、2018 年修正的新南威尔士州《未成年人监护法》、2000 年昆士兰州《监护与管理法》、1993 年南澳大利亚州《监护与管理法》、1995 年塔斯马尼亚州《监护与管理法》、1986 年维多利亚州《监护与管理法》、1990 年西澳大利亚州《监护与管理法》等。尽管澳大利亚各州和地区规定的监护法各有特色，但总体而言，这些监护法体现了被监护人最大利益原则与尊重被监护人的意愿原则。

第一，被监护人最大利益原则。一方面，确立未成年被监护人的最大利益原则。20 世纪中后期，澳大利亚对未成年人监护的相关立法都显示出对儿童最大利益原则的重视。正如我国学者所言，随着国家公权力逐渐加强对未成年人监护的干预，未成年人监护制度的变革已呈现出公法化的趋势。[③]例如，1959 年联邦《婚姻诉讼法》第 85 条规定，在

---

① *Adoption Act* 2009（QLD），s. 220.

② *Adoption Act* 2009（QLD），s. 219（1）.

③ 参见陈苇、高伟：《未成年人监护制度公法化变革研究》，载陈苇：《中国婚姻家庭法立法研究》，群众出版社 2000 年版，第 473 页。

基于婚姻所生子女的监护、福利、发展或教育的诉讼中，法院应当将儿童的利益视为首要考虑因素。另一方面，确立成年被监护人的最大利益原则。成年被监护人的最大利益原则在各州和地区的监护法中直接或间接地进行了规定。例如，1986 年维多利亚州《监护与管理法》规定了监护人行使本法规定的权利和履行规定的义务，以促进残疾人的最大利益。① 1990 年西澳大利亚州《监护与管理法》规定，监护决定者必须以其认为符合成年人最大利益的方式行使决定权。② 1995 年塔斯马尼亚州《监护与管理法》规定，本法规定的权利的行使、职责或义务的履行，应促进残疾人或根据本法提出申请的人的最大利益。③ 2016 年北部地区《成年人监护法》规定，监护决策者必须以其合理地认为符合成年人最大利益的方式行使决策者的权利。④ 1987 年新南威尔士州《监护法》规定，将残疾人的福利和利益作为最重要的考虑因素。⑤ 此外，昆士兰州、南澳大利亚州也作出了类似的规定。⑥

　　第二，尊重被监护人的意愿原则。监护人应当尊重被监护人的意愿，澳大利亚监护法要求监护人在履行监护职责时，应当考虑被监护人的意愿。首先，尊重未成年被监护人的意愿原则。2000 年昆士兰州《监护与管理法》规定，儿童的代表人必须以儿童的最大利益行事；考虑儿童表达的意愿；在切实可行的范围内，将该儿童的意愿告知法院。⑦ 其次，尊重成年被监护人的意愿原则。1987 年新南威尔士州《监护法》规定，在行使权利时要考虑残疾人的意见。⑧ 1993 年南澳大利亚州《监护与管理法》规定了须遵守几个原则，其中之一就是监护人、法院等在对被监护的某人或某人的财产作出决定或命令时，应当考虑该人的意愿，除非这样做不具有可能性或合理性。⑨ 1991 年首都地区《监护与财产管理法》规定，受保人的意愿只要能够实现，就必须发生效力，除非根据该意愿作出的决定可能会对受保护者利益产生重大不利影响。⑩ 澳大利亚其他州或地区的法律也进行了类似的规定。⑪ 可见，被监护人的最大利益原则与尊重被监护人意愿原则，两者的适用要求是，前者的适用一般应当尊重被监护人的意愿，且应以维护被监护人的最大利益为首要考虑；后者的适用以不产生重大不利影响为前提。

---

　　① 该法指出，残疾（disability）是指智力缺陷、精神障碍、脑损伤、身体残疾或痴呆。*See, Guardianship and Administration Act* 1986（VIC），s. 3，s. 4（2）（b）.

　　② *Guardianship and Administration Act* 1990（WA），s. 4（2）.

　　③ *Guardianship and Administration Act* 1995（TAS），s. 6（b）.

　　④ *Guardianship of Adults Act* 2016（NT），s. 4.

　　⑤ *Guardianship Act* 1987（NSW），s. 4（a）.

　　⑥ 2000 年昆士兰州《监护与管理法》规定，根据本法履行职能或行使权利的个人或其他实体，必须以对成年人适当照顾和保护相符的方式进行。[*Guardianship and Administration Act* 2000（QLD），schedule 1，s. 7（5）] 1993 年南澳大利亚州《监护与管理法》第 5 条规定了须遵守几个原则，其中之一即为监护人、法院等作出决定或命令必须最小的限制被监护人的权利或个人自主权，符合被监护人的适当照顾与保护。[*Guardianship and Administration Act* 1993（SA），s. 5（d）]

　　⑦ *Guardianship and Administration Act* 2000（QLD），80L（3）.

　　⑧ *Guardianship Act* 1987（NSW），s. 4（d）.

　　⑨ *Guardianship and Administration Act* 1993（SA），s. 5（b）.

　　⑩ *Guardianship and Management of Property Act* 1991（ACT），s. 4（2）（a）.

　　⑪ *Guardianship and Management of Property Act* 1991（ACT），s. 4（2）（a）-（b），*Guardianship of Adults Act* 2016（NT），s. 4（3）（a），*Guardianship and Administration Act* 1995（TAS），s. 6（c），*Guardianship and Administration Act* 1986（VIC），s. 4（2）（c），*Guardianship and Administration Act* 1990（WA），s. 4（7）.

关于监护的类型，根据不同的标准，可将监护分为不同的类型。以被监护的对象的年龄为分类标准，监护可以分为未成年人监护与成年人监护。以产生的原因为标准，监护可以分为法定监护与意定监护。[1]下文以监护对象及监护产生的原因为标准，将澳大利亚监护分为未成年人监护（意定监护和法定监护）和成年人监护（意定监护和法定监护），分别进行考察和阐述。

二、当代澳大利亚未成年人监护制度

澳大利亚部分州和地区制定有专门针对未成年人监护的立法，如2018年修正的新南威尔士州《未成年人监护法》、1972年北部地区《未成年人监护法》、2016年修正的南澳大利亚州《未成年人监护法》。关于澳大利亚的未成年人监护，以下主要考察未成年人的意定监护与法定监护两个方面的内容。

（一）未成年人的意定监护

在澳大利亚，未成年人的父母可以通过契约或遗嘱指定其死后未成年人的监护人。2018年修正的新南威尔士州《未成年人监护法》第14条明确规定了"父母指定监护人的权利"，未成年人的父母可以契约或遗嘱指定在其死亡后未成年人的监护人。2016年修正的南澳大利亚州《未成年人监护法》第13条规定，父或母有以遗嘱指定监护人的权利。

父母一方死亡后，根据契约或遗嘱指定的监护人应当与生存父母一方共同监护未成年人，除非生存父母一方反对该指定的监护人的监护行为。如果生存父母一方反对指定监护人的监护行为或者该指定的监护人认为生存父母一方不适合监护未成年人的，该指定的监护人可以向法院提出申请。法院可以就此作出以下处理：第一，拒绝作出命令。生存父母一方是唯一的监护人。第二，法院命令该指定的监护人与生存父母一方共同监护。第三，法院命令该指定的监护人是未成年人的唯一的监护人。同时法院可就未成年人的监护及其生存母亲或父亲一方的探视权作出命令，并且命令生存父母一方应当向该指定的监护人定期（如每周）支付法院认为合理的抚养及教育费用。

如果监护人是由未成年人的父母双方共同指定的，在父母一方死亡后，该指定的监护人与生存父母一方应当共同监护该未成年人。

关于监护的撤销与终止，2018年修正的新南威尔士州《未成年人监护法》第17条"监护人申请法院指示"规定，监护人无法就影响未成年人利益的问题达成一致的，他们可以向法院申请指示。该法第18条"法院撤销监护人的权利"规定，为了未成年人的利益，法院可以酌情决定撤销遗嘱指定的监护人或依据本法指定的监护人，并且为了未成年人的利益，指定其他监护人替代被撤销的监护人。该法第20A条规定，对未成年人的监护，在未成年人年满18周岁时终止。

（二）未成年人的法定监护

父母是未成年子女的监护人。2018年修正的新南威尔士州《未成年人监护法》第13条规定，未成年人的父母一方去世后，根据本法规定，生存父母一方为该未成年人的监护人，可单独或与已故父母指定的监护人共同监护。已故父母没有指定监护人，或者指定的监护人死亡或者拒绝监护的，法院如认为恰当，其可以指定监护人与生存父母一方

---

[1] 竹青、杨科：《监护制度比较研究》，知识产权出版社2010年版，第236页。

共同监护未成年人。对未成年人的人身和财产的监护，不论是由法院指定还是通过其他方式指定，在未成年人年满 18 周岁时，监护终止。[1]

2016 年修正的南澳大利亚州《未成年人监护法》第 4 条规定，未成年人的父母应当共同监护未成年子女，父母各方对未成年子女享有平等的权利，承担平等的义务。该法第 7 条规定，法院命令将未成年人的监护权交给父母一方的，无论母亲和父亲是否共同居住，法院都可以进一步命令另一方向对监护未成年子女的一方定期支付子女抚养费。法院命令将未成年人的监护权交给其他人的，法院可命令父母一方或双方向该人定期支付该未成年人的抚养费。同时，该法第 11 条还对法院决定有关未成年人监护、抚养等问题的原则进行了规定，即在诉讼中对未成年人的监护、抚养，或者属于未成年人或为未成年人托管的任何财产的管理或该财产的收入的使用问题，法院在作出决定时应当将该未成年人的利益作为首要的考虑因素。

三、当代澳大利亚成年人监护制度

关于当代成年人监护制度的发展历程，我国学者指出，在现代社会，"成年人监护制度的发展趋势，即为成年人意思自治逐渐增强的历程，即为强调私法自治理念，国家义务与社会责任为私法自治服务的历程。"[2] 澳大利亚学者认为，在澳大利亚，引入监护法是为了使行使决定权有障碍的人能够参与社会活动，并作为一种防止虐待、遗弃和剥削的方式。[3]此主要是针对成年人监护而言的。澳大利亚政府 2008 年 7 月批准加入 2006 年联合国《残疾人权利公约》，该公约第 12 条规定，缔约国应当采取适当措施，便利残疾人获得他们在行使其法律权利能力时可能需要的协助。这些保障应当确保与行使法律权利能力有关的措施尊重本人的权利、意愿和选择，无利益冲突和不当影响。确保残疾人享有平等权利，拥有或继承财产，掌管自己的财务，有平等机会获得银行贷款、抵押贷款和其他形式的金融信贷，并应当确保残疾人的财产不被任意剥夺。由此可见，该公约强调对残疾人的协助政策。2012 年，维多利亚州法律改革委员会成为第一个建议采用协助决定立法计划的澳大利亚法律改革机构。[4]

澳大利亚大多数州和地区的立法规定，监护人行使权力或作出决定应当尽可能最小

---

① *Guardianship of Infants Act* 1916（NSW），s. 20A（1）.

② 陈苇、李欣：《私法自治、国家义务与社会责任——成年监护制度的立法趋势与中国启示》，载《学术界》2012 年第 1 期，第 179 页。

③ See, Justine O'Neill, "Decision-Making in Guardianship Contexts: From Substitution to Support", *Human Rights Defender*, vol. 24, issue 1, May 2015, p. 31.

④ Shih-Ning Then, "Evolution and Innovation in Guardianship Laws: Assisted Decision-Making", *Sydney Law Review*, vol. 35, issue 1, March 2013, p. 134.

地限制被监护人的权利，^① 并且鼓励被监护人过正常的社会生活。^②例如，1995 年塔斯马尼亚州《监护与管理法》规定，本法规定的权利、职责或义务的行使，采用对作出的决定或行为自由的限制尽可能最小的方法。1987 年新南威尔士州《监护法》规定，将尽可能少地限制残疾人的决定自由和行为自由作为该法的原则之一；应尽可能鼓励这些人过上正常的社会生活。以上这些立法内容都体现了以尊重成年人的意思自治理念为指导。正如我国学者所言，在现代社会，随着尊重和保护身心障碍者基本人权意识的觉醒，许多国家以"尊重自治"理念为指导，在立法中引入尊重身心障碍者主观意愿之因素，仅在必要时国家得采取措施，以保护其个人利益和第三人利益，使现代成年人监护法更具人性化色彩。^③

（一）成年人的意定监护

意定监护是指本人在具有完全判断能力的时候，按照自身意愿选任监护人，并对意定监护人赋予将来本人丧失判断能力和决定能力后的有关自己事务的全部或一部分的代理权。^④意定监护体现了对成年人本人意愿的尊重，是意思自治原则在成年人监护制度中的重要体现。

以 1995 年塔斯马尼亚州《监护与管理法》为例，该法规定年满 18 周岁以上的人可以书面形式指定他人（可以是一个或多个）为其持续性监护人。某人以专业或行政身份直接或间接负责或参与指定人的医疗护理或治疗的，该人没有资格被指定为持续性监护人。被有效指定为持续性监护人的人之后负责或参与该指定人的医疗护理或治疗的，该指定失效。在符合意定监护文书规定条件的情况下，指定持续性监护人的文书授权被指定者在委任人随后因丧失行为能力而无法就其个人情况有关的事务作出合理判断时，根据第 25 条规定的监护权行使监护人的权利。^⑤该法第 25 条规定的完全监护人（full guardian）的权利主要包括：（1）决定被监护人的居住地点，不论是永久性还是暂时性居住。（2）决定被监护人与谁住。（3）决定是否应当允许被监护人工作，如果允许，则应考虑：工作的性质或类型；被监护人为谁工作；其他任何有关的事项。（4）限制对被监护人的探访，以达到被监护人最大利益的程度。监护人有理由认为探访对被监护人会产生不利影响的，应禁止任何人探访。（5）除第六部分另有规定外，同意任何对被监护人最大利益的医疗，并拒绝或撤回对该治疗的任何同意。另外，完全监护人可以代表被监护人签署文件，并执行所有必要的事情，以落实监护人的任何权力或义务。^⑥ 另外，该

① *Guardianship and Management of Property Act 1991*（ACT），s. 4（2）（d），*Guardianship Act 1987*（NSW），s. 4（b），*Guardianship of Adults Act 2016*（NT），s. 4（4）（a），*Guardianship and Administration Act 2000*（QLD），Schedule 1，s. 7（3）（c），*Guardianship and Administration Act 1993*（SA），s. 5（d），*Guardianship and Administration Act 1995*（TAS），s. 6（a），*Guardianship and Administration Act 1986*（VIC），s. 4（2）（a），*Guardianship and Administration Act 1990*（WA），s. 4（6）.

② *Guardianship and Management of Property Act 1991*（ACT），s. 4（2）（f），*Guardianship Act 1987*（NSW），s. 4（c），*Guardianship and Administration Act 2000*（QLD），Schedule 1，s. 5，*Guardianship and Administration Act 1993*（SA），s. 5（c）.

③ 陈苇、姜大伟：《现代成年监护制度的立法变革及启示》，载《中华女子学院学报》2014 年第 1 期，第 30 页。

④ 周维德：《强制医疗中精神障碍患者人格权保护研究》，中国政法大学出版社 2016 年版，第 198 页。

⑤ *Guardianship and Administration Act 1995*（TAS），s. 32.

⑥ *Guardianship and Administration Act 1995*（TAS），s. 25.

法还规定了持续性监护人的信息权等内容。

(二) 成年人的法定监护

以 2016 年澳大利亚北部地区《成年人监护法》① 为例，该法旨在为成年人监护提供现代决定框架，该法承认和保障决定能力有障碍的成年人的整体福利、人权和基本自由，反映了 2006 年联合国《残疾人权利公约》的要求。以下主要研究和阐述该法成年人法定监护的内容。

2016 年澳大利亚北部地区《成年人监护法》明确规定了成年人监护的三项原则，即被监护人最大利益原则、尊重被监护人意愿原则和最小限制原则。我们认为，被监护人最大利益原则具有高度的抽象性和概括性，需借助尊重被监护人意愿原则和最小限制原则予以体现。也就是说，在上述三项原则中，被监护人最大利益原则是另外两个原则的基础性原则。被监护人最大利益原则可以外化为尊重被监护人意愿原则和最小限制原则这两个较为具体的原则。因此，被监护人最大利益原则应为成年人监护制度的基本原则，而尊重被监护人意愿原则和最小限制原则应为成年人监护制度的具体原则。三项原则相辅相成，当三者发生冲突时，应优先考虑被监护人最大利益原则。② 这三项原则对立法和司法具有指导作用。

该《成年人监护法》有关成年人法定监护的主要内容如下：

1. 监护令的申请人

成年人本人、其利害关系人可以向法院申请监护令。③成年人的利害关系人主要包括：(1) 成年人的亲属；(2) 成年人的监护人；(3) 公共监护人；(4) 公共受托人；(5) 成年人的代理人；(6) 主要负责为成年人提供扶养或照顾的人；(7) 对保护成年人的最大利益有足够真实意愿的任何其他人。④

2. 监护人应具备的条件

法院可以指定个人、公共监护人或者公共受托人担任成年人的监护人。他们应具备以下条件：

个人担任监护人的条件：年满 18 周岁；本人同意法院的指定；法院认为该人适合担任该成年人的监护人。⑤

公共监护人担任监护人的条件：只有在没有符合指定条件的个人时，法院才能指定公共监护人担任该成年人的监护人。⑥

公共受托人担任监护人的条件：没有符合指定条件的个人；根据该命令，公共受托人的权力仅限于财产事务；公共受托人同意该指定。⑦

法院可以指定一个或多个监护人为成年人的监护人。

① 该法的中译版文稿，参见陈苇、郭庆敏：《澳大利亚北部地区〈2016 年成年人监护法〉》，载夏吟兰、龙翼飞主编：《家事法研究》(2020 年卷)，社会科学文献出版社 2020 年版，第 290-340 页。
② 参见陈苇、郭庆敏：《澳大利亚北部地区成年人法定监护制度改革及其启示》，载陈苇主编：《中国家事审判改革暨家事法立法完善理论与实践研究》，中国人民公安大学出版社 2020 年版，第 195 页。
③ *Guardianship of Adults Act* 2016 (NT), s. 10.
④ *Guardianship of Adults Act* 2016 (NT), s. 3.
⑤ *Guardianship of Adults Act* 2016 (NT), s. 15 (1).
⑥ *Guardianship of Adults Act* 2016 (NT), s. 13 (2).
⑦ *Guardianship of Adults Act* 2016 (NT), s. 13 (3).

3. 法院作出监护令的条件

法院作出监护令需同时满足以下三个条件：第一，成年人的决策能力受损；第二，成年人决策能力受损后，该成年人对其部分或全部个人事务或财产事务无法行使进行决策；第三，对部分或全部事务的处理，成年人需要监护人的帮助。①

在确定成年人是否需要监护人时，法庭必须考虑以下因素：（1）该成年人决策能力受损的性质和程度，包括：受损是连续性的还是偶然性的；受损是否可能是永久性的，如果不是，受损可能持续的时间；成年人决策能力受损的事项；（2）该成年人是否已有对其决策能力受损的事项有权代理的代理人；（3）利害关系人对该成年人所表达的意愿；（4）保留现有的对该成年人重要的家庭关系以及其他关系的意愿；（5）以其他比任命监护人能够更小地限制该成年人的决定和行动自由的方式，是否可以充分地满足成年人的需要。②

4. 监护人的权利与义务

成年人的监护人必须：（1）就监护人根据监护令授权的个人事项及财务事项，在需要时作出决定；（2）在这些事务上支持成年被监护人。为达此目的，监护人有权代表该成年被监护人从事该被监护人有完全民事行为能力时可以合法地做的任何事情。但是，监护人的权利必须符合 2016 年北部地区《成年人监护法》以及监护令的规定。③成年被监护人的个人事项指与该成年被监护人有关的个人事项或生活方式，如有关住所、医疗、为成年被监护人提供照顾服务、职业、教育和培训、日常生活（如饮食和日常互动）、与他人的关系的事项等。财务事项指与成年被监护人的财产或经济有关的事项，如收付款、银行业务、财产所有权、财产的投资与管理、商贸活动、保险等。④

监护人负有通知义务。被监护人死亡的，监护人必须在知悉后尽快通知法院、公共监护人（监护人是公共监护人的除外）。如果监护人死亡，代理被监护成年人的其他代理人必须在知悉后尽快通知法院、公共监护人（监护人是公共监护人的除外）。⑤

5. 公共监护人

监护人由于疾病、缺席或任何其他原因暂时无法合理地行使监护人权力，且没有其他有权履行监护事务的监护人的，公共监护人为该成年被监护人的监护人，直到监护人再次能够行使监护权为止。监护人必须在其不能行使监护权之前或之后尽快通知公共监护人，并在其能够再次行使监护权时尽快通知公共监护人。⑥此外，在没有其他监护人时，法院可根据监护申请为需要监护的人指定公共监护人。⑦

6. 监护的终止

凡发生以下任何情况时，任何人不再是监护人，即监护终止：（1）监护人死亡；（2）监护人已以书面通知向法庭辞职；（3）指定监护的时间届满；（4）指定该监护人的监护令

---

① *Guardianship of Adults Act* 2016（NT），s. 11（1）.

② *Guardianship of Adults Act* 2016（NT），s. 11（2）.

③ *Guardianship of Adults Act* 2016（NT），s. 21.

④ *Guardianship of Adults Act* 2016（NT），s. 3.

⑤ *Guardianship of Adults Act* 2016（NT），s. 42.

⑥ *Guardianship of Adults Act* 2016（NT），s. 45.

⑦ QAX［2009］NSWGT 11.

失效或者被更改以终止对该监护人的指定；（5）根据第 94 条的规定终止对该监护人的指定。[①]

7. 监护人的经济补偿与报酬

监护人有权在法院批准的情况下，要求成年被监护人偿还因履行监护职责而产生的合理费用。专业监护人（公共受托人、公共监护人、以监护人身份从事提供服务业务或包含提供服务的个人）有权获得法院批准的代理成年被监护人的合理报酬。[②]

第八节　当代澳大利亚离婚制度

本节研究和阐述以下内容：一是当代澳大利亚离婚制度概述；二是当代澳大利亚分居制度；三是当代澳大利亚离婚的条件和程序；四是当代澳大利亚离婚的法律效力。

一、当代澳大利亚离婚制度概述

澳大利亚殖民地时期的离婚。澳大利亚于 1788 年开始成为当时的大英帝国的一个罪犯流放地，在该殖民地建立的早期，没有多少因犯的配偶能够跟随他们从英格兰来到澳大利亚。在英格兰和英国其他殖民地有这样一种观点：如果配偶一方被流放到海外，那么双方就会从他们的婚姻中解脱出来并可以自由再婚。直到 1857 年，英格兰一般不允许离婚，且女性离婚更受限制，目的是保护男性的土地和权利。当时如果妻子有通奸行为，丈夫就可以申请离婚。但是，丈夫除有通奸行为，并伴有诸如遗弃、虐待、乱伦、鸡奸、兽交等加重情形时，妻子才可以申请离婚。[③] 英国 1857 年通过的《婚姻诉讼法》赋予法院判决离婚、宣告婚姻无效及裁定夫妇分居的权力，但是离婚依然很难实现。[④] 1857 年后，英国的《婚姻诉讼法》先后在澳大利亚各地开始实行，但这个时期在澳大利亚，离婚依然相当困难。

澳大利亚独立后的离婚制度。当澳大利亚于 1901 年成为一个联邦制的独立国家时，英国议会允许澳大利亚联邦进行自治。然而，从独立后的半个多世纪里，澳大利亚联邦并没有行使其有关婚姻立法的权利，直至 1959 年联邦《婚姻诉讼法》和 1961 年联邦《结婚法》生效时，结婚和离婚才受到联邦管辖。1959 年 12 月 16 日，澳大利亚通过了 1959 年联邦《婚姻诉讼法》，并于 1961 年 2 月 1 日开始生效。该法对离婚采取过错离婚主义，其中第 28 条规定的离婚法定理由如下：（1）婚后一方通奸；（2）婚后一方无正当理由，故意遗弃申请人不少于两年；（3）一方故意并坚持拒绝同房；（4）婚后另一方在不少于一年的时间内，习惯性地对申请人实施虐待行为而被判有罪；（5）一方犯了强奸、鸡奸或兽交；（6）一方在不少于两年的时间内，习惯性地酗酒或者因使用镇静剂、麻醉药或刺激性药物或制剂而习惯性地兴奋；（7）婚后申请人的丈夫五年内，因经常被认定犯罪而被判处总共不少于三年的监禁；并且在没有提供合理的生活来源的情况下经常性

---

① *Guardianship of Adults Act* 2016（NT），s. 41.

② *Guardianship of Adults Act* 2016（NT），ss. 47-48.

③ https://historycooperative.org/the-history-of-family-law-in-australia/. 访问日期：2019 年 3 月 30 日。

④ ［英］凯特·斯丹德利：《家庭法》，屈广清译，中国政法大学出版社 2004 年版，第 128 页。

地离开申请人；（8）婚姻双方已分居，此后在申请日之前分居不少于五年，并且没有恢复同居的合理可能性；等等。可见，这些离婚理由大多以当事人存在过错为前提。在澳大利亚，随着 1975 年联邦《家庭法》的颁行，废止了 1959 年联邦《婚姻诉讼法》，废除了过错离婚主义，采取无过错离婚主义。在无过错离婚中，丈夫或妻子无须为离婚而证明对方存在过错。配偶一方只须表明他们的婚姻已无可挽回地破裂。离婚意愿可以是单方的，即离婚无须征得另一方的同意。[1]

澳大利亚 1975 年联邦《家庭法》第 43 条规定了法院处理家事纠纷的原则，可归纳如下：保障一夫一妻制；保护和帮助家庭，保护未成年子女的合法权益；防治家庭暴力等。家事法院以及其他法院在根据本法行使管辖权时，应考虑：（1）维持和保护一男一女之结合的婚姻制度，排除第三人介入婚姻生活的需要；（2）对作为基本生活单元的家庭给予最广泛的保护和帮助，特别是对未成年子女的照顾和教育承担责任的需要；（3）保护儿童的权利，提高其福利待遇的需要；（4）确保不受家庭暴力危害的需要；（5）在可能的情况下，帮助婚姻当事人协调、改善他们之间以及与子女之间的关系的方式。[2]

1990 年澳大利亚签署了 1989 年联合国《儿童权利公约》。随后，澳大利亚制定了 1995 年联邦《家庭法改革法》，将"父母对子女的监护"改称为"父母责任"，以强化父母对子女监护义务的履行。2006 年联邦《家庭法修正案（共同父母责任）法》以"共同父母责任"的规定，鼓励当事人在分居和离婚后能够以合作的方式对子女共同履行抚养责任，并将当事人分居和离婚后争议纠纷解决的方式从法院诉讼转向私人的、调解的方式。可以说，2006 年联邦《家庭法修正案（共同父母责任）法》是澳大利亚联邦加强国家公权力干预家庭事务的重要法律。

二、当代澳大利亚分居制度

1959 年联邦《婚姻诉讼法》第 52-59 条对司法分居做了明确规定。根据该法规定，司法分居须具有法定理由，分居的理由与该法解除婚姻关系的理由相同。[3] 司法分居的法律效力在于，免除夫妻的同居义务，但双方的婚姻关系仍然存在，除另有规定的外，夫妻的其他权利和义务不受影响。在司法分居令作出后，当事人自愿恢复同居的，任何一方均可申请撤销分居令。当事人提出该申请后，双方同意撤销分居令或者法院确信当事人自愿恢复同居的，法院应当撤销司法分居令。

1975 年联邦《家庭法》已废除了 1959 年联邦《婚姻诉讼法》，但该法对司法分居仍有规定。根据 1975 年联邦《家庭法》第 4 条规定，分居令是一项法院作出的判决，其效力是免除婚姻双方当事人同居的义务。该法第 49 条规定，婚姻双方当事人已分居，即使同居的结束是因婚姻当事人一方的行为所致。婚姻当事人双方已分居或者分开居住，即使他们住在共同的居所内或者其中一方在向另一方履行家庭义务。该法第 50 条规定，在离婚的诉讼中，如果婚姻双方当事人在某种情况下恢复同居，但在恢复同居后的 3 个月内，他们再一次分居，且持续至提出申请之日，则同居之前或之后的分居是一段持续的

---

① See, Patrick Parkinson："Tricked into Marriage"，*Melbourne University Law Review*，vol. 42，issue 1，2018，p. 119.

② 参见《澳大利亚家庭法》（2008 年修正），陈苇等译，群众出版社 2009 年版，第 104-105 页。

③ 澳大利亚的分居理由在后文离婚的理由中将予详细介绍。

时间，这两段时间可以合并计算。同居期间不构成实质性间断的，应被视为持续时间。①从司法实践看，在 Todd 案中，法官 Watson 认为，"偶然的性交并不构成分居的中断。恢复同居的协议，若未能履行，则该协议无效。就如同意愿与行为是分居的组成部分一样，意愿与行为也是分居终止的必要组成部分"。②但必须注意，依该法第 8 条规定，婚姻诉讼只能依据本法提起，在本法施行之前已提起的婚姻诉讼，除符合本法第 9 条的规定外，③不得继续，即夫妻同居权利或司法分居之诉在本法施行后，将不得提起或继续。为获得分居令而提起的诉讼，在本法施行之后，将不得提起。也就是说，自 1975 年联邦《家庭法》实施之日起，除该法第 9 条第 1 款有关分居令的待决诉讼外，澳大利亚已不承认司法判决分居，而只有当事人双方的事实分居。

从 1975 年联邦《家庭法》的上述规定可以看出，分居主要针对有婚姻关系当事人的分居，在认定上分为事实分居和该法实施前的司法分居。在澳大利亚其他州涉及的分居立法看，分居还包括事实伴侣关系当事人的分居，并对分居协议的定义做了规定。④例如，1991 年北部地区《事实伴侣关系法》第 3 条规定，分居协议是指两个成年人之间的协议（无论协议何时达成），无论该协议是否有其他当事人，该协议的制定要考虑终止双方之间的事实伴侣关系，或者事实伴侣关系终止后的关系，并就财产问题进行规定（无论对其他事项是否作出规定）。

三、当代澳大利亚离婚的条件和程序

（一）离婚的条件

1. 原则上须结婚已满两年

关于提起离婚令的时间限制，一般情况下，在婚姻关系成立两年后，婚姻当事人可以向法院申请离婚令。但在申请离婚令时能够提供以下证明文件的，可以不受此时间限制，即婚姻当事人在特定人员或组织的帮助下考虑进行过和解。这些特定人员包括家庭咨询师、（在法院是家庭法院、澳大利亚联邦巡回法院或者州的家庭法院的情况下）家庭顾问为当事人指定的个人或者（在法院不是家庭法院、澳大利亚联邦巡回法院或者州的家庭法院的情况下）法院具有相应资质的官员为当事人指定的个人或者组织，并且证明文件应由前述的个人或代表该组织的个人签名。⑤但如法院确信存在特殊情况可以受理离婚令申请，即使当事人没有进行上述和解程序，法院也可以允许当事人提出申请或者在审理申请前或者申请期间，宣布符合申请条件。⑥从司法实践看，在努尔（Nuell）案中，夫妻双方于 1974 年 8 月 17 日结婚，妻子于 1976 年 1 月 8 日向法院提出离婚申请。妻子在提出离婚申请时，与丈夫努尔分居已满 12 个月。法院告知她必须进行婚姻咨询，因为她

---

① 参见《澳大利亚家庭法》（2008 年修正），陈苇等译，群众出版社 2009 年版，第 45、111 页。

② See, Goeff Monahan, *Family Law* (2nd edition), published Sydney by Lawbook Co., 2003, p. 36.

③ 该条规定，根据第 2 款和第 2A 款，有关解除婚姻或因为婚姻可撤销而宣告婚姻无效的待决诉讼，以及有关分居令的待决诉讼，可以继续进行，如同本法未获通过。参见《澳大利亚家庭法》（2008 年修正），陈苇等译，群众出版社 2009 年版，第 50 页。

④ *De Facto Relationships Act* 1984（NSW），*De Facto Relationship Act* 1999（TAS），s. 44. *De Facto Relationships Act* 1991（NT），s. 3.

⑤ *Family Law Act* 1975, s. 44（1B）.

⑥ *Family Law Act* 1975, s. 44（1C）.

的婚姻持续时间还没有满 2 年。因此，她约见了婚姻咨询师。但她对和解没有任何兴趣，只是因为这是申请离婚的必经程序。她告诉咨询师她不想和解。婚姻咨询师给努尔先生写信，要求他参加讨论婚姻咨询与和解的会议，努尔先生没有回复，也没有参加和解会议，因为他同样对和解不感兴趣。法官 Fogarty J 认为，如果夫妻一方约见咨询师考虑和解的可能性，并且咨询师致函另一方，邀请其参加和解。在此情况下双方当事人已满足在咨询师的帮助下考虑和解的条件。因此，法院对该离婚申请进行了审理。①

2. 须具有法定离婚理由

如前所述，澳大利亚于 1975 年对离婚制度作了重大修改。1975 年联邦《家庭法》的离婚制度废除了过错离婚理由，采取无过错离婚主义。该法第 41 条第 1 款规定离婚的唯一理由是"婚姻已无可挽回地破裂"，当事人在提出申请前已分居连续达 12 个月。同时，该法第 48 条第 3 款规定，有恢复同居的合理可能性的，法院不得作出离婚判决。从司法实践看，澳大利亚有学者指出，即使婚姻当事人继续居住在同一住所，也可以获得离婚判决。②

为指导法院审理离婚案件，该法第 48 条的具体规定如下：（1）根据本法申请离婚令，应当以婚姻无可挽回地破裂为理由。（2）在遵守第 3 款的情况下，依据该项申请所提起的诉讼中，应当确定离婚理由。并且当且仅当法院确信在提交离婚令申请前双方持续分居不少于 12 个月时，法院才作出离婚令。（3）法院确信双方有恢复同居的合理可能性的，不得作出离婚令。可见，这意味着法院不会考虑离婚的原因，离婚的唯一理由是"婚姻已无可挽回地破裂"。而认定的客观标准在于，婚姻关系已经没有恢复同居的合理可能性，双方必须分居至少 12 个月，使法院确信婚姻关系已无可挽回地破裂。③ 此外，如果有未满 18 周岁的子女的，法院必须确信已经对子女进行了合理安排，否则离婚令不发生效力。从司法实践看，在埃文斯（Evans）案中，妻子为家庭主妇，兼职做驾驶教练。丈夫是私人职业律师。他们育有四个未成年子女，12 周岁的威廉（William），10 周岁的比安卡（Bianca），7 周岁的迈克尔（Michael），5 周岁的卡瑞娜（Karina）。妻子的兼职工作收入为每周 50-80 澳元。丈夫每周只向每个子女支付 12.5 澳元的子女抚养费。而丈夫并没有透露其收入和其他财产状况。依据当时澳大利亚官方的统计数据显示，1989 年 12 月 31 日 CPI 指数更新的子女费用表明，他们子女的基本生活费用大致分别为：威廉每周 107 澳元，比安卡每周 66 澳元，迈克尔每周 52 澳元，卡瑞娜每周 44 澳元，即每周共计 269 澳元。这些基本生活费用并不包括交通费、住宿费、学费、校服费用以及医疗费等。而丈夫之前交付的证据表明，他每周支付了约 88 澳元的子女抚养费、零用钱、假期费用、学费、购买衣服鞋类物品以及学校组织出游和运动的其他费用。法院认为丈夫至少每周应支付 270 澳元的子女抚养费，之前夫妻作出的关于子女抚养的安排并不适当，因此法院签发的离婚令没有生效。④

---

① *In the Marriage of Nuell and Nuell* [1976] FLC 90-031.

② Judy Pearce, "Family Law Act 1975", *Legal Service Bulletin*, vol. 1, issue 9, July 1975, p. 233.

③ 分居不仅意味着物理上的分离，只有在配偶一方或双方主观上都意图分开或不恢复婚姻关系并按照该意图采取行动的情况下，才能被视为分居。In the Marriage of TODD（No 2）（1976）1 Fam LR 11, 186.

④ *In Marriage of Evans* [1990] FLC 92-150.

（二）离婚的程序

在澳大利亚，离婚必须经过法定诉讼程序。关于离婚的程序，除 1975 年联邦《家庭法》的规定外，2004 年联邦《家庭法实施细则》、2001 年《联邦治安法院审理细则》中也有相关规定。

1. 参加非诉讼家事纠纷调解和家庭咨询

如前所述，1975 年联邦《家庭法》在第二章和第三章分别规定"非诉讼家庭服务"和"家庭顾问"两种制度，通过非诉讼家庭纠纷的咨询和调解机制，尽可能帮助当事人达成和解和妥善处理家庭纠纷于法院之外①，对于离婚问题的处理也不例外。在澳大利亚，除法律另有规定外，离婚当事人必须先参加非诉讼家庭纠纷服务后，才能申请诉讼离婚。根据该法第 44 条的规定，离婚令应当在结婚后两年才能提出。如果当事人结婚不到两年申请离婚的，必须先参加和解，提交由家庭咨询员、家庭顾问，指定的个人或组织等特定人员提供咨询、调解服务后出具的证明文件。但如果法院确信有特殊原因可以受理离婚诉讼时，即使当事人没有获得该条规定的帮助和解程序，法院仍然可以受理其离婚申请。②

根据 1975 年联邦《家庭法》的规定，家庭纠纷调解是家庭纠纷调解员帮助因分居、离婚而受影响的人解决他们彼此之间部分或全部纠纷的非诉讼家庭服务程序，调解员作为独立于当事人的主体参加调解。通过法院履行法定的告知义务③，正在考虑分居或离婚的已婚夫妇可以获得（在夫妇双方可能达成和解的情形下）旨在帮助他们达成和解的服务；受到或可能受到分居或离婚影响的人可以被告知获得旨在帮助他们适应分居或离婚事项的服务或者其他解决纠纷的办法。④ 必须说明，除诉讼前法院应依法指示离婚当事人接受非诉讼家庭服务外，在诉讼过程中家庭咨询或家庭纠纷调解也可以在法院中止诉讼后进行，即法院在审理申请离婚令的诉讼中，应随时考虑婚姻当事人和解的可能性。如果在诉讼期间，法院认为无论是从诉讼中提交的证据还是从婚姻当事人的态度来看，当事人之间达成和解的可能性较大，应中止诉讼，建议当事人参加家庭咨询或使用其他服务。⑤ 法院可以在诉讼的任何阶段，作出如下一个或多个指示：（1）一方或双方诉讼当事人参加家庭咨询；（2）诉讼当事人双方参加家庭纠纷调解；（3）一方或双方诉讼当事人参加适当的课程、计划或其他服务。⑥

综上可见，虽然 1975 年联邦《家庭法》采取无过错离婚主义，以保障离婚自由，但其宗旨仍然是尽可能挽救婚姻，采取法院告知或者指令当事人参加家庭咨询或家事纠纷

① 其具体规定，参见本章第一节三、当代澳大利亚家庭法解决家事纠纷的新机制的相关内容。

② 参见《澳大利亚家庭法》（2008 年修正），陈苇等译，群众出版社 2009 年版，第 105-106 页。

③ 澳大利亚 1975 年联邦《家庭法》第三 A 章和第三 B 章分别明确规定了有关非诉讼家庭服务及法院程序、服务的告知义务、法院在诉讼和非诉讼家庭服务中的权力。参见《澳大利亚家庭法》（2008 年修正），陈苇等译，群众出版社 2009 年版，第 64-71 页。

④ *Family Law Act* 1975, s. 11E, s. 10F, s. 12A. 参见《澳大利亚家庭法》（2008 年修正），陈苇等译，群众出版社 2009 年版，第 57、62-65 页。

⑤ *Family Law Act* 1975, s. 13B. 参见《澳大利亚家庭法》（2008 年修正），陈苇等译，群众出版社 2009 年版，第 68 页。

⑥ *Family Law Act* 1975, s. 13C. 参见《澳大利亚家庭法》（2008 年修正），陈苇等译，群众出版社 2009 年版，第 69 页。

调解等措施，防止轻率离婚，以避免草率离婚给当事人及其子女和社会造成负面影响。

澳大利亚有学者指出，非诉讼家庭服务中的家庭调解与家庭咨询两者主要有以下四点区别：（1）着眼点不同。咨询更大程度上是着眼于过去的事实，以便理解现在和将来的变化。调解则着眼于未来，如果它也关注过去的事实，也仅仅是为了解释现在情况所发生的原因。（2）功能不同。咨询的作用在于应对那些能够引发当事人行为变化的复杂的情感、动机和目的因素。咨询可以在解决冲突中发挥主动性，为当事人提供解决方案和建议应当的结果是什么。而调解的目的并不在于解决引发冲突的根本原因。调解的作用在于促进沟通，帮助双方当事人就争议的问题作出自己的决定。（3）期限不同。一般来说，咨询持续的时间要长于调解。（4）对当事人的要求不同。根据 1975 年联邦《家庭法》第 44 条的规定，如果当事人双方自结婚之日起的两年内请求离婚，则咨询是必须进行的。并且，咨询者应与当事人建立某种彼此信任关系。①

必须注意，澳大利亚提供非诉讼家庭服务机构的"家庭关系中心"，该中心雇用经验丰富并具有专门资格的工作人员，为分居、离婚或者正处于其他家庭纠纷中的夫妻提供各种服务。"家庭关系中心"的主要功能有：对分居的夫妻进行教育培训；提供基本的咨询和建议；帮助协商制定父母对子女照顾权行使的方案等；协助解决父母对子女照顾权协议的纠纷。②

2. 提出离婚申请

在澳大利亚，离婚当事人须到法院申请离婚令。根据 1975 年联邦《家庭法》的规定，离婚令申请可以向家庭法院、州或地区的最高法院、澳大利亚联邦巡回法院③、州或地区的简易审判法院提出。④ 提起离婚令诉讼或婚姻无效令诉讼，可以由婚姻当事人一方提起或由双方共同提起。⑤

3. 对离婚申请的书面答复

如离婚当事人一方向法院申请离婚，另一方不同意离婚或者对法院管辖权有异议的，另一方需提出对离婚申请的答复。若另一方同意离婚，但对离婚申请的其他事实有争议，其可以提交一份书面宣誓书，列出有争议的事项。⑥ 2001 年《联邦治安法院审理细则》对此也有类似规定，即一方提出离婚申请后，对该离婚申请有异议的一方应就离婚申请提

---

① See, Patrick Parkinson, Juliet Behrens, *Australian Family Law in Context-Commentary and Materials* (3ed edition), published in Sydney by Lawbook Co., 2004, pp. 279-281.

② 由于本章篇幅有限，有关澳大利亚"家庭关系中心"之家事纠纷调解工作的研究，参见陈苇、来文彬：《论我国家事纠纷人民调解的新机制——以澳大利亚"家庭关系中心"之家事纠纷调解为视角》，载《学术交流》2009 年第 7 期，第 61-62 页。

③ 澳大利亚联邦巡回法院原为联邦治安法院，澳大利亚通过 2013 年《澳大利亚联邦巡回法院（重要修正案）法》（2013 年第 13 号法令）[Federal Circuit Court of Australia (Consequential Amendments) Act 2013 (No. 13, 2013)] 将 1999 年《联邦治安法》（Federal Magistrates Act 1999）更名为 1999 年《澳大利亚联邦巡回法院法》（Federal Circuit Court of Australia Act 1999），并将原来的治安法院更名为澳大利亚联邦巡回法院。联邦巡回法院的成立旨在为澳大利亚联邦法院和澳大利亚家庭法院提供一种简单易用的诉讼替代办法，以更快的速度和更低的成本处理简单的家事问题，并减轻这些法院的工作量。See, Federal Circuit Court of Australia: "About the Federal Circuit Court", http://www.federalcircuitcourt. gov. au/wps/wcm/connect/fccweb/about/about-fcc. ,访问日期：2019 年 4 月 1 日。

④ *Family Law Act* 1975, s.4 (1), s.39 (1) (1A) (2).

⑤ *Family Law Act* 1975, s.44 (1) (1A).

⑥ *Family Law Rules* 2004, R.3.04, R.3.07.

出书面答复，并且如被申请人对该法院管辖权有异议的，也应及时提出申请。①被申请人提交了对离婚申请的答复的，听证会必须在公开法庭进行，并且各方必须出席听证会或者由律师代理出席。②

4. 参加听证

准备离婚的任何一方当事人，可以申请以电子通信方式出席离婚申请的听证。在遵守有关规定的情况下，申请人未亲自出庭或由律师参加听证的，法院可以驳回其申请；如果另一方（被申请人）未亲自出庭或由律师参加听证的，申请人可以继续进行听证。③

5. 作出离婚令

在澳大利亚，法院的离婚令作出后不能立即生效。根据 1975 年联邦《家庭法》第 55 条的规定，在离婚令作出后须待期满一个月才能生效，或者对于有子女的，在满足第 55A 条的规定时才能生效，以时间在后者为准。④ 离婚令生效后，婚姻当事人才可以再婚。⑤ 此外，离婚令生效期间可因上诉或其他合理理由而由法院命令予以延长或缩短。婚姻当事人任何一方已经死亡的，离婚令将不得生效。若同时向法院提出申请婚姻无效判决和申请离婚判决的，法院不得作出离婚令，但法院已经驳回婚姻无效判决的申请除外。⑥

离婚令生效的证明文件。离婚令生效后，离婚当事人任何一方可以向离婚令的登记主管提出申请，获得其签署的离婚令生效的证明文件。⑦ 但离婚令作出但尚未最终生效前，当事人一方死亡的，生存一方必须将另一方死亡的事实告知离婚令的登记主管。⑧

离婚令的撤销。离婚令被法院作出后，可因以下原因被法院撤销：（1）因双方和解而撤销离婚令。（2）因误判而撤销离婚令。如果法院认为适当，还可以下令进行重审。⑨

四、当代澳大利亚离婚的法律效力

（一）离婚对婚姻当事人的效力

1. 夫妻人身关系

离婚将导致夫妻人身关系的终止。根据 1975 年联邦《家庭法》第 59 条的规定，离婚令生效后，对于夫妻人身关系主要有以下效力：（1）夫妻身份关系解除，夫妻的同居义务终止。必须注意，在 1975 年联邦《家庭法》实施前，婚姻关系存续期间，司法裁判分居的婚姻当事人也免除双方同居的义务。（2）离婚当事人双方均获得再婚的权利和自由。此外，因结婚使用配偶姓氏的当事人一方，离婚后可以恢复自己原来的姓氏。

2. 夫妻财产关系

离婚不仅终止夫妻人身关系，而且也会对夫妻财产关系产生一系列的后果。

（1）当事人之间的财产协议与法院同意令。离婚当事人可以通过协商解决财产问题。

---

① *Federal Magistrates Court Rules* 2001, R. 25. 07, R. 25. 08.

② *Family Law Rules* 2004, R. 3. 04（2）.

③ *Family Law Rules* 2004, R. 3. 04, R. 3. 08.

④ 第 55A 条为有子女的离婚令，在"离婚的法律效力"部分将予具体介绍，故此处不予赘述。

⑤ *Family Law Act* 1975, s. 59.

⑥ *Family Law Act* 1975, ss. 51~52.

⑦ *Family Law Act* 1975, s. 56.

⑧ *Family Law Rules* 2004, R. 3. 13.

⑨ *Family Law Act* 1975, ss. 57~58.

对于财产分割问题，离婚当事人可以通过双方自愿达成财产协议或者根据协议向法院申请有关财产分配的同意令这两种方式进行。两者效力各有不同，法院发出的有关财产分配的同意令，具有司法判决的法律效力；离婚当事人的财产分割协议，由于没有经过法院的审核，也不需要登记，因此其效力今后有可能会被法院否定。[①]

关于婚姻当事人的财产协议，依 1975 年联邦《家庭法》第 90B-90KA 条的规定，该财产协议可以在婚前、婚姻期间或婚后达成。该财产协议的内容可以包括离婚时的财产处理（包括养老金权益），一方对另一方的经济供养（扶养）以及其他附带问题。但该财产协议可因其是通过欺诈手段达成（包括不披露重大事项）、协议无效、可撤销或无法执行、情势变更等原因，经当事人申请而被法院予以撤销或者终止。

离婚当事人可以向法院申请有关财产分配的同意令。该同意令是经法院批准的有关财产分配的书面协议。法院的同意令一旦作出，就与法院的其他命令具有相同的效力。有关财产的同意令可以包括财产转让、出售、养老金的分割、子女抚养、配偶扶养等内容。[②]

（2）法院对当事人财产权益的调整。在澳大利亚，法院对夫妻离婚的财产安排享有自由裁量权。根据 1975 年联邦《家庭法》的规定，在婚姻当事人关于财产现有权利的诉讼中，法院可以作出财产权益变更令来宣告当事人对该财产的权利。如果作出此宣告，法院可以作出该宣告生效的后续指令，包括出售财产令、分割财产令、临时占有令或永久占有令。[③]

同时，该法还明确规定了法院调整变更财产权益的原则和考虑因素。法院作出财产权益变更命令要坚持公平和公正原则。该法第 79 条 2、4 款规定的考虑因素主要有：婚姻一方对婚姻双方或一方的财产的获得、保管或增加的直接或间接的经济的或非经济的贡献，婚姻一方当事人对婚姻双方及婚姻所生子女组成的家庭的福利所做的贡献（包括过去所做的贡献和现在所做的贡献），拟作出的指令对婚姻当事人的未来谋生能力产生的影响等。从司法实践看，关于离婚对当事人未来谋生能力的影响，在 Lee Steere 案中，初审法官 Anderson 考虑了该法第 79 条第（4）（d）款的规定，命令丈夫向妻子支付一定数额的金钱，这笔钱被认为是他不出售农场的情况下所能支付的最大数目。然而，在上诉中，扩大庭在相当程度上增加了向妻子支付的金额。另外，考虑到财产分配后离婚当事人双方可能存在的任何经济地位的不平等，法院有权在夫妻间对财产作出进一步的调整。特别是当一方缺乏经济保障而另一方拥有包括谋生能力在内的重要经济来源时，法院可以给予前者进一步的补贴。[④]

（3）配偶扶养费。1975 年联邦《家庭法》规定了配偶扶养费的条件、法院作出配偶扶养费令的考虑因素、配偶扶养费令的变更或终止等。因本章第四节当代澳大利亚夫妻

---

① https：//www.auliving.com.au/201803/76008.html. 访问日期：2019 年 4 月 1 日。

② 澳大利亚家庭法院网站："If you agree about property and finance"，http：//www.familycourt.gov.au/wps/wcm/connect/fcoaweb/family-law-matters/property-and-finance/if-you-agree-about-property-and-money/. 访问日期：2019 年 3 月 31 日。

③ *Family Law Act* 1975, s. 78.

④ See, DJM v JLM 案（1998），转引自陈苇：《澳大利亚现代家庭法简介》，载陈苇主编：《外国婚姻家庭法比较研究》，群众出版社 2006 年版，第 604 页。

关系制度中的第三部分的"（一）夫妻扶养义务"已经对配偶扶养费进行了考察阐述，故此处不予赘述。

（4）养老金分割。自20世纪下半叶以来，为在夫妻间公平分配婚姻期间所得的财产，世界上有不少国家先后立法规定，夫妻在婚后积累的养老金利益应当由双方共享，离婚时对此养老金利益应当在夫妻之间公平分配。在21世纪初期，基于对婚后积累的养老金利益应当由夫妻双方共享的理念，澳大利亚在1975年联邦《家庭法》中增加了《2001年家庭法（养老金）条例》（该条例于2004年被修正）。

第一，立法目的。1975年联邦《家庭法》第八B章规定了养老金权益。其立法目的主要有两个：一是使养老金权益被视为一种离婚时可以分割的财产；二是对负责养老金发放的第三方托管人进行约束。

第二，当事人协议分割。依1975年联邦《家庭法》第90MH、90MJ条的规定，夫妻双方可在婚前（须结婚后才能生效）或婚姻期间或分居、离婚时达成养老金协议，就婚姻期间积累的养老金利益的分配作出安排，一般应当指明该养老金分割时夫妻各自所占的百分比。[①]

第三，法院判决分割。在离婚案件审理中，根据1975年联邦《家庭法》的规定，对于婚姻期间所积累的养老金利益，法院可以作出两种涉及养老金分割的特殊命令，即"分割令"和"标记令"。其一，分割令。该法第90XT条规定了"分割令"，即法院可以命令将享有养老金权益的成员配偶的一定数额或者一定比例的养老金支付给非成员配偶。在制作分割令之前，法院必须确定养老金利益的价值。其二，标记令。该法第90XU条规定了"标记令"，即允许法院裁判离婚时对养老金权利进行"标记"，而不是对养老金款项进行分割。标记令的内容包括：一是命令管理者在养老金可以进行支付时通知法院；二是要求管理者在养老金可以进行支付时通知法院。在决定是否作出标记令时，法院可以对其认为相关的事项进行考虑。[②]

（二）离婚对未成年子女的效力

澳大利亚的离婚制度重视在离婚案件的处理中对未成年子女利益的保护。1990年，澳大利亚签署加入1989年联合国《儿童权利公约》，并于1995年制定了联邦《家庭法改革法》。该法第61A-61E规定了父母双方在法律上对未满18周岁的子女的父母责任，即使父母的婚姻关系发生变化（如分居、离婚、再婚），对子女的父母责任均不受影响。2006年联邦《家庭法修正案（共同父母责任）法》鼓励当事人在离婚或分居后以合作的形式对子女承担共同抚养责任。此"共同父母责任"的规定，确立了夫妻在分居或离婚后继续履行合作共同抚养子女的义务，并且鼓励当事人对离婚或分居纠纷解决的方式从法院诉讼转向非诉讼家庭服务（家庭咨询和家庭纠纷调解）的方式。[③]

[①] 由于本章篇幅有限，有关澳大利亚离婚时养老金分割立法的具体研究，参见陈苇：《澳大利亚：离婚时养老金利益列入分割》，载《法制日报》2011年10月18日第10版。关于澳大利亚离婚时养老金的具体分割方法，参见陈苇、陈思琴：《澳大利亚夫妻离婚时养老金分割立法及其借鉴》，载《法商研究》2008年第6期，第144-145页。

[②] *Family Law Act* 1975, s. 90XT, s. 90XU.

[③] 由于本章篇幅有限，有关澳大利亚"家庭关系中心"以非诉讼方式帮助当事人处理子女抚养纠纷情况的研究，参见陈苇、胡苷用：《离婚诉讼前处理子女抚养纠纷的一种新机制——澳大利亚"家庭关系中心"评介及其启示》，载《吉林大学社会科学学报》2007年第4期，第73-74页。

1. 离婚当事人对子女抚养纠纷的非诉讼解决方式

如前所述，在澳大利亚，1975 年联邦《家庭法》规定，在向法院申请有关子女的抚育令等命令时，当事人应先通过非诉讼家庭服务包括家庭咨询或家庭纠纷调解机制解决争议，否则法院不得审理该法第七章与子女有关命令的申请，此为强制性的调解前置程序，但如当事人一方有虐待子女、实施家庭暴力等情形的除外。[①]

2. 儿童的"诉讼代理人"

在澳大利亚，1975 年联邦《家庭法》的规定，在特殊需要的情况下法院有权为儿童指定"诉讼代理人"。该法明确规定了在审理离婚案件时"为子女利益的独立代理"制度，在特殊例外的情况下，即法院认为子女在诉讼中的利益应当由律师代理时，有权指令律师在诉讼中作为儿童的"诉讼代理人"，由其确保向法院转达子女的任何意见，避免子女在诉讼中受到精神伤害，以维护子女的最大利益为目的。[②]

3. 离婚时法院对子女抚养、照顾等的适当安排

离婚时法院应对未成年子女的照顾、福利以及发展作出适当的安排。根据 1975 年联邦《家庭法》规定，符合以下条件之一的，有子女的离婚令才能发生法律效力：第一，当事人没有未满 18 周岁的基于该婚姻所生子女。[③] 第二，基于该婚姻所生的唯一未满 18 周岁的子女，该离婚令已经为该子女的照顾、福利以及发展做了适当的安排；或者即使法院并未确信已作出适当安排，但存在离婚令应当生效的情形。[④] 在申请离婚令的诉讼中，法院对怀疑为该婚姻所生子女的照顾、福利和发展作出的安排是否恰当的，可以将该诉讼延迟至从家庭顾问处获得关于这些安排的报告时。[⑤] 必须注意，2006 年联邦《家庭法修正案（共同父母责任）法》确立了共同父母责任，故对于申请养育令或离婚令案件，在没有暴力和虐待的情况下，法官要考虑当事人对子女的共同养育安排。澳大利亚多个司法管辖区都有鼓励考虑共同养育子女的立法，法律改革的趋势是强烈地朝着这一方向发展。从司法实践看，法院判决审理的案件中共同照顾也有显著增加，在交往安排明确具体的案件中，共同照顾（一年里子女与父母任何一方在一起的天数为全年天数的 35%-65%）的比例已经从 4% 增加到 33.9%。[⑥]

---

① *Family Law Act* 1975, s. 60I.

② 1975 年联邦《家庭法》第 68L、68LA 条。参见《澳大利亚家庭法》（2008 年修正），陈菁等译，群众出版社 2009 年版，第 188-189 页。

③ 如果子女（包括婚姻任何一方的婚前子女，任何一方领养的子女或不属于任何一方的子女）在相关时间内被婚姻双方当事人视为其家庭的子女，则该子女也是基于婚姻所生子女。"相关时间"是指婚姻双方当事人分居前的那段时间，或者如果他们分居不止一次的，指提起离婚令诉讼之前，最后一次分居之前的时间。*Family Law Act* 1975, s. 55A.

④ "（1）A divorce order in relation to a marriage does not take effect unless the court has, by order, declared that it is satisfied：（a）that there are no children of the marriage who have not attained 18 years of age；or（b）that the only children of the marriage who have not attained 18 years of age are the children specified in the order and that：（i）proper arrangements in all the circumstances have been made for the care, welfare and development of those children；or（ii）there are circumstances by reason of which the divorce order should take effect even though the court is not satisfied that such arrangements have been made." *Family Law Act* 1975, s. 55A（1）.

⑤ *Family Law Act* 1975, s. 55A（2）.

⑥ 参见［澳］帕特里克·帕金森：《永远的父母：家庭法中亲子关系的持续性》，冉启玉主译，法律出版社 2015 年版，第 104、126 页。

4. 子女接触令

根据 1975 年联邦《家庭法》第 65C、65N、65NA 条的规定，法院有权裁决作出子女接触令（又称子女交往令）。① 第一，申请子女接触令的主体。其包括：父母；子女；祖父母、外祖父母；与子女的照顾、福利或成长有关的其他人。第二，子女接触令的内容。任何人不得妨碍或者阻止或者干涉某人与子女依据命令相聚。任何人不得妨碍或者阻止或干涉子女及某人依据命令彼此进行交流。第三，违反子女接触令的法律后果。基于有关当事人的申请，法院有合理理由确信某人违反了该命令所设定的义务，法院可以签发命令，授权逮捕被指控的嫌疑人。被逮捕的嫌疑人应在临时拘留期间（24-48 小时内）出庭受审。法院应根据该法第 13A 章有关不遵守命令的相关规定，给予处罚。②

5. 子女抚养费给付的保障措施

为保障离婚家庭儿童的抚养费给付，1988 年联邦《子女抚养费（登记与收取）法》对抚养义务的登记，子女抚养费的收取等进行了专门规定。1989 年联邦《子女抚养费（评估）法》授权儿童抚养费机构负责登记子女抚养费协议、计算抚养费数额，并收取、支付和执行子女抚养费。③这些措施使离婚家庭儿童的抚养费能够被及时收取与给付，从而确保离婚父母一方直接从该机构获得抚养费，有利于保障实现儿童受抚养的合法权益。

第九节　当代澳大利亚婚姻家庭法律制度的发展趋势及其启示

如前所述，澳大利亚婚姻家庭法律制度的发展与其国家的历史发展密不可分。自澳大利亚独立成为一个联邦制国家以来，其婚姻家庭法律制度逐渐脱离英国法律的约束和影响，逐步形成相对完整的法律体系。为适应调整澳大利亚婚姻家庭领域新情况新问题的需要，澳大利亚婚姻家庭法律制度经历了多次修订，其中某些有益的立法经验，对于我国从实际出发，根据调整新时期婚姻家庭新情况新问题的需要，细化、补充完善立法，推进家事纠纷审判机制改革，维护婚姻家庭当事人的合法权益，保障离婚自由，防止轻率离婚，巩固婚姻家庭关系，促进社会的和谐与发展，具有一定借鉴意义。以下，将结合前文对澳大利亚婚姻家庭法律制度的研究与阐述，分析当代澳大利亚婚姻家庭法律制度的发展趋势，在考察和总结我国《民法典》婚姻家庭编的立法成就基础上，分析我国婚姻家庭制度之不足，从实际出发，汲取澳大利亚婚姻家庭立法的有益经验，提出对我国《民法典》婚姻家庭编相关立法的完善建议。

① 子女接触令为澳大利亚 1975 年联邦《家庭法》的"养育令"（parenting order）内容之一，如前所述，"养育令"主要有居住令、接触令、特定事项令和抚养令四种类型，该法第 65C、65N、65NA 条规定的法院命令系与子女接触交往的内容，故被称为子女接触令。

② 由于本章篇幅有限，有关澳大利亚 1975 年联邦《家庭法》之子女接触令的实施及其改革研究，参见陈苇、赵燕：《澳大利亚"子女接触令"实施的改进建议对我国之启示》，载《法治研究》2010 年第 9 期，第 19 页。

③ 由于本章篇幅有限，有关 1989 年联邦《子女抚养费（评估）法》具体内容的研究，参见陈苇、王鸥：《澳大利亚儿童权益保护立法评介及其对我国立法的启示——以家庭法和子女抚养（评估）法为研究对象》，载《甘肃政法学院学报》2007 年第 3 期，第 13 页。

一、当代澳大利亚婚姻家庭法律制度的发展趋势

根据前文对当代澳大利亚家庭法律制度的研究与阐述，我们归纳澳大利亚婚姻家庭制度的发展趋势如下。

（一）当代澳大利亚家庭法解决家事纠纷新机制的发展趋势

我国有学者指出，司法纠纷解决方式多元化是当今国际社会司法改革潮流趋势之一。司法为法律之最后一道防线，故其改革目标，除在于促成新的排解纠纷机构的形成和发展外，国家司法机关亦应与其保持某种联系或牵制，共同达成当事人纷争解决之多元化和法律化。[①] 当代澳大利亚家庭法解决家事纠纷新机制的发展趋势，可以从制度层面和实践层面这两个方面进行考察。

一方面，制度层面实现多元化和法律化，以回应社会现实的需要。如前所述，在澳大利亚，1975 年联邦《家庭法》解决家事纠纷的制度于 2006 年被修正，在废止该法原第二、三章的基础上，代之第二章"非诉讼家庭服务"、第三章"家庭顾问"（"诉讼家庭服务"），这两种引导和帮助当事人解决家庭纠纷的新制度。同时，该法在第三章增加第三 A 章和第三 B 章，分别规定"有关非诉讼家庭服务及法院程序、服务的告知义务"，即法律从业者、法院首席执行官等有向当事人提供解决家庭纠纷新机制信息的法定告知义务；"法院在诉讼和非诉讼家庭服务中的权力"，即法院对诉讼当事人具有指示的权力，即引导和帮助他们优先使用非诉讼的家庭咨询、家庭纠纷调解服务和诉讼中的家庭顾问服务的新机制，尽可能帮助他们在诉讼前达成和解或在诉讼中妥善处理家庭纠纷。此外，该法还新增规定第四 A 章第一 A 节"法院对家庭服务的管理"、第七章第一节 E 小节"家事纠纷调解"（此将调解作为申请子女养育令等法院命令的强制性前置程序）。可见，经过修改补充后的当代澳大利亚家庭法解决家事纠纷的新机制，已形成了一个由非诉讼家庭服务制度、诉讼家庭服务制度及相关程序组成的多元化和法律化的有机整体。这反映了鼓励当事人优先采取非诉讼家庭服务机制，及时化解和妥善处理家庭纠纷的立法理念，以回应社会现实的需要。此外，为进一步推广非诉讼纠纷解决机制，澳大利亚于 2011 年颁布了《民事纠纷解决办法》将调解程序和其他替代性纠纷解决机制即 ADR（Alternative Dispute Resolution）规定为强制民事纠纷当事人必须参加的诉前程序，进一步扩大了调解程序的适用范围。[②]

另一方面，实践层面各种实施措施日益加强，以实现立法的社会作用。"徒法不足以自行。"在实践中，为促进解决家事纠纷新机制的实施，澳大利亚政府在经济资助、组织机构建设、职业资格评审以及司法实践等方面均采取了有力的落实措施。例如，在经济资助上，澳大利亚政府在 2005 年的财政预算中就规定，在未来四年内将拨款 3.97 亿元用于支持家庭法改革项目。并且，其还通过"家庭关系服务计划"资助了一批社区组织，以便这些社区组织及其工作人员能够更好地为家庭纠纷当事人提供家庭关系的咨询服务。在组织机构建设上，澳大利亚政府在全国范围内建立了 65 个"家庭关系中心"，通过这些专门机构引导和帮助当事人采用非诉讼家庭服务机制，促进达成可能的和解和妥善解

---

① 齐树洁主编：《民事司法改革研究》（第三版），厦门大学出版社 2006 年出版，第 235 页。

② 参见齐树洁主编：《外国 ADR 制度新发展》（第二版），厦门大学出版社 2017 年版，第 526、528 页。

决家庭纠纷。在职业资格评审上，澳大利亚于 2008 年 1 月开始推行"全国调解员资格评审制度"，细化各类调解员的任职资格，2008 年联邦《家庭法（家庭纠纷解决从业者）条例》在此制度基础上，明确规定了家事调解员任职的必备条件和障碍条件，以促进家事调解员的专业化，着力提升服务水平。在司法实践中，澳大利亚联邦法院加大宣传力度，在其网站上积极倡导当事人选择调解程序解决纠纷，以"当事人信息"下的"调解"小标题，提供关于调解的更多信息，同时展示列举调解程序与诉讼程序相比所具有的诸多优点。在家事案件审理中，实行调解与审判分离，法官虽然不能主持调解，但依法有义务为当事人提供非诉讼家庭服务信息并依职权指导他们优先采用咨询、调解等方式。当涉及子女抚养的离婚纠纷诉至法院时，为贯彻"子女最大利益原则"，调解员和法官不仅要考虑离婚夫妻的意愿，也要考虑离婚对子女的影响。例如，在 2012 年的 Cheever v. Barrie 一案中，调解员鼓励双方当事人以一种"更合作、更尊重、更富创造性的方式进行沟通与决策"，建议父母及孩子参加家庭调解中心设立的分享咨询项目。该项目为孩子们提供了表达想法、抒发情感的机会，有利于疏导其心理情结；同时为父母提供个别辅导，引导他们今后更加注重孩子的需求。尤其应当注意的是，澳大利亚法院认为，父母的幸福会对孩子产生影响，因此在考虑孩子的幸福时也要兼顾考虑父母的利益。例如，在 AMS v. AIF 案中，法官认为，子女最大利益原则并不是抚养案件中唯一的考虑因素，但如孩子的利益与父母的利益相冲突时，应当以子女的幸福和权利为先，即为贯彻儿童最大利益原则，一方面父母通过调解员的疏导学会如何更好地尊重对方、和谐相处，以尽可能减少离婚纠纷对子女带来的不良影响；另一方面孩子们有权向调解员和法院表达自己的想法或愿望从而获得相应的帮助，这有利于"实现双赢"。①

综上所述，以上从制度层面的多元化和法律化，从实践层面采取多种实施措施，促进了澳大利亚家庭法解决家事纠纷新机制的实施，既有利于及时化解和处理家庭纠纷而减少当事人的讼累，也有利于减少法院审理家事纠纷案件的工作量，反映了当代澳大利亚家庭法解决家事纠纷新机制的发展趋势。

值得注意的是，目前在世界范围内，许多国家都在探索和推行多元化纠纷解决机制，以满足纠纷主体多样化的需求，其中调解是解决纠纷的重要方式之一，有利于民事纠纷的及时处理，促进社会的和谐与发展。② 中国政府历来十分重视对民事纠纷开展人民调解。我国的人民调解工作具有中国特色而被称为"东方之花"，取得了显著的工作成效。③ 从我国现行制度层面看，2010 年通过的我国现行《人民调解法》明确规定了立法目的、调解原则、业务指导、工作经费；人民调解委员会的组织机构和工作机制；人民调解员的任职资格、聘任与免职、经济待遇等；调解程序包括当事人申请调解和人民调解委员会主动调解、基层人民法院和公安机关对适宜通过人民调解方式解决纠纷的当事人负有

---

① 参见齐树洁主编：《外国 ADR 制度新发展》（第二版），厦门大学出版社 2017 年版，第 522—524、527 页。

② 关于外国调解制度的研究，包括加拿大、西班牙、葡萄牙、意大利、希腊、瑞士、法国、英国、比利时、德国、俄罗斯等外国调解制度，参见齐树洁主编：《外国 ADR 制度新发展》（第二版），厦门大学出版社 2017 年版的相关内容。

③ 截至 2010 年 8 月 28 日我国 2010 年《人民调解法》通过颁布时止，据了解，近 5 年来，全国人民调解组织直接调解、协助基层人民政府调解各类民间纠纷 2904 万余件，调解成功 2795 万余件，调结率为 96%。参见崔丽霞：《盘点人民调解法七大亮点》，载新华网 2010 年 08 月 30 日，http://www.npc.gov.cn/npc/c199/201008/86f6f53505cd4aa7aae8169f6737e622.shtml，访问日期：2021 年 1 月 18 日。

告知义务、调解的原则和方法、当事人的权利和义务、人民调解员的报告义务和对调解不成纠纷的当事人负有对其他纠纷解决方式的告知义务等；调解协议的形式、内容及效力。我国 2017 年修正的《民事诉讼法》第 9 条明确规定了法院调解原则①，调解必须遵循自愿、合法原则。我国人民法院对民事案件调解时，程序上不得违反自愿原则（调解并非强制性前置程序）；在调解协议内容中不得违反法律、不得侵害国家、集体和他人的合法权益。为指导司法实践，2016 年 6 月我国最高人民法院下发《关于开展家事审判方式和工作机制改革试点工作的意见》，选取全国范围内 118 家中级人民法院、基层人民法院开展为期两年的家事审判方式和工作机制改革试点工作。2018 年我国最高人民法院下发《关于进一步深化家事审判方式和工作机制改革的意见》。从实践层面看，我国的家事审判改革从星星之火，发展为燎原之势，在推进家事案件多元化纠纷解决机制，探索家事案件特别诉讼程序，组建家事纠纷的专业审判机构和审判人员这三个改革目标上，取得了有目共睹的成效。② 我国多元化纠纷解决机制改革在各地法院实践中涌现了许多创新案例③，既妥善化解处理了当事人之间的民事纠纷，也减轻了人民法院的工作压力，促进了我国和谐社会的构建，增加了人民群众的满意度、获得感、幸福感。

（二）当代澳大利亚结婚制度的发展趋势

一方面，男女两性实行相同的法定婚龄。在澳大利亚，1961 年联邦《结婚法》颁布之初，规定男女法定结婚年龄分别为 18 周岁和 16 周岁。已满 16 周岁不满 18 周岁的男子及已满 14 周岁不满 16 周岁的女子，经父母同意后向法院申请，在申请被许可后，可以结婚。随后，1984 年联邦《反性别歧视法》对男女有差别的法定结婚年龄统一修改为 18 周岁，经父母同意和法院许可才能结婚的年龄也不区分男女，统一修改为 16 周岁以上不满 18 周岁。澳大利亚采取男女两性相同的法定结婚年龄，体现了在结婚年龄上的男女两性平等对待。

另一方面，对多元化家庭模式均给予法律上的调整和保护。随着社会的发展和民众家庭观念的转变，家庭生活的模式呈现多元化。基于对人们自主选择生活方式的基本人权的尊重，澳大利亚对事实伴侣关系、民事结合、同性婚姻均制定了相关的法律，予以法律上的承认和调整。如前所述，在澳大利亚，早期的事实伴侣、同性恋者属于社会少数群体，处于相对弱势的地位，受到人们的歧视，法律并没有对其进行保护。在 1975 年联邦《家庭法》中没有对事实伴侣关系作出规定。直到 1984 年，新南威尔士州成为第一个颁布立法承认事实伴侣关系，调整异性事实同居男女的财产权益的州。随后，各州也制定了调整事实伴侣的法律，并将调整范围扩大到同性伴侣。2012 年，澳大利亚首都地区通过了 2012 年《民事结合法》。2017 年 12 月 9 日，同性婚姻获得澳大利亚联邦法律的正式认可。在该国，法律对事实伴侣关系逐步给予与婚姻关系同等的保护之后，将同性婚姻合法化，既加强了对这些选择不同类型家庭生活模式人群的基本人权的尊重和保护，

①　必须说明，我国 2021 年修正的《民事诉讼法》第 9 条对原来该条规定的法院调解原则继续沿用，没有进行修改。

②　关于外国家事纠纷解决机制改革概况，参见任容庆：《法院解决家事纠纷的机制研究》，对外经济贸易大学出版社 2020 年版，第 17-21 页。

③　参见最高人民法院司法改革领导小组办公室编：《多元化纠纷解决机制改革 实务指引与探索案例》，人民法院出版社 2019 年版，第 515-614 页。

同时也使澳大利亚调整婚姻家庭的法律呈现多元化。

（三）当代澳大利亚夫妻关系制度的发展趋势

澳大利亚注意保障夫妻对婚姻期间所得财产享有平等的财产权益。基于婚姻共同体当事人应当利益共享的公平理念，在离婚财产分配时，法院对婚姻期间夫妻各方获得的财产权益（既得财产权益和期待财产权益含养老金期待权）均纳入在夫妻间进行调整分配的范围。例如，依据 1975 年联邦《家庭法》第 79 条第 2、4 款的规定，法官在判决离婚时，有权根据夫妻各方对家庭、财产的直接贡献或间接贡献，公平、合理地调整分配夫妻在婚姻期间所得的财产权益。尤其是对婚姻期间夫妻一方所得养老金期待经济利益的分割以及有关非直接经济贡献的承认等规定和司法判例，保障从事家务劳动的夫妻一方分享夫妻他方在婚姻期间获得的养老金期待经济利益等财产权益，有利于实现夫妻家庭地位的实质平等。

（四）当代澳大利亚亲子关系制度的发展趋势

一方面，在亲子关系法中取消"非婚生子女"的称谓。早在 20 世纪 70 年代，澳大利亚 1975 年联邦《家庭法》就已摒弃了"非婚生子女"的称谓，无论父母有无婚姻关系，其所生子女均统一称为"子女"。此外，1974 年维多利亚州《儿童身份法》第 12 条将"非婚生子女"重新定义为"在出生之时或受孕之时或之后父母没有结婚的子女"。由于父母无婚姻关系而生育子女，子女本人无过错，如让子女来承担不利后果，这是不公平的。[①] 因此，该国亲子法中取消了"非婚生子女"的称谓，体现了对儿童的尊重和保护。

另一方面，处理与儿童有关的事项，遵循儿童最大利益原则。1989 年联合国《儿童权利公约》第 3 条规定："关于儿童的一切行动，不论是由公私社会福利机构、法院、行政当局或立法机构执行，均应以儿童的最大利益为一种首要考虑。"澳大利亚自 1990 年12 月批准该公约后，对家庭法进行了重要改革，以贯彻儿童最大利益原则，如 1995 年联邦《家庭法改革法》，新增"父母责任"一词替代了父母的"监护权"用语等。实际上，在澳大利亚批准该公约前，就已经逐渐将儿童最大利益原则融入其法律之中，早在 1959年联邦《婚姻诉讼法》第 85 条就规定，在有关婚姻所生子女的监护、福利、发展或教育的诉讼中，法院应当将儿童的利益视为首要考虑因素。1975 年联邦《家庭法》第七章（子女）亦体现了对儿童最大利益原则的贯彻。该法第 60B 条明确规定，该章的目的是确保儿童的最大利益得到实现。对于法院如何确定儿童的最大利益，该法第 60CC 条具体细化规定了相关的考虑因素，以加强可操作性。2005 年维多利亚州《儿童、青少年与家庭成员法》第 10 条规定，就本法而言，儿童的最大利益必须始终是最重要的，并规定了符合儿童最大利益的考虑因素。

（五）当代澳大利亚收养制度的发展趋势

首先，注重保护被收养儿童的最大利益。澳大利亚各州和地区的收养法强调被收养儿童的福利和最大利益。为此，各州和地区的收养法还具体规定了确定被收养儿童最大利益的考虑因素。例如，1993 年首都地区《收养法》第 4-5 条规定，确保儿童或青少年

---

① 参见陈苇、靳玉馨：《建立我国亲子关系推定与否认制度研究》，载《民商法论丛》2003 年第 2 号（总第 27卷），金桥文化出版（香港）有限公司，第 262 页。

的最大利益是收养儿童或青少年的首要考虑因素。在形成关于儿童或青少年最大利益的观点时，根据本法作出决定的人必须考虑以下因素：（1）该决定对儿童或青少年可能产生的影响；（2）儿童或青少年的年龄、理解能力、成熟程度、性别和个人特征；（3）儿童或青少年的物质、情感和教育需要；（4）儿童或青少年表达的意见等。这些规定有利于实现对被收养儿童最大利益的保护。

其次，确立收养考虑期和试收养期。例如，2000年新南威尔士州《收养法》第89条规定，被收养的儿童已经同意收养的，从签署收养同意书之日起30日的期限届满之前，法院不得作出收养令，即有30日的收养考虑期。此外，该法第29条规定，亲属收养儿童的，要求该儿童与该亲属建立2年以上共同生活关系。这有利于收养当事人仔细考虑和慎重决定是否进行收养，有利于建立稳定的收养关系，以保障被收养儿童的健康成长。

最后，加强国家公权力对收养的监督干预。澳大利亚关于家庭与社区服务部制作收养报告、收养评估与收养计划的审查等规定，体现了国家公权力对收养的监督干预。这有利于收养的合法有序进行，以保护被收养儿童的最大利益。

（六）当代澳大利亚监护制度的发展趋势

第一，保障被监护人的最大利益。20世纪中后期，在未成年人监护方面，澳大利亚的相关立法表现出对儿童最大利益的重视。例如，1959年联邦《婚姻诉讼法》规定，在处理有关儿童的监护、福利、发展或教育的诉讼中，法院应当将儿童的最大利益视为首要考虑因素。[1] 1995年联邦《家庭法改革法》将原1975年联邦《家庭法》中"父母权利与对未成年人的监护权"替换为"对子女的父母责任"，强化了父母对子女的责任和义务。在成年人监护方面，2007年澳大利亚签署了2006年联合国《残疾人权利公约》。在此背景下，2012年维多利亚州法律改革委员会成为第一个建议采用协助决定立法计划的澳大利亚法律改革机构。[2] 目前，尽管澳大利亚各州和地区规定的成年人监护法各有特色，但总体而言，这些成年人监护法都体现了被监护人最大利益原则的要求。例如，1990年西澳大利亚州《监护与管理法》第4条规定，监护决定者必须以其认为符合成年人最大利益的方式行使决定权。2016年北部地区《成年人监护法》第4条规定，监护决策者必须以其合理地认为符合成年人最大利益的方式行使决策者的权利。

第二，尊重被监护人的意愿。一方面，在涉及未成年被监护人问题的处理时，应当听取和考虑未成年被监护人的意见，以实现儿童最大利益原则。例如，2000年昆士兰州《监护与管理法》第80L条规定，儿童的代表人必须以儿童的最大利益行事；考虑儿童表达的意愿；在切实可行的范围内，将该儿童的意愿告知法院。另一方面，在涉及成年被监护人监护问题的处理时，应当尊重成年被监护人的意愿。监护人在行使权利或作出决定时，应当尽可能最小限度地限制被监护人的权利，鼓励和协助被监护人融入正常的社会生活之中。例如，1987年新南威尔士州《监护法》第4条规定，监护人在行使权利时要考虑有障碍的人的意见。2016年澳大利亚北部地区《成年人监护法》明确规定了成年人监护的三项原则，即被监护人最大利益原则、尊重被监护人意愿原则和最小限制原则。

---

① *Marriage Cause Act* 1959, s. 85（1）（a）.

② Shih-Ning Then, Evolution and Innovation in Guardianship Laws: Assisted Decision-Making, *Sydney Law Review*, vol. 35, issue 1, March 2013, p. 134.

该法第15条规定，在确定个人是否担任成年人的监护人时，法院应当考虑该成年人的意愿；且成年人的监护人不是替代被监护人做决定或替代被监护人行事，而是尊重被监护人的决定，协助被监护人行事。

（七）当代澳大利亚离婚制度的发展趋势

第一，加强非诉讼家庭服务，促进和帮助当事人优先以家庭咨询和家庭纠纷调解等方式处理离婚及子女抚养等问题。如前所述，2006年修正的联邦《家庭法》在第二章和第三章分别设立了"非诉讼家庭服务"和"家庭顾问"（诉讼家庭服务）两种制度，同时在第三A章和第三B章分别规定了"有关非诉讼家庭服务及法院程序、服务的告知义务"和"法院在诉讼和非诉讼家庭服务中的权力"，以引导和帮助当事人尽可能在诉讼前通过非诉讼家庭纠纷解决机制解决家庭纠纷。这反映了当代澳大利亚家庭法尽可能采取非诉讼家庭服务机制化解家事纠纷的趋势。例如，依该法规定，法律从业人员和法院首席执行官对当事人负有对有关非诉讼家庭服务及法院程序、服务的告知义务。并且，实行调审分离，法院受理离婚案件后，依法有权指令当事人参加家庭咨询或家庭纠纷调解，指令当事人向家庭顾问咨询等，以帮助当事人以非诉讼方式妥善处理离婚和子女抚养问题，既有利于保护离婚当事人的合法权益，也有利于保障未成年人的合法权益。在实践中，为帮助当事人以非诉讼方式处理家事纠纷，在全国各地设立"家庭关系中心"是澳大利亚政府的一项重要举措，在夫妻分居后或提起离婚诉讼前，应夫妻的请求，"家庭关系中心"将向其提供一些基本的信息、建议和帮助，从而指导夫妻依法妥善地处理子女抚养、教育等问题。① 这对我国家事审判机制的改革与完善具有一定借鉴意义。

第二，离婚自由与国家公权力的适度干预并行。在澳大利亚，1975年联邦《家庭法》废除了1959年联邦《婚姻诉讼法》，以婚姻无可挽回地破裂作为法定离婚理由，即用"无过错离婚主义"替代了"过错离婚主义"。夫妻双方离婚不再要求一方有过错，以保障双方的离婚自由。同时，虽然法律不再要求当事人申请离婚需有过错事由，但原则上申请离婚令须结婚已满两年，并且以夫妻双方分居已满12个月作为"婚姻无可挽回地破裂"的客观判断标准。此外，在离婚的程序上，澳大利亚要求离婚须经诉讼程序由法院裁决。由此可见，澳大利亚的离婚制度，一方面尊重当事人离婚自由，另一方面为防止轻率离婚对当事人及其家庭和社会带来不利影响，国家公权力对离婚自由也进行了适度干预。

第三，在离婚财产分配中，注重公平分配夫妻各方在婚姻期间所得财产权益（包括养老金期待利益）。1975年联邦《家庭法》规定了离婚时法院变更夫妻财产权益的原则和考虑因素。离婚时，法院作出财产权益变更命令，应坚持公平和公正原则，考虑婚姻一方对婚姻双方或一方财产的获得、保管或增加的直接或间接的贡献，婚姻一方当事人对婚姻双方及婚姻所生子女组成的家庭的福利所做的贡献等，以承认无直接经济收入的家务劳动价值，对婚姻期间夫妻各方所得财产包括养老金利益（含期待利益）予以调整，

---

① 参见陈苇、胡苗用：《离婚诉讼前处理子女抚养纠纷的一种新机制——澳大利亚"家庭关系中心"评介及其启示》，载《吉林大学社会科学学报》2007年第4期，第75页。

对夫妻双方进行公平分配。① 这有利于平等保护离婚当事人各方的财产权益，保障离婚时经济弱势的夫妻一方之生存权、发展权。

第四，注重保护未成年子女的利益。根据 2006 年联邦《家庭法修正案（共同父母责任）法》规定，一是新增"共同父母责任"，确立了夫妻在分居或离婚后继续履行对子女的共同义务，鼓励父母共同养育子女是法律改革发展的趋势。二是新增非诉讼家庭服务机制，将当事人之子女抚育纠纷解决的方式从法院诉讼引向非诉讼的家庭咨询、家事纠纷调解的方式，引导和帮助离婚的或分居的当事人以合作的形式妥善处理子女抚养问题。三是新增申请子女养育令等命令的强制性调解前置程序。向法院申请子女养育令等的当事人应首先通过非诉讼家庭服务（家庭咨询或家事纠纷调解）处理相关问题，否则，法院不得审理该联邦《家庭法》第七章有关子女抚育令等命令的申请，但如有诉讼一方虐待子女、实施家庭暴力等情形的除外。② 四是设立儿童的"诉讼代理人"。根据该法设立的"为子女利益的独立代理"制度，在例外需要的情形下，法院认为子女在诉讼中的利益应当由律师代理时，有权指令律师在诉讼中作为儿童的"诉讼代理人"，以维护儿童的最大利益。五是设立子女接触令。与子女会面交往的法定主体范围较广，包括父母、子女本人、祖父母、外祖父母以及与子女的照顾、福利或者发展有关的其他人，促进离婚父母一方及其他亲属对子女的会面和交往。六是法院审理离婚案件时，应对未成年子女的照顾、福利以及发展作出适当安排，否则离婚令不发生效力。在没有家庭暴力和虐待的情况下，法官判决时要考虑对子女的共同养育安排，司法判决审理的案件中共同照顾也有显著增加。七是强化子女抚养费给付的保障措施。1989 年联邦《子女抚养费（评估）法》授权儿童抚养费机构负责登记子女抚养费协议、计算抚养费数额、收取、支付和执行子女抚养费，以切实保障实现儿童受抚养的合法权益。

二、当代澳大利亚婚姻家庭法律制度的发展趋势对我国立法的启示

我国《民法典》于 2021 年 1 月 1 日起施行。它是新中国成立以来第一部以"法典"命名的法律，是新时代我国社会主义法治建设的重大成果。以下我们将从结婚制度、夫妻关系制度、亲子关系制度、收养制度、监护制度以及离婚制度六个方面③，概括总结我国《民法典》的主要立法成就，并考察分析其不足，从中国实际出发，适当参考澳大利亚家庭法的立法经验，提出补充完善我国立法的建议。

---

① 在澳大利亚，基于对婚姻期间所得养老金权益应当由夫妻共享的理念，离婚时夫妻一方在婚姻期间积累的养老金利益包括期待利益被列入应当公平分割财产的范围，法院对养老金现实利益通常发出分割命令，对养老金期待利益则发出标记命令（待养老金的实际领取日期到达时，法院将解除标记命令而作出分割命令）。参见陈苇：《澳大利亚：离婚时养老金利益列入分割》，载《法制日报》2011 年 10 月 18 日第 10 版。

② *Family Law Act* 1975, s. 60I.

③ 必须说明，目前我国开展家事审判工作机制改革的内容，主要涉及程序法，也涉及部分实体法。由于我国《民法典》婚姻家庭编的主要内容是实体法，故在此对我国家事审判制度改革的立法成就、不足与完善立法的建议从略，不予阐述。但本节在阐述我国离婚制度的立法成就与不足及立法建议中，将结合我国离婚制度及家事审判制度改革的实际，在肯定我国立法成就的基础上，分析我国离婚程序制度之不足，并提出补充完善立法的建议。此外，对我国家事审判程序制度改革的研究与立法建议，可参见陈苇、董思远：《家事审判改革视野下祖国大陆家事审判程序立法完善研究——兼以我国台湾'家事事件法'为学术视点》，载《西南政法大学学报》2018 年第 1 期，第 24-35 页。

（一）我国结婚制度的立法成就与不足及立法完善建议

1. 我国《民法典》结婚制度的立法成就与不足

我国结婚制度的立法成就如下：第一，减少禁止结婚和无效婚姻的法定事由并新增重大疾病如实告知义务。我国《民法典》第1048条、第1051条中已删除了2001年修正的《婚姻法》第7条、第10条规定的"患有医学上认为不应当结婚的疾病"，即其不再作为禁止结婚和无效婚姻的法定事由。同时，新增一方患有重大疾病如实告知义务。① 这既尊重患病方的婚姻自由权，也保护未患重大疾病方的知情权。② 第二，补充完善可撤销婚姻制度。一是修改因受胁迫而撤销婚姻请求权的起算时间，将该起算时间从"自结婚登记之日起"修改为"自胁迫行为终止之日起"。因为如胁迫行为在结婚后仍然继续的，受胁迫的当事人可能无法提起撤销婚姻之诉。二是扩大可撤销婚姻的法定事由，新增未如实告知重大疾病作为可撤销婚姻的法定事由。三是取消婚姻登记机关作为撤销婚姻的机构。③ 第三，增加无过错方因婚姻无效或被撤销的损害赔偿请求权。④ 总之，我国《民法典》之结婚制度的修改补充，有利于贯彻婚姻自由原则，维护主体的结婚权益，预防和制裁违法婚姻，救济善意当事人。⑤

我国结婚制度之不足如下：一方面，我国男女的法定婚龄不同。我国《民法典》第1047条规定："结婚年龄，男不得早于二十二周岁，女不得早于二十周岁。"在我国古代和近代社会，民间传统习惯的婚姻年龄是"男大女小"，传统的家庭观念是"男尊女卑"。1949年中华人民共和国成立后，1950年《婚姻法》、1980年《婚姻法》、2001年修正的《婚姻法》和我国《民法典》均明确规定夫妻在婚姻家庭中地位平等，但男性与女性的法定结婚年龄却有"男大女小"之两周岁的差异。在当代，男女是平等的结婚主体，我国《民法典》继续沿用原《婚姻法》的规定，法定婚龄仍然是"男大女小"，是不符合男女平等原则精神的。在澳大利亚，男女的法定婚龄相同，体现了男女两性在结婚年龄上的平等对待。另一方面，我国欠缺调整非婚同居的法律规定（司法解释除外）。根据我国《婚姻家庭编解释（一）》第3条的规定，当事人提起诉讼仅请求解除同居关系的，人民法院不予受理；当事人因同居期间财产分割或者子女抚养纠纷提起诉讼的，人民法院应当受理。但此司法解释并没有规定因同居而引起的财产纠纷应当如何处理。在澳大利亚，六个州和两个地区都有调整事实伴侣关系的相关法律。⑥ 此外，首都地区还制定了2012年《民事结合法》。在我国，《民法典》欠缺对非婚同居的调整内容，这不利于非婚同居中的弱者（往往是女方）利益的保障，并且非婚同居关系破裂时往往对未成年子女产生不利影响，如果双方矛盾激化，甚至会引发恶性案件，影响社会安定。

---

① 我国《民法典》第1053条。

② 参见陈苇、贺海燕：《论中国民法典婚姻家庭编的立法理念与制度新规》，载《河北法学》2021年第1期，第25页。

③ 参见我国《民法典》第1052-1053条；我国2001年修正的《婚姻法》第11条。

④ 我国《民法典》第1054条。

⑤ 参见王歌雅：《民法典婚姻家庭编的价值阐释与制度修为》，载《东方法学》2020年第4期，第174页。

⑥ 如1984年新南威尔士州《事实伴侣关系法》、2008年维多利亚州《关系法》、1991年北部地区《事实伴侣关系法》、1999年塔斯马尼亚州《事实伴侣关系法》、2003年塔斯马尼亚州《关系法》、1997年西澳大利亚州《家庭法院法》第5A章，2011年昆士兰州《民事伴侣关系法》、1994年首都地区《家庭关系法》第4A章、1975年南澳大利亚州《家庭关系法》、1996年南澳大利亚州《家庭伴侣财产法》等法律中。

2. 我国结婚制度的立法完善建议

首先，为实现对男女自主结婚权的平等保护，需要统一男女的法定婚龄。建议我国《民法典》今后修改为："结婚年龄，男女均不得早于二十周岁。"其次，为了加强对非婚同居者及其未成年子女权益的保护，建议我国在现行司法解释基础上，从实际出发，汲取澳大利亚对同居伴侣关系的立法经验，增补我国的非婚同居立法。建议我国对非婚同居采取区别于婚姻的同居不登记制为主，兼采区别于婚姻的同居登记制为补充，对于非婚同居关系的成立要件、法律效力及终止等作出具体规定。①

（二）我国夫妻关系制度的立法成就与不足及立法完善建议

1. 我国《民法典》夫妻关系制度的立法成就与不足

我国夫妻关系制度的立法成就如下：第一，在夫妻人身关系方面，增补夫妻日常家事代理制度。我国《民法典》第 1060 条规定："夫妻一方因家庭日常生活需要而实施的民事法律行为，对夫妻双方发生效力，但是夫妻一方与相对人另有约定的除外。夫妻之间对一方可以实施的民事法律行为范围的限制，不得对抗善意相对人。"此对于明确夫妻日常家事代理权所生债务的性质和清偿责任具有重要意义，有利于维持家庭日常生活、防止滥用该权利侵害配偶合法利益，保护善意第三人利益及维护交易安全。② 第二，在夫妻财产关系方面，我国《民法典》扩大了夫妻共同财产的范围，新增夫妻债务的认定规则，增加婚内分割共同财产规则。首先，新增规定"劳务报酬"以及"投资的收益"属于夫妻共同财产，扩大了夫妻共同财产的范围。③ 其次，新增规定夫妻共同债务包括：夫妻双方共同意思表示所负的债务；夫妻一方在婚姻关系存续期间以个人名义为家庭日常生活需要所负的债务；夫妻一方在婚姻关系存续期间以个人名义超出家庭日常生活需要所负的债务，且债权人能证明该债务用于夫妻共同生活、共同生产经营或者基于夫妻双方共同意思表示所负的债务。这有利于兼顾保护非举债方配偶的利益和债权人的利益，维护交易安全。最后，增加夫妻婚内分割共同财产规则。④ 由此，当事人即使不离婚但在符合法定条件的情况下，也可以请求分割夫妻共同财产。这是平衡夫妻财产规则的个人性与团体性的关键，⑤ 有利于维护弱势方既有的财产利益，符合婚姻家庭法保障弱者利益的价值取向，也有利于发挥家庭的扶养职能。

我国夫妻关系制度之不足如下：一是法定夫妻财产制的整体结构不全，未设立非常法定财产制；二是缺乏夫妻在婚姻期间所得期待经济利益的调整分配立法，如离婚时我国对婚姻期间所得期待养老金利益的规定存在不足。⑥ 并且，我国《民法典》对夫妻一方

---

① 我国非婚同居制度的立法理由及立法建议条文内容，参见陈苇、王薇：《我国设立非婚同居法的社会基础及制度构想》，载《甘肃社会科学》2008 年第 1 期，第 29—32 页。

② 参见陈苇、贺海燕：《论中国民法典婚姻家庭编的立法理念与制度新规》，载《河北法学》2021 年第 1 期，第 26—27 页。

③ 我国《民法典》第 1062 条。

④ 我国《民法典》第 1066 条规定："婚姻关系存续期间，有下列情形之一的，夫妻一方可以向人民法院请求分割共同财产：（一）一方有隐藏、转移、变卖、毁损、挥霍夫妻共同财产或者伪造夫妻共同债务等严重损害夫妻共同财产利益的行为；（二）一方负有法定扶养义务的人患重大疾病需要医治，另一方不同意支付相关医疗费用。"

⑤ 参见申晨：《民法典婚姻家庭编的回归与革新》，载《比较法研究》2020 年第 5 期，第 117 页。

⑥ 参见陈苇、陈思琴：《澳大利亚夫妻离婚时养老金分割立法及其借鉴》，载《法商研究》2008 年第 6 期，第 146—147 页。

在婚内所得知识产权的期待经济利益之归属尚无规定，而《婚姻家庭编解释（一）》第80条规定实际是将该期待经济利益归属夫妻一方所有，此规定不够合理，有悖民法的公平原则。[①] 在澳大利亚，1975年联邦《家庭法》对法院处理离婚案件应当公平和公正地调整分配夫妻财产权益以及对婚姻期间所得养老金期待利益的公平分割都进行了规定。

2. 我国夫妻关系制度的立法完善建议

针对我国夫妻关系制度之不足，对我国《民法典》提出如下补充完善立法的建议：第一，补充完善法定财产制的结构，增设非常夫妻财产制，具体内容包括申请人民法院宣告改原夫妻共同财产制为分别财产制的法定事由；非常夫妻财产制的法律效力及其撤销事由等内容。第二，增补夫妻一方婚姻期间所得知识产权的收益之期待经济利益之归属，将一方或双方婚内所得知识产权的财产权益包括期待经济利益视为夫妻共同财产；第三，增补规定夫妻一方婚姻期间所得养老金的既得经济利益和期待经济利益均属于夫妻共同财产，并且具体规定养老金价值的评估方法、分割养老金时应当考虑的具体法定情形以及养老金分割的具体方法等。

（三）我国亲子关系制度的立法成就与不足及立法完善建议

1. 我国《民法典》亲子关系制度的立法成就与不足

我国亲子关系制度的立法成就如下：我国《民法典》增设了亲子关系的确认与否认之诉规则。我国2001年修正的《婚姻法》对亲子关系的确认与否认之诉无规定，我国《民法典》填补了此立法空白，第1073条规定："对亲子关系有异议且有正当理由的，父或者母可以向人民法院提起诉讼，请求确认或者否认亲子关系。对亲子关系有异议且有正当理由的，成年子女可以向人民法院提起诉讼，请求确认亲子关系。"此明确了父母双方均有权请求确认或否认亲子关系，并且未采用婚生子女的否认与非婚生子女认领的传统概念，体现了男女平等、子女本位的立法原则。[②] 此外，这也有利于兼顾维护亲子关系的稳定性和追求血缘关系的真实性。

我国亲子关系制度之不足如下：第一，仍然使用"非婚生子女"的称谓。这不利于对儿童的尊重和保护。[③] 如前所述，澳大利亚维多利亚州在1974年通过的《儿童身份法》中，就已经取消了"非婚生子女"的称谓，无论父母有无婚姻关系，其所生子女统一称为"子女"，这有利于消除社会对"非婚生子女"的歧视，体现了法律对儿童的尊重和保护。我国《民法典》对"非婚生子女"称谓的保留，不利于贯彻1989年联合国《儿童权利公约》要求的"应以儿童的最大利益为一种首要考虑"的规定。第二，没有明确确立"儿童最大利益"原则。这不利于指导父母依法处理涉及子女利益的问题，也不利于法官依据统一的指导原则处理涉及子女利益的案件，从而难以优先保护子女的最大利益。[④] 例如，我国《民法典》适用的司法解释中，以父母一方"已做绝育手术或者因其他原因丧失生育能力""无其他子女，而另一方有其他子女"，作为离婚时考虑何方父母优先直接

---

① 参见陈苇：《婚内所得知识产权的财产期待权之归属探讨——兼谈对〈婚姻家庭法〉（1999年法学专家建议稿）的修改建议》，载《现代法学》2000年第4期，第110页。

② 夏吟兰：《婚姻家庭编的创新和发展》，载《中国法学》2020年第4期，第84页。

③ 参见陈苇：《中国婚姻家庭法立法研究》，群众出版社2000年版，第315、357页。

④ 参见陈苇、谢京杰：《论"儿童最大利益优先原则"在我国的确立——兼论〈婚姻法〉等相关法律的不足及其完善》，载《法商研究》2005年第5期，第39-49页。

抚养子女条件①，仍然体现了以父母的利益优先，这不利于保障实现未成年子女的最大利
益。第三，亲子关系的确认制度（推定与否认制度）尚不完善。一方面，我国欠缺亲子
关系的推定制度；另一方面，亲子关系的否认制度尚存不足，对亲子关系的否认事由、
否认权的限制、否认期限、否认效力等均无规定。② 我国亲子关系的推定与否认制度之不
足，不利于指导当事人依法确立和否认亲子关系，也不利于保护儿童的合法权益。③在澳
大利亚，1975 年联邦《家庭法》于 20 世纪 70 年代中期就已废除了"非婚生子女"的称
谓，确立有亲子关系的推定与否认制度，并且根据 1989 年联合国《儿童权利公约》的规
定，在立法中强化"父母责任"，以加强对儿童权利的保护。此值得我国借鉴。

2. 我国亲子关系制度的立法完善建议

目前，儿童权益保护受到我国的高度重视。根据 1989 年联合国《儿童权利公约》的
规定，我国作为缔约国对于加强儿童保护具有国家责任。针对前述我国亲子关系制度之
不足，我们提出以下建议：首先，取消"非婚生子女"的称谓。子女无论是否婚生，统
一称为"子女"。其次，将"儿童最大利益原则"确立为我婚姻家庭法的基本原则之一。
同时，为指导当事人知法、守法、用法和法院执法，增补确定儿童最大利益的主要考虑
因素。借鉴澳大利亚家庭法的规定，建议确定儿童最大利益的主要考虑因素可以包括：
子女与其父母双方建立有意义的关系对子女的益处；保护子女免受虐待、遗弃或家庭暴
力造成的生理和心理伤害；子女的意见；子女的成熟情况和理解能力；周围环境变化可
能给子女带来的影响；子女与父母或其他一起居住的人分开可能产生的影响；父母或其
他人满足子女需求的能力；父母履行抚养义务的程度等。最后，建立我国亲子关系的推
定制度，并完善亲子关系的否认制度。建议从亲子关系的推定与亲子关系的否认两个方
面分别进行规定，其内容包括：亲子关系的推定规则；亲子关系否认的主体、否认的程
序、否认的事由、否认的期限；否认的效力等。④ 这有利于及时确立亲子关系，保障儿童
受保护、受教育和受抚养的权利，促进儿童的健康成长。

（四）我国收养制度的立法成就与不足及立法完善建议

1. 我国《民法典》收养制度的立法成就与不足

我国收养制度的立法成就如下：第一，实现收养制度向《民法典》的回归。在我国，
《收养法》曾一直以单行法的形式独立于《婚姻法》之外。我国《民法典》将收养制度
的内容置于婚姻家庭编第五章，实现了收养制度的回归。第二，具体制度的补充完善。
我国《民法典》对收养具体制度的补充完善，主要内容如下：其一，新增收养人之法定
条件，须无不利于被收养人健康成长的违法犯罪记录和未患有在医学上认为不应当收养

① 我国《婚姻家庭编解释（一）》第 46 条第（一）、（三）项。

② 从其他国家立法看，美国统一州法全国委员会对亲子关系的确认制度进行了详细的规定，这对美国各州亲子
关系的确认有着重要的指导作用。参见陈苇、郭庆敏：《美国亲子关系的推定与否认制度及其启示——基于美国新
〈统一亲子关系法〉的考察》，载易继明主编：《私法》（总第 34 卷），华中科技大学出版社 2020 年版，第 457-458
页。

③ 参见陈苇、靳玉馨：《建立我国亲子关系推定与否认制度研究》，载梁慧星主编：《民商法论丛》，第 27 卷，
金桥文化出版（香港）有限公司 2003 年版，第 247-249 页。

④ 具体立法建议，参见陈苇、郭庆敏：《美国亲子关系的推定与否认制度及其启示——基于美国新〈统一亲子
关系法〉的考察》，载易继明主编：《私法》（总第 34 卷），华中科技大学出版社 2020 年版，第 442-462 页。

子女的疾病。① 其二，放宽被收养人的条件年龄，以及收养人能够收养子女的数量，即立法不再要求被收养人不满 14 周岁，超过 14 周岁的未成年人也可以被收养。② 这弥补了"已满 14 周岁"的未成年人不能被收养的缺憾。此外，还将收养人由只能收养一名子女修改为无子女的收养人可以收养两名子女，有子女的收养人只能收养一名子女。其三，修改收养异性子女的年龄差距，平等地被适用于男女两性。我国 1999 年修正的《收养法》仅对男性无配偶者收养女性子女的年龄差应当在 40 周岁以上进行限制，我国《民法典》将此限制扩大适用到女性无配偶者收养异性子女的情况，③ 这体现了男女平等原则，有利于保护被收养人的合法权益。其四，增设收养评估规则。我国《民法典》第 1105 条增加了县级以上人民政府民政部门应当依法进行收养评估的新规则。这体现了最有利于被收养人原则，有利于保障被收养人的利益。

我国收养制度之不足如下：一是从收养类型来看，我国《民法典》仅规定了完全收养，欠缺不完全收养制度。但是，单一的完全收养模式不能适应我国现实社会的需要。目前，一方面我国实行计划生育 30 年多年期间产生了部分失去独生子女的老人，另一方面我国已经进入老龄化社会，部分失能老人为照料自己的生活有收养成年人的需要。我国有学者认为，民众应当享有更多的选择权，可以按照其意愿形成收养法律关系。④ 澳大利亚首都地区立法承认继父母收养继子女的不完全收养。在这种情况下，被收养人和与继父母居住的生父母一方的关系不受影响。该被收养人的亲生父母或前养父母之一死亡，并且在该死亡发生之后收养令支持继父母一方收养该被收养人的，该收养令不得排除该被收养人针对其死亡的亲生父母或前养父母享有的继承权。⑤ 二是欠缺"试收养期"制度。虽然我国《民法典》已有收养评估制度，但欠缺"试收养期"制度，这使得收养评估欠缺收养人与被收养人共同生活状况考察的事实根据。试收养期有利于被收养人和收养人之间的了解与沟通，增强彼此之间的情感交融和心理认同，⑥ 有利于国家机关充分审查收养关系是否符合被收养人的最大利益。⑦ 澳大利亚收养法规定了"试收养期"，如 2000 年新南威尔士州《收养法》规定，亲属收养儿童的，要求该儿童与该亲属建立 2 年以上共同生活关系。该规定有利于考察收养人与被收养人共同生活状况，有利于确定双方能否建立和谐稳定的收养关系，值得我国立法借鉴。

2. 我国收养制度的立法完善建议

针对我国收养制度的不足，提出以下完善立法的建议：一是增加不完全收养制度，明确规定不完全收养的成立条件、效力、撤销等内容。这可以解决收养成年人的问题，以应对我国老龄化社会条件下收养成年人养老的需要，应对我国老龄化背景下部分失去独生子女的老年人收养成年人的需要。二是增设"试收养期"，以期为收养评估提供考察的事实依据。"试收养期"可以以 6 个月为限。自收养登记申请提起之日满法定期限后，

---

① 我国《民法典》第 1098 条。
② 我国《民法典》第 1093 条。
③ 我国《民法典》第 1102 条。
④ 周友军：《我国民法典编纂中收养制度的完善》，载《广东社会科学》2019 年第 4 期，第 248 页。
⑤ *Adoption Act* 1993（ACT），s. 43（2）.
⑥ 王歌雅：《关于我国收养立法的反思与重构》，载《北方论丛》2000 年第 6 期，第 57-58 页。
⑦ 李喜蕊：《英国现代收养制度的发展与启示》，载《郑州航空工业管理学院学报》2009 年第 4 期，第 112 页。

由有关机构进行收养评估，评估符合收养条件且养父母、未成年子女相处融洽的，予以发放收养登记证。

（五）我国监护制度的立法成就与不足及立法完善建议

1. 我国《民法典》监护制度的立法成就与不足

我国监护制度的立法成就如下：在我国《民法典》中，监护制度为总则编的内容之一。①我国《民法典》对监护制度进行的补充完善和创新，主要内容如下：扩大成年被监护人的范围，从精神病人扩大到所有无民事行为能力和限制民事行为能力的成年人；② 新增遗嘱监护；③ 创设成年人意定监护，④ 增加国家监护的兜底条款；⑤ 等等。以上规定，体现了尊重和维护被监护人的真实意愿，切实保障被监护人的合法权益。从总体上看，我国监护制度以家庭监护为基础、社会监护为补充、国家监护为兜底。⑥

我国监护制度之不足如下：一是立法体系不够完善。从外部立法体系看，我国现行监护制度的外部立法体系较为分散，其除主要被规定在我国《民法典》总则之中外，散见于我国现行的《未成年人保护法》《妇女权益保障法》《老年人权益保障法》《预防未成年人犯罪法》和相关司法解释等之中，但在我国《民法典》婚姻家庭编中却欠缺具体监护制度的专门章节规定。从内部立法体系看，我国现行监护制度的内部立法体系采取"一分法"的立法模式，将各项具体监护制度集中统一规定于民法典"总则编"的"监护"之下，而婚姻家庭编中欠缺未成年人监护和成年人监护的各项具体制度⑦，立法内容过于简略，不能满足现实需要。例如，一方面，我国未成年人监护制度未区分父母对未成年子女的监护与非父母对未成年人的监护，这不利于区分不同监护主体的监护职责与监督方式，不利于更好地保护被监护的未成年人的利益。另一方面，我国成年人监护制度未根据被监护成年人之行为能力的不同划分监护、保佐和辅助等保护措施的层级。而失能、半失能的老年人、不同程度的残障人等对监护措施各自有不同的需求，故不能满足帮助他们维持正常生活的需要。⑧ 因此，我国现行监护制度存在立法体系不够完善，具体制度过于简略，可操作性不强的不足。从澳大利亚各地区立法看，对未成年人监护和成年人监护，有的采取二合一的立法，有的采取分别立法，如2000年昆士兰州《监护与管理法》、1916年新南威尔士州《未成年人监护法》（2018年修正），2016年北部地区《成年人监护法》。这些立法的内容较为详细具体，可操作性强。

---

① 我国《民法典》第26-39条。

② 我国《民法典》第28条；我国《民法总则》第28条。

③ 我国《民法典》第29条；我国《民法总则》第29条。

④ 我国《民法典》第33条；我国《民法总则》第33条。

⑤ 我国《民法典》第32条；我国《民法总则》第32条。

⑥ 吴国平：《民法总则监护制度的创新与分则立法思考》，载《中华女子学院学报》2017年第5期，第20页。

⑦ 我国有学者指出，我国现行监护制度的内部立法体系采取"一分法"的立法模式（"一分法"立法模式是指将监护制度集中统一规定于民法典"总则编"的"监护"之下，将监护制度的通则性一般规定、未成年人监护、老年人监护的内容合并在一起作出规定），没有设立专门的章节分别规定监护的通则性一般规定、未成年人监护和成年人监护，而是将该三部分内容合并在一起加以规定。这样的立法模式，容易导致立法内容重复、逻辑性不强。陈苇、李艳：《中国民法典之监护制度立法体系构建研究》，载《西南政法大学学报》2017年第2期，第78、85页。

⑧ 参见陈苇、李艳：《中国民法典之监护制度立法体系构建研究》，载《西南政法大学学报》2017年第2期，第84-86页。

2. 我国监护制度的立法完善建议

针对我国监护制度立法的体系和内容之不足，建议我国以被监护人的最大利益原则以及尊重被监护人的意愿原则为指导，[①] 补充完善我国《民法典》之监护制度。其一，从外部体系看，建议采取"总—分"的立法模式，即在民法典中，"总则编"设专节规定监护与保护的通则性一般规定，"婚姻家庭编"设立"监护与保护"专章。其二，从内部立法体系看，建议采用"三分法"的立法模式，即除在"总则编"设置监护与保护的通则性一般规定外，在"婚姻家庭编"设立"未成年人的监护与保护"和"成年人的保护"两项制度，前者的结构体系分为父母对未成年子女的父母照顾与非父母对未成年人的监护与保护，后者的结构体系分为成年人的保护、保佐和辅助，三者共同构成完整的监护制度内部立法体系。[②] 并且，建议就未成年人的监护与保护而言，应加强国家的适度干预，细化监护监督的具体制度，由民政部门委托专门人员对非父母监护人履行职责的情况进行必要的监督。就成年人的保护而言，一方面配套、补充、细化意定监护规范，为成年人设立意定监护时根据自身需要（人身、财产、医疗等）选择不同的保护措施提供参考指引；另一方面补充、细化法定监护措施，除前述增补不同层级的监护措施，以满足成年被监护人的不同现实需要之外，增补对成年被监护人的人身和财产的监护监督机制，以加强对成年被监护人的人身和财产权益的保障。

（六）我国离婚制度的立法成就与不足及立法完善建议

1. 我国《民法典》离婚制度的立法成就与不足

我国离婚制度的立法成就如下：第一，增加离婚冷静期。我国《民法典》第 1077 条规定，"自婚姻登记机关收到离婚登记申请之日起三十日内，任何一方不愿意离婚的，可以向婚姻登记机关撤回离婚登记申请。前款规定期限届满后三十日内，双方应当亲自到婚姻登记机关申请发给离婚证；未申请的，视为撤回离婚登记申请"。此对申请离婚登记的离婚冷静期规定，适度增加了当事人申请离婚登记的时间和程序成本，有利于防止轻率离婚，慎重处理财产和子女抚养事宜，维护婚姻双方当事人和未成年子女的利益。[③] 第二，完善离婚救济制度。一是扩大离婚经济补偿制度的适用范围。我国《民法典》第 1088 条删除了 2001 年修正的《婚姻法》第 40 条规定的"夫妻书面约定婚姻关系存续期间所得的财产归各自所有"的适用范围限制，从而将离婚经济补偿的适用主体扩大到了实行共同财产制的夫妻。这符合我国大部分夫妻实行共同财产制的现实情况，体现了对抚育子女、照顾老年人、协助另一方工作负担较多义务的一方利益的保护，反映了立法对家务劳动价值的肯定。二是修改补充离婚经济帮助制度。我国《民法典》第 1090 条明确了提供离婚经济帮助的一方的条件为"有负担能力"，并将离婚经济帮助的方式由"从其住房等个人财产中给与适当帮助"修改为"应当给予适当帮助"。这使离婚经济帮助制度的设计更加科学。三是增设离婚损害赔偿制度法定事由的兜底条款。我国《民法典》

---

① 在我国《民法典》中，与此原则对应的是尊重被监护人的真实意愿原则与最有利于被监护人原则。

② 参见陈苇、李艳：《中国民法典之监护制度立法体系构建研究》，载《西南政法大学学报》2017 年第 2 期，第 86 页。

③ 参见陈苇、贺海燕：《论中国民法典婚姻家庭编的立法理念与制度新规》，载《河北法学》2021 年第 1 期，第 30 页。

增加"有其他重大过错"作为离婚损害赔偿的法定事由,① 这有利于保护因对方有重大过错而离婚的无过错一方的利益,并提升离婚损害赔偿制度的适用效度。第三,增加分割夫妻共同财产照顾无过错方原则。我国《民法典》第1087条规定:"离婚时,夫妻的共同财产由双方协议处理;协议不成的,由人民法院根据财产的具体情况,按照照顾子女、女方和无过错方权益的原则判决。"即在原《婚姻法》规定的基础上,增加了分割夫妻共同财产时照顾无过错方原则,以保护无过错方的合法权益。第四,我国《民法典》对离婚制度的其他修改还有:增设诉讼离婚准予离婚的法定事由;② 增补离婚时处理子女抚养问题的规则;③ 等等。

我国离婚制度之不足如下:首先,离婚程序尚不完善,登记离婚和诉讼离婚均没有设立诉讼外调解的强制性前置程序。依我国《民法典》第1079条规定,人民法院审理离婚案件必须进行调解,此诉讼中调解为强制性程序,而诉讼外调解则由当事人自行选用。我国登记离婚制度中也没有设立诉讼外调解的强制性前置程序。目前,我国家事审判改革实践中已经实行的法院邀请妇联、社区、村委会等派员参与对离婚当事人进行调解(诉讼外调解机制),还没有进入立法之中,即目前我国对登记离婚和诉讼离婚均没有设置诉讼外调解的强制性程序。在澳大利亚,非诉讼家庭服务制度包括家庭咨询和家庭纠纷调解是法定的必须引导当事人优先采用处理婚姻家庭纠纷(离婚、分居、财产分割及子女抚养等问题)的机制,对此法律从业人员和法院首席执行官都负有法定告知义务;并且,当事人申请子女抚育命令等法院命令时,家庭纠纷调解为强制性前置程序,以帮助当事人通过非诉讼方式妥善处理子女抚养、探望等问题。其次,离婚案件的审判实践中夫妻共同财产分配存在不足。例如,在离婚财产清算中,妇女权益保护不足。以学者近年对人民法院审理离婚案件的实证调查为例,根据对某市人民法院判决离婚案件的统计数据表明:一是被调查法院对诉讼离婚调解协议内容的实质审查不充分;二是被调查法院判决分割夫妻共同财产时适用照顾女方权益原则较少,并且从城乡法院审结处理离婚财产分割案件的数据对比看,离婚农村女性的财产权益保障较弱;三是被调查法院对离婚时夫妻共同债务的认定标准存在差异。④ 必须说明,在我国司法实践中夫妻共同财产分割时法院较少照顾女方权益的情况,早在我国2001年修正的《婚姻法》施行后不久,学者开展的《婚姻法执行状况调查》(2001年4月至2002年12月)的统计数据就反映出"离婚时法院对于财产分割基本上采用均等分割法,将查实的夫妻共同财产平均分配给原被告双方,对女方当事人的照顾不明显"。⑤ 这些问题的存在,既不利于平等保护离婚夫妻各方的合法财产权益,也不利于保障当事人的离婚自由。而在澳大利亚离婚制度中,离婚时法院对夫妻就婚姻期间夫妻各方所得财产有公平调整分配的权利;还列明了具体

---

① 我国《民法典》第1091条。

② 我国《民法典》第1079条。我国《民法典》增加"经人民法院判决不准离婚后,双方又分居满一年,一方再次提起离婚诉讼的,应当准予离婚"的规定。

③ 根据我国《民法典》第1084条的规定,离婚时处理子女抚养问题的规则包括:一是两周岁以下的子女由母亲直接抚养为原则;二是已满两周岁的子女抚养问题由父母协商处理;三是人民法院判决处理子女抚养问题应当按照最有利于未成年子女的原则;四是子女已满八周岁的应当尊重其真实意愿。

④ 参见陈苇主编:《中国妇女儿童权益法律保障情况实证调查研究——以中国五省市被抽样调查地区妇女儿童权益法律保障情况为对象》(上卷),群众出版社2017年版,第87—90页。

⑤ 参见巫昌祯主编:《婚姻法执行状况调查》,中央文献出版社2004年版,第167页。

的考虑因素，以承认家务劳动的价值，公平地调整和分配夫妻在婚姻期间所得的财产，这有利于保护离婚夫妻各方的合法财产权益，也有利于保障离婚夫妻经济弱势方实现离婚自由。再次，离婚时对子女合法权益的保障存在不足。一是对申请登记离婚未设立强制性调解的前置程序，不利于防止轻率离婚，不利于保护未成年子女利益。对此，澳大利亚 2006 年修正的联邦《家庭法》增设的解决家事纠纷新机制，尤其是非诉讼家庭服务的家庭咨询和家事纠纷调解之立法经验值得我国借鉴。二是我国对登记离婚当事人达成的子女抚养协议，欠缺实质审查制度。① 三是诉讼离婚中法院处理子女抚养问题存在不足：其一，在确定子女随何方父母生活的考虑因素中，有的以"父母利益为本位"，如前所述，我国《婚姻家庭编解释（一）》第 46 条规定，对已满两周岁的未成年子女，父母均要求直接抚养，一方已做绝育手术或因其他原因丧失生育能力的，或者一方无其他子女，而另一方有其他子女的，可予优先考虑；其二，在司法实践中，离婚时法院判决处理子女抚养问题时，有的不以"子女最大利益"为首要考虑因素，如对有两个子女的，往往由父母各方抚养一个子女，征求子女本人意愿的较少，并且有的法院判决确定的子女抚养费数额偏低。② 而在澳大利亚，家庭法规定了共同父母责任，鼓励父母共同养育子女是其法律改革发展的趋势，并规定在没有暴力和虐待的情况下，法官判决时要考虑对子女的共同养育安排，司法判决审理的案件中共同照顾也有显著增加。最后，探望权立法存在不足。我国立法仅将探望权赋予已离婚的父母一方，对探望权的主体范围规定得过窄。在澳大利亚探望权的主体范围较宽，包括父母、祖父母、外祖父母以及与子女照管成长有关的人，以促进子女与父母和其他近亲属会面交往，这有利于保障子女的健康成长。

2. 我国离婚制度的立法完善建议

针对我国离婚制度之不足，提出以下立法完善建议：

第一，增补诉讼外调解为登记离婚和诉讼离婚的强制性前置程序。建议认真总结我国最高人民法院自 2016 年 6 月起在全国试点法院进行家事审判改革的经验，把行之有效的经验上升为立法，并可结合我国实际，借鉴澳大利亚非诉讼家庭服务中的强制性调解前置程序之立法经验。在我国家事审判改革实践中，有些试点法院已聘请居委会、村委会、妇联等机构派员参与对离婚当事人进行诉讼外的调解。因此，增补诉讼外调解作为登记离婚和诉讼离婚的强制性前置程序，是具有本国国情基础的。通过诉讼外调解前置程序，调解人员向离婚当事人宣传离婚的法律知识，提高申请离婚当事人的知法、守法意识，增强其父母责任感，尽可能促进当事人和解或妥善处理子女抚养、共同财产分割等问题。

第二，增补离婚时共同财产分割之照顾女方权益原则的具体考虑因素。建议结合我国实际，并借鉴澳大利亚立法，以满足"合理生活需要"为基础，以公平补偿家务劳动价值为指导，明确规定适用照顾女方原则，适当照顾多分财产的考虑因素如下：（1）婚姻存续期间的长短，结婚年限十年以上的女方；（2）离婚时年老体弱、健康状况较差，未来

① 陈苇、石雷、张维伦：《登记离婚制度实施中儿童权益保障情况实证调查研究》，载《西南政法大学学报》2016 年第 1 期，第 120 页。

② 参见陈苇、张庆林：《离婚诉讼中儿童抚养问题之司法实践及其改进建议——以某县法院 2011—2013 年审结离婚案件为调查对象》，载《河北法学》2015 年第 1 期，第 29—30 页。

的独立谋生能力不足的女方；（3）考虑双方对财产积累的贡献，承担主要家务劳动，协助丈夫工作较多，且离婚时没有获得经济补偿的女方；（4）离婚时直接抚养双方共同的未成年子女或病残子女而影响其就业和经济收入的女方；（5）有其他需要特殊照顾情形的女方。

第三，增强国家的适度干预，强化离婚时对未成年子女利益的保护。建议我国补充立法如下：一是在登记离婚中，增加婚姻登记机关对当事人之离婚协议的实质审查职责，依据儿童最大利益原则，审查对子女的抚养、探望等约定。二是在诉讼离婚中，增加法官根据儿童最大利益为原则对离婚协议中子女抚养等问题处理的实质审查职责。三是从我国实际出发，借鉴澳大利亚法院有权为儿童指定"诉讼代理人"的立法经验，在离婚父母双方均不愿直接抚养子女或争抢子女而不考虑保护子女最大利益的特殊情况下，法院有权为儿童指定律师在诉讼中作为"诉讼代理人"，由其代表儿童参加诉讼，维护儿童的合法权益。[①] 四是在没有暴力和虐待的情况下，法院可根据离婚双方当事人的实际情况，考虑对子女的共同养育安排。五是对子女抚养费进行判决时，法院应当根据儿童实际需要、承担给付义务的父母一方之经济能力，适当提高子女抚养费的给付额度。

第四，适当扩大探望权主体的范围，完善我国探望权制度。建议我国借鉴澳大利亚子女接触令的立法经验，对探望权主体的范围适当扩大，增补规定：分居后不与子女共同生活的父或母一方与子女、离婚后不直接抚养子女的父或母一方与子女，有相互探望的权利。祖父母与孙子女、外祖父母与外孙子女，有相互探望的权利。兄弟姐妹之间，有相互探望的权利。

[①] 必须注意，美国有学者指出，儿童的诉讼代理人可能具有一定的危险性，如果他以相关领域专家的意见作为未成年子女利益最大化的判断依据，可能会导致社工或者心理学家在功能上成为监护权的最终裁决者。因此，儿童的诉讼代理人的意见不能作为法院判决的唯一决定性因素。参见 ［美］玛萨·艾伯森·法曼：《虚幻的平等：离婚法改革的修饰与现实》，王新宇等译，中国政法大学出版社 2014 年版，第 174-175 页。

主要参考文献

一、中文文献

（一）中文著作

1. 杨大文主编：《亲属法》，法律出版社 1997 年版。

2. 杨怀英主编：《中国婚姻法论》，重庆出版社 1989 年版。

3. 邓宏碧主编：《婚姻家庭继承法学》，成都科技大学出版社 1995 年版。

4. 胡平主编：《婚姻家庭继承法论》，重庆大学出版社 2000 年版。

5. 费孝通：《乡土中国 生育制度》，北京大学出版社 1998 年版。

6. 巫昌祯：《我与婚姻法》，法律出版社 2001 年版。

7. 李志敏主编：《比较家庭法》，北京大学出版社 1988 年版。

8. 张玉敏主编：《新中国民法典起草五十年回顾与展望》，法律出版社 2010 年版。

9. 巫昌祯主编：《婚姻家庭法新论——比较研究与展望》，中国政法大学出版社 2002 年版。

10. 夏吟兰等：《21 世纪婚姻家庭新规则：新婚姻法解说与研究》，中国检察出版社 2001 年版。

11. 王薇：《非婚同居法律制度比较研究》，人民出版社 2009 年版。

12. 王森波：《同性婚姻法律问题研究》，中国法制出版社 2012 年版。

13. 石雷：《功能主义视角下外国代孕制度研究》，华中科技大学出版社 2020 年版。

14. 陈苇：《中国婚姻家庭法立法研究》，群众出版社 2000 年版。

15. 陈苇主编：《家事法研究》（2006 年卷），群众出版社 2007 年版。

16. 夏吟兰等主编：《呵护与守望——庆祝巫昌祯教授八十华诞暨从教五十周年文集》，中国妇女出版社 2008 年版。

17. 江平主编：《比较法在中国》（第一卷），法律出版社 2001 年版。

18. 刘梦：《中国婚姻暴力》，商务印书馆 2003 年版。

19. 沈宗灵：《比较法研究》，北京大学出版社 1998 年版。

20. 张希坡：《中国婚姻立法史》，人民出版社 2004 年版。

21. 王胜明、孙礼海主编：《〈中华人民共和国婚姻法〉修改立法资料选》，法律出版社 2001 年版。

22. 李银河、马忆南主编：《婚姻法修改论争》，光明日报出版社 1999 年版。

23. 夏吟兰：《离婚自由与限制论》，中国政法大学出版社 2007 年版。

24. 宋豫主编：《国家干预与家庭自治：现代家庭立法发展方向研究》，河南人民出版社 2011 年版。

25. 李洪祥：《我国民法典立法之亲属法体系研究》，中国法制出版社 2014 年版。

26. 杨大文主编：《亲属法》（第二版），法律出版社 2000 年版。

27. 杨大文主编：《亲属法与继承法》，法律出版社 2013 年版。

28. 陈苇主编：《外国婚姻家庭法比较研究》，群众出版社 2006 年版。

29. （战国）孟子等：《四书五经》，中华书局 2009 年版。

30. 史尚宽：《亲属法论》，中国政法大学出版社 2000 年版。

31. 杨立新：《家事法》，法律出版社 2013 年版。

32. 《马克思恩格斯全集》（第一卷），人民出版社 1956 年版。

33. 王洪：《婚姻家庭法》，法律出版社 2003 年版。

34. 王丽萍：《婚姻家庭法律制度研究》，山东人民出版社 2004 年版。

35. 蒋月：《婚姻家庭法前沿导论》，科学出版社 2007 年版。

36. 陈苇：《中国婚姻家庭法立法研究》，群众出版社 2010 年版。

37. 梁慧星主编：《民商法论丛》（第十五卷），法律出版社 2000 年版。

38. 陈苇主编：《婚姻家庭继承法学》，法律出版社 2002 年版。

39. 杨晋玲：《夫妻财产制比较研究》，民族出版社 2004 年版。

40. 马忆南：《婚姻家庭法新论》，北京大学出版社 2002 年版。

41. 夏吟兰编著：《家事法专论》，中国政法大学出版社 2020 年版。

42. 梁慧星主编：《民商法论丛》（第六十五卷），法律出版社 2017 年版。

43. 易继明主编：《私法》（总第三十四卷），华中科技大学出版社 2020 年版。

44. 梁慧星主编：《民商法论丛》（总第七十卷），社会科学文献出版社 2020 年版。

45. 陈小君主编：《私法研究》（第二十二卷），法律出版社 2018 年版。

46. 胡德胜主编：《法学研究方法论》，法律出版社 2017 年版。

47. 陈瑞华：《论法学研究方法》，法律出版社 2017 年版。

48. 张晋藩：《中国法律的传统与近代转型》，法律出版社 1997 年版。

49. 张民安：《法国民法》，清华大学出版社 2015 年版。

50. 何勤华主编：《法国法律发达史》，法律出版社 2001 年版。

51. 林秀雄：《婚姻财产制之研究》，中国政法大学出版社 2001 年版。

52. 张燕玲：《人工生殖法律问题研究》，法律出版社 2006 年版。

53. 何勤华主编：《20 世纪外国民商法的变革》，法律出版社 2004 年版。

54. 张晓茹：《家事裁判制度研究》，中国法制出版社 2011 年版。

55. 中华人民共和国国家统计局编：《2011 年中国统计年鉴》，中国统计出版社、北京数通电子出版社 2011 年版。

56. 何勤华、李秀清主编：《意大利法律发达史》，法律出版社 2006 年版。

57. 蒋月：《20 世纪婚姻家庭法：从传统到现代化》，中国社会科学出版社 2015 年版。

58. 胡志超：《中国破裂主义离婚法律制度》，法律出版社 2010 年版。

59. 孟德花：《别居与离婚制度研究》，中国人民大学出版社 2009 年版。

60. 王勤芳：《别居法律制度研究》，知识产权出版社 2008 年版。

61. 冉启玉：《人文主义视阈下的离婚法律制度研究》，群众出版社 2012 年版。

62. 夏吟兰主编：《中华人民共和国婚姻法评注 总则》，厦门大学出版社 2016 年版。

63. 但淑华：《我国非婚同居的二元法律规制研究》，法律出版社 2012 年版。

64. 陈苇：《亲属法与继承法专论》，法律出版社 2009 年版。

65. 薛宁兰、金玉珍：《亲属与继承法》，社会科学文献出版社 2009 年版。

66. 费孝通：《费孝通文集》（第九卷），群众出版社 1999 年版。

67. 苏永钦：《走入新世纪的私法自治》，中国政法大学出版社 2002 年版。

68. 金眉：《中国亲属法的近现代转型》，法律出版社 2010 年版。

69. 徐国栋：《民法的人文精神》，法律出版社 2009 年版。

70. 余延满：《亲属法原论》，法律出版社 2007 年版。

71. 渠涛主编：《中日民商法研究》（第一卷），法律出版社 2003 年版。

72. 夏吟兰等编：《家事法研究》（2011 年卷），社会科学文献出版社 2011 年版。

73. 魏磊杰、张建文主编：《俄罗斯联邦民法典的过去、现在及未来》，中国人民大学出版社 2012 年版。

74. 卓泽渊：《法的价值论》，法律出版社 1999 年版。

75. 吴大业：《苏联亲属法要义》，上海三民图书公司 1950 年版。

76. 余先予主编：《俄罗斯民商法与冲突法》，上海图书出版公司 1995 年版。

77. 陈棋炎、黄宗乐、郭振恭：《民法亲属新论》，台湾三民书局 1995 年版。

78. 陈甦主编：《民法总则评注》（上），法律出版社 2017 年版。

79. 陈苇主编：《外国继承法比较与中国民法典继承编比较研究》，北京大学出版社 2011 年版。

80. 何勤华主编：《英国法律发达史》，法律出版社 1999 年版。

81. 何勤华、李秀清主编：《外国民商法导论》，复旦大学出版社 2000 年版。

82. 蒋月：《婚姻家庭法前沿导论》（第二版），法律出版社 2016 年版。

83. 李双元、温世扬主编：《比较民法学》，武汉大学出版社 1998 年版。

84. 李喜蕊：《英国家庭法历史研究》，知识产权出版社 2009 年版。

85. 靳宝兰、徐武生主编：《民事法律制度比较研究》，中国人民公安大学出版社 2001 年版。

86. 高凤仙：《亲属法》（2019 年增订第十九版），台湾五南图书出版股份有限公司 2019 年版。

87. 石雷：《英国现代离婚制度研究》，群众出版社 2015 年版。

88. 王竹青、杨科：《监护制度比较研究》，知识产权出版社 2010 年版。

89. 张越主编：《英国行政法》，中国政法大学出版社 2004 年版。

90. 宋豫、陈苇主编：《中国大陆与港、澳、台婚姻家庭法比较研究》，重庆出版社 2002 年版。

91. 巫昌祯、杨大文主编：《走向 21 世纪的中国婚姻家庭》，吉林人民出版社 1995 年版。

92. 杨大文主编：《婚姻家庭法》（第四版），中国人民大学出版社 2006 年版。

93. 夏吟兰、薛宁兰主编：《民法典之婚姻家庭编立法研究》，北京大学出版社 2016 年版。

94. 李霞：《成年监护制度研究——以人权的视角》，中国政法大学出版社 2012 年版。

95. 夏吟兰：《美国现代婚姻家庭制度》，中国政法大学出版社 1999 年版。

96. 夏吟兰主编：《从父母责任到国家监护》，中国政法大学出版社 2018 年版。

97. 纪欣：《美国家事法》，台湾五南图书出版股份有限公司 2009 年版。

98. 蒋新苗：《收养法比较研究》，北京大学出版社 2005 年版。

99. 林菊枝：《亲属法专题研究》，台湾五南图书出版股份有限公司 1985 年版。

100. 戴炎辉、戴东雄等：《中国亲属法》，台湾三文印书馆 1988 年版。

101. 雷明光主编：《中华人民共和国收养法评注》，厦门大学出版社 2016 年版。

102. 曹诗权：《未成年人监护制度研究》，中国政法大学出版社 2003 年版。

103. 何丽新：《我国非婚同居立法规制研究》，法律出版社 2010 年版。

104. 王利明等：《民法学》，法律出版社 2005 年版。

105. 杨立新：《民法总则：条文背后的故事与难题》，法律出版社 2017 年版。

106. 王泽鉴：《王泽鉴法学全集》（第十卷），中国政法大学出版社 2001 年版。

107. 梁慧星：《民法总论》（第五版），法律出版社 2017 年版。

108. 何家弘主编：《外国司法判例制度》，中国法制出版社 2014 年版。

109. 彭中礼：《法律渊源论》，方志出版社 2014 年版。

110. 何勤华主编：《外国法制史》，清华大学出版社 2008 年版。

111. 张光杰主编：《法理学导论》（第二版），复旦大学出版社 2015 年版。

112. 何勤华主编：《澳大利亚法律发达史》，法律出版社 2004 年版。

113. 顾培东：《社会冲突与诉讼机制》，法律出版社 2016 年版。

114. 李霞：《监护制度比较研究》，山东大学出版社 2004 年版。

115. 陈苇主编：《当代中国内地与港、澳、台婚姻家庭法比较研究》，群众出版社 2012 年版。

116. 巫昌祯主编：《婚姻与继承法学》（第六版），中国政法大学出版社 2017 年版。

117. 陈苇主编：《婚姻家庭继承法学》（第三版），群众出版社 2017 年版。

118. 李双元、温世扬主编：《比较民法学》，武汉大学出版社 2016 年版。

119. 陈苇主编：《婚姻家庭继承法学》（第二版），高等教育出版社 2018 年版。

120. 王洪才主编：《婚姻法教程》，法律出版社 1987 年版。

121. 白红平：《中澳婚姻家庭法律制度比较研究》，法律出版社 2012 年版。

122. 周维德：《强制医疗中精神障碍患者人格权保护研究》，中国政法大学出版社 2016 年版。

123. 齐树洁主编：《民事司法改革研究》（第三版），厦门大学出版社 2006 年出版。

124. 陈公棋炎先生九十晋五冥寿纪念文集编辑小组：《家族法新课题——陈公棋炎先生九十晋五冥寿纪念文集》，台湾元照出版公司 2017 年版。

125. 齐树洁主编：《外国 ADR 制度新发展》（第二版），厦门大学出版社 2017 年版。

126. 任容庆：《法院解决家事纠纷的机制研究》，对外经济贸易大学出版社 2020 年版。

127. 最高人民法院司法改革领导小组办公室编：《多元化纠纷解决机制改革 实务指引与探索案例》，人民法院出版社 2019 年版。

128. 夏吟兰等:《中国民法典释评 婚姻家庭编》,中国人民大学出版社 2020 年出版。

129. 谢晖:《法律哲学》,法律出版社 2017 年版。

130. 陈苇主编:《中国妇女儿童权益法律保障情况实证调查研究——以中国五省市被抽样调查地区妇女儿童权益法律保障情况为对象》(上卷),群众出版社 2017 年版。

131. 巫昌祯主编:《婚姻法执行状况调查》,中央文献出版社 2004 年版。

132. 夏吟兰、龙翼飞主编:《家事法研究》(2020 年卷),社会科学文献出版社 2020 年版。

133. 陈苇等:《中国婚姻家庭法理论与实践研究》,中国人民公安大学出版社 2019 年版。

134. 陈苇主编:《中国家事审判改革暨家事法立法完善理论与实践研究》,中国人民公安大学出版社 2020 年版。

(二)中文译作

135. [日]大木雅夫:《比较法》,范愉译,法律出版社 1999 年版。

136. [德]茨威格特、克茨:《比较法总论》(上),潘汉典等译,中国法制出版社 2017 年版。

137. [荷]扬·斯密茨:《法学的观念与方法》,魏磊杰、吴雅婷译,法律出版社 2017 年版。

138. [比]马克·范·胡克:《比较法的认识论与方法论》,魏磊杰、朱志昊译,法律出版社 2012 年版。

139. [意]朱塞佩·格罗索:《罗马法史》,黄风译,中国政法大学出版社 1994 年版。

140. [英]伯特兰·罗素:《婚姻革命》,靳建国译,东方出版社 1988 年版。

141. [美]罗斯科·庞德:《普通法的精神》,唐前宏等译,法律出版社 2010 年版。

142. [美]威廉·J. 古德:《家庭》,魏章玲译,社会科学出版社 1987 年版。

143. [德]F. 缪勒利尔:《家族论》,胡冬野译,商务印书馆 1990 年版。

144. [日]利谷信义等编:《离婚法社会学》,陈明侠等译,北京大学出版社 1991 年版。

145. [芬兰]韦斯特马克:《人类婚姻简史》,刘小幸、李彬译,商务印书馆 1992 年版。

146. [意]彼德罗·彭梵得:《罗马法教科书》,黄风译,中国政法大学出版社 1992 年版。

147. [奥地利]赖因哈德·西德尔:《家庭的社会演变》,王志乐等译,商务印书馆 1996 年版。

148. [英]玛丽·沃斯通克拉夫特:《女权辩护》,王蓁译、[英]约翰·斯图尔特·穆勒:《妇女的屈从地位》,汪溪译,商务印书馆 1996 年版。

149. [美]加里·斯坦利·贝克尔:《家庭论》,王献生、王宇译,商务印书馆 1998 年版。

150. [法]安德列·比尔基埃等主编:《家庭史》(第一卷、上册、下册,遥远的世界、古老的世界),袁树仁等译,生活·读书·新知三联书店 1998 年版。

151. ［法］安德列·比尔基埃等主编：《家庭史》（第二卷，现代化的冲击），袁树仁等译，生活·读书·新知三联书店 1998 年版。

152. ［美］葛尔·罗宾等：《酷儿理论 西方 90 年代性思潮》，李银河译，时事出版社 2000 年版。

153. ［芬兰］E. A. 韦斯特马克：《人类婚姻史》（第一卷），李彬、李毅夫、欧阳觉亚译，商务印书馆 2002 年版。

154. ［芬兰］E. A. 韦斯特马克：《人类婚姻史》（第二卷），李彬译，商务印书馆 2002 年版。

155. ［芬兰］E. A. 韦斯特马克：《人类婚姻史》（第三卷），李彬译，商务印书馆 2002 年版。

156. ［法］米歇尔·福柯：《性经验史》（增订版），佘碧平译，上海世纪出版集团、上海人民出版社 2002 年版。

157. ［法］莱昂·狄骥：《〈拿破仑法典〉以来私法的变迁》，徐砥平译，中国政法大学出版社 2003 年版。

158. ［美］罗斯科·庞德：《法律与道德》，陈林林译，中国政法大学出版社 2003 年版。

159. ［英］凯特·斯丹德利：《家庭法》，屈广清译，中国政法大学出版社 2004 年版。

160. ［法］弗朗索瓦·泰雷、菲利普·森勒尔：《法国财产法》（上、下），罗结珍译，中国法制出版社 2008 年版。

161. ［英］F. H. 劳森、伯纳德·冉得：《英国财产法导论》，曹培译，法律出版社 2009 年版。

162. ［美］约翰·G. 斯普兰克林：《美国财产法精解》，钟书峰译，北京大学出版社 2009 年版。

163. ［德］迪特尔·施瓦布：《德国家庭法》，王葆莳译，法律出版社 2010 年版。

164. ［法］西蒙娜·德·波伏瓦：《第二性Ⅰ》《第二性Ⅱ》，郑克鲁译，上海译文出版社 2011 年版。

165. ［德］K. 茨威格特、H. 克茨：《比较法总论》，潘汉典、米健、高鸿钧、贺卫方译，法律出版社 2003 年版。

166. ［俄］E. A. 苏哈诺夫主编：《俄罗斯民法》（套装本共 4 册），黄道秀等译，中国政法大学出版社 2011 年版。

167. ［英］威廉·格尔达特著、大卫·亚德里修订：《英国法导论》（原书第十一版），张笑牧译，中国政法大学出版社 2013 年版。

168. ［奥］卡尔·伦纳：《私法的制度及其社会功能》，王家国译，法律出版社 2013 年版。

169. ［美］玛萨·艾伯森·法曼：《虚幻的平等：离婚法改革的修饰与现实》，王新宇等译，中国政法大学出版社 2014 年版。

170. ［澳］帕特里克·帕金森：《永远的父母：家庭法中亲子关系的持续性》，冉启玉主译，法律出版社 2015 年版。

171. ［英］约翰·伊拉克：《家庭法和私生活》，石雷译，法律出版社 2015 年版。

172. ［美］哈里·D. 格劳斯、大卫·D. 梅耶：《美国家庭法精要》（第五版），陈苇等译，中国政法大学出版社 2010 年版。

173. ［澳］帕瑞克·帕金森：《澳大利亚法律的传统与发展》（第三版），陈苇等译，中国政法大学出版社 2011 年版。

174. ［美］玛萨·艾伯森·法曼：《自治的神话：依赖理论》，李霞译，中国政法大学出版社 2014 年版。

175. ［法］科琳·雷诺-布拉尹思吉：《法国家庭法精要》（第十七版），石雷译，法律出版社 2019 年版。

176. ［德］弗里德里希·卡尔·冯·萨维尼、雅各布·格林：《萨维尼法学方法论讲义与格林笔记》，杨代雄译，法律出版社 2008 年版。

177. ［美］约翰·J. 麦休尼斯：《社会学》（第十四版），风笑天等译，中国人民大学出版社 2015 年版。

178. ［美］理查德·谢弗：《社会学与生活》（第九版），刘鹤群、房智慧译，世界图书出版公司 2009 年版。

179. ［美］史蒂文·瓦戈：《社会变迁》（第五版），王晓黎等译，北京大学出版社 2007 年版。

180. ［法］笛卡尔：《谈谈方法》，王太庆译，商务印书馆 2012 年版。

181. ［法］雅克·盖斯旦、吉勒·古博：《法国民法总论》，陈鹏等译，法律出版社 2004 年版。

182. ［德］Katharina Boele-Woelki、Jens M. Scherpe、［英］Jo Miles 主编：《欧洲婚姻财产法的未来》，樊丽君等译，法律出版社 2017 年版。

183. ［美］林·亨特：《法国大革命时期的家庭罗曼史》，郑明萱、陈瑛译，商务印书馆 2008 年版。

184. ［加］罗德里克·菲利普斯：《分道扬镳——离婚简史》，李公昭译，中国对外翻译出版公司 1998 年版。

185. ［法］《涂尔干文集第六卷：乱伦禁忌及其起源》，汲喆等译，上海人民出版社 2003 年版。

186. ［法］弗朗索瓦·德·桑格利：《当代家庭社会学》，房萱译，天津人民出版社 2012 年版。

187. ［法］保罗·帕伊亚：《老龄化与老年人》，杨爱芬译，商务印书馆 1999 年版。

188. 李贝编译：《法国家事法研究文集——婚姻家庭、夫妻财产制与继承》，人民法院出版社 2019 年版。

189. ［德］安雅·阿门特—特劳特：《德国继承法》，李大雪等译，法律出版社 2015 年版。

190. ［德］哈里·韦斯特曼：《德国民法基本概念》（第十六版），张定军等译，中国人民大学出版社 2014 年版。

191. ［英］约翰·密尔：《论自由》，程崇华译，商务印书馆 1959 年版。

192. ［德］汉斯-贝恩德·舍费尔、克劳斯·奥特：《民法的经济分析》，江清云、杜涛译，法律出版社 2009 年版。

193. ［德］恩格斯：《家庭、私有制和国家的起源》，中共中央马克思恩格斯列宁斯大林著作编译局译，人民出版社 1999 年版。

194. ［美］阿瑟、库恩：《英美法原理》，陈朝璧译注，法律出版社 2002 年版。

195. ［英］J. 沃克：《英国法渊源》，夏勇、夏道虎译，西南政法学院 1984 年内部印刷。

196. 徐妮娜译：《家庭法》（最新不列颠法律袖珍读本〈英汉对照〉），武汉大学出版社 2004 年版。

197. ［英］安东尼·吉登斯：《超越左与右——激进政治的未来》，李惠斌、杨雪冬译，社会科学文献出版社 2000 年版。

198. ［美］杰弗里·费里尔、迈克尔·纳文：《美国合同法精解》（第四版），陈彦明译，北京大学出版社 2009 年版。

199. ［美］戴维·巴斯：《进化心理学—心理的新科学》，张勇、蒋柯译，商务印书馆 2015 年版。

200. ［澳］肯·马蒂、马克·波顿：《澳大利亚继承概要》（第二版），陈苇等译，西南政法大学外国家庭法及妇女理论研究中心 2007 年内部印刷。

二、外文文献

（一）英文文献
◇英文著作
1. Mary Ann Glenda, *The New Family and the New Property*, Butterworth & Co. , 1981.

2. A Bainham, *Children：The Modern Law* (3rd edition), Family Law, 2006.

3. B. Passingham, *The Divorce Reform Act* 1969, Butterworths, 1970.

4. CAlison, *Stair Memorial Encyclopedia, Reissue：Child and Family Law*, Lexis Nexis/Butterworths, 2004.

5. F Ebtehaj et. ed. , *Kinship Matters*, Hart, 2006.

6. G Frost, *Living in Sin：Cohabiting as Husband and Wife in Nineteenth-Century England*, Manchester University Press, 2008.

7. G Slapper & D Kelly, *The English Legal System* (13th ed.), Routeledge, 2012.

8. *Hansard's Parliamentary and Debates* (3rd Series) 1836, vol. 31.

9. H. D. Krause, *Family Law*, 法律出版社 1999 年版。

10. I Pinchbeck and M Hewitt, *Children in English Society*, Routledge, 1973.

11. J Herring：*Family Law* (6th edition), Pearson, 2013.

12. J Herring, *Medical Law and Ethics* (4th edition), Oxford University, 2012.

13. J Herring, R Probert & S Gilmore, *Great Debates in Family Law*, Palgrave Macmillan, 2012.

14. J Masson, Rebecca Bailey-Harris, Rebecca Probert, *Cretney's Principles of Family Law* (8th ed.), Sweet & Maxwell Ltd, 2008.

15. K Morgan, *Essential Family Law*, 武汉大学出版社 2004 年版。

16. R George, *Ideas and Debates in Family Law*, Hart, 2011, p. 131.

17. R Kerridge, Parry and Kerridge, *The Law of Succession* (12th ed.), Sweet & Maxwell, 2009.

18. S Cretney, *Family Law in the 20th Century: A History*, Oxford University Press, 2003.

19. S Cretney, MA, DCL, FBA, *Elements of Family Law*, Sweet & Maxwell Ltd., 1992.

20. S Gilmore & L Glennon, *Hayes and Williams' Family Law* (3rd edition), Oxford University Press, 2012.

21. S Harris-Short and J. Miles, *Family Law: Text, Cases and Materials* (2nd edition), Oxford University Press, 2011.

22. S Cretney, *Law, Law Reform and the Family*, Clarenton Press, 1998.

23. Sanford. N. Katz, *Family Law in America* (second edition), Oxford University Press, 2015.

24. Brian H. Bix, *Family Law*, Oxford University Press, 2013.

25. Homer H. Clark, *The Law of Domestic Relations in the United States*, West Group, 1988.

26. Gregory, John De Witt, Peter N. Swisher, and Sheryl L. Wolf, *Understanding Family Law*, LexisNexis, 2011.

27. Robert E. Oliphant, Nancy Ver Steegh, *Family Law* (Fourth Edition), Wolters Kluwer, 2013.

28. Lynn Dennis Wardle, Laurence C. Nolan, *Family Law in the USA.* Kluwer Law International, 2011.

29. Bryan A. Garner, ets., *Black's Law Dictionary* (Ninth Edition), West Group, 2009.

30. Dukeminier, ets., *Property* (6th ed), Aspen Publishers, 2006.

31. Paul G. Haskell, *Preface to Wills, Trusts, and Administration*, Foundation Press, 1987.

32. Lawrence W. Waggoner, *Family Property Law: Cases and Materials on Wills, Trusts, and Future Interests* (4th ed), Foundation Press, (2006).

33. Leslie J. harris and Lee E. Teitelbaum, *Family Law* (2nd ed), Aspen law & Business, 2000.

34. Joan Heifetz Hollinger, *Adoption Law and Practice*, Matthew Bender & Company Inc, 2004.

35. Richard L. Kaplan & Lawrence A. Frolik, *Elder Law in a Nutshell* (6th ed), Thomson/West Publishing Co., 2014.

36. Eithne Mills, Marlene Ebejer, *Family Law* (6th edition), NSW: LexisNexis Butterworths, 2015.

37. *The International Survey of Family Law* (2014 Edition), Jordan Publishing Limited 2014, Printed in Great Britain by Hobbs the Printers Limited, Totton, Hampshire SO40 3WX

◇引用网络英文法典的名称、网址及访问日期

38. Swiss Civil Code 2017、Swiss Civil Code 2018, Swiss Civil Code 2019, 资料来源: https://www.admin.ch/opc/en/classified-compilation/19070042/index.html, 访问日期: 2019 年 7 月 26 日。

（二）法文文献

◇法文著作

39. Corinne Renault-Brahinsky, L'essentiel du Droit de la famille (16e édition 2017-2018), Gualino éditeur, 2017.

◇引用网络法文法典的名称、网址及访问日期

40. 法国互联网法律传播公共服务机构网站：https：//www. legifrance. gouv. fr，访问日期：2019 年 8 月 3 日。

41. 法国最高法院网站：https：//www. courdecassation. fr，访问日期：2018 年 3 月 20 日。

42. 法国国家统计局网站：https：//www. insee. fr，访问日期：2018 年 4 月 23 日。

（三）德文文献

◇引用网络德文法典的名称、网址及访问日期

43. 德国司法部网站：http：//www. gesetze-im-internet. de/aktuell. html，访问日期：2019 年 8 月 19 日。

（四）意大利文文献

◇意大利文著作

44. *Codice civile e leggi collegate*, Zanichelli, 2015.

45. Loredana Garlati, *La Famiglia tra Passato e Presente*, Giuffrè Editore, 2011.

46. Michele Sesta, *Diritto di Famiglia*, CEDAM, 2013.

47. Gilda Ferrando, *Diritto di Famiglia*, Zanichelli, 2015.

48. Bruno De Pilippis, *Maurizion Rossi*, *Divorzio Breve*, *Divorzio Fai da Te*, *Cognome dei Figli*, *Figli non Riconosciuti della Madre*, *Unioni Civile*, *Riforme* 2014 e 2015, CEDAM, 2015.

（五）日文文献

◇日文著作

49. ［日］窪田充見：《親族法》（第二版），有斐閣 2013 年版。

50. ［日］近江幸治：《民法講義Ⅶ親族法・相続法》（第二版），成文堂 2015 年版。

51. ［日］二宮周平：《親族法》（第四版），新世社 2015 年版。

52. ［日］立石芳枝、我妻荣：《親族法・相続法評釈》，日本評論新社 1952 年版。

53. ［日］本田純一、棚村政行編：《基本判例 4：亲属法》，法学書院 1999 年版。

54. ［日］佃浩一、上原裕之編：《家事事件重要判決 50 選》，立花書房 2012 年版。

55. ［日］梶村太市等：《亲属法実務講義》，有斐閣 2013 年版。

56. ［日］高桥信幸、藤川朋子：《子の親権・監護の実務》，青林書院 2015 年版。

57. ［日］小林昭彦、大鹰一郎、大门匡：《新成年後見制度の解説》，金融財政事情研究会 2000 年版。

58. ［日］山本裕二、田口真一郎、黒川龍：《税理士のための相続・成年後見と家事事件手続の実務》，清文社 2013 年版。

59. ［日］我妻栄、有泉亨、川井健：《民法 2 総則・物権法》，勁草書房 2005 年版。

60. ［日］中田裕康編：《親族法改正─婚姻・親子関係を中心に》，有斐閣 2010 年版。

61. ［日］大阪弁護士協会编著：《養育費算定のこと》，かもがわ出版社 2013 年版。

62. ［日］日本弁護士連合会法的サービス企画推進センター遺言信託プロジェクトチーム：《高齢者・障害者の財産管理と福祉信託》，三协法规 2008 年版。

63. ［日］加藤雅信等编：《民法学説百年史》，三省堂 1999 年版。

64. ［日］二宮周平：《家族と法——個人化と多樣化の中で》，岩波書店 2013 年版。

65. ［日］中川淳、松本晖男编：《学説・判例家族法》，法律文化社 1970 年版。

66. ［日］中川善之助：《身分法の基礎理論》，河山书房 1939 年版。

67. ［日］上野千鹤子：《近代家族の成立と終焉》，岩波書店 1994 年版。

（六）俄文文献

◇俄文著作

68. Беспалов Ю. Ф. , Комментарий к Семейному кодексу Российской Федерации（постатейный научно-практический）, Проспект, 2014 г.

69. Алферова Е. В, Современное семейное право, Институт научной информации по общественным наукам（ИНИОН）РАН, 2015г.

70. Савельев Д. Б. , Все о семейном праве. Сборник нормативных правовых и судебных актов, Проспект, 2019 г.

◇引用网络俄文法典的名称、网址及访问日期

71. "Семейный кодекс Российской Федерации" от 29. 12. 1995 N 223-ФЗ（ред. от 29. 05. 2019）, http：//www. consultant. ru/document/cons_ doc_ LAW_ 8982/, 2019-08-20.

72. Основы социальной концепции русской православной церкви , 13 - 16 августа 2000 года URL：http：//www. wco. ru/biblio/books/konceol/main. htm.

三、法律法规条例司法解释及国际公约

（一）大陆法系国家法律法规等

1.《拿破仑法典》，李浩培等译，商务印书馆 1979 年版。

2.《法国民法典》，马育民译，北京大学出版社 1982 年版。

3.《法国民法典》，罗结珍译，中国法制出版社 1999 年版。

4.《德国民法典》，郑冲、贾红梅译，法律出版社 1999 年版。

5.《瑞士民法典》，殷生根、王燕译，中国政法大学出版社 1999 年版。

6.《日本民法典》，王书江译，中国人民公安大学出版社 1999 年版。

7.《意大利民法典》，费安玲、丁玫译，中国政法大学出版社 1997 年版。

8.《意大利民法典》，费安玲、丁玫、张宓译，中国政法大学出版社 2004 年版。

9.《埃塞俄比亚民法典》，薛军译，厦门大学出版社 2013 年版。

10.《法国民法》，郑正忠等译，台湾五南图书出版公司 2001 年版。

11.《法国民法典》（上册、下册），罗结珍译，法律出版社 2005 年版。

12.《法国民法典》，罗结珍译，北京大学出版社 2010 年版。

13.《最新法国刑法典》，朱琳译，法律出版社 2016 年版。

14.《德国民法典》（第二版），陈卫佐译，法律出版社 2006 年版。

15.《德国民法典》，杜景林、卢谌译中国政法大学出版社 2014 年版。

16.《德国民法典》（第四版），陈卫佐译注，法律出版社 2015 年版。

17.《德国家事事件和非讼事件程序法》，王葆莳等译注，武汉大学出版社 2017 年版。

18. 1949 年德国《联邦共和国基本法》。

19. 1976 年德国《改革婚姻法和家庭法的第一号法律》。

20. 1979 年德国《关于父母照顾权修订法案》。

21. 1993 年德国《家庭姓氏权利法》。

22. 1997 年德国《亲子关系改革法》。

23. 2013 年德国《关于加强生父之法律地位的法律》。

24. 2001 年德国《结束歧视同性共同生活的法律：生活伴侣关系法》。

25. 2008 年德国《家事事件和非讼事件程序法》。

26. 2017 年德国《关于引入同性婚姻缔结权的法律》。

27. 1986 年德国《扶养变更法》。

28. 2007 年德国《关于变更扶养法的法律》。

29. 2009 年德国《关于退休年金补偿的结构改革的法律》。

30. 1975 年德国《社会法典》。

31. 1865 年《意大利王国民法典》。

32. 1942 年《意大利民法典》。

33. 1970 年意大利第 898 号《关于婚姻结束的规范》。

34. 1975 年意大利第 151 号法律

35. 2016 年意大利第 76 号《关于同性民事结合和事实同居的法律规范》。

36. 2001 年意大利第 154 号法律。

37. 2013 年意大利第 154 号法律。

38. 2012 年意大利第 219 号法律。

39. 1967 年意大利第 341 号法律。

40. 1983 年意大利第 184 号法律。

41. 1998 年意大利第 476 号法律。

42. 2001 年意大利第 149 号法律。

43. 2004 年意大利第 6 号法律。

44. 2004 年意大利第 40 号法律。

45. 1978 年意大利第 436 号法律。

46. 2015 年意大利第 55 号法律。

47. 2014 年意大利第 132 号法律。

48. 2014 年意大利第 162 号法律。

49. 1929 年意大利第 847 号法律。

50. 1987 年意大利第 74 号法律。

51. 2005 年意大利第 80 号法律。

52. 戴永盛译：《瑞士民法典》，法律出版社 2016 年版。

53. 刘士国、牟宪魁、杨瑞贺译：《日本民法典》（2017 年大修改），中国法制出版社 2018 年版。

54.《日本民法典》(1898 年 7 月 16 日实施、2018 年 6 月最新修改，日文版)。

55.《日本国宪法》(1947 年 5 月 3 日实施，日文版)。

56.《日本戸籍法》(1947 年 12 月 22 日实施，日文版)。

57.《民法等の一部を改正する法律案（平成 23 年法律第 61 号）》(2012 年 4 月 1 日实施)。

58.《民事執行法》(1979 年实施、2018 年 5 月 22 日修改)。

59.《民事執行法及び国際的な子の奪取の民事上の側面に関する条約の実施に関する法律の一部を改正する法律》(2019 年 5 月 10 日通过，同年 5 月 17 日公布实施)。

60.《国民年金法等の一部を改正する法律（平成 16 年法律第 104 号）》(2004 年 6 月 11 日公布，2007 年 4 月 1 日实施)。

61.《民法の一部を改正する法律（平成 11 年法律第 149 号）》(2000 年 4 月 1 日实施)。

62.《民法の一部を改正する法律の施行に伴う関係法律の整備等に関する法律》(2000 年 4 月 1 日实施)。

63.《任意後見契約に関する法律》(2000 年 4 月 1 日实施)。

64.《後見登記等に関する法律》(2000 年 4 月 1 日实施)。

65.《成年後見の事務の円滑化を図るための民法及び家事事件手続法の一部を改正する法律（平成 28 年法律第 27 号）》(2016 年 4 月 6 日颁布，2016 年 10 月 13 日实施)。

66.《民法の一部を改正する法律案（平成 25 年 12 月 11 日法律第 94 号）》(2013 年 12 月 11 日公布、实施)。

67.《民法の一部改正をする法律（平成 28 年 6 月 7 日法律第 71 号）》(2016 年 6 月 7 日公布、实施)。

68.《民法の一部を改正する法律（平成 30 年 6 月 20 日法律第 59 号）》(2018 年 6 月 13 日通过，2022 年 4 月 1 日实施)。

69. 黄道秀译：《俄罗斯联邦民法典》，北京大学出版社 2007 年版。

70. 鄢一美译：《俄罗斯联邦家庭法典》(1995 年)，载中国法学会婚姻法学研究会编：《外国婚姻家庭法汇编》，群众出版社 2000 年版。

71. 于洪君译：《俄罗斯联邦宪法》，载《外国法译评》1994 年第 2 期。

72. 黄道秀译：《俄罗斯联邦刑法典》，北京大学出版社 2008 年版。

（二）英美法系国家法律法规等

73.《英国家庭法》(1996 年)，张雪忠等译，载中国法学会婚姻法学研究会编：《外国婚姻家庭法汇编》，群众出版社 2000 年版。

74.《美国统一婚姻财产法》(1983 年)，夏吟兰等译，载中国法学会婚姻法学研究会编：《外国婚姻家庭法汇编》，群众出版社 2000 年版。

75. 陈苇主编：《加拿大家庭法汇编》，群众出版社 2006 年版。

76.《英国婚姻家庭制定法选集》，蒋月等译，法律出版社 2008 年版。

77.《澳大利亚家庭法》(2008 年修正)，陈苇等译，群众出版社 2009 年版。

78. Married Women's Property Act 1870, UK.

79. Administration of Estates Act 1925, UK.

80. Children and Young Persons Act 1933, UK.

81. Matrimonial Proceedings and Property Act 1970, UK.

82. European Communities Act 1972, UK.

83. Matrimonial Causes Act 1973, UK.

84. Guardianship Act 1973, UK.

85. Inheritance (Provision for Family and Dependents) Act 1975, UK.

86. Children Act 1975, UK.

87. Fatal Accidents Act 1976, UK.

88. Legitimacy Act 1976, UK.

89. Domestic Violence and Matrimonial Proceedings Act 1976, UK.

90. Divorce (Scotland) Act 1976, UK.

91. Marriage (Scotland) Act 1977, UK.

92. Domestic Proceedings and Magistrate's Court Act 1978, UK.

93. Adoption (Scotland) Act 1978, UK.

94. Administration of Justice Act 1982, UK.

95. Mental Health Act 1983, UK.

96. Matrimonial Homes Act 1983, UK.

97. Matrimonial and Family Proceedings Act 1984, UK.

98. Surrogacy Arrangements Act 1985, UK.

99. Family Law Reform Act 1987, UK.

100. Children Act 1989, UK.

101. Human Fertilization and Embryology Act 1990, UK.

102. Child Support Act 1991, UK.

103. Family Law Act 1996, UK.

104. Human Rights Act 1998, UK.

105. Adoption and Children Act 2002, UK.

106. Civil Partnership Act 2004, UK.

107. Domestic Violence, Crime and Victims Act 2004, UK.

108. Gender Recognition Act 2004, UK.

109. Mental Capacity Act 2005, UK.

110. Family Law (Scotland) Act 2006, UK.

111. Forced Marriage (Civil Protection) Act 2007, UK.

112. Adoption and Children (Scotland) Act, UK.

113. Human Fertilization and Embryology Act 2008, UK.

114. Marriage (Same Sex Couples) Act 2013, UK.

115. Marriage and Civil Partnership (Scotland) Act 2014, UK.

116. Children and Families Act 2014, UK.

117. European Union (Withdrawal) Act 2018, UK.

118. Uniform Probate Code 1969, USA.

119. Uniform Marriage and Divorce Act 1973, USA.

120. Uniform Premarital and Marital Agreements Act 2012, USA.

121. Adoption Assistance and Child Welfare Act 1980, USA.

122. Parental Kidnapping Prevention Act 1980, USA.

123. Uniform Premarital Agreements Act 1983, USA.

124. Uniform Marital Property Act 1983, USA.

125. Uniform Parentage Act 1973, USA.

126. Uniform Parentage Act 2002, USA.

127. Uniform Parentage Act 2017, USA.

128. Hague Convention on Protection of Children and Co-operation in Respect of Inter-country Adoption , 1993

129. Uniform Status of Children of Assisted Conception Act 1988, USA.

130. Uniform Health-Care Decisions Act 1993, USA.

131. Uniform Adoption Act 1994, USA.

132. Uniform Child Custody Jurisdiction and Enforcement Act 1997, USA.

133. Uniform Guardianship, Conservatorship, and Other Protective Arrangements Act 1997, USA.

134. UniformPower of Attorney 2006, USA.

135. Uniform Adult Guardianship and Protective Proceedings Jurisdiction Act 2007, USA.

136. Marriage and Divorce Act 1970 (amended in 1973), USA.

137. Consolidated Laws of New York Domestic Relations Law, USA.

138. Illinois Marriage and Dissolution of Marriage Act (750 ILCS 5/), USA.

139. Commonwealth of Australia Constitution Act 1900, Australia.

140. Constitution Act 1975 (VIC) , Australia.

141. Constitution Act 1934 (TAS), Australia.

142. Constitution Act 1934 (SA), Australia.

143. Matrimonial Causes Act 1959, Australia.

144. Marriage Act 1961, Australia.

145. Family Law Act 1975, Australia.

146. Child Support (Registration and Collection) Act 1988, Australia.

147. Child Support (Assessment) Act 1989, Australia.

148. Family Law Rules 2004, Australia.

149. Family Law Regulations 1984, Australia.

150. Family Violence Act 2004 (TAS), Australia.

151. Family Law Amendment Act 1976, Australia.

152. Family Law Amendment Act 1977, Australia.

153. Family Law Amendment Act 1979, Australia.

154. Family Law Amendment Act 1983, Australia.

155. Family Law Amendment Act 1987, Australia.

156. Family Law Amendment Act 1989, Australia.

157. Family Law Amendment Act 1991, Australia.

158. Family Law Amendment Act (No. 2) 1991, Australia.

159. Family Law Reform Act 1995, Australia.

160. Family Law Amendment Act 1997, Australia.

161. Family Law Amendment Act (No. 1) 1998, Australia.

162. Family Law Amendment Act 2000, Australia.

163. Family Law Legislation Amendment (Superannuation) Act 2001, Australia.

164. Family Law Amendment Act 2003, Australia.

165. Family Law Amendment (Annuities) Act 2004, Australia.

166. Family Law Amendment Act 2005, Australia.

167. Family Law Amendment (Shared Parental Responsibility) Act 2006, Australia.

168. Family Law Amendment (De Facto Financial Matters and Other Measures) Act 2008, Australia.

169. Family Law Legislation Amendment (Family Violence and Other Measures) Act 2011, Australia.

170. Marriage Amendment (Definition and Religious Freedoms) Act 2017, Australia.

171. Sex Discrimination Act 1984, Australia.

172. Sex Discrimination Amendment Act 1991, Australia.

173. Social Security and Veteran's Entitlements (Maintenance Income Test) Amendment 1988, Australia.

174. Marriage Amendment Act 2004, Australia.

175. Marriage Equality (Same Sex) Act 2013 (ACT), Australia.

176. Status of Children Act 1974 (VIC), Australia.

177. Family Assistance and Child Support Legislation Amendment (Protecting Children) Act 2018, Australia.

178. Succession Act 2006 (NSW), Australia.

179. Family Provision Act 1972 (WA), Australia.

180. Married Persons (Equality of Status) Act 1989 (NT), Australia.

181. De Facto Relationships Act 1984 (NSW), Australia.

182. De Facto Relationships Act 1991 (NT), Australia.

183. Relationships Act 2008 (VIC), Australia.

184. De Facto Relationship Act 1999 (TAS), Australia.

185. Relationships Act 2003 (TAS), Australia.

186. Family Court Act 1997 (WA), Australia.

187. Civil Partnerships Act 2011 (QLD), Australia.

188. Family Relationships Act 1975 (SA), Australia.

189. Domestic Partners Property Act 1996 (SA), Australia.

190. Domestic Relationships Act 1994 (ACT), Australia.

191. Civil Unions Act 2012 (ACT), Australia.

192. Civil Partnership Act 2008 (ACT), Australia.

193. Workplace Gender Equality Act 2012, Australia.

194. Crimes (Domestic and Personal Violence) Act 2007 (NSW), Australia.

195. Family Violence Protection Act 2008 (VIC), Australia.

196. Domestic and Family Violence Protection Act 2012 (QLD), Australia.

197. Restraining Orders Act 1997 (WA), Australia.

198. Intervention Orders (Prevention of Abuse) Act 2009 (SA), Australia.

199. Domestic Violence and Protection Orders Act 2008 (ACT), Australia.

200. Domestic and Family Violence Act 2007 (NT), Australia.

201. Children and Young Persons (Care and Protection) Act 1998, Australia.

202. Adoption Act 1993 (ACT), Australia.

203. Adoption Act 2000 (NSW), Australia.

204. Adoption of Children Act 1994 (NT), Australia.

205. Adoption Act 2009 (QLD), Australia.

206. Adoption Act 1988 (SA), Australia.

207. Adoption Act 1988 (TAS), Australia.

208. Adoption Act 1984 (VIC), Australia.

209. Adoption Act 1994 (WA), Australia.

210. Guardianship and Management of Property Act 1991 (ACT), Australia.

211. Guardianship of Adults Act 2016 (NT), Australia.

212. Guardianship of Infants Act 1972, Australia.

213. Guardianship Act 1987 (NSW), Australia.

214. Guardianship of Infants Act 1916 (Amended in 2018) (NSW), Australia.

215. Guardianship and Administration Act 2000 (QLD), Australia.

216. Guardianship and Administration Act 1993 (SA), Australia.

217. Guardianship of Infants Act 1940 (Amended in 2016), Australia.

218. Guardianship and Administration Act 1995 (TAS), Australia.

219. Guardianship and Administration Act 1986 (VIC), Australia.

220. Guardianship and Administration Act 1990 (WA), Australia.

221. Federal Magistrates Court Rules 2001, Australia.

222. Child Protection Act 1999 (QLD), Australia.

223. Children, Youth and Families Act 2005 (VIC), Australia.

（三）中国法律法规等

224. 2001 年修正的《中华人民共和国婚姻法》（1980 年 9 月 10 日通过，1981 年 1 月 1 日起施行。2001 年 4 月 28 日修正）。

225. 1980 年《中华人民共和国婚姻法》（1980 年 9 月 10 日通过，1981 年 1 月 1 日起施行）。

226. 1950 年《中华人民共和国婚姻法》(1950 年 3 月 3 日通过,1950 年 5 月 1 日颁布施行)。

227.《最高人民法院关于适用〈中华人民共和国婚姻法〉若干问题的解释(一)》(2001 年 12 月 24 日通过,2001 年 12 月 27 日起施行)。

228.《最高人民法院关于适用〈中华人民共和国婚姻法〉若干问题的解释(二)》(2003 年 12 月 4 日通过,2004 年 4 月 1 日起施行)。

229.《最高人民法院关于适用〈中华人民共和国婚姻法〉若干问题的解释(三)》(2011 年 7 月 4 日通过,2011 年 8 月 13 日起施行)。

230.《中华人民共和国民法通则》(1987 年 1 月 1 日起施行)。

231.《中华人民共和国民法总则》(2017 年 3 月 15 日通过,2017 年 10 月 1 日起施行)。

232.《最高人民法院关于审理涉及夫妻债务纠纷案件适用法律有关问题的解释》(2018 年 1 月 8 日通过,2018 年 1 月 18 日起施行)。

233.《最高人民法院关于贯彻执行〈中华人民共和国民法通则〉若干问题的意见》(1988 年 4 月 2 日起施行)。

234.《中华人民共和国婚姻登记条例》(2003 年 7 月 30 日通过,2003 年 10 月 1 日施行)。

235. 2018 年修正的《中华人民共和国老年人权益保障法》(1996 年 8 月 29 日通过,2009 年 8 月 27 日第一次修正,2015 年 4 月 24 日第二次修正,2018 年 12 月 29 日第三次修正,于 2018 年 12 月 29 日施行)。

236. 1998 年修正的《中华人民共和国收养法》(1991 年 12 月 29 日通过,1992 年 4 月 1 日起施行。1998 年 12 月 4 日修正,1999 年 4 月 1 日起施行)。

237. 2017 年修正的《中华人民共和国民事诉讼法》(1991 年 4 月 9 日通过,1991 年 9 月起实施。2007 年 10 月 28 日第一次修正,2012 年 8 月 31 日第二次修正,2017 年 6 月 27 日第三次修正,2017 年 7 月 1 日起实施)。

238.《最高人民法院审理离婚案件处理子女抚养问题的若干具体意见》(1993 年 11 月 3 日起施行)。

239.《中华人民共和国反家庭暴力法》(2015 年 12 月 27 日通过,2016 年 3 月 1 日起施行),简称:我国《反家庭暴力法》。

240.《人类辅助生殖技术管理办法》(2001 年 2 月 20 日发布,2001 年 8 月 1 日起施行)。

241. 2018 年修正的《中华人民共和国妇女权益保障法》(1992 年 4 月 3 日通过,1992 年 10 月 1 日起施行。2005 年 8 月 28 日第一次修正,2018 年 10 月 26 日第二次修正,2018 年 10 月 26 日起实施)。

242. 2012 年修正的《中华人民共和国未成年人保护法》(1991 年 9 月 4 日通过,2007 年 6 月 1 日起施行。2006 年 12 月 29 日第一次修正,2012 年 10 月 26 日第二次修正,2013 年 1 月 1 日起实施;2020 年 10 月 17 日第三次修正,2021 年 6 月 1 日起施行)。

243. 2012 年修正的《中华人民共和国预防未成年人犯罪法》(1999 年 6 月 28 日通过,1999 年 11 月 1 日实施;2012 年 10 月 26 日修正,2013 年 1 月 1 日实施;2020 年 12

月 26 日修订，2021 年 6 月 1 日起施行）。

244.《中华人民共和国残疾人保障法》（1990 年 12 月 28 日通过，1991 年 5 月 15 日起施行，2008 年 4 月 24 日修订，2018 年 10 月 28 日修正）。

245.《最高人民法院关于人民法院审理未办结婚登记而以夫妻名义同居生活案件的若干意见》（1989 年 11 月 13 日起施行）。

（四）国际公约

246. 1950 年《保护人权和基本自由的欧洲公约》（European Convention for the protection of human Rights and fundamental Freedoms，1950）。

247. 1980 年《海牙国际性非法诱拐儿童民事事项公约》（Hague Convention on civil Matters relating to International Unlawful Abduction of Children，1980）。

248. 1993 年《海牙跨国收养公约》（Hague Convention on Protection of Children and Co-operation in Respect of Inter-country Adoption，1993）。

249. 1989 年《儿童权利公约》（Convention on the Rights of the Child，1989）。

250. 1979 年《消除对妇女一切形式歧视公约》（The Convention on the Elimination of all Forms of Discrimination Against Women，1979）。

251. 2006 年《残疾人权利公约》（Convention on the Rights of Persons with Disabilities，2006）。

附　录

西南政法大学外国家庭法及妇女理论研究中心简介
（中英文对照）

学术顾问（以姓氏笔画为序）：万相兰、王中伟、王建华、李春茹、陈　苇、谢晓曦
主　　　任：张　力
常务副主任：朱　凡
秘　书　长：石　婷

　　2003 年 12 月至 2004 年 12 月，西南政法大学民商法学院博士生导师陈苇教授受国家留学基金资助，由教育部公派出国留学，作为访问学者到澳大利亚悉尼大学法学院进修家庭法 1 年。她回国后于 2005 年 1 月向学校提出了建立"西南政法大学外国家庭法及妇女理论研究中心"的书面申请。2005 年 4 月 1 日，西南政法大学校长办公会议批准同意该研究中心成立。

　　本"研究中心"的工作宗旨是：通过整合本校婚姻家庭法及妇女理论方面的科研与教学资源，联合校内外其他单位与部门的相关人员，以西南政法大学为依托，开展中外学术交流，着力研究现阶段中外婚姻家庭继承法及妇女领域的重大理论和实践课题，为我国婚姻家庭继承法的完善及妇女理论的发展提供有益的借鉴经验，为我国立法机关提出相关建议，为司法部门提供法律咨询服务，争取多出科研成果，特别是精品科研成果，为创建国内一流、国际知名的西南政法大学而努力。

　　本"研究中心"的主要任务包括：1. 开展中外学术交流；2. 提供专业咨询服务；3. 进行学术前沿理论和司法实务问题研究；4. 培养婚姻家庭继承法及妇女理论的学术人才；5. 组织开展学术讲座等，以期造就一批在本学科领域有一定影响力的学术骨干和后备学术带头人。

　　本"研究中心"的学术研究平台：为促进学术研究和学术交流，研究中心主任陈苇教授自 2005 年起先后创办、主编出版《家事法研究》学术论文集刊和《家事法研究学术文库》丛书，到 2021 年年底为止的 17 年期间，已出版《家事法研究》（2005 年卷至 2010 年卷）学术论文集刊 6 卷和《家事法研究学术文库》丛书著作 29 部。这些论文集和著作，着力研究婚姻家庭继承法领域的前沿理论和司法实务的热点难点问题，在我国学术界和实务界已产生了良好的社会影响。需要说明的是，为进一步扩大《家事法研究》的学术影响，在 2009 年中国婚姻家庭法学研究会常务理事会上，经陈苇教授提出申请，研究会常务理事一致同意，夏吟兰会长宣布自 2010 年起《家事法研究》改由学会主办。但由于 2010 年学会将出版"2009 年中国婚姻家庭法学研究会年会论文集"，故夏会长委托陈苇教授继续主编出版《家事法研究》（2010 年卷），即从 2011 年起《家事法研究》改由中国婚姻家庭法学研究会主办，它成为该学会的会刊。为继续推进婚姻家庭继承法领域前沿理论和司法实务问题的研究，本"研究中心"决定打造新的学术研究和交流的平台。自 2012 年起，陈苇教授担任主编，负责遴选出版《家事法研究学术文库》丛书，

每年计划出版1-3本，由国家级出版社出版。同时，本"研究中心"继续与杨晓林律师组建的家事法律师团队合作，在"西南政法大学外国家庭法及妇女理论研究中心"网页——学习园地之"学术前沿"栏，通过登载婚姻家庭法律资讯简报，发表婚姻家庭继承法领域的前沿理论和司法实务热点难点问题的最新研究成果，以期实现学术研究与立法、司法的良性互动，促进中外学术研究和学术交流。

　　本"研究中心"的团队成员：以西南政法大学民商法学院婚姻家庭继承法和妇女理论研究所的人员为主，并聘请校内外的专家、学者担任学术顾问和特邀研究员。

Appendix:

Introduction of the Research Center on
Foreign Family Law and Women's Theory of
Southwest University of Political Science and Law, China

Academic Consultants: WAN Xianglan, WANG Zhongwei, WANG Jianhua, LI Chunru, CHEN Wei, XIE Xiaoxi

Director: ZHANG Li

Deputy Director: ZHU Fan

Academic Secretary: SHI Ting

Introduction

Professor CHEN Wei, the phD supervisor of the Civil and Commercial Law School of Southwest University of Political Science and Law, China [hereinafter refers to SWUPL], studied family law in the Law School of Sydney University, Australia from Dec. 2003 to Dec. 2004 with the sustentation of "STATE SCHOLARSHIP FUND AWARD". In Jan. 2005, some days after came back to China, she presented the application for establishing "Research Center on Foreign Family Law and Women's Theory of SWUPL, China". On Apr. 1st 2005, the President's Working Office of SWUPL approved her application.

The aim of the Research Center is to develop academic exchange between China and foreign countries, put emphasis on grand important theory and practice problems of family law and women's theory by associating the researching and teaching resources of SWUPL with relevant personnel of other units and departments. All of that we have done and will do have some important meaning: first of all, we may provide the valuable experiences for the perfection of the laws of family and succession in China and the development of women's theory; the second, we may provide relevant suggestions to Chinese legislature, and may provide legal advices to judicial practice departments. We hope that SWUPL will be top ranking internally and famous internationally with our efforts.

The assignments of the Research Center including: (1) developing academic exchange between China and foreign countries in relevant fields; (2) providing professional consultation service; (3) strengthen academic research; (4) training some academic adepts of family law and women's theory; (5) giving academic lectures. We hope that some adepts and reserve academic leaders with certain influence in family law field would be brought up.

The academic research platforms of the Research Center: In order to promote the academic research and exchanges, Professor CHEN Wei, director of the Research Center, has founded and edited the publication of the Periodical of Research on Family Law and the Works of Researches on Family Law early or late since 2005. By the end of 2021, 6 volumes of the Periodical of Research on Family Law (Volumes 2005 to 2010) and 29 Works of Researches on Family Law have been published during the seventeen years. These papers and books, focusing on the frontier theory research on Marriage, Family and Inheritance Law and the judicial practice issues, have had good social affluence in the academic circle and practice circle of China. It is noteworthy that, in order to further expand the academic influence of the Periodical, in the Executive Council of Society of Marriage and Family Law of China (SMFLC) in 2009, upon Professor CHEN Wei's proposal, the Executive Council agreed and President XIA Yinlan announced that the Periodical of Research on Family Law was edited by SMFLC after 2010. As SMFLC would publish the papers submitted to the Annual Meeting of SMFLC in 2009, President XIA Yinlan authorized Professor CHEN Wei to edit the publication of the Periodical of Research on Family Law (Volume 2010) in 2010. The Periodical was edited by SMFLC and became its Society Journal from 2011. In order to continue to advance the theoretical research and judicial practice in the field of Marriage, Family and Inheritance Law, the "Research Center" decided to build a new platform for academic research. 1-3 of the Works of Researches on Family Law which will be selected and edited by Professor CHEN Wei for publication each year by the national publishing press since 2012. At the same time, the "Research Center" continues to cooperate with the Family Law Lawyer Team built by Lawyer YANG Xiaolin. On the webpage of "Foreign Family Law and Women's Theory Research Center of SWUPL"——"Academic Frontier" of Study Column, by published the Information Briefing of Marriage and Family Law, the latest research achievements on the frontier theory of Marriage, Family and Inheritance Law and judicial practice issues are published to realize the benign interaction between academic research, legislation and justice and promote the academic research and exchanges between China and foreign countries.

The personnel of the Research Center is mainly composed of scholars from the Marriage, Family and Succession Law and Women's Theory Research Institute of the Civil and Commercial Law School of SWUPL, China. We also invite some famous experts and scholars around the whole country to be the consultants and special research fellows. They are the members of the Research Center too.

西南政法大学外国家庭法及妇女理论研究中心
2006-2012 年已出版书目

《外国婚姻家庭法比较研究》（2006 年出版）

《中国大陆与港、澳、台继承法比较研究》（2007 年出版）

《当代中国民众继承习惯调查实证研究》（2008 年出版）

《改革开放三十年（1978~2008）中国婚姻家庭继承法研究之回顾与展望》（2010 年出版）

《中国婚姻家庭法立法研究（第二版）》（2010 年出版）

《外国继承法比较与中国民法典继承编制定研究》（2011 年出版）

《当代中国内地与港、澳、台婚姻家庭法比较研究》（2012 年出版）

《加拿大家庭法汇编》（2006 年出版）

《澳大利亚家庭法（2008 年修正）》（2009 年出版）

《美国家庭法精要（第五版）》（2010 年出版）

《澳大利亚法律的传统与发展（第三版）》（2011 年出版）

《家事法研究》2005 年卷（2006 年出版）

《家事法研究》2006 年卷（2007 年出版）

《家事法研究》2007 年卷（2008 年出版）

《家事法研究》2008 年卷（2009 年出版）

《家事法研究》2009 年卷（2010 年出版）

《家事法研究》2010 年卷（2011 年出版）

西南政法大学家事法研究学术文库
2012-2014 年已出版书目

《婚姻家庭法之女性主义分析》

《基于性别的家庭暴力之民法规制——中国法与美国法之比较》

《亲属法的伦理性及其限度研究》

《人文主义视阈下的离婚法律制度研究》

《遗产债务法律制度研究》

《防治家庭暴力立法与实践研究》

《私法自治视域下的老年人监护制度研究》

《离婚扶养制度研究》

《中国继承法修改热点难点问题研究》

《我国防治家庭暴力情况实证调查研究——以我国六省市被抽样调查地区防治家庭暴力情况为对象》

《家事调解制度研究》

图书在版编目（CIP）数据

当代外国婚姻家庭法律制度研究／陈苇主编．--北京：中国人民公安大学出版社，2022.7
（家事法研究学术文库）
ISBN 978-7-5653-4549-4

Ⅰ.①当…　Ⅱ.①陈…　Ⅲ.①婚姻法—研究—世界　Ⅳ.①D913.904

中国版本图书馆 CIP 数据核字（2022）第 052822 号

当代外国婚姻家庭法律制度研究

主编　陈　苇

出版发行：中国人民公安大学出版社
地　　址：北京市西城区木樨地南里
邮政编码：100038
经　　销：新华书店
印　　刷：北京市泰锐印刷有限责任公司

版　　次：2022 年 7 月第 1 版
印　　次：2022 年 7 月第 1 次
印　　张：46
开　　本：787 毫米×1092 毫米　1/16
字　　数：954 千字

书　　号：ISBN 978-7-5653-4549-4
定　　价：188.00 元

网　　址：www.cppsup.com.cn　www.porclub.com.cn
电子邮箱：zbs@cppsup.com　zbs@cppsu.edu.cn

营销中心电话：010-83903991
读者服务部电话（门市）：010-83903257
警官读者俱乐部电话（网购、邮购）：010-83901775
法律分社电话：010-83905745